谨以此书纪念改革开放四十周年

3

司法解释全集
民事篇 商事篇

最高人民法院 编

人民法院出版社

司法解释全集

总目录

（第一册）

综合篇 ……………………………………………………………………（1）
  一、司法公开 ………………………………………………………（3）
  二、司法便民利民 …………………………………………………（47）
  三、司法责任制 ……………………………………………………（81）
  四、法院组织体系 …………………………………………………（103）
  五、审判程序 ………………………………………………………（139）
  六、案例指导制度及自由裁量权规范 ……………………………（190）
  七、队伍建设 ………………………………………………………（459）
  八、司法服务与保障 ………………………………………………（579）
  九、其他 ……………………………………………………………（731）
    （一）改革纲要 …………………………………………………（731）
    （二）司法解释及废止目录 ……………………………………（763）
    （三）审判管理 …………………………………………………（861）
    （四）司法统计、司法标准 ……………………………………（886）
    （五）裁判文书、诉讼卷宗 ……………………………………（900）
    （六）司法救助 …………………………………………………（909）
    （七）律师诉讼权利 ……………………………………………（919）
    （八）涉诉信访 …………………………………………………（935）
    （九）其他 ………………………………………………………（954）

附录：废止文件目录 ……………………………………………………（1005）

（第二册）

刑事篇 ·· (1103)
  一、刑法总则 ·· (1105)
    （一）综合 ·· (1105)
    （二）刑法的适用范围 ·· (1133)
    （三）犯罪 ·· (1139)
    （四）刑罚 ·· (1148)
    （五）刑事裁判文书 ·· (1216)
    （六）其他规定 ·· (1238)
  二、刑法分则 ·· (1243)
    （一）综合 ·· (1243)
    （二）危害国家安全罪 ·· (1284)
    （三）危害公共安全罪 ·· (1286)
    （四）破坏社会主义市场经济秩序罪 ······································ (1324)
    （五）侵犯公民人身权利、民主权利罪 ··································· (1428)
    （六）侵犯财产罪 ··· (1453)
    （七）妨害社会管理秩序罪 ·· (1499)
    （八）危害国防利益罪 ·· (1639)
    （九）贪污贿赂罪 ··· (1643)
    （十）渎职罪 ·· (1667)
    （十一）军人违反职责罪 ··· (1673)

刑事诉讼篇 ··· (1675)
  一、综合 ·· (1677)
  二、管辖 ·· (1795)
  三、辩护 ·· (1799)
  四、证据 ·· (1807)
  五、强制措施 ·· (1835)
  六、刑事附带民事诉讼 ··· (1844)
  七、立案 ·· (1847)
  八、第一审程序 ··· (1848)
  九、第二审程序 ··· (1873)
  十、未成年人刑事案件审理程序的规定 ···································· (1882)
  十一、死刑复核程序 ·· (1889)
  十二、审判监督程序 ·· (1900)

十三、刑事涉外的规定 (1913)
十四、执行 (1933)
十五、赃款赃物处理 (1965)
十六、法律援助、救助 (1986)
十七、其他 (2000)

环境资源保护篇 (2007)

(第三册)

民事篇 (2023)

一、民事总类 (2025)
 (一) 综合 (2025)
 (二) 民事责任 (2133)
 (三) 诉讼时效 (2165)
 (四) 涉外民事 (2187)
 (五) 涉港澳台民事 (2195)

二、婚姻、家庭与继承 (2204)
 (一) 婚姻 (2204)
 (二) 家庭 (2269)
 (三) 继承 (2298)

三、侵权责任 (2354)

四、物权 (2421)
 (一) 综合 (2421)
 (二) 所有权 (2432)
 (三) 用益物权 (2503)
 (四) 担保物权 (2525)
 (五) 典权、典当 (2546)

五、民事合同 (2570)
 (一) 综合 (2570)
 (二) 买卖合同 (2613)
 (三) 民间借贷合同 (2671)
 (四) 租赁合同 (2680)
 (五) 建设工程合同 (2688)
 (六) 技术合同 (2698)
 (七) 旅游合同 (2724)
 (八) 特许经营合同 (2728)

（九）借用合同 …………………………………………………… (2730)
　六、劳动争议、人事争议 ………………………………………………… (2733)

商事篇 ……………………………………………………………………… (2757)

　一、综合 ………………………………………………………………… (2759)
　二、公司、企业 ………………………………………………………… (2778)
　三、破产、清算 ………………………………………………………… (2821)
　四、商事合同 …………………………………………………………… (2915)
　　（一）存单、借款、存款合同 …………………………………… (2915)
　　（二）运输合同 …………………………………………………… (2937)
　　（三）融资租赁合同 ……………………………………………… (2947)
　　（四）保证合同 …………………………………………………… (2952)
　　（五）联营合同 …………………………………………………… (2986)
　　（六）供用电合同 ………………………………………………… (2993)
　五、不良资产处置 ……………………………………………………… (2994)
　六、保险 ………………………………………………………………… (3011)
　七、票据 ………………………………………………………………… (3036)
　八、证券、期货 ………………………………………………………… (3052)
　九、信用证、独立保函 ………………………………………………… (3081)
　十、海商、海事 ………………………………………………………… (3091)
　　（一）海商、海事 ………………………………………………… (3091)
　　（二）海事诉讼程序 ……………………………………………… (3131)

（第四册）

知识产权篇 ………………………………………………………………… (3171)

　一、综合 ………………………………………………………………… (3173)
　二、知识产权案件年度报告及典型案例 ……………………………… (3253)
　三、专利权 ……………………………………………………………… (3801)
　四、商标权 ……………………………………………………………… (3840)
　五、著作权 ……………………………………………………………… (3869)
　六、植物新品种权 ……………………………………………………… (3893)
　七、反不正当竞争 ……………………………………………………… (3897)
　八、反垄断 ……………………………………………………………… (3906)
　九、其他 ………………………………………………………………… (3909)

行政诉讼及国家赔偿篇 (3915)

- 一、行政诉讼 (3917)
  - (一) 综合 (3917)
  - (二) 受案范围 (4003)
  - (三) 管辖 (4010)
  - (四) 诉讼参加人 (4020)
  - (五) 起诉与受理 (4027)
  - (六) 证据 (4044)
  - (七) 法律适用 (4057)
  - (八) 送达、期限 (4131)
  - (九) 执行 (4133)
  - (十) 其他 (4148)
- 二、国家赔偿 (4151)
  - (一) 综合 (4151)
  - (二) 行政赔偿 (4229)
  - (三) 司法赔偿 (4245)

(第五册)

民事诉讼篇 (4271)

- 一、综合 (4273)
- 二、起诉和受理 (4379)
- 三、管辖 (4419)
- 四、回避 (4481)
- 五、诉讼参加人 (4484)
- 六、证据 (4509)
- 七、期间、送达 (4530)
- 八、调解 (4541)
- 九、保全和先予执行 (4566)
- 十、对妨害民事诉讼的强制措施 (4593)
- 十一、诉讼费用 (4595)
- 十二、第一审普通程序 (4601)
- 十三、简易程序、小额速裁程序 (4607)
- 十四、公益诉讼 (4621)
- 十五、第二审程序 (4636)
- 十六、特别程序 (4640)

十七、审判监督程序 …………………………………………………… (4642)
十八、督促程序 ………………………………………………………… (4680)
十九、公示催告程序 …………………………………………………… (4683)
二十、执行程序 ………………………………………………………… (4685)
二十一、涉港澳、涉台民事诉讼程序 ………………………………… (5036)
二十二、涉外民事诉讼程序 …………………………………………… (5084)
二十三、仲裁 …………………………………………………………… (5127)
二十四、公证 …………………………………………………………… (5259)
二十五、其他非诉讼矛盾纠纷解决机制 ……………………………… (5267)
二十六、其他 …………………………………………………………… (5295)

目 录

（第三册）

民事篇

一、民事总类

（一）综　　合

最高人民法院
　关于认真学习和贯彻《中华人民共和国民法总则》的通知
　　（2017年4月20日） ……………………………………………………（2025）
最高人民法院
　关于认真学习、宣传和贯彻执行民法通则的通知
　　（1986年5月16日） ……………………………………………………（2026）
最高人民法院
　印发《关于贯彻执行〈中华人民共和国民法通则〉若干问题的意见（试行）》
　　的通知
　　（1988年4月2日） ………………………………………………………（2027）
最高人民法院
　关于如何适用《中华人民共和国民法通则》第一百三十四条第三款的复函
　　（1993年11月4日） ……………………………………………………（2044）
最高人民法院
　关于印发《关于贯彻执行民事政策法律若干问题的意见》和《关于贯彻
　　执行〈民事诉讼法（试行）〉若干问题的意见》的通知
　　（1984年9月8日） ………………………………………………………（2045）

最高人民法院
关于印发《马原副院长在全国民事审判工作座谈会上的讲话》和《全国
　　民事审判工作座谈会纪要》的通知
　　（1993年11月24日） ·· (2054)
最高人民法院
关于印发《全国民事案件审判质量工作座谈会纪要》的通知
　　（1999年11月19日） ·· (2067)
最高人民法院
关于印发《第八次全国法院民事商事审判工作会议（民事部分）纪要》的
　　通知
　　（2016年11月21日） ·· (2073)
最高人民法院
关于在民事审判工作中适用《中华人民共和国工会法》若干问题的解释
　　（2003年6月25日） ·· (2080)
最高人民法院
印发《关于处理涉及汶川地震相关案件适用法律问题的意见（一）》的通知
　　（2008年7月14日） ·· (2081)
最高人民法院
印发《关于处理涉及汶川地震相关案件适用法律问题的意见（二）》的通知
　　（2009年3月23日） ·· (2083)
最高人民法院
印发《关于当前形势下进一步做好涉农民事案件审判工作的指导意见》的
　　通知
　　（2009年6月19日） ·· (2086)
最高人民法院
印发《关于当前形势下做好劳动争议纠纷案件审判工作的指导意见》的
　　通知
　　（2009年7月6日） ··· (2088)
最高人民法院
印发《关于当前形势下进一步做好房地产纠纷案件审判工作的指导意见》
　　的通知
　　（2009年7月9日） ··· (2090)
最高人民法院
印发《关于修改〈民事案件案由规定〉的决定》的通知
　　（2011年2月18日） ·· (2093)
最高人民法院
关于印发修改后的《民事案件案由规定》的通知
　　（2011年2月18日） ·· (2099)

最高人民法院
　关于当前形势下加强民事审判切实保障民生若干问题的通知
　　（2012年2月15日） ……………………………………………………………（2127）
最高人民法院
　关于充分发挥民事审判职能依法维护妇女、儿童和老年人合法权益的通知
　　（2012年2月28日） ……………………………………………………………（2129）
最高人民法院
　关于认真学习贯彻实施消费者权益保护法的通知
　　（2013年12月18日） …………………………………………………………（2130）

（二）民事责任

最高人民法院
　关于城市街道办事处是否应当独立承担民事责任的批复
　　（1997年7月14日） ……………………………………………………………（2133）
最高人民法院
　关于验资单位对多个案件债权人损失应如何承担责任的批复
　　（1997年12月31日） …………………………………………………………（2134）
最高人民法院
　关于交通事故中的财产损失是否包括被损车辆停运损失问题的批复
　　（1999年2月11日） ……………………………………………………………（2135）
最高人民法院
　关于被盗机动车辆肇事后由谁承担损害赔偿责任问题的批复
　　（1999年6月25日） ……………………………………………………………（2135）
最高人民法院
　关于购买人使用分期付款购买的车辆从事运输因交通事故造成他人财产
　　损失保留车辆所有权的出卖方不应承担民事责任的批复
　　（2000年12月1日） ……………………………………………………………（2136）
最高人民法院
　关于审理涉及会计师事务所在审计业务活动中民事侵权赔偿案件的若干
　　规定
　　（2007年6月11日） ……………………………………………………………（2136）
最高人民法院
　关于个人合伙成员在从事经营活动中不慎死亡其他成员应否承担民事责任
　　问题的批复
　　（1987年10月10日） …………………………………………………………（2139）
最高人民法院民事审判庭
　关于毕海滨诉济南仪表厂损害赔偿案的处理的电话答复
　　（1988年8月20日） ……………………………………………………………（2140）

最高人民法院民事审判庭
　关于单位担任监护人是否承担赔偿责任的电话答复
　　（1989年8月30日） ……………………………………………………（2141）
最高人民法院
　关于监护人是否承担赔偿责任问题的复函
　　（1989年10月5日） …………………………………………………（2143）
最高人民法院
　关于银行工作人员未按规定办理储户挂失造成储户损失银行是否承担民事
　　责任问题的批复
　　（1990年9月11日） …………………………………………………（2143）
最高人民法院经济审判庭
　关于为经济合同一方当事人代盖公章给另一方造成经济损失如何承担责任
　　的电话答复
　　（1990年10月27日） …………………………………………………（2144）
最高人民法院
　关于上海社会科学院应否对中外中小企业科技经济信息联合体的债务承担
　　责任的函
　　（1991年6月7日） ……………………………………………………（2144）
最高人民法院经济审判庭
　关于济南市历城区人武部是否应为其开办的木制品厂承担责任问题的电话
　　答复
　　（1991年10月10日） …………………………………………………（2146）
最高人民法院
　关于审理合伙型联营体和个人合伙对外债务纠纷案件应否一并确定合伙
　　内部各方的债务份额的复函
　　（1992年3月18日） …………………………………………………（2148）
最高人民法院
　关于曹彩凤等诉许莉债务案如何适用法律问题的复函
　　（1993年3月12日） …………………………………………………（2149）
最高人民法院
　关于朱仲珍等诉王松泉返还财产案如何处理的函复
　　（1993年5月20日） …………………………………………………（2149）
最高人民法院
　关于长春文化教育书刊经销中心与长春市邮政局赔偿案如何适用法律的
　　复函
　　（1993年6月3日） ……………………………………………………（2152）

最高人民法院
　关于个人或合伙开办信用社撤销或无力支付储户存款其成立批准机关是否
　　承担责任问题的复函
　　（1993年6月21日）···(2154)
最高人民法院
　关于对私营客车保险期满后发生的车祸事故保险公司应否承担保险责任
　　问题的请示的复函
　　（1993年8月4日）··(2155)
最高人民法院
　关于企业开办的其他企业被撤销或者歇业后民事责任承担问题的批复
　　（1994年3月30日）··(2156)
最高人民法院
　关于三亚市城乡建设土地开发总公司将有关款项缴付给公安机关其是否对
　　债权人承担民事赔偿责任问题的复函
　　（1995年12月7日）···(2157)
最高人民法院
　关于市政府经济技术协作委员会能否作为诉讼主体独立承担民事责任问题
　　的复函
　　（1996年1月8日）··(2158)
最高人民法院
　关于银行以折角核对方法核对印鉴应否承担客户存款被骗取的民事责任
　　问题的复函
　　（1996年3月21日）··(2159)
最高人民法院
　关于金融机构为行政机关批准开办的公司提供注册资金验资报告不实应当
　　承担责任问题的批复
　　（1996年3月27日）··(2159)
最高人民法院
　关于深圳市兴达工贸有限公司与复旦大学科学技术开发总公司及上海海通
　　经济联合总公司汇款返还纠纷案件请示的答复
　　（1997年1月15日）··(2160)
最高人民法院
　关于马维山与云南峨山县邮电局、勐海县邮电局赔偿纠纷案的复函
　　（1998年11月28日）··(2160)
最高人民法院
　关于如何处理涉及广东发展银行所承接的广东中银外汇经营部为债务人的
　　债务利息的通知
　　（1999年3月1日）··(2161)

· 5 ·

最高人民法院
关于上海东府贸易有限公司与中国建设银行湖南省分行国际业务部、
湖南省华隆进出口光裕有限公司返还财产纠纷一案的答复
（2001年1月18日） ·· (2162)
最高人民法院
关于金融机构为企业出具不实或者虚假验资报告资金证明如何承担民事
责任问题的通知
（2002年2月9日） ·· (2162)
最高人民法院
关于湖北省高级人民法院关于原告罗佛英、凌秀英等2094人与被告
湖北省荆江股份有限公司、中国银行荆州市沙市支行返还财产纠纷一案
适用法律问题的请示的答复
（2006年8月2日） ·· (2163)
最高人民法院
关于信用社对其负责人出具加盖信用社公章借据的行为应否承担民事责任
的请示报告的复函
（2012年12月13日） ·· (2164)

（三）诉讼时效

最高人民法院
关于适用《中华人民共和国民法总则》诉讼时效制度若干问题的解释
（2018年7月18日） ·· (2165)
最高人民法院
关于审理民事案件适用诉讼时效制度若干问题的规定
（2008年8月21日） ·· (2166)
最高人民法院
关于企业或个人欠国家银行贷款逾期两年未还应当适用民法通则规定的
诉讼时效问题的批复
（1993年2月22日） ·· (2169)
最高人民法院
关于债务人在约定的期限届满后未履行债务而出具没有还款日期的欠款条
诉讼时效期间应从何时开始计算问题的批复
（1994年3月26日） ·· (2169)
最高人民法院
关于超过诉讼时效期间当事人达成的还款协议是否应当受法律保护问题的
批复
（1997年4月16日） ·· (2170)

最高人民法院
　关于超过诉讼时效期间借款人在催款通知单上签字或者盖章的法律效力
　　问题的批复
　　（1999年2月11日） ··· (2170)
最高人民法院经济审判庭
　关于济南重型机械厂诉中国技术进出口总公司加工步进式管机合同纠纷
　　案件诉讼时效问题的电话答复
　　（1990年3月24日） ··· (2171)
最高人民法院经济审判庭
　关于诉讼时效期间问题的复函
　　（1991年11月19日） ··· (2174)
最高人民法院
　关于购销合同标的物掺杂使假引起的诉讼如何确定诉讼时效的复函
　　（1992年1月16日） ··· (2175)
最高人民法院
　关于当事人的诉讼请求超过诉讼时效人民法院不再予以保护问题的函复
　　（1992年4月11日） ··· (2175)
最高人民法院经济审判庭
　关于广西第四地质队、吴进福诉广西玉林地区饮食服务公司、玉林地区
　　商业局购销麻袋合同货款纠纷一案是否超过诉讼时效问题的复函
　　（1992年5月4日） ··· (2177)
最高人民法院经济审判庭
　关于新疆医学院第一附属医院与乌鲁木齐市一〇四团青年服务公司建筑
　　工程承包合同纠纷诉讼时效问题的复函
　　（1993年12月27日） ··· (2178)
最高人民法院
　关于四川高院请示长沙铁路天群实业公司贸易部与四川鑫达实业有限公司
　　返还代收贷款一案如何适用法（民）复〔1990〕3号批复中"诉讼时效
　　期间"问题的复函
　　（2000年4月5日） ··· (2179)
最高人民法院研究室
　关于对租赁合同债务人因欠付租金而出具的"欠款结算单"不适用普通
　　诉讼时效的复函
　　（2000年12月25日） ··· (2179)
最高人民法院
　关于对全国证券回购机构间经统一清欠后尚余的债权债务诉讼时效问题的
　　通知
　　（2001年2月20日） ··· (2180)

最高人民法院
关于青岛口岸船务公司与青岛运通船务公司水路货物运输合同纠纷一案中
赔偿请求权诉讼时效期间如何计算的请示的复函
（2002年6月25日） ··· (2181)

最高人民法院
关于佳木斯市大成经贸公司与同江市临江粮库拖欠货款纠纷一案的复函
（2002年11月29日） ··· (2181)

最高人民法院
关于阜新液压件厂与盼盼集团有限公司购销合同纠纷案件诉讼时效请示
问题的答复
（2003年3月31日） ·· (2182)

最高人民法院
关于债权人在保证期间以特快专递向保证人发出逾期贷款催收通知书但
缺乏保证人对邮件签收或拒收的证据能否认定债权人向保证人主张权利
的请示的复函
（2003年6月12日） ·· (2182)

最高人民法院
关于审理光大银行诉中一公司欠款纠纷一案适用诉讼时效中止问题的答复
（2003年7月4日） ·· (2183)

最高人民法院
关于超过诉讼时效期间后债务人向债权人发出确认债务的询证函的行为
是否构成新的债务的请示的答复
（2004年6月4日） ·· (2183)

最高人民法院
关于中国建设银行信阳分行民权路支行与信阳市自来水（集团）有限责任
公司、河南华夏光学电子仪器厂借款担保合同纠纷一案的答复
（2005年12月2日） ·· (2184)

最高人民法院
关于买受人在交易时未支付价款向出卖人出具没有还款日期的欠款条诉讼
时效期间应从何时开始计算问题的请示的答复
（2006年3月10日） ·· (2185)

最高人民法院民二庭
关于债权人主张公司股东承担清算赔偿责任诉讼时效问题请示的答复
（2014年12月11日） ·· (2185)

（四）涉外民事

最高人民法院
关于适用《中华人民共和国涉外民事关系法律适用法》若干问题的
解释（一）
（2012 年 12 月 28 日） ………………………………………………………… (2187)

最高人民法院
关于认真学习贯彻执行《中华人民共和国涉外民事关系法律适用法》的
通知
（2010 年 12 月 2 日） …………………………………………………………… (2189)

最高人民法院
关于柳大熙与长春铁路分局长春医院中外合作经营合同纠纷一案的请示的
复函
（2004 年 12 月 14 日） ………………………………………………………… (2190)

最高人民法院
关于进一步做好边境地区涉外民商事案件审判工作的指导意见
（2010 年 12 月 8 日） …………………………………………………………… (2193)

（五）涉港澳台民事

最高人民法院
关于审理涉台民商事案件法律适用问题的规定
（2010 年 12 月 27 日） ………………………………………………………… (2195)

关于人民法院处理涉台民事案件的几个法律问题
——最高人民法院副院长马原在最高人民法院举行的
第一次新闻发布会上的讲话
（1988 年 8 月 9 日） …………………………………………………………… (2195)

最高人民法院
关于印发《全国沿海地区涉外、涉港澳经济审判工作座谈会纪要》的通知
（1989 年 6 月 12 日） …………………………………………………………… (2198)

二、婚姻、家庭与继承

（一）婚　　姻

最高人民法院
关于在部分法院开展家事审判方式和工作机制改革试点工作的通知
（2016 年 4 月 21 日） …………………………………………………………… (2204)

最高人民法院
　关于进一步深化家事审判方式和工作机制改革的意见（试行）
　　（2018年7月18日） ……………………………………………………（2207）
最高人民法院
　关于适用《中华人民共和国婚姻法》若干问题的解释（一）
　　（2001年12月24日） ………………………………………………（2213）
最高人民法院
　关于适用《中华人民共和国婚姻法》若干问题的解释（二）
　　（2003年12月25日） ………………………………………………（2216）
最高人民法院
　关于适用《中华人民共和国婚姻法》若干问题的解释（二）的补充规定
　　（2017年2月28日） …………………………………………………（2220）
最高人民法院
　关于适用《中华人民共和国婚姻法》若干问题的解释（三）
　　（2011年8月9日） ……………………………………………………（2224）
最高人民法院
　关于审理涉及夫妻债务纠纷案件适用法律有关问题的解释
　　（2018年1月16日） …………………………………………………（2226）
最高人民法院
　印发《关于人民法院审理离婚案件如何认定夫妻感情确已破裂的若干具体
　　意见》《关于人民法院审理未办结婚登记而以夫妻名义同居生活案件的
　　若干意见》的通知
　　（1989年12月13日） …………………………………………………（2227）
最高人民法院
　印发《关于人民法院审理离婚案件处理子女抚养问题的若干具体意见》的通知
　　（1993年11月3日） …………………………………………………（2230）
最高人民法院
　印发《关于人民法院审理离婚案件处理财产分割问题的若干具体意见》的通知
　　（1993年11月3日） …………………………………………………（2232）
最高人民法院
　印发《关于审理离婚案件中公房使用、承租若干问题的解答》的通知
　　（1996年2月5日） ……………………………………………………（2235）
最高人民法院
　关于适用婚姻法问题的通知
　　（1981年2月21日） …………………………………………………（2237）
最高人民法院
　关于对适用婚姻法问题的通知的请示的复函
　　（1981年4月13日） …………………………………………………（2237）

最高人民法院　司法部
　　关于法院错误处理革命军人婚姻问题的通报
　　　（1953年1月23日） ………………………………………………………………（2238）
最高人民法院
　　对吴中输与养女吴凤兰请求结婚问题意见的复函
　　　（1953年1月31日） ………………………………………………………………（2239）
最高人民法院
　　关于下放职工高乃春与汪家敏离婚案件中退职金如何处理问题的批复
　　　（1964年4月25日） ………………………………………………………………（2240）
最高人民法院
　　关于马娜萍离婚问题的批复
　　　（1965年1月31日） ………………………………………………………………（2241）
最高人民法院
　　关于陈建英诉张海平"假离婚"案的请示报告的复函
　　　（1979年12月31日） ……………………………………………………………（2242）
最高人民法院
　　关于郭淡清与苏联籍的妻子离婚问题的函
　　　（1980年5月5日） …………………………………………………………………（2243）
最高人民法院
　　关于越南归国华侨杨玉莲与越南籍人陈文勇离婚问题的复函
　　　（1980年5月5日） …………………………………………………………………（2244）
最高人民法院
　　关于处理配偶一方在港澳台或国外人民法院已经判决离婚现当事人要求
　　　复婚问题的复函
　　　（1980年8月28日） ………………………………………………………………（2245）
最高人民法院
　　关于旅荷华侨离婚问题的复函
　　　（1981年3月2日） …………………………………………………………………（2246）
最高人民法院
　　关于蔡茂松提出与居住在台湾的吴琴离婚应如何处理问题的复函
　　　（1981年10月10日） ………………………………………………………………（2247）
最高人民法院民事审判庭
　　关于李玲与王景年婚姻纠纷案的复函
　　　（1982年8月9日） …………………………………………………………………（2248）
最高人民法院
　　关于归国华侨要求与越南籍配偶离婚问题如何处理的批复
　　　（1982年9月25日） ………………………………………………………………（2250）

・11・

最高人民法院
  关于黄翠英申请与在台人员李幼梅复婚问题的请示的批复
    （1982年10月5日） ········· (2251)
最高人民法院
  关于旅居阿根廷的中国公民按阿根廷法律允许的方式达成的长期分居协议
    我国法律是否承认其离婚效力问题的复函
    （1984年12月5日） ········· (2252)
最高人民法院
  关于孟宪明、李瑞玲离婚案的批复
    （1985年2月16日） ········· (2252)
最高人民法院
  关于叶莉莉与委内瑞拉籍华人梁文锐离婚问题的批复
    （1985年6月24日） ········· (2253)
最高人民法院
  关于张淑娥诉居住在香港的陈文伟离婚问题的批复
    （1985年8月20日） ········· (2254)
最高人民法院
  关于熊碧华与杨万福婚姻纠纷案的处理意见的电话答复
    （1985年10月5日） ········· (2254)
最高人民法院
  关于刘秦勤与邓西民离婚问题的函
    （1985年12月30日） ········· (2256)
最高人民法院民事审判庭
  关于贯彻执行最高人民法院《关于人民法院审理未办结婚登记而以夫妻
    名义同居生活案件的若干意见》有关问题的电话答复
    （1990年10月11日） ········· (2257)
最高人民法院
  关于美籍华人曹信宝与我公民王秀丽结婚登记有关问题的复函
    （1993年1月22日） ········· (2259)
最高人民法院
  关于认真学习正确适用《中华人民共和国婚姻法》的通知
    （2001年5月10日） ········· (2259)
最高人民法院
  关于符合结婚条件的男女在登记结婚之前曾公开同居生活能否连续计算
    婚姻关系存续期间并依此分割财产问题的复函
    （2002年9月19日） ········· (2260)

最高人民法院
  关于刘立民与赵淑华因离婚诉讼涉及民办私立学校校产分割一案的复函
    （2003年8月7日） ……………………………………………………（2261）
最高人民法院民一庭
  关于婚姻关系存续期间夫妻一方以个人名义所负债务性质如何认定的答复
    （2014年7月12日） …………………………………………………（2264）
最高人民法院民一庭
  关于夫妻一方对外担保之债能否认定为夫妻共同债务的复函
    （2015年9月9日） ……………………………………………………（2265）
最高人民法院
  关于依法妥善审理涉及夫妻债务案件有关问题的通知
    （2017年2月28日） …………………………………………………（2265）
最高人民法院
  关于依法妥善审理婚姻家庭案件切实保障当事人合法权益和人身安全的
    通知
    （2017年9月21日） …………………………………………………（2267）
最高人民法院
  关于办理涉夫妻债务纠纷案件有关工作的通知
    （2018年2月7日） ……………………………………………………（2268）

（二）家　　庭

最高人民法院
  关于学习、宣传、贯彻执行《中华人民共和国收养法》的通知
    （1992年3月26日） …………………………………………………（2269）
最高人民法院
  关于违反计划生育政策的超生子女可否列为职工的供养直系亲属等问题的
    复函
    （1990年8月13日） …………………………………………………（2270）
最高人民法院
  关于夫妻离婚后人工授精所生子女的法律地位如何确定的复函
    （1991年7月8日） ……………………………………………………（2271）
最高人民法院
  关于非婚生子抚养问题的批复
    （1980年5月26日） …………………………………………………（2272）
最高人民法院
  关于离婚时协议一方不负担子女抚养费经过若干时间他方提起要求对方
    负担抚养费的诉讼法院如何处理问题的复函
    （1981年7月30日） …………………………………………………（2273）

最高人民法院
  关于变更子女姓氏问题的复函
    （1981年8月14日） ················· (2274)
最高人民法院
  关于对年老无子女的人能否按照婚姻法第二十三条类推判决有负担能力的
    兄弟姐妹承担扶养义务的复函
    （1981年9月1日） ················· (2274)
最高人民法院
  关于冯虎山与王镛抚养纠纷一案请示的批复（节录）
    （1982年2月17日） ················· (2275)
最高人民法院
  关于兄妹间扶养问题的批复
    （1985年2月16日） ················· (2275)
最高人民法院
  关于土改后不久被收养的子女能否参加分割土改前的祖遗房产的批复
    （1986年2月13日） ················· (2277)
最高人民法院
  关于继母与生父离婚后仍有权要求已与其形成抚养关系的继子女履行赡养
    义务的批复
    （1986年3月21日） ················· (2278)
最高人民法院
  关于涉外离婚诉讼中子女抚养问题如何处理的批复
    （1987年8月3日） ················· (2279)
最高人民法院
  关于夫妻一方未经对方同意将共有房屋赠与他人属于夫妻另一方的部分
    应属无效的批复
    （1987年8月5日） ················· (2279)
最高人民法院
  关于按中国婚姻法离婚的父母对子女的权利义务的规定应如何理解的函
    （1987年8月21日） ················· (2280)
最高人民法院
  关于费宝珍诉周福祥房屋析产案的批复
    （1987年10月17日） ················· (2281)
最高人民法院
  关于生母已将女儿给人收养而祖母要求收回抚养孙女应否支持问题的批复
    （1987年11月17日） ················· (2282)

最高人民法院民事审判庭
  关于田海和诉田莆民、田长友扶养费一案的电话答复
    （1988年11月14日） ·· (2282)
最高人民法院民事审判庭
  关于夫妻一方死亡另一方将子女送他人收养是否应当征得愿意并有能力
    抚养的祖父母或外祖父母同意的电话答复
    （1989年8月26日） ··· (2284)
最高人民法院民事审判庭
  关于雷俊文诉张秋花、马国归还亲生子一案的电话答复
    （1989年10月10日） ··· (2286)
最高人民法院
  关于林泽荦等诉林丛析产纠纷案的复函
    （1990年4月12日） ··· (2288)
最高人民法院民事审判庭
  关于监护责任两个问题的电话答复
    （1990年5月4日） ·· (2289)
最高人民法院民事审判庭
  关于对周德兴诉周阿金、杭根娣解除收养关系一案的电话答复
    （1990年6月25日） ··· (2290)
最高人民法院
  关于许秀英夫妇与王青芸间是否已事实解除收养关系的复函
    （1990年8月24日） ··· (2294)
最高人民法院
  关于夫妻关系存续期间男方受欺骗抚养非亲生子女离婚后可否向女方追索
    抚育费的复函
    （1992年4月2日） ·· (2296)
最高人民法院
  关于毛玉堂与毛新国的收养关系能否成立的复函
    （1993年1月30日） ··· (2297)

（三）继　　承

最高人民法院
  关于认真学习宣传和贯彻执行继承法的通知
    （1985年6月12日） ··· (2298)
最高人民法院
  印发《关于贯彻执行〈中华人民共和国继承法〉若干问题的意见》的通知
    （1985年9月11日） ··· (2299)

最高人民法院
　关于保险金能否作为被保险人遗产的批复
　　（1988年3月24日） ································· （2304）
最高人民法院
　关于被继承人死亡后没有法定继承人分享遗产人能否分得全部遗产的复函
　　（1992年9月16日） ································· （2305）
最高人民法院
　对国务院宗教事务局一司关于僧人遗产处理意见的复函
　　（1994年10月13日） ································ （2305）
最高人民法院
　关于如何处理农村五保对象遗产问题的批复
　　（2000年7月25日） ································· （2306）
最高人民法院办公厅
　关于发给杨格非遗产继承权证明书问题的批复
　　（1963年7月16日） ································· （2307）
最高人民法院
　关于林依娇与陈铿官房屋继承纠纷的答复
　　（1980年8月5日） ·································· （2308）
最高人民法院民事审判庭
　关于对晋秀月与李小香、李五常继承一案的处理意见的电话答复
　　（1981年3月13日） ································· （2310）
最高人民法院
　关于张阿凤遗嘱公证部分有效问题的批复
　　（1981年12月24日） ································ （2311）
最高人民法院
　关于对遗产中文物如何处理问题的批复
　　（1982年3月11日） ································· （2311）
最高人民法院
　复外交部领事司关于外侨的不动产继承问题的函
　　（1982年6月2日） ·································· （2312）
最高人民法院民事审判庭
　关于冯群英与覃国义、覃国伦房屋继承纠纷申诉案的复函
　　（1983年8月25日） ································· （2313）
最高人民法院
　关于高原生活补助费能否作为夫妻共同财产继承的批复
　　（1983年9月3日） ·································· （2315）

最高人民法院
  关于在台湾的合法继承人其继承权应否受到保护问题的批复
    （1984年7月30日） ………………………………………………………（2316）
最高人民法院
  关于顾月华诉孙怀英房产继承案的批复
    （1985年2月27日） ………………………………………………………（2318）
最高人民法院
  关于朱秀珍继承张裕仁遗产案的批复
    （1985年3月28日） ………………………………………………………（2319）
最高人民法院
  关于王晏和房屋继承申诉案的批复
    （1985年4月27日） ………………………………………………………（2320）
最高人民法院民事审判庭
  关于招远县陆许氏遗产应由谁继承的电话答复
    （1985年10月28日） ………………………………………………………（2322）
最高人民法院
  关于张寿朋、张惜时与王素卿继承案的批复
    （1985年11月20日） ………………………………………………………（2324）
最高人民法院
  关于对分家析产的房屋再立遗嘱变更产权其遗嘱是否有效的批复
    （1985年11月28日） ………………………………………………………（2325）
最高人民法院
  关于未成年的养子女，其养父在国外死亡后回生母处生活，仍有权继承其
    养父的遗产问题的批复
    （1986年5月19日） ………………………………………………………（2327）
最高人民法院
  关于韩荷敏等人与宁桂兰等人房屋继承案的批复
    （1986年6月10日） ………………………………………………………（2328）
最高人民法院
  关于财产共有人立遗嘱处分自己的财产部分有效处分他人的财产部分无效
    的批复
    （1986年6月20日） ………………………………………………………（2329）
最高人民法院
  关于土改时部分确权、部分未确权的祖遗房产应如何继承问题的批复
    （1987年4月25日） ………………………………………………………（2329）

最高人民法院
关于父母的房屋遗产由兄弟姐妹中一人领取了房屋产权证并视为已有发生
纠纷应如何处理问题的批复
(1987年6月15日) ·· (2330)
最高人民法院
关于冯钢百遗留的油画等应如何处理的批复
(1987年6月17日) ·· (2331)
最高人民法院
关于产权人生前已处分的房屋死后不应认定为遗产的批复
(1987年6月24日) ·· (2331)
最高人民法院民事审判庭
关于未经结婚登记以夫妻名义同居生活一方死亡后另一方有无继承其遗产
权利的答复
(1987年7月25日) ·· (2332)
最高人民法院民事审判庭
关于钱伯春能否继承和尚钱定安遗产的电话答复
(1987年10月16日) ··· (2334)
最高人民法院
关于继承开始时继承人未表示放弃继承遗产又未分割的可按析产案件处理
问题的批复
(1987年10月17日) ··· (2335)
最高人民法院
关于方巧娣赠与不能成立应否按法定继承处理问题的函（节录）
(1987年11月5日) ·· (2336)
最高人民法院民事审判庭
关于王安贵诉王景斋继承案的电话答复
(1987年12月16日) ··· (2337)
最高人民法院
关于赵汝湜被没收发还的财产应如何认定和继承问题的批复
(1988年8月17日) ·· (2341)
最高人民法院民事审判庭
关于吴乱能否与养孙之间解除收养关系的请示的电话答复
(1988年8月30日) ·· (2341)
最高人民法院民事审判庭
关于汤真发诉刘天权继承一案的复函
(1989年2月21日) ·· (2343)

最高人民法院民事审判庭
 关于王敬民诉胡宁声房屋继承案的复函
  （1990年8月13日） ·· (2345)
最高人民法院
 关于蒋秀蓉诉彭润明、邱家乐、朱翠莲继承清偿债务纠纷一案的批复
  （1991年1月26日） ·· (2350)
最高人民法院
 关于杨杰遗产继承一案的函
  （1994年5月11日） ·· (2351)
最高人民法院
 关于王娟婷与王万福、陈玉兰继承纠纷一案的复函
  （1994年12月3日） ·· (2351)
最高人民法院
 关于向美琼、熊伟浩、熊萍与张凤霞、张旭、张林录、冯树义执行遗嘱
  代理合同纠纷一案的请示的复函
  （2003年1月29日） ·· (2352)
最高人民法院
 关于空难死亡赔偿金能否作为遗产处理的复函
  （2005年3月22日） ·· (2352)

三、侵权责任

最高人民法院
 关于认真学习和贯彻《中华人民共和国侵权责任法》的通知
  （2010年1月11日） ·· (2354)
最高人民法院
 关于适用《中华人民共和国侵权责任法》若干问题的通知
  （2010年6月30日） ·· (2355)
最高人民法院
 关于认真学习宣传贯彻《中华人民共和国英雄烈士保护法》的通知
  （2018年5月8日） ·· (2356)
最高人民法院
 印发《关于审理名誉权案件若干问题的解答》的通知
  （1993年8月7日） ·· (2357)
最高人民法院
 关于审理名誉权案件若干问题的解释
  （1998年8月31日） ·· (2359)

最高人民法院
　关于确定民事侵权精神损害赔偿责任若干问题的解释
　　（2001年3月8日）………………………………………………………（2361）
最高人民法院
　关于审理人身损害赔偿案件适用法律若干问题的解释
　　（2003年12月26日）……………………………………………………（2363）
最高人民法院
　关于审理铁路运输人身损害赔偿纠纷案件适用法律若干问题的解释
　　（2010年3月3日）………………………………………………………（2368）
最高人民法院
　关于审理道路交通事故损害赔偿案件适用法律若干问题的解释
　　（2012年11月27日）……………………………………………………（2370）
最高人民法院
　关于审理食品药品纠纷案件适用法律若干问题的规定
　　（2013年12月23日）……………………………………………………（2374）
最高人民法院
　关于审理利用信息网络侵害人身权益民事纠纷案件适用法律若干问题的
　　规定
　　（2014年8月21日）……………………………………………………（2376）
最高人民法院
　关于审理医疗损害责任纠纷案件适用法律若干问题的解释
　　（2017年12月13日）……………………………………………………（2380）
最高人民法院
　关于李桂英诉孙桂清鸡啄眼赔偿一案的函复
　　（1982年1月22日）……………………………………………………（2384）
最高人民法院
　关于徐良诉上海文化艺术报社等侵害名誉权案件的函
　　（1989年12月12日）……………………………………………………（2386）
最高人民法院
　关于银行扣款侵权问题的复函
　　（1990年2月23日）……………………………………………………（2390）
最高人民法院
　关于王水泉诉郑戴仇名誉权案的复函
　　（1990年4月6日）………………………………………………………（2390）
最高人民法院民事审判庭
　关于刘伯达诉徐州西站人身损害赔偿一案如何适用法律问题的电话答复
　　（1990年6月11日）……………………………………………………（2391）

最高人民法院
　关于广东省连县工贸总公司诉怀化市工商银行侵权一案的复函
　　（1990年7月19日） ……………………………………………………… (2391)
最高人民法院
　关于范曾诉盛林虎著作权纠纷一案的复函
　　（1990年11月5日） ……………………………………………………… (2392)
最高人民法院
　关于定边县塑料制品厂与中国工商银行咸阳市支行营业部侵权赔偿纠纷
　　一案有关问题的复函
　　（1990年12月30日） …………………………………………………… (2397)
最高人民法院
　关于上海科技报社和陈贯一与朱虹侵害肖像权上诉案的复函
　　（1991年1月26日） ……………………………………………………… (2397)
最高人民法院
　关于胡骥超、周孔昭、石述成诉刘守忠、遵义晚报社侵害名誉权一案的
　　复函
　　（1991年5月31日） ……………………………………………………… (2398)
最高人民法院
　关于赵正与尹发惠人身损害赔偿案如何适用法律政策问题的复函
　　（1991年8月9日） ………………………………………………………… (2399)
最高人民法院
　关于李新荣诉天津市第二医学院附属医院医疗事故赔偿一案如何适用法律
　　问题的复函
　　（1992年3月24日） ……………………………………………………… (2399)
最高人民法院经济审判庭
　关于寿光县东都宾馆诉栖霞县物资局、物资开发公司损害赔偿纠纷一案的
　　复函
　　（1992年5月5日） ………………………………………………………… (2400)
最高人民法院
　关于刊登侵害他人名誉权小说的出版单位在作者已被判刑后还应否承担
　　民事责任的复函
　　（1992年8月14日） ……………………………………………………… (2400)
最高人民法院研究室
　关于遇害者不明的水上交通肇事案件应如何适用法律问题的电话答复
　　（1992年10月30日） ……………………………………………………… (2401)

最高人民法院
　关于曹豪哲诉延边电业局、姜国政赔偿一案的责任划分及法律适用问题的
　　复函
　　　（1993年5月5日） ·· (2402)
最高人民法院
　关于郑立本与青岛市建筑安装工程公司追索赔偿金纠纷一案的复函
　　　（1993年7月13日） ·· (2403)
最高人民法院
　关于胡秋生、娄良英等八人诉彭拜、漓江出版社名誉权纠纷案的复函
　　　（1995年1月9日） ·· (2406)
最高人民法院
　关于邵文卿与黄朝星侵害名誉权案的函
　　　（1995年6月1日） ·· (2406)
最高人民法院
　关于中国人民解放军第四医大附属西京医院、樊代明和杨林海名誉权纠纷
　　一案的函
　　　（1995年7月19日） ·· (2407)
最高人民法院
　关于张自修诉横峰县老干部管理局损害赔偿纠纷案的请示的函
　　　（1996年10月25日） ·· (2407)
最高人民法院
　关于都兴久、都兴亚诉高其昌、王大学名誉权纠纷一案的请示报告的函
　　　（1996年12月10日） ·· (2408)
最高人民法院
　关于济南三株公司与陈然之等人损害赔偿一案的答复
　　　（1998年12月30日） ·· (2408)
最高人民法院
　关于黑龙江省鸡西市梨树区人民政府与鸡西市化工局、沈阳冶炼厂环境
　　污染纠纷案的复函
　　　（1999年11月2日） ·· (2409)
最高人民法院
　关于肖涵诉上海市第五十四中学等赔偿一案的复函
　　　（1999年11月20日） ·· (2409)
最高人民法院
　关于刘兰祖诉山西日报社、山西省委支部建设杂志社侵害名誉权一案的
　　复函
　　　（1999年11月27日） ·· (2410)

最高人民法院
关于中国人民银行郑州分行与济南市电信局侵权损害赔偿一案的复函
（2000年1月13日） ··· (2410)

最高人民法院
关于从事高空高压对周围环境有高度危险作业造成他人损害的应适用民法
通则还是电力法的复函
（2000年2月21日） ··· (2411)

最高人民法院
关于广西高院请示黄仕冠、黄德信与广西法制报社、范宝忠名誉侵权一案
请示的复函
（2000年7月31日） ··· (2411)

最高人民法院
关于连环购车未办理过户手续，原车主是否对机动车发生交通事故致人
损害承担责任的请示的批复
（2001年12月31日） ··· (2412)

最高人民法院
关于郑某与宽城满族自治县电力局、宽城满族自治县苹罗台乡苹罗台村等
损害赔偿一案的复函
（2002年4月2日） ·· (2412)

最高人民法院
关于陈贵松等27人诉竹山县交通局、竹山县公路段人身损害赔偿纠纷一案
受理问题的复函
（2003年6月19日） ··· (2413)

最高人民法院研究室
关于对参加聚众斗殴受重伤或者死亡的人及其家属提出的民事赔偿请求
能否予以支持问题的答复
（2004年11月11日） ··· (2413)

最高人民法院
经常居住在城镇的农村居民因交通事故伤亡如何计算赔偿费用的复函
（2006年4月3日） ·· (2414)

最高人民法院
关于财保六安市分公司与李福国等道路交通事故人身损害赔偿纠纷请示的
复函
（2008年10月16日） ··· (2414)

最高人民法院
关于对"统一第三人侵权工伤赔偿案件裁判标准"问题的答复
（2011年1月1日） ·· (2415)

最高人民法院
关于雇员在雇佣活动中造成人身损害使用什么标准评定伤残的答复
（2013年5月30日） ·· (2416)

最高人民法院
关于王辉与烟台市邮政局生命健康权身体权纠纷一案请示的答复
（2013年6月17日） ·· (2416)

最高人民法院
关于《机动车交通事故责任强制保险条例》适用问题的答复
（2013年7月25日） ·· (2417)

最高人民法院　公安部　司法部　中国保险监督管理委员会
关于在全国部分地区开展道路交通事故损害赔偿纠纷"网上数据一体化
　　处理"改革试点工作的通知
（2017年10月27日） ··· (2418)

四、物　权

（一）综　合

最高人民法院
关于认真学习和贯彻《中华人民共和国物权法》的通知
（2007年4月9日） ··· (2421)

最高人民法院
关于适用《中华人民共和国物权法》若干问题的解释（一）
（2016年2月22日） ·· (2422)

最高人民法院
解答关于处理房户行使优先购买权案件发生疑义的问题的函
（1952年5月17日） ·· (2424)

最高人民法院
关于庞启林在庞永红房屋近处挖井对该房造成损坏应按相邻关系原则处理
　　问题的复函
（1991年5月22日） ·· (2427)

最高人民法院
关于湖北省龙感湖农场驻江西省九江市中转站与王秀英房屋改建纠纷案的
　　函复
（1993年1月12日） ·· (2430)

最高人民法院
　关于四川经济日报社与段惠民、第三人成都实用信息公司财产侵权案如何
　　处理的复函
　　（1994年3月26日） ································· (2431)

（二）所有权

最高人民法院
　关于审理建筑物区分所有权纠纷案件具体应用法律若干问题的解释
　　（2009年5月14日） ································· (2432)
最高人民法院
　关于审理物业服务纠纷案件具体应用法律若干问题的解释
　　（2009年5月15日） ································· (2435)
最高人民法院　国务院宗教事务局
　关于寺庙、道观房屋产权归属问题的复函
　　（1981年1月27日） ································· (2436)
最高人民法院
　关于私房改造后留给房主自住房产权归谁所有问题的批复
　　（1982年4月5日） ·································· (2438)
最高人民法院
　关于解放初期代管房产未按规定申请产权，房屋转归国家所有问题的批复
　　（1985年2月16日） ································· (2439)
最高人民法院
　关于方益顺、方深耕与祁门县凫峰乡恒丰村中心生产队房产纠纷案的批复
　　（1985年3月28日） ································· (2441)
最高人民法院
　关于利显乾与利潮良房屋纠纷案的批复
　　（1985年5月2日） ·································· (2443)
最高人民法院
　关于黄大荣与臧学稷等房屋纠纷案的批复
　　（1985年9月10日） ································· (2446)
最高人民法院
　关于在土改前已分家析产的房屋，土改时误登在一人名下的产权仍归双方
　　各自所有的批复
　　（1985年12月27日） ································ (2447)
最高人民法院
　关于任遵庵与任金华房屋纠纷案的批复
　　（1986年3月1日） ·································· (2447)

最高人民法院
　关于产权人双方在"文革"期间互换房屋各自行使权利多年后能否翻悔
　　问题的批复
　　（1986年6月17日）···（2448）
最高人民法院
　关于黎城县南堡村与平顺县王曲村因河滩地、树木一案的批复
　　（1986年8月28日）···（2449）
最高人民法院
　关于产权从未变更过的祖遗房下掘获祖辈所埋的白银归谁所有问题的批复
　　（1987年2月21日）···（2450）
最高人民法院
　关于非所有权人将他人房屋投资入股应如何处理问题的批复
　　（1987年2月23日）···（2450）
最高人民法院民事审判庭
　关于盲人刘春和生前从事"算命"所积累的财产死后可否视为非法所得
　　加以没收的电话答复
　　（1987年10月14日）···（2451）
最高人民法院民事审判庭
　关于石家庄市保险公司与谷在群房屋纠纷问题的电话答复
　　（1987年12月17日）···（2452）
最高人民法院
　关于金瑞仙与黄宗廉等房产纠纷一案的批复
　　（1988年2月4日）···（2454）
最高人民法院研究室
　关于贯彻执行《关于复查历史案件中处理私人房产有关事项的通知》
　　第二条中的几个问题的电话答复
　　（1988年3月21日）···（2455）
最高人民法院
　关于掘获过去地主埋藏的银元归谁所有问题的批复
　　（1988年4月1日）···（2457）
最高人民法院
　关于掘获的白银应归埋藏人所有一案的批复
　　（1988年4月20日）···（2457）
最高人民法院
　关于于金明与赵文运房产纠纷一案的批复
　　（1988年10月24日）···（2458）

最高人民法院
  关于解除对宋克勤房屋代管问题的复函
  （1988年11月25日）······(2459)
最高人民法院
  关于南京市服务事业公司诉吕萍、吕静林房产纠纷案处理问题的复函
  （1988年12月17日）······(2461)
最高人民法院
  关于晋贞轩与邵原镇人民政府房屋纠纷案的函
  （1989年4月13日）······(2463)
最高人民法院
  关于聂福云房屋回赎案不适用我院《关于非所有权人将他人房屋投资入股
  应如何处理问题的批复》的函
  （1989年5月12日）······(2463)
最高人民法院
  关于共同经商、共同生活期间购置的房产应认定为共有的复函
  （1989年6月9日）······(2467)
最高人民法院
  关于孙嵩群诉甘棠供销社房屋产权纠纷案处理意见的函
  （1989年7月18日）······(2473)
最高人民法院
  关于舒永基诉舒祥鸿房屋纠纷一案的函
  （1989年8月26日）······(2473)
最高人民法院
  关于无充分证据否定产权登记的纠纷应如何处理问题的复函
  （1989年9月27日）······(2474)
最高人民法院
  关于韩玉山与定兴县房地产公司房产纠纷案处理问题的复函
  （1989年11月24日）······(2477)
最高人民法院
  关于对土改时祖遗房产填写土地房产证后的产权确认问题的复函
  （1990年2月5日）······(2479)
最高人民法院
  关于周维华诉周维鸿房屋纠纷案的复函
  （1990年3月10日）······(2480)
最高人民法院
  关于周凯诉韩俊房屋纠纷案的复函
  （1990年3月28日）······(2480)

最高人民法院
关于湘潭市穆斯林事务管理小组诉金麦秋等房屋产权案的复函
(1990年4月9日) ·· (2481)
最高人民法院
关于兴化县大垛乡政府诉孙鸿祥房屋纠纷一案的复函
(1990年6月13日) ·· (2481)
最高人民法院
关于向勋珍与叶学枝房屋纠纷一案的复函
(1990年11月15日) ·· (2482)
最高人民法院
关于购房人之一在购房时不完全具备条件，但购房后长期共同居住管理
使用，纠纷时已具备完全购房条件的应认定产权共有的复函
(1991年8月7日) ·· (2484)
最高人民法院
关于村委会与所属村民小组的土地纠纷案应如何适用政策法律问题的复函
(1991年9月25日) ·· (2486)
最高人民法院
关于陈恩义与泉州制药厂房屋所有权纠纷案的复函
(1992年1月23日) ·· (2487)
最高人民法院
关于庐江县城关供销社诉庐江县佛教协会房产纠纷案的复函
(1992年2月9日) ·· (2488)
最高人民法院
关于籍德显等九十二户村民讼争土地纠纷应如何适用法律问题的复函
(1992年2月17日) ·· (2488)
最高人民法院
关于胡震波诉叶润忠返还财物（邮票）纠纷应如何处理问题的函复
(1992年4月8日) ·· (2491)
最高人民法院
关于周祖德、周祖明等诉周祖华、周祖荣等房屋纠纷一案的复函
(1992年7月13日) ·· (2494)
最高人民法院
关于已公私合营清产核资折价入股的房屋属国家所有的复函
(1992年7月31日) ·· (2495)
最高人民法院
关于国营老山林场与渭昔屯林木、土地纠纷如何处理问题的复函
(1992年7月31日) ·· (2495)

最高人民法院
    关于王维新与长春市电子仪器厂房屋纠纷案应如何处理的复函
        (1992年8月20日) ·· (2496)
最高人民法院
    关于喻德生诉解才亨房屋纠纷一案的复函
        (1993年3月20日) ·· (2497)
最高人民法院
    关于叶秀妹与寿宁县饮食服务公司房屋确权纠纷的复函
        (1993年11月6日) ·· (2497)
最高人民法院
    关于深圳市装饰工程工业总公司与深圳市金光企业股份有限公司、原审
        第三人沈阳军区驻深圳办事处房屋产权案的复函
        (1994年8月31日) ·· (2500)
最高人民法院
    关于青岛市市北区人民法院划拨郑州市东方红石油化工厂汇入大庆市
        龙凤区龙庆化工厂账户的1385万元归属问题的处理决定
        (1995年5月31日) ·· (2500)
最高人民法院研究室
    关于如何认定买卖合同中机动车财产所有权转移时间问题的复函
        (2000年12月25日) ·· (2501)
最高人民法院
    关于章春云等与张文斌房地产确权纠纷案的复函
        (2001年9月3日) ··· (2502)

（三）用益物权

最高人民法院
    关于审理涉及国有土地使用权合同纠纷案件适用法律问题的解释
        (2005年6月18日) ·· (2503)
最高人民法院
    关于审理涉及农村土地承包纠纷案件适用法律问题的解释
        (2005年7月29日) ·· (2506)
最高人民法院
    关于审理涉及农村土地承包经营纠纷调解仲裁案件适用法律若干问题的
        解释
        (2014年1月9日) ··· (2510)

最高人民法院
　关于国有土地开荒后用于农耕的土地使用权转让合同纠纷案件如何适用
　　法律问题的批复
　　（2012年9月4日） ·· (2512)
最高人民法院
　关于郭玉兰与任秀梅宅基纠纷案的电话答复
　　（1986年10月30日） ·· (2512)
最高人民法院民事审判庭
　关于翟忠元与巴彦淖尔盟运输公司宅基地纠纷案的电话答复
　　（1989年11月7日） ··· (2514)
最高人民法院民事审判庭
　关于淮北市青龙山镇洪庄行政村诉青龙山镇人民政府塌陷区水面使用权
　　纠纷一案的电话答复
　　（1989年12月21日） ·· (2517)
最高人民法院
　关于内蒙古第一建筑工程公司与内蒙古医学院土地使用权纠纷案如何处理
　　问题的复函
　　（1991年8月9日） ·· (2521)
最高人民法院
　关于任惠温与任乡锁地基纠纷一案如何处理的复函
　　（1992年7月6日） ·· (2522)
最高人民法院
　关于王翠兰等六人与庐山区十里乡黄土岭村六组土地征用费分配纠纷一案
　　的复函
　　（1994年12月30日） ·· (2522)
最高人民法院立案庭
　关于徐志君等十一人诉龙泉市龙渊镇第八村村委会土地征用补偿费分配
　　纠纷一案请示的答复
　　（2002年8月19日） ··· (2523)
最高人民法院
　关于山东鲁信置业有限公司与青岛恒基置业有限公司土地使用权转让合同
　　纠纷一案请示的答复
　　（2010年12月28日） ·· (2524)

（四）担保物权

最高人民法院
　关于适用《中华人民共和国担保法》若干问题的解释
　　（2000年12月8日） ··· (2525)

最高人民法院
关于国有工业企业以机器设备等财产为抵押物与债权人签订的抵押合同的
　　效力问题的批复
　　（2002年6月18日） ………………………………………………………… (2537)
最高人民法院
关于破产企业国有划拨土地使用权应否列入破产财产等问题的批复
　　（2003年4月16日） ………………………………………………………… (2537)
最高人民法院
关于审理出口退税托管账户质押贷款案件有关问题的规定
　　（2004年11月22日） ……………………………………………………… (2538)
最高人民法院
关于债务人有多个债权人而将其全部财产抵押给其中一个债权人是否有效
　　问题的批复
　　（1994年3月26日） ………………………………………………………… (2539)
最高人民法院
关于共有人之一私自与外籍华人违反法律进行房产抵押买卖交易无效的
　　复函
　　（1990年10月26日） ……………………………………………………… (2540)
最高人民法院经济庭
关于同一抵押物设立数个抵押权依次受偿问题的函
　　（1992年4月18日） ………………………………………………………… (2540)
最高人民法院研究室
关于抵押权不受抵押登记机关规定的抵押期限影响问题的函
　　（2000年9月28日） ………………………………………………………… (2541)
最高人民法院
关于能否对连带责任保证人所有的船舶行使留置权的请示的复函
　　（2001年8月17日） ………………………………………………………… (2541)
最高人民法院
关于吉林市商业银行营业部与交通银行吉林分行船营支行长春路分理处
　　存单质押纠纷一案请示的答复
　　（2003年1月4日） ………………………………………………………… (2542)
最高人民法院
关于担保法司法解释第五十九条中的"第三人"范围问题的答复
　　（2006年5月18日） ………………………………………………………… (2542)
最高人民法院
关于已登记的抵押物的善意受让人在抵押物灭失后应否对抵押权人承担
　　赔偿责任的复函
　　（2006年10月25日） ……………………………………………………… (2543)

· 31 ·

最高人民法院
关于《国土资源部办公厅关于征求为公司债券持有人办理国有土地使用权抵押登记意见函》的答复
（2010年6月23日） ··· (2544)

最高人民法院
关于购买抵押房屋并已交付房款的小业主诉请银行涂销抵押应否支持问题的请示的答复
（2011年6月15日） ··· (2544)

（五）典权、典当

最高人民法院
关于执行《民事政策法律若干问题的意见》中几个涉及房屋典当问题的函
（1985年2月24日） ··· (2546)

最高人民法院
关于典当房屋被视为绝卖以后确认产权程序问题的批复
（1989年7月24日） ··· (2547)

最高人民法院
关于私房改造中典当双方都是被改造户的回赎案件应如何处理问题的批复
（1990年7月25日） ··· (2547)

最高人民法院
关于雷龙江与雷济川房屋典当关系应予承认的批复
（1979年11月5日） ··· (2548)

最高人民法院
关于对房屋典当回赎案的批复
（1980年12月12日） ·· (2549)

最高人民法院
关于适用《关于贯彻执行民事政策法律若干问题的意见》第五十八条的批复
（1984年12月3日） ··· (2550)

最高人民法院
关于宛若海承典安淑珍房屋履行期间因"文革"将房产收归公有的时间是否计入回赎时效的批复
（1986年4月11日） ··· (2551)

最高人民法院
关于典当房屋回赎期限计算问题的批复
（1986年5月27日） ··· (2551)

最高人民法院
　关于安顺饭店与安顺地区外贸公司房屋典当一案的请示的电话答复
　（1987年1月20日） ……………………………………………………………（2553）
最高人民法院
　关于颜美本等与黄荣俊房屋典赎案的批复
　（1988年2月1日） ……………………………………………………………（2556）
最高人民法院
　关于土改前地主出典的城镇房屋经过三十年能否回赎问题的批复
　（1988年2月1日） ……………………………………………………………（2556）
最高人民法院
　关于张友良与赵天常房屋典当一案给全国人大常委会办公厅信访局的复函
　（1988年2月10日） ……………………………………………………………（2557）
最高人民法院
　关于黄金珠等与张顺芬房屋典当回赎纠纷一案的函
　（1989年10月17日） …………………………………………………………（2560）
最高人民法院
　关于公私合营中典权入股的房屋应如何处理问题的函
　（1990年4月9日） ……………………………………………………………（2561）
最高人民法院
　关于罗超华与王辉明房屋典当纠纷案处理问题的复函
　（1991年7月9日） ……………………………………………………………（2561）
最高人民法院
　关于金德辉诉佳木斯市永恒典当商行房屋典当案件应如何处理问题的函复
　（1992年3月16日） ……………………………………………………………（2563）
最高人民法院
　关于黄东与樊而统房屋典当纠纷应否认定为抵押借款问题的函复
　（1992年3月16日） ……………………………………………………………（2564）
最高人民法院
　关于谢元福、王琪与黄长明房屋典当纠纷一案适用法律政策问题的复函
　（1992年6月5日） ……………………………………………………………（2564）
最高人民法院
　关于郑松宽与郑道瀛、吴惠芳等房屋典当、卖断纠纷案如何处理的复函
　（1992年9月14日） ……………………………………………………………（2565）
最高人民法院
　关于吴连胜等诉烟台市房地产管理局房屋典当回赎一案如何处理的复函
　（1993年2月16日） ……………………………………………………………（2565）

最高人民法院
关于戴文林、戴文治诉高学孔房屋典当纠纷案如何处理的复函
(1993年2月17日) ······ (2566)

最高人民法院
关于李秀萍、李生华诉朱伯华房产纠纷一案如何处理的复函
(1993年12月5日) ······ (2566)

最高人民法院
关于张建英与赵德芬、周涤安房屋典当纠纷一案的请示报告的复函
(1993年12月5日) ······ (2567)

五、民事合同

（一）综 合

最高人民法院
关于适用《中华人民共和国合同法》若干问题的解释（一）
(1999年12月19日) ······ (2570)

最高人民法院
关于适用《中华人民共和国合同法》若干问题的解释（二）
(2009年4月24日) ······ (2573)

最高人民法院研究室
对《关于适用〈中华人民共和国合同法〉若干问题的解释（二）》第24条理解与适用的请示的答复
(2013年6月4日) ······ (2577)

最高人民法院
关于正确适用《中华人民共和国合同法》若干问题的解释（二）服务党和国家的工作大局的通知
(2009年4月27日) ······ (2577)

最高人民法院
印发《关于当前形势下审理民商事合同纠纷案件若干问题的指导意见》的通知
(2009年7月7日) ······ (2579)

最高人民法院
关于确认和处理无效经济合同适用何种法律文书问题的批复
(1990年1月20日) ······ (2583)

最高人民法院
　关于对注册资金投入未达到法规规定最低限额的企业法人签订的经济合同
　　效力如何确认问题的批复
　　　（1997年2月25日） ·· (2583)
最高人民法院
　关于依据何种标准计算电话费滞纳金问题的批复
　　　（1998年12月29日） ·· (2584)
最高人民法院
　关于中国对外贸易运输公司秦皇岛分公司劳动服务公司与秦皇岛港务局
　　劳动服务公司港口经济开发公司购销冷暖风机合同效力问题的批复
　　　（1987年10月9日） ·· (2585)
最高人民法院经济审判庭
　关于企业设置的办事机构对外所签订的购销合同是否一律认定为无效合同
　　问题的电话答复
　　　（1988年11月8日） ·· (2585)
最高人民法院
　关于日本人纪平孝诉湖南省人民医院赠与一案的答复
　　　（1989年5月22日） ·· (2587)
最高人民法院
　关于王福祥与刘永久等债务纠纷案的复函
　　　（1990年3月6日） ·· (2594)
最高人民法院
　关于刘志平与刘运林、朱悠久奖券纠纷案的复函
　　　（1990年11月5日） ·· (2594)
最高人民法院
　关于北京市崇文区长巷四条综合商店代销合同货款纠纷一案应当如何处理
　　的复函
　　　（1991年2月10日） ·· (2595)
最高人民法院经济审判庭
　关于如何对待多个债权人问题的电话答复
　　　（1991年6月26日） ·· (2595)
最高人民法院
　关于武汉市煤气公司诉重庆检测仪表厂煤气表装配线技术转让合同购销
　　煤气表散件合同纠纷一案适用法律问题的函
　　　（1992年3月6日） ·· (2597)

· 35 ·

最高人民法院经济审判庭
关于平度市西阁乳胶制品厂与青岛橡胶联合进出口公司来料加工合同效力
认定问题的复函
（1992年5月7日） ··· (2597)
最高人民法院
关于商都县毛毯厂与呼和浩特联合毛纺织科研实验厂加工承揽毛毯合同
纠纷一案的复函
（1992年7月16日） ··· (2598)
最高人民法院经济审判庭
关于沈参雄诉昆明磷酸盐厂承包合同纠纷案在合资企业昆明云通磷酸盐厂
成立以后原承包合同应视为实际上解除问题的复函
（1992年12月17日） ··· (2599)
最高人民法院
关于河北省景县华电铁塔厂与河南省邮电规划设计院建造微波铁塔合同
纠纷案的协调处理意见
（1995年4月17日） ··· (2599)
最高人民法院
关于甘肃省乡镇第三产业公司诉德国阿丝德有限公司、香港欣季实业有限
公司合作合同无效纠纷案的请示报告的复函
（1995年10月18日） ··· (2600)
最高人民法院
关于海南省高级人民法院审理诺和诺德股份有限公司与海南际中医药科技
开发公司经销协议纠纷案的报告的复函
（1996年12月20日） ··· (2601)
最高人民法院
关于咸阳爱心总公司与咸阳爱心总公司1930名传销员传销纠纷如何适用
〔1998〕38号通知的复函
（1999年4月6日） ··· (2601)
最高人民法院
关于对中国长江航运（集团）总公司与武汉港务管理局委托代收水运
客货运附加费纠纷一案请示的复函
（2003年5月28日） ··· (2602)
最高人民法院
关于高长林等六人与河南高速公路发展有限责任公司违约赔偿纠纷一案的
函复
（2003年6月25日） ··· (2602)

最高人民法院
 关于张树东与平阴县平阴镇人民政府追索奖励费纠纷一案的复函
  (2003年7月24日) ································ (2603)
最高人民法院
 关于深圳发展银行与赛格（香港）有限公司、深圳赛格集团财务公司
  代位权纠纷一案的请示的复函
  (2005年9月16日) ································ (2603)
最高人民法院
 关于中国农业银行西藏自治区分行、中国人民银行拉萨中心支行与北京
  阿贝斯广告有限责任公司汇兑合同纠纷一案的答复
  (2006年3月27日) ································ (2609)
最高人民法院
 关于明田（湖南）企业有限公司与衡阳市殡葬事业管理处、衡阳市民政局
  解除合同纠纷一案的请示的复函
  (2008年10月22日) ································ (2610)
最高人民法院
 关于对甘肃省高级人民法院就姜传舜申请执行甘肃敬业农业科技有限公司
  服务合同纠纷一案请示的复函
  (2015年8月31日) ································ (2612)

（二）买卖合同

最高人民法院
 关于审理商品房买卖合同纠纷案件适用法律若干问题的解释
  (2003年4月28日) ································ (2613)
最高人民法院
 关于审理买卖合同纠纷案件适用法律问题的解释
  (2012年5月10日) ································ (2617)
最高人民法院
 关于逾期付款违约金应当按照何种标准计算问题的批复
  (1999年2月12日) ································ (2623)
最高人民法院
 关于修改《最高人民法院关于逾期付款违约金应当按照何种标准计算问题
  的批复》的批复
  (2000年11月15日) ································ (2623)
最高人民法院
 关于购销合同履行地的特殊约定问题的批复
  (1990年8月19日) ································ (2624)

最高人民法院
　关于农民未经批准购买城镇房屋无效的批复
　　（1982年12月18日） ································· (2625)
最高人民法院
　关于工矿产品与农副产品、工矿产品中的通用产品与专用产品区分问题的
　　函
　　（1987年12月9日） ··································· (2626)
最高人民法院
　关于李德成诉邓崇勋房屋买卖纠纷一案的批复
　　（1988年3月21日） ··································· (2628)
最高人民法院
　关于共有人之一擅自出卖共有房屋无效的批复
　　（1988年10月24日） ·································· (2629)
最高人民法院
　关于买卖房屋的民事行为未完成买卖关系没有成立的批复
　　（1988年12月29日） ·································· (2632)
最高人民法院民事审判庭
　关于元麟养与周英子等人房屋买卖纠纷案的电话答复
　　（1988年1月30日） ··································· (2636)
最高人民法院
　关于刘好福、刘好祯与刘好禄、刘好祥房屋买卖纠纷的批复
　　（1988年4月13日） ··································· (2639)
最高人民法院
　关于杨金容诉新建、广场两居委会房屋买卖一案的电话答复
　　（1989年10月10日） ·································· (2640)
最高人民法院
　关于房屋买卖双方约定的生效条件不具备可不认定买卖关系成立的复函
　　（1989年12月31日） ·································· (2642)
最高人民法院民事审判庭
　关于王三槐诉通城县商业局隽水商业综合公司房屋买卖案的电话答复
　　（1990年3月23日） ··································· (2643)
最高人民法院民事审判庭
　关于宋国忠与宋国木房屋买卖纠纷案的电话答复
　　（1990年4月11日） ··································· (2645)
最高人民法院经济审判庭
　关于北京龙凤酒厂诉牡丹江市西安钢木门窗厂购销合同货款纠纷案的电话
　　答复
　　（1990年5月22日） ··································· (2647)

最高人民法院民事审判庭
　关于田雅与黄美娇、黄娇、曾木枞房屋买卖纠纷一案的电话答复
　　（1990年8月30日） ··· (2648)
最高人民法院
　关于苏水香诉丁学淼房屋买卖纠纷案处理问题的复函
　　（1990年10月29日） ·· (2652)
最高人民法院
　关于非产权人擅自出卖他人房屋其买卖协议应属无效的复函
　　（1991年3月22日） ··· (2657)
最高人民法院
　关于山西冶炼有限公司与杭州市外贸公司煤炭购销合同纠纷处理意见的函
　　（1991年4月11日） ··· (2660)
最高人民法院
　对湖北省高级人民法院关于购销不合格稻种合同纠纷请示问题的答复
　　（1992年3月14日） ··· (2661)
最高人民法院
　对陕西省高级人民法院关于购销三条乳胶生产线合同纠纷案请示的答复
　　（1992年3月16日） ··· (2662)
最高人民法院经济审判庭
　关于购销羊绒合同中出现两个质量标准如何认定问题的复函
　　（1992年5月14日） ··· (2662)
最高人民法院经济审判庭
　关于榆林市可可盖供销社与怀来县物资局购销羊绒合同纠纷一案的复函
　　（1992年5月14日） ··· (2663)
最高人民法院
　关于范怀与郭明华房屋买卖是否有效问题的复函
　　（1992年7月9日） ·· (2664)
最高人民法院
　关于李玉彬诉万县市中意皮鞋厂房屋买卖纠纷案如何处理的复函
　　（1992年8月15日） ··· (2664)
最高人民法院
　关于李杰与符文海房屋买卖纠纷案如何处理的复涵
　　（1993年2月17日） ··· (2665)
最高人民法院
　关于广东省高要县百货公司等诉广西凤凰华侨农工商服务公司等购销
　　青苎麻合同货款纠纷案与湖南省工矿民族贸易公司诉湖南省工商行政
　　管理局行政处理决定案重复受理应如何处理的复函
　　（1993年5月22日） ··· (2665)

最高人民法院
  关于上海第十钢铁厂诉江西省金属材料总公司和南昌车辆厂购销钢材合同
    纠纷案如何确定民事责任问题的函
    （1995年5月23日） ································· (2666)
最高人民法院
  关于呼和浩特市中级人民法院重复受理湖南凤凰园经济开发区丰景贸易
    公司与内蒙古工商银行华银公司钢材购销合同纠纷一案问题的函
    （1995年12月6日） ································· (2667)
最高人民法院
  关于湖北省交通物资公司诉天津福津木业有限公司购销合同品种质量
    纠纷案适用法律问题的请示的答复
    （1998年4月25日） ································· (2668)
最高人民法院研究室
  关于买卖骨灰存放格位行为的效力问题的答复
    （2001年7月9日） ·································· (2668)
最高人民法院
  关于对厦门樱织服装有限公司与日本喜佳思株式会社买卖合同欠款纠纷
    一案的请示的复函
    （2002年10月8日） ································· (2669)
最高人民法院
  关于新疆生产建设兵团农二师二十九团与乌苏市远征工贸总公司种树苗
    买卖合同纠纷案的复函
    （2003年2月20日） ································· (2669)
最高人民法院
  关于蔡德成与大连经济技术开发区龙海房地产开发公司、原审第三人大连
    翻译专修学院商品房买卖合同纠纷一案请示的答复
    （2003年11月30日） ································ (2670)

（三）民间借贷合同

最高人民法院
  关于审理民间借贷案件适用法律若干问题的规定
    （2015年8月6日） ·································· (2671)
最高人民法院
  关于依法妥善审理民间借贷纠纷案件促进经济发展维护社会稳定的通知
    （2011年12月2日） ································· (2675)

最高人民法院
 关于认真学习贯彻适用《最高人民法院关于审理民间借贷案件适用法律
  若干问题的规定》的通知
  （2015年8月25日） ·· (2678)

（四）租赁合同

最高人民法院
 关于审理城镇房屋租赁合同纠纷案件具体应用法律若干问题的解释
  （2009年7月30日） ·· (2680)

最高人民法院
 关于张树江与陈伯寅房屋租赁案的批复
  （1981年12月2日） ·· (2683)

最高人民法院经济审判庭
 关于对一企业租赁经营合同规定由主管部门鉴证后合同生效的条款效力
  如何认定问题的复函
  （1991年1月11日） ·· (2685)

最高人民法院
 关于周慧儒等诉遵义市万里路蔬菜店房屋租赁纠纷一案的复函
  （1992年6月8日） ·· (2686)

最高人民法院
 关于承租部分房屋的承租人在出租人整体出卖房屋时是否享有优先购买权
  的复函
  （2005年7月26日） ·· (2687)

（五）建设工程合同

最高人民法院
 关于审理建设工程施工合同纠纷案件适用法律问题的解释
  （2004年10月25日） ·· (2688)

最高人民法院
 关于如何理解和适用《最高人民法院关于审理建设工程施工合同纠纷案件
  适用法律问题的解释》第20条的请示的复函
  （2006年4月25日） ·· (2691)

最高人民法院
 关于建设工程价款优先受偿权问题的批复
  （2002年6月20日） ·· (2692)

最高人民法院
 关于胡拴毛诉梁宝堂索要信息费一案的复函
  （1990年11月19日） ·· (2693)

最高人民法院经济审判庭
  关于建筑工程承包合同纠纷中工期问题的电话答复
    (1988年9月17日) ……………………………………………………… (2693)
最高人民法院经济审判庭
  关于国营黄羊河农场与榆中县第二建筑工程公司签订的两份建筑工程承包
    合同的效力认定问题的复函
    (1992年1月13日) ……………………………………………………… (2695)
最高人民法院
  关于云南省昆明官房建筑经营公司与昆明柏联房地产开发有限公司建筑
    工程承包合同纠纷一案的复函
    (2000年10月10日) …………………………………………………… (2696)
最高人民法院
  关于建设工程承包合同案件中双方当事人已确认的工程决算价款与审计
    部门审计的工程决算价款不一致时如何适用法律问题的电话答复意见
    (2001年4月2日) ……………………………………………………… (2696)
最高人民法院
  关于装修装饰工程款是否享有合同法第二百八十六条规定的优先受偿权的
    函复
    (2004年12月8日) ……………………………………………………… (2697)

（六）技术合同

最高人民法院
  关于审理技术合同纠纷案件适用法律若干问题的解释
    (2004年12月16日) …………………………………………………… (2698)
最高人民法院民事审判第三庭
  关于黑龙江无线电一厂与王兴华等专利实施许可合同使用费纠纷案的函
    (2001年1月11日) ……………………………………………………… (2706)
最高人民法院
  关于印发全国法院知识产权审判工作会议关于审理技术合同纠纷案件若干
    问题的纪要的通知
    (2001年6月19日) ……………………………………………………… (2707)
最高人民法院知识产权审判庭
  关于绍兴中药厂与上海医科大学附属华山医院技术转让合同纠纷案的函
    (2000年5月28日) ……………………………………………………… (2721)
最高人民法院
  关于中国矿业大学与重庆市环境保护局等非专利技术转让及委托设计合同
    纠纷案的函
    (2000年6月20日) ……………………………………………………… (2722)

(七) 旅游合同

最高人民法院
关于审理旅游纠纷案件适用法律若干问题的规定
(2010年10月26日) ……………………………………………………… (2724)

(八) 特许经营合同

最高人民法院
关于不具备"拥有至少2个直营店并且经营时间超过1年"的特许人所
签订的特许经营合同是否有效的复函
(2010年11月24日) ……………………………………………………… (2728)

最高人民法院
关于企业以外的其他单位和个人作为特许人所签订的特许经营合同是否
有效的复函
(2010年11月24日) ……………………………………………………… (2728)

(九) 借用合同

最高人民法院
关于房屋借用纠纷的批复
(1985年8月12日) ……………………………………………………… (2730)

最高人民法院
关于契约已载明借钱借房的房产纠纷不宜确认为房屋买卖的批复
(1987年4月8日) ………………………………………………………… (2730)

最高人民法院
关于武都县佛教协会与罗兆年、罗玉成、罗志民及武都县城关镇供销服务
公司房屋纠纷案的批复
(1987年8月24日) ……………………………………………………… (2731)

六、劳动争议、人事争议

最高人民法院
关于审理劳动争议案件适用法律若干问题的解释
(2001年4月16日) ……………………………………………………… (2733)

最高人民法院
关于审理劳动争议案件适用法律若干问题的解释(二)
(2006年8月14日) ……………………………………………………… (2736)

最高人民法院
 关于审理劳动争议案件适用法律若干问题的解释（三）
  （2010年9月13日） ·· (2738)
最高人民法院
 关于审理劳动争议案件适用法律若干问题的解释（四）
  （2013年1月18日） ·· (2740)
最高人民法院
 关于劳动仲裁委员会逾期不作出仲裁裁决或者作出不予受理通知的劳动
  争议案件，人民法院应否受理的批复
  （1998年9月2日） ··· (2743)
最高人民法院
 关于人民法院对经劳动争议仲裁裁决的纠纷准予撤诉或驳回起诉后劳动
  争议仲裁裁决从何时起生效的解释
  （2000年7月10日） ·· (2743)
最高人民法院
 关于人民法院审理事业单位人事争议案件若干问题的规定
  （2003年8月27日） ·· (2744)
最高人民法院
 关于事业单位人事争议案件适用法律等问题的答复
  （2004年4月30日） ·· (2745)
最高人民法院
 关于人事争议申请仲裁的时效期间如何计算的批复
  （2013年9月12日） ·· (2745)
最高人民法院
 关于金龙万、金龙哲与黑龙江省国际经济技术合作公司出国劳务合同
  纠纷案是否适用最高人民法院法（经）函〔1990〕73号复函的答复
  （2001年2月19日） ·· (2746)
最高人民法院
 关于安徽省高级人民法院关于李向阳等十人与亳州市烟草专卖局劳动争议
  纠纷一案的请示的复函
  （2004年7月21日） ·· (2746)
最高人民法院
 关于车辆实际所有人聘用的司机与挂靠单位之间是否形成事实劳动关系的
  答复
  （2013年10月28日） ··· (2747)

最高人民法院民一庭
  关于被挂靠单位与挂靠人聘用的司机之间是否具有劳动关系问题的请示
    答复
      （2014年5月14日）………………………………………………………(2748)
人力资源和社会保障部　中央综治办　最高人民法院　司法部　财政部
中华全国总工会　中华全国工商业联合会　中国企业联合会
中国企业家协会
  关于进一步加强劳动人事争议调解仲裁完善多元处理机制的意见
    （2017年3月21日）………………………………………………………(2748)
人力资源社会保障部　最高人民法院
  关于加强劳动人事争议仲裁与诉讼衔接机制建设的意见
    （2017年11月8日）………………………………………………………(2753)

商事篇

一、综　合

最高人民法院
  关于设立国际商事法庭若干问题的规定
    （2018年6月27日）………………………………………………………(2759)
最高人民法院
  关于在民事审判和执行工作中依法保护金融债权防止国有资产流失问题的
    通知
    （2005年3月16日）………………………………………………………(2761)
最高人民法院
  印发《关于人民法院为防范化解金融风险和推进金融改革发展提供司法
    保障的指导意见》的通知
    （2012年2月10日）………………………………………………………(2762)
最高人民法院
  关于人民法院为企业兼并重组提供司法保障的指导意见
    （2014年6月3日）………………………………………………………(2768)
最高人民法院
  印发《关于进一步加强金融审判工作的若干意见》的通知
    （2017年8月4日）………………………………………………………(2772)

二、公司、企业

最高人民法院
　　关于修改《关于适用〈中华人民共和国公司法〉若干问题的规定》的决定
　　　　（2014年2月20日） ·· （2778）
最高人民法院
　　关于适用《中华人民共和国公司法》若干问题的规定（四）
　　　　（2017年8月25日） ·· （2788）
最高人民法院
　　关于审理中外合资经营合同纠纷案件如何清算合资企业问题的批复
　　　　（1998年1月15日） ·· （2792）
最高人民法院
　　关于审理军队、武警部队、政法机关移交、撤销企业和与党政机关脱钩
　　　　企业相关纠纷案件若干问题的规定
　　　　（2001年3月20日） ·· （2792）
最高人民法院
　　关于审理与企业改制相关的民事纠纷案件若干问题的规定
　　　　（2003年1月3日） ··· （2794）
最高人民法院
　　关于审理外商投资企业纠纷案件若干问题的规定（一）
　　　　（2010年8月5日） ··· （2798）
最高人民法院经济审判庭
　　关于企业开办的公司被撤销后企业是否应对公司的债务承担连带责任问题
　　　　的电话答复
　　　　（1988年4月12日） ·· （2801）
最高人民法院经济审判庭
　　关于温州市城区五马劳动服务公司是否承担连带清偿责任问题的电话答复
　　　　（1988年11月28日） ··· （2802）
最高人民法院经济审判庭
　　关于华丰供销公司的债务应由谁偿还问题的电话答复
　　　　（1989年10月17日） ··· （2803）
最高人民法院经济审判庭
　　关于如何认定企业是否超越经营范围问题的复函
　　　　（1990年9月10日） ·· （2803）
最高人民法院
　　关于行政性公司开办的企业倒闭后是否承担连带清偿责任问题的复函
　　　　（1990年10月8日） ·· （2804）

最高人民法院经济审判庭
　关于行政单位开办的公司已无资产偿付应由谁承担民事责任问题的电话
　　答复
　　（1991年1月4日） ……………………………………………………………（2804）
最高人民法院经济审判庭
　关于青海人民剧院开办的分支企业停办后是否对分支企业的债务承担责任
　　问题的复函
　　（1991年1月23日） …………………………………………………………（2805）
最高人民法院
　关于南京摩托车总公司是否具备法人条件问题的复函
　　（1991年3月18日） …………………………………………………………（2805）
最高人民法院
　关于金光股份有限公司的主管部门是否应承担清偿责任问题的复函
　　（1991年12月9日） …………………………………………………………（2806）
最高人民法院
　关于聊城市柳园供销公司法人资格认定问题的复函
　　（1992年3月17日） …………………………………………………………（2807）
最高人民法院经济审判庭
　关于国务院〔1990〕68号、最高人民法院〔1991〕10号文件是否适用军队
　　开办企业问题的复函
　　（1992年3月19日） …………………………………………………………（2807）
最高人民法院经济审判庭
　关于中国地质宝石矿物公司新疆经营部注册资金不实责任承担问题的复函
　　（1992年11月12日） ………………………………………………………（2808）
最高人民法院
　关于开办单位欠付企业的注册资金应用以承担企业债务的函
　　（1993年11月13日） ………………………………………………………（2809）
最高人民法院
　关于开办单位对企业注册资金不实承担责任范围问题的复函
　　（1997年12月1日） …………………………………………………………（2809）
最高人民法院
　关于企业的开办单位所划拨的债权能否作为该企业注册资金的答复
　　（1998年12月29日） ………………………………………………………（2810）
最高人民法院
　关于饶天禄与西安市莲湖区环城西路生产、生活服务公司侵权赔偿再审
　　一案的复函
　　（2001年4月18日） …………………………………………………………（2811）

· 47 ·

最高人民法院
　关于对帮助他人设立注册资金虚假的公司应当如何承担民事责任的请示的
　　答复
　　　（2001年9月13日） ·· (2811)
最高人民法院执行工作办公室
　关于中国少年先锋队江苏省工作委员会是否具备独立法人资格问题的复函
　　　（2002年3月22日） ·· (2812)
最高人民法院
　对江苏省高级人民法院关于中国电子进出口公司江苏公司与江苏省信息
　　产业厅等股权纠纷一案请示的答复
　　　（2002年11月15日） ·· (2812)
最高人民法院
　关于胡克诉王卫平、李立、李欣股东权纠纷一案的答复
　　　（2003年5月15日） ·· (2813)
最高人民法院
　关于〔2003〕鲁法民二字第17号请示的答复
　　　（2003年9月8日） ·· (2814)
最高人民法院
　对《商务部关于请确认〈关于审理与企业改制相关的民事纠纷案件若干
　　问题的规定〉是否适用于外商投资的函》的复函
　　　（2003年10月20日） ·· (2814)
最高人民法院
　关于德宝（远东）有限公司与天锋国际有限公司出资纠纷上诉一案合作
　　协议效力问题的请示的复函
　　　（2004年7月27日） ··· (2815)
最高人民法院
　关于合资企业诉政府侵权案件中政府对合资企业进行特别清算应如何适用
　　法律问题的请示的复函
　　　（2005年4月7日） ··· (2816)
最高人民法院
　关于上诉人练志伟与被上诉人陈如明及原审被告林惠贞、郑秀英及原审
　　第三人福州市常青实业有限公司股权转让一案的请示的复函
　　　（2006年11月13日） ·· (2817)
最高人民法院民事审判第二庭
　关于对云南高院《关于股份转让合同的履行期限跨越新旧公司法如何适用
　　法律的请示》的答复
　　　（2007年5月16日） ·· (2818)

最高人民法院
　关于审理中央级财政资金转为部分中央企业国家资本金有关纠纷案件的
　　通知
　　（2012年12月11日）……………………………………………………（2819）
最高人民法院
　关于武汉九龙宫陵园有限公司与武汉市新洲区公墓管理处、武汉市新洲区
　　阳逻街道办事处老屋村村民委员会、广州市万境科技发展有限公司公司
　　解散纠纷一案适用法律问题请示的复函
　　（2013年12月13日）……………………………………………………（2820）

三、破产、清算

最高人民法院
　关于适用《中华人民共和国企业破产法》若干问题的规定（一）
　　（2011年9月9日）………………………………………………………（2821）
最高人民法院
　关于正确适用《中华人民共和国企业破产法》若干问题的规定（一）
　　充分发挥人民法院审理企业破产案件司法职能作用的通知
　　（2011年9月21日）……………………………………………………（2823）
最高人民法院
　关于适用《中华人民共和国企业破产法》若干问题的规定（二）
　　（2013年9月5日）………………………………………………………（2824）
最高人民法院
　关于正确审理企业破产案件为维护市场经济秩序提供司法保障若干问题的
　　意见
　　（2009年6月12日）……………………………………………………（2831）
最高人民法院
　关于印发《全国法院破产审判工作会议纪要》的通知
　　（2018年3月4日）………………………………………………………（2836）
最高人民法院
　关于审理企业破产案件确定管理人报酬的规定
　　（2007年4月12日）……………………………………………………（2844）
最高人民法院
　关于审理企业破产案件指定管理人的规定
　　（2007年4月12日）……………………………………………………（2846）

最高人民法院
  关于《中华人民共和国企业破产法》施行时尚未审结的企业破产案件适用
    法律若干问题的规定
    （2007年4月25日） ·················· (2852)
最高人民法院
  关于执行《最高人民法院审理企业破产案件指定管理人的规定》、《最高
    人民法院审理企业破产案件确定管理人报酬的规定》几个问题的通知
    （2007年4月12日） ·················· (2854)
最高人民法院
  关于债权人对人员下落不明或者财产状况不清的债务人申请破产清算案件
    如何处理的批复
    （2008年8月7日） ··················· (2855)
最高人民法院
  印发《关于审理公司强制清算案件工作座谈会纪要》的通知
    （2009年11月4日） ·················· (2856)
最高人民法院
  关于对因资不抵债无法继续办学被终止的民办学校如何组织清算问题的
    批复
    （2010年12月29日） ················· (2863)
最高人民法院
  关于个人独资企业清算是否可以参照适用企业破产法规定的破产清算程序
    的批复
    （2012年12月11日） ················· (2863)
最高人民法院
  关于税务机关就破产企业欠缴税款产生的滞纳金提起的债权确认之诉应否
    受理问题的批复
    （2012年6月26日） ·················· (2864)
最高人民法院
  关于对企业法人破产还债程序终结的裁定的抗诉应否受理问题的批复
    （1997年7月31日） ·················· (2865)
最高人民法院
  关于审理企业破产案件若干问题的规定
    （2002年7月30日） ·················· (2865)
最高人民法院
  关于破产清算组在履行职责过程中违约或侵权等民事纠纷案件诉讼管辖
    问题的批复
    （2004年6月21日） ·················· (2878)

最高人民法院
　关于审计（师）事务所执业审计师可以接受清算组的聘任参与企业破产
　　清算的通知
　　（1993年8月28日） ··· （2879）
最高人民法院
　关于青海省非金属矿工业公司债权债务清偿法律适用问题的复函
　　（1991年12月20日） ··· （2879）
最高人民法院
　关于破产债权能否与未到位的注册资金抵销问题的复函
　　（1995年4月10日） ·· （2880）
最高人民法院
　关于如何认定中国农业银行湖北省分行国际业务部申请宣告武汉货柜有限
　　公司破产一案中两份抵押合同效力问题的复函
　　（1995年4月10日） ·· （2880）
最高人民法院
　关于哈尔滨百货采购供应站申请破产一案的复函
　　（1995年5月4日） ·· （2881）
最高人民法院
　关于实行社会保险的企业破产后各种社会保险统筹费用应缴纳至何时问题
　　的批复
　　（1996年11月22日） ··· （2882）
最高人民法院
　关于人民法院在审理企业破产案件中适用最高人民法院《关于审理企业
　　破产案件若干问题的规定》的通知
　　（2002年12月26日） ··· （2882）
最高人民法院
　关于蓬莱京鲁通讯视像设备厂破产还债案有关法律适用问题的复函
　　（2003年2月25日） ·· （2883）
最高人民法院
　关于河南省高级人民法院就郑州亚细亚五彩购物广场有限公司破产一案中
　　董桂琴等50家商户能否行使取回权问题请示的答复
　　（2003年6月9日） ·· （2884）
最高人民法院
　关于对《最高人民法院关于审理企业破产案件若干问题的规定》
　　第五十六条理解的答复
　　（2003年9月9日） ·· （2884）

最高人民法院
关于外商投资企业特别清算程序中法院应否受理当事人以侵权为由要求
返还财产或物品诉讼请求问题的请示的复函
(2003年9月30日) ·············(2885)

最高人民法院
对《关于审理企业破产案件若干问题的规定》第三十八条、第四十四条
第二款的理解与适用的请示的答复
(2004年2月3日) ·············(2887)

最高人民法院
关于执行《最高人民法院关于〈中华人民共和国企业破产法〉施行时尚未
审结的企业破产案件适用法律若干问题的规定》的通知
(2007年5月26日) ·············(2888)

最高人民法院
关于受理借用国际金融组织和外国政府贷款偿还任务尚未落实的企业破产
申请问题的通知
(2009年12月3日) ·············(2890)

最高人民法院
关于北京市中伦律师事务所与中国证券投资者保护基金有限公司签订法律
服务合同的行为是否构成《企业破产法》第二十四条规定的"与本案
利害关系"问题请示的答复
(2010年6月22日) ·············(2890)

最高人民法院
关于代为清偿的连带债务人是否有权向破产和解的债务人继续追偿的问题
请示答复
(2010年11月10日) ·············(2891)

最高人民法院民事审判第二庭
关于西北电网起诉华夏证券取回权一案有关情况的复函
(2010年12月21日) ·············(2892)

最高人民法院
关于破产财产拍卖相关问题请示的答复
(2010年12月21日) ·············(2892)

最高人民法院
关于对西北证券有限责任公司处置日前佣金收入及富余外币结算备付金
归属问题的请示的答复
(2011年6月23日) ·············(2893)

最高人民法院办公厅
关于印发《人民法院破产程序法律文书样式(试行)》的通知
(2011年10月13日) ·············(2894)

最高人民法院办公厅
　　关于印发《管理人破产程序工作文书样式（试行）》的通知
　　　　（2011年10月13日） ··· (2896)
最高人民法院
　　印发《关于审理上市公司破产重整案件工作座谈会纪要》的通知
　　　　（2012年10月29日） ·· (2897)
最高人民法院
　　关于人民法院受理破产案件前债务人未付应付款项的滞纳金是否应当确
　　　　认为破产债权请示的答复
　　　　（2013年6月27日） ··· (2901)
最高人民法院
　　关于在部分人民法院开展破产案件审理方式改革试点工作的通知
　　　　（2014年11月26日） ·· (2901)
最高人民法院
　　关于依法开展破产案件审理积极稳妥推进破产企业救治和清算工作的通知
　　　　（2016年5月6日） ·· (2904)
最高人民法院
　　印发《关于在中级人民法院设立清算与破产审判庭的工作方案》的通知
　　　　（2016年6月21日） ··· (2906)
最高人民法院
　　关于调整强制清算与破产案件类型划分的通知
　　　　（2016年7月6日） ·· (2908)
最高人民法院
　　印发《关于企业破产案件信息公开的规定（试行）》的通知
　　　　（2016年7月26日） ··· (2909)
最高人民法院
　　关于印发《企业破产案件管理人工作平台使用办法（试行）》的通知
　　　　（2016年7月27日） ··· (2911)
最高人民法院
　　关于破产案件立案受理有关问题的通知
　　　　（2016年7月28日） ··· (2913)

四、商事合同

(一) 存单、借款、存款合同

最高人民法院
 关于审理存单纠纷案件的若干规定
  (1997年12月11日) ……………………………………………… (2915)

最高人民法院
 关于如何确定借款合同履行地问题的批复
  (1993年11月17日) ……………………………………………… (2919)

最高人民法院
 关于银行、信用社扣划预付货款收贷应否退还问题的批复
  (1994年3月9日) ………………………………………………… (2919)

最高人民法院
 关于如何确认公民与企业之间借贷行为效力问题的批复
  (1999年2月9日) ………………………………………………… (2920)

最高人民法院经济审判庭
 关于无效借款合同造成贷款损失银行能否共同承担责任问题的电话答复
  (1988年4月23日) ……………………………………………… (2921)

最高人民法院经济审判庭
 关于九江市信托投资公司诉庐山对外开发贸易中心借款合同纠纷案处理
  意见的复函
  (1988年12月1日) ……………………………………………… (2921)

最高人民法院经济审判庭
 关于甘肃省工艺美术公司控告中国农业银行临洮县支行八里铺营业所错转
  信汇索赔纠纷一案的电话答复
  (1988年12月23日) …………………………………………… (2922)

最高人民法院
 关于刘玉兰诉工商银行榆次市支行赔偿存款纠纷一案的复函
  (1990年8月28日) ……………………………………………… (2923)

最高人民法院
 关于珠海市对外劳动服务公司诉中国银行珠海分行损害赔偿纠纷案的复函
  (1991年11月14日) …………………………………………… (2923)

最高人民法院
 关于林木香诉中国工商银行福州支行仓山办事处、中国农业银行闽侯县
  支行、闽侯县闽江信用社赔偿案件如何适用法律问题的复函
  (1992年8月12日) ……………………………………………… (2924)

最高人民法院
 关于中国人民银行宁波市经济技术开发区支行工作人员截留当事人款项
  应当承担民事责任的函
  （1993年4月10日） ··· (2925)
最高人民法院
 关于汪小嫚诉工商银行长沙县支行赔偿案如何处理的复函
  （1993年5月3日） ··· (2925)
最高人民法院
 关于王春林与银川铝型材厂有奖储蓄存单纠纷一案的复函
  （1995年1月1日） ··· (2926)
最高人民法院
 关于浙江省医学科学院普康生物技术公司诉中国农业银行信托投资公司
  委托贷款合同纠纷一案的答复
  （1997年9月8日） ··· (2926)
最高人民法院
 关于中国建设银行山西省分行直属支行与山西铁路实业总公司借款案件的
  答复
  （1998年7月1日） ··· (2927)
最高人民法院
 关于如何确定委托贷款合同履行地问题的答复
  （1998年7月6日） ··· (2927)
最高人民法院
 关于海口鲁银实业公司典当拍卖行与海南飞驰实业有限公司、海南万锡
  房地产开发有限公司、海南内江房地产开发公司抵押贷款合同纠纷一案
  的复函
  （1999年3月2日） ··· (2928)
最高人民法院
 关于上海三泷房地产开发有限公司与中国建设银行上海市浦东分行、上海
  申浦对外技术投资总公司借款合同纠纷一案的复函
  （2000年1月1日） ··· (2928)
最高人民法院
 关于信用社违反商业银行法有关规定所签借款合同是否有效的答复
  （2000年1月29日） ··· (2929)
最高人民法院
 关于展期贷款超过原贷款期限的效力问题的答复
  （2000年2月13日） ··· (2929)

最高人民法院
  关于天津市旭帝商贸有限公司、天津开发区迈柯恒工贸有限公司与建行
    天津分行南开支行存款纠纷两案如何适用法律的请示的答复
    （2001年4月11日） ·· (2930)
最高人民法院
  关于中国工商银行湘潭市板塘支行与中国建筑材料科学研究院湘潭中间
    试验所及湘潭市有机化工厂的借款合同纠纷一案的复函
    （2001年8月6日） ·· (2930)
最高人民法院
  关于西安市第三奶牛场与咸阳市中陆城市信用社、西安新业工贸有限责任
    公司抵押借款合同纠纷一案的复函
    （2002年2月8日） ·· (2931)
最高人民法院
  关于中国信达资产管理公司福州办事处与张景宗、雷珊珊、张瑱瑱、厦门
    正丰源保税有限公司借款合同纠纷一案请示的复函
    （2002年2月8日） ·· (2931)
最高人民法院
  关于中国信达资产管理公司济南办事处上诉莱阳电业公司借款担保纠纷
    请示案的答复
    （2003年4月1日） ·· (2932)
最高人民法院
  关于南昌市商业银行象南支行与南昌市东湖华亭商场、蔡亮借款合同担保
    纠纷案请示的复函
    （2003年4月30日） ·· (2932)
最高人民法院
  关于中国农业银行大连市分行友好支行诉大连中大集团公司、第三人中国
    大连国际经济技术合作集团有限公司借款合同抵押担保纠纷一案请示的
    答复
    （2003年11月24日） ·· (2933)
最高人民法院
  关于建设银行重庆观音桥支行与新原兴企业集团有限公司借款合同纠纷
    一案适用法律问题的请示的答复
    （2003年12月17日） ·· (2933)
最高人民法院
  关于深圳发展银行广州分行信源支行与成都宗申联益实业股份有限公司等
    借款担保合同纠纷一案的请示的复函
    （2004年2月23日） ·· (2934)

最高人民法院
关于建和财务有限公司与丰业财务有限公司、丰业酒店集团有限公司借款、
担保合同纠纷一案的请示的复函
(2006年9月14日) ··· (2935)

最高人民法院
对湖北省高级人民法院关于中国黄金集团公司与中国建设银行股份有限
公司武汉省直支行等委托贷款合同纠纷一案如何适用法律问题的请示的
答复
(2007年2月16日) ··· (2936)

（二）运输合同

最高人民法院
关于印发《关于审理铁路运输损害赔偿案件若干问题的解释》的通知
(1994年10月27日) ·· (2937)

最高人民法院
关于国内水路货物运输纠纷案件法律问题的指导意见
(2012年12月24日) ·· (2940)

最高人民法院
关于货物运输合同连带责任问题的复函
(1992年7月25日) ··· (2943)

最高人民法院
关于国际铁路货物联运货损赔偿适用法律问题的复函
(1994年11月5日) ··· (2943)

最高人民法院
关于新疆梧桐塑料厂与乌鲁木齐铁路分局铁路货物运输合同赔偿纠纷一案
的请示的答复
(2001年12月15日) ·· (2944)

最高人民法院
关于任彦琦与李延滨等货物运输协议纠纷一案的复函
(2002年1月11日) ··· (2945)

最高人民法院
关于吕洪斌与浙江象山县荣宁船务公司水路货物运输合同纠纷一案有关
适用法律问题的请示的复函
(2006年3月14日) ··· (2945)

· 57 ·

(三) 融资租赁合同

最高人民法院
关于审理融资租赁合同纠纷案件适用法律问题的解释
（2014年2月24日） ······ (2947)

(四) 保证合同

最高人民法院
印发《关于审理经济合同纠纷案件有关保证的若干问题的规定》的通知
（1994年4月15日） ······ (2952)

最高人民法院
关于因法院错判导致债权利息损失扩大保证人应否承担责任问题的批复
（2000年8月8日） ······ (2955)

最高人民法院
关于涉及担保纠纷案件的司法解释的适用和保证责任方式认定问题的批复
（2002年11月23日） ······ (2956)

最高人民法院
关于已承担保证责任的保证人向其他保证人行使追偿权问题的批复
（2002年11月23日） ······ (2957)

最高人民法院
关于人民法院应当如何认定保证人在保证期间届满后又在催款通知书上签字问题的批复
（2004年4月14日） ······ (2957)

最高人民法院经济审判庭
关于四川省合江县支行诉四川省合江县榕山镇个体运输户张文仲借款合同纠纷一案的电话答复
（1988年4月16日） ······ (2958)

最高人民法院
关于保函是否具有法律效力问题的批复
（1988年10月4日） ······ (2959)

最高人民法院
关于国家机关能否作经济合同的保证人及担保条款无效时经济合同是否有效问题的批复
（1988年10月4日） ······ (2959)

最高人民法院
关于"国家机关不能担任保证人"的时效问题的答复
（1988年10月18日） ······ (2960)

最高人民法院
  关于作为保证人的合伙组织被撤销后自行公告期限清理债权债务的，
    债权人在诉讼时效期间内有权要求合伙人承担保证责任问题的批复
    （1988年10月18日） ……………………………………………………（2961）

最高人民法院交通运输审判庭
  关于认可中国船东互保协会担保的通知
    （1989年3月1日） ……………………………………………………（2961）

最高人民法院经济审判庭
  关于国家机关作为借款合同保证人应否承担经济损失问题的电话答复
    （1989年7月17日） ……………………………………………………（2963）

最高人民法院交通运输审判庭
  关于接受平安保险公司申请为水险业务中提供有关担保的函
    （1989年7月25日） ……………………………………………………（2964）

最高人民法院
  关于中国人民解放军河南省军区诉郑州市花园路城市信用合作社借贷担保
    合同纠纷一案的法律适用和担保协议效力问题的复函
    （1990年4月7日） ……………………………………………………（2966）

最高人民法院
  关于洪绍武、贺建玲债务担保案适用法律问题的函
    （1990年5月24日） ……………………………………………………（2966）

最高人民法院
  关于灵山县公安局对其工作人员擅自以所在单位名义对外提供财产保证
    应否承担民事责任问题的答复
    （1991年1月30日） ……………………………………………………（2967）

最高人民法院经济审判庭
  关于购销合同当事人延长履行期限后保证人是否承担保证责任问题的电话
    答复
    （1991年4月27日） ……………………………………………………（2968）

最高人民法院
  关于借款合同当事人未经保证人同意达成新的《财产抵押还款协议》被
    确认无效后保证人是否继续承担担保责任的复函
    （1991年6月7日） ……………………………………………………（2968）

最高人民法院
  关于惠州恒业公司诉恩平旅游实业公司购销合同纠纷一案中银行是否负担
    保责任的复函
    （1991年8月31日） ……………………………………………………（2969）

最高人民法院
  关于是否可直接判令保证单位履行债务的复函
    （1991年10月19日） ·· (2969)
最高人民法院
  关于企业职工利用本单位公章为自己实施的民事行为担保企业是否应承担
    担保责任问题的函
    （1992年9月8日） ·· (2970)
最高人民法院
  关于保证人的保证责任应否免除问题的复函
    （1992年12月2日） ·· (2970)
最高人民法院
  关于中国农业银行哈尔滨市分行道里办事处诉民革哈尔滨市委及三棵树
    粮库借款担保合同纠纷一案中三棵树粮库是否承担担保责任的复函
    （1993年4月3日） ·· (2971)
最高人民法院
  关于贵阳第二城市信用社向中国北方公司深圳分公司出具的函是否具有
    担保性质问题的答复
    （1993年7月19日） ·· (2972)
最高人民法院
  关于吉林省高级人民法院请示的经济合同纠纷案有关保证人保证责任问题
    的复函
    （1995年4月17日） ·· (2972)
最高人民法院
  关于湖南省高级人民法院请示的株洲钢厂与湘潭亨发工贸公司等购销合同
    纠纷一案有关保证人保证责任问题的复函
    （1995年5月4日） ·· (2973)
最高人民法院
  对安徽省高级人民法院关于借款担保合同纠纷请示问题的答复
    （1995年11月6日） ·· (2974)
最高人民法院
  关于四川省汽车运输成都公司与四川省农村信托投资公司担保借款纠纷
    一案中四川省汽车运输成都公司应否承担保证责任的复函
    （1996年10月30日） ·· (2975)
最高人民法院研究室
  关于县级以上供销合作社联合社能否作为保证人问题的复函
    （1999年6月30日） ·· (2975)

最高人民法院
　关于哈尔滨市商业银行银祥支行与哈尔滨金事达实业（集团）公司借款
　　合同纠纷一案如何处理问题的答复
　　（2001年2月28日） ………………………………………………………（2976）
最高人民法院
　关于沈阳市信托投资公司是否应当承担保证责任问题的答复
　　（2001年8月22日） ………………………………………………………（2977）
最高人民法院
　关于湖北横向经济物资贸易公司与中国冶金进出口湖北公司、中国农业
　　银行武汉市分行汉口支行返还保证金请示案的答复
　　（2002年2月27日） ………………………………………………………（2977）
最高人民法院
　关于处理担保法生效前发生保证行为的保证期间问题的通知
　　（2002年8月1日） ………………………………………………………（2978）
最高人民法院
　关于广西开发投资有限公司与中国信达资产公司南宁办事处借款合同担保
　　纠纷一案请示的复函
　　（2002年10月11日） ……………………………………………………（2979）
最高人民法院经济审判庭
　关于对中国银行中银发〔2002〕45号请示的答复
　　（2002年10月14日） ……………………………………………………（2979）
最高人民法院
　对关于担保期间债权人向保证人主张权利的方式及程序问题的请示的答复
　　（2002年11月22日） ……………………………………………………（2980）
最高人民法院
　关于锦州市商业银行与锦州市华鼎工贸商行、锦州市经济技术开发区实华
　　通信设备安装公司借款纠纷一案的复函
　　（2003年2月25日） ………………………………………………………（2981）
最高人民法院
　关于对外国企业派驻我国的代表处以代表处名义出具的担保是否有效及
　　外国企业对该担保行为应承担何种民事责任的请示的复函
　　（2003年6月12日） ………………………………………………………（2981）
最高人民法院
　关于在保证期间内保证人在债权转让协议上签字并承诺履行原保证义务
　　能否视为债权人向担保人主张过债权及认定保证合同的诉讼时效如何
　　起算等问题请示的答复
　　（2003年9月8日） ………………………………………………………（2982）

最高人民法院
  关于甘肃省高级人民法院就在诉讼时效期间债权人依法将主债权转让给
    第三人保证人是否继续承担保证责任等问题请示的答复
      （2003年10月20日） .... （2983）
最高人民法院
  关于对甘肃省高级人民法院甘高法〔2003〕183号请示的答复
      （2003年11月28日） .... （2984）
最高人民法院
  关于对云南省高级人民法院就如何适用《关于适用〈中华人民共和国
    担保法〉若干问题的解释》第四十四条请示的答复
      （2003年12月24日） .... （2984）
最高人民法院
  关于交通银行香港分行与港云基业有限公司、云浮市人民政府等借款担保
    合同纠纷上诉一案《承诺函》是否构成担保问题的请示的复函
      （2006年10月11日） .... （2985）

（五）联营合同

最高人民法院
  关于印发《关于审理联营合同纠纷案件若干问题的解答》的通知
      （1990年11月12日） .... （2986）
最高人民法院
  关于乡政府与其他单位签订的联营协议效力问题的批复
      （1988年1月9日） .... （2989）
最高人民法院
  关于企业相互借贷的合同出借方尚未取得约定利息人民法院应当如何裁决
    问题的解答
      （1996年3月25日） .... （2990）
最高人民法院经济审判庭
  关于一方未按联营合同约定投资经营联营合同是否成立另一方单方投资
    经营责任如何承担问题的电话答复
      （1990年3月10日） .... （2991）
最高人民法院经济审判庭
  关于联营一方投资不参加经营既约定收回本息又收取固定利润的合同如何
    定性问题的复函
      （1992年4月6日） .... （2991）

（六）供用电合同

最高人民法院
关于对未取得供电营业许可证的供电人对外签订供用电合同效力问题请示的答复
（2013年4月25日） ……………………………………………………（2993）

五、不良资产处置

最高人民法院
关于审理涉及金融资产管理公司收购、管理、处置国有银行不良贷款形成的资产的案件适用法律若干问题的规定
（2001年4月11日） ……………………………………………………（2994）

最高人民法院
关于国有金融资产管理公司处置国有商业银行不良资产案件交纳诉讼费用的通知
（2001年10月25日） …………………………………………………（2995）

最高人民法院
对《关于贯彻执行最高人民法院"十二条"司法解释有关问题的函》的答复
（2002年1月7日） ……………………………………………………（2996）

最高人民法院
关于金融资产管理公司收购、处置银行不良资产有关问题的补充通知
（2005年5月30日） ……………………………………………………（2997）

最高人民法院
关于延长国有金融资产管理公司处置国有商业银行不良资产案件减半缴纳诉讼费用期限的通知
（2006年4月13日） ……………………………………………………（2998）

最高人民法院
关于人民法院在审理涉及汇达资产托管有限责任公司清收、处置不良资产所形成的案件时适用相关司法解释规定的通知
（2006年10月30日） …………………………………………………（2998）

最高人民法院
印发《关于审理涉及金融不良债权转让案件工作座谈会纪要》的通知
（2009年3月30日） ……………………………………………………（2999）

最高人民法院
关于判决确定的金融不良债权多次转让人民法院能否裁定变更申请执行主体请示的答复
（2009年6月16日） ……………………………………………………（3005）

最高人民法院
　关于广州中谷投资有限公司与中国银行股份有限公司茂名分行、中国东方
　　资产管理公司广州办事处、顺威联合资产管理有限公司不当得利纠纷
　　一案请示的答复
　　　（2010年6月25日） ……………………………………………………（3006）
最高人民法院
　关于审理金融资产管理公司利用外资处置不良债权案件涉及对外担保合同
　　效力问题的通知
　　　（2010年7月1日） ………………………………………………………（3007）
最高人民法院
　关于审理涉及中国农业银行股份有限公司处置股改剥离不良资产案件适用
　　相关司法解释和司法政策的通知
　　　（2011年3月28日） ………………………………………………………（3008）
最高人民法院
　《关于二次受让商业性不良债权的资产管理公司起诉国有商业银行请求
　　返还不当得利应否受理问题的请示》之答复
　　　（2011年5月4日） ………………………………………………………（3009）
最高人民法院
　关于非金融机构受让金融不良侵权后能否向非国有企业债务人主张全额
　　债权的请示的答复
　　　（2013年11月26日） ……………………………………………………（3009）

六、保　　险

最高人民法院
　关于适用《中华人民共和国保险法》若干问题的解释（一）
　　　（2009年9月21日） ………………………………………………………（3011）
最高人民法院
　关于适用《中华人民共和国保险法》若干问题的解释（二）
　　　（2013年5月31日） ………………………………………………………（3012）
最高人民法院
　关于适用《中华人民共和国保险法》若干问题的解释（三）
　　　（2015年11月25日） ……………………………………………………（3015）
最高人民法院
　关于适用《中华人民共和国保险法》若干问题的解释（四）
　　　（2018年7月31日） ………………………………………………………（3018）

最高人民法院
　关于审理出口信用保险合同纠纷案件适用相关法律问题的批复
　　（2013年5月2日） ································· (3021)
最高人民法院
　关于审理保险合同纠纷案件如何认定暴雨问题的复函
　　（1991年7月16日） ································ (3021)
最高人民法院
　关于财产保险单能否用于抵押的复函
　　（1992年4月2日） ································· (3022)
最高人民法院
　关于保险公司与长城公司的保险合同的效力及保险公司是否应承担民事
　　责任问题的函
　　（1993年7月8日） ································· (3022)
最高人民法院研究室
　关于对保险法第十七条规定的"明确说明"应如何理解的问题的答复
　　（2000年1月24日） ································ (3023)
最高人民法院
　对湖南省高级人民法院关于《中国工商银行郴州市苏仙区支行与中保财产
　　保险有限公司湖南省郴州市苏仙区支公司保证保险合同纠纷一案的请示
　　报告》的复函
　　（2000年8月28日） ································ (3024)
最高人民法院
　关于如何理解《中华人民共和国保险法》第六十五条"自杀"含义的请示
　　的答复
　　（2002年3月6日） ································· (3025)
最高人民法院
　关于对四川省高级人民法院关于内江市东兴区农村信用合作社联合社与
　　中国太平洋保险公司内江支公司保险合同赔付纠纷合同是否成立等请示
　　一案的答复
　　（2003年7月10日） ································ (3025)
最高人民法院研究室
　关于新的人身损害赔偿审理标准是否适用于未到期机动车第三者责任保险
　　合同问题的答复
　　（2004年6月4日） ································· (3026)
最高人民法院
　关于2006年7月1日以前投保的第三者责任险性质的答复
　　（2006年4月19日） ································ (3027)

最高人民法院
　　关于保证保险合同纠纷案件法律适用问题的答复
　　　　（2010年6月24日） ………………………………………………（3027）
最高人民法院
　　关于保险利益认定问题的答复
　　　　（2012年11月9日） ………………………………………………（3028）
最高人民法院　中国保险监督管理委员会
　　关于在全国部分地区开展建立保险纠纷诉讼与调解对接机制试点工作的
　　　通知
　　　　（2012年12月18日） ………………………………………………（3029）
最高人民法院　中国保险监督管理委员会
　　关于全面推进保险纠纷诉讼与调解对接机制建设的意见
　　　　（2016年11月4日） ………………………………………………（3031）

七、票　　据

最高人民法院
　　关于审理票据纠纷案件若干问题的规定
　　　　（2000年11月14日） ………………………………………………（3036）
最高人民法院经济审判庭
　　关于银行票据结算合同纠纷上诉案的电话答复
　　　　（1990年7月24日） …………………………………………………（3044）
最高人民法院经济审判庭
　　关于广东省江门市富田农工商经理部诉海南省海南宁赣贸易公司购销合同
　　　一案中法院可否冻结银行承兑汇票问题的复函
　　　　（1992年3月24日） …………………………………………………（3045）
最高人民法院
　　关于中国银行上海分行宝山支行、中国农业银行上海市五角场支行与上海
　　　华海集装箱制造有限公司、浙江工艺毛绒厂票据纠纷上诉案和中信实业
　　　银行上海市分行与浙江工艺毛绒厂追索票据纠纷上诉案处理意见的复函
　　　　（1992年6月2日） ……………………………………………………（3045）
最高人民法院经济审判庭
　　关于银行承兑汇票能否部分金额贴现、部分用于抵押贷款的复函
　　　　（1994年10月11日） …………………………………………………（3046）
最高人民法院
　　关于认真学习、贯彻票据法、担保法的通知
　　　　（1995年8月30日） ……………………………………………………（3047）

最高人民法院
　关于江西省九江外贸发展有限公司与中国建设银行深圳市分行罗湖支行、
　　深圳艾尔迪实业有限公司票据纠纷案的答复
　　　（1998年3月25日） ……………………………………………………………… (3048)
最高人民法院
　关于中国农业银行武汉市分行硚口区支行与中国工商银行大理市支行、
　　云南省大理州物资贸易中心银行承兑汇票纠纷一案的请示的答复
　　　（1998年11月4日） ……………………………………………………………… (3048)
最高人民法院
　关于中国农业银行汝州市支行与中国建设银行汝州市支行债券兑付纠纷案
　　的复函
　　　（1999年3月17日） ……………………………………………………………… (3049)
最高人民法院
　关于景德镇市昌江信用联社营业部与中国银行景德镇市分行曹家岭办事处
　　汇票结算纠纷案的答复
　　　（2000年9月15日） ……………………………………………………………… (3050)
最高人民法院研究室
　对《票据法》第十七条如何理解和适用问题的复函
　　　（2000年9月29日） ……………………………………………………………… (3050)
最高人民法院
　关于鞍山钢铁公司弓长岭矿山公司与沈阳城市合作银行新华支行、辽阳
　　城市合作银行弓长岭支行票据纠纷一案的复函
　　　（2002年8月29日） ……………………………………………………………… (3051)

八、证券、期货

最高人民法院
　关于审理证券市场因虚假陈述引发的民事赔偿案件的若干规定
　　　（2003年1月9日） ……………………………………………………………… (3052)
最高人民法院
　关于审理期货纠纷案件若干问题的规定
　　　（2003年6月18日） ……………………………………………………………… (3057)
最高人民法院
　关于审理期货纠纷案件若干问题的规定（二）
　　　（2010年12月31日） ……………………………………………………………… (3064)
最高人民法院
　印发《关于审理期货纠纷案件座谈会纪要》的通知
　　　（1995年10月27日） ……………………………………………………………… (3065)

最高人民法院
关于如何确定证券回购合同履行地问题的批复
（1996年7月4日） ··· (3069)

最高人民法院
关于证券回购纠纷案件座谈会纪要
（1997年1月9日） ··· (3070)

最高人民法院
关于杜妍与中国银行辽宁分行股票及侵权纠纷一案的复函
（2000年4月17日） ··· (3073)

最高人民法院
关于恢复受理、审理和执行已经编入全国证券回购机构间债务清欠链条的
　　证券回购经济纠纷案件的通知
（2000年7月26日） ··· (3073)

最高人民法院
关于浦发期货经纪有限公司未按规定强制平仓是否承担责任问题请示的
　　答复
（2003年7月29日） ··· (3074)

最高人民法院
关于受理证券市场因虚假陈述引发的民事侵权纠纷案件有关问题的通知
（2002年1月15日） ··· (3074)

最高人民法院
关于审理虚假陈述侵权纠纷案件有关问题的复函
（2003年7月7日） ··· (3075)

最高人民法院
关于新疆国际置地房地产开发有限责任公司与宏源证券股份有限公司
　　乌鲁木齐北京路证券营业部、宏源证券股份有限公司委托监管合同纠纷
　　一案请示的答复
（2003年12月25日） ··· (3077)

最高人民法院
关于依法审理和执行被风险处置证券公司相关案件的通知
（2009年5月26日） ··· (3078)

最高人民法院
关于部分人民法院冻结、扣划被风险处置证券公司客户证券交易结算资金
　　有关问题的通知
（2010年6月22日） ··· (3080)

九、信用证、独立保函

最高人民法院
关于审理信用证纠纷案件若干问题的规定
（2005年11月14日） ·· (3081)

最高人民法院
关于审理独立保函纠纷案件若干问题的规定
（2016年11月18日） ·· (3083)

最高人民法院
关于海南五矿乐海有限公司与香港励源有限公司等债务纠纷一案的答复
（2002年7月9日） ·· (3087)

最高人民法院
关于严禁随意止付信用证项下款项的通知
（2003年7月16日） ··· (3087)

最高人民法院
关于连云港口福食品有限公司与韩国中小企业银行信用证纠纷一案的请示
的复函
（2003年12月11日） ·· (3088)

最高人民法院
关于中国银行股份有限公司莱芜分行与山东岱银纺织集团股份有限公司
信用证纠纷一案的请示的复函
（2009年3月20日） ··· (3089)

最高人民法院
关于当前人民法院审理信用证纠纷案件应当注意问题的通知
（2009年7月24日） ··· (3090)

十、海商、海事

（一）海商、海事

最高人民法院
关于承运人就海上货物运输向托运人、收货人或提单持有人要求赔偿的
请求权时效期间的批复
（1997年8月5日） ·· (3091)

最高人民法院
关于审理海上保险纠纷案件若干问题的规定
（2006年11月23日） ·· (3092)

最高人民法院
关于审理船舶碰撞纠纷案件若干问题的规定
（2008年5月19日） ································ （3093）
最高人民法院
关于审理无正本提单交付货物案件适用法律若干问题的规定
（2009年2月26日） ································ （3095）
最高人民法院
关于如何确定沿海、内河货物运输赔偿请求权时效期间问题的批复
（2001年5月24日） ································ （3096）
最高人民法院
关于审理海事赔偿责任限制相关纠纷案件的若干规定
（2010年8月27日） ································ （3097）
最高人民法院
关于审理船舶油污损害赔偿纠纷案件若干问题的规定
（2011年5月4日） ································· （3099）
最高人民法院
关于审理海上货运代理纠纷案件若干问题的规定
（2012年2月27日） ································ （3103）
最高人民法院
关于海上保险合同的保险人行使代位请求赔偿权利的诉讼时效期间起算日
的批复
（2014年12月25日） ······························· （3105）
最高人民法院
关于托运人主张货损货差而拒付运费应否支付滞纳金的答复
（1992年2月12日） ································ （3106）
最高人民法院
印发《关于审理船舶碰撞和触碰案件财产损害赔偿的规定》的通知
（1995年8月18日） ································ （3106）
最高人民法院
关于"乐平岭"轮货损索赔诉讼时效的复函
（1992年11月20日） ······························· （3110）
最高人民法院
对山东省高级人民法院《关于船舶所有权纠纷一案的请示报告》的答复
（1995年1月4日） ································· （3111）
最高人民法院
关于船员私自承揽运输擅自开航的民事责任应否由轮船公司承担问题的
答复
（1995年4月21日） ································ （3111）

最高人民法院
关于宁波市外海航运公司申请海事赔偿责任限制设立基金有关问题的复函
（1995年12月7日） ·· (3112)

最高人民法院
关于提单持有人向收货人实际取得货物后能否再向承运人主张提单项下
货物物权的复函
（2000年8月11日） ·· (3112)

最高人民法院
关于中国上海抽纱进出口公司与中国太平洋保险公司上海分公司海上货物
运输保险合同纠纷请示的复函
（2001年1月3日） ·· (3113)

最高人民法院
关于保险船舶发生保险事故后造成第三者船舶沉没而引起的清理航道费用
是否属于直接损失的复函
（2001年2月28日） ·· (3114)

最高人民法院
关于长春大成玉米开发公司与中国人民保险公司吉林省分公司海上保险
合同纠纷一案的请示的复函
（2001年11月7日） ·· (3114)

最高人民法院
关于津龙翔（天津）国际贸易公司与南京扬洋化工运贸公司、天津天龙
液体化工储运公司沿海货物运输合同货损赔偿纠纷一案请示的复函
（2001年8月10日） ·· (3115)

最高人民法院
关于浙江省工艺品进出口公司与阿科特利斯卡贝特1912公司、宁波致远
国际货运有限公司海上货物运输合同纠纷一案的请示的复函
（2001年11月7日） ·· (3116)

最高人民法院
关于中国人民保险公司青岛市分公司与巴拿马浮山航运有限公司船舶保险
合同纠纷一案的复函
（2002年12月25日） ·· (3116)

最高人民法院
关于招远市玲珑电池有限公司与烟台集洋集装箱货运有限责任公司海事
赔偿责任限制申请一案请示的复函
（2003年6月9日） ·· (3117)

最高人民法院
关于大连港务局与大连中远国际货运有限公司海上货物运输货损赔偿追偿
纠纷一案的请示的复函
（2003年11月12日） ································· (3117)

最高人民法院
关于南京石油运输有限公司与华泰财产保险股份有限公司石家庄分公司
海上货运运输保险代位求偿一案有关适用法律问题的请示的复函
（2006年5月11日） ································· (3118)

最高人民法院
关于中国船东互保协会与南京宏油船务有限公司海上保险合同纠纷上诉
一案有关适用法律问题的请示的复函
（2004年5月26日） ································· (3119)

最高人民法院
关于大众保险股份有限公司苏州中心支公司、大众保险股份有限公司与
苏州浙申实业有限公司海上货物运输保险合同案适用法律问题的请示的
复函
（2007年7月24日） ································· (3120)

最高人民法院
关于未取得无船承运业务经营资格的经营者与托运人订立的海上货物运输
合同或签发的提单是否有效的请示的复函
（2007年11月28日） ································ (3120)

最高人民法院
关于非航行国际航线的我国船舶在我国海域造成油污损害的民事赔偿责任
适用法律问题的请示的答复
（2008年7月3日） ································· (3121)

最高人民法院
关于重庆红蜻蜓油脂有限责任公司诉白长春花船务公司海上货物运输合同
纠纷一案仲裁条款效力问题请示的复函
（2015年2月3日） ································· (3122)

最高人民法院
关于福州特威化工有限公司诉EIKO航运公司（EIKO MARITIME S. A.）
海上货物运输合同纠纷一案仲裁条款效力问题的答复
（2015年2月3日） ································· (3122)

最高人民法院
关于印发《涉外商事海事裁判文书写作规范》的通知
（2015年3月16日） ································ (3123)

（二）海事诉讼程序

最高人民法院
关于适用《中华人民共和国海事诉讼特别程序法》若干问题的解释
（2003年1月6日） …………………………………………………………（3131）

最高人民法院
关于海事法院可否适用小额诉讼程序问题的批复
（2013年6月19日） …………………………………………………………（3139）

最高人民法院
关于扣押与拍卖船舶适用法律若干问题的规定
（2015年2月28日） …………………………………………………………（3139）

最高人民法院
关于海事诉讼管辖问题的规定
（2016年2月24日） …………………………………………………………（3142）

最高人民法院
关于审理发生在我国管辖海域相关案件若干问题的规定（一）
（2016年8月1日） …………………………………………………………（3143）

最高人民法院
关于审理发生在我国管辖海域相关案件若干问题的规定（二）
（2016年8月1日） …………………………………………………………（3144）

最高人民法院
关于调整大连、武汉、北海海事法院管辖区域和案件范围的通知
（2002年12月10日） ………………………………………………………（3147）

最高人民法院
关于调整上海、宁波海事法院管辖区域的通知
（2006年6月20日） …………………………………………………………（3148）

最高人民法院
关于调整大连海事法院受理案件范围的通知
（2012年7月4日） …………………………………………………………（3149）

最高人民法院　公安部
关于海事法院审判人员等处理海事案件登外轮问题的通知
（1986年10月25日） ………………………………………………………（3149）

最高人民法院
关于学习宣传贯彻海事诉讼特别程序法的通知
（2000年2月28日） …………………………………………………………（3150）

最高人民法院
关于船东所有的船舶能否因期租人对第三方负有责任而被扣押等问题的复函
（2001年1月3日） …………………………………………………………（3151）

最高人民法院
关于印发《第二次全国涉外商事海事审判工作会议纪要》的通知
（2005年12月26日） ·· (3152)

最高人民法院
关于进一步加强海事行政审判工作的通知
（2018年3月9日） ·· (3169)

民事篇

一、民事总类

（一）综　合

最高人民法院
关于认真学习和贯彻《中华人民共和国民法总则》的通知

2017年4月20日　　　　　　　　　　　　法〔2017〕127号

各省、自治区、直辖市高级人民法院，解放军军事法院，新疆维吾尔自治区高级人民法院生产建设兵团分院：

《中华人民共和国民法总则》（以下简称民法总则）已由第十二届全国人民代表大会第五次会议于2017年3月15日通过，将于2017年10月1日起施行。为了保证统一正确适用民法总则，特通知如下：

一、充分认识民法总则颁布施行的重大意义。民法总则作为民法典的开篇之作，体现了党执政为民的根本宗旨，将我国宪法所确立的保障公民人身权利和财产权利的原则予以落实和体现，是完善我国人权法律保障、维护人民群众切身利益的重要民事法律。民法总则是中国特色社会主义法律体系的重要组成部分，是民事领域的基础性、综合性法律，它规范人身关系和财产关系，构建民事领域的治理规则，涉及社会和经济生活的方方面面，同每个民事主体都密切相关。民法总则进一步完善了我国民商事领域的基本规则，为民商事活动提供基本遵循，对健全市场秩序，维护交易安全，促进社会主义市场经济健康发展具有重要作用。民法总则是人民法院审理民商事案件适用的基本法律，为人民法院审理和执行各种民商事纠纷案件提供了统一的法律依据和裁判规范，各级人民法院必须认真学习领会、全面正确地贯彻执行。

二、高度重视、精心组织安排民法总则的学习。要把学习民法总则作为人民法院践行司法为民、公正司法，提高审判执行工作质量，增强法官队伍素质和业务水平的一项重要举措。各级人民法院要利用各种形式进行业务培训,在民法总则施行前对全体民事审判人员和执行人员轮训一遍。在培训中,要逐条认真学习,准确把握立法精神,深刻理解各条款含义,注意掌握与民法通则有关条款的区别,学深学透,真正做到融会贯通,为民法总则 2017 年 10 月 1 日正式施行作好准备。

三、各级人民法院尤其是高级人民法院在学习、适用民法总则的过程中,应当深入调查研究,把调研工作与审判工作、执行工作有机结合起来,认真总结审判经验,及时向最高人民法院报告新情况、新问题和典型案例,以便最高人民法院在清理有关司法解释的基础上,起草适用民法总则相关的司法解释。

四、各级人民法院应当通过审判和执行活动,以案讲法,并注意通过新闻媒体、网站、手机 APP、微信公众号等多种形式,广泛宣传民法总则及颁布施行的重要意义,大力弘扬社会主义核心价值观,教育社会公众增强法治意识,自觉遵守民法总则和其他法律,依法维护自身合法权益,共同促进社会和谐稳定。

最高人民法院
关于认真学习、宣传和贯彻执行民法通则的通知

1986 年 5 月 16 日　　　　　　　　法(民)发〔1986〕17 号

全国地方各级人民法院,各级军事法院、铁路运输法院,各海事法院:

《中华人民共和国民法通则》经第六届全国人民代表大会第四次会议通过,将于 1987 年 1 月 1 日起施行。民法通则的颁布实施,对保护公民、法人的合法权益,促进经济体制改革,保障社会主义现代化建设事业的发展,必将起到重要作用。民法通则是人民法院审理民事案件和经济纠纷案件必须遵循的共同准则和法律依据。因此,认真学习、宣传和贯彻执行民法通则,是人民法院的一项重要任务。为了切实抓好这项工作,特通知如下:

一、各级人民法院应组织广大审判人员,特别是民事、经济审判人员和人民法庭的审判人员认真学习民法通则。要着重理解立法精神,准确掌握法律规定,结合经济体制改革和民事审判、经济审判工作中出现的新情况、新问题、新经验,抓住重点,学深学透。有条件的法院可以开办短训班,分期分批地轮训干部,也可以以会代训。民法通则的内容牵涉面广,比较复杂,可以请教学和研究部门的同志,以及从事经济、贸易、工商管理、海关、税务、金融、保险、专利、出版等部门的同志讲授和介绍有关方面的专业知识,使学习不断深入。

二、结合普及法律常识和综合治理,与有关部门积极配合,统筹安排,广泛深入地开展民法通则的宣传活动。教育广大人民群众正确行使民事权利,自觉履行民事义务,

依法解决民事、经济纠纷。人民法院应通过案件的审理,运用典型案例,就案学法,以案讲法,同时抓住一些有教育意义的典型案件,依法进行公开审理,扩大办案效果,使民法通则为广大人民群众所熟悉、掌握和遵循。宣传要注意准确性和社会效果。

三、为了保证民法通则的正确贯彻实施,各级人民法院必须大力加强调查研究工作。当前调查研究的重点是经济体制改革中民法通则所调整的商品生产和商品流通中的新情况和新问题,以及民事主体、民事权利的保护、债的形成和履行、民事责任的承担、诉讼时效、涉外民事关系的法律适用等问题。为了解决民法通则适用中的一些具体问题,最高人民法院拟根据民法通则的规定和立法精神,在调查研究、总结审判实践经验的基础上,提出关于贯彻执行民法通则若干问题的意见,并准备在适当的时候召开贯彻执行民法通则的会议。为此,务请各级人民法院向我院积极报送有关工作经验和典型案例材料,提出问题和建议,以便研究和参考。

四、各级人民法院都必须坚持有法必依、执法必严的原则。民法通则正式实施以后,最高人民法院历年来有关贯彻民事、经济法律政策方面的意见和批复,凡与民法通则相抵触的,均应停止执行。在贯彻执行民法通则的过程中,要不断总结经验,对实施中适用法律的重要问题,要及时请示报告,上级法院要加强监督、指导。各级人民法院都要努力做好工作,推动民事、经济审判工作的全面开展。

特此通知。

最高人民法院
印发《关于贯彻执行〈中华人民共和国民法通则〉若干问题的意见(试行)》的通知

1988年4月2日　　　　　　　　　　法(办)发〔1988〕6号

全国地方各级人民法院,各级军事法院,各铁路运输中级法院和基层法院,各海事法院:

现将《关于贯彻执行〈中华人民共和国民法通则〉若干问题的意见(试行)》发给你们,请在民事审判工作和经济审判工作中试行。在试行过程中,应注意调查研究,总结经验。有何意见和问题,请及时报告我院。

附：

最高人民法院
关于贯彻执行《中华人民共和国民法通则》若干问题的意见（试行）①

（1988年1月26日最高人民法院审判委员会讨论通过）

《中华人民共和国民法通则》（以下简称民法通则）已于1987年1月1日起施行。现就民法通则在贯彻执行中遇到的问题提出以下意见。

一、公 民

（一）关于民事权利能力和民事行为能力问题

1. 公民的民事权利能力自出生时开始，出生的时间以户籍证明为准；没有户籍证明的，以医院出具的出生证明为准。没有医院证明的，参照其他有关证明认定。

2. 16周岁以上不满18周岁的公民，能够以自己的劳动取得收入，并能维持当地群众一般生活水平的，可以认定为以自己的劳动收入为主要生活来源的完全民事行为能力人。

3. 10周岁以上的未成年人进行的民事活动是否与其年龄、智力状况相适应，可以从行为与本人生活相关联的程度、本人的智力能否理解其行为，并预见相应的行为后果，以及行为标的数额等方面认定。

4. 不能完全辨认自己行为的精神病人进行的民事活动，是否与其精神健康状态相适应，可以从行为与本人生活相关联的程度、本人的精神状态能否理解其行为，并预见相应的行为后果，以及行为标的数额等方面认定。

5. 精神病人（包括痴呆症人）如果没有判断能力和自我保护能力，不知其行为后果的，可以认定为不能辨认自己行为的人；对于比较复杂的事物或者比较重大的行为缺乏判断能力和自我保护能力，并且不能预见其行为后果的，可以认定为不能完全辨认自己行为的人。

6. 无民事行为能力人、限制民事行为能力人接受奖励、赠与、报酬，他人不得以行为人无民事行为能力、限制民事行为能力为由，主张以上行为无效。

7. 当事人是否患有精神病，人民法院应当根据司法精神病学鉴定或者参照医院的诊断、鉴定确认。在不具备诊断、鉴定条件的情况下，也可以参照群众公认的当事人的精神状态认定，但应以利害关系人没有异议为限。

---

① 根据《最高人民法院关于废止2007年底以前发布的有关司法解释（第七批）的决定》第二十四条的规定，本意见第88、94、115、117、118、177条由于与《中华人民共和国物权法》有关规定冲突而不再适用，本书中以楷体字标明。

8. 在诉讼中，当事人及利害关系人提出一方当事人患有精神病（包括痴呆症），人民法院认为确有必要认定的，应当按照民事诉讼法（试行）规定的特别程序，先作出当事人有无民事行为能力的判决。

确认精神病人（包括痴呆症人）为限制民事行为能力人的，应当比照民事诉讼法（试行）规定的特别程序进行审理。

9. 公民离开住所地最后连续居住1年以上的地方，为经常居住地。但住医院治疗的除外。

公民由其户籍所在地迁出后至迁入另一地之前，无经常居住地的，仍以其原户籍所在地为住所。

（二）关于监护问题

10. 监护人的监护职责包括：保护被监护人的身体健康，照顾被监护人的生活，管理和保护被监护人的财产，代理被监护人进行民事活动，对被监护人进行管理和教育，在被监护人合法权益受到侵害或者与人发生争议时，代理其进行诉讼。

11. 认定监护人的监护能力，应当根据监护人的身体健康状况、经济条件，以及与被监护人在生活上的联系状况等因素确定。

12. 民法通则中规定的近亲属，包括配偶、父母、子女、兄弟姐妹、祖父母、外祖父母、孙子女、外孙子女。

13. 为患有精神病的未成年人设定监护人，适用民法通则第十六条的规定。

14. 人民法院指定监护人时，可以将民法通则第十六条第二款中的（一）、（二）、（三）项或第十七条第一款中的（一）、（二）、（三）、（四）、（五）项规定视为指定监护人的顺序。前一顺序有监护资格的人无监护能力或者对被监护人明显不利的，人民法院可以根据对被监护人有利的原则，从后一顺序有监护资格的人中择优确定。被监护人有识别能力的，应视情况征求被监护人的意见。

监护人可以是一人，也可以是同一顺序中的数人。

15. 有监护资格的人之间协议确定监护人的，应当由协议确定的监护人对被监护人承担监护责任。

16. 对于担任监护人有争议的，应当按照民法通则第十六条第三款或者第十七条第二款的规定，由有关组织予以指定。未经指定而向人民法院起诉的，人民法院不予受理。

17. 有关组织依照民法通则规定指定监护人，以书面或者口头通知了被指定人的，应当认定指定成立。被指定人不服的，应当在接到通知的次日起30日内向人民法院起诉。逾期起诉的，按变更监护关系处理。

18. 监护人被指定后，不得自行变更。擅自变更的，由原被指定的监护人和变更后的监护人承担监护责任。

19. 被指定人对指定不服提起诉讼的，人民法院应当根据本意见第十四条的规定，作出维持或者撤销指定监护人的判决。如果判决是撤销原指定的，可以同时另行指定监护人。此类案件，比照民事诉讼法（试行）规定的特别程序进行审理。

在人民法院作出判决前的监护责任，一般应当按照指定监护人的顺序，由有监护资格的人承担。

20. 监护人不履行监护职责，或者侵害了被监护人的合法权益，民法通则第十六条、第十七条规定的其他有监护资格的人或者单位向人民法院起诉，要求监护人承担民事责任的，按照普通程序审理；要求变更监护关系的，按照特别程序审理；既要求承担民事责任，又要求变更监护关系的，分别审理。

21. 夫妻离婚后，与子女共同生活的一方无权取消对方对该子女的监护权；但是，未与该子女共同生活的一方，对该子女有犯罪行为、虐待行为或者对该子女明显不利的，人民法院认为可以取消的除外。

22. 监护人可以将监护职责部分或者全部委托给他人。因被监护人的侵权行为需要承担民事责任的，应当由监护人承担，但另有约定的除外；被委托人确有过错的，负连带责任。

23. 夫妻一方死亡后，另一方将子女送给他人收养，如收养对子女的健康成长并无不利，又办了合法收养手续的，认定收养关系成立；其他有监护资格的人不得以收养未经其同意而主张收养关系无效。

（三）关于宣告失踪、宣告死亡问题

24. 申请宣告失踪的利害关系人，包括被申请宣告失踪人的配偶、父母、子女、兄弟姐妹、祖父母、外祖父母、孙子女、外孙子女以及其他与被申请人有民事权利义务关系的人。

25. 申请宣告死亡的利害关系人的顺序是：

（一）配偶；

（二）父母、子女；

（三）兄弟姐妹、祖父母、外祖父母、孙子女、外孙子女；

（四）其他有民事权利义务关系的人。

申请撤销死亡宣告不受上列顺序限制。

26. 下落不明是指公民离开最后居住地后没有音讯的状况。对于在台湾或者在国外，无法正常通讯联系的，不得以下落不明宣告死亡。

27. 战争期间下落不明的，申请宣告死亡的期间适用民法通则第二十三条第一款第一项的规定。

28. 民法通则第二十条第一款、第二十三条第一款第一项中的下落不明的起算时间，从公民音讯消失之次日起算。

宣告失踪的案件，由被宣告失踪人住所地的基层人民法院管辖。住所地与居住地不一致的，由最后居住地的基层人民法院管辖。

29. 宣告失踪不是宣告死亡的必经程序。公民下落不明，符合申请宣告死亡的条件，利害关系人可以不经申请宣告失踪而直接申请宣告死亡。但利害关系人只申请宣告失踪的，应当宣告失踪；同一顺序的利害关系人，有的申请宣告死亡，有的不同意宣告死亡，则应当宣告死亡。

30. 人民法院指定失踪人的财产代管人，应当根据有利于保护失踪人财产的原则指定。没有民法通则第二十一条规定的代管人，或者他们无能力作代管人，或者不宜作代管人的，人民法院可以指定公民或者有关组织为失踪人的财产代管人。

无民事行为能力人、限制民事行为能力人失踪的，其监护人即为财产代管人。

31. 民法通则第二十一条第二款中的"其他费用"，包括赡养费、扶养费、抚育费和因代管财产所需的管理费等必要的费用。

32. 失踪人的财产代管人拒绝支付失踪人所欠的税款、债务和其他费用，债权人提起诉讼的，人民法院应当将代管人列为被告。

失踪人的财产代管人向失踪人的债务人要求偿还债务的，可以作为原告提起诉讼。

33. 债务人下落不明，但未被宣告失踪，债权人起诉要求清偿债务的，人民法院可以在公告传唤后缺席判决或者按中止诉讼处理。

34. 人民法院审理宣告失踪的案件，比照民事诉讼法（试行）规定的特别程序进行。

人民法院审理宣告失踪的案件，应当查清被申请宣告失踪人的财产，指定临时管理人或者采取诉讼保全措施，发出寻找失踪人的公告，公告期间为半年。公告期间届满，人民法院根据被宣告失踪人失踪的事实是否得到确认，作出宣告失踪的判决或者终结审理的裁定。如果判决宣告为失踪人，应当同时指定失踪人的财产代管人。

35. 失踪人的财产代管人以无力履行代管职责，申请变更代管人的，人民法院比照特别程序进行审理。

失踪人的财产代管人不履行代管职责或者侵犯失踪人财产权益的，失踪人的利害关系人可以向人民法院请求财产代管人承担民事责任。如果同时申请人民法院变更财产代管人的，变更之诉比照特别程序单独审理。

36. 被宣告死亡的人，判决宣告之日为其死亡的日期。判决书除发给申请人外，还应当在被宣告死亡的人住所地和人民法院所在地公告。

被宣告死亡和自然死亡的时间不一致的，被宣告死亡所引起的法律后果仍然有效，但自然死亡前实施的民事法律行为与被宣告死亡引起的法律后果相抵触的，则以其实施的民事法律行为为准。

37. 被宣告死亡的人与配偶的婚姻关系，自死亡宣告之日起消灭。死亡宣告被人民法院撤销，如果其配偶尚未再婚的，夫妻关系从撤销死亡宣告之日起自行恢复；如果其配偶再婚后又离婚或者再婚后配偶又死亡的，则不得认定夫妻关系自行恢复。

38. 被宣告死亡的人在被宣告死亡期间，其子女被他人依法收养，被宣告死亡的人在死亡宣告被撤销后，仅以未经本人同意而主张收养关系无效的，一般不应准许，但收养人和被收养人同意的除外。

39. 利害关系人隐瞒真实情况使他人被宣告死亡而取得其财产的，除应返还原物及孳息外，还应对造成的损失予以赔偿。

40. 被撤销死亡宣告的人请求返还财产，其原物已被第三人合法取得的，第三人可不予返还。但依继承法取得原物的公民或者组织，应当返还原物或者给予适当补偿。

（四）关于个体工商户、农村承包经营户、个人合伙问题

41. 起字号的个体工商户，在民事诉讼中，应以营业执照登记的户主（业主）为诉讼当事人，在诉讼文书中注明系某字号的户主。

42. 以公民个人名义申请登记的个体工商户和个人承包的农村承包经营户，用家庭共有财产投资，或者收益的主要部分供家庭成员享用的，其债务应以家庭共有财产清偿。

43. 在夫妻关系存续期间，一方从事个体经营或者承包经营的，其收入为夫妻共有财产，债务亦应以夫妻共有财产清偿。

44. 个体工商户、农村承包经营户的债务，如以其家庭共有财产承担责任时，应当保留家庭成员的生活必需品和必要的生产工具。

45. 起字号的个人合伙，在民事诉讼中，应当以依法核准登记的字号为诉讼当事人，并由合伙负责人为诉讼代表人。合伙负责人的诉讼行为，对全体合伙人发生法律效力。

未起字号的个人合伙，合伙人在民事诉讼中为共同诉讼人。合伙人人数众多的，可以推举诉讼代表人参加诉讼。诉讼代表人的诉讼行为，对全体合伙人发生法律效力。推举诉讼代表人，应当办理书面手续。

46. 公民按照协议提供资金或者实物，并约定参与合伙盈余分配，但不参与合伙经营、劳动的，或者提供技术性劳务而不提供资金、实物，但约定参与盈余分配的，视为合伙人。

47. 全体合伙人对合伙经营的亏损额，对外应当负连带责任；对内则应按照协议约定的债务承担比例或者出资比例分担；协议未规定债务承担比例或者出资比例的，可以按照约定的或者实际的盈余分配比例承担。但是对造成合伙经营亏损有过错的合伙人，应当根据其过错程度相应的多承担责任。

48. 只提供技术性劳务，不提供资金、实物的合伙人，对于合伙经营的亏损额，对外也应当承担连带责任；对内则应当按照协议约定的债务承担比例或者技术性劳务折抵的出资比例承担；协议未规定债务承担比例或者出资比例的，可以按照约定的或者合伙人实际的盈余分配比例承担；没有盈余分配比例的，按照其余合伙人平均投资比例承担。

49. 个人合伙或者个体工商户，虽经工商行政管理部门错误地登记为集体所有制的企业，但实际为个人合伙或者个体工商户的，应当按个人合伙或者个体工商户对待。

50. 当事人之间没有书面合伙协议，又未经工商行政管理部门核准登记，但具备合伙的其他条件，又有两个以上无利害关系人证明有口头合伙协议的，人民法院可以认定为合伙关系。

51. 在合伙经营过程中增加合伙人，书面协议有约定的，按照协议处理；书面协议未约定的，须经全体合伙人同意；未经全体合伙人同意的，应当认定入伙无效。

52. 合伙人退伙，书面协议有约定的，按书面协议处理；书面协议未约定的，原则上应予准许。但因其退伙给其他合伙人造成损失的，应当考虑退伙的原因、理由以及双方当事人的过错等情况，确定其应当承担的赔偿责任。

53. 合伙经营期间发生亏损，合伙人退出合伙时未按约定分担或者未合理分担合伙债务的，退伙人对原合伙的债务，应当承担清偿责任；退伙人已分担合伙债务的，对其参加合伙期间的全部债务仍负连带责任。

54. 合伙人退伙时分割的合伙财产，应当包括合伙时投入的财产和合伙期间积累的财产，以及合伙期间的债权和债务。入伙的原物退伙时原则上应予退还；一次清退有困难的，可以分批分期清退；退还原物确有困难的，可以折价处理。

55. 合伙终止时，对合伙财产的处理，有书面协议的，按协议处理；没有书面协议，又协商不成的，如果合伙人出资额相等，应当考虑多数人意见酌情处理；合伙人出资额不等的，可以按出资额占全部合伙额多的合伙人的意见处理，但要保护其他合伙人的利益。

56. 合伙人互相串通逃避合伙债务的，除应责令其承担清偿责任外，还可以按照民法通则第一百三十四条第三款的规定处理。

57. 民法通则第三十五条第一款中关于"以各自的财产承担清偿责任"，是指合伙人以个人财产出资的，以合伙人的个人财产承担；合伙人以其家庭共有财产出资的，以其家庭共有财产承担；合伙人以个人财产出资，合伙的盈余分配所得用于其家庭成员生活的，应先以合伙人的个人财产承担，不足部分以合伙人的家庭共有财产承担。

二、法　人

58. 企业法人的法定代表人和其他工作人员，以法人名义从事的经营活动，给他人造成经济损失的，企业法人应当承担民事责任。

59. 企业法人解散或者被撤销的，应当由其主管机关组织清算小组进行清算。企业法人被宣告破产的，应当由人民法院组织有关机关和有关人员成立清算组织进行清算。

60. 清算组织是以清算企业法人债权、债务为目的而依法成立的组织。它负责对终止的企业法人的财产进行保管、清理、估价、处理和清偿。

对于涉及终止的企业法人债权、债务的民事诉讼，清算组织可以用自己的名义参加诉讼。

以逃避债务责任为目的而成立的清算组织，其实施的民事行为无效。

61. 人民法院审理案件时，如果查明企业法人有民法通则第四十九条所列的六种情形之一的，除企业法人承担责任外，还可以根据民法通则第四十九条和第一百三十四条第三款的规定，对企业法定代表人直接给予罚款的处罚；对需要给予行政处分的，可以向有关部门提出司法建议，由有关部门决定处理；对构成犯罪需要依法追究刑事责任的，应当依法移送公安、检察机关。

62. 人民法院在审理案件中，依法对企业法定代表人或者其他人采用罚款、拘留制裁措施，必须经院长批准，另行制作民事制裁决定书。被制裁人对决定不服的，在收到决定书的次日起10日内可以向上一级人民法院申请复议一次。复议期间，决定暂不执行。

63. 对法定代表人直接处以罚款的数额一般在2000元以下。法律另有规定的除外。

64. 以提供土地使用权作为联营条件的一方，对联营企业的债务，应当按照书面协议的约定承担；书面协议未约定的，可以按照出资比例或者盈余分配比例承担。

三、民事法律行为和代理

65. 当事人以录音、录像等视听资料形式实施的民事行为，如有两个以上无利害关系人作为证人或者有其他证据证明该民事行为符合民法通则第五十五条的规定，可以认定有效。

66. 一方当事人向对方当事人提出民事权利的要求，对方未用语言或者文字明确表示意见，但其行为表明已接受的，可以认定为默示。不作为的默示只有在法律有规定或者当事人双方有约定的情况下，才可以视为意思表示。

67. 间歇性精神病人的民事行为，确能证明是在发病期间实施的，应当认定无效。

行为人在神志不清的状态下所实施的民事行为，应当认定无效。

68. 一方当事人故意告知对方虚假情况，或者故意隐瞒真实情况，诱使对方当事人作出错误意思表示的，可以认定为欺诈行为。

69. 以给公民及其亲友的生命健康、荣誉、名誉、财产等造成损害，或者以给法人的荣誉、名誉、财产等造成损害为要挟，迫使对方作出违背真实的意思表示的，可以认定为胁迫行为。

70. 一方当事人乘对方处于危难之机，为牟取不正当利益，迫使对方作出不真实的意思表示，严重损害对方利益的，可以认定为乘人之危。

71. 行为人因对行为的性质、对方当事人、标的物的品种、质量、规格和数量等的错误认识，使行为的后果与自己的意思相悖，并造成较大损失的，可以认定为重大误解。

72. 一方当事人利用优势或者利用对方没有经验，致使双方的权利与义务明显违反公平、等价有偿原则的，可以认定为显失公平。

73. 对于重大误解或者显失公平的民事行为，当事人请求变更的，人民法院应当予以变更；当事人请求撤销的，人民法院可以酌情予以变更或者撤销。

可变更或者可撤销的民事行为，自行为成立时起超过1年当事人才请求变更或者撤销的，人民法院不予保护。

74. 对民法通则第六十一条第二款中的"双方取得的财产"，应当包括双方当事人已经取得和约定取得的财产。

75. 附条件的民事行为，如果所附的条件是违背法律规定或者不可能发生的，应当认定该民事行为无效。

76. 附期限的民事法律行为，在所附期限到来时生效或者解除。

77. 意思表示由第三人义务转达，而第三人由于过失转达错误或者没有转达，使他人造成损失的，一般可由意思表示人负赔偿责任。但法律另有规定或者双方另有约定的除外。

78. 凡是依法或者依双方的约定必须由本人亲自实施的民事行为，本人未亲自实施的，应当认定行为无效。

79. 数个委托代理人共同行使代理权的，如果其中一人或者数人未与其他委托代理人协商，所实施的行为侵害被代理人权益的，由实施行为的委托代理人承担民事责任。

被代理人为数人时，其中一人或者数人未经其他被代理人同意而提出解除代理关系，因此造成损害的，由提出解除代理关系的被代理人承担。

80. 由于急病、通讯联络中断等特殊原因，委托代理人自己不能办理代理事项，又不能与被代理人及时取得联系，如不及时转托他人代理，会给被代理人的利益造成损失或者扩大损失的，属于民法通则第六十八条中的"紧急情况"。

81. 委托代理人转托他人代理的，比照民法通则第六十五条规定的条件办理转托手续。因委托代理人转托不明，给第三人造成损失的，第三人可以直接要求被代理人赔偿损失；被代理人承担民事责任后，可以要求委托代理人赔偿损失，转托代理人有过错的，应当负连带责任。

82. 被代理人死亡后有下列情况之一的，委托代理人实施的代理行为有效：（1）代理人不知道被代理人死亡的；（2）被代理人的继承人均予承认的；（3）被代理人与代理人约定到代理事项完成时代理权终止的；（4）在被代理人死亡前已经进行、而在被代理人死亡后为了被代理人的继承人的利益继续完成的。

83. 代理人和被代理人对已实施的民事行为负连带责任的，在民事诉讼中，可以列为共同诉讼人。

四、民事权利

（一）关于财产所有权和与财产所有权有关的财产权问题

84. 财产已经交付，但当事人约定财产所有权转移附条件的，在所附条件成就时，财产所有权方为转移。

85. 财产所有权合法转移后，一方翻悔的，不予支持。财产所有权尚未按原协议转移，一方翻悔并无正当理由，协议又能够履行的，应当继续履行；如果协议不能履行，给对方造成损失的，应当负赔偿责任。

86. 非产权人在使用他人的财产上增添附属物，财产所有人同意增添，并就财产返还时附属物如何处理有约定的，按约定办理；没有约定又协商不成，能够拆除的，可以责令拆除；不能拆除的，也可以折价归财产所有人；造成财产所有人损失的，应当负赔偿责任。

87. 有附属物的财产，附属物随财产所有权的转移而转移。但当事人另有约定又不违法的，按约定处理。

88. 对于共有财产，部分共有人主张按份共有，部分共有人主张共同共有，如果不能证明财产是按份共有的，应当认定为共同共有。

89. 共同共有人对共有财产享有共同的权利，承担共同的义务。在共同共有关系存续期间，部分共有人擅自处分共有财产的，一般认定无效。但第三人善意、有偿取得该项财产的，应当维护第三人的合法权益；对其他共有人的损失，由擅自处分共有财产的人赔偿。

90. 在共同共有关系终止时，对共有财产的分割，有协议的，按协议处理；没有协议的，应当根据等分原则处理，并且考虑共有人对共有财产的贡献大小，适当照顾共有人生产、生活的实际需要等情况。但分割夫妻共有财产，应当根据婚姻法的有关规定处理。

91. 共有财产是特定物，而且不能分割或者分割有损其价值的，可以折价处理。

92. 共同共有财产分割后，一个或者数个原共有人出卖自己分得的财产时，如果出卖的财产与其他原共有人分得的财产属于一个整体或者配套使用，其他原共有人主张优先购买权的，应当予以支持。

93. 公民、法人对于挖掘、发现的埋藏物、隐藏物，如果能够证明属其所有，而且根据现行的法律、政策又可以归其所有的，应当予以保护。

94. 拾得物灭失、毁损，拾得人没有故意的，不承担民事责任。拾得人将拾得物据为己有，拒不返还而引起诉讼的，按照侵权之诉处理。

95. 公民和集体依法对集体所有的或者国家所有由集体使用的森林、土地、山岭、草原、荒地、滩涂、水面等承包经营的权利和义务，按承包合同的规定处理。承包人未经发包人同意擅自转包或者转让的无效。

96. 因土地、山岭、森林、草原、荒地、滩涂、水面等自然资源的所有权或者使用权发生权属争议的，应当由有关行政部门处理。对行政处理不服的，当事人可以依据有关法律和行政法规的规定，向人民法院提起诉讼；因侵权纠纷起诉的，人民法院可以直接受理。

97. 相邻一方因施工临时占用他方使用的土地，占用的一方如未按照双方约定的范围、用途和期限使用的，应当责令其及时清理现场，排除妨碍，恢复原状，赔偿损失。

98. 一方擅自堵截或者独占自然流水，影响他方正常生产、生活的，他方有权请求排除妨碍；造成他方损失的，应负赔偿责任。

99. 相邻一方必须使用另一方的土地排水的，应当予以准许；但应在必要限度内使用并采取适当的保护措施排水，如仍造成损失的，由受益人合理补偿。

相邻一方可以采取其他合理的措施排水而未采取，向他方土地排水毁损或者可能毁损他方财产，他方要求致害人停止侵害、消除危险、恢复原状、赔偿损失的，应当予以支持。

100. 一方必须在相邻一方使用的土地上通行的，应当予以准许；因此造成损失的，应当给予适当补偿。

101. 对于一方所有的或者使用的建筑物范围内历史形成的必经通道，所有权人或者使用权人不得堵塞。因堵塞影响他人生产、生活，他人要求排除妨碍或者恢复原状的，应当予以支持。但有条件另开通道的，也可以另开通道。

102. 处理相邻房屋滴水纠纷时，对有过错的一方造成他方损害的，应当责令其排除妨碍、赔偿损失。

103. 相邻一方在自己使用的土地上挖水沟、水池、地窖等或者种植的竹木根枝伸延，危及另一方建筑物的安全和正常使用的，应当分别情况，责令其消除危险，恢复原状，赔偿损失。

（二）关于债权问题

104. 债权人无正当理由拒绝债务人履行义务，债务人将履行的标的物向有关部门提存的，应当认定债务已经履行。因提存所支出的费用，应当由债权人承担。提存期间，财产收益归债权人所有，风险责任由债权人承担。

105. 依据民法通则第八十八条第二款第（一）项规定，合同对产品质量要求不明确，当事人未能达成协议，又没有国家质量标准的，按部颁标准或者专业标准处理；没有部颁标准或者专业标准的，按经过批准的企业标准处理；没有经过批准的企业标准的，按标的物产地同行业其他企业经过批准的同类产品质量标准处理。

106. 保证人应当是具有代偿能力的公民、企业法人以及其他经济组织。保证人即使不具备完全代偿能力，仍应以自己的财产承担保证责任。

国家机关不能担任保证人。

107. 不具有法人资格的企业法人的分支机构，以自己的名义对外签订的保证合同，一般应当认定无效。但因此产生的财产责任，分支机构如有偿付能力的，应当自行承担；如无偿付能力的，应由企业法人承担。

108. 保证人向债权人保证债务人履行债务的，应当与债权人订立书面保证合同，确定保证人对主债务的保证范围和保证期限。虽未单独订立书面保证合同，但在主合同中写明保证人的保证范围和保证期限，并由保证人签名盖章的，视为书面保证合同成立。公民间的口头保证，有两个以上无利害关系人证明的，也视为保证合同成立，法律另有规定的除外。

保证范围不明确的，推定保证人对全部主债务承担保证责任。

109. 在保证期限内，保证人的保证范围，可因主债务的减少而减少。新增加的债务，未经保证人同意担保的，保证人不承担保证责任。

110. 保证人为2人以上的，相互之间负连带保证责任。但是保证人与债权人约定按份承担保证责任的除外。

111. 被担保的经济合同确认无效后，如果被保证人应当返还财产或者赔偿损失的，除有特殊约定外，保证人仍应承担连带责任。

112. 债务人或者第三人向债权人提供抵押物时，应当订立书面合同或者在原债权文书中写明。没有书面合同，但有其他证据证明抵押物或者其权利证书已交给抵押权人的，可以认定抵押关系成立。

113. 以自己不享有所有权或者经营管理权的财产作抵押物的，应当认定抵押无效。

以法律限制流通的财产作为抵押物的，在清偿债务时，应当由有关部门收购，抵押权人可以从价款中优先受偿。

114. 抵押物在抵押权人保管期间灭失、毁损的，抵押权人如有过错，应当承担民事责任。

抵押物在抵押人处灭失、毁损的，应当认定抵押关系存在，并责令抵押人以其他财产代替抵押物。

115. 抵押物如由抵押人自己占有并负责保管，在抵押期间，非经债权人同意，抵押人将同一抵押物转让他人，或者就抵押物价值已设置抵押部分再作抵押的，其行为无效。

债务人以抵押物清偿债务时，如果一项抵押物有数个抵押权人的，应当按照设定抵押权的先后顺序受偿。

116. 有要求清偿银行贷款和其他债权等数个债权人的，有抵押权的债权人应享有优先受偿的权利；法律、法规另有规定的除外。

117. 债权人因合同关系占有债务人财物的，如果债务人到期不履行义务，债权人可以将相应的财物留置。经催告，债务人在合理期限内仍不履行义务，债权人依法将留置的财物以合理的价格变卖，并以变卖财物的价款优先受偿的，应予保护。

118. 出租人出卖出租房屋，应提前3个月通知承租人。承租人在同等条件下，享有优先购买权；出租人未按此规定出卖房屋的，承租人可以请求人民法院宣告该房屋买卖无效。

119. 承租户以一人名义承租私有房屋，在租赁期内，承租人死亡，该户共同居住人要求按原租约履行的，应当准许。

私有房屋在租赁期内，因买卖、赠与或者继承发生房屋产权转移的，原租赁合同对承租人和新房主继续有效。

未定租期，房主要求收回房屋自住的，一般应当准许。承租人有条件搬迁的，应责令其搬迁；如果承租人搬迁确有困难的，可给一定期限让其找房或者腾让部分房屋。

120. 在房屋出典期间或者典期届满时，当事人之间约定延长典期或者增减典价的，应当准许。承典人要求出典人高于原典价回赎的，一般不予支持。以合法流通物作典价的，应当按照回赎时市场零售价格折算。

121. 公民之间的借贷，双方对返还期限有约定的，一般应按约定处理；没有约定的，出借人随时可以请求返还，借方应当根据出借人的请求及时返还；暂时无力返还的，可以根据实际情况责令其分期返还。

122. 公民之间的生产经营性借贷的利率，可以适当高于生活性借贷利率。如因利率发生纠纷，应本着保护合法借贷关系，考虑当地实际情况，有利于生产和稳定经济秩序的原则处理。

123. 公民之间的无息借款，有约定偿还期限而借款人不按期偿还，或者未约定偿还期限但经出借人催告后，借款人仍不偿还的，出借人要求借款人偿付逾期利息，应当予以准许。

124. 借款双方因利率发生争议，如果约定不明，又不能证明的，可以比照银行同类贷款利率计息。

125. 公民之间的借贷，出借人将利息计入本金计算复利的，不予保护；在借款时将利息扣除的，应当按实际出借款数计息。

126. 借用实物的，出借人要求归还原物或者同等数量、质量的实物，应当予以支持；如果确实无法归还实物的，可以按照或者适当高于归还时市场零售价格折价给付。

127. 借用人因管理、使用不善造成借用物毁损的，借用人应当负赔偿责任；借用物自身有缺陷的，可以减轻借用人的赔偿责任。

128. 公民之间赠与关系的成立，以赠与物的交付为准。赠与房屋，如根据书面赠与合同办理了过户手续的，应当认定赠与关系成立；未办理过户手续，但赠与人根据书面赠与合同已将产权证书交与受赠人，受赠人根据赠与合同已占有、使用该房屋的，可以认定赠与有效，但应令其补办过户手续。

129. 赠与人明确表示将赠与物赠给未成年人个人的，应当认定该赠与物为未成年人的个人财产。

130. 赠与人为了逃避应履行的法定义务，将自己的财产赠与他人，如果利害关系人主张权利的，应当认定赠与无效。

131. 返还的不当利益，应当包括原物和原物所生的孳息。利用不当得利所取得的其他利益，扣除劳务管理费用后，应当予以收缴。

132. 民法通则第九十三条规定的管理人或者服务人可以要求受益人偿付的必要费用，包括在管理或者服务活动中直接支出的费用，以及在该活动中受到的实际损失。

（三）关于知识产权、人身权问题

133. 作品不论是否发表，作者均享有著作权（版权）。

134. 2人以上按照约定共同创作作品的，不论各人的创作成果在作品中被采用多少，应当认定该项作品为共同创作。

135. 合著的作品，著作权（版权）应当认定为全体合著人共同享有；其中各组成部分可以分别独立存在的，各组成部分的著作权（版权）由各组成部分的作者分别享有。

136. 作者死亡后，著作权（版权）中由继承人继承的财产权利在法律规定的保护期限内受到侵犯，继承人依法要求保护的，人民法院应当予以支持。

137. 公民、法人通过申请专利取得的专利权，或者通过继承、受赠、受让等方式取得的专利权，应当予以保护。

转让专利权应当由国家专利局登记并公告，专利权自国家专利局公告之日起转移。

138. 法人、个体工商户、个人合伙通过申请商标注册或者受让等方式取得的商标专用权，除依法定程序撤销者外，应当予以保护。

转让商标专用权应当由国家工商行政管理局商标局核准，商标专用权自核准之日起转移。

139. 以营利为目的，未经公民同意利用其肖像做广告、商标、装饰橱窗等，应当认定为侵犯公民肖像权的行为。

140. 以书面、口头等形式宣扬他人的隐私，或者捏造事实公然丑化他人人格，以及用侮辱、诽谤等方式损害他人名誉，造成一定影响的，应当认定为侵害公民的名誉权的行为。

以书面、口头等形式诋毁、诽谤法人名誉，给法人造成损害的，应当认定为侵害法人名誉权的行为。

141. 盗用、假冒他人姓名、名称造成损害的，应当认定为侵犯姓名权、名称权的行为。

五、民事责任

142. 为维护国家、集体或者他人合法权益而使自己受到损害，在侵害人无力赔偿或者没有侵害人的情况下，如果受害人提出请求的，人民法院可以根据受益人受益的多少及其经济状况，责令受益人给予适当补偿。

143. 受害人的误工日期，应当按其实际损害程度、恢复状况并参照治疗医院出具的证明或者法医鉴定等认定。赔偿费用的标准，可以按照受害人的工资标准或者实际收入的数额计算。

受害人是承包经营户或者个体工商户的，其误工费的计算标准，可以参照受害人一定期限内的平均收入酌定。如果受害人承包经营的种植、养殖业季节性很强，不及时经营会造成更大损失的，除受害人应当采取措施防止损失扩大外，还可以裁定侵害人采取措施防止扩大损失。

144. 医药治疗费的赔偿，一般应以所在地治疗医院的诊断证明和医药费、住院费的单据为凭。应经医务部门批准而未获批准擅自另找医院治疗的费用，一般不予赔偿；擅自购买与损害无关的药品或者治疗其他疾病的，其费用则不予赔偿。

145. 经医院批准专事护理的人，其误工补助费可以按收入的实际损失计算。应得奖金一般可以计算在应赔偿的数额内。本人没有工资收入的，其补偿标准应以当地的一般临时工的工资标准为限。

146. 侵害他人身体致使其丧失全部或者部分劳动能力的，赔偿的生活补助费一般应补足到不低于当地居民基本生活费的标准。

147. 侵害他人身体致人死亡或者丧失劳动能力的，依靠受害人实际扶养而又没有其他生活来源的人要求侵害人支付必要生活费的，应当予以支持，其数额根据实际情况确定。

148. 教唆、帮助他人实施侵权行为的人，为共同侵权人，应当承担连带民事责任。

教唆、帮助无民事行为能力人实施侵权行为的人，为侵权人，应当承担民事责任。

教唆、帮助限制民事行为能力人实施侵权行为的人，为共同侵权人，应当承担主要民事责任。

149. 盗用、假冒他人名义，以函、电等方式进行欺骗或者愚弄他人，并使其财产、名誉受到损害的，侵权人应当承担民事责任。

150. 公民的姓名权、肖像权、名誉权、荣誉权和法人的名称权、名誉权、荣誉权受到侵害，公民或者法人要求赔偿损失的，人民法院可以根据侵权人的过错程度、侵权行为的具体情节、后果和影响确定其赔偿责任。

151. 侵害他人的姓名权、名称权、肖像权、名誉权、荣誉权而获利的，侵权人除依法赔偿受害人的损失外，其非法所得应当予以收缴。

152. 国家机关工作人员在执行职务中，给公民、法人的合法权益造成损害的，国家机关应当承担民事责任。

153. 消费者、用户因为使用质量不合格的产品造成本人或者第三人人身伤害、财产损失的，受害人可以向产品制造者或者销售者要求赔偿。因此提起的诉讼，由被告所在地或者侵权行为地人民法院管辖。

运输者和仓储者对产品质量负有责任，制造者或者销售者请求赔偿损失的，可以另案处理，也可以将运输者和仓储者列为第三人，一并处理。

154. 从事高度危险作业，没有按有关规定采取必要的安全防护措施，严重威胁他人人身、财产安全的，人民法院应当根据他人的要求，责令作业人消除危险。

155. 因堆放物品倒塌造成他人损害的，如果当事人均无过错，应当根据公平原则酌情处理。

156. 因紧急避险造成他人损失的，如果险情是由自然原因引起，行为人采取的措施又无不当，则行为人不承担民事责任。受害人要求补偿的，可以责令受益人适当补偿。

157. 当事人对造成损害均无过错，但一方是在为对方的利益或者共同的利益进行活动的过程中受到损害的，可以责令对方或者受益人给予一定的经济补偿。

158. 夫妻离婚后，未成年子女侵害他人权益的，同该子女共同生活的一方应当承担民事责任；如果独立承担民事责任确有困难的，可以责令未与该子女共同生活的一方共同承担民事责任。

159. 被监护人造成他人损害的，有明确的监护人时，由监护人承担民事责任；监护人不明确的，由顺序在前的有监护能力的人承担民事责任。

160. 在幼儿园、学校生活、学习的无民事行为能力人或者在精神病院治疗的精神病人，受到伤害或者给他人造成损害，单位有过错的，可以责令这些单位适当给予赔偿。

161. 侵权行为发生时行为人不满 18 周岁，在诉讼时已满 18 周岁，并有经济能力的，应当承担民事责任；行为人没有经济能力的，应当由原监护人承担民事责任。

行为人致人损害时年满 18 周岁的，应当由本人承担民事责任；没有经济收入的，由扶养人垫付；垫付有困难的，也可以判决或者调解延期给付。

162. 在诉讼中遇有需要停止侵害、排除妨碍、消除危险的情况时，人民法院可以根据当事人的申请或者依职权先行作出裁定。

当事人在诉讼中用赔礼道歉方式承担了民事责任的，应当在判决中叙明。

163. 在诉讼中发现与本案有关的违法行为需要给予制裁的，可适用民法通则第一百三十四条第三款规定，予以训诫、责令具结悔过、收缴进行非法活动的财物和非法所得，或者依照法律规定处以罚款、拘留。

采用收缴、罚款、拘留制裁措施，必须经院长批准，另行制作民事制裁决定书。被制裁人对决定不服的，在收到决定书的次日起 10 日内可以向上一级人民法院申请复议一次。复议期间，决定暂不执行。

164. 适用民法通则第一百三十四条第三款对公民处以罚款的数额为 500 元以下，拘留为 15 日以下。

依法对法定代表人处以拘留制裁措施，为 15 日以下。

以上两款，法律另有规定的除外。

六、诉讼时效

165. 在民法通则实施前，权利人知道或者应当知道其民事权利被侵害，民法通则实施后，向人民法院请求保护的诉讼时效期间，应当适用民法通则第一百三十五条和第一百三十六条的规定，从 1987 年 1 月 1 日起算。

166. 民法通则实施前，民事权利被侵害超过 20 年的，民法通则实施后，权利人向人民法院请求保护的诉讼时效期间，分别为民法通则第一百三十五条规定的2年或者第一百三十六条规定的1年，从1987年1月1日起算。

167. 民法通则实施后，属于民法通则第一百三十五条规定的2年诉讼时效期间，权利人自权利被侵害时起的第18年后至第20年期间才知道自己的权利被侵害的，或者属于民法通则第一百三十六条规定的1年诉讼时效期间，权利人自权利被侵害时起的第19年后至第20年期间才知道自己的权利被侵害的，提起诉讼请求的权利，应当在权利被侵害之日起的20年内行使；超过20年的，不予保护。

168. 人身损害赔偿的诉讼时效期间，伤害明显的，从受伤害之日起算；伤害当时未曾发现，后经检查确诊并能证明是由侵害引起的，从伤势确诊之日起算。

169. 权利人由于客观的障碍在法定诉讼时效期间不能行使请求权的，属于民法通则第一百三十七条规定的"特殊情况"。

170. 未授权给公民、法人经营、管理的国家财产受到侵害的，不受诉讼时效期间的限制。

171. 过了诉讼时效期间，义务人履行义务后，又以超过诉讼时效为由翻悔的，不予支持。

172. 在诉讼时效期间的最后6个月内，权利被侵害的无民事行为能力人、限制民事行为能力人没有法定代理人，或者法定代理人死亡、丧失代理权，或者法定代理人本人丧失行为能力的，可以认定为因其他障碍不能行使请求权，适用诉讼时效中止。

173. 诉讼时效因权利人主张权利或者义务人同意履行义务而中断后，权利人在新的诉讼时效期间内，再次主张权利或者义务人再次同意履行义务的，可以认定为诉讼时效再次中断。

权利人向债务保证人、债务人的代理人或者财产代管人主张权利的，可以认定诉讼时效中断。

174. 权利人向人民调解委员会或者有关单位提出保护民事权利的请求，从提出请求时起，诉讼时效中断。经调处达不成协议的，诉讼时效期间即重新起算；如调处达成协议，义务人未按协议所定期限履行义务的，诉讼时效期间应从期限届满时重新起算。

175. 民法通则第一百三十五条、第一百三十六条规定的诉讼时效期间，可以适用民法通则有关中止、中断和延长的规定。

民法通则第一百三十七条规定的"20年"诉讼时效期间，可以适用民法通则有关延长的规定，不适用中止、中断的规定。

176. 法律、法规对索赔时间和对产品质量等提出异议的时间有特殊规定的，按特殊规定办理。

177. 继承的诉讼时效按继承法的规定执行。但继承开始后，继承人未明确表示放弃继承的，视为接受继承，遗产未分割的，即为共同共有。诉讼时效的中止、中断、延长，均适用民法通则的有关规定。

七、涉外民事关系的法律适用

178. 凡民事关系的一方或者双方当事人是外国人、无国籍人、外国法人的；民事关系的标的物在外国领域内的；产生、变更或者消灭民事权利义务关系的法律事实发生在外国的，均为涉外民事关系。

人民法院在审理涉外民事关系的案件时，应当按照民法通则第八章的规定来确定应适用的实体法。

179. 定居国外的我国公民的民事行为能力，如其行为是在我国境内所为，适用我国法律；在定居国所为，可以适用其定居国法律。

180. 外国人在我国领域内进行民事活动，如依其本国法律为无民事行为能力，而依我国法律为有民事行为能力，应当认定为有民事行为能力。

181. 无国籍人的民事行为能力，一般适用其定居国法律；如未定居的，适用其住所地国法律。

182. 有双重或者多重国籍的外国人，以其有住所或者与其有最密切联系的国家的法律为其本国法。

183. 当事人的住所不明或者不能确定的，以其经常居住地为住所。当事人有几个住所的，以与产生纠纷的民事关系有最密切联系的住所为住所。

184. 外国法人以其注册登记地国家的法律为其本国法，法人的民事行为能力依其本国法确定。

外国法人在我国领域内进行的民事活动，必须符合我国的法律规定。

185. 当事人有二个以上营业所的，应以与产生纠纷的民事关系有最密切联系的营业所为准；当事人没有营业所的，以其住所或者经常居住地为准。

186. 土地、附着于土地的建筑物及其他定着物、建筑物的固定附属设备为不动产。不动产的所有权、买卖、租赁、抵押、使用等民事关系，均应适用不动产所在地法律。

187. 侵权行为地的法律包括侵权行为实施地法律和侵权结果发生地法律。如果两者不一致时，人民法院可以选择适用。

188. 我国法院受理的涉外离婚案件，离婚以及因离婚而引起的财产分割，适用我国法律。认定其婚姻是否有效，适用婚姻缔结地法律。

189. 父母子女相互之间的扶养、夫妻相互之间的扶养以及其他有扶养关系的人之间的扶养，应当适用与被扶养人有最密切联系国家的法律。扶养人和被扶养人的国籍、住所以及供养被扶养人的财产所在地，均可视为与被扶养人有最密切的联系。

190. 监护的设立、变更和终止，适用被监护人的本国法律。但是，被监护人在我国境内有住所的，适用我国的法律。

191. 在我国境内死亡的外国人，遗留在我国境内的财产如果无人继承又无人受遗赠的，依照我国法律处理，两国缔结或者参加的国际条约另有规定的除外。

192. 依法应当适用的外国法律，如果该外国不同地区实施不同的法律的，依据该国法律关于调整国内法律冲突的规定，确定应适用的法律。该国法律未作规定的，直接适用与该民事关系有最密切联系的地区的法律。

193. 对于应当适用的外国法律，可通过下列途径查明：(1) 由当事人提供；(2) 由与我国订立司法协助协定的缔约对方的中央机关提供；(3) 由我国驻该国使领馆提供；(4) 由该国驻我国使馆提供；(5) 由中外法律专家提供。通过以上途径仍不能查明的，适用中华人民共和国法律。

194. 当事人规避我国强制性或者禁止性法律规范的行为，不发生适用外国法律的效力。

195. 涉外民事法律关系的诉讼时效，依冲突规范确定的民事法律关系的准据法确定。

八、其 他

196. 1987年1月1日以后受理的案件，如果民事行为发生在1987年以前，适用民事行为发生时的法律、政策；当时的法律、政策没有具体规定的，可以比照民法通则处理。

197. 处理申诉案件和按审判监督程序再审的案件，适用原审审结时应当适用的法律或者政策。

198. 当事人约定的期间不是以月、年第1天起算的，1个月为30日，1年为365日。

期间的最后1天是星期日或者其他法定休假日，而星期日或者其他法定休假日有变通的，以实际休假日的次日为期间的最后1天。

199. 按照日、月、年计算期间，当事人对起算时间有约定的，按约定办。

200. 最高人民法院以前的有关规定，与民法通则和本意见抵触的，各级人民法院今后在审理一、二审民事案件和经济纠纷案件中不再适用。

最高人民法院
关于如何适用《中华人民共和国民法通则》
第一百三十四条第三款的复函

（1993年11月4日）

四川省高级人民法院：

你院关于如何适用《中华人民共和国民法通则》第一百三十四条第三款的请示报告收悉。经研究并征求有关部门意见，答复如下：

《中华人民共和国民法通则》第一百三十四条第三款"依照法律规定处以罚款、拘留"的含义，是指人民法院审理民事案件，国家法律规定人民法院对违反民事法律的当事人可以处以罚款、拘留的，人民法院才可以处以罚款、拘留；法律规定由有关行政部门处以罚款、拘留的，应由有关行政部门予以处罚。

最高人民法院
关于印发《关于贯彻执行民事政策法律若干问题的意见》和《关于贯彻执行〈民事诉讼法（试行）〉若干问题的意见》的通知

1984年9月8日　　　　　　　　　　　　　　　（84）法办字第112号

全国地方各级人民法院，各级军事法院、铁路运输法院，海事法院：

现将《关于贯彻执行民事政策法律若干问题的意见》和《关于贯彻执行〈民事诉讼法（试行）〉若干问题的意见》发给你们，请你们在民事审判工作中参照执行。在执行中有何意见和问题，请及时报告我院。

附一：最高人民法院关于贯彻执行民事政策法律若干问题的意见

附二：最高人民法院关于贯彻执行《民事诉讼法（试行）》若干问题的意见（略）

附一：

最高人民法院
关于贯彻执行民事政策法律若干问题的意见

（1984年8月30日最高人民法院审判委员会讨论通过）

为了准确地适用民事政策法律，正确、合法、及时地处理民事案件，保护国家、集体和公民的合法权益，我们根据宪法和有关政策法律规定的精神，以及各地的审判实践经验，就贯彻执行民事政策法律的若干问题提出以下意见。

一、离婚问题

人民法院审理离婚案件，必须坚持婚姻自由、一夫一妻、男女平等和保护妇女、儿童的合法权益的原则，反对封建的、资产阶级的婚姻观点，提倡社会主义道德风尚，维护社会主义的婚姻家庭关系。坚持查明事实，分清是非，进行调解。准予或不准离婚，应当依照婚姻法第二十五条的规定，以夫妻感情是否确已破裂为准。

（1）父母或他人违背男女双方或一方意愿的强迫包办婚姻和以索取财物为目的，违反男女双方或一方意愿而强迫结合的买卖婚姻，一方要求离婚的，如果婚后双方没有建立起感情，应准予离婚；如果结婚多年，生有子女，夫妻间已建立了一定感情，应根据夫妻关系的现状和发展前途进行调解，调解无效的，可判决离婚或不准离婚。

（2）一方向对方索要了财物，但婚姻基本上自主自愿的，不属买卖婚姻。一方提出离婚时，应查明婚后感情变化的原因和夫妻关系的状况，如调解无效，可判决离婚或不准离婚。

（3）因第三者介入而造成的离婚纠纷，首先要分清是非责任，对有过错的一方和第三者，应给予批评教育，或建议有关组织严肃处理。有过错一方提出离婚的，如原来夫妻关系融洽，感情尚未破裂，对方谅解，应着重做调解和好的工作，即使调解无效，也可以判决不准离婚。如果夫妻感情确已破裂，勉强维持夫妻关系不仅使双方长期痛苦，还可能使矛盾激化的，则应会同有关方面，做好思想工作和防范工作，调解离婚无效，应判决离婚。无过错一方提出离婚的，经调解和好无效时，一般应准予离婚。

（4）因一方升学、招工、提干等引起思想感情变化而提出离婚的，处理时应区别对待。对喜新厌旧的错误思想行为，要依靠有关单位和组织进行严肃的批评教育，并着重做调解和好的工作，原来夫妻感情较好的，即使调解无效，也可判决不准离婚。如夫妻感情确已破裂，或者判决不离后，夫妻关系仍无改善的，可调解或判决离婚。

（5）因生女孩或女方采取节育措施而提出离婚的，应依靠有关组织和群众对其重男轻女、传宗接代的封建思想进行批评教育，促使其认识错误，尽量调解和好。如果夫妻感情原来较好，即使调解无效，也可判决不准离婚。

（6）实行生产责任制后，一方身体不好，或缺乏生产技术，收入较低，生活出现了暂时困难，另一方提出离婚的，如夫妻原来感情较好，应多做思想工作，促使夫妻互相谅解、互相帮助、和睦团结，调解无效亦可判决不准离婚。因对方好逸恶劳，或不务正业而提出离婚的，应配合有关方面，对有过错一方进行批评教育，如坚持不改，又无和好可能的，可调解或判决离婚。

（7）没有配偶的男女，未按婚姻法规定办理结婚登记手续，即以夫妻名义同居生活，是违法的。处理这类纠纷，应对双方当事人进行严肃的批评教育，指出其行为的违法性和危害性，促使当事人增强法制观念。对起诉时双方都已达到婚姻法规定的婚龄和符合结婚的其他条件的，可按婚姻法第二十五条规定的精神处理，如经过调解和好或者撤诉的，应令其到有关部门补办结婚登记手续；起诉时双方或一方仍未达到法定婚龄或不符合结婚的其他条件的，应解除其同居关系。所生子女的抚养或财产的分割问题，按婚姻法的有关规定处理。

（8）因重婚而提出离婚的，应按照1983年7月26日最高人民法院、最高人民检察院、公安部联合签发的〔83〕法研字第14号文件《关于重婚案件管辖问题的通知》规定，首先由刑庭处理重婚问题。对离婚问题，要根据婚姻基础、重婚的原因和子女利益等情况酌情处理。

（9）现役军人提出离婚，应由其所在部队团以上政治机关出具证明，依照婚姻法第二十五条规定处理。

现役军人的配偶提出离婚，应按婚姻法第二十六条规定进行审理。军人不同意离婚时，应教育原告珍惜与军人的夫妻关系，尽量调解和好或判决不准离婚。对夫妻感情已经破裂，经过做和好工作无效，确实不能继续维持夫妻关系的，应通过军人所在部队团以上的政治机关，做好军人的思想工作，准予离婚。

（10）因一方患精神病对方要求离婚的，处理时既要保障婚姻自由，又要有利于对患者的治疗和生活上的安置。婚前隐瞒了病情，婚后经治不愈的，应做好工作，准予离婚；原来夫妻感情比较好，结婚多年，生有子女的，应指出夫妻间有互相扶助的义务，做好思想工作，以不离为宜。如确系久治不愈，事实证明夫妻关系已无法再维持下去的，经对方、亲属以及有关单位安排好病患者的生活、医疗、监护等问题后，可准予离婚。

（11）因一方劳改对方提出离婚的，应在保护婚姻自由的原则下，考虑有利于劳改人员的改造，以及刑期长短和罪行的性质等情况，予以处理。对结婚时间较长，生有子女，夫妻感情较好，刑期不长的，应尽量做和好工作，经调解无效，也可判决不准离婚。

二、离婚时财产的处理问题

人民法院对离婚时财产的处理，应依照婚姻法第十三条、三十一条、三十二条和三十三条的规定，坚持男女平等和保护妇女、儿童合法权益的原则，查清家庭财产、夫妻共同财产和婚前财产的状况，合情合理地予以解决。

（12）婚前的个人财产和双方各自所用的财物，原则上归个人所有。在婚姻关系存续期间，夫妻各自或共同劳动所得的收入和购置的财产，各自或共同继承、受赠的财产，都是夫妻共同财产。婚前财产与婚后财产无法查清的，或虽属婚前个人财产，但已结婚多年，由双方长期共同使用、经营、管理的，均可视为夫妻共同财产。夫妻共同财产的分割，除另有约定的按约定处理外，应由双方协商，如协商不成，可根据共同财产的实际状况，结婚时间的长短、生产、生活的实际需要以及财产的来源、数量等，合理分割。未成年子女的财产由负责抚养的一方代为管理。

（13）在婚姻关系存续期间，复员、转业军人所得的复员费、转业费，离婚时，如夫妻共同生活的时间较长，可按夫妻共同财产进行分割。复转军人从部队带回的医疗费，应归本人所有。

（14）离婚时，一方生活确有困难的，根据婚姻法第三十三条的规定，另一方应给予适当的经济帮助。一方年轻有劳动能力，生活暂时有困难的，另一方可给予短期的或一次性的经济帮助；结婚多年，一方年老病残、失去劳动能力而又无生活来源的，另一方应在居住和生活方面，给予适当的安排。在执行经济帮助期间，受资助的一方另行结婚的，对方可终止给付。原定经济帮助执行完毕后，一方又要求对方继续给予经济帮助的，一般不予支持。

（15）夫妻关系存续期间从事的多种经营和承包责任田的当年收益，离婚时，应作为夫妻共同财产处理。对生产资料和离婚当年无收益的养殖、种植专业，应从有利于生产考虑，予以合理调整或作价处理。

（16）城乡个体经营户的生产资料、合法收入等，属于夫妻共同财产的，离婚时，应根据有利于生产、经营的原则，实事求是地合理分割。

（17）属于包办强迫买卖婚姻所得的财物，离婚时，原则上依法收缴。

(18) 借婚姻关系索取的财物，离婚时，如结婚时间不长，或者因索要财物造成对方生活困难的，可酌情返还。

(19) 因第三者介入或喜新厌旧而离婚的，处理财物时，要注意照顾无过错的一方和子女的利益。

(20) 因生女孩或女方采取节育措施而引起离婚的，分割财产时，要保护妇女、儿童的利益，对女方在住房、生产、生活以及子女抚养教育等方面，应予照顾。

(21) 对劳改人员离婚时的财产分割，既要保护其配偶和子女的权益，也要依法保护劳改人员的权益。属于他们婚前个人所有的财物，原则上仍应归其个人所有，对夫妻和家庭共同财产的分割，也应合情合理。

三、抚养、扶养、赡养问题

人民法院在处理抚养、扶养、赡养案件时，要保护妇女、儿童和老人的合法权益，提倡养老育幼的共产主义道德，促使当事人自觉地履行法律义务。

(22) 哺乳期内的子女，原则上应由母方抚养，如父方抚养条件好，母方同意，也可由父方抚养。哺乳期后的子女，由谁抚养发生争执时，应根据有利于子女身心健康成长的原则处理。子女有识别能力的，应征求子女本人的意见。

双方对抚养独生子女发生争议的，在有利于保护子女利益的前提下，要考虑不能生育和再婚有困难一方的合理要求。

(23) 离婚后，父母对子女的生活费和教育费的负担，可根据子女的实际需要、父母的负担能力和当地的生活水平确定。给付办法，可按月或定期给付，也可按收益季度或年度给付，有条件的也可一次性给付。子女的口粮田由父或母代耕，收益归子女。

子女由于生活和受教育的需要，或者父母一方的经济情况有较大的变化，因而提出改变原定抚养费数额的，应由当事人双方先行协议，协议不成时，根据实际情况判决。父母对子女的抚养义务，到子女独立生活时止。

(24) 根据婚姻法第二十二条规定的精神，有负担能力的祖父母、外祖父母，对于父母一方死亡、另一方确无能力抚养或父母均丧失抚养能力的未成年的孙子女、外孙子女有抚养的义务。

(25) 有负担能力的孙子女、外孙子女，对子女已经死亡或子女确无力赡养的祖父母、外祖父母，有赡养的义务。

(26) 由兄、姐扶养长大的有负担能力的弟、妹，对丧失劳动能力、孤独无依的兄、姐，有扶养的义务。

四、收养问题

人民法院审理收养子女案件，必须依据婚姻法第二十条的规定，保护合法的收养关系，保障收养人和被收养人的合法权益。

(27) 经生父母、养父母同意，有识别能力的被收养人也同意，又办了合法手续的收养关系，应依法保护。

生父母中有一方不同意的，收养关系不能成立。生父或生母送养时，另一方明知而不表示反对的，应视为同意。

养父母中有一方在收养时虽未明确表示同意，但在收养后的长期共同生活中，已形成了事实上收养关系的，应予承认。夫或妻一方收养的子女，另一方始终不同意的，只承认与收养一方的收养关系有效。

(28) 亲友、群众公认，或有关组织证明确以养父母与养子女关系长期共同生活的，虽未办理合法手续，也应按收养关系对待。

(29) 收养人收养他人为孙子女，确已形成养祖父母与养孙子女关系的，应予承认。解决收养纠纷或有关权益纠纷时，可依照婚姻法关于养父母与养子女的有关规定，合情合理地处理。

(30) 收养关系成立后，养父母或生父母反悔，要求解除收养关系的，人民法院应查明要求解除的理由，并听取被收养人的意见，根据有利于养子女健康成长的原则，决定是否准予解除。

由于养父母不尽抚养责任，影响子女健康成长，生父母要求解除收养关系的，应予解除。

养父母发现所收养的子女有生理缺陷，或有其他病症，要求解除收养关系的，一般不予解除。但生父母在送养时有意隐瞒的，可予解除。

(31) 养父母与其抚养成人的养子女关系恶化，再继续共同生活对双方的正常生活确实不利，一方坚决要求解除收养关系的，一般可准予解除。

(32) 养子女和养父母之间的权利和义务，因收养关系的解除而终止。

收养关系解除时，养子女已由养父母抚养长大成人并已独立生活，而养父母却年老丧失劳动能力又无生活来源的，养子女应承担养父母晚年的生活费用。

生父母要求解除收养关系的，养父母可要求补偿收养期间养子女的生活费和教育费；养父母要求解除收养关系的，一般不予补偿。

(33) 收养关系解除后，未成年的被收养人同其生父母之间的权利和义务即行恢复；已经成年并已独立生活的被收养人，同其生父母之间的权利和义务的恢复，则须以书面方式取得双方一致同意。

五、继承问题

人民法院审理继承案件，应根据宪法、婚姻法和有关政策法律的规定，坚持男女平等、养老育幼，保护继承人的合法继承权，发扬互助互让、和睦团结的道德风尚，巩固和改善社会主义家庭关系。

(34) 继承人取得遗产的权利应从被继承人死亡或宣告死亡时开始，分割遗产的时间不能作为继承开始的时间，放弃继承的效力追溯到继承开始的时间。

(35) 遗产只限于被继承人所有的财产。遗产与夫妻或家庭共有财产结合在一起的，处理时，应先将遗产从共有财产中划分出来，然后分割。

(36) 继承开始后，遗产分割前，继承人声明放弃继承权或依法被剥夺了继承权的，其应继份应当由其他法定继承人继承。如果放弃继承或被剥夺了继承权的人是唯一的合法继承人时，被继承人的遗产则应收归国家或集体组织所有。

(37) 继父、继母与继子女间，已形成扶养关系的，互有继承权。继子女继承了继父母遗产后，仍有继承生父母遗产的权利。

(38) "过继"子女与"过继"父母形成扶养关系的，即为养子女，互有继承权；如系封建性的"过继"、"立嗣"，没有形成扶养关系的，不能享有继承权。

(39) 丧失配偶的儿媳与公婆之间、丧失配偶的女婿与岳父母之间，已经形成扶养关系至一方死亡的，互有继承权。儿媳或女婿继承了公婆或岳父母遗产的，仍有继承生父母遗产的权利。

(40) 在没有第一顺序继承人或者第一顺序继承人全部放弃或者丧失继承权时，遗产由第二顺序继承人继承。在有第一顺序继承人继承的情况下，如第二顺序继承人对被继承人尽过较多义务或不能独立生活、依靠被继承人抚养的，在分割遗产时应给予适当照顾。

(41) 被继承人的子女先于被继承人死亡的，应由其晚辈直系亲属代位继承。代位继承人不论人数多少，只能继承其父母应继承的那一份遗产。

(42) 同一顺序法定继承人之间分割遗产时，如果继承人的情况基本相近，一般可以平均分配。但对未成年、无生活来源或对被继承人尽义务较多的继承人，应予照顾。对有扶养能力而不尽义务的继承人，可酌情少分或不分给遗产。

(43) 法定继承人范围以外，依靠被继承人生活的未成年人或无劳动能力的人，以及对死者给过较多扶助的人，应当在遗产中适当分给他们一部分。

(44) 公民依法用遗嘱处分自己的财产，应予承认和保护。但所立遗嘱如违反有关法律、政策的规定，或者取消了未成年和无生活来源的法定继承人的份额，处分了不属于他个人的财产，以及违背了遗嘱人的真实意思的，不予保护。

遗嘱人立有两个以上合法的遗嘱，而内容互相矛盾的，原则上应以后立的遗嘱为准。因遗嘱全部无效或部分无效而无法按遗嘱继承处分的遗产，以及遗嘱未处分的那部分遗产，依法定继承处理。

(45) 被继承人生前经营的山林、水利、养殖、种植等专业的合法收益，应准许合法继承人继承。

(46) 由国家或集体负责生活费用的烈属和享受社会救济的城市居民，其遗产仍应准许合法继承人继承。

(47) "五保户"遗产，原则上应归集体组织所有。实行"五保"时，双方有协议的按协议处理。没有协议的，如死者有遗嘱或法定继承人要求继承的，在扣还死者生前的合法债务和"五保"费用后，按法定继承或遗嘱继承处理。

(48) 夫妻一方死亡后，另一方再婚或迁徙，可将本人及所抚养的子女应继承的遗产带走，遗产不便带走的，可折价处理。

(49) 被继承人生前所欠的合法债务，应从遗产中偿还。继承人对被继承人的债务，应在遗产实际价值范围内负清偿责任。因继承人能尽而不尽扶养义务所欠的债务，即使遗产不足清偿，继承人仍应负清偿责任。

继承人有两个以上的，应根据各自的经济情况，合理分担被继承人的债务。

(50) 继承开始后，在分割或处分遗产时，继承人明知而未主张权利，事后又要求继承的，一般不予支持。

（51）继承人在继承开始后，遗产分割前死亡的，其应继份额由他的法定继承人继承。

（52）继承人对被继承人生前有虐待、遗弃、杀害等行为的，应剥夺其继承权。

六、房屋问题

人民法院审理房屋案件，必须根据宪法和有关政策、法律的规定，坚持有利城乡建设，有利群众生产、生活和有利社会安定团结的原则，切实保护国家、集体和个人的房屋所有权。

（53）有关土改遗留的房屋确权纠纷，一般应以土改时所确定的产权为准。土改时地主、富农被没收、征收的房屋，已确权给他人或归集体所有的，应依法保护。

对华侨和港、澳、台同胞的房产确权问题，应依有关政策规定处理。

（54）对强占或损坏已经社会主义改造和公私合营时已入社入股房屋的，应责令其迁出或赔偿。

（55）非所有权人出卖他人房屋的，应废除其买卖关系。部分共有人未取得其他共有人同意，擅自出卖共有房屋的，应宣布买卖关系无效。买方如不知情，买卖关系是否有效应根据实际情况处理。其他共有人当时明知而不反对，事后又提出异议的，应承认买卖关系有效。

因买卖关系无效而造成的经济损失，有过错的一方应负责赔偿。

（56）买卖双方自愿，并立有契约、买方已交付了房款，并实际使用和管理了房屋，又没有其他违法行为，只是买卖手续不完善的，应认为买卖关系有效，但应着其补办房屋买卖手续。

（57）对公民之间因房屋租赁而发生的纠纷，应首先查明原因，本着既保护房主的房屋所有权，又维护房客的正当承租权的原则处理。房客无故欠租的，应如数补付租金。未经房主同意，房客转租、出借和换房的，不予准许。租期届满，房主要求收回自住的，一般应当准许；未定租期，房主确因住房困难要求收回自住的，一般也应准许，但应给房客找房搬家的时间。房主出卖房屋时，在同等条件下，原房客优先购买的权利应予保护。

（58）对法律、政策允许范围内的房屋典当关系，应予承认。但土改中已解决的房屋典当关系，不再变动。

典期届满逾期十年或典契未载明期限经过三十年未赎的，原则上应视为绝卖。

（59）公民之间因代管房屋发生纠纷，应首先查明房屋产权的归属。房屋所有权人明确委托他人代管的，或虽未办理委托手续，但实际上由房屋产权人的亲属代管的，应认定为代管关系。在代管期间，受托人须按照委托权限行使代管权，并履行应尽的义务。由于受托人的过错造成房屋损失的，应予赔偿。受托人办理委托事务或维修房屋等所需的费用，应由委托人偿付。委托人要求解除代管的，应当准许。

受托人死亡时，其亲属未征得委托人的同意，擅自处分所代管房屋的，其处分无效，造成损失的应予赔偿。

七、宅基地问题

人民法院处理公民之间宅基地使用权的案件，应根据土地归国家或集体所有，一律不准出租、转让和买卖的原则，参照解放以来宅基地的演变和现实使用情况，照顾群众生活的实际需要，依法保护国家、集体和个人的权益。

（60）村镇公民之间由于买卖房屋转移宅基地使用权而发生的纠纷，应根据国务院《村镇建房用地管理条例》中规定的审查、批准手续处理。

（61）经过统一规划的宅基地，使用权发生纠纷的，应以规划后确定的使用权为准。经过合法手续个别调整了的，一般应以调整后的使用权为准。

（62）共同使用的宅基地，未经共同使用人的同意，一方已占用建房的，如果建房时对方明知而未提出异议，又不妨碍他人和公共利益的，可继续使用。

（63）未经规划的宅基地，对地界有争执的，四至明确，应以四至为准；四至不明确，应参照长期以来的使用情况，本着有利生产、生活的原则，合理解决。

（64）公民在城镇依法买卖房屋时，该房屋宅基地的使用权应随房屋所有权一起转归新房主使用。

（65）城市房屋所有人在原宅基地上翻建、改建、扩建自己的房屋时，未按规定办理合法手续的，依法不予保护。

行使宅基地的使用权而妨碍公共利益和他人利益的，应依法予以制止。

八、债务问题

人民法院审理债务案件，应依法保护合法的借贷关系，本着互通有无、有借有还的原则，予以合情合理解决。

（66）建国前公民之间的债务，由于年代已久，情况复杂，债权人起诉要求偿还的，原则上不予受理。

土改前劳动人民欠地主、富农的债务，现在又提出要求偿还的，依法不予保护。

（67）确认借贷关系，一般应以书面借据为准。无书面借据的，必须有无利害关系的见证人证明。债权人和债务人双方都承认的借贷关系，依法也应予以保护。

（68）借贷实物的，一般应以实物偿还。无实物或以实物偿还不便的，应按偿还时国家评定的议价价格，折合人民币偿还。借贷货币的，一般应以货币偿还，不能用原货币偿还的，根据现行货币兑换的有关规定，合情合理地予以解决。

（69）双方约定不计利息的借贷关系，按双方约定处理。如债务人故意长期拖欠，债权人要求补偿利息的，处理时可参照国家银行借贷率计算利息。

有息借贷，其利率可以适当高于国家银行贷款利率。但对于乘人之危、牟取暴利的借贷关系，不予保护。

（70）有期借贷，应按期偿还。按期一次偿还有困难的，可分期偿还。

（71）债务人死亡的，所欠债务按继承遗产有关清偿债务的规定处理。其遗产不足清偿债务的，按民事诉讼法（试行）第一百八十条规定的顺序和比例清偿。

九、损害赔偿问题

人民法院审理损害赔偿案件,要依法保护国家、集体和个人的财产权益。在分清是非责任的基础上,对造成损害的,应追究侵权行为人的民事赔偿责任。在处理时,应本着有利团结的精神,根据实际情况,合情合理地予以处理。

(72) 因致害人的过错,使受害人遭受损害的,致害人应承担赔偿责任。受害人也有过错的,可以相应地减轻致害人的赔偿责任。损害完全是因受害人自己的过错造成的,应由自己负责。双方都有过错、互有损害的,要分清双方过错和责任大小,应由双方各自承担相应的赔偿责任。

(73) 两个以上致害人共同造成损害的,应根据各个致害人的过错和责任的大小,分别承担各自相应的赔偿责任。教唆或者帮助造成损害的人,应以共同致害人对待,由其承担相应的赔偿责任。部分共同致害人无力赔偿的,由其他共同致害人负连带责任。

(74) 动物因饲养人或管理人管理不善,而致他人人身或财物损害的,应由饲养人或管理人承担赔偿责任。

(75) 存放、使用农药等有毒物品,违反有关管理使用规定,造成他人人身、牲畜、家禽、农作物等损害的,管理或使用人应予赔偿。

(76) 造成财物损害的,赔偿时,能修复的尽量修复;修复后严重影响其质量和价值的,可酌情予以适当的经济补偿。不能修复的,可以用种类和质量相同的实物赔偿,也可以折价赔偿。

(77) 对受害人误工工资的赔偿,原则上应按治疗医院出具的假条证明书计算误工日期。赔偿工资的标准,按受害人工资或实际收入的数额计算。

(78) 受害人是城乡专业承包户或个体经营户的,其误工费的计算,原则上应以当地个体同行业、同等劳力当月的平均收入为准。

(79) 对医药治疗费的赔偿,应以治疗医院的诊断证明和医药费的单据为凭。凡治疗与损害无关的疾病,或没有转院证明、未经医务部门的批准,另找医院治疗及擅自购买药品的,其费用原则上不予赔偿。

(80) 经医院批准专事护理的人,其误工补助费按收入的实际损失计算。本人没有工资收入的,其补偿标准,应以一个临时工的工资为限。

(81) 需送医院抢救或必须转院治疗的受害人,其交通费和住宿费,应根据实际情况,由加害人酌情补付。

最高人民法院关于印发《马原副院长在全国民事审判工作座谈会上的讲话》和《全国民事审判工作座谈会纪要》的通知

1993年11月24日　　　　　　　　　　　　法发〔1993〕37号

各省、自治区、直辖市高级人民法院：

现将《马原副院长在全国民事审判工作座谈会上的讲话》和《全国民事审判工作座谈会纪要》印发给你们，请认真贯彻执行。执行中有何问题，请及时报告我院。

附一：

马原副院长在全国民事审判工作座谈会上的讲话

同志们：

全国民事审判工作座谈会，今天就要结束了。这次座谈会，是在党的十四大提出加快改革开放和现代化建设步伐，建立社会主义市场经济体制的新形势下召开的，是一次很重要的会议。会议期间，同志们讨论了梁书文庭长的发言和最高人民法院草拟的几个司法解释，交流了各地法院总结的一些审判实践经验，讨论了当前民事审判工作中存在的问题，重点研究了房地产、劳动争议和涉港澳台民事案件中的问题，并就在新的形势下如何充分发挥民事审判工作的职能作用，更好地为改革开放和现代化建设，为发展市场经济服务提出了一些很好的意见。同志们反映，通过这次会议，进一步明确了民事审判工作与经济建设和发展市场经济的关系；明确了民事审判工作在改革开放和经济建设中的地位和作用；提高了对民事审判工作重要性的认识；研究和解决了审理几类案件中的一些问题；增强了做好民事审判工作的信心。同志们认为，这次会议内容丰富，主题明确，重点突出，是贯彻党的十四大精神和第十六次全国法院工作会议精神的一次会议，是研究新情况、解决新问题的一次会议，是探讨在新的形势下如何开创民事审判工作新局面的一次会议。这次会议，对于推动民事审判工作不断向前发展，具有非常重要的意义。

在会议即将结束之际，借这个机会，结合大家讨论的情况和提出的一些问题，我讲几点意见。

一、重视和加强民事审判工作

正确认识民事审判工作与经济建设和发展市场经济的关系，是当前民事审判工作中的一个非常重要的问题。只有摆正这个关系，才会充分重视民事审判工作，才会加强民事审判工作。

随着我国改革开放的不断深化和计划经济体制向社会主义市场经济体制的转换，随着民事交往的日趋扩大，民事案件发生了重大的变化。变化的总的趋势是，各种新的民事法律关系不断扩大。变化的总的特点是，在人身权益方面的案件不断增加的同时，财产权益方面的案件逐年上升。这种变化，使民事审判工作与经济建设，与市场经济的联系越来越密切，任务也越来越重和艰巨。所以，民事审判工作在经济建设和发展市场经济中的作用和地位越来越重要。人民法院通过审理房地产案件，可以促进房地产市场的发育，有利于房地产业的发展；通过审理劳动争议案件，可以促进劳务市场的发育，有利于企业生产的发展；通过审理债务案件，可以促进金融市场的发育，有利于资金的周转；通过审理企业名誉权、名称权案件，可以促进正当竞争，有利于企业生产的发展；通过审理著作权（包括计算机软件）和其他科技成果权案件，可以促进科学技术的发展，有利于社会生产力的发展；通过审理山林、土地、水利案件，可以促进土地、水利资源的合理使用，有利于农业生产的发展；通过审理涉外和涉港澳台民事案件，可以促进建立良好的投资环境，促进对外开放的不断发展，等等。由此可见，民事审判工作与改革开放、现代化建设和发展市场经济是直接相关的。

人民法院是审判机关，它为经济建设服务主要是通过审判具体案件，直接和间接促进经济建设的发展而实现的。民事审判工作也是如此。不论过去或现在，民事审判工作都是通过审判民事案件，调整民事法律关系，直接和间接促进经济建设、为经济发展服务的。所不同的是，随着改革开放的日益扩大和市场经济的发展，与经济建设，特别是与市场经济直接相关的民事案件越来越多，民事审判工作直接为经济建设和市场经济服务的范围越来越广。当然，直接促进经济建设的发展是极为重要的，而间接促进经济建设的发展也是不可缺少的。这两种方式，都是经济建设所需要的。只有各部门采取各种手段、各种方式为经济建设服务，经济建设才能得以顺利发展。

形势在不断的发展，我们的认识也需要不断深化。各级法院都应当正确认识民事审判工作与经济建设和发展市场经济的关系，都应当重视民事审判工作。把民事审判工作置于与其职能作用相适应的地位，不断加强民事审判工作。我相信，我们做民事审判工作的同志，一定会重视民事审判工作，也会有信心做好民事审判工作，也一定能够做好民事审判工作。我们要以实际行动，把民事审判工作做得更好来赢得各方面的支持，赢得各方面的重视。当前和今后一个时期，民事审判工作总的要求，就是要以党的十四大精神为指导，以邓小平同志建设有中国特色的社会主义理论为武器，振奋精神，克服困难，在新的形势下，开创民事审判工作的新局面，把民事审判工作推向一个新的阶段。各级人民法院既要全面抓好民事审判工作，又要重视并重点审理好那些与经济建设、市场经济密切相关的案件，以此来推动其他各项民事审判工作的开展。

二、搞好调查研究工作

做好调查研究工作，了解审判实践中出现的新情况、新问题，是做好民事审判工作的基础。最高人民法院对调查研究工作一直抓得很紧，任建新院长在每年全国高级法院院长会议上都强调这个问题。从这次会议各地选送的材料和同志们座谈交流的经验可以看出，近几年来，各高、中级法院对调查研究工作是比较重视的，取得了很大的成绩，这一点应当予以充分的肯定。但是也应当看到，由于客观形势发展变化很快，调查研究工作还远远不能适应形势发展的需要，这主要表现在我们对民事审判工作中一些新领域的许多情况了解得不深不透，对许多问题还把握不准，对解决问题的办法也研究不够。关于今后如何搞好民事审判的调查研究工作问题，梁书文同志发言中已谈了一些意见，我完全赞成，不再重复。这里我再强调以下几点：

首先，要提高对调查研究工作重要性的认识。只有思想认识提高了，才能做好这项工作。梁书文同志在发言中把调查研究作为充分发挥民事审判工作的职能作用，更好地为市场经济服务的重要措施来强调，这是完全正确的。在新的形势下，新情况、新问题不断涌现，民事审判有许多新的领域、新的课题需要我们去了解，去解决。比较突出的是房地产、劳动争议和涉港澳台民事案件中的问题。人身权、著作权、婚姻家庭案件中也有很多值得研究的问题。只有把情况摸准了，把问题吃透了，才能找到解决问题的办法，才能使民事审判工作为改革开放和建立市场经济体制更好地服务。因此，不了解实践中存在哪些问题，就搞不好民事审判工作，也就谈不上为经济建设更好地服务。我们要充分认识到，大力加强调查研究，了解新情况、解决新问题，是新形势下做好民事审判工作的重要保证，是发挥民事审判工作职能作用，为经济建设和改革开放服务的重要问题，而不是可有可无，可抓可不抓的问题。各级法院都要把这项工作同改革开放和经济建设的大局联系起来，从思想上高度重视，切实把这项工作做好。

第二，调查研究要围绕民事审判工作如何为经济建设服务这个中心，有计划、有目的地进行。目前各地法院力量都比较紧张，人员少，任务重，调查研究不可能全面铺开，可以选择某一个专题，甚至某一个问题进行调查。要分轻重缓急，有重点地进行。要强调调查研究工作的计划性和目的性，调查、了解某一方面的问题就要把情况和问题摸透，要有一定的深度。比如，房地产案件较多的法院可重点调查研究房地产案件的情况和问题，名誉权案件、劳动争议案件较多的地方可重点调查了解这两类案件的情况和问题。光调查了解还不够，还要从调研中去寻找、研究解决问题的办法。前几年，有的省高级法院对婚姻家庭案件进行了深入调查研究，写出了有情况、有分析、有措施的调查报告，这种工作作风和调查研究的方法是应当予以肯定和推广的。

第三，我着重谈一谈房地产案件的调查研究问题。根据最高人民法院法发〔1992〕38号《关于房地产案件受理问题的通知》的规定，今后房地产案件一律由民庭受理。房地产案件中关于大规模房地产开发、土地有偿使用方面的案件是近几年开始出现的，法律、政策规定都不够完善，法院也缺乏审理此类案件的经验，因此，加强对这类案件的调查研究尤为重要。会上有的同志要求具体明确房地产案件的受理范围和房地产案件的法律适用问题。这些问题能否请同志们先作些调查研究，提出你们的意见和看法。最高人民法院制定文件，进行司法解释，也需要在调查研究的基础上进行，要吸收和参考各级法院的意见和经验。

根据同志们的意见和要求，我对房地产案件的有关问题再谈以下意见，供大家参考。这些意见也是根据同志们讨论的意见归纳总结的，有些问题还有待通过调查研究进一步解决。

关于房地产案件受理范围问题。这个问题任建新院长有明确意见，就是房地产案件一律由民庭受理。所谓一律，我理解，就是凡属民法调整范围的平等主体之间以房地产为标的发生的纠纷，都由民庭受理，不受过去民庭与经济庭分工的限制。以房地产为标的的买卖、租赁、典当纠纷应由民庭受理，以房地产为标的的开发、建筑承包、入股、联营、代理、居间等民事行为发生的纠纷同样应由民庭受理。一句话，房地产纠纷除了依法由行政法律调整的以外，凡是属于民事法律调整的，都由人民法院民庭受理。这个问题最高人民法院不可能一一列举哪些案件应由民庭受理，各地在处理房地产案件时，要根据上述原则来确定，该受理的一定要受理，不能因处理有难度或不熟悉而推出去不管。关于这个问题各高级法院可进一步加强调查研究，也可以在本省范围内提出解决问题的具体办法。

关于房地产案件的处理原则。会上同志们反映，新类型房地产案件处理难度大，在法律适用上把握不准。过去有的房地产方面的法律、法规已不适应新形势下房地产业发展的需要，新的立法又没有跟上。这是当前的现实，也是正常现象。在这种情况下如何处理房地产案件，如何适用法律，这就需要同志们通过调查研究来解决。根据人民法院长期民事审判工作的经验和会上同志们的意见，我提出以下意见，供同志们参考：一是法律、法规有明确规定的，要依照法律规定来处理房地产纠纷。二是法律、法规没有规定的，要依照国家政策来处理房地产纠纷。三是法律、法规、政策无明确规定的，应根据市场经济原则、民法原理以及有利于房地产业发展的原则来处理房地产纠纷。最高人民法院也要在调查研究的基础上，适时地制定房地产方面的司法解释，以便解决审判实践中适用法律这个问题。

新形势下房地产案件的法律适用问题是一个急需解决的问题，目前在法律、法规不完善的情况下，各级法院都要注意调查研究、总结经验，提出解决问题的办法，促进房地产业的发展。这个问题也可以作为各级法院调查研究的重点。

三、加强审判监督

根据宪法和法律规定，各级人民代表大会及其常委会、人民检察院有权对法院民事审判工作依法进行监督，上级法院也有权对下级法院的民事审判工作进行监督，前者可称之为外部监督，后者可称之为内部监督。目前不论是外部监督还是内部监督，都存在一些需要解决的问题。我着重讲一讲上级法院审判监督和检察机关监督问题。

关于审判监督，人民法院组织法规定，上级法院有权对下级法院的审判工作进行监督和指导，上级法院进行审判监督既是职权所在，也是保证法院办案质量、提高工作效率的重要保障。目前，在法院审判监督方面存在一些问题需要解决。从各地反映看，这些问题主要表现在有的上级法院监督不力、监督不当，有的下级法院不愿接受监督，甚至对上级法院的监督有抵触情绪。从上级法院存在的问题来看，有的上级法院思想上没有重视对下级法院的指导和监督，埋头办案，忽视了自己指导和监督的职能；有的对下级法院的指导和监督没有具体措施和办法，表现为监督不力。另一方面，有的上级法院行使审判监督权带有随意性，改判下级法院的案子不够慎重，不够严肃，有些案子改得不合适，甚至也有改错了的；有的案件上级法院在无把握的情况下改判，下级法院思想不通，意见很大，当事人申诉上访，缠诉不息，这是监督不当的方面。从下级法院存在的问题来看，有的对上级法院审判监督态度不端正，不愿接受监督，有抵触情绪，有时一个案子上级法院三番五次做工作，"征求意见"，下级法院还是不接受，有时上级法院想调一个案卷，三五个月也调不来，这种态度和做法都是不正确的。这里我强调一下这个问题，上下级法院都要正确对待审判监督问题。下级法院要端正态度，注意上、下级关系，对上级法院的监督不能有抵触情绪，不能认为上级法院改了你的案子就是对你工作的否定，更不能不接受、不配合上级法院的工作。有的上下级法院关系搞得很僵，这是很不应该的。上级法院进行审判监督时也要注意方式、方法，不能带有随意性，也要尊重下级法院的意见。下级法院自己能改的，尽量让下级法院自己改；需要由上级法院改的，也要多做下级法院的工作，尽量把道理讲明白，把话说透。上下级法院要相互尊重，相互配合，齐心协力，共同做好审判监督工作。

关于检察监督。民事诉讼法确定检察监督的原则是事后监督，即检察机关通过抗诉的方式对民事审判活动实行法律监督。由于审理检察院抗诉案件是民事审判工作的一项新任务，最高人民法院对此很重视。1991年底，最高人民法院还召开了一个座谈会，专门研究检察院抗诉问题，根据同志们的意见，我有一个讲话，对检察院抗诉问题提出了几点意见，并以最高人民法院文件下发了。最近，最高人民法院民庭正积极同最高人民检察院有关部门联系，争取法检两家搞一个联合规定。在两家联合规定制定下发前，办理检察院抗诉民事案件仍应以我1991年的讲话为准。这里我再讲一下抗诉民事案件的审级问题。1991年我在讲话中提出，检察院抗诉原则上向作出原生效裁判的法院提出，原来是一审的，向一审法院提出，原来是二审的，向二审法院提出。检察院对此有不同看法，主张抗诉要向作出原生效裁判法院的上一级法院提出，这样一来，在实践中就发生了分歧，一方面，法院以我的讲话为根据，坚持检察院抗诉民事案件应向作出原生效裁判的法院提出；另一方面，检察院坚持要向上一级法院提出，双方争执不下。这些问题，最高人民法院也了解一些。关于这个问题，1991年我讲的是原则上向作出原生效裁判的法院提出，并未说绝对不允许检察院向作出原生效法院的上一级法院提出，实际上是开了口子的。今后对于检察院抗诉案件，检察院向作出原生效裁判法院的上一级法院提出的，上一级法院可让检察院向作出原生效裁判的法院提出，检察院坚持向上一级法院提出的，上一级法院可以收下，收下之后，认为不需要本院审理的，可交由作出原生效裁判的法院审理。

四、加强人民法庭建设

几年来，人民法庭工作有了进一步发展。到1992年底，全国已建人民法庭18000多个，法庭人员增加到7万余人。全体法庭人员，长年累月坚持在法院审判工作的第一线，在任务重、人员少、条件差的情况下，审理了大量的各类案件。同时，在指导人民调解委员会的工作、培训调解人员、进行法制宣传、参与综合治理，以及物资装备、制度建设等方面，也都做了大量的工作，取得了显著的成绩。

人民法庭设在基层，是人民法院基层基础工作的一个重要方面。它在做好法院审判工作，指导民间调解，以及结合审判进行法制宣传、综合治理等方面，承担着繁重的任务。人民法庭工作做好了，不仅对于整个法院工作具有重要的意义，而且对于维护社会安定，促进改革开放、经济建设的发展，特别是促进农业生产和乡镇企业生产的发展，具有重要的作用。因此，在新的形势下，应当进一步加强人民法庭工作，不断推动人民法庭工作的开展。

第一，合理布局，充实提高。"巩固、充实、加强、发展"，是人民法庭建设的指导方针。根据审判工作的需要，在可能的条件下，人民法庭的布局要合理、要适当。一般以三个乡镇设一个人民法庭为宜；在人口多、案件多的地方，可以适当多设，在人口少、案件少的地方，可以适当少设。现有的人民法庭要进一步巩固和完善，需要调整的，根据本地实际情况，可以适当调整。需要新建人民法庭的地方，在可能的条件下，可以适当发展，但要量力而行，不可单纯追求数量。法庭人员不可太少，凡不足四人的人民法庭应当把人员配齐。在审判工作、队伍建设、科学管理等方面，要进一步制度化、规范化。

第二，加强指导。各级人民法院都要重视人民法庭工作。基层人民法院的民庭，要积极协助主管院长做好对人民法庭的指导工作，但不宜留人太少。有些基层人民法院的民庭把绝大部分人员放到法庭工作，庭上只有两三个人，这不仅影响了对疑难、复杂案件的审理，而且也影响了对法庭的指导工作。中级以上的人民法院，要建立、健全人民法庭的指导机构，日常工作可由民庭负责，以使指导人民法庭的工作落到实处。人员不足的，可以适当充实人员。

第三，独立行使审判权。目前有些地方设立了一些专业法庭，如税务法庭、环保法庭、房地产法庭等，其中有些专业法庭由有关行政部门派出人员，与法庭审判人员共同行使审判权，这种做法是不妥当的。根据法律规定，审判权只能由人民法院行使，其他单位和个人行使国家审判权是违背法律规定的。因此，凡设立专业法庭的，都必须纳入法制轨道，在人员配备和审理案件等方面都必须严格依法办事。凡是没有纳入法制轨道的，都应当予以全纠正。

第四，加强廉政建设。廉政建设是法院队伍建设中一个最核心的问题。人民法院是司法机关，廉政对于法院来说，具有特殊重要的意义。它直接关系到能不能严肃执法、能不能维护法律尊严和法院的威信问题。审判人员切忌吃请受礼等违法乱纪行为，要做清正廉明的法官。对于廉洁奉公的审判人员要予以表彰，对于贪赃枉法的审判人员要绳之以法，严肃处理。

关于全国人民法庭工作会议问题，我们设想，待全国人大常委会通过人民法庭组织条例后再召开。各地是否召开人民法庭会议，可根据本地情况，作出适当安排。

五、做好涉台民事审判工作

随着海峡两岸之间经济文化交往日益频繁，涉台立法工作的加强，涉台民事案件逐年增加，涉台民事审判工作中的新问题也越来越多。今后，涉台民事审判要注意抓好以下几个方面的工作：

认真学习中央对台工作的方针、政策。涉台民事审判工作不是单纯的审判工作，也是一项敏感的政治工作。要做好这项工作，首先就必须全面理解和深刻领会中央对台工作的方针、政策。当前，要认真组织学习最高人民法院转发的中台发〔1993〕5号《关于处理涉台法律事务若干意见的通知》。这个文件明确提出处理法律事务必须坚持一个中国的原则，适用国家法律的原则，促进两岸交往、交流的原则；还要求在两岸交往、交流中，特别是在法律文书中必须使用规范性的法律用语等等。这些规定和要求，我们必须严格遵循。各级法院都要组织审判人员认真学习和贯彻5号文件精神。

关注两岸关系发展的情况。从"汪辜会谈"前后的情况我们可看到，海峡两岸向统一方向迈进已经成为不可逆转的趋势。今年4月22日至29日，海峡两岸关系协会会长汪道涵与台湾"财团法人海峡交流基金会"董事长辜振甫在新加坡进行了会谈，并签署了《汪辜会谈共同协议》、《两会联系与会谈制度协议》及《两岸公证书使用查证协议》、《两岸挂号函件查询补偿事宜协议》。双方还商定了今年内事务性商谈的五个议题：一是违反有关规定进入对方地区之人员的遣返及相关问题；二是有关共同打击海上走私、抢劫等犯罪活动问题；三是协商两岸海上渔事纠纷之处理；四是两岸知识产权保护；五是两岸有关法院之间的联系与协助（暂定），因台湾方面主张用"两岸司法机关之间相互协助"，所以用"暂定"二字。这些协议和议题与法院涉台审判工作特别是涉台民事审判工作关系十分密切，希望同志们关心两岸关系发展的情况。

这次"汪辜会谈"的成功及其所取得的成果，充分证明党的对台方针、政策是正确的。双方会谈标志着两岸关系迈出了历史性的重要一步，对两岸关系的发展无疑具有积极的推动作用。"汪辜会谈"后，台湾前"财政"部长率十五家企业来大陆商谈投资方案。汪辜会谈以后进一步扩大了两岸经贸往来，文化交往和两岸法律问题的研究。今年8月两岸法学界的专家、学者（法官）近百人将云集北京研讨两岸有关法律问题，我们法院系统有九位同志将参加这次研讨会。今后，这些活动还将继续开展。希望同志们关注两岸关系发展的情况，研究两岸有关法律问题，努力做好涉台民事审判工作。

加强调查研究，搞好涉台审判方面的司法解释。中央十分重视涉台立法工作，中央台办成立了涉台法律问题小组，由十个部门主管负责人和15名法律专家、学者参加，经常组织研究有关涉台法律问题。继5号文件之后，最近又要出台"关于当前涉台立法工作的若干建议"，这一建议提出，除涉台法律、法规规章外，司法解释是处理涉台事务的重要的规范性文件，而且建议两高加强涉台民事、经济、刑事等实体和程序方面的司法解释工作。这次座谈会最高人民法院提出的几个涉台民事问题的司法解释，中央台办已列入今年涉台法律问题研究的重点，待会后进一步修改定稿后下发各地法院。

同志们，司法解释权在法院系统只能由最高人民法院行使，也就是说，只有最高人民法院才能制定司法解释。但是司法解释是一项系统工程，它的源泉、基础是各级法院的审判实践。因此,希望各级法院都要加强涉台审判方面的调查研究工作,特别是对两岸法院相互联系与协作方面多做一些探索,为最高人民法院处理涉台法律事务提供宝贵的经验,为加强和完善涉台立法工作做出积极的贡献!

同志们,这次座谈会的顺利召开和圆满结束,同中共大连市委、市政府、甘井子区委、区政府的大力支持是分不开的,他们为这次会议提供了舒适的工作和生活环境,碧海山庄的同志们为会议提供了热情、周到的服务,我代表最高人民法院和全体会议代表再次向他们表示诚挚的谢意!这次会议还得到了辽宁省高级人民法院、大连市中级人民法院、甘井子区人民法院和其他有关法院的大力支持,我代表最高人民法院和全体会议代表再次向他们表示衷心的感谢!

同志们,当前和今后民事审判工作的任务是繁重的、艰巨的。同志们回去后要认真传达会议精神,结合本地情况,提出贯彻意见,使会议精神落到实处。在新的形势下各级法院都要加强领导,采取有效措施,坚持严肃执法,不断提高执法水平,提高办案质量和办案效率,充分发挥民事审判的职能作用,把民事审判工作提高到一个新的水平,为加快改革开放和现代化建设作出新的贡献!

附二:

全国民事审判工作座谈会纪要

1993年6月22日至27日,最高人民法院在大连召开了全国民事审判工作座谈会。参加会议的有各省、自治区、直辖市高级人民法院和部分中级人民法院主管民事审判工作的副院长、民庭庭长。最高人民法院副院长马原主持会议并作了重要讲话(另发),最高人民法院民庭庭长梁书文就当前民事审判工作的情况、问题和如何更好地为经济建设服务作了发言。这次会议是在党的十四大提出加快改革开放和现代化建设步伐、建立社会主义市场经济体制的新形势下召开的。会议座谈了第五次全国民事审判工作会议以来的工作情况,交流了审判工作经验;讨论了当前民事审判工作中的问题,重点讨论了房地产、劳动争议和涉港澳台民事案件中的问题;研究了如何在新的形势下充分发挥民事审判工作的职能作用,更好地为改革开放和现代化建设服务的问题。现将会议讨论的几个主要问题纪要如下:

一、充分发挥民事审判工作的职能作用,更好地为经济建设服务

会议认为,当前和今后一个时期,民事审判工作总的要求,就是要以党的十四大精神为指导,以邓小平同志建设有中国特色的社会主义理论为武器,振奋精神,克服困难,在新的形势下,开创民事审判工作的新局面,把民事审判工作推向一个新阶段。

(一)正确认识民事审判工作的重要作用,增强为经济建设服务的自觉性

开创民事审判工作的新局面,更好地为改革开放和现代化建设服务,首要问题就是要正确认识民事审判工作与经济建设和市场经济的关系;正确认识做好民事审判工作与

做好法院整个审判工作的关系；充分认识民事审判工作在社会主义现代化建设中的作用；增强为经济建设服务的自觉性；强化适应发展市场经济的执法观念。

随着我国改革开放的不断深化和计划经济体制向社会主义市场经济体制的转换，随着民事交往的日益增多，民事案件发生了很大的变化。变化的总的趋势是，各种新的民事法律关系不断扩大。变化的总的特点是，在人身权益方面的案件不断增加的同时，财产权益方面的案件逐年上升，所占比例越来越大。这种变化，使与经济建设，特别是与市场经济直接相关的民事案件越来越多，使民事审判工作直接为经济建设和市场经济服务的范围越来越广。例如，房地产、劳动争议、债务、企业名誉权和名称权、著作权（包括计算机软件）和其他科技成果权、山林土地水利等案件，以及涉外和涉港澳台民事案件，都是与经济建设、发展市场经济直接相关的。

民事审判是法院审判工作不可缺少的组成部分。在法院各项审判工作中，不论过去或现在；民事案件所占比例最大。去年全国各级法院受理各类一审案件三百多万件，其中民事案件近二百万件，占三分之二左右。换句话说，每审理三个案件，就有两个民事案件。因此，如果忽视或削弱民事审判工作，就不能全面完成法院审判工作的任务，就不能充分发挥法院审判工作的职能作用。可见民事审判工作做得如何，是与法院整个审判工作紧密相关的。即使其他审判工作做好了，民事审判工作做得不好，也会削弱人民法院在社会主义现代化建设中的作用，因而也会削弱人民法院在国家和社会中的地位。

民事审判工作是为经济基础服务的。它为经济基础服务的特点，是通过审判民事案件，调整民事法律关系，解决民事纠纷而实现的。民事纠纷是人民内部矛盾的一种表现，可以通过多种途径解决。但是，有相当大的一部分民事纠纷，需要经过诉讼，由人民法院通过审判，运用法律手段，才能解决。因此，民事审判工作在社会主义现代化建设中，具有其他部门不能替代的作用。通过民事审判，解决民事纠纷，疏通民事流转渠道，使民事活动正常运转；既有利于深化改革，也会促进市场经济的发展；通过民事审判，保护民事主体的合法权益，使他们集中精力搞好生产，做好本职工作，这对加快改革开放和发展市场经济，具有重要的意义；通过民事审判，化解矛盾，消除纷争，维护安定团结，保障社会稳定，可以为经济建设创造良好的社会环境；通过民事审判，宣传法制和社会主义道德，促进和加强精神文明建设，可以推动经济建设的发展；通过民事审判，使当事人从民事纠纷中解脱出来，充分体现了党和国家关心人民的疾苦，为人民排难解纷，从而有利于密切党和国家同人民的联系。因此，人民法院必须重视和加强民事审判工作。

多年以来，我们坚持民事审判工作为改革和建设服务的指导思想。在新的形势下，我们应当提高认识，更积极、更主动、更自觉地为加快改革开放和现代化建设，为建立社会主义市场经济体制服务，进一步强化服务观念。

强化适应发展市场经济的观念，一是强化平等保护民事主体合法权益的观念。平等是民事主体进行民事活动包括参与市场经济活动的一个基本原则。只有公平竞争，优胜劣汰，才能促进市场经济的发展。因此，在民事审判工作中，要平等地保护各民事主体的合法权益。二是强化尊重民事主体意思自治的观念。市场经济是自由的公平竞争的经济，只有保证民事主体依法自主地进行民事活动，市场经济才能得以发展。在审判实践中，对当事人的民事行为，只要双方真实意思表示一致，又不违反法律规定，不损害国家利益、社会公共利益和他人利益的，应当予以保护。对于违背当事人的意愿，甚至在胁迫、诈欺或强制命令的情况下产生的民事行为，应当确认无效。三是强化诚实信用、等价有偿的观念。市场经济在一定意义上说，是市场的平等主体建立在诚实信用、等价有偿等原则基础上的契约关系的经济。只有按照这些原则运行，才能保证市场经济有序地进行。在审判实践中，要按照市场经济的运行规则，保护公平竞争，反对和制裁弄虚作假，损害消费者权益等违法行为。

（二）坚持严肃执法，提高执法水平

严肃执法是法院审判工作的核心问题，也是民事审判工作的核心问题。离开严肃执法，不依法办事，就根本谈不上为改革开放和经济建设服务问题。所以在新形势下，严肃执法，仍然是一个关键性问题。在民事审判工作中，坚持严肃执法，就是要正确适用法律，确保办案质量；就是要保护当事人的合法权益，制裁民事违法行为；就是要坚决不办"人情案"，不办"关系案"；就是要抵制"地方保护主义"和"部门保护主义"；就是要加强审判监督，依法纠正错案，维护法律尊严。此外，当前需要注意的一个问题，就是要正确处理做好民事审判工作与为经济建设服务的关系。民事审判工作为经济建设服务是通过审判民事案件来实现的，把案件办得既快又好，就是最好的服务。那种出于某种"利益驱动"，离开审判业务，去搞那些应由其他部门办理的事情，从事审判业务以外的活动，是不符合严肃执法的要求的。

（三）进一步改进审判方式，提高办案质量和效率

为了适应形势发展的需要，建立与市场经济体制相适应的高效服务的审判机制，提高办案质量和效率，必须不断探索新途径，进一步改进审判方式。其重点，一是坚持当事人举证制度。从根本上改变那种由法官包揽一切的做法，真正做到法官在法庭上主要是听取双方当事人的举证、质证和辩论，以便查明事实，核实认定证据，分清是非责任，正确适用法律。这既有利于加快办案速度，也有利于提高办案质量。二是健全合议制度。合议庭是审判案件的基本组织形式，应充分发挥它的职能作用。合议庭不仅对事实负责，而且还要对适用法律负责。这可以增强审判人员的责任感，强化审判人员严肃执法的观念，提高办案质量。三是坚持公开审判制度。除依法不公开审理的之外，都要公开审理，依法不公开审理和径行判决的案件，也要公开宣判。实践证明，加强公开审判，把案件审理置于公众监督之下，增强了透明度，既有利于提高办案质量，又可以扩大社会效果。四是探索新的做法。近年来，不少法院探索了一些新的做法。如有的法院审理案件实行繁、简分流，把简易案件筛选出来，由部分审判人员专门按简易程序处理。其他审判人员集中精力审理比较复杂的案件。有的法院对于某些案件在立案受理、做好庭前必要的准备后，即直接开庭审理等。这些做法，可以继续试验，总结经验。同时，还要进行新的尝试，探索新的做法。

（四）加强调查研究，认真总结经验

随着计划经济体制向社会主义市场经济体制的转换，新的民事法律关系会不断出现，民事案件会发生新的变化。因此，在新的形势下，要充分发挥民事审判工作的职能作用，更好地为经济建设服务，必须增强预见性，必须深入实际，调查研究。通过调查

研究，了解和研究民事审判工作中的新情况、新问题，把握各种民事案件的变化及其特点，总结审判实践经验，提出解决问题的意见、措施和办法。当前调查研究的重点，一是民事审判工作如何为加快改革开放和发展市场经济服务；二是民事审判工作出现的新情况、新问题，特别是房地产、劳动争议、著作权、损害赔偿和涉港澳台民事案件中出现的新情况新问题及其对策；三是如何提高执法水平，提高办案质量和效率；四是总结开庭审理、当事人举证、适用督促程序和审理抗诉案件的经验。各级法院民庭都要加强调查研究。高级法院和最高人民法院民庭要把调查研究作为一项重要任务来抓，要一手抓案件审理，一手抓调查研究。对调查研究的问题，要理论联系实际，分析问题产生的原因和规律，提出解决问题的办法。对于成功的经验，要及时交流、推广。对审判工作中带有倾向性、苗头性的问题，要及时反映。最高人民法院在各地法院调查研究、总结经验的基础上，对急需解决的问题，及时作出司法解释。

二、关于审理房地产案件的几个问题

（一）积极受理房地产案件，促进房地产业的发展

房地产业在我国国民经济中占有重要的地位，为了促进房地产业的发展，各级人民法院民庭要积极受理房地产案件。在房地产案件比较多的地方，可以根据需要在民庭内设立合议庭，专门审理房地产案件。关于受理范围，总的来说，凡属民法调整的平等主体之间以房地产为标的发生的纠纷，都应积极受理。当前受理房地产案件，需要明确以下几个问题：

第一，单位内部公房使用权纠纷。分配公房使用权是单位内部行政管理行为，职工因对单位分房决定有意见引起的纠纷，应由本单位或有关行政部门解决。职工根据单位分房决定，与公房出租人建立房屋租赁关系后，第三人抢占的，或者职工与公房出租人因房屋租赁发生纠纷，向人民法院起诉的，人民法院可以受理。

第二，离开原单位的职工与原单位房屋使用权纠纷。职工离开原单位后，与原单位发生的房屋使用权纠纷，双方有协议或本地区法规有规定的，人民法院可以受理。

第三，离婚后公房使用权纠纷。因离婚发生的公房使用权纠纷，本地区法规有规定或公房出租人同意法院确认公房使用权的，人民法院在审理离婚案件时，可以一并处理。

第四，违章建筑引起的纠纷。因违章建筑妨碍他人通风采光或因违章建筑的买卖、租赁、抵押等引起的民事纠纷，人民法院可以受理。违章建筑的认定、拆除不属民事纠纷，依法应由有关行政部门处理。

（二）审理房地产案件遵循的原则

第一，有利于房地产业健康发展的原则。就是要遵循市场经济规律，用市场经济观念判断哪些行为有利于房地产业的发展，哪些行为不利于房地产业的发展，凡是有利于房地产业健康发展的民事行为，应予以保护。凡是妨碍房地产业健康发展的民事行为，不应予以保护。

第二，依法保护合同的原则。房地产权益纠纷，大部分表现为合同纠纷。审理房地产案件，应尊重合同双方当事人的意思表示。只要双方当事人的约定不违反法律政策，

不损害国家利益、公共利益和他人利益，就应维护合同的效力；一方当事人以法律没有规定为由，否认合同效力，不应予以支持。因合同履行发生纠纷，只要合同能全部履行的，就应全部履行，能部分履行的，应部分履行，不能用赔偿损失代替合同的履行。

第三，公平保护当事人合法权益的原则。市场经济的特点是参与民事活动的主体地位平等、公平竞争、机会均等。房地产案件中的当事人，不论是公民还是法人，是本地人还是外地人，是中国人还是外国人，他们在房地产交易中的合法权益都应公平地依法予以保护。制止不公平竞争，转嫁经营风险的行为。制止破坏公平竞争原则的地方保护主义。

（三）审理房地产案件的几个具体问题

当前我国房地产业正在迅速发展，已有的房地产方面的法律不能完全适应房地产业发展的需要。人民法院在审理新型房地产案件时，如果没有法律规定，有政策规定的，按政策规定处理。法律、政策都没有规定的，根据民法的基本原则，结合案件具体情况，从有利于保护双方当事人的民事权益，有利于房地产业健康发展的原则出发，实事求是，合情合理地解决。

第一，关于无当地户口的人购买城镇房屋问题。随着市场经济的发展，国家关于无当地户口的人购买城镇房屋的限制逐步放宽。无当地户口的人购买城镇房屋，对于符合本地区房屋买卖法规规定的，可以认定买卖有效。

第二，关于预售商品房问题。房地产开发企业预售商品房，须持有预售商品房许可证件，并与预购方签订合同。没有预售商品房许可证件的，应认定合同无效。对于合法有效的预售商品房合同，预购方未按合同约定交付预付款或者预售方未按合同约定交付预售房屋的，应当承担违约责任。

第三，关于转卖预售商品房问题。预购方在预售方实际交付房屋之前，将预售商品房转卖给第三人的，必须符合法规、政策规定。违反法律、政策规定，倒买倒卖预售商品房的，应当认定买卖行为无效。在预售方已实际交付房屋后，预购方将房屋卖给第三人的，可按一般房屋买卖关系处理。

第四，关于房屋买卖价格问题。房屋买卖，除国家规定必须执行国家定价的之外，对于双方当事人根据房地产市场价格议定的价格，应当予以保护。一方因市场价格变动而不履行或要求解除房屋买卖合同的，不予支持。

三、关于审理劳动争议案件的几个问题

（一）审理劳动争议案件的指导思想

审理劳动争议案件要坚持"以事实为根据，以法律为准绳"的原则，既要依法保护企业正当的开除、除名、辞退职工或者解除劳动合同等自主权，支持严明劳动纪律、加强管理、搞好改革；又要依法制约企业滥用劳动用人权和工资、奖金分配权，维护职工的合法权益，激发职工的生产积极性。从而维护企业正常的生产经营秩序，发展良好的劳动关系，维护安定团结，促进改革开放的顺利发展。

（二）劳动争议案件的受案范围

劳动争议的一方当事人对劳动争议仲裁委员会的裁决不服，在法定期限内向人民法

院起诉，符合下列情形之一的，应当受理：

1. 因企业开除、除名、辞退职工和职工辞职、自动离职发生的争议；
2. 因执行国家有关工资、保险、福利、培训、劳动保护的规定发生的争议；
3. 因履行劳动合同发生的争议；
4. 法律、法规规定应当由人民法院受理的其他劳动争议。

国家机关、事业单位、社会团体与本单位工人之间，个体工商户与帮工、学徒之间，因发生劳动争议，经劳动争议仲裁委员会裁决后，一方当事人不服向人民法院起诉的，也应当受理。

劳动争议案件由各级人民法院的民事审判庭受理。

（三）劳动争议案件的法律适用问题

目前劳动法尚未颁布，劳动争议案件的实体处理应依照有关的法律、行政法规、地方性法规并参照有关的规章办理。法律和政策尚无规定的，应根据案件具体情况，从依法保护当事人的合法权益，有利于经济建设和有利于社会稳定出发，妥善处理。个别影响大，有关方面意见分歧的案件，可逐级请示上级法院解决。

用人单位依据本单位制定的规章制度及与职工订立的合同对职工作出处理，该规章制度和合同与法律相抵触的，不予支持，而应依据有关法律的规定处理。

个体工商户与其帮工、学徒之间发生的劳动争议，可根据《城乡个体工商户管理暂行条例》和双方所签订的合法有效的合同处理。

（四）法院可否变更用人单位的决定问题

人民法院审理劳动争议案件，认为用人单位对职工的处理决定在认定事实或适用法律上确有错误，可以判决予以撤销，或判令用人单位重新作出处理，一般不变更其决定。对于追索劳动报酬、培训费、退休金、工伤赔偿等案件，法院认为用人单位的处理决定认定事实清楚、适用法律基本正确，只是认定给付的数额明显不当的，可以判决予以变更。对个别案件认为确有必要判决变更用人单位处理决定的，事先应向有关单位说明情况，并做好双方当事人的思想工作。

（五）确定案由和制作法律文书问题

目前劳动争议案件的案由尚不统一，有的案由不能明确反映案件的性质和双方当事人争执的焦点。劳动争议案件的案由应根据案件的性质和具体情况确定。例如，因企业开除、除名、辞退职工而引起的争议，案由可定为开除纠纷、除名纠纷、辞退纠纷；因职工向企业追索劳动报酬或退休金发生争议，案由可定为追索劳动报酬纠纷或追索退休金纠纷；因待业保险、工伤赔偿引起的争议，案由可定为社会保险纠纷、工伤赔偿纠纷等。

人民法院制作劳动争议案件的法律文书，列用人单位和职工为当事人。在法律文书的查明事实部分可对劳动争议仲裁委员会的裁决适当加以叙述，而法律文书的主文则不涉及裁决是否正确的问题。

当事人不服劳动争议仲裁委员会的裁决而向人民法院起诉，在起诉过程中作为被告的用人单位已改变了原错误决定，劳动争议实际上已得到解决，原告又申请撤诉的，只要符合法律规定，可以裁定准予撤回起诉。

最高人民法院
关于印发《全国民事案件审判质量工作座谈会纪要》的通知

1999年11月19日　　　　　　　　　　　　法〔1999〕231号

各省、自治区、直辖市高级人民法院，新疆维吾尔自治区高级人民法院生产建设兵团分院；全国地方各中级人民法院，新疆生产建设兵团各中级法院：

现将全国民事案件审判质量工作座谈会纪要印发，望认真贯彻执行。

附：

全国民事案件审判质量工作座谈会纪要

为了总结抓好民事案件审判质量工作经验，分析存在的问题，研究解决的措施，进一步提高民事案件的审判质量和效率，使民事审判工作在为国家改革、发展和稳定工作大局服务方面，发挥更大的调整和保障作用，最高人民法院于1999年10月22日至24日，在武汉召开了全国民事案件审判质量工作座谈会。各省、自治区、直辖市高级人民法院主管民事审判工作的副院长、民庭庭长参加了会议。最高人民法院副院长唐德华在会上就进一步提高对民事案件审判质量重要性的认识、必须坚持的基本经验及今后做好几个方面主要工作等问题作了重要讲话；民事审判庭负责人针对当前民事案件审判质量方面存在的主要问题、产生的原因以及应当采取的若干措施等作了中心发言；副庭长李凡在座谈会结束时作了总结发言。部分高级人民法院在会上介绍了抓好案件质量的做法和经验。与会者通过讨论，对当前如何抓好民事案件的审判质量，以及进一步审理好新类型民事案件等问题，在许多方面都达成了共识或者取得了基本一致的看法，现纪要如下：

一、增强质量意识，充分认识抓好民事案件质量的重要性

会议认为，随着我国改革的不断深入、经济的全面发展和社会的日益进步，特别是随着社会主义市场经济体制的进一步建立和完善，国家确立和推进的劳动用工制度、土地使用制度、住房分配制度等一系列改革措施的出台，经济活动和社会生活中的民事法律关系日益多样化，民事审判的调整范围不断扩大，民事案件涉及的内容越来越丰富，影响面越来越大，案件的质和量都发生了深刻的巨大的变化，使人民法院的民事审判工

作进入了前所未有的发展时期。民事案件反映了社会主义市场经济中各类民事主体之间的矛盾，以及相互之间的利益冲突和价值观念的摩擦。民事审判工作在调整利益冲突、维护社会稳定和加强两个文明建设中，发挥着越来越重要的作用。在人民法院受理的各类案件中，民事案件一直占60％以上，抓好了民事案件审判质量，就意味着抓住了整个法院审判工作质量的大头。民事案件审判质量的好坏，既直接关系到社会的稳定和经济的发展，同时也关系到改革开放的进程。法律的权威，法院的公正，法官的形象，在很大程度上取决于案件的审判质量。

司法公正是人民法院审判工作的核心，而案件的审判质量又是核心的核心。依法对民事案件作出公正裁判，保证办案质量，这是实现人民法院审判职能的具体体现，是法治社会的基本特征之一。只有保证办案质量，才能维护人民群众的根本利益，使当事人的合法权益获得最终实现，才能体现司法公正。抓好了民事案件的审判质量，就抓住了司法公正的根本，民事审判工作也就能够得到社会各界的广泛好评和充分肯定。

执行工作是审判工作的延伸，确保案件的审判质量，做到裁判公正，这是做好执行工作的前提。把案件办错了，执行的是错误的裁判，这不仅损害一方当事人的合法权益，降低人民法院作为司法机关的威信，也是对社会主义法制的严重损害。

对民事案件审判质量重要性的认识，要跟上经济发展对人民法院工作的要求，要符合司法公正的宗旨。要把民事审判工作同保障改革、促进发展、维护稳定、服务大局紧密联系起来，从正确履行宪法和法律赋予的职责的高度充分认识确保办案质量的重要性，牢牢抓住裁判公正这一永恒主题，树立质量第一的意识，认真做好民事审判工作。

二、提高民事案件审判质量应当进一步采取的若干措施

会议认为，针对一些法院存在对部分民事合同效力的认定标准不一致，不注重依照程序法办案，民事审判方式改革的力度还不适应审判工作的需要，人情案、关系案、金钱案、权力案在一定范围内存在，超审限的积案数量过多，诉讼文书质量有待提高等问题，应采取积极措施予以解决。

（一）正确区分不同法律规范性文件的层次与效力，准确适用法律

不少一审案件被二审法院改判，是在适用法律方面没有掌握好法律规范的适用原则。因此，在适用法律时，一定要正确区分不同法律规范的层次和效力，理解它们之间的相互关系。在认定民事合同的效力时，要严格依照国家法律、行政法规规定的条件和标准，特别是要认真研究法律、行政法规的规定是将合同应当办理批准或登记等手续作为合同生效的条件，还是只把是否登记、备案作为能否对抗第三人来处理。对于地方性法规和部门规章、地方规章中的有关规定，不能作为认定民事合同无效的依据。在处理各类民事案件时，对于国家法律、行政法规有规定，而地方性法规和各种规章中规定的内容，属于结合当地实际情况而对有关立法精神和原则具体化、条文化，加以明确范围和标准的，应当适用或者参照；对于国家法律、行政法规尚无明确规定，地方性法规或规章的规定不违反国家法律的基本原则的，可以适用或者参照；与法律、行政法规规定的基本原则和精神相抵触的，不能适用或者参照。对于一些地方性立法机关对地方性法规所作的解释，超出地方性法规权限，或者就全国性通用法律术语所作的解释，不能作

为人民法院审理民事案件的法律依据。

（二）在审理新类型民事案件时，要注重探索，讲求社会效果

许多新类型的民事案件，涉及法律、行政法规规定不明确的领域，或者法律、行政法规、规章的某些规定相对滞后、不合理，案件的处理结果对社会产生的影响重大。因此，抓好这些案件的审判质量，十分重要。

关于房地产案件的处理问题。在审理房地产开发经营和工程质量案件时，要积极促进房地产业的健康发展，保障人民群众生命财产安全，充分履行审判机关的职责，为房地产业成为新的经济增长点提供司法保障。针对有些地方在房地产管理法施行前，房地产开发经营方面的纠纷比较多的情况，在处理含有历史遗留因素的房地产案件时，要注意从法律规定和现实情况之间寻找结合点。对于城市房地产管理法施行前，有些地方在房地产发展无序状态下实施的房地产开发经营行为，处理时，既不能离开有关法律规定的基本原则和司法解释的精神，也不能脱离当时当地的具体历史条件，通过牺牲真正投资者的利益使投机分子获取暴利。要结合特定的经济环境和社会效益来考虑，在现实和法律之间寻找一个切入点，找到一个合法、合情、合理、公平的解决方案。对于房地产管理法施行以后的房地产开发经营方面的纠纷，要严格按照有关法律规定的精神处理，不能用一些带有地方保护主义色彩的地方性规范性文件来否定国家法律的规定。对于房地产开发经营中非当事人自身的原因造成报批手续不完善的，处理时，在不违反法律原则的前提下，要从有利于经济发展和社会稳定的大局，有利于房地产市场的健康发展的原则出发，平等地保护双方当事人的合法权益，避免由当事人承担因有关部门的工作不配套或者失误而造成的手续不全的法律后果，公平合理地保护各方当事人的合法权益。在审理建筑工程质量方面的纠纷时，除依照国家基本民事法律如民法通则、合同法等的一般规定外，还要严格依照房地产管理法和建筑法等专门性法律、行政法规的规定，并参照建筑工程质量方面的部门规章及其行业规范，正确确认案件双方当事人的权利和义务，严把案件质量关。对于没有经过工程质量监督部门鉴定验收的工程，当事人之间发生纠纷的，要依法委托法定鉴定部门进行鉴定，或者指定有关部门进行鉴定；对于没有法定资质的工程质量鉴定部门的鉴定结论，不能作为认定案件事实的根据。对在工程施工过程中以次充好、偷工减料的行为，要判令行为人承担相应的民事责任；造成严重后果，构成犯罪的，应建议有关部门依法追究其刑事责任。

关于侵害消费者权益案件的处理问题。随着经济的发展和人民群众生活水平的提高，人们价值观念中的权利意识和法律意识增强，消费者对自己因消费或者接受服务等活动权利受侵害而起诉的越来越多。在处理消费和服务方面的纠纷案件时，要注意维护公正、保护弱者。涉及到消费者权益保护而现行规定又不明确的问题时，要从消费者权益保护法的立法原意和有利于保护消费者合法权益的角度去理解和执行。消费者因购买、使用商品或者接受服务受到人身、财产损害的，是否应给予双倍赔偿，关键在于消费纠纷中涉及经营者在提供商品或者服务时是否有欺诈行为。在如何认定经营者的欺诈行为时，应通过客观存在分析行为人实施行为时的主观状态和客观的事实依据。对于格式条款效力的认定及其内容的理解，应从公平、公正的原则出发，注意保护弱者的权益。消费和服务方面的纠纷，有不少属于事实清楚、争议金额不大的案件，应从便利当

事人诉讼、降低诉讼成本的角度出发，尽可能适用简易程序。

关于与民事有关的合同纠纷案件处理问题。合同法已成为调整民事关系的基本法律。合同关系是市场经济条件下商品流转和财产交换关系的基本法律形式。在审理有关合同关系案件时，必须强化合同意识，依法确认合同的效力。对当事人自愿达成的协议，不违反法律、行政法规强制性规定的，应依法确认其有效，并严格依照合同约定的权利义务关系认定当事人的责任。根据合同法的规定，判断合同效力的依据是全国人大及其常委会制定的法律和国务院制定的行政法规，地方性法规和部门规章不能直接作为确定合同效力的依据。但是，其规定不违反法律和行政法规规定的，可以作为处理合同纠纷的参照依据。要注意区分法律、行政法规中的强制性规定与一般要求或任意性规定，区分依照法律规定某些合同必须经过审批登记才能生效的"审批登记"行为，与某些合同依照规定变动物权时具有公示性质的"登记"行为；正确认定合同的效力，认定不同行为的法律性质和法律效果。同时，还要注意对不同时期、不同性质的案件，具体问题具体分析，根据情况区别对待。

关于劳动争议案件的受理问题。劳动争议案件是随着我国劳动用工制度的改革和劳动合同制度的建立而逐步发展起来的一种新类型民事案件。劳动法确立了受理劳动争议案件的一般原则，就是人民法院受理劳动争议案件，必须以劳动争议仲裁作为前置程序。对于未经实质的仲裁程序审理，人民法院是否应予受理的问题，尚无明确规定。为了使劳动争议能够及时有效得到解决，对于劳动争议仲裁委员会作出不予受理的通知或决定、裁决的，可视为劳动争议仲裁机构已对该劳动争议作出处理，当事人对该不予受理的通知不服，向人民法院起诉的，人民法院应予受理。有的地方在处理劳动争议案件时，将当事人之间是否订有仲裁协议或仲裁条款作为是否应交由仲裁裁决的先决条件，未区分劳动争议仲裁和商事仲裁或合同仲裁的不同性质，甚至出现了因当事人未订有仲裁协议，人民法院对已发生法律效力的劳动争议仲裁裁决裁定不予执行的情况，应予注意和纠正。

关于损害赔偿案件的处理问题。在审理损害赔偿案件时，可比照有关类似行政法规规定的原则来确定赔偿标准和范围。对于侵害公民人格权的行为，根据民法通则有关规定的精神，可判令侵权人承担精神损害赔偿金。受保护的人格权利既包括物质性人格权，如生命健康权；也包括精神性人格权，如名誉权、肖像权、名称权等，还包括一般人格权即直接由宪法所确认的人格尊严不受侵犯的权利。在确定赔偿数额时，要综合考虑加害人的过错程度、侵权状况、侵权后果、承担责任的资力以及认错态度等因素，斟酌受害人的具体情况，作出公平合理的判决。由于现行法律有关这方面的规定比较原则，在审判实践中存在不同认识和做法，我们正在抓紧作出有关审理精神损害赔偿方面的司法解释，将对当前审判实践中亟须解决的赔偿范围、赔偿标准、赔偿类别和赔偿金额等一系列问题作出规定。在有关司法解释下发之前，各地在判令侵权人赔偿此类赔偿金的数额和标准时，要从国家经济社会和文化发展形势以及当时当地的实际情况出发，赔偿数额不宜过高，但允许经济发展状况不同的地区因地制宜确定不同的赔偿参数，以求做到既对侵权人的行为予以制裁，对受害人所受到的精神痛苦给以抚慰和补偿，同时还对社会风尚予以正确引导。一般情况下，对于那些动辄提出索赔上百万元精神赔偿金的诉讼请求，不应支持。目前，有些省通过地方性法规对此作出规定的，当地法院可以适用。

关于婚姻家庭纠纷案件的处理问题。婚姻家庭纠纷案件作为传统民事案件中的主要类型之一，随着改革开放的不断深入，社会生活和经济生活都发生了重大的变化。婚姻家庭关系中财产关系越来越复杂，处理难度越来越大。对在婚姻关系存续期间夫妻一方卖断工龄款是何种性质的财产，应当如何界定其归属，在离婚诉讼中能否将其作为夫妻共同财产予以分割等问题，可采取类推解释的方法，根据其与养老保险金或医疗保险金等所共同具有的专属于特定人身的性质，确定其在财产分割中的法律适用原则，即不作为夫妻共同财产。在审理有关婚姻、家庭、继承案件时，涉及共同财产处理问题的，要根据当事人及这些财产在新形势下的特点，妥善处理。涉及家庭共同经营的私营企业，一方或双方享有的股票、股权、知识产权、生产资料等，既要坚持有利于生产经营、方便生活的原则，又要充分考虑不同财产性质状况，按照市场经济的规则进行处理。对于离婚案件中涉及企业、公司的财产分割问题，不宜简单地直接判决双方平均分得争议标的物，还应结合公司法、合伙企业法、专利法、著作权法等有关规定精神进行处理。对于家庭财产中涉及的"房改房"问题，要坚持与房改政策相一致的原则，在征求"房改房"产权单位的意见，充分考虑产权单位合法权益的基础上，合情合理解决当事人之间的纠纷。

（三）应当加强对民事审判工作的指导

要注意及时总结经验，加强对民事审判质量工作的具体指导。抓好民事案件的审判质量，是一项长期性的工作，需要不断地研究新的形势和办理案件过程中遇到的新情况、新问题，总结新的经验。最高人民法院民庭将注意发挥地方各级法院参与司法解释前期工作的积极性，进一步提高司法解释工作的效率，以适应民事审判工作的需要。对新类型民事案件的审理，各地可以从实际情况出发，定期或者不定期地对有关民事审判质量问题进行研究。对于带有普遍指导意义的个案，如符合请示案件的条件，也可以通过请示程序报送最高人民法院，以便于尽快作出相应的司法解释。在有关司法解释出台之前，各地可以根据法律、行政法规和地方性法规的原则精神，结合案件的具体情况作出裁判，公平合理地解决纠纷。对于民事审判工作中一些适用法律政策界限不清、把握不准的问题，可以逐级请示。但是，不能将具体案件中的事实认定、处理方法等应由审理案件的法院解决的问题矛盾上交，也不能因向上级法院请示问题而违背了独立审判的原则，间接地剥夺了当事人的诉讼权利。

（四）进一步提高民事裁判文书的质量

裁判文书是人民法院代表国家行使审判权，依法适用法律处理案件形成的重要司法文书，反映案件的审判过程和处理结果，是据以执行的依据，是审判质量的集中体现，更是宣传法制、展示人民法院文明执法、公正司法形象的载体。要加大对裁判文书的改革力度，重点是加强民事裁判文书的说理性和公开性。制作好民事裁判文书是一项综合性的工作，应当注意以下几个方面：一是要有实事求是、公正办案的态度，坚持以事实为根据，以法律为准绳的原则，要有良好的法官职业道德，把为人民服务作为办案的宗旨。二是要针对当事人的诉讼请求和争议的焦点，摆事实、摆证据、讲法律、讲法理、讲道理。当事人提出的各项主张,哪些应当支持,哪些不能支持,通过审理后,都应当在法律文书中作出回答。尤其是对于那些因个别次要证据有缺陷、但主要证据确实充分,当事人的主张可予支持,或者因证据、法律依据不够充分而不予支持的情况,要特别说明支持与否的理由,使当事人心服口服。不能笼统表示支持或驳回,或者含糊其辞,更不能在裁判文书中不叙述当事人的主张,或者在叙述理由部分予以回避,以致给当事人留下缠讼的隐患。三是叙述要文句通顺,针对性、逻辑性强,引用法律条文及司法解释准确,不出现错别字。四是要有较深的法学理论功底和较高的审判业务水平以及较强的写作能力。因此,必须不断丰富和更新自己的业务知识及其他相关知识,多写、多看、多分析、多总结,才能不断提高民事裁判文书的制作水平。有些法院举办了制作裁判文书培训班,或者开展裁判文书质量的评比活动,这也有利于促进裁判文书制作质量的提高,各地可以借鉴。在每年的工作考核中,各地应当将裁判文书的质量作为办案质量的一项硬指标。

(五)强化程序意识,深化审判方式改革

正确认识程序公正与实体公正的相互关系,重视程序的独立价值。不能简单地把程序公正理解为工具和手段,程序公正既是手段,也是目的。转变民事诉讼法仅仅是法官办案的操作规程的错误观念,切实保护当事人能依法行使自己的诉讼权利。没有程序公正,当事人的诉权本身就得不到保障,也就谈不上实体公正的问题。深化审判方式改革,仍然要抓住公开审判这个重心,强化庭审功能。继续探索和总结一些行之有效的制度,如实行庭前交换证据制度和限期举证制度,规范当事人的举证责任;规范庭审质证和认证程序,在实践中摸索总结证据规则,为证据规则立法和司法解释积累经验。要全面落实公开审判制度,使公开审判真正成为提高办案质量、保护诉讼当事人的权利、防止腐败的重要环节。要不断加大民事审判方式改革的力度,正确处理改革过程中涉及的发挥审判组织作用和监督环节的关系、举证质证和认证的关系、适用普通程序和简易程序的关系。加强审判流程管理,建立和完善内部监督机制。进一步改革案件审批制度,根据案件繁简程度和法官素质的高低,做到绝大部分案件逐步减少或取消案件审批环节,充分发挥审判组织的职能作用,提高审判质量和效率。加重合议庭成员特别是审判长的权力和责任,明确承办人、合议庭成员对案件的事实负全部责任,核稿人员、合议庭成员对案件适用法律负责,从制度上促使审判人员不断提高自身的业务水平,增强工作责任感和上进心,逐步形成符合民事审判工作规律和特点的优胜劣汰的审判管理机制,使民事案件审判质量工作走上良性发展的轨道。增强效率观念,从"两便"的原则出发,针对不同案件的具体情况,在法律规定的范围内,探索采用简便、快捷、灵活的办案方式,实行繁简分流,对审判资源的合理配置,减少超审限积压案件的数量和比例,除有特殊情况需要延长审限的案件外,要尽力在法定审限内审结。

最高人民法院
关于印发《第八次全国法院民事商事审判工作会议（民事部分）纪要》的通知

2016 年 11 月 21 日　　　　　　　　　　　　法〔2016〕399 号

各省、自治区、直辖市高级人民法院，解放军军事法院，新疆维吾尔自治区高级人民法院生产建设兵团分院：

现将《第八次全国法院民事商事审判工作会议（民事部分）纪要》印发给你们，请认真贯彻执行。对于执行中存在的问题，请层报最高人民法院。

附：

第八次全国法院民事商事审判工作会议（民事部分）纪要

2015 年 12 月 23 日至 24 日，最高人民法院在北京召开第八次全国法院民事商事审判工作会议。中共中央政治局委员、中央政法委书记孟建柱同志专门作出重要批语。最高人民法院院长周强出席会议并讲话。各省、自治区、直辖市高级人民法院，解放军军事法院，新疆维吾尔自治区高级人民法院生产建设兵团分院以及计划单列市中级人民法院派员参加会议。中央政法委、全国人大常委会法工委、国务院法制办等中央国家机关代表，部分全国人大代表、全国政协委员、最高人民法院特邀咨询员、最高人民法院特约监督员以及有关专家学者应邀列席会议。

这次会议是在党的十八届五中全会提出"十三五"规划建议新形势下召开的一次重要的民事商事审判工作会议。对于人民法院主动适应经济社会发展新形势新常态，更加充分发挥审判工作职能，为推进"十三五"规划战略布局，实现全面建成小康社会"第一个百年目标"提供有力司法保障，具有重要而深远的历史意义。通过讨论，对当前和今后一段时期更好开展民事审判工作形成如下纪要。

一、民事审判工作总体要求

我国正处于奋力夺取全面建成小康社会的决胜阶段，人民法院面临的机遇和挑战前所未有，民事审判工作的责任更加重大。作为人民法院工作重要组成部分的民事审判工作，当前和今后一段时期的主要任务是：深入贯彻落实党的十八大和十八届三中、四中、五中、六中全会精神,以习近平总书记系列重要讲话精神为指导,按照"五位一体"总体部署,协调推进"四个全面"战略布局,围绕"努力让人民群众在每一个司法案件中感受到公平正义"的目标,坚持司法为民、公正司法,充分发挥民事审判职能作用,服务创新、协调、绿色、开放、共享五大发展理念,坚持依法保护产权、尊重契约自由、依法平等保护、权利义务责任相统一、倡导诚实守信以及程序公正与实体公正相统一"六个原则",积极参与社会治理,切实提升司法公信力,为如期实现全面建成小康社会提供有力司法服务和保障。

二、关于婚姻家庭纠纷案件的审理

审理好婚姻家庭案件对于弘扬社会主义核心价值观和中华民族传统美德,传递正能量,促进家风建设,维护婚姻家庭稳定,具有重要意义。要注重探索家事审判工作规律,积极稳妥开展家事审判方式和工作机制改革试点工作;做好反家暴法实施工作,及时总结人民法院适用人身安全保护令制止家庭暴力的成功经验,促进社会健康和谐发展。

(一)关于未成年人保护问题

1. 在审理婚姻家庭案件中,应注重对未成年人权益的保护,特别是涉及家庭暴力的离婚案件,从未成年子女利益最大化的原则出发,对于实施家庭暴力的父母一方,一般不宜判决其直接抚养未成年子女。

2. 离婚后,不直接抚养未成年子女的父母一方提出探望未成年子女诉讼请求的,应当向双方当事人释明探望权的适当行使对未成年子女健康成长、人格塑造的重要意义,并根据未成年子女的年龄、智力和认知水平,在有利于未成年子女成长和尊重其意愿的前提下,保障当事人依法行使探望权。

3. 祖父母、外祖父母对父母已经死亡或父母无力抚养的未成年孙子女、外孙子女尽了抚养义务,其定期探望孙子女、外孙子女的权利应当得到尊重,并有权通过诉讼方式获得司法保护。

(二)关于夫妻共同财产认定问题

4. 婚姻关系存续期间以夫妻共同财产投保,投保人和被保险人同为夫妻一方,离婚时处于保险期内,投保人不愿意继续投保的,保险人退还的保险单现金价值部分应按照夫妻共同财产处理;离婚时投保人选择继续投保的,投保人应当支付保险单现金价值的一半给另一方。

5. 婚姻关系存续期间,夫妻一方作为被保险人依据意外伤害保险合同、健康保险合同获得的具有人身性质的保险金,或者夫妻一方作为受益人依据以死亡为给付条件的人寿保险合同获得的保险金,宜认定为个人财产,但双方另有约定的除外。

婚姻关系存续期间,夫妻一方依据以生存到一定年龄为给付条件的具有现金价值的保险合同获得的保险金,宜认定为夫妻共同财产,但双方另有约定的除外。

三、关于侵权纠纷案件的审理

审理好侵权损害赔偿案件对于保护民事主体的合法权益,明确侵权责任,预防并制裁侵权行为，促进社会公平正义具有重要意义。要总结和运用以往审理侵权案件所积累下来的成功经验，进一步探索新形势下侵权案件的审理规律，更加强调裁判标准和裁判尺度的统一。当前，要注意以下几方面问题：

（一）关于侵权责任法实施中的相关问题

6. 鉴于侵权责任法第十八条明确规定被侵权人死亡，其近亲属有权请求侵权人承担侵权责任，并没有赋予有关机关或者单位提起请求的权利，当侵权行为造成身份不明人死亡时，如果没有赔偿权利人或者赔偿权利人不明，有关机关或者单位无权提起民事诉讼主张死亡赔偿金，但其为死者垫付的医疗费、丧葬费等实际发生的费用除外。

7. 依据侵权责任法第二十一条的规定，被侵权人请求义务人承担停止侵害、排除妨害、消除危险等责任，义务人以自己无过错为由提出抗辩的，不予支持。

8. 残疾赔偿金或死亡赔偿金的计算标准，应根据案件的实际情况，结合受害人住所地、经常居住地、主要收入来源等因素确定。在计算被扶养人生活费时，如果受害人是农村居民但按照城镇标准计算残疾赔偿金或者死亡赔偿金的，其被扶养人生活费也应按照受诉法院所在地上一年度城镇居民人均消费性支出标准计算。被扶养人生活费一并计入残疾赔偿金或者死亡赔偿金。

（二）关于社会保险与侵权责任的关系问题

9. 被侵权人有权获得工伤保险待遇或者其他社会保险待遇的，侵权人的侵权责任不因受害人获得社会保险而减轻或者免除。根据社会保险法第三十条和四十二条的规定，被侵权人有权请求工伤保险基金或者其他社会保险支付工伤保险待遇或者其他保险待遇。

10. 用人单位未依法缴纳工伤保险费，劳动者因第三人侵权造成人身损害并构成工伤，侵权人已经赔偿的，劳动者有权请求用人单位支付除医疗费之外的工伤保险待遇。用人单位先行支付工伤保险待遇的，可以就医疗费用在第三人应承担的赔偿责任范围内向其追偿。

（三）关于医疗损害赔偿责任问题

11. 患者一方请求医疗机构承担侵权责任，应证明与医疗机构之间存在医疗关系及受损害的事实。对于是否存在医疗关系，应综合挂号单、交费单、病历、出院证明以及其他能够证明存在医疗行为的证据加以认定。

12. 对当事人所举证据材料，应根据法律、法规及司法解释的相关规定进行综合审查。因当事人采取伪造、篡改、涂改等方式改变病历资料内容，或者遗失、销毁、抢夺病历，致使医疗行为与损害后果之间的因果关系或医疗机构及其医务人员的过错无法认定的，改变或者遗失、销毁、抢夺病历资料一方当事人应承担相应的不利后果；制作方对病历资料内容存在的明显矛盾或错误不能作出合理解释的，应承担相应的不利后果；病历仅存在错别字、未按病历规范格式书写等形式瑕疵的，不影响对病历资料真实性的认定。

四、关于房地产纠纷案件的审理

房地产纠纷案件的审判历来是民事审判的重要组成部分，审理好房地产纠纷案件对于保障人民安居乐业，优化土地资源配置，服务经济社会发展具有重要意义。随着我国经济发展进入新常态、产业结构优化升级以及国家房地产政策的调整，房地产纠纷案件还会出现新情况、新问题，要做好此类纠纷的研究和预判，不断提高化解矛盾的能力和水平。

（一）关于合同效力问题

13. 城市房地产管理法第三十九条第一款第二项规定并非效力性强制性规定，当事人仅以转让国有土地使用权未达到该项规定条件为由，请求确认转让合同无效的，不予支持。

14. 物权法第一百九十一条第二款并非针对抵押财产转让合同的效力性强制性规定，当事人仅以转让抵押房地产未经抵押权人同意为由，请求确认转让合同无效的，不予支持。受让人在抵押登记未涂销时要求办理过户登记的，不予支持。

（二）关于一房数卖的合同履行问题

15. 审理一房数卖纠纷案件时，如果数份合同均有效且买受人均要求履行合同的，一般应按照已经办理房屋所有权变更登记、合法占有房屋以及合同履行情况、买卖合同成立先后等顺序确定权利保护顺位。但恶意办理登记的买受人，其权利不能优先于已经合法占有该房屋的买受人。对买卖合同的成立时间，应综合主管机关备案时间、合同载明的签订时间以及其他证据确定。

（三）关于以房抵债问题

16. 当事人达成以房抵债协议，并要求制作调解书的，人民法院应当严格审查协议是否在平等自愿基础上达成；对存在重大误解或显失公平的，应当予以释明；对利用协议损害其他债权人利益或者规避公共管理政策的，不能制作调解书；对当事人行为构成虚假诉讼的，严格按照民事诉讼法第一百一十二条和《最高人民法院关于适用〈中华人民共和国民事诉讼法〉的解释》第一百九十条、第一百九十一条的规定处理；涉嫌犯罪的，移送刑事侦查机关处理。

17. 当事人在债务清偿期届满后达成以房抵债协议并已经办理了产权转移手续，一方要求确认以房抵债协议无效或者变更、撤销，经审查不属于合同法第五十二条、第五十四条规定情形的，对其主张不予支持。

（四）关于违约责任问题

18. 买受人请求出卖人支付逾期办证的违约金，从合同约定或者法定期限届满之次日起计算诉讼时效期间。

合同没有约定违约责任或者损失数额难以确定的，可参照《最高人民法院关于审理民间借贷案件适用法律若干问题的规定》第二十九条第二款规定处理。

五、关于物权纠纷案件的审理

物权法是中国特色社会主义法律体系中的重要支柱性法律，对于明确物的归属，发挥物的效用，增强权利义务意识和责任意识，保障市场主体的权利和平等发展，具有重要作用。妥善审理物权纠纷案件，对于依法保护物权，维护交易秩序，促进经济社会发展，意义重大。

（一）关于农村房屋买卖问题

19. 在国家确定的宅基地制度改革试点地区，可以按照国家政策及相关指导意见处理宅基地使用权因抵押担保、转让而产生的纠纷。

在非试点地区，农民将其宅基地上的房屋出售给本集体经济组织以外的个人，该房屋买卖合同认定为无效。合同无效后，买受人请求返还购房款及其利息，以及请求赔偿翻建或者改建成本的，应当综合考虑当事人过错等因素予以确定。

20. 在涉及农村宅基地或农村集体经营性建设用地的民事纠纷案件中，当事人主张利润分配等合同权利的，应提供政府部门关于土地利用规划、建设用地计划及优先满足集体建设用地等要求的审批文件或者证明。未提供上述手续或者虽提供了上述手续，但在一审法庭辩论终结前土地性质仍未变更为国有土地的，所涉及的相关合同应按无效处理。

（二）关于违法建筑相关纠纷的处理问题

21. 对于未取得建设工程规划许可证或者未按照建设工程规划许可证规定内容建设的违法建筑的认定和处理，属于国家有关行政机关的职权范围，应避免通过民事审判变相为违法建筑确权。当事人请求确认违法建筑权利归属及内容的，人民法院不予受理；已经受理的，裁定驳回起诉。

22. 因违法建筑倒塌或其搁置物、悬挂物脱落、坠落造成的损害赔偿纠纷，属于民事案件受案范围，应按照侵权责任法有关物件损害责任的相关规定处理。

（三）关于因土地承包、征收、征用引发争议的处理问题

23. 审理土地补偿费分配纠纷时，要在现行法律规定框架内，综合考虑当事人生产生活状况、户口登记状况以及农村土地对农民的基本生活保障功能等因素认定相关权利主体。要以当事人是否获得其他替代性基本生活保障为重要考量因素，慎重认定其权利主体资格的丧失，注重依法保护妇女、儿童以及农民工等群体的合法权益。

（四）关于诉讼时效问题

24. 已经合法占有转让标的物的受让人请求转让人办理物权变更登记，登记权利人请求无权占有人返还不动产或者动产，利害关系人请求确认物权的归属或内容，权利人请求排除妨害、消除危险，对方当事人以超过诉讼时效期间抗辩的，均应不予支持。

25. 被继承人死亡后遗产未分割，各继承人均未表示放弃继承，依据继承法第二十五条规定应视为均已接受继承，遗产属各继承人共同共有；当事人诉请享有继承权、主张分割遗产的纠纷案件，应参照共有财产分割的原则，不适用有关诉讼时效的规定。

六、关于劳动争议纠纷案件的审理

劳动争议案件的审理对于构建和谐劳动关系，优化劳动力、资本、技术、管理等要素配置，激发创新创业活力，推动大众创业、万众创新，促进新技术新产业的发展具有重要意义。应当坚持依法保护劳动者合法权益和维护用人单位生存发展并重的原则，严格依法区分劳动关系和劳务关系，防止认定劳动关系泛化。

（一）关于案件受理问题

26. 劳动人事仲裁机构作出仲裁裁决，当事人在法定期限内未提起诉讼但再次申请

仲裁，劳动人事仲裁机构作出不予受理裁决、决定或通知，当事人不服提起诉讼，经审查认为前后两次申请仲裁事项属于不同事项的，人民法院予以受理；经审查认为属于同一事项的，人民法院不予受理，已经受理的裁定驳回起诉。

（二）关于仲裁时效问题

27.当事人在仲裁阶段未提出超过仲裁申请期间的抗辩，劳动人事仲裁机构作出实体裁决后，当事人在诉讼阶段又以超过仲裁时效期间为由进行抗辩的，人民法院不予支持。

当事人未按照规定提出仲裁时效抗辩，又以仲裁时效期间届满为由申请再审或者提出再审抗辩的，人民法院不予支持。

（三）关于竞业限制问题

28.用人单位和劳动者在竞业限制协议中约定的违约金过分高于或者低于实际损失，当事人请求调整违约金数额的，人民法院可以参照《最高人民法院关于适用〈中华人民共和国合同法〉若干问题的解释（二）》第二十九条的规定予以处理。

（四）关于劳动合同解除问题

29.用人单位在劳动合同期限内通过"末位淘汰"或"竞争上岗"等形式单方解除劳动合同，劳动者可以用人单位违法解除劳动合同为由，请求用人单位继续履行劳动合同或者支付赔偿金。

七、关于建设工程施工合同纠纷案件的审理

经济新常态形势下，因建设方资金缺口增大，导致工程欠款、质量缺陷等纠纷案件数量持续上升。人民法院要准确把握法律、法规、司法解释规定，调整建筑活动中个体利益与社会利益冲突，维护社会公共利益和建筑市场经济秩序。

（一）关于合同效力问题

30.要依法维护通过招投标所签订的中标合同的法律效力。当事人违反工程建设强制性标准，任意压缩合理工期、降低工程质量标准的约定，应认定无效。对于约定无效后的工程价款结算，应依据建设工程施工合同司法解释的相关规定处理。

（二）关于工程价款问题

31.招标人和中标人另行签订改变工期、工程价款、工程项目性质等影响中标结果实质性内容的协议，导致合同双方当事人就实质性内容享有的权利义务发生较大变化的，应认定为变更中标合同实质性内容。

（三）关于承包人停（窝）工损失的赔偿问题

32.因发包人未按照约定提供原材料、设备、场地、资金、技术资料的，隐蔽工程在隐蔽之前，承包人已通知发包人检查，发包人未及时检查等原因致使工程中途停、缓建，发包人应当赔偿因此给承包人造成的停（窝）工损失，包括停（窝）工人员人工费、机械设备窝工费和因窝工造成设备租赁费用等停（窝）工损失。

（四）关于不履行协作义务的责任问题

33.发包人不履行告知变更后的施工方案、施工技术交底、完善施工条件等协作义务，致使承包人停（窝）工，以至难以完成工程项目建设的，承包人催告在合理期限内

履行，发包人逾期仍不履行的，人民法院视违约情节，可以依据合同法第二百五十九条、第二百八十三条规定裁判顺延工期，并有权要求赔偿停（窝）工损失。

34. 承包人不履行配合工程档案备案、开具发票等协作义务的，人民法院视违约情节，可以依据合同法第六十条、第一百零七条规定，判令承包人限期履行、赔偿损失等。

八、关于民事审判程序

程序公正是司法公正的重要内容。人民群众和社会各界对于司法公正的认知和感受，很大程度上来源于其所参与的诉讼活动。要继续严格贯彻执行民事诉讼法及其司法解释，进一步强化民事审判程序意识，确保程序公正。

（一）关于鉴定问题

35. 当事人对鉴定人作出的鉴定意见的一部分提出异议并申请重新鉴定的，应当着重审查异议是否成立；如异议成立，原则上仅针对异议部分重新鉴定或者补充鉴定，并尽量缩减鉴定的范围和次数。

（二）关于诉讼代理人资格问题

36. 以当事人的工作人员身份参加诉讼活动，应当按照《最高人民法院关于适用〈中华人民共和国民事诉讼法〉的解释》第八十六条的规定，至少应当提交以下证据之一加以证明：

（1）缴纳社保记录凭证；

（2）领取工资凭证；

（3）其他能够证明其为当事人工作人员身份的证据。

第八次全国法院民事商事审判工作会议针对新情况、新问题，在法律与司法解释尚未明确规定的情况下，就民事审判中的热点难点问题提出处理意见，对于及时满足民事审判实践需求，切实统一裁判思路、标准和尺度，有效化解各类矛盾纠纷，具有重要指导意义。对于纪要规定的有关问题，在充分积累经验并被证明切实可行时，最高人民法院将及时制定相关司法解释。各级人民法院要紧密团结在以习近平同志为核心的党中央周围，牢固树立政治意识、大局意识、核心意识、看齐意识，充分发挥审判职能，为全面推进"十三五"规划提供有力司法保障，为如期实现全面建成小康社会作出更大贡献。

最高人民法院关于在民事审判工作中适用《中华人民共和国工会法》若干问题的解释

法释〔2003〕11号

(2003年1月9日最高人民法院审判委员会第1263次会议通过 2003年6月25日最高人民法院公告公布 自2003年7月9日起施行)

为正确审理涉及工会经费和财产、工会工作人员权利的民事案件，维护工会和职工的合法权益，根据《中华人民共和国工会法》、《中华人民共和国民法通则》和《中华人民共和国民事诉讼法》等法律的规定，现就有关法律的适用问题解释如下：

第一条 人民法院审理涉及工会组织的有关案件时，应当认定依照工会法建立的工会组织的社团法人资格。具有法人资格的工会组织依法独立享有民事权利，承担民事义务。建立工会的企业、事业单位、机关与所建工会以及工会投资兴办的企业，根据法律和司法解释的规定，应当分别承担各自的民事责任。

第二条 根据工会法第十八条规定，人民法院审理劳动争议案件，涉及确定基层工会专职主席、副主席或者委员延长的劳动合同期限的，应当自上述人员工会职务任职期限届满之日起计算，延长的期限等于其工会职务任职的期间。

工会法第十八条规定的"个人严重过失"，是指具有《中华人民共和国劳动法》第二十五条第（二）项、第（三）项或者第（四）项规定的情形。

第三条 基层工会或者上级工会依照工会法第四十三条规定向人民法院申请支付令的，由被申请人所在地的基层人民法院管辖。

第四条 人民法院根据工会法第四十三条的规定受理工会提出的拨缴工会经费的支付令申请后，应当先行征询被申请人的意见。被申请人仅对应拨缴经费数额有异议的，人民法院应当就无异议部分的工会经费数额发出支付令。

人民法院在审理涉及工会经费的案件中，需要按照工会法第四十二条第一款第（二）项规定的"全部职工"、"工资总额"确定拨缴数额的，"全部职工"、"工资总额"的计算，应当按照国家有关部门规定的标准执行。

第五条 根据工会法第四十三条和民事诉讼法的有关规定，上级工会向人民法院申请支付令或者提起诉讼，要求企业、事业单位拨缴工会经费的，人民法院应当受理。基层工会要求参加诉讼的，人民法院可以准许其作为共同申请人或者共同原告参加诉讼。

第六条 根据工会法第五十二条规定，人民法院审理涉及职工和工会工作人员因参加工会活动或者履行工会法规定的职责而被解除劳动合同的劳动争议案件，可以根据当事人的请求裁判用人单位恢复其工作，并补发被解除劳动合同期间应得的报酬；或者根据当事人的请求裁判用人单位给予本人年收入2倍的赔偿,并参照《违反和解除劳动合同的经济补偿办法》第八条规定给予解除劳动合同时的经济补偿金。

第七条 对于企业、事业单位无正当理由拖延或者拒不拨缴工会经费的,工会组织向人民法院请求保护其权利的诉讼时效期间,适用民法通则第一百三十五条的规定。

第八条 工会组织就工会经费的拨缴向人民法院申请支付令的,应当按照《最高人民法院关于适用〈中华人民共和国民事诉讼法〉若干问题的意见》第一百三十二条的规定交纳申请费;督促程序终结后,工会组织另行起诉的,按照《人民法院诉讼收费办法》规定的财产案件收费标准交纳诉讼费用。

最高人民法院
印发《关于处理涉及汶川地震相关案件适用法律问题的意见(一)》的通知

2008年7月14日　　　　　　　　　　　　　　　法发〔2008〕21号

各省、自治区、直辖市高级人民法院,解放军军事法院,新疆维吾尔自治区高级人民法院生产建设兵团分院:

为依法做好灾区审判和执行工作,保障灾区人民群众合法权益,最高人民法院制定了《关于处理涉及汶川地震相关案件适用法律问题的意见(一)》,现印发给你们,请结合审判实际,遵照执行。

各高级人民法院,特别是灾情比较严重地区的高级人民法院,要加强对有关案件审判、执行工作的调研,发现新情况、新问题的,应当及时报告最高人民法院。

附:

最高人民法院
关于处理涉及汶川地震相关案件
适用法律问题的意见(一)

为依法做好灾区审判和执行工作,保障灾区人民群众合法权益,维护灾区社会稳定,为抗震救灾和灾后恢复重建提供有力的司法保障,最高人民法院分别于5月27日和6月6日发布了《最高人民法院关于依法做好抗震救灾期间审判工作切实维护灾区社会稳定的通知》(法〔2008〕152号)和《最高人民法院关于依法做好抗震救灾恢复重建期间民事审判和执行工作的通知》(法〔2008〕164号),上述两个《通知》对涉灾案件审判和执行工作的基本原则和一些具体法律适用问题做出了规定，各级人民法院要严格执行。根据灾后恢复重建的实际情况，为尽快恢复灾区正常的经济、社会秩序，现对涉及四川汶川地震灾害相关案件适用法律的有关问题进一步提出以下意见：

一、对于涉及灾区群众人身、财产关系的婚姻家庭、继承、宣告死亡、宣告失踪等案件，人民法院要依法积极受理，尽快解决因地震造成相关人身和财产权利义务关系变化而带来的问题。

二、灾区群众安置地与原住所地、经常居住地不在同一行政区域的，对于异地安置以后发生的诉讼，可以将安置地视为当事人的居住地依法确定管辖。

三、农村承包地因地震灾害导致不能耕种、边界不明，当事人起诉要求进行调整、边界划定或重新确权的，人民法院应当告知当事人向有关政府行政主管部门申请解决。

四、案件承办法官因遇难或者其他原因无法履行职责的，人民法院可以根据《最高人民法院关于人民法院合议庭工作的若干规定》（法释〔2002〕25号）的程序更换办案人员继续审理。案件被移送或者被指定管辖的，由受移送或者被指定管辖的人民法院继续审理。

五、人民法院正在审理的刑事案件、民事案件、行政案件以及执行案件中，当事人死亡或失踪的，要依法分别处理。刑事案件被告人死亡的，终止审理。民事案件、行政案件和执行案件当事人死亡或者失踪的，裁定中止审理、执行，待灾区安置及恢复重建工作进行到一定阶段，经法定程序对涉案人身、财产关系明确后，人民法院依法决定是否恢复审理、执行，或者按撤诉处理、终结诉讼、终结执行，或者变更主体等。

六、当事人在诉讼中提交给法院的证据如系原件，在未经质证的情况下在地震中灭失，待证事实或者毁损灭失的证据内容又不能通过其他证明方法证明的，人民法院应当通过调解等办法妥善处理。

七、对民法通则第一百三十九条规定的"中止时效的原因消除"、民事诉讼法第七十六条规定的"障碍消除"、第一百三十六条规定的"中止诉讼的原因消除"以及第二百三十二条规定的"中止的情形消失"，《最高人民法院关于执行〈中华人民共和国行政诉讼法〉若干问题的解释》第五十一条规定的"中止诉讼的原因消除"之日的确定，要区别灾区不同情况，坚持从宽掌握的原则，结合个案具体情况具体分析。

人民法院在确定时可以考虑以下因素：1.人民法院恢复正常工作的情况；2.当地恢复重建进展的情况；3.失踪当事人重新出现、财产代管人经依法确定、被有关部门确定死亡或被人民法院宣告死亡明确继承人的情况；4.作为法人或其他组织的当事人恢复经营能力或者已经确立权利义务承受人的情况。

八、正在审理中的案件当事人在地震灾害中下落不明的，人民法院在核实当事人的身份、下落等有关情况后可以公告送达法律文书。

利害关系人申请宣告下落不明人失踪的，人民法院作出宣告失踪判决后，应当变更财产代管人为当事人，相关法律文书向财产代管人送达。

九、在诉讼过程中，因地震造成已查封、扣押的财产损毁、灭失的，应当参照最高人民法院《关于人民法院民事执行中查封、扣押、冻结财产的规定》第二十四条的规定处理；申请人提供其他财产线索申请查封、扣押的，可不再交纳申请费。

对于已评估过的财产，因地震造成毁损或价值贬损的，可以根据申请人的申请重新予以评估，评估费用按照《诉讼费用交纳办法》第十二条的规定确定。

十、申请执行人为非灾区企业或者公民，被执行人为灾区企业或者公民，财产无法确定或者确无财产可供执行的，应当中止执行；被执行人遭受灾害后有财产可供执行的，执行机构应尽力促成和解结案；申请执行人要求继续执行，但执行该财产将严重影响恢复重建工作顺利进行的，可以中止执行。中止执行的情形消失后，应当及时恢复执行。

灾区受灾企业或者公民申请强制执行，被执行人为非灾区企业或者公民的，人民法院应当加大执行力度，依法及时执行，以利于灾区企业和公民更好地恢复生产、重建家园。

最高人民法院
印发《关于处理涉及汶川地震相关案件适用法律问题的意见（二）》的通知

2009年3月23日　　　　　　　　　　　　　　　　法发〔2009〕17号

各省、自治区、直辖市高级人民法院，解放军军事法院，新疆维吾尔自治区高级人民法院生产建设兵团分院：

为依法做好灾区审判和执行工作，保障灾区人民群众合法权益，维护灾区社会稳定，最高人民法院分别于2008年5月27日、6月6日以及7月14日发布了《最高人民法院关于依法做好抗震救灾期间审判工作切实维护灾区社会稳定的通知》（法〔2008〕152号）、《最高人民法院关于依法做好抗震救灾恢复重建期间民事审判和执行工作的通知》（法〔2008〕164号）以及《最高人民法院关于处理涉及汶川地震相关案件适用法律问题的意见（一）》（法发〔2008〕21号）等规范性文件，上述文件对涉灾案件审判和执行工作的基本原则和一些具体法律适用问题作出了规定，各级人民法院要严格执行。对于可能影响灾后恢复重建工作顺利进行、群体性以及社会比较敏感的案件，对于有关部门已经协调处理过的案件，要慎重审查立案。当前，根据灾区审判工作的需要，最高人民法院制定了《关于处理涉及汶川地震相关案件适用法律问题的意见（二）》，现印发给你们，请结合审判实际，遵照执行。

各高级人民法院，特别是灾情比较严重地区的高级人民法院，要加强对有关案件审判、执行工作的调研，发现新情况、新问题的，应当及时报告最高人民法院。

特此通知。

附：

最高人民法院
关于处理涉及汶川地震相关案件适用法律问题的意见（二）

为依法做好灾区审判和执行工作，保障灾区人民群众合法权益，维护灾区社会稳定，根据《中华人民共和国民法通则》、《中华人民共和国合同法》、《中华人民共和国物权法》和《中华人民共和国民事诉讼法》等法律的规定，结合灾后恢复重建的实际情况，现对涉及四川汶川地震灾害相关案件适用法律的有关问题进一步提出以下意见：

一、买受人要求出卖人按照房屋买卖合同的约定继续履行交房义务的，人民法院应予支持，但是因地震不能实际履行或者实际履行费用过高的除外；因地震造成房屋不能交付或者不符合约定的交付条件，买受人要求解除房屋买卖合同的，人民法院应予支持。

二、出卖人通过认购、订购、预订等方式向买受人收受定金作为订立商品房买卖合同担保的，如果因当事人一方原因未能订立商品房买卖合同，应当按照法律关于定金的规定处理；因地震导致商品房买卖合同未能订立的，出卖人应当将定金返还买受人。

三、对房屋的转移占有，视为房屋的交付使用，但当事人另有约定的除外。房屋毁损、灭失的风险，在交付使用前由出卖人承担，交付使用后由买受人承担；买受人接到出卖人的书面交房通知，无正当理由拒绝接收的，房屋毁损、灭失的风险自书面交房通知确定的交付使用之日起由买受人承担，但法律另有规定或者当事人另有约定的除外。

四、因地震灾害致使在合理期限内出卖人迟延交付房屋或者买受人迟延支付购房款，当事人一方请求解除合同的，人民法院不予支持，但当事人另有约定的除外。

五、商品房买卖合同约定买受人以担保贷款方式付款，因地震导致未能订立商品房担保贷款合同并致使商品房买卖合同不能继续履行的，当事人可以请求解除合同，出卖人应当将收受的购房款本金及其利息或者定金返还买受人。

六、出租人因自住房垮塌或者经鉴定成为危房无法居住，起诉到人民法院要求解除房屋租赁合同收回自住的，人民法院应予支持，但要给承租人合理期限腾退房屋。

七、承租人因承租房已经垮塌或者经鉴定成为危房需加固或拆除，导致房屋无法正常使用，起诉要求解除租赁合同的，人民法院应予支持。

八、因地震灾害引起房屋垮塌、建筑物或者其他设施以及建筑物上的搁置物、悬挂物发生倒塌、脱落、坠落造成他人损害的，所有人或者管理人不承担民事责任。

九、因地震灾害致使堆放物品倒塌、滚落、滑落或者树木倾倒、折断或者果实坠落致人损害的，所有人或者管理人不承担赔偿责任。

十、因抗震救灾需要采取的排险、抢修、拆除等紧急避险行为造成公民人身或者公民、法人财产损害的，行为人不承担民事责任或者承担适当的民事责任。

十一、租赁经营期间，因地震灾害造成租赁经营的厂房、设备以及经营场所严重受损无法恢复正常经营,当事人起诉要求解除租赁经营合同的,人民法院应予支持。

十二、当事人以地震造成所处地域的消费水平降低、经济不景气等经营环境改变为理由,主张预期经营目的不能实现,承租人要求减少租金的,人民法院可以根据案件具体情况,适用公平原则处理。要求解除租赁合同的,人民法院不予支持。

十三、地震期间,劳动者因履行职务受到伤害,符合《工伤保险条例》第十四条、第十五条规定情形之一的,应当认定为工伤或者视同工伤,享受工伤待遇。依法应当参加工伤保险统筹的用人单位的劳动者,在地震中遭受人身损害,劳动者或者其近亲属向人民法院起诉请求用人单位承担民事赔偿责任的,告知其按《工伤保险条例》的规定处理。

十四、地震期间,用人单位为维护国家利益和公共利益的需要,在恢复交通、通信、供电、供水、排水、供气,抢修道路,保障食品、饮用水、燃料等基本生活必需品的供应,组织营救和救治受害人员等过程中,临时雇用员工受到伤害的,可参照《工伤保险条例》的规定进行处理。

十五、地震期间,对于行政机关基于应对突发事件的需要做出的行政处罚、行政强制措施等行为,当事人不服向人民法院提起诉讼的,人民法院应当依法受理。在审理中,应当依据《中华人民共和国突发事件应对法》的规定和精神审查衡量被诉行政行为的合法性;对于行政机关在抗震救灾和灾后重建过程中依法行使职权、维护灾区行政管理秩序和社会秩序的行为,人民法院应当依法予以支持。

十六、公民、法人或者其他组织就有关人民政府及其部门依照突发事件应对法作出的行政征用行为提起诉讼的,人民法院应当依法受理,并可判决或者建议有关人民政府及其部门在使用完毕或者突发事件应急处置工作结束后,及时返还被征用的财产。对于财产被征用或者征用后毁损、灭失的,应当给予补偿。

十七、因地震造成人民法院已查封或扣押的财产毁损、灭失或价值贬值,协助人民法院查封、扣押的协助执行人以及人民法院指定的查封、扣押财产的保管人(被执行人除外)没有过错的,不承担赔偿责任。人民法院应当努力通过促成执行和解妥善解决纠纷。

最高人民法院
印发《关于当前形势下进一步做好涉农民事案件审判工作的指导意见》的通知

2009年6月19日　　　　　　　　　　　　　法发〔2009〕37号

各省、自治区、直辖市高级人民法院，解放军军事法院，新疆维吾尔自治区高级人民法院生产建设兵团分院：

现将最高人民法院《关于当前形势下进一步做好涉农民事案件审判工作的指导意见》印发给你们，请结合当地实际，认真贯彻落实。

附：

最高人民法院
关于当前形势下进一步做好涉农民事案件审判工作的指导意见

当前，受国际金融危机不断蔓延和扩散的影响，涉农民事案件数量大幅上升，案件中出现了许多新情况和新问题。充分发挥审判职能作用，做好涉农民事案件审判工作，积极应对国际金融危机带来的挑战，是今后一段时期特别是今年人民法院民事审判工作的重要内容。各级人民法院要认真坚持社会主义法治理念，牢固树立为大局服务、为人民司法的意识，深刻认识开展好当前形势下，特别是国际金融危机影响下涉农民事审判工作的重要意义。为切实抓好当前形势下涉农民事案件审判工作，根据相关法律和国家政策规定，特提出以下意见：

一、严格执行物权法、农村土地承包法以及最高人民法院《关于审理涉及农村土地承包纠纷案件适用法律问题的解释》等法律、司法解释的相关规定，加大对违法收回、调整承包地等侵害土地承包经营权，尤其是侵害农民工土地承包经营权各项权益纠纷案件的审判力度，切实维护农民土地承包经营各项权益。

二、统筹协调维护土地承包经营权与促进土地承包经营权流转之间的关系。促进土地承包经营权流转，重要目标在于增加农民收入、提高农业发展水平和竞争力。要按照既有利于土地承包经营权有序流转和规范流转，也有利于农民土地承包各项合法权益充分保障的原则，切实审理好有关违反法律、国家政策规定，借土地承包经营权流转之名损害农民土地承包经营权的纠纷案件。

三、对返乡农民工因土地承包经营权流转费用明显偏低或者返乡后流转合同期限尚未届满而引发的纠纷，特别是返乡农民工因此陷于生活困难的案件，要在当地党委领导、政府支持下，加大调解力度，多做对方当事人的工作，努力实现双方当事人利益的平衡。调解不成的，应当根据当事人和案件的具体情况，按照公平原则妥善处理，以最大限度避免返乡农民工因生活无着而引发新的社会问题。

四、认真审理好国家有关家电下乡、汽车下乡、农机下乡、家电汽车以旧换新等拉动内需政策措施落实过程中出现的产品质量、损害赔偿等侵权纠纷和合同纠纷案件，依法充分维护农民的合法权益，通过司法手段为国家相关优惠政策切实惠及农民群众提供保障。

五、进一步发挥司法审判职能，在劳动条件、安全生产、劳动报酬，以及工伤、医疗、养老保险等各个方面，引导和树立城乡平等的社会观念。对因就业歧视等引发的纠纷案件，要按照促进城乡平等就业、推进城乡经济社会发展一体化以及有效化解农村就业压力的指导原则，做好审判及相关工作。

六、不断强化返乡创业、就地就业农民工合法权益的司法保护工作，积极探索、稳步推进返乡创业、就地就业农民工合法权益司法保护制度措施，为农民工返乡创业、就地就业创造有利司法环境。

七、按照物权法、最高人民法院《关于审理涉及农村土地承包纠纷案件适用法律问题的解释》等法律、司法解释的相关规定，妥善处理好征地补偿费用分配等纠纷。在审理因土地补偿费分配方案实行差别待遇，侵害当事人利益引发的纠纷案件中，要依法充分保护农村集体成员特别是妇女、儿童以及农民工等群体的合法权益。

八、认真贯彻《诉讼费用交纳办法》，继续加大对农村贫困群众的司法救助力度，强化诉讼提示和指导。对经济上确有困难的农民当事人，特别是特殊困难群体，要积极采取缓、减、免交诉讼费的措施，确保符合救助条件的农民当事人打得起官司。

九、抓紧建立健全案件繁简分流和速裁工作机制，快速化解矛盾，提高诉讼效率。对于边远地区或者纠纷集中地区，人民法庭应当加大巡回办案力度，努力做到就地立案、就地审判、当即调解、当即结案、就地执行，切实方便农民群众诉讼。

十、结合当前形势，认真做好农村涉诉信访工作，努力从根本上预防和减少涉诉信访案件的发生。加强源头治理，落实诉访分离制度，完善信访案件的接待、分流、处理工作机制。探索建立党委领导下的信访案件终结机制，会同有关部门逐步完善对符合救助条件上访人的救助基金制度。

十一、积极探索稳步推进农村多元纠纷解决机制，引导当事人利用农村土地承包仲裁、调解等方式解决纠纷，切实减少纠纷解决的层次和环节，降低化解矛盾的成本支出。注重与基层政府、村民自治组织等多元纠纷解决主体的联动协作，构建纠纷解决的全覆盖网络，争取将矛盾化解在诉前，消除在萌芽状态。

十二、在当地党委领导下，加强与政府及相关部门的沟通联系，支持政府在化解重大风险方面的主导地位，着力推动建立多层次、全方位的协同联动化解机制，形成合力，避免风险扩散和失控。建立畅通的预警机制，及时发现重大涉诉信息；完善指导机制，强化对重大案件的审判指导；健全应急预案，妥善化解敏感性和群体性纠纷。对国际金融危机影响下涉农民事案件审判工作中出现的新情况、新问题，要及时认真研究，尽早提出对策，必要时及时层报我院。

最高人民法院
印发《关于当前形势下做好劳动争议纠纷案件审判工作的指导意见》的通知

2009年7月6日　　　　　　　　　　　　　　　　　　法发〔2009〕41号

各省、自治区、直辖市高级人民法院，解放军军事法院，新疆维吾尔自治区高级人民法院生产建设兵团分院：

现将最高人民法院《关于当前形势下做好劳动争议纠纷案件审判工作的指导意见》印发给你们，请结合当地实际，认真贯彻落实。

附：

最高人民法院
关于当前形势下做好劳动争议纠纷案件审判工作的指导意见

受国际金融市场动荡和世界经济衰退的影响，当前，因企业经营困难、亏损、欠薪和关闭等原因引发的各种劳动争议纠纷案件大幅攀升，给民事审判工作带来新的挑战。为充分发挥人民法院服务经济社会发展与社会和谐稳定的职能作用，积极应对宏观经济形势变化，为"保增长、保民生、保稳定"的工作大局提供更加有力的司法保障，现就人民法院在当前形势下做好劳动争议纠纷案件审判工作，提出以下意见。

1. 努力做到保障劳动者合法权益与维护用人单位的生存发展并重。我国社会主义条件下的劳动关系矛盾本质上是非对抗性的，矛盾双方是对立统一体和利益共同体，具有根本利益的高度一致性和具体利益的相对差异性。在审理劳动争议纠纷案件时，既要依法维护劳动者合法权益，又要促进企业的生存发展，努力做到双方互利共赢，对于在当前形势下妥善处理好劳动争议纠纷案件具有十分重要的意义。

2. 积极促进劳动关系的和谐稳定。在审理劳动争议纠纷案件时，要尽量维护劳动合同的效力，慎重简单使用解除劳动合同的方法来解决劳动争议纠纷案件。既要鼓励、规范企业自觉履行义务、承担社会责任，又要倡导职工理解企业确因经济困难所采取的合理应对行为。要积极引导职工与企业协商通过缩短工时、轮岗培训、暂时放假、协商薪酬等多种措施，有效稳定劳动关系。

3. 准确把握法律法规与国家相关政策。在审理劳动争议纠纷案件时，不仅要严格执行法律、法规，还要充分考虑国家为应对国际金融危机出台的一系列方针政策。要全面、正确理解劳动合同法、劳动争议调解仲裁法的立法原意和宗旨，充分发挥人民法院审判工作服务大局、应对危机的职能作用。对于历史遗留的劳动问题，要按照当时的法律法规及国家的方针政策处理。

4. 充分发挥诉讼调解的功能作用。在审理劳动争议纠纷案件的全过程中，要尽可能采取调解、和解方法，寻找各方利益平衡点，做到案结事了。同时还要注意调解程序的正当性、灵活性和可操作性，努力化解劳动关系的矛盾和隐患，使诉讼调解的职能作用得到更加有效的发挥，力争案件处理达到法律效果与社会效果的统一。

5. 积极发挥人民调解的职能作用。在审理劳动争议纠纷案件时，要加强与政府部门的沟通和协调，积极主动地邀请企业工会、居民委员会、村民委员会、人民调解员、人民陪审员等社会各方力量参与调解，促成劳动关系双方当事人互谅互让。要充分尊重人民调解在社会矛盾纠纷调解工作体系的基础作用，加强对人民调解的业务指导，依法确认人民调解协议的效力，促进人民调解制度更加有效地发挥预防和及时化解矛盾纠纷、维护社会和谐稳定的功能。

6. 建立健全多渠道解决劳动争议纠纷机制。要通过正面宣传教育，增强劳动者和用人单位守法的自觉性；积极采取措施，创新对策，引导劳动者合法、合理地表达利益诉求。要立足预防，重在化解，创建和完善劳动争议多方联动解决机制和应急处理机制，全力预防和化解劳动争议，促进劳动关系的有序运行和经济社会的健康发展。

7. 妥善处理因解除劳动合同和追索经济补偿引发的纠纷。在审理解除劳动合同纠纷案件时，既要保障劳动者的就业权和辞职权，又要尊重用人单位的用工自主权。要引导劳动关系双方依照法律规定解除劳动合同，既要防止劳动者不诚信的辞职行为影响用人单位的正常生产经营秩序，又要避免用人单位违法解除劳动合同侵犯劳动者的合法权益。在审理劳动争议经济补偿纠纷案件时，要严格依照劳动合同法第四十六条和第四十七条的规定，准确把握支付经济补偿的法定条件，合理确定经济补偿的计算基数和方式。

8. 妥善处理因拖欠基本工资和追索加班费引发的纠纷。要从充分保护劳动者生存权利的角度出发，依法及时处理因拖欠基本工资引发的劳动争议，按照"快立、快调、快审、快执"的原则，尽快受理，适时调解，及时判决，优先执行。在审理涉及加班费的案件中，就加班事实应注意合理分配举证责任；加班费的确定，应当结合劳动合同约定、劳动者的岗位性质以及工作要求等因素综合考量、合理裁判。

9. 妥善处理因企业裁员引发的纠纷。要严格审查用人单位的裁员行为是否符合劳动合同法规定的程序和条件，积极鼓励和引导用人单位与劳动者进行协商，尽量不裁员或少裁员。对于困难企业经过多方努力仍不得不实行经济性裁员，且一次性支付经济补偿确有困难的，要尽可能促使用人单位与工会或职工就分期支付或以其他方式支付经济补偿问题达成调解协议或和解协议。

10. 妥善处理因竞业限制引发的纠纷。在审理竞业限制纠纷案件时，要充分考虑到我国经济和科技发展的实际水平，坚持以社会公共利益为基点，既要维护社会主义市场经济的公平竞争秩序，又要注意平衡市场主体的利益关系；既要防止因不适当扩大竞业限制的范围而妨碍劳动者的择业自由，又要保护用人单位的商业秘密等合法权益，最大限度地实现设立竞业限制制度的立法本意和目的。

11. 合理采取财产保全措施。对受到金融危机影响较为严重的企业，在处理财产保全申请时，要充分考虑企业的生存发展、劳动者的生计保障和社会的和谐稳定，灵活采取财产保全措施，既要注意确保劳动者的合法权益将来能够实现，又要防止因采取财产保全措施不当，给用人单位造成生产经营困难。对有转移财产、逃避债务迹象的企业，要加大财产保全力度，及时采取查封、扣押、冻结等措施，防止因企业资产流失导致劳动者权益受损；对暂时资金周转困难、尚有经营发展前景的负债企业，采用"活扣"、"活封"等诉讼保全方式，慎用冻结、划拨流动资金，不拍卖、变卖厂房设备，避免因保全措施不当影响企业的生产经营或导致企业倒闭停业。

12. 要积极探讨劳动争议诉讼程序和仲裁程序的有效衔接。要建立与劳动争议仲裁委员会的沟通协调机制，及时交流劳动争议处理的新情况、新问题，积极探索和创建诉讼程序与仲裁程序有效衔接的新规则、新制度。要准确把握劳动合同法和劳动争议调解仲裁法的新规定和新精神，严格审查仲裁时效，合理把握仲裁审理时限超期的认定标准，对于仲裁委员会确有正当理由未能在规定时限内作出受理决定或仲裁裁决，劳动者以此为由向人民法院起诉的，人民法院应告知劳动者等待仲裁委员会的决定或裁决。要妥善解决劳动者不服仲裁裁决提起诉讼的同时，用人单位又申请撤销仲裁裁决出现的有关问题，切实规范仲裁委员会逾期未作出受理决定和仲裁裁决的相关程序。

13. 各级人民法院要积极争取党委的领导和政府的支持，加强与相关职能部门的沟通和协作，紧紧围绕经济发展和社会稳定的大局，密切关注国际金融危机的不断变化，依法审理劳动争议，调节社会关系，化解矛盾纠纷，为促进我国经济平稳较快发展提供公正高效权威的司法保障。

最高人民法院
印发《关于当前形势下进一步做好房地产纠纷案件审判工作的指导意见》的通知

2009 年 7 月 9 日　　　　　　　　　　　　法发〔2009〕42 号

各省、自治区、直辖市高级人民法院，解放军军事法院，新疆维吾尔自治区高级人民法院生产建设兵团分院：

现将《关于当前形势下进一步做好房地产纠纷案件审判工作的指导意见》印发给你们，请结合当地实际，认真贯彻落实。

附：

最高人民法院
关于当前形势下进一步做好房地产纠纷案件审判工作的指导意见

当前，稳定房地产市场，保障房地产业的健康发展，是党和国家应对国际金融危机影响，促进经济平稳较快发展的重大决策部署。充分发挥人民法院的审判职能作用，切实做好房地产纠纷案件审判工作，是人民法院为大局服务、为人民司法的必然要求。各级人民法院要深刻认识当前形势下做好房地产纠纷案件审判工作的重要意义，准确把握宏观经济形势发生的客观变化，在法律和国家政策规定框架内，适用原则性和灵活性相统一的方法，妥善审理房地产案件，为国家"保增长、保民生、保稳定"的工作大局提供强有力的司法保障。现就做好房地产纠纷案件的审判工作，提出如下指导意见。

一、切实依法维护国有土地使用权出让市场。要依照物权法、合同法、城市房地产管理法等法律及最高人民法院《关于审理涉及国有土地使用权合同纠纷案件适用法律问题的解释》的规定，尽可能维持土地使用权出让合同效力，依法保护守约方的合法权益，促进土地使用权出让市场的平稳发展。

二、切实依法维护国有土地使用权转让市场。要正确理解城市房地产管理法等法律、行政法规关于土地使用权转让条件的规定，准确把握物权效力与合同效力的区分原则，尽可能维持合同效力，促进土地使用权的正常流转。

三、切实依法保护国家投资基础设施建设拉大内需政策的落实。要依照法律规定，结合国家政策，妥善审理好涉及国家重大工程、重点项目的建设工程施工合同纠纷案件；要慎用财产保全措施，尽可能加快案件审理进度，发挥财产效益，为重点工程按期完工提供司法保障。

四、加大对招标投标法的贯彻力度。要依照招标投标法和最高人民法院《关于审理建设工程施工合同纠纷案件适用法律问题的解释》的规定，准确把握"黑白合同"的认定标准，依法维护中标合同的实质性内容；对案件审理中发现的带有普遍性的违反招标投标法等法律、行政法规和司法解释规定的问题，要及时与建设行政管理部门沟通、协商，共同研究提出从源头上根治的工作方案，切实维护建筑市场秩序。

五、妥善处理因发包人资金困难产生的发包人拖欠工程款、承包人拖欠劳务分包人工程款等连锁纠纷案件。要统筹协调各方当事人的利益，加大案件调解力度，力争通过案件审判盘活现有的存量资金，实现当事人双赢、多赢的结果。调解不成的，要综合考虑连锁案件的整体情况，根据当事人的偿付能力和对方的资金需求，确定还款期限、还款方式，最大限度避免连锁案件引发群体事件影响社会稳定。

六、妥善处理非法转包、违法分包、肢解发包、不具备法定资质的实际施工人借用资质承揽工程等违法行为，以保证工程质量。对规避标准化法关于国家强制性标准的规定、降低建材标号、擅自缩减施工流程、降低工程质量标准等危及建筑产品安全的行为，要按照法律规定和合同约定严格予以处理；构成犯罪的，交由有关部门依法追究责任人的刑事责任。

七、妥善处理各类房屋买卖合同纠纷案件，依法稳定房屋交易市场。要依照法律和最高人民法院《关于审理商品房买卖合同纠纷案件适用法律若干问题的解释》的规定，妥善处理房屋销售广告纠纷，认购协议中定金纠纷、房屋质量纠纷、房屋面积纠纷，制裁恶意违约行为，保护购房人利益；对于房地产开发商确因资金暂时困难未按时交付房屋的，要多做双方当事人的调解工作，确无调解可能的案件，可以根据案件的具体情况，依法合理调整违约金数额，公平解决违约责任问题；对于买受人请求解除商品房合同纠纷案件，要严格依法审查，对不符合解除条件的不能解除；要引导当事人理性面对市场经营风险，共同维护诚信的市场交易秩序。对矛盾有可能激化的敏感案件和群体性案件，要及时向当地党委汇报，与政府主管部门沟通情况，力争将不稳定因素化解在萌芽状态。

八、妥善审理商品房抵押贷款合同纠纷案件，维护房地产金融体系安全。在审理因商品房买受人拖欠银行贷款产生的纠纷案件中，要依法保护银行的合法权益；对涉嫌利用虚假房地产交易套取银行信贷资金等违法犯罪活动的，要及时向侦查机关提供线索；对案件中出现的新情况、新问题及时与房地产主管部门、银行业进行沟通，依法支持金融监管机构有效行使管理职能，防范房地产金融体系风险。

九、妥善处理拖欠租金引发的房屋租赁合同纠纷案件。在处理小型企业租赁他人厂房、仓库等经营性用房的案件时，如果承租人因资金短缺临时拖欠租金，但企业仍处于正常生产经营状态的，要从维护企业的生存发展入手，加大调解力度，尽可能促成合同继续履行。

十、妥善采用多种途径处理房地产纠纷案件。房地产案件的审判涉及到房地产企业和广大人民群众的切身利益，要从保障企业合法权益，保障人民群众居住权益的角度，切实贯彻"调解优先、调判结合"原则，大力加强诉讼调解工作；要借助行政调解、人民调解力量，多种途径、多种方式化解纠纷，维护稳定，切实防止房地产纠纷转变为群体性行为。

十一、加强对当前形势下房地产业审判工作新情况、新问题的进一步研究。房地产业在国民经济中的重要作用，决定了国际金融危机对房地产业的影响是深远的，要加强对房地产案件审判的前瞻性研究，密切关注国内外经济形势变化可能引发的房地产纠纷案件，对案件审判中出现的新情况、新问题及时提出应对的司法政策；要及时总结审判经验，有效提高解决疑难复杂问题的能力，为房地产业的健康、持续发展提供可靠的司法保证。

最高人民法院
印发《关于修改〈民事案件案由规定〉的决定》的通知

2011年2月18日　　　　　　　　　　　　　　　　法〔2011〕41号

各省、自治区、直辖市高级人民法院，解放军军事法院，新疆维吾尔自治区高级人民法院生产建设兵团分院：

现将《最高人民法院关于修改〈民事案件案由规定〉的决定》印发给你们，请认真贯彻执行。

附：

最高人民法院
关于修改《民事案件案由规定》的决定

根据《中华人民共和国民法通则》、《中华人民共和国物权法》、《中华人民共和国合同法》、《中华人民共和国侵权责任法》和《中华人民共和国民事诉讼法》等法律规定，结合人民法院民事审判工作实际情况，对2008年2月4日制发的《民事案件案由规定》作如下修改：

一、修改第一级案由5个：

1. 增加"第九部分　侵权责任纠纷"。
2. 删去"第八部分　与铁路运输有关的民事纠纷"。
3. 变更"第四部分　债权纠纷"为"第四部分　合同、无因管理、不当得利纠纷"。
4. 变更"第五部分　知识产权纠纷"为"第五部分　知识产权与竞争纠纷"。
5. 变更"第九部分　与公司、证券、票据等有关的民事纠纷"为"第八部分　与公司、证券、保险、票据等有关的民事纠纷"。

二、修改第二级案由20个：

6. 增加"二十七、保险纠纷"。
7. 增加"三十、侵权责任纠纷"。
8. 增加"四十三、执行异议之诉"。
9. 删去"十一、特殊类型的侵权纠纷"。
10. 删去"二十、与铁路运输有关的民事纠纷"。

11. 变更"二十一、与合伙企业有关的纠纷"为"二十二、合伙企业纠纷"。

12. 拆分"十六、不正当竞争、垄断纠纷"为"十五、不正当竞争纠纷"、"十六、垄断纠纷"。

13. 拆分"三十、适用特殊程序案件"案由为"三十一、选民资格案件"、"三十二、宣告失踪、宣告死亡案件"、"三十三、认定公民无民事行为能力、限制民事行为能力案件"、"三十四、认定财产无主案件"、"三十五、监护权特别程序案件"、"三十六、督促程序案件"、"三十七、公示催告程序案件"、"三十八、申请诉前停止侵害知识产权案件"、"三十九、申请保全案件"、"四十、仲裁程序案件"、"四十一、海事诉讼特别程序案件"、"四十二、申请承认与执行法院判决、仲裁裁决案件"案由。

三、修改第三级案由113个：

14. 在第二级案由"二、婚姻家庭纠纷"项下变更"14. 同居关系析产、子女抚养纠纷"为"17. 同居关系纠纷"。

15. 在第二级案由"六、所有权纠纷"项下增加"42. 业主知情权纠纷"。

16. 在第二级案由"十、合同纠纷"项下增加"66. 缔约过失责任纠纷"、"67. 确认合同效力纠纷"、"77. 建设用地使用权合同纠纷"、"78. 临时用地合同纠纷"、"79. 探矿权转让合同纠纷"、"80. 采矿权转让合同纠纷"、"94. 进出口押汇纠纷"、"96. 银行卡纠纷"、"123. 离退休人员返聘合同纠纷"、"124. 广告合同纠纷"、"126. 追偿权纠纷"、"141. 知识产权质押合同纠纷"，变更"84. 信用卡纠纷"为第三级案由"96. 银行卡纠纷"项下的第四级案由"（2）信用卡纠纷"，拆分"75. 供用电、水、气、热力合同纠纷"为"84. 供用电合同纠纷"、"85. 供用水合同纠纷"、"86. 供用气合同纠纷"、"87. 供用热力合同纠纷"，删去"112. 人民调解协议纠纷"，增加"127. 请求确认人民调解协议效力"。

17. 在第二级案由"十四、知识产权合同纠纷"项下变更"140. 计算机网络域名合同纠纷"为"140. 网络域名合同纠纷"。

18. 在第二级案由"十五、知识产权权属、侵权纠纷"项下增加"153. 确认不侵害知识产权纠纷"、"154. 因申请知识产权临时措施损害责任纠纷"、"155. 因恶意提起知识产权诉讼损害责任纠纷"、"156. 专利权宣告无效后返还费用纠纷"。

19. 在第二级案由"十六、不正当竞争、垄断纠纷"项下增加"158. 商业贿赂不正当竞争纠纷"、"166. 垄断协议纠纷"、"167. 滥用市场支配地位纠纷"、"168. 经营者集中纠纷"，变更"157. 倾销纠纷"为"161. 低价倾销不正当竞争纠纷"，变更"158. 搭售、附加不合理条件销售纠纷"为"162. 捆绑销售不正当竞争纠纷"，变更"161. 串通投标纠纷"为"165. 串通投标不正当竞争纠纷"。

20. 在第二级案由"十九、海事海商纠纷"项下增加"227. 海事债权确权纠纷"，变更"172. 养殖损害赔偿纠纷"为"178. 海上、通海水域养殖损害责任纠纷"，删去"177. 多式联运合同纠纷（由海事法院受理的）"，变更"186. 渔船承包合同纠纷"为"195. 海上、通海水域运输船舶承包合同纠纷"，拆分"180. 船舶买卖（建造、修理、改建和拆解）合同纠纷"为"186. 船舶买卖合同纠纷"、"187. 船舶建造合同纠纷"、"188. 船舶修理合同纠纷"、"189. 船舶改建合同纠纷"、"190. 船舶拆解合同纠纷"，拆分"187. 船舶属具和海运集装箱租赁、保管合同纠纷"为"197. 船舶属具租赁合同纠纷"、"198. 船舶属具保管合同纠纷"、"199. 海运集装箱租赁合同纠纷"、"200. 海运集装箱保管合同纠纷",拆分"194. 海难救助、海上打捞合同纠纷"为"207. 海难救助合同纠纷"、"208. 海上、通海水域打捞合同纠纷",变更"198. 与船舶营运有关的借款合同纠纷"为"213. 船舶营运借款合同纠纷"。

21. 在第二级案由"二十一、与企业有关的纠纷"项下增加"239. 企业承包经营合同纠纷"。

22. 在第二级案由"二十二、与公司有关的纠纷"项下增加"243. 股东名册记载纠纷"、"244. 请求变更公司登记纠纷"、"246. 新增资本认购纠纷"、"248. 请求公司收购股份纠纷"、"250. 公司决议纠纷"、"251. 公司设立纠纷"、"252. 公司证照返还纠纷"、"255. 损害股东利益责任纠纷"、"256. 损害公司利益责任纠纷"、"257. 股东损害公司债权人利益责任纠纷"、"258. 公司关联交易损害责任纠纷"、"264. 申请公司清算"、"265. 清算责任纠纷",变更"241. 股权确认纠纷"为"242. 股东资格确认纠纷",删去"244. 公司章程或章程条款撤销纠纷"。

23. 在第二级案由"二十三、与合伙企业有关的纠纷"项下增加"267. 入伙纠纷"、"268. 退伙纠纷"、"269. 合伙企业财产份额转让纠纷",删去"263. 普通合伙纠纷"、"264. 特殊的普通合伙纠纷"、"265. 有限合伙纠纷"。

24. 在第二级案由"二十四、与破产有关的纠纷"项下增加"273. 请求撤销个别清偿行为纠纷"、"274. 请求确认债务人行为无效纠纷"、"275. 对外追收债权纠纷"、"276. 追收未缴出资纠纷"、"277. 追收抽逃出资纠纷"、"278. 追收非正常收入纠纷"、"284. 损害债务人利益赔偿纠纷"、"285. 管理人责任纠纷",删去"269. 职工权益清单更正纠纷",变更"272. 抵销权纠纷"为"281. 破产抵销权纠纷"。

25. 在第二级案由"二十五、证券纠纷"项下增加"286. 证券权利确认纠纷"、"288. 金融衍生品种交易纠纷"。

26. 在第二级案由"二十七、保险纠纷"项下增加"317. 保险代理合同纠纷"、"322. 进出口信用保险合同纠纷"、"323. 保险费纠纷"。

27. 在第二级案由"三十、侵权责任纠纷"项下增加"341. 监护人责任纠纷"、"342. 用人单位责任纠纷"、"343. 劳务派遣工作人员侵权责任纠纷"、"344. 提供劳务者致害责任纠纷"、"345. 提供劳务者受害责任纠纷"、"346. 网络侵权责任纠纷"、"347. 违反安全保障义务责任纠纷"、"348. 教育机构责任纠纷"、"349. 产品责任纠纷"、"350. 机动车交通事故责任纠纷"、"351. 医疗损害责任纠纷"、"352. 环境污染责任纠纷"、"353. 高度危险责任纠纷"、"354. 饲养动物损害责任纠纷"、"355. 物件损害责任纠纷"、"363. 铁路运输损害责任纠纷"、"366. 因申请诉前财产保全损害责任纠纷"、"367. 因申请诉前证据保全损害责任纠纷"、"368. 因申请诉中财产保全损害责任纠纷"、"369. 因申请诉中证据保全损害责任纠纷"、"370. 因申请先予执行损害责任纠纷"。

28. 在第二级案由"四十二、申请承认与执行法院判决、仲裁裁决案件"项下增加"411. 申请执行海事仲裁裁决"、"412. 申请执行知识产权仲裁裁决"、"413. 申请执行涉外仲裁裁决"。

29. 在第二级案由"四十三、执行异议之诉"项下增加"422. 案外人执行异议之诉"、"423. 申请执行人执行异议之诉"、"424. 执行分配方案异议之诉"。

四、修改第四级案由 154 个：

30. 在第三级案由"17. 同居关系纠纷"项下增加"（1）同居关系析产纠纷"、"（2）同居关系子女抚养纠纷"。

31. 在第三级案由"47. 共有纠纷"项下增加"（1）共有权确认纠纷"、"（2）共有物分割纠纷"、"（3）共有人优先购买权纠纷"。

32. 在第三级案由"54. 土地承包经营权纠纷"项下增加"（3）土地承包经营权继承纠纷"。

33. 在第三级案由"67. 确认合同效力纠纷"项下增加"（1）确认合同有效纠纷"、"（2）确认合同无效纠纷"。

34. 在第三级案由"71. 买卖合同纠纷"项下增加"（6）网络购物合同纠纷"、"（7）电视购物合同纠纷"。

35. 变更第三级案由"71. 买卖合同纠纷"项下的第四级案由"（6）房屋买卖合同纠纷"为第三级案由"82. 房屋买卖合同纠纷"，并在其项下增加"（1）商品房预约合同纠纷"、"（5）经济适用房转让合同纠纷"、"（6）农村房屋买卖合同纠纷"。

36. 变更第三级案由"74. 房地产开发经营合同纠纷"项下的第四级案由"（10）房屋拆迁安置补偿合同纠纷"为第三级案由"83. 房屋拆迁安置补偿合同纠纷"。

37. 在新增加的第三级案由"77. 建设用地使用权合同纠纷"项下增加"（2）建设用地使用权转让合同纠纷"。

38. 在第三级案由"77. 借款合同纠纷"项下增加"（5）小额借款合同纠纷"、"（6）金融不良债权转让合同纠纷"、"（7）金融不良债权追偿纠纷"。

39. 在第三级案由"86. 租赁合同纠纷"项下增加"（1）土地租赁合同纠纷"、"（2）房屋租赁合同纠纷"、"（3）车辆租赁合同纠纷"、"（4）建筑设备租赁合同纠纷"。

40. 在第三级案由"88. 承揽合同纠纷"项下增加"（1）加工合同纠纷"、"（2）定作合同纠纷"、"（3）修理合同纠纷"、"（4）复制合同纠纷"、"（5）测试合同纠纷"、"（6）检验合同纠纷"、"（7）铁路机车、车辆建造合同纠纷"。

41. 在第三级案由"89. 建设工程合同纠纷"项下增加"（4）建设工程价款优先受偿权纠纷"、"（8）铁路修建合同纠纷"、"（9）农村建房施工合同纠纷"。

42. 在第三级案由"90. 运输合同纠纷"项下增加"（12）铁路货物运输合同纠纷"、"（13）铁路旅客运输合同纠纷"、"（14）铁路行李运输合同纠纷"、"（15）铁路包裹运输合同纠纷"、"（16）国际铁路联运合同纠纷"。

43. 变更第三级案由"93. 委托合同纠纷"项下的第四级案由"（5）委托理财合同纠纷"为第三级案由"105. 委托理财合同纠纷"，并在其项下增加"（1）金融委托理财合同纠纷"、"（2）民间委托理财合同纠纷"。

44. 在第三级案由"96. 银行卡纠纷"项下增加"（2）借记卡纠纷"。

45. 变更第三级案由"98. 保险合同纠纷"项下的第四级案由"（1）财产保险合同

纠纷"为第三级案由"317. 财产保险合同纠纷",并在其项下增加"(1) 财产损失保险合同纠纷"、"(2) 责任保险合同纠纷"、"(3) 信用保险合同纠纷"、"(4) 保证保险合同纠纷"、"(5) 保险人代位求偿权纠纷"。

46. 变更第三级案由"98. 保险合同纠纷"项下的第四级案由"(2) 人身保险合同纠纷"为第三级案由"318. 人身保险合同纠纷",并在其项下增加"(1) 人寿保险合同纠纷"、"(2) 意外伤害保险合同纠纷"、"(3) 健康保险合同纠纷"。

47. 变更第三级案由"98. 保险合同纠纷"项下的第四级案由"(5) 再保险合同纠纷"为第三级案由"319. 再保险合同纠纷",变更其项下的第四级案由"98(7) 保险经纪合同纠纷"为第三级案由"320. 保险经纪合同纠纷"。

48. 在第三级案由"107. 农村土地承包合同纠纷"项下增加"(6) 土地承包经营权出租合同纠纷"。

49. 在第三级案由"108. 服务合同纠纷"项下增加"(16) 家政服务合同纠纷"、"(17) 庆典服务合同纠纷"、"(18) 殡葬服务合同纠纷"、"(19) 农业技术服务合同纠纷"、"(20) 农机作业服务合同纠纷"、"(21) 保安服务合同纠纷"、"(22) 银行结算合同纠纷"。

50. 在第三级案由"112. 人民调解协议纠纷"项下删去"(1) 请求履行人民调解协议纠纷"、"(2) 请求变更人民调解协议纠纷"、"(3) 请求撤销人民调解协议纠纷"、"(4) 请求确认人民调解协议无效纠纷"。

51. 在第三级案由"130. 著作权合同纠纷"项下增加"(5) 出版合同纠纷"、"(6) 表演合同纠纷"、"(7) 音像制品制作合同纠纷"、"(8) 广播电视播放合同纠纷"。

52. 在第三级案由"140. 网络域名合同纠纷"项下增加"(1) 网络域名注册合同纠纷"、"(2) 网络域名转让合同纠纷"、"(3) 网络域名许可使用合同纠纷"。

53. 在第三级案由"141. 著作权权属、侵权纠纷"项下增加"(3) 侵害作品署名权纠纷"、"(4) 侵害作品修改权纠纷"、"(5) 侵害保护作品完整权纠纷"、"(6) 侵害作品复制权纠纷"、"(7) 侵害作品发行权纠纷"、"(8) 侵害作品出租权纠纷"、"(9) 侵害作品展览权纠纷"、"(10) 侵害作品表演权纠纷"、"(11) 侵害作品放映权纠纷"、"(12) 侵害作品广播权纠纷"、"(13) 侵害作品信息网络传播权纠纷"、"(14) 侵害作品摄制权纠纷"、"(15) 侵害作品改编权纠纷"、"(16) 侵害作品翻译权纠纷"、"(17) 侵害作品汇编权纠纷"、"(18) 侵害其他著作财产权纠纷"、"(19) 出版者权权属纠纷"、"(20) 表演者权权属纠纷"、"(21) 录音录像制作者权权属纠纷"、"(22) 广播组织权权属纠纷"。

54. 在第三级案由"142. 商标权权属、侵权纠纷"项下增加"(1) 商标权权属纠纷"、"(2) 侵害商标权纠纷"。

55. 在第三级案由"154. 因申请知识产权临时措施损害责任纠纷"项下增加"(1) 因申请诉前停止侵害专利权损害责任纠纷"、"(2) 因申请诉前停止侵害注册商标专用权损害责任纠纷"、"(3) 因申请诉前停止侵害著作权损害责任纠纷"、"(4) 因申请诉前停止侵害植物新品种权损害责任纠纷"、"(5) 因申请海关知识产权保护措施损害责任纠纷"。

56. 在第三级案由"166. 垄断协议纠纷"项下增加"（1）横向垄断协议纠纷"、"（2）纵向垄断协议纠纷"。

57. 在第三级案由"167. 滥用市场支配地位纠纷"项下增加"（1）垄断定价纠纷"、"（2）掠夺定价纠纷"、"（3）拒绝交易纠纷"、"（4）限定交易纠纷"、"（5）捆绑交易纠纷"、"（6）差别待遇纠纷"。

58. 在第三级案由"163. 劳动合同纠纷"项下增加"（7）竞业限制纠纷"。

59. 在第三级案由"166. 人事争议"项下增加"（3）聘用合同争议"。

60. 在第三级案由"239. 企业承包经营合同纠纷"项下增加"（1）中外合资经营企业承包经营合同纠纷"、"（2）中外合作经营企业承包经营合同纠纷"、"（3）外商独资企业承包经营合同纠纷"、"（4）乡镇企业承包经营合同纠纷"。

61. 在第三级案由"250. 公司决议纠纷"项下增加"公司决议效力确认纠纷"、"公司决议撤销纠纷"。

62. 在第三级案由"270. 破产债权确认纠纷"项下增加"（1）职工破产债权确认纠纷"、"（2）普通破产债权确认纠纷"。

63. 在第三级案由"271. 取回权纠纷"项下增加"（1）一般取回权纠纷"、"（2）出卖人取回权纠纷"。

64. 在第三级案由"279. 证券回购合同纠纷"项下增加"（1）股票回购合同纠纷"、"（2）国债回购合同纠纷"、"（3）公司债券回购合同纠纷"、"（4）证券投资基金回购合同纠纷"、"（5）质押式证券回购纠纷"。

65. 在第三级案由"286. 证券权利确认纠纷"项下增加"（1）股票权利确认纠纷"、"（2）公司债券权利确认纠纷"、"（3）国债权利确认纠纷"、"（4）证券投资基金权利确认纠纷"。

66. 在第三级案由"347. 违反安全保障义务责任纠纷"项下增加"（1）公共场所管理人责任纠纷"、"（2）群众性活动组织者责任纠纷"。

67. 在第三级案由"349. 产品责任纠纷"项下增加"（1）产品生产者责任纠纷"、"（2）产品销售者责任纠纷"、"（3）产品运输者责任纠纷"、"（4）产品仓储者责任纠纷"。

68. 在第三级案由"351. 医疗损害责任纠纷"项下增加"（1）侵害患者知情同意权责任纠纷"、"（2）医疗产品责任纠纷"。

69. 在第三级案由"352. 环境污染责任纠纷"项下增加"（5）土壤污染责任纠纷"、"（6）电子废物污染责任纠纷"、"（7）固体废物污染责任纠纷"。

70. 在第三级案由"353. 高度危险责任纠纷"项下增加"（1）民用核设施损害责任纠纷"、"（2）民用航空器损害责任纠纷"、"（3）占有、使用高度危险物损害责任纠纷"、"（4）高度危险活动损害责任纠纷"、"（5）遗失、抛弃高度危险物损害责任纠纷"、"（6）非法占有高度危险物损害责任纠纷"。

71. 在第三级案由"355. 物件损害责任纠纷"项下增加"（1）物件脱落、坠落损害责任纠纷"、"（2）建筑物、构筑物倒塌损害责任纠纷"、"（3）不明抛掷物、坠落物损害责任纠纷"、"（4）堆放物倒塌致害责任纠纷"、"（5）公共道路妨碍通行损害责任纠纷"、

"（6）林木折断损害责任纠纷"、"（7）地面施工、地下设施损害责任纠纷"。

72. 在第三级案由"363. 铁路运输损害责任纠纷"项下增加"（1）铁路运输人身损害责任纠纷"。

本决定自 2011 年 4 月 1 日起施行。

《民事案件案由规定》根据本决定作修改并对条文顺序作调整后，重新公布。

最高人民法院
关于印发修改后的《民事案件案由规定》的通知

2011 年 2 月 18 日　　　　　　　　　　法〔2011〕42 号

各省、自治区、直辖市高级人民法院，解放军军事法院，新疆维吾尔自治区高级人民法院生产建设兵团分院：

根据工作需要，对 2008 年 2 月 4 日制发的《民事案件案由规定》（以下简称 2008 年《民事案件案由规定》）进行了修改，自 2011 年 4 月 1 日起施行。现将修改后的《民事案件案由规定》印发给你们，请认真贯彻执行。

2008 年《民事案件案由规定》发布施行以来，在方便当事人进行民事诉讼，规范人民法院民事立案、审判和司法统计工作等方面，发挥了重要作用。近三年来，随着农村土地承包经营纠纷调解仲裁法、人民调解法、保险法、专利法等法律的制定或修订，审判实践中出现了许多新类型民事案件，需要对 2008 年《民事案件案由规定》进行补充和完善。特别是侵权责任法已于 2010 年 7 月 1 日起施行，迫切需要增补侵权责任纠纷案由。经深入调查研究，广泛征求意见，最高人民法院对 2008 年《民事案件案由规定》进行了修改。现就各级人民法院适用修改后的《民事案件案由规定》的有关问题通知如下：

一、要认真学习掌握修改后的《民事案件案由规定》，高度重视民事案件案由在民事审判规范化建设中的重要作用

民事案件案由是民事案件名称的重要组成部分，反映案件所涉及的民事法律关系的性质，是将诉讼争议所包含的法律关系进行的概括，是人民法院进行民事案件管理的重要手段。建立科学、完善的民事案件案由体系，有利于方便当事人进行民事诉讼，有利于对受理案件进行分类管理，有利于确定各民事审判业务庭的管辖分工，有利于提高民事案件司法统计的准确性和科学性，从而更好地为创新和加强民事审判管理、为人民法院司法决策服务。

二、关于民事案件案由编排体系的几个问题

1. 关于案由的确定标准。民事案件案由应当依据当事人主张的民事法律关系的性质来确定。鉴于具体案件中当事人的诉讼请求、争议的焦点可能有多个，争议的标的也可能是多个，为保证案由的高度概括和简洁明了，修改后的《民事案件案由规定》仍沿用 2008 年《民事案件案由规定》关于案由的确定标准，即对民事案件案由的表述方式原则上确定为"法律关系性质"加"纠纷"，一般不再包含争议焦点、标的物、侵权方式等要素。但是，考虑到当事人诉争的民事法律关系的性质具有复杂性，为了更准确地体现诉争的民事法律关系和便于司法统计，修改后的《民事案件案由规定》在坚持以法律关系性质作为案由的确定标准的同时，对少部分案由也依据请求权、形成权或者确认之诉、形成之诉的标准进行确定，对少部分案由也包含争议焦点、标的物、侵权方式等要素。

对包括民事诉讼法规定的适用特别程序案件案由在内的特殊程序民事案件案由，根据当事人的诉讼请求直接表述。

2. 关于案由的体系编排。修改后的《民事案件案由规定》以民法理论对民事法律关系的分类为基础，以法律关系的内容即民事权利类型来编排体系，结合现行立法及审判实践，在 2008 年《民事案件案由规定》关于案由的编排体系划分的基础上，将侵权责任纠纷案由提升为第一级案由，将案由的编排体系重新划分为人格权纠纷，婚姻家庭继承纠纷，物权纠纷，合同、无因管理、不当得利纠纷，劳动争议与人事争议，知识产权与竞争纠纷，海事海商纠纷，与公司、证券、保险、票据等有关的民事纠纷，侵权责任纠纷，适用特殊程序案件案由，共十大部分，作为第一级案由。

在第一级案由项下，细分为四十三类案由，作为第二级案由（以大写数字表示）；在第二级案由项下列出了 424 种案由，作为第三级案由（以阿拉伯数字表示），第三级案由是司法实践中最常见和广泛使用的案由。基于审判工作指导、调研和司法统计的需要，在部分第三级案由项下又列出了一些第四级案由［以阿拉伯数字加（）表示］。基于民事法律关系的复杂性，不可能穷尽所有第四级案由，目前所列只是一些典型的、常见的，或者为了司法统计需要而设立的案由。

3. 关于侵权责任纠纷案由的编排。此次修改将侵权责任纠纷案由提升为第一级案由。按照侵权责任法的相关规定，在其项下增补相关的侵权责任纠纷案由。首先，按照侵权责任法相关规定，列出了该法规定的各种具体侵权责任纠纷案由。其次，协调好侵权责任纠纷案由与其他第一级案由之间的关系。根据侵权责任法相关规定，侵权责任法的保护对象为民事权益，包括生命权、健康权、姓名权、名誉权、荣誉权、肖像权、隐私权、婚姻自主权、监护权、所有权、用益物权、担保物权、著作权、专利权、商标专用权、发现权、股权、继承权等人身、财产权益。这些民事权益，分别包含在人格权、婚姻家庭继承权、物权、知识产权等民商事权益之中，而这些民事权益纠纷往往既包括权属确认纠纷也包括侵权责任纠纷，这就为科学合理编排民事案件案由增加了难度。为了保持整个案由体系的完整性和稳定性，尽可能避免重复交叉，此次修改将这些民事权益侵权责任纠纷案由仍旧保留在各第一级案由之中，只是将侵权责任法新规定的有关案

由列在第一级案由"侵权责任纠纷"案由项下，并将一些实践中常见的、其他第一级案由不便列出的侵权责任纠纷案由也列在第一级案由"侵权责任纠纷"项下，并从"兜底"考虑，列在其他八个民事权益纠纷类型之后，作为第九部分。

4. 关于物权纠纷案由与合同纠纷案由编排与适用的问题。修改后的《民事案件案由规定》仍然沿用2008年《民事案件案由规定》关于物权纠纷案由与合同纠纷案由的编排体系。具体适用时，按照物权变动原因与结果相区分的原则，对于因物权变动的原因关系，即债权性质的合同关系产生的纠纷，应适用债权纠纷部分的案由，如物权设立原因关系方面的担保合同纠纷，物权转让原因关系方面的买卖合同纠纷。对于因物权设立、权属、效力、使用、收益等物权关系产生的纠纷，则应适用物权纠纷部分的案由，如担保物权纠纷。人民法院应根据当事人诉争的法律关系的性质，查明该法律关系涉及的是物权变动的原因关系还是物权变动的结果关系，以正确确定案由。

5. 关于第二部分"物权纠纷"项下"物权保护纠纷"案由与"所有权纠纷"、"用益物权纠纷"、"担保物权纠纷"案由的协调问题。"所有权纠纷"、"用益物权纠纷"、"担保物权纠纷"案由既包括以上三种类型的物权确认纠纷案由，也包括以上三种类型的侵害物权纠纷案由。物权法第三章"物权的保护"所规定的物权请求权或者债权请求权保护方法，即"物权保护纠纷"，在修改后的《民事案件案由规定》规定的每个物权类型（第三级案由）项下可能部分或者全部适用，多数可以作为第四级案由规定，但为避免使整个案由体系冗长繁杂，在各第三级案由下并未一一列出。在涉及侵害物权纠纷案由确定时，如果当事人的诉讼请求只涉及"物权保护纠纷"项下的一种物权请求权或者债权请求权，则可以适用"物权保护纠纷"项下的六种第四级案由；如果当事人的诉讼请求涉及"物权保护纠纷"项下的两种或者两种以上物权请求权或者债权请求权，则应按照所保护的权利种类，分别适用所有权、用益物权、担保物权项下的第三级案由（各种物权类型纠纷）。

6. 关于第九部分"侵权责任纠纷"项下案由与"人格权纠纷"、"物权纠纷"、"知识产权与竞争纠纷"等其他部分项下案由的协调问题。在确定侵权责任纠纷具体案由时，应当先适用第九部分"侵权责任纠纷"项下根据侵权责任法相关规定列出的具体案由。没有相应案由的，再适用"人格权纠纷"、"物权纠纷"、"知识产权与竞争纠纷"等其他部分项下的案由。如机动车交通事故可能造成人身损害和财产损害，确定案由时，应当适用第九部分"侵权责任纠纷"项下"机动车交通事故责任纠纷"案由，而不应适用第一部分"人格权纠纷"项下的"生命权、健康权、身体权纠纷"案由，也不应适用第三部分"物权纠纷"项下的"财产损害赔偿纠纷"案由。

三、适用修改后的《民事案件案由规定》时应注意的几个问题

1. 第一审法院立案时应当根据当事人诉争法律关系的性质，首先应适用修改后的《民事案件案由规定》列出的第四级案由；第四级案由没有规定的，适用相应的第三级案由；第三级案由中没有规定的，适用相应的第二级案由；第二级案由没有规定的，适用相应的第一级案由。地方各级人民法院对审判实践中出现的可以作为新的第三级民事案由或者应当规定为第四级民事案由的纠纷类型，可以及时报告最高人民法院。最高人

民法院将定期收集、整理、筛选，及时细化、补充相关案由。

2. 各级人民法院要正确认识民事案件案由的性质与功能，不得将修改后的《民事案件案由规定》等同于《中华人民共和国民事诉讼法》第一百零八条规定的受理条件，不得以当事人的诉请在修改后的《民事案件案由规定》中没有相应案由可以适用为由，裁定不予受理或者驳回起诉，影响当事人行使诉权。

3. 同一诉讼中涉及两个以上的法律关系的，应当依当事人诉争的法律关系的性质确定案由，均为诉争法律关系的，则按诉争的两个以上法律关系确定并列的两个案由。

4. 在请求权竞合的情形下，人民法院应当按照当事人自主选择行使的请求权，根据当事人诉争的法律关系的性质，确定相应的案由。

5. 当事人起诉的法律关系与实际诉争的法律关系不一致的，人民法院结案时应当根据法庭查明的当事人之间实际存在的法律关系的性质，相应变更案件的案由。

6. 当事人在诉讼过程中增加或者变更诉讼请求导致当事人诉争的法律关系发生变更的，人民法院应当相应变更案件案由。

7. 对于案由名称中出现顿号（即"、"）的部分案由，应当根据具体案情，确定相应的案由，不应直接将该案由全部引用。如"生命权、健康权、身体权纠纷"案由，应根据侵害的具体人格权益来确定相应的案由；如"海上、通海水域货物运输合同纠纷"案由，应当根据纠纷发生的具体水域来确定相应的案由；如"擅自使用知名商品特有名称、包装、装潢纠纷"案由，应当根据具体侵害对象来确定相应的案由。

修改后的《民事案件案由规定》适用过程中有何情况和问题，应当及时报告最高人民法院。

附：

民事案件案由规定

(2007年10月29日最高人民法院审判委员会第1438次会议通过
根据2011年2月18日《最高人民法院关于修改
〈民事案件案由规定〉的决定》第一次修正)

为了正确适用法律，统一确定案由，根据《中华人民共和国民法通则》、《中华人民共和国物权法》、《中华人民共和国合同法》、《中华人民共和国侵权责任法》和《中华人民共和国民事诉讼法》等法律规定，结合人民法院民事审判工作实际情况，对民事案件案由规定如下：

第一部分　人格权纠纷

一、人格权纠纷

1. 生命权、健康权、身体权纠纷
2. 姓名权纠纷
3. 肖像权纠纷
4. 名誉权纠纷
5. 荣誉权纠纷
6. 隐私权纠纷
7. 婚姻自主权纠纷
8. 人身自由权纠纷
9. 一般人格权纠纷

第二部分　婚姻家庭、继承纠纷

二、婚姻家庭纠纷

10. 婚约财产纠纷
11. 离婚纠纷
12. 离婚后财产纠纷
13. 离婚后损害责任纠纷
14. 婚姻无效纠纷
15. 撤销婚姻纠纷
16. 夫妻财产约定纠纷
17. 同居关系纠纷
（1）同居关系析产纠纷
（2）同居关系子女抚养纠纷
18. 抚养纠纷
（1）抚养费纠纷
（2）变更抚养关系纠纷
19. 扶养纠纷
（1）扶养费纠纷
（2）变更扶养关系纠纷
20. 赡养纠纷
（1）赡养费纠纷
（2）变更赡养关系纠纷

21. 收养关系纠纷
（1）确认收养关系纠纷
（2）解除收养关系纠纷
22. 监护权纠纷
23. 探望权纠纷
24. 分家析产纠纷

三、继承纠纷

25. 法定继承纠纷
（1）转继承纠纷
（2）代位继承纠纷
26. 遗嘱继承纠纷
27. 被继承人债务清偿纠纷
28. 遗赠纠纷
29. 遗赠扶养协议纠纷

第三部分 物权纠纷

四、不动产登记纠纷

30. 异议登记不当损害责任纠纷
31. 虚假登记损害责任纠纷

五、物权保护纠纷

32. 物权确认纠纷
（1）所有权确认纠纷
（2）用益物权确认纠纷
（3）担保物权确认纠纷
33. 返还原物纠纷
34. 排除妨害纠纷
35. 消除危险纠纷
36. 修理、重作、更换纠纷
37. 恢复原状纠纷
38. 财产损害赔偿纠纷

六、所有权纠纷

39. 侵害集体经济组织成员权益纠纷
40. 建筑物区分所有权纠纷

（1）业主专有权纠纷

（2）业主共有权纠纷

（3）车位纠纷

（4）车库纠纷

41. 业主撤销权纠纷

42. 业主知情权纠纷

43. 遗失物返还纠纷

44. 漂流物返还纠纷

45. 埋藏物返还纠纷

46. 隐藏物返还纠纷

47. 相邻关系纠纷

（1）相邻用水、排水纠纷

（2）相邻通行纠纷

（3）相邻土地、建筑物利用关系纠纷

（4）相邻通风纠纷

（5）相邻采光、日照纠纷

（6）相邻污染侵害纠纷

（7）相邻损害防免关系纠纷

48. 共有纠纷

（1）共有权确认纠纷

（2）共有物分割纠纷

（3）共有人优先购买权纠纷

七、用益物权纠纷

49. 海域使用权纠纷

50. 探矿权纠纷

51. 采矿权纠纷

52. 取水权纠纷

53. 养殖权纠纷

54. 捕捞权纠纷

55. 土地承包经营权纠纷

（1）土地承包经营权确认纠纷

（2）承包地征收补偿费用分配纠纷

（3）土地承包经营权继承纠纷

56. 建设用地使用权纠纷

57. 宅基地使用权纠纷

58. 地役权纠纷

八、担保物权纠纷

59. 抵押权纠纷
  (1) 建筑物和其他土地附着物抵押权纠纷
  (2) 在建建筑物抵押权纠纷
  (3) 建设用地使用权抵押权纠纷
  (4) 土地承包经营权抵押权纠纷
  (5) 动产抵押权纠纷
  (6) 在建船舶、航空器抵押权纠纷
  (7) 动产浮动抵押权纠纷
  (8) 最高额抵押权纠纷
60. 质权纠纷
  (1) 动产质权纠纷
  (2) 转质权纠纷
  (3) 最高额质权纠纷
  (4) 票据质权纠纷
  (5) 债券质权纠纷
  (6) 存单质权纠纷
  (7) 仓单质权纠纷
  (8) 提单质权纠纷
  (9) 股权质权纠纷
  (10) 基金份额质权纠纷
  (11) 知识产权质权纠纷
  (12) 应收账款质权纠纷
61. 留置权纠纷

九、占有保护纠纷

62. 占有物返还纠纷
63. 占有排除妨害纠纷
64. 占有消除危险纠纷
65. 占有物损害赔偿纠纷

第四部分 合同、无因管理、不当得利纠纷

十、合同纠纷

66. 缔约过失责任纠纷
67. 确认合同效力纠纷

（1）确认合同有效纠纷
（2）确认合同无效纠纷
68. 债权人代位权纠纷
69. 债权人撤销权纠纷
70. 债权转让合同纠纷
71. 债务转移合同纠纷
72. 债权债务概括转移合同纠纷
73. 悬赏广告纠纷
74. 买卖合同纠纷
（1）分期付款买卖合同纠纷
（2）凭样品买卖合同纠纷
（3）试用买卖合同纠纷
（4）互易纠纷
（5）国际货物买卖合同纠纷
（6）网络购物合同纠纷
（7）电视购物合同纠纷
75. 招标投标买卖合同纠纷
76. 拍卖合同纠纷
77. 建设用地使用权合同纠纷
（1）建设用地使用权出让合同纠纷
（2）建设用地使用权转让合同纠纷
78. 临时用地合同纠纷
79. 探矿权转让合同纠纷
80. 采矿权转让合同纠纷
81. 房地产开发经营合同纠纷
（1）委托代建合同纠纷
（2）合资、合作开发房地产合同纠纷
（3）项目转让合同纠纷
82. 房屋买卖合同纠纷
（1）商品房预约合同纠纷
（2）商品房预售合同纠纷
（3）商品房销售合同纠纷
（4）商品房委托代理销售合同纠纷
（5）经济适用房转让合同纠纷
（6）农村房屋买卖合同纠纷
83. 房屋拆迁安置补偿合同纠纷
84. 供用电合同纠纷
85. 供用水合同纠纷

86. 供用气合同纠纷
87. 供用热力合同纠纷
88. 赠与合同纠纷
（1）公益事业捐赠合同纠纷
（2）附义务赠与合同纠纷
89. 借款合同纠纷
（1）金融借款合同纠纷
（2）同业拆借纠纷
（3）企业借贷纠纷
（4）民间借贷纠纷
（5）小额借款合同纠纷
（6）金融不良债权转让合同纠纷
（7）金融不良债权追偿纠纷
90. 保证合同纠纷
91. 抵押合同纠纷
92. 质押合同纠纷
93. 定金合同纠纷
94. 进出口押汇纠纷
95. 储蓄存款合同纠纷
96. 银行卡纠纷
（1）借记卡纠纷
（2）信用卡纠纷
97. 租赁合同纠纷
（1）土地租赁合同纠纷
（2）房屋租赁合同纠纷
（3）车辆租赁合同纠纷
（4）建筑设备租赁合同纠纷
98. 融资租赁合同纠纷
99. 承揽合同纠纷
（1）加工合同纠纷
（2）定作合同纠纷
（3）修理合同纠纷
（4）复制合同纠纷
（5）测试合同纠纷
（6）检验合同纠纷
（7）铁路机车、车辆建造合同纠纷
100. 建设工程合同纠纷
（1）建设工程勘察合同纠纷

（2）建设工程设计合同纠纷
（3）建设工程施工合同纠纷
（4）建设工程价款优先受偿权纠纷
（5）建设工程分包合同纠纷
（6）建设工程监理合同纠纷
（7）装饰装修合同纠纷
（8）铁路修建合同纠纷
（9）农村建房施工合同纠纷

101．运输合同纠纷
（1）公路旅客运输合同纠纷
（2）公路货物运输合同纠纷
（3）水路旅客运输合同纠纷
（4）水路货物运输合同纠纷
（5）航空旅客运输合同纠纷
（6）航空货物运输合同纠纷
（7）出租汽车运输合同纠纷
（8）管道运输合同纠纷
（9）城市公交运输合同纠纷
（10）联合运输合同纠纷
（11）多式联运合同纠纷
（12）铁路货物运输合同纠纷
（13）铁路旅客运输合同纠纷
（14）铁路行李运输合同纠纷
（15）铁路包裹运输合同纠纷
（16）国际铁路联运合同纠纷

102．保管合同纠纷

103．仓储合同纠纷

104．委托合同纠纷
（1）进出口代理合同纠纷
（2）货运代理合同纠纷
（3）民用航空运输销售代理合同纠纷
（4）诉讼、仲裁、人民调解代理合同纠纷

105．委托理财合同纠纷
（1）金融委托理财合同纠纷
（2）民间委托理财合同纠纷

106．行纪合同纠纷

107．居间合同纠纷

108．补偿贸易纠纷

109. 借用合同纠纷
110. 典当纠纷
111. 合伙协议纠纷
112. 种植、养殖回收合同纠纷
113. 彩票、奖券纠纷
114. 中外合作勘探开发自然资源合同纠纷
115. 农业承包合同纠纷
116. 林业承包合同纠纷
117. 渔业承包合同纠纷
118. 牧业承包合同纠纷
119. 农村土地承包合同纠纷
(1) 土地承包经营权转包合同纠纷
(2) 土地承包经营权转让合同纠纷
(3) 土地承包经营权互换合同纠纷
(4) 土地承包经营权入股合同纠纷
(5) 土地承包经营权抵押合同纠纷
(6) 土地承包经营权出租合同纠纷
120. 服务合同纠纷
(1) 电信服务合同纠纷
(2) 邮寄服务合同纠纷
(3) 医疗服务合同纠纷
(4) 法律服务合同纠纷
(5) 旅游合同纠纷
(6) 房地产咨询合同纠纷
(7) 房地产价格评估合同纠纷
(8) 旅店服务合同纠纷
(9) 财会服务合同纠纷
(10) 餐饮服务合同纠纷
(11) 娱乐服务合同纠纷
(12) 有线电视服务合同纠纷
(13) 网络服务合同纠纷
(14) 教育培训合同纠纷
(15) 物业服务合同纠纷
(16) 家政服务合同纠纷
(17) 庆典服务合同纠纷
(18) 殡葬服务合同纠纷
(19) 农业技术服务合同纠纷
(20) 农机作业服务合同纠纷

（21）保安服务合同纠纷
（22）银行结算合同纠纷
121. 演出合同纠纷
122. 劳务合同纠纷
123. 离退休人员返聘合同纠纷
124. 广告合同纠纷
125. 展览合同纠纷
126. 追偿权纠纷
127. 请求确认人民调解协议效力

十一、不当得利纠纷

128. 不当得利纠纷

十二、无因管理纠纷

129. 无因管理纠纷

第五部分 知识产权与竞争纠纷

十三、知识产权合同纠纷

130. 著作权合同纠纷
（1）委托创作合同纠纷
（2）合作创作合同纠纷
（3）著作权转让合同纠纷
（4）著作权许可使用合同纠纷
（5）出版合同纠纷
（6）表演合同纠纷
（7）音像制品制作合同纠纷
（8）广播电视播放合同纠纷
（9）邻接权转让合同纠纷
（10）邻接权许可使用合同纠纷
（11）计算机软件开发合同纠纷
（12）计算机软件著作权转让合同纠纷
（13）计算机软件著作权许可使用合同纠纷
131. 商标合同纠纷
（1）商标权转让合同纠纷
（2）商标使用许可合同纠纷
（3）商标代理合同纠纷

132. 专利合同纠纷
（1）专利申请权转让合同纠纷
（2）专利权转让合同纠纷
（3）发明专利实施许可合同纠纷
（4）实用新型专利实施许可合同纠纷
（5）外观设计专利实施许可合同纠纷
（6）专利代理合同纠纷

133. 植物新品种合同纠纷
（1）植物新品种育种合同纠纷
（2）植物新品种申请权转让合同纠纷
（3）植物新品种权转让合同纠纷
（4）植物新品种实施许可合同纠纷

134. 集成电路布图设计合同纠纷
（1）集成电路布图设计创作合同纠纷
（2）集成电路布图设计专有权转让合同纠纷
（3）集成电路布图设计许可使用合同纠纷

135. 商业秘密合同纠纷
（1）技术秘密让与合同纠纷
（2）技术秘密许可使用合同纠纷
（3）经营秘密让与合同纠纷
（4）经营秘密许可使用合同纠纷

136. 技术合同纠纷
（1）技术委托开发合同纠纷
（2）技术合作开发合同纠纷
（3）技术转化合同纠纷
（4）技术转让合同纠纷
（5）技术咨询合同纠纷
（6）技术服务合同纠纷
（7）技术培训合同纠纷
（8）技术中介合同纠纷
（9）技术进口合同纠纷
（10）技术出口合同纠纷
（11）职务技术成果完成人奖励、报酬纠纷
（12）技术成果完成人署名权、荣誉权、奖励权纠纷

137. 特许经营合同纠纷

138. 企业名称（商号）合同纠纷
（1）企业名称（商号）转让合同纠纷
（2）企业名称（商号）使用合同纠纷

139. 特殊标志合同纠纷
140. 网络域名合同纠纷
(1) 网络域名注册合同纠纷
(2) 网络域名转让合同纠纷
(3) 网络域名许可使用合同纠纷
141. 知识产权质押合同纠纷

十四、知识产权权属、侵权纠纷

142. 著作权权属、侵权纠纷
(1) 著作权权属纠纷
(2) 侵害作品发表权纠纷
(3) 侵害作品署名权纠纷
(4) 侵害作品修改权纠纷
(5) 侵害保护作品完整权纠纷
(6) 侵害作品复制权纠纷
(7) 侵害作品发行权纠纷
(8) 侵害作品出租权纠纷
(9) 侵害作品展览权纠纷
(10) 侵害作品表演权纠纷
(11) 侵害作品放映权纠纷
(12) 侵害作品广播权纠纷
(13) 侵害作品信息网络传播权纠纷
(14) 侵害作品摄制权纠纷
(15) 侵害作品改编权纠纷
(16) 侵害作品翻译权纠纷
(17) 侵害作品汇编权纠纷
(18) 侵害其他著作财产权纠纷
(19) 出版者权权属纠纷
(20) 表演者权权属纠纷
(21) 录音录像制作者权权属纠纷
(22) 广播组织权权属纠纷
(23) 侵害出版者权纠纷
(24) 侵害表演者权纠纷
(25) 侵害录音录像制作者权纠纷
(26) 侵害广播组织权纠纷
(27) 计算机软件著作权权属纠纷
(28) 侵害计算机软件著作权纠纷
143. 商标权权属、侵权纠纷

(1) 商标权权属纠纷
(2) 侵害商标权纠纷
144. 专利权权属、侵权纠纷
(1) 专利申请权权属纠纷
(2) 专利权权属纠纷
(3) 侵害发明专利权纠纷
(4) 侵害实用新型专利权纠纷
(5) 侵害外观设计专利权纠纷
(6) 假冒他人专利纠纷
(7) 发明专利临时保护期使用费纠纷
(8) 职务发明创造发明人、设计人奖励、报酬纠纷
(9) 发明创造发明人、设计人署名权纠纷
145. 植物新品种权权属、侵权纠纷
(1) 植物新品种申请权权属纠纷
(2) 植物新品种权权属纠纷
(3) 侵害植物新品种权纠纷
146. 集成电路布图设计专有权权属、侵权纠纷
(1) 集成电路布图设计专有权权属纠纷
(2) 侵害集成电路布图设计专有权纠纷
147. 侵害企业名称（商号）权纠纷
148. 侵害特殊标志专有权纠纷
149. 网络域名权属、侵权纠纷
(1) 网络域名权属纠纷
(2) 侵害网络域名纠纷
150. 发现权纠纷
151. 发明权纠纷
152. 其他科技成果权纠纷
153. 确认不侵害知识产权纠纷
(1) 确认不侵害专利权纠纷
(2) 确认不侵害商标权纠纷
(3) 确认不侵害著作权纠纷
154. 因申请知识产权临时措施损害责任纠纷
(1) 因申请诉前停止侵害专利权损害责任纠纷
(2) 因申请诉前停止侵害注册商标专用权损害责任纠纷
(3) 因申请诉前停止侵害著作权损害责任纠纷
(4) 因申请诉前停止侵害植物新品种权损害责任纠纷
(5) 因申请海关知识产权保护措施损害责任纠纷
155. 因恶意提起知识产权诉讼损害责任纠纷

156. 专利权宣告无效后返还费用纠纷

十五、不正当竞争纠纷

157. 仿冒纠纷
（1）擅自使用知名商品特有名称、包装、装潢纠纷
（2）擅自使用他人企业名称、姓名纠纷
（3）伪造、冒用产品质量标志纠纷
（4）伪造产地纠纷
158. 商业贿赂不正当竞争纠纷
159. 虚假宣传纠纷
160. 侵害商业秘密纠纷
（1）侵害技术秘密纠纷
（2）侵害经营秘密纠纷
161. 低价倾销不正当竞争纠纷
162. 捆绑销售不正当竞争纠纷
163. 有奖销售纠纷
164. 商业诋毁纠纷
165. 串通投标不正当竞争纠纷

十六、垄断纠纷

166. 垄断协议纠纷
（1）横向垄断协议纠纷
（2）纵向垄断协议纠纷
167. 滥用市场支配地位纠纷
（1）垄断定价纠纷
（2）掠夺定价纠纷
（3）拒绝交易纠纷
（4）限定交易纠纷
（5）捆绑交易纠纷
（6）差别待遇纠纷
168. 经营者集中纠纷

第六部分 劳动争议、人事争议

十七、劳动争议

169. 劳动合同纠纷
（1）确认劳动关系纠纷

（2）集体合同纠纷

（3）劳务派遣合同纠纷

（4）非全日制用工纠纷

（5）追索劳动报酬纠纷

（6）经济补偿金纠纷

（7）竞业限制纠纷

170. 社会保险纠纷

（1）养老保险待遇纠纷

（2）工伤保险待遇纠纷

（3）医疗保险待遇纠纷

（4）生育保险待遇纠纷

（5）失业保险待遇纠纷

171. 福利待遇纠纷

十八、人事争议

172. 人事争议

（1）辞职争议

（2）辞退争议

（3）聘用合同争议

第七部分　海事海商纠纷

十九、海事海商纠纷

173. 船舶碰撞损害责任纠纷

174. 船舶触碰损害责任纠纷

175. 船舶损坏空中设施、水下设施损害责任纠纷

176. 船舶污染损害责任纠纷

177. 海上、通海水域污染损害责任纠纷

178. 海上、通海水域养殖损害责任纠纷

179. 海上、通海水域财产损害责任纠纷

180. 海上、通海水域人身损害责任纠纷

181. 非法留置船舶、船载货物、船用燃油、船用物料损害责任纠纷

182. 海上、通海水域货物运输合同纠纷

183. 海上、通海水域旅客运输合同纠纷

184. 海上、通海水域行李运输合同纠纷

185. 船舶经营管理合同纠纷

186. 船舶买卖合同纠纷

187. 船舶建造合同纠纷
188. 船舶修理合同纠纷
189. 船舶改建合同纠纷
190. 船舶拆解合同纠纷
191. 船舶抵押合同纠纷
192. 航次租船合同纠纷
193. 船舶租用合同纠纷
（1）定期租船合同纠纷
（2）光船租赁合同纠纷
194. 船舶融资租赁合同纠纷
195. 海上、通海水域运输船舶承包合同纠纷
196. 渔船承包合同纠纷
197. 船舶属具租赁合同纠纷
198. 船舶属具保管合同纠纷
199. 海运集装箱租赁合同纠纷
200. 海运集装箱保管合同纠纷
201. 港口货物保管合同纠纷
202. 船舶代理合同纠纷
203. 海上、通海水域货运代理合同纠纷
204. 理货合同纠纷
205. 船舶物料和备品供应合同纠纷
206. 船员劳务合同纠纷
207. 海难救助合同纠纷
208. 海上、通海水域打捞合同纠纷
209. 海上、通海水域拖航合同纠纷
210. 海上、通海水域保险合同纠纷
211. 海上、通海水域保赔合同纠纷
212. 海上、通海水域运输联营合同纠纷
213. 船舶营运借款合同纠纷
214. 海事担保合同纠纷
215. 航道、港口疏浚合同纠纷
216. 船坞、码头建造合同纠纷
217. 船舶检验合同纠纷
218. 海事请求担保纠纷
219. 海上、通海水域运输重大责任事故责任纠纷
220. 港口作业重大责任事故责任纠纷
221. 港口作业纠纷
222. 共同海损纠纷

223. 海洋开发利用纠纷

224. 船舶共有纠纷

225. 船舶权属纠纷

226. 海运欺诈纠纷

227. 海事债权确权纠纷

第八部分　与公司、证券、保险、票据等有关的民事纠纷

二十、与企业有关的纠纷

228. 企业出资人权益确认纠纷

229. 侵害企业出资人权益纠纷

230. 企业公司制改造合同纠纷

231. 企业股份合作制改造合同纠纷

232. 企业债权转股权合同纠纷

233. 企业分立合同纠纷

234. 企业租赁经营合同纠纷

235. 企业出售合同纠纷

236. 挂靠经营合同纠纷

237. 企业兼并合同纠纷

238. 联营合同纠纷

239. 企业承包经营合同纠纷

　（1）中外合资经营企业承包经营合同纠纷

　（2）中外合作经营企业承包经营合同纠纷

　（3）外商独资企业承包经营合同纠纷

　（4）乡镇企业承包经营合同纠纷

240. 中外合资经营企业合同纠纷

241. 中外合作经营企业合同纠纷

二十一、与公司有关的纠纷

242. 股东资格确认纠纷

243. 股东名册记载纠纷

244. 请求变更公司登记纠纷

245. 股东出资纠纷

246. 新增资本认购纠纷

247. 股东知情权纠纷

248. 请求公司收购股份纠纷

249. 股权转让纠纷

250. 公司决议纠纷

(1) 公司决议效力确认纠纷

(2) 公司决议撤销纠纷

251. 公司设立纠纷

252. 公司证照返还纠纷

253. 发起人责任纠纷

254. 公司盈余分配纠纷

255. 损害股东利益责任纠纷

256. 损害公司利益责任纠纷

257. 股东损害公司债权人利益责任纠纷

258. 公司关联交易损害责任纠纷

259. 公司合并纠纷

260. 公司分立纠纷

261. 公司减资纠纷

262. 公司增资纠纷

263. 公司解散纠纷

264. 申请公司清算

265. 清算责任纠纷

266. 上市公司收购纠纷

二十二、合伙企业纠纷

267. 入伙纠纷

268. 退伙纠纷

269. 合伙企业财产份额转让纠纷

二十三、与破产有关的纠纷

270. 申请破产清算

271. 申请破产重整

272. 申请破产和解

273. 请求撤销个别清偿行为纠纷

274. 请求确认债务人行为无效纠纷

275. 对外追收债权纠纷

276. 追收未缴出资纠纷

277. 追收抽逃出资纠纷

278. 追收非正常收入纠纷

279. 破产债权确认纠纷

(1) 职工破产债权确认纠纷

(2) 普通破产债权确认纠纷

280. 取回权纠纷
(1) 一般取回权纠纷
(2) 出卖人取回权纠纷
281. 破产抵销权纠纷
282. 别除权纠纷
283. 破产撤销权纠纷
284. 损害债务人利益赔偿纠纷
285. 管理人责任纠纷

二十四、证券纠纷

286. 证券权利确认纠纷
(1) 股票权利确认纠纷
(2) 公司债券权利确认纠纷
(3) 国债权利确认纠纷
(4) 证券投资基金权利确认纠纷
287. 证券交易合同纠纷
(1) 股票交易纠纷
(2) 公司债券交易纠纷
(3) 国债交易纠纷
(4) 证券投资基金交易纠纷
288. 金融衍生品种交易纠纷
289. 证券承销合同纠纷
(1) 证券代销合同纠纷
(2) 证券包销合同纠纷
290. 证券投资咨询纠纷
291. 证券资信评级服务合同纠纷
292. 证券回购合同纠纷
(1) 股票回购合同纠纷
(2) 国债回购合同纠纷
(3) 公司债券回购合同纠纷
(4) 证券投资基金回购合同纠纷
(5) 质押式证券回购纠纷
293. 证券上市合同纠纷
294. 证券交易代理合同纠纷
295. 证券上市保荐合同纠纷
296. 证券发行纠纷
(1) 证券认购纠纷
(2) 证券发行失败纠纷

297. 证券返还纠纷
298. 证券欺诈责任纠纷
  （1）证券内幕交易责任纠纷
  （2）操纵证券交易市场责任纠纷
  （3）证券虚假陈述责任纠纷
  （4）欺诈客户责任纠纷
299. 证券托管纠纷
300. 证券登记、存管、结算纠纷
301. 融资融券交易纠纷
302. 客户交易结算资金纠纷

二十五、期货交易纠纷

303. 期货经纪合同纠纷
304. 期货透支交易纠纷
305. 期货强行平仓纠纷
306. 期货实物交割纠纷
307. 期货保证合约纠纷
308. 期货交易代理合同纠纷
309. 侵占期货交易保证金纠纷
310. 期货欺诈责任纠纷
311. 操纵期货交易市场责任纠纷
312. 期货内幕交易责任纠纷
313. 期货虚假信息责任纠纷

二十六、信托纠纷

314. 民事信托纠纷
315. 营业信托纠纷
316. 公益信托纠纷

二十七、保险纠纷

317. 财产保险合同纠纷
  （1）财产损失保险合同纠纷
  （2）责任保险合同纠纷
  （3）信用保险合同纠纷
  （4）保证保险合同纠纷
  （5）保险人代位求偿权纠纷
318. 人身保险合同纠纷
  （1）人寿保险合同纠纷

（2）意外伤害保险合同纠纷
（3）健康保险合同纠纷
319. 再保险合同纠纷
320. 保险经纪合同纠纷
321. 保险代理合同纠纷
322. 进出口信用保险合同纠纷
323. 保险费纠纷

二十八、票据纠纷

324. 票据付款请求权纠纷
325. 票据追索权纠纷
326. 票据交付请求权纠纷
327. 票据返还请求权纠纷
328. 票据损害责任纠纷
329. 票据利益返还请求权纠纷
330. 汇票回单签发请求权纠纷
331. 票据保证纠纷
332. 确认票据无效纠纷
333. 票据代理纠纷
334. 票据回购纠纷

二十九、信用证纠纷

335. 委托开立信用证纠纷
336. 信用证开证纠纷
337. 信用证议付纠纷
338. 信用证欺诈纠纷
339. 信用证融资纠纷
340. 信用证转让纠纷

第九部分 侵权责任纠纷

三十、侵权责任纠纷

341. 监护人责任纠纷
342. 用人单位责任纠纷
343. 劳务派遣工作人员侵权责任纠纷
344. 提供劳务者致害责任纠纷
345. 提供劳务者受害责任纠纷

346. 网络侵权责任纠纷
347. 违反安全保障义务责任纠纷
（1）公共场所管理人责任纠纷
（2）群众性活动组织者责任纠纷
348. 教育机构责任纠纷
349. 产品责任纠纷
（1）产品生产者责任纠纷
（2）产品销售者责任纠纷
（3）产品运输者责任纠纷
（4）产品仓储者责任纠纷
350. 机动车交通事故责任纠纷
351. 医疗损害责任纠纷
（1）侵害患者知情同意权责任纠纷
（2）医疗产品责任纠纷
352. 环境污染责任纠纷
（1）大气污染责任纠纷
（2）水污染责任纠纷
（3）噪声污染责任纠纷
（4）放射性污染责任纠纷
（5）土壤污染责任纠纷
（6）电子废物污染责任纠纷
（7）固体废物污染责任纠纷
353. 高度危险责任纠纷
（1）民用核设施损害责任纠纷
（2）民用航空器损害责任纠纷
（3）占有、使用高度危险物损害责任纠纷
（4）高度危险活动损害责任纠纷
（5）遗失、抛弃高度危险物损害责任纠纷
（6）非法占有高度危险物损害责任纠纷
354. 饲养动物损害责任纠纷
355. 物件损害责任纠纷
（1）物件脱落、坠落损害责任纠纷
（2）建筑物、构筑物倒塌损害责任纠纷
（3）不明抛掷物、坠落物损害责任纠纷
（4）堆放物倒塌致害责任纠纷
（5）公共道路妨碍通行损害责任纠纷
（6）林木折断损害责任纠纷
（7）地面施工、地下设施损害责任纠纷

356. 触电人身损害责任纠纷
357. 义务帮工人受害责任纠纷
358. 见义勇为人受害责任纠纷
359. 公证损害责任纠纷
360. 防卫过当损害责任纠纷
361. 紧急避险损害责任纠纷
362. 驻香港、澳门特别行政区军人执行职务侵权责任纠纷
363. 铁路运输损害责任纠纷
  （1）铁路运输人身损害责任纠纷
  （2）铁路运输财产损害责任纠纷
364. 水上运输损害责任纠纷
  （1）水上运输人身损害责任纠纷
  （2）水上运输财产损害责任纠纷
365. 航空运输损害责任纠纷
  （1）航空运输人身损害责任纠纷
  （2）航空运输财产损害责任纠纷
366. 因申请诉前财产保全损害责任纠纷
367. 因申请诉前证据保全损害责任纠纷
368. 因申请诉中财产保全损害责任纠纷
369. 因申请诉中证据保全损害责任纠纷
370. 因申请先予执行损害责任纠纷

第十部分　适用特殊程序案件案由

三十一、选民资格案件

371. 申请确定选民资格

三十二、宣告失踪、宣告死亡案件

372. 申请宣告公民失踪
373. 申请撤销宣告失踪
374. 申请为失踪人财产指定、变更代管人
375. 失踪人债务支付纠纷
376. 申请宣告公民死亡
377. 申请撤销宣告公民死亡
378. 被撤销死亡宣告人请求返还财产纠纷

三十三、认定公民无民事行为能力、限制民事行为能力案件

379. 申请宣告公民无民事行为能力
380. 申请宣告公民限制民事行为能力
381. 申请宣告公民恢复限制民事行为能力
382. 申请宣告公民恢复完全民事行为能力

三十四、认定财产无主案件

383. 申请认定财产无主
384. 申请撤销认定财产无主

三十五、监护权特别程序案件

385. 申请确定监护人
386. 申请变更监护人
387. 申请撤销监护人资格

三十六、督促程序案件

388. 申请支付令

三十七、公示催告程序案件

389. 申请公示催告

三十八、申请诉前停止侵害知识产权案件

390. 申请诉前停止侵害专利权
391. 申请诉前停止侵害注册商标专用权
392. 申请诉前停止侵害著作权
393. 申请诉前停止侵害植物新品种权

三十九、申请保全案件

394. 申请诉前财产保全
395. 申请诉中财产保全
396. 申请诉前证据保全
397. 申请诉中证据保全
398. 仲裁程序中的财产保全
399. 仲裁程序中的证据保全
400. 申请中止支付信用证项下款项
401. 申请中止支付保函项下款项

四十、仲裁程序案件

402. 申请确认仲裁协议效力

403. 申请撤销仲裁裁决

四十一、海事诉讼特别程序案件

404. 申请海事请求保全

（1）申请扣押船舶

（2）申请拍卖扣押船舶

（3）申请扣押船载货物

（4）申请拍卖扣押船载货物

（5）申请扣押船用燃油及船用物料

（6）申请拍卖扣押船用燃油及船用物料

405. 申请海事支付令

406. 申请海事强制令

407. 申请海事证据保全

408. 申请设立海事赔偿责任限制基金

409. 申请船舶优先权催告

410. 申请海事债权登记与受偿

四十二、申请承认与执行法院判决、仲裁裁决案件

411. 申请执行海事仲裁裁决

412. 申请执行知识产权仲裁裁决

413. 申请执行涉外仲裁裁决

414. 申请认可和执行香港特别行政区法院民事判决

415. 申请认可和执行香港特别行政区仲裁裁决

416. 申请认可和执行澳门特别行政区法院民事判决

417. 申请认可和执行澳门特别行政区仲裁裁决

418. 申请认可和执行台湾地区法院民事判决

419. 申请认可和执行台湾地区仲裁裁决

420. 申请承认和执行外国法院民事判决、裁定

421. 申请承认和执行外国仲裁裁决

四十三、执行异议之诉

422. 案外人执行异议之诉

423. 申请执行人执行异议之诉

424. 执行分配方案异议之诉

最高人民法院
关于当前形势下加强民事审判切实保障民生若干问题的通知

2012 年 2 月 15 日　　　　　　　　　　　　　　法〔2012〕40 号

各省、自治区、直辖市高级人民法院，解放军军事法院，新疆维吾尔自治区高级人民法院生产建设兵团分院：

今年是我国发展进程中具有特殊重要意义的一年，是实施"十二五"规划承上启下的重要一年，我们党将迎来举世瞩目的十八大。当前，我国经济社会发展整体态势良好，但也面临着复杂的局面。在新形势下，人民法院民事审判工作保障经济社会平稳较快发展的任务更加艰巨，保障和改善民生、维护社会和谐稳定的责任更加重大，促进社会主义文化大发展大繁荣的职能作用更加凸显，全面提升基层民事审判工作质效的要求更加紧迫。为积极应对当前经济社会发展的新形势，为党的十八大胜利召开创造良好的环境，现就当前形势下如何做好民事审判工作的若干问题，通知如下：

一、妥善审理房地产纠纷，促进国家房地产调控政策贯彻落实。要站在维护法律严肃性、落实国家调控政策，以及维护经济社会平稳较快发展的高度，结合案件具体情况，准确界定合同效力，依法确定当事人的权利义务。要严格适用情事变更原则，正确认定变更的情事与正常的市场风险、交易风险之间的界限，提高市场行为的可预见性和合同利益的确定性与可信赖性，促进房地产市场健康发展。要注意通过民事审判引导当事人树立正确的市场风险意识，维护诚信的市场交易秩序。要在平衡当事人利益、着力化解矛盾上下功夫，确保案件处理取得良好的法律效果和社会效果。

二、妥善审理民间借贷案件，维护合法有序的民间借贷关系。要从维护国家金融安全、保障经济健康发展的高度，统一审判理念和裁判思路，全面、准确、及时了解和掌握国家经济、金融政策精神；要依法准确认定民间借贷行为效力，正确划分合法的民间借贷与集资诈骗、非法吸收公众存款等犯罪行为的界限；要正确分析当事人诉讼请求的实质，判断当事人有关约定的效力，保护合法的民间借贷行为以及当事人的合法权益，促进实体经济发展。要加强对借据真实性的审查，进一步明确举证责任的分配，加大对各种形式高利贷的排除力度和对虚假债务的审查力度。

三、妥善审理劳动争议案件，维护和谐稳定的劳动关系。要始终坚持保障企业生存发展和维护劳动者合法权益并重的理念，把保护劳动者的眼前利益同保障劳动者的长远利益和根本利益结合起来，在依法维护劳动者合法权益的同时，努力促进企业生产的健康发展。对暂时存在资金困难但有发展潜力的企业特别是中小微企业，要尽量通过和解、调解等方式，鼓励企业与劳动者共渡难关。对于生存完全无望且以恶意欠薪等形式损害劳动者权益的企业，要加快审理进度和财产保全的力度，依法保障劳动者的权益。

四、妥善审理涉农民事案件，维护农村社会稳定。要站在稳定农村社会和保障农民生存权的高度，依法坚决制裁侵害农民特别是农民工群体土地承包经营权和宅基地使用权的违法行为。要注意统筹协调维护土地承包经营权与促进土地承包经营权流转之间的关系，促进土地承包经营权有序流转和规范流转。要继续强化返乡创业、就地就业农民工合法权益的司法保护工作，结合各地实际积极探索、稳步推进返乡创业、就地就业农民工合法权益司法保护制度措施，为农民工返乡创业、就地就业创造有利司法环境。

五、妥善审理道路交通事故损害赔偿纠纷案件，依法惩恶扬善，确保公平公正。要统一裁判思路，从方便诉讼和有利审理的角度出发，对侵权纠纷和相关的交强险合同纠纷案件要合并审理；在醉酒驾驶、无证驾驶等违法情形的责任承担上，应当在确定保险公司承担相应的赔偿责任的同时，赋予保险公司追偿权；在未投保情形下的责任承担上，应当由机动车一方先承担交强险限额内的赔偿责任，其余部分按照侵权责任认定和划分。要依法鼓励和保护见义勇为等好人好事，坚决制止利用媒体恶意炒作、谎称见义勇为逃避民事责任的行为。

六、妥善审理医疗损害赔偿纠纷案件，促进平等、和谐、互信的医患关系的形成。要积极探索医疗损害赔偿纠纷案件审理的新思路，针对当前存在着的医疗鉴定难、鉴定乱的问题，要在实践中进行探索，努力寻找妥善的解决方案，尤其要避免因重复鉴定久拖不决，激化医患矛盾。要注重委托鉴定的统一化，严格执行只有经人民法院统一委托后作出的鉴定结论才能作为定案依据的规则。对于人民法院委托作出的鉴定，当事人申请重新鉴定的，要根据《关于民事诉讼证据的若干规定》等严格把关。要注意通过案件审理，充分保护患者的合法权益，保障医疗机构的正常运转、医学发展和医疗水平的提高。

七、妥善审理婚姻家庭案件，依法保护婚姻当事人的合法权益，维护家庭关系的和睦与稳定。要充分认识到审理好婚姻家庭案件对于维护社会稳定的重要意义，切实执行好婚姻法及其相关司法解释。在审理婚姻家庭案件中，应当在整体上全面准确地理解和把握婚姻法及其相关司法解释的精神，不能机械理解，孤立适用。在涉及财产权属的认定、共同财产的分割等问题上，要按照婚姻法及有关司法解释规定，依法保护当事人特别是妇女、儿童和老人的合法权益。

八、妥善审理消费者权益纠纷案件，促进诚信、有序、健康、繁荣的消费市场环境的形成。要严格执行侵权责任法、消费者权益保护法等法律以及有关司法解释的规定，对涉及产品质量、流通服务、旅游消费、食品药品安全等纠纷案件，要及时受理、及时裁判。对容易形成热点的网络电信服务、网购团购、婴幼儿用品消费、文化产品消费与服务等领域的损害消费者权益纠纷案件，要加大审判力度，着重依法制裁以利诱、误导等方式欺诈消费者，设置消费陷阱或者霸王条款损害消费者权益等不法行为。要注意加强与政府有关部门和消费者权益保护等组织的沟通与交流，提高消费者权益保护审判工作的针对性、实效性及辐射效应。

九、切实发挥司法裁判的引导作用，依法促进社会诚信建设，弘扬良好道德风尚。在审理合同、物权等民事纠纷过程中，要注重通过适用缔约过失责任、违约责任等制度,加大对违背诚信行为制裁力度,保护诚实守信者合法权益,促进社会诚信文化建设。要严格遵守民事诉讼法的相关程序规定,认真分析双方当事人的诉讼意愿,依法制裁虚假诉讼、商业欺诈等不诚信行为。在审理婚姻家庭、侵权以及相邻关系等民事纠纷时,要注重倡导相互忠诚、尊老爱幼、互帮互助、互谅互让等善良风俗。要把裁判说理作为裁判的重要组成部分,把裁判理念思路、法律适用过程清晰、充分地反映出来,既要体现出高超的法律、法理智慧,更要体现出符合社会主义良好风尚和核心价值观的文化内涵和道德光辉。

特此通知。

最高人民法院
关于充分发挥民事审判职能依法维护妇女、儿童和老年人合法权益的通知

2012年2月28日　　　　　　　　　　　　法〔2012〕57号

各省、自治区、直辖市高级人民法院,解放军军事法院,新疆维吾尔自治区高级人民法院生产建设兵团分院:

今年是实施"十二五"规划承上启下的重要一年,也是党的十八大召开之年,人民法院的民事审判工作在保障民生和维护社会和谐稳定发展方面的责任更加重大。为应对当前新形势对民事审判工作的要求,现就如何充分发挥民事审判职能,依法保护妇女、儿童和老年人的合法权益问题,通知如下:

一、要妥善审理婚姻家庭案件,维护家庭关系的和睦与稳定。要充分认识审理好婚姻家庭案件对于维护社会和谐稳定的重要意义,全面、准确地理解和把握婚姻法及其相关司法解释的内容和精神实质,不能机械地理解、孤立地适用。在涉及财产权属的认定、共同财产的分割等问题上,要按照婚姻法及其司法解释的规定,依法保护当事人特别是妇女、儿童和老年人的合法权益。

二、要通过对婚姻家庭案件的审理,倡导男女平等、夫妻互相忠诚、尊老爱幼、和睦文明的社会主义婚姻家庭观。通过裁判文书,旗帜鲜明地对婚姻家庭领域中实施家庭暴力、有配偶者与其他人同居、虐待遗弃儿童、不赡养老人等损害妇女、儿童和老年人合法权益的违反法律和社会主义道德的行为,给予否定性评价,促进社会主义社会精神文明建设,弘扬良好的道德风尚。

三、积极推动民事审判工作机制创新,有条件的基层人民法院,在民事审判第一庭内可以设立妇女维权合议庭,及时审理涉及妇女儿童权益的婚姻家庭案件。认真研究探索妇女维权合议庭的职责和工作方式,不断总结经验。要以《关于建立健全诉讼与非诉讼相衔接的矛盾纠纷解决机制的若干意见》为指导,采取灵活多样的形式,加强与妇

联、人民调解委员会等相关组织的联系、配合，动员多层次、多部门的力量参与婚姻家庭案件的调解工作，形成社会矛盾化解合力，在维护妇女、儿童和老年人合法权益，化解矛盾上下功夫。

四、上级人民法院要加强对下级人民法院审理婚姻家庭案件的指导。结合婚姻法及其相关司法解释的学习、宣传和贯彻，一手抓审判，一手抓调研，及时总结审判工作中出现的新情况、新问题，有针对性地提出新对策。要高度重视防范婚姻家庭纠纷案件引发的矛盾激化问题，主动加强与有关部门、媒体的沟通、协调，力争将矛盾化解在萌芽状态。

特此通知。

最高人民法院
关于认真学习贯彻实施消费者权益保护法的通知

2013年12月18日　　　　　　　　　　　　法〔2013〕288号

各省、自治区、直辖市高级人民法院，解放军军事法院，新疆维吾尔自治区高级人民法院生产建设兵团分院：

新修改的《中华人民共和国消费者权益保护法》（以下简称新《消费者权益保护法》）将自2014年3月15日起施行。为学习贯彻实施好这部重要法律，充分发挥民事审判职能，切实维护消费者合法权益，把司法为民落到实处，现就有关事项通知如下：

一、统一思想，提高认识。消费者是拉动经济增长的重要主体，消费升级已成为我国经济增长的持续动力，依法保护消费者权益事关国计民生和经济发展。为适应我国国情的深刻变化，新《消费者权益保护法》作了重大修改，加大了保护消费者、惩罚违法经营者的力度，对公正司法提出了新任务新要求，社会各界高度关注。贯彻实施好这部重要法律，对于改善市场环境、推进社会消费、拉动经济增长、促进国民经济稳步健康发展，对于满足消费者日益增长的司法服务需求、维护市场诚信、提高司法公信力，对于保障民生、建设法治中国，均具有重要意义。各级人民法院要从贯彻依法治国方略、建设法治国家的高度，把学习贯彻好新《消费者权益保护法》当作一项重要任务来抓，为该部法律的正确实施奠定坚实的基础。

二、精心组织，深入学习。新《消费者权益保护法》作出了许多新的规定，具有鲜明的时代特色和科学内涵，为调整消费者与经营者的关系，依法审理消费者维权案件创造了良好条件。各级法院要组织广大民事法官认真学习新《消费者权益保护法》，使其了解修改内容和立法原意，把握学习重点和难点。领导同志要带头学习，当好表率。有条件的法院还要开展专题培训，密切结合审判实践中的问题，深刻领会条文精神，做到融会贯通。要正确处理该部法律与其他相关法律的关系，着力提高司法能力和水平，学会在办案中正确运用新《消费者权益保护法》。

三、提前谋划，全面贯彻。新《消费者权益保护法》规定了公益诉讼、保护人身权益、网络购物、无理由退货、退一赔三、保底赔偿、赔一罚二、精神损害赔偿等新制度，为更好地维护消费者合法权益提供了立法支撑，不仅排除了消费者解决耐用商品等争议的举证障碍，方便了消费者维权，而且从实体上加大了保护消费者权益的力度，同时也为人民法院支持消费者维权提供了重要法律依据。目前消费市场很不规范，诚信严重缺失，制售假冒伪劣商品的行为屡禁不止，严重损害了消费者的利益。人民法院在审理消费者维权案件中，一要坚持重典治乱。正确运用举证责任分配和惩罚性赔偿的规定，加大经营者的违法成本，让故意制售假冒伪劣商品的经营者付出沉重代价，把维护消费者权益真正落到实处。二要降低消费者维权成本。消费者是弱势群体，也是假冒伪劣商品的受害者。人民法院审理消费者维权案件，要设身处地为消费者排忧解难，减少他们不必要的诉讼负担。三要提供诉讼便利。要在诉讼案件多发地开展巡回审判，就地立案，就地调解，就地审理，最大限度减少消费者的诉累。四要实现快审快结。要针对多数消费者维权案件争议标的额较小、案情简单的特点，在确保办案质量的同时努力提高效率。对于消费者提起的小额诉讼，要充分运用简易程序，速裁速决，依法实行一审终审，尽快实现消费者权益，努力使当事人在每一个司法案件中都能够感受到公平正义。

四、顺应变革，正确适用。新《消费者权益保护法》对耐用商品和装饰装修等服务的瑕疵，规定了举证责任倒置，突破了"谁主张、谁举证"的一般举证规则，加重了经营者的举证责任。新《消费者权益保护法》施行后，人民法院要合理分配当事人的举证责任，既要充分运用举证责任倒置，解决当事人商品信息不对称的问题，充分保护消费者的合法权益，又要明确消费者的初步举证的义务，及时查明案情，分清是非责任。经营者不能提交充分证据证明商品没有质量问题，或者损害是由于消费者使用不当等原因造成的，应承担举证不能的不利后果。要正确划分商品的"瑕疵"和"缺陷"的法律界限，确认经营者应当承担的责任。

五、完善制度，惠及民生。《中华人民共和国民事诉讼法》和新《消费者权益保护法》先后对公益诉讼作出了规定，但目前尚未建立具有可操作性的程序规则。新《消费者权益保护法》施行后，对侵害众多消费者合法权益的行为，中国消费者协会以及省级的消费者协会，代表消费者向人民法院提起诉讼的，有管辖权的人民法院应当积极、慎重受理。消费者协会提起公益诉讼，与民事诉讼法规定的原告"与本案有直接利害关系"的一般案件起诉条件有所不同。此外，启动公益诉讼程序，还涉及案件管辖、诉讼费用的承担、债权清偿、裁判执行等新问题，都亟待从制度上加以解决。希望各级人民法院积极探索，边办案边研究边总结，注意积累有益经验，加强与消费者协会的沟通与协调，为在消费者权益保护领域逐步建立一套具有中国特色的公益诉讼制度积累经验。

六、严肃执法，公正司法。新《消费者权益保护法》施行后，在适用法律上存在着修改前后的法律衔接问题，对消费者维权案件的审理将带来很大变化。要坚持以法不溯及既往为原则、以溯及既往为例外。新《消费者权益保护法》施行后，因消费者购买、使用生活消费品或者接受服务引起的民事纠纷，适用新《消费者权益保护法》的规定；

新《消费者权益保护法》施行前成立的生活消费合同发生纠纷起诉到人民法院的，适用当时的法律规定，当时的法律没有规定的，可以适用新《消费者权益保护法》的有关规定；新《消费者权益保护法》施行前已经终审，施行后当事人申请再审或者按照审判监督程序决定再审的案件，适用当时的法律规定。新《消费者权益保护法》规定了该部法律与其他相关法律的衔接问题，在审理食品纠纷案件时，要注重适用《中华人民共和国食品安全法》关于价款十倍赔偿和相关司法解释的规定，最大限度地保护消费者的合法权益。

在学习贯彻实施新《消费者权益保护法》过程中遇到重要情况和问题的，请及时报告我院。

(二) 民 事 责 任

最高人民法院
关于城市街道办事处是否应当独立承担民事责任的批复

法释〔1997〕1号

(1997年6月27日最高人民法院审判委员会第917次会议通过 1997年7月14日最高人民法院公告公布 自1997年8月2日起施行)

四川省高级人民法院：

你院《关于城市街道办事处能否独立承担民事责任的请示》(川高法〔1996〕117号)收悉。经研究，答复如下：

街道办事处开办的企业具有法人资格的，街道办事处只在收取管理费范围内承担民事责任；其开办的企业不具有法人资格的，应先由企业承担相应的民事责任，不足部分由街道办事处在企业注册资金范围内独立承担。街道办事处财产不足以承担时，不能由设立该街道办事处的市或区人民政府承担民事责任。街道办事处进行自身民事活动产生纠纷的，应当独自承担民事责任。

此复。

最高人民法院关于验资单位对多个案件债权人损失应如何承担责任的批复

法释〔1997〕10号

(1997年12月5日最高人民法院审判委员会第950次会议通过 1997年12月31日最高人民法院公告公布 自1998年1月13日起施行)

四川省高级人民法院：

你院川高法〔1997〕77号《关于验资单位对多个案件债权人损失应如何承担责任的请示》收悉。经研究，答复如下：

金融机构、会计师事务所为公司出具不实的验资报告或者虚假的资金证明，公司资不抵债的，该验资单位应当对公司债务在验资报告不实部分或者虚假资金证明金额以内，承担民事赔偿责任。

验资单位对一个或多个债权人在验资不实部分之内承担的责任累计已经达到其应当承担责任部分限额的，对于公司其他债权人则不再承担赔偿责任。

对于多个债权人同时要求受偿的，验资单位应当在其出具的被验资单位不实的注册资金、证明金额内，就其应当承担责任的部分按比例分别承担赔偿责任。

此复。

最高人民法院
关于交通事故中的财产损失是否包括被损车辆停运损失问题的批复

法释〔1999〕5号

(1999年1月29日最高人民法院审判委员会第1042次会议通过 1999年2月11日最高人民法院公告公布 自1999年2月13日起施行)

吉林省高级人民法院:

你院吉高法〔1998〕143号《关于交通事故损害赔偿中的财产损失是否包括间接损失问题的请示》收悉。经研究,答复如下:

《中华人民共和国民法通则》第一百一十七条第二款、第三款规定:"损坏国家的、集体的财产或者他人财产的,应当恢复原状或者折价赔偿。""受害人因此遭受其他重大损失的,侵害人并应当赔偿损失。"因此,在交通事故损害赔偿案件中,如果受害人以被损车辆正用于货物运输或者旅客运输经营活动,要求赔偿被损车辆修复期间的停运损失的,交通事故责任者应当予以赔偿。

此复。

最高人民法院
关于被盗机动车辆肇事后由谁承担损害赔偿责任问题的批复

法释〔1999〕13号

(1999年6月18日最高人民法院审判委员会第1069次会议通过 1999年6月25日最高人民法院公告公布 自1999年7月3日起施行)

河南省高级人民法院:

你院《关于被盗机动车辆肇事后肇事人逃跑由谁承担损害赔偿责任的请示》收悉。经研究,答复如下:

使用盗窃的机动车辆肇事,造成被害人物质损失的,肇事人应当依法承担损害赔偿责任,被盗机动车辆的所有人不承担损害赔偿责任。

此复。

最高人民法院关于购买人使用分期付款购买的车辆从事运输因交通事故造成他人财产损失保留车辆所有权的出卖方不应承担民事责任的批复

法释〔2000〕38号

(2000年11月21日最高人民法院审判委员会第1143次会议通过 2000年12月1日最高人民法院公告公布 自2000年12月8日起施行)

四川省高级人民法院：

你院川高法〔1999〕2号《关于在实行分期付款、保留所有权的车辆买卖合同履行过程中购买方使用该车辆进行货物运输给他人造成损失的，出卖方是否应当承担民事责任的请示》收悉。经研究，答复如下：

采取分期付款方式购车，出卖方在购买方付清全部车款前保留车辆所有权的，购买方以自己名义与他人订立货物运输合同并使用该车运输时，因交通事故造成他人财产损失的，出卖方不承担民事责任。

此复。

最高人民法院关于审理涉及会计师事务所在审计业务活动中民事侵权赔偿案件的若干规定

法释〔2007〕12号

(2007年6月4日最高人民法院审判委员会第1428次会议通过 2007年6月11日最高人民法院公告公布 自2007年6月15日起施行)

为正确审理涉及会计师事务所在审计业务活动中民事侵权赔偿案件，维护社会公共利益和相关当事人的合法权益，根据《中华人民共和国民法通则》、《中华人民共和国注册会计师法》、《中华人民共和国公司法》、《中华人民共和国证券法》等法律，结合审判实践，制定本规定。

第一条 利害关系人以会计师事务所在从事注册会计师法第十四条规定的审计业务

活动中出具不实报告并致其遭受损失为由，向人民法院提起民事侵权赔偿诉讼的，人民法院应当依法受理。

第二条 因合理信赖或者使用会计师事务所出具的不实报告，与被审计单位进行交易或者从事与被审计单位的股票、债券等有关的交易活动而遭受损失的自然人、法人或者其他组织，应认定为注册会计师法规定的利害关系人。

会计师事务所违反法律法规、中国注册会计师协会依法拟定并经国务院财政部门批准后施行的执业准则和规则以及诚信公允的原则，出具的具有虚假记载、误导性陈述或者重大遗漏的审计业务报告，应认定为不实报告。

第三条 利害关系人未对被审计单位提起诉讼而直接对会计师事务所提起诉讼的，人民法院应当告知其对会计师事务所和被审计单位一并提起诉讼；利害关系人拒不起诉被审计单位的，人民法院应当通知被审计单位作为共同被告参加诉讼。

利害关系人对会计师事务所的分支机构提起诉讼的，人民法院可以将该会计师事务所列为共同被告参加诉讼。

利害关系人提出被审计单位的出资人虚假出资或者出资不实、抽逃出资，且事后未补足的，人民法院可以将该出资人列为第三人参加诉讼。

第四条 会计师事务所因在审计业务活动中对外出具不实报告给利害关系人造成损失的，应当承担侵权赔偿责任，但其能够证明自己没有过错的除外。

会计师事务所在证明自己没有过错时，可以向人民法院提交与该案件相关的执业准则、规则以及审计工作底稿等。

第五条 注册会计师在审计业务活动中存在下列情形之一，出具不实报告并给利害关系人造成损失的，应当认定会计师事务所与被审计单位承担连带赔偿责任：

（一）与被审计单位恶意串通；

（二）明知被审计单位对重要事项的财务会计处理与国家有关规定相抵触，而不予指明；

（三）明知被审计单位的财务会计处理会直接损害利害关系人的利益，而予以隐瞒或者作不实报告；

（四）明知被审计单位的财务会计处理会导致利害关系人产生重大误解，而不予指明；

（五）明知被审计单位的会计报表的重要事项有不实的内容，而不予指明；

（六）被审计单位示意其作不实报告，而不予拒绝。

对被审计单位有前款第（二）至（五）项所列行为，注册会计师按照执业准则、规则应当知道的，人民法院应认定其明知。

第六条 会计师事务所在审计业务活动中因过失出具不实报告，并给利害关系人造成损失的，人民法院应当根据其过失大小确定其赔偿责任。

注册会计师在审计过程中未保持必要的职业谨慎，存在下列情形之一，并导致报告不实的，人民法院应当认定会计师事务所存在过失：

（一）违反注册会计师法第二十条第（二）、（三）项的规定；

（二）负责审计的注册会计师以低于行业一般成员应具备的专业水准执业；

（三）制定的审计计划存在明显疏漏；

（四）未依据执业准则、规则执行必要的审计程序；

（五）在发现可能存在错误和舞弊的迹象时，未能追加必要的审计程序予以证实或者排除；

（六）未能合理地运用执业准则和规则所要求的重要性原则；

（七）未根据审计的要求采用必要的调查方法获取充分的审计证据；

（八）明知对总体结论有重大影响的特定审计对象缺少判断能力，未能寻求专家意见而直接形成审计结论；

（九）错误判断和评价审计证据；

（十）其他违反执业准则、规则确定的工作程序的行为。

第七条 会计师事务所能够证明存在以下情形之一的，不承担民事赔偿责任：

（一）已经遵守执业准则、规则确定的工作程序并保持必要的职业谨慎，但仍未能发现被审计的会计资料错误；

（二）审计业务所必须依赖的金融机构等单位提供虚假或者不实的证明文件，会计师事务所在保持必要的职业谨慎下仍未能发现其虚假或者不实；

（三）已对被审计单位的舞弊迹象提出警告并在审计业务报告中予以指明；

（四）已经遵照验资程序进行审核并出具报告，但被验资单位在注册登记后抽逃资金；

（五）为登记时未出资或者未足额出资的出资人出具不实报告，但出资人在登记后已补足出资。

第八条 利害关系人明知会计师事务所出具的报告为不实报告而仍然使用的，人民法院应当酌情减轻会计师事务所的赔偿责任。

第九条 会计师事务所在报告中注明"本报告仅供年检使用"、"本报告仅供工商登记使用"等类似内容的，不能作为其免责的事由。

第十条 人民法院根据本规定第六条确定会计师事务所承担与其过失程度相应的赔偿责任时，应按照下列情形处理：

（一）应先由被审计单位赔偿利害关系人的损失。被审计单位的出资人虚假出资、不实出资或者抽逃出资，事后未补足，且依法强制执行被审计单位财产后仍不足以赔偿损失的，出资人应在虚假出资、不实出资或者抽逃出资数额范围内向利害关系人承担补充赔偿责任。

（二）对被审计单位、出资人的财产依法强制执行后仍不足以赔偿损失的，由会计师事务所在其不实审计金额范围内承担相应的赔偿责任。

（三）会计师事务所对一个或者多个利害关系人承担的赔偿责任应以不实审计金额为限。

第十一条 会计师事务所与其分支机构作为共同被告的，会计师事务所对其分支机构的责任部分承担连带赔偿责任。

第十二条 本规定所涉会计师事务所侵权赔偿纠纷未经审判，人民法院不得将会计师事务所追加为被执行人。

第十三条 本规定自公布之日起施行。本院过去发布的有关会计师事务所民事责任的相关规定，与本规定相抵触的，不再适用。

在本规定公布施行前已经终审，当事人申请再审或者按照审判监督程序决定再审的会计师事务所民事侵权赔偿案件，不适用本规定。

在本规定公布施行后尚在一审或者二审阶段的会计师事务所民事侵权赔偿案件，适用本规定。

最高人民法院关于个人合伙成员在从事经营活动中不慎死亡其他成员应否承担民事责任问题的批复

1987年10月10日　　　　　　　　　　〔1987〕民他字第57号

辽宁省高级人民法院：

你院〔87〕民监字7号关于个人合伙成员在从事经营活动中不慎死亡，其他成员应否承担民事责任的请示报告收悉。

据报告称：贾国仁、贾国满兄弟二人合伙经营汽车运输，雇司机开车，兄弟二人轮流领车运输。时值贾国满领车拉白灰，当其指挥倒车挂斗车时，由于雨后路滑，刹车后汽车仍向后滑动，贾国满被挤身亡。经查，司机对此事故没有责任。贾国满之妻苏文雅要求贾国仁给以经济补偿，承担她女儿的抚恤费用。第一、二审法院判决由贾国仁按分成比例承担抚恤金1654元。

经研究认为：贾国满在兄弟二人合伙经营的汽车运输活动中，不慎被车挤死，对这次事故的发生，贾国仁没有过错，不应负赔偿责任。但贾国满为合伙人的共同利益，在经营运输活动中，不慎被车挤死，其兄作为合伙经营的受益人之一，给予死者家属适当的经济补偿，既合情理，也符合有关法律规定的精神。至于具体补偿多少，请根据实际情况酌定。

最高人民法院民事审判庭关于毕海滨诉济南仪表厂损害赔偿案的处理的电话答复

1988年8月20日 〔88〕民他字第45号

山东省高级人民法院：

你院为毕海滨诉济南仪表厂损害赔偿一案的处理问题向我院请示。经研究，答复如下：

一、关于责任问题，我们认为济南仪表厂对施工现场的安全不够重视，措施不力，对造成毕海滨的损害应当负责任；毕海滨的父母未尽到监护责任，对造成损害事故也应当负责任。因此，认定双方属混合过错为宜。

二、鉴于受害人毕海滨的父亲系济南仪表厂的职工，家庭经济比较困难，毕海滨又需长期治疗等事实，我们认为终审判决前为医治毕海滨之伤所花去的费用凭单据计算，全部由被上诉方济南仪表厂承担。终审判决后，由济南仪表厂每月付给毕海滨生活费45元，护理费25元。今后毕海滨应在当地医院治疗，医疗费凭单据由济南仪表厂支付；如确需去外地就医，须有原医疗医院的转院证明，否则医疗费由毕海滨父母自己负责。

附：

山东省高级人民法院关于毕海滨诉济南仪表厂赔偿案请示报告

1988年7月26日 鲁法（民）发〔1988〕51号

最高人民法院：

我院对济南市中级人民法院请示的关于毕海滨诉济南仪表厂损害赔偿案。经审委会研究对此案的责任和处理问题均有二种意见。责任问题：一是被告人对现场的安全重视不够，组织领导不周，措施不力，应承担主要的民事责任；适用民法通则第一百二十五条规定精神，原告监护人，没有尽到监护责任，亦应负一定的民事责任，二是双方当事人对造成损害都没有过错，是一起意外事故，适用民法通则第一百三十二条规定精神。处理问题，一种意见：鉴于原告不提供证据，但不处理又不好的情况可予判决，判决前的花费应按 1984 年三方参加共同达成的协议书执行（凭单据报销）。判决后，由被告人每月付给原告人生活补助费 45 元，护理补助费 25 元，医疗费（应就地治疗，如需到外地治疗应再与厂方协商）凭单据报销。另一种意见：原告人不举证（不交单据），不应受理此案，第一审已经审理，可以发回第一审重审，重审时如原告仍不提供证据可驳回起诉不予受理，待何时原告人交出单据，何时受案。我们的倾向意见：在责任问题上，应认定由厂方负主要责任，在处理上，判决前的花费以三方协议凭单据结算，判决后由厂方负责生活补助和护理补助，今后治疗应就地治疗，费用凭单据报销，需要到外地治疗时，再与厂方另行协商解决，为慎重处理，不致造成缠诉，特去人请示。

当否请批示。

最高人民法院民事审判庭关于单位担任监护人是否承担赔偿责任的电话答复

1989 年 8 月 30 日　　　　　　　　　　　　　〔89〕法民字第 23 号

江苏省高级人民法院研究室：

你院关于民法通则第一百三十三条第二款"但单位担任监护人的除外"如何理解的请示，经研究并与人大法工委民法室联系了解，其立法原意是单位不承担赔偿责任，对于具体案件，可依照上述立法原意根据具体情况妥善处理。

以上意见，供参考。

附：

江苏省高级人民法院对于单位担任监护人是否承担赔偿责任的请示

1989 年 2 月 16 日　　　　　　　　　　　　　苏法研〔1989〕35 号

最高人民法院：

《民法通则》第一百三十三条第一款规定："无民事行为能力人、限制民事行为能力人造成他人损害的，由监护人承担民事责任，监护人尽了监护责任的，可以适当减轻他的民事责任。"第二款规定："有财产的无民事行为能力人、限制民事行为能力人造成他人损害的，从本人财产中支付赔偿费用，不足部分，由监护人适当赔偿，但单位担任监护人的除外。"目前，在审判实践中对"单位担任监护人的除外"有两种不同的理解。

一种意见认为，单位担任监护人的，不是适当赔偿，而是全部赔偿，其理由是：（1）《民法通则》规定监护人应承担民事责任，单位既然担任监护人，就应该承担民事责任；（2）民事权利和民事义务是一致的，监护人有行使监护的权利，也应当负担监护的责任，不能只享受权利，不承担义务和责任；（3）保护公民、法人的合法权益是《通则》的一项原则，如果被监护人侵犯了公民、法人的合法权益，担任监护人的单位却不对不足部分加以赔偿，就不能有效地保护公民、法人的合法权益；（4）如果不要求担任监护人的单位承担一定的民事责任，单位就可以不认真履行监护义务，任凭被监护人造成他人损害，不利于社会安定；（5）个人的赔偿能力远远不如单位，因此，个人适当赔偿。而单位对不足部分应全额赔偿。

另一种意见认为：单位担任监护人的不承担赔偿责任，其理由是：（1）监护人对被监护人履行监护职责，实质上是一种义务承担，至于监护人在履行监护职责时，能否要求支付报酬？对此，《民法通则》没有明文规定，但从第十八条"除为被监护人的利益外，不得处理被监护人的财产"的规定来看，我国的监护制度，只能认为是义务性质的。（2）被监护人的近亲属承担监护义务，与因婚姻家庭关系而产生的权利义务相一致。（3）《民法通则》关于监护人顺序的排列，体现了对未成年人、精神病人的监护责任，主要应当由其近亲属承担的立法精神，《民法通则》将单位列为排列最后的监护人，则是在没有近亲属，朋友作监护人的条件下，为避免出现未成年人、精神病人得不到监护的情况而发生的，出发点既然不同，其承担的监护责任也应有所区别，对于近亲属来说，他们和被监护人之间，原本就存在着婚姻家庭立法上的权利义务关系，担任监护人是他们的法定义务，因此，近亲属监护人对被监护人造成他人损害的，应当承担较多的赔偿责任是顺理成章的事，对于其他亲属、朋友来说，他们原本就没有承担监护责任的义务，仅仅是出于社会道义而自愿承担的，因此在被监护人造成他人损害时，他们的赔偿责任比近亲属监护人应适当减轻，对于单位担任监护人，他们体现着社会主义国家对人民群众负责的精神。是从全社会的利益出发承担起监护责任的。因此，在被监护人造成他人损害时，从他们担任监护人的性质以及所处的监护人序列来看，都不应当理解为比近亲属，比其他亲属、朋友担任监护人要负更重的赔偿责任，从立法本意来考虑，只能理解为在这种情况下，单位不承担赔偿责任才比较合理。

我们倾向于上述第一种意见，当否，请批示。

最高人民法院
关于监护人是否承担赔偿责任问题的复函

1989年10月5日　　　　　　　　　　　　　〔89〕民他字第17号

广东省高级人民法院：

你院粤法民字〔1989〕138号《关于监护人是否承担赔偿责任的请示报告》收悉。

关于梁剑文等四未成年人盗窃财物被劳动教养，受害人翁舜慧提起民事诉讼，要求其监护人承担赔偿责任，人民法院能否作为民事赔偿案件受理的问题。经研究认为，鉴于此案情况比较复杂，现行法律对此类问题又无明确规定，如何适用法律，需要在审判实践中积累经验进行研究。因此，此案不宜采用提起民事诉讼的办法解决。

最高人民法院
关于银行工作人员未按规定办理储户挂失造成储户损失银行是否承担民事责任问题的批复

1990年9月11日　　　　　　　　　　　　法（民）复〔1990〕13号

河北省高级人民法院：

你院冀法民〔1990〕73号《关于银行工作人员未按规定办理储户挂失造成损失，银行是否承担民事责任的请示报告》收悉。

经征求有关部门意见并研究认为：个体工商户周福军发现自己7800元金额的记名存折丢失，立即向其存款的徐水县工商银行金融服务所打电话声明挂失。该所工作人员接到挂失电话后，查实上述存款确在本所，但未按规定办理临时止付的登记手续，致使该存款挂失后被他人冒领。根据中国人民银行关于储蓄存单（折）挂失的有关规定和《民法通则》第七十五条、第一百零六条的规定，徐水县工商银行金融服务所对由此造成的经济损失应依法承担民事责任。

最高人民法院经济审判庭
关于为经济合同一方当事人代盖公章给另一方造成经济损失如何承担责任的电话答复

(1990年10月27日)

青海省高级人民法院:

你院〔90〕青法发字第82号《关于为经济合同一方当事人代盖公章给另一方造成经济损失如何承担责任的请示》收悉。经研究,答复如下:

从你们请示报告所反映的情况看,代盖公章与我院1987年7月21日《关于在审理经济合同纠纷案件中具体适用经济合同法的若干问题的解答》中所指的借用公章有所不同。解答中所指的借用公章是指在一方不知情的情况下,另一方借用他人的公章并以出借人的名义签订经济合同。而你们报告所反映的案件是:合同签订人以玉树州上拉秀商店的名义签订合同,征得合同另一方当事人的同意后,借用"玉树州驻西宁办事处采购专用章"盖在合同上,并注明"(代)"盖。对此,合同另一方当事人是清楚的。我们原则上同意你院请示报告中的第一种意见,即代盖公章的一方只承担与其过错相适应的赔偿责任。

此复。

最高人民法院
关于上海社会科学院应否对中外中小企业科技经济信息联合体的债务承担责任的函

1991年6月7日   法(经)函〔1991〕65号

上海市高级人民法院:

你院沪高法经字〔1991〕3号《关于处理以中外中小企业科技经济信息联合体为被告的经济纠纷案件的请示报告》收悉。经研究,答复如下:

根据《国务院关于在清理整顿公司中被撤并公司债权债务清理问题的通知》精神,开办企业的党政机关及其所属编制序列的事业单位,只有对其开办的企业审核不当或从其开办的企业收取资金和实物的才承担相应的经济责任。中外中小企业科技经济信息联合体（以下简称联合体）是经国务院上海经济区规划办公室批准成立的。该规划办公室撤销后，联合体挂靠到上海社会科学院。在此期间，上海社科院并未从联合体获取过利益。因此，同意你院意见，责成上海社科院对联合体的债权债务予以清理，但上海社科院对联合体的债务不承担责任。

附：

上海市高级人民法院
关于处理以中外中小企业科技经济信息联合体为被告的经济纠纷案件的请示报告

1991年1月11日　　　　　　　　　　　沪高法经字〔1991〕3号

最高人民法院：

　　本市中级法院向我院请示称：该院于1989年10月受理了原告杨浦区跃化五金模具厂、昆山县永乐机械配件厂、浙江省奉化县白松塑料二厂、苏州市吴县镇湖西村滴塑瓶盖厂、上海市黄浦区双佳医疗器研究所等分别诉被告中外中小企业科技经济信息联合体（下称联合体）的五件居间合同纠纷案。因联合体在1988年6至9月间为各原告介绍业务信息，收取介绍服务费。但其介绍的业务不实，致各原告向法院起诉，要求返还介绍服务费。由于联合体已经自行解体，案件无法审理。

　　经查，1987年7月16日，经国务院上海经济区规划办公室（下称规划办）研究，同意筹建联合体，作为独立法人，自筹开办经费，向有关工商管理部门办理注册登记，1988年5月21日，联合体书面报告规划办科技组：联合体筹建工作已告结束，拟定于同年7月16日召开成立大会，联合体属事业法人。5月30日，规划办科技组批复同意。联合体成立后，既未向工商行政管理机关注册登记，也未向编制委员会备案。同年6月15日，因规划办撤销，联合体书面报告上海社会科学院（下称社科院），要求暂挂靠社科院。7月29日，社科院批复同意挂靠，联合体的日常工作由中国管理科学研究院上海分院（下称上海分院）代管。1990年3月14日，上海分院书面报告社科院，要求与社科院脱钩，而挂靠到上海市社会科学联合会。3月22日，社科院批文同意上海分院脱钩，由上海分院代管的联合体也一并脱钩。此外，中国管理科学院是由国家科委批准的民办科研机构。上海分院由该院在1987年10月19日批准成立，地方行政挂靠社科院领导，但在上海没有编制。

　　上列案件的原告经走访了原国务院上海经济区规划办公室秘书长韦明同志后认为：规划办无权批准成立一个事业单位，故联合体既非企业法人，也非依法成立的事业单位，不具备法人资格，上海分院在上海没有自己的编制，也不具备法人资格，其与社科院间就联合体的转挂靠无效，故要求变更联合体的挂靠单位社科院为被告，承担民事责任。本市中级法院根据原告的举证和请求于去年11月变更社科院为上列五案的被告。

社科院对此不服，提出：1. 联合体系由规划办批准成立，公安部门据此准许刻制公章，原上海市市长汪道涵及其他一些领导同志都在其中担任重要职务。因此，是依法成立的事业单位，具备法人资格，不能凭韦明个人意见而否定。2. 联合体有其独立的财产和经费（自筹），有名称，组织机构，章程和场所，根据《民法通则》第五十条第二款的规定，符合法人的条件。3. 联合体的直接批准成立单位是规划办，社科院既非其再办呈报单位，也非直接批准成立单位。4. 联合体从挂靠到脱钩，从未与社科院发生过人事、财务、业务方面的实质性联系，一直由上海分院行使管理职权，何况上海分院也已与社科院脱钩。因此，变更社科院为被告无法律依据。

本市中级法院认为：联合体系由规划办批准成立，虽未经工商行政管理机关注册登记，也未取得国家的正式编制，但已作为事实上的事业单位在从事民事活动。联合体解体后，本应由规划办来处理其债权债务事宜，但是规划办早已撤销。社科院在接受联合体挂靠前曾经过认真审查，虽确定由上海分院代管，但上海分院本身也无法人资格。故仍应视社科院为联合体的上级主管部门，鉴于社科院系由国家行政拨款的事业单位，作为联合体的上级并未获取过利益。以联合体为被告的债务纠纷案件，除上列五件案件外，尚有一批在本市基层法院，或已审结无法执行，或尚未审结，总计债务高达100余万元。不宜也无法由社科院来承担这样巨额的债务。故拟参照国务院《关于在清理整顿公司中被撤并公司债权债务清理问题的通知》的精神，责令社科院对联合体的债权债务予以清理。现在审理的这批案件（包括本市基层法院受理的）全部转为债务清偿程序处理。

我院经审核研究，拟同意本市中级法院的处理意见。

当否，请予批示。

最高人民法院经济审判庭
关于济南市历城区人武部是否应为其开办的木制品厂承担责任问题的电话答复

（1991年10月10日）

山东省高级人民法院：

你院鲁法（经）发第〔1991〕94号《关于如何理解和执行国务院国发〔1990〕68号文件的请示报告》收悉。按照最高人民法院的规定，请示报告有几种不同意见时，应提出倾向性意见，你们报告中未提出倾向性意见。另外，木制品厂成立后，是否实行独立核算、自主经营，人武部与其有何权利义务关系，是否从中收取钱财，这些情况报告中都不清楚。

按照国务院国发〔1990〕68号文件的规定，党政机关及其所属编制序列的事业单位开办的企业实际不具备法人资格，如未实行独立核算、自主经营，开办单位又未从中收取钱财，开办单位可在注册资金不实的范围内承担责任。

附：

山东省高级人民法院
关于如何理解和执行国务院国发〔1990〕68号文件的请示报告

1991年9月13日　　　　　　　　　鲁法（经）发第〔1991〕94号

最高人民法院：

我省济南市中级人民法院在审理济南市历城区人武部（下称"人武部"）诉省基建物资配套承包供应公司（下称"配套公司"）购销木材合同货款纠纷上诉一案中，因对国务院国发〔1990〕68号文件的理解和适用意见不一致，无法对本案作出处理。现将基本案情和意见分歧报告如下：

一、基本情况

1988年3月8日、4月4日，人武部开办的木制品厂与配套公司签订了两份购销木材合同。合同规定：由木制品厂供木材3500m³，总货款为224.5万元，预付货款16万元，交货地点分别在潍坊和滕县，运输费由配套公司承担。合同签订后，配套公司于同年3月9日、4月4日两次预付货款16万元。同年7月，木制品厂供给配套公司木材104.68m³，因材质差，配套公司拒收。木制品厂将货处理后，付给配套公司货款88393.76元。同年8月，木制品厂为购木材又从配套公司借支货款8万元。后因木材未购到，合同无法履行，经双方协商终止合同，由木制品厂退回配套公司预付款151606.24元，但木制品厂仅于1989年9月30日退款1万元。余款未退还。后木制品厂在清理整顿公司中被撤销，配套公司多次向人武部催要货款无果，诉到济南市槐荫区人民法院。

经查，1988年1月，人武部为木制品厂申请登记开业，不具备独立法人资格。1989年12月，由该人武部申请将木制品厂注销，债权债务由人武部处理。槐荫区法院认为，配套公司与木制品厂签订的两份购销合同有效，木制品厂已被工商部门注销，其债权债务由人武部负责清偿。配套公司考虑到人武部属国家机关，要求不再追究其违约责任和其他损失。判决人武部付给配套公司货款141606.24元。宣判后，人武部不服，以"我部未给木制品厂投资分文，也没收取该厂的钱和物，该厂撤销后，所有债权未追回，按国务院68号文件规定，我部只承担为该厂注册资金担保的4万元的责任，其余应由木制品厂的财产承担"为由，上诉到济南市中级人民法院。

二、意见分歧

在研究本案的处理意见时,对如何理解和适用国务院国发〔1990〕68号文件时产生了两种不同的意见:

第一种意见认为,国务院的68号文件只针对党政机关开办的具有独立法人资格的公司、企业所作出的规定。该木制品厂工商登记不具备法人资格,实际上也不具备法人资格。所以,木制品厂被撤销后,其所欠债务,按民法通则有关规定,应由具有法人资格的开办单位即人武部承担。

第二种意见认为,国务院68号文件中的第四条规定,应理解为既包括党政机关举办的具有独立法人资格的公司、企业,也包括不具备独立法人资格的公司、企业。因此,该木制品厂的对外债务,人武部仅在担保注册资金范围内承担有限连带责任。

以上两种意见报告你院,请批复。

最高人民法院
关于审理合伙型联营体和个人合伙对外债务纠纷案件应否一并确定合伙内部各方的债务份额的复函[*]

1992年3月18日　　　　　　　　　　　　　法函〔1992〕34号

广西壮族自治区高级人民法院:

你院〔1991〕桂法(经)字第23号《关于审理合伙联营体和个人合伙对外债务纠纷应否一并确定合伙内部各方的债务份额的请示报告》收悉。经研究,答复如下:

合伙型联营体和个人合伙的财产能够清偿联营或合伙债务的,应当以合伙型联营体或个人合伙的财产清偿。

合伙型联营体、个人合伙无财产清偿或者其财产不足清偿联营、合伙债务的,应当由联营成员或合伙人承担责任。根据《中华人民共和国民法通则》的规定,除法律另有规定的外,合伙人对合伙的债务承担连带责任;合伙型联营各方,依照法律的规定或者协议约定负连带责任的,承担连带责任。如果联营体成员之间、合伙人之间权利义务关系明确,联营体各成员、各合伙人承担债务的份额容易确定,各联营体成员、合伙人之间争议不大的,为简化诉讼程序,可以在审理合伙型联营体、个人合伙对外债务纠纷案件时一并确定联营、合伙各方承担债务的份额,但应在裁判文书中指明合伙型联营各

---

[*] 也作"最高人民法院关于审理合伙型联营体和公民合伙组织对外债务纠纷案件应否一并确定合伙内部各方的债务份额的复函"。

方、各合伙人之间承担连带责任。如果联营各方、合伙人之间对如何承担责任争议较大，将联营体、合伙组织对外债务纠纷与联营、合伙纠纷一并处理不利于案件及时审结的，可以分开审理。如果依照法律的规定或者协议的约定，合伙型联营各方对联营债务不负连带责任的，在审理合伙型联营体对外债务纠纷案件时，必须确定联营各方应当承担清偿债务的份额。

最高人民法院
关于曹彩凤等诉许莉债务案如何适用法律问题的复函

1993年3月12日　　　　　　　　　　　　　〔1993〕民他字第3号

上海市高级人民法院：

你院关于曹彩凤、曹景凤、汪潜等诉许莉债务纠纷案的请示报告收悉。经研究，答复如下：

根据《中华人民共和国民法通则》第二十九条、第七十八条和最高人民法院《关于贯彻执行〈中华人民共和国民法通则〉若干问题的意见（试行）》第四十三条的规定，赵海平在从事承包经营期间所欠债务为夫妻共同债务，赵海平死亡后，其妻许莉作为连带债务人有义务继续清偿全部债务。

以上意见，供参考。

最高人民法院
关于朱仲珍等诉王松泉返还财产案如何处理的函复

1993年5月20日　　　　　　　　　　　　　〔1993〕民他字第4号

浙江省高级人民法院：

你院〔1991〕浙法民他字（101）号《关于朱仲珍等人诉王松泉返还财产一案的请示报告》收悉。从报告材料看，双方争议的《抱经堂藏书图》两幅，原为已故朱遂翔经营旧书业时所收藏，后存于朱的学徒王松泉之处。朱去世后，一九八七年十月前，朱的子女朱仲珍等曾向王松泉多次索还该图未果，遂持其父一九六二年所写的内有"私自保存，传之于子孙"内容的家书为据，向人民法院起诉，要求王松泉返还。据此，经研究，我们同意你院报告中的第二种意见，即在王松泉不能提供该画由朱遂翔赠与的充分证据的情况下所争议之图应返还朱家。

以上意见，供参考。

附：

浙江省高级人民法院
关于王松泉与朱仲珍等人返还财物一案的请示报告

（1993年1月16日）

最高人民法院：

杭州市中级人民法院向我院请示的"关于王松泉与朱仲珍等人返还财物纠纷上诉案"，经我院审判委员会讨论，因对该案定性和处理意见不一，特向你院请示。现将案情和处理意见报告如下：

一、当事人概况

上诉人（一审被告）王松泉，88岁，汉族，浙江省杭州市上城区定安路糖果店退休职工，住杭州市清泰街义井巷17号。

被上诉人（一审原告）朱绿云，女，70岁，汉族，杭州华丰造纸厂退休职工，住杭州市华丰新村33号。

被上诉人（一审原告）朱庭杰，男，65岁，汉族，上海电视机厂退休工人，住上海市汉口路704号。

被上诉人（一审原告）朱琦，女，63岁，汉族，上海铁路医院职工，住上海市虹江路807弄46号。

被上诉人（一审原告）朱仲荪，男，61岁，汉族，杭州商业学院讲师，住该院宿舍。

被上诉人（一审原告）朱仲珍，女，50岁，汉族，浙江医科大学附属第二医院医生，住杭州市求是新村8幢506室。

被上诉人朱绿云、朱庭杰、朱琦、朱仲荪、朱仲珍系同胞兄弟姐妹，朱仲珍之父朱遂翔与上诉人王松泉是师徒关系。

二、案　情

朱遂翔（又名朱慎初1967年死亡）于1917年前后在杭州梅花碑开设"抱经堂"古旧书店，由于营业兴盛，当时在旧书业中有一定影响。王松泉从1928年起随业师朱遂翔从事旧书业直至1934年，历时6年。1935年朱遂翔请余绍宋、张幼蕉画《抱经堂藏书画》两幅，并装裱成轴。嗣后，朱遂翔先后陆续请傅增湘、顾颉刚等32个藏书人和名人题词。1942年王松泉开设"松泉阁"书店，解放初，朱遂翔所开"抱经堂"书店关闭。公私合营后，王松泉任"翰墨林"书店经理，后又被选为杭州市政协委员。朱遂翔与王松泉常有往来，并委托王松泉出卖部分旧书画。1978年后，王松泉请8个名人在《抱经堂藏书图》上续题。

1984年在杭州市抄家文物清退认领期间，朱仲珍等得知其父有两轴《抱经堂藏书图》手卷在王松泉处，即向王提出归还要求。但王松泉以是朱遂翔生前所赠为由，拒绝返还。1987年10月26日，朱仲珍兄弟姐妹向杭州市上城区人民法院提起诉讼，请求人民法院依法判令王松泉归还所占两轴《抱经堂藏书图》及托其代管两箱书画。

三、一审认定的事实及判决结果

一审法院审理认为：《抱经堂藏书图》手卷两轴，属原告之父朱遂翔之物，现原告要求被告返还，理由正当，应予支持。而被告提出《抱经堂藏书图》手卷两轴系朱遂翔生前所赠，缺乏依据。判决：1.被告王松泉应在本判决生效后15日内，将《抱经堂藏书图》手卷两轴（不包括被告请人题词部分）返还给原告；2.驳回原、被告其它诉讼请求。诉讼费100元，由被告承担。判决后，王松泉不服提起上诉。

四、杭州市中级法院请示意见

案经杭州市中级人民法院审判委员会讨论，有三种处理意见：第一种意见认为，《抱》是对朱遂翔业绩的记载，现朱的子女提供的朱遂翔亲笔信，表明要传于子孙，而王松泉认为赠送，只有四个证人的证言，但证言均说是听王本人说是业师赠送的，故不论王松泉是善意占有还是恶意占有，《抱》是朱家的，就应还朱家，故应维持原判。第二种意见认为，朱子女起诉要求返还原物，应有原告举证证明王松泉是保管或无因管理或非法占有，如提不出证据，就要承担败诉结果。而王松泉现实际占有《抱》，无须负举证责任，无须举赠与的证据，因为财产所有权从财产交付时起转移。而这封1962年的信无法直接证明《抱》是交王松泉代管保存，而且朱的意愿也不是一成不变的。故原告证据不足，本案应撤销原判，驳回原告诉讼请求。第三种意见认为，原判适用《民法通则》75条不妥，虽《抱》原为朱遂翔所有，但现《抱》在王松泉处，合法占有受法律保护。现双方均提不出确凿证据，证明是代管还是赠送，应按《民法通则》79条规定，《抱》为所有人不明的隐藏物，收归国家所有。故杭州中院向本院请示。

五、我院请示意见

案经本院审查，并经审判委员会讨论，有两种处理意见。第一种意见认为：《抱经堂藏书画》两幅应归王松泉所有。理由是，双方讼争的《抱经堂藏书图》原虽系朱遂翔所有，但现在王松泉处，王松泉称是业师朱遂翔所赠与，因财产所有权从交付时起转移，符合赠与的条件。原告称其父并未赠与归王松泉所有，原告应负并无赠与的举证责任，举证证明《抱》图是王松泉代保管或是无因管理或是非法占有。现原告也无法证明《抱经堂藏书图》是放在另两箱书中一起交给王松泉保管的。朱遂翔1962年写给其子的信无法直接证明《抱经堂藏书图》是交给王松泉代管的。在文化大革命期间，这字画是不值钱的,送给最得意的门徒也未必不可,且朱遂翔的意愿也不是一成不变的。如《抱经堂藏书图》不是赠与给王松泉所有,王松泉不会在该图上请八位名人续题词。第二种意见是:讼争之《抱经堂藏书图》,朱遂翔生前没有赠与给王松泉的意思表示,他给儿子的信明确表示画"只有私自保存,传于子孙",后亦无改变上述意愿的证据。王松泉举不出朱遂翔赠画与他的证据,所举四个证人所作证言,均系听王松泉所讲,难以相信。《抱经堂藏书图》应返还给朱家。为慎重处理,特向均院请示,望予示复。

最高人民法院关于长春文化教育书刊经销中心与长春市邮政局赔偿案如何适用法律的复函

1993年6月3日　　　　　　　　　　〔1993〕民他字第10号

吉林省高级人民法院:

你院〔1992〕吉高民终字第17号"关于长春市邮政局与长春文化教育书刊经销中心赔偿一案的审理报告"收悉。经研究,我们认为,本案是邮政企业在办理邮政业务中与邮政用户之间发生的赔偿纠纷,应当依照《中华人民共和国邮政法》、《中华人民共和国邮政法实施细则》的有关规定和参照邮政主管部门的有关规定处理。

附:

吉林省高级人民法院关于长春市邮政局与长春文化教育书刊经销中心赔偿一案的请示报告

(1993年4月5日)

最高人民法院:

我院审理的长春市邮政局与长春文化教育书刊经销中心赔偿一案,有关适用法律问题请示贵院。现将案情报告如下:

一、案件的由来和审理经过

原审,原告长春市文化教育书刊经销中心与被告长春市邮政局赔偿一案,前由长春市中级人民法院于1992年9月23日作出〔1991〕长法民初字第24号判决。宣判后原审被告长春市邮政局不服，向本院提起上诉，本院依法组成合议庭，由审判员×××担任审判长，代理审判员×××主审，代理审判员×××参加评议，于1993年2月22日公开开庭审理了本案，原审原告长春市文化教育书刊经销中心及其委托代理人滕伟，原审被告长春市邮政局及其委托代理人樊晓文等到庭参加了诉讼，本案现已审理完毕。

二、当事人和其他诉讼参加人的基本情况

上诉人（原审被告）长春市邮政局。

法定代表人，王天龙。

委托代理人，樊晓文，系该局法律顾问室主任。

被上诉人（原审原告）长春文化教育书刊经销中心。

法定代表人，张立东。

委托代理人，滕伟，男，系该中心干部。

三、原判要点和上诉的主要内容

1990年4—6月间，长春文化教育书刊经销中心委托长春市邮政局下属桂林路支局，以代收货价的方式面向全国八省三个直辖市的初高级中学寄出《中学生文言文引行辞典》及1990年《全国普通高级学校招生统一考试政治模拟题精选及解答》等书共计5253件，每件价值人民币39.82元，总价值209,174.46元，并按代收货价业务规定交纳了邮资费5,916.00元，其中收到1356件书的货款53,235.25元，退回的邮件1021件（由原告单位职工邹树德签收），其余经查均未果，遂向长春市中级人民法院提起告诉，要求赔偿损失及利息，认为以上损失均是邮局方漏未收代收货价所造成。长春中院经审理认为，书刊经销中心委托桂林路邮局发出代收货价邮件3253件，收到了1356件的货款，收到1021件退回书件，虽在1021件中有超过查询期退回的部分，但属于默许行为，其责任应自负，书刊社提供未查询和丢失的1070件邮件是理所当然的赔偿部分，要收据的325件应予补偿，双方所争执的1481件退件虽在退回的邮单上加盖邹树德的名章，但邮件没有退给邹树德，而投递给了案外人衣立功，邹树德也未委托他人代收，对其造成的损失应赔偿，根据《民法通则》第八十四条第二款，第一百一十一条和省邮电管理局颁发的《代收货价邮件处理办法》之规定，判决，被告赔偿原告2876件书款，每件39.82元，共计114,522.32元，判决后一次付清。一审案件受理费3,800.00元由邮政局承担。宣判后长春市邮政局不服，主张原审判决适用法律不当，此案件属邮政用户和邮局间的专业性案件，不能适用民法通则，而应适用《邮政法》及有关规定，邮局根据查阅自己的档案主张文化书刊社在有效查询期（交寄时起一年内）只查询了2224件，其中659件属漏未收代收货价，310件是对方要收据的，154件属丢失，只能赔这三项（按邮电部颁发的《国内邮件处理规则》、《代收货价管理办法》的有关规定）价值为39,906.58元，另外的1481件退件邮局退给案外人衣立功，并主张衣立功与邹树德有事实上的委托关系。

四、解决纠纷的意见和理由

经合议讨论认为,本案的核心问题是适用哪个法律的问题,是适用《民法通则》还是《邮政法》及其有关规定。第一种意见是适用《邮政法》及其有关规定,因本案属邮政用户与邮政管理之间的专门案件,《邮政法》及其实施细则中虽没有具体的赔偿数额,但是有关的赔偿规定《邮政法》实施细则第五章"邮件的寄递和损失赔偿",第三十九条规定"确属邮政企业或者分支机构的责任而造成内件短少、损毁的,或者由于邮政企业,分支机构的责任造成给据邮件丢失、损毁的,邮政企业或分支机构应当按照规定预以赔偿。"第六章第三十三条第一项规定"挂号邮件,按照国务院邮政主管部门规定的金额赔偿;《代收货价处理办法》第九条规定"邮局对代收货价邮件发生丢失、短少或损毁时,按照《邮政业务使用规则》第九章第二节(《国内邮件处理规则》第八章第二节)有关规定担负补偿责任,对漏未收代收货款的担负按代收货价款额补偿的责任。"而1979年邮电部颁发的《邮政业务使用规则》第九章第二节第一百七十条第一项规定"国内给据邮件的补偿办法,(1)挂号邮件(代收货价邮件属挂号邮件)每件补偿人民币2.00元……以上规章制度,应参照执行。"

第二种意见是适用《民法通则》,因为民法通则是个基本法,一切民事活动都应遵照执行。《民法通则》制定在《邮政法》之前,但同年同日实施,1991年《代收货价处理办法》即告废止,《邮政法》中虽有关于赔偿的规定(第六章),但没有具体的赔偿数额,邮电部颁发的《国内邮件处理规则》中虽有具体的赔偿数额但属邮电部本系统内的规章制度,对外不应具有法的效力,因此按第二种意见应维持原判。经本院审判委员会(1993)第11次会议讨论认为,同意合议庭意见,倾向第一种意见。我们认为在适用哪个法律上把握不准特请示最高人民法院。

最高人民法院
关于个人或合伙开办信用社撤销或无力支付储户存款其成立批准机关是否承担责任问题的复函

1993年6月21日　　　　　　　　　　　　法经〔1993〕123号

河南省高级人民法院:

你院〔1992〕豫法经字第14号"关于个人或合伙开办信用社撤销或无力支付储户存款其成立批准机关是否承担责任的请示报告"收悉。经研究,答复如下:

根据《中华人民共和国银行管理暂行条例》第二十八条的规定,个人不得设立银行或其他金融机构,不得经营金融业务。因此,各级人民银行无权批准设立个人或合伙性质的信用社或其他金融机构,只能批准成立集体所有制性质的合作金融组织,并以集体经济自有的财产承担民事责任。对已经开办的个人和合伙金融机构,根据国务院的规定必须清理和撤销。在清理和撤销过程中,当事人诉至法院的,根据《民法通则》规定的过错原则,有关的人民银行审核不实的应当承担民事责任。你院请示中的人民银行南阳市支行在"南阳市商业信用社"成立申请表上署了"情况属实,同意上报"的审核意见,尔后,又向南阳市工商局出具了"此有南阳市商业信用社已在我行存有股金10.01万元"的证明。如果人民银行南阳市支行证明的情况属实,该行不应承担民事责任,只将信用社在该行所存的股金退回信用社参与清偿。如果该行证明的情况不实,应当承担审核不实的责任,以该行的自有资金10万元参与"南阳市商业信用社"的清偿。

最高人民法院
关于对私营客车保险期满后发生的车祸事故保险公司应否承担保险责任问题的请示的复函

1993年8月4日　　　　　　　　　　　　　　法经〔1993〕161号

四川省高级人民法院:

你院川高法〔1992〕111号关于私营客车保险期满后发生的车祸事故,保险公司应否承担保险责任的请示收悉。经研究,答复如下:

根据1989年12月28日四川省财政厅、交通厅、保险分公司、人寿保险公司89字第56号文件批准实施的《公路旅客意外伤害保险条款》的规定,旅客乘坐经国家有关部门批准营运的客车,均应向中国人民保险公司投保公路旅客意外伤害保险。投保的形式是旅客购买由交通管理部门统一印制的客运票,车票注明"内含保险费",保险公司不再另行签发保险凭证。客票中所含保险费由公路客运部门代收汇缴保险公司。公路旅客意外伤害保险条款属法定强制保险,旅客购买车票经验票进站后,或者中途上车购票后,即为投了意外伤害险,至于公路客运部门(或私营客车车主)是否向保险公司汇缴保险费,并不影响保险责任的发生。你院请示的问题,符合上述情况,保险公司应承担保险责任。至于私营客车不按规定投保,保险公司有权依有关规定要求私营车主承担相应的责任和赔偿有关损失,你院也可向有关主管机关提出司法建议。

此复。

最高人民法院
关于企业开办的其他企业被撤销或者歇业后民事责任承担问题的批复

1994年3月30日　　　　　　　　　　　　　　　法复〔1994〕4号

广东省高级人民法院：

你院《关于审理企业开办的其他企业被撤并后的经济纠纷案件是否适用国发〔1990〕68号文规定的请示》收悉。经研究，答复如下：

一、企业开办的其他企业被撤销、歇业或者依照《中华人民共和国企业法人登记管理条例》第二十二条规定视同歇业后，其民事责任承担问题应根据下列不同情况分别处理：

1. 企业开办的其他企业领取了企业法人营业执照并在实际上具备企业法人条件的，根据《中华人民共和国民法通则》第四十八条的规定，应当以其经营管理或者所有的财产独立承担民事责任。

2. 企业开办的其他企业已经领取了企业法人营业执照，其实际投入的自有资金虽与注册资金不符，但达到了《中华人民共和国企业法人登记管理条例实施细则》第十五条第（七）项或者其他有关法规规定的数额，并且具备了企业法人其他条件的，应当认定其具备法人资格，以其财产独立承担民事责任。但如果该企业被撤销或者歇业后，其财产不足以清偿债务的，开办企业应当在该企业实际投入的自有资金与注册资金差额范围内承担民事责任。

3. 企业开办的其他企业虽然领取了企业法人营业执照，但实际没有投入自有资金，或者投入的自有资金达不到《中华人民共和国企业法人登记管理条例实施细则》第十五条第（七）项或其他有关法规规定的数额，或者不具备企业法人其他条件的，应当认定其不具备法人资格，其民事责任由开办该企业的企业法人承担。

二、人民法院在审理案件中，对虽然领取了企业法人营业执照，但实际上并不具备企业法人资格的企业，应当依据已查明的事实，提请核准登记该企业为法人的工商行政管理部门吊销其企业法人营业执照。工商行政管理部门不予吊销的，人民法院对该企业的法人资格可不予认定。

三、从本批复公布之日起，本院法（研）复〔1987〕33号《关于行政单位或企业开办的企业倒闭后债务由谁承担》的批复第二条中关于如果企业开办的分支机构是公司，不论是否具备独立法人资格，可以根据国发〔1985〕102号通知处理的规定和法（经）发〔1991〕10号通知第六条的规定，即行废止。

最高人民法院
关于三亚市城乡建设土地开发总公司将有关款项缴付给公安机关其是否对债权人承担民事赔偿责任问题的复函

1995年12月7日　　　　　　　　　　法函〔1995〕156号

上海市高级人民法院：

你院沪高法〔1995〕93号和沪高法〔1995〕122号请示报告收悉。经研究，答复如下：

上海市闵行区人民法院在审理上海南和工业公司（下称南和公司）诉天津万行企业总公司（下称万行公司）购销合同纠纷案时，以万行公司在海南省三亚市城乡建设土地开发总公司（下称三亚开发公司）存有用于房地产开发的900万元款项为由，作出了财产保全的民事裁定，并向三亚开发公司送达了裁定书和协助执行通知书，三亚开发公司亦在送达回证上签字并盖章。但是，闵行区人民法院并未冻结三亚开发公司相应的银行账户存款，也未向有关金融机构送达法律文书。1994年2月26日，山西省太原市公安局经济案件侦查处以"此款为万行公司诈骗款"为由，将万行公司存于三亚开发公司的900万元款项支付给山西铁路局875万元，支付给海南省国际经济与法律事务总公司25万元。1994年5月11日，闵行区人民法院向三亚市河西信用社出具了民事裁定书和协助执行通知书，通知其办理扣划三亚开发公司账户存款400万元并冻结人民币500万元。我们认为，闵行区人民法院在万行公司存于三亚开发公司的900万元款项已被公安机关追缴并支付给其他债权人的情况下，再次扣划并冻结三亚开发公司的款项明显不当，应当依法予以纠正。三亚开发公司对南和公司不应承担民事赔偿责任。

最高人民法院关于市政府经济技术协作委员会能否作为诉讼主体独立承担民事责任问题的复函

1996年1月8日　　　　　　　　　　　　　　　　法函〔1996〕9号

吉林省高级人民法院：

你院《关于市政府经济协作委员会能否作为诉讼主体独立承担民事责任问题的请示报告》收悉。

据你院报告，1991年7月12日，辽宁省沈阳宏泰食品有限公司（下称宏泰公司）与吉林省白山市经济技术物资协作公司（下称经协公司）签订了一份购销松籽合同，合同规定，由经协公司供给宏泰公司松籽1000吨。经协公司的上级主管部门白山市（原浑江市）人民政府经济技术协作委员会（下称经协委）自愿向宏泰公司出具了一份担保书，担保书规定，"我委同意承担如下责任：一、监督公司履行合同条款，兑现合同；二、监督公司按合同规定使用'宏泰食品有限公司'所拨定金、货款的使用；三、如公司不能兑现合同，发生违约，负责担保退还定金和经济损失。"主合同签订后，宏泰公司为履行合同汇给经协公司定金人民币50万元和货款421万元，后因松籽质量问题发生纠纷，宏泰公司向经协公司索要货款未果，故诉至法院。但宏泰公司在诉讼中提出担保人经协委不是独立法人，应追加其上级主管部门白山市人民政府作为本案被告并承担连带责任，没有法律根据。

经研究，我们认为，经协委于1988年6月1日正式成立，有独立的经费，依照《中华人民共和国民法通则》第五十条"有独立经费的机关从成立之日起，具有法人资格"的规定，经协委具有机关法人资格，可以作为诉讼主体并承担相应的民事责任。

最高人民法院
关于银行以折角核对方法核对印鉴
应否承担客户存款被骗取的
民事责任问题的复函

1996年3月21日　　　　　　　　　　　　　　法函〔1996〕65号

广东省高级人民法院：

你院粤高法经一请字〔1994〕3号请示收悉。经研究，答复如下：

同意你院倾向性意见。折角核对虽是现行《银行结算会计核算手续》规定的方法，但该规定属于银行内部规章，只对银行工作人员有约束作用，以此核对方法核对印鉴未发现存在的问题而造成客户存款被骗取的，银行有过错，应当对不能追回的被骗款项承担民事责任。

最高人民法院
关于金融机构为行政机关批准开办的公司
提供注册资金验资报告不实应当
承担责任问题的批复

1996年3月27日　　　　　　　　　　　　　　法复〔1996〕3号

四川省高级人民法院：

你院川高法〔1995〕194号《关于金融机构为行政机关批准开办的公司提供注册资金验资报告不实，应否承担公司资不抵债的还款责任问题的请示》已收悉。经研究，答复如下：

金融机构根据行政机关出具的注册资金证明，为该行政机关批准开办的公司出具不实的验资报告，公司因资不抵债无力偿还债务，给债权人造成损失的，金融机构除应退出收取的验资手续费外，还应当在该注册资金范围内承担与其过错相应的民事责任；金融机构按照验资程序进行审查核实，公司注册登记后又抽逃资金的，金融机构不承担退出验资手续费和赔偿损失的责任。

最高人民法院

关于深圳市兴达工贸有限公司与复旦大学科学技术开发总公司及上海海通经济联合总公司汇款返还纠纷案件请示的答复

1997年1月15日　　　　　　　　　　　　〔1997〕经他字第1号

上海市高级人民法院：

你院《关于深圳市兴达工贸有限公司与复旦大学科学技术开发总公司、上海海通经济联合总公司汇款返还纠纷一案的请示》收悉。经研究，答复如下：

一、深圳市兴达工贸有限公司（以下简称兴达公司）未曾参与上海海通经济联合总公司（以下简称海通公司）和复旦大学科学技术开发总公司（以下简称复旦开发公司）之间的电脑经销合同以及补偿合同，故本案争议的补偿费65万元所涉及的债权债务关系，与兴达公司无关。兴达公司与海通公司虽有函件来往，但兴达公司从未表示接收海通公司的65万元债务，更未与海通公司订立债务转移协议，故不能认为接收侯必胜，即等于接收该65万元债务。

二、侯必放擅自动用原太平洋贸易企业公司综合业务部65万元，以购货款名义付给复旦开发公司，用于清偿侯必胜在海通公司经销电脑时，通过补偿合同应当偿付给复旦开发公司的补偿费，应当认定为个人行为。兴达公司事前未同意，事后也未追认侯必放的付款行为。故认定兴达公司已同意支付该65万元，缺乏依据，应予以纠正。

同意你院请示报告中的第一种意见，请通过再审妥善处理此案。

最高人民法院

关于马维山与云南峨山县邮电局、勐海县邮电局赔偿纠纷案的复函

1998年11月28日　　　　　　　　　　　　〔1998〕民他字第24号

云南省高级人民法院：

你院《关于马维山与峨山县邮电局、勐海县邮电局赔偿适用法律的请示报告》收悉，经研究认为：原则上同意你院审委会倾向意见，即邮政企业遗失邮件给他人造成实

际损失应当承担相应的民事赔偿责任。邮政企业与用户之间有偿服务关系是平等主体之间民事法律关系，邮政企业遗失邮件应依照《民法通则》的有关规定承担赔偿责任；但考虑到邮电企业经营方式的特殊性以及本案遗失邮件为非保价邮件，故应减轻邮电企业赔偿责任。

最高人民法院
关于如何处理涉及广东发展银行所承接的广东中银外汇经营部为债务人的债务利息的通知

1999年3月1日　　　　　　　　　　　　　　　　　　法〔1999〕20号

各省、自治区、直辖市高级人民法院，解放军军事法院，新疆维吾尔自治区高级人民法院生产建设兵团分院：

为防范和化解金融风险，经国务院同意，中国人民银行决定，广东发展银行收购了中银信托投资公司，并全部承接了广东中银外汇经营部的债权债务。现就人民法院在审理涉及广东发展银行所承接的广东中银外汇经营部为债务人的经济纠纷案件中如何处理债务利息问题通知如下：

人民法院对已经受理的涉及广东发展银行所承接的原广东中银外汇经营部为债务人的债务利息计付问题，应当参照中国人民银行银函〔1997〕421号、银银管〔1997〕46号、银复〔1998〕350号所规定的原则处理，即"对私人存款和境内法人机构1994年8月1日之前的存款，扣除已提利差后，按同期银行法定利率计付至1996年12月31日（存期内按定期利率计算，以后按活期利率计算）；对境内法人机构1994年8月1日以后的债务不支付利息，并要扣除已付的利差"。

最高人民法院
关于上海东府贸易有限公司与中国建设银行
湖南省分行国际业务部、湖南省华隆进出口
光裕有限公司返还财产纠纷一案的答复

2001年1月18日　　　　　　　　　〔1999〕民他字第5号

湖南省高级人民法院：

你院〔1999〕湘民请字第2号《关于上海东府贸易有限公司与中国建设银行湖南省分行国际业务部、湖南省华隆进出口光裕有限公司返还财产纠纷一案有关情况的请示报告》收悉。经研究认为：如果没有充分证据证明银行明知光裕公司出借账户给东府公司，银行依据贷款合同约定扣款还贷的行为并无不当；光裕公司出借账户给东府公司并获取利益，应当对东府公司100万元款项无法收回承担相应的民事责任；光裕公司与东府公司之间的协议违反了中国人民银行《银行账户管理办法》的有关规定，是无效合同，对东府公司100万元损失的发生，双方均有过错，应根据双方过错程度，确定责任分担的比例。

最高人民法院
关于金融机构为企业出具不实或者虚假验资报告
资金证明如何承担民事责任问题的通知

2002年2月9日　　　　　　　　　　法〔2002〕21号

各省、自治区、直辖市高级人民法院，新疆维吾尔自治区高级人民法院生产建设兵团分院：

近年来，我院陆续发布了一些关于验资单位承担民事责任的司法解释，对各级人民法院正确理解和适用民法通则、注册会计师法，及时审理关于验资单位因不实或者虚假验资承担民事责任的相关案件，起到了积极作用。但是，也有一些法院对有关司法解释的理解存在偏差。为正确执行我院的司法解释，规范金融机构不实或者虚假验资案件的审理和执行，现就有关问题通知如下：

一、出资人未出资或者未足额出资，但金融机构为企业提供不实、虚假的验资报告或者资金证明，相关当事人使用该报告或者证明，与该企业进行经济往来而受到损失的，应当由该企业承担民事责任。对于该企业财产不足以清偿债务的，由出资人在出资不实或者虚假资金额范围内承担责任。

二、对前项所述情况，企业、出资人的财产依法强制执行后仍不能清偿债务的，由金融机构在验资不实部分或者虚假资金证明金额范围内，根据过错大小承担责任，此种民事责任不属于担保责任。

三、未经审理，不得将金融机构追加为被执行人。

四、企业登记时出资人未足额出资但后来补足的，或者债权人索赔所依据的合同无效的，免除验资金融机构的赔偿责任。

五、注册会计师事务所不实或虚假验资民事责任案件的审理和执行中出现类似问题的，参照本通知办理。

最高人民法院关于湖北省高级人民法院关于原告罗佛英、凌秀英等2094人与被告湖北省荆江股份有限公司、中国银行荆州市沙市支行返还财产纠纷一案适用法律问题的请示的答复

（2006年8月2日）

湖北省高级人民法院：

你院鄂高法〔2005〕334号《关于原告罗佛英、凌秀英等2094人与被告湖北省荆江股份有限公司、中国银行荆州市沙市支行返还财产纠纷一案适用法律问题的请示》收悉。经研究，答复如下：

根据1998年6月30日第247号国务院令发布施行的《非法金融机构和非法金融业务活动取缔办法》第二十一条之规定，并参照2005年10月27日修订的《中华人民共和国证券法》第一百八十八条之规定，原告罗佛英、林秀英等2094人与被告湖北省荆江股份有限公司、中国银行荆州市沙市支行返还财产纠纷，系涉及超范围发行股票而请求返还财产的案件，属于平等民事主体之间的权益纠纷，依照《中华人民共和国民事诉讼法》第一百零八条之规定，人民法院应当受理。

此复。

最高人民法院
关于信用社对其负责人出具加盖信用社公章借据的行为应否承担民事责任的请示报告的复函

2012 年 12 月 13 日　　　　　　　　〔2010〕民二他字第 5、6、7 号

山东省高级人民法院：

你院〔2011〕鲁商终字第 186 号、192 号、194 号《关于信用社对其负责人出具加盖信用社公章借据的行为应否承担民事责任的请示报告》收悉。经研究，答复如下：

你院的请示涉及多起案件，且每起案件的具体事实情节有所不同，故对于请示问题，应结合具体案件事实，根据《中华人民共和国合同法》第五十条、第五十二条之规定，对信用社负责人的行为是否构成表见代表以及借款合同是否有效进行判断，并按以下情形分别处理：构成表见代表，且借款合同有效的，信用社承担合同责任；构成表见代表，但借款合同无效的，信用社应根据《中华人民共和国合同法》第五十八条之规定承担相应责任；不构成表见代表，信用社有过错，且该过错行为与被害人的损失之间具有因果关系的，对该犯罪行为所造成的经济损失，应承担相应赔偿责任。

另外，如果人民法院根据案件事实作出的认定与当事人的诉讼请求不一致，应当适当向当事人作出释明。

以上意见供参考。

此复。

（三）诉 讼 时 效

最高人民法院关于适用《中华人民共和国民法总则》诉讼时效制度若干问题的解释

法释〔2018〕12号

（2018年7月2日由最高人民法院审判委员会第1744次会议通过 2018年7月18日最高人民法院公告公布 自2018年7月23日起施行）

为正确适用《中华人民共和国民法总则》关于诉讼时效制度的规定，保护当事人的合法权益，结合审判实践，制定本解释。

第一条 民法总则施行后诉讼时效期间开始计算的，应当适用民法总则第一百八十八条关于三年诉讼时效期间的规定。当事人主张适用民法通则关于二年或者一年诉讼时效期间规定的，人民法院不予支持。

第二条 民法总则施行之日，诉讼时效期间尚未满民法通则规定的二年或者一年，当事人主张适用民法总则关于三年诉讼时效期间规定的，人民法院应予支持。

第三条 民法总则施行前，民法通则规定的二年或者一年诉讼时效期间已经届满，当事人主张适用民法总则关于三年诉讼时效期间规定的，人民法院不予支持。

第四条 民法总则施行之日，中止时效的原因尚未消除的，应当适用民法总则关于诉讼时效中止的规定。

第五条 本解释自2018年7月23日起施行。

本解释施行后，案件尚在一审或者二审阶段的，适用本解释；本解释施行前已经终审，当事人申请再审或者按照审判监督程序决定再审的案件，不适用本解释。

最高人民法院
关于审理民事案件适用诉讼时效制度若干问题的规定

法释〔2008〕11号

(2008年8月11日最高人民法院审判委员会第1450次会议通过 2008年8月21日最高人民法院公告公布 自2008年9月1日起施行)

为正确适用法律关于诉讼时效制度的规定，保护当事人的合法权益，依照《中华人民共和国民法通则》、《中华人民共和国物权法》、《中华人民共和国合同法》、《中华人民共和国民事诉讼法》等法律的规定，结合审判实践，制定本规定。

第一条 当事人可以对债权请求权提出诉讼时效抗辩，但对下列债权请求权提出诉讼时效抗辩的，人民法院不予支持：
（一）支付存款本金及利息请求权；
（二）兑付国债、金融债券以及向不特定对象发行的企业债券本息请求权；
（三）基于投资关系产生的缴付出资请求权；
（四）其他依法不适用诉讼时效规定的债权请求权。

第二条 当事人违反法律规定，约定延长或者缩短诉讼时效期间、预先放弃诉讼时效利益的，人民法院不予认可。

第三条 当事人未提出诉讼时效抗辩，人民法院不应对诉讼时效问题进行释明及主动适用诉讼时效的规定进行裁判。

第四条 当事人在一审期间未提出诉讼时效抗辩，在二审期间提出的，人民法院不予支持，但其基于新的证据能够证明对方当事人的请求权已过诉讼时效期间的情形除外。

当事人未按照前款规定提出诉讼时效抗辩，以诉讼时效期间届满为由申请再审或者提出再审抗辩的，人民法院不予支持。

第五条 当事人约定同一债务分期履行的，诉讼时效期间从最后一期履行期限届满之日起计算。

第六条 未约定履行期限的合同，依照合同法第六十一条、第六十二条的规定，可以确定履行期限的，诉讼时效期间从履行期限届满之日起计算；不能确定履行期限的，诉讼时效期间从债权人要求债务人履行义务的宽限期届满之日起计算，但债务人在债权人第一次向其主张权利之时明确表示不履行义务的，诉讼时效期间从债务人明确表示不履行义务之日起计算。

第七条 享有撤销权的当事人一方请求撤销合同的，应适用合同法第五十五条关于一年除斥期间的规定。对方当事人对撤销合同请求权提出诉讼时效抗辩的，人民法院不予支持。

合同被撤销，返还财产、赔偿损失请求权的诉讼时效期间从合同被撤销之日起计算。

第八条 返还不当得利请求权的诉讼时效期间，从当事人一方知道或者应当知道不当得利事实及对方当事人之日起计算。

第九条 管理人因无因管理行为产生的给付必要管理费用、赔偿损失请求权的诉讼时效期间，从无因管理行为结束并且管理人知道或者应当知道本人之日起计算。

本人因不当无因管理行为产生的赔偿损失请求权的诉讼时效期间，从其知道或者应当知道管理人及损害事实之日起计算。

第十条 具有下列情形之一的，应当认定为民法通则第一百四十条规定的"当事人一方提出要求"，产生诉讼时效中断的效力：

（一）当事人一方直接向对方当事人送交主张权利文书，对方当事人在文书上签字、盖章或者虽未签字、盖章但能够以其他方式证明该文书到达对方当事人的；

（二）当事人一方以发送信件或者数据电文方式主张权利，信件或者数据电文到达或者应当到达对方当事人的；

（三）当事人一方为金融机构，依照法律规定或者当事人约定从对方当事人账户中扣收欠款本息的；

（四）当事人一方下落不明，对方当事人在国家级或者下落不明的当事人一方住所地的省级有影响的媒体上刊登具有主张权利内容的公告的，但法律和司法解释另有特别规定的，适用其规定。

前款第（一）项情形中，对方当事人为法人或者其他组织的，签收人可以是其法定代表人、主要负责人、负责收发信件的部门或者被授权主体；对方当事人为自然人的，签收人可以是自然人本人、同住的具有完全行为能力的亲属或者被授权主体。

第十一条 权利人对同一债权中的部分债权主张权利，诉讼时效中断的效力及于剩余债权，但权利人明确表示放弃剩余债权的情形除外。

第十二条 当事人一方向人民法院提交起诉状或者口头起诉的，诉讼时效从提交起诉状或者口头起诉之日起中断。

第十三条 下列事项之一，人民法院应当认定与提起诉讼具有同等诉讼时效中断的效力：

（一）申请仲裁；

（二）申请支付令；

（三）申请破产、申报破产债权；

（四）为主张权利而申请宣告义务人失踪或死亡；

（五）申请诉前财产保全、诉前临时禁令等诉前措施；

（六）申请强制执行；

（七）申请追加当事人或者被通知参加诉讼；

（八）在诉讼中主张抵消；

（九）其他与提起诉讼具有同等诉讼时效中断效力的事项。

第十四条 权利人向人民调解委员会以及其他依法有权解决相关民事纠纷的国家机关、事业单位、社会团体等社会组织提出保护相应民事权利的请求，诉讼时效从提出请求之日起中断。

第十五条 权利人向公安机关、人民检察院、人民法院报案或者控告，请求保护其民事权利的，诉讼时效从其报案或者控告之日起中断。

上述机关决定不立案、撤销案件、不起诉的，诉讼时效期间从权利人知道或者应当知道不立案、撤销案件或者不起诉之日起重新计算；刑事案件进入审理阶段，诉讼时效期间从刑事裁判文书生效之日起重新计算。

第十六条 义务人作出分期履行、部分履行、提供担保、请求延期履行、制定清偿债务计划等承诺或者行为的，应当认定为民法通则第一百四十条规定的当事人一方"同意履行义务"。

第十七条 对于连带债权人中的一人发生诉讼时效中断效力的事由，应当认定对其他连带债权人也发生诉讼时效中断的效力。

对于连带债务人中的一人发生诉讼时效中断效力的事由，应当认定对其他连带债务人也发生诉讼时效中断的效力。

第十八条 债权人提起代位权诉讼的，应当认定对债权人的债权和债务人的债权均发生诉讼时效中断的效力。

第十九条 债权转让的，应当认定诉讼时效从债权转让通知到达债务人之日起中断。

债务承担情形下，构成原债务人对债务承认的，应当认定诉讼时效从债务承担意思表示到达债权人之日起中断。

第二十条 有下列情形之一的，应当认定为民法通则第一百三十九条规定的"其他障碍"，诉讼时效中止：

（一）权利被侵害的无民事行为能力人、限制民事行为能力人没有法定代理人，或者法定代理人死亡、丧失代理权、丧失行为能力；

（二）继承开始后未确定继承人或者遗产管理人；

（三）权利人被义务人或者其他人控制无法主张权利；

（四）其他导致权利人不能主张权利的客观情形。

第二十一条 主债务诉讼时效期间届满，保证人享有主债务人的诉讼时效抗辩权。

保证人未主张前述诉讼时效抗辩权，承担保证责任后向主债务人行使追偿权的，人民法院不予支持，但主债务人同意给付的情形除外。

第二十二条 诉讼时效期间届满，当事人一方向对方当事人作出同意履行义务的意思表示或者自愿履行义务后，又以诉讼时效期间届满为由进行抗辩的，人民法院不予支持。

第二十三条 本规定施行后，案件尚在一审或者二审阶段的，适用本规定；本规定施行前已经终审的案件，人民法院进行再审时，不适用本规定。

第二十四条 本规定施行前本院作出的有关司法解释与本规定相抵触的，以本规定为准。

最高人民法院
关于企业或个人欠国家银行贷款逾期两年未还应当适用民法通则规定的诉讼时效问题的批复

1993年2月22日　　　　　　　　　　　　　　　　法复〔1993〕1号

河南省高级人民法院：

你院豫法研〔1990〕23号请示收悉。关于企业或个人欠国家银行贷款逾期两年未还是否适用民法通则规定的诉讼时效问题，经研究，答复如下：

国家各专业银行及其他金融机构系实行独立核算的经济实体。它们与借款的企业或公民之间的借贷关系，是平等主体之间的债权债务关系。国家各专业银行及其他金融机构向人民法院请求保护其追偿贷款权利的，应当适用民法通则关于诉讼时效的规定。确已超过诉讼时效期间，并且没有诉讼时效中止、中断或者延长诉讼时效期间情况的，人民法院应当判决驳回其诉讼请求。

此复。

最高人民法院
关于债务人在约定的期限届满后未履行债务而出具没有还款日期的欠款条诉讼时效期间应从何时开始计算问题的批复

1994年3月26日　　　　　　　　　　　　　　　　法复〔1994〕3号

山东省高级人民法院：

你院鲁高法〔1992〕70号请示收悉。关于债务人在约定的期限届满后未履行债务，而出具没有还款日期的欠款条，诉讼时效期间应从何时开始计算的问题，经研究，答复如下：

据你院报告称，双方当事人原约定，供方交货后，需方立即付款。需方收货后因无款可付，经供方同意写了没有还款日期的欠款条。根据《中华人民共和国民法通则》第一百四十条的规定，对此应认定诉讼时效中断。如果供方在诉讼时效中断后一直未主张权利，诉讼时效期间则应从供方收到需方所写欠款条之日的第 2 天开始重新计算。

此复。

最高人民法院
关于超过诉讼时效期间当事人达成的还款协议是否应当受法律保护问题的批复

1997 年 4 月 16 日　　　　　　　　　　　　　　　　法复〔1997〕4 号

四川省高级人民法院：

你院川高法〔1996〕116 号《关于超过诉讼时效期间达成的还款协议是否应受法律保护问题的请示》收悉。经研究，答复如下：

根据《中华人民共和国民法通则》第九十条规定的精神，对超过诉讼时效期间，当事人双方就原债务达成还款协议的，应当依法予以保护。

此复。

最高人民法院
关于超过诉讼时效期间借款人在催款通知单上签字或者盖章的法律效力问题的批复

法释〔1999〕7 号

（1999 年 1 月 29 日最高人民法院审判委员会第 1042 次会议通过
1999 年 2 月 11 日最高人民法院公告公布　自 1999 年 2 月 16 日起施行）

河北省高级人民法院：

你院〔1998〕冀经一请字第 38 号《关于超过诉讼时效期间信用社向借款人发出的"催收到期贷款通知单"是否受法律保护的请示》收悉。经研究，答复如下：

根据《中华人民共和国民法通则》第四条、第九十条规定的精神，对于超过诉讼时效期间，信用社向借款人发出催收到期贷款通知单，债务人在该通知单上签字或者盖章的，应当视为对原债务的重新确认，该债权债务关系应受法律保护。

此复。

最高人民法院经济审判庭关于济南重型机械厂诉中国技术进出口总公司加工步进式管机合同纠纷案件诉讼时效问题的电话答复

（1990年3月24日）

山东省高级人民法院：

你院鲁法（经）发〔1990〕16号"关于济南重型机械厂诉中国技术进出口总公司加工步进式管机合同纠纷案件诉讼时效问题的请示报告"收悉。经研究，答复如下：

中技公司撤销刘润生兴鲁公司经理职务，济南重机厂并不知道。况且，刘润生被撤销经理职务后仍为兴鲁公司工作人员。济南重机厂向其主张权利应视为向兴鲁公司主张权利，刘润生1987年11月26日给济南重机厂写信表示付款，应视为以法人名义所为的法律行为。因此，济南重机厂1989年9月30日向中技公司主张权利，未超过法定诉讼时效。

此复。

附一：

山东省高级人民法院关于济南重型机械厂诉中国技术进出口总公司加工步进式管机合同纠纷案件诉讼时效问题的请示报告

1990年3月14日　　　　鲁法（经）发〔1990〕16号

最高人民法院：

我省济南市中级人民法院受理的原告济南重型机械厂（以下简称重机厂）诉被告中国技术进出口总公司（以下简称中技公司）加工步进式管机合同纠纷一案，双方对诉讼时效争议较大，现就有关问题请示如下：

一、案件主要事实

1984年9月24日，中技公司的下属单位济南兴鲁科技开发公司（以下简称兴鲁公司）与重机厂签订由重机厂为兴鲁公司加工3台步进式管机，计价款46万元的合同。

1985年11月，兴鲁公司从重机厂接收了制造成功的3台管机，并当时拉走1台，另2台寄存重机厂库房内。同年12月19日，双方达成1986年3月底前付清全部贷款的延期付款协议。到1987年1月14日，兴鲁公司只付了8万余元货款，尚欠38万元未付。兴鲁公司法定代表人刘润生因犯有其他错误，中技公司于1987年8月31日撤销刘的经理职务，任命亓风芝为该公司经理，并向济南市工商行政管理局发了函。随后，中技公司法律顾问又在《中国法制报》上作了公告，此情况重机厂并不知道。1987年11月26日，刘润生又给重机厂写了立即付款的信件，但并未付款。经中技公司申请，济南市工商行政管理局于1988年6月28日批准兴鲁公司歇业，但兴鲁公司的法定代表人一直未作变更，仍然是刘润生。1989年9月30日重机厂向中技公司主张权利，要求中技公司偿付所欠贷款并承担延期付款的违约责任。

二、双方争议的理由

中技公司认为，重机厂主张权利超过法定诉讼时效，不应受法律保护。因重机厂1987年1月14日收到我下属兴鲁公司8万元货款后，直到1989年9月30日前未主张自己的权利；重机厂1987年11月26日收到原兴鲁公司经理刘润生立即付款的信件不具有法律效力，因为刘润生的经理职务已被我公司解除，并向有关工商行政管理部门发函和在《中国法制报》上公告，刘润生已不是兴鲁公司的法定代表人，其行为不能代表兴鲁公司。

重机厂认为，我厂主张权利没有超过法定诉讼时效，应受法律保护。中技公司所称刘润生任兴鲁公司经理职务于1987年8月31日被解除，并向有关工商行政管理部门去函和在《中国法制报》上公告的事，我厂一直不知道。1988年6月28日由中技公司申请，并经有关工商行政管理部门批准兴鲁公司歇业时，该公司的法定代表人一直是刘润生，而未给予变更。根据国务院颁布的《工商企业登记管理条例》第五条、第十一条和《公司登记管理暂行条例》第六条、第十三条关于变更主要登记事项，应在规定的时间内向工商行政管理机关申请变更登记的规定精神，刘润生的经理职务虽被中技公司解除，但未依法办理变更手续，故其1987年11月26日给我厂立即付款的信件具有法律效力。从此信时间起到我厂主张权利时止，未超过法定诉讼时效。

三、本院的意见

认定重机厂主张权利是否超过诉讼时效的关键，是中技公司1987年8月31日撤销刘润生兴鲁公司经理职务，并向工商行政管理机关去函和在《中国法制报》上公告的行为有无法律效力，这涉及刘润生1987年11月26日给重机厂还款信件的效力。中技公司这种行为在当时的《工商企业登记管理条例》和《公司登记管理暂行条例》中没有明确规定是否合法，故不好认定具有法律效力。但在上述两个"条例"中均原则规定了企业、公司变更登记事项，应向工商行政管理机关申请变更登记。刘润生被撤销兴鲁公司经理职务，属变更登记事项，须办理申请变更登记手续，但中技公司只向工商行政管理机关去函和在报上公告，直至1988年6月28日兴鲁公司被工商行政管理机关批准歇业，也未对刘润生在兴鲁公司的法定代表人资格予以变更。所以，我们认为济南市中级人民法院关于自刘润生 1987 年 11 月 26 日给重机厂表示还款的信件起,至 1989 年 9 月 30 日重机厂向中技公司主张权利时止,其诉讼时效不超过 2 年的认定是有道理的。

以上意见当否,请批复。

附:济南市中级人民法院的请示报告

附二:

山东省济南市中级人民法院
关于诉讼时效的请示

1990 年 2 月 26 日 〔89〕济法经字第 111 号

山东省高级人民法院:

我院受理的原告济南重型机械厂(以下简称重机厂)诉被告中国技术进出口总公司(以下简称中技公司)加工承揽合同纠纷一案,原、被告对诉讼时效争议较大,现就有关问题请示如下:

一、主要事实

1984 年 9 月 24 日,中技公司的下属单位济南兴鲁科技开发公司(以下简称兴鲁公司)与重机厂签订由重机厂为兴鲁公司加工 3 台步进式管机的加工定货协议,计价款 46 万元。1985 年 11 月兴鲁公司从重机厂接收了 3 台制造成功的管机,当时拉走 1 台,另两台寄存重机厂库房内。1985 年 12 月 19 日兴鲁公司与重机厂签订《延期付款协议》,答应 1986 年 3 月底前付清全部货款,至 1987 年 1 月 14 日付款 8 万余元,尚欠 38 万元未付。因兴鲁公司法定代表人刘润生犯有其他错误,中技公司于 1987 年 8 月 31 日撤销了刘的经理职务,任命亓风芝为该公司经理,并向济南市工商行政管理局发了函,随后中技公司法律顾问又在《中国法制报》上作了公告,此情况重机厂并不知道。1987 年 11 月 26 日该刘又给重机厂写了立即付款的信件,但并未付款。经中技公司申请,济南市工商行政管理局于 1988 年 6 月 28 日批准兴鲁公司歇业,但兴鲁公司的法定代表人刘润生一直未作变更,1989 年 9 月 30 日重机厂向中技公司提出权利主张。

二、我院意见

1. 根据本案事实,参照 1982 年 7 月 7 日国务院常务会议通过的《工商企业登记管理条例》第十一条、1985 年 8 月 14 日国务院批准的《公司登记管理暂行规定》第十三条的规定精神,因刘润生的法定代表人资格直到该公司歇业时未作变更,故该刘于 1987 年 11 月 26 日向重机厂表示立即还款的信是有效的。

2. 中技公司 1987 年 8 月 31 日撤销刘润生兴鲁公司经理职务后在《中国法制报》上作了公告,该公告无法律政策依据,不具有法律效力。

鉴于以上两点，我院认为：刘润生被撤销兴鲁公司经理职务后，其法定代表人资格至该公司歇业一直未作变更，因此自刘1987年11月26日给重机厂表示还款的信件至1989年9月30日重机厂向中技公司提出权利主张时效不超过2年。

妥否，请批复。

最高人民法院经济审判庭
关于诉讼时效期间问题的复函

1991年11月19日　　　　　　　　　　〔1991〕法经字第160号

江西省高级人民法院经济审判庭：

你庭赣法经〔1991〕3号《关于诉讼时效期间问题的请示》收悉。经研究，答复如下：

因出售质量不合格的商品而未声明引起的损害消费者利益的侵权诉讼和因产品质量不合格造成他人人身、财产损害引起的追究产品责任的侵权诉讼，适用民法通则第一百三十六条规定的1年的诉讼时效期间；至于购销、加工承揽等经济合同因质量纠纷引起的追究违约责任的合同诉讼，应当适用民法通则第一百三十五条规定的2年的诉讼时效期间。

此复。

附：

江西省高级人民法院经济审判庭
关于诉讼时效期间问题的请示

1991年7月16日　　　　　　　　　　赣法经〔1991〕3号

最高人民法院经济庭：

《中华人民共和国民法通则》第一百三十六条规定：出售质量不合格的商品未声明的，诉讼时效期间为一年。我们理解，该规定不包括购销合同和加工承揽合同等经济合同中因质量问题而提起的诉讼。购销合同和加工承揽合同等经济合同质量纠纷的诉讼时效期间应为2年。

当否，请批示。

最高人民法院
关于购销合同标的物掺杂使假引起的
诉讼如何确定诉讼时效的复函

1992年1月16日　　　　　　　　　　　　　　法函〔1992〕10号

辽宁省高级人民法院：

你院〔1991〕经上字第4号《关于审理购销合同纠纷案件中标的物掺杂使假是否受诉讼时效期间约束问题的请示报告》收悉。经研究，答复如下：

因购销合同的标的物掺杂使假引起的纠纷，应当适用《中华人民共和国民法通则》第一百三十五条规定，即"向人民法院请求保护民事权利的诉讼时效期间为二年"。

最高人民法院
关于当事人的诉讼请求超过诉讼时效
人民法院不再予以保护问题的函复

1992年4月11日　　　　　　　　　　　　　　〔1991〕民他字第62号

河北省高级人民法院：

你院冀法（民）〔1991〕178号关于阎贵子与王华珠、陈安国房屋确权申请再审案如何适用法律的请示收悉。经研究，答复如下：

陈安国于1976年4月借用王华珠的平房两间。不久，经亲属说合，陈按该房房价交给王华珠560元，王将房屋保持证、国有土地使用证和土地使用纳税卡交给陈安国。陈安国于1979年7月23日经中人说合，以原房价将该房卖给阎贵子。阎长期使用该房，并多次进行维修。王华珠知道上述情况，长期未主张权利。1990年11月2日，王华珠以陈安国与阎贵子的买卖关系非法，该房产权属其所有为由，向法院起诉请求保护其民事权利。王起诉时，已经超过诉讼时效。因此，依照《中华人民共和国民法通则》第135条、137条关于诉讼时效期间及超过诉讼时效不予保护的规定，本案应予再审，撤销原一、二审判决，驳回王华珠的诉讼请求。

附：

<h1 style="text-align:center">河北省高级人民法院
关于阎贵子与王华珠、陈安国
房屋产权纠纷案的请示报告</h1>

最高人民法院：

我省石家庄市桥西区阎贵子为与王华珠、陈安国房产确权纠纷一案，一、二审判后，阎贵子不服申请再审。经调阅一、二审卷案，审判委员会研究，有两种处理意见。

第一种意见：房屋买卖是要式法律行为，本案王华珠与陈安国的买卖关系，既没有买卖契约又未过户和纳税，且双方只承认转让不是买卖，根据《城市私有房屋管理条例》和最高人民法院1984年8月30日《关于贯彻执行民事政策法律若干问题的意见》第56条的规定精神，王华珠与陈安国的买卖关系不能成立。陈安国与阎贵子之间的买卖关系属非所有权人出卖他人房屋，也应无效。产权应归王华珠所有。

第二种意见：王华珠与陈安国的房产关系，虽然现在双方只承认是转让，但该关系的形成是在1976年法制不健全的情况下，在其长辈（即王华珠五叔陈安国之妻的五舅）的主持口头协商后，陈安国当场按国家1953年房产评价（560元）付给王华珠，王华珠将自己保存的全部有关房产的证件（房产保持证、土地使用证、纳税卡等）交给了陈安国，即买卖关系成立，因他们是亲属关系，没有再立买卖契约手续。由于1976年房管部门停办过户手续而未过户。但同院的居民和房产证保管人及陈安国的战友均证明王华珠将房卖给了陈安国。陈安国得房后，管理使用居住近三年无争议，实际形成了买卖关系。1979年陈安国将房屋卖给阎贵子时，曾带阎贵子到王华珠处说明情况，王华珠未提出异议。阎贵子买房后即从房产证保管人胡俊英手中要出房产证，办理过户手续，由于其他产权户（原房产共有人）想把被改造的房产落实政策后一块办理过户，便从阎贵子手中要回房产证，而未办成过户。从两次房屋产权的变动情况看，王华珠是知道和应当知道的。根据最高人民法院1984年《关于贯彻执行民事政策法律若干问题的意见》第56条规定精神和其他有关规定，应认定为产权已发生变化，买卖关系有效。

同时根据《民法通则》第135条、137条规定，王华珠从知道或应当知道其权利被侵犯到1990年11月王华珠起诉时，已过诉讼时效，其权利不再保护。

多数委员虽然倾向第一种意见（审判委员会十二人中九人到会参加了此案的讨论，其中六人是第一种意见）但有的委员认为第二种意见也有道理，尤其是时效的有关法律规定，也应执行。一致感到这类问题如何掌握拿不准，特此请示。请予批复。

最高人民法院经济审判庭
关于广西第四地质队、吴进福诉广西玉林地区饮食服务公司、玉林地区商业局购销麻袋合同货款纠纷一案是否超过诉讼时效问题的复函

1992年5月4日　　　　　　　　　　　　　法经〔1992〕69号

广西壮族自治区高级人民法院：

你院1992年2月12日桂高法经字〔1992〕第2号《关于广西第四地质队、吴进福诉广西玉林地区饮食服务公司、玉林地区商业局购销麻袋合同货款纠纷一案是否超过诉讼时效的请示》收悉。经研究，答复如下：从请示报告中看，自1985年9月12日玉林地区饮食贸易公司最后一次退款，到1989年7月24日广西地质四队向玉林地区饮食服务公司去函要款，在将近四年的时间里，广西地质四队既未直接向饮食贸易公司及其主管单位饮食服务公司主张过权利，也未发现有其他引起诉讼时效中断的情况，因此，本案不适用民法通则关于诉讼时效中断的规定。但是，由于1985年3月23日与玉林地区饮食贸易公司签订购销麻袋合同的是广西地质四队五分队开办的综合服务公司。该公司当时系由吴进福承包，综合服务公司1985年10月被撤销，承包人吴进福一度下落不明；1986年7月至1988年7月，广州市人民检察院在处理邓永峰诈骗案时曾致函广西地质四队，要求协助追缴涉及本案的款项，广西地质四队为此成立了专案组，帮助寻找吴进福下落，为广州市人民检察院追款提供线索等，这些情况在客观上造成地质四队未及时向饮食服务公司主张民事权利。因此，本案可以依照民法通则第一百三十七条关于"有特殊情况的人民法院可以延长诉讼时效期间"的规定，延长诉讼时效期间。

此复。

最高人民法院经济审判庭关于新疆医学院第一附属医院与乌鲁木齐市一〇四团青年服务公司建筑工程承包合同纠纷诉讼时效问题的复函

1993年12月27日　　　　　　　　　　法经〔1993〕248号

新疆维吾尔自治区高级人民法院：

你院新高法〔1993〕68号《关于诉讼时效的请示函》收悉。根据你院报送材料中所述情况，经研究，答复如下：

一、新疆医学院第一附医院（以下简称第一医院）向乌鲁木齐市一〇四团青年服务公司追索多付工程款属建筑工程承包合同结算纠纷。其诉讼时效应从验收结算之日开始计算。由于该民事行为发生在民法通则颁布前，根据最高人民法院《关于贯彻执行〈中华人民共和国民法通则〉若干问题的意见（试行）》第165条的规定，其诉讼时效从1987年1月1日起计算。

二、第一医院向检察机关举报有关人员的经济犯罪问题时，并没有主张民事权利的明确表示。特别是1988年5月新市区检察院因证据不足排除有关人员的经济犯罪嫌疑，并明确向第一医院说明有关问题应以经济纠纷处理后，仍未向法院起诉。第一医院向检察机关举报不能作为诉讼时效中断的事由。综上所述，第一医院提出诉讼请求时，已超过诉讼时效。

最高人民法院关于四川高院请示长沙铁路天群实业公司贸易部与四川鑫达实业有限公司返还代收货款一案如何适用法（民）复〔1990〕3号批复中"诉讼时效期间"问题的复函

2000年4月5日　　　　　　　　　　　〔1999〕民他字第12号

四川省高级人民法院：

你院〔1998〕川民终示字第138号《关于长沙铁路天群实业公司贸易部与四川鑫达实业有限公司返还代收货款一案的请示报告》收悉。据报告述称，长沙铁路天群实业公司贸易部（以下简称天群贸易部）为与成都军区铁合金厂清偿货款纠纷，于1994年11月25日向法院起诉，四川鑫达实业有限公司作为第三人参加诉讼。天群贸易部于1997年6月经法院准予撤诉后，又于1998年3月向法院起诉，要求鑫达公司返还代收货款。我院经研究认为，根据《民法通则》第一百四十条的规定，天群贸易部向法院起诉，应视为诉讼时效中断，诉讼时效期间应从撤诉之日起重新计算。

最高人民法院研究室关于对租赁合同债务人因欠付租金而出具的"欠款结算单"不适用普通诉讼时效的复函

2000年12月25日　　　　　　　　　　法研〔2000〕122号

河南省高级人民法院：

你院〔2000〕豫法民字第118号《关于"租赁合同"双方当事人就逾期所欠租金结算后，债务方出具的"欠款结算单"能否按"债务纠纷"适用普通诉讼时效的请示》收悉。经研究，答复如下：

租赁合同债务人因欠付租金而出具的"欠款结算单"只表明未付租金的数额，并未改变其与债权人之间的租赁关系。因此，租赁合同当事人之间就该欠款结算单所发生纠纷的诉讼时效期间适用《中华人民共和国民法通则》第一百三十六条的规定。

最高人民法院
关于对全国证券回购机构间经统一清欠后尚余的债权债务诉讼时效问题的通知

2001年2月20日　　　　　　　　　　　　　　　　　　　法〔2001〕9号

各省、自治区、直辖市高级人民法院，新疆维吾尔自治区高级人民法院生产建设兵团分院：

我院于1998年12月18日和1999年1月21日，先后下发了法〔1998〕152号《关于中止审理、中止执行已编入全国证券回购机构间债务清欠链条的证券回购经济纠纷案件的通知》和法〔1999〕6号《关于补发最高人民法院〔1998〕152号通知附件的通知》。对已经编入全国证券回购机构间债务清欠链条的证券回购纠纷，决定暂不受理，对已经立案受理的案件中止诉讼和中止执行。2000年7月26日，我院又下发法〔2000〕115号《关于恢复受理、审理和执行已经编入全国证券回购机构间债务清欠链条的证券回购经济纠纷案件的通知》，对涉及已经编入全国证券回购机构间债务清欠链条，但债权债务未能清欠的证券回购纠纷，符合《中华人民共和国民事诉讼法》第一百零八条规定的，应当予以受理。现就此类案件诉讼时效问题通知如下：

凡已编入全国证券回购机构间债务清欠链条，经全国证券回购债务清欠办公室统一组织清欠后尚余的债权债务，其诉讼时效自我院法〔2000〕115号文件下发之日即2000年7月26日起重新计算。

特此通知。

最高人民法院
关于青岛口岸船务公司与青岛运通船务公司水路货物运输合同纠纷一案中赔偿请求权诉讼时效期间如何计算的请示的复函

2002年6月25日　　　　　　　　　　　〔2002〕民四他字第13号

山东省高级人民法院：

你院鲁高法函〔2002〕23号请示报告收悉。经研究，我们认为：沿海货物运输合同不适用于《中华人民共和国海商法》（以下简称《海商法》）第四章关于海上货物运输合同的规定，但可适用该法其他章节的规定。因此，你院请示的青岛口岸船务公司与青岛运通船务公司水路货物运输合同纠纷一案应当适用《海商法》关于货物运输诉讼时效为1年的规定。

此复。

最高人民法院
关于佳木斯市大成经贸公司与同江市临江粮库拖欠货款纠纷一案的复函

2002年11月29日　　　　　　　　　　　〔2002〕民监他字第10号

黑龙江省高级人民法院：

你院〔2001〕黑监民监字第3号《关于佳木斯市大成经贸公司与同江市临江粮库拖欠货款纠纷一案的请示》收悉。经研究认为，本案诉讼时效期间应从1994年5月至6月双方对账时起计算。1995年6～8月份期间，双方曾协商通过抹账方式解决"尚欠余款"，应认定为诉讼时效的中断。临江粮库就其债权直至1998年3月才诉至法院，其间两年零七个月，且据你院报告称，其未举出有关时效再行中断、中止的有效证据。据此，同意你院关于临江粮库的起诉已超过诉讼时效期间的倾向性意见。

此复。

最高人民法院
关于阜新液压件厂与盼盼集团有限公司购销合同纠纷案件诉讼时效请示问题的答复

2003年3月31日　　　　　　　　　　　　　〔2002〕民二他字第30号

辽宁省高级人民法院：

你院关于盼盼集团有限公司与阜新液压件厂购销合同纠纷一案的请示收悉，经研究，答复如下：

根据你院请示报告中所述的事实，1998年5月1日，阜新液压件厂（以下简称液压件厂）对原营口机床厂（以下简称机床厂）提起诉讼时，并不知道机床厂与盼盼集团有限公司（以下简称盼盼集团）正在办理收购事宜。此后，液压件厂在同样不知道机床厂已被盼盼集团收购的情况下，于1999年5月6日再次向机床厂及其法定代表人主张债权，对该行为应当视为《中华人民共和国民法通则》第140条规定的"当事人一方提出要求"而使诉讼时效中断的行为。液压件厂对机床厂的诉讼时效应从1999年5月6日起重新计算。液压件厂于2000年5月18日对承接原机床厂债权债务的盼盼集团所提起的诉讼并未超过两年的诉讼时效期间。

最高人民法院
关于债权人在保证期间以特快专递向保证人发出逾期贷款催收通知书但缺乏保证人对邮件签收或拒收的证据能否认定债权人向保证人主张权利的请示的复函

2003年6月12日　　　　　　　　　　　　　〔2003〕民二他字第6号

河北省高级人民法院：

你院〔2003〕冀民二请字第1号请示收悉。经研究，答复如下：

债权人通过邮局以特快专递的方式向保证人发出逾期贷款催收通知书，在债权人能够提供特快专递邮件存根及内容的情况下，除非保证人有相反证据推翻债权人所提供的证据，应当认定债权人向保证人主张了权利。

最高人民法院
关于审理光大银行诉中一公司欠款纠纷一案
适用诉讼时效中止问题的答复

2003年7月4日　　　　　　　　　　　〔2003〕民二他字第20号

辽宁省高级人民法院：

你院〔2003〕辽民二终字第3号《关于审理光大银行诉中一公司借款合同欠款纠纷一案有关适用诉讼时效中止问题的请示》收悉。经研究，答复如下：

我院在法明传〔1999〕291号《关于中国光大银行接收原中国投资银行有关问题的通知》（以下简称《通知》）中规定，对涉及原中国投资银行的经济纠纷案件尚未受理的暂不受理。其目的是为了方便投资银行与光大银行办理资产交接手续。就本案情况而言，在《通知》规定的暂缓受理涉及投资银行案件期间开始时，光大银行与中一公司所争讼债务的履行期尚未届满，诉讼时效期间尚未开始计算。只有在资产移交完毕后债权人方可知晓自己所接收的债务是否处于被侵害的情况。所以，依照《中华人民共和国民法通则》第一百三十七条关于"诉讼时效期间从知道或者应当知道权利被侵害时起计算"的规定，本案诉讼时效期间应当从资产交接完毕之日，即《通知》规定的中止期限届满日（1999年12月31日）之次日起开始计算两年。光大银行于2001年1月17日向中一公司主张债权没有超过法定诉讼时效。

此复。

最高人民法院
关于超过诉讼时效期间后债务人向债权人
发出确认债务的询证函的行为是否构成
新的债务的请示的答复

2004年6月4日　　　　　　　　　　　〔2003〕民二他字第59号

重庆市高级人民法院：

你院渝高法〔2003〕232号请示收悉。经研究，答复如下：根据你院请示的中国农业银行重庆市渝中区支行与重庆包装技术研究所、重庆嘉陵企业公司华西国际贸易公司借款合同纠纷案有关事实，重庆嘉陵企业公司华西国际贸易公司于诉讼时效期间届满后主动向中国农业银行重庆市渝中区支行发出询证函核对贷款本息的行为，与本院法释〔1999〕7号《关于超过诉讼时效期间借款人在催款通知单上签字或盖章的法律效力问题的批复》所规定的超过诉讼时效期间后借款人在信用社发出的催款通知单上签字或盖章的行为类似，因此，对债务人于诉讼时效期间届满后主动向债权人发出询证函核对贷款本息行为的法律后果问题可参照本院上述《关于超过诉讼时效期间借款人在催款通知单上签字或盖章的法律效力问题的批复》的规定进行认定和处理。

此复。

最高人民法院关于中国建设银行信阳分行民权路支行与信阳市自来水（集团）有限责任公司、河南华夏光学电子仪器厂借款担保合同纠纷一案的答复[*]

（2005年12月2日）

河南省高级人民法院：

你院《关于中国建设银行信阳分行民权路支行与信阳市自来水（集团）有限责任公司、河南华夏光学电子仪器厂借款担保合同纠纷案的请示》收悉。经研究，答复如下：

1998年9月21日，中国建设银行信阳分行民权路支行（以下简称建行民权路支行）向信阳市自来水（集团）有限责任公司下发了"河南省建设投资总公司贷款单位情况调查表"，该表包括贷款本金、逾期本金、逾期利息、还款计划等内容，故应认定其具有债权人向债务人主张权利的意思表示，具有诉讼时效中断的法律效力。

因本案所涉贷款系河南省基本建设基金，河南省建设投资总公司代表河南省政府经营管理该基金，并由河南省计划委员会统筹经营管理行为，故河南省计划委员会单独或与中国建设银行河南省分行联合下发的关于省基本建设经营性基金贷款回收计划的有关文件具有债权人主张权利的内容。其中豫计投资〔1997〕566号文件及豫计投资〔1998〕568号文件的发放对象均非借款人，其主张权利的意思表示并未到达债务人，故不具有诉讼时效中断的法律效力；豫计投资〔2000〕532号文件的发放对象包括借款单位，但其是否具有诉讼时效中断的法律效力，应视你院查明该文件是否送达债务人的事实而定。

综上，同意你院审委会关于调查表具有诉讼时效中断的法律效力的意见。

以上意见供你院参考。

---

* 也作"最高人民法院关于调查表及政府文件是否具有诉讼时效中断的法律效力的请示的答复"。

最高人民法院
关于买受人在交易时未支付价款向出卖人出具没有还款日期的欠款条诉讼时效期间应从何时开始计算问题的请示的答复

2006年3月10日　　　　　　　　　〔2005〕民二他字第35号

广东省高级人民法院：

你院粤高法民一请字〔2005〕1号《关于买受人在交易时未支付价款向出卖人出具没有还款日期的欠款条诉讼时效应从何时开始计算的请示》收悉。经研究，答复如下：根据你院报告所述情况，冯树根向广州市白云农业综合服务有限公司（以下简称白云农业公司）购买农药，双方并未签订书面买卖合同，也无证据证明双方对合同的履行期限进行约定，因此，该合同属于未定履行期限的合同。根据《中华人民共和国合同法》第62条第一款第四项及《中华人民共和国民法通则》第88条第2款第2项、第137条的规定，本案诉讼时效期间应当从白云农业公司向冯树根主张权利时起算。本案不符合法复〔1994〕3号批复适用的条件，故同意你院审判委员会多数意见。

最高人民法院民二庭
关于债权人主张公司股东承担清算赔偿责任诉讼时效问题请示的答复

2014年12月11日　　　　　　　　　〔2014〕民二他字第16号

上海市高级人民法院：

你院《关于债权人主张公司股东承担清算赔偿责任诉讼时效问题的请示》收悉。经研究，答复如下：

依据《最高人民法院关于适用〈中华人民共和国公司法〉若干问题的规定（二）》第十八条的规定，作为清算义务人的公司股东怠于履行清算义务导致公司债权人损失的，公司债权人有权请求公司股东承担赔偿责任。该赔偿请求权在性质上属于债权请求权，依据《最高人民法院关于审理民事案件适用诉讼时效制度若干问题的规定》第一条的规定，债权人行使该项权利，应受诉讼时效制度约束。

依据《中华人民共和国民法通则》第一百三十七条的规定,该赔偿请求权的诉讼时效期间应从债权人知道或者应当知道因公司股东不履行清算义务而致其债权受到损害之日起计算。

综上,同意你院审委会的多数意见。

以上意见仅供参考。

（四）涉外民事

最高人民法院关于适用《中华人民共和国涉外民事关系法律适用法》若干问题的解释（一）

法释〔2012〕24 号

（2012年12月10日最高人民法院审判委员会第1563次会议通过 2012年12月28日最高人民法院公告公布 自2013年1月7日起施行）

为正确审理涉外民事案件，根据《中华人民共和国涉外民事关系法律适用法》的规定，对人民法院适用该法的有关问题解释如下：

第一条 民事关系具有下列情形之一的，人民法院可以认定为涉外民事关系：

（一）当事人一方或双方是外国公民、外国法人或者其他组织、无国籍人；

（二）当事人一方或双方的经常居所地在中华人民共和国领域外；

（三）标的物在中华人民共和国领域外；

（四）产生、变更或者消灭民事关系的法律事实发生在中华人民共和国领域外；

（五）可以认定为涉外民事关系的其他情形。

第二条 涉外民事关系法律适用法实施以前发生的涉外民事关系，人民法院应当根据该涉外民事关系发生时的有关法律规定确定应当适用的法律；当时法律没有规定的，可以参照涉外民事关系法律适用法的规定确定。

第三条 涉外民事关系法律适用法与其他法律对同一涉外民事关系法律适用规定不一致的，适用涉外民事关系法律适用法的规定，但《中华人民共和国票据法》、《中华人民共和国海商法》、《中华人民共和国民用航空法》等商事领域法律的特别规定以及知识产权领域法律的特别规定除外。

涉外民事关系法律适用法对涉外民事关系的法律适用没有规定而其他法律有规定的，适用其他法律的规定。

第四条 涉外民事关系的法律适用涉及适用国际条约的，人民法院应当根据《中华人民共和国民法通则》第一百四十二条第二款以及《中华人民共和国票据法》第九十五条第一款、《中华人民共和国海商法》第二百六十八条第一款、《中华人民共和国民用航空法》第一百八十四条第一款等法律规定予以适用，但知识产权领域的国际条约已经转化或者需要转化为国内法律的除外。

第五条 涉外民事关系的法律适用涉及适用国际惯例的，人民法院应当根据《中华人民共和国民法通则》第一百四十二条第三款以及《中华人民共和国票据法》第九十五条第二款、《中华人民共和国海商法》第二百六十八条第二款、《中华人民共和国民用航空法》第一百八十四条第二款等法律规定予以适用。

第六条 中华人民共和国法律没有明确规定当事人可以选择涉外民事关系适用的法律，当事人选择适用法律的，人民法院应认定该选择无效。

第七条 一方当事人以双方协议选择的法律与系争的涉外民事关系没有实际联系为由主张选择无效的，人民法院不予支持。

第八条 当事人在一审法庭辩论终结前协议选择或者变更选择适用的法律的，人民法院应予准许。

各方当事人援引相同国家的法律且未提出法律适用异议的，人民法院可以认定当事人已经就涉外民事关系适用的法律做出了选择。

第九条 当事人在合同中援引尚未对中华人民共和国生效的国际条约的，人民法院可以根据该国际条约的内容确定当事人之间的权利义务，但违反中华人民共和国社会公共利益或中华人民共和国法律、行政法规强制性规定的除外。

第十条 有下列情形之一，涉及中华人民共和国社会公共利益、当事人不能通过约定排除适用、无需通过冲突规范指引而直接适用于涉外民事关系的法律、行政法规的规定，人民法院应当认定为涉外民事关系法律适用法第四条规定的强制性规定：

（一）涉及劳动者权益保护的；

（二）涉及食品或公共卫生安全的；

（三）涉及环境安全的；

（四）涉及外汇管制等金融安全的；

（五）涉及反垄断、反倾销的；

（六）应当认定为强制性规定的其他情形。

第十一条 一方当事人故意制造涉外民事关系的连结点，规避中华人民共和国法律、行政法规的强制性规定的，人民法院应认定为不发生适用外国法律的效力。

第十二条 涉外民事争议的解决须以另一涉外民事关系的确认为前提时，人民法院应当根据该先决问题自身的性质确定其应当适用的法律。

第十三条 案件涉及两个或者两个以上的涉外民事关系时，人民法院应当分别确定应当适用的法律。

第十四条 当事人没有选择涉外仲裁协议适用的法律，也没有约定仲裁机构或者仲裁地，或者约定不明的，人民法院可以适用中华人民共和国法律认定该仲裁协议的效力。

第十五条 自然人在涉外民事关系产生或者变更、终止时已经连续居住一年以上且作为其生活中心的地方，人民法院可以认定为涉外民事关系法律适用法规定的自然人的经常居所地，但就医、劳务派遣、公务等情形除外。

第十六条 人民法院应当将法人的设立登记地认定为涉外民事关系法律适用法规定

的法人的登记地。

第十七条 人民法院通过由当事人提供、已对中华人民共和国生效的国际条约规定的途径、中外法律专家提供等合理途径仍不能获得外国法律的，可以认定为不能查明外国法律。

根据涉外民事关系法律适用法第十条第一款的规定，当事人应当提供外国法律，其在人民法院指定的合理期限内无正当理由未提供该外国法律的，可以认定为不能查明外国法律。

第十八条 人民法院应当听取各方当事人对应当适用的外国法律的内容及其理解与适用的意见，当事人对该外国法律的内容及其理解与适用均无异议的，人民法院可以予以确认；当事人有异议的，由人民法院审查认定。

第十九条 涉及香港特别行政区、澳门特别行政区的民事关系的法律适用问题，参照适用本规定。

第二十条 涉外民事关系法律适用法施行后发生的涉外民事纠纷案件，本解释施行后尚未终审的，适用本解释；本解释施行前已经终审，当事人申请再审或者按照审判监督程序决定再审的，不适用本解释。

第二十一条 本院以前发布的司法解释与本解释不一致的，以本解释为准。

最高人民法院关于认真学习贯彻执行《中华人民共和国涉外民事关系法律适用法》的通知

2010年12月2日　　　　　　　　　　　　　　法发〔2010〕52号

各省、自治区、直辖市高级人民法院，解放军军事法院，新疆维吾尔自治区高级人民法院生产建设兵团分院：

《中华人民共和国涉外民事关系法律适用法》（以下简称《涉外民事关系法律适用法》）已由第十一届全国人民代表大会常务委员会第十七次会议于2010年10月28日通过，将自2011年4月1日起施行。《涉外民事关系法律适用法》是我国民法的重要组成部分，其旨在明确涉外婚姻家庭、继承、物权、债权、知识产权等民事关系的法律适用，为解决涉外民事争议，维护当事人的合法权益提供依据。为了在今后的审判工作中正确适用《涉外民事关系法律适用法》，现就学习、贯彻执行《涉外民事关系法律适用法》的有关问题通知如下：

一、《涉外民事关系法律适用法》是我国关于涉外民事关系法律适用的第一部单行法律，该法的出台必将对我国涉外民事审判工作产生重大而深远的影响。各级人民法院应当积极组织审判人员认真学习《涉外民事关系法律适用法》，准确把握立法精神，深刻理解每一条款的含义，充分认识这部法律对调整我国涉外民事关系的重要性以及对促进国际民事交往的积极作用。

二、《中华人民共和国民法通则》等多部法律中有专章或者专条对相关涉外民事关系的法律适用作出了明确规定，这些法律施行以来，各级人民法院认真贯彻执行，依据这些法律审理了大量涉外民事案件，积累了丰富的审判经验。《涉外民事关系法律适用法》实施后，各级人民法院应当注意新法与旧法之间的适用关系，认真贯彻《涉外民事关系法律适用法》第二条和第五十一条规定的精神。

三、对在《涉外民事关系法律适用法》实施以前发生的涉外民事关系产生的争议，应当适用行为发生时的有关法律规定；如果行为发生时相关法律没有规定的，可以参照《涉外民事关系法律适用法》的规定。

四、《涉外民事关系法律适用法》实施后，最高人民法院制定的司法解释中关于涉外民事关系法律适用的内容，与《涉外民事关系法律适用法》的规定相抵触的，不再适用。

五、各级人民法院在贯彻执行《涉外民事关系法律适用法》的过程中，应当注意总结审判经验，加强调查研究，切实保证该部法律的有效施行。对于贯彻执行过程中遇到的疑难问题，请及时报告我院，报告时应提出解决的办法或者倾向性意见，以供研究或者在必要时制定司法解释作为参考。

最高人民法院
关于柳大熙与长春铁路分局长春医院中外合作经营合同纠纷一案的请示的复函

2004年12月14日　　　　　　　　　〔2004〕民四他字第49号

吉林省高级人民法院：

你院〔2004〕吉民三他字第7号《关于柳大熙与长春铁路分局长春医院中外合作经营合同纠纷一案的请示》收悉。经研究，答复如下：

同意你院对本案所涉仲裁条款效力的处理意见。根据你院的请示报告，长春铁路分局长春医院与韩国全州市MORE齿科医院于1999年11月2日签订的中韩合作经营齿科医院合同书第34条约定："在执行本合同时，如发生纠纷，双方应协商友好解决，如协商不成时，由仲裁机关判定"。由于双方当事人没有约定仲裁条款效力的准据法，亦未约定仲裁地，本案应当按照法院地法即中国法来确定该仲裁条款的效力。《中华人民共和国仲裁法》第十八条规定："仲裁协议对仲裁事项或者仲裁委员会没有约定或者约定不明的，当事人可以补充协议；达不成补充协议的，仲裁协议无效"。本案当事人在合作合同中仅约定其纠纷由"仲裁机关判定"，但未同时指明由哪一个仲裁机关，属于对仲裁机构约定不明的情形。现作为当事人一方的柳大熙以长春铁路分局长春医院为被告向人民法院提起诉讼,应当视为双方不能就仲裁机构达成补充协议,因此,依法应认定该合同中的仲裁条款无效,人民法院对本案具有管辖权。

此复。

附:

吉林省高级人民法院
关于柳大熙与长春铁路分局长春医院中外合作经营合同纠纷一案的请示报告

2004年11月4日　　　　　　　　　　　　〔2004〕吉民三他字第7号

最高人民法院民事审判第四庭:

　　柳大熙(韩国公民)诉长春铁路分局长春医院中外合作经营合同纠纷一案,吉林省延边朝鲜族自治州中级人民法院审查起诉时认为,当事人在合同中约定的仲裁条款无效,应当受理柳大熙的起诉,并根据法发(1995)18号《最高人民法院关于人民法院处理与涉外仲裁及外国仲裁事项有关问题的通知》精神,报请我院审查。经审查,我院同意延边中院受理此案,现将该案有关情况报告如下,请予审查:

一、当事人的基本情况

原告:柳大熙,男,1958年3月5日生,韩国公民,住韩国全罗北道全州市完山区平和洞二街891-1平和住公APTGROWN102-804,身份证号为580305-1481311。

被告:长春铁路分局长春医院。

二、案件基本情况

　　1999年11月2日,被告与韩国全州市MORE齿科医院签订了中外合作合同草案。该合同约定,中方以房屋、医疗设备及其他基础设施为投资额,韩方以捐赠的设备为投资额共同设立中韩合作齿科医院,双方需要将投资额的全部或部分转让时,必须事先征得对方的认可,对方同时享有优先购买权;韩国全州市MORE齿科医院负责医疗设备的承交和到中国境内的运输及其由此而产生的一切费用,负责设备安装,提供技术人员,负责医务人员及员工的培训;被告根据医院成立的需要与实际,申请办理有关机关的认可等手续,负责韩国全州市MORE齿科医院办理医疗设备进口报送审批手续,为韩国全州市MORE齿科医院提供中国国内运输的便利条件,负责办理韩国人员所必须的签证及业务许可证的手续和旅行手续;合作期限为十年,以注册登记日为齿科医院成立之日;利润分配以投资比例,在扣除各种税收之后,实行税后利润分配;合作结束或结束前终止合同,齿科医院应根据中国有关法律进行清产,清产后的财产根据双方在合作期间的投资比例进行分配，房屋、捐赠等投资应归还投资方，不参加清产后的分配；任何一方不能按规定的日期出资时，过期一个月后，违约方每月按出资 10% 支付对方违约金，超过三个月按出资额 20% 的违约金累计支付；因一方当事人的过失而不能履行本合同或部分不能履行时，应当由过失方负违约责任或属双方的责任时，根据实际情况分担各自责任；本合同的签字、效力、理解、履行、纠纷的解决，要依据中华人民共和国法律有关规定处理，如发生纠纷由仲裁机关判定；本合同为草案，正式文件签订后，本合同作废。合同签订前 1999 年 6 月 10 日，韩国全州市 MORE 齿科医院无偿向被告捐赠价值为 329327.76 美元的齿科医疗设备，同时提供 3～4 名技术人员。合同签订后，1999 年 12 月韩国全州市 MORE 齿科医院将齿科医疗设备运抵被告单位，被告按约定办理了报关等手续，并接收了齿科医疗设备，提供了房屋、医疗辅助人员，双方以长春铁路医院中韩齿科治疗中心的名义开始对外经营，经营期间每月一清算，扣除成本，所得利润各分一半。2003 年 11 月 7 日，金景勋（韩国全州市 MORE 齿科医院院长）与柳大熙签订了转让、转受契约书，将其在被告单位的全部权利转让给柳大熙。柳大熙以被告没有按合同约定办理医院的合法手续，近一年的经营利润未给付原告，违反合同约定等为由，向延边中院提起诉讼。

三、审查意见

延边中院审查认为，当事人在合同中虽然约定了仲裁条款，但没有约定仲裁委员会，又未达成被充协议，故依照《中华人民共和国仲裁法》第十八条的规定，合同中的仲裁条款无效，应当受理柳大熙的起诉。

我院审查认为，双方当事人合同中关于仲裁条款的约定为"如发生纠纷由仲裁机关判定"，该约定不明确，且未达成补充协议。《中华人民共和国仲裁法》第十八条的规定，"仲裁协议对仲裁事项或者仲裁委员会没有约定或者约定不明确的，当事人可以补充协议；达不成补充协议的，仲裁协议无效。"因此，前述仲裁条款应认定为无效。根据《中华人民共和国仲裁法》第五条"当事人达成仲裁协议，一方向人民法院起诉的，人民法院不予受理，但仲裁协议无效的除外"的规定，此案应当属于人民法院民事诉讼受案范围。另，根据《最高人民法院关于涉外民商事案件诉讼管辖若干问题的规定》及《吉林省高级人民法院〈关于涉外民商事案件诉讼管辖若干问题的规定〉》，延边中院对此案具有管辖权。综上，我院同意延边中院受理此案。

以上意见当否，请复。

最高人民法院
关于进一步做好边境地区涉外民商事案件审判工作的指导意见

2010年12月8日　　　　　　　　　　　　　　法发〔2010〕57号

各省、自治区、直辖市高级人民法院：

随着我国边境地区经贸及人员往来的日益频繁，边境地区涉外民商事案件逐渐增多，并呈现出新的特点。为充分发挥人民法院的审判职能，进一步提高我国边境地区涉外民商事纠纷案件的审判效率，切实做好边境地区涉外民商事审判工作，特提出如下意见：

一、发生在边境地区的涉外民商事案件，争议标的额较小、事实清楚、权利义务关系明确的，可以由边境地区的基层人民法院管辖。

二、为更有效地向各方当事人送达司法文书和与诉讼相关的材料，切实保护当事人诉讼程序上的各项权利，保障当事人参与诉讼活动，人民法院可以根据边境地区的特点，进一步探索行之有效的送达方式。采用公告方式送达的，除人身关系案件外，可以采取在边境口岸张贴公告的形式。采用公告方式送达时，其他送达方式可以同时采用。

三、境外当事人到我国参加诉讼，人民法院应当要求其提供经过公证、认证的有效身份证明。境外当事人是法人时，对其法定代表人或者有权代表该法人参加诉讼的人的身份证明，亦应当要求办理公证、认证手续。如果境外当事人是自然人，其亲自到人民法院法官面前，出示护照等有效身份证明及入境证明，并提交上述材料的复印件的，可不再要求办理公证、认证手续。

四、境外当事人在我国境外出具授权委托书，委托代理人参加诉讼，人民法院应当要求其就授权委托书办理公证、认证手续。如果境外当事人在我国境内出具授权委托书，经我国的公证机关公证后，则不再要求办理认证手续。境外当事人是自然人或法人时，该自然人或者有权代表该法人出具授权委托书的人亲自到人民法院法官面前签署授权委托书的，无需办理公证、认证手续。

五、当事人提供境外形成的用于证明案件事实的证据时，可以自行决定是否办理相关证据的公证、认证手续。对于当事人提供的证据，不论是否办理了公证、认证手续，人民法院均应当进行质证并决定是否采信。

六、边境地区受理案件的人民法院应当及时、准确地掌握我国缔结或者参加的民商事司法协助国际条约，在涉外民商事审判工作中更好地履行国际条约义务，充分运用已经生效的国际条约，特别是我国与周边国家缔结的双边民商事司法协助条约，必要时，根据条约的相关规定请求该周边国家协助送达司法文书、协助调查取证或者提供相关的法律资料。

七、人民法院在审理案件过程中，对外国人采取限制出境措施，应当从严掌握，必须同时具备以下条件：（一）被采取限制出境措施的人只能是在我国有未了结民商事案件的当事人或当事人的法定代表人、负责人；（二）当事人有逃避诉讼或者逃避履行法定义务的可能；（三）不采取限制出境措施可能造成案件难以审理或者无法执行。

八、人民法院审理边境地区的涉外民商事纠纷案件，也应当充分发挥调解的功能和作用，调解过程中，应当注意发挥当地边检、海关、公安等政府部门以及行业协会的作用。

九、人民法院应当支持和鼓励当事人通过仲裁等非诉讼途径解决边境地区发生的涉外民商事纠纷。当事人之间就纠纷的解决达成了有效的仲裁协议，或者在无协议时根据相关国际条约的规定当事人之间的争议应当通过仲裁解决的，人民法院应当告知当事人通过仲裁方式解决纠纷。

十、人民法院在审理边境地区涉外民商事纠纷案件的过程中，应当加强对当事人的诉讼指导。对在我国没有住所又没有可供执行的财产的被告提起诉讼，人民法院应当给予原告必要的诉讼指导，充分告知其诉讼风险，特别是无法有效送达的风险和生效判决在我国境内无法执行的风险。

败诉一方当事人在我国境内没有财产或者其财产不足以执行生效判决时，人民法院应当告知胜诉一方当事人可以根据我国与其他国家缔结的民商事司法协助国际条约的相关规定，向可供执行财产所在地国家的法院申请承认和执行我国法院的民商事判决。

十一、各相关省、自治区高级人民法院可以根据各自辖区内边境地区涉外民商事纠纷案件的不同情况和特点，制定相应的具体执行办法，并报最高人民法院备案。

（五）涉港澳台民事

最高人民法院
关于审理涉台民商事案件法律适用问题的规定

法释〔2010〕19号

（2010年4月26日最高人民法院审判委员会第1486次会议通过 2010年12月27日最高人民法院公告公布 自2011年1月1日起施行）

为正确审理涉台民商事案件，准确适用法律，维护当事人的合法权益，根据民法通则、民事诉讼法等有关法律，制定本规定。

第一条 人民法院审理涉台民商事案件，应当适用法律和司法解释的有关规定。

根据法律和司法解释中选择适用法律的规则，确定适用台湾地区民事法律的，人民法院予以适用。

第二条 台湾地区当事人在人民法院参与民事诉讼，与大陆当事人有同等的诉讼权利和义务，其合法权益受法律平等保护。

第三条 根据本规定确定适用有关法律违反国家法律的基本原则或者社会公共利益的，不予适用。

关于人民法院处理涉台民事案件的几个法律问题
——最高人民法院副院长马原在最高人民法院举行的第一次新闻发布会上的讲话

（1988年8月9日）

今天，我在最高人民法院举行的第一次新闻发布会上，谈谈人民法院处理涉台民事案件的几个法律问题。大家知道，自从台湾当局放宽去台人员回大陆探亲的限制以来，去台人员和台胞回大陆探亲、旅游的越来越多，诉讼到人民法院的民事案件也逐渐增多。如何处理好这些案件，是海峡两岸人民和司法工作者都很关心的问题。

一、关于婚姻问题

一些去台人员，由于夫妻长期隔离在海峡两岸，家庭发生了变异：有的单方在大陆依法办理了离婚手续；有的一方或者双方已经再婚，或者长期与他人以夫妻的名义同居生活，生育了子女，等等。对这种由于特殊的历史原因造成的婚姻纠纷，我们将充分考虑海峡两岸人民长期分离的实际情况，从有利于稳定婚姻家庭关系的现状出发，根据我国婚姻法一夫一妻制的基本原则，妥善处理。这类案件有以下几种情况：

第一，对已经人民法院判决离婚的案件，不论是单方诉讼还是双方诉讼，也不论对方是否接到判决书，法院的判决都是有效的。如果双方均未再婚，现在请求恢复夫妻关系的，人民法院可以用裁定注销原来的判决，宣告婚姻关系恢复。但经判决离婚后，一方或者双方又另行结婚的，如果其再婚的配偶已经离婚或者已经死亡，现在双方要求恢复夫妻关系的，应当到有关婚姻登记机关重新办理结婚登记手续；如果再婚配偶还健在，必须在办理离婚手续后，才可以与原配偶重新结婚。我们认为，这样实事求是地处理海峡两岸由于长期隔离而造成的特殊婚姻关系，是符合各方当事人的利益的。

第二，对双方分离以后未办理离婚手续，大陆一方又与他人结婚，或者长期与他人以夫妻关系同居生活的，我们原则上承认这种婚姻关系。现去台一方回来，大陆一方为与原配偶恢复关系，提出与再婚配偶离婚的，是否准予离婚，人民法院应当依照《中华人民共和国婚姻法》第二十五条关于"人民法院审理离婚案件，应当进行调解；如感情确已破裂，调解无效，应准予离婚"的规定处理。如果认定感情尚未破裂的，则判决不准离婚。去台一方回大陆定居后，向人民法院提出要求与在台的配偶离婚的，人民法院应当受理，并根据婚姻法的规定，作出是否准予离婚的判决。

第三，对于双方分离后未办理离婚手续，一方或者双方分别在大陆和台湾再婚的，对这种由于特殊原因形成的婚姻关系，我们不以重婚对待。当事人不告诉，人民法院不主动干预；如果其中一方当事人提出与其配偶离婚的，人民法院应当按照离婚案件受理。

二、关于夫妻共同财产问题

对去台一方请求原配偶返还婚前财产，或者要求分割夫妻共有财产的，如果这些财产在几十年中已被原配偶用于抚养子女，或用于赡养父母，或用于家庭其他生活消费的，人民法院应说服其撤诉或者驳回诉讼请求。但是，如果财产数额大并且标的物还存在的，在考虑其原配偶、子女等生活的情况下，可以酌情分割一部分给去台人员。对于过去财产问题的处理，原则上宜粗不宜细。这是因为，几十年的财产变化情况、几十年的权利义务状况不宜一一细算。这样处理对双方当事人可能更好一些。

三、关于抚养、赡养和收养问题

去台一方回大陆后，大陆一方向其索要已成年子女过去的抚养费用的，对这种请求人民法院原则上不予支持。因为支付子女的抚养费，是为了保证未成年子女的生活；现在子女已经成年了，就没有实际支付的必要了。抚养子女是夫妻双方的义务。夫妻双方都在，由夫妻双方共同承担这个义务；一方由于特殊原因未与子女共同生活或者无力尽抚养义务，则由另一方独自承担这个义务。因此，一方已经尽了全部抚养义务的，不能向对方主张追索抚养费。至于其他没有抚养、赡养义务的人，代替去台一方抚养了子女或者赡养了父母的，去台人员则应酌情补偿。

去台人员返回大陆定居后，要求自己的子女承担赡养的义务的，人民法院应当根据法律规定和子女的家庭经济状况尽可能给予解决。但是，去台人员的子女已被他人合法收养的，在收养关系解除之前，不承担对生父或者生母的赡养义务；被收养的子女因生父或者生母回大陆而要求解除收养关系，或者去台人员要求解除收养关系的，要根据养父母、养子女、生父母三方面关系的实际情况，慎重地处理。

四、关于继承问题

按照《中华人民共和国继承法》的规定，去台人员和台胞与大陆同胞一样，享有同等的继承权，不能因为继承人去台湾而影响他们对在大陆遗产的继承。去台人员或者台胞对大陆的遗产主张继承权的，人民法院依法给予保护。人民法院过去处理的继承案件中已经给去台人员或者台胞保留了遗产份额的，他们可以向人民法院申请取得。过去未经人民法院处理过的继承问题，去台人员或者台胞回大陆后均可以向人民法院起诉。今后人民法院处理继承案件时，对在台湾的合法继承人，要设法通知其参加诉讼；无法通知的，应为其保留应继承的份额，并指定财产代管人。

五、关于房产问题

房屋产权是个比较复杂的问题。几十年的风风雨雨，许多房屋自然损坏严重，有的结构发生了变化，还有一些产权也发生了变化。对属于民事权益方面的房屋纠纷，包括房屋典当、买卖、租赁、代管和其他侵权纠纷，人民法院应依法受理。去台人员和台胞要求回赎去台前出典的房屋，如果土改中已经处理或者典期届满后承典人已依法取得所有权的，不再变动；法律、政策规定可以回赎的，应予准许。去台人员和台胞所有的房屋已被他人侵占或者处分的，人民法院应本着保护产权人的合法权益的原则，并根据纠纷的具体情况，妥善处理。去台人员和台胞的房屋去台前委托公民个人代管，现在房屋仍旧由代管人或者代管人的继承人代管，如果去台人员和台胞要求解除或者变更这种代管关系的，人民法院一般应予准许。

六、关于债务问题

现在去台人员对去台前发生在个人之间的债权债务关系主张债权，或者作为债务人被索偿，如果这种债权债务根据现行的法律、政策规定应当保护，并且能够提出证据的，人民法院都予以受理，并根据案件事实和双方现在的经济状况，合情合理地处理。

七、关于诉讼时效问题

为了保护去台人员和台胞的合法权益，我们在适用诉讼时效方面，对涉台民事案件作了特别规定。根据《中华人民共和国民法通则》的规定,从权利被侵害之日起超过二十年,权利人才向人民法院提起诉讼的,人民法院不予保护。由于涉及去台人员和台湾同胞的案件,许多已经超过二十年了,因此,对去台人员和台湾同胞的诉讼时效期间问题,根据民法通则第一百三十七条的规定,人民法院可以作为特殊情况予以适当延长。

保护海峡两岸当事人的合法权益,是大陆和台湾司法工作者的共同责任。我们希望能通过各类涉台民事案件的审理,促进海峡两岸同胞的正常往来,促进"三通",从而有利于祖国的和平统一。

最高人民法院关于印发《全国沿海地区涉外、涉港澳经济审判工作座谈会纪要》的通知

1989年6月12日　　　　　　　　　　　法(经)发〔1989〕12号

各省、自治区、直辖市高级人民法院、中级人民法院、各海事法院:

现将《全国沿海地区涉外、涉港澳经济审判工作座谈会纪要》印发给你们,望遵照执行。

附:

全国沿海地区涉外、涉港澳经济审判工作座谈会纪要

全国沿海地区涉外、涉港澳经济审判工作座谈会于1988年12月12日至16日在广东省佛山市召开,参加这次座谈会的有沿海和边疆开放地区的部分高、中级人民法院经济庭有关同志,会议期间,最高人民法院院长任建新同志到会做了讲话。

会议总结交流了涉外、涉港澳经济审判工作的经验,研究了审判实践中急需明确的一些问题,讨论了加强涉外、涉港澳经济审判工作,为搞好治理整顿和扩大对外开放服务的具体措施。现纪要如下:

一

会议认为,党的十三届三中全会提出的"治理经济环境,整顿经济秩序,全面深化改革"的方针,对我国今后的改革、开放具有重要的意义,治理经济环境、整顿经济秩序的目的在于为发展我国的社会主义商品经济和扩大对外开放创造良好的条件提供必要

的保证，人民法院的涉外、涉港澳经济审判工作要紧紧围绕治理整顿，依法保护和支持有利于改革开放，有利于发展对外经济贸易和技术合作的活动；依法限制和制裁不利于改革开放、不利于发展对外经济贸易和技术合作的行为，为全国的改革开放创造一个良好的环境。

近十年来，人民法院涉外、涉港澳经济审判工作有了初步开展，也积累了一些经验，但是同我国对外经济贸易和技术合作交流的发展情况相比，仍然很不相称，离对外开放的要求还有很大差距。今后，在改革开放的新形势下，涉外、涉港澳经济审判工作的任务将越来越繁重，各级人民法院对这种发展趋势应有足够的思想准备，要注意研究新情况，解决新问题，不断总结经验，把涉外、涉港澳经济审判工作向前推进一步。

二

根据我国民事诉讼法和民法通则的规定和各地的经验，涉外、涉港澳经济审判工作应当坚持以下三项基本原则：

（一）维护国家主权的原则。根据我国法律的国际条约的规定，凡是应当由我国法院管辖的案件，人民法院都必须行使司法管辖权。人民法院在审理涉外经济纠纷案件时，应当适用我国的程序法，按照《中华人民共和国民事诉讼法（试行）》第五编关于涉外民事诉讼程序的特别规定审理；第五编中未作规定的，根据该法第一百八十五条的规定，适用该法其他编的有关规定。在实体法方面，如果当事人协议选择适用的法律或者人民法院确定适用的法律为外国法时，不得违反我国的社会公共利益，否则不予适用。外国法院作出的生效判决，需要在中国境内执行的，须经我国人民法院裁定认可，才能执行。

（二）平等互惠的原则。外国人、外国企业和组织在我国人民法院起诉、应诉，同中国公民、企业和组织有同等的诉讼权利和义务。但是，如果某一外国法院对中国公民、企业和组织的民事诉讼权利加以限制，我国人民法院实行对等原则，对该国公民、企业和组织的民事诉讼权利给予相应的限制。人民法院在审判工作中对中外当事人一律依法办事，公正审判，绝不偏袒任何一方。

（三）遵守国际条约，尊重国际惯例。凡是我国缔结或者参加并已对我国生效的国际条约，与我国法律就同一事项有不同规定时，优先适应国际条约的规定。但是，我国声明保留的条款除外。涉外、涉港澳经济纠纷案件的双方当事人在合同中选择适用的国际惯例，只要不违背我国的社会公共利益，就应当作为解决当事人间纠纷的依据。

三

会议就涉外、涉港澳经济审判工作中遇到的亟待解决的一些问题进行了探讨，并提出了以下意见：

（一）管辖问题

1. 涉外、涉港澳经济诉讼，主要有三类：因经济合同纠纷提起的诉讼，因物权纠纷提起的诉讼和因侵权行为提起的诉讼。凡是合同履行地或合同签订地在我国境内的，或者双方争议的财产在我国境内的，或者侵权行为发生地或侵权结果发生地在我国境内的，我国人民法院有管辖权。此外，根据审判实践，凡是被告在我国境内有住所、营业所或设有常驻代表机构的，或者被告在我国境内有非争议财产的，我国人民法院亦可管辖。

对于发生在境外的我国法院没有管辖权的经济纠纷案件，除涉及不动产物权的纠纷外，只要双方当事人有书面协议，约定到中国法院进行诉讼的，我国人民法院依据当事人提交的书面协议，取得对该项诉讼的管辖权，在没有协议的情况下，一方当事人向我国人民法院起诉，另一方当事人应诉并就实体问题进行答辩的，视为双方当事人承认我国人民法院对该项诉讼的管辖权。

涉外、涉港澳经济合同的当事人书面协议提交仲裁的，如果该仲裁协议无效，或者内容不明确以致无法执行，一方当事人向我国人民法院起诉的，只要中国法院对该项诉讼具有管辖权，人民法院应予受理。

凡是中国法院享有管辖权的涉外、涉港澳经济纠纷案件，外国法院或者港澳地区法院对该案的受理，并不影响当事人就同一案件在我国人民法院起诉，但是否受理，应当根据案件的具体情况决定。

2. 凡是我国民事诉讼法和其他法律规定由中国法院专属管辖的经济纠纷案件，包括因不动产提起的诉讼、港口作业中发生的诉讼、因登记发生的诉讼，以及在我国境内履行的中外合资经营企业合同纠纷，中外合作经营企业合同纠纷和中外合作勘探开发自然资源合同纠纷引起的诉讼，外国法院或者港澳地区法院无权管辖，当事人也不得约定由我国境外的法院管辖，但是根据我国民事诉讼法（试行）第一百九十二条和涉外经济合同法第三十七条、第三十八条的规定，如果涉外经济合同中订有仲裁条款或者当事人另有仲裁协议，约定将合同争议提交中国涉外仲裁机构或者其他国家的仲裁机构仲裁的，只要该仲裁条款或仲裁协议合法有效，当事人因合同争议向我国法院提起诉讼时，我国人民法院应不予受理，当事人坚持起诉的，应当依法裁定驳回起诉，不能以属于我国法院专属管辖为由对抗或者否定当事人间仲裁条款或仲裁协议的效力。

3. 涉外经济纠纷案件，由中级人民法院作第一审，省、自治区、直辖市高级人民法院作第二审。涉港澳经济纠纷案件，当前一般仍应由中级人民法院作第一审，在有条件的地方，中级人民法院可以将案情比较简单、争讼标的较小的案件交由基层人民法院受理。

（二）案件受理问题

1. 两个诉因并存的案件的受理问题。一个法律事实或法律行为有时可以同时产生两个法律关系，最常见的是债权关系与物权关系并存，或者被告的行为同时构成破坏合同和民事侵害。原告可以选择两者之中有利于自己的一种诉因提起诉讼，有管辖权的受诉法院不应以存在其他诉因为由拒绝受理。但当事人不得就同一法律事实或法律行为，分别以不同的诉因提起两个诉讼。

2. 无效合同中解决争议条款的效力的问题。涉外、涉港澳经济合同中解决争议条款，包括仲裁条款、司法管辖条款和法律适用条款等，不因合同本身无效而失去效力。

我国参加的《联合国国际货物销售合同公约》第八十一条就规定，宣告合同无效，解除了双方在合同的义务，但不影响合同中关于解决争端的任何规定。在合同宣告失效后，当事人之间需要解决的善后问题，例如损害赔偿、返还价款或货物等，仍应按照当事人在合同中约定的解决争议条款加以处理。

（三）诉讼主体和诉讼代理问题

1. 外国和港澳地区非法人企业的诉讼主体的确定问题。非法人企业（包括个体企业和合伙企业）的实体权利和义务最终是由个体业主或合伙人享有和承担，其诉讼权利和义务也相应地应由他们享有和承担。法律文书上应将个体企业的业主和合伙企业和合伙人作为诉讼主体并列为：某某人，某某企业业主；某某人，某某企业合伙人。合伙企业有负责人的，可将其列为诉讼代表人。遇到个体企业、合伙企业关闭或合伙人退伙的情况，则分别写为：某某人，某某企业前业主或某某企业前合伙人。

2. 港澳律师能否代理诉讼问题。我国民事诉讼法规定："外国人、无国籍人、外国企业和组织在人民法院起诉、应诉、委托律师代理诉讼的，必须委托中华人民共和国律师。"司法部、外交部和外国专家局《关于外国律师不得在我国开业的联合通知》也明确规定，外国律师不得以律师的名义在我国代理诉讼和出庭。目前，香港、澳门地区的律师尚不具有中华人民共和国的律师资格，所以他们不能作为当事人的诉讼代理人到内地参与诉讼。

（四）诉讼保全问题

诉讼保全的目的在于能使以后的生效判决得到执行，但是，采取诉讼保全措施既不能违反我国法律规定，也不能违反我国缔结或参加的国际条约和国际上通行的惯例。

1. 诉讼保全的适用范围问题，实行诉讼保全的财物的价值不应超过诉讼请求的数额，而且必须是被申请人的财物或者债权，对于被申请人租赁使用的他人财物，不得实行诉讼保全。被申请人财物已为第三人设置抵押权的，不得就抵押物价值已设置抵押部分实行诉讼保全。

在涉外、涉港澳经济纠纷案件审理过程中，需对外国或港澳地区当事人在我国境内的财产实行诉讼保全而涉及在中国的合资企业时，一般只能对其在合资企业中分得的利润进行冻结，而不能对其在合资企业中的股金进行冻结，以免影响合资企业的正常活动。但是，如果外国或港澳地区当事人在诉讼期间转让其在合资企业的股权时，法院可以应他方当事人的申请，冻结其股权。

2. 关于冻结信用证项下货款的问题。根据在国际上长期广泛适用的《跟单信用证统一惯例》的规定，银行信用证是银行以自身信誉向卖方提供付款保证的一种凭证，是国际货物买卖中常用的付款方式，也是我国对外贸易中常用的付款方式。信用证是独立于买卖合同的单据交易，只要卖方所提交的单据表面上符合信用证的要求，开证银行就负有在规定的期限内付款的义务，如果单证不符，开证银行有权拒付，无需由法院采取诉讼保全措施。信用证交易和买卖合同属于两个不同的法律关系，在一般情况下不要因为涉外买卖合同发生纠纷，轻易冻结中国银行所开信用证项下货款，否则，会影响中国银行的信誉。根据国际国内的实践经验，如有充分证据证明卖方是利用签订合同进行欺诈，且中国银行在合理的时间内尚未对外付款，在这种情况下，人民法院可以根据买方的请求，冻结信用证项下货款。在远期信用证情况下，如中国银行已承兑了汇票，中国银行在信用证上的责任已变为票据上的无条件付款责任，人民法院就不应加以冻结。所以，采用这项保全措施一定要慎重，要事先与中国银行取得联系，必要时应向上级人民法院请示。对于中国涉外仲裁机构提交的冻结信用证项下货款的申请，人民法院也应照此办理。

（五）法律适用问题

审理涉外、涉港澳经济纠纷案件，必须按照民法通则、民事诉讼法和涉外经济合同法的规定，正确地解决法律适用问题。当前，需要明确以下各点：

1. 在程序方面，包括司法管辖权、诉讼过程中的文书送达、调查取证，以及判决的承认和执行等，应当按照我国民事诉讼法和其他法律中的程序规定办理。但是我国缔结或者参加的国际条约（例如《承认和执行外国仲裁裁决公约》和中外司法协助协定）与我国法律有不同规定的，除我国声明保留的条款外，应当优先适用国际条约的规定。

2. 在实体方面，首先，鉴于我国已加入1980年《联合国国际货物销售合同公约》，承担了执行该公约的义务，自1988年1月1日起，我国公司同该公约的其他批准国（如美国、法国、意大利、南斯拉夫、埃及、叙利亚、阿根廷、赞比亚、莱索托等国）的公司订立的合同，如未另行选择所适用的法律，将自动直接适用该公约的有关规定。法院应当按该公约规定处理它们之间的合同纠纷。其次，凡是当事人在合同中引用的国际惯例，例如离岸价格（F.O.B）、成本加运费价格（C&F）、到岸价格（C.I.F）等国际贸易价格条件，以及托收、信用证付款等国际贸易支付方式，对当事人有约束力，法院应当尊重当事人的这种选择，予以适用。第三，对于外国或者港澳地区的公司、企业或其他经济组织是否具有法人资格，是承担有限责任还是无限责任的问题，应当根据该公司、企业或者其他经济组织成立地的法律确定。它们在中国境内进行经营活动的能力，还应当根据中国的法律予以确定，外国或港澳地区的公司、企业、其他经济组织或者个人之间在中国境外设立代理关系的，代理合同是否成立及其效力如何，应依代理人住所地或其营业所所在地的法律确定。

（六）缺席判决问题

作为被告或者无独立请求权的第三人的外国或者港澳地区的当事人及其委托代理人既不答辩，又经两次合法传唤，无正当理由拒不到庭的，应视为自动放弃抗辩的权利，人民法院可以根据原告的诉讼请求、查明的事实和经过审查的证据，作出公正的缺席判决。

（七）公告送达、答辩和上诉期限的问题

对于在港澳地区的当事人公告送达的期限可以适用民事诉讼法（试行）第七十五条的规定。港澳地区的被告提出答辩状的期限适用民事诉讼法第八十六条的规定；向第二审法院上诉或提交答辩状的期限分别适用民事诉讼法（试行）第一百四十五条和第一百四十八条的规定。

四

　　会议要求各地高、中级人民法院把搞好涉外、涉港澳经济审判工作放到应有的位置，提高思想认识，克服畏难情绪，增强主动精神，密切同对外经济贸易、审计、监察等有关部门的联系，在加强调查研究的基础上，高质量地办好几个涉外、涉港澳经济纠纷案件，以取得经验。上级法院要加强对下级法院的指导，要建立涉外、涉港澳经济纠纷案件的大案、要案登记制度。

　　各地高、中级人民法院要从长远考虑，根据需要选择和配备适当的力量专门从事涉外、涉港澳经济审判工作，人员要相对稳定，要加强对他们的培养，不断提高他们的业务素质。

　　有条件的高、中级人民法院可以逐步开展对某些外国和港澳地区经济法律的研究，做到分工各有侧重，材料综合利用，这对于提高我国涉外、涉澳经济审判工作的水平是十分有益的。

二、婚姻、家庭与继承

（一）婚　　姻

最高人民法院关于在部分法院开展家事审判方式和工作机制改革试点工作的意见

2016年4月21日　　　　　　　　　　　　法〔2016〕128号

各省、自治区、直辖市高级人民法院，解放军军事法院，新疆维吾尔自治区高级人民法院生产建设兵团分院：

为发挥家事审判职能作用，推动家事审判工作不断科学发展，最高人民法院决定在全国范围内选择部分法院开展家事审判方式和工作机制改革试点。现就改革试点工作提出如下意见：

一、改革目标

通过家事审判方式和工作机制改革试点，转变家事审判理念，推进家事审判方式和工作机制创新，加强家事审判队伍及硬件设施建设，探索家事诉讼程序制度，开展和推动国内外法院之间家事审判经验交流和合作，探索家事审判专业化发展，维护婚姻家庭关系稳定，依法保护未成年人、妇女和老年人合法权益，弘扬社会主义核心价值观，促进社会建设健康和谐发展。

二、基本原则

1. 坚持依法有序推进。家事审判方式和工作机制改革的各项措施应当在法律框架内，紧密结合法院人员分类管理制度、法官员额制、主审法官责任制等司法体制改革措施及多元化纠纷解决机制的建设，由点到面、由易到难，积极稳妥推进。

2. 坚持先行先试。家事审判方式和工作机制改革既涉及司法制度和诉讼程序的原则性问题，也涉及司法实务中的操作性问题。试点法院要在最高人民法院确定的改革方向和原则下，大胆探索，锐意创新，积极推进改革试点各项工作。

3. 坚持从本国国情出发与吸收域外经验相结合。家事审判方式和工作机制改革要立足我国国情，从中国特色社会主义司法制度和经济社会发展的实际出发，借鉴其他国家和地区的有益经验，推进我国家事审判方式和工作机制改革。

三、工作理念

1. 倡导文明进步的婚姻家庭伦理道德观念，维护健康向上的婚姻家庭关系，积极培育和践行社会主义核心价值观，弘扬中华民族传统家庭美德，维护公序良俗。

2. 树立家庭本位的裁判理念，对家庭财产关系的处理以有利于家庭成员共同生活的团体主义为价值追求。坚持以人为本，发挥家事审判的诊断、修复、治疗作用，实现家事审判司法功能与社会功能的有机结合。

3. 适应家事案件特点，全面保护当事人的身份利益、财产利益、人格利益、安全利益和情感利益，切实满足人民群众的司法需求。要在诊断婚姻状况的基础上，注意区分婚姻危机和婚姻死亡，积极化解婚姻危机，正确处理保护婚姻自由与维护家庭稳定的关系。

四、工作机制

1. 探索引入家事调查员、社工陪护及儿童心理专家等多种方式，不断提高家事审判的司法服务和保障水平。家事案件的审理涉及心理学、社会学等多方面专业知识，需要相关专业领域人员的配合与协助。探索相关公益性服务机构及人员配合法院调查审理家事案件，及时为当事人提供心理疏导等相关专业服务。在有条件的地方，建设家事调解室、心理评估室、单面镜调查室等设施，为家事审判改革提供强有力的物质装备保障。

2. 探索家事纠纷的专业化、社会化和人性化解决方式。推动建立司法力量、行政力量和社会力量相结合的新型家事纠纷综合协调解决机制，完善多元化纠纷解决机制，形成有效社会合力，切实妥善化解家事纠纷。

五、试点案件范围

家事案件是指确定身份关系的案件及基于身份关系而产生的家庭纠纷，主要案件类型有：1. 婚姻案件及其附带案件，包括离婚、婚姻无效、婚姻撤销等，附带案件包括监护权、子女抚养费、离婚后财产分割等；2. 抚养、扶养及赡养纠纷案件；3. 亲子关系案件，包括确认亲子关系、否认亲子关系；4. 收养关系纠纷案件；5. 同居关系纠纷案件，包括同居期间的财产分割、非婚生子女抚养等；6. 继承和分家析产纠纷案件等。

六、试点模式

为推动家事审判改革和少年审判改革的发展，考虑到未成年人案件与家事案件同根同源、理念相通,未成年人案件与家事案件在诉因机理、审判理念及裁判方式上的共通性等因素,同时应当吸收和借鉴少年审判三十多年的探索经验和成果,各省、自治区、直辖市高级人民法院在指导试点法院时,可以根据各地情况自行确定下述模式开展试点工作:

模式一:少年审判与家事审判合并试点。在试点法院或具备条件的基层法院派出法庭设立家事少年审判庭。已设立的未成年人案件综合审判庭,更名为家事少年审判庭,并将家事案件纳入其审理范围;尚未设立未成年人案件综合审判庭的,可在原审理婚姻家庭纠纷案件审判庭的基础上进行更名或者新设家事少年审判庭,负责审理家事案件和未成年人刑事案件、被害人是未成年人的刑事案件以及涉少家事案件。

模式二:少年审判与家事审判分头试点。维持现有少年法庭格局不变,将少年审判受案范围调整为未成年人刑事案件、被害人是未成年人的刑事案件及当事人为未成年人的校园伤害、交通事故损害赔偿等民事案件。围绕家事审判改革和少年刑事审判改革设置的硬件设施和司法辅助人员尽量共用,以免重复设置造成不必要的浪费。

七、试点法院

1. 在各省、自治区、直辖市高级人民法院推荐的基础上,确定 100 个左右基层人民法院和中级人民法院开展家事审判方式和工作机制改革试点工作。

2. 各省、自治区、直辖市是否在辖区内再增加法院开展家事审判方式和工作机制改革的试点工作,由各高级人民法院自行确定。

八、试点期间

自 2016 年 6 月 1 日起开展家事审判方式和工作机制改革试点工作。试点期间为两年。

九、试点指导

1. 各试点法院要深刻认识新形势下开展家事审判方式和工作机制改革试点工作的重要意义,把家事审判方式和工作机制改革试点工作列入重要日程和重点工作,专项研究部署,积极进行基层探索,及时研究制定符合本地区实际的规划和意见,有计划有步骤地推动试点工作。

2. 上级法院要加大对试点法院改革工作的监督指导力度,总结试点得失,反馈试点效果,适时组织召开试点工作推进会,确保试点工作平稳有序推进。各试点法院要认真分析研究新情况、新问题,必要时及时层报最高人民法院。最高人民法院要加强对试点动态的跟踪和指导,研究改革试点过程中出现的问题,不断完善相关制度设计。

最高人民法院
关于进一步深化家事审判方式和工作机制改革的意见（试行）

2018 年 7 月 18 日　　　　　　　　　　　　法发〔2018〕12 号

各省、自治区、直辖市高级人民法院，解放军军事法院，新疆维吾尔自治区高级人民法院生产建设兵团分院：

为贯彻以人民为中心的思想，推动家事审判工作改革，发挥家事审判职能作用，最高人民法院自 2016 年 6 月 1 日起在全国范围内选择部分法院开展家事审判方式和工作机制改革试点工作。在总结试点工作基础上，现就进一步深化家事审判方式和工作机制改革提出如下意见：

一、总体要求

1. 准确把握改革的方向目标，维护婚姻家庭和谐稳定，依法保障未成年人、妇女和老年人的合法权益，培育和践行社会主义核心价值观，促进社会和谐健康发展，不断满足人民日益增长的美好生活需要和对家事审判工作的新需求新期待。

2. 牢固树立人性化的审判理念，对当事人的保护要从身份利益、财产利益延伸到人格利益、安全利益和情感利益，保护当事人隐私，注重人文关怀，充分发挥家事审判对婚姻关系的诊断、修复和治疗作用，弘扬文明进步的婚姻家庭伦理观念，推进家风建设和家庭美德建设。

3. 切实转变工作方式，强化法官的职权探知、自由裁量和对当事人处分权的适当干预，注意区分婚姻危机和婚姻死亡，正确处理保护婚姻自由与维护家庭稳定的关系，充分发挥家事调查报告、心理疏导报告及大数据的应用，力求裁判标准客观化以及裁判文书说理情理法相结合。

4. 不断创新工作机制，积极争取各级党委和政府的支持，加强与相关职能部门和单位的协调配合，动员和激励社会各界力量共同参与，推动建立司法、行政和社会相结合的多元化纠纷解决机制，共同打造共建共治共享的社会治理格局。

5. 积极推进机构队伍专业化建设，组建专业化家事审判机构或者团队，探索建立特别的家事法官准入机制、培训机制和考核机制，探索配备专门从事家事调解、家事调查、心理辅导等工作的司法辅助人员，加强家事法官的职业安全保障，完善极端化事件防控措施。

二、家事调解

6. 人民法院审理家事案件，应当增强调解意识，拓展调解方式，创新调解机制，提高调解能力，将调解贯穿案件审判全过程。婚姻效力、身份关系确认、人身安全保护令申请等根据案件性质不能进行调解的案件除外。

7. 依托特邀调解做好家事案件调解工作，通过在立案前委派或者立案后委托特邀调解组织、特邀调解员依法进行调解，促使当事人在平等协商基础上达成调解协议，解决纠纷。可以设立家事调解委员会，设定入册条件，规范家事领域特邀调解程序。

8. 依法成立的人民调解、行政调解、商事调解、行业调解及其他具有调解职能的组织，可以申请加入家事调解委员会特邀调解组织名册。品行良好、公道正派、热心调解工作并具有较强沟通协调能力的个人可以申请加入家事调解委员会特邀调解员名册。人民法院可以邀请人大代表、政协委员、人民陪审员、专家学者、律师、基层法律服务工作者、仲裁员、退休法律工作者、基层工作者以及其他具有社会、人文、法律、教育、心理、婚姻家庭等方面专业知识的个人加入家事调解委员会特邀调解员名册。少数民族聚居地区可邀请熟悉当地语言、风俗习惯、宗教信仰等情形的个人加入家事调解委员会特邀调解员名册。

9. 对适宜调解的纠纷，登记立案前，经当事人同意或者当事人虽未提出调解申请但人民法院认为有必要调解的，可以委派给特邀调解组织或者特邀调解员进行调解。当事人情绪或心理受到严重困扰，无法正常发表意见，情况紧急需要尽快启动有关诉讼程序的案件，除双方当事人申请外，不得进行立案登记前委派调解。

10. 对适宜调解的纠纷，登记立案后，人民法院可以自行调解，也可以委托给特邀调解组织或者特邀调解员进行调解。

11. 离婚案件的调解，双方当事人应亲自到场。当事人确因特殊情况无法到场参加调解的，除本人不能表达意志的以外，应当出具书面意见。

12. 家事案件的调解过程不公开，但当事人均同意公开的除外。主持调解以及参与调解的人员，对调解过程以及调解过程中获悉的国家秘密、商业秘密、个人隐私和其他不宜公开的信息，应当保守秘密。调解人员违反保密义务给当事人造成损害的，应当承担相应法律责任。

13. 委托调解过程中，特邀调解员认为有事实问题需要进行调查的，可以向人民法院提出申请。人民法院根据案情需要，决定是否委托家事调查员进行调查。

14. 有关调解以及特邀调解的其他事项，适用《中华人民共和国民事诉讼法》《中华人民共和国人民调解法》《最高人民法院关于人民法院特邀调解的规定》等相关规定。

三、家事调查

15. 家事案件审理过程中，对于需要进一步查明的事项，人民法院可以自行调查取证，可以委托相关机构进行调查，也可以委托家事调查员对特定事实进行调查。

16. 人民法院应当建立家事调查员名册。建立名册的法院应当为入册的家事调查员颁发证书，并对名册进行管理。上级法院建立的名册，下级法院可以使用。

17. 家事调查员由司法行政、教育部门、妇联、共青团、社区等单位及基层群众组织推荐，由人民法院选任。人民法院可以邀请人大代表、政协委员、人民陪审员、人民调解员、专家学者、律师、基层法律服务工作者、仲裁员、退休法律工作者、基层工作者以及其他具有社会、人文、法律、教育、心理、婚姻家庭等方面专业知识的人员加入家事调查员名册。

18. 家事调查员应当品行良好、公道正派、热心群众工作并具有较强沟通协调能力和丰富的社会知识经验，具有基层工作经历和适宜处理家事纠纷专业背景的个人可优先选任。少数民族聚居地区可考虑优先选任熟悉当地语言、风俗习惯、宗教信仰等的个人。

19. 具体案件中的家事调查员应不少于两人，由人民法院在名册中选择。人民法院选择家事调查员后，应当在3日内通知当事人。当事人对家事调查员有异议且有正当理由的，或者双方当事人共同选择其他家事调查员的，人民法院应当另行选择确认。

20. 家事调查员有下列情形之一的，当事人有权申请回避：

（1）是一方当事人或者其代理人近亲属的；

（2）与纠纷有利害关系的；

（3）与当事人、代理人有其他关系，可能影响公正调查的。

家事调查员有上述情形的，应当自行回避，但是双方当事人同意由该调查员调查的除外。

家事调查员的回避由人民法院决定。

21. 人民法院根据案件审理需要，可以委托家事调查员调查下列事项：

（1）当事人的个人经历、性格、教育程度、身心状况、家庭情况、夫妻关系、居住环境、工作情况等；

（2）对子女的抚养情况、子女的心理状况及学习状况等；

（3）对老人的赡养情况等；

（4）其他需要调查的事项。

22. 家事调查员可以采取下列方式进行调查：

（1）与当事人本人及其父母、子女或其他有关人员面谈交流，观察当事人与其子女、父母或其他有关人员之间的关系；

（2）征询八周岁以上的子女对抚养事项及探望事项的意愿和态度；

（3）走访当事人居住的社区、所在单位、子女的学校等；

（4）其他调查方式。

23. 每一项调查事项，均应由两名以上家事调查员共同进行调查。家事调查员应当自人民法院委托调查之日起15日内完成调查工作，向人民法院出具书面调查报告。如在上述期限内完成调查事项确有困难的，可以向人民法院申请延长，但最长不超过30日。调查报告应当包括人民法院委托调查的所有事项，可以包括家事调查员的分析和建议。

24. 人民法院在收到家事调查报告后，应当向当事人告知家事调查报告的内容，并允许当事人陈述意见。家事调查报告可以作为人民法院审理案件的参考。

25. 家事调查员在调查过程中获知当事人有家庭暴力、危害未成年人合法权益等情形时，应当及时向人民法院报告，同时可向其他相关职能部门、救助机构报告。

26. 家事调查员对于其在调查过程中知悉的商业秘密或个人隐私，负有保密义务。家事调查员违反保密义务给当事人造成损害的，应当承担相应法律责任。

27. 家事调查员不得有以下行为：
（1）在调查过程中借机招揽业务；
（2）向当事人收取费用；
（3）接受当事人请托或收受不正当利益；
（4）不当履行职务，损害当事人合法权益的其他行为。

当事人发现存在上述情形的，可以向人民法院投诉。经审查属实的，人民法院应当立即停止其调查工作，对其提交的调查报告不予采纳，并视情形对其作出警告、通报、除名等相应处理。

四、心理疏导

28. 具有下列情形之一的，人民法院根据实际情况可以建议案件当事人或者未成年人接受心理疏导：
（1）一方当事人同意离婚，对方当事人不同意离婚并且情绪激动的；
（2）探望权纠纷、监护权纠纷以及其他有关亲子关系纠纷的案件中，当事人情绪波动较大的；
（3）存在家庭暴力行为，对当事人身心健康造成较大影响的；
（4）案件所涉及的未成年人情绪波动较大或者有反常行为，需要心理疏导的；
（5）其他需要进行心理疏导的情形。

29. 人民法院可以与当地政府有关机构或者有关心理学组织机构、心理学教育研究机构建立对家事案件当事人或者未成年人进行心理疏导的协作机制。具体协作机制形式、内容由人民法院与有关机构和组织协商确定。

30. 人民法院负责筛选需要心理疏导介入的案件，并启动心理疏导程序。协作机构负责选派心理疏导师具体实施心理疏导工作。

31. 人民法院经审查认为案件当事人或者未成年人需要接受心理疏导的，可向案件当事人或者未成年人的监护人提出心理疏导建议。当事人或者未成年人的监护人同意接受心理疏导的，应填写《同意接受心理疏导确认书》。当事人亦可主动申请接受心理疏导，并提交《心理疏导申请书》。

人民法院应在收到《同意接受心理疏导确认书》或者《心理疏导申请书》之后 3 日内，向协作机构发出《心理疏导工作联系函》。协作机构回函表示同意后 3 日内，人民法院应当与当事人及协作机构协商确定心理疏导的时间和地点。

32. 心理疏导过程中，当事人明确表示不同意继续接受心理疏导的，应当予以终止，人民法院应在案卷中注明。

33. 心理疏导师对其在心理疏导过程中知悉的当事人的商业秘密或个人隐私负有保密义务。心理疏导师违反保密义务给当事人造成损害的，应当承担相应法律责任。

34. 心理疏导工作结束后，协作机构应向人民法院出具心理疏导情况报告，人民法院可以将之作为审理案件的参考。心理疏导的相关材料随案归于副卷，不得对外公开。

五、审理规程

35. 人民法院在开庭前应当告知当事人一般诉讼权利义务、举证责任分配原则、有权申请调查取证、签发人身安全保护令、法律援助、减免诉讼费用等内容。

36. 涉及个人隐私的家事案件，人民法院应当不公开审理。涉及未成年人的家事案件，如果公开审理不利于保护未成年人利益的，人民法院应当不公开审理。

离婚案件，在开庭前，人民法院应当询问当事人是否申请不公开审理。当事人申请不公开的，可以不公开审理。

其他家事案件，当事人申请不公开审理的，人民法院经审查认为不宜公开审理的，可以不公开审理。

37. 身份关系确认案件以及离婚案件，除本人不能表达意志的以外，当事人应当亲自到庭参加诉讼。当事人为无民事行为能力人的，其法定代理人应当到庭。确因特殊情况无法出庭的，必须向人民法院提交书面意见，并委托诉讼代理人到庭参加诉讼。

应当到庭参加诉讼的当事人经传票传唤无正当理由拒不到庭的，属于原告方的，依照民事诉讼法第一百四十三条的规定，可以按撤诉处理；属于被告方的，依照民事诉讼法第一百四十四条的规定，可以缺席判决。

无民事行为能力的当事人的法定代理人，经传票传唤无正当理由拒不到庭的，比照上述规定处理。必要时，人民法院可以拘传其到庭。

确因特殊情况无法出庭的当事人、证人和鉴定人，经人民法院准许后，可以声音或影像传输的形式，参加开庭审理及其他诉讼活动。

38. 人民法院审理家事案件，涉及确定子女抚养权的，应当充分听取八周岁以上子女的意见。必要时，人民法院可以单独询问未成年子女的意见，并提供符合未成年人心理特点的询问环境。

39. 人民法院审理离婚案件，应当对子女抚养、财产分割问题一并处理。对财产分割问题确实不宜一并处理的，可以告知当事人另行起诉。

当事人在离婚诉讼中未对子女抚养、财产分割问题提出诉讼请求的，人民法院应当向当事人释明，引导当事人明确诉讼请求。当事人就子女抚养问题未达成一致，又坚持不要求人民法院处理子女抚养问题的，可以判决不准离婚。

40. 人民法院审理离婚案件，经双方当事人同意，可以设置不超过 3 个月的冷静期。

在冷静期内，人民法院可以根据案件情况开展调解、家事调查、心理疏导等工作。冷静期结束，人民法院应通知双方当事人。

41. 人民法院判决或者调解离婚的案件，根据当事人的申请，人民法院可以为当事人出具离婚证明书。

42. 监护权纠纷、探望权纠纷、抚养纠纷等涉及未成年人的案件，对于与未成年人利益保护相关的事实，人民法院应当根据当事人的申请或者依职权进行调查取证。

43. 离婚案件中，对于当事人的财产状况等事实，当事人难以举证又影响案件审理结果的，人民法院应当根据当事人的申请及提供的明确的线索，向有关金融机构、当事人所在单位等相关机构调查取证。

当事人自认的涉及身份关系确认或社会公共利益的事实，在没有其他证据证明的情形下，一般不能单独作为定案依据。

44. 对于涉及财产分割问题的离婚纠纷案件，人民法院在向当事人送达受理案件通知书和应诉通知书时，应当同时送达《家事案件当事人财产申报表》。

当事人应当在举证期限届满前填写《家事案件当事人财产申报表》，全面、准确地申报夫妻共同财产和个人财产的有关状况。

人民法院应当明确告知当事人不如实申报财产应承担的法律后果。对于拒不申报或故意不如实申报财产的当事人，除在分割夫妻共同财产时可依法对其少分或者不分外，还可对当事人予以训诫；情形严重者，可记入社会征信系统或从业诚信记录；构成妨碍民事诉讼的，可以采取罚款、拘留等强制措施。

45. 当事人向人民法院申请人身安全保护令，应当提供其遭受家庭暴力或者存在家庭暴力风险的证据，人民法院经审查认为存在家庭暴力风险的，应当及时发出人身安全保护令。

六、队伍建设

46. 中级人民法院、基层人民法院可以在规定的内设机构总数内，通过加挂牌子或者单独设置的方式设立家事审判业务机构。不具备条件的，可以在相关审判庭内设立专业化的合议庭或者审判团队负责审理家事案件。

47. 审理家事案件的法官，除法律知识外，还应当掌握一定社会学、教育学和心理学知识。

家事审判合议庭组成人员应当至少有一名女性法官或者女性人民陪审员。

人民法院要定期对从事家事案件审理工作的法官、法官助理、书记员、人民陪审员等进行审判业务、调解技能、心理学等方面的培训，加强家事案件审判人员司法能力建设。

48. 人民法院可以为法官配备特邀调解员、家事调查员、心理学专业人员等司法辅助人员，配合审理家事案件。

人民法院可以会同妇联、司法行政、卫生等部门定期组织司法辅助人员参加培训，并进行考核。

49. 人民法院应当根据实际情况向特邀调解员、家事调查员发放课工、交通等补贴，对表现突出的特邀调解组织、特邀调解员和家事调查员给予物质或者荣誉奖励。

人民法院聘请心理疏导师开展相关工作，应当给付适当的报酬。

上述补贴经费或者报酬经费应当纳入人民法院专项预算。人民法院可以根据有关规定向有关部门申请专项经费。

最高人民法院关于适用《中华人民共和国婚姻法》若干问题的解释（一）

法释〔2001〕30号

（2001年12月24日最高人民法院审判委员会第1202次会议通过　2001年12月24日最高人民法院公告公布　自2001年12月27日起施行）

为了正确审理婚姻家庭纠纷案件，根据《中华人民共和国婚姻法》（以下简称婚姻法）、《中华人民共和国民事诉讼法》等法律的规定，对人民法院适用婚姻法的有关问题作出如下解释：

第一条　婚姻法第三条、第三十二条、第四十三条、第四十五条、第四十六条所称的"家庭暴力"，是指行为人以殴打、捆绑、残害、强行限制人身自由或者其他手段，给其家庭成员的身体、精神等方面造成一定伤害后果的行为。持续性、经常性的家庭暴力，构成虐待。

第二条　婚姻法第三条、第三十二条、第四十六条规定的"有配偶者与他人同居"的情形，是指有配偶者与婚外异性，不以夫妻名义，持续、稳定地共同居住。

第三条　当事人仅以婚姻法第四条为依据提起诉讼的，人民法院不予受理；已经受理的，裁定驳回起诉。

第四条　男女双方根据婚姻法第八条规定补办结婚登记的，婚姻关系的效力从双方均符合婚姻法所规定的结婚的实质要件时起算。

第五条　未按婚姻法第八条规定办理结婚登记而以夫妻名义共同生活的男女，起诉到人民法院要求离婚的，应当区别对待：

（一）1994年2月1日民政部《婚姻登记管理条例》公布实施以前，男女双方已经符合结婚实质要件的，按事实婚姻处理。

（二）1994年2月1日民政部《婚姻登记管理条例》公布实施以后，男女双方符合结婚实质要件的，人民法院应当告知其在案件受理前补办结婚登记；未补办结婚登记的，按解除同居关系处理。

第六条　未按婚姻法第八条规定办理结婚登记而以夫妻名义共同生活的男女，一方死亡，另一方以配偶身份主张享有继承权的，按照本解释第五条的原则处理。

第七条　有权依据婚姻法第十条规定向人民法院就已办理结婚登记的婚姻申请宣告婚姻无效的主体，包括婚姻当事人及利害关系人。利害关系人包括：

（一）以重婚为由申请宣告婚姻无效的，为当事人的近亲属及基层组织。

（二）以未到法定婚龄为由申请宣告婚姻无效的，为未达法定婚龄者的近亲属。

（三）以有禁止结婚的亲属关系为由申请宣告婚姻无效的，为当事人的近亲属。

（四）以婚前患有医学上认为不应当结婚的疾病，婚后尚未治愈为由申请宣告婚姻无效的，为与患病者共同生活的近亲属。

第八条 当事人依据婚姻法第十条规定向人民法院申请宣告婚姻无效的，申请时，法定的无效婚姻情形已经消失的，人民法院不予支持。

第九条 人民法院审理宣告婚姻无效案件，对婚姻效力的审理不适用调解，应当依法作出判决；有关婚姻效力的判决一经作出，即发生法律效力。

涉及财产分割和子女抚养的，可以调解。调解达成协议的，另行制作调解书。对财产分割和子女抚养问题的判决不服的，当事人可以上诉。

第十条 婚姻法第十一条所称的"胁迫"，是指行为人以给另一方当事人或者其近亲属的生命、身体健康、名誉、财产等方面造成损害为要挟，迫使另一方当事人违背真实意愿结婚的情况。

因受胁迫而请求撤销婚姻的，只能是受胁迫一方的婚姻关系当事人本人。

第十一条 人民法院审理婚姻当事人因受胁迫而请求撤销婚姻的案件，应当适用简易程序或者普通程序。

第十二条 婚姻法第十一条规定的"1年"，不适用诉讼时效中止、中断或者延长的规定。

第十三条 婚姻法第十二条所规定的自始无效，是指无效或者可撤销婚姻在依法被宣告无效或被撤销时，才确定该婚姻自始不受法律保护。

第十四条 人民法院根据当事人的申请，依法宣告婚姻无效或者撤销婚姻的，应当收缴双方的结婚证书并将生效的判决书寄送当地婚姻登记管理机关。

第十五条 被宣告无效或被撤销的婚姻，当事人同居期间所得的财产，按共同共有处理。但有证据证明为当事人一方所有的除外。

第十六条 人民法院审理重婚导致的无效婚姻案件时，涉及财产处理的，应当准许合法婚姻当事人作为有独立请求权的第三人参加诉讼。

第十七条 婚姻法第十七条关于"夫妻对夫妻共同所有的财产，有平等的处理权"的规定，应当理解为：

（一）夫或妻在处理夫妻共同财产上的权利是平等的。因日常生活需要而处理夫妻共同财产的，任何一方均有权决定。

（二）夫或妻非因日常生活需要对夫妻共同财产做重要处理决定，夫妻双方应当平等协商，取得一致意见。他人有理由相信其为夫妻双方共同意思表示的，另一方不得以不同意或不知道为由对抗善意第三人。

第十八条 婚姻法第十九条所称"第三人知道该约定的"，夫妻一方对此负有举证责任。

第十九条 婚姻法第十八条规定为夫妻一方所有的财产，不因婚姻关系的延续而转化为夫妻共同财产。但当事人另有约定的除外。

第二十条 婚姻法第二十一条规定的"不能独立生活的子女"，是指尚在校接受高中及其以下学历教育，或者丧失或未完全丧失劳动能力等非因主观原因而无法维持正常生活的成年子女。

第二十一条　婚姻法第二十一条所称"抚养费",包括子女生活费、教育费、医疗费等费用。

第二十二条　人民法院审理离婚案件,符合第三十二条第三款规定"应准予离婚"情形的,不应当因当事人有过错而判决不准离婚。

第二十三条　婚姻法第三十三条所称的"军人一方有重大过错",可以依据婚姻法第三十二条第三款前三项规定及军人有其他重大过错导致夫妻感情破裂的情形予以判断。

第二十四条　人民法院作出的生效的离婚判决中未涉及探望权,当事人就探望权问题单独提起诉讼的,人民法院应予受理。

第二十五条　当事人在履行生效判决、裁定或者调解书的过程中,请求中止行使探望权的,人民法院在征询双方当事人意见后,认为需要中止行使探望权的,依法作出裁定。中止探望的情形消失后,人民法院应当根据当事人的申请通知其恢复探望权的行使。

第二十六条　未成年子女、直接抚养子女的父或母及其他对未成年子女负担抚养、教育义务的法定监护人,有权向人民法院提出中止探望权的请求。

第二十七条　婚姻法第四十二条所称"一方生活困难",是指依靠个人财产和离婚时分得的财产无法维持当地基本生活水平。

一方离婚后没有住处的,属于生活困难。

离婚时,一方以个人财产中的住房对生活困难者进行帮助的形式,可以是房屋的居住权或者房屋的所有权。

第二十八条　婚姻法第四十六条规定的"损害赔偿",包括物质损害赔偿和精神损害赔偿。涉及精神损害赔偿的,适用最高人民法院《关于确定民事侵权精神损害赔偿责任若干问题的解释》的有关规定。

第二十九条　承担婚姻法第四十六条规定的损害赔偿责任的主体,为离婚诉讼当事人中无过错方的配偶。

人民法院判决不准离婚的案件,对于当事人基于婚姻法第四十六条提出的损害赔偿请求,不予支持。

在婚姻关系存续期间,当事人不起诉离婚而单独依据该条规定提起损害赔偿请求的,人民法院不予受理。

第三十条　人民法院受理离婚案件时,应当将婚姻法第四十六条等规定中当事人的有关权利义务,书面告知当事人。在适用婚姻法第四十六条时,应当区分以下不同情况:

(一)符合婚姻法第四十六条规定的无过错方作为原告基于该条规定向人民法院提起损害赔偿请求的,必须在离婚诉讼的同时提出。

(二)符合婚姻法第四十六条规定的无过错方作为被告的离婚诉讼案件,如果被告不同意离婚也不基于该条规定提起损害赔偿请求的,可以在离婚后1年内就此单独提起诉讼。

（三）无过错方作为被告的离婚诉讼案件，一审时被告未基于婚姻法第四十六条规定提出损害赔偿请求，二审期间提出的，人民法院应当进行调解，调解不成的，告知当事人在离婚后1年内另行起诉。

第三十一条 当事人依据婚姻法第四十七条的规定向人民法院提起诉讼，请求再次分割夫妻共同财产的诉讼时效为两年，从当事人发现之次日起计算。

第三十二条 婚姻法第四十八条关于对拒不执行有关探望子女等判决和裁定的，由人民法院依法强制执行的规定，是指对拒不履行协助另一方行使探望权的有关个人和单位采取拘留、罚款等强制措施，不能对子女的人身、探望行为进行强制执行。

第三十三条 婚姻法修改后正在审理的一、二审婚姻家庭纠纷案件，一律适用修改后的婚姻法。此前最高人民法院作出的相关司法解释如与本解释相抵触，以本解释为准。

第三十四条 本解释自公布之日起施行。

最高人民法院
关于适用《中华人民共和国婚姻法》若干问题的解释（二）

法释〔2003〕19号

（2003年12月4日最高人民法院审判委员会第1299次会议通过
2003年12月25日最高人民法院公告公布 自2004年4月1日起施行）

为正确审理婚姻家庭纠纷案件，根据《中华人民共和国婚姻法》（以下简称婚姻法）、《中华人民共和国民事诉讼法》等相关法律规定，对人民法院适用婚姻法的有关问题作出如下解释：

第一条 当事人起诉请求解除同居关系的，人民法院不予受理。但当事人请求解除的同居关系，属于婚姻法第三条、第三十二条、第四十六条规定的"有配偶者与他人同居"的，人民法院应当受理并依法予以解除。

当事人因同居期间财产分割或者子女抚养纠纷提起诉讼的，人民法院应当受理。

第二条 人民法院受理申请宣告婚姻无效案件后，经审查确属无效婚姻的，应当依法作出宣告婚姻无效的判决。原告申请撤诉的，不予准许。

第三条 人民法院受理离婚案件后，经审查确属无效婚姻的，应当将婚姻无效的情形告知当事人，并依法作出宣告婚姻无效的判决。

第四条 人民法院审理无效婚姻案件，涉及财产分割和子女抚养的，应当对婚姻效力的认定和其他纠纷的处理分别制作裁判文书。

第五条 夫妻一方或者双方死亡后一年内，生存一方或者利害关系人依据婚姻法第十条的规定申请宣告婚姻无效的，人民法院应当受理。

第六条 利害关系人依据婚姻法第十条的规定，申请人民法院宣告婚姻无效的，利害关系人为申请人，婚姻关系当事人双方为被申请人。

夫妻一方死亡的，生存一方为被申请人。

夫妻双方均已死亡的，不列被申请人。

第七条 人民法院就同一婚姻关系分别受理了离婚和申请宣告婚姻无效案件的，对于离婚案件的审理，应当待申请宣告婚姻无效案件作出判决后进行。

前款所指的婚姻关系被宣告无效后，涉及财产分割和子女抚养的，应当继续审理。

第八条 离婚协议中关于财产分割的条款或者当事人因离婚就财产分割达成的协议，对男女双方具有法律约束力。

当事人因履行上述财产分割协议发生纠纷提起诉讼的，人民法院应当受理。

第九条 男女双方协议离婚后一年内就财产分割问题反悔，请求变更或者撤销财产分割协议的，人民法院应当受理。

人民法院审理后，未发现订立财产分割协议时存在欺诈、胁迫等情形的，应当依法驳回当事人的诉讼请求。

第十条 当事人请求返还按照习俗给付的彩礼的，如果查明属于以下情形，人民法院应当予以支持：

（一）双方未办理结婚登记手续的；

（二）双方办理结婚登记手续但确未共同生活的；

（三）婚前给付并导致给付人生活困难的。

适用前款第（二）、（三）项的规定，应当以双方离婚为条件。

第十一条 婚姻关系存续期间，下列财产属于婚姻法第十七条规定的"其他应当归共同所有的财产"：

（一）一方以个人财产投资取得的收益；

（二）男女双方实际取得或者应当取得的住房补贴、住房公积金；

（三）男女双方实际取得或者应当取得的养老保险金、破产安置补偿费。

第十二条 婚姻法第十七条第三项规定的"知识产权的收益"，是指婚姻关系存续期间，实际取得或者已经明确可以取得的财产性收益。

第十三条 军人的伤亡保险金、伤残补助金、医药生活补助费属于个人财产。

第十四条 人民法院审理离婚案件，涉及分割发放到军人名下的复员费、自主择业费等一次性费用的，以夫妻婚姻关系存续年限乘以年平均值，所得数额为夫妻共同财产。

前款所称年平均值，是指将发放到军人名下的上述费用总额按具体年限均分得出的数额。其具体年限为人均寿命七十岁与军人入伍时实际年龄的差额。

第十五条 夫妻双方分割共同财产中的股票、债券、投资基金份额等有价证券以及未上市股份有限公司股份时，协商不成或者按市价分配有困难的，人民法院可以根据数量按比例分配。

第十六条 人民法院审理离婚案件，涉及分割夫妻共同财产中以一方名义在有限责

任公司的出资额,另一方不是该公司股东的,按以下情形分别处理:

(一)夫妻双方协商一致将出资额部分或者全部转让给该股东的配偶,过半数股东同意、其他股东明确表示放弃优先购买权的,该股东的配偶可以成为该公司股东;

(二)夫妻双方就出资额转让份额和转让价格等事项协商一致后,过半数股东不同意转让,但愿意以同等价格购买该出资额的,人民法院可以对转让出资所得财产进行分割。过半数股东不同意转让,也不愿意以同等价格购买该出资额的,视为其同意转让,该股东的配偶可以成为该公司股东。

用于证明前款规定的过半数股东同意的证据,可以是股东会决议,也可以是当事人通过其他合法途径取得的股东的书面声明材料。

第十七条 人民法院审理离婚案件,涉及分割夫妻共同财产中以一方名义在合伙企业中的出资,另一方不是该企业合伙人的,当夫妻双方协商一致,将其合伙企业中的财产份额全部或者部分转让给对方时,按以下情形分别处理:

(一)其他合伙人一致同意的,该配偶依法取得合伙人地位;

(二)其他合伙人不同意转让,在同等条件下行使优先受让权的,可以对转让所得的财产进行分割;

(三)其他合伙人不同意转让,也不行使优先受让权,但同意该合伙人退伙或者退还部分财产份额的,可以对退还的财产进行分割;

(四)其他合伙人既不同意转让,也不行使优先受让权,又不同意该合伙人退伙或者退还部分财产份额的,视为全体合伙人同意转让,该配偶依法取得合伙人地位。

第十八条 夫妻以一方名义投资设立独资企业的,人民法院分割夫妻在该独资企业中的共同财产时,应当按照以下情形分别处理:

(一)一方主张经营该企业的,对企业资产进行评估后,由取得企业一方给予另一方相应的补偿;

(二)双方均主张经营该企业的,在双方竞价基础上,由取得企业的一方给予另一方相应的补偿;

(三)双方均不愿意经营该企业的,按照《中华人民共和国个人独资企业法》等有关规定办理。

第十九条 由一方婚前承租、婚后用共同财产购买的房屋,房屋权属证书登记在一方名下的,应当认定为夫妻共同财产。

第二十条 双方对夫妻共同财产中的房屋价值及归属无法达成协议时,人民法院按以下情形分别处理:

(一)双方均主张房屋所有权并且同意竞价取得的,应当准许;

(二)一方主张房屋所有权的,由评估机构按市场价格对房屋作出评估,取得房屋所有权的一方应当给予另一方相应的补偿;

(三)双方均不主张房屋所有权的,根据当事人的申请拍卖房屋,就所得价款进行分割。

第二十一条 离婚时双方对尚未取得所有权或者尚未取得完全所有权的房屋有争议且协商不成的,人民法院不宜判决房屋所有权的归属,应当根据实际情况判决由当事人使用。

当事人就前款规定的房屋取得完全所有权后，有争议的，可以另行向人民法院提起诉讼。

第二十二条 当事人结婚前，父母为双方购置房屋出资的，该出资应当认定为对自己子女的个人赠与，但父母明确表示赠与双方的除外。

当事人结婚后，父母为双方购置房屋出资的，该出资应当认定为对夫妻双方的赠与，但父母明确表示赠与一方的除外。

第二十三条 债权人就一方婚前所负个人债务向债务人的配偶主张权利的，人民法院不予支持。但债权人能够证明所负债务用于婚后家庭共同生活的除外。

第二十四条 债权人就婚姻关系存续期间夫妻一方以个人名义所负债务主张权利的，应当按夫妻共同债务处理。但夫妻一方能够证明债权人与债务人明确约定为个人债务，或者能够证明属于婚姻法第十九条第三款规定情形的除外。

第二十五条 当事人的离婚协议或者人民法院的判决书、裁定书、调解书已经对夫妻财产分割问题作出处理的，债权人仍有权就夫妻共同债务向男女双方主张权利。

一方就共同债务承担连带清偿责任后，基于离婚协议或者人民法院的法律文书向另一方主张追偿的，人民法院应当支持。

第二十六条 夫或妻一方死亡的，生存一方应当对婚姻关系存续期间的共同债务承担连带清偿责任。

第二十七条 当事人在婚姻登记机关办理离婚登记手续后，以婚姻法第四十六条规定为由向人民法院提出损害赔偿请求的，人民法院应当受理。但当事人在协议离婚时已经明确表示放弃该项请求，或者在办理离婚登记手续一年后提出的，不予支持。

第二十八条 夫妻一方申请对配偶的个人财产或者夫妻共同财产采取保全措施的，人民法院可以在采取保全措施可能造成损失的范围内，根据实际情况，确定合理的财产担保数额。

第二十九条 本解释自 2004 年 4 月 1 日起施行。

本解释施行后，人民法院新受理的一审婚姻家庭纠纷案件，适用本解释。

本解释施行后，此前最高人民法院作出的相关司法解释与本解释相抵触的，以本解释为准。

最高人民法院
关于适用《中华人民共和国婚姻法》若干问题的解释（二）的补充规定

法释〔2017〕6号

（2017年2月20日最高人民法院审判委员会第1710次会议通过 2017年2月28日最高人民法院公告公布 自2017年3月1日起施行）

在《最高人民法院关于适用〈中华人民共和国婚姻法〉若干问题的解释（二）》第二十四条的基础上增加两款，分别作为该条第二款和第三款：

夫妻一方与第三人串通，虚构债务，第三人主张权利的，人民法院不予支持。

夫妻一方在从事赌博、吸毒等违法犯罪活动中所负债务，第三人主张权利的，人民法院不予支持。

附：

最高人民法院
关于适用《中华人民共和国婚姻法》若干问题的解释（二）

（2003年12月4日最高人民法院审判委员会第1299次会议通过
根据2017年2月20日最高人民法院审判委员会第1710次会议
《最高人民法院关于适用〈中华人民共和国婚姻法〉
若干问题的解释（二）的补充规定》修正）

为正确审理婚姻家庭纠纷案件，根据《中华人民共和国婚姻法》（以下简称婚姻法）、《中华人民共和国民事诉讼法》等相关法律规定，对人民法院适用婚姻法的有关问题作出如下解释：

第一条 当事人起诉请求解除同居关系的，人民法院不予受理。但当事人请求解除的同居关系，属于婚姻法第三条、第三十二条、第四十六条规定的"有配偶者与他人同居"的，人民法院应当受理并依法予以解除。

当事人因同居期间财产分割或者子女抚养纠纷提起诉讼的，人民法院应当受理。

第二条 人民法院受理申请宣告婚姻无效案件后，经审查确属无效婚姻的，应当依法作出宣告婚姻无效的判决。原告申请撤诉的，不予准许。

第三条 人民法院受理离婚案件后，经审查确属无效婚姻的，应当将婚姻无效的情形告知当事人，并依法作出宣告婚姻无效的判决。

第四条 人民法院审理无效婚姻案件，涉及财产分割和子女抚养的，应当对婚姻效力的认定和其他纠纷的处理分别制作裁判文书。

第五条 夫妻一方或者双方死亡后一年内，生存一方或者利害关系人依据婚姻法第十条的规定申请宣告婚姻无效的，人民法院应当受理。

第六条 利害关系人依据婚姻法第十条的规定，申请人民法院宣告婚姻无效的，利害关系人为申请人，婚姻关系当事人双方为被申请人。

夫妻一方死亡的，生存一方为被申请人。

夫妻双方均已死亡的，不列被申请人。

第七条 人民法院就同一婚姻关系分别受理了离婚和申请宣告婚姻无效案件的，对于离婚案件的审理，应当待申请宣告婚姻无效案件作出判决后进行。

前款所指的婚姻关系被宣告无效后，涉及财产分割和子女抚养的，应当继续审理。

第八条 离婚协议中关于财产分割的条款或者当事人因离婚就财产分割达成的协议，对男女双方具有法律约束力。

当事人因履行上述财产分割协议发生纠纷提起诉讼的，人民法院应当受理。

第九条 男女双方协议离婚后一年内就财产分割问题反悔，请求变更或者撤销财产分割协议的，人民法院应当受理。

人民法院审理后，未发现订立财产分割协议时存在欺诈、胁迫等情形的，应当依法驳回当事人的诉讼请求。

第十条 当事人请求返还按照习俗给付的彩礼的，如果查明属于以下情形，人民法院应当予以支持：

（一）双方未办理结婚登记手续的；

（二）双方办理结婚登记手续但确未共同生活的；

（三）婚前给付并导致给付人生活困难的。

适用前款第（二）、（三）项的规定，应当以双方离婚为条件。

第十一条 婚姻关系存续期间，下列财产属于婚姻法第十七条规定的"其他应当归共同所有的财产"：

（一）一方以个人财产投资取得的收益；

（二）男女双方实际取得或者应当取得的住房补贴、住房公积金；

（三）男女双方实际取得或者应当取得的养老保险金、破产安置补偿费。

第十二条 婚姻法第十七条第三项规定的"知识产权的收益"，是指婚姻关系存续期间，实际取得或者已经明确可以取得的财产性收益。

第十三条 军人的伤亡保险金、伤残补助金、医药生活补助费属于个人财产。

第十四条 人民法院审理离婚案件，涉及分割发放到军人名下的复员费、自主择业费等一次性费用的，以夫妻婚姻关系存续年限乘以年平均值，所得数额为夫妻共同财产。

前款所称年平均值，是指将发放到军人名下的上述费用总额按具体年限均分得出的数额。其具体年限为人均寿命七十岁与军人入伍时实际年龄的差额。

第十五条 夫妻双方分割共同财产中的股票、债券、投资基金份额等有价证券以及未上市股份有限公司股份时，协商不成或者按市价分配有困难的，人民法院可以根据数量按比例分配。

第十六条 人民法院审理离婚案件，涉及分割夫妻共同财产中以一方名义在有限责任公司的出资额，另一方不是该公司股东的，按以下情形分别处理：

（一）夫妻双方协商一致将出资额部分或者全部转让给该股东的配偶，过半数股东同意、其他股东明确表示放弃优先购买权的，该股东的配偶可以成为该公司股东；

（二）夫妻双方就出资额转让份额和转让价格等事项协商一致后，过半数股东不同意转让，但愿意以同等价格购买该出资额的，人民法院可以对转让出资所得财产进行分割。过半数股东不同意转让，也不愿意以同等价格购买该出资额的，视为其同意转让，该股东的配偶可以成为该公司股东。

用于证明前款规定的过半数股东同意的证据，可以是股东会决议，也可以是当事人通过其他合法途径取得的股东的书面声明材料。

第十七条 人民法院审理离婚案件，涉及分割夫妻共同财产中以一方名义在合伙企业中的出资，另一方不是该企业合伙人的，当夫妻双方协商一致，将其合伙企业中的财产份额全部或者部分转让给对方时，按以下情形分别处理：

（一）其他合伙人一致同意的，该配偶依法取得合伙人地位；

（二）其他合伙人不同意转让，在同等条件下行使优先受让权的，可以对转让所得的财产进行分割；

（三）其他合伙人不同意转让，也不行使优先受让权，但同意该合伙人退伙或者退还部分财产份额的，可以对退还的财产进行分割；

（四）其他合伙人既不同意转让，也不行使优先受让权，又不同意该合伙人退伙或者退还部分财产份额的，视为全体合伙人同意转让，该配偶依法取得合伙人地位。

第十八条 夫妻以一方名义投资设立独资企业的，人民法院分割夫妻在该独资企业中的共同财产时，应当按照以下情形分别处理：

（一）一方主张经营该企业的，对企业资产进行评估后，由取得企业一方给予另一方相应的补偿；

（二）双方均主张经营该企业的，在双方竞价基础上，由取得企业的一方给予另一方相应的补偿；

（三）双方均不愿意经营该企业的，按照《中华人民共和国个人独资企业法》等有关规定办理。

第十九条 由一方婚前承租、婚后用共同财产购买的房屋，房屋权属证书登记在一方名下的，应当认定为夫妻共同财产。

第二十条 双方对夫妻共同财产中的房屋价值及归属无法达成协议时，人民法院按以下情形分别处理：

（一）双方均主张房屋所有权并且同意竞价取得的，应当准许；

（二）一方主张房屋所有权的，由评估机构按市场价格对房屋作出评估，取得房屋所有权的一方应当给予另一方相应的补偿；

（三）双方均不主张房屋所有权的，根据当事人的申请拍卖房屋，就所得价款进行分割。

第二十一条　离婚时双方对尚未取得所有权或者尚未取得完全所有权的房屋有争议且协商不成的，人民法院不宜判决房屋所有权的归属，应当根据实际情况判决由当事人使用。

当事人就前款规定的房屋取得完全所有权后，有争议的，可以另行向人民法院提起诉讼。

第二十二条　当事人结婚前，父母为双方购置房屋出资的，该出资应当认定为对自己子女的个人赠与，但父母明确表示赠与双方的除外。

当事人结婚后，父母为双方购置房屋出资的，该出资应当认定为对夫妻双方的赠与，但父母明确表示赠与一方的除外。

第二十三条　债权人就一方婚前所负个人债务向债务人的配偶主张权利的，人民法院不予支持。但债权人能够证明所负债务用于婚后家庭共同生活的除外。

第二十四条　债权人就婚姻关系存续期间夫妻一方以个人名义所负债务主张权利的，应当按夫妻共同债务处理。但夫妻一方能够证明债权人与债务人明确约定为个人债务，或者能够证明属于婚姻法第十九条第三款规定情形的除外。

夫妻一方与第三人串通，虚构债务，第三人主张权利的，人民法院不予支持。

夫妻一方在从事赌博、吸毒等违法犯罪活动中所负债务，第三人主张权利的，人民法院不予支持。

第二十五条　当事人的离婚协议或者人民法院的判决书、裁定书、调解书已经对夫妻财产分割问题作出处理的，债权人仍有权就夫妻共同债务向男女双方主张权利。

一方就共同债务承担连带清偿责任后，基于离婚协议或者人民法院的法律文书向另一方主张追偿的，人民法院应当支持。

第二十六条　夫或妻一方死亡的，生存一方应当对婚姻关系存续期间的共同债务承担连带清偿责任。

第二十七条　当事人在婚姻登记机关办理离婚登记手续后，以婚姻法第四十六条规定为由向人民法院提出损害赔偿请求的，人民法院应当受理。但当事人在协议离婚时已经明确表示放弃该项请求，或者在办理离婚登记手续一年后提出的，不予支持。

第二十八条　夫妻一方申请对配偶的个人财产或者夫妻共同财产采取保全措施的，人民法院可以在采取保全措施可能造成损失的范围内，根据实际情况，确定合理的财产担保数额。

第二十九条　本解释自2004年4月1日起施行。

本解释施行后，人民法院新受理的一审婚姻家庭纠纷案件，适用本解释。

本解释施行后，此前最高人民法院作出的相关司法解释与本解释相抵触的，以本解释为准。

最高人民法院关于适用《中华人民共和国婚姻法》若干问题的解释（三）

法释〔2011〕18号

（2011年7月4日最高人民法院审判委员会第1525次会议通过 2011年8月9日最高人民法院公告公布 自2011年8月13日起施行）

为正确审理婚姻家庭纠纷案件，根据《中华人民共和国婚姻法》、《中华人民共和国民事诉讼法》等相关法律规定，对人民法院适用婚姻法的有关问题作出如下解释：

第一条 当事人以婚姻法第十条规定以外的情形申请宣告婚姻无效的，人民法院应当判决驳回当事人的申请。

当事人以结婚登记程序存在瑕疵为由提起民事诉讼，主张撤销结婚登记的，告知其可以依法申请行政复议或者提起行政诉讼。

第二条 夫妻一方向人民法院起诉请求确认亲子关系不存在，并已提供必要证据予以证明，另一方没有相反证据又拒绝做亲子鉴定的，人民法院可以推定请求确认亲子关系不存在一方的主张成立。

当事人一方起诉请求确认亲子关系，并提供必要证据予以证明，另一方没有相反证据又拒绝做亲子鉴定的，人民法院可以推定请求确认亲子关系一方的主张成立。

第三条 婚姻关系存续期间，父母双方或者一方拒不履行抚养子女义务，未成年或者不能独立生活的子女请求支付抚养费的，人民法院应予支持。

第四条 婚姻关系存续期间，夫妻一方请求分割共同财产的，人民法院不予支持，但有下列重大理由且不损害债权人利益的除外：

（一）一方有隐藏、转移、变卖、毁损、挥霍夫妻共同财产或者伪造夫妻共同债务等严重损害夫妻共同财产利益行为的；

（二）一方负有法定扶养义务的人患重大疾病需要医治，另一方不同意支付相关医疗费用的。

第五条 夫妻一方个人财产在婚后产生的收益，除孳息和自然增值外，应认定为夫妻共同财产。

第六条 婚前或者婚姻关系存续期间，当事人约定将一方所有的房产赠与另一方，赠与方在赠与房产变更登记之前撤销赠与，另一方请求判令继续履行的，人民法院可以按照合同法第一百八十六条的规定处理。

第七条 婚后由一方父母出资为子女购买的不动产，产权登记在出资人子女名下的，可按照婚姻法第十八条第（三）项的规定，视为只对自己子女一方的赠与，该不动产应认定为夫妻一方的个人财产。

由双方父母出资购买的不动产，产权登记在一方子女名下的，该不动产可认定为双方按照各自父母的出资份额按份共有，但当事人另有约定的除外。

第八条 无民事行为能力人的配偶有虐待、遗弃等严重损害无民事行为能力一方的人身权利或者财产权益行为，其他有监护资格的人可以依照特别程序要求变更监护关系；变更后的监护人代理无民事行为能力一方提起离婚诉讼的，人民法院应予受理。

第九条 夫以妻擅自中止妊娠侵犯其生育权为由请求损害赔偿的，人民法院不予支持；夫妻双方因是否生育发生纠纷，致使感情确已破裂，一方请求离婚的，人民法院经调解无效，应依照婚姻法第三十二条第三款第（五）项的规定处理。

第十条 夫妻一方婚前签订不动产买卖合同，以个人财产支付首付款并在银行贷款，婚后用夫妻共同财产还贷，不动产登记于首付款支付方名下的，离婚时该不动产由双方协议处理。

依前款规定不能达成协议的，人民法院可以判决该不动产归产权登记一方，尚未归还的贷款为产权登记一方的个人债务。双方婚后共同还贷支付的款项及其相对应财产增值部分，离婚时应根据婚姻法第三十九条第一款规定的原则，由产权登记一方对另一方进行补偿。

第十一条 一方未经另一方同意出售夫妻共同共有的房屋，第三人善意购买、支付合理对价并办理产权登记手续，另一方主张追回该房屋的，人民法院不予支持。

夫妻一方擅自处分共同共有的房屋造成另一方损失，离婚时另一方请求赔偿损失的，人民法院应予支持。

第十二条 婚姻关系存续期间，双方用夫妻共同财产出资购买以一方父母名义参加房改的房屋，产权登记在一方父母名下，离婚时另一方主张按照夫妻共同财产对该房屋进行分割的，人民法院不予支持。购买该房屋时的出资，可以作为债权处理。

第十三条 离婚时夫妻一方尚未退休、不符合领取养老保险金条件，另一方请求按照夫妻共同财产分割养老保险金的，人民法院不予支持；婚后以夫妻共同财产缴付养老保险费，离婚时一方主张将养老金账户中婚姻关系存续期间个人实际缴付部分作为夫妻共同财产分割的，人民法院应予支持。

第十四条 当事人达成的以登记离婚或者到人民法院协议离婚为条件的财产分割协议，如果双方协议离婚未成，一方在离婚诉讼中反悔的，人民法院应当认定该财产分割协议没有生效，并根据实际情况依法对夫妻共同财产进行分割。

第十五条 婚姻关系存续期间，夫妻一方作为继承人依法可以继承的遗产，在继承人之间尚未实际分割，起诉离婚时另一方请求分割的，人民法院应当告知当事人在继承人之间实际分割遗产后另行起诉。

第十六条 夫妻之间订立借款协议，以夫妻共同财产出借给一方从事个人经营活动或用于其他个人事务的，应视为双方约定处分夫妻共同财产的行为，离婚时可按照借款协议的约定处理。

第十七条 夫妻双方均有婚姻法第四十六条规定的过错情形，一方或者双方向对方提出离婚损害赔偿请求的，人民法院不予支持。

第十八条 离婚后，一方以尚有夫妻共同财产未处理为由向人民法院起诉请求分割的，经审查该财产确属离婚时未涉及的夫妻共同财产，人民法院应当依法予以分割。

第十九条 本解释施行后，最高人民法院此前作出的相关司法解释与本解释相抵触的，以本解释为准。

最高人民法院关于审理涉及夫妻债务纠纷案件适用法律有关问题的解释

法释〔2018〕2号

(2018年1月8日最高人民法院审判委员会第1731次会议通过 2018年1月16日最高人民法院公告公布 自2018年1月18日起施行)

为正确审理涉及夫妻债务纠纷案件，平等保护各方当事人合法权益，根据《中华人民共和国民法总则》《中华人民共和国婚姻法》《中华人民共和国合同法》《中华人民共和国民事诉讼法》等法律规定，制定本解释。

第一条 夫妻双方共同签字或者夫妻一方事后追认等共同意思表示所负的债务，应当认定为夫妻共同债务。

第二条 夫妻一方在婚姻关系存续期间以个人名义为家庭日常生活需要所负的债务，债权人以属于夫妻共同债务为由主张权利的，人民法院应予支持。

第三条 夫妻一方在婚姻关系存续期间以个人名义超出家庭日常生活需要所负的债务，债权人以属于夫妻共同债务为由主张权利的，人民法院不予支持，但债权人能够证明该债务用于夫妻共同生活、共同生产经营或者基于夫妻双方共同意思表示的除外。

第四条 本解释自2018年1月18日起施行。

本解释施行后，最高人民法院此前作出的相关司法解释与本解释相抵触的，以本解释为准。

最高人民法院
印发《关于人民法院审理离婚案件如何认定夫妻感情确已破裂的若干具体意见》《关于人民法院审理未办结婚登记而以夫妻名义同居生活案件的若干意见》的通知

1989年12月13日　　　　　　　　　法（民）发〔1989〕38号

全国地方各级人民法院、各级军事法院，各铁路运输中级法院和基层法院，各海事法院：

现将《关于人民法院审理离婚案件如何认定夫妻感情确已破裂的若干具体意见》、《关于人民法院审理未办结婚登记而以夫妻名义同居生活案件的若干意见》发给你们，请依照执行，并请在执行中注意总结经验，有何意见和问题，请及时报告我院。

附一：

最高人民法院
关于人民法院审理离婚案件如何认定夫妻感情确已破裂的若干具体意见

（1989年11月21日）

人民法院审理离婚案件，准予或不准离婚应以夫妻感情是否破裂作为区分的界限。判断夫妻感情是否确已破裂，应当从婚姻基础、婚后感情、离婚原因、夫妻关系的现状和有无和好的可能等方面综合分析。根据婚姻法的有关规定和审判实践经验，凡属下列情形之一的，视为夫妻感情确已破裂。一方坚决要求离婚，经调解无效，可依法判决准予离婚。

1. 一方患有法定禁止结婚疾病的，或一方有生理缺陷，或其它原因不能发生性行为，且难以治愈的。
2. 婚前缺乏了解，草率结婚，婚后未建立起夫妻感情，难以共同生活的。
3. 婚前隐瞒了精神病，婚后经治不愈，或者婚前知道对方患有精神病而与其结婚，或一方在夫妻共同生活期间患精神病，久治不愈的。
4. 一方欺骗对方，或者在结婚登记时弄虚作假，骗取《结婚证》的。

5. 双方办理结婚登记后，未同居生活，无和好可能的。

6. 包办、买卖婚姻、婚后一方随即提出离婚，或者虽共同生活多年，但确未建立起夫妻感情的。

7. 因感情不和分居已满3年，确无和好可能的，或者经人民法院判决不准离婚后又分居满1年，互不履行夫妻义务的。

8. 一方与他人通奸、非法同居，经教育仍无悔改表现，无过错一方起诉离婚，或者过错方起诉离婚，对方不同意离婚，经批评教育，处分，或在人民法院判决不准离婚后，过错方又起诉离婚，确无和好可能的。

9. 一方重婚，对方提出离婚的。

10. 一方好逸恶劳、有赌博等恶习，不履行家庭义务、屡教不改，夫妻难以共同生活的。

11. 一方被依法判处长期徒刑，或其违法、犯罪行为严重伤害夫妻感情的。

12. 一方下落不明满二年，对方起诉离婚，经公告查找确无下落的。

13. 受对方的虐待、遗弃，或者受对方亲属虐待，或虐待对方亲属，经教育不改，另一方不谅解的。

14. 因其他原因导致夫妻感情确已破裂的。

附二：

最高人民法院
关于人民法院审理未办结婚登记而以夫妻名义同居生活案件的若干意见

(1989年11月21日)

人民法院审理未办结婚登记而以夫妻名义同居生活的案件，应首先向双方当事人严肃指出其行为的违法性和危害性，并视其违法情节给予批评教育或民事制裁。但基于这类"婚姻"关系形成的原因和案件的具体情况复杂，为保护妇女和儿童的合法权益，有利于婚姻家庭关系的稳定，维护安定团结，在一定时期内，有条件的承认其事实婚姻关系，是符合实际的。为此，我们根据法律规定和审判实践经验，对此类案件的审理提出以下意见：

1. 1986年3月15日《婚姻登记办法》施行之前，未办结婚登记手续即以夫妻名义同居生活，群众也认为是夫妻关系的，一方向人民法院起诉"离婚"，如起诉时双方均符合结婚的法院条件，可认定为事实婚姻关系；如起诉时一方或双方不符合结婚的法定条件，应认定非法同居关系。

2. 1986年3月15日《婚姻登记办法》施行之后，未办结婚登记手续即以夫妻名义同居生活，群众也认为是夫妻关系的，一方向人民法院起诉"离婚"，如同居时双方均符合结婚的法定条件，可认定为事实婚姻关系；如同居时一方或双方不符合结婚的法定条件，应认定为非法同居关系。

3. 自民政部新的婚姻登记管理条例施行之日起，未办结婚登记即以夫妻名义同居生活，按非法同居关系对待。

4. 离婚后双方未再婚，未履行复婚登记手续，又以夫妻名义共同生活，一方起诉"离婚"的，一般应解除其非法同居关系。

5. 已登记结婚的一方又与第三人形成事实婚姻关系，或事实婚姻关系的一方又与第三人登记结婚，或事实婚姻关系的一方又与第三人形成新的事实婚姻关系，凡前一个婚姻关系的一方要求追究重婚罪的，无论其行为是否构成重婚罪，均应解除后一个婚姻关系。前一个婚姻关系的一方如要求处理离婚问题，应根据其婚姻关系的具体情况进行调解或者作出判决。

6. 审理事实婚姻关系的离婚案件，应当先进行调解，经调解和好或撤诉的，确认婚姻关系有效，发给调解书或裁定书，经调解不能和好的，应调解或判决准予离婚。

7. 未办结婚登记而以夫妻名义同居生活的男女，一方要求"离婚"或解除同居关系，经查确属非法同居关系的，应一律判决予以解除。

8. 人民法院审理非法同居关系的案件，如涉及非婚生子女抚养和财产分割问题，应一并予以解决。具体分割财产时，应照顾妇女、儿童的利益，考虑财产的实际情况和双方的过错程度，妥善分割。

9. 解除非法同居关系时，双方所生的非婚生子女，由哪一方抚养，双方协商，协商不成时，应根据子女的利益和双方的具体情况判决，哺乳期内的子女，原则上应由母方抚养，如父方条件好，母方同意，也可由父方抚养，子女为限制民事行为能力人的，应征求子女本人的意见，一方将未成年的子女送他人收养，须征得另一方的同意。

10. 解除非法同居关系时，同居生活期间双方共同所得的收入和购置的财产，按一般共有财产处理，同居生活前，一方自愿赠送给对方的财物可比照赠与关系处理；一方向另一方索取的财物，可参照最高人民法院（84）法办字第112号《关于贯彻执行民事政策法律若干问题的意见》第（18）条规定的精神处理。

11. 解除非法同居关系时，同居期间为共同生产、生活而形成的债权、债务，可按共同债权、债务处理。

12. 解除非法同居关系时，一方在共同生活期间患有严重疾病未治愈的，分割财产时，应予适当照顾，或者由另一方给予一次性的经济帮助。

13. 同居生活期间一方死亡，另一方要求继承死者遗产，如认定事实婚姻关系的，可以配偶身份按继承法的有关规定处理；如认定非法同居关系，而又符合继承法第十四条规定的，可根据相互扶助的具体情况处理。

14. 人民法院在审理未办结婚登记而以夫妻名义同居生活的案件时，对违法情节严重，应按照婚姻法、民法通则、《关于贯彻执行〈民法通则〉若干问题的意见》和其他法律、法规的有关规定，给予适当的民事制裁。

15. 本意见自颁布之日起施行。凡最高人民法院过去的规定与本意见相抵触的，均按本意见执行。

最高人民法院
印发《关于人民法院审理离婚案件处理子女抚养问题的若干具体意见》的通知

1993年11月3日　　　　　　　　　　　　　　法发〔1993〕30号

全国地方各级人民法院、各级军事法院、各铁路运输中级法院和基层法院、各海事法院：

现将《关于人民法院审理离婚案件处理子女抚养问题的若干具体意见》印发给你们，请认真执行。在执行中注意总结经验，有何意见和问题，请及时报告我院。

附：

最高人民法院
关于人民法院审理离婚案件处理子女抚养问题的若干具体意见

人民法院审理离婚案件，对子女抚养问题，应当依照《中华人民共和国婚姻法》第二十九条、第三十条及有关法律规定，从有利于子女身心健康，保障子女的合法权益出发，结合父母双方的抚养能力和抚养条件等具体情况妥善解决。根据上述原则，结合审判实践，提出如下具体意见：

1. 两周岁以下的子女，一般随母方生活。母方有下列情形之一的，可随父方生活：

（1）患有久治不愈的传染性疾病或其他严重疾病，子女不宜与其共同生活的；

（2）有抚养条件不尽抚养义务，而父方要求子女随其生活的；

（3）因其他原因，子女确无法随母方生活的。

2. 父母双方协议两周岁以下子女随父方生活，并对子女健康成长无不利影响的，可予准许。

3. 对两周岁以上未成年的子女，父方和母方均要求随其生活，一方有下列情形之一的，可予优先考虑：

（1）已做绝育手术或因其他原因丧失生育能力的；

（2）子女随其生活时间较长，改变生活环境对子女健康成长明显不利的；

（3）无其他子女，而另一方有其他子女的；

（4）子女随其生活，对子女成长有利，而另一方患有久治不愈的传染性疾病或其他严重疾病，或者有其他不利于子女身心健康的情形，不宜与子女共同生活的。

4. 父方与母方抚养子女的条件基本相同，双方均要求子女与其共同生活，但子女单独随祖父母或外祖父母共同生活多年，且祖父母或外祖父母要求并且有能力帮助子女照顾孙子女或外孙子女的，可作为子女随父或母生活的优先条件予以考虑。

5. 父母双方对 10 周岁以上的未成年子女随父或随母生活发生争执的，应考虑该子女的意见。

6. 在有利于保护子女利益的前提下，父母双方协议轮流抚养子女的，可予准许。

7. 子女抚育费的数额，可根据子女的实际需要、父母双方的负担能力和当地的实际生活水平确定。

有固定收入的，抚育费一般可按其月总收入的 20% 至 30% 的比例给付。负担两个以上子女抚育费的，比例可适当提高，但一般不得超过月总收入的 50%。

无固定收入的，抚育费的数额可依据当年总收入或同行业平均收入，参照上述比例确定。

有特殊情况的，可适当提高或降低上述比例。

8. 抚育费应定期给付，有条件的可一次性给付。

9. 对一方无经济收入或者下落不明的，可用其财物折抵子女抚育费。

10. 父母双方可以协议子女随一方生活并由抚养方负担子女全部抚育费。但经查实，抚养方的抚养能力明显不能保障子女所需费用，影响子女健康成长的，不予准许。

11. 抚育费的给付期限，一般至子女 18 周岁为止。

16 周岁以上不满 18 周岁，以其劳动收入为主要生活来源，并能维持当地一般生活水平的，父母可停止给付抚育费。

12. 尚未独立生活的成年子女有下列情形之一，父母又有给付能力的，仍应负担必要的抚育费：

（1）丧失劳动能力或虽未完全丧失劳动能力，但其收入不足以维持生活的；

（2）尚在校就读的；

（3）确无独立生活能力和条件的。

13. 生父与继母或生母与继父离婚时，对曾受其抚养教育的继子女，继父或继母不同意继续抚养的，仍应由生父母抚养。

14. 《中华人民共和国收养法》施行前，夫或妻一方收养的子女，对方未表示反对，并与该子女形成事实收养关系的，离婚后，应由双方负担子女的抚育费；夫或妻一方收养的子女，对方始终反对的，离婚后，应由收养方抚养该子女。

15. 离婚后，一方要求变更子女抚养关系的，或者子女要求增加抚育费的，应另行起诉。

16. 一方要求变更子女抚养关系有下列情形之一的，应予支持。

（1）与子女共同生活的一方因患严重疾病或因伤残无力继续抚养子女的；

（2）与子女共同生活的一方不尽抚养义务或有虐待子女行为，或其与子女共同生活对子女身心健康确有不利影响的；

（3）10 周岁以上未成年子女，愿随另一方生活，该方又有抚养能力的；

（4）有其他正当理由需要变更的。

17. 父母双方协议变更子女抚养关系的，应予准许。

18. 子女要求增加抚育费有下列情形之一，父或母有给付能力的，应予支持。

（1）原定抚育费数额不足以维持当地实际生活水平的；

（2）因子女患病、上学，实际需要已超过原定数额的；

（3）有其他正当理由应当增加的。

19. 父母不得因子女变更姓氏而拒付子女抚育费。父或母一方擅自将子女姓氏改为继母或继父姓氏而引起纠纷的，应责令恢复原姓氏。

20. 在离婚诉讼期间，双方均拒绝抚养子女的，可先行裁定暂由一方抚养。

21. 对拒不履行或妨害他人履行生效判决、裁定、调解中有关子女抚养义务的当事人或者其他人，人民法院可依照《中华人民共和国民事诉讼法》第一百零二条的规定采取强制措施。

最高人民法院
印发《关于人民法院审理离婚案件处理财产分割问题的若干具体意见》的通知

1993年11月3日　　　　　　　　　　　　　　法发〔1993〕32号

全国地方各级人民法院、各级军事法院、各铁路运输中级法院和基层法院、各海事法院：

现将《关于人民法院审理离婚案件处理财产分割问题的若干具体意见》印发给你们，请认真执行。在执行中注意总结经验，有何意见和问题，请及时报告我院。

附：

最高人民法院
关于人民法院审理离婚案件处理财产分割问题的若干具体意见

人民法院审理离婚案件对夫妻共同财产的处理，应当依照《中华人民共和国婚姻法》、《中华人民共和国妇女权益保障法》及有关法律规定，分清个人财产、夫妻共同财产和家庭共同财产，坚持男女平等，保护妇女、儿童的合法权益，照顾无过错方，尊重当事人意愿，有利生产、方便生活的原则，合情合理地予以解决。根据上述原则，结合审判实践，提出如下具体意见：

1. 夫妻双方对财产归谁所有以书面形式约定的，或以口头形式约定，双方无争议的，离婚时应按约定处理。但规避法律的约定无效。

2. 夫妻双方在婚姻关系存续期间所得的财产，为夫妻共同财产，包括：

（1）一方或双方劳动所得的收入和购置的财产；

（2）一方或双方继承、受赠的财产；

（3）一方或双方由知识产权取得的经济利益；

（4）一方或双方从事承包、租赁等生产、经营活动的收益；

（5）一方或双方取得的债权；

（6）一方或双方的其他合法所得。

3. 在婚姻关系存续期间，复员、转业军人所得的复员费、转业费，结婚时间10年以上的，应按夫妻共同财产进行分割。复员军人从部队带回的医药补助费和回乡生产补助费，应归本人所有。

4. 夫妻分居两地分别管理、使用的婚后所得财产，应认定为夫妻共同财产。在分割财产时，各自分别管理、使用的财产归各自所有。双方所分财产相差悬殊的，差额部分，由多得财产的一方以与差额相当的财产抵偿另一方。

5. 已登记结婚，尚未共同生活，一方或双方受赠的礼金、礼物应认定为夫妻共同财产，具体处理时应考虑财产来源、数量等情况合理分割。各自出资购置、各自使用的财物，原则上归各自所有。

6. 一方婚前个人所有的财产，婚后由双方共同使用、经营、管理的，房屋和其他价值较大的生产资料经过8年，贵重的生活资料经过4年，可视为夫妻共同财产。

7. 对个人财产还是夫妻共同财产难以确定的，主张权利的一方有责任举证。当事人举不出有力证据，人民法院又无法查实的，按夫妻共同财产处理。

8. 夫妻共同财产，原则上均等分割。根据生产、生活的实际需要和财产的来源等情况，具体处理时也可以有所差别。属于个人专用的物品，一般归个人所有。

9. 一方以夫妻共同财产与他人合伙经营的，入伙的财产可分给一方所有，分得入伙财产的一方对另一方应给予相当于入伙财产一半价值的补偿。

10. 属于夫妻共同财产的生产资料，可分给有经营条件和能力的一方。分得该生产资料的一方对另一方应给予相当于该财产一半价值的补偿。

11. 对夫妻共同经营的当年无收益的养殖、种植业等，离婚时应从有利于发展生产、有利于经营管理考虑，予以合理分割或折价处理。

12. 婚后8年内双方对婚前一方所有的房屋进行过修缮、装修、原拆原建，离婚时未变更产权的，房屋仍归产权人所有，增值部分中属于另一方应得的份额，由房屋所有权人折价补偿另一方；进行过扩建的，扩建部分的房屋应按夫妻共同财产处理。

13. 对不宜分割使用的夫妻共有的房屋，应根据双方住房情况和照顾抚养子女方或无过错方等原则分给一方所有。分得房屋的一方对另一方应给予相当于该房屋一半价值的补偿。在双方条件等同的情况下，应照顾女方。

14. 婚姻存续期间居住的房屋属于一方所有，另一方以离婚后无房居住为由，要求暂住的，经查实可据情予以支持，但一般不超过两年。

无房一方租房居住经济上确有困难的,享有房屋产权的一方可给予一次性经济帮助。

15. 离婚时一方尚未取得经济利益的知识产权,归一方所有,在分割夫妻共同财产时,可根据具体情况,对另一方予以适当的照顾。

16. 婚前个人财产在婚后共同生活中自然毁损、消耗、灭失,离婚时一方要求以夫妻共同财产抵偿的,不予支持。

17. 夫妻为共同生活或为履行抚养、赡养义务等所负债务,应认定为夫妻共同债务,离婚时应当以夫妻共同财产清偿。

下列债务不能认定为夫妻共同债务,应由一方以个人财产清偿:

(1) 夫妻双方约定由个人负担的债务,但以逃避债务为目的的除外。

(2) 一方未经对方同意,擅自资助与其没有抚养义务的亲朋所负的债务。

(3) 一方未经对方同意,独自筹资从事经营活动,其收入确未用于共同生活所负的债务。

(4) 其他应由个人承担的债务。

18. 婚前一方借款购置的房屋等财物已转化为夫妻共同财产的,为购置财物借款所负债务,视为夫妻共同债务。

19. 借婚姻关系索取的财物,离婚时,如结婚时间不长,或者因索要财物造成对方生活困难的,可酌情返还。

对取得财物的性质是索取还是赠与难以认定的,可按赠与处理。

20. 离婚时夫妻共同财产未从家庭共同财产中析出,一方要求析产的,可先就离婚和已查清的财产问题进行处理,对一时确实难以查清的财产的分割问题可告知当事人另案处理;或者中止离婚诉讼,待析产案件审结后再恢复离婚诉讼。

21. 一方将夫妻共同财产非法隐藏、转移拒不交出的,或非法变卖、毁损的,分割财产时,对隐藏、转移、变卖、毁损财产的一方,应予以少分或不分。具体处理时,应把隐藏、转移、变卖、毁损的财产作为隐藏、转移、变卖、毁损财产的一方分得的财产份额,对另一方的应得的份额应以其他夫妻共同财产折抵,不足折抵的,差额部分由隐藏、转移、变卖、毁损财产的一方折价补偿对方。

对非法隐藏、转移、变卖、毁损夫妻共同财产的一方,人民法院可依照《中华人民共和国民事诉讼法》第一百零二条的规定进行处理。

22. 属于事实婚姻的,其财产分割适用本意见。

属于非法同居的,其财产分割按最高人民法院《关于人民法院审理未办结婚登记而以夫妻名义同居生活案件的若干意见》的有关规定处理。

最高人民法院
印发《关于审理离婚案件中公房使用、承租若干问题的解答》的通知

1996年2月5日　　　　　　　　　　　　　　法发〔1996〕4号

全国地方各级人民法院，各级军事法院，各铁路运输中级法院和基层法院，各海事法院：

现将《最高人民法院关于审理离婚案件中公房使用、承租若干问题的解答》印发给你们，请贯彻执行。执行中有何问题，请及时报告我院。

附：

最高人民法院
关于审理离婚案件中公房使用、承租若干问题的解答

人民法院审理离婚案件对公房使用、承租问题应当依照《中华人民共和国民法通则》、《中华人民共和国婚姻法》、《中华人民共和国妇女权益保障法》和其他有关法律规定，坚持男女平等和保护妇女、儿童合法权益等原则，考虑双方的经济收入，实事求是，合情合理地予以解决。现将审判实践中提出的一些问题，根据有关法律的规定，解答如下：

一、问：在离婚案件中，当事人对公房的使用、承租问题发生争议，人民法院可否予以处理？

答：在离婚案件中，当事人对公房的使用、承租问题发生争议，自行协商不成，或者经当事人双方单位或有关部门调解不成的，人民法院应根据案件的具体情况，依法予以妥善处理。

二、问：夫妻共同居住的公房，在什么情况下，离婚后双方均可承租？

答：夫妻共同居住的公房，具有下列情形之一的，离婚后，双方均可承租：

（一）婚前由一方承租的公房，婚姻关系存续5年以上的；

（二）婚前一方承租的本单位的房屋，离婚时，双方均为本单位职工的；

（三）一方婚前借款投资建房取得的公房承租权，婚后夫妻共同偿还借款的；

（四）婚后一方或双方申请取得公房承租权的；

（五）婚前一方承租的公房，婚后因该承租房屋拆迁而取得房屋承租权的；

（六）夫妻双方单位投资联建或联合购置的共有房屋的；

（七）一方将其承租的本单位的房屋，交回本单位或交给另一方单位后，另一方单位另给调换房屋的；

（八）婚前双方均租有公房，婚后合并调换房屋的；

（九）其他应当认定为夫妻双方均可承租的情形。

三、问：对夫妻双方均可承租的公房，应依照什么原则处理？

答：对夫妻双方均可承租的公房，应依照下列原则予以处理：

（一）照顾抚养子女的一方；

（二）男女双方在同等条件下，照顾女方；

（三）照顾残疾或生活困难的一方；

（四）照顾无过错一方。

四、问：对夫妻双方均可承租的公房而由一方承租的，承租方对另一方是否给予经济补偿？

答：对夫妻双方均可承租的公房而由一方承租的，承租方对另一方可给予适当的经济补偿。

五、问：夫妻双方均可承租的公房能够隔开分室居住使用的，可否由双方分别租住？

答：夫妻双方均可承租的公房，如其面积较大能够隔开分室居住使用的，可由双方分别租住；对可以另调房屋分别租住或承租方给另一方解决住房的，可予准许。

六、问：离婚时，一方对另一方婚前承租的公房无权承租的，可否暂时居住？

答：离婚时，一方对另一方婚前承租的公房无权承租而解决住房确有困难的，人民法院可调解或判决其暂时居住，暂住期限一般不超过两年。暂住期间，暂住方应交纳与房屋租金等额的使用费及其他必要的费用。

七、问：离婚时，一方对另一方婚前承租的公房无权承租而另行租房经济上确有困难的，如何处理？

答：离婚时，一方对另一方婚前承租的公房无权承租，另行租房经济上确有困难的，如承租公房一方有负担能力，应给予一次性经济帮助。

八、问：在调整和变更单位自管房屋租赁关系时，是否需征得自管房单位的同意？

答：人民法院在调整和变更单位自管房屋（包括单位委托房地产管理部门代管的房屋）的租赁关系时，应征求自管房单位的意见。经调解或判决变更房屋租赁关系的，承租人应依照有关规定办理房屋变更登记手续。

九、问：对夫妻双方共同出资而取得"部分产权"的房屋，应如何处理？

答：对夫妻共同出资而取得"部分产权"的房屋，人民法院可参照上述有关解答，予以妥善处理。分得房屋"部分产权"的一方，一般应按所得房屋产权的比例，依照离婚时当地政府有关部门公布的同类住房标准价，给予对方一半价值的补偿。

十、问：对夫妻双方均争房屋"部分产权"的，可否采取竞价方式解决？

答：对夫妻双方均争房屋"部分产权"的，如双方同意或者双方经济、住房条件基本相同，可采取竞价方式解决。

最高人民法院
关于适用婚姻法问题的通知

1981年2月21日　　　　　　　　　　　　　〔81〕法民字第4号

各省、市、自治区高级人民法院：

新婚姻法从1981年1月1日起施行，各地法院在1980年12月31日以前受理未结的婚姻案件，和已经发生法律效力的判决、当事人又提出申诉的婚姻案件，适用当时的原婚姻法还是适用新婚姻法的问题，现经全国人民代表大会常务委员会法制委员会1981年2月16日法委发文〔81〕10号函复同意我院意见：即对1980年12月31日以前受理未结的婚姻案件，和已经发生法律效力的判决、当事人又提出申诉的婚姻案件，仍依照原婚姻法规定处理。1981年1月1日以后受理的婚姻案件，依照新婚姻法规定处理。

特此通知。

最高人民法院
关于对适用婚姻法问题的通知的请示的复函

1981年4月13日　　　　　　　　　　　　　〔81〕法民字第5号

广东省高级人民法院：

你院〔81〕粤法民字第51号函收悉。

所请示的问题，同意你院第一种意见：

仍按本院〔81〕法民字第4号《关于适用婚姻法问题的通知》执行，对新婚姻法实施以前受理未结的婚姻案件，在判决中仍引用原婚姻法的有关条文。但对引用原婚姻法的理由，在判决中可作简要说明。

关于武新宇同志向新华社记者发表谈话对其内容的理解问题，本院当将你院意见向人大常委会法制委员会转达。

此复。

最高人民法院　司法部
关于法院错误处理革命军人婚姻问题的通报

1953年1月23日　　　　　　　　　　　　　　　53司行字第150号

江西省浮梁分院、浙江省衢县人民法院、湖南省常宁县人民法院及各省（市）人民法院、内蒙古自治区人民法院及最高人民法院各分院：

最近接第二届赴朝慰问团转来中国人民志愿军的意见一件，对江西省人民法院浮梁分院，浙江省衢县人民法院及湖南省常宁县人民法院，处理人民志愿军朱元恩、王玉宝、吴启淮三同志的婚姻问题，有违犯婚姻法第十九条及最高人民法院、司法部1951年4月25日联合指示的精神，给前方志愿军战士情绪以极坏的影响，特将以上三个案件通报如下：

一、中国人民志愿军21大站战士朱元恩的爱人，向江西省人民法院浮梁分院要求离婚。该院未征求朱元恩的意见，即予批准离婚，朱元恩收到判决书后，不同意，将判决书退回浮梁分院，该分院才纠正原来的判决，改判为不准离婚。

二、中国人民志愿军20大站战士王玉宝的爱人邵卸妹，在家与人通奸有孕，向衢县人民法院要求离婚，该院即根据这样显然违法的事实，致函20大站政治处征询王玉宝是否同意离婚。

三、中国人民志愿军20大站战士吴启淮的爱人，向湖南省常宁县人民法院提出请求离婚，该院直接致函吴启淮征询意见，并限五日内答复。

以上三个案件的错误处理不但影响战士的情绪，和对人民法院的不满，且使战士感到祖国政府对他们照顾不够，因而妨害前线的战斗意志。为此，针对上述情况，重作如下规定：

一、根据婚姻法第十九条及最高人民法院、司法部1951年4月25日联合指示的精神，现役革命军人配偶要求离婚，必须征得革命军人同意后始得判决离婚，否则法院不得轻率判离。

二、革命军人配偶与人通奸怀孕，要求离婚，应视为破坏革命军人婚姻的违法行为，不得当作一般的离婚案件处理，也就不能以与人通奸怀孕为离婚的理由。法院如发现与军属通奸情事，（但严禁乡村干部自动捉奸行为）应根据具体案情，分别给以适当的批评或处分，特别是区乡干部有上述情况，更应从严处分，同时对乱搞关系的军属也应给以教育或批评。

三、革命军人配偶提出离婚，法院根据具体情况，如认为可以同意离婚时，在手续上必需致函部队政治机关，请其征求革命军人意见；或说服革命军人同意离婚，法院或人民团体，不得直接给革命军人本人去信征询意见。

四、法院应与有关机关团体联系，对革命军人的家属运用多种多样的方式进行教育和鼓励，使她们认识到她的丈夫参军尤其是参加了人民志愿军，她们本身也是无上光荣的，她们不应该以任何其他借口（除确实受丈夫虐待或丈夫家庭虐待无法生活外）来向她们的丈夫要求离婚。这样不仅从法律上保障了志愿军的婚姻，同时也积极地从思想教育方面巩固了志愿军的婚姻关系。

以上规定，希转知所属有关机关，切实遵行。

特此通报。

最高人民法院
对吴中输与养女吴凤兰请求结婚问题意见的复函

1953年1月31日　　　　　　　　　　法办字第228号

最高人民法院东北分院：

本年1月12日法总字第97号来函收悉。关于吴中输与养女吴凤兰请求结婚的问题，根据保护养子女利益的原则，我们同意你院的第二种意见：不准他们结婚。并请注意了解一下男方的历史、职业、阶级成分和男女双方情况，看女方与养父结婚是否出于自愿，如男方有威逼利诱等犯罪行为即须考虑予以适当的处罚，同时为照顾女方情绪也要进行一些必要的说服教育，对她的生活作适当安置，不使发生意外。

附：

最高人民法院东北分院
请答复养父女间结婚问题的函

1953年1月12日　　　　　　　　　　法总字第97号

最高人民法院：

抚顺市吴中输年50岁，在吴凤兰7岁时收为养女，吴凤兰今年20岁，双方发生男女关系已生一小孩，现在请求结婚是否可以，请答复。我院的意见：

一、养父女不是血亲关系，如确系双方自愿可以结婚。

二、婚姻法第十三条第二项规定，养父母与养子女相互间的关系，适用该条第一项规定的亲父母子女间相互关系的规定，故不能结婚。并根据人民群众现在的觉悟程度，允许结婚，恐有不良影响。

最高人民法院
关于下放职工高乃春与汪家敏离婚案件中退职金如何处理问题的批复

1964年4月25日　　　　　　　　　　　　　〔64〕法研字第32号

辽宁省高级人民法院：

你院1963年10月14日〔63〕法民字第75号《关于高乃春与汪家敏离婚案件中有关退职金如何处理的问题的请示》收阅。我院认为，高乃春于1963年3月下放农村参加农业生产，其妻汪家敏于同年10月便提出离婚，并要求分劈高乃春的退职金是没有理由的。退职金是国家给高乃春到农村安家立业之用。汪家敏因高乃春下放而要求离婚，在离婚时就不应准许汪家敏分劈高乃春的退职金。

汪家敏在离婚后如果生活上暂时确有困难，或有子女归她抚养时，可根据双方经济情况判给适当数量的生活补助费或子女抚养费。

此复。

附：

辽宁省高级人民法院
关于离婚案件中对退职金如何处理问题的请示

1963年10月14日　　　　　　　　　　　　　〔63〕法民字第75号

最高人民法院：

兹接沈阳市中级人民法院请示高乃春（男，31岁，原是工人下放后为农业社员）与汪家敏（女，25岁，无职业）离婚案件中有关退职金如何处理问题。双方于1955年结婚。婚后女方住于石家庄，男方在外地做工，不常在一起。1962年3月男方下放回沈阳为农。当时得了退职金1100多元，1962年10月女方提出离婚，并要求分劈这笔钱。经沈阳市和平区人民法院判决批准双方离婚，驳回女方对财产部分的请求。其不服，上诉于沈阳市中级人民法院。该院对这个问题的处理有两种意见，一种意见认为退职金是国家给职工本人的照顾，退职金多少，是按职工本人工龄计算的，应视为个人财产，女方不应分劈；另一种意见认为退职金系在离婚前所领取的，应视为共同财产，女方有权分劈。为此，请示到我院。经我们研究认为：根据1953年3月19日前中央人民政府法制委员会"有关婚姻问题的若干解答"中对家庭财产的内容的解释,"家庭财产,主要不外下列三种:(一)男女婚前财产;(二)夫妻共同生活时所得的财产其中包括双方或一方劳动所得的财产、双方或一方在此时期内所得的遗产或赠与的财产;(三)未成年子女的财产(如土地改革中子女所得的土地及其他财产等)"的精神,对在离婚前男女一方所得的退职金应视为夫妻共同生活时的家庭财产。原则上男女一方都有权分劈。但从该案件的情况。男方领取退职金后即与女方分居,同时,时间不久女方提出离婚。据此在处理时,不能男女平均分劈。如果离婚后女方生活确有困难,可以酌情从退职金中少判给女方一部分作为生活补助。这个问题系新的问题。在我们思想认识上也不够明确,同时,今后还会遇到,因此,报请高院予以指示。

最高人民法院
关于马娜萍离婚问题的批复

1965年1月31日　　　　　　　　　　　　〔65〕民他字第4号

云南省高级人民法院:

马娜萍与合应廷离婚一案,你院于1965年1月16日〔65〕法民字第022号的请示报告已收悉。经研究认为:合应廷于1949年外出到泰国经商,至1959年即与女方断绝了通讯关系,如再经多方查找又无音讯,马娜萍申请离婚,可以由中级人民法院作第一审缺席判决离婚,判决书交男方的亲属代收或转达。

附:

云南省高级人民法院
关于马娜萍与华侨合应廷离婚案应如何处理的请示报告

(1965年1月16日)

最高人民法院:

玉溪地区中级人民法院送我院请示的马娜萍(女,32岁,回族,出身中农,本人农民)与旅居泰国华侨合应廷(男,36岁,回族,出身中农)离婚一案,情况是:马与合于1947年在峨山县大白邑地方由父母包办结婚,婚后生有女孩一个,名美仙,现年15岁,合于1949年出外到泰国经商,常与家庭有信件联系,并汇款回家,但至1959年以后,合即与家庭断绝了音信。马曾多方设法托人到泰国打听合的下落,至今仍未找到，遂于去年6月申请离婚。马现是峨山县大白邑公社第三生产队的副队长，劳动生产积极，群众关系较好，干部反映，当地出外华侨很多，绝大多数已在国外重婚，合也可能在外重婚了，而且合无音信已好几年，夫妻间的感情因此丧失。现马提出离婚，应给予离婚。可能婆母不同意离婚，并要求征求其儿子对离婚的意见后再处理，而马则以年龄不待，坚决要求离婚，并与同村人李德宏好，还想不办离婚手续就与李成婚，经峨山县人民法院说服教育后，表示听候法院处理。经我院与省侨务处联系，该处意见，根据前政务院1954年4月8日〔54〕政政习字第22号关于处理华侨婚姻纠纷问题的指示，以华侨多侨居资本主义国家，处境复杂，音讯断绝，原因是多方面的。本案合姓华侨与家庭断绝音信为时仅5年，应由马姓侨眷再设法查找合的下落，如经一年查找仍无结果，可考虑是否准予离婚。经我院研究认为：合出国已15年，又与家庭断了联系5年，经多次查找未获下落，现马又坚决不愿再等待，从保护妇女利益方面考虑应该准予离婚为当，不过，本案属华侨婚姻纠纷，这样处理是否恰当，我院把握不大，故上报请示。

最高人民法院
关于陈建英诉张海平"假离婚"案的请示报告的复函

1979年12月31日　　　　　　　　　　　　　　　〔79〕反监字第2029号

甘肃省高级人民法院：

关于陈建英、张海平、朱小渝婚姻纠纷一案，你院甘法民文〔1979〕18号来函征求意见。我们听取了你院乔永强同志、兰州市中级人民法院魏致中同志对该案的情况介绍，查阅了案卷材料，经研究后认为：

陈建英与张海平是经过双方申请，于1976年8月16日去兰州市七里河区革委会协议离婚的，双方对子女抚养和财产也达成了一致意见，领取了离婚证。张海平与朱小渝于1978年1月9日在北京经合法手续登记结婚，领取了结婚证。从法律上说，张海平与陈建英的离婚是合法的，张海平与朱小渝的结婚也是合法的。现在陈建英以他们的离婚登记，是张海平用先离婚后复婚的欺骗手段造成的假离婚，要求予以撤销；并要求废除张海平与朱小渝的婚姻关系，维持她与张海平的夫妻关系。这种要求，在法律上是站不住脚的。陈建英与张海平在离婚当时，都是具有法律行为能力的公民，双方依法办理了离婚手续，并已经发生了法律效力，从那时起，他们之间的婚姻关系，在法律上已经消灭。根据案卷的调查材料，造成他们离婚，双方都有责任，张海平的责任可能多一些。但从案件情况来看，都还是批评教育问题，使他们今后能严肃慎重地处理婚姻家庭问题，不影响已经登记离婚的合法性。

因此，我们原则上同意你院来函中的第一种处理意见。为了更好地解决这一案件，

在具体处理中,希注意做好以下工作:
一、要耐心地对陈建英做好说服教育工作,在子女抚养方面,要适当地照顾她的合理要求。
二、对这一案件,群众中有些舆论,应通过有关单位做好工作。
三、各级法院内部对本案的处理有不同意见,建议你院召集各院与本案有关人员,展开讨论,统一认识,共同做好工作。
以上意见,供你院参考。并将处理结果,函告本院备查。

最高人民法院
关于郭淡清与苏联籍的妻子离婚问题的函

1980年5月5日　　　　　　　　　　　　〔80〕民他字第8号

安徽省高级人民法院:

你院1980年3月29日皖法研字〔80〕第11号请示报告收阅。关于我国男公民郭淡清申请与苏联籍的妻子离婚问题。我们意见,先由男方本人直接去信征求女方意见后再作处理,如女方不同意或不理睬,男方坚持一定要离婚时,由申请人所在地区法院判决离婚,判决书由男方直接寄给女方。

附:

安徽省高级人民法院
关于我国男公民申请与外国籍的妻子
离婚如何办理手续的请示报告

(1980年3月29日)

最高人民法院:

我省淮南"师专"教师郭淡清五十年代在苏联留学期间与一苏联女公民结婚,女方从未来中国生活过并且从"文革"开始后,双方即断绝了一切联系,现郭要求离婚,在国内重建家庭,询问如何办理其离婚手续问题。我省法院过去没有办理过这类离婚案件,也未查到办理这类离婚案件手续的有关文件规定。经我们研究,考虑到其婚姻关系的实际状况,可否由申请当事人所在地法院作出离婚判决,按女方原有联系时的居住地址,把判决书寄送该地法院或女方本人。

最高人民法院
关于越南归国华侨杨玉莲与越南籍人陈文勇离婚问题的复函

1980年5月5日　　　　　　　　　　　　〔80〕民他字第11号

福建省高级人民法院：

你院1979年7月24日闽法民他字〔1979〕1号的请示报告收阅。关于龙溪地区云霄县常山农场越南归国华侨杨玉莲要求与现在越南海防市的越南籍人陈文勇离婚一案应如何办理的问题，经研究，同意你院的处理意见，可先由当事人自行联系，待女方征得男方提出书面意见后，再予处理。如男方不同意或不理睬，而女方坚持离婚时同意判决离婚，判决书可由女方自行寄给男方。

此复。

附：

福建省高级人民法院
关于越南归国难侨杨玉莲要求与越南籍人陈文勇离婚的请示报告

1979年7月24日　　　　　　　　　　　闽法民他字〔1979〕1号

最高人民法院：

我省龙溪地区中级人民法院向我院请示，该区云霄县常山农场越南归国难侨杨玉莲要求与现在越南海防市的越南籍人陈文勇离婚一案如何办理问题。其主要案情是：杨玉莲，女，1952年生，1978年5月，被越南当局由海防市逼返祖国。现杨的一家，父、母、三个妹妹、二个弟弟都安排在我省云霄县常山农场就业，其兄杨华兴，1978年8月归国，现在广东省珠江华侨农场。据杨玉莲自诉：在她被逼返祖国前，1978年4月，她与越南籍人陈文勇（28岁，越南海防市建设机器厂钳工）结婚，有到海防市公安局办理登记结婚手续，发一张结婚证，给男方收存。杨回国后，于今年元月生一男孩。现杨提出陈文勇是越南人，有父母亲，他不愿来中国，为前途着想，她要求法院判决与陈离婚；其兄杨华兴也来信讲，在他回国时，陈文勇当他面撕毁了与他妹妹的结婚证明书，要求法院判决他妹妹与陈文勇离婚。

根据上述情况，我们研究意见，当前越南反动当局虽在极力反华排华，两国关系恶化，但两国之间仍有外交关系，人民之间还可来往通信，为此，可先由当事人自行联系，征询意见，尽量征得对方意见后再予处理。如男方不同意或不理睬，女方坚持一定要离婚时，可予同意判决离婚。当否，请指示。

最高人民法院
关于处理配偶一方在港澳台或国外人民法院已经判决离婚现当事人要求复婚问题的复函

1980年8月28日　　　　　　　　　　　　〔1980〕法民字第9号

上海市高级人民法院：

你院1980年7月30日〔80〕沪高法民字154号函收悉。

关于你院请示的处理配偶一方在港澳台或国外，已由人民法院判决离婚，现当事人要求复婚的问题，经研究，同意你院提出的处理意见。

此复。

附：

上海市高级人民法院
关于处理配偶一方在港澳台或国外人民法院已经判决离婚现当事人要求复婚的请示报告

〔1980〕沪高法民字154号

最高人民法院：

去年8月以来，本市一些区、县法院先后收到和接待配偶一方在港澳台或国外，已经人民法院判决离婚，现当事人要求复婚的来信来访六起。其情况主要是在本市的一方以对方长期与家庭不通音讯，下落不明，提出离婚；或双方虽有通信联系，但本市一方迫于政治压力，以种种理由，坚决要求离婚，由人民法院判决准予离婚的。现在，随着中美建交以及我对台政策的变化，原来下落不明的，已有了下落，他们又取得了联系。于是本市一方（都是女方）因自己离婚后并未再婚，双方年纪已老（年龄最小的52岁，高的72岁），希望恢复夫妻关系后，能以配偶身份出国（境）与亲人团聚或动员亲人回来，而外出一方考虑到将来叶落归根，则以未收到判决书不承认法院的离婚判决，或恳求法院准予他们复婚。他们的子女也要求法院准许他们父母复婚，全家团圆。

对于这个问题，开始我们根据《中华人民共和国婚姻法》及《上海市婚姻登记暂行办法规定》的精神，答复她们通知在外的一方回来办理复婚登记手续，可是实际上难以做到。个别的至今未把离婚情况告诉对方，当然不愿通知对方回来办理复婚手续。

面对这样的情况，我们感到这是一个特殊的问题，经与市委统战部、市侨务办公室联系，一致认为：对于这类案件的处理，应从有利于发展和壮大爱国统一战线和台湾归回祖国，实现祖国统一的大业出发，在不违背我国政策、法律基本原则的前提下，可以采取一些灵活办法，尽力促进这类人员的家庭团聚。为此，提出以下几点意见：

（一）人民法院根据有关政策、法律，为保护本市一方的正当权益所作出的离婚判决，无论在外的一方是否收到判决书，均为已经发生法律效力的判决。

（二）在外一方的当事人，要求与原配偶恢复婚姻关系，但本市一方已经另行结婚，或虽未再婚，而坚决不同意复婚的，通知对方不再重新处理。

（三）双方要求复婚，人民法院可以受理，但鉴于他们离婚时间较久，为维护一夫一妻的婚姻制度，在外一方必须提供无配偶的证明，并经当地公证部门公证，或我驻外使馆认证。

原审人民法院可按申诉案件办理，经查证双方确未再婚，可用裁定将原判决书注销，准予双方恢复夫妻关系。

（四）台湾同胞要求与原配偶复婚，若提供无配偶的公证有困难，应提供律师或工作单位为他们出具确无配偶的证明，寄交原审人民法院，按（三）条二款办理。

（五）经人民法院判决离婚后，本市一方出于种种原因未将离婚情况告诉对方，恢复通讯后双方又确以夫妻关系相称和对待的，现在本市一方提出要求复婚，经调查确实的，可用裁定将原判决注销，准予双方恢复夫妻关系。

以上报告当否，请批示。

最高人民法院
关于旅荷华侨离婚问题的复函

1981年3月2日　　　　　　　　　　　　　　　〔81〕法研字第1号

外交部领事司：

1981年1月5日〔80〕领荷转字第33号转办单及3月12日〔81〕领二字第67号来函收到。现对我驻荷大使馆所询问题答复如下：

一、旅荷华侨夫妇经荷兰法院判决离婚的，如不违反我国婚姻法的基本原则，可承认这种判决对双方当事人在法律上有拘束力（参见我院1957年5月4日法行字第8490号关于波兰法院对双方都居住在波兰的中国侨民的离婚判决在中国是否有法律效力问题给你司的复函)。离婚后,当事人要求我驻荷使领馆加以认证的,可予认证。

二、夫妻一方侨居荷兰,一方仍在国内,如双方同意离婚,对子女、财产也无争议的,可按我国婚姻法第二十四条的规定,在国内一方户籍所在地或居住地负责婚姻登记的机关办理离婚手续。提起诉讼的,如系国内一方提出离婚,应向本人户籍所在地或居住地人民法院起诉;侨居荷兰一方要求离婚,也应向国内一方的户籍所在地或居住地人民法院起诉。

三、侨居荷兰一方提出离婚,荷兰法院予以受理和判决的,如双方并无异议,可不予干涉;如一方对子女抚养或国内财产的处理有不同意见,可按第(一)项的精神决定是否承认这种判决在我国境内具有法律效力。

最高人民法院
关于蔡茂松提出与居住在台湾的吴琴离婚应如何处理问题的复函

(1981年10月10日)

浙江省高级人民法院:

你院〔81〕浙法民他字13号报告收悉。关于蔡茂松提出与居住台湾的吴琴的离婚问题,根据党和国家对台湾同胞的基本政策精神,我们认为,处理这类案件,必须慎重。蔡茂松提供的吴琴下落情况,须严格审查属实后,才可受理。并且在审理中要严守法定程序,切不可为了照顾蔡茂松早日获得去美居留证而草率办理离婚手续。

此复。

附:

浙江省高级人民法院
关于温州市蔡茂松与台湾吴琴离婚问题的请示报告

(1981年9月8日)

最高人民法院:

最近,温州市中级人民法院受理的蔡茂松在获准出国并到香港后,提出与居住在台湾的吴琴离婚的案件,该如何处理,我们没有把握,特请示,现将情况报告如下:

原告人蔡茂松,男,1920年11月1日出生,汉族,台湾省台北市人,原住温州市光明路 68 号，现住香港永乐街 122 号 A 室。蔡于 1939 年在台北市与黄条银结婚，1948 年离婚（婚后生一女名蔡惠宽，现在美国洛杉矶，已入美籍）。1949 年古历 8 月又在台北市西门街三丁目三番地与吴琴（又名蔡吴琴）结婚。同年古历 11 月，蔡经商到温州，因交通阻隔无法回台湾即在温州市定居。1951 年 3 月在温州市与叶甘密结婚（叶现年 60 岁，系温州市东山陶瓷厂退休工人）。蔡在温州期间，曾从事小商、小贩和在煤球厂、运输一社做工，表现尚可。1979 年 2 月 5 日经公安机关批准去美国，于 2 月 23 日到达香港，在美国驻香港领事馆办理申请签证手续时，因在表格上填有与台湾吴琴的婚姻关系（蔡在温州期间未向我交代过），美驻港领事馆以他抵触"第二次婚姻未曾合法离婚，而再有第三次结婚"，要他"出示证明第二次婚姻已合法结束"后才给批准居留证。为此蔡先向温州市公证处申请办理离婚证明。公证处认为双方当事人均不在温州不予办理。蔡即向温州市中级人民法院提出要求办理与吴琴离婚的法律手续。据蔡说，他曾通过在台湾的弟弟及在美国的女儿去台湾寻找过吴琴，但均答复下落不明。蔡长期耽搁在香港费用很大，迫切要求去美国女儿处，曾于今年 4、7 月份两次来温州市催办。

我院研究认为，蔡茂松获准出国已到香港，在温州市的户口已经注销，而吴琴居住台湾。按照一般情况，蔡与吴离婚案件，已不属我省管辖。但考虑到蔡茂松在温州与叶甘密结婚生活已 30 余年，在此期间与吴琴已无通讯联系。现已获准出国途中，为此事而在香港长期耽搁不能去美国的特殊情况，拟给予办理蔡茂松与吴琴离婚的法律手续。是否妥当，请批示。

最高人民法院民事审判庭
关于李玲与王景年婚姻纠纷案的复函

1982 年 8 月 9 日　　　　　　　　　　　　　　　〔82〕民他字第 13 号

宁夏回族自治区高级人民法院民事审判庭：

你院〔82〕宁高法民函字第 1 号请示和补充意见的来函均已收悉。

李玲与王景年婚姻纠纷一案，经研究认为：他们双方在插队期间，以夫妻相待，共同生活长达 5 年之久，回城就业时李玲又将户口粮食关系落在王景年家中，邻里群众均公认他们是夫妻，双方年龄又都符合 1950 年婚姻法规定的条件，虽未经政府登记结婚，但已构成事实婚姻，他们的婚姻纠纷应按一般离婚案件审理。

上述意见，供参考。

附一：

宁夏回族自治区高级人民法院函

（1982年4月12日）

最高人民法院民事审判庭：

关于我院民庭请示的李玲、王景年婚姻纠纷一案，有两种意见，我们的意见是：李玲、王景年未经登记即同居生活在一起，是违犯新婚姻法第七条"结婚的男女双方必须亲自到婚姻登记机关进行登记结婚"的规定的，为了维护法律的尊严，有利于今后坚决贯彻实行新婚姻法，对于这种不经登记结婚而同居的婚姻关系，法律不予承认。李玲、薛新民履行了合法手续，登记结婚，是应当受到法律保护的。基层法院的判决基本上是正确的，应予维持。少数同志坚持认为，李玲、王景年未经登记结婚，同居生活长达五年，两人以夫妻相待，群众公认是夫妻，应视为事实婚姻。李玲在有配偶的情况下又与薛新民登记结婚，是非法的。实际上已构成重婚，但在处理上，应考虑实际情况，可不追究刑事责任。

我们认为，在新婚姻法第七条已有明确规定的情况下，对于未经登记而同居的，不能再承认其为夫妻关系。否则将导致在法律上的混乱。

妥否，请予答复。

附二：

宁夏回族自治区高级人民法院函

1982年2月6日　　　　　　　　　　　〔82〕宁高法民函字第1号

最高人民法院民事审判庭：

现对一件婚姻案件的处理请示如下：

原告李玲，女，27岁，系银川市毛纺厂梳纺车间工人。被告王景年，男，25岁，系宁夏银川铁路分局白笈笈沟车站工人。原、被告于1975年至1977年在银川郊区插队落户期间，未登记领取结婚证，就同居生活在一起，群众认为他（她）们已是夫妻。1977年以后，两人先后回城就业，原告李玲仍经常到被告王景年家居住，并将粮食、户口关系转入被告家中，经济不分你我。1979年原告变异，又与毛纺厂工人薛新民相好，1981年7月与薛领取了结婚证，被告王景年气愤，扣住粮、户关系不给原告，原告向法院起诉。

此案在讨论中有两种不同意见：一种意见认为，新婚姻法第七条明确规定，结婚的男女双方必须亲自到婚姻登记机关进行登记结婚。李玲、王景年未经登记，即同居生活在一起是违法的，法律不能予以承认，不应保护，因此基层法院的判决基本是正确的，应予维持。否则，不利于维护法律的尊严。另一种意见认为，按照1979年最高人民法院关于贯彻执行民事政策法律的意见中第（四）、（五）条精神，原告李玲与被告王景年未经登记结婚同居生活长达5年，只是怕结婚后不能回城工作，才未进行登记，但两人以夫妻相待，群众公认是夫妻，李、王二人关系应视为事实婚姻，两人的婚姻纠纷应按一般离婚案件处理。李玲在有配偶的情况下又与薛新民登记结婚是非法的，实际上已构成了重婚。但在处理上，应考虑实际情况，可不追究刑事责任。但其非法重婚的错误必须指出，批评教育。

持第一种意见的同志认为，新婚姻法公布后，以前与以法规定相抵触者，应视为无效。这里还涉及两个问题：（一）在1980年9月10日第五届全国人民代表大会第三次会议修改通过的婚姻法于1981年1月1日施行后，还承认不承认事实婚姻？（二）若不承认1981年1月1日以后的事实婚姻，对过去既成的事实婚姻承认不承认？发生纠纷时应如何处理？

最高人民法院
关于归国华侨要求与越南籍配偶离婚问题如何处理的批复

1982年9月25日　　　　　　　　　　　　　　　　〔82〕民他字第38号

广东省高级人民法院：

你院粤法民〔82〕第103号函收悉。归国华侨要求与越南籍配偶离婚的问题，经研究，我们同意你院的意见，即这类离婚问题，应由人民法院作涉外案件立案并按照我院〔80〕法民字第6号批复办理。

附：

广东省高级人民法院请示

1982年9月17日　　　　　　　　　粤法民〔82〕第103号

最高人民法院：

　　我院接斗门县人民法院报告，该县所属红旗农场安置的越南归侨中，有7人已向法院要求与在越南的妻子离婚，但这7人均称原在越南与越南籍京族女子结婚后，因越南驱赶华侨回国，而越南籍女子又不愿意随同来华，故在回国前在越南办了离婚手续，领有越南发给的离婚证明文件。回国抵达越南边境时，越方检查人员将印有越南文字的纸张和证件统统收去，故无法携带离婚证明回国。这些人回国后，想再行结婚，当地婚姻登记机关以他们在越南已结婚，又无已离婚的证明，不同意办理结婚登记，故向人民法院提出与越南籍妻子离婚的要求。该院对如何办理这类离婚要求不明确，请示我院。这些人当中有的还提交女方寄给在美国居住的亲友转来的函信，内容是女方告之已在越南另行结婚，要在中国的一方另娶再婚。该院对此类函信无法判明真伪，亦不明确能否作为已离婚的根据。

　　这类离婚要求涉及在越南已办过离婚手续，只是不能带出证件，若事实上确已离了婚，又由人民法院再判决一次离婚，是否有此必要？但若人民法院不予受理，我国公民当事人又无从取得在越南的离婚证明，据以进行再结婚的登记。还考虑到这些情况只是当事人所述，是否确实已离婚并在中途被取走了离婚证，无法查对。因此，我们认为，这类离婚问题，仍应由人民法院作涉外案件立案，并遵照你院〔80〕法民字第6号批复办理。是否可行，请批示。

最高人民法院
关于黄翠英申请与在台人员李幼梅
复婚问题的请示的批复

1982年10月5日　　　　　　　　　〔1982〕民他字第34号

湖南省高级人民法院：

　　你院《关于湘乡县黄翠英申请与在台人员李幼梅复婚问题的请示报告》收悉。经研究，我们认为：按照我国婚姻法原则，一夫多妻制是不允许的。但是，鉴于历史原因造成的特殊情况，为了更有利于祖国统一大业，如果内地一方在判决离婚后没有再婚，现在向法院提出要求注销原离婚判决的，可按照我院 1980 年 8 月 28 日法民字第 9 号转发上海市高级人民法院请示报告中第 5 项的意见办理。

最高人民法院
关于旅居阿根廷的中国公民按阿根廷法律允许的方式达成的长期分居协议我国法律是否承认其离婚效力问题的复函[*]

1984 年 12 月 5 日　　　　　　　　　　〔84〕民他字第 14 号

驻阿根廷大使馆领事部：

你部 1984 年 10 月 31 日〔84〕领发 70 号文收悉。

关于在国内结婚后旅居阿根廷的中国公民王钰与杨洁敏因婚姻纠纷，由于阿根廷婚姻法不允许离婚，即按阿根廷法律允许的方式达成长期分居协议，请求你部承认并协助执行问题，经与外交部领事司研究认为，我驻外使领馆办理中国公民之间的有关事项，应当执行我国法律。王钰与杨洁敏的分居协议，不符合我国婚姻法的规定，故不能承认和协助执行。他们按照阿根廷法律允许的方式达成的分居协议，只能按阿根廷法律规定的程序向阿有关方面申请承认。如果他们要取得在国内离婚的效力，必须向国内原结婚登记机关或结婚登记地人民法院申办离婚手续。

最高人民法院
关于孟宪明、李瑞玲离婚案的批复

1985 年 2 月 16 日　　　　　　　　　　法（民）复〔1985〕7 号

河南省高级人民法院：

你院 1984 年 12 月 26 日关于孟宪明诉李瑞玲离婚一案处理意见的请示报告收悉。关于杞县人民法院〔84〕杞法民调字第 35 号对此案的离婚调解书是否有效的问题，我

---

[*] 也作"最高人民法院关于旅居外国的中国公民按居住国法律允许的方式达成的分居协议，我驻外使领馆是否承认问题的函"。

们研究认为,双方在 1982 年 3 月 4 日达成以离婚为前提的结婚协议后,于 1982 年 3 月 9 日办理了结婚登记,这是违反婚姻法结婚必须男女双方完全自愿的规定的。此后,双方协议离婚取得一致意见,并于 1984 年 3 月 18 日到杞县人民法院高阳人民法庭签署了离婚协议。1984 年 3 月 26 日,高阳人民法庭又已通知李瑞玲领取调解书。李瑞玲从 1984 年 3 月 27 日起至 4 月 15 日止这段期间内,三次去高阳人民法庭领调解书,只是由于客观原因而未能领到。根据上述事实,我们同意你院第一种意见,应认为调解书是有效的。

最高人民法院
关于叶莉莉与委内瑞拉籍华人梁文锐离婚问题的批复

1985 年 6 月 24 日　　　　　　　　　　　　　〔1985〕民他字第 14 号

广东省高级人民法院:

你院 1985 年 5 月 6 日〔85〕奥法民字第 37 号请示收悉。

委内瑞拉籍华人梁文锐和我国公民叶莉莉于 1982 年 3 月在广东省广州市登记结婚。叶在梁回委内瑞拉后,获准去委定居,但她在出境后却去了台湾,并且不与梁联系。梁在长期不能得知叶去向的情况下,认为已无夫妻感情可言,决意离婚。因双方是在中国登记结婚的,且叶又不去委内瑞拉,我驻委使馆及该国有关方面均无法办理其离婚问题,故梁于今年 1 月,经我驻委使馆公证办理了委托书,委托其岳父为代理人在我国办理与叶的离婚手续。同时,叶也从台湾给其父来信,坚决要求与梁离婚,并以台湾不承认大陆的婚姻法,本人又不能回大陆为由,委托其父代为办理与梁的离婚手续。

据此情况,我院经研究,同意你院关于本案可由当事人结婚登记地的人民法院受理的意见。但首先要由当事人本人向法院起诉,受理后以判决结案为宜。为维护双方当事人的合法权益,双方当事人不宜委托同一诉讼代理人。关于叶从台湾寄来的委托书和离婚书面意见的确认问题,也同意你院意见,由叶开春辨认后再进行文字鉴定。

最高人民法院
关于张淑娥诉居住在香港的
陈文伟离婚问题的批复

1985年8月20日　　　　　　　　　　　〔1985〕民他字第25号

四川省高级人民法院：

你院1985年7月9日〔85〕川法民示字第18号报告请示的张淑娥诉居住在香港的陈文伟离婚案的几个问题，经我们研究，现答复如下：

一、关于该案是否属于涉及港、澳同胞案件的问题，我们认为，被告陈文伟于1980年2月去香港探亲，逾期不归，现仍居香港，如其在香港未取得正式居民身份证，就不是港胞，该案即不属于涉及港、澳同胞的案件。

二、关于陈文伟从香港提交人民法院的离婚意见书，是否须经司法部指定的香港有关机构或律师证明的问题，我们意见，为保证诉讼文书的真实性，可参照我院1984年9月8日下发的《关于贯彻执行〈民事诉讼法（试行）〉若干问题的意见》第七十二条的规定，要求暂居香港的内地公民在香港办理诉讼文书的证明手续；如办理证明手续确有困难，人民法院也可通过其他方式，查证属实后予以确认。

至于该案上诉期限问题，应适用民事诉讼法（试行）第一百四十五条的规定。

最高人民法院
关于熊碧华与杨万福婚姻纠纷
案的处理意见的电报答复

1985年10月5日　　　　　　　　　　　民他字第34号

西藏自治区高级人民法院：

你院1985年10月11日的电报请示已收阅，关于熊碧华与杨万福婚姻纠纷一案，经我院研究，同意你院意见。即熊碧华与杨万福于1982年5月16日经巴青县人民法院调解离婚，调解书送达后，根据民事诉讼法（试行）第一百零一条的规定，即具有法律效力。此后杨万福与熊碧华的同居属于非法的同居行为。杨万福与曾令萍于1985年3月登记结婚，不构成重婚罪。对建议那曲地委给杨万福的党纪政纪处分的严肃处理，本院认为也是恰当的。

附：

西藏自治区高级人民法院
关于杨万福与熊碧华离婚一案的请示报告

1985年9月9日　　　　　　　　　　　　　　　　　　　　44号

最高人民法院民事审判庭：

　　现将杨万福与熊碧华离婚一案的请示报告如下：

　　申诉人：熊碧华，女，汉族，现年34岁，系四川省邻水县九龙区人，于1983年从西藏巴青县内调后，被分配到四川省邻水县城关食品站工作。

　　被申诉人：杨万福，男，汉族，现年37岁，大专文化程度，系甘肃省永昌县人，现住西藏那曲地区文部办事处副书记。

　　杨、熊于1980年2月12日经人介绍自愿结婚。1981年1月12日熊生育一女孩。婚后双方感情尚好，有时因家庭琐事有吵闹的现象。1982年5月16日上午，熊以双方性格不合，自己身体不好，要求内调并不影响杨的工作为由，向巴青县法院提交了离婚诉状，杨在诉讼状上也签了字，同意离婚。巴青县法院简单地作了调解未能和好。在未查明双方离婚的真实原因的情况下，于当日下午草率作出了准予双方离婚的调解书。事后县法院将调解书让杨转交一份给熊，熊看后当场将其撕毁，但双方当时未向法院提出不同意见。

　　1985年4月11日，熊从四川邻水县来那曲得知杨于今年3月19日与农村女青年曾令萍登记结婚，熊以与杨是合法夫妻，杨犯了重婚罪为由，向那曲中院提出申诉。

　　那曲中院到巴青县，四川省邻水县熊的所在单位及家乡进行了全面地调查了解。现查明：

　　1. 杨、熊当时为了内调到四川，生第二胎不影响杨的提级提干，欺骗组织和法院，隐瞒了熊怀孕两个多月的真实情况，搞假离婚。熊1982年11月30日生下第二胎。

　　2. 杨、熊离婚后，在巴青县虽分居，但晚上还一块同居，特别是杨于1983年11月15日至1984年7月8日去熊的所在单位休假，共同生活达8个月之久，致使熊怀孕刮胎一次，杨拿钱给熊家添置了电视机、电风扇、大衣柜等大件家具，对双方家庭老人赡养、小孩管理均好。

　　杨1985年1月给熊写信称，断绝关系。后与曾令萍于同年3月19日登记结婚。

　　那曲中院认为，杨、熊欺骗组织，隐瞒女方怀孕的真实情况向巴青县法院提出离婚诉讼，巴青县法院草率调解双方离婚，但在法律上是有效的，离婚后杨、熊以夫妻关系共同生活两年零七个月之久，女方家乡群众认为他们是未离婚的合法夫妻，杨、熊已构成"事实婚姻"，杨又与曾登记结婚，杨已构成重婚罪。故解除后妻，维持前妻。那曲中院向我院审判委员会汇报后经研究认为：杨构不成重婚罪。杨、熊调解离婚法律上是有效的。后杨、熊行为属于非法同居建议地方给杨党、政纪严肃处理。现那曲地委同意我院意见，并初步决定首先让那曲中院裁定明确有关第一个小孩归宿等事项，对杨撤销文部办事处副书记职务，党内警告处分。取消在1982年所调的一级工资，扣回所发的工资。

以上意见我们拿不准，妥否，请速审示。

最高人民法院
关于刘秦勤与邓西民离婚问题的函[*]

1985年12月30日　　　　　　　　　　　〔85〕民他字第38号

刘秦勤、邓西民：

来信收到。你们要求解除婚姻关系一事，根据我国法律的有关规定，你们双方如果对离婚及财产分割等问题没有任何争议，可以回国向原结婚登记机关申请办理离婚手续；如果对以上问题存有争议，则需回国向原结婚登记地人民法院提起离婚诉讼。如果你们双方因特殊情况不能回国，可办理授权委托书，委托国内亲友或律师作为代理人代为办理，并向国内原结婚登记机关或结婚登记地人民法院提交书面意见，由该登记机关办理或由人民法院进行审理。委托书和意见书均须经当地公证机关公证，我驻美使领馆认证，亦可由我驻美使领馆直接公证。

---

[*] 也作"最高人民法院对我国留学生夫妻双方要求离婚如何办理离婚手续的通知"。

最高人民法院民事审判庭
关于贯彻执行最高人民法院《关于人民法院审理未办结婚登记而以夫妻名义同居生活案件的若干意见》有关问题的电话答复

1990年10月11日　　　　　　　　　　　　〔90〕法民字11号

广东省高级人民法院：

你院《关于贯彻执行最高人民法院〈关于人民法院审理未办结婚登记而以夫妻名义同居生活案件的若干意见〉有关问题的请示》收悉，经研究，电话答复如下：

一、关于你院请示中一、二条所提一方或双方当事人隐瞒结婚时年龄以及隐瞒近亲属关系骗取结婚证，现一方提出离婚，是作为非法同居关系、事实婚姻关系还是作为登记婚姻处理的问题，我们认为：非法同居关系，事实婚姻关系的共同特征是未办结婚登记即以夫妻名义同居生活。隐瞒结婚年龄以及隐瞒近亲属关系骗取结婚证后，一方要求离婚的案件，不符合非法同居关系或事实婚姻关系的构成特征，因此不能按非法同居关系或事实婚姻关系对待，而应作为登记婚姻按《最高人民法院关于判决离婚的若干具体规定》第四条和其他有关规定处理。

二、关于处理非法同居案件中，双方对非婚生子女抚养和非法同居期间财产处理已达成协议，是分别制作判决书、调解书还是用判决形式一并处理的问题，我们认为：解除非法同居案件中的子女抚养和财产分割属于牵连之诉，应予一并处理。当事人对子女抚养和财产分割达成协议的，人民法院只需将当事人之间达成的协议直接写进判决书即可，无需分别制作判决书、调解书。

三、关于女方在非法同居期间怀孕，男方提出解除非法同居关系人民法院是否受婚姻法第二十七条的限制是否受理的问题，我们认为婚姻法二十七条保护的前提是合法的婚姻关系，女方在非法同居期间怀孕，违反了婚姻法的有关规定，为了严肃执法，对男方诉到法院要求解除非法同居关系的，应予受理。受理后即应作出解除非法同居关系的判决。女方分娩后，再处理子女抚养问题。

附：

广东省高级人民法院
关于贯彻执行最高人民法院《关于人民法院审理未办结婚登记而以夫妻名义同居生活案件的若干意见》有关问题的请示

1990年6月7日　　　　　　　　　　〔1990〕粤法民字第164号

最高人民法院民庭：

1989年12月13日《最高人民法院关于人民法院审理未办结婚登记而以夫妻名义同居生活案件的若干意见》（以下简称《意见》）下达后，我省一些人民法院在贯彻执行这个《意见》，审理有关案件中，遇到一些问题。现将这些问题综合，特作请示：

一、双方当事人未达法定婚龄时骗取了结婚登记，一方提出离婚时双方符合结婚法定条件，对这种案件应作为非法同居关系、事实婚姻关系，还是作为登记婚姻处理，不够明确。

二、男女双方当事人是三代内禁止结婚的对象（如表兄妹）骗取了结婚登记结婚，现一方提出离婚，是作为非法同居关系处理还是作为有登记的婚姻关系处理？

三、人民法院处理非法同居关系的案件，根据《意见》规定，一律判决解除其非法同居关系，但双方对非婚生子女抚养和非法同居期间财产处理如达成协议，是分别制作判决书、调解书，还是用判决形式一并处理？

四、女方在非法同居关系持续期间怀孕，男方提出解除该非法同居关系，是否参照婚姻法第二十七条规定，待女方分娩一年后才受理？还是受理后即作出解除非法同居关系的判决，以后女方分娩后因抚养非婚生子女发生纠纷才立案受理该抚养纠纷？

以上问题，请予复示，以利正确、及时处理有关案件。

最高人民法院
关于美籍华人曹信宝与我公民王秀丽结婚登记有关问题的复函

1993年1月22日　　　　　　　　　　　〔93〕法民字第2号

民政部婚姻管理司：

你司1991年12月24日民婚字〔1991〕60号函及转来宁波市民政局《关于美籍华人曹信宝与我公民王秀丽结婚登记有关问题的请示》收悉。经研究，答复如下：

一、与中国公民结婚的外国人（包括外籍华人），由外国法院判决离婚后，在中国境内又申请与中国公民结婚的，如果前一婚姻关系的外国法院的离婚判决未经我人民法院确认，该外国人则应就前一婚姻关系的外国法院的离婚判决向人民法院申请承认，经人民法院裁定承认后，婚姻登记机关按照有关规定审查无误才能予以婚姻登记。

申请承认外国法院离婚判决，没有时间限制。

二、在忻清菊不服美国法院对其与曹信宝离婚所作判决的情况下，曹在中国境内又申请与王秀丽登记结婚，是违反我国有关法律的，该"结婚登记"应依法予以撤销。但现在曹信宝与忻清菊已经由人民法院调解离婚，其与王秀丽的"结婚登记"是否撤销，请你们酌情处理。

以上意见，供参考。

最高人民法院
关于认真学习正确适用《中华人民共和国婚姻法》的通知

2001年5月10日　　　　　　　　　　　法发〔2001〕9号

各省、自治区、直辖市高级人民法院，解放军军事法院，新疆维吾尔自治区高级人民法院生产建设兵团分院：

《全国人民代表大会常务委员会关于修改〈中华人民共和国婚姻法〉的决定》已经第九届全国人民代表大会常务委员会第二十一次会议于2001年4月28日通过，并自公布之日施行。为了保证《中华人民共和国婚姻法》的统一正确实施，特通知如下：

一、充分认识修改婚姻法的重要意义。婚姻法是关系到每个公民和每个家庭切身利益的一部重要法律。改革开放以来,随着我国社会经济状况、人们思想观念的变化,婚姻家庭关系也出现了一些新情况、新问题。此次修改婚姻法,对于建立平等、和睦、文明的婚姻家庭关系,维护社会安定,促进社会主义精神文明建设和社会进步,将发挥重要的作用。

二、各级人民法院应组织审判人员,特别是民事审判人员认真学习第九届全国人民代表大会常务委员会第二十一次会议通过的《全国人民代表大会常务委员会关于修改〈中华人民共和国婚姻法〉的决定》。要利用各种形式对审判人员进行业务培训,联系实际,掌握立法精神,正确理解法律规定。

三、自2001年4月28日起,人民法院在审理婚姻纠纷案件时,应一律适用经第九届全国人民代表大会常务委员会第二十一次会议修改的《中华人民共和国婚姻法》。此前与修改后的《中华人民共和国婚姻法》相悖的法律、法规和司法解释,在审理第一审和第二审婚姻家庭案件中不再适用。

四、最高人民法院将在调查研究的基础上,抓紧起草有关司法解释。各地人民法院在学习和适用修改后的《中华人民共和国婚姻法》的过程中,应当认真总结审判经验,深入调查研究,注意搜集典型案例,遇有法律适用问题,应及时报告我院。

最高人民法院
关于符合结婚条件的男女在登记结婚之前曾公开同居生活能否连续计算婚姻关系存续期间并依此分割财产问题的复函

2002年9月19日 〔2002〕民监他字第4号

黑龙江省高级人民法院:

你院《关于符合结婚条件的男女在登记结婚之前曾公开同居生活能否连续计算婚姻关系存续期间并依此分割财产问题的请示》收悉。经研究,答复如下:

我院同意你院审判委员会的第一种意见,即根据民政部1994年2月1日实施的《婚姻登记管理条例》①1989年11月21日我院《关于人民法院审理未办理结婚登记而以夫妻名义同居生活案件的若干意见》以及1994年4月4日我院《关于适用新的〈婚姻登记管理条例〉的通知》的有关规定,在民政部婚姻登记管理条例施行之前,对于符合结婚条件的男女在登记结婚之前,以夫妻名义同居生活,群众也认为是夫妻关系的,可认定为事实婚姻关系,与登记婚姻关系合并计算婚姻关系存续期间。

---

① 该条例已被2003年8月8日国务院第387号令《婚姻登记条例》取代。——编者注

最高人民法院
关于刘立民与赵淑华因离婚诉讼涉及民办私立学校校产分割一案的复函

2003年8月7日　　　　　　　　　　〔2002〕民监他字第13号

辽宁省高级人民法院：

你院请示收悉，经研究，答复如下：

刘立民、赵淑华夫妻共同投资办学，应共同享有办学积累中属于夫妻的财产权益。原一、二审判决将办学积累全部认定为刘立民、赵淑华二人的共同财产进行分割没有法律依据。

刘立民、赵淑华夫妻离婚，已丧失了共同办学的条件，对其共同享有的财产权益应予分割。根据本案具体情况，为维护学校完整，学校由赵淑华单独管理后，赵淑华应对刘立民丧失的财产权益以及由此丧失的期待利益予以补偿。补偿数额可参照原二审判决的数额。

附：

辽宁省高级人民法院
关于刘立民与赵淑华因离婚诉讼涉及民办私立学校校产分割一案的请示

一、案件的基本事实

刘立民与赵淑华于1986年初相识，1987年1月登记结婚（双方均系再婚），婚生一子。婚后夫妻感情尚好，后因家庭、工作等琐事双方发生矛盾，致使分居生活。1995年9月赵淑华向法院提起离婚诉讼。刘立民同意离婚。双方在共同生活期间于1993年12月共建私立学校一所，坐落于沈阳市东陵区东陵街81号，学校名称为："嵩山少林寺武术专业沈阳分校"，法定代表人为刘立民。私立学校有房产5栋、汽车2辆、金凤牌21寸彩色电视机40台、友谊牌双桶洗衣机4台、电暖气25台、铁床480张、桌椅350套、锅炉3台。上述资产经辽宁三公资产评估事务所评估，房产评估值为：1701259元整。其他实物评估价为233725元。该私立学校建筑、占地系违建及违占，有关部门要求补办手续并罚款，共计467844.80元。双方在共同生活期间购置了家庭中共同财产，双方均同意折价为 67000 元。现刘立民、赵淑华均同意离婚，婚生子由赵淑华抚养。但双方对私立学校的共同财产分割问题有争议，未能达成协议。

二、原一、二审法院审理情况

沈阳市中级人民法院一审认为，刘立民、赵淑华均同意离婚，应予准许。关于抚养子女问题，经双方协商由赵淑华自行抚养。关于私立学校的财产问题，因该学校系夫妻在共同生活期间共同投资创建的，应认定为夫妻共同财产。关于私立学校的财产如何分割问题，鉴于赵淑华的工作能力强于刘立民，为有益办学，将私立学校的双方共同财产判归赵淑华所有为宜，赵淑华给付刘立民财产折价款。在刘立民处有私立学校的经费 20 万元，此款应由赵淑华保管。据此，沈阳市中级人民法院于 1995 年 12 月 29 日作出〔1995〕沈民初字第 95 号民事判决：（一）准予刘立民与赵淑华自愿离婚；（二）婚生子刘某，由赵淑华抚养；（三）刘立民的住房，由其自行解决；（四）家庭共同财产均归赵淑华所有，赵淑华给付刘立民财产折价款 33500 元整，个人衣物归个人所有；（五）双方在共同生活期间共建私立学校一所，其中共同财产：房产五栋、山门、山墙、院墙归赵淑华所有；违建及违建占地补交款 467844.80 元，由赵淑华支付。赵淑华给付刘立民不动产折价款 616707.10 元；（六）双方在共同生活期间共同购置的私立学校的动产：松辽旅行车 1 辆、金杯长厢汽车 1 辆、金凤牌 21 寸彩色电视机 40 台、友谊牌双桶洗衣机 4 台、锅炉 3 台、铁床 480 张、电暖气 25 台、桌椅 350 套及私立学校其他动产均归赵淑华所有，赵淑华给付刘立民财产折价款 116862.50 元；（七）在刘立民处的私立学校经费 20 万元，由刘立民交付给赵淑华保管为学校的费用；上述（四）、（五）、（六）、（七）项合计，赵淑华应实际给付刘立民 567069.60 元，于判决生效后一次性给付；（八）嵩山少林寺武术专业沈阳分校的债权、债务由赵淑华负担；（九）驳回双方其他请求。案件受理费 2 万元，财产评估费 6000 元，由双方各自负担 13000 元。

刘立民不服，以其是学校法定代表人，学校应由其管理经营和原审对财产判决不公为由，向辽宁省高级人民法院提起上诉。

二审审理期间，刘立民提出赵淑华曾在 1995 年以 5 万元购买房屋一处。赵淑华承认并提供了证据。

辽宁省高级人民法院审理认为，上诉人刘立民与被上诉人赵淑华均同意离婚，原审法院判决离婚，应予维持。关于婚生子抚养问题，原判决根据双方协商判归赵淑华抚养并无不当。关于双方争议的私立学校应由谁管理、经营问题，应以有利于教育事业的发展作出适当判决。原审根据本案的实际情况，将学校判归赵淑华经营管理是合适的。对共同财产的分割问题，原审根据评估结论作出判决是正确的。关于原判决第七项中在刘立民处有 20 万元的经费问题，鉴于私立学校的性质和双方当事人的意见，亦可作为共同财产分割，原判决全部返还赵淑华不妥，应予改判。据此，辽宁省高级人民法院于 1996 年 2 月 14 日作出〔1996〕辽民终字第 14 号民事判决：（一）维持〔1995〕沈民初字第 95 号民事判决第（一）、（二）、（三）、（四）、（五）、（六）、（八）项；（二）撤销〔1995〕沈民初字第 95 号民事判决第（七）项、第（九）项；（三）在刘立民处的私立学校经费 20 万元，由刘立民返给赵淑华 10 万元；（四）位于东陵区东陵东街 56 号房屋

（折价 5 万元），归赵淑华所有，赵淑华返给刘立民人民币 25000 元；（五）驳回双方其他诉讼请求。二审案件受理费 20000 元，刘立民承担 16490 元，赵淑华承担 3510 元。

三、最高人民检察院抗诉理由

二审判决生效后，刘立民向最高人民检察院申诉。最高人民检察院经审查，向最高人民法院提出抗诉。抗诉主要理由是：

1. 终审判决将私立学校的财产认定为夫妻共同财产，属认定事实错误

根据国家教委教成正〔96〕7号《关于加强社会力量办学管理工作的通知》第六条"学校应配备具有任职资格的财务人员，应建立健全财产、财务规章制度。要分清学校中的国有财产、创办者投入到学校的财产和学校通过办学积累的财产，分别登记建账。学校接受的捐赠、收取的建设费等款项和学杂费的结余款归学校所有，只能用于学校的建设和发展，不得归举办者所有"的规定，办学积累的财产应归国家所有，判决对此不加以区分，将学校的全部财产认定为夫妻共同财产，认定事实错误。

2. 终审判决适用法律错误

根据国家教委教成正〔96〕7号文件的规定，该学校属社会力量办学的私立学校，学校的全部资产不属于创办者私人所有，终审判决以夫妻共同财产进行分割，适用法律错误。

四、辽宁省高级人民法院请示意见

最高人民法院将本案交由辽宁省高级人民法院进行再审。审理中，对本案适用法律问题形成以下两种意见，向最高人民法院请示：

1. 第一种意见认为，检察院抗诉理由成立。原审将校产认定为夫妻共同财产，根据评估结论进行分割，认定事实有误，适用法律不当，应予纠正。理由是：

（1）本案私立学校的财产不是一般意义上的夫妻共同财产，不属于法院审理离婚案件对夫妻共同财产调整处理的范畴。原一、二审及辽宁省高级人民法院再审中，分别走访了国家教育部、省教委，均明确答复为私立学校属于社会力量办学，是社会公益事业，享受国家免税政策，不以营利为目的，办学积累财产不能归创办者个人所有。原审法院将学校全部财产认定为夫妻共同财产，认定事实有误。

（2）私立学校资产如何管理处分，在法律没有明文规定的情况下，应适用国家有关政策规定。国家教委〔87〕教审字008号《社会力量办学财务管理暂行规定》（以下简称《财务管理暂行规定》）第七条规定："社会力量办学的学校停办时，除按原审批办学的程序注销手续外，必须在当地教育行政部门领导下，认真清理财、物及债权债务，并按下列原则处理：①学校停办后，除将办学单位、个人投入的财产返还原办学单位、个人外，其结余部分（包括资金、物资、办学场所等），应当移交给当地批准该校办学的教育行政部门，以用于鼓励、支持社会力量办学。结余财产不得挪作他用。②学校停办后，如资不抵债时，其亏损部分由办学单位或个人承担。"据此规定，私立学校停办后除将办学单位、个人投入的财产返还原办学单位、个人外，其结余部分，应当移交给当地批准该校办学的教育行政部门。而本案原审法院在判决双方当事人离婚的同时，将双

方创办尚未停办的私立学校全部资产认定为夫妻共同财产进行分割，与国家政策不符，属适用法律不当，本案应予改判。

2. 第二种意见认为，为有利办学，有利学校稳定发展，本案可以维持。

理由是：

(1) 原审法院在判决前，做了大量调查、征求意见工作，依照《婚姻法》有关规定，为有益于办学，有利于双方当事人工作、生活，将学校资产判归原告赵淑华，对被告刘立民给付折价款比较切合实际。

(2) 1996年判决生效后，该校于1997年成立了校董事会，经教委审批同意，更换了法定代表人，由赵淑华担任校长。几年来，学校的办学规模、办学质量有了较大变化和提高，得到了社会的认可。如改判势必产生新的纠纷和问题，给学校正常的教学工作带来影响，不利办学。

(3) 申诉人刘立民以其原是学校法定代表人为由，申请要回学校管理权，没有法律依据。且二审判决生效后，对执行给其的56万余元，本院再审中，刘立民已明确表示不能执行回转。案件如改判，执行回转已不可能，故对其申诉理由不予支持。

最高人民法院民一庭
关于婚姻关系存续期间夫妻一方以个人名义所负债务性质如何认定的答复

2014年7月12日　　　　　　　　　　〔2014〕民一他字第10号

江苏省高级人民法院：

你院〔2014〕苏民他字第2号《关于婚姻关系存续期间夫妻一方以个人名义所负债务的性质如何认定问题的请示》收悉。

经研究，同意你院审判委员会的倾向性意见。在不涉及他人的离婚案件中，由以个人名义举债的配偶一方负责举证证明所借债务用于夫妻共同生活，如证据不足，则其配偶一方不承担偿还责任。在债权人以夫妻一方为被告起诉的债务纠纷中，对于案涉债务是否属于夫妻共同债务，应当按照《最高人民法院关于适用〈中华人民共和国婚姻法〉若干问题的解释（二）》第二十四条规定认定。如果举债人的配偶举证证明所借债务并非用于夫妻共同生活，则其不承担偿还责任。

此复。

最高人民法院民一庭
关于夫妻一方对外担保之债能否认定为夫妻共同债务的复函

2015 年 9 月 9 日　　　　　　　　　　　　　〔2015〕民一他字第 9 号

福建省高级人民法院：

你院〔2014〕闽民申字第 1715 号《关于再审申请人宋某、叶某与被申请人叶某某及一审被告陈某、李某民间借贷纠纷一案的请示》收悉。经研究答复如下：同意你院审判委员会多数意见，即夫妻一方对外担保之债不应当适用《最高人民法院关于适用〈中华人民共和国婚姻法〉若干问题的解释（二）》第二十四条的规定认定为夫妻共同债务。

最高人民法院
关于依法妥善审理涉及夫妻债务案件有关问题的通知

2017 年 2 月 28 日　　　　　　　　　　　　　法〔2017〕48 号

各省、自治区、直辖市高级人民法院，解放军军事法院，新疆维吾尔自治区高级人民法院生产建设兵团分院：

家事审判工作是人民法院审判工作的重要内容。在家事审判工作中，正确处理夫妻债务，事关夫妻双方和债权人合法权益的保护，事关婚姻家庭稳定和市场交易安全的维护，事关和谐健康诚信经济社会建设的推进。为此，最高人民法院审判委员会第 1710 次会议讨论通过《最高人民法院关于适用〈中华人民共和国婚姻法〉若干问题的解释（二）的补充规定》，对该司法解释第二十四条增加规定了第二款和第三款。2017 年 2 月 28 日，最高人民法院公布了修正的《最高人民法院关于适用〈中华人民共和国婚姻法〉若干问题的解释（二）》。为依法妥善审理好夫妻债务案件，现将有关问题通知如下：

一、坚持法治和德治相结合原则。在处理夫妻债务案件时，除应当依照婚姻法等法律和司法解释的规定，保护夫妻双方和债权人的合法权益，还应当结合社会主义道德价值理念，增强法律和司法解释适用的社会效果，以达到真正化解矛盾纠纷、维护婚姻家庭稳定、促进交易安全、推动经济社会和谐健康发展的目的。

二、保障未具名举债夫妻一方的诉讼权利。 在审理以夫妻一方名义举债的案件中，原则上应当传唤夫妻双方本人和案件其他当事人本人到庭；需要证人出庭作证的，除法定事由外，应当通知证人出庭作证。在庭审中，应当按照《最高人民法院关于适用〈中华人民共和国民事诉讼法〉的解释》的规定，要求有关当事人和证人签署保证书，以保证当事人陈述和证人证言的真实性。未具名举债一方不能提供证据，但能够提供证据线索的，人民法院应当根据当事人的申请进行调查取证；对伪造、隐藏、毁灭证据的要依法予以惩处。未经审判程序，不得要求未举债的夫妻一方承担民事责任。

三、审查夫妻债务是否真实发生。 债权人主张夫妻一方所负债务为夫妻共同债务的，应当结合案件的具体情况，按照《最高人民法院关于审理民间借贷案件适用法律若干问题的规定》第十六条第二款、第十九条规定，结合当事人之间关系及其到庭情况、借贷金额、债权凭证、款项交付、当事人的经济能力、当地或者当事人之间的交易方式、交易习惯、当事人财产变动情况以及当事人陈述、证人证言等事实和因素，综合判断债务是否发生。防止违反法律和司法解释规定，仅凭借条、借据等债权凭证就认定存在债务的简单做法。

在当事人举证基础上，要注意依职权查明举债一方作出有悖常理的自认的真实性。对夫妻一方主动申请人民法院出具民事调解书的，应当结合案件基础事实重点审查调解协议是否损害夫妻另一方的合法权益。对人民调解协议司法确认案件，应当按照《最高人民法院关于适用〈中华人民共和国民事诉讼法〉的解释》要求，注重审查基础法律关系的真实性。

四、区分合法债务和非法债务，对非法债务不予保护。 在案件审理中，对夫妻一方在从事赌博、吸毒等违法犯罪活动中所负的债务，不予法律保护；对债权人知道或者应当知道夫妻一方举债用于赌博、吸毒等违法犯罪活动而向其出借款项，不予法律保护；对夫妻一方以个人名义举债后用于个人违法犯罪活动，举债人就该债务主张按夫妻共同债务处理的，不予支持。

五、把握不同阶段夫妻债务的认定标准。 依照婚姻法第十七条、第十八条、第十九条和第四十一条有关夫妻共同财产制、分别财产制和债务偿还原则以及有关婚姻法司法解释的规定，正确处理夫妻一方以个人名义对外所负债务问题。

六、保护被执行夫妻双方基本生存权益不受影响。 要树立生存权益高于债权的理念。对夫妻共同债务的执行涉及到夫妻双方的工资、住房等财产权益，甚至可能损害其基本生存权益的，应当保留夫妻双方及其所扶养家属的生活必需费用。执行夫妻名下住房时，应保障生活所必需的居住房屋，一般不得拍卖、变卖或抵债被执行人及其所扶养家属生活所必需的居住房屋。

七、制裁夫妻一方与第三人串通伪造债务的虚假诉讼。 对实施虚假诉讼的当事人、委托诉讼代理人和证人等，要加强罚款、拘留等对妨碍民事诉讼的强制措施的适用。对实施虚假诉讼的委托诉讼代理人，除依法制裁外，还应向司法行政部门、律师协会或者行业协会发出司法建议。对涉嫌虚假诉讼等犯罪的，应依法将犯罪的线索、材料移送侦查机关。

以上通知，请遵照执行。执行中有何问题，请及时报告我院。

最高人民法院
关于依法妥善审理婚姻家庭案件切实保障当事人合法权益和人身安全的通知

2017年9月21日　　　　　　　　　　　　法明传〔2017〕5号

各省、自治区、直辖市高级人民法院，解放军军事法院，新疆维吾尔自治区高级人民法院生产建设兵团分院：

一段时期以来，因婚姻家庭纠纷案件引发的恶性暴力事件时有发生，不仅对当事人造成了伤害，甚至威胁、伤害到他人的生命健康安全，社会影响恶劣。为依法保障当事人的合法权益和人身安全，维护诉讼秩序，特通知如下：

一、充分认识审理好婚姻家庭案件的重要意义。婚姻家庭纠纷案件数量大、涉及面广，影响到千家万户，关乎广大未成年人、妇女和老年人合法权益的保护，与社会和谐稳定密切相关。家庭纠纷处理不当，极易引发刑事案件，对社会治安带来严峻挑战。审理好婚姻家庭纠纷等家事案件，对于促进个人幸福和家庭和谐，创新社会治理，维护社会稳定，具有十分重要的意义。各级法院要进一步提高认识，切实做好婚姻家庭案件审判工作。

二、深刻把握家事审判规律，促进家庭纠纷矛盾化解。各级法院应当高度重视家事案件所具有的伦理性、敏感性和社会性特点，动员社会各界力量，有针对性地开展调解和心理疏导工作，引导当事人树立理性、平和、宽容的良好心态，钝化双方矛盾，依法妥善处理家事纠纷。有条件的地区，应当按照最高人民法院关于家事审判方式和工作机制改革试点工作的要求，积极开展联动调解、情况调查、心理测评、判后帮扶等工作，创新家事审判工作机制，提升家事审判能力和水平，发挥家事审判诊断、修复和治疗作用，努力促进家庭和谐，维护社会稳定。

三、切实依法履行职责，防止恶性事件发生。婚姻家庭纠纷案件更多涉及情感利益和人格权益，一些当事人容易出现过激情绪，离婚案件更是审判环节风险高发点，各级法院民事审判庭和人民法庭对此务必高度重视。要依托多元化纠纷解决机制改革，充分发挥诉前调解制度作用，依法保障当事人合法权益，并注意分析研判案件的安全风险，发现有苗头性、倾向性的问题，应当及时采取防范措施，逐案落实风险稳控责任和措施，采取多种措施加强审判法庭安全保卫工作，坚决防止杀人、伤人和自杀等恶性事件发生。

特此通知。

最高人民法院
关于办理涉夫妻债务纠纷案件有关工作的通知

2018年2月7日　　　　　　　　　　　　　　法明传〔2018〕71号

各省、自治区、直辖市高级人民法院，解放军军事法院，新疆维吾尔自治区高级人民法院生产建设兵团分院：

《最高人民法院关于审理涉及夫妻债务纠纷案件适用法律有关问题的解释》（以下简称《解释》），已自2018年1月18日起施行，为依法平等保护各方当事人合法权益，现就有关工作通知如下：

一、正在审理的一审、二审案件，适用《解释》的规定。

二、已经终审的案件，甄别时应当严格把握认定事实不清、适用法律错误、结果明显不公的标准。比如，对夫妻一方与债权人恶意串通坑害另一方，另一方在毫不知情的情况下无端背负巨额债务的案件等，应当依法予以纠正。再审案件改判引用法律条文时，尽可能引用婚姻法第十七条、第四十一条等法律。

三、对于符合改判条件的终审案件，要加大调解力度，尽可能消化在再审审查阶段或者再审调解阶段。案件必须改判的，也要尽量做好当事人服判息诉工作。

四、对于符合上述改判条件的终审案件，也可由执行部门尽量通过执行和解等方式，解决对利益严重受损的配偶一方权益保护问题。

特此通知。

（二）家　庭

最高人民法院关于学习、宣传、贯彻执行《中华人民共和国收养法》的通知

1992年3月26日　　　　　　　　　　　　　法发〔1992〕11号

各省、自治区、直辖市高级人民法院，解放军军事法院：

《中华人民共和国收养法》（以下简称收养法）已由第七届全国人民代表大会常务委员会第23次会议通过，并于1992年4月1日施行。收养法是公民处理收养问题的准则，是人民法院正确审理收养案件的依据。为了正确贯彻执行收养法，特通知如下：

一、各级人民法院要组织干警认真学习收养法，掌握收养法的立法精神，并结合当地实际情况，与有关部门密切配合，广泛、深入地开展宣传活动，使广大人民群众了解、遵守收养法，提高公民的法律意识，正确处理收养问题。

二、收养法施行后，各级人民法院必须严格执行。收养法施行后发生的收养关系，审理时适用收养法。收养法施行前受理，施行时尚未审结的收养案件，或者收养法施行前发生的收养关系，收养法施行后当事人诉请确认收养关系的，审理时应适用当时的有关规定；当时没有规定的，可比照收养法处理。对于收养法施行前成立的收养关系，收养法施行后当事人诉请解除收养关系的，应适用收养法。

三、收养法施行前，人民法院已审结的收养案件，收养法施行后，当事人申请再审和按审判监督程序再审的，适用原审审结时的有关规定。

四、最高人民法院在收养法施行前对收养问题所作的规定、解释，凡与收养法相抵触的，今后不再适用。

五、各级人民法院在贯彻执行收养法的过程中，要加强调查研究，对收养案件出现的新情况、新问题，要及时总结经验，并搜集、整理典型案例报送我院，以便及时研究总结。

最高人民法院
关于违反计划生育政策的超生子女可否列为职工的供养直系亲属等问题的复函

1990年8月13日　　　　　　　　　　　　〔1990〕法民字第17号

劳动部保险福利司：

你司劳险司函字〔1990〕23号函收悉。经研究我们认为：

一、关于违反计划生育政策的超生子女是否可以列为职工的供养直系亲属，应否计入家庭人口的问题。根据我国婚姻法和民法通则的有关规定，婴儿自出生时起，即为父母的直系亲属，是家庭中的一员，由父母抚养至独立生活时止，这既是子女在法律上享有的权利，也是既存的事实。因此，将超生子女排除于职工的供养直系亲属和家庭人口之外的做法，仅就法律而言，似缺依据。

二、关于违反计划生育政策的超生子女是否可计入家庭人口，享受生活困难补助，以及职工因工或非因工死亡后是否可按供养直系亲属享受丧葬费、抚恤费、救济费等待遇的问题。由于（一）所述理由，原则上似以认可超生子女有权享受上述待遇为妥，但应与执行计划生育政策的情况有所区别，尤其对申请困难补助的情况应从严掌握。

以上意见仅供参考。

附：

劳动部保险福利司
关于违反计划生育政策的超生子女可否列为职工的供养直系亲属等问题的征求意见函

1990年7月25日　　　　　　　　　　　　劳险司函字〔1990〕23号

最高人民法院民事审判庭：

最近，有些地区在贯彻执行劳动部、财政部、全国总工会劳字〔1989〕51号《关于适当提高城镇职工生活困难补助标准的通知》中提出，对于违反计划生育政策的超生子女是否可以列为职工的供养直系亲属；应否计入家庭人口，享受生活困难补助；职工因工或非因工死亡后是否可按供养直系亲属享受丧葬费、抚恤费、救济费等待遇。根据我们掌握的情况，各地对违反计划生育政策，超生子女能否享受生活困难补助问题的处理上，大体有宽、严两种办法。少数地区在实施细则中规定，对不执行计划生育的多胎子女，不得计入家庭人口，不能享受生活困难补助。大多数省、市未做出明确规定，但一些基层单位根据困难补助中的问题，作出了对超计划生育不予补助的制约办法。少数省、市将超生子女计为家庭人口，享受生活困难补助。理由是：职工违反计划生育政策，已在有关的规定中作了处理，应该"罚了不打，打了不罚"。

我们认为，上述问题涉及的人数虽然不多，但政策性很强，一方面，不考虑计划生育因素不行，一旦处理不妥，客观上会起到鼓励超计划生育；另一方面，生活困难补助以及各项保险待遇处理不好，又影响安定团结。为此，请对上述问题提出意见，并于8月15日以前将意见函告我们。

最高人民法院
关于夫妻离婚后人工授精所生子女的法律地位如何确定的复函*

1991年7月8日　　　　　　　　　　　　　　　〔1991〕民他字第12号

河北省高级人民法院：

你院冀法（民）〔1991〕43号《关于夫妻离婚后人工授精所生子女的法律地位如何确定的请示报告》收悉。

经研究，我们认为，在夫妻关系存续期间，双方一致同意进行人工授精，所生子女应视为夫妻双方的婚生子女，父母子女之间权利义务关系适用《婚姻法》的有关规定。

此复。

---

* 也作"最高人民法院关于夫妻关系存续期间以人工授精所生子女的法律地位的复函"。

附：

<h1 style="text-align:center">河北省高级人民法院
关于夫妻离婚后人工授精所生子女的
法律地位如何确定的请示</h1>

1991年4月8日　　　　　　　　　　　冀法（民）〔1991〕43号

最高人民法院：

　　我省廊坊市三河县人民法院受理了王××（女，28岁，汉族）诉杨××（男，31岁，汉族）离婚一案，杨××和王××经人介绍于1987年12月登记结婚，婚后一年多未生育，经天津市计划生育技术指导所检查确认男方患无精症，经双方协商，王于1989年2月实行人工授精手术，同年11月生一女杨×，后因夫妻生活琐事多次发生争吵打架，致使感情恶化，王××于1990年4月诉至法院，要求与杨××离婚，双方同意离婚，但均争养小孩，廊坊市中级法院对人工授精所生子女的法律地位发生意见分歧，请示我院，一种意见认为小孩应判归男方抚养，因男方无生育能力；另一种意见则认为小孩应判归女方抚养，因为该小孩与男方没有血缘关系。

　　我院认为，此案双方争养的小孩杨×，是因男方无生育能力，在双方一致同意的情况下人工授精所生，应视为婚生子女，推定确认男方就是孩子的生父，夫妻离婚后，按照婚姻法的有关规定双方都有抚养教育子女的义务。因而也适用最高人民法院《关于贯彻执行民事政策若干问题的意见》中第22条的规定，鉴于本案中杨×年龄尚小，且一直随其母生活，从有利于子女成长考虑，应判决杨×同女方一起生活为宜，但此类问题法律尚无规定，特请示，请答复。

<h1 style="text-align:center">最高人民法院
关于非婚生子抚养问题的批复</h1>

1980年5月26日　　　　　　　　　　〔80〕民他字第6号

内蒙古自治区高级人民法院：

　　你院内法民字〔1980〕10号关于高玉兰非婚生子抚养纠纷一案的请示报告收悉。据报送材料和卷宗所载，王桂芳之子郭才生前与高玉兰恋爱过程中致高怀孕，高于1979年1月23日生一男孩后即及时送给事先找妥的收养人徐金柱抚养，后王桂芳以

"留后代"为由要求抚养,虽经喜桂图旗人民法院及呼伦贝尔盟中级人民法院判决归王桂芳抚养,但因生母高玉兰与收养人徐家均不同意,执行不通,而你院拟改变原判决。

经我们研究,认为根据婚姻法规定精神,处理这类案件,应以保障儿童身心健康成长为出发点,从该案实际情况看,收养人徐金柱夫妇未生育子女,对所争之男孩从出生到现在已抚养一年多了,又有较好的抚养条件,有利于儿童的成长,应该承认此抚养关系和予以保护。至于王桂芳虽与此男孩有血缘关系,但孩子生父已死,生母为孩子利益着想,有权决定送人抚养,况且王桂芳家抚养条件不利于孩子身心健康成长。因此,我们同意你院的处理意见,即改判由收养人徐金柱继续抚养为宜。对王桂芳之诉讼请求,不予支持,应说服其息诉。

最高人民法院
关于离婚时协议一方不负担子女抚养费经过若干时间他方提起要求对方负担抚养费的诉讼法院如何处理问题的复函

1981年7月30日　　　　　　　　　　　　　〔81〕法民字第09号

新疆维吾尔自治区高级人民法院:

你院1981年6月6日关于处理抚养纠纷中两个问题的请示收悉。

第一个问题。据你院来文所述,男女当事人在民政部门登记离婚,对孩子抚养问题,当时以一方抚养孩子,另一方不负担抚养费达成协议。过若干时间(如一两年)后,抚养孩子的一方以新婚姻法第三十条为依据,向法院提起要求对方负担抚养费用的诉讼。另一方则据原协议拒绝这种要求。人民法院应如何处理?

我们认为:根据婚姻法第二十九条:"父母与子女间的关系,不因父母离婚而消除。离婚后,子女无论由父方或母方抚养,仍是父母双方的子女。""离婚后,父母对子女仍有抚养和教育的权利和义务。"和第三十条:"关于子女生活费和教育费的协议或判决,不妨碍子女在必要时向父母任何一方提出超过协议或判决原定数额的合理要求"的规定,抚养孩子的一方向法院提起要求对方负担抚养费用的诉讼,人民法院应予受理,并根据原告申述的理由,经调查了解双方经济情况有无变化,子女的生活费和教育费是否确有增加的必要,从而作出变更或维持原协议的判决。

第二个问题。当事人邓森,因双方和孩子的情况发生了较大变化,要求改变原来对孩子抚养费部分的判决。我们同意你院的下述意见:即"邓森所提不是基于对原判不服的申诉,而是依据新情况提出诉讼请求",因此,可由你院发交基层法院作新案处理。

此复。

最高人民法院
关于变更子女姓氏问题的复函

1981年8月14日　　　　　　　　　　　　　〔1981〕法民字第11号

辽宁省高级人民法院：

你院〔1981〕民复字2号《关于变更子女姓氏纠纷处理问题》的来函收悉。

据来文所述，陈森芳（男方）与傅家顺于1979年10月经鞍山市中级人民法院判决离婚。婚生子陈昊彬（当年7岁）判归傅家顺抚养，由陈森芳每月负担抚养费12元。现因傅家顺变更了陈昊彬的姓名而引起纠纷。

我们基本同意你院意见。傅家顺在离婚后，未征得陈森芳同意，单方面决定将陈昊彬的姓名改为傅伟继，这种做法是不当的。现在陈森芳既不同意给陈昊彬更改姓名，应说服傅家顺恢复儿子原来姓名。但婚姻法第十六条规定："子女可以随父姓，也可以随母姓"。认为子女只能随父姓，不能随母姓的思想是不对的。因此而拒付子女抚养费是违反婚姻法的。如陈森芳坚持拒付抚养费，按照婚姻法第三十五条的规定，予以强制执行。

对上述纠纷，不要作为新案处理，宜通过说服教育息讼，或以下达通知的方式解决。

此复。

最高人民法院
关于对年老无子女的人能否按照婚姻法第二十三条类推判决有负担能力的兄弟姐妹承担扶养义务的复函

1981年9月1日　　　　　　　　　　　　　〔1981〕民他字第21号

上海市高级人民法院：

你院〔81〕沪高民督字第54号《关于对年老无子女的人，能否按照婚姻法第二十三条类推，判决有负担能力的兄弟姐妹承担扶养义务的请示报告》收悉。经研究，基本同意你院的意见。李××过去对其弟妹尽过扶助义务，现年老、丧失劳动能力，又无子女赡养,参照婚姻法有关规定的精神,根据权利义务一致的原则,其弟、妹对李××应承担扶养义务,但不宜用"类推"的提法。在处理中,要依靠李的弟、妹等所在单位组织,对其进行思想教育。并主要根据他们的经济条件,争取调解解决。

此复。

最高人民法院
关于冯虎山与王镛抚养纠纷一案请示的批复(节录)

1982年2月17日　　　　　　　　　　〔1981〕民监字第1223号

云南省高级人民法院:

你院民申字〔81〕第110号函收悉。关于冯虎山与王镛抚养纠纷一案,经我院研究基本同意你院意见。现答复如下:

一、(略)

二、冯健与王镛非婚生女,其祖父母冯、李夫妇表示愿把孙女接回由他家直接抚养,为了有利于儿童身心健康成长起见,考虑冯虎山与孙女之间既有血缘关系,并在经济上又有负担能力,要其对孙女尽抚养责任是适宜的。

三、此案在处理中,要依靠冯虎山所在单位组织,对冯多作思想工作,力争调解办法解决。

此复。

最高人民法院
关于兄妹间扶养问题的批复

1985年2月16日　　　　　　　　　　法(民)复〔1985〕8号

江苏省高级人民法院:

你院1984年9月30日关于程秀珍诉程心钊扶养一案的请示报告收悉。

程秀珍自1958年患精神病以后,即丧失劳动能力。因她无直系亲属,其生活全部依靠其兄长程心钊、程心慈及侄子女供给扶养,直至1981年程心慈去世。据此,本院同意你院关于程秀珍应继续由程心钊扶养,并从刘凤秀及其子女所继承的程心慈遗产中，分出一部分，作为程秀珍的生活费的意见。处理时请尽量采用调解方式解决，并根据实际情况，安排好程秀珍今后的生活。

附：

江苏省高级人民法院
关于兄妹间扶养、监护问题的请示报告

(1984年9月30日)

最高人民法院：

我院接常州市中级人民法院关于程秀珍诉程心钊扶养一案的请示，此案在适用政策法律方面尚无确切依据，特请示钧院。

原告：程秀珍（精神病患者），女，57岁，汉族，江苏省武进县人，无业，住该县焦溪镇。

被告：程心钊（系原告之兄），男，60岁，汉族，江苏省武进县人，常州无线电学校教师，住该校宿舍。

程秀珍于1958年患精神病，至今未愈，亦未婚，其父母早亡，有两个哥哥，一个姐姐，1964年前由二哥程心钊扶养，1965年至1976年由程心钊与大哥程心慈共同扶养，1976年后由程心慈及其子女扶养，1981年8月程心慈死亡，程心钊与程心慈之妻刘凤秀为扶养程秀珍发生争执。在此期间，程秀珍随刘凤秀生活。1983年10月至今，程秀珍由其姐程秀凤（67岁，农村妇女，依靠儿子生活）照料。程秀珍以自己丧失劳动能力，生活无着落为由，向常州市广化区人民法院起诉，要求程心钊扶养。区法院因调解无效，于今年5月判决：程心钊每月给付程秀珍生活费13元及其他一切费用；刘凤秀从程心慈生前出租的房屋租金中拿出7元作为程秀珍的扶养费。刘凤秀以程秀珍代理人的名义，提起上诉。常州市中院审理中有两种意见：一是认为此类纠纷尚无法律依据，兄姐无扶养成年的患精神病妹妹的义务，不属法院管辖范围，区法院判决不妥；二是认为从解决实际问题出发，区法院的判决尚可，只是对适用政策法律上没有把握，故提出请示。

综上所述，此案的争执焦点是：有负担能力的兄长，对患精神病丧失劳动能力、无行为能力、无生活来源的妹妹，是否负有扶养、监护的法律义务？如调解无效，法院能否判决强制其履行义务？

我院意见：程秀珍患精神病久治不愈，且父母双亡（无遗产），无直系亲属扶养，既丧失了劳动能力，又乏经济来源，孤老无靠，因此，其兄姐从道德上、法律上均应认为负有扶养、监护的义务，而不能向社会推卸责任，参照婚姻法有关规定的精神和你院《关于贯彻执行民事政策法律若干问题的意见》的有关精神，其兄姐均应承担法定监护责任。由于程秀凤年迈无扶养能力，程心钊应承担主要扶养义务，即按月给付程秀珍生活费。考虑到程秀珍曾依靠程心慈扶养,故可从程心慈遗产中,适当予以照顾一些,即从刘凤秀及其子女所继承的遗产中,分出一部分,作为扶养程秀珍的生活费。处理时,根据各人经济条件和程秀珍实际需要,尽量争取调解解决,如调解无效,按以上原则判决解决。

以上意见,当否,请批复。

最高人民法院
关于土改后不久被收养的子女能否参加分割土改前的祖遗房产的批复

1986年2月13日　　　　　　　　　　　〔1986〕民他字第6号

河南省高级人民法院:

你院〔1985〕豫法民字第5号《关于经土改确权的祖业房产能否按参加土改的人口分析以确定遗产范围的请示报告》收悉。

据你院报告称,被继承人马希良家有十六间祖遗房屋,土改时由其母马韩氏、马希良夫妇及其次女、三女(长女土改前已出嫁)五口人填登了土地房产证。1953年马希良收马海庆为养子(当年1岁)。三个女儿离开家庭后,在经济和生活方面对父母各自尽了赡养扶助义务。1983年前,马韩氏及马希良夫妇先后去世,为分割处理十六间祖遗房屋,三个女儿与养子发生纠纷。

经我们研究认为:对土改已确权的房屋,一般应以确定的产权为准,由参加土改的家庭成员进行析产,其中被继承人应得的份额属于遗产。本案讼争的房屋系祖遗房产,土改时没有变动;马海庆土改后不久被收养,以后对该房屋长期进行了使用和管理。根据此案具体情况,可按马家参加土改的人口加上养子共七人先行析产,然后确定马希良夫妇的遗产数额。马希良夫妇从析产中所得的份额及马希良继承其母马韩氏的份额属于他们的遗产,其三个女儿及养子都有继承权。至于每人继承份额多少,应视具体情况合理确定。

最高人民法院
关于继母与生父离婚后仍有权要求已与其形成抚养关系的继子女履行赡养义务的批复

1986年3月21日　　　　　　　　　　　〔1986〕民他字第9号

辽宁省高级人民法院：

你院〔85〕民监字6号关于王淑梅诉李春景姐弟等人赡养费一案处理意见的请示报告收悉。

据报告及所附材料，被申诉人王淑梅于1951年12月与申诉人李春景之父李明心结婚时，李明心有前妻所生子女李春景等五人（均未成年）。在长期共同生活中，王淑梅对五个继子女都尽了一定的抚养教育义务，直至其成年并参加工作。1983年4月王淑梅与李明心离婚。1983年8月王淑梅向大连市西岗区人民法院起诉，要求继子女给付赡养费。一、二审法院判决认为，继子女李春景姐弟五人受过王淑梅的抚养教育，根据权利义务一致的原则，在王淑梅年老体弱，生活无来源的情况下，对王淑梅应履行赡养义务。李春景姐弟对判决不服，以王淑梅已与生父离婚，继母与继子女关系即消失为由，拒不承担对王淑梅的赡养义务，并向你院申诉。你院认为，王淑梅与李明心既已离婚，继子女与继母关系事实上已经消除，李春景姐弟不应再承担对王淑梅的赡养义务。

经我们研究认为：王淑梅与李春景姐弟五人之间，既存在继母与继子女间的姻亲关系，又存在由于长期共同生活而形成的抚养关系。尽管继母王淑梅与生父李明心离婚，婚姻关系消失，但王淑梅与李春景姐弟等人之间已经形成的抚养关系不能消失。因此，有负担能力的李春景姐弟等人，对曾经长期抚养教育过他们的年老体弱，生活困难的王淑梅应尽赡养扶助的义务。

最高人民法院
关于涉外离婚诉讼中子女抚养问题如何处理的批复

1987年8月3日　　　　　　　　　　　　〔1987〕民他字第36号

浙江省高级人民法院：

你院1987年6月11日〔87〕浙法民他字19号请示报告收悉。

关于杭州市中级人民法院审理的加拿大籍华人姜伟明与中国公民陈科离婚一案有关子女归谁抚养的问题，经研究，我们认为，对该案审理中涉及的外籍华人离婚后子女抚养的问题，应适用我国法律，按照我国婚姻法有关规定的精神，从切实保护子女权益，有利于子女身心健康成长出发，结合双方的具体情况进行处理。处理时，对有识别能力的子女，要事先征求并尊重其本人愿随父或随母生活的意见。鉴于姜伟明、陈科之子陈宇（现年12岁）过去主要由其母姜伟明抚养，本人又坚决表示不愿随父陈科生活的实际情况，我们同意你院审判委员会的处理意见，即根据有关政策法律规定，陈宇仍由其母姜伟明抚养为宜。

最高人民法院
关于夫妻一方未经对方同意将共有房屋赠与他人属于夫妻另一方的部分应属无效的批复[*]

1987年8月5日　　　　　　　　　　　　〔1987〕民他字第14号

浙江省高级人民法院：

你院1987年3月7日关于王棣华等人与王庆贞、朱亚英房屋继承一案的请示报告已悉。

据你院调查，王棣华等人与王庆贞、朱亚英诉争的房屋，原系王镛、王庆贞、王守瑜母亲的奁产，后被王镛舅母出典，1937年由王镛出资回赎，1947年办理了过户手续。1950年8月，杭州市人民政府给王镛颁发了房产证，但该房一直由王镛之妹王守瑜使用、管理。1956年3月，王镛在其妻孙跃文未表示同意的情况下，个人书写"赠与书"

---

[*] 也作"最高人民法院关于王棣华等人与王庆贞等人房屋继承案的批复"。

和"房地产让渡证明书",连同房契和个人印章一并交给王守瑜(未办理过户手续)。1960年、1963年,王镛夫妇相续去世。1981年11月,王守瑜在联系出售该房时病故。当月,王庆贞之女朱亚英以1250元价款将房屋出售。王镛之子女王棣华等人得知,诉至法院,要求将该房确认为其父的遗产,予以继承。

经研究,我们认为,该案争执之房屋原系王镛、王守瑜、王庆贞之母的财产。出典后,由王镛于1937年出资赎回,解放后,该房屋确权为王镛所有。在王镛与孙跃文婚姻关系存续期间,夫妻任何一方所得之财产,包括上述房屋,应属夫妻共同财产,夫妻一方在处理共同财产时,应取得另一方的同意。王镛在征求孙跃文意见时,孙明确表示不同意将房屋赠与王守瑜以后在赠与书上又未签字,因此赠与应属无效。但鉴于王守瑜已长期掌管使用,王镛生前曾有过赠与的明确表示,其子女当时也表示同意的历史状况,从实际情况出发,以认定一部分为王镛和孙跃文的遗产,一部分属于王守瑜的遗产为宜。按照继承法的规定,双方的遗产分别由他们各自的法定继承人继承。

最高人民法院
关于按中国婚姻法离婚的父母对子女的权利义务的规定应如何理解的函

1987年8月21日　　　　　　　　　　　　　　〔1987〕民他字第43号

外交部领事司:

你司〔87〕领四转字第13号来函收悉。

关于英国驻华使馆就按中国婚姻法离婚的父母,在离婚后对子女的权利义务,规定如何理解的来函,经研究,我们认为:按我国婚姻法的规定,父母离婚后,对未成年子女仍负有抚养教育的权利与义务。没有抚养子女的一方,有权探视由他方抚养的子女。英国驻华使馆认为,按照中国婚姻法的规定,父母离婚后,并不取消没有抚养教育子女一方的权利,双方仍具有对子女抚养教育的合法权利,这种理解是符合中国婚姻法规定的精神的。

对于英国驻华使馆来函中所针对的案件,我们认为,香港居民鲁慕贞经我法院调解与澳门居民林勤离婚后,向港英当局申请归她抚养的、现居内地的双方婚生子林伟超去港定居,是否得到批准,这是有关管理部门决定的事。至于林勤从澳门申请去港探视孩子,被批准的可能性较小,我们希望英国驻华使馆注意我国法律的规定,在处理此事上,给予当事人方便。

最高人民法院
关于费宝珍诉周福祥房屋析产案的批复[*]

1987年10月17日　　　　　　　　　　　〔1987〕民他字第12号

江苏省高级人民法院：

你院关于费宝珍、费江诉周福祥析产一案的请示报告收悉。

据你院报告称：费宝珍与费翼臣婚生3女1子，在无锡市有房产一处共241.2m²。1942年长女费玉英与周福祥结婚后，夫妻住在费家，随费宝珍生活。次女费秀英、三女费惠英相继于1950年以前出嫁，住在丈夫家。1956年费翼臣、费宝珍及其子费江迁居安徽，无锡的房产由长女一家管理使用。1958年私房改造时，改造了78.9m²，留自住房162.3m²。1960年费翼臣病故，费宝珍、费江迁回无锡，与费玉英夫妇共同住在自留房内，分开生活。1962年费玉英病故。1985年12月，费宝珍、费江向法院起诉，称此房为费家财产，要求周福祥及其子女搬出。周福祥认为，其妻费玉英有继承父亲费翼臣的遗产的权利，并且已经占有、使用四十多年，不同意搬出。原审在调查过程中，费秀英、费惠英也表示应有她们的产权份额。

我们研究认为，双方当事人诉争的房屋，原为费宝珍与费翼臣的夫妻共有财产，1958年私房改造所留自住房，仍属于原产权人共有。费翼臣病故后，对属于费翼臣所有的那一份遗产，各继承人都没有表示过放弃继承，根据《继承法》第二十五条第一款的规定，应视为均已接受继承。诉争的房屋应属各继承人共同共有，他们之间为此发生之诉讼，可按析产案件处理，并参照财产来源、管理使用及实际需要等情况，进行具体分割。

---

[*] 也作"最高人民法院关于继承开始时继承人未表示放弃继承遗产又未分割的可按析产案件处理问题的批复"。

最高人民法院
关于生母已将女儿给人收养而祖母要求收回抚养孙女应否支持问题的批复[*]

1987年11月17日　　　　　　　　　　　　〔1987〕民他字第45号

上海市高级人民法院：

你院〔87〕沪高民他字第10号《关于生母已将女儿给他人收养而祖母要求收回抚养孙女应否支持的请示报告》收悉。

据你院报告称：丁杏瑞（丈夫已故）有一子二女，其子周吉芳和张兰于1986年3月登记结婚，同年11月22日周吉芳病故。1987年2月张兰生一女，委托护士将女婴送给王明星、陈德芳夫妇（无子女）抚养。丁得知后，要张兰将孙女领回由她抚养，被拒绝。为此，丁杏瑞诉讼到人民法院。

经研究，我们基本上同意你院审判委员会意见，即根据该案具体情况，从更有利于儿童的利益和健康成长考虑，张兰将其女儿送给王明星夫妇抚养是法律所允许的，可予维持。在审理中，要尽力做好说服工作，争取调解解决。

此复。

最高人民法院民事审判庭
关于田海和诉田莆民、田长友扶养费一案的电话答复

1988年11月14日　　　　　　　　　　　　〔88〕民他字第43号

安徽省高级人民法院：

你院《关于田海和诉田莆民、田长友扶养一案的请示》问题，经我们研究认为，此案不宜比照婚姻法第二十三条规定处理。现就该案有关问答复如下：

一、同意你院关于田海和与田长友之间收养关系不成立的意见。因为双方从未在一起生活过，田海和对田长友也没尽过抚养义务，事实上没有形成收养关系，"继书"不

---

[*] 也作"最高人民法院关于生母已将女儿送人收养，祖母要求领回抚养孙女问题如何处理的批复"。

宜采纳。

二、田莆民与田海和之间订立的"承养字"没有法律约束力。

三、田海和是有残疾的成年人，不宜比照婚姻法第二十三条的规定处理，扩大该法律原文解释。

四、田海和生活困难问题请有关法院会同当地政府有关部门协商，作为社会救济，给予妥善安置。

附：

安徽省高级人民法院
关于田海和诉田莆民、田长友扶养一案的请示报告

1988年7月2日　　　　　　　　　　法民他字〔88〕第12号

最高人民法院：

安庆地区中院向我院请示田海和诉田莆民、田长友扶养纠纷一案如何处理问题。该院报告称：田莆成、田莆民、田海和系同胞兄弟，解放前老大田莆成自幼由祖父做主，立嗣给早逝的小叔叔为子，即随祖父母在一起另居生活，直至成年结婚；老二田莆民由其父母扶养长大至成家立业后仍与父母在一起生活；老三田海和自幼双目失明，由其父母抚养成人，至今未婚。1968年被告田莆民立"继书"把其长子田长友（时年6岁）过继给田海和为养子。田海和父亲去世后，于1971年随母亲华桃荣一起与田莆民分居生活。1972年田莆成夫妇经与田莆民协商，决定田海和由田莆成抚养，但田海和应得的家庭财产应带至田莆成家，田莆民对此表示同意，当时由于农村实行集体化劳动生产，田海和虽是双目失明的残疾人，却能在生产队开办的粉坊推磨，挣到工分，不吃白食，同时田海和又带了部分财产至田莆成家，田莆民见此情景，认为田莆成得了好处，自己吃了亏，于是在田海和被田莆成抚养的第10天，田莆民又与田莆成夫妇协商，表示愿将田海和接到自家，由其抚养，田莆成夫妇表示同意，田莆成怕田莆民出尔反尔，口说无凭，要田莆民当众立了一份"承养字"书，书中言明：母亲华桃荣在世时，由田莆民、田莆成共同赡养，百年之后由田莆成负责安葬，田海和则由过继的田长友赡养，在田长友未成人之前由其父母代养。立承养字后，田莆民并未对田海和尽过抚养之责，也未给田海和所必需的粮款，田海和的日常生活仍由其母亲华桃荣照料。而田长友与田海和也未在一起生活过，田长友是由生父母抚养至大学毕业，田莆民不但未抚养田海和，反而经常进行打骂，故其母华桃荣于1987年12月27日向潜山县人民法院起诉，要求判令田莆民、田长友履行赡养自己及抚养田海和的义务。1988年1月华桃荣病故，现田海和独自生活，环境凄惨，要求尽快处理。

经我院研究认为：婚姻法第二十三条规定："有负担能力的兄、姐，对于父母已经死亡或父母无力抚养的未成年的弟、妹，有抚养的义务"。根据这条规定精神，我们认

为，田甫民应有抚养田海和的义务，婚姻法第二十条规定："国家保护合法的收养关系"，田海和与田长友的收养关系，因田海和自幼双目失明，没有抚养田长友的能力，也未办理公证手续，同时田长友与田海和始终没有共同生活在一起，故不能成立，田长友没有赡养田海和的义务。但考虑到婚姻法第二十三条所规定的是"未成年弟妹……"，而田海和系已成年的残疾人，这样比照适用是否妥当，我们没有把握，特报告你院，请批示。

最高人民法院民事审判庭
关于夫妻一方死亡另一方将子女送他人收养是否应当征得愿意并有能力抚养的祖父母或外祖父母同意的电话答复

1989年8月26日　　　　　　　　　　　　〔1989〕法民字第21号

山西省高级人民法院：

你院〔1989〕晋法民报字第1号《关于夫妻一方死亡，另一方将子女送他人收养是否应征得愿意并有能力抚养的祖父母或外祖父母同意的请示报告》收悉。经研究认为："收养"这类问题，情况复杂，应区别不同情况，依据有关政策法律妥善处理。

我们对下面几种情况的意见：

一、根据《民法通则》第十六条，及我院《关于贯彻执行民事政策法律若干问题的意见》第三十七条规定，收养关系是否成立，送养方主要由生父母决定。

二、我院《关于贯彻执行民法通则若干问题的意见》第二十三条规定，是针对夫妻一方死亡，另一方将子女送他人收养，收养关系已经成立，其他有监护资格的人能否以未经其同意而主张该收养关系无效问题规定的。

三、在审判实际中对不同情况的处理，需要具体研究。诸如你院报告中列举的具体问题，夫妻一方死亡，另一方有抚养子女的能力而不愿尽抚养义务，以及另一方无抚养能力，且子女已经由有抚养能力，又愿意抚养的祖父母、外祖父母抚养的，为送养子女发生争议时，从有利于子女健康成长考虑，子女由祖父母或外祖父母继续抚养较为合适。

附：

山西省高级人民法院
关于夫妻一方死亡另一方将子女送他人收养是否应当征得愿意并有能力抚养的祖父母或外祖父母同意的请示

1989年1月9日　　　　　　　　　　　〔1989〕晋法民报字第1号

最高人民法院：

你院印发的《关于贯彻执行〈中华人民共和国民法通则〉若干问题的意见（试行）》第二十三条规定："夫妻一方死亡后，另一方将子女送给他人收养，如收养对子女的健康成长并无不利，又办了合法收养手续的，认定收养关系成立。其他有监护资格的人不得以收养未经其同意而主张收养关系无效。"我们在试行中遇到以下两个问题：

一是夫妻一方死亡后，另一方欲将子女送给他人收养，子女的祖父母或外祖父母坚决反对，要求由他们抚养（特别是夫妻为独生，子女亦为独生者），发生争执。二是夫妻一方死亡后，另一方将子女送给他人收养（有的是有监护和抚养能力而不愿承担监护和抚养的义务）并办了合法的收养手续，但子女的祖父母或外祖父母（特别是子女从小就由他们抚养照顾的）一经发现，便坚决主张收养关系无效，要求由他们抚养，发生纠纷。

我们认为：祖父母与孙子女，外祖父母与外孙子女系三代以内直系血亲。在实际生活中，祖孙关系的密切程度往往不次于父母子女的关系。尤其在实行一对夫妻只生一个子女的情况下，更是如此。根据我国的实际情况，祖父母或外祖父母有抚养孙子女或外孙子女的习惯，有的子女从小就由祖父母或外祖父母抚养照管。夫妻一方死亡后，另一方将子女送他人收养，往往是由两种情况引起的：一是另一方缺乏监护和抚养能力，二是另一方有监护和抚养能力但不愿承担监护和抚养的义务而舍弃子女。第二种情况，另一方在实际上已失去了作为监护人的条件。在这两种情况下，按照《民法通则》第十六条第二款的规定，应当由祖父母或外祖父母监护。因此，另一方将子女送他人收养时，应向子女的祖父母或外祖父母征求意见。如果祖父母或外祖父母坚决要求监护和抚养，而且有监护、抚养的能力，则应由祖父母或外祖父母监护，抚养，另一方与他人所办收养手续应为无效，这样对子女的健康成长更为有利。如果祖父母或外祖父母不愿意监护和抚养，或者虽然愿意但无能力监护和抚养。另一方才可将子女送他人收养。

上述意见妥否，请批示。

最高人民法院民事审判庭关于雷俊文诉张秋花、马国归还亲生子一案的电话答复

1989年10月10日　　　　　　　　　　　　　〔1989〕民他字第15号

山西省高级人民法院：

你院〔1989〕民报字第3号关于雷俊文诉马国归还亲生子一案的请示报告收悉。经研究认为：此案情况较为特殊，雷俊文夫妇违反计划生育政策和有关法律的规定，拒不采取措施节育，超生第二胎，为了逃避处罚，弄虚作假，对孩子不负责任；马国夫妇原有两个女孩，又擅自收下了雷俊文夫妇的孩子，也不符合计划生育的有关规定。双方当事人均有不同程度的过错。法院审理此案，如简单地就收养关系是否成立予以确认，将孩子判归那一方抚养都违反计划生育政策。因此，可从该案实际出发，根据雷俊文夫妇确有"不要孩子"的表示，况且孩子已由马国夫妇抚养两年多等情况，从有利于孩子身心健康不受影响考虑，对雷俊文夫妇归还亲子的诉讼请求，予以驳回为宜。但要注意仔细地做当事人的思想工作，妥善处理，以防矛盾激化。以上意见，供参考。

附：

山西省高级人民法院关于雷俊文诉张秋花、马国归还亲生子一案的请示报告

1981年3月9日　　　　　　　　　　　　　〔1989〕民报字第3号

最高人民法院：

山西省祁县人民法院受理的原告雷俊文、李芳珍夫妇诉被告张秋花、马国归还亲生子一案，持两种意见。经请示晋中地区中级人民法院仍不能统一，遂向我院请示。经我院研究，仍是两种意见。鉴于本案属新型案件，且涉及计划生育政策的贯彻执行，特呈请最高人民法院研究确定。

基本案情

原告：雷俊文，男，37岁，汉族，太原市五金工业公司金属制品厂职工。

原告：李芳珍，女，36岁，汉族，太原市市民，雷俊文之妻。

被告：张秋花，女，38 岁，汉族，祁县西六支乡卫生院医生。

被告：马国，男，34 岁，汉族，祁县西六支乡高村村民。

第三人：李秀珍，女，33 岁，汉族，祁县西六支乡祁城村村民。李芳珍之妹。

原告雷俊文之妻李芳珍于 1986 年 12 月计划外怀孕（第二胎），次年 6 月被雷俊文所在单位发现，要求其采取补救措施。在单位多次督促下，原告雷俊文于 1987 年 7 月 20 日左右，将其妻李芳珍由太原送到祁县其妻妹李秀珍家中，并要求李秀珍给联系医院。李秀珍按照原告的要求和高扣仙（李秀珍的表妹）一起找到被告张秋花医生家，恳求张为其姐作引产手术。7 月 28 日在李芳珍分娩前原告夫妇均表示不要孩子。29 日凌晨 3 时左右李芳珍正常生下一男婴。李秀珍就与张秋花一同将婴儿抱到事先联系好的高扣仙家中。当日上午 10 时，原告雷俊文接李芳珍出院时，也未过问婴儿如何。29 日上午，村民范润莲来看儿媳高扣仙，见炕上有个婴儿，便问是谁家的，在场的李秀珍说是我姐的孩子，要给人。范润莲就将此事告诉了被告马国的大姐马和，马和看了孩子后，将马国夫妇领到高扣仙家与李秀珍商谈收养该婴儿的事宜，李秀珍当时表示同意。下午 3 时，马国夫妇将婴儿抱走给李秀珍留下人民币 1000 元、布 6 尺、红糖 2 斤、鸡蛋 2 斤。此钱物一直保存在李秀珍处。

李芳珍出院二、三天后，找张秋花说孩子死了。要求张开个引产手术证明，张即给开了引产证明。原告雷俊文将该证明交到单位后，其单位怀疑证明有假，遂派人进行了调查，发现原告雷俊文之妻超生二胎是实，故按违反计划生育政策给予雷俊文记大过等处分。祁县卫生局也对被告张秋花不负责任，放弃原则出具假证给以记大过和降一级工资的处分。雷俊文受处罚后，于 1988 年 6 月 5 日向祁县法院起诉，要求被告张秋花、马国归还其亲生子。

祁县法院审判委员会有两种意见：

第一种意见：应判决驳回原告的诉讼请求，一千元予以没收。理由是：（1）原告在未生孩子前，就由第三人联系好放孩子的地方，原告雷俊文在检查中也写着不要孩子了，说明原告在孩子出生前已有送人准备。（2）原告雷俊文让其妻李芳珍放弃医疗条件优越的太原市而去条件差的乡卫生院做"引产手术"，实际上是想逃避计划生育。（3）原告李芳珍以产后"昏迷"，不知道孩子被抱走的说法，不能服人，所以孩子让人抱走原告夫妻是知道的，是无目的送养，现在要求归还亲子不能支持。

第二种意见：收养关系不能成立，孩子应归还原告。理由是：（1）被告马国从高扣仙家抱走孩子时，原告夫妻均不在场。原告雷俊文是安排其妻来引产的，孩子死活他当时并不知道，更说不上同意送人的问题。根据 1984 年最高人民法院《关于贯彻执行民事法律政策若干问题的意见》第 27 条第 2 款规定，"生父母中有一方不同意的，收养关系不能成立"。本案原被告并未见面协商，原告夫妻也未同意，事后也无证据说明他知道孩子活着送人了，所以收养关系不成立。（2）被告马国现有两个女孩，按照山西省第六届人大常委会第十一次会议通过的《山西省保护妇女儿童合法权益》第二十一条的规定："夫妇双方年满三十五周岁，经医院证明有一方无生育能力不宜生育的或年满三十五周岁以上的单身公民，申请收养弃婴的，经当地民政部门审查核实后，可以批准收养一个婴儿，公安部门应准予落户。"被告马国不具备收养条件。（3）被告马国给第三人李秀珍留下的钱物，从现有证据看，原告当时并不知道，也未接收，因而不能证明原告当时同意送养。

以上两种意见不能统一，遂逐级请示到我院。我院审判委员会于5月5日研究后，仍是两种意见：一种意见认为，本案收养关系的形式要件不具备，收养双方并未见面，共同协商，也无书面协议和公证文书。从现有证据看，整个送养行为均是原告之妹自己所为，并无证据证明是原告委托其妹代理的。将小孩送给他人抚养，并不是原告的真实意志，更不是原被告双方协商一致的共同表示，不符合收养必须"双方同意"的条件，所以收养关系不能成立，孩子应归还原告。第二种意见认为：虽然收养的形式要件不成立，但实质上收养关系已经成立。因为原告李芳珍怀孕后，迟迟不采取措施，就是想要孩子。在李分娩后，原告夫妻二人不可能不过问孩子的情况和下落。既然知道，在送养后的十几个月内不问不理，应视为是对李秀珍送养孩子行为的默认。原告夫妻在孩子出生前曾向医生明确表示不要孩子，就是暗示其妹李秀珍可以全权处理孩子问题，因此李秀珍送养孩子的行为应视为有效。同时，原告雷俊文所以要在其妻临近分娩时才送到祁县的农村，就是为了逃避计划生育、免受处罚，欺骗组织，蒙混过关。现原告认为已受处分，就提出要孩子，不能支持。否则，就支持了原告的欺骗行为，但由于被告也已有两个孩子，现又收养一子，也违反了计划生育的有关规定，如把孩子判归被告，也就支持了被告的违法行为。

鉴于本案确有其特殊性，政策性又很强，支持原告或被告的诉讼请求，都会带来不良的社会后果，与计划生育不利。故报请最高人民法院研究确定。

最高人民法院
关于林泽莘等诉林丛析产纠纷案的复函[*]

1990年4月12日　　　　　　　　　　　　〔1990〕民他字第9号

福建省高级人民法院：

你院〔1989〕闽法民他字第24号《关于福建省福鼎县法院受理的林泽莘等诉林丛析产纠纷案的请示报告》收悉。经研究，答复如下：

一、被继承人林泽芸的遗产从香港调回后，被告林丛违反"通过协商解决"的一致协议，私自将遗嘱继承后剩余的遗产以自己的名义存入银行，原告要求分割遗产提起诉讼，应以继承纠纷立案审理。

二、被继承人林泽芸与被告林丛的养母子关系可予认定。但对遗产的处理，应根据被继承人生前真实意愿和权利义务相一致的原则，参照继承法第十四条规定的精神，分

---

* 也作"最高人民法院关于对从香港调回的被继承人的遗产如何处理的函"。

给林泽莘、林传璧、林传绶等人适当的遗产。

最高人民法院民事审判庭
关于监护责任两个问题的电话答复

(1990年5月4日)

吉林省高级人民法院：

你院〔89〕51号"关于监护责任两个问题的请示"收悉。

关于对患精神病的人，其监护人应从何时起承担监护责任的问题。经我们研究认为，此问题情况比较复杂，我国现行法律无明文规定，也不宜作统一规定。在处理这类案件时，可根据《民法通则》有关规定精神，结合案件具体情况，合情合理地妥善处理。

我们原则上认为：成年人丧失行为能力时，监护人即应承担其监护责任。监护人对精神病人的监护责任是基于法律规定而设立的，当成年人因患精神病，丧失行为能力时，监护人应按照法律规定的监护顺序承担监护责任。如果监护人确实不知被监护人患有精神病的，可根据具体情况，参照《民法通则》第一百三十三条规定精神，适当减轻民事责任。

精神病人在发病时给他人造成的经济损失，如行为人个人财产不足补偿或无个人财产的，其监护人应适当承担赔偿责任。这样处理，可促使监护人自觉履行监护责任，维护被监护人和其他公民的合法权益，也有利于社会安定。

关于侵权行为人在侵权时不满18周岁，在诉讼时已满18周岁，且本人无经济赔偿能力，其原监护人的诉讼法律地位应如何列的问题。

我们认为：原监护人应列为本案第三人，承担民事责任。因原监护人对本案的诉讼标的无独立请求权，只是案件处理结果同本人有法律上的利害关系，因此，系无独立请求权的第三人。

附：

吉林省高级人民法院
关于监护责任两个问题的请示

1989年10月7日　　　　　　　　　　　　　吉高法〔1989〕51号

最高人民法院：

我们在审理涉及监护责任的民事案件中，遇有两个问题，向你们请示如下：

一、精神病人监护责任的时间从什么时候算起？是从监护人知道被监护人患精神病时算起，还是从被监护人发病时算起？

二、侵权行为人在侵权时不满18周岁，但在诉讼时已满18周岁，且本人无经济赔偿能力，根据《民法通则若干问题的意见（试行）》第161条的规定，侵权行为人的民事责任应由原监护人承担，但在法律文书上，原监护人应如何列？是否还需列原法定代理人？

以上请示，请予函复。

最高人民法院民事审判庭
关于对周德兴诉周阿金、杭根娣解除收养关系一案的电话答复

1990年6月25日　　　　　　　　　　　　　〔90〕民他字第20号

江苏省高级人民法院民庭：

你庭请示的周德兴诉周阿金、杭根娣解除收养关系一案，经研究认为，周阿金、杭根娣夫妇与子女订立的《产权分配证据》不符合赠与的法律特征，其赠与关系不能成立。周阿金夫妇与子女订立《产权分配证据》系周阿金夫妇为保证晚年有所赡养的情况下订立的。因此，"赠与"房屋很难说完全反映了周阿金夫妇的真实意愿。本案《产权分配证据》以受赠人按月交付赡养费为条件，将赠与的无偿性变为有偿性，改变了赠与的性质。而且《产权分配证据》只有赠与人签名，没有受赠人签名，既未办理过户手续，产权人又未将产权证明与受赠人，也不符合赠与的形式要件。周阿金、杭根娣夫妇与周德兴是养父母和养子女关系。养父母将周德兴从小养大成人，周德兴对养父母具有法定的赡养义务。以取得财产为前提方对父母进行赡养，不仅违反了社会公德，而且违

反了我国婚姻法第十五条"子女对父母有赡养扶助义务"的规定。

附一：

江苏省高级人民法院民事审判庭庭长刘天弼同志来信

（1990年5月18日）

德华、贤奇、老朱：①

你们好，有一案件，我吃不准，作为同志间的商讨，想请你们帮助出出主意。

无锡市中院向我院请示周德兴诉周阿金、杭根娣解除收养关系一案，涉及养父母周阿金、杭根娣已赠与养子周德兴的一间房屋，对赠与是否成立、能否翻悔（撤销），全庭讨论中出现三种意见：一是赠与成立：主要理由是：协议是双方当事人的真实意思表示，受赠人虽未在书面协议上签字，但实际上已按协议占有、使用、管理了房屋，且交纳了房产税；赠与行为发生在《城市私有房屋管理条例》实施之前，故以受赠人未办理过户手续否定赠与成立的理由不足的。

二是赠与不成立，持这种意见的同志认为：这是一个附条件的赠与协议，所附的条件是受赠人要履行赡养赠与人的义务。由于受赠人未按协议履行义务，所附条件未成就，故赠与不成立。且未在赠与协议书上签名表示接受赠与。按最高人民法院贯彻执行民法通则若干问题的意见第一百二十八条的规定精神，该赠与房屋行为既未办理过户手续，又未将产权证明交与受赠人，故该赠与协议不成立。

三是赠与成立，但可以申请撤销。这是我院批复的意见。赠与成立的主要理由与第一种意见基本相同，持这种意见的同志认为，这一协议在表明赠与人赠与房屋的真实意思的同时，也规定了受赠人应尽的一定的义务。这里所规定的义务，与附条件的民事法律行为中的"条件"是不同的，"条件"是将来可能发生或可能不发生的事实，而该协议中规定的赡养义务是要求受赠人必须履行，是一种附负担的民事法律行为。这种附负担的民事法律行为，虽然在我国民法通则中未作规定，但国外的民法典中则有明确的规定，如《法国民法典》第955条规定，受赠人拒绝扶养赠与人时，赠与人有权撤销赠与。又如国民党民法典第412条、第416条规定，对赠与人有扶养义务而不履行的，赠与人有权撤销赠与。这些规定符合我国的实际情况，符合我国民法通则诚实信用、尊重社会公德的原则，符合我国法律保护老人合法权益的原则，因此是可以借鉴的。

因无锡市中院接到我院批复后，审委会立即讨论并申请我院复议。我们复议中大多数人仍坚持第三种意见，但我又恐不妥，因此写信向你们请教。盼在百忙中谈谈你们的个人看法。

致礼

---

① 唐德华、周贤奇：时任最高人民法院民事审判庭庭长、副庭长；朱富：最高人民法院民事审判庭审判员。

附二：

江苏省无锡市中级人民法院
关于周德兴诉周柯金、杭根娣解除收养关系
上诉一案的请示报告

（1990 年 2 月 17 日）

江苏省高级人民法院：

一、当事人概况

上诉人（原审被告）：周德兴，男，49 岁，汉族，无锡县人，在无锡钢厂工作，住无锡市迎龙桥北 15 号之三。

委托代理人：余建明，无锡市崇安区律师事务所律师。

被上诉人（原审原告）：周阿金，男，84 岁，汉族，无锡县人，无业，住无锡市迎龙桥北 11 号。

被上诉人（原审原告）：杭根娣，女 79 岁，汉族，无锡县人，无业，住无锡市迎龙桥北 11 号。

委托代理人：冯春晓，无锡市律师事务所律师。

二、基本案情

周阿金、杭根娣系夫妻，周德兴系周阿金、杭根娣养子。周阿金、杭根娣婚后生二女，于 1945 年收养周德兴（时年 6 岁）为养子。嗣后，周阿金、杭根娣又生二子一女（现子女均已成家）。1952 年至 1955 年周阿金夫妻俩分别购买了坐落于无锡市迎龙桥北 11 号 15 号之 3 平房 3 间（计 20 米）。1958 年周德兴参加工作，1966 年 12 月周德兴结婚，婚后每月承担周阿金夫妻俩赡养费 4 元至 10 元不等。1982 年 10 月周阿金夫妻邀请公族召集六子女对家庭财产分割及日后的赡养进行协商，并订立《产权分配证据》。随后，周阿金之三子按协议各自搬进住房，周德兴由西面 1 间住房搬至东面 1 间住房，并进行修缮，房地产税均由周德兴三兄弟分担，但未办理房产过户手续。周阿金、杭根娣按约分别居住在周德兴和二儿子处。协议当月，周德兴按约支付赡养费 13 元，以后每月付 10 元至 1988 年初。1983 年 7 月，周阿金、杭根娣又到无锡市公证处对房屋家产由三子三女继承办理遗嘱证明书，后因为赡养问题发生矛盾，1985 年 12 月 21 日周阿金、杭根娣再次到无锡市公证处办理对房屋、家产在夫妻一方去世时，由另一方全部继承的公证。由于周阿金、杭根娣与周德兴为婆媳关系不睦及赡养等问题经常发生矛盾，周阿金、杭根娣于 1988 年 3 月向法院起诉要求与周德兴解除收养关系，1988 年 7 月经南长区人民法院调解，双方当事人达成协议维持养父母子关系；周德兴自 1988 年

7月起每月承担周阿金、杭根娣赡养费各人民币10元,至周阿金、杭根娣过世为止,周德兴补偿给周阿金、杭根娣赡养费人民币60元;周德兴负责周阿金每月10天的夜间护理;周德兴补贴给周阿金、杭根娣购买电风扇款人民币60元。达成协议后,周德兴得悉周阿金、杭根娣已于1985年12月对房屋等作出的公证,要求周阿金、杭根娣撤销后再付赡养费,故调解协议未实际履行(周德兴于1988年5月起以周阿金的户名每月存入15元至20元,存至1989年10月)。1988年12月周阿金、杭根娣再次起诉法院,坚决要求与周德兴解除收养关系。第一审法院判决:准予周阿金、杭根娣与周德兴解除养父母子关系。

周德兴在判决书生效后6个月内搬出无锡市迎龙桥北15—3号房屋(该屋内二架搁楼板由周德兴拆除)。周德兴搬迁前每月补偿周阿金、杭根娣房屋使用费人民币10元。

三、本院审判委员会意见

本案经本院审判委员会讨论,一致同意周阿金、杭根娣与周德兴解除收养关系。但对房屋赠与是否成立有两种意见:

一种意见:认定赠与成立。理由:1982年10月2日的协议是周阿金、杭根娣的真实意愿,并在笔据上盖了章,受赠人虽未在书面协议上签名盖章,但实际已按协议履行,并对房屋已占有、使用、修缮,各自均分摊了房产税。周阿金、杭根娣并按协议分别居住在二个儿子处,该案的赠与行为发生在国务院《城市私有房屋管理条例》前(以下简称条例),故财产所有权应从财产交付时起转移,该案可参照最高院1988年第一号公报中《关于如何具体适用最高院五十六条规定批复》中有关规定精神,按条例实施前对历史遗留问题的方法处理。赠与笔据中同时明确赡养内容的,不能作为赠与合同中的附条件,这不同于遗赠扶养协议,根据民事行为附条件的构成看,法律有规定的或合同性质决定的不能作为民事法律行为所附的条件。赠与和赡养是两个法律关系,根据不同的法律规定处理。赡养内容可据实际情况而随时变更。不受原协议约束。至于子女欠付赡养费可予追索。

另一种意见:赠与不成立。理由:1982年10月的协议无效。该协议实际是附赡养条件的赠与,赠与房屋是周阿金、杭根娣的真实意愿,但受赠人并未在书面协议上签名盖章,表明受赠人无接受赠与的意思表示。且受赠人未签字的原因在于周德兴对每月付13元赡养费有异议,根据家庭析产、父母赠与房屋给子女,均希望子女对其赡养,且均明确每月支付的赡养费之情况者,该赠与协议是附有条件的在附带的条件未协商一致时,对周德兴等人未签字的原因亦能解释通,故该赠与协议无效。按照《最高人民法院关于贯彻执行〈中华人民共和国民法通则〉若干问题的意见》第128条,赠与房屋的成立:根据书面赠与合同办理过户手续,未办理过户手续,但赠与人根据书面赠与合同已将产权证书交与受赠人,该案虽已按协议占有、使用了该房屋,既未办理过户手续又无将产权证书交与受赠人。该案的法律事实虽发生在1982年,但不属于房屋买卖,不能适用国务院《城市私有房屋管理条例》的有关规定,当然也不能按最高院对条例所作的司法解释执行,故应按《民法通则》若干问题的意见第一百二十八条精神处理。第四次全国民事审判工作会议精神,只是对房屋买卖作出的规定,为此,该案赠与协议是未生效的。

上述二种意见争议较大，明显意见分歧。请予审核批复。

最高人民法院
关于许秀英夫妇与王青芸间是否已事实解除收养关系的复函

1990年8月24日　　　　　　　　　　　〔1990〕民他字第14号

山东省高级人民法院：

你院鲁法（民）发〔1990〕25号《关于许秀英夫妇与王青芸间是否已事实解除收养关系的请示报告》收悉。

经我们研究认为，1937年王青芸两岁时被其伯父母王在起、许秀英夫妇收养，并共同生活了20年，这一收养事实为亲戚、朋友、当地群众、基层组织所承认，应依法予以保护。虽然王青芸于1957年将户口从王在起处迁出到其单位落户，后又迁入其生母处，但双方未以书面或口头协议公开解除收养关系。而且，王在起生前与王青芸有书信来往，并以父女相称，王青芸对王在起夫妇也尽有一些义务。据此，我们同意你院第一种意见，即以认定许秀英夫妇与王青芸的收养关系事实上未解除为妥。

以上意见，供参考。

附：

山东省高级人民法院
关于许秀英夫妇与王青芸间是否已解除收养关系的请示报告

1990年4月12日　　　　　　　　　　鲁法（民）发〔1990〕25号

最高人民法院：

我省青岛市中级人民法院受理的许秀英、王子莲与王青芸继承上诉一案。对该案许秀英夫妇与王青芸之间的收养关系是否已事实解除，意见不一，向我院请示。因目前，处理类似案件尚无具体法律依据。把握不准，为慎重起见，特予请示。现将案情及处理意见报告如下：

上诉人：许秀英（原审被告），女，75岁，汉族，山东省高密县人，青岛市湛山农工商公司退休职工，住青岛市东海一路13号东单元一楼。

上诉人：王子莲（原审被告），女，43岁，汉族，青岛安全器材厂工人，住址同上，系许秀英之养女。

被上诉人：王青芸（原审原告），女，55岁，汉族，山东省胶州市人，四川省重庆市百货大楼退休职工，住重庆市解放东路解放巷4号。

被继承人王在起（许秀英之夫）于1985年7月死亡，当时王在起，许秀英夫妇有坐落在青岛市湛山村1027号二层楼房一处建筑面积为129.6平方米。1988年7月，该房拆迁，兑换成二、三居室楼房各一套，总建筑面积为136.14平方米。原房估价为17360.4元，兑除后许秀英还得人民币5915.1元。

1988年11月，王青芸以我是王在起之养女，依法有权继承王在起之遗产；拆迁兑换的房屋是养父生前的楼房演革而来，故该房我应有继承部分产权为由，向青岛市市南区人民法院起诉。许秀英辩称，我们夫妇收养王青芸为养女并将其抚养成人这是事实。但是，王青芸自1957年就回到其生母处，多年来未尽赡养义务，我们与王青芸早已脱离了收养关系。王青芸无权继承王在起的遗产。原审认定收养关系没有解除，判决王青芸继承拆迁兑换房的20平方米，人民币800元。

经查：1937年王在起、许秀英夫妇因无子女便收养了王在起的亲侄女王青芸为养女（时年两岁，未办任何手续）1950年又收养了王青芸之胞弟王子贵为养子（1983年判决解除）。1951年王青芸参加工作后，每月收入全交许秀英夫妇，双方关系很好。1957年王青芸的生父（称大叔）病故，王青芸回原籍奔丧，得知自己的身世，便与生母王鲍氏恢复了联系，并将生母接去青岛与养父母同居。不久，王青芸、王鲍氏与许秀英夫妇产生矛盾，发生争吵，关系急剧恶化，无法同居生活。后经公安派出所、街道办事处等参加调解达成协议，王鲍氏另租房居住；王青芸每月付给生母20元、付给许秀英夫妇15元（给付多长时间，无据查考）。1957年王青芸将自己的户口从养父母处迁到青岛市国棉五厂立户。自此，王青芸去养父母处的次数逐渐减少。1958年1月，许秀英夫妇经公证因"身下无女"收养了刘维云（时年10岁）为女，并改名王子莲。1960年王青芸结婚未通知许秀英夫妇。1961年王青芸将户口迁至王鲍氏的户籍上，身份关系登记为母女关系。1963年王青芸随丈夫迁往四川省重庆市定居。1966年至1982年间，王青芸自称有少量现金和药品寄给王在起（无处查考，但对方承认）。1976年1月王在起主持析产，养子王子贵，养女王子莲各分得房屋两间，王在起夫妇自留两间，王青芸不得分文，事后也无异议。1982年7月王在起病重期间给王青芸去信落款为："父，在起"。同年8月，王子莲拍电报给王青芸称"父病重速回"。

另查各自档案。王青芸自1958年后的历次工人登记表中家庭主要成员均填："母，王鲍氏"。将许秀英夫妇填入社会关系栏内称"大爷、大娘"。许秀英夫妇的个人档案中的家庭主要成员和社会关系栏均没有王青芸的名字，只有王在起夫妇及王子贵、王子莲。

青岛市中级人民法院审委会对王青芸与许秀英夫妇间的收养关系是否事实解除有两种意见：第一种意见认为，双方没有书面协议明确表示解除，且还有书信往来父女相称，尽义务少有客观原因，据此，双方收养关系未事实解除。第二种意见认为，双方收养关系已事实解除,理由是:王青芸与许秀英夫妇之间虽然没有书面协议,也没有双方口头协商,公开表明解除收养关系,但从各自的行为看,双方均已不承认收养关系存在。根据之一,王青芸于1957年认了生母,并开始尽赡养义务。1961年公开以母女关系合户,安全恢复了与生母的权利和义务关系。而许秀英夫妇则以公证方式公开表明"身下无女"。双方行为一致;根据之二,1958年后,各自的档案填写亦均不承认养父母或养女关系;根据之三,1960年王青芸结婚未通知许秀英夫妇,1976年王在起主持析产王青芸无份,事后均无异议。总之,认定收养关系已事实解除的理由较为充分,据此,我院倾向同意青岛市中级人民法院审委会的第二种意见,即:视为收养关系已事实解除。

当否,请批示。

最高人民法院
关于夫妻关系存续期间男方受欺骗抚养非亲生子女离婚后可否向女方追索抚育费的复函

1992年4月2日　　　　　　　　　　　　〔1991〕民他字第63号

四川省高级人民法院:

你院"关于夫妻关系存续期间男方受欺骗抚养非亲生子女离婚后可否向女方追索抚养费的请示"收悉。经研究,我们认为,在夫妻关系存续期间,一方与他人通奸生育子女,隐瞒真情,另一方受欺骗而抚养了非亲生子女,其中离婚后给付的抚育费,受欺骗方要求返还的,可酌情返还;至于在夫妻关系存续期间受欺骗方支出的抚育费用应否返还,因涉及的问题比较复杂,尚需进一步研究,就你院请示所述具体案件而言,因双方在离婚时,其共同财产已由男方一人分得,故可不予返还。以上意见供参考。

最高人民法院
关于毛玉堂与毛新国的收养关系
能否成立的复函

1993年1月30日　　　　　　　　　　〔1992〕民他字第44号

河南省高级人民法院：

你院关于毛玉堂与毛新国的收养关系能否成立的请示报告收悉。经研究认为：毛新国是毛玉堂的外孙，双方是直系血亲，不能建立收养关系。据此，我们同意你院审判委员会倾向性意见，即毛玉堂与毛新国之间的收养关系不能成立，毛新国不应列为毛玉堂死亡后的第一顺序继承人。鉴于毛新国在其母死亡后，对毛玉堂尽了主要赡养义务的情况，根据最高人民法院《关于贯彻执行〈中华人民共和国继承法〉若干问题的意见》第27条规定精神，在分割毛玉堂的遗产时，毛新国可以多分。

以上意见，供参考。

（三）继　　承

最高人民法院关于认真学习宣传和贯彻执行继承法的通知

1985年6月12日　　　　　　　　　　法（民）发〔1985〕13号

各省、自治区、直辖市高级人民法院：

第六届全国人民代表大会第三次会议通过的《中华人民共和国继承法》，将于1985年10月1日起施行。继承法是根据宪法规定的保护公民继承权的原则，在总结我国处理遗产继承经验的基础上制定的，是一项重要的民事法律。各级人民法院必须把学习、宣传和贯彻执行继承法作为一项重要的工作，切实抓好。为此，特作如下通知：

一、各级人民法院要组织干警认真学习继承法，掌握立法精神，理解法律条文的确切含义，要与有关部门积极配合，统筹安排，在继承法施行前，广泛深入地开展一次宣传活动，教育干部和群众根据继承法的规定正确处理继承问题，反对见利忘义、争夺遗产、危害家庭和睦与社会安定的错误行为，使继承法为广大人民群众所熟悉、掌握和遵循。

二、各级人民法院要加强调查研究，了解近年来继承案件中出现的新情况、新问题，根据继承法的规定，认真总结过去审理各类继承案件的成功的经验，搜集、整理典型案例，指导审判实践。

三、继承法一经生效，各级人民法院就必须严格执行。最高人民法院过去《关于贯彻执行民事政策法律若干问题的意见》和有关批复中对于继承问题的规定、解释，凡与继承法相抵触的，均应停止执行。

四、继承法施行前，最高人民法院将召开由部分省、自治区、直辖市高级人民法院参加的小型座谈会，讨论、研究贯彻执行继承法的有关问题。请各级人民法院积极报送经验、案例等有关材料，以便选用参考；如有问题，并请提出，以便研究。

最高人民法院
印发《关于贯彻执行〈中华人民共和国继承法〉若干问题的意见》的通知

1985年9月11日　　　　　　法（民）发〔1985〕22号

全国地方各级人民法院，各级军事法院，各级铁路运输法院，各海事法院：

现将《关于贯彻执行〈中华人民共和国继承法〉若干问题的意见》发给你们，请你们在审理继承案件中试行，并注意总结经验。试行中的意见和问题，请及时报告我院。

附：

最高人民法院
关于贯彻执行《中华人民共和国继承法》若干问题的意见

第六届全国人民代表大会第三次会议通过的《中华人民共和国继承法》，是我国公民处理继承问题的准则，是人民法院正确、及时审理继承案件的依据。人民法院贯彻执行继承法，要根据社会主义的法制原则，坚持继承权男女平等，贯彻互相扶助和权利义务相一致的精神，依法保护公民的私有财产的继承权。

为了正确贯彻执行继承法，我们根据继承法的有关规定和审判实践经验，对审理继承案件中具体适用继承法的一些问题，提出以下意见，供各级人民法院在审理继承案件时试行。

一、关于总则部分

1. 继承从被继承人生理死亡或被宣告死亡时开始。

失踪人被宣告死亡的，以法院判决中确定的失踪人的死亡日期，为继承开始的时间。

2. 相互有继承关系的几个人在同一事件中死亡，如不能确定死亡先后时间的，推定没有继承人的人先死亡。死亡人各自都有继承人的，如几个死亡人辈份不同，推定长辈先死亡；几个死亡人辈份相同，推定同时死亡，彼此不发生继承，由他们各自的继承人分别继承。

3. 公民可继承的其他合法财产包括有价证券和履行标的为财物的债权等。

4. 承包人死亡时尚未取得承包收益的，可把死者生前对承包所投入的资金和所付出的劳动及其增值和孳息，由发包单位或者接续承包合同的人合理折价、补偿。其价额作为遗产。

5. 被继承人生前与他人订有遗赠抚养协议，同时又立有遗嘱的，继承开始后，如果遗赠抚养协议与遗嘱没有抵触，遗产分别按协议和遗嘱处理；如果有抵触，按协议处理，与协议抵触的遗嘱全部或部分无效。

6. 遗嘱继承人依遗嘱取得遗产后，仍有权依继承法第十三条的规定取得遗嘱未处分的遗产。

7. 不满六周岁的儿童、精神病患者，应当认定其为无行为能力人。

已满六周岁，不满十八周岁的未成年人，应当认定其为限制行为能力人。

8. 法定代理人代理被代理人行使继承权、受遗赠权，不得损害被代理人的利益。法定代理人一般不能代理被代理人放弃继承权，受遗赠权。明显损害被代理人利益的，应认定其代理行为无效。

9. 在遗产继承中，继承人之间因是否丧失继承权发生纠纷，诉讼到人民法院的，由人民法院根据继承法第七条的规定，判决确认其是否丧失继承权。

10. 继承人虐待被继承人情节是否严重，可以从实施虐待行为的时间、手段、后果和社会影响等方面认定。

虐待被继承人情节严重的，不论是否追究刑事责任，均可确认其丧失继承权。

11. 继承人故意杀害被继承人的，不论是既遂还是未遂，均应确认其丧失继承权。

12. 继承人有继承法第七条第（一）项或第（二）项所列之行为，而被继承人以遗嘱将遗产指定由该继承人继承的，可确认遗嘱无效，并按继承法第七条的规定处理。

13. 继承人虐待被继承人情节严重的，或者遗弃被继承人的，如以后确有悔改表现，而且被虐待人、被遗弃人生前又表示宽恕，可不确认其丧失继承权。

14. 继承人伪造、篡改或者销毁遗嘱，侵害了缺乏劳动能力又无生活来源的继承人的利益，并造成其生活困难的，应认定其行为情节严重。

15. 在诉讼时效期间内，因不可抗拒的事由致继承人无法主张继承权利的，人民法院可按中止诉讼时效处理。

16. 继承人在知道自己的权利受到侵犯之日起的二年之内，其遗产继承权纠纷确在人民调解委员会进行调解期间，可按中止诉讼时效处理。

17. 继承人因遗产继承纠纷向人民法院提起诉讼，诉讼时效即为中断。

18. 自继承开始之日起的第十八年至第二十年期间内，继承人才知道自己的权利被侵犯的，其提起诉讼的权利，应当在继承开始之日起的二十年之内行使，超过二十年的，不得再行提起诉讼。

二、关于法定继承部分

19. 被收养人对养父母尽了赡养义务，同时又对生父母扶养较多的，除可依继承法第十条的规定继承养父母的遗产外，还可依继承法第十四条的规定分得生父母的适当的遗产。

20. 在旧社会形成的一夫多妻家庭中，子女与生母以外的父亲的其他配偶之间形成抚养关系的，互有继承权。

21. 继子女继承了继父母遗产的，不影响其继承生父母的遗产。

继父母继承了继子女遗产的，不影响其继承生子女的遗产。

22. 养祖父母与养孙子女的关系，视为养父母与养子女关系的，可互为第一顺序继承人。

23. 养子女与生子女之间、养子女与养子女之间，系养兄弟姐妹，可互为第二顺序继承人。

被收养人与其亲兄弟姐妹之间的权利义务关系，因收养关系的成立而消除，不能互为第二顺序继承人。

24. 继兄弟姐妹之间的继承权，因继兄弟姐妹之间的扶养关系而发生。没有扶养关系的，不能互为第二顺序继承人。

继兄弟姐妹之间相互继承了遗产的，不影响其继承亲兄弟姐妹的遗产。

25. 被继承人的孙子女、外孙子女、曾孙子女、外曾孙子女都可以代位继承，代位继承人不受辈数的限制。

26. 被继承人的养子女、已形成扶养关系的继子女的生子女可代位继承；被继承人亲生子女的养子女可代位继承；被继承人养子女的养子女可代位继承；与被继承人已形成扶养关系的继子女的养子女也可以代位继承。

27. 代位继承人缺乏劳动能力又没有生活来源，或者对被继承人尽过主要赡养义务的，分配遗产时，可以多分。

28. 继承人丧失继承权的，其晚辈直系血亲不得代位继承。如该代位继承人缺乏劳动能力又没有生活来源，或对被继承人尽赡养义务较多的，可适当分给遗产。

29. 丧偶儿媳对公婆、丧偶女婿对岳父、岳母，无论其是否再婚，依继承法第十二条规定作为第一顺序继承人时，不影响其子女代位继承。

30. 对被继承人生活提供了主要经济来源，或在劳务等方面给予了主要扶助的，应当认定其尽了主要赡养义务或主要扶养义务。

31. 依继承法第十四条规定可以分给适当遗产的人，分给他们遗产时，按具体情况可多于或少于继承人。

32. 依继承法第十四条规定可以分给适当遗产的人，在其依法取得被继承人遗产的权利受到侵犯时，本人有权以独立的诉讼主体的资格向人民法院提起诉讼。但在遗产分割时，明知而未提出请求的，一般不予受理；不知而未提出请求，在二年以内起诉的，应予受理。

33. 继承人有扶养能力和扶养条件，愿意尽扶养义务，但被继承人因有固定收入和劳动能力，明确表示不要求其扶养的，分配遗产时，一般不应因此而影响其继承份额。

34. 有扶养能力和扶养条件的继承人虽然与被继承人共同生活，但对需要扶养的被继承人不尽扶养义务，分配遗产时，可以少分或者不分。

三、关于遗嘱继承部分

35. 继承法实施前订立的，形式上稍有欠缺的遗嘱，如内容合法，又有充分证据证明确为遗嘱人真实意思表示的，可以认定遗嘱有效。

36. 继承人、受遗赠人的债权人、债务人，共同经营的合伙人，也应当视为与继承人、受遗赠人有利害关系，不能作为遗嘱的见证人。

37. 遗嘱人未保留缺乏劳动能力又没有生活来源的继承人的遗产份额，遗产处理时，应当为该继承人留下必要的遗产，所剩余的部分，才可参照遗嘱确定的分配原则处理。

继承人是否缺乏劳动能力又没有生活来源，应按遗嘱生效时该继承人的具体情况确定。

38. 遗嘱人以遗嘱处分了属于国家、集体或他人所有的财产，遗嘱的这部分，应认定无效。

39. 遗嘱人生前的行为与遗嘱的意思表示相反，而使遗嘱处分的财产在继承开始前灭失、部分灭失或所有权转移、部分转移的，遗嘱视为被撤销或部分被撤销。

40. 公民在遗书中涉及死后个人财产处分的内容，确为死者真实意思的表示，有本人签名并注明了年、月、日，又无相反证据的，可按自书遗嘱对待。

41. 遗嘱人立遗嘱时必须有行为能力。无行为能力人所立的遗嘱，即使其本人后来有了行为能力，仍属无效遗嘱。遗嘱人立遗嘱时有行为能力，后来丧失了行为能力，不影响遗嘱的效力。

42. 遗嘱人以不同形式立有数份内容相抵触的遗嘱，其中有公证遗嘱的，以最后所立公证遗嘱为准；没有公证遗嘱的，以最后所立的遗嘱为准。

43. 附义务的遗嘱继承或遗赠，如义务能够履行，而继承人、受遗赠人无正当理由不履行，经受益人或其他继承人请求，人民法院可以取消他接受附义务那部分遗产的权利，由提出请求的继承人或受益人负责按遗嘱人的意愿履行义务，接受遗产。

四、关于遗产的处理部分

44. 人民法院在审理继承案件时，如果知道有继承人而无法通知的，分割遗产时，要保留其应继承的遗产，并确定该遗产的保管人或保管单位。

45. 应当为胎儿保留的遗产份额没有保留的应从继承人所继承的遗产中扣回。

为胎儿保留的遗产份额，如胎儿出生后死亡的，由其继承人继承；如胎儿出生时就是死体的，由被继承人的继承人继承。

46. 继承人因放弃继承权，致其不能履行法定义务的，放弃继承权的行为无效。

47. 继承人放弃继承应当以书面形式向其他继承人表示。用口头方式表示放弃继承，本人承认，或有其它充分证据证明的，也应当认定其有效。

48. 在诉讼中，继承人向人民法院以口头方式表示放弃继承的，要制作笔录，由放弃继承的人签名。

49. 继承人放弃继承的意思表示，应当在继承开始后、遗产分割前作出。遗产分割后表示放弃的不再是继承权，而是所有权。

50. 遗产处理前或在诉讼进行中，继承人对放弃继承翻悔的，由人民法院根据其提出的具体理由，决定是否承认。遗产处理后，继承人对放弃继承翻悔的，不予承认。

51. 放弃继承的效力，追溯到继承开始的时间。

52. 继承开始后，继承人没有表示放弃继承，并于遗产分割前死亡的，其继承遗产的权利转移给他的合法继承人。

53. 继承开始后，受遗赠人表示接受遗赠，并于遗产分割前死亡的，其接受遗赠的权利转移给他的继承人。

54. 由国家或集体组织供给生活费用的烈属和享受社会救济的城市居民，其遗产仍应准许合法继承人继承。

55. 集体组织对"五保户"实行"五保"时，双方有扶养协议的，按协议处理；没有抚养协议，死者有遗嘱继承人或法定继承人要求继承的，按遗嘱继承或法定继承处理，但集体组织有权要求扣回"五保"费用。

56. 扶养人或集体组织与公民订有遗赠扶养协议，扶养人或集体组织无正当理由不履行，致协议解除的，不能享有受遗赠的权利，其支付的供养费用一般不予补偿；遗赠人无正当理由不履行，致协议解除的，则应偿还扶养人或集体组织已支付的供养费用。

57. 遗产因无人继承收归国家或集体组织所有时，按继承法第十四条规定可以分给遗产的人提出取得遗产的要求，人民法院应视情况适当分给遗产。

58. 人民法院在分割遗产中的房屋、生产资料和特定职业所需要的财产时，应依据有利于发挥其使用效益和继承人的实际需要，兼顾各继承人的利益进行处理。

59. 人民法院对故意隐匿、侵吞或争抢遗产的继承人，可以酌情减少其应继承的遗产。

60. 继承诉讼开始后，如继承人、受遗赠人中有既不愿参加诉讼，又不表示放弃实体权利的，应追加为共同原告；已明确表示放弃继承的，不再列为当事人。

61. 继承人中有缺乏劳动能力又没有生活来源的人，即使遗产不足清偿债务，也应为其保留适当遗产，然后再按继承法第三十三条和民事诉讼法第一百八十条的规定清偿债务。

62. 遗产已被分割而未清偿债务时，如有法定继承又有遗嘱继承和遗赠的，首先由法定继承人用其所得遗产清偿债务；不足清偿时，剩余的债务由遗嘱继承人和受遗赠人按比例用所得遗产偿还；如果只有遗嘱继承和遗赠的，由遗嘱继承人和受遗赠人按比例用所得遗产偿还。

五、关于附则部分

63. 涉外继承，遗产为动产的，适用被继承人住所地法律，即适用被继承人生前最后住所地国家的法律。

64. 继承法实行前，人民法院已经审结的继承案件，继承法施行后，按审判监督程序提起再审的，适用审结时的有关政策、法律。

人民法院对继承法生效前已经受理，生效时尚未审结的继承案件，适用继承法。但不得再以超过诉讼时效为由驳回起诉。

最高人民法院
关于保险金能否作为被保险人遗产的批复

1988年3月24日　　　　　　　　　　　　　〔1987〕民他字第52号

河北省高级人民法院：

你院冀法民〔1987〕1号请示报告收悉。据报告称：栾城县南焦村个体三轮摩托车司机孙文兴于1986年5月26日运送货主张新国及其货物（锡锭）时，在京广铁路窦姬道口与火车相撞，致孙文兴、张新国双亡，三轮摩托车毁损。这次事故应由孙文兴负责。孙文兴生前在本县保险公司除投保了车损险（保险金为3500元）外，还投保了人身意外伤害险（保险金为5000元），并指定了受益人。现托运人张新国之妻梁聚芬向栾城县人民法院起诉，要求承运人孙文兴之妻郭香荣给予赔偿。

经征求有关部门的意见，现将你院请示关于人身保险金能否作为被保险人的遗产进行赔偿的问题，答复如下：

（一）根据我国保险法规有关条文规定的精神，人身保险金能否列入被保险人的遗产，取决于被保险人是否指定了受益人。指定了受益人的，被保险人死亡后，其人身保险金应付给受益人；未指定受益人的，被保险人死亡后，其人身保险金应作为遗产处理，可以用来清偿债务或者赔偿。

（二）财产保险与人身保险不同。财产保险不存在指定受益人的问题。因而，财产保险金属于被保险人的遗产。孙文兴投保的车损险是财产保险，属于他的遗产，可以用来清偿债务或者赔偿。

在处理本案时，应本着上述原则，适当注意保护债权人的利益，合情合理解决。

最高人民法院
关于被继承人死亡后没有法定继承人分享遗产人能否分得全部遗产的复函

1992 年 9 月 16 日　　　　　　　　　　　　　〔1992〕民他字第 25 号

江苏省高级人民法院：

你院〔1991〕民请字第 21 号《关于沈玉根诉马以荣房屋典当一案的请示报告》和卷宗均已收悉。

经研究认为，沈玉根与叔祖母沈戴氏共同生活十多年，并尽了生养死葬的义务。依照我国继承法第十四条的规定，可分给沈玉根适当的遗产。根据沈戴氏死亡后没有法定继承人等情况，沈玉根可以分享沈戴氏的全部遗产，包括对已出典房屋的回赎权。至于是否允许回赎，应依照有关规定和具体情况妥善处理。

最高人民法院
对国务院宗教事务局一司关于僧人遗产处理意见的复函

（1994 年 10 月 13 日）

国务院宗教事务局一司：

你司《关于对僧人遗产的处理意见》的函收悉。经研究，我们认为：我国现行法律对僧人个人遗产的继承问题并无例外规定，因而，对作为公民的僧人，在其死后，其有继承权的亲属继承其遗产的权利尚不能否定。僧人个人遗产如何继承的问题，是继承法和民法通则公布施行后遇到的新问题，亦是立法尚未解决的问题。因此，我院不宜作出司法解释。建议你们向立法机关反映，通过立法予以解决。

最高人民法院
关于如何处理农村五保对象遗产问题的批复

法释〔2000〕23号

(2000年6月30日最高人民法院审判委员会第1121次会议通过　2000年7月25日最高人民法院公告公布　自2000年8月3日起施行)

各省、自治区、直辖市高级人民法院，解放军军事法院，新疆维吾尔自治区高级人民法院生产建设兵团分院：

国务院1994年1月23日《农村五保供养工作条例》发布后，一些高级人民法院反映，我院1985年9月11日发布的法（民）发〔1985〕22号《关于贯彻执行〈中华人民共和国继承法〉若干问题的意见》第五十五条的规定与该条例的有关规定不一致。经研究，答复如下：

农村五保对象死亡后，其遗产按照国务院《农村五保供养工作条例》第十八条、第十九条的有关规定处理。

此复。

附：农村五保供养工作条例有关条款[①]

第十八条　五保对象的个人财产，其本人可以继续使用，但是不得自行处分；其需要代管的财产，可以由农村集体经济组织代管。

第十九条　五保对象死亡后，其遗产归所在的农村集体经济组织所有；有五保供养协议的，按照协议处理。

[①] 1994年1月23日国务院发布的《农村五保供养工作条例》已于2006年3月1日新的《农村五保供养工作条例》施行后废止。——编者注

最高人民法院办公厅
关于发给杨格非遗产继承权证明书问题的批复

1963 年 7 月 16 日　　　　　　　　　　　〔63〕法司字第 163 号

福建省高级人民法院：

你院〔63〕闽法行字第 2293 号函悉。

关于杨格非的遗产继承问题，我们同意根据在厦门的继承人向公证机关提出国外继承人已放弃继承权的证明，发给杨瑞田继承权证明书。

此复。

附：

福建省高级人民法院请示

1963 年 6 月 24 日　　　　　　　　　　　〔63〕闽法行字第 2293 号

最高人民法院：

接厦门市中级人民法院函称：该市前政协委员杨格非，于 1960 年在厦门逝世，其生前持有香港"陶化大同有限公司"的股票 419 股，股票所有权人系写杨格非和他的大儿子杨瑞田的名字。现在杨瑞田拟办理过户手续，将股权转移到他自己一人的名下。故向该院申请办理继承权证明。

据中级法院调查，杨格非有妻及 5 个子女，现除一个儿子在美国，一个女儿在英国（已同英国人结婚）外，其余均在厦门。在厦门的各继承人已向法院表示同意该股权由被继承人的大儿子杨瑞田一人继承。在国外的继承人虽无法取得联系，但据在厦门的继承人申述：杨格非原系大同公司发起人之一，也是股东，其一生所积蓄的财产，在生前已大部分分给妻儿，上述股票乃是他本人留着养老的部分，后来为了要在他死后，将该股票留给大儿子杨瑞田，故又在股票上加上杨瑞田的名字。他的这一意愿，也曾告诉过各儿女，在他死后，在国外的女儿怕股票被公司冻结，也曾设法为杨瑞田办理过户手续奔走过。所以让杨瑞田继承，在国外的继承人也是没有意见的。

根据上述情况，是否可以接受杨瑞田的申请，发给继承权证明书。我们感到在手续上有些问题不甚明确。我们的意见：

一、在国外（或本国其他地区）的继承人如放弃继承，应向公证机关提出放弃继承权的声明书；方可发给某一个或一部分继承人继承权证明书。

二、凡有一部分继承人放弃继承权的，应在继承权证明书中加以说明，或将放弃继承权的继承人声明书交付接受继承的继承人。

三、关于杨格非的遗产问题，经在厦门的四个继承人证明："杨格非在生前早就表示要把该股票留给杨瑞田，在国外的两个继承人也表示放弃继承"，但没有提出确实的证据。类似情况本应设法征得在国外的继承人的意见后，再予办理公证手续为妥。但为了保护国内继承人的利益，防止股票被帝国主义冻结起见，我们认为法院也可以根据在厦的继承人向公证机关提出国外继承人已放弃继承权的证明，发给杨瑞田继承权证明书。以上意见当否，请指示。

最高人民法院
关于林依娇与陈铿官房屋继承纠纷的答复

1980年8月5日　　　　　　　　　　　　〔1980〕民他字第22号

福建省高级人民法院：

你院闽法民申字〔1977〕40号来函收悉，对请示的问题，经本院研究后，答复如下：

一、关于林振钿所遗房产的继承权问题，林依娇是林振钿的女儿，并对林振钿尽了生养死葬的义务，依法有继承生父遗产的权利。陈铿官在1939年被林振钿收为养子，虽于1939年因生活困难离开，但双方并未终止收养关系。同时，林振钿生前，陈铿官尚未成年，没有赡养养父的实际能力。而且1949年陈铿官结婚时，林依娇把所争房屋的房契给了他，事实上承认了她父亲和陈铿官的收养关系。所以陈铿官可以继承养父遗产。

二、关于陈铿官与王顺元的房屋买卖关系问题，陈铿官在1957年12月，以房价人民币360元，把所争房屋卖给王顺元。从那时起，到本案发生，有20年之久，而且三方当事人又都居住在福州市。因此，如事实证明陈铿官与王顺元都明知房屋为共有财产，未取得她的同意而擅自私相买卖，此种买卖关系应认为无效。但如果事实证明林依娇当时明知这一买卖行为而不反对，现在又提出异议，则应认为买卖关系有效。或者，事实证明，林依娇当时对买卖行为不知情，而王顺元当时也不知道所买房屋为陈铿官与林依娇的共有财产，则根据王顺元是老租户，买卖关系成立已20年之久和王顺元、林依娇住房的实际情况酌处。

由于来函中关于三方当事人对买卖房屋当时的具体情况没有搞清，故提出以上意见，供参考。

附：

福建省高级人民法院的请示

1980年2月4日　　　　　　　　　　闽法民申字〔1977〕40号

最高人民法院：

我院受理福州市林依娇与陈铿官房屋继承纠纷申诉一案，在处理中由于上下意见不大一致，现将该案的情况和我们研究的处理意见，请示报告如下：

申诉人：林依娇，女，73岁，贫民，住福州市台江区达江北路10号。

代理人：徐桂光（林依娇之子）男，37岁，工人，住同上。

被申诉人：陈铿官，男54岁，住福州市古楼区福新路69号。

关系人：王顺元，男77岁，工人，住福州市817中路283号第二进。

林依娇之父林振钿遗下房屋一幢四间，坐落在福州市817中路283号第二进，长期租给关系人王顺元居住，1937年林振钿收陈铿官为养子（12岁），后因生活困难，1939年陈到他外祖母家生活，林则到林依娇家一起生活至1943年死亡。从此，该屋由林依娇管理收租，而陈铿官离开林家后，先后到上海等地工作，至1949年春回福州。解放初期陈铿官结婚时，曾邀请林依娇参加其婚礼，林也以姐姐身份前往吃喜酒。据申诉人林依娇说，陈铿官结婚后因无房屋住，便向她要去房产契据向租户收房，但陈说是他结婚时，林用红布包契据送给他的（具体细节查不清），陈向林拿到房产契后，自己向租户收租。至1957年12月陈将该屋卖给王顺元人民币360元，写了买卖房契一张，也未经房产部门办理移转登记手续，到了1975年，陈又向王拿了100元，前后合计460元，双方重立卖房契一张，立契时间仍写1957年，随后，又另写了一张卖房契的草稿，征求林依娇的意见。至此，林知悉该屋被陈偷卖而引起争执，遂向福州市赤卫区人民法院起诉。

赤卫区法院经审理认为林依娇与陈铿官系姐弟关系，均有继承父亲遗产的权利，而陈铿官未征得林依娇的同意之前，擅将该屋卖给王顺元是非法的。因此判决：（一）817中路283号第二进房屋披榭一间、大房一间归林依娇所有；（二）该屋后厅房一间、后房一间归陈铿官所有；（三）陈铿官将该屋卖给王顺元是非法的，不予承认。

关系人王顺元不服区法院判决，上诉到福州市中级法院，福州中院在审理中撇开继承纠纷不理，仅针对陈铿官与王顺元买卖房屋是否合法作了判决：（一）撤销赤卫区法院判决；（二）根据1957年当时的房管政策，应予承认陈铿官与王顺元的房屋买卖是合法的。

林依娇不服福州市中院的终审判决，以女子享有继承父母遗产的权利为理由，向省院提出申诉，经我院调查研究认为：福州市817中路283号房屋系林振钿的，林年老丧失劳力后，和其女林依娇一起生活，由其女承担赡养、治疗及埋葬费用等，并且对该屋也进行过收租管理，陈铿官离开林家后，对林振钿从未尽过赡养的责任，到了解放后陈铿官与林依娇才又以姐弟关系互有往来。因此，根据婚姻法规定，两人对该屋均有继承权。（但有的认为陈铿官对林振钿从未尽过赡养义务，不能享受继承遗产的权利，至林依娇愿分一半房屋给他则是另一回事，）同时在我院审理过程中，双方经过协商已达成协议，同意第一审法院关于遗产继承份额的判决，而第二审法院判决剥夺女子继承遗产的权利是不妥的。

至于买卖房屋，根据国家规定，必须经过正当合法手续，买卖关系才能成立，陈铿官未取得合法继承人林依娇同意，擅将林依娇应继承遗产的份额卖给王顺元是非法的，应属无效，王顺元不承认这点是没有理由的。据此，我们意见拟予改判如下：（一）撤销福州市中级人民法院判决；（二）陈铿官与林依娇同意赤卫区人民法院第一、二项判决，应予准许；（三）陈铿官应将自己继承的部分房屋卖给王顺元，并向房管部门办理移转登记；（四）陈铿官应退还王顺元原卖房价款人民币230元，以上改判处理意见是否妥当，请指示。

最高人民法院民事审判庭
关于对晋秀月与李小香、李五常继承一案的处理意见的电话答复

（1981年3月13日）

河北省高级人民法院：

关于晋秀月与李小香、李五常继承一案。我们同意你院的处理意见。

附：

河北省高级人民法院请示

1980年12月31日　　　　　　　　　　　　〔78〕民监字第197号

最高人民法院民事审判庭：

关于"七·七"事变前即外出，至今无音信的人，是否应该宣告死亡问题。

内邱县晋秀月土改前与李仁义结婚，婚后与婆母共同生活。李仁义之弟李五常在"七·七"事变前外出，至今无音信。1952年晋秀月之婆母去世，1957年李仁义去世，均由晋秀月扶养埋葬，全家共有房18间，1958年晋秀月改嫁，为带产与李仁义之姐李小香发生纠纷至今。于1980年2月，邢台地区中级人民法院判决，除晋秀月、李小香

应得财产外，给李五常留下 5 间房子，由李小香代管。晋秀月不服，认为李五常已外出 40 多年无音信，不应再给其留房。

我们认为，李五常已外出 40 多年，至今无音信，应该宣告死亡，不应再留财产。但对此查不出有关规定，特此请示，请示复。

最高人民法院
关于张阿凤遗嘱公证部分有效问题的批复

1981 年 12 月 24 日　　　　　　　　　　　　　　〔81〕民他字第 17 号

上海市高级人民法院：

你院〔81〕沪高法民字第 102 号函收悉。关于张阿凤遗嘱公证效力的问题，经我院与司法部研究，现答复如下：

根据 1950 年婚姻法第十二条、第十四条关于夫妻、子女和父母为同一顺序继承人的规定，张阿凤之父张福海去世后，张阿凤、张阿金、张阿富均有继承张福海遗产的权利。张阿凤所立遗嘱只能处理她应继承的份额，不能处理别人应得的份额。经查张阿金从未放弃对张福海遗产的继承权。因此，同意你院审判委员会讨论的第二种意见：张阿凤的遗嘱公证，其中有关处分张阿金应继承张福海遗产的部分，是无效的。你院应根据法律和此案的实际情况妥善处理。

最高人民法院
关于对遗产中文物如何处理问题的批复

1982 年 3 月 11 日　　　　　　　　　　　　　　〔1982〕民他字第 12 号

北京市高级人民法院：

你院 1981 年 8 月 31 日〔81〕京高法字第 96 号《关于钟仁正遗产如何处理的请示》报告收悉，经研究：关于继承权问题，我们同意你院第二种意见，即按照现行有关政策法律规定，钟仁正五弟钟敬宽应有继承权。钟仁正遗产中的文物处理问题，应依靠当地党委和群众，动员钟敬宽将重要的历史文物和资料捐献给国家，国家给予钟敬宽一定的物质报酬和精神鼓励。如钟敬宽不愿捐献，可参照中共中央〔1971〕12 号文件精神和 1978 年 8 月 24 日中共中央批转上海市委《关于落实党对民族资产阶级若干政策问题的请示报告》中的有关规定，判决由国家收购，价款列入遗产，由钟敬宽继承。

此复。

最高人民法院
复外交部领事司关于外侨的
不动产继承问题的函

1982年6月2日　　　　　　　　　　　　　〔1982〕民他字第22号

外交部领事司：

你司1982年5月11日〔82〕领4字第170号来函收到。

"关于外侨的不动产继承问题"，经研究，基本同意你司的意见。在我国民法公布实行前，有关继承问题，应依据我国婚姻法以及有关规定精神处理：

一、1959年中苏领事条约第20条规定："缔约任何一方公民死亡后遗留在缔约另一方领土上的财产，包括动产和不动产，均按财产所在地国家法律处理"。

二、1954年9月28日外交部、最高人民法院颁布"外人在华遗产继承问题的处理原则"的指示："外人在华遗产继承人范围与我法院处理中国人遗产之继承人范围同"。

三、1979年2月最高人民法院关于贯彻执行民事政策法律的意见："被继承的遗产，首先应由其配偶、子女和父母继承。子女已去世，由其孙子女、外孙子女代位继承。如果没有配偶、子女和父母的，祖父母、外祖父母和兄弟姐妹可继承其遗产"。

四、1955年3月1日外交部"关于在处理外人在华遗产问题中所提出的一些具体问题的答复"："合法继承人与死者不同国籍可准继承其在华遗产"。

据此，苏侨月特里次·安娜斯塔西亚·尼阔拉耶夫娜的在华遗产继承问题应按我国法律处理，其继承人范围与中国人遗产的继承范围相同。故沙里吉夫夫人依法可继承其姐的在华遗产。

此外，案例不具有法律的约束力，不宜作为处理案件的主要法律依据。

最高人民法院民事审判庭关于冯群英与覃国义、覃国伦房屋继承纠纷申诉案的复函

1983 年 8 月 25 日　　　　　　　　　　　　　　〔82〕民他字第 28 号

广西壮族自治区高级人民法院民庭：

关于冯群英与覃国义、覃国伦房屋继承纠纷申诉一案，我们同意你院第一种意见。即：根据冯群英与养祖母、养父母的权利义务关系，她应继承遗产的大部分。小部分由周玉梅继承。周已死，由其子女继承。周的子女如为周的遗产继承发生纠纷，可另案处理。以上意见，供你院处理该案时参考。

附：

广西壮族自治区高级人民法院请示

(1982 年 8 月 26 日)

最高人民法院：

我院审理的冯群英与覃国义、覃国伦房屋继承纠纷申诉一案我们在处理上意见不一致，为慎重起见，特向你院请示。

一、案　情

讼争之房屋坐落于柳州市鱼峰路 126 号，是冯华的祖遗财产，原系简陋的旧木板平房，后经冯华母亲、冯华及冯之前妻潘秀珍数次修建成砖、木结构的瓦面楼房，楼上自住，楼下出租。

冯华和潘秀珍无子女，于解放前和解放后相继接冯群英、冯凤英作养女。1959 年潘秀珍病故。同年冯华被劳动教养。从此冯群英、冯凤英与冯华母亲相依维生，同时还在物资上接济冯华，精神上给冯华安慰。1960 年下半年冯母病故，由冯群英、冯凤英姐妹及其冯家亲属埋葬。1961 年冬冯群英出嫁并参加工作，嫁后仍与冯来往，1962 年冯华获解除劳动教养并在街道就业。不久，将房屋再次修理。1973 年秋，冯华与周玉梅结婚。1974 年 7 月，冯凤英亦病亡。冯、周婚后，因周凶恶和对冯群英姐妹不好，冯劝冯群英少回，冯群英对周也不满意，因此，冯群英就很少回冯家了。

周玉梅与冯华结婚是她的第三次再婚。她第一个丈夫覃天喜,是柳江县福塘公社人,婚生有覃杰朝、覃杰捐、覃国义、覃国伦等四个儿子。1959年覃天喜患精神分裂症上吊自杀而死。1960年周玉梅带着覃杰朝、覃国义、覃国伦等三个小孩与柳州市郊区雅儒大队曾新贵再婚。不久,覃杰朝从工作岗位上下放回柳江县福塘生父家务农。覃国义、覃国伦则继续留下随母亲和继父曾新贵生活。曾、周婚生女孩曾巧玲。1964年,周玉梅和曾新贵离婚,周玉梅带着前夫小孩覃国义、覃国伦独立生活。曾巧玲也跟随生父活过。1970年,覃国伦被招收到南宁手扶拖拉机厂当工人。1971年,覃国义被招收到柳州市活塞环厂当工人。1973年,周玉梅与冯华结婚,家庭成员除夫妻外,尚有冯华原接养的冯凤英。周、冯婚后,覃国义以母子关系常从工厂到冯家和其母亲周玉梅及冯华、冯华养女冯凤英生活。1974年冯凤英病死,覃国义即将自己的户口、粮食关系从工厂转到冯家,并在冯家住、食,对冯华购买的单车也拿来使用。1976年4月,冯华患最后一次病,冯华养女冯群英、冯华妹妹梁家凤以及覃国义对冯华均曾照看护理,冯华死后,后事主要由周玉梅、冯群英、梁家凤及冯华所在组织决意、料理,埋葬费是死者本身的遗款、遗物单车、收音机的变卖款及死者原所在工厂的补助金。冯华欠覃国义之款,经冯群英、周玉梅、梁家凤等人举行的家庭会议决定将冯遗物收音机归覃国义所有以抵偿。覃国义对冯华此次病也参与了照顾,对冯华后事也有所参与,埋葬冯后因国家征用冯的坟地,覃国义还曾将冯华的尸骨迁他处另葬。周玉梅、冯群英、梁家凤等议定,冯华的房屋遗产除由周玉梅居住外,其余出租,以租金维持周玉梅生活。故冯华养女冯群英当时未提出继承主张。

1979年5月,覃国伦从南宁手扶拖拉机厂调往柳州市工作,他将户口直接转到生母周玉梅家,从此母子三人共同生活。1979年7月1日,周玉梅摔跤致死,覃国义兄弟把母亲尸体运回其原籍即其生父家乡坟地埋葬。

周玉梅死后,冯群英诉到法院,要求继承其养父冯华的遗产房屋。覃国义、覃国伦认为冯群英无理,以该房遗产是冯华、周玉梅夫妻共同财产,冯死后,冯的房屋遗产已为周继承,同时,冯生前,已与他俩形成当然的继父子关系,他们也有权继承冯的房屋遗产,因而发生纠纷,诉至柳州市鱼峰区法院,鱼峰区法院于1980年11月第一审判决覃国义兄弟理由不能成立,无继承权。冯华与周玉梅的遗产房屋归冯群英继承。覃国义兄弟不服上诉。第二审柳州市中级人民法院维持原判,第一、二审判决的理由是:周玉梅在改嫁冯华之前,周的两个儿子覃国义、覃国伦均已成年,参加了工作独立生活,非随母改嫁到冯华家。该兄弟俩在冯华家与冯华及其母亲共同生活,是姻亲寄居关系。覃氏兄弟从未承认过冯华是他们的继父,在工厂中所填履历表家庭成员栏也未填冯华是继父。而讼争之遗产房屋,是冯华祖遗,后又经冯华、冯华前妻、冯华母亲改建的房屋,并非冯华、周玉梅夫妻共同生活时所建,在认定夫妻共同财产时不能不考虑这一历史事实。故周玉梅前夫子女无权继承冯华的祖遗财产。

二、我们的意见

我们大多数人意见是周玉梅与冯华是合法的夫妻关系。冯华先周玉梅而死,周玉梅和冯华养女冯群英是冯华遗产的同一顺序的继承人。那么,周玉梅死后,她继承所得的一份财产，当然可以由其亲生儿子，近年又尽过义务的覃国义、覃国伦依法继承。对周这份遗产，作为养女冯群英因相互少来往，可不继承。覃国义、覃国伦与冯华不是继父子关系，虽是姻亲关系，生活上有过互相照顾，覃氏兄弟还参与过后事，但不能因此主张有继承权和财产所有权。鉴于该号房屋是冯华祖遗。冯华与其生母、前妻潘秀珍共同维修改建现状。1959年冯华被劳动教养后，1960年上半年其妻潘秀珍病故后，冯群英尽过埋葬义务，此后冯群英与冯母相依为生。1960年下半年冯母病死，冯群英又尽了埋葬义务，在养祖母、养母死后，作为养孙女和养女的冯群英就已开始继承其养祖母、养母潘秀珍的一份遗产房屋，至冯华死后，养女冯群英又和周玉梅继承养父冯华的一份遗产房屋。因此，即使冯群英不再继承周玉梅份额的房屋遗产，其应继承的份额也应比覃国义、覃国伦多，方显合理，即冯群英应占五分之三或四分之三，覃国义兄弟只占五分之二或四分之一。

以上意见与柳州市鱼峰区人民法院及柳州市中级人民法院的判决不一致，哪一方较为正确、合法？另外一个意见是少数人的意见，认为：覃氏兄弟是以血缘关系主张继承的，他们所能继承的是周玉梅的份额，那么，同血缘的还有原籍的两个兄弟。在雅儒还有曾巧玲。他们虽还未主张继承，但应承认他们有继承权，或者说，覃氏兄弟原籍产业未有分家，尚有房屋财产继承权，曾巧玲在雅儒也另有房产可继承，是否他们都不应争继承周玉梅之遗产了？本案应如何处理较为妥当？请复示。

最高人民法院
关于高原生活补助费能否作为夫妻共同财产继承的批复

1983年9月3日　　　　　　　　　　　　　　〔1983〕民他字第22号

青海省高级人民法院：

你院6月16日〔83〕青法研字第36号《关于退休费能否作为家庭共同财产来继承的请示报告》收阅。经研究，原则上同意你院意见。即肖桂兰的住房补助费应为夫妻双方共有，属于其夫赵泰部分，可由其合法继承人继承，高原生活补助费不属共同财产，应归肖个人所有。

此复。

附：

青海省高级人民法院请示报告

1983年6月16日　　　　　　　　　　　　　　〔83〕青法研字第36号

最高人民法院：

最近，我省西宁市中级人民法院受理了肖桂兰与继子女赵金鑫、赵海玲继承上诉一案。上诉人肖桂兰在其夫赵泰（军队干部）病故前一年退休，领取退休金2100元（其中：住房补助费1500元，高原生活补助费600元）。一审法院将这笔退休金认定为家庭共同财产。肖不服上诉。提出她的退休费不是家庭共同财产，应归她个人所有。

西宁市中级人民法院根据青海省人民政府1980年1月31日青政字39号文批转《关于发给离休、退休干部住房和高原生活补助费的请示报告》中关于"夫妇双方都是干部、或者一方为干部、一方是工人，其住房补助费可按就高的原则，只发给一方"的规定精神，认为肖的1500元住房补助费系夫妻双方共有，属于其夫赵泰的那一半可以作为遗产由肖及其继子女共同继承，至于600元高原生活补助费具有营养保健费的性质，不属共同财产，应归肖本人所有。我院同意西宁市中级人民法院的意见。

妥否，请批示。

最高人民法院
关于在台湾的合法继承人其继承权
应否受到保护问题的批复

1984年7月30日　　　　　　　　　　　　　　〔84〕民他字第8号

北京市高级人民法院：

你院1984年4月24日关于袁惠等4人诉袁行健继承一案的请示收悉。我们意见：一、袁行瀗及袁行廙的五个子女均属合法继承人，他们虽然均在台湾，其合法继承权仍应受到保护。根据党和国家的对台政策，从祖国统一大业的需要出发，在审理上应予以方便。二、袁行瀗既与原、被告均有信件来往，并明确提出继承房产的意见，法院可以通过原、被告代为传递诉讼文书。对袁行廙的5个子女如能通过袁行瀗得知他们下落，亦应照此办理。三、袁行廙的5个子女，如经努力查询，仍然联系不上，可以保留他们的应继承份额，请房管部门代管。四、本案按请示所述情况，不宜中止审理，亦不宜动员原告撤诉。

此复。

附：

北京市高级人民法院请示

（1984 年 4 月 24 日）

最高人民法院：

我市东城区人民法院 1983 年 4 月 22 日受理东民字第 366 号袁惠等四人诉袁行健继承案。

被继承人袁励准于 1918 年购置东城区北池子大街 55 号房产一处，共有房屋四十六间半（四间经租、八间出租、八间半由被告袁行健自住，其余住房文革中全部被挤占，尚未落实政策。）现原、被告双方为继承房产发生争执，故原告起诉。

经查：被继承人袁励准娶妻汪静、妾路舜芬（分别于 1960 年、1982 年死亡）共生有七个子女即袁行宽（男，1942 年去世，生有四个子女），袁惠（女，79 岁，家庭妇女住西城区），袁日方（女，1974 年去世，生有一女），袁行健（男，72 岁，电子工业部第十设计院总设计师），袁薇（女，70 岁，上海糖业烟酒公司退休干部），袁行廣（男，已故，生有五个子女，均在台湾），袁行濂（男，64 岁，在台湾）。据原、被告诉称：袁行濂于 1948 年去台湾现在台北任律师与原、被告均有信件来往。且袁行濂在来信中已明确提出继承房产之意见。原、被告之庶母，即袁行濂生母路舜芬于 1979 年去台湾与袁行濂共同生活，1982 年死于台北。袁行廣亦于解放前去台湾（已故）其所生五个子女系代位继承人亦在台湾。我院认为：目前由于大陆与台湾之间没有公开对话和通讯往来，法院无法通知在台继承人参加诉讼，但案件又不能长期搁置，我们意见可否按份留出他们应继承的财产由房管局代管，否则只能不定期中止审理，或者动员原告撤诉。对这类问题在审理程序上究竟应如何掌握，请予指示。

最高人民法院
关于顾月华诉孙怀英房产继承案的批复

1985年2月27日　　　　　　　　　　　　　法（民）复〔1985〕15号

江苏省高级人民法院：

你院〔84〕民请字第5号《关于顾月华诉孙怀英房产继承案件的请示报告》及补充意见材料均收悉。我院经研究认为，根据本案实际情况，孙怀英有权继承丈夫顾鸿滨的遗产，同时，鉴于她长期经管房屋，付出了代价，在分配遗产时，还应给予适当照顾。

附：

江苏省高级人民法院
关于顾月华诉孙怀英房产继承案件的请示报告

1984年8月18日　　　　　　　　　　　　　〔1984〕民清字第5号

最高人民法院：

我省兴化县人民法院受理了一件房产继承案件，处理没有把握，特请示如下：

原告人顾月华（女，65岁，兴化县人，上海市某合作商店退休职工，现住上海市浦东南路东建二村）与被告人孙怀英（女，67岁，兴化县人，上海市某居民加工组退休职工，现住兴化县昭阳镇）是姑嫂关系。双方所争议的房屋有四间（隔成八小间）原属原告人的祖父顾祥太所有。顾祥太（于1935年以后不久死亡）生子顾秋和，顾秋和先娶梅氏，梅氏约于1910年生子顾鸿滨后不久病亡，到1917年顾秋和又娶邹氏为妻，次年生女顾月华。顾、邹夫妇把儿、女抚养成人。顾鸿滨于1935年左右与孙怀英结婚，顾月华也于同一时期结婚，随夫去上海定居。同年，邹氏亦去上海女儿顾月华处生活。1941年顾秋和病死，邹氏回乡办理了丧事仍去上海，房屋没有明确分割，此后由顾鸿滨、孙怀英夫妇住用，1952年顾鸿滨病死，不久孙怀英因生活困难去上海谋生定居，与婆邹氏、姑顾月华没有往来。

上述房屋于1953年1月由兴化县人民政府发给"契纸执照"。此执照是解放初期人民政府换发的新证，执照中注明，受业主是孙怀英。原业主栏未填姓名。在附注栏中注明：此房是"祖遗产业，原契遗失，补给此照"。发证以后，邹氏是否知道，无法查清，双方当事人在上海期间，房屋由孙怀英租给他人住用。

1975年，邹氏（80岁）在上海死亡，其生前没有提出过处理房屋的主张，是否放弃产权也无法证实，孙怀英于1980年退休回兴化，部分住用此房，其余仍然出租，1981年4月，顾月华得知孙怀英要出卖房屋，即回兴化要求继承母亲的遗产，发生纠纷，诉讼到人民法院。

县、市、省法院在审理中有两种意见：

第一种意见认为：原房主顾祥太在媳妇邹氏于1935年去上海以后不久死亡，他的遗产房屋已被儿子顾秋和继承，顾秋和于1941年病故，该房产即被一起生活的儿子顾鸿滨夫妇继承。1952年顾鸿滨病亡，该房产又全部转移给其妻孙怀英所有。孙怀英长期以来对房屋行使了产权，人民政府又于1953年1月发给她房产执照（即契纸执照），而邹氏于1935年去上海以后，从未主张过房屋产权，事实上放弃了房产权，故邹氏没有遗产房屋可让顾月华继承。

第二种意见认为：原房主顾祥太死亡以后，他的遗产房屋应由其子顾秋和继承，为顾秋和与邹氏夫妇的共有财产，虽然邹氏在1935年去上海女儿顾月华处生活，但她与顾秋和仍是夫妻关系，顾秋和于1941年死亡，邹氏回乡料理了丧事，房屋一直没有分割，而且原房屋至今尚在，只是先后由顾鸿滨、孙怀英管理和使用。尽管在1953年1月人民政府发给的"契纸执照"上注明受业主是孙怀英，但此执照同时注明房屋属"祖遗产业，原契遗失"，发契纸执照时，有没有征求此房共有人邹氏的意见，邹氏是否知道此事，邹氏生前有没有表示过放弃房屋产权均无法证实，上述房屋中的一部分产权应为邹氏所有。邹氏在1975年死亡以后，鉴于其子顾鸿滨早已死亡，也没有留下子女；其媳妇孙怀英也非与她共同生活，故邹氏的遗产应由其女儿顾月华继承，在处理中，可以从具体情况出发，给孙怀英以适当照顾。

我们对此案通过多次讨论，未能取得一致意见，特此请示，请予批复。

最高人民法院
关于朱秀珍继承张裕仁遗产案的批复

（1985年3月28日）

上海市高级人民法院：

你院1984年11月30日〔83〕沪高民上字第9号请示的朱秀珍继承张裕仁遗产案，我院研究认为：朱秀珍与张裕仁的合法婚姻关系，在张裕仁死亡以前，未曾依法解除，且事实上仍有联系；朱秀珍与陈玉林属于非法同居关系。因此，朱秀珍作为张裕仁的配偶，对张裕仁的遗产享有继承权。

本案在程序上，张裕仁的另一配偶何月卿在张死后依法享有的权利，现在还有权利承当人，人民法院就应当通知其参加诉讼。但原审法院没有通知，因此本案以发回重审为宜。

最高人民法院
关于王晏和房屋继承申诉案的批复

1985年4月27日　　　　　　　　　　　　　〔1985〕法民字第10号

湖北省高级人民法院：

你院1984年11月12日鄂法〔83〕民监字第12号关于王晏和房屋继承申诉一案的请示报告及所附案卷五宗均收悉。经研究我们认为：

申诉人王晏和虽然自幼随母吴秀依靠堂姑王秀珊扶助长大，但他一直与生母吴秀保持母子关系，与王秀珊之间不存在养母子关系，故王晏和不应成为王秀珊的合法继承人。第三人颜竹香、吴秀长期与王秀珊居住在一起共同生活，共同劳动，应属于亲友间的互相扶助，她们之间不存在继承与被继承的关系。因此，严家巷7号房屋，不论是属于王顺和夫妇的遗产，还是属于王秀珊的遗产，王照清和王瑞珍都享有继承权利，讼争之房屋应由王照清和王瑞珍继承。但是考虑到颜竹香、吴秀母子与王秀珊曾经多年共同生活的实际情况，可从遗产中给予适当照顾。

附：

湖北省高级人民法院
关于王晏和房屋继承申诉一案的请示报告

1984年11月12日　　　　　　　　　　　　〔1983〕民监字第12号

最高人民法院：

申诉人王晏和，男，现年41岁，汉族，湖北省黄陂县人，系铁道部大桥工程局建筑工程队工人，住武汉市汉阳区五里新村九栋33号。

对方当事人王照清，女，现年65岁，汉族，湖北省黄陂县人，无职业，住武汉市江岸区交易横街19号。

对方当事人王瑞珍，女，现年63岁，汉族，湖北省黄陂县人，无职业，住武汉市武昌区巡迴街74号。系王照清之妹。

第三人吴秀，女，现年68岁，汉族，湖北省黄陂县人，系武汉市江汉区民生旅社退休工人，住江汉区严家巷7号，是王晏和之母。

第三人颜竹香，女，现年66岁，汉族，湖北省武汉市人，系武汉市江汉区前进副食品商店退休工人，住严家巷7号。

当事人王照清和王瑞珍之父王顺和于1937年购有武汉市江汉区严家巷7号二层木板结构房屋一栋，面积为105.23m²。1945年前，王照清和王瑞珍均已出嫁，1946年王顺和去世后，严家巷7号的房屋由王照清和王瑞珍之姐王秀珊（终身未嫁）继承，并向当时伪湖北省汉口市政府进行了"房屋产权"过户登记。解放后，武汉市于1951年进行城市土地房屋产权登记时，该房屋仍登记为王秀珊所有，给予颁发了"土地房屋所有证"，此后一直由王秀珊居住管业。第三人颜竹香是王秀珊的好友，早在1945年被丈夫抛弃后无归宿，就到王秀珊家生活，第三人吴秀是王秀珊的堂弟媳，丧夫后生活困难，亦于1946年带着两岁多的王晏和投靠王秀珊家，共同生活。王秀珊和颜竹香解放前一同跑行商，解放后又一起摆香烟摊和收取房租维持生活。吴秀则在家烧火做饭，浆洗衣裳，操持全部生活事务。1954年，王秀珊为了有一个固定职业，多方筹资入股"良友旅社"，参加工作，以后因患高血压病，又由吴秀去顶了职，与此同时，颜竹香则以摆香烟摊的资金作股份参加了合作商店工作，王晏和至1959年亦参加了工作。她（他）们的工资收入均交王秀珊支配，四人共同生活，和睦相处。1962年王秀珊病故后，由颜竹香主持，吴秀、王晏和、王照清、王瑞珍等共同进行了安葬，颜竹香、吴秀、王晏和3人仍住在严家巷7号，并共同偿还安葬王秀珊时所欠的债务。1964年，在颜竹香的主持下，由吴秀向政府贷款和预收房屋佃户的部分租金，以及拆卖部分木板，对此房进行了一次修理，换了一面砖墙。1965年，王晏和将户口迁到工作单位郑州市大桥局一桥处。次年，"文化大革命"开始，吴秀以代管人的名义将该房无偿交公，不久便与颜竹香分户居住。1981年落实私房政策发还房屋产权时，王照清、王瑞珍向法院诉称："严家巷7号的房屋系父亲所买，姐姐去世后，其房屋应由我们姐妹俩继承"。王晏和则认为他是王秀珊的养子，参加工作后，对王秀珊尽了赡养义务，该房屋应由他继承。武汉市江汉区人民法院经审理，于1982年10月23日判决：严家巷7号的房屋是王秀珊的遗产，王晏和与王秀珊长期共同生活，互尽了义务，已构成事实上的养母子关系，该房屋应由王晏和继承。王照清、王瑞珍不服，向武汉市中级人民法院提起上诉。该院认为：王照清和王瑞珍是王秀珊遗产的合法继承人，各应继承严家巷7号房屋产权的30%；吴秀、王晏和、颜竹香与王秀珊互尽了亲友间的扶助义务，吴秀与王晏和母子应分得该房屋产权的25%；颜竹香应分得该房屋产权的15%。1983年8月24日终审判决后，王晏和不服，多次向我院提出申诉。

我院对此案进行了审理，有两种不同的意见：一种意见认为武汉市中级人民法院终审判决正确，应予维持。理由是：①严家巷7号房屋属王秀珊的遗产，王秀珊生前对此房产权未作任何处分；②王秀珊死后，其房屋遗产无第一顺序的法定继承人继承，理所当然应由第二顺序的法定继承人王照清和王瑞珍继承；③王晏和始终未与生母吴秀脱离关系。自然与王秀珊构不成养母子关系，因而也不是王秀珊遗产的合法继承人；④颜竹香、吴秀、王晏和与王秀珊患难相交，长期在一起共同劳动，共同生活，互尽扶助义务。这种行为值得赞扬和提倡，但这只能视为亲友间的互相帮助，不能成为继承与被继承关系的依据；⑤考虑上述实际情况，在分割王秀珊的遗产时，给予颜竹香、吴秀、王晏和3人适当照顾，酌情分给一部分，是合情合理的。另一种意见认为：王秀珊、颜竹香、吴秀、王晏和长期组合在一起,共同劳动、共同生活、互尽扶养、抚养和赡养义务,事实上已经形成了一个以王秀珊为核心的家庭实体,其所居严家巷7号房屋的产权早已由王秀珊一人所有转化为该家庭全体成员所共有;王秀珊死后,其房屋遗产部分应由颜竹香、吴秀、王晏和共同继承;鉴于王照清、王瑞珍2人平时与王秀珊、颜竹香、吴秀、王晏和的关系尚好,并有些经济往来,又参与了安葬王秀珊等情况,可在分割该房遗产时,对王照清、王瑞珍予以照顾,分给一部分。

考虑该案情况比较特殊,上下意见又不够统一,特此请示,望批复。

最高人民法院民事审判庭
关于招远县陆许氏遗产应由谁继承的电话答复

1985年10月28日　　　　　　　　　　　　〔85〕民他字第24号

山东省高级人民法院民事审判庭:

你院〔85〕鲁法民字第25号《关于招远县陆许氏遗产应由谁继承一案的请示报告》及补充意见均收悉。根据报告查明的情况,经我们研究认为,原则上以承认陆许氏为"五保户"比较合适,其遗产应按最高人民法院《关于贯彻执行民事政策法律若干问题的意见》第47条有关规定处理。入社前,被继承人依靠女儿陆玉芳生活,入社后一个月病故尽管遗产分割多年,陆玉芳要求继承是有道理的。我们的意见:一、承认陆玉芳有继承权;二、原房已卖掉,现只能将陆家村所售房屋价款作为遗产归陆玉芳继承;三、陆家村为陆许氏所花丧葬费和医药费,从卖房款中扣除。并请作好双方当事人的调解工作。此意见系根据本案的特殊情况提出来的变通处理办法,请参照此意见,妥善处理。

附：

山东省高级人民法院
关于招远县陆许氏遗产应由谁继承的请示报告

1985年6月17日　　　　　　　　　　〔85〕鲁法民字第25号

最高人民法院：

　　原告：陆玉芳，女，71岁，农民，招远县蚕庄镇柳行村。

　　诉讼代理人：王松亭，男，44岁，济南铁路局物资工业公司干部，现住济南铁路局招待所。系原告之子。

　　被告：招远县蚕庄镇陆家村。

　　法定代表人：王吉瑞，村干部（支部书记）。

　　陆许氏与其丈夫陆登弟早年结婚，没有子女，收养一女叫陆玉芳，解放前出嫁。陆登弟1940年去世。陆许氏家有瓦房8间、土地4亩，生活由陆玉芳照料。1957年3月19日陆许氏加入本村（陆家村）高级农业生产合作社。入社后一个月陆许氏病故，终年80岁。陆许氏亡故后，陆玉芳即将尸体锁在屋内，要求给其母退社，村、乡政府研究答复，社员死后不能退社。陆玉芳又以母亲死因不明，要求检验，经医生检查，无发现异常。在此情况下，陆玉芳提出条件，按旧风俗办丧事，即：造坟、做棺材、雇吹鼓手，村里按陆玉芳提出的条件办理了丧事，并由当时的支部书记王书堂"摔盆"。陆许氏用药及丧葬费共开支50.77元。陆许氏殡葬后，村里将陆许氏遗产作了分割：动产由陆玉芳继承；不动产瓦房8间（北屋5间，西厢3间），作价300元，以固定资产入账归集体。

　　陆玉芳1980年开始向陆家村提出要继承母亲遗产8间瓦屋。理由：（1）1957年其母是入社，未参加"五保"。（2）从入社到病故只一个月时间，其母未在社里分粮、分草。（3）这些年之所以未提出争议，一是孩子小，二是当时没有妇女继承的政策。

　　陆家村代表人王吉瑞辩称陆许氏1957年入社时已80岁，已失去劳动能力，像她这样的户一入社就享受"五保"待遇。之所以没分粮、分草是未到分配季节。陆许氏死后是按陆玉芳提出的条件由村里发的丧。发丧后就分割了财产，这有当时的支部书记王书堂作证。事隔20多年，现在再反悔不行；类似陆许氏这样的户1956年入社的就有6户，如果陆玉芳将其母遗产要回，其他"五保"户的法定继承人也提出继承怎么办？

　　此案开始是经招远县政府批示镇政府处理，调解不成。陆家村于1983年将8间瓦房以3000元卖掉。陆玉芳于1984年诉到县法院，该院曾作过调解（让村里把房价的一半1500元给陆玉芳），村里不同意。调解不成。县院决定，维持原来财产分割的结果，陆玉芳不再继承其他遗产。请示烟台市中级法院。中院同意县法院意见。但感到拿不准，请示省院。

省院研究，有两种意见：（一）根据 1956 年 6 月 30 日第一届全国人民代表大会第三次会议通过的《高级农业生产合作社示范章程》第七条和第五十三条规定精神，陆许氏"五保"应予认定。虽然当时对陆许氏遗产的处理有些不合理，但财产分割已 20 多年，参照国务院 1958 年 3 月 29 日给司法部的《关于农业生产合作社中五保户死后的私有财产处理问题的批复》和 1979 年最高人民法院《关于贯彻执行民事政策法律的意见》的规定精神，现在不宜变动。（二）1957 年陆许氏入社时已 80 岁，入社前依靠女儿生活。入社一个月病故，并未享受村里的任何照顾，陆玉芳要求继承母亲遗产不无道理。陆玉芳继承遗产时，对村里为殡葬陆许氏的花费等，可按最高人民法院 1984 年《关于贯彻执行民事政策法律若干问题的意见》（47）条规定由陆玉芳偿还。

因此案涉及政策界限问题，处理好与不好影响较大，为慎重起见，特此报告，请予批复。

最高人民法院
关于张寿朋、张惜时与王素卿继承案的批复

1985 年 11 月 20 日　　　　　　　　　　　　　　　　〔1985〕法民字第 39 号

辽宁省高级人民法院：

你院 1985 年 8 月 1 日关于张寿朋、张惜时与王素卿房屋继承纠纷一案处理意见的请示报告收悉。

从报告及附材料看，双方讼争的房屋，系张利堂与其妻张陈氏、妾王素卿、儿媳李长春等人所共有。张陈氏、张利堂先后于 1938 年、1950 年病故。1949 年张利堂将房屋登记在自己名下，1951 年张寿朋等 3 人又将该房屋作为张利堂个人遗产办理了"继承"手续。但有关当事人对房屋并没有进行分割，长期以来仍为王素卿、李长春等人共同使用。1959 年王素卿、张寿松与李长春、张寿朋分居时，双方共同商定：正东房 3 间由王素卿、张寿松居住，东厢房出租，租金由王素卿收用；正房西 3 间由李长春、张寿朋居住，西厢房出租，租金由李长春收用。"文革"期间，共同"申请"交公。1981 年落实房屋政策发还时，双方为王素卿的赡养问题引起对房屋产权讼争。

根据上述事实，我们研究认为，讼争人双方于 1959 年分居时，实际上已对共有房屋作了分割，而后各自独立行使权利已 20 余年，互无争议。此案应依法确认 1959 年析产有效，不宜再以房屋继承纠纷处理。

最高人民法院
关于对分家析产的房屋再立遗嘱变更产权其遗嘱是否有效的批复

1985年11月28日　　　　　　　　　　　　　〔1985〕民他字第12号

四川省高级人民法院：

你院〔85〕川法民字第3号《关于处理张家定、张家铭、张家慧诉张士国房屋产权纠纷一案的请示》收悉。关于建国前已经析产确权，能否再予重新分割或立遗嘱继承等问题，经研究答复如下：张家定之祖父张文卿（张士国之父）于1948年将其家中自有房宅，除自己居住的一处外，其余四处均分给四个儿子。建国后由人民政府颁发了产权证。1953年张文卿召开有镇政府干部参加的家庭会议，经协商，重新调整各自分得的房产，以清偿分家前的债务，立了经镇政府认可的"房屋分管字据"，均无异议。1955年张文卿夫妇将调整给二儿媳的房产，又立遗嘱由四子张士国"继承"。1966年巫溪县人民法院按"遗嘱"作了调解。二儿媳的女儿张家定等人不服，提起申诉。据上，我们认为，对张家在1948年析产后，经财产所有人共同协商，于1953年分家时达成的各自管业且已执行多年的房产协议，应予以维护。张文卿夫妇于1955年所立"遗嘱"无效。

此复。

附：

四川省高级人民法院
关于张家定、张家铭、张家慧诉张士国房屋产权纠纷一案的请示

（1985年2月7日）

最高人民法院：

万县地区中级人民法院受理张家定等三姊妹诉张士国房屋产权纠纷上诉一案，经审理，因适用政策拿不准向我院请示。经查阅案卷，查明：

上诉人（原审原告）张家定、张家铭、张家慧三姊妹与张士国（原审被告）系侄叔关系。张士国的父亲张文卿在巫溪县城厢镇有房屋五幢。1948年张除留住解放街67号（49.7平方米）外其余房屋分给四个儿子管业。大儿张士鸿（1951年死亡）分得解放街

63号（88平方米）；二儿张鸣九（原告张家定之父）分得解放街10号；三儿张士鹏（1948年死亡）分得解放街65号（88.5平方米）；四儿张士国分得人民街15号（157，2平方米）。分别领取了管业证。1951年7月张鸣九因反革命罪被镇压，并没收解放街10号全部房屋，张家定姊妹和其母肖庆兰等四人搬住人民街15号原分给张士国（在外工作）的房屋居住。1952年9月土改结束后，除张家定房屋被没收，其他均按1948年其父亲主持分家时分得的房屋向政府登记换发了管业证（人民街15号房屋由张士国登记）。1953年张文卿经张士国同意，将人民街15号房屋铺面出卖（70多平方米）。同年10月，王春和要张文卿偿还其子张鸣九解放前所欠债务时，张欲将大儿媳和三儿媳的房屋各一半出卖还债，遭拒绝发生纠纷。经镇公所和街道解决，张文卿将1948年已经分割，解放后被我政府承认，并已分别登记在各自名下的房屋重新分割，大儿媳杨淑清和三儿媳李美清分解放街63号各一半（原分给大儿媳）；二儿媳肖庆兰（张家定之母）分人民街15号前屋（原分给张士国）；张士国分人民街15号后屋（32.4平方米）和解放街67号（原张文卿居住）；张文卿住解放街65号（原分给三儿媳）。张文卿写了分家契，当时除张士国在外工作未参加外，其余均无异议，都签名盖章（镇公所和街道干部均签名）。1955年2月张文卿将放街65号房屋出卖。同年2月，张文卿夫妻以张家定之母肖庆兰败坏门风为由立遗嘱：人民街15号房屋属张士国所有，张家定三姊妹出嫁之前寄居。张文卿夫妇于当年先后死亡。1959年张士国将解放街67号房屋出卖。1964年张士国要收回人民街15号房屋与张家定发生纠纷，向巫溪县人民法院起诉，要求以1948年分家管业，1952年政府发给的管业证，确认房屋产权。张家定要求以1953年分管字约管业。

巫溪县人民法院于1966年1月27日主持召集镇、段干部和当事人参加调解，决定：一、人民街15号房屋产权属张士国所有；二、私房改造问题除留张士国现住房屋外，其他全部纳入改造。1983年7月，张家定三姊妹以"1966年1月，巫溪县人民法院的处理是极左路线的影响，是政治形势所迫（系反属），要求按1953年10月分管的房屋明确产权"为由，向巫溪县人民法院起诉。县法院经审理，于1984年5月7日〔84〕院民字第11号民事判决：张家定、张家铭、张家慧与张士国房屋产权以现住况为准，即人民街15号房屋前二间半（43.85平方米）归张士国所有；后两间（42.77平方米）归张家定、张家铭、张家慧所有。宣判后，双方不服，提出上诉。

万县地区中级人民法院经审理，对适用政策有两种意见：多数同志认为张士国1948年分得的祖业房屋于1952年经政府换证确认了产权，张文卿重新分割和立遗嘱无效。诉争之房屋产权应属张士国所有。少数同志认为，张文卿1953年为偿还1948年分家前所欠的债务，对经政府登记换证的房屋重新进行分配，镇政府认可，各方均同意，并行使了所有权，应予有效。

经我们研究，有两种意见：第一，认为张文卿1948年将祖业房分给四个儿子，1952年土改结束后，政府确认了1948年的析产，换发了管业证，1953年张文卿重新对房屋处分，否认了1952年土改中的确权，视为无效，应以土改时登记的管业证为准。第二，认为以张文卿1953年重新分割确权处理较妥。其理由是，张文卿在1953年为偿还1948年分家前所欠的债务和其二儿子张鸣九土改时因反革命罪被镇压没收了全部房屋，三个孙女和儿媳无房居住的实际问题（没收全部房屋虽不符合政策规定，但此类问题现无法解决），由镇政府主持认可。张文卿将房屋调整重新分割，写了契书，各方均签字执行。签字时张士国虽在外工作不在场，但事后无异议，并行使了所有权，将1953年分得的解放路67号房屋（原张文卿居住）出卖。对此，我们没有把握，特此请示。

最高人民法院
关于未成年的养子女，其养父在国外死亡后回生母处生活，仍有权继承其养父的遗产问题的批复

1986年5月19日　　　　　　　　　　　〔1986〕民他字第22号

福建省高级人民法院：

你院1985年12月10日《关于泉州市戴玉芳与戴文良析产、继承上诉案中黄钦辉有无继承权的请示报告》收悉。

据报告称，戴文化、戴文良兄弟二人于1929年至1931年先后从菲律宾回国在泉州市新街41号建楼房一座，由其父母戴淑和、林英蕊等人居住。1942年戴母林英蕊收黄钦辉为戴文化的养子。黄钦辉与祖母林英蕊共同生活，由其养父戴文化从国外寄给生活费和教育费，直至1955年戴文化在国外去世。当时黄钦辉尚未成年，后因生活无来源于1957年回到生母处。1980年黄钦辉向法院提起诉讼，要求继承其养父戴文化新街41号楼房遗产。

经我们研究认为：黄钦辉于1942年被戴文化之母林英蕊收养为戴文化的养子，直至1955年戴文化去世，在长达13年的时间里，其生活费和教育费一直由戴文化供给。这一收养关系戴文化生前及其亲属、当地基层组织和群众都承认，应依法予以保护。

关于黄钦辉是否自动解除收养关系或放弃继承权的问题，黄钦辉因养父戴文化1955年在国外去世，当时本人尚未成年，在无人供给生活费，又无其他经济来源的情况下，不得不于1957年回到生母处生活，对此不能认为黄钦辉自动解除了收养关系。黄钦辉在继承开始和遗产处理前，没有明确表示放弃继承，应当依法准许其继承戴文化的遗产。

最高人民法院
关于韩荷敏等人与宁桂兰等人
房屋继承案的批复

1986年6月10日　　　　　　　　　　　　　〔1986〕民他字第25号

辽宁省高级人民法院：

你院关于韩荷敏等人与宁桂兰等人房屋继承一案的请示报告收悉。

据你院报告及所附卷宗材料介绍：被继承人韩子良1917年与宁桂兰结婚，生七个女儿，1944年又纳迟秀兰为妾，生四女二子。1945年至1947年，韩家先后购买房屋三处，共五十七间。1952年，韩子良与其妻、妾对五十七间房屋分别作了登记，各自领取了房产执照，具体登记在韩子良名下二十四间，宁桂兰名下十五间，迟秀兰名下十八间。1957年私房改造时，韩子良、宁桂兰、迟秀兰三人名下的房屋归为一户改造，宁桂兰、迟秀兰名下的三十三间房屋全部纳入改造，韩子良名下的二十四间房屋，明确批准作自留房八间，其余十六间既未批准作自留房，也未纳入改造。1978年韩子良病故。1980年8月，房产部门正式批准二十四间房全部作为韩家自留房。同年9月，宁桂兰的长女韩荷敏私自到房产部门办理"继承分割"手续，领取了宁桂兰、迟秀兰及宁桂兰所生六名年长女儿每人三间房屋的产权执照。1980年11月，迟秀兰和其六名子女向法院起诉，要求继承、分割韩子良的遗产。

我们研究认为，韩子良家的五十七间房屋，是韩子良与其妻宁桂兰、妾迟秀兰婚姻关系存续和共同生活期间购买的。1952年夫、妻、妾分别登记，领取了房产权执照。1957年私房改造时，韩子良、宁桂兰、迟秀兰各自名下的房产归为一户改造，将韩子良一人名下的房屋留为全家作自住房，故不能认为所留自住房原产权登记在韩子良名下，就归其个人所有。至于1965年韩子良自行处分共有房产，向房产部门送交"变更房产所有权申请书"，以及1980年韩荷敏等人把共有房产作为韩子良的遗产办理"继承分割房产执照"等，都是无效的民事行为。据此，我们意见，本案诉争的二十四间房屋，作为韩子良、宁桂兰、迟秀兰的共有财产分割后，可将属于韩子良的份额，由其妻、妾及十三名子女依法继承。在分割韩子良的遗产时，可根据各继承人的实际情况，合理分配。

最高人民法院
关于财产共有人立遗嘱处分自己的财产
部分有效处分他人的财产部分无效的批复

1986年6月20日　　　　　　　　　　　　　〔1986〕民他字第24号

广东省高级人民法院：

你院〔86〕粤法民字第16号请示报告收悉。关于刘坚诉冯仲勤房屋继承一案，经研究，我们基本同意你院审判委员会讨论的第一种意见。双方讼争的房屋，原系冯奇生及女儿冯湛清、女婿刘卓三人所共有。冯奇生于1949年病故前，经女儿冯湛清同意，用遗嘱处分属于自己和冯湛清的财产是有效的。但是，在未取得产权共有人刘卓的同意下，遗嘱也处分了刘卓的那一份财产，因此，该遗嘱所涉及刘卓财产部分则是无效的。在刘卓的权利受到侵害期间，讼争房屋进行了社会主义改造，致使刘卓无法主张权利。现讼争房屋发还，属于刘卓的那份房产应归其法定继承人刘坚等依法继承。

此复。

最高人民法院
关于土改时部分确权、部分未确权的
祖遗房产应如何继承问题的批复

1987年4月25日　　　　　　　　　　　　　〔1987〕民他字第48号

湖南省高级人民法院：

你院1986年湘字第1号《关于处理房屋纠纷的有关问题的请示报告》及1987年2月24日补充报告收悉。

据你院报告称：双方讼争的4间房屋系刘验福（1927年故）、田二妹（1960年故）夫妇于1912年所建。1952年土改时，将其中3间房屋确权为田二妹及养子刘志国（1982年故）、儿媳向翠莲、孙儿刘射仁4人所有，另1间房屋未确权。田二妹之女刘志珍1927年出嫁。1953年刘志珍迁回与其母田二妹一起生活，对田二妹的生养死葬等尽了主要义务。1983年刘志珍以四间房屋系父母遗产，她应继承1/2为由，诉讼到法院。

经研究，同意你院审判委员会的意见，即处理这类案件一般应以土改时确定的产权为准。1952年确权的3间房屋，应归田二妹与其养子刘志国、儿媳向翠莲、孙儿刘射仁4人所共有。该共有房屋中属于田二妹的那一部分房屋和土改未确权的1间房屋，可以作为田二妹的遗产，由其法定继承人共同继承。因刘志珍与其母共同生活，尽了主要赡养义务，分配遗产时可以多分。

最高人民法院
关于父母的房屋遗产由兄弟姐妹中一人领取了房屋产权证并视为己有发生纠纷应如何处理问题的批复

1987年6月15日　　　　　　　　　　　　　〔1987〕民他字第16号

广东省高级人民法院：

你院粤法民字〔1987〕31号《关于惠阳地区中级人民法院请示的上诉人钟秋香、钟玉妹诉钟寿祥房屋纠纷一案的报告》及卷宗收悉。

据你院报告称：钟和记（1941年故）与妻子苏衬（1926年故）、继妻王细（1984年故）先后生有四个儿女，即：钟妙（1976年故）、钟秋香、钟玉妹、钟秋胜（1981年故）。1940年钟和记与王细夫妇收养了钟寿祥（当时12岁）。1939年、1940年钟和记和王细购置房屋六间，钟和记死后，由王细、钟玉妹、钟秋香、钟寿祥等长期居住。1973年钟秋香将自己居住的那部分房屋进行了改建。钟寿祥曾以自己的名字，于1947年、1953年、1960年先后领取了六间房屋所有权证。王细于1984年死后，钟寿祥便在1985年将部分房屋拆除改建，并将其中部分房屋宅基地给其子使用，为此，双方发生纠纷。

经研究，同意你院审判委员会的意见。即根据该房产的来源及使用等情况，以认定该屋为钟和记、王细的遗产，属钟秋香、钟玉妹、钟寿祥、钟妙、钟秋胜5人共有为宜。钟寿祥以个人名义领取的产权证，可视为代表共有人登记取得的产权证明。钟妙、钟秋胜已故，其应得部分由其合法继承人继承。以上意见供你院批复时参考。

最高人民法院
关于冯钢百遗留的油画等应如何处理的批复

1987年6月17日　　　　　　　　　　　　　〔1987〕民他字第17号

广东省高级人民法院：

你院〔1986〕粤法民上字第38号关于冯贵真与冯学平等4人继承纠纷一案的请示报告收悉。

据报告称，画家冯钢百于1984年10月病逝后，其子女为其父所绘油画32幅和绘画工具等的处理发生争执：冯贵真要求继承部分油画；冯学平等四人则认为，其父是我国著名的油画家，所遗油画有一定的艺术价值，不同意分割，主张按其父的遗愿将油画全部献给国家。为此，冯贵真向人民法院提起诉讼。

经与有关部门研究后认为，冯钢百生前所绘油画虽有一定艺术价值，但仍属可分割的遗产，他生前表示将其油画献给国家的意愿不是遗嘱。因此，冯钢百遗留的油画等遗产应根据我国继承法的有关规定，由其子女冯贵真、冯约素、冯振玉、冯磊、冯学平等人继承。

最高人民法院
关于产权人生前已处分的房屋死后
不应认定为遗产的批复

1987年6月24日　　　　　　　　　　　　　〔1987〕民他字第31号

贵州省高级人民法院：

你院《关于陶冶与邓秀芳财产继承一案的请示报告》收悉。据报告称，陶庭柱、陶齐氏夫妇生有一子（陶国祥）二女（陶冶，另一女早亡）。陶庭柱于1924年死亡，遗有祖遗房屋3间。陶齐氏于1941年将3间房屋过户在儿子陶国祥名下并交了该房产权状。解放后该房产权仍由陶国祥登记，并管理使用达40余年。直至1968年陶齐氏死亡时，双方均未提出异议。1983年陶国祥死亡后，陶冶以房屋系父母遗产为由要求继承。陶冶有无权利继承此房。

我们研究认为，此案讼争房屋虽系祖遗产，但陶齐氏已将产权状交与陶国祥，并在两次产权登记和私房改造中，均确定由陶国祥长期管理使用，陶冶在陶齐氏生前从未提出异议。据此应当认为该房产权早已转归陶国祥、邓秀芳夫妻共有。陶国祥死后的遗产，依法应由邓秀芳及其子女继承。陶冶无权要求继承。

此复。

最高人民法院民事审判庭
关于未经结婚登记以夫妻名义同居生活一方
死亡后另一方有无继承其遗产权利的答复

1987年7月25日　　　　　　　　　　　　　〔1987〕民他字第40号

辽宁省高级人民法院：

你院关于未经结婚登记以夫妻名义同居生活，一方死亡后另一方有无继承其遗产权利的案情报告收悉。经研究认为，在本案中，不能承认刘美珍与栾庆吉为事实婚姻。

至于栾庆杰死亡后遗留的财产，可按财产纠纷处理。

附：

辽宁省高级人民法院
关于未经结婚登记以夫妻名义同居生活一方死亡后
另一方有无继承其遗产权利的案情报告

原告人：刘美珍，女，28岁，辽宁省盖县九寨村农民。

被告人：栾焕章，男，58岁，住址同上，系工人。

栾焕章之子栾庆吉与刘美珍于1983年12月，未履行结婚登记，即举行结婚仪式后以夫妻名义同居生活。15天后，栾庆吉、刘美珍与其父母分居另过。1985年7月7日栾庆吉在帮助沙宪洲家打井时，不慎触电死亡。沙家付给栾家补偿费3500元，经镇司法助理调解，栾庆吉之父栾焕章得2600元、刘美珍得900元。栾秋吉共同生活期间的财产有：

一、刘美珍的个人财物29件，价值232元；

二、栾庆吉的遗产9件，价值395元；

三、刘、栾同居期间的共同财产35件价值1044.4元。

另外，刘、栾"婚后"居住的房屋两间半是栾庆吉父母给他们的。

栾庆吉死后，刘美珍诉讼到法院，要求分割共同财产和继承栾的遗产，栾的父母栾焕章、沙素梅不同意刘的请求。

盖县人民法院按继承纠纷立案，于1986年11月17日审理认为刘、栾虽未登记结婚，已共同生活近2年，属于事实婚姻，在法律上享有夫妻间的一切权利。刘不但对婚姻关系存续期间的共同财产享有分割权，而且对其夫栾庆吉的遗产有继承权。栾焕章、沙素梅不准刘美珍继承是无理的。故依法判决：

（一）刘美珍的个人财产归其个人所有；
（二）共同财产7件，归刘美珍所有；
（三）共同财产28件和栾庆吉的个人遗产归栾焕章所有。

宣判后，栾焕章、沙素梅不服，以刘美珍与栾庆吉未办结婚登记手续，不是合法婚姻关系，不能以配偶的身份取得遗产继承权为由，提起上诉。

营口市中级人民法院审理并经审判委员会讨论，有两种意见：

一、认为刘美珍与栾庆吉系自由恋爱，虽未办结婚登记手续，但事实上举行了结婚仪式，共同生活近二年，俩人感情较好，为群众所公认，除未登记外，其他都符合婚姻法规定的结婚条件，属事实婚姻，国家对事实婚姻是采取有条件的承认的，所以刘美珍应以配偶的身份取得继承权。

二、认为刘美珍与栾庆吉未履行结婚登记手续，即同居是违法的。婚姻登记不是可有可无的，它和婚姻法的其他规定一样都是社会主义法制的组成部分，不登记就是违背国家法律，因此，不能确立其合法的夫妻关系，不能以配偶的身份取得合法继承权。

省法院合议庭经过评议亦有两种意见：

第一种意见认为，刘美珍不应享有合法继承权。理由是：（一）婚姻法第七条明确规定："要求结婚的男女双方必须亲自到婚姻登记机关进行结婚登记……取得结婚证，即确立夫妻关系"。只有履行这一法定程序，才能确立是合法的夫妻关系。（二）婚姻法、继承法所说的夫妻间相互有继承遗产的权利，一般地说，是指的合法夫妻，而不是事实婚姻。（三）刘美珍、栾庆吉是在新婚姻法公布后，经过宣传贯彻3、4年没有任何压力的情况下，未履行结婚登记手续，即行同居生活，是一种故意违法行为，如果承认他们互相间的继承权，就等于承认他们是合法夫妻，这不仅是不严肃的，而且也是不利于维护社会主义婚姻家庭关系的巩固与发展。（四）鉴于刘美珍、栾庆吉共同生活近一年零七个月，生活上互相照顾，所以，可从栾庆吉遗产中分出一定份额，照顾给刘美珍。但是原审法院把刘美珍、栾庆吉作为合法夫妻进行保护，刘美珍享有夫妻间的继承权利是不妥的，本案应按财物纠纷处理为宜。

另一种意见认为，刘美珍与栾庆吉虽未履行结婚登记手续，但事实上举行了结婚仪式，共同生活一年零七个月，已为群众所公认，是事实婚姻。栾庆吉死后，刘美珍享有夫妻间的一切权利，应按继承案件处理，保护刘美珍的合法继承权。

最高人民法院民事审判庭
关于钱伯春能否继承和尚钱定安遗产的电话答复

1987年10月16日　　　　　　　　　　　　〔1986〕民他字第63号

上海市高级法院：

你院〔86〕沪高民他字第4号函请示的钱伯春能否继承和尚钱定安遗产的问题，经研究认为：

1. 我国现行法律对和尚个人遗产的继承问题并无例外的规定，因而，对作为公民的和尚，在其死后，其有继承权的亲属继承其遗产的权利尚不能否定；

2. 鉴于本案的具体情况，同意对和尚钱定安个人遗款的继承纠纷，由受理本案的法院在原、被告双方之间作调解处理。

请你院按照我院审判委员会的上述意见办理。对你院的请示报告不再作文字批复。

附：

上海市高级人民法院
关于钱伯春能否继承和尚钱定安遗产的请示报告

1986年9月4日　　　　　　　　　　　　〔86〕沪高民他字第4号

最高人民法院：

钱伯春的叔父钱定安在解放前是上海清凉寺和尚，解放初还俗，以设摊卖香烟为生，与一妇女同居，未生育，其妻于1973年死亡。1981年钱定安到上海玉佛寺当和尚，因脑溢血于1984年9月26日死亡，丧葬由玉佛寺料理。不久其兄（即钱伯春之父）也死亡。其弟表示放弃继承。钱伯春凭本市黄浦区公证处出具的继承权公证文书，从银行提取了钱定安的遗产1500元存款。之后，钱伯春又去玉佛寺要求继承已被该寺收取的钱定安的其他遗产计存款2700元和国库券100元等，该寺不允。

上海市宗教事务管理局和佛教协会认为，宗教有特殊性，按照佛教的传统，和尚的生养死葬均由寺庙负责，他们的遗产归寺庙所有，故应尊重佛教传统，和尚的遗产继承人不得继承。

我院民庭有两种意见。一种意见：应遵照国家宗教政策，和尚的生养死葬均由寺庙负责，与家庭已无权利义务关系。因此和尚的遗产应归寺庙所有。另一种意见：继承法对此没有特别规定，和尚的继承人依法应有继承权。

我院审委会意见：我国宪法、民法通则和继承法都规定，保护公民的私有财产的继承权。继承法对和尚遗产的继承无例外规定，因此和尚的继承人依法可以继承。因涉及宗教政策，为慎重处理，特报告你院，请批示。

最高人民法院
关于继承开始时继承人未表示放弃继承遗产又未分割的可按析产案件处理问题的批复

1987年10月17日　　　　　　　　　　　　　　〔1987〕民他字第12号

江苏省高级人民法院：

你院《关于费宝珍、费江诉周福祥析产一案的请示报告》收悉。

据你院报告称：费宝珍与费翼臣婚生三女一子，在无锡市有房产一处共241.2m^2。1942年长女费玉英与周福祥结婚后，夫妻住在费家，随费宝珍生活。次女费秀英、三女费惠英相继于1950年以前出嫁，住在丈夫家。1956年费翼臣、费宝珍及其子费江迁居安徽，无锡的房产由长女一家管理使用。1958年私房改造时，改造了78.9m^2，留自住房162.3m^2。1960年费翼臣病故，费宝珍、费江迁回无锡，与费玉英夫妇共同住在自留房内，分开生活。1962年费玉英病故。1985年12月，费宝珍、费江向法院起诉，称此房为费家财产，要求周福祥及其子女搬出。周福祥认为，其妻费玉英有继承父亲费翼臣的遗产的权利，并且已经占有、使用四十多年，不同意搬出。原审在调查过程中，费秀英、费惠英也表示应有她们的产权份额。

我们研究认为，双方当事人诉争的房屋，原为费宝珍与费翼臣的夫妻共有财产，1958年私房改造所留自住房，仍属于原产权人共有。费翼臣病故后，对属于费翼臣所有的那一份遗产，各继承人都没有表示过放弃继承，根据《继承法》第二十五条第一款的规定，应视为均已接受继承。诉争的房屋应属各继承人共同共有，他们之间为此发生之诉讼，可按析产案件处理，并参照财产来源、管理使用及实际需要等情况，进行具体分割。

最高人民法院
关于方巧娣赠与不能成立应否按法定继承处理问题的函（节录）

1987年11月5日　　　　　　　　　　〔1983〕民监字第1502号

广东省高级人民法院：

你院于1982年10月5日审理判决的徐应祥诉方兴桂房屋继承案，因徐应祥不服，向我院申诉，经我院审判委员会讨论认为：

一、你院认定方巧娣将讼争房屋赠给方兴桂缺乏事实和法律依据。第一，根据政务院1950年颁布的《契税暂行条例》规定，房屋赠与要由双方订立契约，并办理过户纳税手续。此案既没有办理过户纳税手续，也没有赠与契约，不符合房屋赠与的规定。第二，方瑞英、罗咏陶、何泽其的证言都是间接证据，并且是彼此孤立的，无旁证可资印证，证据力不足。1962年方兴桂去香港前，是方巧娣书面委托罗咏陶代管房屋，方兴桂照此委托书将产权证和租簿等转交罗咏陶。所收租金，除缴纳房地产税和房屋修缮费用外，作为徐景泰胞姊徐保娣的生活费。此节为罗咏陶证实，亦为方兴桂所承认。这说明行使该房屋所有权的是方巧娣而不是方兴桂。即便方巧娣在1957年时曾有过将房屋产权赠给方兴桂的意愿，其1962年的行为也足以证明改变了原有的意愿。因此，方巧娣将房屋赠给方兴桂是不能成立的。

二、方巧娣既然生前对争执房屋未作过处分，其死亡时该项房产应作为遗产由其丈夫徐景泰继承。方兴桂属于第二顺序继承人，在有第一顺序继承人的情况下，不享有继承其胞姊遗产的权利。徐景泰在香港所作的遗嘱不违反我国法律，应认定有效。徐应祥依据该遗嘱取得所争执的房屋所有权，应予准许。

三、（略）

最高人民法院民事审判庭
关于王安贵诉王景斋继承案的电话答复

1987年12月16日　　　　　　　　　　　　〔1987〕民他字第68号

山东省高级人民法院：

　　关于你院请示的王安贵诉王景斋继承一案，经研究，现电话答复如下：

　　我们基本上同意你院审判委员会倾向性的意见，即观海一路10号的四间自住房，属李淑安、王景斋所共有。李淑安病故后，对自留的四间房屋，可按先析产后继承原则进行处理。在具体分割时，要考虑子女们对被继承人所尽义务的多少以及房屋的结构、长期使用状况等因素，妥善处理。

附一：

山东省高级人民法院
关于王安贵诉王景斋继承一案的请示报告

1986年7月29日　　　　　　　　　　　　〔86〕鲁法民字第61号

最高人民法院：

　　我省青岛市市南区人民法院受理的王安贵、王银霞、王凤霞诉王景斋继承一案，自1975年以来，先后经第一、二审多次处理，至今没有了结，主要是对如何处理意见不一致。为慎重起见和正确执行政策，在判决前特向最高人民法院汇报请示，现将该案的主要案情及第一、二审和我院的初步处理意见报告如下：

　　原告：王安贵，女，50岁，汉族，原籍辽宁省营口市，系青岛市黄海制药厂技师，住青岛市观海一路10号。

　　原告：王银霞，女，52岁，汉族，原籍辽宁省营口市，现在山东聊城农科所工作（委托王安贵代理）。

　　原告：王凤霞，女，61岁，汉族，原籍辽宁省营口市，系青岛台西一路托儿所退休工人。

　　被告：王景斋，男，48岁，汉族，原籍辽宁省营口市，系青岛市邮电局干部，住青岛市观海一路10号。

　　委托代理人：刘柏林，青岛市法律顾问处律师。

原、被告系姐弟关系。其父王兴周于1949年病故，遗有青岛市台西三路128号房屋72间，观海一路10号房屋12间。王兴周有法定继承人6名，即，妻李淑安，前妻儿子王阳斋（在原籍，1980年病故），长女王凤霞，1945年出嫁，次女王银霞，时年15岁，三女儿王安贵，时年13岁，儿子王景斋，时年10岁。王兴周故后，继承人对遗产未分割。李淑安与王银霞、王安贵、王景斋一起生活。1952年房地产登记时，王银霞（时年19岁）和王翠霞（即王安贵，时年17岁）向房产登记机关出具放弃继承的证明。"观海一路10号的房屋的产权归弟王景斋继承（现在否认）"，于是台东三路128号的72间房屋由李淑安继承登记，观海一路10号的12间房屋由王景斋继承登记。并分别于1953年4月14日和1953年6月30日在青岛日报公告，一个月后无异议发给房产证。

1958年对私房进行社会主义改造时，台东三路及观海一路的两处房屋均符合改造起点。因此，房管机关以两个房主一个家庭只留一处自留房的原则，根据王景斋的申请（李淑安没有申请），经房管部门批准，按三口人（李淑安、王安贵、王景斋）给留观海一路10号住房2间、厨房一间，储藏室一间，共42.96平方米作为自留房，余者全部改造定息全家共同享用。

1959年其母李淑安患病，当时王银霞、王安贵均在外地工作，王景斋在济南上大学，为照顾其母，姐弟三人共同商量，让王安贵辞职回青，将户口迁回青岛，落于观海一路10号居住至今。1962年1月18日李淑安病故，1966年10月王景斋让王安贵申请将房交公，从此王安贵按月交纳全部租金。1968年5月因姐弟二人闹矛盾，经市南房办，派出所及街道办事处将房屋分开各自交房租，1974年6月王景斋从外地调回青岛工作后，即享受房租补贴，并交纳全部房租，直至1981年私房发还。

1975年2月王景斋以王安贵不纳房租，撵其搬家倒房为由起诉法院，市南区法院于1976年12月25日判决后，王安贵不服上诉，青岛市中级人民法院于1977年5月14日判决，对一审判决作了部分改判。第二审判决后王景斋提出申诉，青岛市中级人民法院复议认为：原第一、二审判决，事实不清，标的不明，适用法律不当，于1980年5月27日以〔79〕民监字第3号撤销原第一、二审判决，待此房落实政策后，自行协商解决。

1980年12月王安贵、王银霞、王凤霞向市南区法院起诉要求依法继承其父母遗产。区法院受理后，经审理于1980年5月27日判决，以1952年房产登记时原告出具证明同意将观海一路10号的房屋归王景斋继承。1958年的自留房是给房主王景斋留的，此房不属遗产。将原告起诉驳回，原告不服上诉中院，中院于1983年1月22日以原判决事实不清，适用法律不当，发回重审，并附内函一份。市南区法院重新审理后认为：

1. 1952年房产登记时，王安贵、王银霞对产权已放弃继承，后来知道产权转移也没有主张权力，应视为放弃，因此，登记是有效的。

2. 1958年对私房进行社会主义改造是对房主改造，自留房是给产权人留的，因此，自留房的产权仍属原房主所有。

3. 根据青岛市房产局〔84〕青房管字第4号复函精神，观海一路10号的自留房，是给房主李淑安和王景斋留的,产权各有一份。因此,应先析产后继承。

4. 继承份额的确定必须根据继承人对被继承人尽义务大小和居住情况而定。据此,市南区人民法院的处理意见是:

(1) 观海一路10号原王景斋、李淑安的自留房四间,其中13.65平方米一间及7.05平方米厨房一间(留出去厕所的公用走路)归王景斋所有;17.97平方米一间及4.29平方米储藏室一间属李淑安之遗产。

(2) 李淑安遗留的二间房屋,储藏室一间由王景斋继承;17.97平方米房屋一间由王安贵、王银霞、王凤霞三人继承(王安贵40%、王银霞30%、王凤霞30%)。

(3) 厕所、走廊、阳台公用。

市南区人民法院考虑到此案几经反复没有处结,为了慎重起见,除向中级法院汇报外,并向省高院写了请示报告,青岛市中级人民法院审判委员会听取汇报之后,进行了多次研究,大多数同志认为,双方所争执的房屋,应全部作为遗产处理。其理由是:(1) 房屋更名时,违反了婚姻法关于男女都有平等继承的原则;(2) 放弃房屋继承的证明不实;(3) 其母李淑安无权处理二个女儿的财产。但个别同志则认为:鉴于历史情况,觉得市南区法院的处理意见是可行的。

省高院阅卷后,进行了多次研究,鉴于此案的历史复杂情况,我们的处理意见是:(1) 1958年私房改造留房是给三人(李淑安、王安贵、王景斋)留的,应归三人共有,其母那一份作遗产处理。在处理份额上,因王安贵对其母尽的义务最大,理应多得一点;(2) 双方所争执的房屋全部作为遗产处理。

以上两种意见,我们倾向于第一种意见。当否,请指示。

附二:

山东省高级人民法院
关于王安贵诉王景斋继承一案的补充请示报告

1987年4月27日 〔86〕鲁法民字第61号

最高人民法院:

我省青岛市市南区人民法院受理的王安贵、王银霞、王凤霞诉王景斋继承一案,我院于1986年8月份派人向最高人民法院作了汇报(有书面报告)。在听取汇报时,提出几个问题让我们再予补充。现将补查的情况和我院审判委员会研究的处理意见报告如下:

一、最高人民法院提出几个问题的查对情况

1. 关于1952年办理房产继承登记时,王兴周前妻之子王阳斋是否知道此事,他对此事的态度如何?经查,王阳斋(1980年病故)的三个儿子一致表示:他们虽然不知道 1952 年办理继承一事，但表示不参与诉争，愿意放弃继承。

2. 李淑安前夫之女王凤霞是否知道 1952 年办理继承一事，她对此事的态度是什么？经查，王凤霞说，因她早年结婚，婚后常年住在婆家，很少回娘家，所以，不知道此事。但主张继承其父母的遗产。

3. 关于对王安贵、王银霞 1952 年有无图章一事，经询问王安贵、王银霞均称：自从上大学时，为了提取家里捎给的物资才刻的图章，使用至今。别无其他图章（无旁证）。

二、省院审判委员会对此案的处理意见

自高院汇报回来后，根据高院的指示精神在庭内进行了讨论，为了慎重起见，又向院审判委员会作了汇报。审委会的处理意见是：

1. 有的同志认为：1952 年办理继承登记时，由李淑安做主，将观海一路 10 号房屋 12 间归王景斋一人继承，剥夺了王兴周前妻之子王阳斋、李淑安前夫之女王凤霞的继承权的做法是违背法律的。因此，不应予以承认，应将现在所争执的四间房屋全部作为其父母的遗产处理。

2. 绝大多数同志认为：（1）1952 年办理继承登记时，王银霞，时年 19 岁，正在大学读书。王安贵，时年 17 岁，正在青岛中学读书。而且此事已于 1953 年 4 月 14 日和 1953 年 6 月 30 日两次在青岛日报上公告，一个月后才办理的手续。即使当时是由其母做主办理的，但 28 年来从无一人提出任何异议；到 1980 年姐弟闹矛盾时，才提出否定自己的声明，是毫无根据的，因此，应视为有效。（2）根据青岛市房管局〔84〕青房管字第 4 号复函精神，观海一路 10 号的自留房是给房主李淑安、王景斋留的，房产各有一份。这个意见是符合最高人民法院 1982 年 4 月 5 日〔82〕民他字第 7 号"关于私房改造时留给房主自住房产权归谁所有问题的批复"精神的。鉴于历史情况比较复杂，有的情况不易查清。尽管当时李淑安办理此事时，没有把其夫王兴周前妻之子王阳斋和她前夫之女王凤霞考虑在内，即将台东三路 128 号房屋 72 间落在她自己的名下，又将观海一路 10 号房屋 12 间落在王景斋的名下。虽有不妥，但已成历史事实。我们的倾向性意见是：同意第一审法院的处理意见。即：将观海一路 10 号的四间自住房，归王景斋和李淑安所有。按先析产后继承原则处理。在继承的份额上可以照顾对被继承人尽义务多的三女儿王安贵。

以上处理意见当否，请批示。

最高人民法院
关于赵汝湜被没收发还的财产
应如何认定和继承问题的批复[*]

1988年8月17日　　　　　　　　　　　　　〔1988〕民他字第47号

河北省高级人民法院：

你院冀民法〔988〕第3号关于莫曼玲、莫曼荣、莫德林、莫德森与赵新燕、赵新民、田舜华继承纠纷一案的请示报告收悉。

我们研究认为：赵汝湜于1951年被错杀时，其家庭共有财产除留一小部分作为家属生活费用外，全部被没收。因此，赵汝湜平反后发还的被没收的财产以认定为赵汝湜及其妻、妾的共有财产为宜。处理时，应先由共有人析产，属于赵汝湜的遗产部分由其法定继承人继承。属于其妻、妾的部分，由其各自的法定继承人继承。另外，考虑到赵汝芳（田舜华之母）与其弟赵汝湜相互扶助等情况，可将赵汝湜的遗产分给赵汝芳一部分，以示照顾。

以上意见供参考。

最高人民法院民事审判庭
关于吴乱能否与养孙之间解除
收养关系的请示的电话答复

1988年8月30日　　　　　　　　　　　　　〔88〕民他字第32号

河北省高级人民法院：

你院报送的关于吴乱能否与养孙之间解除收养关系的请示报告收悉。经研究，我们认为，根据本案的实际情况，吴乱与孙翠楼双方自愿，虽有过继单，协商达成收养协议，公开以母子相称并按过继单规定给付吴乱生活费，已形成事实上的收养关系。但孙翠楼之子是在吴乱与孙翠楼收养关系成立后，随父一起去吴乱家的，吴乱与孙翠楼之子不存在收养关系。王果以及其子到吴乱家后单方面对吴乱尽义务多年，他们之间实际上

---

[*] 也作"最高人民法院关于莫曼玲、莫荣、莫德林、莫德森与赵新燕、赵新民、田舜华继承纠纷案的批复"。

是抚养关系。在财产分割问题上,应考虑王果及其子尽义务多年,又要体现对丧失劳动能力的老人的照顾,对双方的个人财产、共同财产,合情合理合法进行分割。

附:

河北省高级人民法院请示

1988 年 4 月 11 日　　　　　　　　　　　　　　冀法民〔1988〕第 2 号

最高人民法院:

我省石家庄市郊区西古城村农民吴乱要求与过继的儿媳王果（过继子已故）及孙子解除收养关系。由于这方面政策法律无明文规定,特向你院请示。基本情况是:

吴乱,女,现年 77 岁,其夫孙××解放前病故,有一女孙爱菊,现年 58 岁（石家庄市红旗锅炉厂退休工人）,土改前出嫁本市任栗村。1973 年 2 月 27 日,吴乱将婆家侄子孙翠楼（已故,生前系农民）过继为子（双方同意）。由于当时孙翠楼已结婚,即带妻王果（现年 44 岁,农民）和长子孙保安（现年 25 岁,本村汽车修理厂工作）、次子孙保江（现年 23 岁,华北物资供应站临时工）、三子孙保玉（现年 19 岁,华北物资供应站临时工）一起到吴乱家居住,并带去空宅基一段与吴乱旧房院合并在一起使用。同年 4 月,经孙翠楼夫妻与吴乱协商,吴乱到其娘家借款 300 元,交给孙翠楼,新添了砖、椽、苇箔、灰等物,对吴乱土改确权的 5 间旧北房进行了翻修（原房的东、北墙未动）,后将旧房剩余木料卖掉一部分,还了借款 300 元,其余木料一直在吴乱处存放。孙翠楼过继后,全家一直居住北房西头两间,吴乱居住东头两间,中间一间为双方过道,分开居住,各自立灶,孙翠楼夫妻只按过继单规定,每年如数给付吴乱生活费和零花钱,1975 年孙翠楼病故（死时 34 岁）,1982 年,王果在新批给自己的宅基上建房 3 间。孙翠楼病故后,其妻王果仍按过继单规定赡养吴乱到 1985 年 6 月,后因生活琐事,双方发生纠纷,王果不再出赡养费,吴乱向法院提起诉讼称,"孙翠楼刚过继时对我不错,他去世后,王果多次和我吵闹,我要求与王果及孙子们解除关系,翻修房子借我哥哥家 300 元,剩余木料卖掉一部分,还了借款 300 元,家里钱未花分文,房屋应归我所有,我给王果退赡养费,王果给我拿房钱。"王果辩称,"自过继后我们负担了吴乱的全部生活费,12 年共用赡养费 2000 多元。翻修房子时,吴乱借的 300 元已还清,其他用款全是我们夫妻负担,并由我们出力将房盖起,现有的 5 间房子,要求按家中现有人口一人一间分割。"因孙翠楼早年去世,翻修房屋时其他用款究竟多少,无法查清。

根据上述情况,经研究,我们认为:

一、根据当地风俗和当事人的实际情况,吴乱与孙翠楼之间,可按收养关系对待。

二、孙翠楼之妻王果,虽然对吴乱尽了较大的赡养义务,但她们之间没有法律收养关系,因此,不存在解除关系的问题。

三、关于吴乱与孙保安等三个孙子之间能否解除关系的问题,有两种意见:

第一种意见是：基于吴乱收养孙翠楼这一事实，似不宜基于此"事实"吴乱与孙翠楼养及其子孙保安、孙保江、孙保玉之间已形成拟制血亲关系，孙翠楼已病故，吴乱与孙翠楼养母子关系已无法解除，吴乱与孙保安等三个孙子之间的拟制血亲关系，根据最高人民法院《关于贯彻执行民事政策法律若干问题的意见》第三十一条、第三十二条的规定精神推定，可予以解除。

第二种意见是：养子女及其后代与养父母及其亲属之间产生的拟制血亲关系，是由于收养这个法律行为而产生，如果收养关系没有解除，其他由于收养而产生的拟制血亲关系也无法解除。现吴乱的养子孙翠楼已故，他们之间的养母子关系已无法解除，故吴乱与孙保安等三个孙子的关系也无法解除。如吴乱与孙保安等能解除关系，那么，孙保安等三兄弟与其亲生父亲孙翠楼的关系也不能解除，日后孙保安等仍可代其父亲继承吴乱的遗产，因此，解除这样的关系无实际意义。

我们倾向第一种意见。

以上意见当否，请批示。

最高人民法院民事审判庭
关于汤真发诉刘天权继承一案的复函

1989年2月21日 〔88〕民他字第53号

四川省高级人民法院：

你院川法民示字第4号关于汤真发诉刘天权继承一案的请示报告收悉。经我们研究，兹提出以下意见：

汤真发出生3天后即被汤德恩、田桂香夫妇收养。汤德恩病故后，生父刘福成娶养母田桂香为妻，共同抚育汤真发9年。1953年刘福成与田桂香离婚，此后其养母又与勾天益再婚，汤真发随勾天益夫妇共同生活至成年。汤真发始终未与养母田桂香解除收养关系，汤真发与生父刘福成的生父子关系不能视为自然恢复，有抚养教育关系的继父母与继子女间的权利义务关系亦不能因继父母离婚而自然解除。鉴于该案情况较为特殊，汤真发与刘福成之间权利义务关系如何认定，该遗产如何具体处理，请你院根据具体情况和有关法律酌定。关于逮捕汤真发等问题，因涉及刑事，务请你院慎重从事，以防矛盾激化。

附：

四川省高级人民法院
关于处理酉阳县汤真发对生父刘福成的遗产是否有继承权的请示报告

1988年6月17日 〔88〕川法民示字第4号

最高人民法院：

我省涪陵地区中级人民法院向我院请示：酉阳县汤真发对生父刘福成的遗产房是否有继承权问题。现将案件事实和我院研究的意见报告于下：

原告：汤真发，男，46岁，土家族，初小文化，农民，住四川省酉阳县天馆乡天馆村一组。

被告：刘天权，男，58岁，土家族，初小文化，农民，住四川省酉阳县天馆乡天馆村一组。

原、被告系被继承人刘福成与廖正英夫妇所生。汤真发1941年出生后，其母廖正英患病不能哺乳，被汤德恩、田桂香夫妇收养取名汤真发。汤德恩于1944年病故后，汤真发的生父刘福成为照顾孤儿寡母，娶田桂香为妾。因妻廖正英对纳妾不满，时常发生口角，刘福成为解决这一矛盾，在与田商妥后，在田的两间房左侧增修了一间一列一坳房屋。修好后，刘福成将妻廖正英、长子刘天权接来居住。1951年至1952年春，天馆乡土改时，刘福成评为中农成分。1953年贯彻《婚姻法》时，刘福成与田桂香登记离婚，将新修之一间房归刘福成所有，原田桂香两间房屋归田所有。汤真发（当时12岁）随田桂香生活。后田桂香又与勾天益结婚，田、勾仍居住在田的两间房内。廖正英于1958年10月病故。刘福成于1960年病亡后，丧事是刘天权办理的。遗留新建之房（争执房）一间，另在天馆乡炮木坨有祖业厢房两间。1985年6月20日前，汤真发与刘天权从未为继承遗产房一间发生纠纷。

1985年，汤真发买了私房两间，准备另建新房，向刘天权提出调换屋后的自留地，以便建新房。刘天权之妻陈翠香坚决不同意。汤真发于1985年6月20日向酉阳县人民法院提起诉讼，要求继承其生父刘福成遗产房屋。案经酉阳县法院丁市法庭主持调解，双方达成了协议：

一、刘福成的遗产有：连在汤之养母田桂香木瓦房南边（即左侧）一列一坳和对面厢房半房。因刘天权对刘福成尽了生养死葬义务，由刘天权继承厢房半间和一列一坳的三分之二；其余归汤真发继承。刘天权扩修添置的木料和瓦，由刘折走。刘自愿将一列一坳的三分之二瓦房折价200元卖给汤真发（限当场付清房价款）。

二、刘在石水缸（汤真发屋后）的自留地同汤真发在皂桷树的自留地双方自愿调换使用。刘在石水缸牛栏一间（即刘建在汤背面刘之自留地内），待汤新修房子时，刘自行搬迁,由汤现付给刘搬迁费25元(当面兑现)。且于1985年9月11日制作了调解书送达了双方当事人,双方都在送达回证上签了字。

1986年4月16日刘天权以调换之自留地相差三厘,刘妻陈翠香以她未参加没有签字翻悔。汤真发则以要修牛栏,要求执行调解协议。汤真发于1986年10月15日将刘天权牛栏顶盖掀掉,再次引起纠纷,致调解协议不能执行。为此,酉阳县人民法院于1986年12月17日裁定:中止原调解执行,对本案进行再审。1987年4月17日汤真发将争执房锁扭了。当刘天权又去锁门时,汤真发持斧将门、窗等砸烂。县法院于1987年5月19日以酉法民裁〔87〕字第1号裁定书,查封了争执之房。经再审,县法院于1987年6月4日判决:汤真发无继承权。汤真发收到判决书后,即不上诉,又不执行。1987年7月4日县法院将争执房启封交给刘天权。在法院执行人员走后,汤真发又将争执房屋之房门砸了,并将房内东西乱丢乱甩。1987年10月13日经县法院审判委员会讨论决定:汤真发拒不执行人民法院判决,决定逮捕,14日将汤真发逮捕。同年12月3日又经审判委员会讨论决定:对汤真发取保候审,14日将汤放出。县法院将此案报送涪陵地区中院请示。中院讨论时有两种意见,为慎重起见报我院请示。

我院研究后,对本案的处理有两种意见:一、多数同志认为:汤真发出生3天后即被生父母将其送养但在1944年养父死后,生父又同养母再婚,直至1953年贯彻《婚姻法》时离婚,其间长达9年,可视为生父子关系的恢复。考虑到此案的特殊性,汤真发对生父的遗产有继承权。同意涪陵地区中院的第一种意见。二、少数同志认为:汤真发出生3天后,即被生父母送给他人收养。养子女和生父母的权利和义务关系因收养关系成立而消除。汤真发的养母与生父再婚后,只能是继父子关系。1953年生父与养母离婚,继父子关系也自然解除。因此,对生父与养母离婚时生父分得的一间房屋,汤不享有继承权。

以上意见,哪一种较恰当,因拿不稳,报请您院请予审查批复。

最高人民法院民事审判庭
关于王敬民诉胡宁声房屋继承案的复函

1990年8月13日　　　　　　　　　　　　　〔90〕民他字第6号

江西省高级人民法院:

你院《关于复查王敬民诉胡宁声房屋继承案请示报告》收悉。经我们研究认为,胡国珍1951年1月死亡后其所遗景德镇市原中山路522号房屋,早已于同年经民政部门调解,达成了由胡济清和倪锦芳各继承一半的协议,当时倪锦芳作为继承人和王敬民的监护人有权行使此项权利。1953年据此协议,由政府发证、确权。这些早已发生效力的法律行为,不应当再予推翻。因此本案再作继承案件处理不当。

附一：

江西省高级人民法院
关于复查景德镇市王敬民诉胡宁声房屋继承案请示报告

（1990年1月5日）

最高人民法院：

我省景德镇市王敬民诉胡宁声房屋继承案，景德镇市珠山区人民法院第一审，景德镇市中级人民法院第二审，由于王敬民申诉，景德镇市中级人民法院复查报我院请示，经我院审判委员会讨论存在两种不同意见，多数人意见认为景德镇市中级人民法院处理结果正确，但适用法律不当，王敬民应享有代位继承权，但他应继承的份额已被倪锦芳所得，而胡济清所得的应该是他合法继承的。少数人意见，同意本院合议庭意见，王敬民享有代位继承权，胡济清也享有继承权，维持第一审判决，撤销第二审判决。

上述两种意见报你院请示，请审查批示。

附二：

江西省高级人民法院
关于景德镇市王敬民诉胡宁声房屋继承案的审查报告

（1989年12月2日）

申诉人（原审原告、第二审被上诉人）：王敬民，男，39岁，汉族，江西省景德镇市人，系景德镇市木材厂干部，住该厂宿舍。

被申诉人（原审被告、第二审上诉人）：胡宁声，男，53岁，汉族，江西省婺源县人，系景德镇市教育局干部，住景德镇市第三中学宿舍。

申诉人王敬民于1983年2月10日以胡宁声为被告，起诉至景德镇市珠山区人民法院，要求继承景市中山路522号祖传房屋一幢。1987年6月20日珠山区人民法院〔87〕民字第108号民事判决书判决：一、原中山路522号一间房的拆迁补偿费1092元由王敬民继承。二、驳回王敬民的其他诉讼请求。宣判后，胡宁声不服提出上诉。1988年2月1日景德镇市中级人民法院〔87〕民上字第60号民事判决书改判：一、撤销市珠山区人民法院〔87〕民字第108号民事判决。二、驳回王敬民的诉讼请求。第二审宣判后，王敬民不服，多次来省法院申诉，我院于1988年5月30日函告景德镇市中级人民法院复查报结果，景德镇市中级人民法院于1989年7月7日将复查处理意见，连同

第一、二审案卷报本院请示。

一、第二审法院复查认定的案件事实和处理意见

坐落在景德镇市原中山路522号房屋一幢（后门牌祥集下弄），系原告王敬民曾外祖父胡国珍的遗产，该屋面积10.86平方丈。胡国珍和妻子林招弟（1943年死亡）生育独子胡建谋（1941年病故），胡建谋与前妻方氏生育一子胡海涛（15岁死亡）、一女胡九珠，后娶倪锦芳（没有生育，于1980年死亡）。1945年12月，胡九珠与王宁结婚，于1950年1月生育独子王敬民（胡九珠1950年1月因难产死亡），1950年5月王宁再婚离开胡家，所生独子王敬民由倪锦芳抚养成人，并住在中山路522号屋内。1950年3月胡国珍因儿子胡建谋、孙女胡九珠死亡，家中只有儿媳倪锦芳，外曾孙王敬民，就收堂弟的儿子胡济清（原审被告胡宁声之父，于1959年死亡）为继子。1951年1月，胡国珍死亡后，其继子胡济清与其丧偶儿媳倪锦芳为继承原中山路522号房屋发生争执，经原市民政部门调解，该房屋由胡济清和倪锦芳共同继承（各一半）。1953年，经胡济清和倪锦芳申请，由市人民政府发了房屋契证，此后，该屋确权归胡济清、倪锦芳共同所有，并由其二人管业使用。1979年11月，胡济清的儿子胡宁声和倪锦芳商量后，将中山路522号房屋卖给了童爱民、徐仁元，王敬民作为中证人在卖契上签字，胡留下一间房屋自住（面积为18.2平方米），胡对倪说他少得450元钱，实际出卖时，胡得款与倪相等，各得1650元，后被发觉，已将钱退还买主。1985年因景德镇市城市建设需要，该屋拆除，胡宁声所留的一间房也被拆除，景德镇市拆迁办分给胡宁声一房一厅住房一套，另付给房屋补偿费人民币1092元。

原审法院第一审认为：坐落在本市中山路522号房屋一幢，系被继承人胡国珍之遗产，胡九珠系胡国珍之孙女，有权继承胡国珍的遗产。因胡九珠先于胡国珍死亡，应由其儿子王敬民代位继承，胡济清系胡国珍之继子，其安葬了胡国珍，应有权继承胡国珍的遗产，但胡济清、倪锦芳在1951年对中山路522号房屋的处理分割时，都明显侵害了作为继承人之一王敬民的合法继承权，没有保留王敬民应继承的财产份额，考虑到胡济清、倪锦芳早已死亡，该屋又被变卖和拆除，本院不另对该屋作价重新分割，但对尚留在市拆迁办的1092元房屋补偿费，可由王敬民继承，至于王敬民提出要胡宁声退还卖屋款和三十余年的房屋租金不予采纳。

原市中级法院第二审认为：本市原中山路522号房屋一幢，是胡国珍的遗产，早在1951年经有关部门调解，双方当事人同意，由胡国珍的继子胡济清和丧偶儿媳倪锦芳共同继承，之后又经政府发证、确权，是有效的民事法律行为，应予维持，况且，30多年来，王敬民均未提出异议，该屋出卖时，王敬民还作了中证人，原判认定事实和适用法律不当。

经全面复查，就本案认定事实和存在问题提出如下意见：

（一）1951年1月，胡国珍死亡之后，其继子胡济清与其丧偶儿媳倪锦芳为继承中山路522号房屋发生纠纷。经原市民政部门调解，该房屋由胡济清和倪锦芳共同继承（各自一半），之后又经政府发证、确权。原审法院认为上述行为侵害了王敬民的合法继承权，本院第二审认为是有效的民事法律行为。复查后，认为1951年民政部门对该房屋处理和调解是无效的,理由:(1)王敬民系被继承人胡国珍的唯一血亲,鉴于当时无法律、政策依据,但从情理上讲,王敬民之母胡九珠系胡国珍之孙女,有权继承胡的遗产,由于胡九珠先于胡国珍死亡,王敬民可代位继承其母应得的遗产。(2)参照中华人民共和国司法部对天津市司法局、广州市人民委员会司法处《关于遗嘱、继承问题的综合批复》(1956年9月20日〔56〕司公字第149号)"关于代位继承问题有两种意见:一种意见认为代位继承权只能到孙子(包括外孙子女)为止……。另一种意见认为曾孙子女(包括曾外孙子女)也应当有代位继承权……,又曾孙子女(包括外曾孙子女)在取得代位继承权的时候,一般是在年幼,其父母、祖父母,大多数先被继承人而死亡,正待别人抚养。从法律上肯定其代位继承权是必要的",王敬民系被继承人的外曾孙,遗产分割时王仅一岁,正由倪锦芳抚养,据此,当时分割遗产没有保留王敬民应继承的份额是不对的。(3)按照现行法律规定,王敬民应有代位继承权,所以,当时房屋分割显然侵害了王敬民的合法权利。(4)1951年民政部门对胡济清与胡九珠所争执房屋的调解不具有法律约束力。

(二)本院在第二审判决中认定王敬民30多年来,对房产权未提出异议,引用《中华人民共和国继承法》第八条,驳回王敬民的诉讼请求是不当的。

经审查,珠山区人民法院是在1987年7月2日对本案补办立案登记手续,王敬民早在1983年2月10日向该院提起诉讼。该院已受案审理,有原告王敬民诉讼材料和被告胡宁声答辩材料以及珠山区人民法院调查材料证实,直至1985年颁布继承法该案未审结。根据最高人民法院关于贯彻执行《中华人民共和国继承法》若干问题的意见第六十四条规定,人民法院对继承法生效前已经受理,生效时尚未审结的继承案件,适用继承法,但不得再以超过诉讼时效为由驳回起诉。因此,第二审判决适用继承法第八条不当,即使本院引用继承法第八条,也应裁定发回重审,由第一审法院驳回原告人起诉,本院不宜判决。

处理意见

综上所述:承办人意见:撤销本院〔87〕民上字第060号民事判决,维持珠山区法院〔87〕民字第108号民事判决。

合议庭意见:同意承办人意见。

审判委员会意见:倾向维持本院第二审判决,报省院请示。

二、申诉理由

1. 景市中院否定申诉人的继承权不妥。
2. 胡济清(胡宁声之父)不能成为胡国珍的过继子。
3. 景市中院适用法律不当。
4. 景市中院确认"1951年民政局的调解"是有效的民事法律行为,不符合法律要求,缺乏依据。
5. 景市中院在判决中用了民法通则第七十一条证明上诉人胡宁声有财产处分权,是不妥的。

三、本院审查认定事实和处理意见

经审查全案卷宗并赴实地调查，认为二审法院复查认定事实正确，原第二审判决不当。

（一）王敬民对中山路522号房屋有代位继承权。景德镇市中山路522号房屋一幢，系胡国珍的遗产，王敬民是胡国珍的外曾孙子女，在母亲胡九珠、外祖父胡建谋先于外曾祖父胡国珍死亡的情况下，王敬民有权代位继承胡国珍的遗产。最高人民法院关于贯彻执行《中华人民共和国继承法》若干问题的意见第二十五条对代位继承人作了规定："被继承人的孙子女、外孙子女、曾孙子女、外曾孙子女都可以代位继承，代位继承人不受辈数的限制。"依据这条规定，王敬民享有合法的继承权，景德镇市中级人民法院第二审判决否定王敬民的继承权是错误的。

（二）景德镇市中级人民法院以该屋出卖时，王敬民作了中证人来否定王敬民的继承权是不妥的。放弃继承权必须有明确的意思表示，王敬民在卖契上作为中证人签了字并不能说明王敬民放弃了继承权，再说卖房并不是遗产的分割。早在1951年，经民政部门调解，房屋已作分割，而且由政府发证、确权。最高人民法院关于贯彻执行《中华人民共和国继承法》若干问题的意见第四十九条规定："继承人放弃继承的意思表示，应当在继承开始后，遗产分割前作出……"而那时王敬民年仅一岁，根本不能作出放弃继承的意思表示。

（三）"1951年民政部门的调解"是无效的民事法律行为，景德镇市中级人民法院认定为有效的民事法律行为，并以此作为否定王敬民继承权的依据之一不妥。1951年，胡国珍去世后，其继子胡济清与其丧偶儿媳倪锦芳为继承原中山路522号房屋发生争执，经原景德镇市民政部门调解，该房屋由胡济清和倪锦芳各继承一半，没有保留王敬民应继承的财产份额，这明显剥夺了作为代位继承人王敬民的合法继承权。因此，不能认为民政局的调解是有效的民事法律行为。

（四）景德镇市中级人民法院在第二审判决中认定王敬民30多年来，对房产权未提出异议，引用《中华人民共和国继承法》第八条驳回王敬民的诉讼请求是不当的。经审查，珠山区人民法院是在1987年7月2日对本案补办立案登记手续，而王敬民早在1983年2月10日向该院提起诉讼，该院已受案审理，有原告王敬民的诉讼材料和被告胡宁声答辩材料以及珠山区人民法院调查材料证实，直至1985年颁布继承法该案未审结。最高人民法院关于贯彻执行《中华人民共和国继承法》若干问题的意见第六十四条规定："人民法院对继承法生效前已经受理，生效时尚未审结的继承案件，适用继承法，但不得再以超过诉讼时效为由驳回起诉。"因此，景德镇市中级人民法院适用继承法第八条不当。

（五）经查，胡济清确已过继，但继不到一年胡国珍死亡，且与胡国珍没有形成相互间的扶养关系。胡国珍在家中只剩丧偶儿媳倪锦芳和外曾孙王敬民的情况下，出于封建思想，过继堂弟的儿子，年近40的胡济清到自己名下为子。胡济清1950年3月携带妻子、儿女过继搬入胡国珍家居住，另起伙食。当时胡国珍经济宽裕，日常生活由倪锦芳的养女胡冬来照料。因此说胡济清与胡国珍之间没有形成扶养关系。最高人民法院关于贯彻执行民事政策法律若干问题的意见第三十八条规定："'过继'子女与'过继'父母形成扶养关系的，即为养子女，互有继承权；如系封建性的'过继''立嗣'，没有形成扶养关系的，不能享有继承权。"按照这条的规定，胡济清不享有继承胡国珍遗产的权利，但考虑到胡国珍富裕的生活条件和身边有人照顾的情况客观上造成了相互间没有形成扶养关系的事实，而且年代久远，原房屋已被拆，另外，珠山区人民法院对该案作出第一审判决后，原告王敬民并未提起上诉，因此，否定胡济清的继承权不利于调解人民内部矛盾。承办人和合议庭的意见认为不否定胡济清的继承权为好。

四、处理意见

综合所述，承办人认为王敬民享有代位继承权，胡济清作为胡国珍的继子也享有继承权，原第一审法院判决较妥。

合议庭意见：撤销景德镇市中级人民法院〔87〕民上字第060号民事判决，维持珠山区人民法院〔87〕民字第108号民事判决。

最高人民法院
关于蒋秀蓉诉彭润明、邱家乐、朱翠莲继承清偿债务纠纷一案的批复

1991年1月26日　　　　　　　　　　　　　　〔1990〕民他字第23号

四川省高级人民法院：

你院〔89〕川法民示字第28号《关于新津县蒋秀蓉诉彭润明、邱家乐、朱翠莲继承清偿债务纠纷一案的请示报告》收悉。经研究认为：蒋秀蓉在彭继承、邱国红夫妇家当保姆期间，被犯罪分子王念先杀伤致残，彭、邱夫妇亦在与该罪犯搏斗中被杀身亡。从本案事实看，蒋秀蓉并非因保护雇主一家的生命、财产安全或其他利益而被杀伤，故要求从雇主的遗产中补偿其医疗费、生活费等，于法无据。但鉴于蒋秀蓉是在受雇期间受害的具体情况，可尽量对被告多做说服工作，争取其自愿从遗产中给予蒋秀蓉适当照顾。如调解不成，即判决驳回蒋秀蓉的诉讼请求。

最高人民法院
关于杨杰遗产继承一案的函

(1994年5月11日)

云南省高级人民法院：

你院〔1992〕云高法字第5号关于杨杰遗产继承一案再审情况的请示及补充意见收悉。经研究，我们原则同意你院关于杨兆虎、杨立勤和朱美安为杨杰合法继承人，杨兆龙为继承人以外可分享杨杰遗产的人的意见。具体分割遗产时，请考虑杨杰遗产的历史和现状，依法合情合理地进行处理。同时，应注意做好当事人的工作，以使纠纷妥善解决。

以上意见，供参考。

最高人民法院
关于王娟婷与王万福、陈玉兰
继承纠纷一案的复函

1994年12月3日　　　　　　　　　　　　　〔94〕民他字第10号

陕西省高级人民法院：

你院〔1994〕陕高法民再字第03号《关于王娟婷与王万福、陈玉兰继承纠纷一案的请示报告》收悉。经研究，我们认为：从该案情况看，王学、王娟婷夫妻自1980年冬起即与其父母王万福、陈玉兰分灶另炊；1981年3月5日王学夫妻与其父母王万福、陈玉兰又分立户籍，各为户主，均以自己的名义独立地进行土地承包、生产经营和经济核算；对外亦各自独立地与他人建立债权、债务等民事关系。据此，王学、王娟婷与王万福、陈玉兰分家的事实应予认定。现当事人双方讼争之4间水泥平板房，系王学、王娟婷投资所建，应认定为他们的夫妻共同财产。王学死亡后，应依照我国继承法的有关规定，由王学的法定继承人依法继承。至于遗产的具体处理，可根据情况合理分割。

以上意见，供参考。

最高人民法院
关于向美琼、熊伟浩、熊萍与张凤霞、张旭、张林录、冯树义执行遗嘱代理合同纠纷一案的请示的复函

2003年1月29日　　　　　　　　〔2002〕民一他字第14号

陕西省高级人民法院：

你院《关于向美琼、熊伟浩、熊萍与张凤霞、张旭、张林录、冯树义执行遗嘱代理合同纠纷一案的请示报告》收悉。经研究认为，目前，《中华人民共和国民法通则》、《中华人民共和国继承法》对遗嘱执行人的法律地位、遗嘱执行人的权利义务均未作出相应的规定。只要法律无禁止性规定，民事主体的处分自己私权利行为就不应当受到限制。张凤霞作为熊毅武指定的遗嘱执行人，在遗嘱人没有明确其执行遗嘱所得报酬的情况下，与继承人熊伟浩、熊萍等人就执行遗嘱相关的事项签订协议，并按照该协议的约定收取遗嘱执行费，不属于《中华人民共和国律师法》第三十四条禁止的律师在同一案件中为双方当事人代理的情况，该协议是否有效，应当依据《中华人民共和国合同法》的规定进行审查。只要协议的签订出于双方当事人的自愿，协议内容是双方当事人真实的意思表示，不违反法律和行政法规的禁止性规定，就应认定为有效。如果熊伟浩、熊萍等人以张凤霞乘人之危，使其在违背真实意思表示的情况下签订协议为由，请求人民法院撤销或者变更该协议，应有明确的诉讼请求并提供相应的证据，否则，人民法院不宜主动对该协议加以变更或者撤销。

最高人民法院
关于空难死亡赔偿金能否作为遗产处理的复函

2005年3月22日　　　　　　　　〔2004〕民一他字第26号

广东省高级人民法院：

你院粤高法民一请字〔2004〕1号《关于死亡赔偿金能否作为遗产处理的请示》收悉。经研究，答复如下：

空难死亡赔偿金是基于死者死亡对死者近亲属所支付的赔偿。获得空难死亡赔偿金

的权利人是死者近亲属,而非死者。故空难死亡赔偿金不宜认定为遗产。

以上意见,供参考。

三、侵权责任

最高人民法院
关于认真学习和贯彻《中华人民共和国侵权责任法》的通知

2010年1月11日　　　　　　　　　　　　　　　法〔2010〕8号

各省、自治区、直辖市高级人民法院，解放军军事法院，新疆维吾尔自治区高级人民法院生产建设兵团分院：

《中华人民共和国侵权责任法》（以下简称侵权责任法）已由第十一届全国人民代表大会常务委员会第十二次会议于2009年12月26日通过，将自2010年7月1日起施行。为了保证统一正确适用侵权责任法，特通知如下：

一、充分认识侵权责任法颁布施行的重大意义。侵权责任法是民法的重要组成部分，是继2007年通过《中华人民共和国物权法》之后，我国民事立法活动中又一极为重要的成果，对保护自然人、法人和其他组织的合法权益，明确侵权责任，预防并制裁侵权行为，化解社会矛盾，减少民事纠纷，促进社会公平正义具有重要意义，是人民法院审理和执行民事案件的基本法律依据之一。侵权责任法的颁布施行，为人民法院审理和执行各种侵权纠纷案件提供了更加明确统一的法律根据。各级人民法院必须认真掌握、全面正确地贯彻执行。

二、高度重视、精心组织安排侵权责任法的学习，把学习侵权责任法作为提高人民法院队伍素质的一项重要举措。各级人民法院要利用各种形式进行业务培训，在侵权责任法施行前对全体民事审判人员和执行人员轮训一遍。在培训中，要逐条认真学习，准确把握立法精神，深刻理解各条款的含义，学深学透，真正做到融会贯通。

三、各级人民法院尤其是高级人民法院在学习、适用侵权责任法的过程中，应当深入调查研究，把调研工作与审判工作、执行工作有机结合起来，认真总结审判经验，及时向最高人民法院报告新情况、新问题和典型案例，以便最高人民法院在清理有关司法解释的基础上，起草适用侵权责任法的司法解释。

四、各级人民法院应当通过审判和执行活动，以案讲法，并注意通过新闻媒体等形式，大力宣传侵权责任法及其重要意义，教育公民增强法治意识，自觉遵守侵权责任法。

最高人民法院
关于适用《中华人民共和国侵权责任法》若干问题的通知

2010年6月30日　　　　　　　　　　　法发〔2010〕23号

各省、自治区、直辖市高级人民法院，解放军军事法院，新疆维吾尔自治区高级人民法院生产建设兵团分院：

《中华人民共和国侵权责任法》（以下简称侵权责任法），自2010年7月1日起施行。为了正确适用侵权责任法，现就有关问题通知如下：

一、侵权责任法施行后发生的侵权行为引起的民事纠纷案件，适用侵权责任法的规定。侵权责任法施行前发生的侵权行为引起的民事纠纷案件，适用当时的法律规定。

二、侵权行为发生在侵权责任法施行前，但损害后果出现在侵权责任法施行后的民事纠纷案件，适用侵权责任法的规定。

三、人民法院适用侵权责任法审理民事纠纷案件，根据当事人的申请或者依职权决定进行医疗损害鉴定的，按照《全国人民代表大会常务委员会关于司法鉴定管理问题的决定》、《人民法院对外委托司法鉴定管理规定》及国家有关部门的规定组织鉴定。

四、人民法院适用侵权责任法审理民事纠纷案件，如受害人有被抚养人的，应当依据《最高人民法院关于审理人身损害赔偿案件适用法律若干问题的解释》第二十八条的规定，将被抚养人生活费计入残疾赔偿金或死亡赔偿金。

各级人民法院在适用侵权责任法过程中遇到的其他重大问题，请及时层报我院。

最高人民法院
关于认真学习宣传贯彻《中华人民共和国英雄烈士保护法》的通知

2018年5月8日　　　　　　　　　　　　　　　　法〔2018〕18号

各省、自治区、直辖市高级人民法院，解放军军事法院，新疆维吾尔自治区高级人民法院生产建设兵团分院：

《中华人民共和国英雄烈士保护法》（以下简称《英烈保护法》）经2018年4月27日第十三届全国人民代表大会常务委员会第二次会议审议通过，自2018年5月1日起施行。为在审判工作中正确适用《英烈保护法》，现就有关事项通知如下：

一、充分认识贯彻落实《英烈保护法》的重要意义。《英烈保护法》是为了加强对英雄烈士的保护，维护社会公共利益，传承和弘扬英雄烈士精神、爱国主义精神制定的一部重要法律，对于培育和践行社会主义核心价值观，激发实现中华民族伟大复兴中国梦的强大精神力量具有重要意义。要高度重视、深入学习、认真贯彻《英烈保护法》的相关规定，以司法手段捍卫英雄烈士合法权益，维护公序良俗，弘扬社会主义核心价值观、反对历史虚无主义。

二、依法审理侵害英雄烈士姓名、肖像、名誉、荣誉的案件。对英雄烈士的近亲属提出的侵害英雄烈士姓名、肖像、名誉、荣誉的案件，依据法律及司法解释的规定依法予以受理，并确定行为人、网络服务提供者等应当承担的民事责任。对检察机关提起的侵害英雄烈士姓名、肖像、名誉、荣誉的案件，及时按照《中华人民共和国民事诉讼法》第五十五条等规定依法予以受理，并按照《中华人民共和国民法总则》《中华人民共和国侵权责任法》《英烈保护法》等法律及相关司法解释的规定，确定行为人应当承担的民事责任。

三、依法审理涉及英雄烈士形象、事迹等商标权、著作权案件。

对歪曲、丑化、亵渎、否定英雄烈士事迹和精神，诋毁、贬损英雄烈士形象，侵害著作权的行为，依法认定行为人承担相应的法律责任。通过司法裁判旗帜鲜明地维护广大人民群众对英雄烈士事迹的价值认同和英雄烈士公知公认的光辉形象，最大限度地实现案件裁判的政治效果、法律效果、社会效果的有机统一。

四、依法审理涉及英雄烈士保护的刑事案件。侵害英雄烈士姓名、肖像、名誉、荣誉，损害社会公共利益；亵渎、否定英雄烈士事迹和精神，宣扬、美化侵略战争和侵略行为，寻衅滋事，扰乱公共秩序；侵占、破坏、污损英雄烈士纪念设施；负有法定职责的相关工作人员在英雄烈士保护工作中滥用职权、玩忽职守、徇私舞弊等构成犯罪的，依法追究相应的刑事责任。

五、加强对下级法院贯彻落实《英烈保护法》审理涉及英烈保护案件的指导。要认真组织学习、宣传和贯彻,一手抓审判,一手抓调研,及时总结审判工作中出现的新情况、新问题,有针对性地提出新对策。要高度重视涉及英烈保护案件的审理和舆论引导、宣传工作,主动加强与地方党委、有关部门、媒体和学术研究机构的沟通、协调,切实提高司法应对工作的自觉性、创造性,共同维护中华民族共同历史记忆,弘扬社会主义核心价值观。

本通知执行中如遇新情况、新问题,请及时层报最高人民法院。

最高人民法院
印发《关于审理名誉权案件若干问题的解答》的通知

1993年8月7日　　　　　　　　　　　　法发〔1993〕15号

全国地方各级人民法院、各级军事法院、各铁路运输中级法院和基层法院、各海事法院:

现将《关于审理名誉权案件若干问题的解答》印发给你们,请认真执行。在执行中注意总结经验,有何意见和问题,请及时报告我院。

附:

最高人民法院
关于审理名誉权案件若干问题的解答

(1993年6月15日最高人民法院审判委员会第579次会议通过)

各地人民法院在审理名誉权案件中,提出一些如何适用法律的问题,现解答如下:

一、问: 人民法院对当事人关于名誉权纠纷的起诉应如何进行审查?

答: 人民法院收到有关名誉权纠纷的起诉时,应按照《中华人民共和国民事诉讼法》(以下简称民事诉讼法)第一百零八条的规定进行审查,符合条件的,应予受理。对不符合起诉条件的,应裁定不予受理;对缺乏侵权事实坚持起诉的,应裁定驳回起诉。

二、问: 当事人在公共场所受到侮辱、诽谤,经公安机关依照《中华人民共和国治安管理处罚条例》(以下简称治安管理处罚条例)处理后,又向人民法院提起民事诉讼的,人民法院是否受理?

答：当事人在公共场所受到侮辱、诽谤，以名誉权受侵害为由提起民事诉讼的，无论是否经公安机关依照治安管理处罚条例处理，人民法院均应依法审查，符合受理条件的，应予受理。

三、问：当事人提起名誉权诉讼后，以同一事实和理由又要求追究被告人的刑事责任的，应如何处理？

答：当事人提起名誉权诉讼后，以同一事实和理由又要求追究被告刑事责任的，应中止民事诉讼，待刑事案件审结后，根据不同情况分别处理：对于犯罪情节轻微，没有给予被告人刑事处罚的，或者刑事自诉已由原告撤回或者被驳回的，应恢复民事诉讼；对于民事诉讼请求已在刑事附带民事诉讼中解决的，应终结民事案件的审理。

四、问：名誉权案件如何确定管辖？

答：名誉权案件，适用民事诉讼法第二十九条的规定，由侵权行为地或者被告住所地人民法院管辖。侵权行为地包括侵权行为实施地和侵权结果发生地。

五、问：死者名誉受到损害，哪些人可以作为原告提起民事诉讼？

答：死者名誉受到损害的，其近亲属有权向人民法院起诉。近亲属包括：配偶、父母、子女、兄弟姐妹、祖父母、外祖父母、孙子女、外孙子女。

六、问：因新闻报道或者其他作品引起的名誉权纠纷，如何确定被告？

答：因新闻报道或其他作品发生的名誉权纠纷，应根据原告的起诉确定被告。只诉作者的，列作者为被告；只诉新闻出版单位的，列新闻出版单位为被告；对作者和新闻出版单位都提起诉讼的，将作者和新闻出版单位均列为被告，但作者与新闻出版单位为隶属关系，作品系作者履行职务所形成的，只列单位为被告。

七、问：侵害名誉权责任应如何认定？

答：是否构成侵害名誉权的责任，应当根据受害人确有名誉被损害的事实、行为人行为违法、违法行为与损害后果之间有因果关系、行为人主观上有过错来认定。

以书面或者口头形式侮辱或者诽谤他人，损害他人名誉的，应认定为侵害他人名誉权。

对未经他人同意，擅自公布他人的隐私材料或者以书面、口头形式宣扬他人隐私，致他人名誉受到损害的，按照侵害他人名誉权处理。

因新闻报道严重失实，致他人名誉受到损害的，应按照侵害他人名誉权处理。

八、问：因撰写、发表批评文章引起的名誉权纠纷，应如何认定是否构成侵权？

答：因撰写、发表批评文章引起的名誉权纠纷，人民法院应根据不同情况处理：

文章反映的问题基本真实，没有侮辱他人人格的内容的，不应认定为侵害他人名誉权。

文章反映的问题虽基本属实，但有侮辱他人人格的内容，使他人名誉受到损害的，应认定为侵害他人名誉权。

文章的基本内容失实，使他人名誉受到损害的，应认定为侵害他人名誉权。

九、问：因文学作品引起的名誉权纠纷，应如何认定是否构成侵权？

答：撰写、发表文学作品，不是以生活中特定的人为描写对象，仅是作品的情节与生活中某人的情况相似，不应认定为侵害他人名誉权。

描写真人真事的文学作品，对特定人进行侮辱、诽谤或者披露隐私损害其名誉的；或者虽未写明真实姓名和住址，但事实是以特定人或者特定人的特定事实为描写对象，文中有侮辱、诽谤或者披露隐私的内容，致其名誉受到损害的，应认定为侵害他人名誉权。

编辑出版单位在作品已被认定为侵害他人名誉权或者被告知明显属于侵害他人名誉权后，应刊登声明消除影响或者采取其他补救措施；拒不刊登声明，不采取其他补救措施，或者继续刊登、出版侵权作品的，应认定为侵权。

十、问：侵害名誉权的责任承担形式如何掌握？

答：人民法院依照《中华人民共和国民法通则》第一百二十条和第一百三十四条的规定，可以责令侵权人停止侵害、恢复名誉、消除影响、赔礼道歉、赔偿损失。

恢复名誉、消除影响、赔礼道歉可以书面或者口头的方式进行，内容须事先经人民法院审查。

恢复名誉、消除影响的范围，一般应与侵权所造成不良影响的范围相当。

公民、法人因名誉权受到侵害要求赔偿的，侵权人应赔偿侵权行为造成的经济损失；公民并提出精神损害赔偿要求的，人民法院可根据侵权人的过错程度、侵权行为的具体情节、给受害人造成精神损害的后果等情况酌定。

十一、问：侵权人不执行生效判决，不为对方恢复名誉、消除影响、赔礼道歉的，应如何处理？

答：侵权人拒不执行生效判决，不为对方恢复名誉、消除影响的，人民法院可以采取公告、登报等方式，将判决的主要内容和有关情况公布于众，费用由被执行人负担，并可依照民事诉讼法第一百零二条第六项的规定处理。

最高人民法院
关于审理名誉权案件若干问题的解释

法释〔1998〕26号

(1998年7月14日最高人民法院审判委员会第1002次会议通过
1998年8月31日最高人民法院公告公布　自1998年9月15日起施行)

1993年我院印发《关于审理名誉权案件若干问题的解答》以来，各地人民法院在审理名誉权案件中，又提出一些如何适用法律的问题，现解释如下：

一、问：名誉权案件如何确定侵权结果发生地？

答：人民法院受理这类案件时，受侵权的公民、法人和其他组织的住所地，可以认定为侵权结果发生地。

二、问：有关机关和组织编印的仅供领导部门内部参阅的刊物、资料等刊登来信或者文章引起的名誉权纠纷，以及机关、社会团体、学术机构、企事业单位分发本单位、本系统或者其他一定范围内的一般内部刊物和内部资料所载内容引起的名誉权纠纷，人民法院是否受理？

答：有关机关和组织编印的仅供领导部门内部参阅的刊物、资料等刊登的来信或者文章，当事人以其内容侵害名誉权向人民法院提起诉讼的，人民法院不予受理。

机关、社会团体、学术机构、企事业单位分发本单位、本系统或者其他一定范围内的内部刊物和内部资料，所载内容引起名誉权纠纷的，人民法院应当受理。

三、问：新闻媒介和出版机构转载作品引起的名誉权纠纷，人民法院是否受理？

答：新闻媒介和出版机构转载作品，当事人以转载者侵害其名誉权向人民法院提起诉讼的，人民法院应当受理。

四、问：国家机关、社会团体、企事业单位等部门依职权对其管理的人员作出的结论引起的名誉权纠纷，人民法院是否受理？

答：国家机关、社会团体、企事业单位等部门对其管理的人员作出的结论或者处理决定，当事人以其侵害名誉权向人民法院提起诉讼的，人民法院不予受理。

五、问：因检举、控告引起的名誉权纠纷，人民法院是否受理？

答：公民依法向有关部门检举、控告他人的违法违纪行为，他人以检举、控告侵害其名誉权向人民法院提起诉讼的，人民法院不予受理。如果借检举、控告之名侮辱、诽谤他人，造成他人名誉损害，当事人以其名誉权受到侵害向人民法院提起诉讼的，人民法院应当受理。

六、问：新闻单位报道国家机关的公开的文书和职权行为引起的名誉权纠纷，是否认定为构成侵权？

答：新闻单位根据国家机关依职权制作的公开的文书和实施的公开的职权行为所作的报道，其报道客观准确的，不应当认定为侵害他人名誉权；其报道失实，或者前述文书和职权行为已公开纠正而拒绝更正报道，致使他人名誉受到损害的，应当认定为侵害他人名誉权。

七、问：因提供新闻材料引起的名誉权纠纷，如何认定是否构成侵权？

答：因提供新闻材料引起的名誉权纠纷，认定是否构成侵权，应区分以下两种情况：

（一）主动提供新闻材料，致使他人名誉受到损害的，应当认定为侵害他人名誉权。

（二）因被动接受采访而提供新闻材料，且未经提供者同意公开，新闻单位擅自发表，致使他人名誉受到损害的，对提供者一般不应当认定为侵害名誉权；虽系被动提供新闻材料，但发表时得到提供者同意或者默许，致使他人名誉受到损害的，应当认定为侵害名誉权。

八、问：因医疗卫生单位公开患者患有淋病、梅毒、麻风病、艾滋病等病情引起的名誉权纠纷，如何认定是否构成侵权？

答：医疗卫生单位的工作人员擅自公开患者患有淋病、梅毒、麻风病、艾滋病等病情，致使患者名誉受到损害的，应当认定为侵害患者名誉权。

医疗卫生单位向患者或其家属通报病情，不应当认定为侵害患者名誉权。

九、问：对产品质量、服务质量进行批评、评论引起的名誉权纠纷，如何认定是否构成侵权？

答：消费者对生产者、经营者、销售者的产品质量或者服务质量进行批评、评论，不应当认定为侵害他人名誉权。但借机诽谤、诋毁，损害其名誉的，应当认定为侵害名誉权。

新闻单位对生产者、经营者、销售者的产品质量或者服务质量进行批评、评论，内容基本属实，没有侮辱内容的，不应当认定为侵害其名誉权；主要内容失实，损害其名誉的，应当认定为侵害名誉权。

十、问：因名誉权受到侵害使生产、经营、销售遭受损失予以赔偿的范围和数额如何确定？

答：因名誉权受到侵害使生产、经营、销售遭受损失予以赔偿的范围和数额，可以按照确因侵权而造成客户退货、解除合同等损失程度来适当确定。

十一、问：名誉权纠纷与其他民事纠纷交织在一起的，人民法院应如何审理？

答：名誉权纠纷与其他民事纠纷交织在一起的，人民法院应当按当事人自己选择的请求予以审理。发生适用数种请求的，人民法院应当根据《中华人民共和国民事诉讼法》的有关规定和案件的实际情况，可以合并审理的合并审理；不能合并审理的，可以告知当事人另行起诉。

最高人民法院关于确定民事侵权精神损害赔偿责任若干问题的解释

法释〔2001〕7号

（2001年2月26日最高人民法院审判委员会第1161次会议通过 2001年3月8日最高人民法院公告公布 自2001年3月10日起施行）

为在审理民事侵权案件中正确确定精神损害赔偿责任，根据《中华人民共和国民法通则》等有关法律规定，结合审判实践经验，对有关问题作如下解释：

第一条 自然人因下列人格权利遭受非法侵害，向人民法院起诉请求赔偿精神损害的，人民法院应当依法予以受理：

（一）生命权、健康权、身体权；

（二）姓名权、肖像权、名誉权、荣誉权；

（三）人格尊严权、人身自由权。

违反社会公共利益、社会公德侵害他人隐私或者其他人格利益，受害人以侵权为由向人民法院起诉请求赔偿精神损害的，人民法院应当依法予以受理。

第二条 非法使被监护人脱离监护,导致亲子关系或者近亲属间的亲属关系遭受严重损害,监护人向人民法院起诉请求赔偿精神损害的,人民法院应当依法予以受理。

第三条 自然人死亡后,其近亲属因下列侵权行为遭受精神痛苦,向人民法院起诉请求赔偿精神损害的,人民法院应当依法予以受理:

(一)以侮辱、诽谤、贬损、丑化或者违反社会公共利益、社会公德的其他方式,侵害死者姓名、肖像、名誉、荣誉;

(二)非法披露、利用死者隐私,或者以违反社会公共利益、社会公德的其他方式侵害死者隐私;

(三)非法利用、损害遗体、遗骨,或者以违反社会公共利益、社会公德的其他方式侵害遗体、遗骨。

第四条 具有人格象征意义的特定纪念物品,因侵权行为而永久性灭失或者毁损,物品所有人以侵权为由,向人民法院起诉请求赔偿精神损害的,人民法院应当依法予以受理。

第五条 法人或者其他组织以人格权利遭受侵害为由,向人民法院起诉请求赔偿精神损害的,人民法院不予受理。

第六条 当事人在侵权诉讼中没有提出赔偿精神损害的诉讼请求,诉讼终结后又基于同一侵权事实另行起诉请求赔偿精神损害的,人民法院不予受理。

第七条 自然人因侵权行为致死,或者自然人死亡后其人格或者遗体遭受侵害,死者的配偶、父母和子女向人民法院起诉请求赔偿精神损害的,列其配偶、父母和子女为原告;没有配偶、父母和子女的,可以由其他近亲属提起诉讼,列其他近亲属为原告。

第八条 因侵权致人精神损害,但未造成严重后果,受害人请求赔偿精神损害的,一般不予支持,人民法院可以根据情形判令侵权人停止侵害、恢复名誉、消除影响、赔礼道歉。

因侵权致人精神损害,造成严重后果的,人民法院除判令侵权人承担停止侵害、恢复名誉、消除影响、赔礼道歉等民事责任外,可以根据受害人一方的请求判令其赔偿相应的精神损害抚慰金。

第九条 精神损害抚慰金包括以下方式:

(一)致人残疾的,为残疾赔偿金;

(二)致人死亡的,为死亡赔偿金;

(三)其他损害情形的精神抚慰金。

第十条 精神损害的赔偿数额根据以下因素确定:

(一)侵权人的过错程度,法律另有规定的除外;

(二)侵害的手段、场合、行为方式等具体情节;

(三)侵权行为所造成的后果;

(四)侵权人的获利情况;

(五)侵权人承担责任的经济能力;

(六)受诉法院所在地平均生活水平。

法律、行政法规对残疾赔偿金、死亡赔偿金等有明确规定的,适用法律、行政法规的规定。

第十一条 受害人对损害事实和损害后果的发生有过错的,可以根据其过错程度减轻或者免除侵权人的精神损害赔偿责任。

第十二条 在本解释公布施行之前已经生效施行的司法解释,其内容有与本解释不一致的,以本解释为准。

最高人民法院
关于审理人身损害赔偿案件
适用法律若干问题的解释

法释〔2003〕20号

(2003年12月4日最高人民法院审判委员会第1299次会议通过 2003年12月26日最高人民法院公告公布 自2004年5月1日起施行)

为正确审理人身损害赔偿案件,依法保护当事人的合法权益,根据《中华人民共和国民法通则》(以下简称民法通则)、《中华人民共和国民事诉讼法》(以下简称民事诉讼法)等有关法律规定,结合审判实践,就有关适用法律的问题作如下解释:

第一条 因生命、健康、身体遭受侵害,赔偿权利人起诉请求赔偿义务人赔偿财产损失和精神损害的,人民法院应予受理。

本条所称"赔偿权利人",是指因侵权行为或者其他致害原因直接遭受人身损害的受害人、依法由受害人承担扶养义务的被扶养人以及死亡受害人的近亲属。

本条所称"赔偿义务人",是指因自己或者他人的侵权行为以及其他致害原因依法应当承担民事责任的自然人、法人或者其他组织。

第二条 受害人对同一损害的发生或者扩大有故意、过失的,依照民法通则第一百三十一条的规定,可以减轻或者免除赔偿义务人的赔偿责任。但侵权人因故意或者重大过失致人损害,受害人只有一般过失的,不减轻赔偿义务人的赔偿责任。

适用民法通则第一百零六条第三款规定确定赔偿义务人的赔偿责任时,受害人有重大过失的,可以减轻赔偿义务人的赔偿责任。

第三条 二人以上共同故意或者共同过失致人损害,或者虽无共同故意、共同过失,但其侵害行为直接结合发生同一损害后果的,构成共同侵权,应当依照民法通则第一百三十条规定承担连带责任。

二人以上没有共同故意或者共同过失,但其分别实施的数个行为间接结合发生同一损害后果的,应当根据过失大小或者原因力比例各自承担相应的赔偿责任。

第四条 二人以上共同实施危及他人人身安全的行为并造成损害后果,不能确定实际侵害行为人的,应当依照民法通则第一百三十条规定承担连带责任。共同危险行为人能够证明损害后果不是由其行为造成的,不承担赔偿责任。

第五条 赔偿权利人起诉部分共同侵权人的,人民法院应当追加其他共同侵权人作为共同被告。赔偿权利人在诉讼中放弃对部分共同侵权人的诉讼请求的,其他共同侵权人对被放弃诉讼请求的被告应当承担的赔偿份额不承担连带责任。责任范围难以确定的,推定各共同侵权人承担同等责任。

人民法院应当将放弃诉讼请求的法律后果告知赔偿权利人,并将放弃诉讼请求的情况在法律文书中叙明。

第六条 从事住宿、餐饮、娱乐等经营活动或者其他社会活动的自然人、法人、其他组织,未尽合理限度范围内的安全保障义务致使他人遭受人身损害,赔偿权利人请求其承担相应赔偿责任的,人民法院应予支持。

因第三人侵权导致损害结果发生的,由实施侵权行为的第三人承担赔偿责任。安全保障义务人有过错的,应当在其能够防止或者制止损害的范围内承担相应的补充赔偿责任。安全保障义务人承担责任后,可以向第三人追偿。赔偿权利人起诉安全保障义务人的,应当将第三人作为共同被告,但第三人不能确定的除外。

第七条 对未成年人依法负有教育、管理、保护义务的学校、幼儿园或者其他教育机构,未尽职责范围内的相关义务致使未成年人遭受人身损害,或者未成年人致他人人身损害的,应当承担与其过错相应的赔偿责任。

第三人侵权致未成年人遭受人身损害的,应当承担赔偿责任。学校、幼儿园等教育机构有过错的,应当承担相应的补充赔偿责任。

第八条 法人或者其他组织的法定代表人、负责人以及工作人员,在执行职务中致人损害的,依照民法通则第一百二十一条的规定,由该法人或者其他组织承担民事责任。上述人员实施与职务无关的行为致人损害的,应当由行为人承担赔偿责任。

属于《国家赔偿法》赔偿事由的,依照《国家赔偿法》的规定处理。

第九条 雇员在从事雇佣活动中致人损害的,雇主应当承担赔偿责任;雇员因故意或者重大过失致人损害的,应当与雇主承担连带赔偿责任。雇主承担连带赔偿责任的,可以向雇员追偿。

前款所称"从事雇佣活动",是指从事雇主授权或者指示范围内的生产经营活动或者其他劳务活动。雇员的行为超出授权范围,但其表现形式是履行职务或者与履行职务有内在联系的,应当认定为"从事雇佣活动"。

第十条 承揽人在完成工作过程中对第三人造成损害或者造成自身损害的,定作人不承担赔偿责任。但定作人对定作、指示或者选任有过失的,应当承担相应的赔偿责任。

第十一条 雇员在从事雇佣活动中遭受人身损害,雇主应当承担赔偿责任。雇佣关系以外的第三人造成雇员人身损害的,赔偿权利人可以请求第三人承担赔偿责任,也可以请求雇主承担赔偿责任。雇主承担赔偿责任后,可以向第三人追偿。

雇员在从事雇佣活动中因安全生产事故遭受人身损害,发包人、分包人知道或者应当知道接受发包或者分包业务的雇主没有相应资质或者安全生产条件的,应当与雇主承担连带赔偿责任。

属于《工伤保险条例》调整的劳动关系和工伤保险范围的，不适用本条规定。

第十二条　依法应当参加工伤保险统筹的用人单位的劳动者，因工伤事故遭受人身损害，劳动者或者其近亲属向人民法院起诉请求用人单位承担民事赔偿责任的，告知其按《工伤保险条例》的规定处理。

因用人单位以外的第三人侵权造成劳动者人身损害，赔偿权利人请求第三人承担民事赔偿责任的，人民法院应予支持。

第十三条　为他人无偿提供劳务的帮工人，在从事帮工活动中致人损害的，被帮工人应当承担赔偿责任。被帮工人明确拒绝帮工的，不承担赔偿责任。帮工人存在故意或者重大过失，赔偿权利人请求帮工人和被帮工人承担连带责任的，人民法院应予支持。

第十四条　帮工人因帮工活动遭受人身损害的，被帮工人应当承担赔偿责任。被帮工人明确拒绝帮工的，不承担赔偿责任；但可以在受益范围内予以适当补偿。

帮工人因第三人侵权遭受人身损害的，由第三人承担赔偿责任。第三人不能确定或者没有赔偿能力的，可以由被帮工人予以适当补偿。

第十五条　为维护国家、集体或者他人的合法权益而使自己受到人身损害，因没有侵权人、不能确定侵权人或者侵权人没有赔偿能力，赔偿权利人请求受益人在受益范围内予以适当补偿的，人民法院应予支持。

第十六条　下列情形，适用民法通则第一百二十六条的规定，由所有人或者管理人承担赔偿责任，但能够证明自己没有过错的除外：

（一）道路、桥梁、隧道等人工建造的构筑物因维护、管理瑕疵致人损害的；

（二）堆放物品滚落、滑落或者堆放物倒塌致人损害的；

（三）树木倾倒、折断或者果实坠落致人损害的。

前款第（一）项情形，因设计、施工缺陷造成损害的，由所有人、管理人与设计、施工者承担连带责任。

第十七条　受害人遭受人身损害，因就医治疗支出的各项费用以及因误工减少的收入，包括医疗费、误工费、护理费、交通费、住宿费、住院伙食补助费、必要的营养费，赔偿义务人应当予以赔偿。

受害人因伤致残的，其因增加生活上需要所支出的必要费用以及因丧失劳动能力导致的收入损失，包括残疾赔偿金、残疾辅助器具费、被扶养人生活费，以及因康复护理、继续治疗实际发生的必要的康复费、护理费、后续治疗费，赔偿义务人也应当予以赔偿。

受害人死亡的，赔偿义务人除应当根据抢救治疗情况赔偿本条第一款规定的相关费用外，还应当赔偿丧葬费、被扶养人生活费、死亡补偿费以及受害人亲属办理丧葬事宜支出的交通费、住宿费和误工损失等其他合理费用。

第十八条　受害人或者死者近亲属遭受精神损害，赔偿权利人向人民法院请求赔偿精神损害抚慰金的，适用《最高人民法院关于确定民事侵权精神损害赔偿责任若干问题的解释》予以确定。

精神损害抚慰金的请求权，不得让与或者继承。但赔偿义务人已经以书面方式承诺给予金钱赔偿，或者赔偿权利人已经向人民法院起诉的除外。

第十九条 医疗费根据医疗机构出具的医药费、住院费等收款凭证，结合病历和诊断证明等相关证据确定。赔偿义务人对治疗的必要性和合理性有异议的，应当承担相应的举证责任。

医疗费的赔偿数额，按照一审法庭辩论终结前实际发生的数额确定。器官功能恢复训练所必要的康复费、适当的整容费以及其他后续治疗费，赔偿权利人可以待实际发生后另行起诉。但根据医疗证明或者鉴定结论确定必然发生的费用，可以与已经发生的医疗费一并予以赔偿。

第二十条 误工费根据受害人的误工时间和收入状况确定。

误工时间根据受害人接受治疗的医疗机构出具的证明确定。受害人因伤致残持续误工的，误工时间可以计算至定残日前一天。

受害人有固定收入的，误工费按照实际减少的收入计算。受害人无固定收入的，按照其最近三年的平均收入计算；受害人不能举证证明其最近三年的平均收入状况的，可以参照受诉法院所在地相同或者相近行业上一年度职工的平均工资计算。

第二十一条 护理费根据护理人员的收入状况和护理人数、护理期限确定。

护理人员有收入的，参照误工费的规定计算；护理人员没有收入或者雇佣护工的，参照当地护工从事同等级别护理的劳务报酬标准计算。护理人员原则上为一人，但医疗机构或者鉴定机构有明确意见的，可以参照确定护理人员人数。

护理期限应计算至受害人恢复生活自理能力时止。受害人因残疾不能恢复生活自理能力的，可以根据其年龄、健康状况等因素确定合理的护理期限，但最长不超过二十年。

受害人定残后的护理，应当根据其护理依赖程度并结合配制残疾辅助器具的情况确定护理级别。

第二十二条 交通费根据受害人及其必要的陪护人员因就医或者转院治疗实际发生的费用计算。交通费应当以正式票据为凭；有关凭据应当与就医地点、时间、人数、次数相符合。

第二十三条 住院伙食补助费可以参照当地国家机关一般工作人员的出差伙食补助标准予以确定。

受害人确有必要到外地治疗，因客观原因不能住院，受害人本人及其陪护人员实际发生的住宿费和伙食费，其合理部分应予赔偿。

第二十四条 营养费根据受害人伤残情况参照医疗机构的意见确定。

第二十五条 残疾赔偿金根据受害人丧失劳动能力程度或者伤残等级，按照受诉法院所在地上一年度城镇居民人均可支配收入或者农村居民人均纯收入标准，自定残之日起按二十年计算。但六十周岁以上的，年龄每增加一岁减少一年；七十五周岁以上的，按五年计算。

受害人因伤致残但实际收入没有减少，或者伤残等级较轻但造成职业妨害严重影响其劳动就业的，可以对残疾赔偿金作相应调整。

第二十六条 残疾辅助器具费按照普通适用器具的合理费用标准计算。伤情有特殊需要的，可以参照辅助器具配制机构的意见确定相应的合理费用标准。

辅助器具的更换周期和赔偿期限参照配制机构的意见确定。

第二十七条 丧葬费按照受诉法院所在地上一年度职工月平均工资标准，以六个月总额计算。

第二十八条 被扶养人生活费根据扶养人丧失劳动能力程度，按照受诉法院所在地上一年度城镇居民人均消费性支出和农村居民人均年生活消费支出标准计算。被扶养人为未成年人的，计算至十八周岁；被扶养人无劳动能力又无其他生活来源的，计算二十年。但六十周岁以上的，年龄每增加一岁减少一年；七十五周岁以上的，按五年计算。

被扶养人是指受害人依法应当承担扶养义务的未成年人或者丧失劳动能力又无其他生活来源的成年近亲属。被扶养人还有其他扶养人的，赔偿义务人只赔偿受害人依法应当负担的部分。被扶养人有数人的，年赔偿总额累计不超过上一年度城镇居民人均消费性支出额或者农村居民人均年生活消费支出额。

第二十九条 死亡赔偿金按照受诉法院所在地上一年度城镇居民人均可支配收入或者农村居民人均纯收入标准，按二十年计算。但六十周岁以上的，年龄每增加一岁减少一年；七十五周岁以上的，按五年计算。

第三十条 赔偿权利人举证证明其住所地或者经常居住地城镇居民人均可支配收入或者农村居民人均纯收入高于受诉法院所在地标准的，残疾赔偿金或者死亡赔偿金可以按照其住所地或者经常居住地的相关标准计算。

被扶养人生活费的相关计算标准，依照前款原则确定。

第三十一条 人民法院应当按照民法通则第一百三十一条以及本解释第二条的规定，确定第十九条至第二十九条各项财产损失的实际赔偿金额。

前款确定的物质损害赔偿金与按照第十八条第一款规定确定的精神损害抚慰金，原则上应当一次性给付。

第三十二条 超过确定的护理期限、辅助器具费给付年限或者残疾赔偿金给付年限，赔偿权利人向人民法院起诉请求继续给付护理费、辅助器具费或者残疾赔偿金的，人民法院应予受理。赔偿权利人确需继续护理、配制辅助器具，或者没有劳动能力和生活来源的，人民法院应当判令赔偿义务人继续给付相关费用五至十年。

第三十三条 赔偿义务人请求以定期金方式给付残疾赔偿金、被扶养人生活费、残疾辅助器具费的，应当提供相应的担保。人民法院可以根据赔偿义务人的给付能力和提供担保的情况，确定以定期金方式给付相关费用。但一审法庭辩论终结前已经发生的费用、死亡赔偿金以及精神损害抚慰金，应当一次性给付。

第三十四条 人民法院应当在法律文书中明确定期金的给付时间、方式以及每期给付标准。执行期间有关统计数据发生变化的，给付金额应当适时进行相应调整。

定期金按照赔偿权利人的实际生存年限给付，不受本解释有关赔偿期限的限制。

第三十五条 本解释所称"城镇居民人均可支配收入"、"农村居民人均纯收入"、"城镇居民人均消费性支出"、"农村居民人均年生活消费支出"、"职工平均工资"，按照政府统计部门公布的各省、自治区、直辖市以及经济特区和计划单列市上一年度相关统计数据确定。

"上一年度"，是指一审法庭辩论终结时的上一统计年度。

第三十六条 本解释自 2004 年 5 月 1 日起施行。2004 年 5 月 1 日后新受理的一审人身损害赔偿案件,适用本解释的规定。已经作出生效裁判的人身损害赔偿案件依法再审的,不适用本解释的规定。

在本解释公布施行之前已经生效施行的司法解释,其内容与本解释不一致的,以本解释为准。

最高人民法院关于审理铁路运输人身损害赔偿纠纷案件适用法律若干问题的解释

法释〔2010〕5 号

(2010 年 1 月 4 日最高人民法院审判委员会第 1482 次会议通过 2010 年 3 月 3 日最高人民法院公告公布 自 2010 年 3 月 16 日起施行)

为正确审理铁路运输人身损害赔偿纠纷案件,依法维护各方当事人的合法权益,根据《中华人民共和国民法通则》、《中华人民共和国铁路法》、《中华人民共和国民事诉讼法》等法律的规定,结合审判实践,就有关适用法律问题作如下解释:

第一条 人民法院审理铁路行车事故及其他铁路运营事故造成的铁路运输人身损害赔偿纠纷案件,适用本解释。

与铁路运输企业建立劳动合同关系或者形成劳动关系的铁路职工在执行职务中发生的人身损害,依照有关调整劳动关系的法律规定及其他相关法律规定处理。

第二条 铁路运输人身损害的受害人、依法由受害人承担扶养义务的被扶养人以及死亡受害人的近亲属为赔偿权利人,有权请求赔偿。

第三条 赔偿权利人要求对方当事人承担侵权责任的,由事故发生地、列车最先到达地或者被告住所地铁路运输法院管辖;赔偿权利人依照合同法要求承运人承担违约责任予以人身损害赔偿的,由运输始发地、目的地或者被告住所地铁路运输法院管辖。

第四条 铁路运输造成人身损害的,铁路运输企业应当承担赔偿责任;法律另有规定的,依照其规定。

第五条 铁路运输中发生人身损害,铁路运输企业举证证明有下列情形之一的,不承担赔偿责任:

(一)不可抗力造成的;

(二)受害人故意以卧轨、碰撞等方式造成的。

第六条 因受害人翻越、穿越、损毁、移动铁路线路两侧防护围墙、栅栏或者其他防护设施穿越铁路线路,偷乘货车,攀附行进中的列车,在未设置人行通道的铁路桥梁、隧道内通行,攀爬高架铁路线路,以及其他未经许可进入铁路线路、车站、货场等铁路作业区域的过错行为，造成人身损害的，应当根据受害人的过错程度适当减轻铁路运输企业的赔偿责任，并按照以下情形分别处理：

（一）铁路运输企业未充分履行安全防护、警示等义务，受害人有上述过错行为的，铁路运输企业应当在全部损失的百分之八十至百分之二十之间承担赔偿责任；

（二）铁路运输企业已充分履行安全防护、警示等义务，受害人仍施以上述过错行为的，铁路运输企业应当在全部损失的百分之二十至百分之十之间承担赔偿责任。

第七条 受害人横向穿越未封闭的铁路线路时存在过错，造成人身损害的，按照前条规定处理。

受害人不听从值守人员劝阻或者无视禁行警示信号、标志硬行通过铁路平交道口、人行过道，或者沿铁路线路纵向行走，或者在铁路线路上坐卧，造成人身损害，铁路运输企业举证证明已充分履行安全防护、警示等义务的，不承担赔偿责任。

第八条 铁路运输造成无民事行为能力人人身损害的，铁路运输企业应当承担赔偿责任；监护人有过错的，按照过错程度减轻铁路运输企业的赔偿责任，但铁路运输企业承担的赔偿责任应当不低于全部损失的百分之五十。

铁路运输造成限制民事行为能力人人身损害的，铁路运输企业应当承担赔偿责任；监护人及受害人自身有过错的，按照过错程度减轻铁路运输企业的赔偿责任，但铁路运输企业承担的赔偿责任应当不低于全部损失的百分之四十。

第九条 铁路机车车辆与机动车发生碰撞造成机动车驾驶人员以外的人人身损害的，由铁路运输企业与机动车一方对受害人承担连带赔偿责任。铁路运输企业与机动车一方之间，按照各自的过错分担责任；双方均无过错的，按照公平原则分担责任。对受害人实际承担赔偿责任超出应当承担份额的一方，有权向另一方追偿。

铁路机车车辆与机动车发生碰撞造成机动车驾驶人员人身损害的，按照本解释第四条至第七条的规定处理。

第十条 在非铁路运输企业实行监护的铁路无人看守道口发生事故造成人身损害的，由铁路运输企业按照本解释的有关规定承担赔偿责任。道口管理单位有过错的，铁路运输企业对赔偿权利人承担赔偿责任后，有权向道口管理单位追偿。

第十一条 对于铁路桥梁、涵洞等设施负有管理、维护等职责的单位，因未尽职责使该铁路桥梁、涵洞等设施不能正常使用，导致行人、车辆穿越铁路线路造成人身损害的，铁路运输企业按照本解释有关规定承担赔偿责任后，有权向该单位追偿。

第十二条 铁路旅客运送期间发生旅客人身损害，赔偿权利人要求铁路运输企业承担违约责任的，人民法院应当依照《中华人民共和国合同法》第二百九十条、第三百零一条、第三百零二条等规定，确定铁路运输企业是否承担责任及责任的大小；赔偿权利人要求铁路运输企业承担侵权赔偿责任的，人民法院应当依照有关侵权责任的法律规定，确定铁路运输企业是否承担赔偿责任及责任的大小。

第十三条 铁路旅客运送期间因第三人侵权造成旅客人身损害的，由实施侵权行为的第三人承担赔偿责任。铁路运输企业有过错的，应当在能够防止或者制止损害的范围内承担相应的补充赔偿责任。铁路运输企业承担赔偿责任后，有权向第三人追偿。

车外第三人投掷石块等击打列车造成车内旅客人身损害，赔偿权利人要求铁路运输企业先予赔偿的，人民法院应当予以支持。铁路运输企业赔付后，有权向第三人追偿。

第十四条 有权作出事故认定的组织依照《铁路交通事故应急救援和调查处理条例》等有关规定制作的事故认定书，经庭审质证，对于事故认定书所认定的事实，当事人没有相反证据和理由足以推翻的，人民法院应当作为认定事实的根据。

第十五条 在专用铁路及铁路专用线上因运输造成人身损害，依法应当由肇事工具或者设备的所有人、使用人或者管理人承担赔偿责任的，适用本解释。

第十六条 本院以前发布的司法解释与本解释不一致的，以本解释为准。

本解释施行前已经终审，本解释施行后当事人申请再审或者按照审判监督程序决定再审的案件，不适用本解释。

最高人民法院
关于审理道路交通事故损害赔偿案件适用法律若干问题的解释

法释〔2012〕19号

(2012年9月17日最高人民法院审判委员会第1556次会议通过 2012年11月27日最高人民法院公告公布 自2012年12月21日起施行)

为正确审理道路交通事故损害赔偿案件，根据《中华人民共和国侵权责任法》《中华人民共和国合同法》《中华人民共和国道路交通安全法》《中华人民共和国保险法》《中华人民共和国民事诉讼法》等法律的规定，结合审判实践，制定本解释。

一、关于主体责任的认定

第一条 机动车发生交通事故造成损害，机动车所有人或者管理人有下列情形之一，人民法院应当认定其对损害的发生有过错，并适用侵权责任法第四十九条的规定确定其相应的赔偿责任：

（一）知道或者应当知道机动车存在缺陷，且该缺陷是交通事故发生原因之一的；

（二）知道或者应当知道驾驶人无驾驶资格或者未取得相应驾驶资格的；

（三）知道或者应当知道驾驶人因饮酒、服用国家管制的精神药品或者麻醉药品，或者患有妨碍安全驾驶机动车的疾病等依法不能驾驶机动车的；

（四）其它应当认定机动车所有人或者管理人有过错的。

第二条 未经允许驾驶他人机动车发生交通事故造成损害，当事人依照侵权责任法第四十九条的规定请求由机动车驾驶人承担赔偿责任的，人民法院应予支持。机动车所有人或者管理人有过错的，承担相应的赔偿责任，但具有侵权责任法第五十二条规定情形的除外。

第三条 以挂靠形式从事道路运输经营活动的机动车发生交通事故造成损害，属于该机动车一方责任，当事人请求由挂靠人和被挂靠人承担连带责任的，人民法院应予支持。

第四条 被多次转让但未办理转移登记的机动车发生交通事故造成损害，属于该机动车一方责任，当事人请求由最后一次转让并交付的受让人承担赔偿责任的，人民法院应予支持。

第五条 套牌机动车发生交通事故造成损害，属于该机动车一方责任，当事人请求由套牌机动车的所有人或者管理人承担赔偿责任的，人民法院应予支持；被套牌机动车所有人或者管理人同意套牌的，应当与套牌机动车的所有人或者管理人承担连带责任。

第六条 拼装车、已达到报废标准的机动车或者依法禁止行驶的其他机动车被多次转让，并发生交通事故造成损害，当事人请求由所有的转让人和受让人承担连带责任的，人民法院应予支持。

第七条 接受机动车驾驶培训的人员，在培训活动中驾驶机动车发生交通事故造成损害，属于该机动车一方责任，当事人请求驾驶培训单位承担赔偿责任的，人民法院应予支持。

第八条 机动车试乘过程中发生交通事故造成试乘人损害，当事人请求提供试乘服务者承担赔偿责任的，人民法院应予支持。试乘人有过错的，应当减轻提供试乘服务者的赔偿责任。

第九条 因道路管理维护缺陷导致机动车发生交通事故造成损害，当事人请求道路管理者承担相应赔偿责任的，人民法院应予支持，但道路管理者能够证明已按照法律、法规、规章、国家标准、行业标准或者地方标准尽到安全防护、警示等管理维护义务的除外。

依法不得进入高速公路的车辆、行人，进入高速公路发生交通事故造成自身损害，当事人请求高速公路管理者承担赔偿责任的，适用侵权责任法第七十六条的规定。

第十条 因在道路上堆放、倾倒、遗撒物品等妨碍通行的行为，导致交通事故造成损害，当事人请求行为人承担赔偿责任的，人民法院应予支持。道路管理者不能证明已按照法律、法规、规章、国家标准、行业标准或者地方标准尽到清理、防护、警示等义务的，应当承担相应的赔偿责任。

第十一条 未按照法律、法规、规章或者国家标准、行业标准、地方标准的强制性规定设计、施工，致使道路存在缺陷并造成交通事故，当事人请求建设单位与施工单位承担相应赔偿责任的，人民法院应予支持。

第十二条 机动车存在产品缺陷导致交通事故造成损害，当事人请求生产者或者销售者依照侵权责任法第五章的规定承担赔偿责任的，人民法院应予支持。

第十三条 多辆机动车发生交通事故造成第三人损害，当事人请求多个侵权人承担赔偿责任的，人民法院应当区分不同情况，依照侵权责任法第十条、第十一条或者第十二条的规定，确定侵权人承担连带责任或者按份责任。

二、关于赔偿范围的认定

第十四条 道路交通安全法第七十六条规定的"人身伤亡",是指机动车发生交通事故侵害被侵权人的生命权、健康权等人身权益所造成的损害,包括侵权责任法第十六条和第二十二条规定的各项损害。

道路交通安全法第七十六条规定的"财产损失",是指因机动车发生交通事故侵害被侵权人的财产权益所造成的损失。

第十五条 因道路交通事故造成下列财产损失,当事人请求侵权人赔偿的,人民法院应予支持:

(一)维修被损坏车辆所支出的费用、车辆所载物品的损失、车辆施救费用;

(二)因车辆灭失或者无法修复,为购买交通事故发生时与被损坏车辆价值相当的车辆重置费用;

(三)依法从事货物运输、旅客运输等经营性活动的车辆,因无法从事相应经营活动所产生的合理停运损失;

(四)非经营性车辆因无法继续使用,所产生的通常替代性交通工具的合理费用。

三、关于责任承担的认定

第十六条 同时投保机动车第三者责任强制保险(以下简称"交强险")和第三者责任商业保险(以下简称"商业三者险")的机动车发生交通事故造成损害,当事人同时起诉侵权人和保险公司的,人民法院应当按照下列规则确定赔偿责任:

(一)先由承保交强险的保险公司在责任限额范围内予以赔偿;

(二)不足部分,由承保商业三者险的保险公司根据保险合同予以赔偿;

(三)仍有不足的,依照道路交通安全法和侵权责任法的相关规定由侵权人予以赔偿。

被侵权人或者其近亲属请求承保交强险的保险公司优先赔偿精神损害的,人民法院应予支持。

第十七条 投保人允许的驾驶人驾驶机动车致使投保人遭受损害,当事人请求承保交强险的保险公司在责任限额范围内予以赔偿的,人民法院应予支持,但投保人为本车上人员的除外。

第十八条 有下列情形之一导致第三人人身损害,当事人请求保险公司在交强险责任限额范围内予以赔偿,人民法院应予支持:

(一)驾驶人未取得驾驶资格或者未取得相应驾驶资格的;

(二)醉酒、服用国家管制的精神药品或者麻醉药品后驾驶机动车发生交通事故的;

(三)驾驶人故意制造交通事故的。

保险公司在赔偿范围内向侵权人主张追偿权的,人民法院应予支持。追偿权的诉讼时效期间自保险公司实际赔偿之日起计算。

第十九条 未依法投保交强险的机动车发生交通事故造成损害,当事人请求投保义务人在交强险责任限额范围内予以赔偿的,人民法院应予支持。

投保义务人和侵权人不是同一人，当事人请求投保义务人和侵权人在交强险责任限额范围内承担连带责任的，人民法院应予支持。

第二十条 具有从事交强险业务资格的保险公司违法拒绝承保、拖延承保或者违法解除交强险合同，投保义务人在向第三人承担赔偿责任后，请求该保险公司在交强险责任限额范围内承担相应赔偿责任的，人民法院应予支持。

第二十一条 多辆机动车发生交通事故造成第三人损害，损失超出各机动车交强险责任限额之和的，由各保险公司在各自责任限额范围内承担赔偿责任；损失未超出各机动车交强险责任限额之和，当事人请求由各保险公司按照其责任限额与责任限额之和的比例承担赔偿责任的，人民法院应予支持。

依法分别投保交强险的牵引车和挂车连接使用时发生交通事故造成第三人损害，当事人请求由各保险公司在各自的责任限额范围内平均赔偿的，人民法院应予支持。

多辆机动车发生交通事故造成第三人损害，其中部分机动车未投保交强险，当事人请求先由已承保交强险的保险公司在责任限额范围内予以赔偿的，人民法院应予支持。保险公司就超出其应承担的部分向未投保交强险的投保义务人或者侵权人行使追偿权的，人民法院应予支持。

第二十二条 同一交通事故的多个被侵权人同时起诉的，人民法院应当按照各被侵权人的损失比例确定交强险的赔偿数额。

第二十三条 机动车所有权在交强险合同有效期内发生变动，保险公司在交通事故发生后，以该机动车未办理交强险合同变更手续为由主张免除赔偿责任的，人民法院不予支持。

机动车在交强险合同有效期内发生改装、使用性质改变等导致危险程度增加的情形，发生交通事故后，当事人请求保险公司在责任限额范围内予以赔偿的，人民法院应予支持。

前款情形下，保险公司另行起诉请求投保义务人按照重新核定后的保险费标准补足当期保险费的，人民法院应予支持。

第二十四条 当事人主张交强险人身伤亡保险金请求权转让或者设定担保的行为无效的，人民法院应予支持。

四、关于诉讼程序的规定

第二十五条 人民法院审理道路交通事故损害赔偿案件，应当将承保交强险的保险公司列为共同被告。但该保险公司已经在交强险责任限额范围内予以赔偿且当事人无异议的除外。

人民法院审理道路交通事故损害赔偿案件，当事人请求将承保商业三者险的保险公司列为共同被告的，人民法院应予准许。

第二十六条 被侵权人因道路交通事故死亡，无近亲属或者近亲属不明，未经法律授权的机关或者有关组织向人民法院起诉主张死亡赔偿金的，人民法院不予受理。

侵权人以已向未经法律授权的机关或者有关组织支付死亡赔偿金为理由，请求保险公司在交强险责任限额范围内予以赔偿的，人民法院不予支持。

被侵权人因道路交通事故死亡，无近亲属或者近亲属不明，支付被侵权人医疗费、丧葬费等合理费用的单位或者个人，请求保险公司在交强险责任限额范围内予以赔偿的，人民法院应予支持。

第二十七条 公安机关交通管理部门制作的交通事故认定书，人民法院应依法审查并确认其相应的证明力，但有相反证据推翻的除外。

五、关于适用范围的规定

第二十八条 机动车在道路以外的地方通行时引发的损害赔偿案件，可以参照适用本解释的规定。

第二十九条 本解释施行后尚未终审的案件，适用本解释；本解释施行前已经终审，当事人申请再审或者按照审判监督程序决定再审的案件，不适用本解释。

最高人民法院关于审理食品药品纠纷案件适用法律若干问题的规定

法释〔2013〕28号

（2013年12月9日最高人民法院审判委员会第1599次会议通过 2013年12月23日最高人民法院公告公布 自2014年3月15日起施行）

为正确审理食品药品纠纷案件，根据《中华人民共和国侵权责任法》、《中华人民共和国合同法》、《中华人民共和国消费者权益保护法》、《中华人民共和国食品安全法》、《中华人民共和国民事诉讼法》等法律的规定，结合审判实践，制定本规定。

第一条 消费者因食品、药品纠纷提起民事诉讼，符合民事诉讼法规定受理条件的，人民法院应予受理。

第二条 因食品、药品存在质量问题造成消费者损害，消费者可以分别起诉或者同时起诉销售者和生产者。

消费者仅起诉销售者或者生产者的，必要时人民法院可以追加相关当事人参加诉讼。

第三条 因食品、药品质量问题发生纠纷，购买者向生产者、销售者主张权利，生产者、销售者以购买者明知食品、药品存在质量问题而仍然购买为由进行抗辩的，人民法院不予支持。

第四条 食品、药品生产者、销售者提供给消费者的食品或者药品的赠品发生质量安全问题，造成消费者损害，消费者主张权利，生产者、销售者以消费者未对赠品支付对价为由进行免责抗辩的，人民法院不予支持。

第五条 消费者举证证明所购买食品、药品的事实以及所购食品、药品不符合合同的约定,主张食品、药品的生产者、销售者承担违约责任的,人民法院应予支持。

消费者举证证明因食用食品或者使用药品受到损害,初步证明损害与食用食品或者使用药品存在因果关系,并请求食品、药品的生产者、销售者承担侵权责任的,人民法院应予支持,但食品、药品的生产者、销售者能证明损害不是因产品不符合质量标准造成的除外。

第六条 食品的生产者与销售者应当对于食品符合质量标准承担举证责任。认定食品是否合格,应当以国家标准为依据;没有国家标准的,应当以地方标准为依据;没有国家标准、地方标准的,应当以企业标准为依据。食品的生产者采用的标准高于国家标准、地方标准的,应当以企业标准为依据。没有前述标准的,应当以食品安全法的相关规定为依据。

第七条 食品、药品虽在销售前取得检验合格证明,且食用或者使用时尚在保质期内,但经检验确认产品不合格,生产者或者销售者以该食品、药品具有检验合格证明为由进行抗辩的,人民法院不予支持。

第八条 集中交易市场的开办者、柜台出租者、展销会举办者未履行食品安全法规定的审查、检查、管理等义务,发生食品安全事故,致使消费者遭受人身损害,消费者请求集中交易市场的开办者、柜台出租者、展销会举办者承担连带责任的,人民法院应予支持。

第九条 消费者通过网络交易平台购买食品、药品遭受损害,网络交易平台提供者不能提供食品、药品的生产者或者销售者的真实名称、地址与有效联系方式,消费者请求网络交易平台提供者承担责任的,人民法院应予支持。

网络交易平台提供者承担赔偿责任后,向生产者或者销售者行使追偿权的,人民法院应予支持。

网络交易平台提供者知道或者应当知道食品、药品的生产者、销售者利用其平台侵害消费者合法权益,未采取必要措施,给消费者造成损害,消费者要求其与生产者、销售者承担连带责任的,人民法院应予支持。

第十条 未取得食品生产资质与销售资质的个人、企业或者其他组织,挂靠具有相应资质的生产者与销售者,生产、销售食品,造成消费者损害,消费者请求挂靠者与被挂靠者承担连带责任的,人民法院应予支持。

消费者仅起诉挂靠者或者被挂靠者的,必要时人民法院可以追加相关当事人参加诉讼。

第十一条 消费者因虚假广告推荐的食品、药品存在质量问题遭受损害,依据消费者权益保护法等法律相关规定请求广告经营者、广告发布者承担连带责任的,人民法院应予支持。

社会团体或者其他组织、个人,在虚假广告中向消费者推荐食品、药品,使消费者遭受损害,消费者依据消费者权益保护法等法律相关规定请求其与食品、药品的生产者、销售者承担连带责任的,人民法院应予支持。

第十二条 食品、药品检验机构故意出具虚假检验报告,造成消费者损害,消费者请求其承担连带责任的，人民法院应予支持。

食品、药品检验机构因过失出具不实检验报告，造成消费者损害，消费者请求其承担相应责任的，人民法院应予支持。

第十三条　食品认证机构故意出具虚假认证，造成消费者损害，消费者请求其承担连带责任的，人民法院应予支持。

食品认证机构因过失出具不实认证，造成消费者损害，消费者请求其承担相应责任的，人民法院应予支持。

第十四条　生产、销售的食品、药品存在质量问题，生产者与销售者需同时承担民事责任、行政责任和刑事责任，其财产不足以支付，当事人依照侵权责任法等有关法律规定，请求食品、药品的生产者、销售者首先承担民事责任的，人民法院应予支持。

第十五条　生产不符合安全标准的食品或者销售明知是不符合安全标准的食品，消费者除要求赔偿损失外，向生产者、销售者主张支付价款十倍赔偿金或者依照法律规定的其他赔偿标准要求赔偿的，人民法院应予支持。

第十六条　食品、药品的生产者与销售者以格式合同、通知、声明、告示等方式作出排除或者限制消费者权利、减轻或者免除经营者责任、加重消费者责任等对消费者不公平、不合理的规定，消费者依法请求认定该内容无效的，人民法院应予支持。

第十七条　消费者与化妆品、保健品等产品的生产者、销售者、广告经营者、广告发布者、推荐者、检验机构等主体之间的纠纷，参照适用本规定。

消费者协会依法提起公益诉讼的，参照适用本规定。

第十八条　本规定施行后人民法院正在审理的一审、二审案件适用本规定。

本规定施行前已经终审，本规定施行后当事人申请再审或者按照审判监督程序决定再审的案件，不适用本规定。

最高人民法院关于审理利用信息网络侵害人身权益民事纠纷案件适用法律若干问题的规定

法释〔2014〕11号

（2014年6月23日最高人民法院审判委员会第1621次会议通过　2014年8月21日最高人民法院公告公布　自2014年10月10日起施行）

为正确审理利用信息网络侵害人身权益民事纠纷案件，根据《中华人民共和国民法通则》、《中华人民共和国侵权责任法》、《全国人民代表大会常务委员会关于加强网络信息保护的决定》、《中华人民共和国民事诉讼法》等法律的规定，结合审判实践，制定本规定。

第一条　本规定所称的利用信息网络侵害人身权益民事纠纷案件，是指利用信息网络侵害他人姓名权、名称权、名誉权、荣誉权、肖像权、隐私权等人身权益引起的纠纷案件。

第二条　利用信息网络侵害人身权益提起的诉讼，由侵权行为地或者被告住所地人民法院管辖。

侵权行为实施地包括实施被诉侵权行为的计算机等终端设备所在地，侵权结果发生地包括被侵权人住所地。

第三条　原告依据侵权责任法第三十六条第二款、第三款的规定起诉网络用户或者网络服务提供者的，人民法院应予受理。

原告仅起诉网络用户，网络用户请求追加涉嫌侵权的网络服务提供者为共同被告或者第三人的，人民法院应予准许。

原告仅起诉网络服务提供者，网络服务提供者请求追加可以确定的网络用户为共同被告或者第三人的，人民法院应予准许。

第四条　原告起诉网络服务提供者，网络服务提供者以涉嫌侵权的信息系网络用户发布为由抗辩的，人民法院可以根据原告的请求及案件的具体情况，责令网络服务提供者向人民法院提供能够确定涉嫌侵权的网络用户的姓名（名称）、联系方式、网络地址等信息。

网络服务提供者无正当理由拒不提供的，人民法院可以依据民事诉讼法第一百一十四条的规定对网络服务提供者采取处罚等措施。

原告根据网络服务提供者提供的信息请求追加网络用户为被告的，人民法院应予准许。

第五条　依据侵权责任法第三十六条第二款的规定，被侵权人以书面形式或者网络服务提供者公示的方式向网络服务提供者发出的通知，包含下列内容的，人民法院应当认定有效：

（一）通知人的姓名（名称）和联系方式；

（二）要求采取必要措施的网络地址或者足以准确定位侵权内容的相关信息；

（三）通知人要求删除相关信息的理由。

被侵权人发送的通知未满足上述条件，网络服务提供者主张免除责任的，人民法院应予支持。

第六条　人民法院适用侵权责任法第三十六条第二款的规定，认定网络服务提供者采取的删除、屏蔽、断开链接等必要措施是否及时，应当根据网络服务的性质、有效通知的形式和准确程度，网络信息侵害权益的类型和程度等因素综合判断。

第七条　其发布的信息被采取删除、屏蔽、断开链接等措施的网络用户，主张网络服务提供者承担违约责任或者侵权责任，网络服务提供者以收到通知为由抗辩的，人民法院应予支持。

被采取删除、屏蔽、断开链接等措施的网络用户，请求网络服务提供者提供通知内容的，人民法院应予支持。

第八条　因通知人的通知导致网络服务提供者错误采取删除、屏蔽、断开链接等措施，被采取措施的网络用户请求通知人承担侵权责任的，人民法院应予支持。

被错误采取措施的网络用户请求网络服务提供者采取相应恢复措施的，人民法院应予支持，但受技术条件限制无法恢复的除外。

第九条 人民法院依据侵权责任法第三十六条第三款认定网络服务提供者是否"知道"，应当综合考虑下列因素：

（一）网络服务提供者是否以人工或者自动方式对侵权网络信息以推荐、排名、选择、编辑、整理、修改等方式作出处理；

（二）网络服务提供者应当具备的管理信息的能力，以及所提供服务的性质、方式及其引发侵权的可能性大小；

（三）该网络信息侵害人身权益的类型及明显程度；

（四）该网络信息的社会影响程度或者一定时间内的浏览量；

（五）网络服务提供者采取预防侵权措施的技术可能性及其是否采取了相应的合理措施；

（六）网络服务提供者是否针对同一网络用户的重复侵权行为或者同一侵权信息采取了相应的合理措施；

（七）与本案相关的其他因素。

第十条 人民法院认定网络用户或者网络服务提供者转载网络信息行为的过错及其程度，应当综合以下因素：

（一）转载主体所承担的与其性质、影响范围相适应的注意义务；

（二）所转载信息侵害他人人身权益的明显程度；

（三）对所转载信息是否作出实质性修改，是否添加或者修改文章标题，导致其与内容严重不符以及误导公众的可能性。

第十一条 网络用户或者网络服务提供者采取诽谤、诋毁等手段，损害公众对经营主体的信赖，降低其产品或者服务的社会评价，经营主体请求网络用户或者网络服务提供者承担侵权责任的，人民法院应依法予以支持。

第十二条 网络用户或者网络服务提供者利用网络公开自然人基因信息、病历资料、健康检查资料、犯罪记录、家庭住址、私人活动等个人隐私和其他个人信息，造成他人损害，被侵权人请求其承担侵权责任的，人民法院应予支持。但下列情形除外：

（一）经自然人书面同意且在约定范围内公开；

（二）为促进社会公共利益且在必要范围内；

（三）学校、科研机构等基于公共利益为学术研究或者统计的目的，经自然人书面同意，且公开的方式不足以识别特定自然人；

（四）自然人自行在网络上公开的信息或者其他已合法公开的个人信息；

（五）以合法渠道获取的个人信息；

（六）法律或者行政法规另有规定。

网络用户或者网络服务提供者以违反社会公共利益、社会公德的方式公开前款第四项、第五项规定的个人信息，或者公开该信息侵害权利人值得保护的重大利益，权利人请求网络用户或者网络服务提供者承担侵权责任的，人民法院应予支持。

国家机关行使职权公开个人信息的,不适用本条规定。

第十三条 网络用户或者网络服务提供者,根据国家机关依职权制作的文书和公开实施的职权行为等信息来源所发布的信息,有下列情形之一,侵害他人人身权益,被侵权人请求侵权人承担侵权责任的,人民法院应予支持:

(一)网络用户或者网络服务提供者发布的信息与前述信息来源内容不符;

(二)网络用户或者网络服务提供者以添加侮辱性内容、诽谤性信息、不当标题或者通过增删信息、调整结构、改变顺序等方式致人误解;

(三)前述信息来源已被公开更正,但网络用户拒绝更正或者网络服务提供者不予更正;

(四)前述信息来源已被公开更正,网络用户或者网络服务提供者仍然发布更正之前的信息。

第十四条 被侵权人与构成侵权的网络用户或者网络服务提供者达成一方支付报酬,另一方提供删除、屏蔽、断开链接等服务的协议,人民法院应认定为无效。

擅自篡改、删除、屏蔽特定网络信息或者以断开链接的方式阻止他人获取网络信息,发布该信息的网络用户或者网络服务提供者请求侵权人承担侵权责任的,人民法院应予支持。接受他人委托实施该行为的,委托人与受托人承担连带责任。

第十五条 雇佣、组织、教唆或者帮助他人发布、转发网络信息侵害他人人身权益,被侵权人请求行为人承担连带责任的,人民法院应予支持。

第十六条 人民法院判决侵权人承担赔礼道歉、消除影响或者恢复名誉等责任形式的,应当与侵权的具体方式和所造成的影响范围相当。侵权人拒不履行的,人民法院可以采取在网络上发布公告或者公布裁判文书等合理的方式执行,由此产生的费用由侵权人承担。

第十七条 网络用户或者网络服务提供者侵害他人人身权益,造成财产损失或者严重精神损害,被侵权人依据侵权责任法第二十条和第二十二条的规定请求其承担赔偿责任的,人民法院应予支持。

第十八条 被侵权人为制止侵权行为所支付的合理开支,可以认定为侵权责任法第二十条规定的财产损失。合理开支包括被侵权人或者委托代理人对侵权行为进行调查、取证的合理费用。人民法院根据当事人的请求和具体案情,可以将符合国家有关部门规定的律师费用计算在赔偿范围内。

被侵权人因人身权益受侵害造成的财产损失或者侵权人因此获得的利益无法确定的,人民法院可以根据具体案情在50万元以下的范围内确定赔偿数额。

精神损害的赔偿数额,依据《最高人民法院关于确定民事侵权精神损害赔偿责任若干问题的解释》第十条的规定予以确定。

第十九条 本规定施行后人民法院正在审理的一审、二审案件适用本规定。

本规定施行前已经终审,本规定施行后当事人申请再审或者按照审判监督程序决定再审的案件,不适用本规定。

最高人民法院关于审理医疗损害责任纠纷案件适用法律若干问题的解释

法释〔2017〕20号

（2017年3月27日最高人民法院审判委员会第1713次会议通过 2017年12月13日最高人民法院公告公布 自1997年8月2日起施行）

为正确审理医疗损害责任纠纷案件，依法维护当事人的合法权益，推动构建和谐医患关系，促进卫生健康事业发展，根据《中华人民共和国侵权责任法》《中华人民共和国民事诉讼法》等法律规定，结合审判实践，制定本解释。

第一条 患者以在诊疗活动中受到人身或者财产损害为由请求医疗机构、医疗产品的生产者、销售者或者血液提供机构承担侵权责任的案件，适用本解释。

患者以在美容医疗机构或者开设医疗美容科室的医疗机构实施的医疗美容活动中受到人身或者财产损害为由提起的侵权纠纷案件，适用本解释。

当事人提起的医疗服务合同纠纷案件，不适用本解释。

第二条 患者因同一伤病在多个医疗机构接受诊疗受到损害，起诉部分或者全部就诊的医疗机构的，应予受理。

患者起诉部分就诊的医疗机构后，当事人依法申请追加其他就诊的医疗机构为共同被告或者第三人的，应予准许。必要时，人民法院可以依法追加相关当事人参加诉讼。

第三条 患者因缺陷医疗产品受到损害，起诉部分或者全部医疗产品的生产者、销售者和医疗机构的，应予受理。

患者仅起诉医疗产品的生产者、销售者、医疗机构中部分主体，当事人依法申请追加其他主体为共同被告或者第三人的，应予准许。必要时，人民法院可以依法追加相关当事人参加诉讼。

患者因输入不合格的血液受到损害提起侵权诉讼的，参照适用前两款规定。

第四条 患者依据侵权责任法第五十四条规定主张医疗机构承担赔偿责任的，应当提交到该医疗机构就诊、受到损害的证据。

患者无法提交医疗机构及其医务人员有过错、诊疗行为与损害之间具有因果关系的证据，依法提出医疗损害鉴定申请的，人民法院应予准许。

医疗机构主张不承担责任的，应当就侵权责任法第六十条第一款规定情形等抗辩事由承担举证证明责任。

第五条 患者依据侵权责任法第五十五条规定主张医疗机构承担赔偿责任的，应当按照前条第一款规定提交证据。

实施手术、特殊检查、特殊治疗的，医疗机构应当承担说明义务并取得患者或者患者近亲属书面同意，但属于侵权责任法第五十六条规定情形的除外。医疗机构提交患者或者患者近亲属书面同意证据的，人民法院可以认定医疗机构尽到说明义务，但患者有相反证据足以反驳的除外。

第六条 侵权责任法第五十八条规定的病历资料包括医疗机构保管的门诊病历、住院志、体温单、医嘱单、检验报告、医学影像检查资料、特殊检查（治疗）同意书、手术同意书、手术及麻醉记录、病理资料、护理记录、医疗费用、出院记录以及国务院卫生行政主管部门规定的其他病历资料。

患者依法向人民法院申请医疗机构提交由其保管的与纠纷有关的病历资料等，医疗机构未在人民法院指定期限内提交的，人民法院可以依照侵权责任法第五十八条第二项规定推定医疗机构有过错，但是因不可抗力等客观原因无法提交的除外。

第七条 患者依据侵权责任法第五十九条规定请求赔偿的，应当提交使用医疗产品或者输入血液、受到损害的证据。

患者无法提交使用医疗产品或者输入血液与损害之间具有因果关系的证据，依法申请鉴定的，人民法院应予准许。

医疗机构，医疗产品的生产者、销售者或者血液提供机构主张不承担责任的，应当对医疗产品不存在缺陷或者血液合格等抗辩事由承担举证证明责任。

第八条 当事人依法申请对医疗损害责任纠纷中的专门性问题进行鉴定的，人民法院应予准许。

当事人未申请鉴定，人民法院对前款规定的专门性问题认为需要鉴定的，应当依职权委托鉴定。

第九条 当事人申请医疗损害鉴定的，由双方当事人协商确定鉴定人。

当事人就鉴定人无法达成一致意见，人民法院提出确定鉴定人的方法，当事人同意的，按照该方法确定；当事人不同意的，由人民法院指定。

鉴定人应当从具备相应鉴定能力、符合鉴定要求的专家中确定。

第十条 委托医疗损害鉴定的，当事人应当按照要求提交真实、完整、充分的鉴定材料。提交的鉴定材料不符合要求的，人民法院应当通知当事人更换或者补充相应材料。

在委托鉴定前，人民法院应当组织当事人对鉴定材料进行质证。

第十一条 委托鉴定书，应当有明确的鉴定事项和鉴定要求。鉴定人应当按照委托鉴定的事项和要求进行鉴定。

下列专门性问题可以作为申请医疗损害鉴定的事项：

（一）实施诊疗行为有无过错；

（二）诊疗行为与损害后果之间是否存在因果关系以及原因力大小；

（三）医疗机构是否尽到了说明义务、取得患者或者患者近亲属书面同意的义务；

（四）医疗产品是否有缺陷、该缺陷与损害后果之间是否存在因果关系以及原因力的大小；

（五）患者损伤残疾程度；

（六）患者的护理期、休息期、营养期；

（七）其他专门性问题。

鉴定要求包括鉴定人的资质、鉴定人的组成、鉴定程序、鉴定意见、鉴定期限等。

第十二条 鉴定意见可以按照导致患者损害的全部原因、主要原因、同等原因、次要原因、轻微原因或者与患者损害无因果关系，表述诊疗行为或者医疗产品等造成患者损害的原因力大小。

第十三条 鉴定意见应当经当事人质证。

当事人申请鉴定人出庭作证，经人民法院审查同意，或者人民法院认为鉴定人有必要出庭的，应当通知鉴定人出庭作证。双方当事人同意鉴定人通过书面说明、视听传输技术或者视听资料等方式作证的，可以准许。

鉴定人因健康原因、自然灾害等不可抗力或者其他正当理由不能按期出庭的，可以延期开庭；经人民法院许可，也可以通过书面说明、视听传输技术或者视听资料等方式作证。

无前款规定理由，鉴定人拒绝出庭作证，当事人对鉴定意见又不认可的，对该鉴定意见不予采信。

第十四条 当事人申请通知一至二名具有医学专门知识的人出庭，对鉴定意见或者案件的其他专门性事实问题提出意见，人民法院准许的，应当通知具有医学专门知识的人出庭。

前款规定的具有医学专门知识的人提出的意见，视为当事人的陈述，经质证可以作为认定案件事实的根据。

第十五条 当事人自行委托鉴定人作出的医疗损害鉴定意见，其他当事人认可的，可予采信。

当事人共同委托鉴定人作出的医疗损害鉴定意见，一方当事人不认可的，应当提出明确的异议内容和理由。经审查，有证据足以证明异议成立的，对鉴定意见不予采信；异议不成立的，应予采信。

第十六条 对医疗机构及其医务人员的过错，应当依据法律、行政法规、规章以及其他有关诊疗规范进行认定，可以综合考虑患者病情的紧急程度、患者个体差异、当地的医疗水平、医疗机构与医务人员资质等因素。

第十七条 医务人员违反侵权责任法第五十五条第一款规定义务，但未造成患者人身损害，患者请求医疗机构承担损害赔偿责任的，不予支持。

第十八条 因抢救生命垂危的患者等紧急情况且不能取得患者意见时，下列情形可以认定为侵权责任法第五十六条规定的不能取得患者近亲属意见：

（一）近亲属不明的；

（二）不能及时联系到近亲属的；

（三）近亲属拒绝发表意见的；

（四）近亲属达不成一致意见的；

（五）法律、法规规定的其他情形。

前款情形，医务人员经医疗机构负责人或者授权的负责人批准立即实施相应医疗措施，患者因此请求医疗机构承担赔偿责任的，不予支持；医疗机构及其医务人员怠于实施相应医疗措施造成损害，患者请求医疗机构承担赔偿责任的，应予支持。

第十九条 两个以上医疗机构的诊疗行为造成患者同一损害，患者请求医疗机构承担赔偿责任的，应当区分不同情况，依照侵权责任法第八条、第十一条或者第十二条的规定，确定各医疗机构承担的赔偿责任。

第二十条 医疗机构邀请本单位以外的医务人员对患者进行诊疗，因受邀医务人员的过错造成患者损害的，由邀请医疗机构承担赔偿责任。

第二十一条 因医疗产品的缺陷或者输入不合格血液受到损害，患者请求医疗机构、缺陷医疗产品的生产者、销售者或者血液提供机构承担赔偿责任的，应予支持。

医疗机构承担赔偿责任后，向缺陷医疗产品的生产者、销售者或者血液提供机构追偿的，应予支持。

因医疗机构的过错使医疗产品存在缺陷或者血液不合格，医疗产品的生产者、销售者或者血液提供机构承担赔偿责任后，向医疗机构追偿的，应予支持。

第二十二条 缺陷医疗产品与医疗机构的过错诊疗行为共同造成患者同一损害，患者请求医疗机构与医疗产品的生产者或者销售者承担连带责任的，应予支持。

医疗机构或者医疗产品的生产者、销售者承担赔偿责任后，向其他责任主体追偿的，应当根据诊疗行为与缺陷医疗产品造成患者损害的原因力大小确定相应的数额。

输入不合格血液与医疗机构的过错诊疗行为共同造成患者同一损害的，参照适用前两款规定。

第二十三条 医疗产品的生产者、销售者明知医疗产品存在缺陷仍然生产、销售，造成患者死亡或者健康严重损害，被侵权人请求生产者、销售者赔偿损失及二倍以下惩罚性赔偿的，人民法院应予支持。

第二十四条 被侵权人同时起诉两个以上医疗机构承担赔偿责任，人民法院经审理，受诉法院所在地的医疗机构依法不承担赔偿责任，其他医疗机构承担赔偿责任的，残疾赔偿金、死亡赔偿金的计算，按下列情形分别处理：

（一）一个医疗机构承担责任的，按照该医疗机构所在地的赔偿标准执行；

（二）两个以上医疗机构均承担责任的，可以按照其中赔偿标准较高的医疗机构所在地标准执行。

第二十五条 患者死亡后，其近亲属请求医疗损害赔偿的，适用本解释；支付患者医疗费、丧葬费等合理费用的人请求赔偿该费用的，适用本解释。

本解释所称的"医疗产品"包括药品、消毒药剂、医疗器械等。

第二十六条 本院以前发布的司法解释与本解释不一致的，以本解释为准。

本解释施行后尚未终审的案件，适用本解释；本解释施行前已经终审，当事人申请再审或者按照审判监督程序决定再审的案件，不适用本解释。

最高人民法院
关于李桂英诉孙桂清鸡啄眼赔偿一案的函复

1982年1月22日　　　　　　　　　　　　〔1981〕民他字第32号

内蒙古自治区高级人民法院：

你院〔81〕内法民字第15号函"关于李桂英诉孙桂清赔偿一案的请示报告"及所附卷三宗均收悉。经审阅研究，现函复如下：

根据你院的报告和所附原审卷宗（无你院复查卷）所载材料来看，我们认为：认定李桂英的3岁男孩是被孙桂清家饲养的公鸡啄伤右眼致残的事实，直接证据不足，原一、二审法院判决孙桂清负担医疗费用百分之七十（即三百一十五元三角九分）是缺乏法律根据的。黑龙江省高级人民法院以审判监督程序进行了审查，裁定撤销大兴安岭地区中级人民法院〔78〕大法民上字第30号判决是正确的。因此，不同意你院建议我院撤销黑龙江省高级人民法院〔79〕法民监字第198号民事裁定的意见。

该案从法律责任来说，李桂英带领自己3岁男孩外出，应认识到对小孩负有看护之责。李桂英抛开孩子，自己与他人在路上闲聊，造成孩子被鸡啄伤右眼，这是李桂英做母亲的过失，与养鸡者无直接关系。因此，判决孙桂清负担医药费是没有法律根据的。但如经过工作孙桂清出于睦邻友好，同情孩子的遭遇自愿补给李桂英家一部分医药费是可以的。

请你院按照上述意见精神进行处理。

附：

内蒙古自治区高级人民法院
关于李桂英诉孙桂清赔偿一案的请示报告

1981年10月17日　　　　　　　　　　　　〔81〕内法民字第15号

最高人民法院：

李桂英对黑龙江省高级人民法院〔79〕法民监字第198号民事裁定书不服，申诉到最高人民法院和我院。现将复查情况和处理意见报告如下：

李桂英（女，31岁，汉族，鄂伦春自治旗①甘河镇三居24组，家务）于1976年5月26日上午，领着其3岁男孩在街道旁与邻居杨云凤、陈秀兰闲聊时，李的小孩独自玩耍，被邻居孙桂清（女，51岁，汉族，鄂伦春自治旗甘河镇十五居，家务）家白公鸡扑上，将小孩右眼眼眉处和下颌各啄了一个小口子，第二天小孩右眼角红肿、充血，经甘河镇林业局医院检查未确诊。6月1日转到地区医院住院7天治疗无效，又转到哈尔滨医大二医院，诊断为"右眼球外伤，角膜血染"，致小孩右眼失明。在此期间李桂英为小孩治疗所花费用450.56元（转外地治疗旅费93.75元，药费153.98元，宿费66.10元，误工工资136.73元）。

鄂伦春自治旗人民法院根据上述事实于1978年4月14日以〔78〕鄂法民判字第9号判决认定：养鸡主人孙桂清的公鸡过去叨过人，本应杀掉，避免这次事情发生，公鸡叨人造成后果应负主要责任，承担李桂英小孩治疗右眼所花费用的70%，即315.39元。李桂英未看管好小孩也应承担一定的经济损失，即30%由李桂英自理。孙桂清对此判决不服上诉。经大兴安岭地区中级人民法院审理，于1978年6月27日以〔78〕大法民上字第30号民事判决书，驳回上诉，维持原判。孙桂清仍不服，申诉到黑龙江省高级人民法院。该省高院于1979年12月31日以〔79〕法民监字第198号民事裁定："李桂英3岁小孩被公鸡啄坏眼皮，纯属难以预料的意外事件，也是李桂英疏于监护之责所造成。第一、二审法院判决孙桂清赔偿医疗损失费，根据不足，于理不通，实为不妥。本院依照审判监督程序裁定撤销大兴安岭地区中级人民法院〔78〕大法民上字第30号判决。"李桂英对此不服，后领着被伤的小孩到最高人民法院上访和我院申诉。

经本院复查并经审判委员会第74次会议讨论认为：原审认定孙桂清家喂养的公鸡啄了李桂英3岁男孩右眼眉引起角膜血染，造成右眼失明的事实清楚，证据无疑。孙家公鸡过去叨过人，没有采取坚决措施，又圈管不牢，致公鸡将小孩叨伤。这虽不存在孙桂清行为上的故意，但与上述情节有直接关系，对此纠纷造成经济损失应承担赔偿责任。李桂英只顾与人闲唠，不看管好自己的小孩，也是小孩被公鸡叨伤的直接原因，应承担放弃监护的责任。如将此公鸡杀掉圈好，或照看好小孩，故不致造成后果，因此，原审法院认定各自的责任和赔偿范围比较合适。黑龙江省高级人民法院对孙桂清家公鸡叨伤李桂英小孩右眼的事实未予明确认定或否定，以纯属难以预料的事件，根据不足，撤销了第二审法院的判决欠妥。根据人民法院组织法第十四条和管辖变动的有关规定，应以院长监督程序提审改判。鉴于此案的大兴安岭中级人民法院仍属于黑龙江省高级人民法院管辖，尤其你院已审查过此案（见第二审卷宗附有你院民庭1980年5月31日退卷函）我们不便直接处理，现报请审核，意见是否可行，如可行，建议你院撤销黑龙江省高级人民法院〔79〕法民监字第198号民事裁定书，可按原第一、二审法院判决执行。

是否妥当请批示。

---

① 1979年7月1日起恢复归内蒙古自治区管辖。

最高人民法院
关于徐良诉上海文化艺术报社等侵害名誉权案件的函

1989年12月12日　　　　　　　　　　　〔1989〕民他字第28号

上海市高级人民法院：

你院〔89〕沪高民他字第7号《关于处理徐良诉上海文化艺术报社、赵伟昌侵害名誉权案件的请示报告》收悉。经研究，答复如下：

一、被告赵伟昌根据传闻，撰写严重失实的文章"索价3000元带来的震荡"和被告《上海文化艺术报》社未经核实而刊登该文，造成了不良后果，两被告的行为均已构成侵害徐良的名誉权。

二、陈保平不是必要的共同诉讼人，原告徐良亦表示不告，法院可不追加陈保平为被告。

三、根据本案的具体情况，两被告对原告徐良因进行诉讼而支付的合理的、必要的费用，应酌予赔偿。

以上意见供参考。

附：

上海市高级人民法院
关于处理徐良诉上海文化艺术报社等侵害名誉权案的请示

1989年5月30日　　　　　　　　　　　〔89〕沪高民他字第7号

最高人民法院：

上海市中级人民法院对徐良诉上海文化艺术报社、赵伟昌侵害名誉权两被告上诉案就赔偿范围向我院示。我院经审委会讨论，对是否构成侵权、侵权主体及赔偿范围等存在不同意见。现将案情和意见报告如下：

上诉人（原审被告）：上海文化艺术报社，地址：本市常熟路100弄10号。

上诉人（原审被告）：赵伟昌，男，28岁，汉族，江苏省江阴县人，上海《团的生活》记者。

被上诉人（原审原告）：徐良，男，28岁，满族，北京市人，中国人民解放军××× ×××部队干部。

一、案情概要

1987年12月18日上海文化艺术报"文化透视"栏刊登了赵伟昌撰写的《索价三千元带来的震荡》（以下简称《索价》）一文，称：当一家新闻单位邀请一位以动人的歌声博得群众尊敬爱戴的老山英模参加上海金秋文艺晚会演唱时，这位英模人物开价3000元，少一分也不行；尽管报社同志一再解释，鉴于经费等各种因素酌情付给报酬，他始终没有改口。《北京晚报》、《报刊文摘》作了转载，《淄博日报》、《安徽大学报》、《文汇报》、《新观察》杂志及香港《百姓》杂志相继进行讨论。有的认为，这英雄用他的行为否定了他那英雄的形象，指责徐良"将战士们鲜血和生命换来的荣誉向人民索价"；有的认为，搞现代化需要大力倡导商品经济观念，英雄付出了一定劳动，就应当得到相应的报酬。

《索价》一文发表后，徐良受到亲属、朋友、邻居的指责，妻子曾要离婚，部队成立两个调查小组，专程到北京、上海调查，并将正在中央音乐学院就读的徐良调回兰州部队，下连队反省。

1988年1月中旬，徐良委托律师来沪调查，并与上海文化艺术报社进行磋商未成，于同年1月26日以文章严重失实，名誉受到损害，造成极大压力和痛苦为由向静安区人民法院起诉，要求上海文化艺术报社、赵伟昌停止侵害、公开登报澄清事实，消除影响，恢复名誉，赔礼道歉，并要求赔偿损失。

上海文化艺术报社辩称：报社对社会文化现象作透视分析发表了赵伟昌的《索价》一文，文章的事实应由作者负责，即使该文有失实之处，也属工作失误，"失实"与"侵权"并无直接的因果关系。赵伟昌辩称：《索价》一文中的内容系在研讨会上听陈保平所讲，系"新闻中的新闻"，作者对该"新闻"的事实不需要调查核实。因主观上没有过错，故不构成对徐良名誉权的侵害。

二、一审审理情况

法院查明：1987年9月上海《青年报》社筹办"上海青年金秋文艺晚会"，派该社读者服务部副主任周世明赴北京邀请徐良参加演出。同月中旬周世明在北京日坛宾馆找到徐良，说明来意，徐良表示：工作太忙，爱人临产，不愿来沪演出。两天后，周世明再三恳请徐良，徐良答应如无特殊情况，到时来沪演出。9月20日，周回沪前向徐良告辞时，提到金秋文艺晚会属营利性质，报社有经济收入，可给演员一定报酬。徐良表示：你们看着办吧，给多少都可以，我无所谓。周世明回沪后向部门领导陆其祥汇报，并告诉《青年报》社总编辑丁法章，称已请到徐良，估计徐良这档节目每演出一场需500元，包括伴舞在内约需700元。

上海青年金秋文艺晚会于1987年10月22日至25日在上海体育馆举行，徐良与两位伴舞演出四场，整台共盈利20000元左右，徐良领得四场演出费2100元，扣除个人所得税903元，实得1197元。《青年报》社考虑徐良的身体本应请人护理，在沪演出期间生活由伴舞者照料，徐良经常自费请她们吃饭，故又以徐良的妻子陈燕的名义给徐良领取护理费 400 元，徐良合计得 1597 元。

1987 年 10 月 26 日至 28 日，上海社科院青少年研究所等单位，举行市第四届青少年研究会，研讨"现代化进程中的青年问题"。会前几天，上海社科院青少年研究所干部陈小亚吃饭时听《青年报》社特稿部主任陈保平说：听报社里人讲，请徐良唱歌也是要钱的，而且价格不低。研讨会上陈小亚讲：据说徐良唱歌开价 3000 元，一分钱也不能少；并请陈保平到小组会上介绍徐良来沪演出拿报酬的情况。陈保平否认会上讲过"徐良索价 3000 元，少一分也不行"。经向 14 个与会者调查，有 3 人说陈保平讲过"徐良索价 3000 元，少一分也不行"。有 6 人回忆陈保平讲报社同志去请徐良演出，谈到报酬问题，开始讲给徐良的价不到 3000 元，未成功，最后还是付了 3000 元。有 5 人说由于迟到或未参加小组会而不知情。但有 7 人证明：陈保平当时申明这事只是内部讨论，不宜外传和登报。

会后，赵伟昌未作调查核实，写了题为《徐良索取三千元带来的震荡》一文，向《上海文化艺术报》投稿。《上海文化艺术报》社总编辑朱士信在审稿时仅与作者赵伟昌联系，便隐去徐良姓名，将"索取"改为"索价"后予以发表。

审理中，徐良要求《上海文化艺术报》社和赵伟昌赔偿经济损失 3700 元；对名誉受损造成的精神损失不要赔偿；也不要求追加陈保平为被告。静安区法院根据最高人民法院民复〔88〕11 号批复精神，报社对发表的稿件应负审查核实之责，发表后侵害了公民的名誉权，作者和报社都有责任，认为赵伟昌对无事实依据的传闻，不作调查核实，而撰文投稿发表，已构成对徐良名誉权的侵害，应当承担一定的民事责任，《上海文化艺术报》社对该文事实未予核实予以发表，在社会上扩大影响，应负主要责任。静安区法院对徐良的实际经济损失计算为：一、徐良、护理人员和律师的飞机及火车票费用共 1839.60 元，其中徐良和护理人员林衣钢来沪出庭的来去飞机、火车票 468 元。北京律师沈志耕和孙海四次来沪起诉，参加调解及出庭为十一次飞机票和一次火车票计 1371.60 元，包括律师三人次从外地飞沪机票高出北京飞沪的费用 165 元在内。此外，沈志耕三次来沪或回京和孙海一次回京的路费未计算。二、徐良护理人员林依钢及律师在沪住部队招待所即延安饭店，住宿费 1370.50 元。其中最高的 40 元，仅一天，最低的 5 元，平均每人每天 18.03 元。三、车、杂费 499.42 元（飞机票代购费、复印诉讼材料费、委托律师代理费、汽车费、伙食补贴费等，其中徐良来沪坐出租汽车费用 159 元）。伙食费用，律师在沪诉讼按国家标准每人每天 2.5 元，计算 49 人次，护理人员的伙食费补贴未予计算。据此判决：一、《上海文化艺术报》社和赵伟昌应停止侵害徐良名誉权，在本判决生效后十日内，在上海市级日报上登报为徐良恢复名誉，消除影响，登报内容须经法院审核，费用由《上海文化艺术报》社负担百分之七十，赵伟昌负担百分之三十。二、《上海文化艺术报》社赔偿徐良经济损失人民币 2590 元，赵伟昌赔偿徐良经济损失人民币 1110 元。三、诉讼费 50 元，由《上海文化艺术报》社负担 35 元，赵伟昌承担 15 元。

三、二审意见

两被告上诉于上海市中级人民法院。《上海文化艺术报》社称：已向作者作了调查核实，不存在"不尽核实之责"，且无侵害徐良名誉的过错，是鉴于对当今改革开放新观念的思考，要论责任也应追究消息之源《青年报》社。赵伟昌称，《索价》一文源于《青年报》社的陈保平，对"索价"消息是间接引述，而非直接表述，并是对"青少年问题研讨会"上透露的一条消息以及不同的讨论意见的如实记叙，意在探讨改革开放时期的新观念，不存在对徐良名誉的侵害。

中院审委会讨论，对《上海文化艺术报》社、赵伟昌构成侵害徐良名誉权无疑义。但对赔偿范围和数额有三种意见：一、徐良因名誉受到侵害，为进行诉讼的实际支出（包括个人、护理人员和律师），只要没有故意扩大损失，应全部由侵害人承担；二、徐良及护理人员来沪诉讼的费用应予赔偿，律师来沪费用非必需支出不予赔偿；三、除徐良及护理人员来沪诉讼的费用应予赔偿外，律师前来交诉状及法院通知律师来沪出庭的费用也应予以赔偿。审委会倾向第三种意见。

四、我院意见

根据案件事实和原审判决，我院审判委员会讨论了以下几个问题：

（一）是否构成侵害名誉权。一种意见：有四人证明陈保平讲过"徐良索价3000元，少一分也不行"，作者没有捏造事实，不能攻文章之一点，应当通观全文，文章不是以侮辱徐良为目的，而是对争议的讨论，是对研讨会进行纪实性的报道，意在改革开放时期对新观念的探讨，并没有掺进作者的个人意见，并且从文章发表后的结果看，社会上的反响也有两重性；即使"徐良索价3000元，少一分也不行"与事实不符，也只是数量上的出入，不应对作者求全责备。因此不构成侵害名誉权。另一种意见：《索价》一文作者把"徐良开价3000元，少一分也不行"，作为"一条爆炸性新闻"，而事实并非"开价3000元"，更不是"少一分也不行"，文章严重失实，作者主观上为了新闻"爆炸"，客观上致徐良受到多方指责，已使徐良的名誉受到损害，造成了后果，符合构成侵权的法律特征，应确认侵害了徐良的名誉权。多数委员认为构成侵害名誉权。

（二）谁是侵害名誉权的主体。一种意见：侵权主体应是陈保平、赵伟昌、《上海文化艺术报》社。因为"索价"的不实消息源于陈保平，这已由与会者9人证明（5人不知情除外），陈保平不能以申明不宜外传和登报免除责任；而赵伟昌和《上海文化艺术报》社进行了传播扩散，三者都有过错，造成徐良名誉受到损害；因此应追加陈保平为被告，承担相应的责任。另一种意见：陈保平虽否认讲过"徐良索价3000元，少一分也不行"，但与会者证词可以证明他讲过，鉴于他在会上申明不要外传和登报，且原审法院征询原告徐良是否追加陈保平为被告，而徐良明确表示不要追加，据此，可以不追加陈保平为被告。

（三）赔偿范围。如果构成侵害名誉权，徐良依法可以要求赔偿损失，包括由于侵权造成的经济损失和精神损失。徐良不要求赔偿精神损失，对由于侵权造成的经济损失的范围意见不一。一种意见：对名誉权受到侵害造成的经济损失，应同处理其他侵权赔偿案件一样，不应将当事人为诉讼所支出的费用包括律师的车旅费、住宿费和伙食补贴计算在内，因此，徐良的经济赔偿请求不予支持。另一种意见：鉴于侵害名誉权案件的特殊性，被侵害人及请律师进行诉讼所支出必要的费用应酌情赔偿，即按国家规定出差的车旅、住宿标准计算，乘飞机、住超标准宾馆、坐出租小轿车以及律师的伙食补贴一般不应列入赔偿范围，对原审判决赔偿金额须重新核定。多数委员倾向后一种意见。

由于此案影响较大，在适用法律上有不同意见，特此请示。

最高人民法院
关于银行扣款侵权问题的复函

1990年2月23日　　　　　　　　　　　法（经）函〔1990〕8号

云南省高级人民法院：

你院经请字〔1989〕第2号《关于银行利用收贷名义，从其开办公司的债务人在银行开设的账户内强制划款应如何处理的请示报告》收悉。经研究，我院认为：

银行不应当为某一公司讨债而强行扣划债务人在银行的存款。中国工商银行北京市分行海淀区办事处假借收贷名义，要求中国银行昆明分行为其所开办的北京市海淀区工商银行银海服务公司，从云南富滇实业开发公司在中国银行昆明分行开设的账户内强行划款，归还北京市海淀区工商银行银海服务公司，属于侵权行为。

最高人民法院
关于王水泉诉郑戴仇名誉权案的复函

1990年4月6日　　　　　　　　　　　〔1989〕民他字第39号

江西省高级人民法院：

你院赣法（民）〔1989〕6号《关于王水泉诉郑戴仇名誉权案的请示报告》收悉。

经研究认为，郑戴仇参与评定王水泉副教授职称时，有人反映王水泉所写《从经典描述提取量子信息——费曼路径积分简介》（下称《简介》）是抄袭之作，郑将此意见向评审组织反映是允许的。但当意见未被采纳后，竟擅自在公众场合多次传播；尤其是在有关人员证明，并由有关组织作出《简介》不属抄袭之作的结论后，仍继续散布，进一步扩大不良影响，其行为已超越了评定工作的职权范围。故同意你院审判委员会的意见，即郑戴仇的行为损害了王水泉的名誉权，应承担相应的民事责任。

以上意见供参考。

最高人民法院民事审判庭
关于刘伯达诉徐州西站人身损害赔偿一案如何适用法律问题的电话答复

1990年6月11日　　　　　　　　　　　　　〔90〕民他字第24号

江苏省高级人民法院民庭：

你院于4月22日就刘伯达诉徐州西站人身损害赔偿一案如何适用法律问题向我院请示。

经研究认为，刘伯达为委外队装卸工，在工作中被徐州西站职工唐继春违章作业砸伤致残，根据民法通则第一百零六条二款"公民、法人由于过错侵害国家的、集体的财产，侵害他人财产、人身的，应承担民事责任"的规定，徐州西站作为唐继春的所在单位，对其职工在履行职务中致人损害的，应承担赔偿责任。

刘伯达与委外队签订的"作业中发生的人身伤亡事故自行承担事故责任"之合同是无效的，但是，委外队不是侵权主体，致刘人身损害与委外队没有侵权的因果关系，因此，本案不适用我院〔88〕民他字第1号《关于雇工合同"工伤概不负责"是否有效的批复》精神。

据此，同意你院审判委员会的意见，原审法院对本案侵权责任及赔偿范围的认定基本正确，对徐州西站的申诉应予驳回。

最高人民法院
关于广东省连县工贸总公司诉怀化市工商银行侵权一案的复函

1990年7月19日　　　　　　　　　　　　〔1989〕民他字第44号

湖南省高级人民法院：

你院湘法民请字〔1989〕第17号《关于广东省连县工贸总公司诉怀化市工商银行侵权一案的请示报告》收悉。经研究认为：广东省连县工贸总公司的预付货款被骗，在诈骗犯杨爱秀受刑事处罚并追回部分赃款后,该公司对造成货款被骗负有直接责任的湖南省怀化市农业银行榆树信用社和怀化市工商银行,均有权提起民事诉讼,并要求其承担相应的民事责任。怀化市工商局在本案鉴证工作中的错误,可建议行政部门追究有关人员的行政责任。

最高人民法院
关于范曾诉盛林虎著作权纠纷一案的复函[*]

1990年11月5日　　　　　　　　　　　　　〔1989〕民他字第55号

江苏省高级人民法院:

你院〔1989〕民请字第6号关于范曾诉盛林虎姓名权纠纷一案的请示报告收悉。经研究,我们认为,盛林虎临摹范曾绘画作品是一种复制行为。未经作者范曾同意,以营利为目的出售该复制品,侵害了范曾的著作权,盛林虎应承担侵权的民事责任。根据该案情况,其案由以定著作权纠纷为宜。

以上意见,供参考。

附:

江苏省高级人民法院
关于范曾诉盛林虎等13名被告姓名权纠纷一案的请示

1989年11月20日　　　　　　　　　　　　　〔1989〕民请字第6号

最高人民法院:

苏州市中级人民法院向我院请示范曾诉盛林虎等13名被告姓名权纠纷一案,经我院研究,对本案的定性和适用法律问题意见不一,特转报你院。

原告:范曾,男,57岁,天津市南开大学东方艺术系教授、主任,住天津市南开大学20楼406室。

委托代理人:郑裕国,苏州市第三律师事务所律师。

委托代理人:李小伟,苏州市第三律师事务所律师工作者。

被告:盛林虎,男,26岁,苏州市丽华丝绸印染厂描图员。住苏州市临顿路

---

[*] 也作"最高人民法院关于范曾诉盛林虎姓名权纠纷的复函"。

26 号。

委托代理人：陆诚，苏州市第三律师事务所律师。
被告：蔡晓莹，女，20 岁，原苏州市十全街 120 号"聚宝堂"店主。
被告：凌江，男，39 岁，苏州市十全街 121 号"水乡画廊"店主。
被告：彭毅民，男，37 岁，苏州市十全街 122 号兰苑工艺社经理。
被告：顾旭，女，30 岁，原苏州市十全街 128 号"墨绿堂"店主。
被告：杨莺，女，29 岁，原苏州市十全街 134 号"天赐阁"店主。
被告：管燕，女 37 岁，苏州市十全街 161－1 号"燕云阁"店主。
被告：李壮，男，24 岁，苏州市十全街 169－1 号"半爿阁"店主。
被告：卜浩忠，男，36 岁，苏州市十全街 170 号工艺店店主。
被告：范佩芬，女，47，岁，原苏州市十全街 258 号"集宝斋"店主。
被告：马燕萍，女，25 岁，苏州市十全街 244 号"寒山屋"店主。
被告：施兴冲，男，35 岁，苏州市滚漾坊 16 号"凌霄轩"店主。
被告：尤继强，男，26 岁，原苏州市十全街 143－1 号"锦海堂"店主。
委托代理人：尤继祖，苏州市第 25 中学教师，系尤继强之兄。
案由：姓名权纠纷

一、案　情

1987 年 11 月 25 日，著名画家范曾致函苏州市委副书记周治华，反映该市有些集体和个体户"画廊"出售其本人赝品画，对此范表示强烈不满，希望严肃查处。市委负责人对范的来信十分重视，指示苏州市文化局、苏州市工商行政管理局联合查处，并将检查情况和处理意见向主管部门请示。

同年 11 月 30 日至 12 月 3 日，两局配合沧浪区行政管理局对 15 家个体工艺店进行了重点检查，从本案 12 名被告所属的工艺店中查获仿范曾画 36 幅，并根据他们反映的线索从本案被告盛林虎家中查获仿范曾画 4 幅和分别刻有"范曾"、"仿范曾"、"摹范曾于姑苏"、"林虎敬摹"字样的篆刻体印章 4 枚。上述仿画和印章即被沧浪区工商行政管理局予以暂扣。12 月 4 日经苏州市文化局鉴定，其中 39 幅为盛林虎仿制，每幅除盖有"范曾"名姓章外，还同时加盖"林虎敬摹"或"仿范曾"章。另有本案被告彭毅民所售"锺进士鬼趣图"1 幅落款江东范曾，盖"吴草"印，非盛所仿。苏州市文化局马恒华、韩欣鉴定意见是：1. 没有完全伪造的作品；2. 纯属摹仿。

1988 年 1 月 14 日苏州市文化局和苏州市工商行政管理局以苏文企字〔1988〕第 2 号联合向江苏省文化厅、江苏省工商行政管理局请示，认为："1. 盛林虎仿画后以营利为目的作为商品进入流通市场，又未经画家本人同意，这是扰乱文化市场的行为。2. 盛林虎私刻'范曾'名姓章是错误的。由于目前没有这方面的管理法规，根据上述情况，拟作如下处理：一、对于进入市场的 40 幅仿造品由工商行政管理部门作为伪劣商品收缴处理。二、对盛林虎及经售的工艺店，由工商行政管理部门进行适当的罚款，上缴国库。三、盛林虎私刻的范曾名姓章以及涉及范曾的闲章，由工商行政管理部门没收处理。今后文化市场上凡有类似上述情况的书画作品，也作同样办法处理。"同年 2 月

1日江苏省文化厅经与省工商行政管理局会商批复同意以上处理意见。目前该处理意见尚未与当事人见面。

1988年7月19日范曾向苏州市中级人民法院提起诉讼。原告诉称：盛林虎及上列12家工艺店店主共同以牟利为目的，用"江东范曾"、"抱冲斋主十翼范曾"等落款的赝品画，公开销售，已构成侵犯原告姓名权。盛林虎未经原告授权，私刻原告的印章，盗用原告的姓名，在主观上是故意的；12家工艺店的店主明知盛林虎盗用原告的姓名，私刻印章制作赝品，但为了达到牟利的目的，不惜以鱼目混珠的手段公开出售，欺骗境外人员，他们的侵权行为，严重损害了原告艺术作品的声誉，败坏了中国画的名声。根据民法通则第九十九条第一款和第一百二十条的规定，诉请法院依法公正判决。被告盛林虎辩称：因非常喜爱范曾的画风和技法，崇拜和仰慕范曾本人，故从1986年夏起专心临摹范的作品。后因家境贫寒、工资收入低、绘画用品如宣纸价格不断上涨等原因，被迫出售仿范曾画的100幅左右。现认识到是违法行为，保证今后不再发生此类侵权行为。同时愿意向范曾登报道歉、赔偿损失。其余被告中绝大多数人否认范曾对他们共同牟利的指控，辩称自己是经过批准、依法纳税并从事合法经营的个体工艺店，所出售的是仿范曾画并非赝品。

苏州市中级人民法院受理后对本案进行了审理，查明：自1986年至1987年12月3日，盛林虎根据公开出版发行的范曾画册进行仿画，然后将画芯出售给苏州十全街的个体工艺店。开始盛每幅画芯售价七八元，以后增至十二三元不等。至今盛承认已出售画芯约100幅左右。本案其他被告将画芯装裱后出售（工本费约13至15元），每幅公开标价几十元至一百几十元不等，个别标价高达六百多元。但出售成交价一般只有50元左右。买主大多数是来自日本、香港等地的游客。自1987年12月3日以后盛林虎已停止出售仿画。

二、苏州市中级法院的审理意见

苏州市中级法院经合议庭评议并提交院审判委员会讨论，对本案的处理有以下两种意见：

第一种意见认为，盛林虎摹仿范曾的名姓章加盖于仿画，同时又加盖仿章，其行为纯属摹仿性质，对范曾的姓名既无盗用又未假冒，不构成侵权。本案应当驳回原告的诉讼请求。

第二种意见认为，盛林虎未经范曾本人同意，以营利为目的擅自私刻范曾名姓章加盖于仿画，并将其作为商品投入流通市场，其行为属于盗用或假冒范曾姓名的行为。其余12名个体工艺店店主以营利为目的出售侵权仿画，也构成侵权。本案应当支持原告的诉讼请求。该院审判委员会倾向于第二种意见，并决定向我院请示。

三、本案有关问题调查情况

我院接受案件请示后，就本案的有关问题非正式请示了最高人民法院民庭，并走访了下列部门：（1）国家版权局版权司、江苏省版权管理处；（2）江苏省文化厅艺术处、江苏省工商行政管理局市场管理处和经监处；（3）江苏美术出版社、南京博物院、南京

"十竹斋"文物商店，南京市文化市场管理委员会；(4) 南京市鼓楼区公安分局户籍科。此外，还走访了江苏省国画院副院长喻继高、中央美院国画系蒋彩玲教授。

（一）关于是否允许出售现代画家特别是在世画家作品的临摹品问题。目前临摹在世画家作品并出售的现象很少，临摹已故画家的作品出售的较普遍。有的美术出版部门甚至公开出版临摹画册。但是究竟哪些画家的作品要具有哪些条件，才可以营利性临摹，尚无明确的具体规定。民法通则第九十九条第一款、第一百二十条第一款和第九十四条、第一百一十八条只原则性规定公民享有姓名权和著作权（版权）及相应的法律保护。而1984年6月15日文化部内部颁布的《图书、期刊版权保护试行条例》同样也只是原则性地将绘画作品列入版权保护的客体。由于有关的法律规定很不完备，给本案的审理及法律适用带来了困难。

（二）关于国画界是否存在一定的临摹规范的问题。经了解，长期以来国画界并未形成比较一致的临摹规范，根据博物院工作人员鲁力等人的谈话精神，归纳为三种做法：(1) 只摹原作上的画不摹题跋、落款和印章，另加本人的落款，加盖本人的印章。如"某某仿某某笔义"、"某某敬摹某某某作品"。(2) 将原作上的所有画、字、印全部摹下来，同时另加本人的落款和印章。(3) 在临摹品上不加任何临摹的标记。以上三种做法在习作上是允许的。至于临摹作品，特别是第三种情况是否可以出售，多数人如中央美术学院教授蒋彩萍、江苏国画院副院长喻继高、国家版权局版权司司长沈仁干等、江苏美术出版社副社长郭廉夫等均认为不能出售，只有南京博物院工作人员鲁力，南京市"十竹斋"文物商店负责人顾凯认为可以出售。南京市场上尚未发现类似盛林虎出售仿画的情况。

（三）关于印章临摹的问题。鲁力等人认为印章所体现的篆刻艺术是一门独立的艺术形式，对印章的临摹要求采用同样的篆刻手法，任何其他手法诸如笔描都是违背篆刻临摹的要求的。但私刻私人印章、加盖在仿画上，沈仁干、最高人民法院的部分同志、蒋彩萍、郭廉夫、徐玉才（省工商局）、喻继高等则认为是不对的，有的则认为是侵权行为。

（四）关于仿制和复制的关系问题。关于仿制和复制的关系，画家、出版界、版权界的多数人认为仿制、临摹就是复制，司法界并未进行深入研究，得出统一的结论，南京市博物院的鲁力等人则认为两者有着明显的区别，归纳为：(1) 复制是借助现代机械手段、经过复杂的工艺程序对原作进行的再制作，如印刷等。仿制则是以非直接接触的方法，靠人力目测观察对原作进行的再制作，如临摹。(2) 复制可以通过机械手段大批量的进行生产；而仿制则不可能做到。(3) 复制过程中只体现劳动；而仿制即使是同一仿制者对同一作品的多次仿制也包含其多次不同的创作，这正是仿制与复制的根本区别。

（五）公安部门对私人印章刻制的管理仅指下述情况，即部门或单位行政领导刻制二公分以上正楷章或签名章的，须经公安部门批准。从调查情况看，普遍认为私刻他人名姓章是侵犯公民姓名权的行为。

四、我院的几点意见

经我院民庭和审判委员会讨论研究认为,本案原告的诉讼请求虽然是诉请保护姓名权,但与版权有关,法院应该扩大审理的范围,不能就案审案,以防止出现当事人重复诉讼的情况。

关于本案盛林虎的行为是否构成侵权,有两种不同的意见。

第一种意见认为,盛林虎的行为既不构成侵犯姓名权,也不构成侵犯版权。

不构成侵犯姓名权的主要理由是:(1)一般情况下名姓章是公民姓名权的物质载体,但这不能脱离特定的民事法律关系。就本案的具体案情看,由盛林虎篆刻的这枚名姓章只是篆刻艺术品,而不是范的姓名权的体现。因为中国画有其十分独到的艺术特色,这就是字、画、印三位一体,只有三者均为上乘,才有可能被称为是中国画之佳作。同样道理,对中国画的临摹也离不开字、画、印三位一体。缺少其中任何一项,都不能称为是对原作整体的临摹,只是局部,因此,本案当事人的行为不是姓名权的问题,而是版权问题。(2)盛林虎的行为不构成对范曾姓名的盗用或假冒。盛在其所有的仿画上均加盖了仿章,明示了仿画的临摹性质,故不构成假冒。而盛在仿画上加盖范名姓章是为了临摹再现原作,显然不属于盗用范的名义,不构成盗用。至于认为盛私刻范的印章可能给范曾造成某种潜在的危险,如持印章去银行取款,甚至去诈骗,显然这不是民法研究的现实损害,更不是本案所要裁判的诉讼标的。

不构成侵犯版权的主要理由是:(1)仿制不同于复制。复制是一种创作性的劳动,而现有的版权方面的规定并未对仿制作出明确的法律限制;(2)国画界自身并未形成统一的临摹规范。据于上述两点,在版权立法尚未就原作者与仿制者之间的法律关系作出明确规定之前,责令被告承担一定的民事责任,不仅法律根据、理论准备不足,甚至连道德义务的根据也不足。

第二种意见认为,盛林虎的行为既侵犯姓名权又侵犯版权,以侵犯姓名权为主。

侵犯姓名权的主要理由是:(1)中国画虽然字、画、印三位一体,但又是可分的。其中原作者的名姓章即是原作的组成部分,更体现作者的人身特性,且是有价的,因此,它是公民姓名权的物质载体,只有公民本人有权决定自己或授权他人使用自己的名姓章。(2)侵犯公民姓名权的行为多种多样,其中包括篆刻私章的手段。(3)盛林虎侵犯范曾姓名权的主观故意是十分明显的,即以营利为目的。(4)盛林虎的手法是以假乱真:从盛林虎的仿画来看,除极少数专家以外,一般人均以为是范曾的真迹。因此,盛的行为属于侵犯姓名权中的盗用行为。

侵犯版权的主要理由是:(1)未经作者同意,以营利为目的出售仿画,已构成版权侵权行为中的非法复制。复制的手段可以多种多样,如录音、录像、照相、复印、临摹、印刷等,仿制只是其中的一种。(2)我国并非没有版权保护的法律和规定。民法通则第九十四条明确规定公民依法享有著作权(版权),第一百一十八条规定,著作权(版权)受到剽窃、篡改、假冒等侵害的,有要求停止侵害、消除影响、赔偿损失的权利。这是调整版权法律关系、审理版权纠纷案件所必须依据的一部基本法。《图书、期刊、版权保护试行条例》将绘图作品作为版权保护的客体,对作者的经济和人身权利都有比较明确的规定。但是长期以来，我国对绘画作品的版权保护十分薄弱，侵权行为时有发生，这非但不能证明"存在就是合理"的谬误，恰恰证明加强版权保护刻不容缓。

院审判委员会倾向于第一种意见。

以上意见当否，请批复。

最高人民法院
关于定边县塑料制品厂与中国工商银行咸阳市支行营业部侵权赔偿纠纷一案有关问题的复函

1990年12月30日　　　　　　　　　法（经）函〔1990〕103号

陕西省高级人民法院：

你院陕高法经申〔1990〕1号《关于定边县塑料制品厂与中国工商银行咸阳市支行营业部侵权赔偿纠纷一案有关问题的请示报告》收悉。经研究，答复如下：

一、中国工商银行咸阳市支行营业部支付汇款时未按照结算制度的规定严格审查，违反现金管理规定支付现金，并将属于陕西省定边县塑料制品厂的公款转入所谓的刘占斌私人储蓄，导致客户购货款被冒领，应当承担一定的赔偿责任。

二、陕西省定边县塑料制品厂由于工作疏忽，为冒领人获悉汇票详情提供了机会，这一点与购货款被冒领有关，故该厂也应承担一定责任。

你院可根据具体案情确定它们各自过错的大小，依法令其承担相应的民事责任。

此复。

最高人民法院
关于上海科技报社和陈贯一与朱虹侵害肖像权上诉案的复函

1991年1月26日　　　　　　　　　〔1990〕民他字第28号

上海市高级人民法院：

你院〔90〕沪高民他字第4号关于《上海科技报社和陈贯一与朱虹侵害肖像权上诉案的请示》收悉。

经研究认为：上海科技报社、陈贯一未经朱虹同意，在上海科技报载文介绍陈贯一对"重症肌无力症"的治疗经验时，使用了朱虹患病时和治愈后的两幅照片，其目的是为了宣传医疗经验，对社会是有益的，且该行为并未造成严重不良后果，尚构不成侵害肖像权。因此，同意你院审判委员会的意见，即该案由第二审人民法院撤销第一审人民法院原审判决，驳回朱虹的诉讼请求。在处理时，应向上海科技报社和陈贯一指出，今后未经肖像权人同意，不得再使用其肖像。

以上意见供参考。

最高人民法院
关于胡骥超、周孔昭、石述成诉刘守忠、遵义晚报社侵害名誉权一案的复函

1991年5月31日　　　　　　　　　　　　　〔1990〕民他字第48号

贵州省高级人民法院：

你院〔90〕民请字第2号《关于胡骥超、周孔昭、石述成诉刘守忠、遵义晚报社侵害名誉权一案的请示报告》收悉。

经研究认为：本案被告刘守忠因与原告胡骥超、周孔昭、石述成有矛盾，在历史小说创作中故意以影射手法对原告进行丑化和侮辱，使其名誉受到了损害。被告遵义晚报社在已知所发表的历史小说对他人的名誉造成损害的情况下，仍继续连载，放任侵权后果的扩大。依照《中华人民共和国民法通则》第一百零一条和第一百二十条的规定，上述二被告的行为已构成侵害原告的名誉权，应承担侵权民事责任。

以上意见供参考。

最高人民法院
关于赵正与尹发惠人身损害赔偿案
如何适用法律政策问题的复函

1991年8月9日　　　　　　　　　　　　〔91〕民他字第1号

云南省高级人民法院：

你院法民请字〔1990〕第16号《关于赵正与尹发惠人身损害赔偿案如何适用法律政策的请示》收悉。经研究，答复如下：

尹发惠因疏忽大意行为致使幼童赵正被烫伤，应当承担侵权民事责任；赵正的父母对赵正监护不周，亦有过失，应适当减轻尹发惠的民事责任。尹发惠应赔偿赵正医治烫伤所需的医疗费、护理费、生活补助费等费用的主要部分。保险公司依照合同付给赵正的医疗赔偿金可以冲抵尹发惠应付的赔偿数额，保险公司由此获得向尹发惠的追偿权。赵正母亲所在单位的补助是对职工的照顾，因此，不能抵消尹发惠应承担的赔偿金额。

以上意见供参考。

最高人民法院
关于李新荣诉天津市第二医学院附属医院医疗
事故赔偿一案如何适用法律问题的复函

1992年3月24日　　　　　　　　　　　　〔1992〕民他字第13号

天津市高级人民法院：

你院津高法〔1991〕第38号请示报告收悉。关于李新荣诉天津市第二医学院附属医院医疗事故赔偿一案如何适用法律的问题，经研究，我们认为：《医疗事故处理办法》和《天津市医疗事故处理办法实施细则》，是处理医疗事故赔偿案件的行政法规和规章，与《民法通则》中规定的侵害他人身体应当承担民事赔偿责任的基本精神是一致的。因此，你院应当依照《民法通则》、《医疗事故处理办法》的有关规定和参照《天津市医疗事故处理办法实施细则》的有关规定，根据该案具体情况，妥善处理。

最高人民法院经济审判庭
关于寿光县东都宾馆诉栖霞县物资局、物资开发公司损害赔偿纠纷一案的复函

1992年5月5日　　　　　　　　　　　　法经〔1992〕70号

山东省高级人民法院：

你院鲁高法函〔1992〕66号《关于寿光县东都宾馆诉栖霞县物资局、栖霞县物资开发公司损害赔偿纠纷案几个问题的请示》收悉。经研究，答复如下：

一、该损害赔偿案件虽然是栖霞县物资局局长、物资公司经理两人在因公出差过程中发生的。但在宾馆房间忘记关闭水龙头的行为与执行职务没有必然联系，不属于职务行为，不宜让该两人所在单位参加诉讼、承担责任。

二、今年元月4日早晨5点50分开始供水后，流水外溢达40分钟，宾馆服务人员没有及时发现，致使损失扩大，东都宾馆负有管理责任，其承担的责任应不少于对方承担的责任。

最高人民法院
关于刊登侵害他人名誉权小说的出版单位在作者已被判刑后还应否承担民事责任的复函

1992年8月14日　　　　　　　　　　　〔1992〕民他字第1号

江苏省高级人民法院：

你院〔1991〕民请字第10号《关于刊登侵害他人名誉权小说的出版单位在作者已被判刑后还应否承担民事责任的请示》收悉。经研究认为：出版单位刊登侮辱、诽谤他人的小说，原告多次向出版单位反映，要求其澄清事实、清除影响，出版单位未予置理。在作者为此被以诽谤罪追究刑事责任后，出版单位仍不采取措施，为原告消除影响，致使该小说继续流传于社会，扩大了不良影响，侵害了原告的名誉权。因此，出版单位应当承担民事责任。

此复。

最高人民法院研究室关于遇害者不明的水上交通肇事案件应如何适用法律问题的电话答复

(1992年10月30日)

四川省高级人民法院：

你院川高法研〔1992〕15号《关于遇害者下落不明的水上交通肇事案件应如何适用法律的请示》收悉。经研究，同意你院的倾向性意见，即在水上交通肇事案件中，如有遇害者下落不明的，不能推定其已经死亡，而应根据被告人的行为造成被害人下落不明的案件事实，依照刑法定罪处刑，民事诉讼应另行提起，并经过宣告失踪人死亡程序后，根据法律和事实处理赔偿等民事纠纷。

附：

四川省高级人民法院关于遇害者下落不明的水上交通肇事案件应如何适用法律的请示

1992年6月4日　　　　　　　　　　　　川高法研〔1992〕15号

最高人民法院：

最近，泸州市中级人民法院就遇害者下落不明的水上交通肇事案件如何适用法律的问题，请示我院答复。我们在讨论中，提出了两种意见：

第一种意见认为，根据刑法第一百一十三条规定，交通肇事必须是造成重伤、死亡和公私财产重大损失的，才能定罪处刑，因此对水上交通肇事遇害者下落不明的，可以根据案件发生的具体情况，判断遇害者不可能生存的，可直接认定遇害者已经死亡，对被告人以交通肇事定罪判刑，并可同时提起附带民事诉讼。

第二种意见认为，刑事判决认定死亡只能是实际发生的死亡结果，对水上交通肇事案件的遇害者下落不明的，不能推定其已经死亡，只能根据被告人的行为造成受害人下落不明的这一事实，以交通肇事定罪处刑，民事诉讼应另行提起，并经过宣告死亡程序后处理赔偿等民事权益纠纷。我们倾向于第二种意见。

最高人民法院
关于曹豪哲诉延边电业局、姜国政赔偿一案的责任划分及法律适用问题的复函

1993年5月5日　　　　　　　　　　　　　　　〔1992〕民他字第51号

吉林省高级人民法院：

你院《关于曹豪哲诉延边电业局、姜国政赔偿一案如何划分责任及适用法律的请示》收悉。经研究，我们认为，延边电业局的高压供电行为和姜国政在变压器台下堆柴垛的行为导致了受害人曹豪哲伤残的后果。延边电业局作为特殊侵权责任主体，且未能按《电力设施保护条例》采取有力措施消除危险，应负主要责任。姜国政违反《电力设施保护条例》的规定，对损害结果的发生也负有重要责任。曹豪哲无行为能力，被延边电业局和姜国政共同造成的危险致残，如法院认定其监护人未尽到监护职责，要求过苛，不宜这样处理。

以上意见供参考。

附：

吉林省高级人民法院
关于曹豪哲诉延边电业局、姜国政赔偿一案如何划分责任及适用法律的请示

（1992年10月30日）

最高人民法院：

我省延边朝鲜族自治州中级人民法院，受理了曹豪哲诉延边电业局、姜国政赔偿上诉一案。据查，姜国政于一九八六年末开始将自家柴禾及建房用木料堆放在和龙镇秀湖胡同第四十七号电线杆处的H变压台下。和龙供电局曾通知姜国政将其柴禾搬除，但姜未搬除。一九九〇年四月五日中午十二时许，曹豪哲顺着姜国政之柴禾及木料攀上该H变压台，被高压电击倒，双手因烧伤致残，经医院治疗，但至今生活不能自理，待截肢后安装假肢。经法医鉴定为三级伤残。

和龙县法院认为：本案事故的发生是由于电力部门对供电设施管理不得力，姜国政不听电力部门劝阻在变压器台下堆放柴禾，监护人未尽到监护责任而造成的。因此，延

边电业局应承担百分之五十的责任；姜国政承担百分之三十的责任；监护人承担百分之二十的责任。延边电业局不服，以其已尽到职责，没有过错为由提出上诉。对此事故，国家能源部正式发文，认为电业部门没有责任。

延边朝鲜族自治州中级法院在划分责任和适用法律上，因与国家能源部的意见产生分歧，向我院请示。经我们研究，在划分责任和适用法律上有两种意见，故呈报最高人民法院批示。

第一种意见：适用过错责任原则，双方当事人均应承担相应的民事责任。根据《电力设施保护条例》的规定，延边电业局是当地保护电力设施的行政主管部门，有权对姜国政违反《条例》的行为采取行政处罚，并可申请人民法院强制执行。国家能源部政法规〔1991〕18号文件第二条"和龙县供电局责令当事人限期搬除堆放在变压器的柴垛是符合《条例》第二十七条规定应当作为的职权，《条例》未授权电力主管部门要以采取强行搬除的强制措施权"的立法解释，仅说明《条例》第27条未授权强行搬出，但《条例》第三十二条明确授予了电力主管部门以行政处罚和申请执行权。延边电业局作为电力行政管理部门未尽到《条例》规定的职责，对供电设施管理不得力，应承担次要责任，可维持一审判决。

第二种意见：适用特殊侵权损害的民事责任，由延边电业局承担无过错的民事责任。《中华人民共和国民法通则》第一百二十三条规定："从事高空、高压、易燃、易爆、剧毒、放射性、高速运输工具等对周围环境有高度危险的作业造成他人损害的，应当承担民事责任，如果能够证明损害是由受害人故意造成的，不承担民事责任。"运行中的电力变压器属高压范畴，对"作业"的理解不能局限于安装、架线等施工作业，只要电力设施在工作状态下，即应视为作业。曹豪哲系无行为能力人，损害不是由其故意造成的，所以延边电业局应承担特殊侵权责任。

以上何种意见正确，请批示。

最高人民法院
关于郑立本与青岛市建筑安装工程公司追索赔偿金纠纷一案的复函

1993年7月13日　　　　　　　　　　　〔1993〕民他字第14号

山东省高级人民法院：

你院鲁高法函〔1993〕66号关于审理郑立本与青岛市建筑安装公司（简称安装公司）追索赔偿金纠纷一案的请示报告收悉。

根据你院报告，郑立本（系安装公司施工技术处处长、工程师）于1988年2月被公派到博茨瓦纳共和国任使馆工程项目总工程师，郑在任职期间，于1989年5月29日因车祸受重伤，高位截瘫，车祸责任完全在博方。事后，安装公司提供证据，积极为郑立本办理索赔事宜。1991年2月博国机动车辆保险基金会一次性赔偿郑立本博币15万普拉，结汇成美元81375元，汇至山东省建筑安装工程总公司，该公司又通过中国人民银行汇成人民币431198.49元，汇给了青岛市建筑安装公司。1991年10月郑立本得知后，即向安装公司索要赔偿金，安装公司只同意付给郑10万元。为此，郑立本诉至法院，要求安装公司返还全部赔偿金及利息。

经研究，我们同意你院审判委员会第一种意见，即：双方争执的赔偿金是基于特定的损害赔偿法律关系由博方付给受害人郑立本的。因此，赔偿金应全部归郑立本所有。安装公司在代行办理索赔时所需的必要费用，可从赔偿金中扣除。郑立本退休后，按照我国劳动保护法规的有关规定，仍应享受工伤待遇。

以上意见，供参考。

附：

山东省高级人民法院
关于审理郑立本与青岛市建筑安装工程公司追索赔偿金纠纷一案的请示

（1993年4月13日）

最高人民法院：

我省青岛市中级人民法院受理的郑立本与青岛市建筑安装工程公司追索赔偿金纠纷一案，因涉及到如何适用法律、法规和政策问题，把握不准，特向贵院提出请示。

一、基本案情

原告郑立本，男，五十六岁，汉族，青岛市建筑安装工程公司施工技术处处长，住青岛市昌化路2号丙楼7户。

被告青岛市建筑安装工程公司。

原告系青岛市建筑安装工程公司施工技术处处长、工程师。1988年2月被公派到博茨瓦纳共和国任使馆工程项目总工程师（系单独外派，未签订任何合同）。任职期间，于1989年5月29日因车祸造成重伤，高位截瘫。车祸责任完全在博方，为此，被告出示一切证明手续（其中提供了原告在国内治疗费用237810元，每月工资收6979元的证明）积极办理索赔事宜。经过多方努力，博国机动车辆保险基金会于1991年2月，一次性赔偿原告博币15万普拉，结汇成美元81375元，于1991年2月19日汇至山东省建筑安装工程总公司，省建公司又通过中国人民银行结汇成人民币431198.49元，分两次于1991年6月10日、9月8日汇给被告青岛市建筑安装工程公司。原告于1991年10月得知后，即向被告索要赔偿金，被告一直扣押不给，只答应给付人民币10万元。

为此双方发生纠纷，原告于1992年4月诉至青岛市市北区人民法院。

原告的诉讼请示：其在国外遭遇车祸而得到的赔偿金被被告予以扣留，至今不给，故请求被告返还赔偿金，并承担利息损失。被告的答辩意见：1.索赔金汇回国内后，我单位为原告单立户头，存入银行，从未私自扣留；2.我单位为原告的治疗索赔已经花费了不少费用，其退休后还要享受国内的一切劳保待遇，因而原告要求将全部索赔金返还是不合理的；3.可以给原告10万元的赔偿金，并继续承担原告以后的一切劳保待遇。

此纠纷发生后，青岛市劳动部门曾请示劳动部如何处理。劳动部为此依据国务院国发〔1981〕147号文件精神发了劳险字〔1992〕16号文件，即《关于外派劳务人员伤、残、亡、善后处理问题的函》（全文附后）。

二、处理意见

青岛中院审委会对此案有两种意见：第一种意见认为：根据国务院国发（1981）147号文件精神和劳动部劳险字（1992）16号文件精神，双方争执的这笔赔偿金，原则上归原告所有。但应扣除该单位垫付的一切费用。原告退休后的一切费用被告不再负担。第二种意见认为：这笔款原则上归原告所有，但我国向博国办理索赔事宜中有许多申请赔偿的数额与郑立本的实际的应得数额差距较大，例如：仅报回国后治疗费用一项就花237810元人民币，工资一项申报每月6979元。与实际工资每月近百元差距较大。正因为如此，才索赔到这笔高额赔偿金。如全部归原告所有，显失公平，应将差额部分归被告。青岛中院审委会倾向第一种意见。

我院对此案处理也有两种意见：一种意见认为：双方讼争的这笔赔偿金，原则上归原告所有，但应扣除被告所垫付的一切费用。原告退休后，仍应按规定享受国内的工伤待遇，但已经包含在上述赔偿金中的费用可酌情扣除。即同意劳动部的处理意见，理由是赔偿和劳保待遇是两种不同的法律关系，不应混淆，应区别处理。另一种意见认为：这笔赔偿金不应全部返还给原告，而是应按照原告在国内实际花费的各种费用及实际工资收入计算赔偿数额，这部分（约10万元左右）全部归原告所有。对于在向博国办理索赔事宜中因虚报而得到的部分（约30万元左右），则应按照我国民法通则的公平原则，由原、被告均分为宜。被告仍应承担原告退休后，按国内有关规定享受的工伤待遇等费用。

我院审委会倾向第一种意见。

上述意见妥否，请指示。

最高人民法院
关于胡秋生、娄良英等八人诉彭拜、漓江出版社名誉权纠纷案的复函

1995年1月9日　　　　　　　　　　〔1994〕民他字第11号

安徽省高级人民法院：

你院〔1993〕皖法民上字7—14号《关于娄良英等八人诉彭拜及漓江出版社侵害名誉权一案的请示报告》收悉。经研究认为：彭拜撰写的小说《斜阳梦》，虽未写明原告的真实姓名和住址，但在人物特征有了明显指向的情况下，侮辱了原告或披露了有损其名誉的家庭隐私。彭拜应当也能够预见《斜阳梦》的发表会给原告的名誉造成损害，却放任了损害后果的发生，主观上有过错。因此，同意你院审判委员会的倾向性意见，彭拜的行为已构成侵害他人名誉权，应承担民事责任。对漓江出版社，可不认定其构成侵权。

以上意见，供参考。

最高人民法院
关于邵文卿与黄朝星侵害名誉权案的函

（1995年6月1日）

江西省高级人民法院：

你院关于邵文卿与黄朝星侵害名誉权案的请示报告收悉。经研究认为：从本案情况看，被告黄朝星撰写的报告文学作品《红杏枝头——瑞昌市人民医院变迁记》中所虚构的"元老"，未指名道姓，不是指特定的人，其特征描写与原告邵文卿并不相符，原告不应对号入座。据此，我们同意你院审委会多数人的意见，即以认定不构成侵害名誉权为宜。

以上意见，供参考。

最高人民法院
关于中国人民解放军第四医大附属西京医院、樊代明和杨林海名誉权纠纷一案的函

（1995年7月19日）

陕西省高级人民法院：

你院关于中国人民解放军第四军医大学附属西京医院、樊代明与杨林海名誉权纠纷一案的请示报告收悉。经研究，我们认为，西京医院和樊代明的行为是正常的医务活动，没有违反有关法律规定和规章制度，事实上也不存在侵害杨林海名誉权的问题。故同意你院审判委员会的意见，即西京医院和樊代明的行为不构成对杨林海名誉权的侵害。

以上意见，供参考。

最高人民法院
关于张自修诉横峰县老干部管理局损害赔偿纠纷案的请示的函

（1996年10月25日）

江西省高级人民法院：

你院赣高法民请字〔1996〕01号《关于张自修诉横峰县老干部管理局损害赔偿纠纷案的请示》收悉。经研究认为：被告横峰县老干部局在收集原告张自修所获得的奖章及证书等纪念物后，因遗失不能归还，起诉到人民法院，不应定为荣誉权纠纷，也构不成对原告荣誉权的侵害，但对原告所遭受的损失应予赔偿。至于赔偿的数额，可结合纪念物的价值（包括收藏价值）、质地及纪念物遗失后对原告精神方面造成的损害等各种因素确定。

最高人民法院
关于都兴久、都兴亚诉高其昌、王大学
名誉权纠纷一案的请示报告的函

(1996年12月10日)

辽宁省高级人民法院:

你院〔1996〕辽民他字第9号《关于都兴久、都兴亚诉高其昌、王大学名誉权纠纷一案的请示报告》收悉。经研究认为,作家高其昌、王大学创作《关东魂》一书的主观动机是弘扬爱国主义精神,在塑造都本德这一反面人物时确有一定的生活素材为依据,作者主观上没有损害都本德名誉的故意,小说中使用都本德真实姓名虽有不妥,但都本德在历史上确实担任伪职,据此情况,以不认定小说《关东魂》损害了都本德的名誉权为宜。请你院责成有关法院在审理本案中多做调解工作。

最高人民法院
关于济南三株公司与陈然之等人损害赔偿一案的答复

1998年12月30日　　　　　　　　　　　　〔1998〕民他字第33号

湖南省高级人民法院:

你院《关于济南三株公司与陈然之等人损害赔偿纠纷一案的请示报告》收悉。经研究认为,现有证据不能认定三株口服液质量不合格,以及陈伯顺死亡与服三株口服液的因果关系;你院可对本案尽量做调解工作;如果调解不成,在查清事实的基础上依法判决。

最高人民法院
关于黑龙江省鸡西市梨树区人民政府与鸡西市化工局、沈阳冶炼厂环境污染纠纷案的复函

1999年11月2日　　　　　　　　　　　　〔1999〕民他字第31号

黑龙江省高级人民法院：

你院《关于鸡西市梨树区人民政府与鸡西市化工局、沈阳冶炼厂环境污染赔偿一案的请示》收悉。经研究认为，依照《中华人民共和国民事诉讼法》第一百零八条的规定，梨树区人民政府有权作为原告提起民事诉讼。

最高人民法院
关于肖涵诉上海市第五十四中学等赔偿一案的复函

1999年11月20日　　　　　　　　　　　　〔1999〕民他字第25号

上海市高级人民法院：

你院〔1998〕沪高民他字第29号《关于肖涵诉上海市第五十四中学等赔偿一案的请示》收悉。经研究，同意你院审判委员会的意见，即肖涵在校学习期间，上海市第五十四中学对其负有进行教育、管理和保护的职责。肖涵受伤后，上海市第五十四中学未及时将其送往医院进行抢救，以致延误了医疗时机，造成肖涵终身残废，该校应承担主要责任。肖涵作为限制民事行为能力人，因违反学校纪律擅自爬墙摔伤，对损害后果应承担次要责任。范吉俊、李佳磊明知爬墙的危险性，仍然协助肖涵爬墙，对损害后果亦应承担一定的责任。至于数额的分担，请你院根据实际情况和各自责任确定。

最高人民法院
关于刘兰祖诉山西日报社、山西省委支部建设杂志社侵害名誉权一案的复函

1999年11月27日　　　　　　　　　　　　　　〔1999〕民他字第32号

山西省高级人民法院：

你院〔1999〕晋民—他字第1号《关于刘兰祖诉山西日报社、山西省委支部建设杂志社侵害名誉权一案的请示报告》收悉。经研究，我们认为，贾卯清和刘兰祖合谋侵吞公款的行为已经有关纪检部门予以认定，并给予贾卯清相应的党纪处分，山西日报社和山西省委支部建设杂志社（以下简称支部建设杂志社）将相关事实通过新闻媒体予以报道，没有违反新闻真实性的基本原则，该报道的内容未有失实之处，属于正常的舆论监督。根据最高人民法院有关司法解释的规定精神和本案的具体情况，山西日报社和支部建设杂志社的行为，不构成对刘兰祖名誉权的侵害。

最高人民法院
关于中国人民银行郑州分行与济南市电信局侵权损害赔偿一案的复函

2000年1月13日　　　　　　　　　　　　　　〔2000〕民他字第1号

河南省高级人民法院：

你院《关于中国人民银行郑州分行与济南市电信局侵权损害赔偿一案的请示报告》收悉。经研究认为：济南市电信局下属工作人员违反中国人民银行、中华人民共和国邮电部、中国工商银行、中国农业银行、中国银行、中国建设银行等部门联合下发的银发〔1987〕115号《关于加强银行电报汇款业务管理的联合通知》的文件规定，违章操作，造成中国人民银行郑州分行（以下简称人行郑州分行）200万元人民币的损失，对此应承担赔偿责任。作为金融管理机构的人行郑州分行，对有明显瑕疵且数额巨大的银行汇款电报，没有尽到行业所要求的严格注意义务，也有一定过错，依法应承担相应的民事责任。根据有关法律规定，济南市电信局对人行郑州分行的损失应承担主要赔偿责任，人行郑州分行承担相应的民事责任。

此复。

最高人民法院
关于从事高空高压对周围环境有高度危险作业
造成他人损害的应适用民法通则还是电力法的复函

2000年2月21日　　　　　　　　　　　　　　　〔2000〕法民字第5号

黑龙江省高级人民法院：

　　你院《关于从事高空高压等对周围环境有高度危险作业造成他人损害的应适用民法通则还是电力法》的请示收悉。经研究认为：民法通则规定，如能证明损害是由受害人故意造成的，电力部门不承担民事责任；电力法规定，由于不可抗力或用户自身的过错造成损害的，电力部门不承担赔偿责任。这两部法律对归责原则的规定是有所区别的。但电力法是民法通则颁布实施后对民事责任规范所作的特别规定，根据特别法优于普通法，后法优于前法的原则，你院所请示的案件应适用电力法。

最高人民法院
关于广西高院请示黄仕冠、黄德信与
广西法制报社、范宝忠名誉
侵权一案请示的复函

2000年7月31日　　　　　　　　　　　　　　　〔2000〕民他字第8号

广西壮族自治区高级人民法院：

　　你院关于黄仕冠、黄德信与广西法制报社、范宝忠名誉侵权一案的请示收悉。经研究认为，范宝忠供稿、《广西法制报》发表的《法官黄仕冠、黄德信徇私舞弊被逮捕》一文，内容严重失实，且在人民法院判决黄仕冠、黄德信无罪后，范宝忠、广西法制报社拒绝进行更正报道和后续报道，根据我院《关于审理名誉权案件若干问题的解释》的有关规定，其行为侵害了黄仕冠、黄德信的名誉权，范宝忠、广西法制报社依法应承担相应的民事责任。但考虑到本案的具体情况，该案以案外和解的方式处理为宜。故请告知范宝忠和广西法制报社，依照法律规定，其应当承担侵权的民事责任。希望范宝忠和广西法制报社通过赔礼道歉、消除影响以及给黄仕冠、黄德信一定经济补偿等方式争取达成和解，使黄仕冠、黄德信主动撤诉。如果不能达成和解，则依法作出处理。

最高人民法院
关于连环购车未办理过户手续，原车主是否对机动车发生交通事故致人损害承担责任的请示的批复

2001年12月31日　　　　　　　　　　　〔2001〕民一他字第32号

江苏省高级人民院：

你院"关于连环购车未办理过户手续，原车主是否承担对机动车发生交通事故致人损害承担责任的请示"收悉。经研究认为：

连环购车未办理过户手续，因车辆已经交付，原车主既不能支配该车的营运，也不能从该车的营运中获得利益，故原车主不应对机动车发生交通事故致人损害承担责任。但是，连环购车未办理过户手续的行为，违反有关行政管理法规的，应受其规定的调整。

最高人民法院
关于郑某与宽城满族自治县电力局、宽城满族自治县孛罗台乡孛罗台村等损害赔偿一案的复函

2002年4月2日　　　　　　　　　　　　〔2002〕民监他字第1号

河北省高级人民法院：

你院请示收悉，经研究，答复如下：

宽城电力分公司在变压器安装验收时，明知台高不符合标准，且没有防护栏的情况下却违规送电，应承担郑某人身损害的主要责任；孛罗台村对供电设施疏于管理也是造成郑某人身损害的原因之一，应当承担相应责任；郑某的监护人未尽监护义务亦应承担一定责任。三者按照70％、20％、10％的比例承担责任是适当的，精神损害抚慰金50000元的分担也是适当的。

最高人民法院
关于陈贵松等 27 人诉竹山县交通局、竹山县公路段
人身损害赔偿纠纷一案受理问题的复函

2003 年 6 月 19 日　　　　　　　　　　　　〔2003〕民一他字第 9 号

湖北省高级人民法院：

　　你院鄂高法〔2003〕109 号《湖北省高级人民法院关于陈贵松等 27 人诉竹山县交通局、竹山县公路段人身损害赔偿纠纷一案的请示》收悉。经研究，答复如下：

　　根据国务院《特别重大事故调查程序暂行规定》第十六条、第二十六条规定，政府授权部门对重大事故的调查处理，属于行政处理程序，但不能因此而排除当事人向人民法院提起损害赔偿诉讼的权利。只要当事人提起的民事诉讼，符合《中华人民共和国民事诉讼法》第一百零八条规定，人民法院就应当受理。至于本案所述的灾害事故是否属于《中华人民共和国民法通则》第一百零七条规定的不可抗力，是当事人的抗辩事由，不应当作为案件是否受理的条件。

最高人民法院研究室
关于对参加聚众斗殴受重伤或者死亡的人及其家属
提出的民事赔偿请求能否予以支持问题的答复

2004 年 11 月 11 日　　　　　　　　　　　　法研〔2004〕179 号

江苏省高级人民法院：

　　你院苏高法〔2004〕296 号《关于对聚众斗殴案件中受伤或死亡的当事人及其家属提出的民事赔偿请求能否予以支持问题的请示》收悉。经研究，答复如下：

　　根据《刑法》第二百九十二条第一款的规定，聚众斗殴的参加者，无论是否首要分子，均明知自己的行为有可能产生伤害他人以及自己被他人的行为伤害的后果，其仍然参加聚众斗殴的，应当自行承担相应的刑事和民事责任。根据《刑法》第二百九十二条第二款的规定，对于参加聚众斗殴，造成他人重伤或者死亡的，行为性质发生变化，应认定为故意伤害罪或者故意杀人罪。聚众斗殴中受重伤或者死亡的人，既是故意伤害罪或者故意杀人罪的受害人，又是聚众斗殴犯罪的行为人。对于参加聚众斗殴受重伤或死亡的人或其家属提出的民事赔偿请求，依法应予支持，并适用混合过错责任原则。

最高人民法院
经常居住在城镇的农村居民因交通事故伤亡如何计算赔偿费用的复函

2006年4月3日　　　　　　　　　　〔2005〕民一他字第25号

云南省高级人民法院：

你院《关于罗金会等五人与云南昭通交通运输集团公司旅客运输合同纠纷一案所涉法律及适用问题的请示》收悉，经研究，答复如下：

人身损害赔偿案件中，残疾赔偿金、死亡赔偿金和被扶养人生活费的计算，应当根据案件的实际情况，结合受害人住所地、经常居住地等因素，确定适用城镇居民人均可支配收入（人均消费性支出）或者农村居民人均纯收入（人均年生活消费支出）的标准。本案中，受害人唐顺亮虽然为农村户口，但在城市经商、居住，其经常居住地和主要收入来源地均为城市，有关损害赔偿费用应当根据当地城镇居民的相关标准计算。

最高人民法院
关于财保六安市分公司与李福国等道路交通事故人身损害赔偿纠纷请示的复函

2008年10月16日　　　　　　　　　〔2008〕民一他字第25号复函

安徽省高级人民法院：

你院〔2008〕皖民一他字第0019号《关于财保六安市分公司与李福国、卢士平、张东泽、六安市正宏糖果厂道路交通事故人身损害赔偿纠纷一案的请示报告》收悉。经研究，答复如下：

《机动车交通事故责任强制保险条例》第3条规定的"人身伤亡"所造成的损害包括财产损害和精神损害。

精神损害赔偿与物资损害赔偿在强制责任保险限额中的赔偿次序，请求权人有权进行选择。请求权人选择优先赔偿精神损害，对物资损害赔偿不足部分由商业第三者责任险赔偿。

此复。

最高人民法院
关于对"统一第三人侵权工伤赔偿案件裁判标准"问题的答复

(2011年1月1日)

最高人民法院《审理人身赔偿案件适用法律若干问题的解释》第十二条和《关于审理劳动争议案件适用法律若干问题的解释（二）》第六条中规定，均认可了第三人侵权工伤赔偿，受害人可获得双份赔偿的原则。最高人民法院作出〔2006〕行他字第12号答复，是对这一原则的重申。

在最高人民法院有关此问题的解释出台以后，社保部门的同志和一些学者持有不同意见，他们认为应当采取补充补偿模式。为解决此问题，全国人大常委会在起草《社会保险法》过程中，曾就此问题组织了论证会。

社保部门和部分学者的意见是，此类问题的赔偿应当为补充模式。即发生工伤后，受到第三人侵权的工伤职工可同时主张侵权行为损害赔偿和工伤保险给付，但其最终所获得的赔偿或补偿，以实际损失为限，不得超过其实际遭受的损害。理由有二：一是工伤保险具有补偿功能，侵权损害适用于填平法则，采取补充模式符合公平原则。二是采取补充模式所有受到工伤的职工补偿待遇是基本相同的。如果因第三人侵害工伤可以得到双份赔偿，将会造成一般工伤的待遇与因第三人做成的工伤待遇相差太大，产生新的不公平。

也有不少学者主张，因第三人侵害工伤可以得到双份赔偿。其理由归纳起来有以下三点：一是工伤保险条例明确规定了构成工伤应享受相关待遇，同时没有规定第三人侵权工伤应当扣减第三人赔偿部分，也没有规定工伤基金或用人单位追偿权。各地地方法规的补差规定违背上位法工伤保险条例的规定；二是侵权损害填平法则难以适用于人身损害赔偿，生命健康无法用金钱来衡量，不存在填平问题；三是不论项目是否重复，多得一份或数份（侵权赔偿，责任保险，工伤待遇）也不为过，况且法律没有限制当事人可以重复获得赔偿（补偿），不存在公平问题。

一些律师还提出，受到工伤的职工打民事官司要花费很大的人力和金钱成本。如果把打官司的成本除去，受到工伤的职工即使打赢官司，扣除成本后所多获得的利益是非常有限的。

也有人认为，补充模式有一定道理，如果非要实行补充模式，就应当先行工伤补偿，而后保险机构代为被侵害职工打官司，民事赔偿完全到位后，从中扣除社保机构已支付的工伤保险待遇。

由于各方观点分歧较大，都有一定的道理，立法机关在社会保险法和修改后的《工伤保险条例》中均未明确该问题。

最高人民法院目前正在起草《关于审理工伤认定行政案件若干问题的规定》，通过进一步论证，力争解决这一问题。

以上意见，供参考。

感谢网友对人民法院工作的关心和支持！

最高人民法院
关于雇员在雇佣活动中造成人身损害使用
什么标准评定伤残的答复

2013年5月30日　　　　　　　　　　　　　　　〔2013〕他8复函

山东省高级人民法院：

你院《关于雇员在雇佣活动中造成人身损害使用什么标准评定伤残的请示》收悉。经研究，答复如下：

原则同意你院审判委员会倾向性意见。评定伤残的标准和计算损失赔偿的标准应相互对应。雇员在从事雇佣活动中遭受人身损害，若不属于《工伤保险条例》调整的劳动关系和工伤保险范围，在进行伤残程度评定时，不宜适用《职工工伤与职业病致残程度鉴定标准》。在统一的人身损害伤残评定国家标准出台之前，可参照适用《道路交通事故受伤人员伤残评定》等国家标准。

最高人民法院
关于王辉与烟台市邮政局生命健康权
身体权纠纷一案请示的答复

2013年6月17日　　　　　　　　　　　　　　〔2013〕民监他字第1号

山东省高级人民法院：

你院（2012）鲁民提字第199号《关于王辉与烟台市邮政局生命健康权身体权纠纷一案请示》收悉，经研究，答复如下：

同意你院审判委员会第二种意见，即烟台市邮政局作为单炳顺的雇佣单位，同时也作为小区物业的实际管理者，对小区没有尽到必要的管理责任，应当对单炳顺对业主的加害行为承担相应的民事赔偿责任。

需要指出的是，你院第一种意见以为单炳顺所实施的伤害行为虽与其履行职务的时间及空间相重合，但该伤害行为是基于其自身的犯罪故意而实施的，并非是物业管理人员所应正常实施的行为，该加害行为与其履行职务之间没有关联性，进而得出单炳顺雇用单位不承担民事责任的结论。这种认识不符合侵权法、物业管理条例及司法解释的精神。烟台市邮政局是涉案小区的实际物业管理者，单炳顺是烟台市邮政局雇佣的负责小区保安和卫生的唯一雇员。事发日，在该小区门卫区域，"外出喝酒归来"的单炳顺看到其家人与他人发生争执、厮打，身为保安人员又在岗位上的单炳顺本应"维护物业管理区域的公共秩序"，却不忠实履行职责，甚至直接参与殴斗。烟台市邮政局对其雇佣的保安人员在从事的雇佣活动中致人损害，应承担相应的赔偿责任。

以上意见，供参考。

最高人民法院
关于《机动车交通事故责任强制保险条例》适用问题的答复*

2013年7月25日　　　　　　　　　　〔2013〕民监他字第6号

山东省高级人民法院：

你院《关于申请再审人渤海财产保险股份有限公司青岛分公司与被申请人崔志霞、栾瑞成道路交通事故财产损害赔偿纠纷一案的请示报告》收悉，经研究，答复如下：

关于你院请示的第一个问题，在道路交通事故损害赔偿案件中，侵权人承担的是侵权损害赔偿责任，而保险公司是依据其与投保人缔结的机动车交通事故责任强制保险（以下简称交强险）合同承担赔偿责任，二者性质不同。《机动车交通事故责任强制保险条例》（以下简称条例）是国务院依据《道路交通安全法》（以下简称道交法）的授权而制定的，该条例就保险公司上述合同责任所作的规定，与道交法并不冲突。同意你院审判委员会就此问题的倾向性意见，即在本案中应当适用条例的相关规定，受害人就其财产损失请求保险公司承担交强险赔偿责任的，不应予以支持。

关于你院请示的第二个问题，条例中分项确定交强险责任限额的规定，与道交法中保险公司在交强险责任限额范围内承担赔偿责任的规定精神是一致的，道交法中也并未就交强险规定不分项的"全部责任限额"。因此在保险公司承担交强险赔偿责任的情况下，受害人请求保险公司对超出交强险相应分项限额范围的损失予以赔偿的，人民法院

---

* 也作"最高人民法院关于渤海财产保险股份有限公司青岛分公司与崔志霞、栾瑞成道路交通事故财产损害赔偿纠纷一案的请示答复"。

亦不予支持。

以上意见，供参考。

最高人民法院　公安部　司法部　中国保险监督管理委员会关于在全国部分地区开展道路交通事故损害赔偿纠纷"网上数据一体化处理"改革试点工作的通知

2017年10月27日　　　　　　　　　　　　　法〔2017〕316号

各省、自治区、直辖市高级人民法院、公安厅（局）、司法厅（局），各保监局，解放军军事法院，新疆维吾尔自治区高级人民法院生产建设兵团分院、新疆生产建设兵团公安局、司法局：

为全面贯彻落实党的十九大精神，贯彻落实中共中央办公厅、国务院办公厅《关于完善矛盾纠纷多元化解机制的意见》和全国司法体制改革工作推进会精神，运用大数据加强预防和化解社会矛盾机制建设，努力提高社会化、法治化、智能化、专业化的社会治理水平，实现道路交通事故损害赔偿纠纷的公正高效处理，及时维护人民群众人身权、财产权，促进平安中国、法治中国建设，最高人民法院、公安部、司法部、中国保险监督管理委员会决定在北京、河北、吉林、上海、江苏、浙江、安徽、山东、河南、湖北、广东、海南、四川、重庆等14个省市联合开展道路交通事故损害赔偿纠纷"网上数据一体化处理"（以下简称网上一体化处理）改革试点工作。现就有关事项通知如下：

一、工作原则和工作目标

1. 坚持正确政治方向。深入学习贯彻党的十九大精神，坚持以习近平新时代中国特色社会主义思想武装头脑、指导实践、推动工作，不忘初心、牢记使命，统筹推进"五位一体"总体布局和协调推进"四个全面"战略布局，践行新发展理念，在道路交通事故损害赔偿纠纷的预防和化解中充分运用互联网思维、大数据分析加强和创新社会治理。

2. 坚持以人民为中心。围绕满足人民群众日益增长的美好生活需要，通过网上一体化处理改革，积极回应人民关切，充分保障人民权益，让数据多跑腿、人民少跑路，不断增强人民的获得感、幸福感和安全感。

3. 坚持共建共治共享。深化综合治理，凝聚多元力量，运用大数据构建公安机关、司法行政机关、保险监管机构与人民法院预防和化解纠纷的协同工作格局、信息共享机制及纠纷解决合力，共同参与社会治理。

4. 创新多元化纠纷解决机制。以审判为中心，统一业务流程，加强诉讼与调解的衔接，统一证据规则和赔偿标准，探索电子送达，建立公开透明的委托鉴定机制，实施一键快速理赔，实现纠纷的全程可视化、阳光化快速处理与化解，提升纠纷解决的法律效果和社会效果。

二、试点工作主要内容

5. 网上一体化处理包括责任认定、理赔计算、在线调解、在线鉴定、在线诉讼、一键理赔等流程。

6. 试点地区人民法院应建立和完善诉调对接机制，按照共建共治共享原则，建立网上一体化处理平台，努力实现责任认定、理赔计算、调解、司法鉴定、法院诉讼、一键理赔、道路交通事故社会救助基金垫付及追偿、法律咨询等业务的在线处理与信息共享，有关部门及保险行业应予积极配合。人民法院在线作出司法裁判并送达当事人后，应及时上传有关裁判文书等诉讼信息。

7. 试点地区有关部门应加强宣传和引导，促进人民群众和有关单位对网上一体化处理的了解及认识，主动引导当事人通过网上一体化处理解决纠纷。

8. 是否适用网上一体化处理由当事人自愿选择。当事人选择的，纠纷进入诉讼程序前，应按照《公安部、司法部、中国保险监督管理委员会关于推行人民调解委员会调解道路交通事故民事损害赔偿工作的通知》以及《最高人民法院、中国保险监督管理委员会关于全面推进保险纠纷诉讼与调解对接机制建设的意见》的有关规定开展诉前调解、一键快速理赔。网上一体化处理进行调解，不收取任何费用。

9. 根据《中华人民共和国民事诉讼法》《中华人民共和国人民调解法》及《最高人民法院关于建立健全诉讼与非诉讼相衔接的矛盾纠纷解决机制的若干意见》《最高人民法院关于扩大诉讼与非诉讼相衔接的矛盾纠纷解决机制改革试点总体方案》等相关规定，经网上一体化处理达成的调解协议，具有民事合同性质，当事人应当信守。有关调解组织应实时上传调解协议等调解信息。双方当事人可以就调解协议共同申请在线司法确认。人民法院依法作出确认裁定后，一方当事人拒绝履行或未全部履行的，对方当事人可申请强制执行。

10. 以司法为引导，创新工作机制，加强相关部门的沟通协调，充分运用信息技术拓展理赔计算器在行政调解、人民调解、保险理赔中的运用，统一赔偿标准与证据规则，实现调解、裁判以及保险理赔的流程化、标准化和高效化，不断实现纠纷解决的公开公平公正。

11. 试点地区的公安机关交通管理部门处理交通事故时，当事人对事故损害赔偿有争议的，应积极引导当事人选择网上一体化处理，并及时将相关当事人、事故车辆、责任认定等信息传递至网上一体化处理平台。当事人在法定时限内一致书面请求公安机关交通管理部门调解的，应当进行调解。

12. 道路交通事故造成人身或财产损害需要申请鉴定的，受理纠纷的调解组织可征求各方当事人的意见，在调解阶段在线启动鉴定程序、选定鉴定机构并征得各方当事人同意、缴纳鉴定费用、传输鉴定检材、通知各方当事人到场鉴定、形成鉴定意见及逐案对鉴定意见进行评价，并向司法行政机关反馈评价结果。一方当事人自行委托有关部门作出的鉴定结论，另一方当事人有证据足以反驳并申请重新鉴定的，应予准许。

13. 试点地区的保险监管机构应引导各保险公司积极通过网上一体化处理进行理赔，凡在平台上调解或裁判结案的案件，当事人在线发起一键理赔请求的，保险公司应在期限内进行快速赔付。

三、试点工作要求

14. 试点地区的人民法院、公安机关、司法行政机关、保险监管机构应充分认识此项工作的重要性，加强组织领导，建立工作协调和信息共享机制，确定联系部门和联系人，建立联席会议制度，并结合本地实际制定具体实施方案。

15. 试点地区的人民法院应在最高人民法院的指导和当地党委的领导下，做好在线司法确认、在线庭审和有关业务指导工作，认真听取各参与方的意见建议，优化网上一体化处理的功能模块和业务规范，充分发挥网上一体化处理的优势，实现纠纷的公正、高效、透明处理；组建专门的网络审判小组或改革联络办公室，负责各相关部门之间协作交流、联席会议等具体事宜的落实及日常联络工作。

16. 试点地区司法行政机关应会同有关部门，进一步加强道路交通事故人民调解组织建设，积极发展专职人民调解员队伍，注重选聘退休法官、交警、司法行政部门和保险监管机构工作人员以及保险行业从业人员、律师、仲裁员等担任人民调解员，不断提高人民调解工作水平。人民法院、公安机关、保险监管机构应积极配合、支持司法行政机关做好人民调解员选聘和培训工作，协调解决人民调解组织的办公场所和办公设备，保障必要的工作经费。

17. 试点地区保险监管机构应按照《最高人民法院、中国保险监督管理委员会关于全面推进保险纠纷诉讼与调解对接机制建设的意见》有关要求，进一步加强保险纠纷调解组织建设和调解员的选聘管理工作，提高相关调解工作的规范化、制度化，指导其参与涉保险的道路交通事故损害赔偿纠纷调解工作。

18. 使用网上一体化处理平台的有关部门、机构和组织应按照《中华人民共和国网络安全法》有关要求，采取措施，确保平台中的信息安全，严禁将获得的有关信息泄露、出售或非法提供给他人以及用于商业目的。

19. 试点地区的人民法院、公安机关、司法行政机关、保险监管机构要积极争取当地党委、政府对改革的支持，将试点工作纳入当地矛盾纠纷多元化解工作经费保障范围，确保试点工作有序进行。

20. 非试点地区的人民法院、公安机关、司法行政机关、保险监管机构，可参照本通知精神，借鉴试点地区的成功经验，积极探索、自主实施网上一体化处理改革。

21. 网上一体化处理改革试点自本通知下发之日起为期两年，分步实施，本阶段暂只适用于涉保险的道路交通事故损害赔偿纠纷，未参保的有关纠纷可参照执行。各试点地区应层报具体实施方案，试点实施中遇到的问题与经验及时向上级业务或主管部门报送。最高人民法院、公安部、司法部、中国保险监督管理委员会将共同加强指导，适时组织阶段性检查总结，并待条件成熟时在全国推广。

四、物　　权

（一）综　　合

最高人民法院
关于认真学习和贯彻《中华人民共和国物权法》的通知

2007年4月9日　　　　　　　　　　法发〔2007〕15号

各省、自治区、直辖市高级人民法院，解放军军事法院，新疆维吾尔自治区高级人民法院生产建设兵团分院：

《中华人民共和国物权法》（以下简称物权法）已由十届全国人大五次会议于2007年3月16日通过，将自2007年10月1日起施行。为了保证统一正确适用物权法，特通知如下：

一、充分认识物权法颁布施行的重大意义。物权法是民法的重要组成部分，是维护国家基本经济制度，维护社会主义市场经济秩序，关系人民群众切身利益的重要法律，是人民法院审理和执行民事案件的基本法律依据之一。物权法的颁布施行，为人民法院审理和执行各种物权纠纷案件提供了更加明确统一的法律根据。各级人民法院必须认真掌握、全面正确地贯彻执行物权法。

二、高度重视、精心组织安排物权法的学习，把学习物权法作为提高人民法院队伍素质的一项重要举措。各级人民法院要利用各种形式进行业务培训，在物权法施行前对全体民事审判人员和执行人员轮训一遍。在培训中，要逐条认真学习，准确把握立法精神，深刻理解各条款的含义，学深学透，真正做到融会贯通。

三、各级人民法院尤其是高级人民法院在学习、适用物权法的过程中，应当深入调查研究，把调研工作与审判工作、执行工作有机结合起来，认真总结审判经验，及时向最高人民法院报告新情况、新问题和典型案例，以便最高人民法院在清理有关司法解释的基础上，起草适用物权法的司法解释。

四、各级人民法院应当通过审判和执行活动，以案讲法，并注意通过新闻媒体等形式，大力宣传物权法及其重要意义，教育公民增强法治意识，自觉遵守物权法。

最高人民法院
关于适用《中华人民共和国物权法》若干问题的解释（一）

法释〔2016〕5号

(2015年12月10日最高人民法院审判委员会第1670次会议通过 2016年2月22日最高人民法院公告公布 自2016年3月1日起施行)

为正确审理物权纠纷案件，根据《中华人民共和国物权法》的相关规定，结合民事审判实践，制定本解释。

第一条 因不动产物权的归属，以及作为不动产物权登记基础的买卖、赠与、抵押等产生争议，当事人提起民事诉讼的，应当依法受理。当事人已经在行政诉讼中申请一并解决上述民事争议，且人民法院一并审理的除外。

第二条 当事人有证据证明不动产登记簿的记载与真实权利状态不符、其为该不动产物权的真实权利人，请求确认其享有物权的，应予支持。

第三条 异议登记因物权法第十九条第二款规定的事由失效后，当事人提起民事诉讼，请求确认物权归属的，应当依法受理。异议登记失效不影响人民法院对案件的实体审理。

第四条 未经预告登记的权利人同意，转移不动产所有权，或者设定建设用地使用权、地役权、抵押权等其他物权的，应当依照物权法第二十条第一款的规定，认定其不发生物权效力。

第五条 买卖不动产物权的协议被认定无效、被撤销、被解除，或者预告登记的权利人放弃债权的，应当认定为物权法第二十条第二款所称的"债权消灭"。

第六条 转让人转移船舶、航空器和机动车等所有权，受让人已经支付对价并取得占有，虽未经登记，但转让人的债权人主张其为物权法第二十四条所称的"善意第三人"的，不予支持，法律另有规定的除外。

第七条 人民法院、仲裁委员会在分割共有不动产或者动产等案件中作出并依法生效的改变原有物权关系的判决书、裁决书、调解书，以及人民法院在执行程序中作出的拍卖成交裁定书、以物抵债裁定书，应当认定为物权法第二十八条所称导致物权设立、变更、转让或者消灭的人民法院、仲裁委员会的法律文书。

第八条 依照物权法第二十八条至第三十条规定享有物权，但尚未完成动产交付或者不动产登记的物权人，根据物权法第三十四条至第三十七条的规定，请求保护其物权的，应予支持。

第九条 共有份额的权利主体因继承、遗赠等原因发生变化时，其他按份共有人主张优先购买的，不予支持，但按份共有人之间另有约定的除外。

第十条 物权法第一百零一条所称的"同等条件"，应当综合共有份额的转让价格、价款履行方式及期限等因素确定。

第十一条 优先购买权的行使期间，按份共有人之间有约定的，按照约定处理；没有约定或者约定不明的，按照下列情形确定：

（一）转让人向其他按份共有人发出的包含同等条件内容的通知中载明行使期间的，以该期间为准；

（二）通知中未载明行使期间，或者载明的期间短于通知送达之日起十五日的，为十五日；

（三）转让人未通知的，为其他按份共有人知道或者应当知道最终确定的同等条件之日起十五日；

（四）转让人未通知，且无法确定其他按份共有人知道或者应当知道最终确定的同等条件的，为共有份额权属转移之日起六个月。

第十二条 按份共有人向共有人之外的人转让其份额，其他按份共有人根据法律、司法解释规定，请求按照同等条件购买该共有份额的，应予支持。

其他按份共有人的请求具有下列情形之一的，不予支持：

（一）未在本解释第十一条规定的期间内主张优先购买，或者虽主张优先购买，但提出减少转让价款、增加转让人负担等实质性变更要求；

（二）以其优先购买权受到侵害为由，仅请求撤销共有份额转让合同或者认定该合同无效。

第十三条 按份共有人之间转让共有份额，其他按份共有人主张根据物权法第一百零一条规定优先购买的，不予支持，但按份共有人之间另有约定的除外。

第十四条 两个以上按份共有人主张优先购买且协商不成时，请求按照转让时各自份额比例行使优先购买权的，应予支持。

第十五条 受让人受让不动产或者动产时，不知道转让人无处分权，且无重大过失的，应当认定受让人为善意。

真实权利人主张受让人不构成善意的，应当承担举证证明责任。

第十六条 具有下列情形之一的，应当认定不动产受让人知道转让人无处分权：

（一）登记簿上存在有效的异议登记；

（二）预告登记有效期内，未经预告登记的权利人同意；

（三）登记簿上已经记载司法机关或者行政机关依法裁定、决定查封或者以其他形式限制不动产权利的有关事项；

（四）受让人知道登记簿上记载的权利主体错误；

（五）受让人知道他人已经依法享有不动产物权。

真实权利人有证据证明不动产受让人应当知道转让人无处分权的，应当认定受让人具有重大过失。

第十七条 受让人受让动产时,交易的对象、场所或者时机等不符合交易习惯的,应当认定受让人具有重大过失。

第十八条 物权法第一百零六条第一款第一项所称的"受让人受让该不动产或者动产时",是指依法完成不动产物权转移登记或者动产交付之时。

当事人以物权法第二十五条规定的方式交付动产的,转让动产法律行为生效时为动产交付之时;当事人以物权法第二十六条规定的方式交付动产的,转让人与受让人之间有关转让返还原物请求权的协议生效时为动产交付之时。

法律对不动产、动产物权的设立另有规定的,应当按照法律规定的时间认定权利人是否为善意。

第十九条 物权法第一百零六条第一款第二项所称"合理的价格",应当根据转让标的物的性质、数量以及付款方式等具体情况,参考转让时交易地市场价格以及交易习惯等因素综合认定。

第二十条 转让人将物权法第二十四条规定的船舶、航空器和机动车等交付给受让人的,应当认定符合物权法第一百零六条第一款第三项规定的善意取得的条件。

第二十一条 具有下列情形之一,受让人主张根据物权法第一百零六条规定取得所有权的,不予支持:

(一)转让合同因违反合同法第五十二条规定被认定无效;

(二)转让合同因受让人存在欺诈、胁迫或者乘人之危等法定事由被撤销。

第二十二条 本解释自 2016 年 3 月 1 日起施行。

本解释施行后人民法院新受理的一审案件,适用本解释。

本解释施行前人民法院已经受理、施行后尚未审结的一审、二审案件,以及本解释施行前已经终审、施行后当事人申请再审或者按照审判监督程序决定再审的案件,不适用本解释。

最高人民法院
解答关于处理房户行使优先购买权案件发生疑义的问题的函

1952 年 5 月 17 日　　　　　　　　　　　　法监字第 8012 号

最高人民法院东北分院:

你院 1951 年 10 月 22 日法总发字第 2194 号来文附卷六宗,及同年 12 月 18 日法总发字第 2827 号续函均悉,关于处理房户行使优先购买权案件所发生的疑义,我们研究后提出意见如下:

一、第一题基本上同意甲说。执行政策法令，必须贯彻精神实质，房户固然有优先承买房屋的权利，但这并不等于容许他们用不正当的手段，把持垄断房屋的买卖。第三人本非房户而勾串房户，顶名冒购房屋，与房户行使优先购买权，毫无相同之点；为了教育群众，贯彻执行政策法令不许任何人钻法律的空子，这种冒名顶替的买房行为，不应受法律的保护，而应认为无效，唯在具体案件的审判时，房屋究该重新估价出售？抑仍许由原出钱人与前业主（原房主）直接订立买卖契约？必须审酌实际情况与各方面的利害关系，作恰当处理。

二、第二题也同意甲说。城市房屋，即使是私人的资金所建筑，也属于社会财产的一部分。允许房户有优先承租、承典、承买的权利，就是说房主行使产权，也须服从社会利益，如房屋不宜分割出售，承买人虽不是房户之一，但买下全幢房屋确有利于工商业的发展，同时又能适当照顾原房户的居住或迁让等困难问题，这样处理是适当的。否则，仅着眼于房户行使优先购买权而忽视了对社会的利益，就违背了城市房屋管理暂行条例的基本精神。

以上意见请研究参考为荷。

附：

最高人民法院东北分院
关于处理房户行使优先购买权案件发生疑义请予解释的函

1951年10月22日　　　　　　　　　　法总发字第2194号

最高人民法院：

东北地区于1950年基于限制所有权的滥用，曾根据繁荣经济，发展社会生产，保护城市房屋的政策，在照顾房东房户利益的条件下，曾制定"东北城市房产管理暂行条例"。其中有一条规定："房屋出租出典出卖，原房户有继续承租承典或购买之优先权。"就是为了保护房户，使其不因房东行使房权而遭受损失。该条例公布之后，群众方面为行使房屋优先购买权而发生纠纷的很多，因此对于怎样来保护房户的优先购买权？就形成两种主张；兹将具体事实介绍于后：

一、房东卖房，房户自己无钱买，和第三人勾串，由第三人出钱房户出名，将房屋争买到手，中间的条件是以贱价住房，另由房户以出兑的方法，立兑契将房兑与出钱的第三人，以掩盖当时的顶名冒替，现已证实房户是利用优先购买权为他人购买房屋，这种买房行为是否有效就成问题。（参照抚顺市人民法院1951年诉字第530号卷附判决）本院对此有两种意见：

甲、主张：旧房价贱，房户利用优先购买权为第三人买房，是钻法律空子，是滥用权力的违法不正行为，不应受法律保护，买卖应为无效，由法院用国家保护处分否认其优先购买权,从新价买,原租房户和欲购买房的第三人或其他人,均有平等购买的机会,其超出部分归于国库。这样做不但给违法取巧的人予以制裁并对于群众也有教育意义。正确执行政策,就不能承认违法行动合法。

乙、主张:第三人凭钱买房,这种买卖行为不违法,应受法律保护,房屋之所有权,亦应归于出钱人。替别人买而用自己名义的房户不能取得所有权。

二、有关繁荣经济,发展生产建设,不适于分割的大幢房屋,零住户部分主张优先购买权,是否允许的问题。某机器染厂为了扩大生产,买妥与工厂相毗连的房屋,原二十家租户的一部分(十余家)先未表示购买,迨染厂买妥后,部分房户起诉主张优先分买承租部分或为全部之承买,这样问题之解决,法院应依据房屋不适于分割及照顾发展生产经济建设,而否认几个人的优先购买权?抑或根据死的条文绝对化来保护房户的优先购买权呢?(参照本院1951年提字第二号及再字第二一号全卷)对此亦有两种意见:

甲、主张:人民政权下所反映出来的财产关系和所有权,是与人民整体利益,社会整体利益分不开的。法定权利,应在不妨害人民利益和社会利益的条件下来行使该房产既不适于分割而某机器染厂又是为了扩大生产发展经济,而购买与它相毗连的房屋,这种为了提高生产,合于群众要求的买房行为需要支援的。零住户要买这项房屋,不但妨碍了有利于国计民生的企业之发展,并且把不适于分割房子零碎的卖给各租户,甚至超越了各人所租的范围,既损于房东的利益,又形成了新的多数房东将来无法避免的纠纷,所以法院就不能片面地去看房户一面的利益,去保护房户优先购买权。

乙、主张:东北城市房产管理暂行条例明确规定房户有优先购买权,即应受绝对的保护,不能因保护搞生产的,而忽视法律所定的先买权。房产虽不适合分割,尚可以共有关系来补救,各房户买房后相互间可以保持共有关系。如系一些房户放弃优先购买权,则由其余房户购买房屋之全部,亦与房主利益无损,应予许可。

由于以上两问题未能解决,是以检同案卷送请解释指导。

最高人民法院
关于庞启林在庞永红房屋近处挖井对该房造成损坏应按相邻关系原则处理问题的复函*

1991年5月22日　　　　　　　　　　　　〔1991〕民他字第9号

广东省高级人民法院：

你院〔1990〕粤法民申字第62号《关于庞启林诉庞永红损害赔偿申诉一案的请示报告》收悉。

经研究认为：庞启林与庞永红住房前后相邻，庞启林在庞永红房屋近处挖井，违背了处理相邻关系的原则，1987年6月该地区发生特大洪水，水井大量泛水涌沙，庞启林又未能及时采取措施，损坏了庞永红的房基，致该房成为危房，给庞永红造成了重大损失。依照《中华人民共和国民法通则》第83条的规定，庞启林应负赔偿责任。考虑该案具体情况，可以适当减轻庞启林的赔偿责任。

以上意见，供参考。

附一：

广东省高级人民法院请示报告

〔1990〕粤法民申字第62号

最高人民法院：

我院受理庞启林诉庞永红损害赔偿申诉一案，经审判委员会1991年1月11日会议讨论认为：庞启林在自己屋前宅基地上挖井，未发现违章。经鉴定庞永红的房屋和庞启林的水井在正常使用情况下都不会出现危害或相互导致危害。庞永红屋被损害之事实之所以发生，是因为1987年6月的特大洪水而引起的，这是不可抗力，也是不可预见的，对于庞永红房屋损坏，庞启林并无过错。根据最高人民法院《关于贯彻执行〈中华人民共和国民法通则〉若干问题的意见（试行）》的第157条规定，当事人对造成损害均无过错，但一方是在为对方的利益或者共同的利益进行活动的过程中受到损害的，可以责令对方或者受益人给予一定的经济补偿。由于本案并无此情况，不能适用《民法通则》

---

* 也作"最高人民法院关于庞启林诉庞永红损害赔偿申诉案的函"。

第132条，由庞启林承担民事责任。审判委员会倾向于井主庞启林不承担庞永红房屋损害之赔偿责任。但把握不准，特此请示。

请批示。

附二：

庞启林与庞永红房屋损害赔偿纠纷申诉一案的案情报告

〔1990〕粤法民申字第62号

一、申诉人与对方当事人

申诉人（原审被告，二审上诉人）：庞启林，男，49岁，汉族，化州县东山镇北岸村委会双江村人，务农。

对方当事人（原审原告，二审被上诉人）：庞永红，男，49岁，汉族，化州县东山镇北岸村委会双江村人，务农。

二、纠纷事实

庞永红于1984年7月3日经批准建造长16米、宽10米楼房一幢（化州县城郊区公所批建文号246）。庞永红于同月施工，7月完成基础以下部分；首层及二楼墙体于1985年10月完工；屋面于1986年5月捣制；室内粉刷于1987年2月完成，费时2年多，造价50956.73元，建成楼房一座，长29.70M、宽6.20M、高6.6M、总面积370多M^2（正屋9间、副屋2间），尚未居住使用。

1987年1月21日，庞启林在庞永红屋后墙2.3米外挖食用水井（深5米、内径0.5米、外径0.76米），并正式使用。

1987年6月5日发生特大洪水，6日早上，庞永红屋前河水位14.61米，高于庞启林水井口2.31米（化州水文站记录），发现该水井泛沙泛水，庞启林即放大石头下井堵。下午，镇委及村委领导在现场指导用碎石、沙包填入井内。到晚八时才把泛沙泛水堵死，至此，井口泛沙计有20立方米左右（一审认定，二审未认定，庞启林否认有$20M^3$）。同时，庞永红的房屋在6月6日早上出现裂缝，认为是庞的水井泛水泛沙，抽空其屋基础所致，引起诉讼。

原告起诉称：庞启林在其屋后墙1.5米处挖井，曾制止不听劝阻，1987年6月5日晚洪水上涨，井口大量泛沙，被告不采取措施，致使房屋下陷破裂100多处，变成危房，要求赔偿损失7万余元。

被告答辩称：1985年11月原告在其屋内挖一水井，水质变质，故于86年旧历12月22日在屋门口挖一水井。1987年6月，发生特大洪水，村中的江堤、水井，都出现泛沙泛水现象。庞永红的屋出现下陷、破裂，主要是其结构基础差，跨度大，这是天灾人祸，与其无关，拒绝承担任何责任。

三、一、二审审理时鉴定意见

一审审理时，通过化州县建筑设计室、县建委、县建行、县城建局等单位的技术人员于 1987 年 10 月 20 日对庞永红的房屋作出危房的鉴定意见：该屋位于罗江与鉴江汇合处的北岸，施工前地基未经勘察，没有正式设计的施工图纸，是无证建筑队伍施工，该屋建成为 379M^2 的 2 层砖混结构楼房，地耐力为 12～15 吨/M^2，基础承担受力外墙为 8.2 吨/M^2，内墙为 9.2 吨/M^2，而该屋实际外墙荷载为 3.68 吨/M^2，内墙为 4.72 吨/M^2，故该屋基础实际荷载能力大于满足房屋的使用要求；1987 年"6·5"洪水期间，屋后离墙 1.8 米处一水井涌沙，沙堆 6.04 米×0.7 米×5.5 米，沙量计算 23 立方米左右；该屋纵墙裂缝均向井方向斜裂，靠近井处越严重，中部为水平裂缝，地梁、屋面板走廊板等处发生的变形挠度也为中部最大。

结论意见是：造成房屋墙体开裂，地梁、屋面板、走廊板等部位变形的主要原因是房屋中间部位的地基下陷所致。该房屋现已构成危房。

二审审理时，又邀请茂名市建筑工程质量监督站于 1989 年 4 月 28 日重新鉴定，结论意见认为："6·5"洪水时庞永红屋没有进水；该屋墙体在地梁上，楼板面、转角及分接处砌墙没有按《工程施工及验收规范》要求砌筑；据计算该屋的基础及基础下的持力层和下卧层的强度满足正常使用要求；我国现行村镇建设有关规定，无有关水井与建筑物有关距离规定，故鉴定认为：庞屋在正常使用因素影响下，能保证正常使用要求，庞启林的水井是用水泥护壁，在正常使用情况下，能保证井壁周围土壤的稳定；家庭生活饮用水井，一次出水量有限，对地层水位变化影响不大，因此庞井在供正常饮用水的情况下不会出现泛水或涌沙现象。但庞井距河堤仅 30 余米，水井地层与河道地层相近，庞井的水位受河水水位变化影响很大，……当河水继续上升到一定高度时，庞井就有可能出现泛水和涌沙。故鉴定意见："6·5"洪水时，庞井大量泛水涌沙，由此引起庞屋地基急剧变化，承载力降低不一，使庞屋基础出现不均匀下沉，庞屋不能抵抗这种外因引起的过大的地基变形、墙体便出现不同程度的裂缝，墙体薄弱部位破坏，这就是导致庞屋成为危房的直接原因。

四、一、二审处理意见

一审认定该屋变成危房的直接损失 34031.08 元（扣除可用材料部分）。事前，庞启林挖井时已经劝阻不从，洪水时，水井大量泛沙，又不及时采取措施，造成该屋变成危房，庞启林应负主要责任，而庞永红发现井水泛沙时也没主动采取措施，减少损失应负一定责任。故判决（适用通则 83 条、106 条、131 条）责任 3∶7 分担；由庞启林赔偿损失 22686 元给庞永红，三个月内清付完毕。

二审认定，特大洪水时，庞启林采取了有效措施，庞永红也采取了积极协助措施，该屋出现裂缝与庞井有一定关系，但庞启林在主观上没有故意和过失，双方依法分担民事责任，原审要庞启林赔偿多数不合理，应各负 50％责任，适用通则 132 条，判决庞启林赔偿 17015.54 元，三个月内清付。

五、合议庭及庭务会意见

合议庭讨论，有两种意见：

一种是危害纯属不可抗力引起，不可预见的，双方当事人均无过错责任，应适用《民法通则》第 107 条之规定，庞启林不承担民事责任，本案改判撤销一、二审判决，驳回庞永红的诉讼请求。

一种意见是虽然由于特大洪水引起井口泛沙，但井的泛沙与房屋的危害有因果关系，当事人双方虽无过错，但可以适用《民法通则》第 132 条之规定，双方分担民事责任，同意维持二审判决。

庭务会议讨论意见：

一致意见认为本案之损害是由于自然力造成，不可预见的特大洪水造成，当事人双方均无过错。但处理上是否适用无过错的责任原则，即适用《民法通则》第 132 条规定由双方分担民事责任，根据最高人民法院《关于贯彻执行〈中华人民共和国民法通则〉若干问题的意见》第 157 条之规定限定当事人双方均无过错，一方是在为对方的利益或者共同的利益进行活动的过程中受到损害的，可以责令对方给予一定经济补偿。如果此"157"条是对通则"132"条作出限定解释的话，本案的井主庞启林不应负担民事责任。庭务会议倾向这种意见。

最高人民法院
关于湖北省龙感湖农场驻江西省九江市中转站与王秀英房屋改建纠纷案的复函

1993 年 1 月 12 日　　　　　　　　　　〔1992〕民他字第 50 号

江西省高级人民法院：

你院 1992 年 10 月 15 日《关于江西省九江市王秀英房屋纠纷申诉案的请示》收悉。

经研究认为，湖北省龙感湖农场驻九江市中转站与马文庆于 1975 年 5 月 30 日和 12 月 6 日所签订的两份合同表明，当事人双方系共同改建房屋，不是买卖房屋关系。双方已按合同履行多年，并无争议。1982 年马文庆死后，其妻王秀英以房屋是"抵押"给农场中转站的为由，否定原协议，不应支持。九江市中级人民法院将讼争的 110 号前幢楼房判归龙感湖农场驻九江市中转站所有。后幢楼房判归王秀英所有，并无不当。据此，我们同意你院审判委员会倾向性的意见，即维持九江市中级人民法院对该案的终审判决。请你们做好王秀英的息诉工作。

以上意见，仅供参考。

最高人民法院
关于四川经济日报社与段惠民、第三人成都实用信息公司财产侵权案如何处理的复函

(1994年3月26日)

四川省高级人民法院：

你院〔1993〕川民终字第2号关于四川经济日报社与段惠民、第三人成都新华实用信息公司财产侵权上诉案的请示报告收悉，经研究，我院基本同意你院审判委员会的倾向性意见，即：实用信息交流网络是四川经济日报社开办的，实行独立核算，自负盈亏，自主经营，独立纳税，并向四川经济日报社交纳管理费用的经济实体。其所争执的财产是在发生纠纷之前形成的，因此应由成都新华实用信息公司和四川经济日报社共同合理分割，成都新华实用信息公司应适当多分。

以上意见仅供参考。

（二）所　有　权

最高人民法院关于审理建筑物区分所有权纠纷案件具体应用法律若干问题的解释

法释〔2009〕7号

（2009年3月23日最高人民法院审判委员会第1464次会议通过　2009年5月14日最高人民法院公告公布　自2009年10月1日起施行）

为正确审理建筑物区分所有权纠纷案件，依法保护当事人的合法权益，根据《中华人民共和国物权法》等法律的规定，结合民事审判实践，制定本解释。

第一条　依法登记取得或者根据物权法第二章第三节规定取得建筑物专有部分所有权的人，应当认定为物权法第六章所称的业主。

基于与建设单位之间的商品房买卖民事法律行为，已经合法占有建筑物专有部分，但尚未依法办理所有权登记的人，可以认定为物权法第六章所称的业主。

第二条　建筑区划内符合下列条件的房屋，以及车位、摊位等特定空间，应当认定为物权法第六章所称的专有部分：

（一）具有构造上的独立性，能够明确区分；
（二）具有利用上的独立性，可以排他使用；
（三）能够登记成为特定业主所有权的客体。

规划上专属于特定房屋，且建设单位销售时已经根据规划列入该特定房屋买卖合同中的露台等，应当认定为物权法第六章所称专有部分的组成部分。

本条第一款所称房屋，包括整栋建筑物。

第三条　除法律、行政法规规定的共有部分外，建筑区划内的以下部分，也应当认定为物权法第六章所称的共有部分：

（一）建筑物的基础、承重结构、外墙、屋顶等基本结构部分，通道、楼梯、大堂等公共通行部分，消防、公共照明等附属设施、设备，避难层、设备层或者设备间等结构部分；

（二）其他不属于业主专有部分，也不属于市政公用部分或者其他权利人所有的场所及设施等。

建筑区划内的土地，依法由业主共同享有建设用地使用权，但属于业主专有的整栋建筑物的规划占地或者城镇公共道路、绿地占地除外。

第四条 业主基于对住宅、经营性用房等专有部分特定使用功能的合理需要，无偿利用屋顶以及与其专有部分相对应的外墙面等共有部分的，不应认定为侵权。但违反法律、法规、管理规约，损害他人合法权益的除外。

第五条 建设单位按照配置比例将车位、车库，以出售、附赠或者出租等方式处分给业主的，应当认定其行为符合物权法第七十四条第一款有关"应当首先满足业主的需要"的规定。

前款所称配置比例是指规划确定的建筑区划内规划用于停放汽车的车位、车库与房屋套数的比例。

第六条 建筑区划内在规划用于停放汽车的车位之外，占用业主共有道路或者其他场地增设的车位，应当认定为物权法第七十四条第三款所称的车位。

第七条 改变共有部分的用途、利用共有部分从事经营性活动、处分共有部分，以及业主大会依法决定或者管理规约依法确定应由业主共同决定的事项，应当认定为物权法第七十六条第一款第（七）项规定的有关共有和共同管理权利的"其他重大事项"。

第八条 物权法第七十六条第二款和第八十条规定的专有部分面积和建筑物总面积，可以按照下列方法认定：

（一）专有部分面积，按照不动产登记簿记载的面积计算；尚未进行物权登记的，暂按测绘机构的实测面积计算；尚未进行实测的，暂按房屋买卖合同记载的面积计算；

（二）建筑物总面积，按照前项的统计总和计算。

第九条 物权法第七十六条第二款规定的业主人数和总人数，可以按照下列方法认定：

（一）业主人数，按照专有部分的数量计算，一个专有部分按一人计算。但建设单位尚未出售和虽已出售但尚未交付的部分，以及同一买受人拥有一个以上专有部分的，按一人计算；

（二）总人数，按照前项的统计总和计算。

第十条 业主将住宅改变为经营性用房，未按照物权法第七十七条的规定经有利害关系的业主同意，有利害关系的业主请求排除妨害、消除危险、恢复原状或者赔偿损失的，人民法院应予支持。

将住宅改变为经营性用房的业主以多数有利害关系的业主同意其行为进行抗辩的，人民法院不予支持。

第十一条 业主将住宅改变为经营性用房，本栋建筑物内的其他业主，应当认定为物权法第七十七条所称"有利害关系的业主"。建筑区划内，本栋建筑物之外的业主，主张与自己有利害关系的，应证明其房屋价值、生活质量受到或者可能受到不利影响。

第十二条 业主以业主大会或者业主委员会作出的决定侵害其合法权益或者违反了法律规定的程序为由，依据物权法第七十八条第二款的规定请求人民法院撤销该决定的，应当在知道或者应当知道业主大会或者业主委员会作出决定之日起一年内行使。

第十三条 业主请求公布、查阅下列应当向业主公开的情况和资料的，人民法院应予支持：

（一）建筑物及其附属设施的维修资金的筹集、使用情况；

（二）管理规约、业主大会议事规则，以及业主大会或者业主委员会的决定及会议记录；

（三）物业服务合同、共有部分的使用和收益情况；

（四）建筑区划内规划用于停放汽车的车位、车库的处分情况；

（五）其他应当向业主公开的情况和资料。

第十四条 建设单位或者其他行为人擅自占用、处分业主共有部分、改变其使用功能或者进行经营性活动，权利人请求排除妨害、恢复原状、确认处分行为无效或者赔偿损失的，人民法院应予支持。

属于前款所称擅自进行经营性活动的情形，权利人请求行为人将扣除合理成本之后的收益用于补充专项维修资金或者业主共同决定的其他用途的，人民法院应予支持。行为人对成本的支出及其合理性承担举证责任。

第十五条 业主或者其他行为人违反法律、法规、国家相关强制性标准、管理规约，或者违反业主大会、业主委员会依法作出的决定，实施下列行为的，可以认定为物权法第八十三条第二款所称的其他"损害他人合法权益的行为"：

（一）损害房屋承重结构，损害或者违章使用电力、燃气、消防设施，在建筑物内放置危险、放射性物品等危及建筑物安全或者妨碍建筑物正常使用；

（二）违反规定破坏、改变建筑物外墙面的形状、颜色等损害建筑物外观；

（三）违反规定进行房屋装饰装修；

（四）违章加建、改建，侵占、挖掘公共通道、道路、场地或者其他共有部分。

第十六条 建筑物区分所有权纠纷涉及专有部分的承租人、借用人等物业使用人的，参照本解释处理。

专有部分的承租人、借用人等物业使用人，根据法律、法规、管理规约、业主大会或者业主委员会依法作出的决定，以及其与业主的约定，享有相应权利，承担相应义务。

第十七条 本解释所称建设单位，包括包销期满，按照包销合同约定的包销价格购买尚未销售的物业后，以自己名义对外销售的包销人。

第十八条 人民法院审理建筑物区分所有权案件中，涉及有关物权归属争议的，应当以法律、行政法规为依据。

第十九条 本解释自2009年10月1日起施行。

因物权法施行后实施的行为引起的建筑物区分所有权纠纷案件，适用本解释。

本解释施行前已经终审，本解释施行后当事人申请再审或者按照审判监督程序决定再审的案件，不适用本解释。

最高人民法院
关于审理物业服务纠纷案件具体应用法律若干问题的解释

法释〔2009〕8号

（2009年4月20日最高人民法院审判委员会第1466次会议通过 2009年5月15日最高人民法院公告公布 自2009年10月1日起施行）

为正确审理物业服务纠纷案件，依法保护当事人的合法权益，根据《中华人民共和国民法通则》、《中华人民共和国物权法》、《中华人民共和国合同法》等法律规定，结合民事审判实践，制定本解释。

第一条 建设单位依法与物业服务企业签订的前期物业服务合同，以及业主委员会与业主大会依法选聘的物业服务企业签订的物业服务合同，对业主具有约束力。业主以其并非合同当事人为由提出抗辩的，人民法院不予支持。

第二条 符合下列情形之一，业主委员会或者业主请求确认合同或者合同相关条款无效的，人民法院应予支持：

（一）物业服务企业将物业服务区域内的全部物业服务业务一并委托他人而签订的委托合同；

（二）物业服务合同中免除物业服务企业责任、加重业主委员会或者业主责任、排除业主委员会或者业主主要权利的条款。

前款所称物业服务合同包括前期物业服务合同。

第三条 物业服务企业不履行或者不完全履行物业服务合同约定的或者法律、法规规定以及相关行业规范确定的维修、养护、管理和维护义务，业主请求物业服务企业承担继续履行、采取补救措施或者赔偿损失等违约责任的，人民法院应予支持。

物业服务企业公开作出的服务承诺及制定的服务细则，应当认定为物业服务合同的组成部分。

第四条 业主违反物业服务合同或者法律、法规、管理规约，实施妨害物业服务与管理的行为，物业服务企业请求业主承担恢复原状、停止侵害、排除妨害等相应民事责任的，人民法院应予支持。

第五条 物业服务企业违反物业服务合同约定或者法律、法规、部门规章规定，擅自扩大收费范围、提高收费标准或者重复收费，业主以违规收费为由提出抗辩的，人民法院应予支持。

业主请求物业服务企业退还其已收取的违规费用的，人民法院应予支持。

第六条 经书面催交，业主无正当理由拒绝交纳或者在催告的合理期限内仍未交纳物业费，物业服务企业请求业主支付物业费的，人民法院应予支持。物业服务企业已经按照合同约定以及相关规定提供服务，业主仅以未享受或者无需接受相关物业服务为抗辩理由的，人民法院不予支持。

第七条 业主与物业的承租人、借用人或者其他物业使用人约定由物业使用人交纳物业费，物业服务企业请求业主承担连带责任的，人民法院应予支持。

第八条 业主大会按照物权法第七十六条规定的程序作出解聘物业服务企业的决定后，业主委员会请求解除物业服务合同的，人民法院应予支持。

物业服务企业向业主委员会提出物业费主张的，人民法院应当告知其向拖欠物业费的业主另行主张权利。

第九条 物业服务合同的权利义务终止后，业主请求物业服务企业退还已经预收，但尚未提供物业服务期间的物业费的，人民法院应予支持。

物业服务企业请求业主支付拖欠的物业费的，按照本解释第六条规定处理。

第十条 物业服务合同的权利义务终止后，业主委员会请求物业服务企业退出物业服务区域、移交物业服务用房和相关设施，以及物业服务所必需的相关资料和由其代管的专项维修资金的，人民法院应予支持。

物业服务企业拒绝退出、移交，并以存在事实上的物业服务关系为由，请求业主支付物业服务合同权利义务终止后的物业费的，人民法院不予支持。

第十一条 本解释涉及物业服务企业的规定，适用于物权法第七十六条、第八十一条、第八十二条所称其他管理人。

第十二条 因物业的承租人、借用人或者其他物业使用人实施违反物业服务合同，以及法律、法规或者管理规约的行为引起的物业服务纠纷，人民法院应当参照本解释关于业主的规定处理。

第十三条 本解释自 2009 年 10 月 1 日起施行。

本解释施行前已经终审，本解释施行后当事人申请再审或者按照审判监督程序决定再审的案件，不适用本解释。

最高人民法院　国务院宗教事务局
关于寺庙、道观房屋产权归属问题的复函

1981 年 1 月 27 日　　　　　　　　　　〔81〕法民字第 2 号
　　　　　　　　　　　　　　　　　　　〔81〕宗发字第 16 号

上海市高级人民法院、上海市宗教事务局：

1980 年 11 月 11 日〔80〕沪高法民字第 441 号、沪宗请字〔80〕第 41 号请示报告收悉。关于寺庙、道观等房屋产权归属问题，经研究，原则上同意请示报告所提的处理

意见。鉴于这类房屋产权纠纷的情况比较复杂,在处理时,一定要认真执行宗教政策,妥善地处理好公私关系;必要时,应征求当地政府及有关部门的意见,共同做好工作。

此复。

附:

上海市高级人民法院 上海市宗教事务局
关于寺庙、道观等房屋产权归属问题的请示报告

1980年11月11日　　　　　　　　　　〔80〕沪高法民字第44号
　　　　　　　　　　　　　　　　　　沪宗清字〔80〕第41号

最高人民法院、国务院宗教事务局:

最近期间,本市郊县陆续发生有关寺庙、道观房屋产权归属纠纷,要求人民法院处理。据了解,这些寺庙、道观一般都早已停止宗教活动。房屋在城镇的,一般由转业僧、尼、道士及其家属居住;在农村的,都已由该寺庙、道观的转业僧、尼、道士于土改时集体或个人登记取得房屋所有权凭证。目前有些转业僧、尼、道士因死亡、出嫁或下落不明,部分继续居住的僧、尼、道士要求房屋所有权全部归其所有;有些则是转业僧、尼、道士的子女要求继承房屋产权;有些则因生产建设需要对居住的转业僧、尼、道士或其家属动迁而发生纠纷。正确处理这类纠纷,关系到党的宗教政策的贯彻落实,关系到维护土改成果及保障这些人正当权益的问题。经与市宗教事务局研究,特提出如下处理意见:

一、本市寺庙、道观不论当前是否进行宗教活动,其房屋大都是由群众捐献而建造。因此除个别确系私人出资修建或购置的小庙,仍可归私人所有外,其他房屋的性质均应属公共财产,其产权归宗教团体市佛教协会与市道教协会所有。僧、尼、道士一般有使用权,但均无权出卖、抵押或相互赠送。任何使用、占用单位或其他机关团体都不能任意改变其所有权,并应按照中共中央国务院中发〔1980〕22号及国发〔1980〕188号文件精神落实政策,产权归还各宗教团体。

二、在农村中的寺庙、道观,土改中虽由僧、尼、道士个人或集体进行登记并取得房屋所有权证,但应根据具体情况分别对待:即土改前(或土改时)有些寺庙、道观已停止宗教活动,其僧、尼、道士也已转业还俗,就不再属于寺庙道观的范围。但根据土地改革法第十三条第五项规定,房屋由这些僧、尼、道士登记的,其房屋产权可分别归原登记者个人所有,其法定继承人准予继承。

土改时,寺庙、道观仍进行宗教活动,僧、尼、道士也仍从事宗教职业的,土改中虽由僧、尼、道士出面登记并领得所有权证,但应视作僧、尼、道士以管理者身份代为登记,仍属公产,不能作为他们的私有财产。

三、解放后已停止宗教活动的市区及城镇寺庙、道观和土改后才停止宗教活动的农村寺庙道观,僧尼已转业的,其原住的寺庙、道观房屋可继续使用,如转业僧、尼、道

士已死亡,其共同生活的家属仍可给予照顾,继续居住,但不得主张产权。

四、因生产建设确需征用寺庙、道观及其房地产进行拆建改建者,需经宗教事务局批准和同意后,按照本市征用土地和拆迁房屋管理办法的规定并根据他们原有的所有权或使用权分别处理,由征用单位会同宗教工作部门及有关宗教团体直接协商解决。转业僧、尼、道士居住使用的寺庙、道观房屋,因年久失修有倒塌危险需要翻建的,亦应报请市宗教事务局批准并向宗教团体申请办理补偿手续。

以上意见,是否妥当,请予批复。

最高人民法院
关于私房改造后留给房主自住房产权归谁所有问题的批复

1982年4月5日　　　　　　　　　　　　〔82〕民他字第7号

福建省高级人民法院:

你院闽法民他字〔1981〕第05号函收悉。关于黄一鸣与黄婉贞房屋案中涉及房改留房的产权问题经研究:私有出租房屋改造后,留给房主的自住房产权仍属原房主。具体处理同意你院的意见。

附:

福建省高级人民法院请示报告(节录)

1982年2月5日　　　　　　　　　　　闽法民他字〔1981〕第05号

最高人民法院:

我们在审理福州市黄一鸣与黄婉贞房屋纠纷申诉一案中,因涉及到有关房改政策问题,上下级法院认识不一,特向你院请示,现将该案的情况和我们的意见,报告如下:
……(略)

我们在审查此案中,根据黄菊初、王玉兰的档案及有关证人的材料,证实延平路2号四进房屋一座是属于黄连初、黄菊初、黄桂初共同经营中原樟脑厂和协昌豫行的款项购买的,由于黄连初早死,故用黄一鸣与菊初、桂初的名义买的,他们的房屋从来没有分析过,该屋应属于他们父辈三兄弟共同所有。关于这点我们与第一、二审法院的看法是一致的。但对房改留房的认识和适用政策是有分歧的。我们的意见是:

一、延平路 2 号房屋在私房改造中,房管部门将该屋二进留给黄连初之妻王玉兰居住,三进留给黄菊初、黄桂初居住。我们认为房改留房给他们居住,不等于是给他们分产,因为留房并无改变所留房屋的私人所有性质,其留房产权仍应属于原共同所有人,但第一、二审法院以房改留房居住作为确定产权的判决依据是不当的。

二、延平路 2 号二、三进房屋产权既属于黄连初、黄菊初和黄桂初共同所有,他们三兄弟的共同财产尚未分割清楚,而第一、二审法院却先把该屋二进产权确定为黄一鸣等一家人的共同财产进行分割,而且对王玉兰赡养费也没有妥善安排是不妥的。

三、延平路二、三进房屋只有在黄菊初等三兄弟合理分割之后,属于黄连初的遗产,才可由王玉兰及其子女同时继承,但第一、二审法院在认定延平路 2 号二进房屋是黄连初的遗产时,却把夫妻共同财产中有一份应属于王玉兰所有的都作为遗产平均分割,这就剥夺了未亡配偶一方对共同财产的所有权,是不符合政策规定的。

总之,对房改留房的产权问题,认识不尽一致,有的说房改后的自留房,其产权应属于留给当时居住的人所有;有的说房改不等于分家、确产,其自留房的产权仍应属于原业主所有。福州市类似这类案件比较多,情况相当复杂,究竟怎样正确认识和处理这个问题,我们没有把握,房管部门也认识不一,同时,缺乏政策依据,请你们给予指示。

最高人民法院
关于解放初期代管房产未按规定申请产权,房屋转归国家所有问题的批复

1985 年 2 月 16 日　　　　　　　　　　法(民)复〔1985〕9 号

浙江省高级人民法院:

你院〔84〕浙法民他字 19 号关于马本师诉嵊县房地产管理委员会房产纠纷一案的请示报告及卷宗材料收悉。据你院报告的情况,我们研究认为:该案应参照 1953 年 1 月 12 日政务院修正中南区关于城市房产权的几项原则决定中第 4 项"城市私有房产的代管"第 3 款:"凡人民政府代管之房产,其产权仍属原业主,但非因不可抵抗原因,逾期(自本决定公布之日起计算两年为期,公布代管者,自代管之日起计算两年)无人申请发还或判明为敌伪战犯等之产业者,政府依法收归国有"之规定精神处理。由于马本师未按上述规定申请产权,同时,马本师在干部登记表上又曾明确表示过放弃该房的产权,因此,该房产权早已转归政府所有,不宜再变动。

此复。

附：

浙江省高级人民法院
关于马本师诉嵊县房地产管理委员会
房产纠纷一案的请示报告

〔84〕浙法民他字19号

最高人民法院：

绍兴市中级人民法院向我院请示的马本师诉嵊县房地产管理委员会房产纠纷一案，我院研究后，对双方争议的房屋产权，该如何认定处理，感到没有把握，特向你院请示。现将案情和处理意见报告如下：

原告人：马本师，男，64岁，汉族，浙江省嵊县人，现任冶金部规划院副总工程师，住北京市白广路北京钢铁设计研究总院眷11栋2号。

被告：浙江省嵊县房地产管理委员会。

法定代表人：章正观，男，嵊县房地产管理委员会主任。

马本师系浙江省嵊县浦口乡浦口村人。其父马孟希于1919年在嵊县黄泽镇下街马路边第803号建造砖木结构土名为"寄芦"房屋一座。计正屋5间，居头屋各2间，面积共355.86平方米。马父用此屋开办蚕行经商。当时马孟希妻已死，4个女儿均出嫁（现均死亡）。马孟希与邻居王桂千之妻（寡妇）姘居，生子马本师。1928年马孟希病故，马本师8岁时由其叔父马寅初带去抚养，马本师母仍回原夫家生活（马母1964年死）。从此"寄芦"无人居住，一直关锁。1946年，经伪黄泽镇民代表主席薛奕璋（1981年死）批准，在"寄芦"房屋内开办"民众女学堂"。解放时，该学堂转为黄泽镇1—8村校。1950年该房屋作镇人民政府办公用房。土地改革时，该房屋归属未作明确处理（黄泽乡土改时未颁发土地证）。土改后不久镇政府搬离，"寄芦"房屋列为公房管理，并一直租赁给黄泽土产公司、供销社使用。1979年11月以来，马本师以"叶落归根"为由，多次向嵊县人民政府要求归还"寄芦"房屋产权。1980年3月，由黄泽财税所出面与供销社签订了"翻建公房"协议书，供销社将该屋拆除，翻建为楼屋。1981年1月21日，嵊县人民政府信访室，嵊县财政税务局等部门组成联合调查组，对该屋产权进行调查后，由嵊县财政税务局发了嵊财税群字第022号关于黄泽"寄芦"房屋产权问题的批复给马本师。认定马本师早年已自动放弃了"寄芦"房屋的产权，早已由政府作无主房列为"公房"收归国家所有。马本师接批复后不服，以"'寄芦'房屋并非敌伪财产，相信嵊县人民政府是不会也没有理由收归公有的"等为由，于1981年3月向嵊县人民法院起诉。今年5月3日马本师给绍兴市中级法院承办人信中称："我从来没有向我所在单位的党组织提出申请或讨论过我要赠送'寄芦'房子的产权问题"，"我平时不管这所房子，不想这所房子，更没有想过要赠送这所房子，退一步说，即使我表示过,组织并没有表示接受过,也没有办过手续",并提出鉴于财政税务局已无法退还原"寄芦",要求给予赔偿。

绍兴市中级人民法院审理认为:该房屋产权原属马本师之父马孟希,但马本师从1928年父死至1946年房屋关锁后,由伪镇民代表主席做主开办"民众女学堂"至解放,马本师对此从无异议。早在解放前该房屋已用于公办事业,解放后一直由政府列为公房管理;马本师在1949年、1954年、1956年的干部履历登记表上多次明确载明:"解放前无房屋","我是单身汉,没有家","我父亲没有遗留给我任何财产,只有债务,我未承认,亦不承认。"1956年干部表上又写明:"我记得我父亲有一所房子,我在信中说'不要那所房子,亦不承认是我的,母亲可做主卖掉'其后(兄嫂余梅姑)回信说那所房子已用于办学校,我(在信中说)表示应捐送学校。"马提到的信现已无法查找。马提到的兄嫂也已死亡。但马不要那所房屋态度是明确的。且马所填履历时期处国家政治生活正常时期,应认定是马本师的真实意愿表示;50多年来马本师(包括其已故的四个姐姐)一直不过问此房屋,实际上房产权早已不属马本师家了。现时隔50余年,马以"叶落归根"提出归还房屋理由不足,应予驳回。

我院研究认为,坐落在嵊县黄泽镇下街马路边的"寄芦"房屋原属马本师父亲马孟希的遗产。解放前,被"民众女学堂"占用。土地改革时,马本师虽未申请登记该屋,但该屋不属没收、征收的范围,且当地政府也没有对该屋予以没收、征收。马本师虽在干部履历表中,对家中有无房产有所填写,但干部履历表不是处理房屋的文书,干部履历表填写后马所在单位组织没有向马本师征求过房屋的处理问题,也没有与房屋所在地的有关部门联系过,马没有以任何形式向房产所在地政府或有关部门提出过赠送或放弃产权的声明,绍兴市中级人民法院拟将该屋作自动"放弃产权"处理不妥,可将该屋视作代管处理。鉴于原房屋已被拆除翻建,应折价赔偿。该屋出租的租金本应照算给马本师,马本师亦应偿还历年的修理费和代管费,但该屋的修理费和代管费难以计算,因此,可将该屋的租金抵作该屋的修理费和代管费。

当否,请复示。

最高人民法院
关于方益顺、方深耕与祁门县凫峰乡恒丰村中心生产队房产纠纷案的批复

1985年3月28日　　　　　　　　〔85〕法民字第4号

安徽省高级人民法院:

你院皖民他字〔84〕第9号关于方益顺、方深耕与祁门县凫峰乡恒丰村中心生产队房产纠纷一案的请示报告收悉。经研究我们认为,双方诉争之房屋原系方益顺祖上遗

产，其父母死亡后，应有权继承其父母的遗产。但方益顺在土改前一直未主张权利，土改时其伯母张珍仍一人登记确权，张珍仍死后生产队将此房屋作绝产管理使用二十余年，方也未提出过异议。所以，房产权应视为属于张珍仍。张死后她的遗产就已转移归集体所有。方益顺现要求继承此遗产自不应支持。至于方深耕，因与张珍仍生前没有形成收养关系，就不存在继承的问题。因此，该遗产归集体所有为宜。

附：

安徽省高级人民法院
关于方益顺、方深耕与祁门县凫峰乡恒丰村中心生产队房产纠纷一案的请示报告

(1984年11月5日)

最高人民法院：

我院受理徽州地区中级人民法院报来请示的祁门县方益顺、方深耕与凫峰乡恒丰村中心生产队房屋纠纷一案，因涉及到继承多年前已经土改重新登记并处分过的祖遗房产问题，如何处理为妥，我们无一定把握，特转报你院请示，现将案情和拟处理意见报告如下：

原告方益顺（又名方丽姿），女，59岁，汉族，安徽省祁门县人，系安徽省休宁县流口乡流口村第二生产队农民。

原告方深耕，男，34岁，汉族，安徽省祁门县人，系该县凫峰乡恒丰村中心生产队农民。

被告安徽省祁门县凫峰乡恒丰村中心生产队。法定代表人李民权，男，48岁，汉族，安徽省祁门县人，系该县凫峰乡恒丰村中心生产队队长。

原告方益顺的父亲方文义姐弟四人（姐姐方银花于1960年病亡，无后代；兄方文清、方文焕二人于1924年前病亡，均无后代，方文焕留遗孀张珍仍；方文义于1924年病亡，生有二女，长女方金好，次女方益顺）。方文义死后，方益顺姐妹由其母抚养，1939年方金好出嫁，1941年其母死亡，方益顺即随伯母张珍仍生活3年后于1943年出嫁。土改时，方益顺的二伯母张珍仍将方家祖遗坐落在凫峰乡赤桥村北青柏段楼房19间、瓦房1间（祖上未分家析产）登记在自己名下。原告方深耕于1951年出生后由其父母做主将其过继给张珍仍做儿子，仍由方生母哺乳。

1952年张珍仍病亡，方深耕父母帮助料理丧事，后分得了张珍仍的家具作为补偿。张珍仍死后，张土改登记的房屋由中心生产队管理使用。1978年中心生产队将该房屋拆除后建成生产队仓库。1979年3月方益顺以自己是张珍仍的侄女为由诉至法院要求继承上述遗产。1982年8月方深耕以他是张珍仍的继子为由起诉到法院要求继承张的全部遗产。案经祁门县人民法院审理认为，方益顺自1943年出嫁后，与张珍仍无来往，

相互之间未有权利义务关系；方深耕没有同张珍仂共同生活过，且张珍仂死亡时方深耕才两岁，双方没有构成收养关系。因此，方益顺、方深耕两人均无权继承张珍仂土改登记的房产。徽州地区中级人民法院经第二审审理后一致认为，方深耕与张珍仂的收养关系不能成立，方深耕无权继承上述遗产。对方益顺能否继承上述房产，有两种不同的意见。一种意见是：方益顺于解放前已出嫁多年，土改房屋确权时没有主张自己的继承权，土改后多年直至中心生产队拆除上述20间房屋时也未曾提出异议，应视为方益顺自愿放弃继承权，维持祁门县法院驳回方益顺、方深耕起诉的裁定；另一种意见是：方益顺祖上未分家析产，土改时房屋虽由张珍仂登记，但不能看作房产归张个人所有。方益顺虽不是张珍仂的法定继承人，但她可以继承其父方文义一份应得的房产。方益顺没有主张自己的继承权利，是因为其公公土改时被镇压以及其丈夫被判刑劳改等政治原因，故不能视为方益顺自愿放弃继承权，应依法准予其继承其父那一份祖遗房产。案经我院讨论，一致认为方深耕与张珍仂的收养关系不能成立，方深耕无权继承张珍仂的遗产，对方益顺能否继承该遗产有两种意见。一种意见认为方益顺与她的姐姐方金好共同继承其父方文义应得的一份祖遗房产，如方金好自愿放弃她应得的部分则可由方益顺独自继承；另一种意见认为方益顺、方金好虽然都是其父方文义祖上遗产的法定继承人，但是方益顺、方金好二人均已出嫁多年。一直没有主张自己的继承权，且其祖上遗产房屋已经土改确权登记在其伯母张珍仂的名下，张珍仂死后中心生产队作为无主财产管理使用直至拆除该遗产，应视为该遗产已经处分，因此方益顺、方金好二人不能再主张继承。为了正确处理已出嫁多年的女儿继承生父母遗产和继承人继承已经处分过的遗产等类纠纷，特作以上请示，请予答复。

最高人民法院
关于利显乾与利潮良房屋纠纷案的批复

1985年5月2日　　　　　　　　　　　〔1985〕法民字第9号

广东省高级人民法院：

你院〔84〕粤法民监字第2号请示报告收悉。对于所请示的利显乾与利潮良房屋纠纷案中的有关问题，经研究认为：

讼争房屋原产权人利士乾及其细婆分别在1930年、1940年与利显乾之父利达平建立的房屋典当关系是有效的，应予承认。

1950年典期届满时，出典人夫妻已先后死亡，其继承人也未主张回赎权利。当地土改时将讼争房屋确权给承典人的继承人利显乾所有并管业至今，应予维护。

利士乾夫妻死后，由堂弟之妻张养主持将利潮良过嗣给利士乾，显属封建制度的产物，双方既不存在收养关系，又非死者生前意愿，应予否定。利潮良、张养均非出典人的继承人,因此,他们在 1950 年典期届满后,将讼争房屋续典他人是无效的。第一、二审法院承认利潮良的嗣子身份并认定续典有效是不妥的。

至于原属利士乾所有的另一间房屋,土改时,已经利潮良登记,现无争议,应以维持现状为宜。

此复。

附:

广东省高级人民法院
关于利显乾与利潮良房屋纠纷一案的综合报告

1985 年 1 月 15 日　　　　　　　　　　　　　〔84〕粤法民监字第 2 号

一、当事人的情况

申诉人:利显乾(一审被告人、二审上诉人),男,64 岁,汉族,广东省新会县人,住新会县双水公社加寮大队寮中生产队。

对方当事人:利潮良(一审原告人、二审被上诉人),男,63 岁,汉族,广东省新会县人,在新会县葵艺厂工作。

第三人:利琼仙,女,81 岁,住新会县崖南区。

二、案情事实

双方当事人和第三人争执的房屋,坐落在新会县双水公社加寮大队寮中生产队,是利士乾的遗产。利士乾原有房屋 3 间,现争议的 1 间房屋(二眼灶边),于 1930 年由利士乾以 60 双毫出典给利显乾之父亲利达平(1954 年死亡)居住,典期 10 年。利士乾于 1940 年去世后,家还有细婆(妾)和儿子利潮迁、儿媳和女儿利琼仙等四人共同生活。利士乾细婆将原典房屋(即讼争之屋),提高典价为 120 元毛券,继续典给利达平,典期为 10 年,1950 年典期届满。在此期间,利士乾之子利潮迁因盗卖驳壳枪 1 支,逃到外洋谋生,至今下落不明;媳妇被雷击毙;利士乾之女利琼仙出嫁。利士乾的细婆于 1945 年去世,由利琼仙出卖娘家一间房屋作埋葬费,另一间屋当时由张养(寡妇、利士乾堂兄弟之妻)管理。1945 年下半年,由张养自行决定利潮良过继给利士乾和自己,作为继承利士乾及自己两家的产业,这样做法当地称为"一盏明灯照两家",是旧社会当地的习惯,这样的过继当地群众是承认的(见第一审卷宗利显辉、利扬端等证言)。土改时,过继的利潮良将利士乾细婆自住的房屋,登记为自己所有取得产权。利达平从利士乾细婆处典来的房屋于 1950 年典期届满,又由张养和利潮良继续典给利达平的儿子利显乾,典价为 300 司码斤谷,典期 15 年。土改时,承典人利显乾将该房屋登记为自己所有,领取了土地房产所有证。利显乾是怎样将典来的房屋取得所有权的呢?利显乾称土改时，有个别中农亦分了房屋，他是无房户，要求登记承典房屋而获准的。土改干部利显吾证明：房屋分给贫下中农有剩余的，中农也可以分得房屋。当时有的人借屋居住，原业主不提出申报产权，就由借住人登记所有。当时利潮良妹妹利长庆（原工作组副组长）曾在一次群众大会上表示"不讲继承了，利显乾居住的屋就给他了"（现利长庆否认说过此话）。故该屋就由利显乾登记了产权。利潮良称：1955年，他从茂名工作回家时曾向副乡长说过，该屋典期届满，要将房屋赎回，但乡长没有表态（经查对无法认定）。

1965年，利潮良以自己是利士乾和张养的继承人，该屋典期届满为由，向利显乾提出回赎房屋，利显乾以领有土地房产证为凭拒绝利潮良的要求，引起纠纷。经大队和法庭多次调解无法达成协议。1974年1月利潮良向新会县双水公社法庭提出起诉，要求赎回争议之房屋。

三、第一、二审法院处理意见

新会县人民法院处理该案时有两种不同意见，一种意见认为，利潮良对利士乾无尽过义务，利士乾死亡在先，死后才由别人为他立嗣，属封建性立嗣，应予否定。利潮良若对张养曾尽了义务，他只能继承张养所有的房屋，不能继承现争执之屋。土改已将该屋确权给利显乾，应予承认。另一种意见认为，解放前利潮良已继承了利士乾的遗产，群众亦公认，应承认其合法的继承关系；利显乾现亦承认该屋是张养和利潮良续典给他的；土改时，按有关规定，利显乾是佃中农，不分配房屋，故应将该屋处理归利潮良回赎。

1976年8月14日，新会县人民法院以〔75〕新法民字第93号民事判决：

（一）新会县1953年3月16日新基字第0792号土地证撤销，该证填写的房屋产权应归利潮良所有。

（二）原告利潮良收赎房屋时，应交回典金120元毛券（折人民币216元），稻谷300司码斤（折款人民币35.28元，共合人民币251.28元给被告利显乾）。

第一审判决后，利显乾不服提出上诉，经佛山地区中级人民法院审理认为：解放前利潮良已过继给利士乾，并继承了他的遗产，解放后亦由他再次续典，按政策规定劳动人民之间的典赎关系应予承认，该屋不属没收、征收对象，其产权不因土改而变化，原判正确，应予维持。

第二审判决后，利显乾及其妻子张用琼多次申诉，经佛山地区中级人民法院先后于1977年10月5日，1978年11月6日，1981年9月4日三次作了维持原判，驳回申诉的批复。但利显乾与其妻子张用琼不服，多次到法庭和法院纠缠，并将按判决执行了的房屋强行占用。新会县人民法院于1982年10月对张用琼进行收容审查64天，释放后，利显乾及其妻张用琼仍不服，向本院提出申诉，本院调卷并派员到当地调查了此案。

四、合议庭讨论意见

开始，合议庭意见认为判归遗产人女儿利琼仙继承，送院长审核时，李副院长认为值得研究，要民庭再作讨论，经再行讨论，意见仍不一致。第一种意见认为：争执房屋的业主为利士乾，利显乾夫妇只是承典人，土改时登记为自己所有无效，现产权人利士乾已死亡，应由利士乾的女儿利琼仙依法继承。利潮良是属封建性质的立嗣继承，不予承认。第二种意见（多数人）认为：利潮良是在利士乾及其细婆死后，由邻居张养决定的过继，完全是封建性的做法，不能承认。但考虑历史情况，对遗产在处理时可以适当给予一些照顾。从本案具体情况出发，利潮良已登记了利士乾遗产房屋3间中的1间，故不再照顾也是适宜的。另外考虑到利士乾的亲生女利琼仙早已出嫁，但对该房屋的情况是清楚的，解放前后都没有提出继承要求，经过土改作了产权转变之后才提出继承不应予以支持。而且现尚有一些人对利显乾当时登记房屋的情况作证。利显乾并无非法取得产权的事实，故以维护土改确权、判决给利显乾所有较妥。第三种意见是利潮良"过继"发生在解放前，至今已四十多年，如以解放后不承认而撤销第一、二审判决不妥。

最高人民法院
关于黄大荣与臧学稷等房屋纠纷案的批复

1985年9月10日　　　　　　　　　　　　〔1985〕民他字第18号

贵州省高级人民法院：

你院1985年5月《关于黄大荣与臧学稷等房屋纠纷一案的请示报告》及所附案卷四宗收悉。该案业经你院查明：黄大荣与臧学稷等所争诉的78号草房两间四空，于1940年由黄大荣的公爹、臧学稷和臧学勤之父臧小村出典，1945年臧小村死后，由黄大荣之夫臧锡九主持分家时，确定分给臧学稷、臧学勤兄弟二人。因臧锡九所分得的房屋倒塌，1946年即将该出典房屋赎回使用，并在土改时将该房填报于自己的名下。后因黄大荣与臧学稷、臧学勤之母高培芬不和，对该房的产权引起争讼。经研究，我们认为：双方争讼的两间四空房屋，原系祖遗出典房屋，解放前分家析产时，即已确定分给臧学稷、臧学勤兄弟所有。臧锡九、黄大荣夫妇出资帮助将房屋赎回居住，但不能以此认定臧锡九、黄大荣即取得了房屋的所有权。土改时黄大荣将房屋自报填登在自己名下是不妥的。1956年原审人民法院根据本案具体情况，判决双方对争诉之房屋各得一半产权是合情合理的。现按判决执行已过了20多年，不宜再变动。同意你院审判委员会维持原判的意见。

此复。

最高人民法院
关于在土改前已分家析产的房屋，土改时误登在一人名下的产权仍归双方各自所有的批复

1985年12月27日　　　　　　　　　　　　〔1985〕民他字第21号

湖北省高级人民法院：

你院鄂法〔85〕民行字第29号《关于胡秋英与王惠珍房产纠纷一案的请示报告》收悉。

据报告称，胡秋英、王惠珍二人的公爹杨元臣原有祖遗房4间（正房3间、厨房1间），由胡、王各住一半，后来又经过了扩建和分家，双方仍各分住一半。土改时将双方所住房屋5间，全部填写在王惠珍的土地证上，但依然各自管业。1983年因胡秋英要拆房，与王惠珍发生争执，经公社、大队调解，双方达成协议，事后王惠珍反悔，以有土地证为凭，5间房屋应归她所有为由，向法院起诉。

经我们研究认为：胡秋英与王惠珍所住房屋均系公爹杨元臣的祖遗房产，双方各分住一半，土改前分家时已经明确各自产权，几十年来从未发生争执，当地群众、双方亲属和双方当事人均承认各有一半产权。根据胡秋英和王惠珍双方长期居住管业的历史事实，双方讼争房屋应归胡秋英所有。

最高人民法院
关于任遵庵与任金华房屋纠纷案的批复

1986年3月1日　　　　　　　　　　　　〔1986〕民他字第5号

山东省高级人民法院：

你院〔85〕鲁法民申字第10号《关于青岛市任遵庵与任金华房屋纠纷申诉一案的请示报告》收悉。据你院报告：任遵庵与任金华系叔侄关系，双方在原籍掖县有祖遗瓦房15间，土改时确权归任遵庵、任金华两家共有。任遵庵于1919年在青岛学徒，后经商，1943年用自己的积蓄在青岛市购买了10间楼房，私房改造时六间被改造归公，四间自住房于1966年11月被"没收"。1969年1月任遵庵全家被遣返原籍，要求分割祖

遗房屋与任金华发生纠纷。1978年12月，在公社、法庭和大队干部的参加下，采用办学习班的方法，违背双方当事人意愿，按析产立了"分书"，即15间祖遗房屋任遵庵分7间，任金华分8间；任遵庵在青岛被"没收"的4间房屋，如果国家退回，则由双方平分。1980年4月任遵庵在青岛被"没收"的四间房屋发还，任金华要求按"分书"平分青岛的四间房屋，起诉到青岛市南区人民法院。

本院经研究认为：任遵庵与任金华原籍的祖遗房屋，土改时确权归双方共有；青岛的四间房屋是任遵庵用自己的积蓄购买的，应归任遵庵个人所有。1978年12月，由公社、法庭和大队干部主持，以办"学习班"的方法双方所立"分书"，不仅对共有财产作了析产，而且把个人财产也当作"家产"作了分割，可见该"分书"协议显属不当。鉴于任遵庵自土改后，对农村的房屋从未经营管理等实际情况，从有利于双方和睦团结，使纠纷得到彻底解决，可说服任遵庵之子任鸣华，对终审判决后已经交付给任金华的3000元不再退还，请做好工作，争取调解解决。

最高人民法院
关于产权人双方在"文革"期间互换房屋各自行使权利多年后能否翻悔问题的批复

1986年6月17日　　　　　　　　　　　　　〔1986〕民他字第7号

四川省高级人民法院：

你院1985年11月28日《关于董明珍与张国惠、罗成友房屋掉换纠纷上诉案的请示报告》收悉。

据报告称：1971年11月，巴中县城关镇居民上山下乡办公室，将该镇27户地主下放农村，并将他们在镇里的自有房屋一律由县财政局作价收购。杨继均、董明珍夫妇不愿去指定的青山公社落户，经人介绍，由上山下乡办公室批准，愿将在城镇自住的五间瓦房（54.29m²）与张国惠、罗成友夫妇在梁永公社自有的两间瓦房（35.72m²）掉换。董明珍和张国惠出面立约书据，按照县财政局规定的房屋价格，由张国惠补给董明珍208.91元房屋面积差价。杨继均、董明珍夫妇即随迁到梁永公社落户。张国惠向政府登记、办理了掉换房屋产权契本。几年后，罗成友、张国惠夫妇将五间瓦房进行维修和扩建。杨继均、董明珍夫妇返回县城后，把在梁永公社的两间瓦房也进行了处分。从1979年开始，杨继均、董明珍夫妇到处指控罗成友利用职权霸占其房产。1983年5月，杨继均患病死亡，其子杨述福声称其父之死与罗有关，全家出动，打烂罗家墙壁，强占罗家房屋3间，并在罗家设灵堂，放花圈，致使罗家无法正常生活，张国惠遂向人民法院起诉。

我们研究认为：董明珍与张国惠互换房屋产权，虽然发生在"文革"期间，但确属双方在自愿基础上协商达成的互换房屋产权契约，并经当地政府审查批准，办理了产权转移手续，各自对互换的房屋行使了使用权和处分权。事过 7 年之久，董明珍以落实政策为由，否认自愿互换房屋的事实，是没道理的。杨家强占罗家房屋，毁坏墙壁，设灵堂等行为也是违法的，应进行批评教育。据此，我们基本同意你院第二种意见，即董明珍与张国惠互换房屋产权，是合法的民事行为，依法应予保护。但在案件的处理上，既要依法办事，又要做到合情合理，并尽可能调解解决。

最高人民法院
关于黎城县南堡村与平顺县王曲村因河滩地、树木一案的批复

1986 年 8 月 28 日　　　　　　　　　　　〔1986〕民他字第 30 号

山西省高级人民法院：

你院 1986 年 4 月 3 日晋法民函字〔1986〕5 号《关于黎城县南堡村与平顺县王曲村因河滩地、树木一案的请示报告》已收悉。据你院《报告》称：南堡与王曲两村地处漳河东岸两县接壤处，1959 年平顺县在王曲村修建"平淮青年水力发电站"，因修建水库淹没南堡村部分土地和庄稼，引起河滩地纠纷。经原两县县委和公社、大队于 1959 年和 1961 年两次调解协商划定界线，各自经管，十年中没有争执。1970 年王曲村为了恢复发电站，与南堡村协商开渠引水，双方未达成协议。王曲村否认 1959 年协议所划定之界限，抢收南堡村种的庄稼，强种土地，砍伐树木，再次发生纠纷。原晋东南地委批转地区中级法院处理。经地区中院两次处理，王曲村仍不服而上诉你院。

我们研究认为：该案原系两县、村边界纠纷，属行政案件，已经当地政府多次处理和地区中院两次判决。根据国务院 1980 年 5 月 23 日国发〔1980〕135 号文件和 1981 年 5 月 30 日国发〔1981〕92 号"通知"之精神，你院应予受理。在审理该案时，要对原行政部门做出的处理进行审查，原行政处理符合政策法律的，应予维护；与法不合、需要变更，应与行政部门再行协商，争取党、政部门的支持和协助，并共同做好两村干部、群众的思想教育工作，尽可能调解解决，促使两村搞好相邻关系。

最高人民法院
关于产权从未变更过的祖遗房下掘获
祖辈所埋的白银归谁所有问题的批复

1987年2月21日　　　　　　　　　　　　〔1986〕民他字第38号

云南省高级人民法院：

你院《关于唐绍清等人诉唐学周白银纠纷案请示报告》收悉。

被告唐学周于1985年3月15日翻建自有房屋时，在墙脚掘获刻有乾隆字样的白银29公斤4公两。该房系唐氏家族之祖遗产，历经数代均由唐姓家族人居住，从未变更过产权。族人皆知房下埋有白银，解放前曾两次掘获。因年代久远，白银究系唐姓家族中何人所埋不能证实。原告唐绍清等以此白银系高祖母遗产为由，起诉要求继承。被告唐学周辩称白银为其父临终前告知所埋，不同意原告唐绍清等继承。

根据以上事实，我们研究认为，被告唐学周在祖遗房下所掘获的白银，应认定为唐姓家族人所埋，视为原、被告等人的共有财产，由共有人合理分割，不宜作遗产处理。

最高人民法院
关于非所有权人将他人房屋投资入股
应如何处理问题的批复

1987年2月23日　　　　　　　　　　　　〔1986〕民他字第29号

四川省高级人民法院：

你院〔86〕川法民示字第6号《关于非所有权人将他人房屋投资入股案件如何处理的请示报告》收悉。

据你院调查了解，曹桂芳在铜梁县平滩街上有铺面房计67.65m²。1964年其侄女曹碧玉擅自将该铺面房折价120元投资入股，并领取股息，直至"文化大革命"中断。该房现由铜梁县供销社平滩区综合商店使用。1979年曹桂芳得知此情况后，向当地政府申请落实房屋产权。1983年5月，平滩区区公所决定将铺面房退还给曹桂芳，因县供销社对该决定坚持异议，房未退成。曹桂芳遂向铜梁县人民法院起诉，请求保护自有房屋的所有权。

经研究，我们同意你院审判委员会对本案的处理意见，即曹碧玉擅自将曹桂芳的房屋入股是一种侵权行为，非产权人的入股属无效的民事行为，人民法院应依法保护曹桂芳的房屋所有权。

最高人民法院民事审判庭
关于盲人刘春和生前从事"算命"所积累的财产死后可否视为非法所得加以没收的电话答复

1987年10月14日　　　　　　　　　　　　〔1987〕民他字第22号

江苏省高级人民法院：

关于盲人刘春和生前从事"算命"所积累的财产，死后可否视为非法所得加以没收的请示，我们研究认为：

《中华人民共和国治安管理处罚条例》第二十四条四款"利用封建迷信手段，扰乱社会秩序或骗取财物"和第三十二条第一款"赌博或者为赌博提供条件的"，对这两种行为人予以拘留或罚款。第一，据公安部法规局、政策研究室的同志解释，是指正在进行非法活动之当时，对其所得予以没收，对其其他财产则不予追缴。本案中刘春和死后遗留的财产，没有没收的法律依据。第二，事实上也无充分的事实根据和确凿的证据证明刘春和死后遗留这笔财产都是"算命"所得。据此，我们同意你院审委会的意见，即：刘春和遗留的存款和其他财产，应视为遗产，由其法定继承人继承。

附：

江苏省高级人民法院请示

1987年2月25日　　　　　　　　　　　　〔1987〕民请第4号

最高人民法院：

最近，我院收到常州市中级人民法院报告，请示一件关于生前为"算命"的盲人，他从事这种迷信活动所积累的财产，是否应该视为非法所得，并按《民法通则》第一百三十四条第三款的规定予以没收的问题（案情见武进县人民法院的报告）。对此，研究中有两种意见。一种意见认为：瞎子算命所得，是利用迷信进行欺骗取得的，法院只能保护合法财产的继承权，非法财产在审理案件时可以依法没收。另一种意见认为：瞎子算命固然是一种迷信活动，但是一种社会现象，不同于一般的欺诈行为，现在并无取缔

"算命",没收其所得的法规,对其遗产予以没收无法律依据,可以作遗产继承。我们研究,倾向于可以作遗产继承。因对这种案件过去很少碰到,政策界限究竟应该如何掌握吃不准,特此报告,请予复示。

最高人民法院民事审判庭
关于石家庄市保险公司与谷在群房屋纠纷问题的电话答复

1987年12月17日　　　　　　　　　　　〔1987〕法民他字62号

河北省高级人民法院:

你院冀法民〔1987〕字第5号《关于石家庄市保险公司与谷在群房屋纠纷问题的请示报告》收悉。根据你院报告所述,有两种处理意见,一种意见认为,石家庄市保险公司与谷在群的换房协议无效,因政府批准买房在后,谷在群反悔"协议"在前。另一种意见认为换房协议有效,因保险公司已补办了买房手续,且双方已翻建了房屋,原换房是自愿的,不应反悔。

经我们讨论研究,同意你院的后一种意见,因保险公司已补办买房手续,对此应追溯到1980年买房时起,由于换房是自愿的,而且相互已进行翻建(相互曾已实际占有),谷在群再行反悔显系不妥,所以换房协议认定有效,对双方所造成的损失,应根据过错大小酌情处理(在过错中我们认为保险公司应负主要责任),建议此案最好进行调解处理为宜。

附:

河北省高级人民法院
关于石家庄市保险公司与谷在群房屋纠纷问题的请示报告

1987年9月20日　　　　　　　　　　　冀法民〔1987〕字第5号

最高人民法院:

1980年5月,石家庄市保险公司开始组建经营,由于当时没有办公地方,经当地公社及大队同意,购买了本市新华区永太街49号刘聚臣的房院一处,房屋6间半,建筑面积99.15平方米,占地面积187.2平方米,价款13000元。1981年3月,谷在群出卖其坐落在本市中华大街45号的房院，房屋八间，建筑面积83.83平方米，占地面积195平方米。保险公司考虑此房临大街，有利于开展业务，便与谷在群协商，双方达成互换房院的协议，同年3月19日双方签订了换房协议书。协议规定：双方同意4月1日前将房各自腾清，移交使用，互不干涉，同时保险公司付给谷在群搬家损失费6000元。同年7月双方交换了房地产文书和房屋。市保险公司所持文书是买刘聚臣房院交来的。随后谷在群以自己名义在永太街盖成北房3间，西房3间，东房3间，地下室一个。经有关部门鉴定，费用为3974.64元。后谷在群找保险公司办公室主任申静波、财务科副科长韩秋云要求办理换房过户手续，市房管局以有政策规定，公家不准购买私人房屋，未予办理过户手续。1984年11月。保险公司以谷在群之名，经城建局批准，将换来的房屋进行了翻建，盖成门脸房3间，北房3间，南边伙房两小间，厕所一个，费用为18038.89元。同年12月9日，谷在群以换不了房产证，永太街49号房屋不是保险公司产权而无权换房为由，强行搬回了中华大街45号。保险公司经市政府批准，于1985年10月由房管局补办了购买刘聚臣房屋的过户手续。并于1985年11月13日向石家庄市桥西区人民法院起诉，请求确认换房协议有效。经该院调解无效，判决为：一、驳回原告诉讼请求；二、废除原、被告订立的"换房协议书"，谷在群一次返还石家庄市保险公司人民币6000元整，其他不予追究。判后保险公司向石家庄市中级人民法院提出上诉。市中院就此案如何处理请示我院。

我院审判委员会讨论有两种意见，一种意见认为，根据国务院历次规定，保险公司未经批准购买私房是违反政策的，之后虽补办了买房批准手续，但谷在群在此之前已经翻悔，因此换房协议没有合法依据，不予确认有效。谷在群除退回搬家费6000元外，双方翻建房屋费用互相抵顶，差额由谷在群负担。另一种意见认为，保险公司购买刘聚臣的房屋已补办了批准手续，不能再说是非法的。保险公司能否与谷在群换房尚无明确规定。换房协议是双方自愿签订的，且互换后双方都翻建了房屋。从有利于贯彻改革、开放、搞活的总方针出发，对新形势下出现的问题应慎重处理，要考虑为搞活经济服务，稳定财产关系，保护当事人的合法权益，以确认换房协议有效，着其补办换房过户手续为宜。多数同志倾向后一种意见。

特此请示。

最高人民法院
关于金瑞仙与黄宗廉等房产纠纷一案的批复

1988年2月4日　　　　　　　　　　　　　〔1987〕民他字第59号

安徽省高级人民法院：

你院民他字〔87〕第15号《关于金瑞仙与黄宗廉等房产纠纷一案的请示报告》及1987年12月15日补充报告收悉。

据你院报告称：黄耀庭、姚玉莲夫妻于土改前死亡，遗有坐落在屯溪市屯光乡的砖木结构房屋四处，建筑面积530.22m^2（其中徐家巷7号367m^2、荷花池38号73.4m^2、40号63.32m^2、42号26.5m^2）。土改时，黄耀庭、姚玉莲的五个子女，除长女黄惠珍（无配偶、子女）已经死亡外，长子黄文卿（1972年死亡）、次女黄翠珍（1982年死亡）、三女黄毓珍（1982年死亡）均在外地生活，只有次子黄润生（1964年死亡）一家六口人在当地生活，参加了土改。黄耀庭、姚玉莲所遗房产，其中荷花池42号冒登在黄惠珍名下，另外三处房屋登记在黄润生一家名下，四处房屋均由黄润生占有、使用。但黄润生生前一直承认徐家巷7号房屋系其与黄文卿共有，黄润生死亡后，其子黄宗廉、女婿朱兆生还受黄文卿之妻金瑞仙、子黄宗义的委托，答应代为出售共有的房屋。1984年12月，金瑞仙以黄宗廉、朱兆生擅自出卖共有房屋、价款据为己有为由，诉至法院。1985年11月以后，黄翠珍、黄毓珍的法定继承人亦向法院主张继承房产的权利。

我们经研究认为：讼争房屋四处原系黄耀庭、姚玉莲的遗产，土改时虽然登记在黄润生、黄惠珍名下，但根据土改时的有关政策法律规定及当地土改的实际情况，四处房屋并非确权归黄润生一家所有，黄润生及其子黄宗廉也一直承认徐家巷7号房屋产权系与黄文卿共有。据此，讼争房屋产权以认定为黄文卿、黄润生、黄翠珍、黄毓珍四人所共有为宜。但在具体分割时，应考虑对共有房屋长期使用、管理等实际情况，并照顾共有人的实际需要。至于黄翠珍、黄毓珍的法定继承人主张继承遗产的权利是否超过诉讼时效期间的问题，请按照我院《关于贯彻执行〈中华人民共和国继承法〉若干问题的意见》第64条第二款的规定处理。

此复。

最高人民法院研究室
关于贯彻执行《关于复查历史案件中处理私人房产有关事项的通知》第二条中的几个问题的电话答复

(1988年3月21日)

湖南省高级人民法院：

你院在贯彻执行《关于复查历史案件中处理私人房屋有关事项的通知》第二条中提示的几个问题，经与城乡建设环境保护部共同研究，现答复如下：

一、在《通知》下达前，已经人民法院审结的落实私房政策的房屋案件，现当事人申诉，或经复查，发现原判决确有错误的，可与房屋所在地的政府主管部门协商，由人民法院依法改判；如政府主管部门认为移送当地落实私房政策部门办理为宜，也可撤销原判决，移送当地落实私房政策部门办理。

二、在《通知》下达前，已经人民法院审结的落实私房政策的房屋案件，在人民法院审理此案时，政府主管部门与人民法院对处理意见就不一致，现政府主管部门按《通知》第二条规定，要求法院撤销原判决，移送落实私房政策部门处理。对于这样的问题，如经审查，未发现原判决有错误的，仍应执行判决；如原判决确有错误，可按此答复（一）的意见办理。

三、在《通知》下达后，按照《通知》第二条规定，已移送落实私房政策部门处理的房屋案件，当事人对处理不服，或者认为政府主管部门在执行落实私房政策和管理房屋方面侵犯了其合法权益，经申请未予改正，向人民法院起诉，法院是否受理？对此，我们意见，人民法院不予受理。但应向当事人讲明道理，告其向原处理部门或其上一级政府主管部门申请解决。

附：

湖南省高级人民法院
关于执行《关于复查历史案件中处理私人房产有关事项的通知》有关问题的请示报告

1988年1月5日　　　　　　　　　　　〔1988〕湘法民字第1号

最高人民法院：

你院1987年10月22日《关于复查历史案件中处理私人房产有关事项的通知》下达后，我们在审判实践中对第二条的执行有些问题不明确，现请示报告如下：

一、《通知》下达前，人民法院已审结的房屋纠纷案件中，涉及有落实私房政策问题的案件，现当事人申诉，经复查，认为原发生法律效力的判决确有错误，需要再审的，是法院按审判监督程序改判，还是撤销原判决移送有关落实私房政策部门处理？

二、《通知》下达前，人民法院处理的房屋纠纷案中，涉及有落实政策问题的案件，当时房管部门与法院对处理意见不一致，现房管部门按《通知》第二条规定，要求法院撤销原判决移送落实私房政策部门处理。法院应怎么办？

三、《通知》下达后，按照第二条规定，移送落实政策部门处理的房屋纠纷案件。当事人不服处理，坚持向人民法院起诉的，法院是否受理？

四、属于《通知》第二条规定落实私房政策方面的案件，房管部门在执行政策上或在管理方面明显侵犯了房主的权益，经房主申诉又不改正，现房主坚持向法院起诉，是法院受理，还是仍然移送落实私房政策部门处理？

以上请予答复，以便遵照执行。

最高人民法院
关于掘获过去地主埋藏的银元归谁所有问题的批复

1988年4月1日　　　　　　　　　　　　　〔1988〕民他字第5号

江西省高级人民法院：

你院〔88〕赣法民字第12号《关于掘获过去地主埋藏的银元归谁所有问题的请示报告》收悉。

根据你院报告，原告倪任福之父倪美林土改时被定为地主成分，在其保留的半栋祖遗房屋下埋藏了43枚银元。1982年倪美林死亡。1979年4月，倪任福将此房屋出卖给被告倪建林。之后，倪任福及其姐根据其父生前的交代，曾两次到此房挖掘银元，均未获得。1986年10月，倪建林将购买的这半栋房屋拆旧建新时，由帮工倪国和等2人在屋角下掘出43枚银元，原、被告为银元权属发生争执，倪任福于1987年5月诉至法院，要求倪建林返还所获银元。

经我们研究，同意你院审判委员会第一种意见，即：根据我院法（民）复〔1986〕5号批复的精神，所掘获银元归埋藏人倪美林所有，由其法定继承人依法继承，不宜再作没收处理。

最高人民法院
关于掘获的白银应归埋藏人所有一案的批复[*]

1988年4月20日　　　　　　　　　　　　〔1988〕民他字第12号

河北省高级人民法院：

你院（88）冀法民字第1号关于刘士庚诉定州市东赵庄乡东赵庄村委会白银纠纷一案的请示报告收悉。

据你院报告称：双方争执的白银系刘士庚的祖父刘洛纯所埋。土改时，刘洛纯被定为地主，其被没收的房屋由东赵庄村委会使用至今。1986年10月，刘士庚之夫刘运凯

---

[*] 也作"最高人民法院关于刘士庚诉定州市东赵庄乡东赵庄村委会白银纠纷案的批复"。

向定州市政府提出，其妻刘士庚的祖父临终前告诉他们，在被没收的三间南房东头屋内埋有白银一坛，要求挖掘。经市、区、乡政府同意，刘运凯等前往东赵庄村与村委会干部一同挖掘未获。村委会经向知情人调查了解后，即组织人员在南房西头一间内挖出白银一坛，计二千四百零一枚。刘士庚为白银的归属与村委会发生纠纷诉至法院，要求返还掘获的银元。

经我们研究认为：根据《民法通则》第七十九条第一款及我院《关于贯彻执行〈民法通则〉若干问题的意见（试行）》第九十三条规定的精神，争执的白银应归埋藏人刘洛纯所有，由其法定继承人依法继承。在处理时，对挖掘过程中提供过条件、帮助的单位和个人，可酌情予以适当的补偿。

此复。

最高人民法院
关于于金明与赵文运房产纠纷一案的批复

（1988年10月24日）

河南省高级人民法院：

你院1988年9月15日《关于于金明和赵文运等五人房屋纠纷一案的请示报告》收悉。经研究认为，崔希舜未经赵文运等房屋共有人的同意，于1972年11月4日擅自将郑州市南学街67号院内东屋北头二间出卖给于金明是不合法的。1984年11月，该房屋共有人赵文运等诉至郑州市管城回族区人民法院，要求废除房屋买卖关系。第一、二审法院判决买卖关系无效并无不当。故同意你院审判委员会的意见，可维持第一、二审判决，驳回于金明的申诉。

此复。

最高人民法院
关于解除对宋克勤房屋代管问题的复函

1988年11月25日　　　　　　　　　　〔88〕民他字第57号

河南省高级人民法院：

你院"关于张素梅与郑州市房地产管理局代管房屋纠纷一案的请示报告"收悉，答复如下：

经查，原郑州市人民法院根据最高人民法院原中南分院1954年元月29日〔54〕法民字第51号函的批示精神，于同年4月27日发出了〔54〕郑法姻字第610号公函，决定对郑州市东大街96号付4号宋克勤居住的15间房屋予以代管。现鉴于代管时间已久，为了便于住房的管理和使用，充分发挥其效益，稳定住房秩序，决定撤销原中南分院〔54〕法民字第51号函，解除代管关系。至于该房产权归谁所有，请根据有关政策、法律和本案实际情况处理。

附：

河南省高级人民法院
关于张素梅与郑州市房地产管理局代管房屋纠纷一案的请示报告

（1988年10月6日）

最高人民法院：

关于张素梅与郑州市房地产管理局代管房屋纠纷一案，郑州市中级人民法院解除代管关系。因该案的处理是根据原最高人民法院中南分院1954年1月的批示作出的，故我院不宜直接批复，特请示如下：

申诉人：张素梅（原申诉人宋玉昭之妻、宋克勤之儿媳），女，59岁，汉族，广东绍关钢铁厂退休干部，住郑州市东大街87—2号。

被申诉人：郑州市房地产管理局。

张素梅之夫宋玉昭不服郑州市中级人民法院〔1954〕法姻字第610号通知，于1985年5月向郑州市中级人民法院提出申诉。郑州市中级人民法院复查后，报我院审批。在我院审批期间，申诉人宋玉昭死亡，其妻代为继续申诉。

经查，宋克勤弟兄6人，他排行老六。1921年左右，宋克勤大哥宋克仁、三哥宋老三开设宝兴永钱庄，生意赔累，便把宋家在郑州的财产，包括土地、房屋全部交给伪商会债权团，让其代为清偿债务。债权团除把宋家的土地作价清偿了宋家的债务外，还没收了宋家原东大街198号院的30间房屋（宋老三在此居住），但并没有没收宋家原东大街96—4号（现87—2号）的69间房屋。1936年宋家把东大街96—4号的69间房屋填了土地房产证（除宋老三外，宋家全住此院内）。后来，宋老大、宋老五（宋老二、宋老四早死）陆续卖掉54间房屋后外出，下余15间由宋克勤居住。1948年，伪商会债权团把198号院的30间房屋卖给当时的伪税捐局科长杨天庆，但杨天庆实际居住了20间，其余10间由宋老三之子宋玉琪占用。解放后，杨天庆逃亡，30间房子被宋玉琪全部占用。1952年，当地群众向郑州市人民政府房地产管理处反映了这一情况，房管处遂向郑州市人民法院起诉，要求没收这30间房屋。市法院于1952年以此房系逃亡伪政人员之财产为由，判决没收了这30间房屋。宋玉琪因无处居住，便以祖业房未分为由，起诉到郑州市人民法院，要求分割宋克勤住的15间房屋。1953年，市法院判决：宋克勤15间房屋中的4间给宋玉琪居住，宋克勤不服，上诉于河南省人民法院。省法院判决维持原判。宋克勤仍不服，又上诉于最高人民法院中南分院。中南分院于1954年指示河南省人民法院："如该房屋的契约及所有权状等，确属早已交给伪债权团了，而现在又没有债权团这样一个合法组织机构。因此，即应遵照中南军政委员会修正中南区关于城市房产权的几项原则决定中，其产权不明，一时无法判定者，应由人民政府代管的规定，予以代管。……希你院转告郑州市人民法院可与房地产管理处共同研究处理。"郑州市人民法院根据此指示，于1954年通知郑州市人民政府房地产管理处（现郑州市房地产管理局）代管了这15间房屋。但宋克勤只腾出7间，其余仍由自己居住，直到现在（已翻建成楼房）。此后，因宋家不断申诉，代管无法执行。1956年，郑州市中级人民法院决定中止执行。1985年，宋克勤（已死）之子宋玉昭又向郑州市中级人民法院提出申诉。市中院经复查认为：1936年国民党河南省地政局给宋克勤颁发了房产证，应认定这十五间房屋归宋克勤所有，宋克勤已去世，应由其子宋玉昭继承。

根据上述情况，我院认为：(1) 郑州市房管局代管的这15间房屋，其产权证没有交给伪债权团，所有权没有转移，应归宋克勤家所有。(2) 中南分院批示代管的前提是："如该房屋的契约及所有权状等，确属早已交给伪债权团了，"但事实上该房屋的所有权状并没有交给伪债权团。因此，代管没有根据。经我院审判委员会研究决定：同意郑州市中级人民法院的处理意见，15间房屋的代管关系予以解除，产权归宋克勤家所有。

当否，请批示！

最高人民法院
关于南京市服务事业公司诉吕萍、吕静林房产纠纷案处理问题的复函

1988年12月17日　　　　　　　　　　　〔88〕民他字第41号

江苏省高级人民法院：

你院关于南京市服务事业公司诉吕萍、吕静林房产纠纷一案的请示报告收悉。经研究，原则同意你院审判委员会第一种意见。请做好当事人的工作，妥善处理。

附：

江苏省高级人民法院
关于南京市服务事业公司诉吕萍、吕静林房屋产权案的请示报告

1988年5月23日　　　　　　　　　　　〔1988〕民请字第13号

最高人民法院：

江苏省南京市中级人民法院向我院请示南京市服务事业公司诉吕萍、吕静林房屋产权一案。该案涉及公私合营和房屋典当中的一些政策问题。我院经讨论意见不一致故特请示现将案情报告如下：

上诉人（原审原告）：南京市服务事业公司。

法定代表人：张跃清，南京市服务事业公司经理。

被上诉人（原审被告）：吕静林，女，64岁，南京市人，江浦县龙山乡龙柏村五庙小队，农民。

被上诉人（原审被告）：吕萍，女，55岁，南京市人，兰州市城关饮食公司会计。

吕静林、吕萍系同胞姐妹，其父吕和鸾（1971年去世）母吕孙氏（1964年去世）原有房屋25间，其中两进楼屋23间，中式平房一间，简易平房一间，坐落在南京市双龙巷17号。吕和鸾于1943年出典给戴元培（于1971年死亡），典金伪币拾元整，典期至1950年，届满后因吕家无钱回赎，戴家无钱购买，双方又立续典契，典期至1953年，此后仍因上述原因，再次续典，典期至1962年6月14日届满，典金累计中熟米三万三千市斤，折合人民币3760元。戴元培承典该房用于开设旅馆，店号：钟和旅社。

1956年社会主义改造时，由戴元培（因当时被判刑）的妻子杨月娥申请，将钟和旅社的全部资产，包括典金3760元入股。公私合营后，旅馆店号改为华秦旅社，原属南京市福利事业公司即现在的南京市服务事业公司。杨月娥留用从业，并按规定领取股金定息。

1979年以来，吕萍多次向有关部门要求返还房产。1987年南京市玄武区房地产管理局仲裁。（1）争议房屋产权归吕静林、吕萍共有，吕萍、吕静林付给服务公司人民币3760元；（2）在南京市服务事业公司使用该房期间收支互不结算。对此，南京市服务事业公司不服，于同年7月向玄武区法院起诉认为"仲裁"无法律依据。服务事业公司也承认是房屋典金入股，但认为承典权转给他们了，现已过三十多年，吕家要求回赎房屋，已超过时效。不应允许，一审法院判决认定该屋产权没有转移，根据《民法通则》有关规定，产权应属吕萍、吕静林所共有，南京市服务事业公司仍不服，提起上诉。江苏省南京市中级人民法院经研究有两种意见：一种意见认为该房产应准予回赎。主要理由：该产权尚未转移他人，而1956年公私合营时，承典人仅将典金入股未涉及产权，虽期满二十多年，但1979年吕家就提出回赎。最高人民法院有关时效的规定是1984年生效，故吕家要求回赎房屋不适用最高人民法院有关时效规定。另一种意见认为该产权于1956年就已纳入改造，根据国家房地产局1965年105号文件精神，无论典期是否届满，改造前允许回赎，改造后不准再行回赎。我院在讨论中也有两种意见。①一种意见认为争议房屋已被改造不应返还，房屋不应归吕萍、吕静林所有。尽管在1916年清产定股通知单上固定资产栏"空白"这只是工作上的失误。该营业用房实际上随企业公私合营，已改造几十年了，房屋典金入股，视为房产入股，原房屋不应返还，同时，二十多间旅社房屋如果作为未被改造而发还。对大批公私合营时的小业主"连家店"房屋被改造掉和出租几间房屋被改造的人影响很大，不利于社会的安定，但考虑到改造时没征求原产权人的意见，也没给其定息，现可对吕萍、吕静林适当经济补偿。②第二种意见认为虽经公私合营，但讼争房屋私房改造时并未被改造，现在也不能补改了，产权仍是原房主吕和鸾的，他死后，应由其法定继承人吕萍、吕静林共有，其主要理由：1956年公私合营时钟和旅社全部产业入股，但不包括争议之房产权。在当时的"清单"上"固定资产"栏是空白。"固定资产折合股金"栏亦是空白，而流动资产（含典金3760元）折合股金492645元根据以上证据材料反映，不能认定该屋已被改造。据此该屋产权仍应为原房主所有，我院倾向于第一种意见。

以上报告当否，请批示。

最高人民法院
关于晋贞轩与邵原镇人民政府
房屋纠纷案的函

1989年4月13日　　　　　　　　　　　　〔1989〕民他字第5号

河南省高级人民法院：

　　你院《关于晋贞轩与邵原镇人民政府房屋纠纷一案的请示报告》已收悉。经研究认为：晋贞轩之父晋聚仁在1950年冬季土改复查时，主动将已登记在他家土地房产证上的三间房屋献出，其他共有人也未提出异议。晋家腾出房屋后，当地政府作为公产行使所有权已有三十多年。讼争之房屋产权早已转移，现晋贞轩要求返还，不应支持。以上意见供做参考。处理后请将结果报本院备查。

最高人民法院
关于聂福云房屋回赎案不适用我院
《关于非所有权人将他人房屋投资
入股应如何处理问题的批复》的函

1989年5月12日　　　　　　　　　　　　〔88〕民他字第54号

山东省高级人民法院：

　　你院鲁法（民）发〔1988〕66号《关于聂福云房屋回赎问题的请示报告》收悉。经研究，函复如下：

　　我院〔1986〕民他字第29号关于非所有权人将他人房屋投资入股应如何处理问题的批复，不适用于你省聂福云回赎房屋纠纷案。聂福云回赎房屋问题属于公私合营运动中的遗留问题，可比照最高人民法院、城乡建设环境保护部联合发出的"关于复查历史案件中处理私人房产有关事项的通知"（1987年10月22日法（研）发〔1987〕30号）的精神去处理，并做好有关当事人的思想工作。

　　以上意见供参考。

附一：

山东省高级人民法院
关于聂福云房屋回赎问题的请示报告

鲁法（民）发〔1988〕66号

最高人民法院：

我省滕州市人民法院受理一起房屋回赎案件，原告聂福云在原滕县西关新街有楼房一座，1954年6月经人介绍将该楼房北头上下各1间典给李诗臣开设新华文具店，典价500元，折合小麦5000斤，典期四年。1956年公私合营时，李诗臣将此房作价350元投资于原滕县百货公司并领取了定息。现聂福云要求回赎此房。根据你院〔1986〕民他字第29号对四川省高级人民法院"关于非所有权人将他人房屋投资入股应如何处理问题的批复"精神，应准予回赎。而滕州市委统战部依据中央统战部、商业部〔83〕商管字第5号《关于索要、强占原公私合营企业、合作商店营业用房问题的处理意见》的通知精神，又不准回赎，对此类案件应如何处理，因涉及政策法律问题，我们不好提具体意见，特予请示。如非我们理解有误，对此类问题，最好与中央统战部和商业部共同研究，联合制定文件下达，以便贯彻执行。

当否请批复。

附：中央统战部和山东省委统战部文件复印件、枣庄市中级人民法院对聂福云案件的请示报告

附二：

关于聂福云房屋回赎问题的补充报告

鲁法（民）发〔1989〕29号

最高人民法院：

根据你院电话通知精神，现对我院（民）发〔1986〕66号《关于聂福云房屋回赎问题的请示报告》补报如下：

一、双方争执的焦点及各自的诉讼理由

原告聂福云坚决要求回赎其出典房屋，其理由是：1954年6月将自有楼房（两层）上下各1间以500元典价典给李诗臣。1956年公私合营时，李诗臣未经本人同意即将

该楼房作价入股。李入股时典期未满，不能回赎。现根据最高人民法院〔1986〕民他字第29号对四川省高级人民法院"关于非所有权人将他人房屋投资入股应如何处理问题的批复"精神，应准予回赎。

被告滕州市饮食服务公司坚决不同意回赎，其理由是：该楼房已于1956年公私合营入股，产权已转归国家所有，现已30余年，并且，该楼房又于1963年春由原滕县商业局调整商业网点时，从百货公司转给本公司的，后本公司进行了改建，并在院内另建了部分房屋。根据最高人民法院〔1984〕民字第15号批复，即"对私房改造时，被改造户出典的房屋……，如果已经改造了，产权已转移给国家了，则按105号文件处理，即被改造户在私改前出典的房屋，改造前不回赎，改造后不准再回赎。"及中共山东省委统战部鲁统办〔1986〕第6号文件精神，该楼房产权应属滕州饮食服务公司所有，原告不能回赎。

二、典当时的具体情况

1953年春，原告聂福云在原滕县城关镇新街116号（现改为新兴中路56号）兴建二层楼房一栋，后因家庭经济困难，欲将该楼房出典，李诗臣得知后，愿典此房，但资金不足。其表哥巩同玉有现款，遂由中人孟庆淮、鲁显金（均已故）介绍，以其表哥巩同玉的名义承典了聂之楼房上、下各一间，并于1954年6月签订了契约。约中言明：典期四年，典价500万元（旧币），以当时市场小麦价格折小麦5000斤。承典后不久，李便将典价款付给了其表哥，并一直用此房开"新华文具店"。

三、公私合营情况

1956年1月，公私合营高潮时期，李诗臣被动员合营。为此，李曾找聂要其回赎该房，聂表示当时没钱，等期满再说。据李说，合营时已向公私合营的公方负责人声明该房是承典的。1956年公私合营时公方具体工作人员巩琳、齐继存现均已病故，当时公方的代表刘长浩讲：此事因年代久远，记不清了。后该房作价350元与李的其他财产一并入了股，转为滕县百货商店（后改为百货公司）所有，李领取了股金，但未付给聂福云。

附三：

中共山东省委统战部
对公私合营中典赁私人的经营用房如何处理的答复

鲁统办〔1986〕6号

淄博市委统战部：

现将中央统战部办公厅对博山区委统战部询问公私合营时，原工商业者将合营前典赁私人的经营用房带入合营企业，现在应如何处理的答复转给你们。根据中央统战部、商业部〔83〕商管字第5号文件的精神，我们意见，对公私合营前典赁私人的经营用房，凡在合营时，经过清产核资，已转为公私合营企业财产的，不能退还，只按规定发给定息，定息由典赁人领取的，由典赁人付给原房主；未清产核资转为公私合营财产的，可按典赁合同处理。典赁的经营用房，转为合作企业财产的，按合作企业的有关规定处理。请你们会同博山区委统战部研究处理。

附四：

中央统战部办公厅
请研处淄博市博山区统战部来函

1986年4月23日　　　　　　　　　统发文〔86〕（五）第498号

山东省委统战部：

淄博市博山区统战部4月5日来函，询问公私合营时原工商业者将合营前典、赁私人的经营用房带入企业，并将典价作了股金，现原房产主要求赎回房屋一事，我们认为：此事原则上可按当时典、赁所签合同办理，属典当期内要求赎回的，应予发还。租赁之私人住房，不属社会主义改造范围的，依合同也可归还。但典赁者若已将房屋折价入股，并领取了定息的，则应按中央统战部、商业部印发"《关于索要、强占原公私合营企业、合作商店营业用房问题的处理意见》的通知"（〔83〕商管字第5号，1983年2月25日）处理。现将来函转与你处，请你结合实际情况研究、处理，并复淄博市委统战部。

附五：

山东省枣庄市中级人民法院
关于聂福云房屋回赎问题的请示报告

省高级人民法院：

滕县城关镇东市场104号居民聂福云，于1953年5月经政府批准在滕县西关新街（现新兴路）建楼房一座，于1954年6月经人介绍将所建楼房北头上下各一间典当给李诗臣开设新华文具店。契约上言明：当价500元，折合小麦5000斤，当期四年。1956年公私合营时，李诗臣将此房作价350元投资滕县百货公司，后百货公司移交给滕县服务公司使用。聂福云于1978年向百货公司要求回赎房屋遭到拒绝。1985年聂福云起诉到滕县法院请求回赎该房。滕县法院依照中共中央统战部、商业部〔83〕商管字第5号印发《关于索要、强占原公司合营企业、合作商店营业用房问题的处理意见》的通知。裁定驳甲起诉，聂不服上诉我院。经审理驳回上诉，维持原裁定。聂福云仍不服，坚持回赎房屋。最近聂持最高人民法院〔1986〕民他字第29号，对四川省高级人民法院"关于非所有权人将他人房屋投资入股应如何处理问题的批复"，再次向滕县法院起诉。该批复中答复："非所有权人于1964年擅自将他人房屋投资入股是一种侵权行为，非产权人的入股属无效的民事行为，法院应保护产权人的房屋所有权。"对该批复是否适用于1956年公私合营中此类问题，请予答复。

特此报告。

最高人民法院
关于共同经商、共同生活期间购置的房产应认定为共有的复函[*]

1989年6月9日　　　　　　　　　　〔1989〕民他字第10号

江西省高级人民法院：

你院关于高三妹等人诉陈德晶房屋确权一案的请示报告和案卷，均已收悉。

从你院报来的案卷材料看：讼争的两栋房屋，是解放前高三妹夫家兄弟4人共同经商、共同生活期间购置的，一、二审判决认定为共有是正确的，故同意不再变更。但应

---

[*] 也作"最高人民法院关于高三妹等与陈德晶房屋确权纠纷案的复函"。

继续做好高三妹等人思想工作，劝导他们珍惜兄弟情谊，以团结为重，服判息诉。

此复。

附：

江西省高级人民法院
关于高三妹等人诉陈德晶房屋确权
一案的请示报告

〔89〕赣法民字第 01 号

最高人民法院：

我院受理南昌市高三妹等人诉与陈德晶房屋确权申诉一案，经过复查，现将案情报告呈报你院，请予核示。

该案经我院审判委员会讨论认为南昌市中级人民法院终审判决是妥当的。且已执行完毕，但高三妹及其子女不服判决。长期反复向上级机关申诉，为了慎重起见，特报请你院审核批复。

附呈：案情报告
一、二审案卷，申诉卷共计 8 宗

江西省高级人民法院
关于南昌市陈德晶诉高三妹等人
房屋确权案的案情报告

本案经一、二审 5 次审理，历时 6 年多，一方当事人仍不服终审判决，向本院申诉，经调卷审查，现将案情报告如下：

一、案情当事人

申诉人（原审被告）：高三妹，女，78 岁，汉族，安义县人，家庭妇女，住本市浮桥头 13 号。

一、二审委托代理人：罗朋，陈爱民，江西省律师事务所律师。

上诉人（原审被告）：陈锐（陈宗煌），男，59 岁，汉族，安义县人，系东湖区人民政府退休干部，住本市包家巷 60 号，高三妹之子。

委托代理人：陈炳星（陈锐之子），男，39 岁，系南昌市三建公司机运处工人，住本市上营坊 47 号。

上诉人（原审被告）：陈淑贞，女，56 岁，汉族，安义县人，系南昌市教育局干部，住本市三径路2号，高三妹之女。

上诉人（原审被告）：陈玉珍，女，54岁，汉族，安义县人，邵武机务段职工，住福建省邵武市水北大街106号。系高三妹之女。

被申诉人（原审原告）：陈德晶，男，76岁，汉族，安义县，系抚河木制品退休工人，住本市浮桥头13号。

一、二审委托代理人：刘化时，南昌市第二律师事务所律师。

一、二审委托代理人：陈宗煊（陈德晶之子），男，41岁，汉族，安义县人，系南昌职业技术师范学院教员，住本市南方电动工具厂宿舍。

被上诉人（原审第三人）：陈德淼，男，62岁，汉族，安义县人，系南昌市第一搬运公司退休工人，住本市临江路1号。

被上诉人（原审第三人）：陈宗芸，女，42岁，汉族，安义县人，系樟树磷肥厂职工，住该厂宿舍。

被上诉人（原审第三人）：陈宗火，女，40岁，汉族，安义县人，系江西省外贸包装厂工人，住本市下水巷141号。

被上诉人（原审第三人）：朱志坚，男，16岁，汉族，南昌县人，学生，住本市豫章后街116号。

被上诉人（原审第三人）：朱芙蓉，女，14岁，学生，住址同上。

被上诉人（原审第三人）：朱莉莉，女，11岁，学生，住址同上。

法定代理人，朱锋，41岁，系南昌通用机械厂工人，住址同上。（朱志坚、朱芙蓉、朱莉莉之父）。

二、案　情

申诉人高三妹的丈夫，陈锐、陈淑贞、陈玉珍的父亲陈德鑫（1981年病故）有3个弟弟：大弟陈德晶、二弟陈德聂（1953年病故）三弟陈德淼和一个妹妹陈庚金（从小被人收养）。解放前，陈德鑫四兄弟先后在南昌学徒，当店员。1936年陈德鑫与人合伙开"大有成"粮行，后因故停业。1939年日军侵占南昌，陈家四兄弟逃难到吉安等地谋生，在逃难期间，陈德晶曾到波阳县税务所工作。1945年日本投降后，陈家四兄弟回到南昌，由老大陈德鑫主持经营"大有成"粮行，他3个弟弟均在"大有成"工作。由于经商获得盈利。1947年，以陈德鑫名义购买了南昌市浮桥头13号（原24号）房屋一栋，面积一分六厘二毫八丝，即108.42平方米，次年又购买沿江路83号房屋一栋，分别有房产证、买房契约为证。为了扩大经营，1946年，除陈德鑫、陈德淼继续经营"大有成"粮行至1952年以外，陈德晶与人合伙开设"义顺"粮行，陈德聂在沿江路开设油盐店。1948年上半年，陈德晶又到安义开设"德丰"粮行。虽然分开经营，但未分家，所有店铺基本上是兄弟共有。1948年陈家四兄弟在安义老家盖了一栋2层楼房，陈德晶、陈德聂、陈德淼的家属均在老家与公婆一起生活。陈德鑫儿子陈锐是在老家新盖房屋结婚的。婚事主要由陈德晶操办。解放后，南昌市浮桥头13号房产登记是陈德鑫的名字。农村土改陈母划为工商业主兼地主，四兄弟同一家庭出身，1951年安义"德丰"粮行停业，陈德晶即来南昌与陈德鑫居住在浮桥头13号。至今，分开生活。沿江路 83 号房租，计人民币 2230 元，共计 3469.10 元，应从上述款项由陈锐一方给陈宗芸 1000 元，其余归陈锐一方所有。

陈锐不服二审判决，先后向省法院、最高人民法院、省人大常务会等单位提出申诉。本院民庭于 1985 年 3 月 8 日函转市中院民庭复查处理。最高人民法院民庭于同年 8 月 16 日函转南昌市中级法院审查处理。并报送处理结果备查。此函抄送了我院。1988 年 6 月 11 日市中院书面驳回了申诉。此后，陈锐仍然继续申诉、上访，不执行二审判决，说房子是他母亲的，他没有继承母亲的房产，坚决不同意支付 1000 元给陈宗芸。西湖区法院于 1985 年 7 月 8 日向东湖区大院街道办事处发出协助执行通知书：1. 由陈锐付给陈宗芸人民币 1000 元；2. 每月在陈锐工资中扣除 40 元给陈宗芸，至付清止。陈锐对扣工资的强制执行办法更有意见，多方申诉、上访。1985 年 7 月 31 日东湖区大院街道办事处向西湖区法院去函。反映陈锐于同年 4 月退休，每月退休金 78.58 元，每月扣除 40 元，只有 38 元多，生活确有困难，建议每月扣 26 元。

1985 年 9 月 29 日，本院民庭审查认为本案需要再审：（1）本案应追加当事人，陈锐的母亲高三妹是房屋所有人之一，是享有实体权利的当事人。现在她坚决要求参加诉讼是合法的。（2）二审判决的"陈锐一方付给陈宗芸 1000 元"。每月扣除陈锐的工资 40 元，占工资的一半多，现在陈锐对此很有意见。是有理由的，应予解决。经与一、二审民庭同志研究，二审同意自行再审。

1985 年 10 月 14 日二审再审撤销原一、二审判决，发回一审重审。

一审在重审期间，于 1986 年元月裁定：浮桥头 13 号房每月租金 110 元，从本月起高三妹领取 60 元，剩余 50 元由红光铁件厂保存，1987 年 3 月 10 日，一审重审判决：一、本市浮桥头 13 号前屋（包括楼上）以大门中线为准，后屋以中线为准，屋南面归陈德晶所有，屋北面归高三妹及其子女所有。本市沿江路 83 号房拆迁费、安家费 800 元归陈德森、陈德聂子女共同所有，由陈德森退出 400 元给陈宗芸、陈宗火、陈宗梅平均继承，陈宗梅的份额归其子女继承；二、1986 年元月至 1987 年 3 月由东湖区红光铁件厂每月扣押保存的 50 元房租金，在本判决生效后一个月内一次付给陈德晶；三、其他要求不予准许。

1988 年 9 月 10 日，二审终审判决：一、维持原判第三项，变更第一、二项；二、本市浮桥头 13 号房屋以其南、北墙距的中线为准（包括楼上、后面屋）北面房屋归高三妹及其子女所有，南面房屋归陈德晶所有。沿江路 83 号房拆迁费 800 元归陈德森所有；三、1986 年元月至 1988 年 3 月由东湖区红光铁件厂每月保存的 50 元租金中，600 元由陈宗芸、陈宗火和陈宗梅平均所有，陈宗梅的由朱志坚兄妹所有，其余的归陈德晶所有；四、自 1988 年 9 月份起，浮桥头 13 号房屋租金由高三妹陈德晶各得一半。

1988 年 10 月 10 日，高三妹向本院提交申诉状：本案争议房屋，是她和丈夫陈德鑫独资购买的，资金来源除母亲资助外，其余是陈德鑫夫妻独资经营"大有成"粮行的盈利，陈德晶没有在此店参与经营，陈德森在此店是店员拿工资的。解放初期产权登记是陈德鑫的名字有房产证为据。他人无共有产权，请求撤销一、二审判决，驳回陈德晶无理起诉。

……

四、认定证据

认定本案争议的二栋店房属于陈德鑫兄弟四人共有的证据有：

1. 陈德鑫1969年4月9日在自己签字的《谈话记录》上说：我在日寇投降后在本市浮桥开大有成粮行，同年的时候就是四兄弟在行工作，没有雇工，大约一年左右开始雇工。

2. 陈德晶1970年7月20日在《我家解放期间的情况》的档案材料上称：解放前是个大家庭，我兄弟四人在外做事，大哥陈德鑫开大有成粮行，我与人在安义与人合伙开德丰代理行，我弟在沿江路开油盐店，陈德森在大哥处，整个家庭的经济权在陈德鑫处。1973年4月17日他在"职工履历表"中的"解放前后家庭成员"中填写：哥陈德鑫、弟陈德聂、弟陈德森均在53年离开吃饭。

3. 陈德聂（已故）之妻万月娥于1983年1月14日到原审上访称：陈德鑫是老大，当家，是个大家庭，在一起吃饭，兄弟赚的钱交给老大，浮桥头房子是老大手上买的，钱是大有成店里的。

4. 陈德森陈述：鬼子投降后，我们又到南昌开店，四兄弟都在店里，老二不到一年就另外同我老表合伙在隔壁开粮行。又陈述：老二在安义开粮店，在大有成拿了一部分钱去，有时也从安义拿钱过来。我在大有成不拿工资。1949年12月19日"南昌市土产行商业同业公会会员调查表"中记载大有成交易员是"陈德鑫、陈德森"。

5. 陈庚金陈述：我是陈德鑫、陈德晶的妹妹，解放前没分家，解放后是各赚各的钱各吃各的，浮桥头房子是谁的钱买的，我年小，搞不清，我认为四兄弟都有份。

6. 高三妹之子陈宗煌（现名陈锐）从解放初期在部队"干部履历表"直至1965年"社教运动职工阶级登记表"上，一贯填写："土改前是个大家庭"，家庭成员填写了3个叔叔的名字；在家庭经济状况栏内，填写："土改前，南昌市有店2个，一是父亲和四叔经营的粮行，二是三叔经营的油盐店，安义有二叔的粮食代理行"，"大家庭是1951年分开生活的"。

7. 高三妹之女陈淑贞在1956年的自传中写"家庭成份工商业地主"，"1949年以前我家是个大家庭，家里有……3个叔叔"，"日本投降，回到南昌，一家人（父亲和叔叔、母亲）就经营以前的商店"。

8. 陈德鑫的表兄弟刘云珍证明：大有成房子是抗战胜利后买的，那时我在他隔壁开店，大有成是老大管，写他的名字。1948年陈德晶在安义与人开德丰粮店，也是陈德鑫大有成的钱，说是它的分店也可以，解放前兄弟在一起吃，未分家。大有成经济贡献大，老大应多得到点，我同意老大得2/3，老二得1/3。

9. 陈德晶开粮行的合伙人占美发证明：1948年陈德晶回家，要我帮他们兄弟的方便，回家建设家乡，在安义开德丰粮行，其资金由南昌结算，主要是为了赚钱，在安义开设网点，建设家乡，建房是按四兄弟安排，每人楼房一间。

10. 陈德晶之子陈宗煌1971年在自传中写：我父亲家庭出身工商业兼地主，解放前是大家庭，南昌有两栋房子，父亲四兄弟经商，开设大有成粮行及油盐店，大伯陈德鑫当家。

11. 陈家四兄弟同是工商业兼地主家庭出身，说明是共同生活未分家。高三妹及其子女否定此一事实。但有陈德鑫的老户口存根为证。

致于高三妹及其子女称：购买争议店房有高三妹母亲的资助。因证据不足，不予认定。因为证人刘云珍只说，陈德鑫开大有成店，其岳母可能帮了一把。陈德荣说，浮桥头房子是陈德鑫买的，钱可能其岳母帮助了点。陈雪英说，我听高三妹养母说过是她给了钱买房子。

高三妹及其子女还提出陈德晶没有在大有成工作过，陈德聂、陈德森是店员，领工资。但有店员万国辉、刘桂芳、刘三北等人证明陈德晶在大有成粮行工作过。余乃贵（1947年学徒，时年15岁）说，我个人认为老三、老四是在大有成工作赚工资的，多少钱不清楚，理由是他俩同我们一样做事，周奕澄（1947年店员）说，陈德森是老板还是工人？那就不晓得，难哇，他是跟师傅样，拿钱的。据此，申诉人提出的这个问题，不能认定。

五、我们的意见

1. 本案争讼的两栋房屋，是解放前陈家4兄弟共同经商，共同生活期间购置的，其买房契约和房产证是老大陈德鑫的名字，应视为陈德鑫代表共有人取得的产权证明，其房屋产权属于兄弟4人共有。自解放初期以来，4兄弟对其房屋已作了安排，各得其所：陈德聂、陈德森共同居住沿江路83号房；陈德鑫、陈德晶共同居住浮桥头13号房已有30多年，一直到现在，应是陈德鑫、陈德晶共有。对此共有房屋的分割，可参照最高人民法院关于贯彻执行《民法通则》的若干问题的意见中，有关"应当根据等分原则处理，并且考虑共有人对共有财产的贡献大小，适当照顾共有人生产、生活实际需要等情况"的司法解释进行处理。一、二审判决浮桥头13号房屋归高三妹及其子女和陈德晶各半所有。同时，已考虑到陈德鑫购置此房的贡献较大，将1980年以来高三妹及其子女已经收取该房屋租金等共3000余元，已判决给高三妹及其子女所有，给了一定的照顾。据此，认为本案一、二审判决在认定事实和适用法律上，原则上是对的，应予驳回申诉人的申诉。

2. 陈德鑫是大家庭的当家人，是家庭创业和购买房屋的主要贡献者，本来按权利和义务相一致原则，可以考虑再多分一点份额。但经与二审承办人看现场，二审判决已经执行了，划线切墙隔开了房屋。一审裁定诉讼保全扣留的房租，判决陈德晶的1000元，也已经执行。同时，陈德晶是住房困难户，判决得到的一间房屋隔成2间，陈德晶夫妇及其儿媳各住一间；高三妹判决获得的一间，现在她随子女生活。据此，没有什么好办法，使陈德鑫再多得点份额。

3. 二审终审判决从浮桥头13号房的房租拿出600元给陈德聂的后代继承，考虑本案实际情况，钱也不多，可予以维持。

合议庭意见：二审终审判决原则上是对的，可驳回申诉人的申诉。

庭务会意见，维持二审判决，报请审委会决定。

最高人民法院
关于孙嵩群诉甘棠供销社房屋产权
纠纷案处理意见的函

1989年7月18日　　　　　　　　　　　　〔1988〕民他字第46号

广西壮族自治区高级人民法院：

你院1988年6月24日《关于孙嵩群诉甘棠供销社房屋产权纠纷案处理意见的请示报告》收悉。

经研究认为，现坐落在宾阳县甘棠镇果木街27号后院的17间（约300m²）房屋，原系孙嵩群的公爹陈逢勋（1958年去世）开设"德成号"酱料园之作坊。土改时，陈被划为工商业兼地主，"德成号"房产未被没收。1953年，"德成号"停业，陈将作坊借给甘棠贸易公司使用，后该公司又转借给本案被告甘棠供销社使用。1962年，陈洪兴（陈逢勋之子，1968年死亡）、孙嵩群夫妇将"德成号"房产折价2506元投资入股，随后即领取了甘棠供销社发给的股息。现孙嵩群向宾阳县人民法院起诉索要该作坊。从本案上述的具体情节和历史背景考虑，应认定孙嵩群夫妇已将该作坊房产作价入股。根据有关政策的规定，对孙嵩群索要房产的申诉不应支持。但孙可以请求退回股金，甘棠供销社在退还股金时，应视原房产的具体情况，给予适当补偿。

最高人民法院
关于舒永基诉舒祥鸿房屋纠纷一案的函

1989年8月26日　　　　　　　　　　　　〔89〕民他字第25号

安徽省高级人民法院：

你院民他字第7号《关于舒永基诉舒祥鸿房屋纠纷案的请示报告》收悉。经研究，我们认为，原告舒永基和被告舒祥鸿在舒承莘、舒承茂和舒承藩早年夭折后，分别由于他人主持"过继"给死者为嗣子，这都属于封建性的"过继"、"立嗣"。据此，我们同意你院报告中的第一种意见，即按照我国继承法、最高人民法院《关于贯彻执行民事政策法律若干问题的意见》的有关规定和一贯政策，原告舒永基、被告舒祥鸿均非合法继承人，对所讼争的房屋都没有继承权。讼争房产既在1951一年土改时确权为程月华所有,程死后,如其确无法定继承人,其遗产即应按照有关法律规定处理。

上述意见,供你院参考。

最高人民法院
关于无充分证据否定产权登记的
纠纷应如何处理问题的复函

1989年9月27日　　　　　　　　　　　　〔1989〕民他字第30号

广东省高级人民法院:

你院"关于陈汉麟、陈志辉与李细房屋租赁纠纷一案的请示报告"收悉。

经研究认为:你院提出的两种意见均有各自的道理,在尚不能充分证明李细确系代表其他共有人进行产权登记的情况下,即改变终审判决根据不足,以按你院审判委员会的倾向性意见处理为宜。

附一:

广东省高级人民法院
关于陈汉麟、陈志辉与李细房屋租赁
纠纷一案的请示报告

最高人民法院:

我院审理的陈汉麟、陈志辉与李细房屋租赁纠纷申诉案(案情详见案情报告)。案经我院1989年第59次审判委员会讨论,有两种不同的处理意见。第一种意见认为:李细办理了补立继承契证,其母叶四和堂兄作为见证人,并登报通告后作了产权登记,手续比较完备,合法,李梅表示放弃,李淑卿1965年才死亡,生前均无提出异议,现无充分依据否定李细的产权登记,不应变更原审的处理,应该驳回申诉人的申诉。第二种意见认为:李贤死后,继承开始发生,补立继承契证由叶四见证,可以认定叶四对由李细继承无异议。李梅表示放弃,但李淑卿没有明确表示放弃。原审的处理没有保护李淑卿的继承权,应按照《继承法》规定的法定继承原则处理。审判委员会多数委员倾向于第一种意见,但你院1987年6月15日〔1987〕民他字第16号对我院批复,对于遗产虽然以个人名义领取了产权证,仍可视为代表共有人登记取得的产权证明。故此案按登记确权还是按你院批复视为代表共有人登记处理,把握不大,特请示你院,请予复示。

附二：

关于陈汉麟、陈志辉与李细因房屋租赁
纠纷申诉一案的案情报告

一、当事人情况

申诉人（一审被告、二审上诉人）：陈汉麟，男，43岁，广东省南海县人，广州冶金机械厂工人，住广州市西华路将佳里13号。

申诉人：陈志辉（系陈汉麟之父），男，71岁，广东省南海县人，广州自行车厂退休工人，住广州市逢源路宝源中约43号。

对方当事人（一审原告、二审被上诉人）：李细，男，56岁，广东省南海县人，广州市自行车飞轮厂退休工人，住广州市西华路将佳里13号。

二、争议情况

李细和陈汉麟是舅甥关系。广州市西华路将佳里13号房屋是李细的父亲，陈汉麟的外祖父李贤的遗产。李贤、叶四夫妇生有5个子女，即李淑卿（即陈汉麟之母），李梅（又名李妹），李细，其他2个子女早年夭折。李贤于1937年5月28日死亡，生前无遗嘱。1951年10月1日，李细办理了补立继承契证，见证人有母亲叶四和堂兄李泽沾。1952年6月14日，南方日报刊登了李细申请转移将佳里13号房屋登记的通告。1952年7月3日，李细以产权人的名义领取了房地产所有证。该屋自解放后一向由叶四、李淑卿、李细及其家人居住使用，其中头厅头房由李淑卿一家使用，厨房共用。1961年叶四死亡，1965年李淑卿死亡。从1967年起至1986年双方发生纠纷时的房地产税的税款由二家分摊，由李细经手交纳，1986年12月18日，李细向荔湾区法院起诉，以自己的住房不够居住为由，要求收回借出30多年的房屋自用。陈汉麟答辩并反诉，认为该屋以李细的名义领取产权证，只是作为全家的代表，不能认为该屋的产权就属李细一人。认为他一家人一向在该屋居住，并修缮过房屋及交纳房地产税，在事实上已继承了部分产权，故不同意搬迁。案经荔湾区法院审理认为：中山七路将佳里13号房产虽是李贤的，但原告于1951年在母亲、堂兄的见证下，办了继承立契手续，并向房管局登记。登报移转契证，被告母亲在原告补立继承契证和登报期限内没有提出异议，故原告于1952年领有房地产所有证对该屋进行管业至1961年叶四死亡前，被告母亲亦无提出要求，该屋应是原告的房产。现被告提出反诉要求继承析产原告的房产权理由不足，并以此拒绝搬迁退房无理。被告居住该屋已30多年，无明确关系，现原告因居住有困难，提出收回房屋是有理由的，被告应积极腾退房屋，交还原告管业使用。但考虑到被告一时无法找到房屋搬迁，原告应予体谅，给被告一段时间找房，至于被告提出缴纳的房地产税不止153.60元，因提不出证据，不予认定。被告居住该屋已30多年，一向无交纳过房租给原告，根据住房权利义务对等原则，被告对该屋维修所出资的费用，不应收回，原告同意被告在搬迁时，自行拆除自设的水、电分表及铺设的阁楼板和自愿免收被告居住该屋至搬迁时止的全部房屋租金以及退回房地产税 153.60 元给被告，可按此意见处理。为此，根据现行有关房屋政策规定，结合本案实际情况，特判决如下：

一、被告陈汉麟（包括其家属及户籍人员）自本判决发生法律效力之日起 3 年内迁出中山七路将佳里 13 号房屋，并将该房屋交还原告管业使用，被告搬迁时，自行拆除自设的水、电分表及头厅上方铺置的阁楼板，不得损坏房屋。

二、准原告免收被告居住该屋至搬迁时止的全部房屋租金，被告对该屋出资作过修缮的费用，由被告自行负责承担。

三、同意原告自本判决发生法律效力之日起 1 个月内一次将被告代缴纳的房地产税 153.60 元全部退回给被告。

四、驳回被告要求继承析产原告的该房产上诉。

判决后，陈汉麟不服，仍以一审时的答辩及反诉理由，提出上诉。陈汉麟之父，即李淑卿的丈夫陈志辉，以该屋从未析产，他也是权利人之一，一审未通知其参加诉讼，剥夺了他的诉讼权利，也提出了上诉。李细认为一审判决 3 年内搬迁，时间太长，要求短期内收回房屋，其他同意一审判决。案经广州市中级人民法院二审认为：将佳里 13 号房屋产权原来虽属李贤的遗产，但该屋已于 1952 年 7 月 3 日由房管部门通告后，将产权转移登记为李细所有，而且陈汉麟之母李淑卿生前从未提出异议，因此，该屋产权应属李细所有。陈汉麟在该屋居住已有几十年，现李细要求收回自用是有一定理由的。关于陈汉麟认为该屋是李贤的遗产，不承认该屋产权已转移为李细所有，要求继承析产的问题，查该屋产权转移已经 30 多年，现陈汉麟又旧事重提，已是不对；还以此作为拒绝搬迁的理由，更属不当，本院不予支持。考虑到陈汉麟目前无其他房屋居住，短期内搬迁退房有困难，李细应予谅解，将房屋继续给陈汉麟居住一段时间，陈汉麟应积极找房屋搬迁，将现居住的房屋早日退回李细使用。关于李细同意陈汉麟搬迁时，自行拆除自设的水、电分表及铺设阁楼板，同时自愿免收陈汉麟在该屋居住期间的房屋租金及退回房地产税 153.60 元给陈汉麟是可行的，应予准许。判决驳回上诉，维持原判。

该案一、二审时案由均定为房屋租赁。

三、复查情况

二审判决后，陈汉麟，陈志辉不服，持上诉时的理由向我院提出申诉，我院已决定调卷复查。经查：李贤于 1937 年 5 月死后，该屋由叶四及子女居住使用。在抗战期间，叶四同李梅、李细及李淑卿的丈夫陈志辉去增城逃难，李淑卿曾留在广州看守房屋一段时间。抗战胜利前后，全家人陆续从增城返回广州居住，1949 年李梅从该屋迁出。该屋的部分房屋曾由叶四出租给他人。1950 年以后李淑卿夫妇及子女使用该屋头厅头房、厨房共用。1951 年 10 月 1 日，李细补立了继承契证。该契证由其母叶四、堂兄李泽沾作为见证人，1952 年 6 月 14 日，《南方日报》上刊登了李细申请移转房屋的通告。1952 年 7 月 3 日，李细领取了房地产所有证。1961 年叶四死亡。1965 年李淑卿死亡。李淑卿死亡后，陈志辉迁出与姜杜艳芳共同生活。陈汉麟兄妹及颜从龙（世居）继续在该屋头厅头房居住。从1967年起，该屋的房地产税的税款由李细、陈汉麟两家分摊，由李细经手交纳。现该屋头厅头房的常住人口是陈汉麟、陈惠萍（陈汉麟之妹）、颜从龙（世居）。其余房屋由李细夫妇和3个儿子居住。

关于1952年李细办理移转房产的登记，是其他继承人已表示放弃，还是约定由李细作为全家的代表进行登记的问题，现说法不一，李细认为，当时母亲在世，父亲生前也嘱咐要将房产留给他，两个姐姐均表示同意由他来继承该房产，李梅表示，父亲去世前（当时李梅7岁），表示要将房屋留给李细。母亲也征求过她和李淑卿的意见，她们都同意由李细来继承。陈志辉、陈汉麟认为，解放后，房屋重新进行登记，全家人商量由李细作为代表进行登记，不等于李细一人为产权人，而且他们一向在该屋居住，并尽了修缮房屋及交纳房地产税的义务，实际上已继承了部分产权，所以也无所谓提出异议。

从现在证据来看，以上关于由李细一人继承，是经过家庭协商或经家庭协商由李细作为全家代表的说法均无较充分的依据。

四、处理意见

合议庭对本案的处理有两种不同意见。一种意见认为李细办理移转登记时，李贤的其他合法继承人叶四、李淑卿、李梅均在世，且李淑卿居住该屋，都未提出异议，而且还有叶四作为补立继承契证的见证人。因此，李细取得产权是合法的。原审判决虽将案由定为房屋租赁不妥，应该是房屋搬迁纠纷。但处理上是正确的。应通知驳回申诉人申诉。另一种意见认为，李细是因继承而取得产权，虽然叶四为李细继承作见证，李梅放弃继承，但李淑卿并无明确放弃继承，所以由李细一人继承剥夺了李淑卿的继承权利。认为原审判决是错误的，且案由也不应是房屋租赁纠纷，而应是产权纠纷，应该按照审判监督程序，指令下级法院再审。

最高人民法院
关于韩玉山与定兴县房地产公司
房产纠纷案处理问题的复函

1989年11月24日　　　　　　　　　　〔1989〕民他字第40号

河北省高级人民法院：

你院冀法（民）〔1989〕126号关于韩玉山与定兴县房地产公司房产纠纷一案的请示报告收悉。经研究，我们认为该案当事人之间的房屋产权纠纷属于土改中遗留的落实政策问题，定兴县落实私房政策办公室和县政府既已行文确认该房屋的产权归属，原告对该处理不服，根据我院《关于贯彻执行〈民事诉讼法（试行）〉若干问题的意见》第

43 条之规定，应告知其向有关部门申请解决。

以上意见供参考。

附：

河北省高级人民法院的请示报告

最高人民法院：

我省定兴县固城镇四街韩玉山与县房地产公司为房产案，在法院应否受理问题上，意见不一，特向你院请示，现将情况报告如下：

原告：韩玉山，男，64 岁，定兴县固城镇四街人。

被告：定兴县房地产公司。

法定代表人：郝文才，定兴县房地产公司经理。

第三人：定兴县固城镇四街村民委员会。

法定代表人：田振然，定兴县固城镇四街村委员会主任。

原告之父韩洛翠（1953 年去世）1937 年盖房 28 间，解放前曾被国民党部队占用，韩洛翠于 1948 年给儿子分家（现争议 28 间房屋未分）。土改时，其子、孙均以自己的名义将所分的房产填发了土地证，韩洛翠及其子定为中农成分。韩玉山称，这 28 间房其父韩洛翠填写了土地证，但举不出证据。经查，土改时的村干部，有的证明土改时韩洛翠未承认该房是他家的，怕提高成分；有的证明韩家的土地房产没有改出去，解放时，该房由人民政府接管，不久由学校占用，在此期间，学校的粪便由原告家收取。1957 年固城县医院占用该房，1961 年、67 年医院经公社同意曾两次搬出搬进。1978 年镇医院要与县房产公司订立租赁合同时，因固城镇四街村委会提出异议租赁未成，学校、医院占用该房期间，未向任何人交过房租，只是对房产进行了局部修缮，没有大的改动。

1984 年韩玉山等向定兴县信访办公室上访，要求收回 28 间房产。

定兴县落实私房政策办公室于 1988 年 1 月 5 日文字通知韩玉山"该房解放前由国民党还乡团做据点，解放后由人民政府接管。土改时你家放弃产权登记。根据最高人民法院《关于贯彻执行民事政策几个问题的意见》第二条第一款的指示，报请政府常委会议研究决定，原 28 间房的产权仍归国家所有。"韩玉山不服，1988 年 8 月 22 日定兴县政府行文再次强调固城医院 28 间房产属于公产，产权由房管所移交给固城医院。固城镇四街村委会认为：此房土改时房主未进行产权登记，未明确收归国有，县政府将此房定为公产不妥，如不归还韩玉山，应归村委会所有。固城镇医院根据县政府行文要拆除全部旧房重建（已拆掉 3 间）。因韩玉山阻拦致使医院翻建工程无法进行。韩玉山曾向县法院起诉，县法院认为，此房屋纠纷属于土改遗留问题，一直未受理，但定兴县有关领导却让县法院立案处理。经研究，我们认为，此房产纠纷属于土改遗留问题，定兴县落实房地产政策办公室和县人民政府行文明确此房归国家所有，如韩玉山不服应向有关上级主管部门申请解决,法院不受理。固城医院翻建房屋受到韩玉山等人阻拦,无法施工,如以韩玉山侵权为由向县法院起诉,法院应当受理。但在审理中是否涉及定兴县政府行文,我院有两种意见:

1. 审理此案时,法院无权撤销或变更县政府行文,故不审查县政府行文正确与否,只责令韩玉山停止侵害。

2. 审查此案时,应审查县政府行文是否正确,如不符合政策和法律规定,可以变更或撤销,依据政策和法律作出判决。

我们倾向第一种意见。

因对此类问题如何掌握拿不准,特请示。

最高人民法院
关于对土改时祖遗房产填写土地房产证后的产权确认问题的复函*

1990年2月5日　　　　　　　　　　　　　　〔1989〕民他字第46号

河北省高级人民法院:

你院冀民〔1989〕150号《关于孙世界、孙世明与孙洪武、孙洪德、孙淑芹房屋继承申诉一案,对土改时祖遗房产填写土地房产所有证后的产权确认问题的请示报告》收悉。经研究,我们同意你院的第一种意见,即双方诉争之六间房产系祖遗房产,其父辈孙履忠、孙履坦兄弟二人未曾分家析产。在土改填发土地房产所有证时,孙履坦将该房产填写在自己名下,但未载明家庭人数,据土改干部证明:"该房是哥俩的,土地证填写谁的名都行。"因此,该房产应视为孙履忠、孙履坦之父遗产,按先析产后继承的原则处理为宜。具体如何分割,请根据实际情况酌定。

以上意见,供参考。

---

* 也作"最高人民法院关于孙世界、孙世明与孙洪武、孙洪德、孙淑芹房屋继承申诉案的复函"。

最高人民法院
关于周维华诉周维鸿房屋纠纷案的复函

1990年3月10日　　　　　　　　　　　　〔1989〕民他字第51号

云南省高级人民法院：

你院民申字〔1989〕第039号请示报告收悉。经研究，我们同意你院的处理意见，即本案当事人讼争之179号房屋在1947年购买时，买契上所载的是周维辉（即周维鸿）的名字；1953年昆明市人民政府进行换证，仍以周维鸿的名字登记，并一直由周维鸿管理使用至今。诉讼过程中周维华又举不出有力证据来证明其产权主张。据此，讼争之179号房屋应认定为周维鸿所有。

以上意见供参考。

最高人民法院
关于周凯诉韩俊房屋纠纷案的复函*

1990年3月28日　　　　　　　　　　　　〔1989〕民他字第59号

吉林省高级人民法院：

你院吉法民监字〔1988〕第9号《关于周凯诉韩俊房屋纠纷案的请示报告》及所附案卷十五宗均已收悉。经阅卷并征求了国家土地管理局和建设部的意见后，我们研究认为：周凯与韩俊双方诉争的三间房屋，在建房前虽未签订合建协议，批件和房照也是周凯一人的，但从周凯申请批件后，韩俊即将其棚厦拆除，然后双方投工投料进行建房，建成后又各居住管理一间半房等事实来看，说明双方事先不是没有约定的。因此，基于双方投工投料的共建事实，诉争之房应为双方共有。你院审理时，如能调解为共有就尽量调解解决，调解不成时也可以按共有进行判决。

---

* 也作"最高人民法院关于以一方名义申请双方投工投料，建成后共同住用的房产可认定为共有的复函"。

最高人民法院
关于湘潭市穆斯林事务管理小组诉
金麦秋等房屋产权案的复函

1990年4月9日 〔1989〕民他字第27号

湖南省高级人民法院：

你院〔1989〕民请字第1号《关于湘潭市穆斯林事务管理小组诉金麦秋、金国平房屋产权一案的请示报告》收悉。经我院研究认为：鉴于本案讼争房屋产权的历史和解放以来的状况，目前判决确认该讼争之厢房产权的归属，可能引起不良后果。因此，请你院先与有关部门联系，建议由有关部门对金麦秋、金国平两户从优妥善安置新的住房后，再动员其从寺内厢房搬出，将该房交穆斯林事务小组管理。该房产权归属问题，可待后视情再定。

最高人民法院
关于兴化县大垛乡政府诉孙鸿祥
房屋纠纷一案的复函

1990年6月13日 〔1989〕民他字第13号

江苏省高级人民法院：

你院《关于兴化县大垛乡政府诉孙鸿祥房屋纠纷一案的请示报告》收悉。

据报告和补充材料述称：孙鸿祥家土改前有祖遗平房4间和楼房16间，楼房出典给刘铜章开诊所。土改时，孙、刘两家均定为地主成分。孙家的土地证上载明分给平房四间，楼房未作登记。土改后，孙家将楼房赎回并租给他人开商店至1956年。公私合营后，由大垛乡政府使用该楼。1982年，孙家以该楼在土改时未分出为由占住。1983年10月，乡政府以该楼在土改时已归公为由提起诉讼。第一、二两审法院判决该楼房为公产。

经我院审判委员会第452次会议研究认为：根据土改时孙鸿祥被定为地主成分及土地证上只明确为其保留4间平房的情况，其余房屋应在没收之列，原审认定本案诉争楼房为公产的判决应予维持。但在具体执行时，要考虑历史的原因及孙家现在居住条件等实际情况，妥善处理。

最高人民法院
关于向勋珍与叶学枝房屋纠纷一案的复函

1990年11月15日　　　　　　　　　　　　　　〔1990〕民他字第45号

贵州省高级人民法院：

你院〔90〕民请字第7号《关于向勋珍与叶学枝房屋纠纷一案的请示报告》收悉。经研究认为：宁国锋夫妇于1929年、1946年先后死亡，所遗房屋由三子宁让祥一家一直居住至今，其他子女宁福英、宁雪冰、宁让贤于1986年以前先后死亡，他们生前均未表示放弃继承。根据我国《继承法》第25条和我院《关于贯彻执行〈中华人民共和国民法通则〉若干问题的意见（试行）》第177条的规定和该案具体情况，宁氏姐弟对其父母所遗房产可视为接受继承，并对未分割的房产享有共有权。据此，我们基本同意你院的第二种意见，即宁雪冰之妻向勋珍现提出分割共有房屋，可按分割共同财产的诉讼请求处理。但鉴于叶学枝一家居住、使用房屋达四十多年等情况，为稳定住房秩序，可由叶学枝给予向勋珍等转继承人适当补偿。

附：

贵州省高级人民法院
关于向勋珍与叶学枝房屋纠纷一案的请示报告

1990年7月14日　　　　　　　　　　　　　　〔1990〕民请字第7号

最高人民法院：

我省毕节地区中级人民法院于1989年12月26日以〔1989〕民上字第421号请示报告就和向勋珍与叶学枝房屋继承纠纷一案的处理意见请示我院。经我院审判委员会研究得出了两种意见，现将案情意见分述如下：

　　一、案　情

向勋珍与叶学枝系妯娌关系，双方争执之房位于毕节县燕子口区亮岩中街，是一幢三列两间七柱草木结构房，为其翁婆宁国锋、宁江氏夫妇所遗。宁国锋夫妇生育三子一女，即长女宁福英、长子宁雪冰、二子宁让贤、三子宁让祥。向勋珍系宁雪冰之妻，叶学枝系宁让祥之妻。宁江氏于1929年死亡,宁国锋于1946年死亡。宁福英早年出嫁,宁国锋父子于1938年分锅生活。宁让祥随父生活,宁雪冰、宁让贤另立锅灶。当时的居住情况是:宁国锋、宁让祥居住争执之房正房的一间一、二格;宁雪冰居住争执之房的堂屋上房和正房一间的第三格;宁让贤居住下街三伯宁银周的房子。1948年宁雪冰买得房子后另居,其子宁君辅曾于1950年至1958年在祖遗屋里居住,买房屋后搬走,且祖遗的房屋全部由宁让祥家居住至今。宁福英于1981年死亡,宁雪冰于1986年死亡,宁让贤于1950年死亡,宁让祥于1966年死亡。经一、二审审理,对宁国锋夫妇所遗房屋是否分割无证据证实。

1988年12月29日,向勋珍以祖遗房屋未分割要求继承为由起诉到毕节县法院,毕节县法院认为:宁国锋死亡后发生继承已达43年之久,已超过继承法规定的诉讼时效,向勋珍提出其父母遗产未进行分割要求继承的理由不予维护,于1989年12月26日以〔1988〕毕民字第1039号判决驳回向勋珍起诉。

毕节县法院判决后,向勋珍不服,上诉到毕节地区中级人民法院,上诉审理中向勋珍变更诉讼请求要求分割共有房屋。毕节地区中级人民法院审判委员会讨论后提出两种意见:一种意见认为"自继承开始之日起超过20年的不得再提起诉讼"。根据《中华人民共和国继承法》第八条之规定,应维持原判,驳回向勋珍上诉;另一种意见认为根据《最高人民法院关于贯彻执行〈中华人民共和国民法通则〉若干问题的意见(试行)》第177条规定,"继承开始后,继承人未明确表示放弃继承的,视为接受继承。遗产未分割,即为共同共有"。此案中向勋珍要求分割遗产是合理的,故应撤销原判,依法改判。于1989年12月26日请示我院。

二、我院讨论意见

我院审判委员会于1990年6月26日第63次会议讨论认为:该案具有一定普遍性,为了便于今后处理好类似案件,决定以下列两种意见向你院请示。

(一)宁国锋夫妇于1929年、1946年先后死亡,从最后一个被继承人宁国锋死亡距今已有44年,所遗房屋除三子宁让祥一家一直居住至今外,宁福英、宁雪冰、宁让贤均于1948年前搬出,其后,三个继承人至死均未主张分割祖遗房产,可视为放弃继承。据此应维持第一审处理意见,裁定驳回上诉。

(二)第二审中转继承人向勋珍提出分割共有房屋,应按分割共同财产的诉讼请求进行处理,但鉴于叶学枝一家居住、使用房屋达四十多年,为稳定住房秩序,拟由叶学枝给予向勋珍等转继承人一定补偿。

我院倾向于第一种意见。

以上意见,请予批示。

最高人民法院
关于购房人之一在购房时不完全具备条件，但购房后长期共同居住管理使用，纠纷时已具备完全购房条件的应认定产权共有的复函[*]

1991年8月7日　　　　　　　　　　　　　　〔91〕民他字第14号

海南省高级人民法院：

你院《关于符振清诉颜香芬房屋纠纷申诉一案的请示报告》收悉。经研究认为，该案当事人双方1971年6月合买府城镇达士巷7号第2进梁先觉、黄秀珍夫妇的正屋1间和横屋2眼的事实清楚、证据确凿。双方的买后又长期各半居住、管理、使用，颜香芬也曾承认是与符振清合买。在买房时，符振清虽在昌江县工作，户口不在琼山县府城镇，但符是离休干部，并非农村户籍，且符的妻子及其本人的户口已先后于1974年、1977年均迁入琼山县府城镇，房产部门亦同意给符办理房产契证。据此，同意你院审判委员会多数人的倾向性意见，即认定府城镇达士巷7号第2进正屋1间、横屋2眼系属符振清、颜香芬两人合资购买，产权应当共有。

附：

海南省高级人民法院
关于符振清诉颜香芬房屋纠纷申诉一案的请示报告

最高人民法院：

申诉人符振清因房屋纠纷申诉一案，不服原广东省海南行政区中级人民法院〔1987〕海法民监字第6号民事判决，向我院提出申诉。

符振清与颜香芬系亲戚关系，早年互相要好，原均在昌江县工作。颜香芬于1971年离休后落户于琼山县府城镇，经人介绍想购买府城镇梁先觉、黄秀珍的房屋，因当时颜香芬资金不足，便与符振清商量二人共同合买此房屋。双方于1971年6月23日商妥后，便买下坐落在府城镇达士巷7号第2进梁先觉、黄秀珍（2人夫妻关系）的正屋1间（2房1厅）和横屋2眼。价款3100元，税款186元，共计3286元，第一次付款由

---

[*] 也作"最高人民法院关于申诉人符振清诉被申诉人颜香芬房屋纠纷申诉案的复函"。

符振清亲手交给黄秀珍2700元（其中颜香芬900元），尚欠400元，以后由符、颜二人各寄给黄秀珍200元，税款186元是符振清支付。第一次付款后，双方便到房产部门办理房产契证，因当时政府有规定，户口不在本城镇，不准在本城镇购买房屋。由于符振清当时在昌江县工作，户口不在府城，故房产部门就不同意在契证上署符振清的名字。因此，双方再经磋商同意暂以颜香芬的名字办理了房产契证手续。双方将房买妥后，符、颜双方各半居住、管理（颜住东边，符住西边），至1977年符振清调回府城镇前双方从未发生争议，并各自在其管理居住一边都建造厨房、洗澡间、小便池、猪舍等。1977年符振清调回府城后，颜、符双方即到房产部门要求分开各自产权契证，房产部门开始不同意给办理，以后表示同意办理分契手续，颜却反悔不同意办理，因此各自产权证未能办成。1980年，符振清在府城镇高登里另建房屋，颜香芬便想买下双方争执的房屋（符振清管理、居住的那一半）符当时表示如卖此房可优先卖给颜，加之符当时建房资金款较为紧张，因此颜便给符1200元钱。以后颜香芬对符振清说他只买那排大宅，横宅及后来建造厨房、洗澡间、小便所让符拆除，他不买，双方为此发生争执。从此，颜开始否认符的房屋所有权，并要求符倒出房屋，符不同意，颜香芬于1982年诉讼到法院，请求符振清将屋交出。

琼山县人民法院一审、原广东省海南行政区中级人民法院二审、再审时，均认定双方所争的房屋是符振清和颜香芬共同出资合买，但琼山县人民法院认为：双方所争执的房屋虽是双方合买的，鉴于买房时，按当时广东省城市建设局"关于出卖老房问题的规定"的第3项规定：出售老房应售给有本市、镇户口的职工居民或机关单位，符振清当时户口不在府城镇，是没有条件购买此房的，即使买房也是不合法的，不予保护。故在1984年以琼北法民字第40号民事判决书判决：双方所争执的房屋归颜香芬所有。判决后，符振清不服，上诉于广东省海南行政区中级人民法院。广东省海南行政区中级人民法院以〔1985〕山海民上字第26号民事判决书改判：（一）撤销琼山县人民法院〔1984〕琼法民字第40号民事判决书；（二）琼山县府城镇达士巷7号第2进正屋1间从正厅中间线分开东边房屋归颜香芬所有，西边房屋归符振清所有，东边横屋一眼及东边伙房、猪舍归颜香芬所有。西边横屋一眼及西边伙房、浴房、小便所归符振清所有。（三）1980年6月颜香芬给符振清人民币1200元限符接到判决后1个月内还清。二审判决后，颜香芬不服，向广东省海南行政区中级人民法院申诉。广东省海南行政区中级人民法院以〔1987〕海法民监字第6号民事判决书判决（一）撤销本院（85）山法民上字第26号民事判决书和琼山县人民法院〔1984〕琼法民字第40号民事判决书，（二）争执之府城镇达士巷7号房屋归颜香芬所有；（三）颜香芬尚欠符振清600元，并愿加付1000元，共计1600元给付符振清照准，（四）符振清加盖的厨房、卫生间请有关部门折价由颜香芬支付给符振清；（五）以上款项共计2094.14元，限颜香芬在接到本判决书的第2天起1个月内付清。

宣判后，符振清不服，向我院继续申诉。我院经复查，由审委会决定，此案确有错误，决定提审。

合议庭意见，认为府城镇达士巷7号第2进正屋确系符振清、颜香芬共同合资购买，应为二人共同所有。故合议庭拟判决：一、撤销海南行政区中级人民法院〔1987〕

海法民监字第6号民事判决;二、琼山县府城镇达士巷第2进正屋一间从正厅中间线分开,东边房屋归颜香芬所有,西边屋归符振清所有,东边横屋1眼及东边伙房、猪舍归颜香芬所有,西边横屋1眼及西边伙房、浴房、小便所归符振清所有。

此案经我院审委会讨论,多数人倾向于合议庭意见,但也有不同意见,认为符振清当时购买房屋时,按政府文件规定不具有买房条件,他虽出资了,也是不合法的,法律上不予保护,故府城镇达士巷7号(第2进正屋)两房1厅归颜香芬所有。

如何处理妥当,请最高人民法院批示。

最高人民法院
关于村委会与所属村民小组的土地纠纷案应如何适用政策法律问题的复函[*]

1991年9月25日　　　　　　　　　　　　〔91〕民他字第30号

广西壮族自治区高级人民法院:

你院〔1991〕桂法民请字第2号《关于安怀村公所与三家二队土地纠纷案的请示报告》收悉。经研究并征求国家土地管理局的意见,我院基本同意你院审判委员会的意见,即此案不适用国家土地管理局〔89〕国土(籍)字第73号文件《关于确定土地权属问题的若干意见》第十一条的规定,而应根据国务院国发〔1980〕135号文件批转广西壮族自治区《关于处理土地山林水利纠纷的情况报告》和最高人民法院有关规定中关于一般应以土改、合作化、四固定时的定论为依据的精神,将该讼争之铜鼓岭确认为原所有者安怀村公所所有为宜。至于对三家二队在讼争之地上的作物和其他附属物,可由安怀村公所予以适当补偿,并请注意切实做好有关方面和群众的思想工作。

以上意见,仅供参考。

附:

关于安怀村公所与三家二队土地纠纷案的请示报告

我院受理玉林地区中级人民法院请示的平南县安怀乡安怀村公所与安怀村三家二队土地纠纷上诉案,因涉及适用法律问题特向你院请示。

双方讼争的铜鼓岭,面积约20亩,解放前系地主松山,土改时没收未作分配,

---

[*] 也作"最高人民法院关于安怀村公所与三家二队土地纠纷案如何处理的复函"。

1962年"四固定"时大队曾明确不划分给生产队。但从50年代初起,三家二队一些群众就自发在该岭零星开荒,陆续种植安树、柑果、花生、木茹等,大队均未提出异议。直到1988年发生纠纷时,三家二队才将该岭全部种上甘蔗等作物。安怀乡政府于1988年在该岭旁边建造机砖厂,因用地问题,曾于同年3月21日和7月5日,两次请三家二队社员代表到乡政府协商。当时乡政府提出三条补偿办法,一是每亩减公购粮400斤;二是按生产每块砖给予1.1厘补偿;三是按土地3年产值一次性补偿。以上三条由三家二队社员大会任选其中一条。后因乡政府未取得县有关部门批准未果。1989年3月13日,乡政府直接与安怀村公所签定征用该岭土地协议,补偿给村公所1.8万元,随后乡政府又派员施工,因而引起纠纷。平南县人民政府作出决定,将该岭处理给村公所所有。三家二队不服向法院起诉,平南县人民法院判决归村公所所有。三家二队不服上诉,玉林地区中级人民法院讨论有两种意见,因把握不大,遂向我院请示。

本院审委会讨论认为:讼争之铜鼓岭,土改时没收未作分配,"四固定"时也未下放给生产队,解放后一直为三家二队管理使用,这都是事实。如根据国务院国发〔1980〕135号文件批转广西壮族自治区关于处理土地山林水利纠纷的情况报告中第三点第(二)项中"一般以土改、合作化、四固定时的定论为依据"的规定,则应确认该岭为安怀村公所所有;如根据国家土地管理局〔1989〕国土(籍)字第73号文件关于确定土地权属问题的若干意见中第十一条"农民集体使用其他农民集体所有的土地,凡连续使用已满20年的,应视使用者所有"的规定,则应确认该岭归三家二队所有。但国土(籍)字第73号文件既未公布,又未经国务院批转,也未与最高人民法院会签,故认为该号文件与国发〔1980〕135号文件的规定相抵触的情况下,不好适用。

为此,本案如何适用政策法律,请予审查批示。

最高人民法院
关于陈恩义与泉州制药厂房屋所有权纠纷案的复函

1992年1月23日　　　　　　　　　　　　　〔91〕民他字第55号

福建省高级人民法院:

你院〔1989〕闽法民上字第26号请示收悉。经研究认为,本案当事人讼争房屋的所有权状虽载明业主为陈恩义(泉州地籍图上将该宅地又标名为"陈祖琦"),但该房屋由其父陈祖琦于1937年经手购置并一直管理使用。陈恩义在国外长期居住期间,陈祖琦以代管人的身份与泉州制药厂将房屋翻建,并于1956年、1957年、1965年与制药厂订立房屋产权和租金、税金分配协议的行为,以认定有效为宜。现陈伯恩于其父陈祖琦死后多年,提出其父以陈恩义名义与他人订立的协议无效,要求收回全部翻建房屋,理由不足，不予支持。

最高人民法院
关于庐江县城关供销社诉庐江县
佛教协会房产纠纷案的复函

1992年2月9日　　　　　　　　　　　　　〔1991〕民他字第40号

安徽省高级人民法院：

你院民他字〔1991〕第6号《关于庐江县城关供销社诉庐江县佛教协会房产纠纷一案的请示》收悉。

经研究并征求有关部门的意见后认为：金刚寺是省级重点保护文物"冶父山寺"的附属院，本世纪20年代初，又由冶父山实际寺的海林等和尚募捐重修，并时有佛事活动。以后，虽被有关部门长期占用，但该寺房屋产权并未合法转移。为保护历史文物和双方当事人的合法利益，根据《民法通则》第七十七条"社会团体包括宗教团体的合法财产受法律保护"的规定，我们同意你院审判委员会的倾向性的意见，即：争议的金刚寺二幢大殿及6间厢房产权应返还庐江县佛教协会。庐江县城关区公所在金刚寺院内建造并卖于庐江县供销社的商场楼可判归庐江县供销社所有。

最高人民法院
关于籍德显等九十二户村民讼争土地
纠纷应如何适用法律问题的复函

1992年2月17日　　　　　　　　　　　　　〔91〕民他字第58号

辽宁省高级人民法院：

你院〔1991〕民监字第63号《关于籍德显等九十二户村民诉庄河县长岭镇白家村民委员会土地权属纠纷案件如何适用政策、法律的请示报告》收悉。

据报告称：双方当事人讼争的土地，1961年至1962年期间，当时的长岭公社曾下放给籍德显、籍延君等九十二户村民（以下称申请再审人）所在的白屯生产小队。从1964年起，白家大队对该地进行修整，先后栽种二千余棵果树，并经营管理至1984年春。之后，籍延君等村民强行经营至1988年。庄河县人民法院判决，讼争的土地及果树归白家村所有，申请再审人赔偿白家村经济损失共计 80866 元。申请再审人不服，提起上诉。经大连市中级人民法院调解，双方自愿达成协议如下：讼争的土地归白家村村民委员会所有；在同等条件下，申请再审人对该地上的果园有优先承包权；申请再审人赔偿白家村经济损失共计 22050 元。

经研究，我们认为：二审法院的调解，既尊重了历史事实，又照顾到双方当事人的利益，根据《中华人民共和国民法通则》第七十四条第二款和《中华人民共和国土地管理法》第八条第一款的规定，大连市中级人民法院〔1990〕民上字 242 号民事调解，并无不当。因此，我们同意你院"维持二审法院的处理结果"的意见。

以上意见供参考。

附：

辽宁省高级人民法院
关于籍德显等九十二户村民诉庄河县长岭镇白家村民委员会土地权属纠纷案件如何适用政策、法律的请示报告

1991 年 10 月 13 日　　　　　　　　　　〔1991〕民监字第 63 号

最高人民法院：

我院最近受理一起土地权属纠纷案件，对此案如何适用法律问题，审判委员会讨论有两种意见。为慎重起见，现将案件情况和我院审判委员会的两种意见报告如下：

申请再审代表人：籍德显、籍延君、籍德洋、籍延令，均住庄河县长岭镇白家村，均系农民。

对方当事人：白家村民委员会。

法定代表人：林纲，系村民委员会主任。

一、案件事实

申请再审人籍德显等 365 人（九十二户）系对方当事人白家村民委员会下属的白屯、后白屯的村民。双方争议的山岚位于长岭镇白家村南部，面积为 250 亩。1958 年人民公社化时期，该山岚属于白家村（大队）所有。1961 年 12 月至 1962 年 1 月，当时的长岭公社，根据有关政策规定，将白家等五个大队列为第一批进行基本核算单位下放的大队。据当时白家大队的主要干部证实，现争执的山岚权属，依据当时的政策已下放为白屯生产小队所有。1964 年起，白家大队将现争执的山岚修整后，先后栽种果树二千余棵，成为果园，并经营管理至 1984 年。1983 年冬季至 1984 年春，申请再审人对山岚的权属提出异议，在村委会及当地镇政府未予接受的情况下，于 1984 年 3 月，强行将村委会已发包给他人的部分果园按 366 人（诉讼中死亡一人）平均分到各户经营至 1988 年。1989 年 1 月 15 日，庄河县土地管理局以庄土发〔89〕2 号文件，确认争执

山岚权属没有下放归生产小队，决定该果园归白家村所有，并责令申请再审人等在十日内退还非法侵占的土地及果树。当地土地管理部门决定后，申请再审人等拒不执行，白家村委会遂诉至庄河县法院，要求申请再审人等归还侵占的果园土地并赔偿经济损失。

二、一、二审法院处理情况

庄河县法院经审理认为：争执的山岚权属没有下放，权属仍归白家村所有，申请再审人等强行分山岚及果树是违法的。判决：争执的山岚及果树归白家村所有；申请再审人等赔偿白家村自1984年至1988年承包损失费七万八千八百一十六元，死亡果树损失二千零五十元，合计八万零八百六十六元（按申请再审人人数平均分担）。

一审判决后，申请再审人等不服提出上诉。大连市中级法院经审理认为：1962年农村基本核算单位下放时，250亩山岚已下放给原白屯生产队，但白家村在此地种果树并经营管理多年，根据国家土地管理局〔89〕国土（籍）字第73号《关于确定土地权属问题的若干意见》第十一条，经调解双方达成如下协议：争执果园的土地归白家村所有，在同等条件下，申请再审人有优先承包权；申请再审人赔偿白家村自1984年至1988年承包损失费二万元、死亡果树损失二千零五十元，合计二万二千零五十元，按申请再审人人数平均分担。

二审法院调解后，申请再审人等以二审调解时所适用的法规有错误提出申请再审，大连中院复查后，于1991年3月，书面驳回了申请再审人的申请。申请再审人又向本院提出申请再审。

三、省法院审查情况及处理意见

经我院审查：该案争执的山岚合作化时期属白屯生产队所有；人民公社化后归白家大队（村）所有。对上述事实虽无文字记载，但双方当事人无异议。对于后来山岚权属变化情况，虽然双方当事人各持己见，但均不是当时权属关系变化的经办人。从卷内文字记载可以认定，该公社在1961年12月8日至1962年1月24日，确定第一批基本核算单位下放的五个大队有白家大队，但具体落实情况无文字记载。经查，1961年至1962年期间的大队主要干部六人，其中四人证明现争执山岚已于1961年末、1962年初根据当时的政策要求，已下放给原白屯生产队；另两人证实没有下放，主要理由是下放当时为解决猪场烧柴问题，大队当时提出用温家沟的山岚与现争执山岚兑换。经查，温家沟山岚当时是国有林，至今没有改变国有林的性质，因此，主张兑换的事实不能成立。综上，现争执山岚依据当时的政策要求应当下放，当时大队的主要干部予以证实，故我院同意大连中院对争执山岚下放事实的认定。

对该案如何适用法律，我院审判委员会经讨论有两种意见：

第一种意见认为：《土地管理法》第八条第二款关于"村农民集体所有的土地已经分别属于村内两个以上农业集体经济组织所有的，可以属于各该农业集体经济组织的农民集体所有"的规定，是对土地权属分级所有的原则规定和对原已固定的三级所有形式的承认。国家土地管理局〔89〕国土（籍）字第73号《关于确定土地权属问题若干意见》第十一条"农民集体使用其他农民集体所有的土地，凡连续使用已满二十年的，应视为现使用者所有"的规定,是在贯彻执行土地管理法的实践中,对遇到的一些具体问题作的具体规定。因此"若干意见"与"土地管理法"在形式和内容上不相抵触。据此,"若干意见"第十一条可作为处理本案的参考依据。同时考虑到此类纠纷在当地还有几起,如按此处理,有利于土地管理秩序的稳定。依据上述两点,应维持二审法院的处理结果。

第二种意见认为:国土局"若干意见"第十一条的规定与"土地管理法"第八条二款的规定在内容上似有抵触,且该规章又是在二审期间下发的,即使可以参照也没有溯及力,因此该案不能适用"若干意见",应依据"土地管理法"的规定和本案事实,确定争议土地权属归现村民小组所有。

上述两种意见中,审判委员会倾向于第一种意见,但考虑到本案是集团诉讼案件,为稳妥处理,特向最高人民法院请示。

最高人民法院
关于胡震波诉叶润忠返还财物(邮票)纠纷应如何处理问题的函复

1992年4月8日 〔1992〕民他字第12号

江西省高级人民法院:

你院赣高法民〔1992〕1号《关于胡震波诉叶润忠返还财物(邮票)纠纷案的请示》收悉。经研究并征求有关部门的意见后认为:叶润忠不返还珍贵邮票,是侵害财产权的行为。依据《中华人民共和国民法通则》第一百一十七条和第一百三十四条的规定,应令叶润忠将所借珍贵邮票限期返还胡震波。如果逾期不还,可按略高于市场的价格折价予以赔偿。

以上意见,供参考。

附：

江西省高级人民法院
关于胡震波诉叶润忠返还
财物（邮票）纠纷案的请示

1992年1月17日　　　　　　　　　　赣高法民〔1992〕1号

最高人民法院：

我院接新余市中级人民法院关于胡震波诉叶润忠返还财物（邮票）纠纷一案的案情报告，对进入流通领域作为特殊商品的珍贵邮票，如何定价，是否作价赔偿，存在不同意见，特请示贵院。

原告：胡震波，男，25岁，汉族，新余市人，高中文化，系江西省新余钢铁总厂中板厂职工，住新余市城南商业局宿舍。

委托代理人：胡少波，男，40岁，新钢汽车队工作，住新钢粮店。

委托代理人：胡凌云，男，江西省新余钢铁总厂司法处干部，住苗圃区314栋1楼1号。

被告：叶润忠，男，25岁，汉族，湖南省醴陵市人，高中文化，系江西省新余钢铁总厂第一运输部职工，住该厂单身宿舍。

委托代理人：刘桐雅，男，新余市律师事务所律师。

原告胡震波与被告叶润忠均是集邮者。胡震波要求叶润忠返还一枚特15首都名胜第3枚天安门"天空光芒四射"（也称"放光芒"）珍贵邮票。此邮票是由胡震波的父亲传给胡震波的。1988年3月间，被告叶润忠到胡震波家中，要求欣赏胡震波珍藏的这枚特15"放光芒"邮票，叶润忠看后，主动要求将这枚邮票借出，交由其老师钟国强鉴定真伪，胡震波表示同意。一星期后，原告的父亲发现邮册中的"放光芒"邮票不见了，询问情由，要求胡震波尽快追回。第二天，胡震波即找叶润忠要回这枚"放光芒"邮票，叶润忠告知胡震波邮票已丢失，请求宽限一段时间，让其好好找一找，但叶润忠一直未找到，胡震波三番五次催促叶润忠，要叶尽快返还，叶也曾保证在1988年7月前找到，均没有结果。原告胡震波遂于1988年12月向新余市沧水区人民法院提起诉讼，要求被告叶润忠返还特15"天空光芒四射"珍贵邮票。在诉讼中，原告胡震波坚持要被告叶润忠返还原物，如确实不能返还原物，要求按市场价25000～30000元赔偿，并要保留其追索权，被告叶润忠认为返还原物已不可能，要求按1988年市场调节价进行赔偿。

新中国邮票志号特15"首都名胜"邮票全套五枚，于1956年6月15日发行，其中第三枚为"天空光芒四射"邮票，面值8分，是由我国著名邮票设计家邵伯龄先生设计的，由于历史的原因，印制后认为不妥，故发行前邮电部下令将该枚邮票收缴销毁，并于1957年2月20日另发行一枚补齐全套。但有些城市因邮局管理混乱，早已于发行前发售了此邮票，所以有极少数（知情人反映只有24枚）该枚邮票流入社会，由于是错版未发行邮票，故极为珍贵，据省集邮协会反映其珍贵程度，在我国建国后发行邮票中名列第二位。

在一审法院审理期间，新余市邮票公司出具证明："特15首都名胜第四枚（应为第三枚）未正式发行'天空光芒四射'邮票，据南昌八一公园邮票市场于〔1991〕6月23～24日成交一枚（南昌日戳1956年）天空光芒四射邮票成交额贰万伍千至叁万元左右，主要看品相好坏来决定，轰动了南昌市集邮界。据了解，该枚邮票就是我市这枚邮票，盖日戳和地点、时间基本相符。"

江西省集邮协会也出具证明："目前此枚票（指天空光芒四射邮票）在集邮界，旧上品交换价值在贰万伍千元左右。"

另外，承办人走访江西省集邮协会时，座谈中接待我们的常务理事彭裕生同志说："如果你有这枚票，二万元，我马上可以找到买主。"另一位常务理事沈重先生说："这枚票，要四万元啊！"他们表示：正式出具证明，不便把价格写得太高。

新余市渝水区人民法院审理后认为：被告叶润忠借原告胡震波的珍贵邮票，应该妥善保管，因保管不善给原告造成的损失能够返还原物的，应该返还原物，不能返还则应该赔偿损失。该枚邮票因是错版未发行邮票，且有极少几枚已在市场上流通而增加其收藏价值，其市场买卖价格与国家邮票价格手册所定价相差很大，被告应按市场价格赔偿给原告，但因该枚邮票是全国首次在南昌市场上交换，可以比照1991年6月在南昌八一公园的市场价进行赔偿，被告应赔偿原告人民币25000元，由于从未处理过此类案件，没有这方面的处理经验，且邮票有国家定价和市场议价，二者相关很大，故请示新余中级人民法院。新余市中级法院处理此类案件没有把握，又请示本院。

本院审判委员会讨论认为：邮票被认为"国家名片"，在某种意义上讲又是一种艺术品，具有很高的收藏价值。邮票作为一种特殊商品，其价格主要由以下诸因素决定：一、印量、存世量，数量越少，价格越高。二、收藏人数，数量越多即集邮者越多，价格越高。三、发行时间越久，价格越高。四、设计、印刷，越精美越受欢迎。五、差错、变体，往往价格奇高。六、系列邮票的第一种。特15首都名胜第三枚天安门"天空光芒四射"邮票，除最后一项外，其他因素均具备。"放光芒"邮票，由于历史原因未发行，但却有极少数流入社会，作为错版邮票，其价值是与日俱增的。据省集邮协会的同志介绍，此枚邮票大概仅有南昌发售了，全国极为罕见，在目前列我国建国后出版邮票市场价的第二位，在我省列为首位。

被告叶润忠借用原告胡震波的珍贵邮票，理应妥善保管，按期返还，因保管不善致使借用物灭失、毁损或减低使用价值，不能返还原物的，借用人应征得被借用人同意，以等价的货币或其他实物抵偿。"天空光芒四射"邮票是珍贵邮票，作为特定物，不能返还原物，应当赔偿损失。同时对于坚持要求返还原物的原告来说，应保留其追索权。保留原告追索权，既是对财产——珍贵邮票合法所有权人的合法权益的有效保护，又可防止不法侵害人有机可乘，钻法律的空子。被告人叶润忠作为一名集邮者，对"放光芒"珍贵邮票是看得很重的，其遗失的可能性不大，完全有可能还在被告手中，因此，一致认为,保留原告胡震波对"放光芒"邮票的追索权是十分必要的。

在赔偿数额方面,讨论认为,鉴于邮票是否真正遗失有两种可能性,如果邮票遗失了,那么判决被告赔偿25000元,似乎让被告吃哑巴亏;如果邮票没有遗失,判决赔偿25000元,而被告以35000元甚至更高价出售,那么被告净赚10000元甚至更多,显然被告占了便宜。因此,在赔偿数额上,有两种不同的意见:

第一种意见认为:

由于"天空光芒四射"珍贵邮票是错版未发行邮票,按照国家有关部门的规定,是没有定价的,因为从理论上讲没有发行,当然也就没有定价了,但由于某种特殊原因,又确实流入到社会上,在集邮市场上流通,量少收藏价值大,价格是会不断上升的。参照《最高人民法院关于贯彻执行〈中华人民共和国民法通则〉若干问题的意见(试行)》第一百二十六条"借用实物的,出借人要求归还原物或者同等数量、质量的实物应当予以支持;如果确实无法归还实物的,可以按照或者适当高于归还时市场零售价格折价给付"之规定,又有我省集邮协会的"旧上品交换价值在贰万伍千元左右"的证明,因此,被告叶润忠赔偿数额可以按30000元给付。

第二种意见主张不判具体赔偿多少,只保留原告的追索权。

审判委员会倾向第一种意见。

以上意见当否,请批复。

最高人民法院
关于周祖德、周祖明等诉周祖华、周祖荣等房屋纠纷一案的复函

1992年7月13日　　　　　　　　　　　〔92〕民他字第24号

贵州省高级人民法院:

你院1992年1月13日《关于周祖德、周祖明等诉周祖华、周祖荣等房屋纠纷一案的请求报告》收悉研究,答复如下:

原、被告双方争议的街面房屋系其祖父母周树堂(1943年故)、周邱氏(1980年故)于1936年购置。1951年土改时确定,周家房屋不进不出。周邱氏在去世前一直居住此房,双方当事人都不能证明已分家析产。周祖华等所持土地房产证系其父周先富1954年自报的,证上无周邱氏的名字,却有土改后出生的周祖华、周祖萍的名字,所以该证没有真实反映周家土改时的实际情况。据此,我们同意你院审判委员会的第二种意见,即争议的房屋应认定为周邱氏夫妇的遗产,并按法定继续处理为宜。

最高人民法院
关于已公私合营清产核资折价入股的
房屋属国家所有的复函*

1992年7月31日　　　　　　　　　　　　　　　〔1992〕民他字第21号

辽宁省高级人民法院：

你院1992年4月15日〔1991〕民监字第76号《关于大连中药厂与周淑清房屋产权纠纷一案的请示》收悉。

经我们研究认为：1956年公私合营时，瑞生药房依照当时的政策规定，对房屋及其他低值易耗品，经过清产核资已折价入股；私房代表人张锡九（周淑清的丈夫）领取了股息，并为其女儿安排了工作。公私合营后，大连中药厂将诉争房屋纳入国有固定资产管理使用至今，并一直交纳房地产税。据此，我们同意你院审判委员会的意见，即诉争房屋已公私合营，产权属国家所有，由大连中药厂管理使用。

以上意见，供参考。

最高人民法院
关于国营老山林场与渭昔屯林木、
土地纠纷如何处理问题的复函

1992年7月31日　　　　　　　　　　　　　　　〔92〕民他字第20号

广西壮族自治区高级人民法院：

你院1992年4月10日《关于国营老山林场与渭昔屯林木、土地纠纷案的请示报告》收悉。经研究，答复如下：

国营老山林场与渭昔屯讼争的渭贵沟、渭贵坡位于渭昔屯村背后约3公里处。解放前后渭昔屯村民曾在该地割草、放牧，1961年，1962年曾在该地垦荒种植农作物。1965年老山林场将该地纳入林场扩建规划，并从1967年至1968年雇请民工种植杉木，但未经有关部门批准将该地划归老山林场。纠纷发生后，当地人民政府将该地确权归渭

---

* 也作"最高人民法院关于大连中药厂与周淑清房屋产权纠纷一案的复函"。

昔屯所有。据此，为了保护双方当事人的合法权益，我们基本上同意你院审判委员会的意见，即：本案可视为林场借地造林，讼争的土地权属归渭昔屯所有，成材杉木林归老山林场所有，由林场给渭昔屯补偿一定的土地使用费。

此案政策性较强，且矛盾容易激化，请你院主动取得区委、区政府的支持，并与有关部门联系，共同做好双方当事人的息诉工作。

最高人民法院
关于王维新与长春市电子仪器厂房屋纠纷案应如何处理的复函

1992年8月20日　　　　　　　　　　　　〔1992〕民他字第14号

吉林省高级人民法院：

你院1991年12月27日《关于王维新与长春市电子仪器厂房屋纠纷一案的请示报告》收悉。经研究，答复如下：

王维新与长春市电子仪器厂没有订立房屋买卖契约，只有1970年长春市电子仪器厂付给王维新之妻刘瑞清借房费和交房款的两张各500元的借据。从1970年至诉讼前，长春市电子仪器厂并未取得当地县以上人民政府允许购买讼争私房的批件，且该厂现在又不需使用该房。长春市房地产管理局，长春市人民政府信访办公室的处理意见也不予承认双方的交易。据此，我们认为，按照我国关于机关、团体、部队、企业事业单位不得擅自购买或变相购买城市私有房屋的一贯政策法律规定，此案不适用我院〔85〕法民字第14号批复，你院审判委员会第二种意见是适当的，即双方买卖关系不成立，即使存在买卖关系，也应视为无效。鉴于双方当事人都有规避法律、政策的行为，终审判决后，吉林省房地产开发公司已善意有偿取得了讼争房屋，具体处理时，请你院根据此案的实际情况，妥善解决。

最高人民法院
关于喻德生诉解才亨房屋纠纷一案的复函

1993年3月20日　　　　　　　　　　　　　〔1992〕民他字第54号

江西省高级人民法院：

你院《关于喻德生与解才亨房屋产权申诉案的请示报告》收悉。经研究答复如下：

据报告称，永丰县恩江镇八一街解家巷22号4间砖瓦平房的产权早在1947年即由解才亨取得。此后，解才亨就一直以产权人的身份与喻德生建立租赁关系，并收取租金。土改时，该房屋的产权并未变动。经房屋普查，1987年9月永丰县人民政府给解才亨颁发了该宅院的《城乡建房宅基地使用证》。据此，对承租人喻德生主张该房屋产权不应予以支持。

最高人民法院
关于叶秀妹与寿宁县饮食服务公司房屋确权纠纷的复函

1993年11月6日　　　　　　　　　　　　　〔1993〕民他字第11号

福建省高级人民法院：

你院1993年3月17日关于叶秀妹与寿宁县饮食服务公司房屋纠纷一案的请示报告收悉。据你院报告认定的事实，经研究认为，原国营寿宁旅社购买叶家的店屋未经房屋共有人同意，而且违背国家关于机关、部队、团体、企业、事业单位不经县以上人民政府批准，不得擅自购买私有房屋的一贯政策，寿宁县饮食服务公司对讼争之房并无特殊需要，故此案不适用我院〔1985〕法民字第14号《关于国营企业购买私房已经使用多年经补办批准手续后可承认买卖关系有效的批复》。据此，我们同意你院审判委员会第二种意见，即叶旦忠与原地方国营寿宁旅社的房屋买卖应属无效。在具体处理上，请你院根据实际情况妥善解决。

以上意见，供参考。

附：

福建省高级人民法院
关于叶秀妹与寿宁县饮食服务公司房屋确权纠纷申请再审一案的请示报告

（1993年3月17日）

最高人民法院：

我院在复查叶秀妹与寿宁县饮服公司房屋确权纠纷申请再审一案中，就如何适用最高人民法院《关于国营企业购买私房已经使用多年经补办批准手续后可承认买卖关系有效的批复》（〔1985〕法民字第14号）问题，把握不准，特请示你院。现将案情和处理意见报告如下：

申诉人（原审原告）叶秀妹，原有祖遗房屋一座，店铺一间，坐落于寿宁县城关解放街42号。1952年土改时，上述店屋由县政府确权给叶秀妹、兄叶旦忠、母胡双妃三人共有。1958年地方国营寿宁旅社（即原审被告寿宁县饮食服务公司的前身）因扩大商业网点，"平调"了叶秀妹等人共有的店屋，叶家被安排到其他地方暂住。1959年1月国家开始纠正"平调"问题，但地方国营寿宁旅社未将占用的店屋退还给叶秀妹等人。1959年5月，经地方国营寿宁旅社负责人叶明恭的多次动员，叶旦忠将共有店屋作价700元卖给地方国营寿宁旅社，并订立了买卖契约，买卖双方、监证人、中证人等都在契约上签字盖章，但没有店屋共有人叶秀妹、其母胡双妃的签字和印章。地方国营寿宁旅社购私房未经县以上人民政府批准。嗣后叶旦忠携房屋卖价款前往他地谋生。1962年叶旦忠乘回寿宁探亲之际，以地方国营寿宁旅社借"共产风"强迫其出卖店屋为由，向寿宁县法院起诉，要求赎回店屋。经一、二审法院审理确认：叶旦忠与地方国营寿宁旅社房屋买卖关系有效，驳回叶旦忠的诉讼请求。当时叶秀妹未要求参加诉讼，法院也未通知其参加诉讼。1985年，寿宁县饮服公司（原地方国营寿宁旅社）欲将该店屋作价3.4万元出卖给个体户。叶秀妹知道后上访县委、县政府，要求饮服公司退房，在县委的干涉下，买卖未成。1987年4月，寿宁县政府将讼争店屋作为饮服公司的公产，收归县政府另行安排。同年7月，县政府将店屋划拨归县税务局使用。1987年8月，叶秀妹以叶旦忠出卖共有店屋未经其他共有人同意，买卖系强迫所致，原地方国营寿宁旅社擅购私房，违反了1968年中共中央批转中央书记处第二办公室《关于城市私有房产基本情况及进行社会主义改造的意见》中有关禁止公买私房的规定等为由，诉至法院，请求确认叶旦忠与地方国营寿宁旅社房屋买卖关系无效，饮服公司退还店屋。诉讼中叶秀妹搬入原房居住至今。

一审寿宁县法院认为：该案1962年已经二审判决发生法律效力，现原告叶秀妹以同一标的、同一法律关系，向本院提起诉讼请求，应按申诉处理。因此，裁定驳回原告叶秀妹的起诉。

二审宁德地区中级人民法院以相同的理由裁定驳回叶秀妹的上诉，维持一审的裁定。

二审裁定生效后，叶秀妹仍不服判，在宁德地区中级人民法院驳回其申诉后，又多次向本院提出申诉，请求再审。在本院对该案进行复查期间，寿宁县政府于1993年1月4日，作出了《关于同意饮服公司补办买房批准手续的批复》。

案经我院审判委员会讨论认为：叶旦忠出卖店屋，尚未达到被"胁迫"的程度，但亦非出于自愿要求出售。1958年地方国营寿宁旅社借"共产风""平调"在先，1959年虽在进行"平调"处理，但地方国营寿宁旅社未将占用的店屋退还叶家，在经多次动员的情况下叶才与其订立买卖契约，多少有些勉强。叶旦忠出卖共有店屋，虽未经其他共有人同意，但当时叶秀妹明知而未反对。因此，对叶秀妹以叶旦忠出卖店屋系强迫所致，出卖店屋未经其他共有人同意为由，请求确认买卖关系无效不予支持。

但是对于原地方国营寿宁旅社未经县级政府批准，擅购城镇私房，违反当时党和国家关于禁止公买私房的规定，时至今日（1993年1月）省院复查此案阶段才由县政府补办批准手续，是否能确认房屋买卖关系有效问题，存在二种不同意见。

一种意见认为：饮服公司购买并使用讼争店屋至1985年，1987年县政府将此房屋收归政府另行安排，同年7月又将其划拨给县税务局使用，现县政府又补办了饮服公司的买房批准手续，为了稳定财产关系，以免引起其他连锁反应，参照最高人民法院〔1985〕法民字第14号批复的精神，可承认原地方国营寿宁旅社与叶旦忠的房屋买卖关系有效。

另一种意见则认为：叶旦忠出卖店屋非出于自愿，而原地方国营旅社购房无特殊需要，1985年饮服公司还欲将讼争店屋出售给他人，并且早在1962年叶旦忠就对买卖关系提出异议，此店屋买卖关系不符合补批的条件，不能适用〔1985〕法民字第14号批复的精神。因此，从法律上讲，买卖关系应属无效。但是至于如何处理应灵活掌握，可先征求寿宁县政府的意见，若县政府的处理意见双方当事人能接受，法院就无须再审本案，可作为法院内部总结经验教训。否则，应指令宁德地区中级法院再审本案，并建议宁德中院自行再审叶旦忠与地方国营寿宁旅社房屋买卖纠纷一案，予以纠正。

我院倾向于第二种意见。以上意见当否，请批复。

最高人民法院
关于深圳市装饰工程工业总公司与深圳市金光企业股份有限公司、原审第三人沈阳军区驻深圳办事处房屋产权案的复函

(1994年8月31日)

广东省高级人民法院：

你院〔1993〕粤民终字第 52 号《关于审理上诉人深圳市装饰工程工业总公司与被上诉人深圳市金光企业股份有限公司、原审第三人沈阳军区驻深圳办事处房屋产权纠纷一案的请示》收悉。我院对此案曾有过明确意见。经再次研究认为：在宁夏回族自治区高级人民法院审理的辽宁省国际信托投资公司和辽宁省对外经济发展公司诉深圳金光公司合作经营羊绒纠纷案件中，深圳装饰公司不是该案法律关系的当事人。在该案审理过程中，装饰公司也未申请参加诉讼或主张权利。宁夏回族自治区高级人民法院作出一审判决生效后，在执行过程中装饰公司主张被执行房产的产权，对此，在程序上应按照民事诉讼法第二百零八条以及我院关于适用民事诉讼法若干问题的意见第 257 条、第 258 条的规定，作为执行中的案外人提出异议来处理，而不应把已经作为生效判决执行标的的房屋产权又作为另一案件法律关系的标的。因此，深圳市中级人民法院一审裁定驳回装饰公司的起诉是正确的，你院对本案应从程序上作出处理，维持一审裁定。请你院依照民事诉讼法有关审限等问题的规定，尽快审结此案，并将处理结果报告我院。

最高人民法院
关于青岛市市北区人民法院划拨郑州市东方红石油化工厂汇入大庆市龙凤区龙庆化工厂账户的 1385 万元归属问题的处理决定

1995年5月31日　　　　　　　　　　　　　　法〔1995〕98号

山东省高级人民法院：

经查：1993 年 4 月 5 日，中国青岛国际经济技术合作公司（下称青岛公司）与大庆市龙凤区龙庆化工厂（下称龙庆化工厂）、大庆永发企业经济贸易总公司（下称永发

公司）签订了《联营协议》。依据该协议，青岛公司将1150万元经营原油资金汇入了龙庆化工厂指定的中国人民建设银行龙凤专业支行（下称龙凤支行）龙庆化工厂的临时账户。青岛公司与龙庆化工厂的有关人员在龙凤支行办理了预留印鉴手续。同年5月22日，龙庆化工厂和永发公司凭以上预留印鉴从该款中支出1120万元。

1993年6月20日，龙庆化工厂又与石油化工厂签订了订购原油《协议书》，石油化工厂在履行该协议过程中，由郑州市工商银行五里堡支行工作人员陈红钦携带汇款1460万元到大庆，将该款以特户存入大庆市工商银行营业部。同年6月29日，根据龙庆化工厂委托代理人吴永发（永发公司经理）的要求，将该款转入龙凤支行龙庆化工厂的上述临时账户，并在龙庆化工厂与青岛公司工作人员曹延明预留印鉴的印鉴卡片背面，将曹延明的身份证号码划掉，更换了陈红钦的姓名及身份证号码，吴永发并将龙庆化工厂的财务专用章、郑宝和曹延明的印章都交给了陈红钦。

经本院审判委员会讨论认为：吴永发将上述三枚印章交给陈红钦的行为说明，1460万元虽然汇入龙庆化工厂的临时账户，但龙庆化工厂尚无权支配该款，而龙庆化工厂与石油化工厂对该款的支配有约定。根据《中华人民共和国民法通则》第七十二条的规定，该款所有权尚未转移，仍应归石油化工厂所有。青岛市市北区人民法院受理青岛公司诉龙庆化工厂合同纠纷一案后，于1993年7月2日划拨龙庆化工厂在龙凤支行临时账户上的存款1385万元属不应划拨的款项。据此，本院决定：上述1385万元款项应立即退还石油化工厂。

最高人民法院研究室关于如何认定买卖合同中机动车财产所有权转移时间问题的复函

2000年12月25日　　　　　　　　　　法研〔2000〕121号

陕西省高级人民法院：

你院陕高法〔2000〕50号《关于如何认定机动车财产所有权转移时间的请示》收悉。经研究，答复如下：

关于如何认定买卖合同中机动车财产所有权转移时间问题，需进一步研究后才能作出规定，但请示中涉及的具体案件，应认定机动车所有权从机动车交付时起转移。

最高人民法院
关于章春云等与张文斌房地产确权纠纷案的复函

2001年9月3日　　　　　　　　　〔2001〕民监他字第16号

广东省高级人民法院：

你院请示收悉，经研究，答复如下：

依据最高人民法院《关于贯彻执行〈民法通则〉若干问题的意见（试行）》第89条的规定，本案第三人张文斌通过买卖交易方式取得的42号房产行为，应该认定为有效。首先，从章春云与章玉生养父子关系以及丘银英遗嘱上看，章玉生是42号房产权共有人之一。其次，在双方签订房屋买卖协议时，章玉生持丘银英为所有权人的房屋权证、丘银英的公证遗嘱，将上述房产出卖给张文斌，张文斌只能认为章玉生是该房屋产权人，对其只享有部分房产权的事实是不知道的。张文斌已按照房屋买卖协议的约定，全部履行了付款义务，办理了房屋过户手续，取得了该房屋所有权证。因此，第三人善意、有偿取得的房产，依法予以保护。

（三）用 益 物 权

最高人民法院关于审理涉及国有土地使用权合同纠纷案件适用法律问题的解释

法释〔2005〕5号

（2004年11月23日最高人民法院审判委员会第1334次会议通过 2005年6月18日最高人民法院公告公布 自2005年8月1日起施行）

根据《中华人民共和国民法通则》、《中华人民共和国合同法》、《中华人民共和国土地管理法》、《中华人民共和国城市房地产管理法》等法律规定，结合民事审判实践，就审理涉及国有土地使用权合同纠纷案件适用法律的问题，制定本解释。

一、土地使用权出让合同纠纷

第一条　本解释所称的土地使用权出让合同，是指市、县人民政府土地管理部门作为出让方将国有土地使用权在一定年限内让与受让方，受让方支付土地使用权出让金的协议。

第二条　开发区管理委员会作为出让方与受让方订立的土地使用权出让合同，应当认定无效。

本解释实施前，开发区管理委员会作为出让方与受让方订立的土地使用权出让合同，起诉前经市、县人民政府土地管理部门追认的，可以认定合同有效。

第三条　经市、县人民政府批准同意以协议方式出让的土地使用权，土地使用权出让金低于订立合同时当地政府按照国家规定确定的最低价的，应当认定土地使用权出让合同约定的价格条款无效。

当事人请求按照订立合同时的市场评估价格交纳土地使用权出让金的，应予支持；受让方不同意按照市场评估价格补足，请求解除合同的，应予支持。因此造成的损失，由当事人按照过错承担责任。

第四条　土地使用权出让合同的出让方因未办理土地使用权出让批准手续而不能交付土地，受让方请求解除合同的，应予支持。

第五条　受让方经出让方和市、县人民政府城市规划行政主管部门同意，改变土使用权出让合同约定的土地用途，当事人请求按照起诉时同种用途的土地出让金标准调整土地出让金的，应予支持。

第六条　受让方擅自改变土地使用权出让合同约定的土地用途，出让方请求解除合同的，应予支持。

二、土地使用权转让合同纠纷

第七条　本解释所称的土地使用权转让合同，是指土地使用权人作为转让方将出让土地使用权转让于受让方，受让方支付价款的协议。

第八条　土地使用权人作为转让方与受让方订立土地使用权转让合同后，当事人一方以双方之间未办理土地使用权变更登记手续为由，请求确认合同无效的，不予支持。

第九条　转让方未取得出让土地使用权证书与受让方订立合同转让土地使用权，起诉前转让方已经取得出让土地使用权证书或者有批准权的人民政府同意转让的，应当认定合同有效。

第十条　土地使用权人作为转让方就同一出让土地使用权订立数个转让合同，在转让合同有效的情况下，受让方均要求履行合同的，按照以下情形分别处理：

（一）已经办理土地使用权变更登记手续的受让方，请求转让方履行交付土地等合同义务的，应予支持；

（二）均未办理土地使用权变更登记手续，已先行合法占有投资开发土地的受让方请求转让方履行土地使用权变更登记等合同义务的，应予支持；

（三）均未办理土地使用权变更登记手续，又未合法占有投资开发土地，先行支付土地转让款的受让方请求转让方履行交付土地和办理土地使用权变更登记等合同义务的，应予支持；

（四）合同均未履行，依法成立在先的合同受让方请求履行合同的，应予支持。

未能取得土地使用权的受让方请求解除合同、赔偿损失的，按照《中华人民共和国合同法》的有关规定处理。

第十一条　土地使用权人未经有批准权的人民政府批准，与受让方订立合同转让划拨土地使用权的，应当认定合同无效。但起诉前经有批准权的人民政府批准办理土地使用权出让手续的，应当认定合同有效。

第十二条　土地使用权人与受让方订立合同转让划拨土地使用权，起诉前经有批准权的人民政府同意转让，并由受让方办理土地使用权出让手续的，土地使用权人与受让方订立的合同可以按照补偿性质的合同处理。

第十三条　土地使用权人与受让方订立合同转让划拨土地使用权，起诉前经有批准权的人民政府决定不办理土地使用权出让手续，并将该划拨土地使用权直接划拨给受让方使用的，土地使用权人与受让方订立的合同可以按照补偿性质的合同处理。

三、合作开发房地产合同纠纷

第十四条　本解释所称的合作开发房地产合同，是指当事人订立的以提供出让土地使用权、资金等作为共同投资，共享利润、共担风险合作开发房地产为基本内容的协议。

第十五条　合作开发房地产合同的当事人一方具备房地产开发经营资质的，应当认定合同有效。

当事人双方均不具备房地产开发经营资质的，应当认定合同无效。但起诉前当事人一方已经取得房地产开发经营资质或者已依法合作成立具有房地产开发经营资质的房地产开发企业的，应当认定合同有效。

第十六条　土地使用权人未经有批准权的人民政府批准，以划拨土地使用权作为投资与他人订立合同合作开发房地产的，应当认定合同无效。但起诉前已经办理批准手续的，应当认定合同有效。

第十七条　投资数额超出合作开发房地产合同的约定，对增加的投资数额的承担比例，当事人协商不成的，按照当事人的过错确定；因不可归责于当事人的事由或者当事人的过错无法确定的，按照约定的投资比例确定；没有约定投资比例的，按照约定的利润分配比例确定。

第十八条　房屋实际建筑面积少于合作开发房地产合同的约定，对房屋实际建筑面积的分配比例，当事人协商不成的，按照当事人的过错确定；因不可归责于当事人的事由或者当事人过错无法确定的，按照约定的利润分配比例确定。

第十九条　在下列情形下，合作开发房地产合同的当事人请求分配房地产项目利益的，不予受理；已经受理的，驳回起诉：

（一）依法需经批准的房地产建设项目未经有批准权的人民政府主管部门批准；

（二）房地产建设项目未取得建设工程规划许可证；

（三）擅自变更建设工程规划。

因当事人隐瞒建设工程规划变更的事实所造成的损失，由当事人按照过错承担。

第二十条　房屋实际建筑面积超出规划建筑面积，经有批准权的人民政府主管部门批准后，当事人对超出部分的房屋分配比例协商不成的，按照约定的利润分配比例确定。对增加的投资数额的承担比例，当事人协商不成的，按照约定的投资比例确定；没有约定投资比例的，按照约定的利润分配比例确定。

第二十一条　当事人违反规划开发建设的房屋，被有批准权的人民政府主管部门认定为违法建筑责令拆除，当事人对损失承担协商不成的，按照当事人过错确定责任；过错无法确定的，按照约定的投资比例确定责任；没有约定投资比例的，按照约定的利润分配比例确定责任。

第二十二条　合作开发房地产合同约定仅以投资数额确定利润分配比例，当事人未足额交纳出资的，按照当事人的实际投资比例分配利润。

第二十三条　合作开发房地产合同的当事人要求将房屋预售款充抵投资参与利润分配的，不予支持。

第二十四条　合作开发房地产合同约定提供土地使用权的当事人不承担经营风险，只收取固定利益的，应当认定为土地使用权转让合同。

第二十五条　合作开发房地产合同约定提供资金的当事人不承担经营风险，只分配固定数量房屋的，应当认定为房屋买卖合同。

第二十六条 合作开发房地产合同约定提供资金的当事人不承担经营风险,只收取固定数额货币的,应当认定为借款合同。

第二十七条 合作开发房地产合同约定提供资金的当事人不承担经营风险,只以租赁或者其他形式使用房屋的,应当认定为房屋租赁合同。

四、其 他

第二十八条 本解释自 2005 年 8 月 1 日起施行;施行后受理的第一审案件适用本解释。

本解释施行前最高人民法院发布的司法解释与本解释不一致的,以本解释为准。

最高人民法院
关于审理涉及农村土地承包纠纷案件适用法律问题的解释

法释〔2005〕6 号

(2005 年 3 月 29 日最高人民法院审判委员会第 1346 次会议通过 2005 年 7 月 29 日最高人民法院公告公布 自 2005 年 9 月 1 日起施行)

根据《中华人民共和国民法通则》、《中华人民共和国合同法》、《中华人民共和国民事诉讼法》、《中华人民共和国农村土地承包法》、《中华人民共和国土地管理法》等法律的规定,结合民事审判实践,对审理涉及农村土地承包纠纷案件适用法律的若干问题解释如下:

一、受理与诉讼主体

第一条 下列涉及农村土地承包民事纠纷,人民法院应当依法受理:
(一)承包合同纠纷;
(二)承包经营权侵权纠纷;
(三)承包经营权流转纠纷;
(四)承包地征收补偿费用分配纠纷;
(五)承包经营权继承纠纷。

集体经济组织成员因未实际取得土地承包经营权提起民事诉讼的,人民法院应当告知其向有关行政主管部门申请解决。

集体经济组织成员就用于分配的土地补偿费数额提起民事诉讼的,人民法院不予受理。

第二条 当事人自愿达成书面仲裁协议的,受诉人民法院应当参照最高人民法院

《关于适用〈中华人民共和国民事诉讼法〉若干问题的意见》第145条至第148条的规定处理。

当事人未达成书面仲裁协议，一方当事人向农村土地承包仲裁机构申请仲裁，另一方当事人提起诉讼的，人民法院应予受理，并书面通知仲裁机构。但另一方当事人接受仲裁管辖后又起诉的，人民法院不予受理。

当事人对仲裁裁决不服并在收到裁决书之日起三十日内提起诉讼的，人民法院应予受理。

第三条 承包合同纠纷，以发包方和承包方为当事人。

前款所称承包方是指以家庭承包方式承包本集体经济组织农村土地的农户，以及以其他方式承包农村土地的单位或者个人。

第四条 农户成员为多人的，由其代表人进行诉讼。

农户代表人按照下列情形确定：

（一）土地承包经营权证等证书上记载的人；

（二）未依法登记取得土地承包经营权证等证书的，为在承包合同上签字的人；

（三）前两项规定的人死亡、丧失民事行为能力或者因其他原因无法进行诉讼的，为农户成员推选的人。

二、家庭承包纠纷案件的处理

第五条 承包合同中有关收回、调整承包地的约定违反农村土地承包法第二十六条、第二十七条、第三十条、第三十五条规定的，应当认定该约定无效。

第六条 因发包方违法收回、调整承包地，或者因发包方收回承包方弃耕、撂荒的承包地产生的纠纷，按照下列情形，分别处理：

（一）发包方未将承包地另行发包，承包方请求返还承包地的，应予支持；

（二）发包方已将承包地另行发包给第三人，承包方以发包方和第三人为共同被告，请求确认其所签订的承包合同无效、返还承包地并赔偿损失的，应予支持。但属于承包方弃耕、撂荒情形的，对其赔偿损失的诉讼请求，不予支持。

前款第（二）项所称的第三人，请求受益方补偿其在承包地上的合理投入的，应予支持。

第七条 承包合同约定或者土地承包经营权证等证书记载的承包期限短于农村土地承包法规定的期限，承包方请求延长的，应予支持。

第八条 承包方违反农村土地承包法第十七条规定，将承包地用于非农建设或者对承包地造成永久性损害，发包方请求承包方停止侵害、恢复原状或者赔偿损失的，应予支持。

第九条 发包方根据农村土地承包法第二十六条规定收回承包地前，承包方已经以转包、出租等形式将其土地承包经营权流转给第三人，且流转期限尚未届满，因流转价款收取产生的纠纷，按照下列情形，分别处理：

（一）承包方已经一次性收取了流转价款，发包方请求承包方返还剩余流转期限的流转价款的，应予支持；

(二)流转价款为分期支付,发包方请求第三人按照流转合同的约定支付流转价款的,应予支持。

第十条 承包方交回承包地不符合农村土地承包法第二十九条规定程序的,不得认定其为自愿交回。

第十一条 土地承包经营权流转中,本集体经济组织成员在流转价款、流转期限等主要内容相同的条件下主张优先权的,应予支持。但下列情形除外:

(一)在书面公示的合理期限内未提出优先权主张的;

(二)未经书面公示,在本集体经济组织以外的人开始使用承包地两个月内未提出优先权主张的。

第十二条 发包方强迫承包方将土地承包经营权流转给第三人,承包方请求确认其与第三人签订的流转合同无效的,应予支持。

发包方阻碍承包方依法流转土地承包经营权,承包方请求排除妨碍、赔偿损失的,应予支持。

第十三条 承包方未经发包方同意,采取转让方式流转其土地承包经营权的,转让合同无效。但发包方无法定理由不同意或者拖延表态的除外。

第十四条 承包方依法采取转包、出租、互换或者其他方式流转土地承包经营权,发包方仅以该土地承包经营权流转合同未报其备案为由,请求确认合同无效的,不予支持。

第十五条 承包方以其土地承包经营权进行抵押或者抵偿债务的,应当认定无效。对因此造成的损失,当事人有过错的,应当承担相应的民事责任。

第十六条 因承包方不收取流转价款或者向对方支付费用的约定产生纠纷,当事人协商变更无法达成一致,且继续履行又显失公平的,人民法院可以根据发生变更的客观情况,按照公平原则处理。

第十七条 当事人对转包、出租地流转期限没有约定或者约定不明的,参照合同法第二百三十二条规定处理。除当事人另有约定或者属于林地承包经营外,承包地交回的时间应当在农作物收获期结束后或者下一耕种期开始前。

对提高土地生产能力的投入,对方当事人请求承包方给予相应补偿的,应予支持。

第十八条 发包方或者其他组织、个人擅自截留、扣缴承包收益或者土地承包经营权流转收益,承包方请求返还的,应予支持。

发包方或者其他组织、个人主张抵消的,不予支持。

三、其他方式承包纠纷的处理

第十九条 本集体经济组织成员在承包费、承包期限等主要内容相同的条件下主张优先承包权的,应予支持。但在发包方将农村土地发包给本集体经济组织以外的单位或者个人,已经法律规定的民主议定程序通过,并由乡(镇)人民政府批准后主张优先承包权的,不予支持。

第二十条 发包方就同一土地签订两个以上承包合同,承包方均主张取得土地承包经营权的,按照下列情形,分别处理:

（一）已经依法登记的承包方，取得土地承包经营权；

（二）均未依法登记的，生效在先合同的承包方取得土地承包经营权；

（三）依前两项规定无法确定的，已经根据承包合同合法占有使用承包地的人取得土地承包经营权，但争议发生后一方强行先占承包地的行为和事实，不得作为确定土地承包经营权的依据。

第二十一条 承包方未依法登记取得土地承包经营权证等证书，即以转让、出租、入股、抵押等方式流转土地承包经营权，发包方请求确认该流转无效的，应予支持。但非因承包方原因未登记取得土地承包经营权证等证书的除外。

承包方流转土地承包经营权，除法律或者本解释有特殊规定外，按照有关家庭承包土地承包经营权流转的规定处理。

四、土地征收补偿费用分配及土地承包经营权继承纠纷的处理

第二十二条 承包地被依法征收，承包方请求发包方给付已经收到的地上附着物和青苗的补偿费的，应予支持。

承包方已将土地承包经营权以转包、出租等方式流转给第三人的，除当事人另有约定外，青苗补偿费归实际投入人所有，地上附着物补偿费归附着物所有人所有。

第二十三条 承包地被依法征收，放弃统一安置的家庭承包方，请求发包方给付已经收到的安置补助费的，应予支持。

第二十四条 农村集体经济组织或者村民委员会、村民小组，可以依照法律规定的民主议定程序，决定在本集体经济组织内部分配已经收到的土地补偿费。征地补偿安置方案确定时已经具有本集体经济组织成员资格的人，请求支付相应份额的，应予支持。但已报全国人大常委会、国务院备案的地方性法规、自治条例和单行条例、地方政府规章对土地补偿费在农村集体经济组织内部的分配办法另有规定的除外。

第二十五条 林地家庭承包中，承包方的继承人请求在承包期内继续承包的，应予支持。

其他方式承包中，承包方的继承人或者权利义务承受者请求在承包期内继续承包的，应予支持。

五、其他规定

第二十六条 人民法院在审理涉及本解释第五条、第六条第一款第（二）项及第二款、第十六条的纠纷案件时，应当着重进行调解。必要时可以委托人民调解组织进行调解。

第二十七条 本解释自 2005 年 9 月 1 日起施行。施行后受理的第一审案件，适用本解释的规定。

施行前已经生效的司法解释与本解释不一致的，以本解释为准。

最高人民法院
关于审理涉及农村土地承包经营纠纷调解仲裁案件适用法律若干问题的解释

法释〔2014〕1号

(2013年12月27日最高人民法院审判委员会第1601次会议通过 2014年1月9日最高人民法院公告公布 自2014年1月24日起施行)

为正确审理涉及农村土地承包经营纠纷调解仲裁案件,根据《中华人民共和国农村土地承包法》《中华人民共和国农村土地承包经营纠纷调解仲裁法》《中华人民共和国民事诉讼法》等法律的规定,结合民事审判实践,就审理涉及农村土地承包经营纠纷调解仲裁案件适用法律的若干问题,制定本解释。

第一条 农村土地承包仲裁委员会根据农村土地承包经营纠纷调解仲裁法第十八条规定,以超过申请仲裁的时效期间为由驳回申请后,当事人就同一纠纷提起诉讼的,人民法院应予受理。

第二条 当事人在收到农村土地承包仲裁委员会作出的裁决书之日起三十日后或者签收农村土地承包仲裁委员会作出的调解书后,就同一纠纷向人民法院提起诉讼的,裁定不予受理;已经受理的,裁定驳回起诉。

第三条 当事人在收到农村土地承包仲裁委员会作出的裁决书之日起三十日内,向人民法院提起诉讼,请求撤销仲裁裁决的,人民法院应当告知当事人就原纠纷提起诉讼。

第四条 农村土地承包仲裁委员会依法向人民法院提交当事人财产保全申请的,申请财产保全的当事人为申请人。

农村土地承包仲裁委员会应当提交下列材料:

(一)财产保全申请书;

(二)农村土地承包仲裁委员会发出的受理案件通知书;

(三)申请人的身份证明;

(四)申请保全财产的具体情况。

人民法院采取保全措施,可以责令申请人提供担保,申请人不提供担保的,裁定驳回申请。

第五条 人民法院对农村土地承包仲裁委员会提交的财产保全申请材料,应当进行审查。符合前条规定的,应予受理;申请材料不齐全或不符合规定的,人民法院应当告知农村土地承包仲裁委员会需要补齐的内容。

人民法院决定受理的,应当于三日内向当事人送达受理通知书并告知农村土地承包仲裁委员会。

第六条 人民法院受理财产保全申请后，应当在十日内作出裁定。因特殊情况需要延长的，经本院院长批准，可以延长五日。

人民法院接受申请后，对情况紧急的，必须在四十八小时内作出裁定；裁定采取保全措施的，应当立即开始执行。

第七条 农村土地承包经营纠纷仲裁中采取的财产保全措施，在申请保全的当事人依法提起诉讼后，自动转为诉讼中的财产保全措施，并适用《最高人民法院关于人民法院民事执行中查封、扣押、冻结财产的规定》第二十九条关于查封、扣押、冻结期限的规定。

第八条 农村土地承包仲裁委员会依法向人民法院提交当事人证据保全申请的，应当提供下列材料：

（一）证据保全申请书；

（二）农村土地承包仲裁委员会发出的受理案件通知书；

（三）申请人的身份证明；

（四）申请保全证据的具体情况。

对证据保全的具体程序事项，适用本解释第五、六、七条关于财产保全的规定。

第九条 农村土地承包仲裁委员会作出先行裁定后，一方当事人依法向被执行人住所地或者被执行的财产所在地基层人民法院申请执行的，人民法院应予受理和执行。

申请执行先行裁定的，应当提供以下材料：

（一）申请执行书；

（二）农村土地承包仲裁委员会作出的先行裁定书；

（三）申请执行人的身份证明；

（四）申请执行人提供的担保情况；

（五）其他应当提交的文件或证件。

第十条 当事人根据农村土地承包经营纠纷调解仲裁法第四十九条规定，向人民法院申请执行调解书、裁决书，符合《最高人民法院关于人民法院执行工作若干问题的规定（试行）》第十八条规定条件的，人民法院应予受理和执行。

第十一条 当事人因不服农村土地承包仲裁委员会作出的仲裁裁决向人民法院提起诉讼的，起诉期从其收到裁决书的次日起计算。

第十二条 本解释施行后，人民法院尚未审结的一审、二审案件适用本解释规定。本解释施行前已经作出生效裁判的案件，本解释施行后依法再审的，不适用本解释规定。

最高人民法院
关于国有土地开荒后用于农耕的土地使用权转让合同纠纷案件如何适用法律问题的批复

法释〔2012〕14号

(2011年11月21日最高人民法院审判委员会第1532次会议通过 2012年9月4日最高人民法院公告公布 自2012年11月1日起施行)

甘肃省高级人民法院：

你院《关于对国有土地经营权转让如何适用法律的请示》（甘高法〔2010〕84号）收悉。经研究，答复如下：

开荒后用于农耕而未交由农民集体使用的国有土地，不属于《中华人民共和国农村土地承包法》第二条规定的农村土地。此类土地使用权的转让，不适用《中华人民共和国农村土地承包法》的规定，应适用《中华人民共和国合同法》和《中华人民共和国土地管理法》等相关法律规定加以规范。

对于国有土地开荒后用于农耕的土地使用权转让合同，不违反法律、行政法规的强制性规定的，当事人仅以转让方未取得土地使用权证书为由请求确认合同无效的，人民法院依法不予支持；当事人根据合同约定主张对方当事人履行办理土地使用权证书义务的，人民法院依法应予支持。

最高人民法院
关于郭玉兰与任秀梅宅基纠纷案的电话答复

1986年10月30日　　　　　　　　　　　　〔86〕民他字第31号

河南省高级人民法院：

你院〔85〕豫法民监字第34号《关于处理郭玉兰与任秀梅宅基纠纷一案的请示报告》和补充调查材料均收悉。

据报告及补充材料，讼争宅院原是赵金泉的，面积为八分五厘七。1969年由郭玉兰公公赵甫继承后，扒掉房屋形成空地。1970年，生产大队按规定收归集体，嗣后，又划给任秀梅等家盖猪圈。1980年4月，郭玉兰以该宅基是她家的，强行拆毁任秀梅猪圈盖房发生纠纷。任秀梅向辉县人民法院起诉。第一、二两审法院判决和你院通知均令郭玉兰拆除房墙、退出地皮，并依法强制执行。后经你院审判委员会研究，认为此案原判有误，拟撤销第一、二两审法院判决和省院通知交行政部门处理，或直接改判维护郭玉兰家的宅基使用权。

经我们研究认为，侵犯宅基地使用权的纠纷，人民法院依法应当受理。终审判决后，如发现原判确有误，应按审判监督程序进行审理，用裁定撤销判决再交行政部门处理不当。

讼争宅基形成空地后，郭玉兰家长期没有使用。生产大队按"一户有两片宅基，空间的一片收归集体"的规定，将其归公并调整给他人使用。对此，不仅当时的干部可以证明，而且乡、县政府也认可，故应视为调整有效。原一、二审判决和你院通知应予维持。

附：

河南省高级人民法院
关于处理郭玉兰与任秀梅宅基纠纷一案的请示报告

1986年1月20日　　　　　　　　　　　　〔1985〕豫法民监字第34号

最高人民法院：

现将该案事实报告于后：

申诉人（原审被告）：郭玉兰，女，49岁，住辉县常村乡赵井屯大队。

被申诉人（原审原告）：任秀梅，女，48岁，住址同上。系该大队妇女主任。

双方所争执的宅基是郭玉兰的公公赵甫继承赵金泉的。赵甫有两个儿子，大儿子赵荣付（系郭玉兰之丈夫），二儿赵荣贤。家有老宅院一处（宅基面积二分多），有房6间。1962年因老宅院房少，人多住不下。由赵甫申请，经大队研究批给他家新宅基一块五分，遂盖北屋五间。1963年由赵甫主持给赵荣付、赵荣贤分家。赵荣付分家中的老宅院和继承赵金泉的那片宅院，赵荣贤分1962年新批的宅院和一片柿园。

赵甫继承赵金泉的宅院面积8分5厘7，内有东屋4间（其中草房3间，平棚1间），赵金泉的爱人生前3间草房因年久失修，不能住人，就住在1间平棚内。1969年赵金泉的爱人病故后，赵甫家1971将屋子扒掉，房料赵荣付兄弟二人分掉，1972年赵井屯大队按照大四清中的规定（即一户如有两片宅基，空闲的一片即收归集体），将郭玉兰家分得继承赵金泉的宅基地收归集体。1972年至1977年大队先后批给赵金山、任秀梅、段伯涛盖猪圈、鹿兰英家建房使用（鹿兰英嫌该片宅基不好，没在此地盖房）。以上几户大队均没有发给文字手续，该片宅基上的几十棵树木，在1979年以前大队除给郭玉兰留自留枣树三棵外，其余的树木均归生产队经营管理。从1979年起大队将树木全部退给郭玉兰家经营管理。1982年8月辉县人民政府又发给郭玉兰家林权证，注明上带树木 25 棵。郭玉兰对上述宅基的变化情况,当时也未提出异议。

1980 年郭玉兰以该片宅基是她家的为理由,未经大队批准,便提出叫赵金山、任秀梅、段伯涛等拆除猪圈,因任秀梅不拆,郭玉兰便强行将猪圈拆毁,扎房基五间,在垒房基过程中,任秀梅告到大队和公社。大队和公社到现场制止郭玉兰垒墙,郭不听,任秀梅又诉讼到法院。第一、二两审法院均判决让郭玉兰拆除房墙退出地皮,郭不执行。县法院便组织人员强行将郭玉兰垒的房墙推到。这片 8 分多的宅基,至今只有任秀梅家的一个猪圈,只占争执地皮的 4 平方米,未再安排其他社员使用。

该案经审判委员会研究有两种意见:一种意见认为该案是宅基地调整中出现的问题,属行政案件,应该撤销第一、二两审法院的判决和省法院的通知,交当地主管行政部门处理,第二种意见认为该宅基原是郭玉兰家的,宅基上的树木仍有郭玉兰家管理,并发了林权证。该宅基除任秀梅的猪圈占 4 平方米外,其余并未安排他人使用,郭玉兰又需要宅基建房(郭玉兰家现有人 9 口,使用宅基面积约 2 分 5),因此,本着有利生活、有利管理、有利生产的原则,应撤销第一、二两审法院的判决和省法院的通知,直接改判维护郭玉兰家的使用权。

该案如何处理妥当,请批示。

最高人民法院民事审判庭
关于翟忠元与巴彦淖尔盟运输公司宅基地纠纷案的电话答复

1989 年 11 月 7 日　　　　　　　　　　　〔1989〕民他字第 34 号

内蒙古自治区高级法院:

你院请示的翟忠元与巴彦淖尔盟运输公司宅基地纠纷一案,经研究并征求有关部门意见,提出如下处理意见:

首先,要理顺本案的法律关系,把民事法律关系和行政法律关系分开,把已经能够形成诉讼的民事关系和尚未形成诉讼的民事关系分开。其次,目前第二审只宜判决:①双方争议宅基地归盟运输公司使用;②翟忠元赔偿损坏运输公司厕所、油库等设施的维修费五十元;③撤销第一审其他判决内容。再次,告知第一审法院、运输公司、翟忠元、临河城建局、临河供电局:①征地拆迁问题,按国家征地拆迁法规由有关部门处理,对于处理决定不服依法可以起诉的,法院可立案受理;②房屋买卖尚未涉及诉讼,法院可不处理;③临河城建局工作失误造成运输公司、翟忠元的损失,由受损失人向上级城建部门申请解决,对于上级主管部门处理决定不服、依法可以向人民法院提起行政诉讼的,由行政审判庭受理。

附：

内蒙古自治区高级人民法院
关于对翟忠元与巴彦淖尔盟运输公司
宅基地纠纷上诉案判处意见的请示报告

1989年7月20日　　　　　　　　　　〔1989〕内法民字第6号

最高人民法院：

　　翟忠元诉巴彦淖尔盟运输公司宅基地使用权纠纷一案，经巴彦淖尔盟中级人民法院一审判决，原告翟忠元不服上诉于我院。经我院开庭审理并经本院审委会讨论，对该案拟判决的意见是否正确，特予请示。

　　上诉人（原审原告）：翟忠元，男，四十五岁，汉族，临河市供电局职工，住临河市永红街育红巷九栋五号。

　　委托代理人：温祥祥，巴盟法律顾问处律师。

　　委托代理人：翟忠安，男，汉族，北京军区离休干部，现在北京军区宿舍（系翟忠元之兄）。

　　被上诉人：巴盟运输公司。

　　法定代表人：李振国，经理。

　　委托代理人：高星民，该公司副经理。

　　委托代理人：贾九良，该公司干部。

　　原审第三人：临河市供电局。

　　法定代表人：杨宏，局长。

　　委托代理人：郭才，该局干部。

　　原审第三人：临河市城建局。

　　法定代表人：刘多夫，局长。

　　委托代理人：王建平，该局副局长。

　　1967年经临河县土地管理部门给临河电厂划拨100平方米左右的宅基地，建起53.76平方米的砖木结构修灯营业室。1973年县城建局根据盟运输公司的申请，将东至胜利路，西至农机二级站，南至万丰街，北至运输公司，计东西向南段宽70米，北段宽30米的用地，以临城〔1973〕字第54号通知决定，划拨给运输公司建长途客车站使用，将电厂的修灯营业室及使用宅基划拨在盟运输公司建汽车站用地范围内。1976年汽车站先后在修灯营业室北侧约3米处，建起了半地下简易油库，东侧建起了公共厕所（当时电厂干预过）。1979年临河市供电局从临河电厂分出，将营业室分归供电局（该营业室1974年停止营业后，其他单位借用和本单位家属均使用过此房），1980年翟忠元从外单位调入供电局，该局将此房分配给翟忠元改做家属房居住，1985年9月11日供电局根据翟忠元的请求，将原供电营业室现翟居住的53.76平方米房屋和432平方米地基（此地基属于运输公司使用范围）作价 5500 元全部出售给翟忠元。1986 年 4 月 29 日临河市城建局根据翟的申请批准在此宅基兴建每层 330 平方米的 3 层服务楼，并于同年 7 月 28 日发放了"建筑许可证"。翟要求运输公司拆除在该宅基地上的建筑物油库、厕所，运输公司以该地基属于本公司使用阻止翟施工。1986 年 8 月 2 日临河市城建局更正了 1973 年已划拨给巴盟运输公司现翟使用和准备建房的宅基归翟忠元使用，使双方矛盾加剧。1988 年 4 月 9 日（巴盟中级法院审理期间）巴盟公署城建处以〔88〕41 号文件撤销了临河市城建局 1986 年 4 月 29 日、8 月 2 日两个文件，同意了 1973 年临河建设局的 54 号文件即双方争执的宅基地属于盟运输公司使用范围。

1988 年 5 月 17 日巴盟中级人民法院以〔88〕法民字第 1 号民事判决：

（一）双方争议宅基归盟运输公司使用，翟忠元应立即停止侵害；

（二）供电局与翟忠元房屋买卖关系无效，供电局返还翟忠元买房款 5500 元；

（三）运输公司补偿供电局修灯营业室搬迁、安置等费用 23000 元，于判决生效后 10 日内一次付清，安置所用宅基应由供电局向土地管理部门及时提出申请，供电局在 1988 年 12 月 31 日前将原修灯营业室房屋拆除；

（四）城建局赔偿运输公司损失 2000 元；

（五）翟忠元赔偿损坏运输公司厕所、油库等设施的维修费 50 元。

翟忠元对此不服，上诉于我院。

经本院审判委员会讨论认为：双方争执宅基地使用权的法律事实清楚。巴盟中级人民法院根据临河城建局 1973 年第 54 号文件和临河市长远总体规划（巴盟公署 1972 年迁临河后决定将盟公交系统安排在双方争执的地段）将此占地确权归巴盟运输公司使用。翟忠元请求将此地归己使用的上诉理由不能成立。翟忠元曾将运输公司汽车站油库南墙拆毁，公厕男、女隔墙打开，给运输公司造成一定经济损失应予赔偿。巴盟运输公司没有按照国家企事业建设用地的有关规定，在申请报批用地前，明知要求划拨的部分地基上有电厂的修灯营业室，没有与电厂协商办理征用搬迁手续，对此纠纷的引起也是有责任的，供电局与翟忠元买卖属于巴盟运输公司使用的 432 平方米的宅基地是错误的，扩大、加剧了双方的矛盾；城建局批准翟忠元在属于巴盟运输公司使用的 330 平方米宅基上建服务大楼。同年 8 月，城建局又对 1973 年已明确归巴盟运输公司使用的地基发文更正。将其中 330 平方米作为 1967 年拨的修灯营业室基地重新划拨给翟忠元，造成重叠错划，使双方纠纷难于和解。由此给巴盟运输公司和翟忠元造成了一定的经济损失，应承担相应的民事责任。对此，巴盟中级人民法院判决由供电局向土地管理部门申请解决翟忠元房屋搬迁不当；判决城建局赔偿运输公司的经济损失，未对翟忠元的经济损失予以必要的赔偿欠妥。

根据《中华人民共和国民法通则》第八十条一、三款、第五十八条一款五项、第一百零六条二款、第一百二十一条及第一百三十四条第一款七项的规定，拟判决如下：

（一）维持巴盟中级人民法院〔88〕法民字第 1 号民事判决第一项、第五项。

（二）撤销原审判决的第二项、第三项、第四项。

（三）巴盟运输公司付给翟忠元房屋拆迁经济补偿费 35000 元；由巴盟运输公司申请办理划拨搬迁手续（负责征地费用），由城建局直接拨给翟忠元 150 平方米宅基作为其建房用地（判决送达后，城建局一个月内给翟划拨用地；城建局批准翟施工时运输公司付给 20000 元，翟搬迁时付给 15000 元），翟忠元于 1990 年 5 月 30 日前迁出。

（四）城建局赔偿运输公司、翟忠元各 1000 元损失费，判决送达后一个月内付清。

案件受理费 50 元，翟忠元、巴盟运输公司各承担 15 元，供电局、城建局各承担 10 元。

根据上述事实和有关法律规定，我院决定维持巴盟中级人民法院将双方争执的宅基地确权归巴盟运输公司使用并办理翟忠元住房搬迁征用手续；依法追究临河市城建局的民事责任；对临河市供电局非法出卖宅基地的错误，建议土地管理部门予以处罚。以上判决意见，是否适当，请予批复。

最高人民法院民事审判庭关于淮北市青龙山镇洪庄行政村诉青龙山镇人民政府塌陷区水面使用权纠纷一案的电话答复

（1989 年 12 月 21 日）

安徽省高级人民法院民庭：

你院请示的淮北市青龙山镇洪庄行政村诉青龙山镇人民政府塌陷区水面使用权纠纷一案，经研究认为：根据本案的实际情况，作为民事权益纠纷处理，判决争议的水面归洪庄行政村使用，是可以的；同时，判决后未再发生纠纷。有关单位如还有意见，可据情向他们做些说明。

以上意见，供你们参阅。

附：

**安徽省高级人民法院
关于淮北市青龙山镇洪庄行政村诉青龙山镇
人民政府塌陷区水面使用权纠纷一案的请示报告**

1989年4月11日　　　　　　　　　　　　民他字〔1989〕第1号

最高人民法院：

淮北市青龙山镇洪庄行政村诉青龙山镇人民政府塌陷区水面使用权纠纷一案，淮北市烈山区人民法院于1988年10月25日判决，原属洪庄行政村压煤土地被淮北矿务局杨庄煤矿征用后形成的塌陷区水面由该村使用。判决后，双方当事人均表示服判，但原调查处理该案的省水产局、土地管理局和洪庄行政村村民赵凤江不同意这一判决，向省人大法制工作委员会申诉，省人大法制工作委员会1988年12月7日以皖人常法（函）88第30号函要我院"依法处理、并报结果"。案经我院审判委员会讨论意见不能一致，鉴于此案影响较大，又涉及如何正确适用《土地管理法》第十三条的规定，决定报你院请示，现将本案情况及我院意见报告如下：

一、当事人概况

原告：淮北市青龙山镇洪庄行政村。

法定代表人：丁仁敏，村长。

委托代理人：陈先英，村党支部书记。

被告：淮北市青龙山镇人民政府。

法定代表人：黄静宇，代镇长。

二、案件事实及处理经过

1969年至1981年，淮北矿务局杨庄煤矿先后征用位于洪庄行政村北侧压煤土地2304.81亩，其中属洪庄行政村1500亩，煤被开采后土地逐年塌陷，形成约800亩的水面，1973年原烈山公社（现青龙山镇）曾利用该水面办渔场。1978年初淮北市原农林局经请示原市革委会，并经市革委会主要负责人朱扬同志同意，接管了该水面，作为市商品鱼基地。农林局因管理不善，经营亏损，于1980年交回烈山公社管理使用。1981年初原烈山公社党委、管委会为进一步妥善管理水面，充分发挥其经济效益，根据国发〔80〕176号《国务院关于解决矿区村庄压煤和搬迁工作的通知》精神，将该水面交给原洪庄大队（现洪庄行政村）管理使用。几年来洪庄行政村对该水面进行了开发利用，开挖精养鱼塘174亩、藕塘60亩、种植苇子30亩，利用滩涂种植果树250亩，建大型轮窑厂3个，为看护鱼塘建造房屋13间，投放鱼苗84万尾，饲料10多万斤，购置渔船2只,鱼网50条,总投资约400多万元。1984年3月,洪庄行政村为更好地管好用好该水面,进一步提高经济效益,将该水面承包给本村李本才等6户村民,承包期5年。1984年12月青龙山镇政府成立,洪庄行政村划归青龙山镇管辖。1985年初,青龙山镇人民政府将水面收回自办渔场,并以行政手段解除了洪庄行政村与6户村民的承包合同。同年七月将该水面另行承包给洪庄行政村村民赵凤江一人经营。

1986年12月,洪庄行政村要求青龙山镇归还水面,因镇政府未作答复,洪庄行政村部分群众即在赵凤江承包的水面强行捕鱼,给赵造成一定的经济损失。为此,赵凤江向淮北市中级人民法院起诉,要求青龙山镇政府按承包合同的约定赔偿损失,同时追究洪庄行政村有关人员的直接责任,法院审理期间,洪庄行政村亦向该院起诉,要求收回塌陷区水面使用权。淮北市中级人民法院根据《土地管理法》第十三条的规定,将案件交由地方政府首先确定塌陷区水面土地的使用权。并同时中止审理赵凤江诉青龙镇政府的承包合同纠纷。1987年12月14日省政府办公厅以政秘〔87〕109号批转淮北市人民政府"原则同意省水产局、土地管理局《对淮北市洪庄塌陷区土地、抢鱼纠纷调查处理意见的请示》将塌陷区水面划给青龙山镇政府使用"。洪庄行政村不服这一处理决定,遂以省人民政府、淮北市人民政府为被告向淮北市中级人民法院起诉,该院就省政府、淮北市政府能否作为被告向我院请示,我院依照你院关于人民法院审理案件如何适用《土地管理法》第十三条、《森林法》第十四条规定的批复精神和《中华人民共和国民事诉讼法(试行)》第二十条第一款的规定,以民他字〔1988〕第19号批复淮北市中级人民法院"该案仍应以青龙山镇人民政府为被告,由烈山区人民法院受理"。案经烈山区人民法院审理认为:淮北市原农林局、烈山公社虽曾使用过该水面,但已放弃使用多年,洪庄行政村长期管理使用该水面,投资数额较大,已初步形成配套生产的格局,同时亦解决了该村土地被国家征用较多,部分劳力无法安置的实际困难,发挥了一定的经济效益。青龙山镇政府强行解除尚未到期的该村与六户村民的承包合同,将该水面收回使用,损害了洪庄行政村和六户村民的利益。省政府办公厅政秘〔87〕109号文件没有考虑以上实际情况。据此,烈山区人民法院依照国发〔80〕176号《国务院关于解决矿区村庄压煤和搬迁工作的通知》精神,判决原属洪庄行政村压煤土地被淮北矿务局杨庄煤矿征用后形成的塌陷区水面由原告使用。

烈山区人民法院在审理该水面使用权纠纷一案期间,赵凤江从淮北市中级人民法院撤回起诉(承包合同纠纷),同时向烈山区人民法院申请以第三人参加水面使用权纠纷一案的诉讼,追究洪庄行政村的赔偿责任,该院经审查认为赵凤江不符合第三人的法定条件,不能作为第三人参加本案的诉讼,并通知其另案起诉。赵凤江拒不同意另案起诉。

三、省水产局、土地管理局不同意烈山区人民法院判决的意见和理由

1. 塌陷区水面的土地使用权,不适用《土地管理法》第十三条的规定,人民法院不能受理此案。理由是:省政府办公厅政秘字〔87〕第109号文件是对塌陷区土地的划拨,并非是争议土地的"处理决定",省政府依照《土地管理法》的规定享有的土地划拨权,不属于《土地管理法》第十三条规定的范围,省政府依法行使行政职权,法院无

权干预。

2. 即使可以适用《土地管理法》第十三条的规定，也只能由省法院作一审。因为作出处理决定的是省政府。

3. 赵凤江是养鱼专业户，不论哪级法院审理，不考虑赵凤江的利益是不妥当的。

4. 实体判决错误，应予撤销。其理由：（1）洪庄行政村使用该水面，未经市政府批准；（2）赵凤江的合法权益没有得到保护；（3）国发〔80〕176号文件在《土地管理法》颁布后已不适用；（4）法院无权否定省政府的处理决定。

四、我院意见

我院审判委员会于1989年3月18日对该案的审理情况进行了讨论，讨论有两种意见：一种意见认为原审法院应予受理，判决亦是正确的，其理由：（1）洪庄行政村诉青龙山镇人民政府塌陷区水面使用权纠纷一案，原审法院根据《土地管理法》第十三条"土地所有权和使用权争议，由当事人协商解决；协商不成的，由人民政府处理，当事人对有关人民政府处理决定不服的，可以在接到处理决定通知之日起三十日内，向人民法院起诉"的规定，交地方政府先行处理。省人民政府办公厅根据省水产局、土地管理局《关于淮北市洪庄塌陷区土地、抢鱼纠纷的调查处理报告》，为确定争议水面使用权的归属下达的政秘〔87〕109号文件，其实质仍然是争议水面使用权的处理决定，并不属于《土地管理法》第七条、第九条规定的对土地所有权和水面使用权的确认。（2）《土地管理法》第十三条规定"由县级以上人民政府处理"（县级以上人民政府，我们理解也含省级人民政府），并未排除省人民政府对这类纠纷所作出的处理决定，也没有排除省人民政府作出处理，当事人就不能再向人民法院起诉。（3）省水产局、土地管理局认为已由省政府作出了处理决定，当事人不服依法提起诉讼则应由省高级人民法院作为一审是没有法律依据的，按照《中华人民共和国民事诉讼法（试行）》的有关规定：烈山区人民法院完全有权管辖，同时本案仅属一般权益纠纷，不必提高审级。（4）洪庄行政村自1981年以来长期管理使用了塌陷区水面，并已初步形成配套生产的格局，经济效益较好，同时亦解决了该村土地少，部分劳力无法安置的实际困难，青龙山镇人民政府采用行政手段强迫解除尚未到期的洪庄行政村与该村六户村民的承包合同，将该水面收归己用，转包给赵凤江一人承包，损害了洪庄行政村和六户村民的利益，省政府办公厅政秘〔87〕109号文件没有充分考虑这一实际情况，将争议水面确定给青龙山镇政府使用，是不妥当的。（5）国发〔1980〕176号《国务院关于解决矿区村庄压煤和搬迁工作的通知》没有废止。原审法院依照该通知第七条"塌陷区稳沉以后，煤矿对有条件的地段要尽量造地还田、植树造林或修筑池塘等，并交付原社、队使用"的规定，以安徽省实施《土地管理法》办法第十六条第三款"征用后的塌陷地、取土坑、停用的储灰场、尾矿库、弃渣场等，由县级以上人民政府统一组织征地单位、被征地单位和邻近的乡（镇）村进行综合治理，统一安排，合理使用"的精神，根据争议水面长期以来的管理使用情况和洪庄行政村的实际困难，判决争议水面归洪庄行政村使用并无不当。（6）赵凤江要求第三人参加本案诉讼的诉讼标的是损害赔偿，与本案的诉讼标的水面使用权是两个不同性质的民事法律关系，且案件处理结果与赵亦没有法律上的利害关系。因此，烈山区人民法院没有采纳赵凤江的请示，通知其另案起诉是正确的。省水产局、土地管理局认为人民法院没有依法保护赵的合法权益没有法律根据。第二种意见认为本案属于政府部门划拨土地，是政府部门的权限，人民法院不应受理此类案件。理由是：争议水面土地原属洪庄行政村集体所有，但早已被国家征用，土地所有权属国家，使用权归杨庄煤矿。杨庄煤矿报废后，淮北市原农林局、烈山公社和洪庄行政村使用该水面，均未按规定报经有关部门审批，省政府办公厅政秘〔87〕109文件将塌陷区水面使用权确定给青龙山镇人民政府使用是法律赋予的行政职权，政府部门依法划拨土地与政府部门处理土地使用权争议性质不同，不适用《土地管理法》第十三条的规定，不属于法院收案范围。我们倾向第一种意见，是否妥当，请予批示。

最高人民法院
关于内蒙古第一建筑工程公司与内蒙古医学院
土地使用权纠纷案如何处理问题的复函

1991年8月9日　　　　　　　　　　　　　　　〔90〕民监字第837号

内蒙古自治区高级人民法院：

　　关于内蒙古第一建筑工程公司与内蒙古医学院土地使用权纠纷一案，经我们研究认为，本案双方当事人所发生的土地使用权纠纷，是由地方城建部门前后审批不一致而引起的。从目前情况看，要使纠纷最终解决，还需要对双方使用的土地进行调整，且涉及到部分职工住房的安置，这些都属行政部门的职责，并非法院主管的范围，也是法院判决所难以解决的问题。但鉴于本案已经第一、二审判决，因此可本着"先调后撤"的精神，商请呼和浩特市政府出面，再行调解，争取调解结案。调解时，建议根据双方对争议土地使用的历史情况和实际需要，将已判决分属双方所有的四单元六层宿舍楼全归第一建筑工程公司所有，该楼多占的土地，由第一建筑工程公司在其自己享有合法使用的土地中，按照方便管理、妥善安置的原则，就近划出一块相应的土地归医学院使用；医学院适当承担部分补偿费用。如果行政部门调解不成，即可撤销第一、二审判决和你院通知，将本案交由地方政府主管部门处理。

最高人民法院
关于任惠温与任乡锁地基纠纷一案如何处理的复函

1992年7月6日 〔1991〕民他字第61号

山西省高级人民法院：

你院〔1991〕晋法民字第3号《关于稷山县任惠温与任乡锁地基纠纷一案的请示报告》收悉。经我们研究，答复如下：

任惠温与任乡锁南北为邻，任惠温居北，任乡锁居南。两家的房院土改前为任惠温之父任充义的场院和场南小院。场院内有北房7间、东房5间，场南小院有北房3间。土改时，场院的北房7间、东房靠北3间及场基北半个登记在任充义名下。任乡锁家分得任充义场院的东房靠南2间，场基南半个及场南小院北房3间，有房窑所有证和土改干部证明，1962年任充义将场院的北房靠西4间卖给生产大队，该4间前面的宅基地也随房屋所有权的转移而转归生产大队使用。同年，任乡锁之父任成山经集体组织同意，以其分得的2间东房北山墙为界往西筑起界墙，使用了此段地基，并已使用多年，据此，我们同意你院审判委员会的第一种意见，即将争执地基判归任乡锁家使用是适当的。

最高人民法院
关于王翠兰等六人与庐山区十里乡黄土岭村六组土地征用费分配纠纷一案的复函

（1994年12月30日）

江西省高级人民法院：

你院关于王翠兰等六人与庐山区十里乡黄土岭村六组土地征用费分配纠纷一案的请示收悉。经我们研究认为：土地管理法明确规定，征用土地的补偿、安置补助费，除被征用土地上属于个人的附着物和青苗的补偿费付给个人外，其余由被征地单位用于发展生产和安排就业等事业。现双方当事人为土地征用费的处理发生争议，不属于法院受理案件的范围，应向有关机关申请解决。

此复。

最高人民法院立案庭
关于徐志君等十一人诉龙泉市龙渊镇第八村村委会土地征用补偿费分配纠纷一案请示的答复

2002 年 8 月 19 日　　　　　　　　　　　〔2002〕民立他字第 4 号

浙江省高级人民法院：

你院《关于徐志君等十一人诉龙泉市龙渊镇第八村村委会土地征用补偿费分配纠纷一案的请示》收悉。经研究，答复如下：

根据《中华人民共和国土地管理法》第 47 条第 2 款，《中华人民共和国土地管理法实施条例》第 25 条、第 26 条及我院有关司法解释的规定，国家征用农民耕地的补偿费包括土地补偿费、安置补助费以及地上附着物和青苗的补偿费。土地补偿费归农村集体经济组织所有，只能用于发展生产和安排就业，不能挪用和私分。农村集体经济组织成员与农村集体经济组织因土地补偿费发生的争议，不属于平等主体之间的民事法律关系，不属于人民法院受理民事诉讼的范围。对此类争议，人民法院依法不予受理，应由有关行政部门协调解决。

至于因安置补助费发生的争议应否由人民法院受理，则应具体分析。需要安置的人员由农村集体经济组织安置的，安置补偿费支付给农村集体经济组织，由农村集体经济组织管理和使用。因此发生的争议，也不属于人民法院受理民事诉讼的范围，人民法院不应作为民事案件受理。对于不需要由农村集体经济组织安置的人员，安置补偿费应直接支付给有关人员。因此发生的纠纷，属于平等主体之间的民事权利义务争议，人民法院应作为民事案件受理。

地上附着物与青苗补偿费应归地上附着物及青苗的所有者所有。地上附着物与青苗的所有者因该项补偿费与集体经济组织发生的争议属于平等主体之间的民事权利义务争议，属于人民法院受理民事案件的范围，此类争议人民法院应当作为民事案件受理。

以上意见供参考。

最高人民法院关于山东鲁信置业有限公司与青岛恒基置业有限公司土地使用权转让合同纠纷一案请示的答复

2010年12月28日　　　　　　　　　　〔2010〕民监他字第8号

山东省高级人民法院：

你院〔2010〕鲁民再字第22号《关于山东鲁信置业有限公司与青岛恒基置业有限公司土地使用权转让合同纠纷一案的请示报告》收悉。经研究，答复如下：

本院民事行政审判专业委员会对另案相似问题讨论认为，上级法院裁定驳回当事人的再审申请后，检察机关又以相同的理由就原审生效裁判提出抗诉的，人民法院应当依法受理；受理后可裁定驳回当事人的申诉或判决维持原判，不再指令原生效裁判的人民法院再审；如认为原判确有错误，应先裁定撤销原驳回裁定，然后依再审程序进行审判。

本院将就该问题继续调研，并最终以司法解释的方式予以规范。

根据以上精神，请你院将本案移送本院审理。

（四）担保物权

最高人民法院关于适用《中华人民共和国担保法》若干问题的解释

法释〔2000〕44号

（2000年9月29日最高人民法院审判委员会第1133次会议通过 2000年12月8日最高人民法院公告公布 自2000年12月13日起施行）

为了正确适用《中华人民共和国担保法》（以下简称担保法），结合审判实践经验，对人民法院审理担保纠纷案件适用法律问题作出如下解释。

一、关于总则部分的解释

第一条 当事人对由民事关系产生的债权，在不违反法律、法规强制性规定的情况下，以担保法规定的方式设定担保的，可以认定为有效。

第二条 反担保人可以是债务人，也可以是债务人之外的其他人。

反担保方式可以是债务人提供的抵押或者质押，也可以是其他人提供的保证、抵押或者质押。

第三条 国家机关和以公益为目的的事业单位、社会团体违反法律规定提供担保的，担保合同无效。因此给债权人造成损失的，应当根据担保法第五条第二款的规定处理。

第四条 董事、经理违反《中华人民共和国公司法》第六十条的规定，以公司资产为本公司的股东或者其他个人债务提供担保的，担保合同无效。除债权人知道或者应当知道的外，债务人、担保人应当对债权人的损失承担连带赔偿责任。

第五条 以法律、法规禁止流通的财产或者不可转让的财产设定担保的，担保合同无效。

以法律、法规限制流通的财产设定担保的，在实现债权时，人民法院应当按照有关法律、法规的规定对该财产进行处理。

第六条 有下列情形之一的，对外担保合同无效：

（一）未经国家有关主管部门批准或者登记对外担保的；

（二）未经国家有关主管部门批准或者登记，为境外机构向境内债权人提供担保的；

（三）为外商投资企业注册资本、外商投资企业中的外方投资部分的对外债务提供担保的；

（四）无权经营外汇担保业务的金融机构、无外汇收入的非金融性质的企业法人提供外汇担保的；

（五）主合同变更或者债权人将对外担保合同项下的权利转让，未经担保人同意和国家有关主管部门批准的，担保人不再承担担保责任。但法律、法规另有规定的除外。

第七条　主合同有效而担保合同无效，债权人无过错的，担保人与债务人对主合同债权人的经济损失，承担连带赔偿责任；债权人、担保人有过错的，担保人承担民事责任的部分，不应超过债务人不能清偿部分的1/2。

第八条　主合同无效而导致担保合同无效，担保人无过错的，担保人不承担民事责任；担保人有过错的，担保人承担民事责任的部分，不应超过债务人不能清偿部分的1/3。

第九条　担保人因无效担保合同向债权人承担赔偿责任后，可以向债务人追偿，或者在承担赔偿责任的范围内，要求有过错的反担保人承担赔偿责任。

担保人可以根据承担赔偿责任的事实对债务人或者反担保人另行提起诉讼。

第十条　主合同解除后，担保人对债务人应当承担的民事责任仍应承担担保责任。但是，担保合同另有约定的除外。

第十一条　法人或者其他组织的法定代表人、负责人超越权限订立的担保合同，除相对人知道或者应当知道其超越权限的以外，该代表行为有效。

第十二条　当事人约定的或者登记部门要求登记的担保期间，对担保物权的存续不具有法律约束力。

担保物权所担保的债权的诉讼时效结束后，担保权人在诉讼时效结束后的2年内行使担保物权的，人民法院应当予以支持。

二、关于保证部分的解释

第十三条　保证合同中约定保证人代为履行非金钱债务的，如果保证人不能实际代为履行，对债权人因此造成的损失，保证人应当承担赔偿责任。

第十四条　不具有完全代偿能力的法人、其他组织或者自然人，以保证人身份订立保证合同后，又以自己没有代偿能力要求免除保证责任的，人民法院不予支持。

第十五条　担保法第七条规定的其他组织主要包括：

（一）依法登记领取营业执照的独资企业、合伙企业；

（二）依法登记领取营业执照的联营企业；

（三）依法登记领取营业执照的中外合作经营企业；

（四）经民政部门核准登记的社会团体；

（五）经核准登记领取营业执照的乡镇、街道、村办企业。

第十六条　从事经营活动的事业单位、社会团体为保证人的，如无其他导致保证合同无效的情况，其所签订的保证合同应当认定为有效。

第十七条 企业法人的分支机构未经法人书面授权提供保证的，保证合同无效。因此给债权人造成损失的，应当根据担保法第五条第二款的规定处理。

企业法人的分支机构经法人书面授权提供保证的，如果法人的书面授权范围不明，法人的分支机构应当对保证合同约定的全部债务承担保证责任。

企业法人的分支机构经营管理的财产不足以承担保证责任的，由企业法人承担民事责任。

企业法人的分支机构提供的保证无效后应当承担赔偿责任的，由分支机构经营管理的财产承担。企业法人有过错的，按照担保法第二十九条的规定处理。

第十八条 企业法人的职能部门提供保证的，保证合同无效。债权人知道或者应当知道保证人为企业法人的职能部门的，因此造成的损失由债权人自行承担。

债权人不知保证人为企业法人的职能部门，因此造成的损失，可以参照担保法第五条第二款的规定和第二十九条的规定处理。

第十九条 两个以上保证人对同一债务同时或者分别提供保证时，各保证人与债权人没有约定保证份额的，应当认定为连带共同保证。

连带共同保证的保证人以其相互之间约定各自承担的份额对抗债权人的，人民法院不予支持。

第二十条 连带共同保证的债务人在主合同规定的债务履行期届满没有履行债务的，债权人可以要求债务人履行债务，也可以要求任何一个保证人承担全部保证责任。

连带共同保证的保证人承担保证责任后，向债务人不能追偿的部分，由各连带保证人按其内部约定的比例分担。没有约定的，平均分担。

第二十一条 按份共同保证的保证人按照保证合同约定的保证份额承担保证责任后，在其履行保证责任的范围内对债务人行使追偿权。

第二十二条 第三人单方以书面形式向债权人出具担保书，债权人接受且未提出异议的，保证合同成立。

主合同中虽然没有保证条款，但是，保证人在主合同上以保证人的身份签字或者盖章的，保证合同成立。

第二十三条 最高额保证合同的不特定债权确定后，保证人应当对在最高债权额限度内就一定期间连续发生的债权余额承担保证责任。

第二十四条 一般保证的保证人在主债权履行期间届满后，向债权人提供了债务人可供执行财产的真实情况的，债权人放弃或者怠于行使权利致使该财产不能被执行，保证人可以请求人民法院在其提供可供执行财产的实际价值范围内免除保证责任。

第二十五条 担保法第十七条第三款第（一）项规定的债权人要求债务人履行债务发生的重大困难情形，包括债务人下落不明、移居境外，且无财产可供执行。

第二十六条 第三人向债权人保证监督支付专款专用的，在履行了监督支付专款专用的义务后，不再承担责任。未尽监督义务造成资金流失的，应当对流失的资金承担补充赔偿责任。

第二十七条 保证人对债务人的注册资金提供保证的，债务人的实际投资与注册资金不符，或者抽逃转移注册资金的，保证人在注册资金不足或者抽逃转移注册资金的范围内承担连带保证责任。

第二十八条 保证期间,债权人依法将主债权转让给第三人的,保证债权同时转让,保证人在原保证担保的范围内对受让人承担保证责任。但是保证人与债权人事先约定仅对特定的债权人承担保证责任或者禁止债权转让的,保证人不再承担保证责任。

第二十九条 保证期间,债权人许可债务人转让部分债务未经保证人书面同意的,保证人对未经其同意转让部分的债务,不再承担保证责任。但是,保证人仍应当对未转让部分的债务承担保证责任。

第三十条 保证期间,债权人与债务人对主合同数量、价款、币种、利率等内容作了变动,未经保证人同意的,如果减轻债务人的债务的,保证人仍应当对变更后的合同承担保证责任;如果加重债务人的债务的,保证人对加重的部分不承担保证责任。

债权人与债务人对主合同履行期限作了变动,未经保证人书面同意的,保证期间为原合同约定的或者法律规定的期间。

债权人与债务人协议变动主合同内容,但并未实际履行的,保证人仍应当承担保证责任。

第三十一条 保证期间不因任何事由发生中断、中止、延长的法律后果。

第三十二条 保证合同约定的保证期间早于或者等于主债务履行期限的,视为没有约定,保证期间为主债务履行期届满之日起6个月。

保证合同约定保证人承担保证责任直至主债务本息还清时为止等类似内容的,视为约定不明,保证期间为主债务履行期届满之日起2年。

第三十三条 主合同对主债务履行期限没有约定或者约定不明的,保证期间自债权人要求债务人履行义务的宽限期届满之日起计算。

第三十四条 一般保证的债权人在保证期间届满前对债务人提起诉讼或者申请仲裁的,从判决或者仲裁裁决生效之日起,开始计算保证合同的诉讼时效。

连带责任保证的债权人在保证期间届满前要求保证人承担保证责任的,从债权人要求保证人承担保证责任之日起,开始计算保证合同的诉讼时效。

第三十五条 保证人对已经超过诉讼时效期间的债务承担保证责任或者提供保证的,又以超过诉讼时效为由抗辩的,人民法院不予支持。

第三十六条 一般保证中,主债务诉讼时效中断,保证债务诉讼时效中断;连带责任保证中,主债务诉讼时效中断,保证债务诉讼时效不中断。

一般保证和连带责任保证中,主债务诉讼时效中止的,保证债务的诉讼时效同时中止。

第三十七条 最高额保证合同对保证期间没有约定或者约定不明的,如最高额保证合同约定有保证人清偿债务期限的,保证期间为清偿期限届满之日起6个月。没有约定债务清偿期限的,保证期间自最高额保证终止之日或自债权人收到保证人终止保证合同的书面通知到达之日起6个月。

第三十八条 同一债权既有保证又有第三人提供物的担保的,债权人可以请求保证人或者物的担保人承担担保责任。当事人对保证担保的范围或者物的担保的范围没有约定或者约定不明的,承担了担保责任的担保人,可以向债务人追偿,也可以要求其他担保人清偿其应当分担的份额。

同一债权既有保证又有物的担保的，物的担保合同被确认无效或者被撤销，或者担保物因不可抗力的原因灭失而没有代位物的，保证人仍应当按合同的约定或者法律的规定承担保证责任。

债权人在主合同履行期届满后怠于行使担保物权，致使担保物的价值减少或者毁损、灭失的，视为债权人放弃部分或者全部物的担保。保证人在债权人放弃权利的范围内减轻或者免除保证责任。

第三十九条　主合同当事人双方协议以新贷偿还旧贷，除保证人知道或者应当知道的外，保证人不承担民事责任。

新贷与旧贷系同一保证人的，不适用前款的规定。

第四十条　主合同债务人采取欺诈、胁迫等手段，使保证人在违背真实意思的情况下提供保证的，债权人知道或者应当知道欺诈、胁迫事实的，按照担保法第三十条的规定处理。

第四十一条　债务人与保证人共同欺骗债权人，订立主合同和保证合同的，债权人可以请求人民法院予以撤销。因此给债权人造成损失的，由保证人与债务人承担连带赔偿责任。

第四十二条　人民法院判决保证人承担保证责任或者赔偿责任的，应当在判决书主文中明确保证人享有担保法第三十一条规定的权利。判决书中未予明确追偿权的，保证人只能按照承担责任的事实，另行提起诉讼。

保证人对债务人行使追偿权的诉讼时效，自保证人向债权人承担责任之日起开始计算。

第四十三条　保证人自行履行保证责任时，其实际清偿额大于主债权范围的，保证人只能在主债权范围内对债务人行使追偿权。

第四十四条　保证期间，人民法院受理债务人破产案件的，债权人既可以向人民法院申报债权，也可以向保证人主张权利。

债权人申报债权后在破产程序中未受清偿的部分，保证人仍应当承担保证责任。债权人要求保证人承担保证责任的，应当在破产程序终结后 6 个月内提出。

第四十五条　债权人知道或者应当知道债务人破产，既未申报债权也未通知保证人，致使保证人不能预先行使追偿权的，保证人在该债权在破产程序中可能受偿的范围内免除保证责任。

第四十六条　人民法院受理债务人破产案件后，债权人未申报债权的，各连带共同保证的保证人应当作为一个主体申报债权，预先行使追偿权。

三、关于抵押部分的解释

第四十七条　以依法获准尚未建造的或者正在建造中的房屋或者其他建筑物抵押的，当事人办理了抵押物登记，人民法院可以认定抵押有效。

第四十八条　以法定程序确认为违法、违章的建筑物抵押的，抵押无效。

第四十九条　以尚未办理权属证书的财产抵押的，在第一审法庭辩论终结前能够提供权利证书或者补办登记手续的，可以认定抵押有效。

当事人未办理抵押物登记手续的，不得对抗第三人。

第五十条 以担保法第三十四条第一款所列财产一并抵押的，抵押财产的范围应当以登记的财产为准。抵押财产的价值在抵押权实现时予以确定。

第五十一条 抵押人所担保的债权超出其抵押物价值的，超出的部分不具有优先受偿的效力。

第五十二条 当事人以农作物和与其尚未分离的土地使用权同时抵押的，土地使用权部分的抵押无效。

第五十三条 学校、幼儿园、医院等以公益为目的的事业单位、社会团体，以其教育设施、医疗卫生设施和其他社会公益设施以外的财产为自身债务设定抵押的，人民法院可以认定抵押有效。

第五十四条 按份共有人以其共有财产中享有的份额设定抵押的，抵押有效。

共同共有人以其共有财产设定抵押，未经其他共有人的同意，抵押无效。但是，其他共有人知道或者应当知道而未提出异议的视为同意，抵押有效。

第五十五条 已经设定抵押的财产被采取查封、扣押等财产保全或者执行措施的，不影响抵押权的效力。

第五十六条 抵押合同对被担保的主债权种类、抵押财产没有约定或者约定不明，根据主合同和抵押合同不能补正或者无法推定的，抵押不成立。

法律规定登记生效的抵押合同签订后，抵押人违背诚实信用原则拒绝办理抵押登记致使债权人受到损失的，抵押人应当承担赔偿责任。

第五十七条 当事人在抵押合同中约定，债务履行期届满抵押权人未受清偿时，抵押物的所有权转移为债权人所有的内容无效。该内容的无效不影响抵押合同其他部分内容的效力。

债务履行期届满后抵押权人未受清偿时，抵押权人和抵押人可以协议以抵押物折价取得抵押物。但是，损害顺序在后的担保物权人和其他债权人利益的，人民法院可以适用合同法第七十四条、第七十五条的有关规定。

第五十八条 当事人同一天在不同的法定登记部门办理抵押物登记的，视为顺序相同。

因登记部门的原因致使抵押物进行连续登记的，抵押物第一次登记的日期，视为抵押登记的日期，并依此确定抵押权的顺序。

第五十九条 当事人办理抵押物登记手续时，因登记部门的原因致使其无法办理抵押物登记，抵押人向债权人交付权利凭证的，可以认定债权人对该财产有优先受偿权。但是，未办理抵押物登记的，不得对抗第三人。

第六十条 以担保法第四十二条第（二）项规定的不动产抵押的，县级以上地方人民政府对登记部门未作规定，当事人在土地管理部门或者房产管理部门办理了抵押物登记手续，人民法院可以确认其登记的效力。

第六十一条 抵押物登记记载的内容与抵押合同约定的内容不一致的，以登记记载的内容为准。

第六十二条 抵押物因附合、混合或者加工使抵押物的所有权为第三人所有的，抵押权的效力及于补偿金；抵押物所有人为附合物、混合物或者加工物的所有人的，抵押权的效力及于附合物、混合物或者加工物；第三人与抵押物所有人为附合物、混合物或者加工物的共有人的，抵押权的效力及于抵押人对共有物享有的份额。

第六十三条 抵押权设定前为抵押物的从物的，抵押权的效力及于抵押物的从物。但是，抵押物与其从物为两个以上的人分别所有时，抵押权的效力不及于抵押物的从物。

第六十四条 债务履行期届满，债务人不履行债务致使抵押物被人民法院依法扣押的，自扣押之日起抵押权人收取的由抵押物分离的天然孳息和法定孳息，按照下列顺序清偿：

（一）收取孳息的费用；

（二）主债权的利息；

（三）主债权。

第六十五条 抵押人将已出租的财产抵押的，抵押权实现后，租赁合同在有效期内对抵押物的受让人继续有效。

第六十六条 抵押人将已抵押的财产出租的，抵押权实现后，租赁合同对受让人不具有约束力。

抵押人将已抵押的财产出租时，如果抵押人未书面告知承租人该财产已抵押的，抵押人对出租抵押物造成承租人的损失承担赔偿责任；如果抵押人已书面告知承租人该财产已抵押的，抵押权实现造成承租人的损失，由承租人自己承担。

第六十七条 抵押权存续期间，抵押人转让抵押物未通知抵押权人或者未告知受让人的，如果抵押物已经登记的，抵押权人仍可以行使抵押权；取得抵押物所有权的受让人，可以代替债务人清偿其全部债务，使抵押权消灭。受让人清偿债务后可以向抵押人追偿。

如果抵押物未经登记的，抵押权不得对抗受让人，因此给抵押权人造成损失的，由抵押人承担赔偿责任。

第六十八条 抵押物依法被继承或者赠与的，抵押权不受影响。

第六十九条 债务人有多个普通债权人的，在清偿债务时，债务人与其中一个债权人恶意串通，将其全部或者部分财产抵押给该债权人，因此丧失了履行其他债务的能力，损害了其他债权人的合法权益，受损害的其他债权人可以请求人民法院撤销该抵押行为。

第七十条 抵押人的行为足以使抵押物价值减少的，抵押权人请求抵押人恢复原状或提供担保遭到拒绝时，抵押权人可以请求债务人履行债务，也可以请求提前行使抵押权。

第七十一条 主债权未受全部清偿的，抵押权人可以就抵押物的全部行使其抵押权。

抵押物被分割或者部分转让的，抵押权人可以就分割或者转让后的抵押物行使抵押权。

第七十二条 主债权被分割或者部分转让的，各债权人可以就其享有的债权份额行使抵押权。

主债务被分割或者部分转让的，抵押人仍以其抵押物担保数个债务人履行债务。但是，第三人提供抵押的，债权人许可债务人转让债务未经抵押人书面同意的，抵押人对未经其同意转让的债务，不再承担担保责任。

第七十三条 抵押物折价或者拍卖、变卖该抵押物的价款低于抵押权设定时约定价值的，应当按照抵押物实现的价值进行清偿。不足清偿的剩余部分，由债务人清偿。

第七十四条 抵押物折价或者拍卖、变卖所得的价款，当事人没有约定的，按下列顺序清偿：

（一）实现抵押权的费用；
（二）主债权的利息；
（三）主债权。

第七十五条 同一债权有两个以上抵押人的，债权人放弃债务人提供的抵押担保的，其他抵押人可以请求人民法院减轻或者免除其应当承担的担保责任。

同一债权有两个以上抵押人的，当事人对其提供的抵押财产所担保的债权份额或者顺序没有约定或者约定不明的，抵押权人可以就其中任一或者各个财产行使抵押权。

抵押人承担担保责任后，可以向债务人追偿，也可以要求其他抵押人清偿其应当承担的份额。

第七十六条 同一动产向两个以上债权人抵押的，当事人未办理抵押物登记，实现抵押权时，各抵押权人按照债权比例受偿。

第七十七条 同一财产向两个以上债权人抵押的，顺序在先的抵押权与该财产的所有权归属一人时，该财产的所有权人可以以其抵押权对抗顺序在后的抵押权。

第七十八条 同一财产向两个以上债权人抵押的，顺序在后的抵押权所担保的债权先到期的，抵押权人只能就抵押物价值超出顺序在先的抵押担保债权的部分受偿。

顺序在先的抵押权所担保的债权先到期的，抵押权实现后的剩余价款应予提存，留待清偿顺序在后的抵押担保债权。

第七十九条 同一财产法定登记的抵押权与质权并存时，抵押权人优先于质权人受偿。

同一财产抵押权与留置权并存时，留置权人优先于抵押权人受偿。

第八十条 在抵押物灭失、毁损或者被征用的情况下，抵押权人可以就该抵押物的保险金、赔偿金或者补偿金优先受偿。

抵押物灭失、毁损或者被征用的情况下，抵押权所担保的债权未届清偿期的，抵押权人可以请求人民法院对保险金、赔偿金或补偿金等采取保全措施。

第八十一条 最高额抵押权所担保的债权范围，不包括抵押物因财产保全或者执行程序被查封后或债务人、抵押人破产后发生的债权。

第八十二条 当事人对最高额抵押合同的最高限额、最高额抵押期间进行变更，以其变更对抗顺序在后的抵押权人的，人民法院不予支持。

第八十三条 最高额抵押权所担保的不特定债权，在特定后，债权已届清偿期的，最高额抵押权人可以根据普通抵押权的规定行使其抵押权。

抵押权人实现最高额抵押权时，如果实际发生的债权余额高于最高限额的，以最高限额为限，超过部分不具有优先受偿的效力；如果实际发生的债权余额低于最高限额的，以实际发生的债权余额为限对抵押物优先受偿。

四、关于质押部分的解释

（一）动产质押

第八十四条 出质人以其不具有所有权但合法占有的动产出质的，不知出质人无处分权的质权人行使质权后，因此给动产所有人造成损失的，由出质人承担赔偿责任。

第八十五条 债务人或者第三人将其金钱以特户、封金、保证金等形式特定化后，移交债权人占有作为债权的担保，债务人不履行债务时，债权人可以以该金钱优先受偿。

第八十六条 债务人或者第三人未按质押合同约定的时间移交质物的，因此给质权人造成损失的，出质人应当根据其过错承担赔偿责任。

第八十七条 出质人代质权人占有质物的，质押合同不生效；质权人将质物返还于出质人后，以其质权对抗第三人的，人民法院不予支持。

因不可归责于质权人的事由而丧失对质物的占有，质权人可以向不当占有人请求停止侵害、恢复原状、返还质物。

第八十八条 出质人以间接占有的财产出质的，质押合同自书面通知送达占有人时视为移交。占有人收到出质通知后，仍接受出质人的指示处分出质财产的，该行为无效。

第八十九条 质押合同中对质押的财产约定不明，或者约定的出质财产与实际移交的财产不一致的，以实际交付占有的财产为准。

第九十条 质物有隐蔽瑕疵造成质权人其他财产损害的，应由出质人承担赔偿责任。但是，质权人在质物移交时明知质物有瑕疵而予以接受的除外。

第九十一条 动产质权的效力及于质物的从物。但是，从物未随同质物移交质权人占有的，质权的效力不及于从物。

第九十二条 按照担保法第六十九条的规定将质物提存的，质物提存费用由质权人负担；出质人提前清偿债权的，应当扣除未到期部分的利息。

第九十三条 质权人在质权存续期间，未经出质人同意，擅自使用、出租、处分质物，因此给出质人造成损失的，由质权人承担赔偿责任。

第九十四条 质权人在质权存续期间，为担保自己的债务，经出质人同意，以其所占有的质物为第三人设定质权的，应当在原质权所担保的债权范围之内，超过的部分不具有优先受偿的效力。转质权的效力优于原质权。

质权人在质权存续期间，未经出质人同意，为担保自己的债务，在其所占有的质物上为第三人设定质权的无效。质权人对因转质而发生的损害承担赔偿责任。

第九十五条 债务履行期届满质权人未受清偿的，质权人可以继续留置质物，并以质物的全部行使权利。出质人清偿所担保的债权后，质权人应当返还质物。

债务履行期届满，出质人请求质权人及时行使权利，而质权人怠于行使权利致使质物价格下跌的，由此造成的损失，质权人应当承担赔偿责任。

第九十六条 本解释第五十七条、第六十二条、第六十四条、第七十一条、第七十二条、第七十三条、第七十四条、第八十条之规定，适用于动产质押。

（二）权利质押

第九十七条 以公路桥梁、公路隧道或者公路渡口等不动产收益权出质的，按照担保法第七十五条第（四）项的规定处理。

第九十八条 以汇票、支票、本票出质，出质人与质权人没有背书记载"质押"字样，以票据出质对抗善意第三人的，人民法院不予支持。

第九十九条 以公司债券出质的，出质人与质权人没有背书记载"质押"字样，以债券出质对抗公司和第三人的，人民法院不予支持。

第一百条 以存款单出质的，签发银行核押后又受理挂失并造成存款流失的，应当承担民事责任。

第一百零一条 以票据、债券、存款单、仓单、提单出质的，质权人再转让或者质押的无效。

第一百零二条 以载明兑现或者提货日期的汇票、支票、本票、债券、存款单、仓单、提单出质的，其兑现或者提货日期后于债务履行期的，质权人只能在兑现或者提货日期届满时兑现款项或者提取货物。

第一百零三条 以股份有限公司的股份出质的，适用《中华人民共和国公司法》有关股份转让的规定。

以上市公司的股份出质的，质押合同自股份出质向证券登记机构办理出质登记之日起生效。

以非上市公司的股份出质的，质押合同自股份出质记载于股东名册之日起生效。

第一百零四条 以依法可以转让的股份、股票出质的，质权的效力及于股份、股票的法定孳息。

第一百零五条 以依法可以转让的商标专用权，专利权、著作权中的财产权出质的，出质人未经质权人同意而转让或者许可他人使用已出质权利的，应当认定为无效。因此给质权人或者第三人造成损失的，由出质人承担民事责任。

第一百零六条 质权人向出质人、出质债权的债务人行使质权时，出质人、出质债权的债务人拒绝的，质权人可以起诉出质人和出质债权的债务人，也可以单独起诉出质债权的债务人。

五、关于留置部分的解释

第一百零七条 当事人在合同中约定排除留置权，债务履行期届满，债权人行使留置权的，人民法院不予支持。

第一百零八条 债权人合法占有债务人交付的动产时，不知债务人无处分该动产的权利，债权人可以按照担保法第八十二条的规定行使留置权。

第一百零九条 债权人的债权已届清偿期，债权人对动产的占有与其债权的发生有牵连关系，债权人可以留置其所占有的动产。

第一百一十条 留置权人在债权未受全部清偿前，留置物为不可分物的，留置权人可以就其留置物的全部行使留置权。

第一百一十一条 债权人行使留置权与其承担的义务或者合同的特殊约定相抵触的，人民法院不予支持。

第一百一十二条 债权人的债权未届清偿期，其交付占有标的物的义务已届履行期的，不能行使留置权。但是，债权人能够证明债务人无支付能力的除外。

第一百一十三条 债权人未按担保法第八十七条规定的期限通知债务人履行义务，直接变价处分留置物的，应当对此造成的损失承担赔偿责任。债权人与债务人按照担保法第八十七条的规定在合同中约定宽限期的，债权人可以不经通知，直接行使留置权。

第一百一十四条 本解释第六十四条、第八十条、第八十七条、第九十一条、第九十三条的规定，适用于留置。

六、关于定金部分的解释

第一百一十五条 当事人约定以交付定金作为订立主合同担保的，给付定金的一方拒绝订立主合同的，无权要求返还定金；收受定金的一方拒绝订立合同的，应当双倍返还定金。

第一百一十六条 当事人约定以交付定金作为主合同成立或者生效要件的，给付定金的一方未支付定金，但主合同已经履行或者已经履行主要部分的，不影响主合同的成立或者生效。

第一百一十七条 定金交付后，交付定金的一方可以按照合同的约定以丧失定金为代价而解除主合同，收受定金的一方可以双倍返还定金为代价而解除主合同。对解除主合同后责任的处理，适用《中华人民共和国合同法》的规定。

第一百一十八条 当事人交付留置金、担保金、保证金、订约金、押金或者订金等，但没有约定定金性质的，当事人主张定金权利的，人民法院不予支持。

第一百一十九条 实际交付的定金数额多于或者少于约定数额，视为变更定金合同；收受定金一方提出异议并拒绝接受定金的，定金合同不生效。

第一百二十条 因当事人一方迟延履行或者其他违约行为，致使合同目的不能实现，可以适用定金罚则。但法律另有规定或者当事人另有约定的除外。

当事人一方不完全履行合同的，应当按照未履行部分所占合同约定内容的比例，适用定金罚则。

第一百二十一条 当事人约定的定金数额超过主合同标的额20%的，超过的部分，人民法院不予支持。

第一百二十二条 因不可抗力、意外事件致使主合同不能履行的，不适用定金罚则。因合同关系以外第三人的过错，致使主合同不能履行的，适用定金罚则。受定金处罚的一方当事人，可以依法向第三人追偿。

七、关于其他问题的解释

第一百二十三条 同一债权上数个担保物权并存时，债权人放弃债务人提供的物的担保的，其他担保人在其放弃权利的范围内减轻或者免除担保责任。

第一百二十四条 企业法人的分支机构为他人提供保证的，人民法院在审理保证纠纷案件中可以将该企业法人作为共同被告参加诉讼。但是商业银行、保险公司的分支机构提供保证的除外。

第一百二十五条 一般保证的债权人向债务人和保证人一并提起诉讼的，人民法院可以将债务人和保证人列为共同被告参加诉讼。但是，应当在判决书中明确在对债务人财产依法强制执行后仍不能履行债务时，由保证人承担保证责任。

第一百二十六条 连带责任保证的债权人可以将债务人或者保证人作为被告提起诉讼，也可以将债务人和保证人作为共同被告提起诉讼。

第一百二十七条 债务人对债权人提起诉讼，债权人提起反诉的，保证人可以作为第三人参加诉讼。

第一百二十八条 债权人向人民法院请求行使担保物权时，债务人和担保人应当作为共同被告参加诉讼。

同一债权既有保证又有物的担保的，当事人发生纠纷提起诉讼的，债务人与保证人、抵押人或者出质人可以作为共同被告参加诉讼。

第一百二十九条 主合同和担保合同发生纠纷提起诉讼的，应当根据主合同确定案件管辖。担保人承担连带责任的担保合同发生纠纷，债权人向担保人主张权利的，应当由担保人住所地的法院管辖。

主合同和担保合同选择管辖的法院不一致的，应当根据主合同确定案件管辖。

第一百三十条 在主合同纠纷案件中，对担保合同未经审判，人民法院不应当依据对主合同当事人所作出的判决或者裁定，直接执行担保人的财产。

第一百三十一条 本解释所称"不能清偿"指对债务人的存款、现金、有价证券、成品、半成品、原材料、交通工具等可以执行的动产和其他方便执行的财产执行完毕后，债务仍未能得到清偿的状态。

第一百三十二条 在案件审理或者执行程序中，当事人提供财产担保的，人民法院应当对该财产的权属证书予以扣押，同时向有关部门发出协助执行通知书，要求其在规定的时间内不予办理担保财产的转移手续。

第一百三十三条 担保法施行以前发生的担保行为，适用担保行为发生时的法律、法规和有关司法解释。

担保法施行以后因担保行为发生的纠纷案件，在本解释公布施行前已经终审，当事人申请再审或者按审判监督程序决定再审的，不适用本解释。

担保法施行以后因担保行为发生的纠纷案件，在本解释公布施行后尚在一审或二审阶段的，适用担保法和本解释。

第一百三十四条 最高人民法院在担保法施行以前作出的有关担保问题的司法解释，与担保法和本解释相抵触的，不再适用。

最高人民法院
关于国有工业企业以机器设备等财产为抵押物与债权人签订的抵押合同的效力问题的批复

法释〔2002〕14号

(2002年6月11日最高人民法院审判委员会第1225次会议通过 2002年6月18日最高人民法院公告公布 自2002年6月22日起施行)

重庆市高级人民法院：

你院渝高法〔2001〕37号《关于认定国有工业企业以机器设备、厂房为抵押物与债权人签订的抵押合同的法律效力的请示》收悉。经研究，答复如下：

根据《中华人民共和国担保法》第三十四条和最高人民法院《关于适用〈中华人民共和国合同法〉若干问题的解释（一）》第九条规定的精神，国有工业企业以机器设备、厂房等财产与债权人签订的抵押合同，如无其他法定的无效情形，不应当仅以未经政府主管部门批准为由认定抵押合同无效。

本批复施行后，正在审理或者尚未审理的案件，适用本批复，但判决、裁定已经发生法律效力的案件提起再审的除外。

此复。

最高人民法院
关于破产企业国有划拨土地使用权应否列入破产财产等问题的批复

法释〔2003〕6号

(2002年10月11日最高人民法院审判委员会第1245次会议通过 2003年4月16日最高人民法院公告公布 自2003年4月18日起施行)

湖北省高级人民法院：

你院鄂高法〔2002〕158号《关于破产企业国有划拨土地使用权应否列入破产财产以及有关抵押效力认定等问题的请示》收悉。经研究，答复如下：

一、根据《中华人民共和国土地管理法》第五十八条第一款第（四）项及《城镇国有土地使用权出让和转让暂行条例》第四十七条的规定，破产企业以划拨方式取得的国有土地使用权不属于破产财产，在企业破产时，有关人民政府可以予以收回，并依法处置。纳入国家兼并破产计划的国有企业，其依法取得的国有土地使用权，应依据国务院有关文件规定办理。

二、企业对其以划拨方式取得的国有土地使用权无处分权，以该土地使用权为标的物设定抵押，除依法办理抵押登记手续外，还应经具有审批权限的人民政府或土地行政管理部门批准。否则，应认定抵押无效。如果企业对以划拨方式取得的国有土地使用权设定抵押时，履行了法定的审批手续，并依法办理了抵押登记，应认定抵押有效。根据《中华人民共和国城市房地产管理法》第五十条和《中华人民共和国担保法》第五十六条的规定，抵押权人只有在以抵押标的物折价或拍卖、变卖所得价款缴纳相当于土地使用权出让金的款项后，对剩余部分方可享有优先受偿权。但纳入国家兼并破产计划的国有企业，其用以划拨方式取得的国有土地使用权设定抵押的，应依据国务院有关文件规定办理。

三、国有企业以关键设备、成套设备、厂房设定抵押的效力问题，应依据法释〔2002〕14号《关于国有工业企业以机器设备等财产为抵押物与债权人签订的抵押合同的法律效力问题的批复》办理。

国有企业以建筑物设定抵押的效力问题，应区分两种情况处理：如果建筑物附着于以划拨方式取得的国有土地使用权之上，将该建筑物与土地使用权一并设定抵押的，对土地使用权的抵押需履行法定的审批手续，否则，应认定抵押无效；如果建筑物附着于以出让、转让方式取得的国有土地使用权之上，将该建筑物与土地使用权一并设定抵押的，即使未经有关主管部门批准，亦应认定抵押有效。

本批复自公布之日起施行，正在审理或者尚未审理的案件，适用本批复，但对提起再审的判决、裁定已经发生法律效力的案件除外。

此复。

最高人民法院关于审理出口退税托管账户质押贷款案件有关问题的规定

法释〔2004〕18号

（2004年9月27日最高人民法院审判委员会第1326次会议通过 2004年11月22日最高人民法院公告公布 自2004年12月7日起施行）

为正确审理涉及出口退税专用账户质押贷款纠纷案件，维护相关当事人的合法权益，根据《中华人民共和国民法通则》、《中华人民共和国合同法》、《中华人民共和国担保法》等有关规定,结合人民法院审判实践,制定本规定。

第一条 本规定适用于审理、执行涉及出口退税专用账户质押贷款的案件。

本规定所称出口退税专用账户质押贷款,是指借款人将出口退税专用账户托管给贷款银行,并承诺以该账户中的退税款作为还款保证的贷款。

第二条 以出口退税专用账户质押方式贷款的,应当签订书面质押贷款合同。质押贷款合同自贷款银行实际托管借款人出口退税专用账户时生效。①

第三条 出口退税专用账户质押贷款银行,对质押账户内的退税款享有优先受偿权。

第四条 人民法院审理和执行案件时,不得对已设质的出口退税专用账户内的款项采取财产保全措施或者执行措施。

第五条 借款人进入破产程序时,贷款银行对已经设质的出口退税专用账户内的款项享有优先受偿权,但应以被担保债权尚未受偿的数额为限。

第六条 有下列情形之一的,不受本《规定》第三、四、五条规定的限制,人民法院可以采取财产保全或者执行措施:

(一)借款人将非退税款存入出口退税专用账户的;

(二)贷款银行将出口退税专用账户内的退税款扣还其他贷款,且数额已经超出质押贷款金额的;

(三)贷款银行同意税务部门转移出口退税专用账户的;

(四)贷款银行有其他违背退税账户专用性质,损害其他债权人利益行为的。

第七条 本规定自2004年12月7日起施行。

最高人民法院
关于债务人有多个债权人而将其全部财产抵押给其中一个债权人是否有效问题的批复

1994年3月26日 　　　　　　　　　　　　　法复〔1994〕2号

山东省高级人民法院:

你院《关于债务人有多个债权人,而将其全部财产抵押给一个债权人是否有效的请示》收悉。经研究,答复如下:

债务人有多个债权人时,而将其全部财产抵押给其中一个债权人,因此丧失了履行

---

① 因与物权法相关规定冲突,根据《最高人民法院关于废止2007年底以前发布的有关司法解释(第七批)的决定》,此条废止。——编者注

其他债务的能力,损害了其他债权人的合法权益,根据《中华人民共和国民法通则》第四条、第五条的规定,应当认定该抵押协议无效。

此复。

最高人民法院关于共有人之一私自与外籍华人违反法律进行房产抵押买卖交易无效的复函

1990年10月26日　　　　　　　　　　　　　〔1990〕民他字第35号

上海市高级人民法院:

你院《关于沈云诉王雪霞房屋产权纠纷案的请示》收悉。经研究,我们认为,根据1984年余性本、王雪霞等人共同签署的"房屋分割协议书"的约定,双方当事人所争议的房屋应属王雪霞及余学强等六个子女共有。王雪霞事先未经全体共有人的同意,私自向沈云抵押、出卖房屋,侵犯了其他共有人的权益,而且双方当事人的抵押、买卖房屋行为又均未按照我国的房屋管理规定进行,也未得到房屋主管部门的认可。因此,应认定沈云与王雪霞的房屋抵押、买卖交易行为无效。对沈云提出的确认房屋产权的请求不予支持,王雪霞应返还沈云的钱款,由此造成的损失应根据双方的责任相应承担。

以上意见供参考。

最高人民法院经济庭关于同一抵押物设立数个抵押权依次受偿问题的函

1992年4月18日　　　　　　　　　　　　　法经〔1992〕68号

广东省高级人民法院:

你院〔1992〕粤高法经请字第1号《关于造成重复抵押无效的原因消除后该重复抵押行为的效力应如何确认的问题的请示》收悉。经研究,答复如下:

我院《关于贯彻执行〈中华人民共和国民法通则〉若干问题的意见(试行)》第115条对抵押的问题已有规定。按照该规定,当抵押物价值较大时,抵押人可就同一抵押物的剩余担保价值另行设立抵押权;同一抵押物有数个抵押权时,按设立的先后顺序依次受偿。你院请示的案件抵押物价值近 40 万元，第一个抵押权只有 17 万元，抵押人可以就剩余担保价值另设立抵押权，而不应按无效抵押处理。

此复。

最高人民法院研究室
关于抵押权不受抵押登记机关规定的
抵押期限影响问题的函

2000 年 9 月 28 日　　　　　　　　　　　法（研）明传〔2000〕22 号

广东省高级人民法院：

你院〔1999〕粤高法经一请字第 23 号《关于抵押登记机关规定的抵押期限是否有效问题的请示》收悉。经研究，答复如下：

依照《中华人民共和国担保法》第五十二条的规定，抵押权与其担保的债权同时存在，办理抵押物登记的部门规定的抵押期限对抵押权的效力不发生影响。

最高人民法院
关于能否对连带责任保证人所有的
船舶行使留置权的请示的复函

2001 年 8 月 17 日　　　　　　　　　　　〔2001〕民四他字第 5 号

天津市高级人民法院：

你院津高法〔2001〕13 号《关于能否对连带责任保证人所有的船舶行使留置权的请示》收悉。本院经研究认为：

船舶留置权是设定于船舶之上的法定担保物权。根据《中华人民共和国海商法》第二十五条第二款的规定，当修船合同的委托方未履行合同时，修船人基于修船合同为保证修船费用得以实现，可以留置所占有的船舶，而不论该船舶是否为修船合同的委托方所有。但修船人不得基于连带责任保证对连带责任保证人所有的船舶行使留置权。

天津新港船厂修船分厂作为修船人，依据其与英国伦敦尤恩开尔公司订立的修船合同，对俄罗斯籍"东方之岸"轮进行修理后未取得合同约定的修船费用，有权留置该轮。"东方之岸"轮的所有人东方航运公司虽不是本案修船合同的当事人，但不影响该留置权的成立。

据此，同意你院关于天津新港船厂修船分厂对"东方之岸"轮的留置行为合法有效，并可以基于留置权先于抵押权人受偿的处理意见。

最高人民法院关于吉林市商业银行营业部与交通银行吉林分行船营支行长春路分理处存单质押纠纷一案请示的答复

2003年1月4日　　　　　　　　　　　　　　〔2003〕民二他字第21号

吉林省高级人民法院：

你院2002年11月22日〔2002〕吉高法民三请字第1号《关于上诉人吉林市商业银行营业部与被上诉人交通银行吉林分行船营支行长春路分理处存单纠纷一案的请示报告》，我院于2003年6月2日收悉。根据你院二审认定的事实，经研究，答复如下：

吉林市商业银行营业部（以下简称商业银行）因为贷出款项，并通过存单质押而取得了交通银行吉林分行船营支行长春路分理处（以下简称交通银行）出具的存单。依照本院《关于审理存单纠纷案件的若干规定》第一条第（一）款的规定，本案商业银行以存单质押请求兑付而起诉，应属存单纠纷案件。商业银行在接受出质存单后向交通银行进行了核押，依照上述司法解释第八条第三款的规定，质押合同有效，交通银行应承担本案所涉存单的兑付责任。但应以该存单质押的债权为限。

此复。

最高人民法院关于担保法司法解释第五十九条中的"第三人"范围问题的答复

2006年5月18日　　　　　　　　　　　　　　　　法函〔2006〕51号

四川省高级人民法院：

你院川高法〔2005〕496号"关于对《最高人民法院关于适用〈中华人民共和国担保法〉若干问题的解释》第五十九条的理解与适用的请示"收悉。经研究，答复如下：

根据《中华人民共和国担保法》第四十一条、第四十三第二款规定，应当办理抵押物登记而未经登记的，抵押权不成立；自愿办理抵押物登记而未办理的，抵押权不得对抗第三人。因登记部门的原因致使当事人无法办理抵押物登记是抵押未登记的特殊情形，如果抵押人向债权人交付了权利凭证，人民法院可以基于抵押当事人的真实意思认定该抵押合同对抵押权人和抵押人有效，但此种抵押对抵押当事人之外的第三人不具有法律效力。

此复。

最高人民法院
关于已登记的抵押物的善意受让人在抵押物灭失后应否对抵押权人承担赔偿责任的复函

2006年10月25日　　　　　　　　　　　〔2006〕民立他字第98号

山东省高级人民法院：

你院〔2005〕鲁民监字第335号《关于惠民华润纺织有限公司因抵押合同纠纷申诉一案的法律适用问题的请示报告》收悉。经研究，答复如下：

根据你院请示报告，滨州市滨城区第四油棉厂向惠民华润纺织有限公司（以下简称惠民华润）出卖皮棉57.7吨，并向惠民华润收取了相应的价款，但未告知所出卖的皮棉为已办理登记的抵押物。你院请示报告还称，惠民华润不知也不应知涉案皮棉已抵押，而且惠民华润在抵押权人主张抵押权前已将所购皮棉消耗完毕。因此，根据担保法第五十八条等规定，设立于惠民华润所购的该批皮棉的抵押权消灭，惠民华润不再对抵押权人承担赔偿责任。

最高人民法院关于《国土资源部办公厅关于征求为公司债券持有人办理国有土地使用权抵押登记意见函》的答复

2010年6月23日　　　　　　　　　〔2010〕民二他字第16号

国土资源部办公厅：

国土资厅函〔2010〕374号《国土资源部办公厅关于征求为公司债券持有人办理国有土地使用权抵押登记意见函》收悉，经研究，答复如下：

基于公司债券持有人具有分散性、群体性、不易保护自身权利的特点，《公司债券发行试点办法》（以下简称《办法》）规定了公司债券受托管理人制度，以保护全体公司债券持有人的权益。基于此，《办法》第二十五条对公司债券受托管理人的法定职责进行了规定，同时允许当事人约定权利义务范围。

根据《物权法》的规定，函中所述案例的抵押权人为全体公司债券持有人。抵押权的设定有利于保护全体公司债券持有人的利益。在公司债券持有人因其不确定性、群体性而无法申请办理抵押权登记的情形下，认定公司债券受托管理人可以代理办理抵押权登记手续，符合设立公司债券受托管理人制度的目的，也不违反《办法》第二十五条的规定。在法律没有禁止性规定以及当事人之间没有禁止代为办理抵押登记约定的情形下，应认定公司债券受托管理人可代理全体公司债券持有人申请办理土地抵押登记。

以上意见仅供参考。

最高人民法院关于购买抵押房屋并已交付房款的小业主诉请银行涂销抵押应否支持问题的请示的答复

2011年6月15日　　　　　　　　　〔2011〕民一他字第1号

广东省高级人民法院：

你院粤高法〔2011〕1号《关于购买抵押房屋并已交付房款的小业主诉请银行涂销抵押应否支持问题的请示》收悉。经研究，答复如下：

本案原告提起诉请银行涂销抵押诉讼的目的在于办理房屋所有权登记。从你院请示报告所载明的事实看，根据物权法第二十八条的规定，原告已于人民法院的法律文书生效时取得了房屋所有权而根据《房屋登记办法》第三十五条第二款规定，房屋登记机构应当依法办理房屋登记。此时的房屋登记行为具有物权公示的效力，并非物权取得的必要条件。因是否办理房屋登记而形成的纠纷，不属于民事案件受案范围。对此，人民法院可向当事人进行释明，并告知其向房屋登记机构申请解决，原告坚持起诉的，可裁定驳回起诉。

此复。

（五）典权、典当

最高人民法院
关于执行《民事政策法律若干问题的意见》中几个涉及房屋典当问题的函[*]

1985年2月24日　　　　　　　　　　法（民）函〔1985〕8号

河南省高级人民法院：

你院1984年12月15日（84）豫法民字第3号关于在执行《民事政策法律若干问题的意见》中遇到几个问题的请示收悉。经我们研究分别答复如下：

一、关于处理房屋典当回赎计算期限是否扣除私改时间问题。我们认为：在落实私房改造政策中，如果确属不应改造的出典房屋，当时不能按契约规定期限回赎，是由于客观原因造成的，出典人无法行使自己的权利，现在产权已经退还，原房主（即出典人）要求回赎的，同意你院意见，被改造时间不计入时效期间。

二、关于你省（81）80号文件第四条的规定与我院《意见》第58条是否矛盾问题。处理典当纠纷，主要是根据典当契约的规定办理，只有契约上有典期未注明绝卖已逾期10年或未定典期30年的，才适用《意见》第58条。而你省（81）80号文件第四条明确规定是指典当契约有典期并载明过期不赎作为绝卖的，按契约规定执行。故二者并不矛盾，同意你院对两个文件的分析意见。

三、关于"文革"前与解放前借钱借房的两借纠纷能否比照《意见》第58条典当关系处理问题。我们认为：借与典不同，借是一种债务关系，债务人对所借财物只有使用权，并要依约在一定期限内负责偿还。鉴于目前借贷问题的尚无时效规定，故不宜比照《意见》第58条作典当关系处理。

---

[*] 也作"最高人民法院关于执行《民事政策法律若干问题的意见》中的几个问题的函"。

最高人民法院
关于典当房屋被视为绝卖以后
确认产权程序问题的批复

1989年7月24日　　　　　　　　　　　　　　　〔1989〕法民字第17号

山西省高级人民法院：

你院〔1989〕晋法民报字第3号《关于典当房屋被视为绝卖以后产权确认问题的请示》收悉。经研究，现答复如下：

出典的房屋已超过规定的回赎期限，承典人提起确认房屋产权归己的诉讼时，人民法院应分别情况适用不同程序：对出典人或者其继承人提出异议的，应按照民事诉讼法（试行）规定的普通程序或简易程序进行审理；对出典人或者其继承人无异议的，或者出典人已经死亡又无继承人的，可以比照民事诉讼法（试行）特别程序的有关规定进行审理。经审理，如确认房屋产权归承典人所有，承典人即可持法院判决书向房管部门申请办理产权登记手续。

最高人民法院
关于私房改造中典当双方都是被改造户的
回赎案件应如何处理问题的批复

1990年7月25日　　　　　　　　　　　　　　　　法民〔1990〕6号

山东省高级人民法院：

你院〔1990〕鲁法民字第4号《关于处理房屋典当回赎问题的请示报告》收悉。经研究，答复如下：

在私房社会主义改造中，房屋典当关系的双方都属于私房被改造户，承典人的私房被全部改造，而将承典的房屋作为自住房留下的，不论房管部门何时明确作为自住房，均应视为承典房和私房合并纳入改造后所留下的自住房。参照国家房产管理局〔65〕国房局字第105号《关于私房改造中处理典当房屋问题的意见》，此类房屋出典人要求回赎的，不予准许。

最高人民法院
关于雷龙江与雷济川房屋典当关系应予承认的批复

1979年11月5日　　　　　　　　　　　　　　〔79〕民他字第33号

陕西省高级人民法院：

你院陕高法民〔1979〕1号对"雷龙江与雷济川房屋回赎"一案的请示报告和第一、二审卷宗均已收悉。根据此案的实际情况，参照最高人民法院第二次全国民事审判工作会议《关于贯彻执行民事政策法律的意见》文件中有关处理房屋典当回赎的原则精神，我们认为对雷龙江与雷济川的房屋典当关系应予承认，但考虑双方具体情况和实际需要，房屋不予回赎，可让雷济川适当补付雷龙江房价，予以合情合理解决。

此复。

附：

陕西省高级人民法院
对"雷龙江与雷济川房屋回赎"一案的请示报告

1979年7月21日　　　　　　　　　　　　　　陕高法民〔1979〕1号

最高人民法院：

我省渭南地区中级人民法院1979年5月5日〔79〕渭地法民字第22号对"雷龙江与雷济川房屋回赎"一案处理意见的请示报告，我院研究讨论提出了两种意见，现将案情和意见分述如下：

一、案　情

1920年，雷龙江之祖母丁氏外出逃荒时将其家房屋3间以100个银元出典给雷济川之祖父雷震坤，典约载明5年期满归赎。解放前，雷龙江之祖母已故，同其父雷兴春在银川市落户至今。解放后，产权登记时，雷济川之父雷电章（已故）将所当之房及代管雷龙江家的3间房一并登记在自己名下。

二、第一审判决

1974年10月雷龙江向雷济川提出回赎房屋发生纠纷,韩城县人民法院龙门法庭1976年10月13日〔76〕韩龙民字第39号判决:(一)出典房屋年限过长,不准回赎;(二)未出当代管的3间房被告应无条件的归还原告,屋内家具不再追究。雷龙江不服提出上诉。

三、第二审请示意见

渭南地区中级人民法院同时向地委、省院报告请示的意见是:(一)雷龙江的房出典后54年从不过问,解放后也未向政府声明产权,应视为自动放弃产权,原判正确;(二)现在虽无法律明确规定时效问题,但解决经济纠纷也不能不考虑有效的期限,以不准回赎为妥。

渭南中院于1979年6月22日〔79〕渭地法民字第40号函称:对雷龙江与雷济川的房屋典当关系应予承认,但考虑其双方的具体情况和需要,房屋不予回赎,应以补偿房价处理。

四、我院于1979年7月19日会议讨论的意见

(一)典当属实,现尚无法律时效的规定,且雷龙江家从未有过放弃产权的表示。应当承认典当关系,准许回赎。

(二)当期年久,解放后雷龙江家从未向政府声明产权归己,1953年房产又已登记为雷济川家所有,应属合法,不该准许回赎。

以上意见,如何适用法律和政策处理较妥,请予批示。

最高人民法院
关于对房屋典当回赎案的批复

1980年12月12日　　　　　　　　　　　　〔80〕民监字第1219号

河北省高级人民法院:

你院〔80〕民监字第69号"关于沧州地区中级人民法院请示曹海廷与冯永慧房屋典当回赎纠纷一案"的来函已收悉。经研究,同意你院和沧州地区中级法院的意见,按典当问题予以处理。至于此案房屋是否漏改问题,是否补改,应由房管部门依照国家有关政策解决。

此复。

附：

河北省高级人民法院
关于处理房屋典当回赎案件的请示报告

(1980年3月3日)

最高人民法院：

　　最近，我省接到沧州地区中级人民法院关于两起房屋典当回赎案件的请示报告。两个案件都涉及私房改造问题，两种判处结果。一个是沧州市法院1976年7月2日对曹海廷与冯永慧案的判处：私房改造时没有改造，现应保护房主的房产所有权，按正常的典当关系，准予回赎。一个是交河县泊镇法庭1978年11月4日对贾钟鑫与赵丙贵案的判处：双方所争执的房屋，符合私房改造的规定，属于漏改，应当补改。沧州地区中院认为，此两案应按正常典当回赎案件处理，至于改造的补改问题，应由有关部门统一解决。

　　经我们研究，同意沧州地区中级法院的处理意见。

　　以上报告当否，请批示。

最高人民法院
关于适用《关于贯彻执行民事政策法律若干问题的意见》第五十八条的批复

(1984年12月3日)

山西省高级人民法院：

　　你院1984年10月13日晋法民字〔84〕160号请示已收阅。关于适用《关于贯彻执行民事政策法律若干问题的意见》第五十八条"典期届满逾期十年或典契未载明期限经过三十年未赎的，原则上应视为绝卖"问题，经研究认为：处理这类案件，须以典契上未注明绝卖字样，承典人也未办理产权登记，产权尚未转移为前提条件，具备这个条件的，我们基本上同意你院意见，即对1984年9月8日《意见》下达前受理未结的典当案件，或者已经发生法律效力的判决、当事人又提出申诉的典当案件，虽然典期届满已逾十年或未定典期经过三十年未赎的，仍按以往规定，对回赎问题进行处理。1984年9月8日《意见》下达后，典期届满已逾十年或未定典期经过三十年，才提出回赎的，应按《意见》规定，原则上视为绝卖，如果出典人确实无房居住，而承典人又不缺房，同意出典人回赎的，经双方达成协议后，可以调解解决。

最高人民法院
关于宛若海承典安淑珍房屋履行期间因"文革"将房产收归公有的时间是否计入回赎时效的批复[*]

1986年4月11日　　　　　　　　　　　　　〔1986〕民他字第3号

北京市高级人民法院：

你院一九八五年十二月十三日（1985）京高法字第141号《关于宛若海诉安淑珍房屋典当一案的请示报告》收悉。据报告所述，安淑珍于一九六三年十月一日出典给宛若海三间房屋，典契载明：典期十年，典价四百五十元，如出典人到期无力回赎，由承典人按当时房价转典为卖。在履行期间，该房因"文化大革命"被收归公有，未能按期回赎。一九八四年十月安淑珍向宛若海提出房赎要求时，宛认为典期已过，拒绝回赎，并向通县人民法院起诉，要求确认该房产权归其所有。

经研究，我们认为：安淑珍出典的房屋，一九六六年九月已交由房管部门接收。按房管部门的规定，一九六六年至一九八四年初停办回赎，致出典人于典期届满时，无法按照典契载明的期限回赎，这是十年动乱造成的。因此，一九八四年十月安淑珍要求回赎时，不应将房屋归公和停办回赎的这段时间，计入回赎时效期内。至于你院提出增补赎金问题，如无其他特殊原因，回赎时一般应按契约规定的典价办理。

最高人民法院
关于典当房屋回赎期限计算问题的批复

1986年5月27日　　　　　　　　　　　　　〔1986〕民他字第23号

江苏省高级人民法院：

你院〔86〕民请字第6号《关于沈源志诉周金生房屋典当一案的请示报告》收悉。关于此案中房屋典当回赎期限的计算问题，经研究，我们同意你院报告中的第一种意见，即沈源志的亡夫钱鸿文1944年出典给周金生"寄父"华兰臣四间房屋（典期7

---

[*] 也作"最高人民法院关于典当房屋在'文革'期间未能按期回赎，应作时效中止处理的批复"。

年），因 1960 年对其中二间进行了私房改造，致使钱鸿文及权利承当人无法回赎。这一不可抗力原因持续到 1980 年房屋发还，因此，这段期间不应计入回赎期限。沈源志要求回赎这二间典期届满未逾 10 年的房屋，应予准许。至于留给华兰臣家自住的二间房屋，并没有受到私房改造的影响，沈源志主张回赎时，典期届满已逾 10 年，则应视为绝卖。

附：

江苏省高级人民法院
关于沈源志诉周金生房屋典当一案的请示报告

（1986 年 2 月 27 日）

最高人民法院：

我院接无锡市中级人民法院关于沈源志诉周金生房屋典当回赎一案的请示报告，对此案中涉及的典当房屋经私房改造后又发还，审理中计算"逾期"时间，可否以"不可抗拒事由"，按中止时效处理；典当房屋改造后作为承典人的自留房能否准予回赎等问题，在适用政策法律方面意见不一，特向钧院请示。

上诉人（一审原告）：沈源志，女，69 岁，无锡县人，退休工人，住上海市。

上诉人（一审原告，沈源志之子）：钱荣华，男，40 岁，汉族，无锡县人，轻工部包装科研所职工，住上海市。

另有八个上诉人，均系钱荣华兄弟姐妹（略）。

被上诉人：周金生，男，48 岁，无锡县人。在无锡县荡口供销社工作，住该县。

第三人：无锡县房产公司荡口片房管所。

第三人：荡口乡鹅湖村村民委员会。

上诉人沈源志之夫钱鸿文于 1944 年 4 月 10 日将坐落无锡县荡口镇红星街 3 号祖遗楼房中的四间，出典给被上诉人周金生"寄父"华兰臣。典契载明：自典之后言定 7 年为满一俟年满之后凭备足 12 石之米价取赎。1951 年土改时，钱鸿文、沈源志及子女共 7 人，将钱家楼房三幢共十一间（上下）均进行了房产登记，其中包括华兰臣已承典并使用的四间。1960 年 9 月私房改造时，承典的房屋，以华兰臣的名义被改为国家经租二间，自留房二间。钱鸿文未出典的房屋也被列入改造，1964 年 11 月钱鸿文病故，1970 年华兰臣病故，双方生前对典当房屋无争议，也无遗言。周金生 1956 年 19 岁时，被无子女的华兰臣认为"寄子"（干儿子），对华兰臣夫妇生养死葬尽过义务。1970 年 12 月周金生将其居住的华兰臣的自留房二间，申请与另处公房调换，经无锡县财政局批准，周金生调入公房，自留房交房管所。1978 年钱鸿文的子女曾向当地房管部门提出典当房屋的回赎问题。1980 年 6 月，房管部门将华兰臣名义被改造的二间房屋发还给周金生。1981 年 3 月周金生将这二间房折价 950 元卖给鹅湖大队，此后，沈源志及其子女多次向周金生提出回赎，并于1984年12月向无锡县人民法院起诉。

县法院审理后认为：钱鸿文与华兰臣房屋典当关系土改时并未解决，当时产权虽有出典人登记，但典当房屋原告方并未出钱赎回仍由承典人使用。鉴于该典当房屋逾期已30余年，私房改造时由承典人登记经租直至病故，出典人一方并无异议，且该房已演变为公房，故原告要求回赎不予支持。判决争议的四间典当房屋按绝卖处理，产权归周金生所有。沈源志及其子女不服，提出上诉。无锡市中级人民法院审理中对可否回赎及适用政策法律感到无把握，向本院请示，但认为不准予赎回，本院研究后，有两种意见：一是认为此案的争议房屋，典期是7年，于1951年4月期满。1960年9月私改至1980年5月发还。这段期间，应视为"不可抗拒的事由"，出典人无法主张回赎权利，按中止诉讼时效予以扣除。这样，从1951年4月至1960年9月实际逾期9年零5个月。未到最高院《意见》第58条中"典期届满逾期10年"，因此改造后又发还的这两间应准予回赎。而两间自留房一直由承典人及其"寄子"居住使用，出典人一方直到1978年才提出回赎要求，已逾期10年以上，原则上应视为绝卖，不能准予回赎。二是认为出典人在典当期满后，房屋改造时均未提出回赎，房屋改造后又发还这段期间不能作为"不可抗拒的事由"，因此，所争议的四间房屋均应按"典期届满逾期10年"以上，原则上视为绝卖，不准回赎。

经本院审判委员会讨论，倾向于第一种意见。

以上意见当否，请批复。

最高人民法院
关于安顺饭店与安顺地区外贸公司房屋典当一案的请示的电话答复

1987年1月20日　　　　　　　　　　　〔86〕民他字第35号

贵州省高级人民法院：

你院〔1986〕民请字第7号报告收悉。关于你院请示的安顺饭店与安顺地区外贸公司房屋典当一案，经研究认为，因你院《报告》中未提出院审委会倾向性的意见，且这类案件地区性较强，为此，不再书面批复，现将研究意见电告如下：

一、安顺饭店出典房屋时系公私合营企业，当时国家并无此类企业不准出典房屋的规定，因此，双方的典当关系应予承认和保护，原则上应准予出典人回赎。

二、关于回赎的范围，应限于典契上所载明的房屋。承典人在此地后建的房屋不属回赎范围。因原出典土地现已归国有，所以土地不应准予回赎，后建的房屋谁造的归谁所有。

三、因此案涉及到两个法人之间的权益之争，在处理时，应争取有关主管部门的配合与支持，争取调解解决。

四、此案的处理，可以适用审判监督程序由你院办也可由中级法院办，此事由你院决定。

上述意见供你们在处理此案时参考。

附：

贵州省高级人民法院
关于安顺饭店与安顺地区外贸公司
房屋典当一案的请示报告

1986年6月30日　　　　　　　　　　　〔1986〕民请字第7号

最高人民法院：

安顺地区中级人民法院送我院请示的关于"安顺饭店与安顺地区外贸公司房屋典当"一案，因涉及到适用政策法律问题，究竟如何处理为好，我们把握不准，现将案情及我院讨论意见报告，请予复示。

一、案　情

1953年安顺裕业烟厂和安顺新时代饭店合并为安顺大饭店（现为国营安顺饭店），于1954年5月19日将裕业烟厂的厂房16间，厕所1个，全部出当与中国食品公司安顺支公司，当期5年，当价人民币800万元（旧币），立有当契，并明确期满时，由安顺大饭店赎取。同年9月19日经出当人同意，安顺食品支公司将此房转当给安顺畜产公司（现为安顺地区外贸公司），并立有转当契约。该公司在承典的厂房范围内分别修建了肠衣车间和一间小楼，并扩修了一些简易小厨房，现除肠衣车间外，所当得之厂房已作为职工宿舍。原当厂房面积为372平方米，新建及扩建的房屋面积为236平方米，安顺饭店分别在1961年、1972年呈报有关单位，要求赎取房屋未果。

二、第一、二审判决和当事人的申诉

1982年安顺饭店向安顺市人民法院起诉，要求赎回所当的房屋。第一审法院按有关典当的法律政策，于1984年5月9日判决：1.承认安顺饭店（原裕业烟厂）与安顺地区外贸公司房屋典当关系，并同意安顺饭店赎回坐落在本市民主路79号（现为75号）房屋一幢（17间），房屋产权为安顺饭店所有；2.由安顺饭店付给安顺地区外贸公司房屋典当费计人民币1113.6元正；3.安顺地区外贸公司新建肠衣车间、小砖楼房和扩建小厨房，如原告需要，双方协商折价补偿，如协商不成，由被告自行拆除；4.诉讼费1000元由被告承担。宣判后，安顺地区外贸公司不服，提起上诉。安顺地区中级人民法院于1985年3月2日以你院1984年9月8日下达的《意见》第五十八条"典期届满逾期十年，或典期未载明期限经过三十年未赎回的，原则上视为绝卖"的规定精神改判：1.撤销安顺市人民法院〔84〕安市法民字第13号民事判决书；2.安顺饭店出当之厂房，早已逾期，应视为绝卖，改判不准赎回；3.第一审诉讼费1000元，地区外贸公司自愿承担，应予准许。

第二审判决后，安顺饭店不服，多次以"安顺地区中级人民法院是1984年7月2日受理此上诉案的，既未考虑安顺饭店历年来要求赎回房屋的事实，又未按最高人民法院1984年12月3日〔84〕法民字第16号《批复》的意见处理，而以典期届满，早已逾期，视为绝卖，进行判决，是违反政策的"为由，提出申诉。安顺地区中级人民法院于1986年1月8日决定对该案进行复查，并于同年3月11日函报我院请示。

三、我院审判委员会讨论的意见

此案是在你院1984年9月8日《意见》下达前受理未结的典当案件，照理应按你院〔84〕法民字第16号《批复》精神处理，但又考虑到我省安顺地区（特别是安顺市、县）房屋典当案件较多，情况较为复杂。对属劳动人民之间的房屋典当案件，过去已按第二次全国民事审判工作会议制定的房屋典当回赎政策，基本处理完毕。未结的部分房屋典当案件，又系1984年9月8日《意见》下达前受理的，但因出典方系剥削阶级，出当面积有的多达几百平方米，且系1958年私房改造前出典的（房屋因此未被改造），有公与公当，或私人出典给公家等形式，这类案件因涉及若干政策，第一审法院受理后，也迟迟没有处理，有些案件甚至动员当事人撤诉。直到1984年4月以后才抓紧突击审理，判决结果基本准许回赎。一方不服上诉后，安顺地区中级人民法院认为此类案件按以往政策，原则上不准赎回，同时，由于出当面积有的多，房屋经过重建、翻修，变化较大，准许回赎，执行难，也不利于稳定住房秩序；私人出当给公家，由于地方财政困难判决准许回赎，当地政府有关部门难以接受。安顺地区中级人民法院接到你院〔84〕法办字第112号文件后，按《意见》第58条之规定精神，处理了这类案29件，判决后1985年3月17日安顺地区中级人民法院才收到我院转发最高人民法院1984年12月3日的〔84〕法民字第16号《批复》。若该案按《批复》精神，则第二审判决不当，已按《意见》精神判决的29件案件，如当事人申诉，按《批复》精神办，又有实际困难，到底如何适用法律政策，把握不准，特报请你院请示，请批复。

最高人民法院
关于颜美本等与黄荣俊房屋典赎案的批复

1988年2月1日　　　　　　　　　　　　　〔1987〕民他字第15号

广东省高级人民法院：

　　你院1987年9月3日〔86〕粤法民申字第56号《关于颜美本等与黄荣俊房屋典赎案的请示报告》收悉。据报告所述：1951年，海丰县陶南乡颜庆引将其在本县汕尾镇掇乌街105号楼房一座，出典给该镇居民黄荣俊，典期4年。次年，陶南乡土改，颜庆引被定为地主，并于劳改中死亡。1955年2月典期届满。1980年，颜庆引的继承人颜美本等向承典人要求回赎，遭拒绝而于次年向人民法院起诉。对这种房屋典当关系，是否准许回赎的问题，我们研究认为，参照最高人民法院、财政部、司法部1952年7月31日〔52〕财农字第103号联合通令的精神，本案出典方在典期届满后二十多年才提出回赎，不应准许。出典房屋之产权应归承典人所有。

　　此复。

最高人民法院
关于土改前地主出典的城镇房屋经过三十年能否回赎问题的批复

1988年2月1日　　　　　　　　　　　　　〔1987〕民他字第60号

广西壮族自治区高级人民法院：

　　你院1987年9月24日〔87〕民请字第3号《关于王美坚、王仕宝、王仕善与叶日新、叶日兴、王中业房屋典当回赎纠纷案的请示报告》收悉。经研究，我们认为：王建南（1967年死亡）1948年将其现坐落在钦州市三马路88号房屋一间，出典给叶日新、叶日兴和王中业之父王庭枢（1975年死亡），典契未载明典期。土改时，王建南被定为地主成分。该房出典后，经过30年，王建南及其子女从未提出过回赎。现王建南的子女王美坚、王仕宝、王仕善要求回赎，不予准许。讼争房屋之产权应归承典人叶日新、叶日兴和王庭枢的法定继承人王中业共同所有。

　　此复。

最高人民法院
关于张友良与赵天常房屋典当一案给全国人大常委会办公厅信访局的复函

1988年2月10日　　　　　　　　　　　　　　　〔88〕民监字第162号

全国人大常委办公厅信访局：

你局1987年11月7日〔87〕常办信字第1152号函转来山西省人大常委会办公厅信访处《关于张友良与赵天常典当房产纠纷一案的请示报告》（以下简称《报告》）收悉。我们对《报告》提出的几个问题进行了研究，并征询了环保部住宅建设局私房管理处的意见，现答复如下：

一、关于对赵天常家是否应视为"漏改户"的问题，我们认为赵家在太原市虽有17间房屋，但都已在1953年至1954年出典。根据国家房产管理局〔65〕国房局第105号文件第1条第（一）项规定，出典房屋不纳入改造。所以在私房社会主义改造时，不定赵家为"改造户"，并无不当，现在如把赵家视为"改造户"。将判决准其回赎的太原市水西里4号两间房屋再交由房管部门处理，则缺乏法律和政策依据。环保部私房管理处也认为对于在私房社会主义改造时期依政策未改造、以后又未代管的房屋，现在不宜执行改造或交由房管部门处理。

二、关于《报告》称"赵天常继其父赵富金与张友良并5户的典当房产关系，不能属于劳动人民的典当关系"，"法律不应予以保护"的问题，据查，有关政策规定只对土改前剥削阶级出典的房屋不予保护；至于土改后，不属于劳动人民的合法的典当关系则应予承认。

三、关于《报告》称赵家典给张友良的两间房屋已超过典期26年才提出回赎，法律不应予以保护的问题，我们认为，赵天常是在1983年1月提起诉讼的，根据我院〔1984〕法民字第16号批复和1979年最高人民法院《关于贯彻执行民事政策法律的意见》的精神，赵家出典给张友良的两间房屋尚未超过回赎期限。

四、关于《报告》称"赵天常企图打开张友良这一户的缺口，以达到将五家住户17间房全部要回的目的"问题，查赵天常除了经法院判决准予回赎典给张友良的两间房屋以外，其余典给他人的15间房屋已超过回赎期限。依照我院1984年9月8日下达的《关于贯彻执行民事政策法律若干问题的意见》的规定精神，原则上应视为绝卖。

此复。

附一：

全国人大常委会办公厅函

〔87〕常办信字第 1152 号

最高人民法院：

转去山西省人大常委会办公厅信访处"关于张友良与赵天常典当房产纠纷一案的请示报告"，请交有关庭研究处理，并请将处理结果告诉我们。

附二：

山西省人大常委会办公厅
关于张友良与赵天常典当房产纠纷
一案的请示报告

全国人大常委会办公厅信访局：

太原市大中市商店经理张友良和太原市西华门副食门市部退休工人赵天常的典当回赎房产纠纷一案，1983 年太原市南城区人民法院受理，以典期届满已逾近 30 年，应视为绝卖裁定后，赵家不服，上诉太原市中级人民法院，裁定驳回上诉，维持原裁定。赵家仍不服，申诉山西省高级人民法院。省高院向最高人民法院作过请示。并根据最高人民法院的批复意见，指令太原市法院撤销了一、二审判决，允许赵家将房赎回。此后张家不服，向省人大提出申诉。为此我们召集三级法院承办人和负责人以及主管房产问题的省城乡建设环境保护厅的负责同志参加的会议，听取了法院的汇报，与会同志进行了研究。在私房改造政策规定方面和《关于贯彻执行民事政策法律若干问题的意见》第 18 条有不同理解和认识，故未能取得一致的意见，特作请示：

张友良于 1954 年 6 月至 1957 年 6 月经太原市人民政府审核，以契字第 5165 号税契认可承典了赵天常之父赵富金坐落在太原市水西里 8 号（现改为 4 号）偏院北瓦房两间。承典费为（旧币）250 万（折合明星白市布 9 匹）。典期 3 年。1957 年典期届满，张友良向赵富金提出赎房退款。赵说，"房子不赎了，你们住着吧"。张要求赵维修房子，赵却说，"等房子归公后，公家给你修理吧"。1983 年 1 月赵天常突然向太原市南城区人民法院提出回赎房产诉讼。该院于 1983 年 4 月 18 日以〔83〕法民字第 65 号民事裁定书，裁定为赵富金生前在太原市有房院两处，即桥东正街 42 号（现为 73 号）有土房 7 间，1954 年 3 月已分给赵天常兄弟 3 人；水西里 8 号（现为 4 号）院内有房子 23 间，太原解放后，卖掉 6 间，余 17 间（包括厕所、门道各 1 间）分别于 1953 年和 1954 年，典期为 3 年和 4 年典给张友良、柴光亭等 5 户居住。典期届满，原告均未回赎，现已时过近30年。被告张友良辩称，原告父亲赵富金过去是煤窑主，土改时定为富农成分，而且赵富金在太原市的房产已超过1958年太原市对私房改造的标准规定，是"漏改户"，要求交市房管部门继续改造。该院裁定为，此案应由房管部门处理为宜，故裁定驳回。赵天常对此裁定不服，上诉太原市中级人民法院。该院于1984年1月5日以〔83〕法民上字第227号民事裁定书，裁定为驳回上诉，维持原裁定。赵天常仍不服，申诉到山西省高级人民法院。该院于1985年以〔84〕晋法民监字第57号民事裁定书，裁定为，适用政策不当，撤销一、二审裁定，发还太原市南城区人民法院重审。南城区人民法院于1985年12月2日以〔85〕南法民申字第15号民事判决书，判为赵天常之父赵富金典当给张友良北房两间，典期届满已逾期近30年。根据有关政策规定，应视为绝卖，此房归张友良所有。

赵天常又上诉到太原市中级人民法院。该院于1986年6月23日以〔86〕法民上字第24号民事判决书判为，赵天常典与张友良北房两间，典期届满，赵家没有赎回，张家居住至今（现张子张宝林居住）。又查赵家在1958年私房改造时，不属改造户，所出典的房是1954年自住房，发有产权证，产权明确，出典手续合法，虽超过典期时间较长，但该案是在1983年1月向法院提出回赎房产诉讼的，应按以往规定，对回赎问题进行处理，不受典期届满时效的限制，应允许回赎。张友良提出，已住30多年，应视为绝卖的理由不足，按照法律规定，不予保护。

张友良不服于1987年2月19日上访省人大常委会。据理是：赵天常回赎出典的北房两间应是1957年6月。然而赵为逃避当时的私房改造不回赎。再则赵家是富农成分，是煤窑主。要求以最高人民法院1983年8月28日关于贯彻民事政策几个问题的意见第7、8条规定和国家房产管理局1965年12月3日〔65〕国房局字第105号文件的第2条规定，出典人是改造户的，其出典房在改造前允许回赎。回赎后出租的应一并纳入改造。改造前不回赎的，今后不准再作回赎。对这部分典当房，可以让承典人找价"作死"……

根据张友良上访申诉理由，我们于1987年6月13日召开了省城乡建设环境保护厅和省、市、区三级法院负责人及承办此案的审判人员参加的会议，听取了汇报进行了讨论研究。

房管部门的意见是，赵天常之父赵富金解放前是煤窑主，土改时定为富农成分，家乡有二处房产，一处没收，一处献出分给了贫下中农，市区内二处房，一处自住，一处出租。赵天常继其父赵富金与张友良并5户的典当房产关系，不能属于劳动人民的典当关系。因此超越典期已26年之久，法律不应予以保护。而省高级法院坚持赵天常与张友良典当房产一案，已于1984年12月23日以晋法民字〔84〕160号文给最高人民法院的请示（赵天常因困难急需用钱，将房出典，自己租房居住不是事实）批复是：基本同意请示意见，即对1984年9月8日《意见》下达前受理未结的典当案件或者已经发生法律效力的判决，当事人又提出申诉的典当案件，虽然典期届满已逾10年或未定典期经过30年未赎的，仍按以往规定，对回赎问题进行处理。1984年7月7日《意见》下达后，典期届满已逾10年或未定典期经过30年，才提出回赎的，应按《意见》规定，原则上视为绝卖。如果出典人确实无房居住，而承典人又不缺房，同意出典人回赎的，经双方达成协议后，可以调解解决。

　　鉴于以上情况，我们同意山西省城乡建设环境保护厅的意见，赵天常之父赵富金在太原市区内有房产两处，计房30间。即7间土房一处，1954年3月分给赵天常等3兄弟。23间房一处，太原解放后卖掉6间，余17间，分别于1953年至1954年出租给柴光亭、张友良等五户居住。赵天常是余房出典户，并且出典已超过太原市经租起点100平方米的规定，而赵家又不是无房居住户。他出典给张友良的两间北房已逾典当期26年之久，法律不应予以保护，赵天常企图打开张友良这一户的缺口，以达到将五家住户17间房全部要回的目的不能让得逞，据此对此案应视为"漏改户"交由房管部门处理为宜。现报上，当否请批示。

最高人民法院
关于黄金珠等与张顺芬房屋典当回赎纠纷一案的函

1989年10月17日　　　　　　　　　　　　〔1989〕民他字第9号

安徽省高级人民法院：

　　你院"关于黄金珠、李晓武与张顺芬房屋典当回赎纠纷一案的请示报告"收悉。根据报告所述案情，经研究认为：张顺芬与李家订立的房屋典当契约中约定该房屋如倒塌，修理费暂由李家垫付。1954年房屋受洪水破坏倒塌时，张顺芬不在当地，李家利用旧房料在原地重新修建，系李家履行约定，双方仍是典当关系，不发生原房主产权消灭的问题。因此，张顺芬于1982年起诉要求回赎，应予准许，但按约定付足典价，并对李家重建所添置的材料、用工等费用，根据实际情况给予补偿。

　　以上意见供参考。

最高人民法院
关于公私合营中典权入股的房屋
应如何处理问题的函

1990年4月9日　　　　　　　　　　　　〔1989〕民他字第48号

河南省高级人民法院：

你院《关于南阳市副食品公司诉夏清淮房屋典当回赎一案的请示报告》收悉。

据报告称，1952年12月夏清淮之妻将房屋6间出典给魏汉三经营茶叶店，典价350元，典期两年半，1956年公私合营时，魏汉三将所典之房以原典价投资入股，该房由南阳市副食品公司管理使用至今。1958年以后，夏清淮多次向有关部门协商赎房未果。1984年8月，夏清淮向南阳市人民法院起诉。

经征求有关部门意见并研究认为：根据中共中央1956年1月24日《关于私营企业实行公私合营的时候清产估价中若干具体问题的处理意见的指示》第六条"企业的债权，一般列作投资，作为合营企业的债权"之规定，典当的房屋入股只是债权的转移，产权仍归出典人所有。据此，我们同意你院审判委员会多数同志的意见，即：此案不适用国家房产管理局〔65〕国房局字105号《关于私房改造中处理典当房屋问题的意见》的规定。夏清淮可以依据有关政策规定，向南阳市副食品公司进行房屋回赎。

最高人民法院
关于罗超华与王辉明房屋典当
纠纷案处理问题的复函

1991年7月9日　　　　　　　　　　　　〔90〕民他字第5号

广西壮族自治区高级人民法院：

你院〔90〕民请字第1号《关于罗超华与王辉明房屋典当纠纷一案的请示报告》收悉。经征求有关部门的意见后，我们研究认为：

从该案的情况看，罗超华与王辉明家于1956年所立的典当契约，在当时是合法的。罗对原房屋宅基地合法的使用权应受法律保护。承典人在承典的小院内经批准建房，与契约约定并不矛盾，不影响出典人按约定行使回赎的权利。因此，我们基本同意你院审判委员会的第一种意见,即应准予出典人按约定回赎原房屋和新建的房屋。回赎时出典人应对承典人新建房屋所花费用予以适当补偿。至于王辉明家的住房问题,如确属困难,可提出申请,由法院出面联系,有关部门按有关规定妥善安置解决。

以上意见供参考。

附:

广西壮族自治区高级人民法院请示报告

〔1990〕民请字第 1 号

最高人民法院:

我院受理罗超华与王辉明房屋典当回赎纠纷一案,因二审判决生效后,王辉明在原宅基地上已建成三层楼房新屋。按契约回赎,采取补偿办法把新房折价给承典人,脱离实际,难以执行。如不按契约办,又缺乏法律依据,我们没有把握。特向你院请示,简要案情如下:

申诉人罗超华之父亲罗稀泰于1933年向黎超述(已故,无后)承典坐落在现合浦县廉州镇小东门街25号平房3间(砖瓦结构,面积32.7平方米)。1935年,罗稀泰去世,罗超华与她母亲接管,1953年经政府确认产权发给桂契字044963号契证。1956年9月,罗超华为了安葬母亲,将该屋连同宅基地一并典当给王辉明的母亲马秀英(已故),典价34元,典期30年,言明在承典期内,承典人可以在该屋宅基地上建房,回赎时由出典人连同原房一起回赎,新建房屋折价补偿。1983年元月,罗超华起诉要求回赎该房,因典期未满而撤诉。同年4月,王辉明向县城建局申请使用该房的宅基地建房,经批准建房面积为72.5平方米,当王辉明按批准面积新建房屋建成半墙体以后,罗超华多次提出异议,县城建局通知王辉明停工,由法院裁决。1986年,典期届满,罗超华再次向法院起诉,要求回赎房屋及王辉明在该房屋宅基地上的建筑物。第三人陈志珍、陈维信也以承典之房是他们的祖遗老屋,应由他们回赎为由向法院起诉。

一、二审在审理中,对于驳回第三人陈志珍,陈维信的诉讼请求,准许罗超华回赎原出典之房屋没有异议,但对于王辉明在该宅基地上新建房屋所有权的归属问题,作了完全相反的判决,一审法院认为应按原典当契约的规定,判决准许罗超华回赎廉州镇小东门25号房屋,王辉明在该房宅基地建筑厨房及墙体归罗超华所有,由罗超华补偿3222元给王辉明,判决后,王辉明不服上诉至北海市中级人民法院。该院认为王辉明在承典房屋的宅地上建房,是在1982年宪法规定城镇土地归国家所有以后,并经县城建局批准,取得了合法使用权,应予保护,因此改判王辉明新建房屋判归王辉明所有。罗超华不服向我院申诉。

案经我院审判委员会讨论有三种处理意见。第一种意见也是多数人意见认为,罗超华典当房屋是连同宅基地一起典当,契约写明在典当期内,承典人可以在宅基地上建筑房屋，出典人回赎原房时一起回赎，把建筑费用补给承典人，这在当时是政府许可的，符合当时的政策，因此倾向于维持一审的判决。第二种意见认为王辉明建房时宅基地的所有权已发生变化，归国家所有，原典当契约中涉及宅基地部分的内容已不再具有约束力，而且王辉明建房是经县城建局批准，履行了合法手续，其所有权应当维护，因此意见维持二审判决。第三种意见则认为在二审判决生效以后，王辉明已经把原停建的半墙体建筑物建成三层楼房，留给原出典房屋的通道太窄（仅有60公分左右），使出典人回赎房屋以后出入很不方便，因此考虑将新建房屋与原典当之房一起折半，罗超华与王辉明一人一半，折价由罗超华给予王辉明补偿。

以上意见，不知哪种妥当，请批复。

最高人民法院
关于金德辉诉佳木斯市永恒典当商行房屋典当案件应如何处理问题的函复

1992年3月16日　　　　　　　　　　　〔1991〕民他字第15号

黑龙江省高级人民法院：

你院黑法复字〔91〕第1号《关于金德辉诉佳木斯市永恒典当商行房屋典当案件的请示报告》收悉。

经研究并征求有关部门的意见后，我们认为：本案双方当事人以"当票"的形式签订的协议，从其内容看，它不同于民间的一般房屋典当，不是以使用、收益为目的，实质上是以房屋作抵押向典当商行借款的合同，故定为抵押借款合同纠纷为宜。对典当商行先扣除利息的做法，不应支持。具体处理时，可参照我院《关于人民法院审理借贷案件的若干意见》第六条、第七条和第十七条的规定，根据本案具体情况，合情合理地解决。

最高人民法院
关于黄东与樊而统房屋典当纠纷应否认定为抵押借款问题的函复

1992年3月16日　　　　　　　　　　　　〔91〕民他字第28号

广西壮族自治区高级人民法院：

你院〔1991〕桂法请字第1号《关于黄东与樊而统房屋典当纠纷案的请示报告》收悉。

经研究并征求有关部门的意见后认为：此案应认定为抵押借款纠纷。同时，根据《中华人民共和国银行管理暂行条例》第二十八条第二款和《中华人民共和国私营企业暂行条例》第十二条第二款的规定，个人不得经营带有金融业务性质的典当业。故一审法院对此案的处理并无不当。

以上意见，供参考。

最高人民法院
关于谢元福、王琪与黄长明房屋典当纠纷一案适用法律政策问题的复函

1992年6月5日　　　　　　　　　　　　〔1992〕民他字第3号

陕西省高级人民法院：

你院陕高法民申〔1991〕12号《关于谢元福、王琪与黄长明房屋典当纠纷一案适用法律政策问题的请示报告》收悉。经研究，我们认为：出典人谢元福、王琪1982年要求回赎出典房屋，第一、二审法院考虑到承典人黄生彦（黄长明之父）住房困难，在解除双方房屋典当关系的同时，判决双方建立房屋租赁关系，照顾了双方当事人的合法权益，这与1979年2月2日我院《关于贯彻执行民事政策法律的意见》规定的精神并不抵触。此后，因黄家长期拖欠房租，将临街房屋改建为商业用房并转租他人，第一、二审法院又判决解除双方的房屋租赁关系，亦无不当。而第二审法院后来在原承典人黄生彦已经死亡，黄长明有房居住的情况下，再审改判不许谢元福、王琪回赎临街房屋欠妥。因此，我院同意你院审判委员会第一种意见，即：撤销第二审法院再审判决，维持

原第一、二审法院的判决。

最高人民法院关于郑松宽与郑道瀛、吴惠芳等房屋典当、卖断纠纷案如何处理的复函

1992年9月14日　　　　　　　　　　　　　〔1991〕民他字第29号

广东省高级人民法院：

你院〔1991〕粤法民申字第18号《关于郑松宽与郑道瀛、吴惠芳等房屋典当、卖断纠纷一案的请示报告》收悉。

经研究，我们认为，双方当事人讼争的饶平县黄岗镇竹篾街16号右之二房屋一间系余惠卿于1966年8月作为己有房产由其养子郑道瀛经手，以典价270元、典期8年，出典给郑松宽的，当时吴惠芳等人未提出异议。1982年4月，郑道瀛以3000元的价款（包括典价270元）将出典房屋卖断给典权人郑松宽。1984年余惠卿去世前，未提出异议。鉴于郑松宽善意、有偿买断承典房屋已事隔多年，郑道瀛等人翻悔卖断协议，要求赎回房屋的主张不予支持。

以上意见供参考。

最高人民法院关于吴连胜等诉烟台市房地产管理局房屋典当回赎一案如何处理的复函

1993年2月16日　　　　　　　　　　　　　〔1992〕民他字第48号

山东省高级人民法院：

你院〔1992〕鲁法民上字第3号关于吴连胜等诉烟台市房地产管理局房屋典当回赎一案的请示报告收悉。经研究，答复如下：

一、关于诉讼当事人的问题。1952年，原承典房屋的孤女学道院与烟台市盲哑学校合并，承典的房屋遂由该学校管理使用。同年，烟台市盲哑学校原校址（不包括讼争之房）由政府部门划归海军防区。盲哑学校迁走后，该承典房由海军407医院管理使用至今。据此，我们同意你院审判委员会的倾向性意见，即：烟台市盲哑学校由于与孤女

学道院合并所承受的典当合同的权利义务,并未因海军 407 医院对该承典房的管理使用而发生变更或解除。烟台市盲哑学校应为本案的被告,海军 407 医院为第三人。

二、关于回赎问题。1955 年讼争房屋典期届满后,出典人曾多次主张回赎。由于出典人与烟台市房管部门对如何计算回赎典价发生争议等原因而未能及时回赎。我们意见,根据我院有关批复的精神,结合本案具体情况,以准予出典人回赎为宜。

以上意见,供参考。

最高人民法院
关于戴文林、戴文治诉高学孔房屋
典当纠纷案如何处理的复函

1993 年 2 月 17 日　　　　　　　　　　　〔1993〕民他字第 2 号

云南省高级人民法院:

你院《关于戴文林、戴文治诉高学孔房屋典当纠纷一案的请示》收悉。

根据你院报告认定的事实,经研究认为,该案双方当事人的祖辈于 1923 年 8 月订立无典期的房屋典当契约,典当关系明确。1952 年土改时,房屋典当关系没有变化。出典人出典房屋后又承租该房屋并一直居住使用,这不能成为回赎期间中断的法定事由。据此,我们同意你院审判委员会的意见,即按有关规定,双方当事人争执的房屋因出典人三十余年未提出回赎,应作绝卖处理。

以上意见,供参考。

最高人民法院
关于李秀萍、李生华诉朱伯华房产
纠纷一案如何处理的复函

1993 年 12 月 5 日　　　　　　　　　　　〔1993〕民他字第 9 号

甘肃省高级人民法院:

你院甘法民申〔1992〕21 号《关于李秀萍、李生华诉朱伯华房产纠纷一案的请示报告》收悉,经研究答复如下:

据你院报告称,1945 年吉寿山将自己承典张裕坤(下落不明)的现兰州市城关区山字台北街 6 号两间东房转典给李有福。1953 年当地人民政府发给李有福他项权利证明书，确认李有福对该房享有无期限的典权。1974 年李有福及其子李生华立据将该房转让给朱伯华。1979 年朱伯华在房地产管理部门办理了产权过户手续，1991 年房屋产权换证时，经当地房地产管理部门登报无异议后，为朱伯华颁发了该房所有权证。据此，我们认为，1974 年李有福及其子李生华所立转让字据可视为典权让与行为，并非该房所有权的转让，即李有福脱离典的关系，由受让人朱伯华承受其承典人的地位。后经登报公告无异议后，朱伯华取得该房所有权证。现李有福的子女李秀萍、李生华对该房主张回赎，不应予以支持，讼争房屋应归朱伯华所有。

以上意见，供参考。

最高人民法院
关于张建英与赵德芬、周涤安房屋典当纠纷一案的请示报告的复函

1993 年 12 月 5 日　　　　　　　　　　　　〔1993〕民他字第 26 号

云南省高级人民法院：

你院〔1993〕云高法民监字第 3 号《关于张建英与赵德芬、周涤安房屋典当纠纷一案的请示报告》收悉。据报告称，1948 年张建英之夫许恩浦（1991 年死亡）将曲靖县北门街 7 间自有房屋中的两间出租房屋出典给赵德芬之夫周建勋（1978 年死亡），契约未载明典期。1951 年土改时，许恩浦被划为工商业兼地主成份，周建勋为手工业者，双方均未对出典的两间房屋申报产权。1953 年原曲靖县农业银行储蓄所用其自己购买的北门街 43 号、44 号的房屋与许恩浦北门街的 7 间（包括出典给周建勋的两间）房屋调换。此后，周建勋就搬进调换的 43 号的两间房内居住至今；1982 年 2 月许恩浦向法院起诉要求回赎。根据上述情况，我们认为，按照土改时的政策，剥削阶级的典权应予废除和土改前剥削阶级出典的房屋不予保护的原则以及本院〔1987〕民他字第 60 号《关于土改前地主出典的城镇房屋经过三十年能否回赎问题的批复》精神，双方讼争的两间房屋不准许家回赎，产权应归赵德芬及其子周涤安所有。

以上意见，供参考。

附：

云南省高级人民法院
关于张建英与赵德芬、周涤安
房屋典当纠纷一案的请示报告

(1992年12月20日)

最高人民法院民事审判庭：

我院在审理张建英与赵德芬、周涤安房屋典当纠纷一案中，因本案在适用政策问题上意见有分歧，特向你庭请示如下：

一、当事人的基本情况

原上诉人：许恩浦（于一九九一年十月死亡，现更换当事人为其妻张建英）
张建英，女，六十九岁，曲靖市人，住曲靖市北门街四十四号，居民。
原被上诉人：赵德芬，女，七十五岁，汉族，住曲靖市北门街四十三号。
原被上诉人：周涤安（赵德芬之子），男，四十五岁，汉族，现在曲靖地区行政公署地震办公室工作，住单位职工宿舍。

二、案件事实

许恩浦于一九四八年将自有房屋曲靖北门街的一间大房及一间耳房出典给赵德芬之夫周建勋（一九七八年死亡），典契为证，典价为棉纱五包，未载明典期。一九五一年土改时，许恩浦被划为工商业兼地主成份，从查证的曲靖城区没收地主财产登记表及曲靖县人民法院没收地主财产判决书中均载明："查该户系工商业兼地主，剥削人民血汗甚多，现除工商业部分（北门街楼房一院）应予保留外，其志舟东路楼房柒间系多余部分与工商业无关，应予没收。"土改时，承典人周建勋的成份定为工商业，双方均未申报房屋的产权。许恩浦未经赎回，又将房屋出租给苏天培和王昌家居住，租金交许家和周家。一九五三年初，与原农业银行储蓄所（现建设银行）购买的北门街现四十三号、四十四号房调换。换房后，周建勋正式搬入承典的、调换后的北门街四十三号房屋内居住至今（现房屋已被拆迁）。一九八二年二月十日，许恩浦向曲靖市人民法院起诉要求回赎出典给周建勋的北门街四十三号房。

三、原审经过及申诉理由

一九八二年十一月五日，人民法院根据土改时的政策判决：一、许恩浦与赵德芬、周涤安的房屋典当关系，应予废除，驳回许恩浦取赎房屋的诉讼。二、曲靖县城关镇北门街四十三号房屋业权归赵德芬、周涤安家所有。宣判后，许恩浦不服上诉，曲靖地区中级人民法院于一九八四年十月以出典至今已三十多年,根据我国有关法律政策规定,典当契约未载明期限的,经过三十年未赎的,应视为绝卖的原则,判决:"一、不准许恩浦取赎典当给赵德芬家的房屋。二、曲靖市城关镇北门街四十三号房屋业权归赵德芬家所有。"宣判后,许恩浦仍不服,向我院提出申诉,我院调卷审查后以曲靖地区中级人民法院终审判决适用112号文件第58条的规定不当,于一九八五年十月十四日裁定指令再审。中院经再审后认为:"双方典当关系属实,但土改时的政策是剥削阶级与劳动人民之间的典当关系应予废除,据此判决,维持原判。"审判后,许恩浦仍不服,再次向我院提出申诉,坚持回赎出典的房屋。

四、处理意见

在能否取赎的问题上,有两种意见:一、不准取赎,理由是,我国处理房屋典当案件的一般原则是,保护合法的典当关系,尤其是保护劳动人民之间的房屋典当关系。土改时,许被划为工商业兼地主成份,且自一九四八年出典该房后三十余年未提出过回赎,房屋也早已拆迁,不准回赎社会效果要好一些。二、应判决准予取赎,理由是,现双方当事人争议的北门街44号房屋是土改时作为工商业部分未予没收,典当关系仍然存续;土改后,建设银行也是与房屋产权人许恩浦换房;许恩浦一九八二年起诉,一九八四年十月终审判决,又不适用最高人民法院《关于贯彻执行民事政策法律若干问题的意见》第五十八条的规定,应准予取赎。

经我院审判委员会讨论,倾向于第一种意见。

五、民事合同

（一）综　合

最高人民法院
关于适用《中华人民共和国合同法》
若干问题的解释（一）

法释〔1999〕19号

（1999年12月1日最高人民法院审判委员会第1090次会议通过　1999年12月19日最高人民法院公告公布　自1999年12月29日起施行）

为了正确审理合同纠纷案件，根据《中华人民共和国合同法》（以下简称合同法）的规定，对人民法院适用合同法的有关问题作出如下解释：

一、法律适用范围

第一条　合同法实施以后成立的合同发生纠纷起诉到人民法院的，适用合同法的规定；合同法实施以前成立的合同发生纠纷起诉到人民法院的，除本解释另有规定的以外，适用当时的法律规定，当时没有法律规定的，可以适用合同法的有关规定。

第二条　合同成立于合同法实施之前，但合同约定的履行期限跨越合同法实施之日或者履行期限在合同法实施之后，因履行合同发生的纠纷，适用合同法第四章的有关规定。

第三条　人民法院确认合同效力时，对合同法实施以前成立的合同，适用当时的法律合同无效而适用合同法合同有效的，则适用合同法。

第四条　合同法实施以后，人民法院确认合同无效，应当以全国人大及其常委会制定的法律和国务院制定的行政法规为依据，不得以地方性法规、行政规章为依据。

第五条　人民法院对合同法实施以前已经作出终审裁决的案件进行再审，不适用合同法。

二、诉讼时效

第六条 技术合同争议当事人的权利受到侵害的事实发生在合同法实施之前，自当事人知道或者应当知道其权利受到侵害之日起至合同法实施之日超过1年的，人民法院不予保护；尚未超过1年的，其提起诉讼的时效期间为2年。

第七条 技术进出口合同争议当事人的权利受到侵害的事实发生在合同法实施之前，自当事人知道或者应当知道其权利受到侵害之日起至合同法施行之日超过2年的，人民法院不予保护；尚未超过2年的，其提起诉讼的时效期间为4年。

第八条 合同法第五十五条规定的"1年"、第七十五条和第一百零四条第二款规定的"5年"为不变期间，不适用诉讼时效中止、中断或者延长的规定。

三、合同效力

第九条 依照合同法第四十四条第二款的规定，法律、行政法规规定合同应当办理批准手续，或者办理批准、登记等手续才生效，在一审法庭辩论终结前当事人仍未办理批准手续的，或者仍未办理批准、登记等手续的，人民法院应当认定该合同未生效；法律、行政法规规定合同应当办理登记手续，但未规定登记后生效的，当事人未办理登记手续不影响合同的效力，合同标的物所有权及其他物权不能转移。

合同法第七十七条第二款、第八十七条、第九十六条第二款所列合同变更、转让、解除等情形，依照前款规定处理。

第十条 当事人超越经营范围订立合同，人民法院不因此认定合同无效。但违反国家限制经营、特许经营以及法律、行政法规禁止经营规定的除外。

四、代位权

第十一条 债权人依照合同法第七十三条的规定提起代位权诉讼，应当符合下列条件：

（一）债权人对债务人的债权合法；
（二）债务人怠于行使其到期债权，对债权人造成损害；
（三）债务人的债权已到期；
（四）债务人的债权不是专属于债务人自身的债权。

第十二条 合同法第七十三条第一款规定的专属于债务人自身的债权，是指基于扶养关系、抚养关系、赡养关系、继承关系产生的给付请求权和劳动报酬、退休金、养老金、抚恤金、安置费、人寿保险、人身伤害赔偿请求权等权利。

第十三条 合同法第七十三条规定的"债务人怠于行使其到期债权，对债权人造成损害的"，是指债务人不履行其对债权人的到期债务，又不以诉讼方式或者仲裁方式向其债务人主张其享有的具有金钱给付内容的到期债权，致使债权人的到期债权未能实现。

次债务人（即债务人的债务人）不认为债务人有怠于行使其到期债权情况的，应当承担举证责任。

第十四条 债权人依照合同法第七十三条的规定提起代位权诉讼的，由被告住所地人民法院管辖。

第十五条 债权人向人民法院起诉债务人以后，又向同一人民法院对次债务人提起代位权诉讼，符合本解释第十四条的规定和《中华人民共和国民事诉讼法》第一百零八条规定的起诉条件的，应当立案受理；不符合本解释第十四条规定的，告知债权人向次债务人住所地人民法院另行起诉。

受理代位权诉讼的人民法院在债权人起诉债务人的诉讼裁决发生法律效力以前，应当依照《中华人民共和国民事诉讼法》第一百三十六条第（五）项的规定中止代位权诉讼。

第十六条 债权人以次债务人为被告向人民法院提起代位权诉讼，未将债务人列为第三人的，人民法院可以追加债务人为第三人。

两个或者两个以上债权人以同一次债务人为被告提起代位权诉讼的，人民法院可以合并审理。

第十七条 在代位权诉讼中，债权人请求人民法院对次债务人的财产采取保全措施的，应当提供相应的财产担保。

第十八条 在代位权诉讼中，次债务人对债务人的抗辩，可以向债权人主张。

债务人在代位权诉讼中对债权人的债权提出异议，经审查异议成立的，人民法院应当裁定驳回债权人的起诉。

第十九条 在代位权诉讼中，债权人胜诉的，诉讼费由次债务人负担，从实现的债权中优先支付。

第二十条 债权人向次债务人提起的代位权诉讼经人民法院审理后认定代位权成立的，由次债务人向债权人履行清偿义务，债权人与债务人、债务人与次债务人之间相应的债权债务关系即予消灭。

第二十一条 在代位权诉讼中，债权人行使代位权的请求数额超过债务人所负债务额或者超过次债务人对债务人所负债务额的，对超出部分人民法院不予支持。

第二十二条 债务人在代位权诉讼中，对超过债权人代位请求数额的债权部分起诉次债务人的，人民法院应当告知其向有管辖权的人民法院另行起诉。

债务人的起诉符合法定条件的，人民法院应当受理；受理债务人起诉的人民法院在代位权诉讼裁决发生法律效力以前，应当依法中止。

五、撤销权

第二十三条 债权人依照合同法第七十四条的规定提起撤销权诉讼的，由被告住所地人民法院管辖。

第二十四条 债权人依照合同法第七十四条的规定提起撤销权诉讼时只以债务人为被告，未将受益人或者受让人列为第三人的，人民法院可以追加该受益人或者受让人为第三人。

第二十五条 债权人依照合同法第七十四条的规定提起撤销权诉讼，请求人民法院撤销债务人放弃债权或转让财产的行为，人民法院应当就债权人主张的部分进行审理，依法撤销的，该行为自始无效。

两个或者两个以上债权人以同一债务人为被告，就同一标的提起撤销权诉讼的，人民法院可以合并审理。

第二十六条 债权人行使撤销权所支付的律师代理费、差旅费等必要费用，由债务人负担；第三人有过错的，应当适当分担。

六、合同转让中的第三人

第二十七条 债权人转让合同权利后，债务人与受让人之间因履行合同发生纠纷诉至人民法院，债务人对债权人的权利提出抗辩的，可以将债权人列为第三人。

第二十八条 经债权人同意，债务人转移合同义务后，受让人与债权人之间因履行合同发生纠纷诉至人民法院，受让人就债务人对债权人的权利提出抗辩的，可以将债务人列为第三人。

第二十九条 合同当事人一方经对方同意将其在合同中的权利义务一并转让给受让人，对方与受让人因履行合同发生纠纷诉至人民法院，对方就合同权利义务提出抗辩的，可以将出让方列为第三人。

七、请求权竞合

第三十条 债权人依照合同法第一百二十二条的规定向人民法院起诉时作出选择后，在一审开庭以前又变更诉讼请求的，人民法院应当准许。对方当事人提出管辖权异议，经审查异议成立的，人民法院应当驳回起诉。

最高人民法院
关于适用《中华人民共和国合同法》若干问题的解释（二）

法释〔2009〕5号

（2009年2月9日最高人民法院审判委员会第1462次会议通过
2009年4月24日最高人民法院公告公布 自2009年5月13日起施行）

为了正确审理合同纠纷案件，根据《中华人民共和国合同法》的规定，对人民法院适用合同法的有关问题作出如下解释：

一、合同的订立

第一条 当事人对合同是否成立存在争议，人民法院能够确定当事人名称或者姓名、标的和数量的，一般应当认定合同成立。但法律另有规定或者当事人另有约定的除外。

对合同欠缺的前款规定以外的其他内容，当事人达不成协议的，人民法院依照合同法第六十一条、第六十二条、第一百二十五条等有关规定予以确定。

第二条 当事人未以书面形式或者口头形式订立合同，但从双方从事的民事行为能够推定双方有订立合同意愿的，人民法院可以认定是以合同法第十条第一款中的"其他形式"订立的合同。但法律另有规定的除外。

第三条 悬赏人以公开方式声明对完成一定行为的人支付报酬，完成特定行为的人请求悬赏人支付报酬的，人民法院依法予以支持。但悬赏有合同法第五十二条规定情形的除外。

第四条 采用书面形式订立合同，合同约定的签订地与实际签字或者盖章地点不符的，人民法院应当认定约定的签订地为合同签订地；合同没有约定签订地，双方当事人签字或者盖章不在同一地点的，人民法院应当认定最后签字或者盖章的地点为合同签订地。

第五条 当事人采用合同书形式订立合同的，应当签字或者盖章。当事人在合同书上摁手印的，人民法院应当认定其具有与签字或者盖章同等的法律效力。

第六条 提供格式条款的一方对格式条款中免除或者限制其责任的内容，在合同订立时采用足以引起对方注意的文字、符号、字体等特别标识，并按照对方的要求对该格式条款予以说明的，人民法院应当认定符合合同法第三十九条所称"采取合理的方式"。

提供格式条款一方对已尽合理提示及说明义务承担举证责任。

第七条 下列情形，不违反法律、行政法规强制性规定的，人民法院可以认定为合同法所称"交易习惯"：

（一）在交易行为当地或者某一领域、某一行业通常采用并为交易对方订立合同时所知道或者应当知道的做法；

（二）当事人双方经常使用的习惯做法。

对于交易习惯，由提出主张的一方当事人承担举证责任。

第八条 依照法律、行政法规的规定经批准或者登记才能生效的合同成立后，有义务办理申请批准或者申请登记等手续的一方当事人未按照法律规定或者合同约定办理申请批准或者未申请登记的，属于合同法第四十二条第（三）项规定的"其他违背诚实信用原则的行为"，人民法院可以根据案件的具体情况和相对人的请求，判决相对人自己办理有关手续；对方当事人对由此产生的费用和给相对人造成的实际损失，应当承担损害赔偿责任。

二、合同的效力

第九条 提供格式条款的一方当事人违反合同法第三十九条第一款关于提示和说明义务的规定，导致对方没有注意免除或者限制其责任的条款，对方当事人申请撤销该格式条款的，人民法院应当支持。

第十条 提供格式条款的一方当事人违反合同法第三十九条第一款的规定，并具有合同法第四十条规定的情形之一的，人民法院应当认定该格式条款无效。

第十一条 根据合同法第四十七条、第四十八条的规定，追认的意思表示自到达相对人时生效，合同自订立时起生效。

第十二条 无权代理人以被代理人的名义订立合同，被代理人已经开始履行合同义务的，视为对合同的追认。

第十三条 被代理人依照合同法第四十九条的规定承担有效代理行为所产生的责任后，可以向无权代理人追偿因代理行为而遭受的损失。

第十四条 合同法第五十二条第（五）项规定的"强制性规定"，是指效力性强制性规定。

第十五条 出卖人就同一标的物订立多重买卖合同，合同均不具有合同法第五十二条规定的无效情形，买受人因不能按照合同约定取得标的物所有权，请求追究出卖人违约责任的，人民法院应予支持。

三、合同的履行

第十六条 人民法院根据具体案情可以将合同法第六十四条、第六十五条规定的第三人列为无独立请求权的第三人，但不得依职权将其列为该合同诉讼案件的被告或者有独立请求权的第三人。

第十七条 债权人以境外当事人为被告提起的代位权诉讼，人民法院根据《中华人民共和国民事诉讼法》第二百四十一条的规定确定管辖。

第十八条 债务人放弃其未到期的债权或者放弃债权担保，或者恶意延长到期债权的履行期，对债权人造成损害，债权人依照合同法第七十四条的规定提起撤销权诉讼的，人民法院应当支持。

第十九条 对于合同法第七十四条规定的"明显不合理的低价"，人民法院应当以交易当地一般经营者的判断，并参考交易当时交易地的物价部门指导价或者市场交易价，结合其他相关因素综合考虑予以确认。

转让价格达不到交易时交易地的指导价或者市场交易价百分之七十的，一般可以视为明显不合理的低价；对转让价格高于当地指导价或者市场交易价百分之三十的，一般可以视为明显不合理的高价。

债务人以明显不合理的高价收购他人财产，人民法院可以根据债权人的申请，参照合同法第七十四条的规定予以撤销。

第二十条 债务人的给付不足以清偿其对同一债权人所负的数笔相同种类的全部债务，应当优先抵充已到期的债务；几项债务均到期的，优先抵充对债权人缺乏担保或者担保数额最少的债务；担保数额相同的，优先抵充债务负担较重的债务；负担相同的，按照债务到期的先后顺序抵充；到期时间相同的，按比例抵充。但是，债权人与债务人对清偿的债务或者清偿抵充顺序有约定的除外。

第二十一条 债务人除主债务之外还应当支付利息和费用，当其给付不足以清偿全部债务时，并且当事人没有约定的，人民法院应当按照下列顺序抵充：

（一）实现债权的有关费用；

（二）利息；

（三）主债务。

四、合同的权利义务终止

第二十二条 当事人一方违反合同法第九十二条规定的义务，给对方当事人造成损失，对方当事人请求赔偿实际损失的，人民法院应当支持。

第二十三条 对于依照合同法第九十九条的规定可以抵销的到期债权，当事人约定不得抵销的，人民法院可以认定该约定有效。

第二十四条 当事人对合同法第九十六条、第九十九条规定的合同解除或者债务抵销虽有异议，但在约定的异议期限届满后才提出异议并向人民法院起诉的，人民法院不予支持；当事人没有约定异议期间，在解除合同或者债务抵销通知到达之日起三个月以后才向人民法院起诉的，人民法院不予支持。

第二十五条 依照合同法第一百零一条的规定，债务人将合同标的物或者标的物拍卖、变卖所得价款交付提存部门时，人民法院应当认定提存成立。

提存成立的，视为债务人在其提存范围内已经履行债务。

第二十六条 合同成立以后客观情况发生了当事人在订立合同时无法预见的、非不可抗力造成的不属于商业风险的重大变化，继续履行合同对于一方当事人明显不公平或者不能实现合同目的，当事人请求人民法院变更或者解除合同的，人民法院应当根据公平原则，并结合案件的实际情况确定是否变更或者解除。

五、违约责任

第二十七条 当事人通过反诉或者抗辩的方式，请求人民法院依照合同法第一百一十四条第二款的规定调整违约金的，人民法院应予支持。

第二十八条 当事人依照合同法第一百一十四条第二款的规定，请求人民法院增加违约金的，增加后的违约金数额以不超过实际损失额为限。增加违约金以后，当事人又请求对方赔偿损失的，人民法院不予支持。

第二十九条 当事人主张约定的违约金过高请求予以适当减少的，人民法院应当以实际损失为基础，兼顾合同的履行情况、当事人的过错程度以及预期利益等综合因素，根据公平原则和诚实信用原则予以衡量，并作出裁决。

当事人约定的违约金超过造成损失的百分之三十的，一般可以认定为合同法第一百一十四条第二款规定的"过分高于造成的损失"。

六、附　则

第三十条 合同法施行后成立的合同发生纠纷的案件，本解释施行后尚未终审的，适用本解释；本解释施行前已经终审，当事人申请再审或者按照审判监督程序决定再审的，不适用本解释。

最高人民法院研究室
对《关于适用〈中华人民共和国合同法〉若干问题的解释（二）》第 24 条理解与适用的请示的答复

2013 年 6 月 4 日　　　　　　　　　　　　法研〔2013〕79 号

浙江省高级人民法院：

你院浙高法〔2012〕331 号关于如何理解与适用《最高人民法院关于适用〈中华人民共和国合同法〉若干问题的解释（二）》（以下简称《合同法解释（二）》）第二十四条的请示收悉。经研究，答复如下：

当事人根据合同法第九十六条的规定通知对方要求解除合同的，必须具备合同法第九十三条或者第九十四条规定的条件，才能发生解除合同的法律效力。

当事人没有约定异议期间，一方当事人在《合同法解释（二）》施行前已依法通知对方当事人解除合同，对方当事人在《合同法解释（二）》施行之日起三个月以后才起诉的，人民法院不予支持。本答复下发之前已经终审的案件，不适用本款规定。

此复。

最高人民法院
关于正确适用《中华人民共和国合同法》若干问题的解释（二）　服务党和国家的工作大局的通知

2009 年 4 月 27 日　　　　　　　　　　　　法〔2009〕165 号

各省、自治区、直辖市高级人民法院，解放军军事法院，新疆维吾尔自治区高级人民法院生产建设兵团分院：

《最高人民法院关于适用〈中华人民共和国合同法〉若干问题的解释（二）》（法释〔2009〕5 号）业经最高人民法院审判委员会第 1462 次会议讨论通过，现已公布。为保证各级人民法院严格适用该司法解释第二十六条的程序，特别是在当前正处于国际金融危机的情况下，充分发挥其在统一司法标准、保障和服务金融业健康稳定运行、保持经

济平稳较快发展方面的积极作用,特通知如下:

一、进一步增强为大局服务的针对性和有效性

保持经济平稳较快发展是当前党和国家的工作大局。当前,国际金融危机的冲击还在蔓延,而且对实体经济的影响还可能进一步加深,保持经济平稳较快发展的任务异常艰巨。受国际金融危机快速蔓延和世界经济增长明显减速的影响,我国经济运行中出现的问题和合同履行困难都可能转化为各类案件进入司法领域,并给人民法院的审判工作尤其是合同纠纷案件的审判工作带来新的挑战。各级人民法院要紧紧围绕工作大局,充分发挥审判职能作用,在审判各种类型合同纠纷案件过程中,正确适用合同法及其司法解释,促进合同交易顺利进行,更加重视增强为大局服务的针对性和有效性,积极维护国家金融安全,增强司法服务的效果。越是在企业遇到困难的时候,越要重视发挥诉讼调解的作用。要着眼于从根本上化解合同纠纷,多做调解工作,在依法、自愿的前提下,努力争取案结事了,力求从源头上化解矛盾,为促进经济平稳较快发展创造良好司法环境。

二、严格适用《中华人民共和国合同法》若干问题的解释(二)第二十六条

为了因应经济形势的发展变化,使审判工作达到法律效果与社会效果的统一,根据民法通则、合同法规定的原则和精神,解释第二十六条规定:合同成立以后客观情况发生了当事人在订立合同时无法预见的、非不可抗力造成的不属于商业风险的重大变化,继续履行合同对于一方当事人明显不公平或者不能实现合同目的,当事人请求人民法院变更或者解除合同的,人民法院应当根据公平原则,并结合案件的实际情况确定是否变更或者解除。

对于上述解释条文,各级人民法院务必正确理解、慎重适用。如果根据案件的特殊情况,确需在个案中适用的,应当由高级人民法院审核。必要时应报请最高人民法院审核。

特此通知。

最高人民法院
印发《关于当前形势下审理民商事合同纠纷案件若干问题的指导意见》的通知

2009年7月7日 法发〔2009〕40号

各省、自治区、直辖市高级人民法院,解放军军事法院,新疆维吾尔自治区高级人民法院生产建设兵团分院:

现将最高人民法院《关于当前形势下审理民商事合同纠纷案件若干问题的指导意见》印发给你们,请结合当地实际,认真贯彻落实。

附:

最高人民法院
关于当前形势下审理民商事合同纠纷案件若干问题的指导意见

当前,因全球金融危机蔓延所引发的矛盾和纠纷在司法领域已经出现明显反映,民商事案件尤其是与企业经营相关的民商事合同纠纷案件呈大幅增长的态势;同时出现了诸多由宏观经济形势变化所引发的新的审判实务问题。人民法院围绕国家经济发展战略和"保增长、保民生、保稳定"要求,坚持"立足审判、胸怀大局、同舟共济、共克时艰"的指导方针,牢固树立为大局服务、为人民司法的理念,认真研究并及时解决这些民商事审判实务中与宏观经济形势变化密切相关的普遍性问题、重点问题,有效化解矛盾和纠纷,不仅是民商事审判部门应对金融危机工作的重要任务,而且对于维护诚信的市场交易秩序,保障公平法治的投资环境,公平解决纠纷、提振市场信心等具有重要意义。现就人民法院在当前形势下审理民商事合同纠纷案件中的若干问题,提出以下意见。

一、慎重适用情势变更原则,合理调整双方利益关系

1. 当前市场主体之间的产品交易、资金流转因原料价格剧烈波动、市场需求关系的变化、流动资金不足等诸多因素的影响而产生大量纠纷,对于部分当事人在诉讼中提出适用情势变更原则变更或者解除合同的请求,人民法院应当依据公平原则和情势变更原则严格审查。

2. 人民法院在适用情势变更原则时,应当充分注意到全球性金融危机和国内宏观

经济形势变化并非完全是一个令所有市场主体猝不及防的突变过程，而是一个逐步演变的过程。在演变过程中，市场主体应当对于市场风险存在一定程度的预见和判断。人民法院应当依法把握情势变更原则的适用条件，严格审查当事人提出的"无法预见"的主张，对于涉及石油、焦炭、有色金属等市场属性活泼、长期以来价格波动较大的大宗商品标的物以及股票、期货等风险投资型金融产品标的物的合同，更要慎重适用情势变更原则。

3. 人民法院要合理区分情势变更与商业风险。商业风险属于从事商业活动的固有风险，诸如尚未达到异常变动程度的供求关系变化、价格涨跌等。情势变更是当事人在缔约时无法预见的非市场系统固有的风险。人民法院在判断某种重大客观变化是否属于情势变更时，应当注意衡量风险类型是否属于社会一般观念上的事先无法预见、风险程度是否远远超出正常人的合理预期、风险是否可以防范和控制、交易性质是否属于通常的"高风险高收益"范围等因素，并结合市场的具体情况，在个案中识别情势变更和商业风险。

4. 在调整尺度的价值取向把握上，人民法院仍应遵循侧重于保护守约方的原则。适用情势变更原则并非简单地豁免债务人的义务而使债权人承受不利后果，而是要充分注意利益均衡，公平合理地调整双方利益关系。在诉讼过程中，人民法院要积极引导当事人重新协商，改订合同；重新协商不成的，争取调解解决。为防止情势变更原则被滥用而影响市场正常的交易秩序，人民法院决定适用情势变更原则作出判决的，应当按照最高人民法院《关于正确适用〈中华人民共和国合同法〉若干问题的解释（二）服务党和国家工作大局的通知》（法〔2009〕165号）的要求，严格履行适用情势变更的相关审核程序。

二、依法合理调整违约金数额，公平解决违约责任问题

5. 现阶段由于国内宏观经济环境的变化和影响，民商事合同履行过程中违约现象比较突出。对于双方当事人在合同中所约定的过分高于违约造成损失的违约金或者极具惩罚性的违约金条款，人民法院应根据合同法第一百一十四条第二款和最高人民法院《关于适用〈中华人民共和国合同法〉若干问题的解释（二）》[以下简称《合同法解释（二）》]第二十九条等关于调整过高违约金的规定内容和精神，合理调整违约金数额，公平解决违约责任问题。

6. 在当前企业经营状况普遍较为困难的情况下，对于违约金数额过分高于违约造成损失的，应当根据合同法规定的诚实信用原则、公平原则，坚持以补偿性为主、以惩罚性为辅的违约金性质，合理调整裁量幅度，切实防止以意思自治为由而完全放任当事人约定过高的违约金。

7. 人民法院根据合同法第一百一十四条第二款调整过高违约金时，应当根据案件的具体情形，以违约造成的损失为基准，综合衡量合同履行程度、当事人的过错、预期利益、当事人缔约地位强弱、是否适用格式合同或条款等多项因素，根据公平原则和诚实信用原则予以综合权衡，避免简单地采用固定比例等"一刀切"的做法，防止机械司法而可能造成的实质不公平。

8. 为减轻当事人诉累，妥当解决违约金纠纷，违约方以合同不成立、合同未生效、合同无效或者不构成违约进行免责抗辩而未提出违约金调整请求的，人民法院可以就当事人是否需要主张违约金过高问题进行释明。人民法院要正确确定举证责任，违约方对于违约金约定过高的主张承担举证责任，非违约方主张违约金约定合理的，亦应提供相应的证据。合同解除后，当事人主张违约金条款继续有效的，人民法院可以根据合同法第九十八条的规定进行处理。

三、区分可得利益损失类型，妥善认定可得利益损失

9. 在当前市场主体违约情形比较突出的情况下，违约行为通常导致可得利益损失。根据交易的性质、合同的目的等因素，可得利益损失主要分为生产利润损失、经营利润损失和转售利润损失等类型。生产设备和原材料等买卖合同违约中，因出卖人违约而造成买受人的可得利益损失通常属于生产利润损失。承包经营、租赁经营合同以及提供服务或劳务的合同中，因一方违约造成的可得利益损失通常属于经营利润损失。先后系列买卖合同中，因原合同出卖方违约而造成其后的转售合同出售方的可得利益损失通常属于转售利润损失。

10. 人民法院在计算和认定可得利益损失时，应当综合运用可预见规则、减损规则、损益相抵规则以及过失相抵规则等，从非违约方主张的可得利益赔偿总额中扣除违约方不可预见的损失、非违约方不当扩大的损失、非违约方因违约获得的利益、非违约方亦有过失所造成的损失以及必要的交易成本。存在合同法第一百一十三条第二款规定的欺诈经营、合同法第一百一十四条第一款规定的当事人约定损害赔偿的计算方法以及因违约导致人身伤亡、精神损害等情形的，不宜适用可得利益损失赔偿规则。

11. 人民法院认定可得利益损失时应当合理分配举证责任。违约方一般应当承担非违约方没有采取合理减损措施而导致损失扩大、非违约方因违约而获得利益以及非违约方亦有过失的举证责任；非违约方应当承担其遭受的可得利益损失总额、必要的交易成本的举证责任。对于可以预见的损失，既可以由非违约方举证，也可以由人民法院根据具体情况予以裁量。

四、正确把握法律构成要件，稳妥认定表见代理行为

12. 当前在国家重大项目和承包租赁行业等受到全球性金融危机冲击和国内宏观经济形势变化影响比较明显的行业领域，由于合同当事人采用转包、分包、转租方式，出现了大量以单位部门、项目经理乃至个人名义签订或实际履行合同的情形，并因合同主体和效力认定问题引发表见代理纠纷案件。对此，人民法院应当正确适用合同法第四十九条关于表见代理制度的规定，严格认定表见代理行为。

13. 合同法第四十九条规定的表见代理制度不仅要求代理人的无权代理行为在客观上形成具有代理权的表象，而且要求相对人在主观上善意且无过失地相信行为人有代理权。合同相对人主张构成表见代理的，应当承担举证责任，不仅应当举证证明代理行为存在诸如合同书、公章、印鉴等有权代理的客观表象形式要素，而且应当证明其善意且无过失地相信行为人具有代理权。

14. 人民法院在判断合同相对人主观上是否属于善意且无过失时，应当结合合同缔结与履行过程中的各种因素综合判断合同相对人是否尽到合理注意义务，此外还要考虑合同的缔结时间、以谁的名义签字、是否盖有相关印章及印章真伪、标的物的交付方式与地点、购买的材料、租赁的器材、所借款项的用途、建筑单位是否知道项目经理的行为、是否参与合同履行等各种因素，作出综合分析判断。

五、正确适用强制性规定，稳妥认定民商事合同效力

15. 正确理解、识别和适用合同法第五十二条第（五）项中的"违反法律、行政法规的强制性规定"，关系到民商事合同的效力维护以及市场交易的安全和稳定。人民法院应当注意根据《合同法解释（二）》第十四条之规定，注意区分效力性强制规定和管理性强制规定。违反效力性强制规定的，人民法院应当认定合同无效；违反管理性强制规定的，人民法院应当根据具体情形认定其效力。

16. 人民法院应当综合法律法规的意旨，权衡相互冲突的权益，诸如权益的种类、交易安全以及其所规制的对象等，综合认定强制性规定的类型。如果强制性规范规制的是合同行为本身即只要该合同行为发生即绝对地损害国家利益或者社会公共利益的，人民法院应当认定合同无效。如果强制性规定规制的是当事人的"市场准入"资格而非某种类型的合同行为，或者规制的是某种合同的履行行为而非某类合同行为，人民法院对于此类合同效力的认定，应当慎重把握，必要时应当征求相关立法部门的意见或者请示上级人民法院。

六、合理适用不安抗辩权规则，维护权利人合法权益

17. 在当前情势下，为敦促诚信的合同一方当事人及时保全证据、有效保护权利人的正当合法权益，对于一方当事人已经履行全部交付义务，虽然约定的价款期限尚未到期，但其诉请付款方支付未到期价款的，如果有确切证据证明付款方明确表示不履行给付价款义务，或者付款方被吊销营业执照、被注销、被有关部门撤销、处于歇业状态，或者付款方转移财产、抽逃资金以逃避债务，或者付款方丧失商业信誉，以及付款方以自己的行为表明不履行给付价款义务的其他情形的，除非付款方已经提供适当的担保，人民法院可以根据合同法第六十八条第一款、第六十九条、第九十四条第（二）项、第一百零八条、第一百六十七条等规定精神，判令付款期限已到期或者加速到期。

最高人民法院
关于确认和处理无效经济合同
适用何种法律文书问题的批复

1990年1月20日　　　　　　　　　　　　法（经）复〔1990〕2号

内蒙古自治区高级人民法院：

你院〔1988〕内法经请字第6号《关于确认和处理无效经济合同适用何种法律文书》的请示收悉。经研究，答复如下：

一、人民法院审理只需确认合同效力的案件，用判决书。

二、人民法院审理既要确认合同效力，又要对财产权益纠纷作出处理的案件，凡当事人对法院关于合同效力的确认无异议，且财产权益纠纷经调解达成协议的，用调解书，在调解书的认定是非责任部分写明合同的效力；凡当事人对法院关于合同效力的确认有异议，或者虽无异议，但财产权益纠纷经调解达不成协议的，用判决书。

三、人民法院在审理经济合同纠纷案件中，对与案件有关的违法行为，采取收缴、罚款、拘留等民事制裁措施的，必须经院长批准，另行制作民事制裁决定书。

四、我院1984年9月17日《关于贯彻执行〈经济合同法〉若干问题的意见》中"对无效合同的确认和处理方式"的意见，自本批复发布之日起作废。

此复。

最高人民法院
关于对注册资金投入未达到法规规定
最低限额的企业法人签订的经济合同
效力如何确认问题的批复

1997年2月25日　　　　　　　　　　　　法复〔1997〕2号

江苏省高级人民法院：

你院〔1996〕苏经请字第4号《关于对注册资金投入未达到法规规定最低限额的企业法人签订的经济合同效力如何确认问题的请示》收悉。经研究，答复如下：

企业法人注册资金投入未达到法规规定的最低限额，在对外承担民事责任时，应根据本院1994年3月30日法复〔1994〕4号《关于企业开办的其他企业被撤销或者歇业后民事责任承担问题的批复》第一条第三项的规定处理,即其民事责任由开办该企业的企业法人承担。为了稳定经济秩序,保护权利人的合法权益,对这类企业法人被依法吊销《企业法人营业执照》之前签订的经济合同,不宜因其注册资金投入未达到法规规定的最低限额而确认为无效。

此复。

最高人民法院
关于依据何种标准计算电话费滞纳金问题的批复

法释〔1998〕31号

(1998年11月19日最高人民法院审判委员会第1030次会议通过 1998年12月29日最高人民法院公告公布 自1999年1月6日起施行)

浙江省高级人民法院：

你院浙高法〔1998〕34号《关于依据何种标准计算电话费滞纳金的请示》收悉。经研究，答复如下：

原邮电部1998年3月12日印发的邮部〔1998〕125号《关于调整电信资费滞纳金标准的通知》规定，自1998年4月1日起，"用户超过规定期限未付电信费用时，电信企业从逾期之日起至实际还款时止，每天按用户所欠费用款额的3‰收取滞纳金"。因此，凡是在1998年4月1日前发生的电话费滞纳金的行为，按照我院法经〔1998〕14号函确定的滞纳金标准执行；在1998年4月1日后的电话费滞纳金可参照邮电部〔1998〕125号通知规定的比例确定；滞纳金跨越1998年4月1日的，按新旧标准分段计算。

此复。

最高人民法院
关于中国对外贸易运输公司秦皇岛分公司劳动服务公司与秦皇岛港务局劳动服务公司港口经济开发公司购销冷暖风机合同效力问题的批复

1987年10月9日　　　　　　　　　　　　法（经）复〔1987〕39号

河北省高级人民法院：

你院〔87〕冀法经请字第2号《关于中国对外贸易运输公司秦皇岛分公司劳动服务公司与秦皇岛港务局劳动服务公司港口经济开发公司购销冷暖风机合同效力问题的请示》收悉。经与有关部门研究，现答复如下：

本案标的物冷暖风机，是广州白云无线电厂从香港进口的。该厂作为冷暖风机的收货人，应按《中华人民共和国进出口商品检验条例》第九条的规定，向所在地区商检机构申报后，自行检验。但是，该厂未申报、自检，即在国内销售，违反商检条例的责任在广州白云无线电厂。本案供需双方是在这批冷暖风机已在国内流通，三易其手后发生的购销法律关系，故不应以违反商检条例为由确认合同无效。

此复。

最高人民法院经济审判庭
关于企业设置的办事机构对外所签订的购销合同是否一律认定为无效合同问题的电话答复

（1988年11月8日）

福建省高级人民法院：

你院〔1988〕闽法经字第29号"关于企业设置的办事机构对外所签订的购销合同是否一律认定为无效合同的请示"收悉。经研究答复如下：

三明市对外贸易公司福州办事处（以下简称办事处）是三明市对外贸易公司的办事机构，没有申报营业执照，对外无权从事经营活动。办事处擅自以自己的名义与宁德地区生产资料贸易公司签订的购销合同，应认定无效。虽然三明市对外贸易公司对办事处在履行合同中有时以公司的名义进行信、电往来的行为，未提出异议，但因该合同是办事处对外签订的,因此,不应视为三明市对外贸易公司事后追认了办事处的代理权。参照民法通则第四十三条规定,三明市对外贸易公司对办事处的经营活动,应当承担民事责任。

此复。

附:

福建省高级人民法院
关于企业设置的办事机构对外所签订的
购销合同是否一律认定为无效合同的请示

1988年9月1日　　　　　　　　　　　　　〔1988〕闽法经字第29号

最高人民法院:

我院受理原宁德地区生产资料贸易公司(已停业,现由其主管单位福建省赛岐农资采购供应站为上诉方)与福建省对外贸易总公司三明地区分公司福州办事处(后改为三明市对外贸易公司福州办事处,现由具备法人资格的三明市对外贸易公司为被上诉方)因购销进口计算器合同货款纠纷上诉一案,现就三明市对外贸易公司福州办事处对外所签订的购销合同的性质认定问题请示如下:

1985年3月14日,福建省对外贸易总公司三明地区分公司福州办事处作为供方与宁德地区生产资料贸易公司在福州签订了一份购销5万只838型(日本东芝机芯)计算器合同。三明市对外贸易公司福州办事处是该公司设在福州的办事机构,没有申报营业执照,仅在银行开设有存款户头。但在履行合同中,双方电、信来往有时都以三明市对外贸易公司为合同一方,发生货款纠纷后双方均以三明市对外贸易公司为本案的诉讼主体。

对该合同的效力问题,第一种意见认为:"福州办事处"签订的该购销合同应视为有效的法律行为,因为作为主管单位(三明市对外贸易公司)明知"办事处"签订了上述合同,且在以后的履约过程中,均以该公司的名义进行函电往来,未提出异议,应视为事后追认"办事处"的代理权,故该公司理应承担由此而产生的权利、义务。第二种意见认为:代理人应以被代理人的名义进行民事行为,既然不是以主管单位名义而是以"办事处"名义进行民事活动,即应认定其为主体不合格,所签订的合同为无效合同。

我们认为企业法人设置的办事机构对外所签订的经济合同,只要没有超越企业的经营范围,没有其他违法行为,且经企业法人认可的,一般即应认定为有效合同,不应单纯以主体不合格而确认合同无效。因此,我们倾向于第一种意见。

当否,请批复。

最高人民法院
关于日本人纪平孝诉湖南省人民医院赠与一案的答复

1989年5月22日　　　　　　　　　　〔1989〕民他字第22号

湖南省高级人民法院：

你院请示的日本人纪平孝诉湖南省人民医院赠与一案，经研究认为，请示报告所谈基本案情清楚，意见明确。我们认为：

日本人纪平孝有向湖南省人民医院赠送汽车的意思表示，湖南省人民医院得知后，经请示批准，也作出了接受赠送的意思表示，随后，双方就赠送汽车一事，各自为赠送和受赠进行了必要的准备工作，车到我国境内后，海关根据海关行政管理法规予以放行和准予免税，是对当事人的出入境的物品，依法实行的海关监管行为，不涉及当事人的出入境的物品的所有权问题。经当事人双方的商定，入境汽车由受赠方派司机帮助开至长沙，这期间，纪平孝多次有反悔的意思表示，车到长沙后，纪平孝没有马上将车交付受赠方，并在拟定的赠送仪式以前，明确反悔，不再赠送，受赠方在纪平孝拿回钥匙情况下，私配钥匙开车办理了上照手续，至纪平孝向湖南省长沙市中级人民法院提起诉讼，要求返还汽车，《民法通则》第七十二条规定，"按照合同或者其他合法方式取得财产的，财产所有权从财产交付时起转移，法律另有规定或者当事人另有约定的除外"。本案赠予关系的双方当事人事先没有约定赠予物所有权的转移方式，赠予物所有权只能从交付时起转移。对于这种单方的法律行为，赠予人有权在交付赠予物之前撤销自己的赠予意思表示。根据以上事实和理由，我们意见，纪平孝在未交付赠予物之前撤销赠予的意思表示，依我国法律是允许的，因而产生赠予关系不成立的法律效果，纪平孝关于赠与关系不成立，被告应当返还汽车的请求应予支持，如果纪平孝的反悔行为给受赠人造成了直接经济损失，纪平孝应负赔偿损失的责任。关于附条件的问题，我们认为可以不涉及，因为没发生赠与物交付的问题，就谈不上附条件的问题。

另外，如赠与成立，汽车、电脑、天体望远镜等予补税。

附：

湖南省高级人民法院
关于日本人纪平孝诉湖南省人民医院赠与一案的请示报告

1989年5月10日　　　　　　　　　　湘发字第〔1989〕第45号

最高人民法院：

长沙市中级人民法院受理日本人纪平孝诉湖南省人民医院赠与一案，对该案原、被告之间赠与合同是否成立，赠与是否有附加条件认识不一致，向本院请示。经本院审判委员会讨论，基本有了一个倾向性意见，但不完全一致，鉴于本案系外国公民向我国法人赠与物品的过程中发生反悔引起的纠纷，是我省第一起涉外赠与案件，对这类案件我们缺乏审判实践，把握不足，为此，特向你院请示。现将本案基本案情和讨论意见报告如下：

一、当事人的基本情况

原告：纪平孝，男，64岁，日本国籍人，系日本东京防灾工学非常勤役员，住日本国东京都八王子市川町485，现旅居长沙市芙蓉宾馆。

被告：湖南省人民医院。

法定代表人：张素元，湖南省人民医院院长。

二、原告起诉的请求事项

1. 请求法院责成被告完好无损地退回属于原告所有的日产E—HC231小汽车一辆；

2. 请求法院责成被告返还属于原告所有的存放在小汽车里的天体望远镜，电脑及行李物品等；

3. 请求法院依法确认被告的侵权行为，并责成被告赔偿因其侵权行为给原告造成的一切损失。

原告认为：（1）根据中华人民共和国法律的规定，原、被告间的赠车，原告曾一再提出以被告给予原告使用一定条件的房间为前提条件，是附条件的民事行为，在条件未达到之时赠与关系不能成立；（2）赠与系合同关系，是双方的法律行为，而被告没有书面表示接受此项财产，赠与关系不能成立，赠与合同为实践性合同，应在赠与人交付赠与物给受赠人之后方为生效，原告只是委托被告的司机开回长沙，并在车抵长沙后索回了该车的唯一一片钥匙，原告还保留有该车在日本的产权证书，赠与物实际上尚未交付给被告，故原告有权撤销赠与，此外，"赠与书"只采用中文形式，这有违国际惯例，并致使原告人的意思表示与真实意思不一致，双方的赠与系无效民事行为，请求中华人民共和国人民法院依法予以撤销。

三、被告反诉的请求事项

1. 请求法院依法保护反诉人已受赠的日产 E—HC231 小汽车（现中国湖南 01—08841 车号）的所有权不受侵犯，驳回被反诉人的诉讼请求；

2. 请求法院追究被反诉人在已赠与后翻悔，并背信弃义，无理缠讼，使反诉人在声誉和经济上造成损害的民事责任，责成其立即停止侵权并赔偿损失。

3. 请求法院责成被反诉人支付其因违约行为该付的违约金和支付反诉方超期保管行李物品的保管费用。

被告认为：（1）纪平孝赠车是无偿的，而不是附条件的。纪平孝确也提出过要我们帮助找房子，但不是作为赠车条件。5月12日，纪与戴承久谈话时提到帮助找房子，戴表示要以纪平孝依法办妥了在中国居住一至二年的合法手续为前提。（2）纪平孝赠车是主动的，自愿的，而不是被动的和受欺诈的。（3）该小车的所有权因受赠已依法转移。反诉方已是该汽车唯一合法的所有人。（4）被反诉方纪平孝背信弃义，出尔反尔，无理翻悔，并在诉讼状中捏造事实，进行人身攻击和人格侮辱，给我方在声誉上和经济上造成严重损害，应承担相应的法律责任。（5）纪平孝的翻悔事件，有着不可告人的目的。

四、法院查明的事实

日本人纪平孝1988年4月在衡山旅游时，因患眼疾，经衡山县医院介绍于4月25日来湖南省人民医院就诊，入院诊断为：下睑疤痕性外翻，该院安排其住进老干病室，由眼科副主任负责进行治疗，纪平孝在住院期间经常外出，有时外宿不归，院方即派学过日语的徐毓华医生给他讲住院病人应遵守的规章制度，由于纪的眼睑疤痕尚未软化，需等待一段时间再做整容手术，遂于5月13日出院，出院诊断仍为下眼睑疤痕外翻，嘱以后来手术矫型。住院期间，纪曾向徐毓华医生反映：住在医院不安静，想找乡间别墅居住，要找一间40M²的房子，问徐好不好找，徐作过一般打听，告知外宾需住指定的宾馆或招待所，5月12日下午，纪平孝及其中国朋友邹治平（为纪作翻译）与医院结账，在与徐毓华告辞时，邹对徐讲，纪很喜欢长沙，想在长沙定居一年，能否帮他疏通一下办理定居一年的手续，纪讲还想把自己的一辆汽车送给医院，因为还想来院做手术，带两台电脑来，在中国开设电脑培训班。徐未答复要请示院长，院长张素元听汇报后没有答复，纪要求院长接见他。医务科干事戴承久告诉徐，此事等明天再说。5月13日徐打电话找张院长，由戴接电话，戴即去了纪平孝那里，当时有徐毓华，眼科副主任戴守在场，邹治平作翻译，戴承久与纪平孝交谈了如下内容：纪平孝提出要把他自己的一辆汽车送医院，带两台电脑来，用一年之后，一台送给医院，一台送给邹治平，两台电脑的关税也由医院支付，其中一台的关税一年后由邹付给医院，赠与的汽车入关手续由医院尽快办理，纪将于19日或20日回日本，要求用传真电话于23日与其联系；纪提出想在长沙作暂时性定居，希望医院帮其找一套房子，医院只负责疏通办手续的渠道，手续由纪办理，房租由纪支付。戴承久未表态，即与戴守同去请示院长，张素元指示：（1）医院对纪平孝来院治病表示欢迎；（2）对纪赠车给医院表示感谢；（3）有关赠送的小汽车能不能接受,手续怎样办理,还要请示省卫生厅和省外办。并特别询问了赠汽车与找房子是不是同一码事,戴答不是同一码事后,强调如果是一码事,我们就不能搞,因为纪平孝能否在中国定居,医院没有这个权力,也没有责任和义务去管这些事。两戴将院长的指示通过邹治平翻译给纪听了。谈话结束时,戴承久就赠车的事对邹讲,口说无凭,要有一个文字根据,邹翻译给纪平孝听了后,约戴下午到芙蓉宾馆去拿。戴去宾馆会见了纪与邹,纪与戴进行了交谈,纪再次谈了房子问题,戴答应帮其找房子,愿意为其牵线帮忙,并说了医院附近有一栋房子可以租给他,月租约500元至600元。纪说不贵,房租由纪自己出。之后纪把通过传真打字机打出来的、并在上面签名的一份致张院长的日文信交给了戴,内容的大致译意是:"为了表示我的感激之情,将我在日本所有的汽车赠送给贵院,该车从日本神户港乘中国鉴真号船运到上海,入关手续以及这辆车的税金,如果能由湖南省人民医院支付,我将很高兴"。戴承久回医院后,将此信与同时拟写的向长沙市东区公安局《关于外宾租佃民房的请示》函和给长沙海关的报告交给了张素元院长。5月21日张指示徐毓华以医院名义给已回日本的纪平孝写信告知:"关于您送车给我院一事……入关手续非常复杂,而且关税很高,据说是汽车和电脑价格的2.8倍,因为这种情况,您原来拜托我们的事情,可能不能满足您的愿望,请谅解……"5月27日纪平孝给医院来信:"关于带汽车入中国,日本的手续也有很大的变化,不管怎样要达到目的……"5月30日纪平孝又给医院来信称;"来信拜读,知道进入中国的手续很难,我这里手续也很麻烦,贸易方面的朋友建议,值我旅行之际,作为必要带的物件带到你们那里。我想6月10日左右装船,问题是在上海税金很高……。按预定,汽车由船运至上海,由我开车,从上海到长沙至医院,因为我不用车赠给你们……"。同时省人民医院以院长张素元的名义给纪平孝发出电报。电文说:"汽车的入关手续可能办成,请你把日本的有关手续赶快寄来好吗?"纪复电说:"信还未收到吗;现在手续正在办理中,车的照片信中已寄,出口关系,文件、模写(拍照)后寄来"。6月3日徐毓华给纪平孝去信告知:"院方继续办入关手续,我想一定会成功的"。6月10日纪给徐复信"……带车出境的事,今天总算按法律完成了,决定保养检修汽车的予定,保养检修完毕,13日向输出汽车检查协会提出申请,如果合格,14日向通产省提出申请,如果好的话,发给许可证,再向日本税关提出输出申请,贴上送物证就可以装船了。……今天把有关输出的文件抄写寄来,也许你们接受货物的有关文件需要,到时请参考此类文件制作,将医院正确地址,接受汽车的医院代表名字记入急送去……"。双方为汽车办了出关、入关手续,纪平孝向日本主管机关办理输出(许可、承认)申请书上填写的输出目的地(日文为仕向地)长沙,经由地上海,代金决济1、方法栏填写"无偿提供"。省人民医院则以纪平孝"无偿赠车"向省侨务办办理了"受理华侨、港澳同胞捐赠"的审批手续,同时向省政府报请免征关税,由省政府办公厅致函上海海关"予以免税放行"。6月20日医院收到纪平孝来电,告知汽车6月23日进入上海港。医院没有派人先行到上海接待。23日纪抵达上海,又发电报通知了医院,医院无回音,25日纪打电话声称再不来人就走了,医院即派徐毓华于当日飞往上海与纪会晤,纪对医院无人去接非常生气,经徐解释后,气氛好转。27日医院派医务科干事柳铁明,司机周学良携带汽车入关手续到上海,在宾馆会见时,徐介绍柳系科长,把批准汽车入关手续给纪看了，随后柳与司机在纪住的房间卫生间洗漱，把卫生间搞得较乱，纪发了脾气，当着柳、徐毓华和司机的面说要将汽车带回日本，不送了。柳对翻译邹治平说，要是纪将汽车开回日本的话，他们回去就会受到处分，可能被辞退，把后果说得如何如何严重，经再三解释，纪同意来长沙，29日纪平孝向徐、柳提出房子问题，徐对纪说柳在长沙活动能力很强，可以帮其找房子和安装电话，但要纪支付一切费用。纪即要柳等作出保证，柳铁明就写了一份协议书，写明"纪平孝为表达对我院的感激之情，特无偿赠给我院一台日产尼桑牌小汽车。纪平孝先生自愿短期居住长沙，根据此种要求，我们准备申报有关单位以后，办理正当居住手续，再与纪平孝先生商量具体办理办法"，柳在协议书上签了名，因柳说要经院长许可，便放在徐毓华的包里，没有日文本，也没叫纪签名。接着柳铁明、周学良与纪平孝、邹治平同到海关办了验关手续，同时会同海关王科长到江湾机场看了车，纪告诉司机周学良怎样驾驶这辆车。当时纪急于来长沙治病，需提前出发，但又担心车上装载的行李，怕司机途中出事，6月30日准备起程前纪又向邹治平说：不送车了，要回日本去，司机向纪保证对他的行李像爱护自己的眼睛一样，纪才与邹治平、徐毓华乘飞机到武汉，而后乘火车抵长。

7月1日中午，省人民医院在奇峰阁酒家为纪平孝举行欢迎宴会。在宴会上徐毓华拿出柳铁明在上海写的协议书给张素元院长，谌忠友副院长等人浏览了一遍，但均未置可否，也未与纪正式商谈，一般性的提到房子的事，纪表示房租一般不要超过300元，邹治平问纪要不要医院方面的协议书，纪说不要。7月4日，省人民医院事先未与纪协商，写了一份《馈赠接受书》的中文本，由副院长谌忠友，办公室主任刘常志，徐毓华医生等来到纪平孝的病房里，有翻译邹治平在场，由邹把馈赠书翻译给纪听了，谌忠友和纪平孝分别在该书上签了字。接受书签字时，赠与物还在上海，7月9日才从上海开出，13日抵长沙。此期间，纪多次问徐毓华，房子的事进行得怎样了；汽车到了没有，甚至问医院是否把汽车卖掉了，常常发气，要求院长答复。7月13日纪平孝与张、谌院长谈了一次话，有邹治平、徐毓华在场，谈话大概内容是：（1）汽车到达长沙，医院马上通知纪；（2）房子，医院还是帮纪找，房费问题，医院研究后才能决定；（3）汽车没到长沙之前，纪住宾馆的费用由省人民医院支付。

7月13日下午六时，有人告诉纪车已经开到医院了，把他的行李都搬下来了，纪给医院谌副院长接通电话。纪说：车已经来了，能否把钥匙给他，并不要动他的行李，他来确认。谌说：是为了打扫汽车，卸下了一些行李，现已装上车了。双方约定晚八时半到医院会面。纪、邹于8时多一点到医院，先见到柳铁明，周学良司机。纪要看他放在车上的行李，从司机那里拿回了车钥匙，谌副院长来后，听说纪要开车到武汉去，便与邹治平发生了口角，原定于7月14日举行的赠车仪式没有搞成。

7月21日，纪平孝请了长沙市法律顾问处律师胡可、孟建辉一同到省人民医院取走部分行李。仍放在医院的部分行李列有清单，纪平孝与省医院双方签了名，翻译是国际旅行社的邓伏初，纪说他丢失了三样东西：一台照相机，几支圆珠笔，几对女式手套。7月28日，湖南省人民医院自配汽车钥匙，凭湖南省人民政府办公厅"湘侨捐字〔1988〕43号"文件，湖南进出口商品检验局"进口机动车辆检验登记通知单字第88484号"等文件，到长沙市公安局车辆管理所办理了汽车入户手续，8月31日，纪平孝向长沙市中级人民法院提起诉讼。

长沙市中级人民法院受理此案后，在审理中对本案的赠与合同是否成立有效，赠与是否有附加条件认识不一致，向本院请示，对赠与合同是否成立有效有两种意见：

第一种意见认为赠与合同有效，理由：（1）本案的赠与人与受赠人虽没有签订一份正式的书面赠与协议，但双方都有书面的关于赠与和接受赠与的意思表示，后来双方在馈赠接受书上签了字，形式上是合法的。（2）内容合法，赠与人所赠送的物是属于其自己所有的财产，受赠人接受该赠与物是用于医疗事业。（3）赠与合同的主客体合法，赠与人与受赠人都是具有完全民事行为能力的公民和法人，客体是财产。（4）该赠与物从上海海关查验放行之日起，应视为实际交付。（5）受赠人持有关文件在公安机关办理了汽车的入户手续，已经取得该赠与物的所有权。

第二种意见认为赠与合同不能成立，赠与未完成，理由：（1）双方签订的《馈赠接受书》只有中文本。（2）赠与物抵达长沙后，赠与人取走了该车的钥匙，赠与人还保留有汽车在日本的所有权证，受赠人在赠与物未实际交付时，背着赠与人私配钥匙，单方面办理汽车入户手续，赠与人翻悔，应视为赠与行为尚未完成，赠与人有权撤销赠与。（3）赠与人在法院陈述赠车的原因不是出于感谢，而是想在中国搞"软盘研究"。

中院认为本案赠与是不附条件的，理由：（1）赠与人给受赠人的信内容只表示感谢，愿意赠车，没有提任何附加条件。（2）赠与人在日本办理汽车输出（许可、承认）申请书上写的"无偿提供"；受赠人是以对方"无偿赠送"向主管机关报告，并取得批准。（3）赠与人是一个有完全民事行为能力的人，如果翻译不告诉他《馈赠接受书》的内容，他不会在一份不知内容的中文本上签名。（4）赠与人和受赠人确曾谈到找房子这件事，受赠人只是答应，赠与人办好在中国居住手续的前提下"帮助找房子"，这与赠与没有任何联系。（5）赠与合同是无偿合同，赠方给予受赠方财产不能有任何代价，受赠方也不必给赠方等价或不等价的补偿。

五、省法院民庭讨论结果及处理意见

省院民庭讨论的意见，一致认为原、被告之间的赠与关系没有成立，赠与没有完成，财产所有权没有合法转移，理由是：（1）赠与合同是双方的法律行为，必须是赠与人和受赠人双方一致达成协议，赠与才能成立生效。本案的赠与人是外国人，向中国医院赠送物品，赠与物的价值较大，又是依法应办理财产转让，过户登记的特定物，双方应当就赠与物的用途，交付的日期，地点和方法、附条件等达成协议，采用特定形式，签订赠与合同，备有中日两国文本，并经国家公证机关公证，其民事法律行为从此时才能成立生效具有法律约束力，行为人非依法律规定或者取得对方同意，不得任意变更或者解除。日本人纪平孝给省人民医院信件，只能表示想赠车的意思，医院给纪平孝的信件只表示接受赠与的意思，这只是双方订立赠与合同的要约和承诺，从形式和内容上来看，都不能视为赠与合同。（2）民法通则第七十二条规定："按照合同或者其他方式取得财产的，财产所有权从财产交付时起转移"。赠与合同是实践性合同，赠与关系的成立，以赠与物交付为准。赠与合同的履行，必须是赠与人将赠与物交付给受赠人，受赠人实际接受了赠与物，从此时起财产所有权才发生转移。本案赠与人5月13日写信给医院称:"按予定,汽车运至上海,由我开车从上海到长沙至医院,因为我不用车赠与你们"。在日本办理自动车输出(许可、承认)申请时也写明经由地上海,目的地长沙。该赠与物从日本海运到中国,在上海仅依照我国海关法办理关税准予入境手续,然后由中国司机驾驶开往受赠方所在地(因为纪平孝没有获准在我国驾驶汽车的执照)从6月23日到7月13日,赠与物实际仍在运输途中。同时赠与人是随赠与汽车到上海的,车内放有赠与人的电脑,天体望远镜,照相机等贵重物品和行李,表明赠与物仍为原所有人占有、使用,赠与物并未交付,赠与还没有完成,财产所有权没有转移,在赠与人没有将赠与物交付的情况下,受赠人将赠与物据为己有,无论采取什么形式都是违法和无效的,例如由受赠人7月4日单方面制作的《馈赠接受书》,受赠人私配汽车钥匙,持有关文件到公安车辆管理机关办理的汽车入户手续等。(3)赠与合同是无偿合同,但赠与的一方可以附加条件,要求受赠方承担一定义务。本案原、被告没有签订赠与合同,但从本案的全过程来看,赠与人从开始提出想赠车起,即向受赠人方提出想在长沙作暂时性定居,要求帮助找一套住房,租金由赠与人负担,受赠人也确有帮助租房的承诺,尽管赠与人应受赠人方的要求写表示"无偿赠送"的信中没有附加什么条件,但双方口头协议是客观事实的存在,应当视为赠与人赠车是有附加条件的,而受赠人承诺承担找房子的义务,正是因为有对方赠车为前提才承诺的。这一承诺没有成就,是赠与人翻悔的重要原因之一。但赠与人是否出于真实意思无偿赠车,也不能排除其另有原因。

处理意见:本案系涉外案件,双方当事人的民事行为不符合我国民法的规定,日本人纪平孝赠送的旧车是在日本1989年度将报废的车辆,赠与过程中多次表示反悔,出尔反尔,甚至多次对受赠方表示出不友好言词。受赠人湖南省人民医院对外国人赠送物品,附加有条件,无能力承担义务或对方不友好,理应拒绝接受馈赠。在赠与人发生反悔赠与物未实际交付前,私配钥匙,向有关部门申请办理汽车过户,不能视为取得该赠与物的合法所有权。根据民法通则第五十五条(二)、(三)项,第五十六条、第五十八条(五)、(七)项之规定,双方民事行为均属无效民事行为,赠与不成立。在处理时,既要维护国家法律和民族的尊严,又要注意国际影响,从中日友好这个角度进行调解,促使双方体面地达成协议,妥善解决争端。调解不成,应判决赠与不成立,入境汽车因改变用途交中国海关处理。

六、审判委员会讨论意见

出席审判委员会讨论本案的委员八人,有七人倾向民庭的讨论意见,即原、被告之间的赠与合同没有成立。本案原告在赠与过程中反悔,导致赠与没在最后完成。赠与的法律后果是财产所有权转移,受赠人只有通过合法方式,在赠与人实际交付了赠与物才取得该财产的所有权。原告赠与实际是附条件的,口头附条件实现了就赠与,附条件没有达到就反悔了。另一种意见认为外国人赠与域外动产给我国公民或法人,从该赠与物进入我国海关就应视为已实际交付了,财产所有权即已转移。双方表示赠与和接受赠与的信件均未提及附条件,不承认原告赠与是附条件的。因而赠与应有效。

对本案的处理,一致认为应先行调解,尽量促使双方体面地解决。调解不成,即应判决赠与不成立,汽车由于改变赠与性质移送海关处理,由原告承担被告在赠与过程中所造成的经济损失。

以上意见当否，请批示。

最高人民法院
关于王福祥与刘永久等债务纠纷案的复函

1990年3月6日　　　　　　　　　　　　　　〔1989〕民他字第19号

辽宁省高级人民法院：

你院〔1988〕民复字第18号关于王福祥与刘永久、苏士建债务纠纷案件的请示报告收悉。经研究，我们认为，灯塔县煤矿与刘永久、苏士建订立的矿井承包转让合同及刘永久、苏士建与王福祥签订的坑口转让协议，均属无效民事行为。辽阳市中级人民法院〔1987〕民字第58号判决在认定事实和适用法律上均有不当，应予改判。根据本案具体情况，对刘永久、苏士建与王福祥所签的坑口转让协议，可确认无效，由双方返还财物；对刘永久、苏士建与灯塔煤矿签订的承包转让矿井产权合同，可向煤矿主管部门提出将矿井产权收归国有的司法建议。以上意见，供参考。

最高人民法院
关于刘志平与刘运林、朱悠久奖券纠纷案的复函 *

1990年11月5日　　　　　　　　　　　　　〔1990〕民监字第130号

湖南省高级人民法院：

刘志平为与刘运林、朱悠久奖券纠纷一案，不服你院湘法民申字〔1989〕第78号民事判决，于今年2月给我院来信诉称：刘运林以奖券抵债，完全出于自愿，没有欺诈胁迫行为，他是该奖券的合法占有者，该奖券中奖5000元应全部归其所有，为此，要求重新审理此案，依法保护其合法权益。

经调卷审查，并征求有关部门的意见后，我们研究认为：1987年6月4日，刘运林向刘志平借20元现款为彭显亮买瓷板，同年8月24日，刘运林将一张面额20元的奖券给刘志平抵债时，未对可能获得的中奖权利约定条件，因此，应视为该奖券及奖券

---

* 也作"最高人民法院民事审判庭对有关奖券纠纷问题的复函"。

上所载明的财产权利一并转移，刘志平是该奖券的合法占有者，奖券中奖5000元应归刘志平所有。省院依据公平原则判决刘志平得2600元，刘运林、朱悠久夫妇得2400元，似有不当。

以上意见，供你们处理该案申诉时参考。处理结果望告。

最高人民法院
关于北京市崇文区长巷四条综合商店代销合同货款纠纷一案应当如何处理的复函

1991年2月10日　　　　　　　　　　法（经）函〔1991〕14号

北京市高级人民法院：

你院京高法字〔1989〕第150号请示收悉。经研究，答复如下：

鉴于北京市崇文区长巷四条综合商店名为全民所有制企业实为私人所有的企业，其对外所欠债务首先应由企业的所有权人韩宝德负责清偿；不足清偿部分，参照中共中央国务院《关于进一步清理整顿公司的决定》（1989.8.17）和国务院国发〔1990〕68号通知的有关规定，应由北京市崇文区副食品公司（出租方）在其收取租金的范围内承担责任。

此复。

最高人民法院经济审判庭
关于如何对待多个债权人问题的电话答复

（1991年6月26日）

河北省高级人民法院：

你院冀法（经）〔1991〕61号《关于在执行最高人民法院法（经）发〔1991〕10号文件第四条时应如何对待"多个债权人"问题的请示》收悉，经研究，答复如下：

在清理整顿公司中，公司被撤销且资不抵债的，可视为该公司被宣告破产。根据《中华人民共和国民事诉讼法》第二百零四条的规定，破产财产不是清偿同一顺序的清偿要求的，按照比例分配，破产债权不仅包括已通过诉讼得以确认的债权，也包括未经诉讼确认的其他债权，对未经诉讼确认的债权，如果债务人对债权人的主张无异议，即可直接参与清偿；如果债务人对债权人的主张有异议，则应通过诉讼程序解决。

附：

河北省高级人民法院
关于在执行最高人民法院法（经）发〔1991〕10号文件
第四条时应如何对待"多个债权人"问题的请示

1991年5月11日　　　　　　　　　　冀法（经）〔1991〕61号

最高人民法院：

我院在执行你院〔1990〕法经上字第2号民事判决时，恰逢你院法（经）发〔1991〕10号文件（以下简称"10号文件"）下发，该文件第四条规定："人民法院在执行过程中发现被执行的公司已被撤销，有多个债权人，且资不抵债的，应当委托被撤销公司所在地的人民法院，依照该《通知》第六条规定执行。"经初步了解，此案被执行人属于该条规定的情况，共有11家属于同一清偿顺序的债权人，我院去执行被执行人财产时，这些债权人中有3家的债权已通过诉讼得以确认并已进入执行程序；有6家已向法院起诉，正在审理期间；有2家未向法院起诉，应如何对待这些债权人有以下三种不同意见：

一种意见认为，人民法院执行已生效的法律文书，是在民事诉讼过程中运用国家强制力，强制被执行人履行所负义务以满足申请人所享有的权利的行为，申请人的权利是经过人民法院的审判而予以确认并赋予强制执行效力的，在申请人的权利尚未全部满足之前，而被执行人尚有可执行的财产时，应将被执行人的全部可以执行的财产在已生效并已进入执行程序的法律文书所确认的债权人中按比例分割，而没有依据将尚未进入执行程序，甚至尚未进入诉讼程序的所有债权人一并在已经开始的执行程序中予以考虑。

第二种意见认为，根据国务院"68号文件"和最高人民法院"10号文件"规定精神，已进入执行程序和正在审理期间尚未结案的应一并考虑，具体办法是，被执行人所在地的法院通知受诉法院尽快审结，然后由其统一按各债权人的债权所占比例分配被执行人的财产，未向法院起诉的债权人的债权则不予考虑。

第三种意见认为，第二种意见基本可行，但为了保护所有债权人的利益，应由被执行人所在地的法院向未起诉的债权人说明情况，如其表示放弃债权即不予考虑，如其表示主张债权向法院起诉，并在指定期限内向法院起诉的，即应等受诉法院审结之后按最高人民法院"10号文件"统一执行。

应如何处理，请批复。

最高人民法院
关于武汉市煤气公司诉重庆检测仪表厂煤气表装配线技术转让合同购销煤气表散件合同纠纷一案适用法律问题的函

1992年3月6日　　　　　　　　　　　　法函〔1992〕27号

湖北省高级人民法院：

你院鄂法〔1992〕经呈字第6号关于武汉市煤气公司诉重庆检测仪表厂煤气表装配线技术转让合同、购销煤气表散件合同纠纷一案适用法律问题的请示报告收悉。经研究，同意你院的处理意见。

本案由两个独立的合同组成。鉴于武汉市煤气公司与重庆检测仪表厂签订的技术转让合同已基本履行，煤气表生产线已投入生产并产生了经济效益，一审法院判决解除该合同并由仪表厂拆除煤气表装配生产线，是不利于社会生产力发展的。就本案购销煤气表散件合同而言，在合同履行过程中，由于发生了当事人无法预见和防止的情事变更，即生产煤气表散件的主要原材料铝锭的价格，由签订合同时国家定价为每吨4400元至4600元，上调到每吨16000元，铝外壳的售价也相应由每套23.085元上调到41元，如要求重庆检测仪表厂仍按原合同约定的价格供给煤气表散件，显失公平，对于对方由此而产生的纠纷，你院可依照《中华人民共和国经济合同法》第二十七条第一款第四项之规定，根据本案实际情况，酌情予以公平合理地解决。

最高人民法院经济审判庭
关于平度市西阁乳胶制品厂与青岛橡胶联合进出口公司来料加工合同效力认定问题的复函

1992年5月7日　　　　　　　　　　　　法经〔1992〕75号

山东省高级人民法院经济庭：

你院鲁法（经）函〔1991〕94号《关于平度市西阁乳胶制品厂与青岛橡胶联合进出口公司的来料加工合同效力的认定问题的请示报告》收悉。经研究，答复如下：

根据《中华人民共和国村民委员会组织法（试行）》的规定，村民委员会是村民自我管理、自我教育、自我服务的基层群众性自治组织。村民委员会可以支持和组织村民发展生产、供销、信用、消费等多种形式的合作经济，承担本村生产的服务和协调工作，促进农村社会主义生产建设和社会主义商品经济的发展。本案中的来料加工合同是青岛橡胶制品联合进出口公司（下称进出口公司）经实地考察，决定在西阁村建立乳胶厂后，才由进出口公司与西阁村委会以西阁乳胶厂的名义正式签订的。在签订该合同时，进出口公司明知西阁乳胶厂尚待筹建，未取得合法经营权，不具备加工生产能力，因而才在合同中明确规定西阁村委会于合同签订3个月后开始履行义务。况且，在合同履行前西阁乳胶厂已正式取得了合法经营权并具备了履行合同的基本能力。根据本案的实际情况，我们原则同意你院的倾向性意见，本案的合同应当按有效合同处理。

最高人民法院关于商都县毛毯厂与呼和浩特联合毛纺织科研实验厂加工承揽毛毯合同纠纷一案的复函

1992年7月16日　　　　　　　　　　　　　　法函〔1992〕99号

内蒙古自治区高级人民法院：

你院〔1992〕内法经请字第1号《关于商都县毛毯厂（以下简称毛毯厂）与呼和浩特联合毛纺织科研实验厂（以下简称实验厂）加工承揽毛毯合同纠纷一案的请示报告》收悉。经研究，答复如下：

一、原则同意你院审判委员会的意见，即毛毯厂可以留置的7729条毛毯折抵实验厂所欠毛毯厂的原料费、加工费、包装费、保管费、保养费和违约金。其余损失各自承担。

二、本案中，毛毯厂为实验厂加工毛毯10916条，实验厂已分6次提取毛毯3187条，仅付加工费1.5万元，尚欠毛毯厂原料费、加工费、包装费共计117万多元。毛毯厂据以留置其余的7729条毛毯是合理的。

三、毛毯厂行使留置权后，经催告并经合理期限即依法取得以留置财产折价或者以变卖该财产的价款优先得到偿还的权利，如果长期不行使处置留置物的权利，致使留置物价格下跌，应承担相应责任。毛毯厂依法取得处置留置物的权利后，实验厂可不再承担此后逾期付款的违约金及留置物的保管费、保养费等。

此复。

最高人民法院经济审判庭关于沈参雄诉昆明磷酸盐厂承包合同纠纷案在合资企业昆明云通磷酸盐厂成立以后原承包合同应视为实际上解除问题的复函

1992年12月17日　　　　　　　　　　　　　　法经〔1992〕210号

云南省高级人民法院：

你院云高法〔1992〕59号《关于沈参雄诉昆明磷酸盐厂承包合同纠纷案在合资企业昆明云通磷酸盐厂成立以后原承包合同应视为实际上解除的请示》收悉。经研究，答复如下：

根据《乡镇企业承包经营责任制规定》，"企业实行承包经营责任制，其社会主义劳动群众集体所有制性质不变。企业的全部财产（包括承包后新增的资产）仍属举办该企业的全体劳动群众集体所有"。因此，承包人在承包期间不能以中方企业的财产、以全额投资的方式与外商举办合资企业并取得股东地位。我们同意你院意见，可以确认在合资企业成立以后，沈参雄与昆明磷酸盐厂的承包合同视为实际上已解除。但有关承包过程中的其他权利义务，仍应实事求是，妥善处理，公正保护发包人和承包人双方的合法权益。

最高人民法院关于河北省景县华电铁塔厂与河南省邮电规划设计院建造微波铁塔合同纠纷案的协调处理意见

1995年4月17日　　　　　　　　　　　　　　法函〔1995〕41号

河北省高级人民法院、河南省高级人民法院：

我院经济审判庭收到河北省高级人民法院冀法明传〔1995〕21号函文。该文反映河南省孟津县人民法院在执行该院判决的水利部小浪底水利枢纽建设管理局、河南省邮电规划设计院诉河北省景县华电铁塔厂制作安装微波铁塔合同纠纷案件过程中，抓错人和错扣案外人的车。同时，我院经济庭了解到就该同一案件，河北省景县人民法院也作了判决。我院经济庭、执行办公室于 1995 年 4 月 5 日听取了两省三级法院的情况汇报，并对两地法院就此案的争议进行进行了协调，现将有关事项通知如下：

一、河北省景县人民法院与河南省孟津县人民法院在收到本函的十四日内，依法撤销各自对上述案件所作的民事判决，并将各自受理的案件移送河北省高级人民法院，由河北省高级人民法院作为一审审理此案。

二、河南省孟津县人民法院应将扣押的与本案有关的财物随案一并移送河北省高级人民法院。河南省高级人民法院予以督办。

三、河北省高级人民法院在审理该案时，应认真调查有关实体问题；注意同河南省高级人民法院交换意见，公正、合法地处理该案。

最高人民法院
关于甘肃省乡镇第三产业公司诉德国阿丝德有限公司、香港欣季实业有限公司合作合同无效纠纷案的请示报告的复函

1995 年 10 月 18 日　　　　　　　　　　法经〔1995〕273 号

甘肃省高级人民法院：

你院《关于甘肃省乡镇第三产业公司诉德国阿丝德有限公司、香港欣季实业有限公司合作合同无效纠纷案的请示报告》收悉。经研究，答复如下：

一、根据《中华人民共和国民事诉讼法》和《中华人民共和国仲裁法》的规定，双方当事人对合同纠纷自愿达成书面仲裁协议的，不得向人民法院起诉。本案当事人签订的合同明确约定："凡因执行本合同所发生的一切争议，双方应通过友好协商解决，如果协商不能解决，应提交奥地利维也纳商会的仲裁机构仲裁。"关于"执行本合同所发生的一切争议"的理解，应当按照最高人民法院关于适用《涉外经济合同法》若干问题的解答第二部分的规定："对于涉外经济合同法第五条所说的'合同争议'应作广义理解。凡是双方当事人对合同是否成立、合同成立的时间、合同内容的解释、合同的履行、违约的责任，以及合同的变更、中止、转让、解除、终止等发生的争议，均应包括在内。"据此，你院对本案无管辖权。

二、双方当事人合作合同第 50 条是适用法律的约定，即在司法机关或仲裁机构已经受理案件的前提下，当事人就处理纠纷应当适用何国实体法的约定。该约定与确定人民法院的管辖权并无关系。你院亦不能据此约定而主张管辖权。

三、本案所涉合同不完备之处，乃至不公正之处，首先由双方当事人通过协商予以完善，也可以通过合同批准机关和合同管理机关予以解决。当事人一方还可以直接向约定的仲裁机关申请仲裁。

最高人民法院
关于海南省高级人民法院审理诺和诺德股份
有限公司与海南际中医药科技开发公司
经销协议纠纷案的报告的复函

1996年12月20日　　　　　　　　　法经〔1996〕449号

海南省高级人民法院：

你院（1996）琼经函字第2号关于审理诺和诺德股份有限公司与海南际中医药科技开发公司经销协议纠纷案的报告收悉。经研究，同意你院报告中的意见，当事人合同中的仲裁条款因无明确的仲裁机构而无法执行，海口市中级人民法院对此案有管辖权。请你院接此函后继续依法公正审理此案。

最高人民法院
关于咸阳爱心总公司与咸阳爱心总公司
1930名传销员传销纠纷如何适用
〔1998〕38号通知的复函

1999年4月6日　　　　　　　　　〔1999〕民他字第2号

陕西省高级人民法院：

你院〔1998〕陕民终字第58号关于咸阳爱心总公司与咸阳爱心总公司1930名传销员传销纠纷案如何适用法律问题的请示收悉。

经研究，依照国务院有关文件的规定和我院〔1998〕38号通知精神，传销或者变相传销行为，由工商行政管理机关进行认定和处罚，当事人之间因传销行为发生纠纷诉至人民法院的，人民法院不宜将此类纠纷作为民事案件受理。对于在最高人民法院有关传销案件受理问题的通知下发前已经受理、但尚未审结的一审和二审案件，也应当依照上述规定办理，但要协助有关部门做好各方当事人的工作，防止矛盾激化。

最高人民法院
关于对中国长江航运（集团）总公司与武汉港务管理局
委托代收水运客货运附加费纠纷一案请示的复函

2003年5月28日 〔2002〕民四他字第41号

湖北省高级人民法院：

你院《关于对中国长江航运（集团）总公司与武汉港务管理局委托代收永运客货运附加费纠纷一案的请示报告》收悉。本院经研究认为，水运客货运附加费属国家行政规费，交通部是唯一的法定征收单位。中国长江航运（集团）总公司（以下称长航总公司）和武汉港务管理局虽是企业法人，但根据交财发〔1993〕456号和交财发〔1993〕541号两个文件的规定，它们是受交通部委托征收水运客货运附加费的代征单位和代收单位，因此与交通部形成行政委托法律关系，长航总公司与武汉港务管理局之间则构成该项行政委托的转委托关系，不应认定是民事委托关系。

综上，同意你院审判委员会的第二种意见，本案纠纷不属人民法院受理范围，应依法驳回长航总公司的起诉。

此复。

最高人民法院
关于高长林等六人与河南高速公路发展
有限责任公司违约赔偿纠纷一案的函复

2003年6月25日 民一他字〔2002〕第6号

河南省高级人民法院：

你院关于高长林等六人与河南高速公路发展有限责任公司违约赔偿纠纷案的请示收悉，经研究答复如下：

本案交通事故发生的直接原因在于肇事车辆违章调头，交通事故责任方应当承担侵权的民事责任。河南高速公路发展有限公司（以下简称河南高速公司），为修建高速公路服务区施工方便，在禁止货车通行期间，允许为其运送沙子的货车驶入高速公路，应当预见到该货车通过高速公路中间隔离带开口处就近驶入在建服务区的潜在危险。因此，河南高速公司未尽必要的安全保障义务，其不作为行为亦是事故发生的原因，应当承担相应的民事责任。具体处理时可先由肇事车辆方承担赔偿责任，不足部分由河南高速公司承担补充赔偿责任。

最高人民法院
关于张树东与平阴县平阴镇人民政府
追索奖励费纠纷一案的复函

2003年7月24日　　　　　　　　　　〔2003〕民监他字第14号

山东省高级人民法院：

你院请示收悉，经研究，答复如下：

平阴镇政府于1996年6月6日下发的平镇政发〔1996〕7号《关于在工业园内引办项目、引进资金、技术和人才的优惠政策》中第七条关于引资奖励的内容属于悬赏广告。镇政府承诺"对引进独资（外资、合资、内资）项目的任何单位和个人给予奖励"，该悬赏广告未对引资人的主体资格作出限制。张树东作为引资人，完成了引资项目，享有奖励请求权。镇政府未履行承诺引发的纠纷，系平等主体之间的民事纠纷，属于人民法院民事案件的受理范围。张树东完成招商引资的行为不是经营活动，不适用《国家公务员暂行条例》所禁止的"其他营利性经营活动"的规定。

故原则上同意你院审判委员会的倾向性意见，即张树东要求镇政府履行承诺的主张应予支持。原一、二审判决适用法律不当，应依法再审改判。

最高人民法院
关于深圳发展银行与赛格（香港）有限公司、深圳
赛格集团财务公司代位权纠纷一案的请示的复函

2005年9月16日　　　　　　　　　　〔2005〕民四他字第31号

广东省高级人民法院：

你院〔2005〕粤高法民四他字第16号"关于上诉人深圳发展银行与被上诉人赛格（香港）有限公司、深圳赛格集团财务公司代位权纠纷一案的请示"收悉。经研究，答复如下：

根据本院《关于审判工作请示问题的通知》的规定，下级法院只能就审判案件如何具体应用法律的问题向本院请示。对于你院请示的"本案应如何认定赛格财务与香港赛格之间的权利义务关系的性质"的问题，你院应在查明相关协议签订、履行等事实的基础上，自行作出认定。

对于你院请示报告中阐述少数意见时提出的问题即代位权的范畴可否从仅限于债权扩张到所有权？本院认为，根据目前的法律规定和司法解释，债权人仅可以向人民法院请求以自己名义代位行使债务人具有金钱给付内容的到期债权，且该债权不能是专属于债务人自身的，代位权的范畴不能从债权扩张到所有权。

综上，你院应自行在查明赛格财务与香港赛格之间权利义务关系性质的基础上，结合现行的法律规定和司法解释，对深圳发展银行能否向香港赛格行使代位权作出判决。

此复。

附：

广东省高级人民法院关于上诉人深圳发展银行与被上诉人赛格（香港）有限公司、深圳赛格集团财务公司代位权纠纷上诉一案的请示

2005年6月9日　　　　〔2005〕粤高法民四他字第16号

最高人民法院：

我院审理的深圳发展银行（下称深发行）与赛格（香港）有限公司（下称香港赛格）、深圳赛格集团财务公司（下称赛格财务）代位权纠纷一案，因该案系我院审理的新类型案件，且涉及我院尚在审理的与该案法律事实、法律关系类同的另两宗案件的处理，我院审委会对该案的处理又未能形成一致意见，经审委会讨论决定向钧院请示。

一、当事人基本情况及案件由来

上诉人（原审原告）：深圳发展银行。住所地，深圳市罗湖区深南东路5047号深发行大厦。

负责人：周林，行长。

被上诉人（原审被告）：赛格（香港）有限公司。住所地，香港九龙红磡马头围道37号至39号红磡商业中心B座1308室。

法定代表人：符少平，董事。

被上诉人（原审第三人）：深圳赛格集团财务公司。住所地，深圳市福田区华强南路赛格苑B栋2楼B7号。

法定代表人：叶军，董事长。

上诉人深发行因与香港赛格、赛格财务代位权纠纷一案，不服广东省深圳市中级人民法院（下称深圳中院）〔2004〕深中法民四初字第50号民事判决（下称原审判决），向我院提起上诉。

二、案件基本事实

1996年11月24日，香港赛格与赛格财务签订《关于贷款购买深圳华发电子股份有限公司B股的协议》（下称《11·24协议》），内容为：深圳赛格集团公司为了通过控股深圳华发电子股份有限公司（下称深圳华发），进行资产重组，实施玻壳、彩管、彩电一条龙生产的发展战略，决定以香港赛格名义购买香港陆氏实业有限公司持有的华发2550万B股，并通过赛格财务负责筹集运作所需资金，香港赛格与赛格财务达成如下协议：（1）香港赛格购买华发B股的资金5049万港币，由赛格财务以贷款的方式提供；（2）香港赛格不承担上述资金本息的偿还，赛格财务负责偿还；（3）香港赛格协助办理一切必要的手续工作，直至上述资金本息全部清偿为止；（4）香港赛格与赛格财务本着通力协作的精神，对此项事务运作中所遇到的问题要及时沟通、协商解决。

1998年1月31日、同年3月17日、同年3月27日和同年5月29日，赛格财务与香港赛格签署《赛格财务借据》和《担保借款合同》各三份，约定由赛格财务向香港赛格提供流动资金分别为美元1952697元、港元1500万元、港元1500万元、美元66万元，贷款利率分别为9.75%、11.7%、11.7%、9.75%，借款期限均为1年。

2001年，深发行因本票发行交易协议纠纷向深圳中院起诉赛格财务，要求赛格财务分别支付本票款项1500万元及利息，和2000万元及利息。深圳中院分别于2001年7月2日和2001年9月21日作出〔2001〕深中法经一初字第312号和313号民事判决，判令赛格财务分别在判决生效之日起30日内兑付票款人民币1500万元并按日万分之三支付从1999年1月5日起至本金全部清偿之日止的逾期利息，和兑付票款人民币2000万元并按日万分之三支付从1999年1月7日起至本金全部清偿之日止的逾期利息。该判决生效后，赛格财务未履行债务，深发行申请深圳中院强制执行，但未得到清偿。深发行因此对香港赛格和赛格财务提起本案代位权诉讼，请求判令确认香港赛格华发B股所获收益的范围内承担赛格财务对深发行的本金及利息5509.19元的给付义务；并由香港赛格承担所有的诉讼费用、保全费、执行费及深发行实现债权所需要的其他费用。其理由是：赛格财务根据《11·24协议》向香港赛格提供了美元2612658.10元和港币29999840.00元，购买了2550万华发B股并登记在香港赛格名下（经历年送红股，已增至30666360股），至2001年6月，中国证监会批准华发B股上市时，该部分股份市值已达约3亿元，赛格财务应就该增值向香港赛格主张权利。但为逃避债务，赛格财务既未通过诉讼也未通过仲裁程序向香港赛格主张债权，是故意怠于行使自己的该项债权，严重侵害了深发行的合法利益。

另，中国石化财务有限责任公司（下称石化公司）与赛格财务在1998年4月至1999年2月间，分别签订四份《资金拆借合同》，石化公司拆借资金给赛格财务，金额分别为500万元人民币、1000万元人民币、1000万元人民币、500万元人民币，期限3～4个月不等。续期届满后，石化公司以赛格财务未还款向深圳中院提起还本付息之诉。2000年7月26日,深圳中院以深中法经调字第146—149号对此作出判决:赛格财务应偿还石化公司兑付票款本金人民币3000万元以及相应利息。2001年7月8日,深圳中院为执行深中法经调字第146—149号判决以(2001)深中法封字第52—55—1号查封令,查封香港赛格持有的华发B股30666360股。香港赛格就此向深圳中院提出执行异议。

2001年8月30日,北京市第二中级人民法院(下称北京二中院)对深圳中院的〔2001〕深中法执审字第39号协助调查函,以〔2000〕二中执字1835—1842号函作答复,内容为:就该院在执行北京电子城有限责任公司(下称北京电子城)诉赛格财务存单纠纷八案中,被执行人赛格财务在香港赛格享有到期债权的说明:(1)在执行中依据赛格财务与香港赛格之间的财务往来单据查明赛格财务在香港赛格享有到期债权人民币51087109.56元,对此香港赛格亦予以认可;(2)2001年4月18日,香港赛格依该院的要求将其所欠赛格财务的人民币53227109.56元(含利息)自动履行至该院,至此,香港赛格所欠赛格财务的债务已履行完毕。

2001年12月12日,深圳中院作出〔2001〕深中法执审字第39号民事裁定(该案的申请执行人为石化公司,被执行人为赛格财务,案外异议人为香港赛格),认为"本案石化公司和香港赛格争议的焦点是《11·24协议》系复印件,当时石化公司未能提供原件是否属实的问题,通过开庭质证,香港赛格和赛格财务因该协议无原件均不确定它的真实性,由于该协议是复印件,无法与原件核对,其本身是否真实无法确定,深圳中院不能作为认定案件事实的依据;但是香港赛格又不否认向赛格财务借款购买深华发B股的事实,并提供了相关借款凭证证明等。因此深圳中院认为,就购买深华发B股一事,香港赛格与赛格财务之间确实已经形成了一种债权债务关系,即赛格财务对香港赛格享有到期债权,双方也对此予以认可,据此深圳中院对香港赛格采取强制措施,没有违反法律的规定。但是北京二中院对该到期债权(包括利息)已经执行完毕,深圳中院再强制执行,已构成对同一执行标的的重复执行,则违反了法律的规定,依法应当予以纠正"。

2002年7月1日,因石化公司对其与赛格财务拆借资金执行一案向我院提出申诉,我院执行局以〔2001〕粤高法执督字第306号函指示深圳中院执行庭:"关于石化公司与赛格财务拆借资金执行一案,因石化公司向我院提出申诉,认为案外人香港赛格持有的深华发B股3066360股的所有权属于赛格财务的,但你院在2001年12月12日作出的〔2001〕深中法执审字第39号民事裁定书中,认定了上述股票属香港赛格所有,侵犯了石化公司的合法权益,要求我院监督。经研究,我院认为,石化公司向我院提出的上述股票是否属深圳赛格公司所有的问题,应经过诉讼程序解决。因此,请你院对本案依法执行。"

又查,2002年6月11日,湖北高院作出〔2002〕鄂执监字第001号民事裁定〔该案的申请执行人为三江航天集团财务有限责任公司(下称三江公司),被执行人为赛格财务,案外人为香港赛格〕,认为香港赛格与赛格财务于1996年11月24日签订的《11·24协议》,其中有关购买股票所需资金由赛格财务以贷款的方式提供的内容,证明了赛格财务与香港赛格之间的债权债务关系;北京二中院在执行赛格财务的案件中,案外人香港赛格代被执行人赛格财务清偿了该债务，应视为赛格财务与香港赛格之间原债权债务关系已清偿。

2002年6月14日经武汉中院以〔2000〕武执字第483、484、485号民事裁定书，对申请执行人三江公司与被执行人赛格财务作出如下裁定：该院根据已经发生法律效力的〔2000〕武经初字第229、230、231民事调解书向赛格财务发出执行通知，责令赛格财务履行法定义务，但赛格财务未履行义务，该院根据湖北高院2002年6月11日作出的〔2002〕鄂执监字第001号民事裁定确定的三江公司与香港赛格的债权债务关系，赛格财务在香港赛格仍有人民币2535万元的债权（利息部分），该债权归三江公司所有，因此冲抵赛格财务所欠三江公司人民币2535万元的债务。赛格财务与香港赛格称以上裁定所涉的人民币2535万元债权即为赛格财务与香港赛格于1998年1月31日、同年3月17日、同年3月27日和同年5月29日签署的《赛格财务借据》和《担保借款合同》所涉的流动资金贷款。

三、原审法院判决和当事人上诉、答辩意见要点

深圳中院审理认为，首先，深发行在本案中提起的是代位权诉讼。深发行向香港赛格提出的诉讼请求是"请求确认香港赛格在华发B股所获收益的范围内承担第三人对深发行的总计人民币5509.19万元的给付义务"，该诉请实际上包含了代替赛格财务请求确认其对华发B股享有所有者权利，对于此种代位确认所有权的诉讼，我国法律并未规定，已经超出我国法律规定的代位权诉讼的范围。另外，广东高院2002年7月1日致深圳中院的〔2001〕粤高法执督字第306号函只是明确了应该通过诉讼解决所有权问题，没有包含可由深发行代位提起该诉讼的含义。其次，尽管《11·24协议》约定香港赛格不承担购买华发B股资金本息的偿还，但该协议未约定双方的其他任何权利和义务，特别是未约定赛格财务对香港赛格购买的华发B股享有包括收益在内的任何权利，而且该协议还声明深圳赛格集团为了控股深圳华发，决定由赛格财务提供资金，以香港赛格的名义购买华发B股。因此，仅凭此协议并不能认定香港赛格与赛格财务之间存在隐名投资关系。综上所述，依照《合同法》第七十三条第一款、《合同法解释》第十一条、《中华人民共和国民事诉讼法》第六十四条第一款的规定，深圳中院作出如下判决：驳回深发行的诉讼请求。本案一审案件受理费、财产保全费由深发行承担。

深发行不服原审判决，向我院提起上诉请求：（1）撤销深圳中院一审判决；（2）判令华发B股收益归赛格财务所有；（3）判令上诉人对归赛格财务所有的收益享有代位权；（4）由香港赛格、赛格财务承担全部诉讼费用、执行费用及上诉人实现债权需要的全部费用。

理由：（1）香港赛格与赛格财务于1996年11月24日签署的《11·24协议》确立的法律关系应为隐名投资关系而非借贷关系，一审判决对此重大事实认定错误；（2）一审判决关于上诉人不享有代位权的认定是完全错误的，违背了我国《合同法》的立法宗旨及相关司法解释的精神；（3）赛格财务与香港赛格恶意串通的行为导致巨额国有资产流失。综上，《11·24协议》是隐名投资协议，而不是借贷协议，根据该协议购买的华发B股所获得的收益，是赛格财务的投资所得。上诉人作为赛格财务的债权人，依法

享有代位权。

香港赛格答辩称：（1）上诉人推定答辩人与赛格财务之间签订的《11·24协议》确立了隐名投资关系而非借贷关系，没有任何事实依据和法律根据。（2）上诉人在原审及二审中提出代位请求确定华发B股收益归赛格财务所有，没有任何法律根据。另外，上诉人引用广东高院〔2001〕粤高法执督字第306号函的内容，试图证明其提起本案诉讼的合理性。但该函中"（华发B股）是否属赛格财务所有的问题，应经过诉讼程序解决"的内容，只是明确了应当通过诉讼解决所有权问题，并没有包含上诉人有权提起代位确权诉讼的含义，答辩人与赛格财务之间没有权属争议，何来确权诉讼，又何须上诉人代位？（3）答辩人与赛格财务之间目前没有任何债权债务关系，上诉人请求判令其享有代位权没有任何事实基础。

赛格财务答辩称，我方属于非银行金融机构，是没有借贷的义务，我方当时与香港赛格签订的《11·24协议》，就与香港赛格形成了债权债务关系，参考湖北高院001号判决书，及北京二中院的执行案件。根据《11·24协议》，我方只需筹措、运作资金，贷款的凭证协议及合同说明这些资金由我方管理，当时北京二中院也是根据这个来执行借款的。到现在为止我方与香港赛格没有任何的债权债务关系。

四、我院的处理意见

本案经我院审委会讨论，就本案涉及的几个主要问题提出如下处理意见：

1. 债权人深发行与债务人赛格财务之间的债权债务问题。根据本案查明的事实，深发行与赛格财务之间的借款合同关系，已经由深圳中院〔2001〕深中法经一初字第312、313号生效民事判决确定，深发行对于赛格财务享有本金人民币3500万元以及相应利息的债权，该项债权债务关系明确，应认定债权人深发行对债务人赛格财务的债权合法存在。

2. 赛格财务与香港赛格之间的法律关系的性质如何确定，是否属债权债务关系，深发行能否对香港赛格行使代位权的问题。就上述问题的处理本院存在意见分歧：

多数意见：驳回上诉，维持原判。理由：香港赛格与赛格财务在签订《11·24协议》中虽然有关于"香港赛格不承担上述资金本息的偿还，赛格财务负责偿还"的约定，但结合该协议的全文以及随后双方签订的三份《赛格财务借据》和《担保借款合同》以及有关生效判决对双方法律关系的确认和相关案件的执行情况综合分析与考虑，还是应认定香港赛格与赛格财务之间的法律关系属于债权债务关系为妥。虽然赛格财务对深发行负有偿还兑付票款本息的债务，且香港赛格因购买深发B股与赛格财务形成债权债务关系，但香港赛格所欠赛格财务的债务在北京二中院执行赛格财务与北京电子城存单纠纷八案过程中因香港赛格代赛格财务清偿而得以清结，故深发行不能请求行使代位权。深发行应另寻法律途径保护其合法权益。

少数意见：香港赛格与赛格财务之间的关系是隐名投资关系，建议就代位权的范围问题请示最高人民法院。按现行法律规定，深发行不能行使代位权。从本案看，赛格财务主动放弃巨额投资收益，致使该笔巨额国有资产流失到香港赛格，不但损害了国家利益，也损害了包括上诉人在内的债权人的合法权益。因此，从保护债权人的合法权益，以及解决执行过程中遇到的难题的角度考虑，代位权的行使是否仅限于债权值得商榷。建议对现有的法律进行突破，鉴于我国《合同法》对于行使代位权的范畴仅限于债权的代位，故应就代位权的范畴可否从仅限于债权扩张到所有权的问题请示最高人民法院。

本案应如何认定赛格财务与香港赛格之间的权利义务关系的性质？深发行能否向香港赛格行使代位权？上述哪种意见处理本案较为妥当？请批复。

最高人民法院
关于中国农业银行西藏自治区分行、中国人民银行拉萨中心支行与北京阿贝斯广告有限责任公司汇兑合同纠纷一案的答复[*]

2006年3月27日　　　　　　　　　　〔2005〕民监他字第10号

西藏自治区高级人民法院：

北京市第二中级人民法院就北京阿贝斯广告有限责任公司诉工商银行北京东城支行汇兑纠纷作出终审判决认定工商银行北京东城支行不承担过错责任之日，应为北京阿贝斯广告有限责任公司知道或应当知道其权利系被工商银行北京东城支行之外的民事主体所侵害之日。因此，北京阿贝斯广告有限责任公司对中国农业银行西藏自治区分行等诉讼时效期间应从北京市第二中级人民法院作出上述终审判决之日开始起算。

此复。

---

[*] 也作"最高人民法院关于西藏自治区高院请示的中国农业银行西藏自治区分行、中国人民银行拉萨中心支行与北京阿贝斯广告责任有限公司汇兑合同纠纷一案有关诉讼时效法律适用问题的答复"。

最高人民法院
关于明田（湖南）企业有限公司与衡阳市殡葬事业管理处、衡阳市民政局解除合同纠纷一案的请示的复函

2008年10月22日　　　　　　　　　　　　〔2008〕民四他字第38号

湖南省高级人民法院：

你院（2008）湘高法民三初字第1号"关于原告（反诉被告）明田（湖南）企业有限公司与被告（反诉原告）衡阳市殡葬事业管理处、衡阳市民政局解除合同纠纷一案的请示"收悉。经研究，答复如下：

国务院1997年7月21日发布实施的《殡葬管理条例》第八条第二款规定的"外资"，是指经我国有关部门批准直接进入我国境内的外国企业、个人或者其他经济组织的投资。香港、澳门、台湾地区的企业、个人或者其他经济组织直接进入大陆境内的投资参照外资办理。明田（湖南）企业有限公司系在大陆境内设立的港资、台资合资企业，其投资建设衡阳市新殡仪馆项目，不适用上述《殡葬管理条例》第八条第二款之审批规定。

此复。

附：

湖南省高级人民法院
关于原告（反诉被告）明田（湖南）企业有限公司与被告（反诉原告）衡阳市殡葬事业管理处、衡阳市民政局解除合同纠纷一案的请示报告

2008年9月2日　　　　　　　　　　　　〔2008〕湘高法民三初字第1号

最高人民法院：

我院在审理原告明田（湖南）企业有限公司（以下简称明田公司）与被告衡阳市殡葬事业管理处（以下简称管理处）、衡阳市民政局解除合同纠纷一案过程中，在适用法律方面出现了不同认识。现特就有关问题请示如下：

一、案件由来及审理的主要经过

原告明田（湖南）企业有限公司诉被告衡阳市殡葬事业管理处、衡阳市民政局解除合同纠纷一案，原告明田（湖南）企业有限公司于2007年11月23日向本院提起诉讼，被告衡阳市殡葬事业管理处于2007年12月3日向衡阳市中级人民法院提起诉讼，本院决定将两案合并审理，依法组成合议，于2008年6月17日公开开庭审理了本案，因管理处申请对明田公司的实际投入进行鉴定，本案现已休庭进入司法鉴定程序。

二、当事人的基本情况

原告（反诉被告）：明田（湖南）企业有限公司。住所地：长沙市湘江大道半湘街258号。

法定代表人：蔡建设，该公司董事长。

被告（反诉原告）：衡阳市殡葬业管理处。住所地：衡阳市华新开发区芙蓉路36号。

法定代表人：陈洪伟，该管理处主任。

被告：衡阳市民政局。住所地：衡阳市华新开发区芙蓉路36号。

法定代表人：李万情，该局局长。

三、基本案情

原告明田公司是由湖南省人民政府批准成立的中外合资企业（台、港资），注册资本418万美元，其中台湾瑞晋企业有限公司出资137.85万美，长沙市天心区建偕建筑材料经营部出资170.63万美元，香港梁协铬出资109.52万美元。2005年10月31日，原告明田公司与被告管理处签订了《衡阳市新建殡仪馆投资承包经营合同》（以下简称承包合同）。依据承包合同的约定，明田公司投资5000万元，建设衡阳市新殡仪馆，并取得该馆30年的承包经营权，管理处提供土地并负责办理相关证照及审批手续。在合同履行过程中，明田公司以承包合同约定的权益设定质押向银行贷款遭到拒绝，银行的理由是明田公司承包经营衡阳市新殡仪馆建设项目未报国务院民政部门审批，承包合同未发生法律效力。对此，明田公司认为管理处未按约办理好报国务院民政部门审批的手续，构成违约要求解除合同；管理处则认为涉案项目不需报国务院民政部门审批，管理处未违约。双方在履约过程中，又有其他纠纷，协商不成，遂诉至法院。

四、处理意见

由国务院1997年7月21日发布实施的《殡葬管理条例》第八条第二款规定："利用外资建设殡葬设施，经省、自治区、直辖市人民政府民政部门审核同意后，报国务院民政部门审批。"我院在审理案件过程中，对该条规定有不同的理解，一种意见认为《殡葬管理条例》中规定的"外资"包括如本案原告明田公司这样的中外合资企业等"三资"企业的投资；另一种意见认为"外资"是指境外企业、个人或其他组织的投资，不包括"三资"企业的投资。

对《殡葬管理条例》第八条第二款规定的"外资"如何理解，请予指示。

最高人民法院
关于对甘肃省高级人民法院就姜传舜申请执行甘肃敬业农业科技有限公司服务合同纠纷一案请示的复函

2015年8月31日　　　　　　　　　　〔2015〕民四他字第12号

甘肃省高级人民法院：

你院〔2014〕甘执请字第04号《关于姜传舜申请执行甘肃敬业农业科技有限公司服务合同纠纷一案的报告》收悉。经研究，答复如下：

本案系中国国际经济贸易仲裁委员会（以下简称中国贸仲）及其原分会因对仲裁规则的修改适用、案件的管辖等问题产生争议而引发的国内仲裁司法审查案件。对案涉仲裁裁决是否应予执行问题，应当根据《中华人民共和国民事诉讼法》第二百三十七条及本院法释〔2015〕15号《最高人民法院关于对上海市高级人民法院等就涉及中国国际经济贸易仲裁委员会及其原分会等仲裁机构所作仲裁裁决司法审查案件请示问题的批复》（以下简称《批复》）等相关规定审查。

根据你院请示报告所述事实，本案当事人签订仲裁协议的时间为2012年3月31日，协议约定的仲裁机构为中国国际经济贸易仲裁委员会上海分会，系在中国国际经济贸易仲裁委员会上海分会更名为上海国际经济贸易仲裁委员会（以下简称上海贸仲）的时间之前。依照《批复》第一条确定的原则，上海贸仲本对案件享有管辖权。但由于当事人在《批复》施行前向中国贸仲申请仲裁，中国贸仲受理并作出裁决，该种情形应适用批复第三条之规定："本批复施行之前，中国贸仲或者华南贸仲、上海贸仲已经受理的根据本批复第一条规定不应由其受理的案件，当事人在仲裁裁决作出后以仲裁机构无权仲裁为由申请撤销或者不予执行仲裁裁决的，人民法院不予支持。"且从你院请示报告所述事实看，本案亦不存在人民法院曾经受理了当事人申请确认仲裁协议效力之诉并作出裁定确定案件应由上海贸仲管辖或者两家仲裁机构均受理了同一案件的情况。因此，根据上述规定，不应以中国贸仲无权仲裁为由不予执行案涉仲裁裁决。

此复。

（二）买卖合同

最高人民法院
关于审理商品房买卖合同纠纷案件适用法律若干问题的解释

法释〔2003〕7号

（2003年3月24日最高人民法院审判委员会第1267次会议通过 2003年4月28日最高人民法院公告公布 自2003年6月1日起施行）

为正确、及时审理商品房买卖合同纠纷案件，根据《中华人民共和国民法通则》、《中华人民共和国合同法》、《中华人民共和国城市房地产管理法》、《中华人民共和国担保法》等相关法律，结合民事审判实践，制定本解释。

第一条 本解释所称的商品房买卖合同，是指房地产开发企业（以下统称为出卖人）将尚未建成或者已竣工的房屋向社会销售并转移房屋所有权于买受人，买受人支付价款的合同。

第二条 出卖人未取得商品房预售许可证明，与买受人订立的商品房预售合同，应当认定无效，但是在起诉前取得商品房预售许可证明的，可以认定有效。

第三条 商品房的销售广告和宣传资料为要约邀请，但是出卖人就商品房开发规划范围内的房屋及相关设施所作的说明和允诺具体确定，并对商品房买卖合同的订立以及房屋价格的确定有重大影响的，应当视为要约。该说明和允诺即使未载入商品房买卖合同，亦应当视为合同内容，当事人违反的，应当承担违约责任。

第四条 出卖人通过认购、订购、预订等方式向买受人收受定金作为订立商品房买卖合同担保的，如果因当事人一方原因未能订立商品房买卖合同，应当按照法律关于定金的规定处理；因不可归责于当事人双方的事由，导致商品房买卖合同未能订立的，出卖人应当将定金返还买受人。

第五条 商品房的认购、订购、预订等协议具备《商品房销售管理办法》第十六条规定的商品房买卖合同的主要内容，并且出卖人已经按照约定收受购房款的，该协议应当认定为商品房买卖合同。

第六条 当事人以商品房预售合同未按照法律、行政法规规定办理登记备案手续为由，请求确认合同无效的，不予支持。

当事人约定以办理登记备案手续为商品房预售合同生效条件的，从其约定，但当事人一方已经履行主要义务，对方接受的除外。

第七条 拆迁人与被拆迁人按照所有权调换形式订立拆迁补偿安置协议，明确约定拆迁人以位置、用途特定的房屋对被拆迁人予以补偿安置，如果拆迁人将该补偿安置房屋另行出卖给第三人，被拆迁人请求优先取得补偿安置房屋的，应予支持。

被拆迁人请求解除拆迁补偿安置协议的，按照本解释第八条的规定处理。

第八条 具有下列情形之一，导致商品房买卖合同目的不能实现的，无法取得房屋的买受人可以请求解除合同、返还已付购房款及利息、赔偿损失，并可以请求出卖人承担不超过已付购房款一倍的赔偿责任：

（一）商品房买卖合同订立后，出卖人未告知买受人又将该房屋抵押给第三人；

（二）商品房买卖合同订立后，出卖人又将该房屋出卖给第三人。

第九条 出卖人订立商品房买卖合同时，具有下列情形之一，导致合同无效或者被撤销、解除的，买受人可以请求返还已付购房款及利息、赔偿损失，并可以请求出卖人承担不超过已付购房款一倍的赔偿责任：

（一）故意隐瞒没有取得商品房预售许可证明的事实或者提供虚假商品房预售许可证明；

（二）故意隐瞒所售房屋已经抵押的事实；

（三）故意隐瞒所售房屋已经出卖给第三人或者为拆迁补偿安置房屋的事实。

第十条 买受人以出卖人与第三人恶意串通，另行订立商品房买卖合同并将房屋交付使用，导致其无法取得房屋为由，请求确认出卖人与第三人订立的商品房买卖合同无效的，应予支持。

第十一条 对房屋的转移占有，视为房屋的交付使用，但当事人另有约定的除外。

房屋毁损、灭失的风险，在交付使用前由出卖人承担，交付使用后由买受人承担；买受人接到出卖人的书面交房通知，无正当理由拒绝接收的，房屋毁损、灭失的风险自书面交房通知确定的交付使用之日起由买受人承担，但法律另有规定或者当事人另有约定的除外。

第十二条 因房屋主体结构质量不合格不能交付使用，或者房屋交付使用后，房屋主体结构质量经核验确属不合格，买受人请求解除合同和赔偿损失的，应予支持。

第十三条 因房屋质量问题严重影响正常居住使用，买受人请求解除合同和赔偿损失的，应予支持。

交付使用的房屋存在质量问题，在保修期内，出卖人应当承担修复责任；出卖人拒绝修复或者在合理期限内拖延修复的，买受人可以自行或者委托他人修复。修复费用及修复期间造成的其他损失由出卖人承担。

第十四条 出卖人交付使用的房屋套内建筑面积或者建筑面积与商品房买卖合同约定面积不符，合同有约定的，按照约定处理；合同没有约定或者约定不明确的，按照以下原则处理：

（一）面积误差比绝对值在3%以内（含3%），按照合同约定的价格据实结算，买受人请求解除合同的，不予支持；

（二）面积误差比绝对值超出3%，买受人请求解除合同、返还已付购房款及利息的，应予支持。买受人同意继续履行合同，房屋实际面积大于合同约定面积的，面积误差比在3%以内（含3%）部分的房价款由买受人按照约定的价格补足，面积误差比超出3%部分的房价款由出卖人承担，所有权归买受人；房屋实际面积小于合同约定面积的，面积误差比在3%以内（含3%）部分的房价款及利息由出卖人返还买受人，面积误差比超过3%部分的房价款由出卖人双倍返还买受人。

第十五条　根据《合同法》第九十四条的规定，出卖人迟延交付房屋或者买受人迟延支付购房款，经催告后在三个月的合理期限内仍未履行，当事人一方请求解除合同的，应予支持，但当事人另有约定的除外。

法律没有规定或者当事人没有约定，经对方当事人催告后，解除权行使的合理期限为三个月。对方当事人没有催告的，解除权应当在解除权发生之日起一年内行使；逾期不行使的，解除权消灭。

第十六条　当事人以约定的违约金过高为由请求减少的，应当以违约金超过造成的损失30%为标准适当减少；当事人以约定的违约金低于造成的损失为由请求增加的，应当以违约造成的损失确定违约金数额。

第十七条　商品房买卖合同没有约定违约金数额或者损失赔偿额计算方法，违约金数额或者损失赔偿额可以参照以下标准确定：

逾期付款的，按照未付购房款总额，参照中国人民银行规定的金融机构计收逾期贷款利息的标准计算。

逾期交付使用房屋的，按照逾期交付使用房屋期间有关主管部门公布或者有资格的房地产评估机构评定的同地段同类房屋租金标准确定。

第十八条　由于出卖人的原因，买受人在下列期限届满未能取得房屋权属证书的，除当事人有特殊约定外，出卖人应当承担违约责任：

（一）商品房买卖合同约定的办理房屋所有权登记的期限；

（二）商品房买卖合同的标的物为尚未建成房屋的，自房屋交付使用之日起90日；

（三）商品房买卖合同的标的物为已竣工房屋的，自合同订立之日起90日。

合同没有约定违约金或者损失数额难以确定的，可以按照已付购房款总额，参照中国人民银行规定的金融机构计收逾期贷款利息的标准计算。

第十九条　商品房买卖合同约定或者《城市房地产开发经营管理条例》第三十三条规定的办理房屋所有权登记的期限届满后超过一年，由于出卖人的原因，导致买受人无法办理房屋所有权登记，买受人请求解除合同和赔偿损失的，应予支持。

第二十条　出卖人与包销人订立商品房包销合同，约定出卖人将其开发建设的房屋交由包销人以出卖人的名义销售的，包销期满未销售的房屋，由包销人按照合同约定的包销价格购买，但当事人另有约定的除外。

第二十一条　出卖人自行销售已经约定由包销人包销的房屋，包销人请求出卖人赔偿损失的，应予支持，但当事人另有约定的除外。

第二十二条　对于买受人因商品房买卖合同与出卖人发生的纠纷，人民法院应当通知包销人参加诉讼；出卖人、包销人和买受人对各自的权利义务有明确约定的，按照约定的内容确定各方的诉讼地位。

第二十三条 商品房买卖合同约定，买受人以担保贷款方式付款、因当事人一方原因未能订立商品房担保贷款合同并导致商品房买卖合同不能继续履行的，对方当事人可以请求解除合同和赔偿损失，因不可归责于当事人双方的事由未能订立商品房担保贷款合同并导致商品房买卖合同不能继续履行的，当事人可以请求解除合同，出卖人应当将收受的购房款本金及其利息或者定金返还买受人。

第二十四条 因商品房买卖合同被确认无效或者被撤销、解除，致使商品房担保贷款合同的目的无法实现，当事人请求解除商品房担保贷款合同的，应予支持。

第二十五条 以担保贷款为付款方式的商品房买卖合同的当事人一方请求确认商品房买卖合同无效或者撤销、解除合同的，如果担保权人作为有独立请求权第三人提出诉讼请求，应当与商品房担保贷款合同纠纷合并审理；未提出诉讼请求的，仅处理商品房买卖合同纠纷。担保权人就商品房担保贷款合同纠纷另行起诉的，可以与商品房买卖合同纠纷合并审理。

商品房买卖合同被确认无效或者被撤销、解除后，商品房担保贷款合同也被解除的，出卖人应当将收受的购房贷款和购房款的本金及利息分别返还担保权人和买受人。

第二十六条 买受人未按照商品房担保贷款合同的约定偿还贷款，亦未与担保权人办理商品房抵押登记手续，担保权人起诉买受人，请求处分商品房买卖合同项下买受人合同权利的，应当通知出卖人参加诉讼；担保权人同时起诉出卖人时，如果出卖人为商品房担保贷款合同提供保证的，应当列为共同被告。

第二十七条 买受人未按照商品房担保贷款合同的约定偿还贷款，但是已经取得房屋权属证书并与担保权人办理了商品房抵押登记手续，抵押权人请求买受人偿还贷款或者就抵押的房屋优先受偿的，不应当追加出卖人为当事人，但出卖人提供保证的除外。

第二十八条 本解释自 2003 年 6 月 1 日起施行。

《中华人民共和国城市房地产管理法》施行后订立的商品房买卖合同发生的纠纷案件，本解释公布施行后尚在一审、二审阶段的，适用本解释。

《中华人民共和国城市房地产管理法》施行后订立的商品房买卖合同发生的纠纷案件，在本解释公布施行前已经终审，当事人申请再审或者按照审判监督程序决定再审的，不适用本解释。

《中华人民共和国城市房地产管理法》施行前发生的商品房买卖行为，适用当时的法律、法规和《最高人民法院〈关于审理房地产管理法施行前房地产开发经营案件若干问题的解答〉》。

最高人民法院
关于审理买卖合同纠纷案件适用法律问题的解释

法释〔2012〕8号

(2012年3月31日最高人民法院审判委员会第1545次会议通过 2012年5月10日最高人民法院公告公布 自2012年7月1日起施行)

为正确审理买卖合同纠纷案件,根据《中华人民共和国民法通则》、《中华人民共和国合同法》、《中华人民共和国物权法》、《中华人民共和国民事诉讼法》等法律的规定,结合审判实践,制定本解释。

一、买卖合同的成立及效力

第一条 当事人之间没有书面合同,一方以送货单、收货单、结算单、发票等主张存在买卖合同关系的,人民法院应当结合当事人之间的交易方式、交易习惯以及其他相关证据,对买卖合同是否成立作出认定。

对账确认函、债权确认书等函件、凭证没有记载债权人名称,买卖合同当事人一方以此证明存在买卖合同关系的,人民法院应予支持,但有相反证据足以推翻的除外。

第二条 当事人签订认购书、订购书、预订书、意向书、备忘录等预约合同,约定在将来一定期限内订立买卖合同,一方不履行订立买卖合同的义务,对方请求其承担预约合同违约责任或者要求解除预约合同并主张损害赔偿的,人民法院应予支持。

第三条 当事人一方以出卖人在缔约时对标的物没有所有权或者处分权为由主张合同无效的,人民法院不予支持。

出卖人因未取得所有权或者处分权致使标的物所有权不能转移,买受人要求出卖人承担违约责任或者要求解除合同并主张损害赔偿的,人民法院应予支持。

第四条 人民法院在按照合同法的规定认定电子交易合同的成立及效力的同时,还应当适用电子签名法的相关规定。

二、标的物交付和所有权转移

第五条 标的物为无需以有形载体交付的电子信息产品,当事人对交付方式约定不明确,且依照合同法第六十一条的规定仍不能确定的,买受人收到约定的电子信息产品或者权利凭证即为交付。

第六条 根据合同法第一百六十二条的规定,买受人拒绝接收多交部分标的物的,可以代为保管多交部分标的物。买受人主张出卖人负担代为保管期间的合理费用的,人民法院应予支持。

买受人主张出卖人承担代为保管期间非因买受人故意或者重大过失造成的损失的，人民法院应予支持。

第七条 合同法第一百三十六条规定的"提取标的物单证以外的有关单证和资料"，主要应当包括保险单、保修单、普通发票、增值税专用发票、产品合格证、质量保证书、质量鉴定书、品质检验证书、产品进出口检疫书、原产地证明书、使用说明书、装箱单等。

第八条 出卖人仅以增值税专用发票及税款抵扣资料证明其已履行交付标的物义务，买受人不认可的，出卖人应当提供其他证据证明交付标的物的事实。

合同约定或者当事人之间习惯以普通发票作为付款凭证，买受人以普通发票证明已经履行付款义务的，人民法院应予支持，但有相反证据足以推翻的除外。

第九条 出卖人就同一普通动产订立多重买卖合同，在买卖合同均有效的情况下，买受人均要求实际履行合同的，应当按照以下情形分别处理：

（一）先行受领交付的买受人请求确认所有权已经转移的，人民法院应予支持；

（二）均未受领交付，先行支付价款的买受人请求出卖人履行交付标的物等合同义务的，人民法院应予支持；

（三）均未受领交付，也未支付价款，依法成立在先合同的买受人请求出卖人履行交付标的物等合同义务的，人民法院应予支持。

第十条 出卖人就同一船舶、航空器、机动车等特殊动产订立多重买卖合同，在买卖合同均有效的情况下，买受人均要求实际履行合同的，应当按照以下情形分别处理：

（一）先行受领交付的买受人请求出卖人履行办理所有权转移登记手续等合同义务的，人民法院应予支持；

（二）均未受领交付，先行办理所有权转移登记手续的买受人请求出卖人履行交付标的物等合同义务的，人民法院应予支持；

（三）均未受领交付，也未办理所有权转移登记手续，依法成立在先合同的买受人请求出卖人履行交付标的物和办理所有权转移登记手续等合同义务的，人民法院应予支持；

（四）出卖人将标的物交付给买受人之一，又为其他买受人办理所有权转移登记，已受领交付的买受人请求将标的物所有权登记在自己名下的，人民法院应予支持。

三、标的物风险负担

第十一条 合同法第一百四十一条第二款第（一）项规定的"标的物需要运输的"，是指标的物由出卖人负责办理托运，承运人系独立于买卖合同当事人之外的运输业者的情形。标的物毁损、灭失的风险负担，按照合同法第一百四十五条的规定处理。

第十二条 出卖人根据合同约定将标的物运送至买受人指定地点并交付给承运人后，标的物毁损、灭失的风险由买受人负担，但当事人另有约定的除外。

第十三条 出卖人出卖交由承运人运输的在途标的物，在合同成立时知道或者应当知道标的物已经毁损、灭失却未告知买受人，买受人主张出卖人负担标的物毁损、灭失的风险的，人民法院应予支持。

第十四条　当事人对风险负担没有约定，标的物为种类物，出卖人未以装运单据、加盖标记、通知买受人等可识别的方式清楚地将标的物特定于买卖合同，买受人主张不负担标的物毁损、灭失的风险的，人民法院应予支持。

四、标的物检验

第十五条　当事人对标的物的检验期间未作约定，买受人签收的送货单、确认单等载明标的物数量、型号、规格的，人民法院应当根据合同法第一百五十七条的规定，认定买受人已对数量和外观瑕疵进行了检验，但有相反证据足以推翻的除外。

第十六条　出卖人依照买受人的指示向第三人交付标的物，出卖人和买受人之间约定的检验标准与买受人和第三人之间约定的检验标准不一致的，人民法院应当根据合同法第六十四条的规定，以出卖人和买受人之间约定的检验标准为标的物的检验标准。

第十七条　人民法院具体认定合同法第一百五十八条第二款规定的"合理期间"时，应当综合当事人之间的交易性质、交易目的、交易方式、交易习惯、标的物的种类、数量、性质、安装和使用情况、瑕疵的性质、买受人应尽的合理注意义务、检验方法和难易程度、买受人或者检验人所处的具体环境、自身技能以及其他合理因素，依据诚实信用原则进行判断。

合同法第一百五十八条第二款规定的"两年"是最长的合理期间。该期间为不变期间，不适用诉讼时效中止、中断或者延长的规定。

第十八条　约定的检验期间过短，依照标的物的性质和交易习惯，买受人在检验期间内难以完成全面检验的，人民法院应当认定该期间为买受人对外观瑕疵提出异议的期间，并根据本解释第十七条第一款的规定确定买受人对隐蔽瑕疵提出异议的合理期间。

约定的检验期间或者质量保证期间短于法律、行政法规规定的检验期间或者质量保证期间的，人民法院应当以法律、行政法规规定的检验期间或者质量保证期间为准。

第十九条　买受人在合理期间内提出异议，出卖人以买受人已经支付价款、确认欠款数额、使用标的物等为由，主张买受人放弃异议的，人民法院不予支持，但当事人另有约定的除外。

第二十条　合同法第一百五十八条规定的检验期间、合理期间、两年期间经过后，买受人主张标的物的数量或者质量不符合约定的，人民法院不予支持。

出卖人自愿承担违约责任后，又以上述期间经过为由翻悔的，人民法院不予支持。

五、违约责任

第二十一条　买受人依约保留部分价款作为质量保证金，出卖人在质量保证期间未及时解决质量问题而影响标的物的价值或者使用效果，出卖人主张支付该部分价款的，人民法院不予支持。

第二十二条　买受人在检验期间、质量保证期间、合理期间内提出质量异议，出卖人未按要求予以修理或者因情况紧急，买受人自行或者通过第三人修理标的物后，主张出卖人负担因此发生的合理费用的，人民法院应予支持。

第二十三条　标的物质量不符合约定，买受人依照合同法第一百一十一条的规定要求减少价款的，人民法院应予支持。当事人主张以符合约定的标的物和实际交付的标的物按交付时的市场价值计算差价的，人民法院应予支持。

价款已经支付，买受人主张返还减价后多出部分价款的，人民法院应予支持。

第二十四条 买卖合同对付款期限作出的变更，不影响当事人关于逾期付款违约金的约定，但该违约金的起算点应当随之变更。

买卖合同约定逾期付款违约金，买受人以出卖人接受价款时未主张逾期付款违约金为由拒绝支付该违约金的，人民法院不予支持。

买卖合同约定逾期付款违约金，但对账单、还款协议等未涉及逾期付款责任，出卖人根据对账单、还款协议等主张欠款时请求买受人依约支付逾期付款违约金的，人民法院应予支持，但对账单、还款协议等明确载有本金及逾期付款利息数额或者已经变更买卖合同中关于本金、利息等约定内容的除外。

买卖合同没有约定逾期付款违约金或者该违约金的计算方法，出卖人以买受人违约为由主张赔偿逾期付款损失的，人民法院可以中国人民银行同期同类人民币贷款基准利率为基础，参照逾期罚息利率标准计算。

第二十五条 出卖人没有履行或者不当履行从给付义务，致使买受人不能实现合同目的，买受人主张解除合同的，人民法院应当根据合同法第九十四条第（四）项的规定，予以支持。

第二十六条 买卖合同因违约而解除后，守约方主张继续适用违约金条款的，人民法院应予支持；但约定的违约金过分高于造成的损失的，人民法院可以参照合同法第一百一十四条第二款的规定处理。

第二十七条 买卖合同当事人一方以对方违约为由主张支付违约金，对方以合同不成立、合同未生效、合同无效或者不构成违约等为由进行免责抗辩而未主张调整过高的违约金的，人民法院应当就法院若不支持免责抗辩，当事人是否需要主张调整违约金进行释明。

一审法院认为免责抗辩成立且未予释明，二审法院认为应当判决支付违约金的，可以直接释明并改判。

第二十八条 买卖合同约定的定金不足以弥补一方违约造成的损失，对方请求赔偿超过定金部分的损失的，人民法院可以并处，但定金和损失赔偿的数额总和不应高于因违约造成的损失。

第二十九条 买卖合同当事人一方违约造成对方损失，对方主张赔偿可得利益损失的，人民法院应当根据当事人的主张，依据合同法第一百一十三条、第一百一十九条、本解释第三十条、第三十一条等规定进行认定。

第三十条 买卖合同当事人一方违约造成对方损失，对方对损失的发生也有过错，违约方主张扣减相应的损失赔偿额的，人民法院应予支持。

第三十一条 买卖合同当事人一方因对方违约而获有利益，违约方主张从损失赔偿额中扣除该部分利益的，人民法院应予支持。

第三十二条 合同约定减轻或者免除出卖人对标的物的瑕疵担保责任，但出卖人故意或者因重大过失不告知买受人标的物的瑕疵，出卖人主张依约减轻或者免除瑕疵担保责任的，人民法院不予支持。

第三十三条 买受人在缔约时知道或者应当知道标的物质量存在瑕疵，主张出卖人承担瑕疵担保责任的，人民法院不予支持，但买受人在缔约时不知道该瑕疵会导致标的物的基本效用显著降低的除外。

六、所有权保留

第三十四条 买卖合同当事人主张合同法第一百三十四条关于标的物所有权保留的规定适用于不动产的，人民法院不予支持。

第三十五条 当事人约定所有权保留，在标的物所有权转移前，买受人有下列情形之一，对出卖人造成损害，出卖人主张取回标的物的，人民法院应予支持：

（一）未按约定支付价款的；
（二）未按约定完成特定条件的；
（三）将标的物出卖、出质或者作出其他不当处分的。

取回的标的物价值显著减少，出卖人要求买受人赔偿损失的，人民法院应予支持。

第三十六条 买受人已经支付标的物总价款的百分之七十五以上，出卖人主张取回标的物的，人民法院不予支持。

在本解释第三十五条第一款第（三）项情形下，第三人依据物权法第一百零六条的规定已经善意取得标的物所有权或者其他物权，出卖人主张取回标的物的，人民法院不予支持。

第三十七条 出卖人取回标的物后，买受人在双方约定的或者出卖人指定的回赎期间内，消除出卖人取回标的物的事由，主张回赎标的物的，人民法院应予支持。

买受人在回赎期间内没有回赎标的物的，出卖人可以另行出卖标的物。

出卖人另行出卖标的物的，出卖所得价款依次扣除取回和保管费用、再交易费用、利息、未清偿的价金后仍有剩余的，应返还原买受人；如有不足，出卖人要求原买受人清偿的，人民法院应予支持，但原买受人有证据证明出卖人另行出卖的价格明显低于市场价格的除外。

七、特种买卖

第三十八条 合同法第一百六十七条第一款规定的"分期付款"，系指买受人将应付的总价款在一定期间内至少分三次向出卖人支付。

分期付款买卖合同的约定违反合同法第一百六十七条第一款的规定，损害买受人利益，买受人主张该约定无效的，人民法院应予支持。

第三十九条 分期付款买卖合同约定出卖人在解除合同时可以扣留已受领价金，出卖人扣留的金额超过标的物使用费以及标的物受损赔偿额，买受人请求返还超过部分的，人民法院应予支持。

当事人对标的物的使用费没有约定的，人民法院可以参照当地同类标的物的租金标准确定。

第四十条 合同约定的样品质量与文字说明不一致且发生纠纷时当事人不能达成合

意，样品封存后外观和内在品质没有发生变化的，人民法院应当以样品为准；外观和内在品质发生变化，或者当事人对是否发生变化有争议而又无法查明的，人民法院应当以文字说明为准。

第四十一条 试用买卖的买受人在试用期内已经支付一部分价款的，人民法院应当认定买受人同意购买，但合同另有约定的除外。

在试用期内，买受人对标的物实施了出卖、出租、设定担保物权等非试用行为的，人民法院应当认定买受人同意购买。

第四十二条 买卖合同存在下列约定内容之一的，不属于试用买卖。买受人主张属于试用买卖的，人民法院不予支持：

（一）约定标的物经过试用或者检验符合一定要求时，买受人应当购买标的物；
（二）约定第三人经试验对标的物认可时，买受人应当购买标的物；
（三）约定买受人在一定期间内可以调换标的物；
（四）约定买受人在一定期间内可以退还标的物。

第四十三条 试用买卖的当事人没有约定使用费或者约定不明确，出卖人主张买受人支付使用费的，人民法院不予支持。

八、其他问题

第四十四条 出卖人履行交付义务后诉请买受人支付价款，买受人以出卖人违约在先为由提出异议的，人民法院应当按照下列情况分别处理：

（一）买受人拒绝支付违约金、拒绝赔偿损失或者主张出卖人应当采取减少价款等补救措施的，属于提出抗辩；
（二）买受人主张出卖人应支付违约金、赔偿损失或者要求解除合同的，应当提起反诉。

第四十五条 法律或者行政法规对债权转让、股权转让等权利转让合同有规定的，依照其规定；没有规定的，人民法院可以根据合同法第一百二十四条和第一百七十四条的规定，参照适用买卖合同的有关规定。

权利转让或者其他有偿合同参照适用买卖合同的有关规定的，人民法院应当首先引用合同法第一百七十四条的规定，再引用买卖合同的有关规定。

第四十六条 本解释施行前本院发布的有关购销合同、销售合同等有偿转移标的物所有权的合同的规定，与本解释抵触的，自本解释施行之日起不再适用。

本解释施行后尚未终审的买卖合同纠纷案件，适用本解释；本解释施行前已经终审，当事人申请再审或者按照审判监督程序决定再审的，不适用本解释。

最高人民法院
关于逾期付款违约金应当按照
何种标准计算问题的批复

法释〔1999〕8号

(1999年1月29日最高人民法院审判委员会第1042次会议通过 1999年2月12日最高人民法院公告公布 自1999年2月16日起施行)

广东省高级人民法院：

你院〔1998〕粤法经一行字第17号《关于逾期贷款如何计算利息问题的请示》收悉。经研究，答复如下：

对于合同当事人没有约定逾期付款违约金标准的，人民法院可以参照中国人民银行规定的金融机构计收逾期贷款利息的标准计算逾期付款违约金。中国人民银行调整金融机构计收逾期贷款利息的标准时，人民法院可以相应调整计算逾期付款违约金的计算标准。参照中国人民银行1996年4月30日发布的银发〔1996〕156号《关于降低金融机构存、贷款利率的通知》的规定，目前，逾期付款违约金标准可以按每日4‰计算。

本批复公布后，人民法院尚未审结的案件中有关计算逾期付款违约金的问题，按照本批复办理。本批复公布前，已经按我院1996年5月16日作出的法复〔1996〕7号《关于逾期付款违约金应当依据何种标准计算问题的批复》审结的案件不再变动。

此复。

最高人民法院
关于修改《最高人民法院关于逾期付款违约金
应当按照何种标准计算问题的批复》的批复

法释〔2000〕34号

(2000年11月13日最高人民法院审判委员会第1137次会议通过 2000年11月15日最高人民法院公告公布 自2000年11月21日起施行)

各省、自治区、直辖市高级人民法院，解放军军事法院，新疆维吾尔自治区高级人民法院生产建设兵团分院：

一些法院反映，我院法释〔1999〕8号《关于逾期付款违约金应当按照何种标准计

算问题的批复》的有关内容与中国人民银行《关于降低金融机构存贷款利率公告》不一致。经研究,现批复如下:

将最高人民法院法释〔1999〕8号批复中"参照中国人民银行1996年4月30日发布的银发〔1996〕156号《关于降低金融机构存、贷款利率的通知》的规定,目前,逾期付款违约金标准可以按每日4‰计算"的内容删除。

此复。

最高人民法院
关于购销合同履行地的特殊约定问题的批复

1990年8月19日　　　　　　　　　　　　法(经)复〔1990〕11号

广东省高级人民法院:

你院粤法经请字〔1989〕第2号《关于购销合同履行地问题的请示》收悉。经研究,答复如下:

一、我院法(经)复〔1985〕39号、〔1988〕20号批复中所称的供需双方特殊约定的合同履行地,是指当事人在购销合同中明确约定的交货地点,即在合同的交货地点或履行地点栏目中填写的地点,或者在合同的履行条款或其他条款中写明的交货地点(货物交接地、交付地点)。若当事人约定在某地安装调试或验收完毕才算交货的,该安装调试或验收地即为双方特殊约定的合同履行地。在合同的到货地(到达站、到达港、到站地)或验收地栏目中填写的地点,不应当视为当事人特殊约定的合同履行地。

二、当事人在合同中明确约定的交货地点与合同其他条款的规定不一致的,以合同明确约定的交货地点为合同履行地。在供需双方已实际交接货物的情况下,若实际交接地点与合同原约定的交货地点不一致的,人民法院在按合同履行地实施管辖时,以货物的实际交接地视为合同履行地,但不影响在交货地点上违约一方应承担的相应责任。

三、当事人在合同中没有明确约定交货地点的,仍按我院法(经)复〔1988〕20号批复的规定,区别不同的交货方式确定合同履行地。

最高人民法院
关于农民未经批准购买城镇房屋无效的批复

1982 年 12 月 18 日　　　　　　　　　　　　　　　〔82〕民他字第 1 号

浙江省高级人民法院：

　　你院〔82〕浙法民上字 81—2 号请示报告收悉。关于王正贵与林作信、江妙法房屋买卖纠纷一案，经研究同意你院的处理意见。此案当事人房屋买卖关系，既未经过国家的契税手续，也没有取得房管部门的认可，认定其买卖关系无效是适当的。处理中希做好当事人的思想教育工作，对其因买卖房屋引起的生产生活中的实际问题，可与有关方面联系解决。

附：

浙江省高级人民法院
关于王正贵与林作信、江妙法
房屋买卖是否有效的请示报告

（〔82〕浙法民上字 81—2 号）

最高人民法院：

　　1981 年，我院受理了温岭县王正贵与林作信、江妙法房屋买卖纠纷上诉案。该案，镇委、县委与地委领导之间，中级法院与县法院之间认识不一，涉及对内放宽政策后农民可否在城镇购买房屋的政策问题。因查无明确规定，特此请示。

　　王正贵在温岭县箬横镇有楼屋一间，于 1965 年出租给工人江妙法居住。1975 年 10 月王正贵要将该屋出卖，在江表示不买此屋后，未经镇有关部门审查批准，擅自将该屋出卖给白峰公社中库大队社员林作信。箬横镇委领导得悉后，对林、王进行教育，指出林是镇外白峰公社的农业户，根据有关规定，不能购买镇上房屋，并宣布他们之间的房屋买卖无效，林作信不听镇委教育阻止，坚持原房屋买卖有效，拒收房屋买卖退款，同时将中库大队的住房卖给他人，并搬进王正贵楼下前半间房屋居住。1978 年 12 月，王正贵又将该屋出卖给原租户江妙法。纠纷发生后，林作信诉至法院。温岭县人民法院，对该案感到政策上拿不准，移送台州地区中级法院受理。台州地区中级法院审理认为，"王正贵经人介绍，将房屋出卖给林作信所有，并写了契约，立有付款凭票""买卖关系合法"。据此，判决：王正贵与林作信的房屋买卖关系有效；王正贵与江妙法的房屋买卖关系无效，限江妙法在六个月内出屋，江妙法不服上诉。

案经我院审理，审判委员会研究认为：在已经颁布的政策、法律、法令中，农民可否在城镇购买房屋居住，虽无明文规定，但城镇私有房屋买卖必须经过审查批准，才能成交，有关部门早有规定。1964年1月13日国务院批转"国家房管总局关于私有出租房屋社会主义改造问题的报告"即（64）国房字第21号文件中明确指出，"……私房买卖必须向房产管理部门登记，经过审查批准，才能成交"，并根据国务院国发〔1980〕61号文件中规定"原籍在农村，在城镇又没亲友的华侨，原则上在农村购建住宅"的精神，温岭县箬横镇是建制镇，镇上的私房买卖，应按上述规定办理。林作信是白峰公社中库大队社员，原在中库大队有住房，未经有关部门审查批准，在箬横镇上购买房屋居住，不仅违反（64）国房字第21号文件的规定，而且违反《中华人民共和国户口登记条例》和国务院批转《公安部关于处理户口迁移规定的通知》中的有关规定。因此，王正贵与林作信房屋买卖关系应宣布无效。王正贵在与林作信房屋纠纷未解决的情况下未经镇有关部门审查批准，又将房屋出卖给江妙法，亦应视为房屋买卖关系无效。

最高人民法院
关于工矿产品与农副产品、工矿产品中的通用产品与专用产品区分问题的函

1987年12月9日　　　　　　　　　　　　法（经）〔1987〕30号

上海市高级人民法院经济庭：

你院〔87〕沪高经核字第10号《关于诉讼标的物猪内脏归属何种性质产品及其适用法律问题的请示》收悉。各地人民法院在审理购销合同纠纷案件，适用《工矿产品购销合同条例》和《农副产品购销合同条例》时，经常遇到工矿产品与农副产品、工矿产品中的通用产品与专用产品的区分问题。这两个问题，经我庭函请国务院法制局进行解释，国务院法制局以国法办函字〔1987〕025号《关于解释购销合同条例问题的复函》作了答复。现将其复函及所附的《关于工矿产品、农副产品，通用产品、专用产品的划分意见》转发给你庭，作为区分诉讼标的物种类时的参考。今后如另有规定，则按新的规定办。至于你院请示的猪内脏，应属农副产品并适用《农副产品购销合同条例》。

附一：

国务院法制局
关于解释购销合同条例问题的复函

1987年10月24日　　　　　　　　　　　国法办函字〔1987〕025号

最高人民法院经济审判庭：

你庭今年7月11日的来函收悉。我局与国家工商行政管理局、国家物资局、国家标准局、商业部研究了《工矿产品购销合同条例》和《农副产品购销合同条例》中工矿产品、农副产品及通用产品、专用产品的划分标准问题，现将意见转给你们。

附二：

关于工矿产品、农副产品，通用产品、专用产品的划分意见

一、工矿产品和农副产品的划分

原则上以产品性质来划分；以产品性质难以区别的，可按产品的生产部门划分。

（一）工矿产品包括工业品生产资料和工业品生活资料。工业品生产资料通常称为物资，即由工业部门提供的用于社会再生产的原材料、燃料和机电设备等，如：钢材、有色金属及其制品、木材、水泥、煤炭、石油、化工原料以及各种机电设备、电工产品、工具等。工业品生活资料是指工业部门提供的用于满足人们物质文化生活需要的日用工业消费品，如纺织品、针织品、日用百货、文化用品、民用五金、交通电器、家用电器、化工产品等。

全民所有制、集体所有制工业企业，农村乡、村办工业企业生产的砖、瓦、砂、石、水泥、煤炭等产品和废旧物资，纺织部门的下脚料，林业部门的木材、木料，属工矿产品。

以农副产品为原料的加工品，可按生产的部门来划分，如土糖、土纸、草席，从农民手里购进的，属农副产品，从乡、村办工业企业购进的，属工矿产品。

（二）农副产品包括农副业生产者从事的植物栽培、种植和动物繁殖、饲养的产品及初步加工品，或捕猎、采集的野生动物等。包括粮食（原粮和成品粮）、植物油（食用和非食用的植物油和油料）、粮食油料加工副产品、猪、牛、羊、禽、蛋、水产品、棉花（籽棉和皮棉）、麻、烟叶、茶叶、甘蔗、甜菜、干鲜果、干鲜菜、中药材、畜产

品、蚕茧、毛竹、蒿竹、棕片、木材、蜂蜜、花、草、虫、鸟、野生植物油料、野生纤维原料、野生淀粉原料和野生烤胶原料等种植、采集、饲养和捕猎的农、林、牧、副、渔产品。

从屠宰厂购进的猪鬃、肠衣、皮张等畜产品，从粮油加工企业购进的成品粮、植物油及粮油副产品，属农副产品。

二、通用产品和专用产品的划分

（一）通用产品是指各个行业通常都可使用的工矿产品。如：工业品生产资料中的普通钢材、木材、水泥、化工材料、煤炭、机床、汽车、工具、配件等和工业品生活资料如纺织品、针织品、日用百货、文化用品和民用五金、交电、家用电器、化工产品等。

（二）专用产品是指根据某一行业的生产技术要求，从产品设计到工艺流程、制造方法，都为某一种专门用途而生产的工矿产品。如冶金设备、石油设备、化工设备、纺织设备和器材等。不包括为专用设备配套并兼供其他行业使用的通用设备，如管道、电机等。有些通用产品具有一定的专用功能，如车床专用于切削加工，这属于通用产品的专用性能而不属于专用产品。

按照需方提出的技术图纸、样品、技术条件生产的，只适用于该单位需要的产品，应视同专用产品。

鉴于工矿产品品种繁多，技术性能各异，不可能列出专用产品和通用产品的目录，因此，对通用产品和专用产品的划分，除国家已有规定和经购销合同当事人双方约定者外，必要时由各有关生产主管部门认定。

最高人民法院
关于李德成诉邓崇勋房屋买卖纠纷一案的批复

1988年3月21日　　　　　　　　　　　　　　〔1988〕民他字第6号

四川省高级人民法院：

关于你院对处理成都市李德成诉邓崇勋房屋买卖纠纷一案的请示报告收悉。

经研究我们认为，李德成于1974年经人介绍，与邓崇勋达成房屋买卖协议，李以400元价款，购买了邓崇勋以及其母蒋芳淑、妹妹邓洪民共有房屋两间。李德成交付房款时，邓崇勋出具了由本人签字和盖有其母私章的收据，随即李也搬进该房居住，并修建了厨房。1975年蒋芳淑与邓洪民一同由京返蓉，未提出异议。1980年邓崇勋曾要李德成与另一买房人彭谦惠一道去房管部门办理税契过户手续。1985年因政府征用此宅，邓反悔，李才诉至法院。根据我院《关于贯彻执行民事政策法律若干问题的意见》第五十五条和五十六条的规定和本案具体情况，我们同意你院审判委员会的意见，即此房屋买卖关系应为有效。

此复。

最高人民法院
关于共有人之一擅自出卖共有房屋无效的批复[*]

1988年10月24日　　　　　　　　　　　〔1988〕民他字第56号

河南省高级人民法院：

你院1988年9月15日《关于于金明和赵文运等5人房屋纠纷一案的请示报告》收悉。经研究认为，崔希舜未经赵文运等房屋共有人同意，于1972年11月4日擅自将郑州市南学街67号院内东屋北头2间出卖给于金明是不合法的。

1984年11月，该房屋共有人赵文运等诉至郑州市管城回族区人民法院，要求废除房屋买卖关系。一、二审法院判决买卖关系无效并无不当。故同意你院审判委员会的意见，可维持一、二审判决、驳回于金明的申诉。

此复。

附：

河南省高级人民法院
关于于金明和赵文运等5人房屋纠纷一案的请示报告

最高人民法院：

关于于金明和赵文运等5人房屋纠纷一案经郑州市管城区人民法院、郑州市中级人民法院和省法院民庭审理，均认为：房屋买卖关系无效，退房退钱。但省人大常委会对法院的处理提出不同意见。为此，特请示如下：

一、案情及各级法院处理意见

王宝斋生前娶赵文运，纳妾崔玉英。崔生1女3男，即王希玲、王学礼、崔希舜和王四平。崔玉英于1957年病故后，赵文运又从山东老家到郑州与王宝斋共同生活。

---

[*] 也作"最高人民法院关于于金明与赵文运房产纠纷案的批复"。

1966年"文革"期间，王、赵被赶回山东老家。1970年王宝斋病故，留下郑州市南学街67号东屋瓦房4间，北屋瓦2间（均为半间）门楼1个。

继承人对遗产从未分割。1971年国家将其东屋南头两间、北屋2间纳入改造，留下东屋北头2间为王家自住房。

1972年11月4日，崔希舜未与其他共有人协商，私自将所留自住房2间，经人说合以200元价款卖给于金明，但对外谎称是换房，同时，于又将自己在建新街住的1间公房转让给崔希舜居住。1977年12月30日，于金明单方到房管部门办了过户手续。1981年10月9日，于金明经区建设科批准，在东屋北头宅基地上自建平台房1间，在院内建厨房1间，并对所购买房屋进行了维修，花费150元。1984年10月30日日，王希玲收到区房管所退还改造的4间房屋的通知后，与占房单位协商腾房时，方知崔希舜将东屋北头两间瓦房和门楼卖掉。为此，王希玲等人起诉到管城区法院，要求废除买卖关系。

经该院审理认为：此房属赵文运、王希玲、王四平、王学礼、崔希舜5人共有，于1985年7月4日判决：1，废除崔希舜和于金明的买卖关系，崔希舜退还于金明人民币200元。房屋产权共有人赵文运、王希玲、王四平、崔希舜、王学礼五人付给于金明房屋修理费150元；2. 于金明经建设科批准修建的1间平台房应归于金明所有，院内厨房（无证建筑）由有关部门处理；3. 于金明的平台房应临南学街开门走路；4. 公房一间崔希舜应退还于金明居住，5，诉讼费20元由崔希舜负担。宣判后于金明不服，提出上诉，经郑州市中级人民法院审理，于1985年11月20日驳回上诉，维持原判。但于金明仍然不服，向省人大常委会提出申诉。省人大豫人法群（1986）8号函指示省法院立案查处并报结果。省法院1986年3月21日立案。经调卷审理，于1986年9月20日作出维持一、二审判决的决定，但通知尚未发出，省人大常委会即调卷审查。

二、省人大常委会法工委对该案的处理意见

省人大常委会于1986年11月6日将此案的全部卷宗调走，审查1年零9个月后，于今年7月13日退回本院。由于省人大常委会的领导同志对此案也有不同认识，即以省人大法工委的名义向省法院主管民事审判工作的副院长杨聚章同志谈了以下意见和建议：

1. 关于崔希舜卖房时，其他共有人是否知道的问题。从现有证据看，卖房当时，部分共有人知道，部分共有人不知道。共有人王希玲在崔希舜卖房时不知道。

但在1972年以后是知道的，根据是葛润春证明，葛与原夫崔希舜在1977年秋闹离婚时，曾向王希玲讲过崔希舜卖房的事。此证言可以作为证据使用；王希玲于1985年6月给王学礼写信，提到关于房子的事，说人家找你，你就说不知道，不同意卖房即可；王希玲在本市工作，说不知道讲不通，至少可以说是应该知道。

共有人王四平应认定为知道。王学礼78年看房子知道已卖过。赵文运确实不知道。

2. 关于于金明买房时是否知情的问题，法院认定于买房时知情，根据是一审法院接待笔录记载，承认买房时崔希舜说过，不让告诉王希玲。但这个笔录于本人未签字，不符合最高人民法院关于贯彻执行《民事诉讼法（试行）》若干问题的意见中第27条关于证据的规定精神。

3. 关于运用法律方面，由于法院只注意证明卖房时隐瞒了其他共有人，但未证明买房是否知情，未充分考虑谁是主要过错人等。因此，适用最高人民法院关于贯彻执行民事政策等法律若干问题的意见第55条的原则，判决结果让于金明一人承担了过错责任。应采取公平原则让崔希舜承担主要责任，于金明也承担部分责任，保护王希玲等人的合法权利。在法律允许的范围内，选择最佳方案。遗产按份共有可以分割。五人均等，每人一间多。崔希舜继承的一间卖给于金明按55条第2款，承认一间房买卖关系成立。

三、审判委员会意见

院审判委员会于今年9月10日听取了办案人员的汇报和杨聚章同志关于省人大法工委对此案的意见的介绍，经过认真讨论研究，一致同意合议庭的处理意见，即维持一、二审判决，但对省人大法工委提出赵文运在山东老家可能有房屋的问题应该进一步查明。为此，办案人员又到山东了解调查，证实赵文运在山东虽住有一间破草房，但系其大嫂家给盖的，对此房无产权。合议庭和审委会认为应维持原判的主要理由是：

1. 卖房时部分共有人不知道

（1）卖房契约上只有被告崔希舜的名字，没有其他共有人的名字。

（2）原告人王希玲持有其父临死前交给其的房屋产权状。

（3）原告人赵文运讲，1972年崔希舜卖房至1984年起诉，一直在山东老家居住，没有回过郑州，是1984年其女儿崔希玲给其寄钱时才知道崔希舜将房子卖了，经查属实。

（4）原告人王希玲诉称，1972年听其弟崔希舜说过与于金明换房住，但不知把房子卖给了于金明。1984年接到退房通知去看房时听邻居讲房子卖了。

经查，邻居李淑兰、弓留柱证明于希玲所讲情况属实。

（5）卖房人（一审被告人）崔希舜承认卖房时只有其弟王四平知道，其他共有人不知道。

（6）买房人（即申诉人）于金明承认当时对外讲是换房，而且王希玲等人不知道。

（7）被告人崔希舜原妻葛润春证明王希玲在卖房时不知道，并证明是说换房住。

2. 于金明在买房时知道该房是共有财产

（1）卖房人崔希舜，买房人于金明及中人赵文山等，均证实立草契时，王四平一会在场，一会不在场，但到签字时未叫王四平签字。

（2）于金明在答辩中多次承认知道该房是共有财产。如1984年11月5日于金明在法院接待室当着原告人王希玲辩称："我们办手续时她弟弟交待我，不叫给他姐说，也就是不叫给王希玲说我们买卖房的事。"1984年11月10日，于又当着王说："事后知道，是王希玲弟弟交待我不让给他说"。1984年12月1日，在调解中于金明说"72年我买他的房，光知道他姐王希玲是剧团的"。

并说："当时买房没有给王希玲说过"，"买房子她兄弟知道不就行了，他们姐妹4个我能都去问么"。开庭审理中，于金明讲："当时对外人都说是换房，实际是卖房"，因卖房要写四至，所以对外人说是换房。

(3) 卖房人崔希舜讲："我不叫于给我姐说，别人要问就说是换着住。"

(4) 中人赵文山证明立约时，崔希舜说父母都死了，有一个姐剧团工作。一个弟弟。

(5) 中人孙润生证明于金明买房时知道王希玲是崔希舜的姐姐。

3. 房屋是共同共有，不是按份共有

该房是崔希舜父亲王宝斋1956年买的，王宝斋和崔的生母崔玉英先后于1957年和1970年病故。根据继承法第26条规定，赵文运享有共同财产一半的权利，即应得两大间和一小间房屋。下余一半方是王宝斋遗产，由赵文运和其四个子女共同继承，每人只能分得半间房屋。依照有关法律规定，该房屋属于共同共有，不属按份共有。省人大法工委讲妻妾继承应有差别，可以按份共有的性质处理，让崔希舜得一间房的意见，缺乏法律依据。

4. 一、二审判决是公平合理的，对于金明没造成什么损失。

根据最高人民法院《关于贯彻执行民事政策法律若干问题的意见》第55条规定，法院废除房屋买卖关系并无不妥。这样处理，对于金明来说，经济上并未造成什么损失。首先：废除房屋买卖关系，退房退钱，对于来说，不仅收回了房价，也无偿居住了10多年时间，同时又在王家使用的地皮上建了1间平台和一间厨房。

其次，原经崔希舜住的1间公房，再由崔希舜找相同条件1间公房让于使用。

根据上述情况，院审判委员会讨论决定维持一、二审判决，驳回于金明申诉。

以上意见当否，请批示。

最高人民法院
关于买卖房屋的民事行为未完成买卖关系没有成立的批复*

1988年12月29日　　　　　　　　　　　〔1988〕民他字第55号

福建省高级人民法院：

你院闽法民申字〔1988〕第10号关于黄双与黄子銮房屋买卖申诉案的请示报告收悉。经研究认为，本案双方当事人约定以收取定金的方式和限期四个月作为成交房屋买卖的条件，但期限到来后，买方既未交付房价款，也未对讼争房屋实际进行管理、使用；卖方要求退还买方定金，只因买方不同意而未果。这些情况说明，买卖房屋的民事行为并未完成，双方当事人之间的房屋买卖关系也就没有成立。据此，建议你院依审判

---

* 也作"最高人民法院关于黄双与黄子銮房屋买卖申诉案的批复"。

监督程序处理，并做好当事人的工作。处理时以判决形式结案为宜。

此复。

附：

福建省高级人民法院请示报告

最高人民法院：

我院复查的黄双与黄子銮等房屋买卖纠纷申诉案，经院审判委员会研究，有两种不同处理意见：（一）、同意合议庭意见，双方当事人房屋买卖无效，泉州市中院再审判决基本正确，驳回申诉。（二）、由于诉讼时标的物已不存在，法院不应受理，故应撤销原判，发回重审。由于我省人大常委会领导认为该案涉及港胞、侨胞的利益，又有一定影响，要求我院慎重处理，我院审判委员会的研究意见也不一致，故决定请示你院，请函示。

附：案情报告5份。

关于黄双与黄子銮、黄永咐房屋买卖申诉案的案情报告

申诉人：黄双，女，76岁，住香港九龙土瓜湾渐江街27号宝德大厦14/FB—9。

委托代理人：林超然（系黄双之女婿），晋江县人，56岁，泉州市鲤城区鲤中街道办事处干部，住泉州市鲤城区红梅新村28号楼301房。

双方当事人：黄子銮，男，87岁，泉州市人，住泉州市镇抚巷58号。

双方当事人：黄水咐，男，72岁，泉州市人，退休教师，住泉州市鲤城区镇抚巷49号。

案由：房屋买卖

一、案情介绍

申请人黄双之女杜雪玉（即林超然之妻），1971年间以黄双的名义与黄永咐、黄子銮、黄子衎协商买房，该房屋位于泉州市民主街后巷3号，为小三间张房屋，双方商定的房价为2100元整。1972年元月2日，杜雪玉付给黄永咐、黄子銮、黄子衎定金400元，同时黄水咐等3人出一"收定金字据"交杜雪玉，该字据内容如下："立收定金字人黄子衎、黄子銮、黄永咐3人有承先祖遗下产业一座，坐落本市民主街后巷门牌3号小三间张厝壹幢（内有6间，后厨房1间，另房间巷1条，旷地1块），厝有破损，今三柱共同协商同意出让与黄阿双同志，面议价款人民币2100元，即日先收来定金人民币400元，限期4个月将厝搬空，行字找清，该业送交买方收管为业，特立收定金字壹纸为凭。立出卖收定金字人黄子衎、黄子銮、黄永咐，见证人李志坚。"同年元月31日，黄永咐个人向杜雪玉借款200元，立有借据。

由于当时该房屋尚出租他人，租户在约定4个月内不肯搬迁，双方便未再"行字找清"。诉讼后，黄永咐、黄子銮称：在此期间他们得知政府规定私房不得买卖，便要求

将收取的定金退还，不再卖房，但杜雪玉不同意。杜雪玉对此则称：当时一再催促对方尽快采取措施以履行约定。杜在 1974 年 12 月 5 日街道调解时承认黄子銮一方要求退还定金二次，其中一次是 1972 年底（详见原泉州市法院〈79〉泉法民字 099 号卷宗 P95），黄双在 1978 年 8 月 3 日不服原泉州法院（77）泉法民字第 019 号裁定的上诉状中，亦承认黄子銮于 1973 年间曾出面与她们商量退定金之事，只是她未予答应。

1973 年，黄永咐等一方在未告知黄双的情况下，又欲将该房屋卖给许谋德。许原是晋江地委组织部干部，他称有办法让租户迁走，故黄永咐等人便与其商定同样以 2100 元价卖给许，由许翻建。但黄、许双方既未立约亦未付款。1974 年 10 月，黄永咐、黄子銮、许谋德雇工将该房屋的中厅及后厅拆掉，欲逼走租户，当晚租户也将他们租住的西边房全都拆掉并连夜运走木料。此后，由于杜雪玉、林超然出来干预，许便再未介入。以上这些情况系许谋德后来在学习班中交待及来拆房屋的工头邱开寅出具的证明所反映。许谋德在交待材料中还说：黄永咐、黄子銮在与其商量买卖房屋之前还曾与一公安局干部商量卖房事宜，也因租户不肯迁走未商妥。对上述这些情节，黄永咐，黄子銮从未承认过，他们的说法是：在与杜雪玉商定的 4 个月期限满后，由于租户不肯搬迁，许谋德有帮助他们以房屋危险破漏为名拆掉，以便让黄子銮之女黄自然建房。他们只拆掉厅堂，出租的房屋是被租户拆掉，木料亦被租户运走，他们从未把房屋卖给许谋德。

房屋被拆掉后杜雪玉、林超然以买主身份出面干预，并在该宅地上挖基，双方发生纠纷，街道便进行调解，要求他们在未作处理前，双方均不得动工基建。拖至 1976 年，杜雪玉、林超然又开始动工基建（据杜、林自称，至 76 年 11 月 11 日止，已砌起房墙至一层窗台处，内有一个人），后被黄子銮一方雇人撬倒。对此，黄子銮、黄永咐始终未承认是他们干的事，但我们在复查该案中调查了黄子銮之女黄自然，她承认是他们雇人去干的。

由于街道无法调解当事人双方的纠纷，1976 年底，杜雪玉、林超然以黄双名义向法院起诉。原泉州市法院以杜雪玉为原告，黄子銮、黄永咐为被告，于 1978 年 7 月 28 日以（77）泉法民字第 019 号裁定书认为"黄子銮一方非法将房屋出卖给黄双和许谋德。造成一业卖二主，并与许谋德合谋强行拆房迫走租户是极其错误的，原被告私自买卖房屋，违章建筑也是错误的"，根据泉州市革委会 1968 年 12 月 23 日"关于加强城市房地产管理工作"和 1972 年 1 月 20 日"关于加强城市建设管理的通告规定"裁定："一、被告与原告及许谋德私自买卖房屋是非法的，本院不予承认；二、被告应退还给原告买卖房屋定金四百元及黄永咐向原告借去的二百元也应退还。"杜雪玉不服裁定，以黄双名义提出上诉，原晋江中院认为："原审简单裁定买卖无效，未追究黄子銮等一方一业卖二主的欺骗行为显属不妥，对黄双的合法权益保护不够，且用裁定不当，"以一审法院"采用裁定不合该文书用途"为由"发回重审。"一审法院重审时更换黄双为原告，经重审认为："黄子銮等将讼争屋卖给黄双收取了定金，并立了买卖合约，双方买卖关系已成立，应予维护。黄子銮等在合约期限届满无法交付房屋时，又擅自将房屋转卖黄自然、许谋德，强行拆掉屋盖逼走租户欲行起盖等行为是错误的，应予批评教育，被诉掉房屋建筑材料造成的损失黄子銮一方应适当予以赔偿。"据此重审判决：（1）

双方的买卖关系有效,但应向有关部门补办手续,(2)黄子銮等一方应赔偿黄双的损失500元。一审判决后黄子銮等一方上诉,原晋江中院维持原判。判决后,黄双即根据二审判决,向一审法院交付了尚需付的1000元买房款(已扣除黄子銮应赔的500元,该款现仍在一审法院。)然后向房管局领取了产权证。黄子銮等一方以仅收取黄双的400元定金,且未定买卖合约,买卖关系未成立为由提出申诉。中院终审判决后,黄双由于欲建房屋,与四邻因房墙权界属有争议,中院便直接受理并进行调解,尔后以与前一判决同一案号制作调解书。

中院在复查黄子銮等人申诉中,先后三次就双方买卖关系是否有效请示我院,对此,我们均答复该房屋买卖无效,据此泉州中院再审判决:1.撤销原一、二审判决,2.双方房屋买卖无效,黄子銮一方应退还黄双定金及利息956元8角,黄永咐向杜雪玉借款200元亦应退还杜雪玉。再审判决后,黄双向本院提出申诉,其主要申诉理由:1.收取定金时所立合约就是买卖合约,2.他们实际管理使用了房屋,又没有其他违法行为,政府发给了产权证,3.再审如此判决,给其造成巨大损失,据黄双代理人林超然报来损失数字为120150.75元。

二、需说明的问题

(略)

三、对该案的复查意见

该案双方当事人争议的焦点是房屋买卖是否有效的问题,其他的争议均是由此而产生的。根据该案双方当事人在进行房屋买卖过程中所为来看,不能确认他们之间的买卖已成交,房屋买卖关系已成立。主要是因以下3点:双方当事人1972年元月所立的收取定金字据从其内容,形式来看,不能认为就是买卖房屋的合同;黄双仅是交付400元的定金,既未交付大部分的买房款,也未实际对房屋行使权利,而且在过了当事人约定期限后,黄子銮等一方曾提出退还定金,只是因黄双一方不肯而没有结果;在该纠纷发生前,双方当事人本要买卖的这一标的物——房屋就被业主方拆掉,买卖的标的物已不复存在。继续进行房屋买卖不仅已没有实际意义,而且也没有可能了。总之,由于双方当事人之间的买卖行为并没有完成,虽然双方确有进行买卖房屋的意向,但是房屋买卖是要式法律行为,即使根据最高人民法院《关于执行民事政策若干意见》第56条规定,对买卖手续不完善的,买卖双方也必须在立有契约、买方已交付房款,并实际使用和管理了房屋,又没有其他违法行为的情况才能认为买卖关系有效。所以再审判决买卖无效是对的。

双方当事人在这一纠纷中均有过错。黄子銮等人在与黄双商定买卖房屋并收取定金后,翻悔不卖,且在未告知黄双的情况下又与他人协商卖房事宜是不对的。黄双一方在买卖行为未完成,买卖关系未成立,对方要求退还定金不再进行买卖,且标的物已灭失的情况下,强行在对方的宅地上违章建房,也是错误的,因此,黄子銮等人应当如数退还定金及历年利息,但是否应双倍返还定金没有把握。黄双要求黄子銮一方赔偿被他们撬倒的房墙,阻止建房所造成建筑材料毁坏、流失的损失,以及当时买卖讼争屋与现在如果再买同样面积、质量房屋差价等损失，黄子銮一方也应予以赔偿。但问题在于黄双建房一是侵权，二是违章建筑，因此而造成的损失是否有权要求对方赔偿？另外，把过去的房屋价格与现在的价格来比较，将这之间的差价作为损失要求赔偿是否妥当？毕竟当时买卖未成立。

四、合议意见

双方当事人买卖行为未完成，买卖关系不成立，再审判决双方买卖无效是正确的，申诉人要求赔偿的理由不成立，不予采纳。驳回申诉，维持中院再审判决。

最高人民法院民事审判庭
关于元麟养与周英子等人房屋买卖纠纷案的电话答复

1988年1月30日　　　　　　　　　　　　　　　〔1988〕民他字第9号

辽宁省高级人民法院：

你院《关于元麟养与周英子等人房屋买卖纠纷的请示报告》收悉。根据报告所载事实，元麟养与周英子等人在合伙时曾口头协定，如果饮食店经营情况良好，元入伙的房屋作价3000元由饮食店买下。房屋交付饮食店使用后，元先后以收房款名义，从饮食店支取了议定的全部3000元房屋价款。元退伙时，也未对房屋主张过任何权利。这些事实说明，双方有买卖房屋的明确意思表示及也具备实质要件。虽然本案房屋买卖未到有关部门办理过户手续，但由于是发生在国务院《城市私有房屋管理条例》颁布实施之前，参照我院《关于贯彻执行民事政策法律若干问题的意见》第五十六条的规定，从有利于稳定社会秩序考虑，我们同意你院元麟养与饮食店的房屋买卖关系成立，可补办产权过户手续的处理意见。

附：

辽宁省高级人民法院
关于元麟养与周英子等人房屋买卖纠纷疑难案件处理意见的请示报告〔1987〕民外字第6号

（1987年10月30日）

最高人民法院：

　　最近，我省抚顺市中级人民法院受理的清原县农民元麟养与周英子等人房屋买卖纠纷案件，涉及政策性较强，又系涉外案件，为慎重计，特报请你院。

　　原告人：元麟养，男，46岁，朝鲜族，原籍朝鲜江原道人，国籍中国，现住辽宁省清原县南八乡前进村，系农民。

　　被告人：周英子，女，47岁，国籍：朝鲜民主主义人民共和国，现住中华人民共和国辽宁省清原县清原镇北大街，系农民。

　　被告人：金春植，男，50岁，朝鲜族，原籍朝鲜庆尚南道人，国籍中国，系农民。现下落不明，系周英子之丈夫。

　　被告人：严善熙，男，54岁，朝鲜族，原籍朝鲜平安北道，国籍中国，现住清原县清原镇天桥街五组，系退休工人。

　　被告人：具用真，男，61岁，朝鲜族，国籍中国，现住清原县清原镇北街十六委。系退休工人。

　　被告人：桂春子，女，43岁，朝鲜族，国籍中国，现住清原县清原镇天桥街一委八组。系个体户。

　　第三人：金顺德，女35岁，国籍中国，现住清原县南八家乡前进村五组，系农民。

　　第三人：朴玉顺，女，37岁，朝鲜族，原籍朝鲜平安北道，国籍中国，现住清原县清原镇北街，系农民。

　　第三人：金昌玉，女，37岁，朝鲜族，国籍中国，现住清原县清原镇西大街，系农民。

　　第三人：周文莲，女，48岁，满族，现住清原县清原镇北街十六组，无职业。

　　原告人元麟养原有座落在清原县清原镇私有砖瓦平房2间，建筑面积40平方米。1979年秋天，严善熙、元麟养邀集被告人具用真、桂春子及金春植、周英子夫妇等5户6人，共同商议在清原县清原镇合伙经营朝鲜饮食店，口头议定饮食店占用元麟养的私房2间作为营业场所，元麟养家迁居桂春子的一间房居住，因饮食店占用元的房子，元麟养、桂春子不出股金，其他人各出股金1000元。同时议定，如饮食店经营状况良好，元的房子作价3000元由饮食店买下，否则将该房按原样修复后返给原告人。

　　由于当时清原县还无个体联合经营的先例，县工商局不同意发营业执照。即由原南八家公社前进大队办理营业执照，大队副书记分管饮食店并由大队会计管理饮食店账目，大队同时投资4500元，饮食店仍由原5户6人经营。议定利润的20%由大队提取，20%由6人分红，60%按劳付酬支付工资。

饮食店于1980年1月9日正式营业，经营不久，桂春子向原告人元麟养要房，元在清原镇另买住房一处，予以腾迁。1980年6月12日、15日元麟养两次从饮食店以"收房款"名义共支出现金2000元。1980年7月元又以买房子借款之名从饮食店借出现金400元。同年9月，元麟养因与周英子关系不和，退出饮食店。后又在同年10月22日以"收房款"为名从饮食店支出现金1000元。同时，朝鲜饮食店将该房列入固定资产。1980年底结算时，原告人元麟养从饮食店分红利231.17元，出勤151天工资款448.9元。

原告人元麟养退股后，前进大队领导曾找元谈话，让其交出房票，元均以忙等为由不交出房票。

1981年夏，饮食店另购买一间半平房，与饮食店连脊的一间房进行了对换，以扩大营业面积。

1981年至1983年饮食店又有八人先后入股和退股，到1985年4月，尚有周英子、金春植和第三人金德顺、金昌玉、朴玉顺、周文莲六股，由周英子出面，将该饮食店（含动产与不动产）以40000元价格卖给前进村李凤道等5人，40000元价款由最后6股分得。当原告人得知后，曾加以阻止，同时以"他的私房只是为开饮食店而入股，房产证仍是他的名，并未卖给饮食店"为由诉讼至抚顺市中级人民法院，要求被告将房屋恢复原样后返还原告人。被告人辩称：元的2间私房早已于1980年以3000元价格卖给饮食店，主张该房产权应属于个人合伙的朝鲜族饮食店。并要求原告人交出房照，承担拖办房屋买卖手续的经济损失。被告人严善熙提出，如果法院认定争执的房屋为饮食店合伙人共有，则要求对40000元适当分劈。但被告人周英子以原有协议，退股只退股金为由，不同意分劈。

在确认房屋买卖关系问题上，抚顺市中级人民法院有两种意见：

第一种意见认为，原告人元麟养与清原镇朝鲜族饮食店房屋买卖关系成立。理由是：1979年6人成立饮食店时有口头协议，这种协议属契约的一种形式，出于双方自愿，原告人已收取房款3000元，所争执的房屋已由饮食店经营使用多年，并被饮食店列入固定资产，现又卖给他人，只是没到房管部门办手续。根据最高人民法院1984年制定的《关于贯彻执行民事政策法律若干问题的意见》第56条规定，即"买卖双方自愿，并立有契约、买方已交付了房款，并实际使用和管理了房屋，又没有其他违法行为，只是买卖手续不完善的，应认为买卖关系有效，但应着其补办房屋买卖手续。"故应视为买卖关系成立，可补办买卖手续。

第二种意见认为，原告人与清原县朝鲜饮食店房屋买卖关系无效。理由是：该买卖关系缺乏必要条件，买卖房屋应立书面买卖契约，当时6人关于使用和买原告人房屋的口头协议只是一句活话，不能认定是一种协定或契约，现在房屋所有权证仍在元麟养手中，根据国务院1983年发布的《城市私有房屋管理条例》第六条规定精神，"房屋所有权转移或房屋现状变更时，须到房屋所在地房管机关办理所有权转移或房屋现状变更登记手续"和第九条"买卖城市私有房屋,卖方须持房屋所有权证和身份证明,买方须持购买房屋证明信和身份证明,到房屋所在地房管机关办理手续"、"任何单位或者个人都不得私买和私卖城市私有房屋"之规定,没有房管部门办理手续的房屋买卖关系应视为无效。

因对该案处理上有两种意见,故向我院请示。

本案经我院审判委员会讨论认为:

(一)关于对房屋买卖关系的确认问题,同意抚顺市中级人民法院第一种意见,即原告人元麟养与饮食店的房屋买卖关系成立,可补办买卖手续。

(二)关于饮食店内部的盈余分配及债权债务关系,可另案处理。

上述处理意见妥否,请批示。

最高人民法院
关于刘好福、刘好祯与刘好禄、刘好祥房屋买卖纠纷的批复

(1988年4月13日)

辽宁省高级人民法院:

你院〔86〕民监字第52号关于刘好福、刘好祯与刘好禄、刘好祥房屋纠纷案的请示报告及补充报告均收悉。据报告所述,大连市沙河口区庆平街54号房屋五间,原系谷立仁所有,1944年谷将此房卖给孙树源,未办产权更名手续。1950年孙树源因欠付刘好禄1947年至1949年在其工厂做工的工资,又将此房抵债给刘好禄,刘家居住管理30多年也未申请更名。1984年因此房动迁,刘好福等人为房屋产权发生纠纷诉至法院。

因该案诉争房屋涉及是否应收归国有的问题,经征求城乡建设环境保护部的意见后,我们研究认为:1944年谷立仁与孙树源的房屋买卖关系,立有买卖契约,买方已付清房款,卖方也将房屋交付买方使用,虽然买卖手续不够完善,但双方无异议。根据我院1984年《关于贯彻执行民事政策法律若干问题的意见》第56条规定及我院〔87〕民他字第42号批复精神,应承认其买卖关系有效。1950年孙树源与刘好禄的以房抵债,是经法院调解达成的协议,并已执行。此后,双方从未发生争执。刘好禄家长期占有使用该房屋。据此,应承认以房抵债是有效的民事行为。因此,我们同意你院意见,即基于房屋买卖和以房抵债的两次产权早已转移的法律事实,诉争房屋不应收归国有。

至于诉争房屋系属刘氏兄弟共有还是刘好禄个人所有的问题,则应以1947年至1949年期间刘氏兄弟是否共同生活、共同劳动等情况予以确定,如果在此期间刘好福、刘好祯、刘好祥与刘好禄确已分居另过,且无兄弟共有的其他事实,诉争房屋则可确定归刘好禄所有。

此复。

最高人民法院
关于杨金容诉新建、广场两居委会
房屋买卖一案的电话答复

1989年10月10日　　　　　　　　　　〔89〕民他字第17号

江西省高级人民法院：

你院请示的杨金容诉新建、广场两居委会房屋买卖一案收悉。

经研究认为，杨金容之夫于1976年与交通街道居委会之间的房屋买卖协议是双方自愿达成的，并经房管部门同意，交纳了契税，且价格合理，交付多年。特别是居委会在诉讼期间，又报请鹰潭市月湖区人民政府批准，补办了审批手续。故该买卖关系已经具备了我院〔1985〕民他字第14号批复规定的要件。据此，我们同意省院审判委员会的第一种意见。即承认双方的房屋买卖关系有效，驳回杨金容的诉讼请求。

附：

江西省高级人民法院
关于杨金容诉新建、广场两居委会
房屋买卖一案请示报告

(1989年7月22日)

最高人民法院：

本院审判委员会因对鹰潭市杨金容诉新建、广场两居委会房屋买卖一案的处理意见不一，特请示报告如下：

原告：杨金容，女，54岁，汉族，江西省贵溪县人，系鹰潭市邮电局退休职工，住月湖区赵家巷34号。

被告：鹰潭市月湖区交通街道办事处新建居民委员会（主任饶桂金）。

被告：鹰潭市月湖区交通街道办事处广场居民委员会（主任胡普秀）。

争议房屋坐落在鹰潭市月湖区交通街70号，两层石木结构，楼上楼下面积计90.98平方米。此房屋是原告丈夫缪火阶1974年继承他父亲缪祥茂的遗产。1976年3月，缪火阶经过当地房管机关审核同意，以1084.46元的价格卖给交通街居民委员会（1985年以后，此房划分给新建和广场二个居委会），写有买卖契约，买方交付了房价款随即实际使用和管理了房屋，并依法办理了房屋交易手续。

1982年11月，原告丈夫缪火阶病故，1988年4月1日，原告首先以"典当"要求回赎，后又以买卖房屋她"不知情"为由向月湖区人民法院起诉，主张房屋买卖关系无效。在诉讼期间，被告向月湖区人民政府补办了购买私房的批准手续。

月湖区人民法院经审理认为，缪火阶于1976年3月将房屋卖给交通街居民委员会，是在等价有偿的基础上成交的，有买卖契约，办理了房屋交易手续，且原告在1987年7月前对此从未提出异议，据此判决买卖关系有效。

原告不服，上诉于鹰潭市中级人民法院，鹰潭中院对此案有三种不同的处理意见：第一种意见认为，这起房屋买卖关系全部有效。理由是已经房产部门办理过户手续，且原告长达十多年未提出异议。故买卖关系早已成立，全部有效。第二种意见认为，这起房屋买卖关系一半有效，一半无效，理由是缪火阶只有权出卖自己那一部分（即：半栋房屋）房屋的权利。而无权出卖妻子杨金容的那一部分房屋；第三种意见认为这起房屋买卖关系全部无效。理由是国家一贯政策规定：不准机关、团体、企事业单位购买私人的房屋，如确需购买也必须经县以上人民政府批准，但是交通街居委会购买此房时没有经过县以上人民政府批准，不符合国家规定的一贯精神，也不符合最高人民法院的司法解释精神。故这起房屋买卖关系无效，该院审判委员会倾向于第三种意见。因把握不准，故向本院请示。

本院承办人认为，从本案的情况来看，以承认房屋买卖关系有效为宜。理由是：

1. 成交时，买卖双方完全自愿；
2. 写有房屋买卖契约；
3. 买方交付了房价款并实际使用和管理了房屋十多年时间；
4. 缪火阶当时将房屋的全部契证交给了交通街居民委员会，只是买方未能及时办理产权过户手续，但照章交纳了房屋交易税（经电话询问，中院民庭的同志说办了过户手续）。
5. 原告在其丈夫将房屋出卖给交通街居委会11年之久，从未提出异议。根据最高人民法院《关于贯彻执行民事政策法律若干问题的意见》第（55）条的规定，其他共有人当时明知而不反对，事后又提出异议的，应承认买卖关系有效。
6. 诉讼期间，被告向月湖区人民政府补办了购买私房的批准手续，因此，房屋买卖关系有效，鹰潭中院应驳回上诉，维持第一审判决。

民庭集体讨论意见：

同意承办人意见，房屋买卖关系有效。

经本院审判委员会讨论，第一种意见认为，房屋买卖关系有效，其理由是：该房屋所有权已转移到被告方，被告长期使用管理了该房屋。居委会作为基层群众性自治组织，属于国家一贯强调的机关、团体、部队、企事业单位不经批准不得购买私房的限制之列，被告在诉讼期间补办区人民政府批准手续符合最高人民法院〔1985〕法民字第14号批复精神。第二种意见认为，国家虽然一贯强调机关、部队、团体、企事业单位不经县以上人民政府批准不得购买私房，但居委会不是机关，部队也不是团体、企事业单位，不属于限制之列，无须补办购买私房的批准手续，主张房屋买卖关系有效。第三种意见认为，如果居委会属于不经批准不得购买私房的单位，那么，其在诉讼期间补办购买私房的批准手续的行为是一种规避法律的行为，应宣布双方的房屋买卖关系无效。

上述处理意见当否，请予批示。

最高人民法院
关于房屋买卖双方约定的生效条件不具备可不认定买卖关系成立的复函*

1989年12月31日　　　　　　　　　　　　　　〔89〕民他字第38号

湖北省高级人民法院：

你院鄂法〔89〕民行字第4号"关于王欣然、任桂香与邓志荣房屋买卖纠纷一案的请示报告"收悉。对王欣然、任桂香与邓志荣房屋买卖关系是否成立的问题，经研究，我们认为，该案当事人双方的房屋买卖协议已载明要经公证机关公证后买卖方能生效，既然公证机关不予公证，就不具备双方约定的生效条件。根据本案的实际情况，以不认定王欣然、任桂香与邓志荣的房屋买卖关系成立为宜。

以上意见供参考。

附：

湖北省高级人民法院
关于王欣然、任桂香与邓志荣房屋买卖纠纷一案的请示报告

（鄂法〔89〕民行字第4号）

最高人民法院：

我省鄂西自治州中院请示咸丰县王欣然、任桂香与邓志荣房屋买卖关系是否成立一案。经我院审判委员会讨论。意见不一致。特向你院请示。

王月清（1986年死亡）、邓志荣夫妇有木质结构瓦房一栋，坐落咸丰高乐山镇前胜街30号处。邓、王无子女，长期分居，各自使用30号房屋1/2面积。1984年7月，王月清、邓志荣以1000元价款将30号房屋出卖给王欣然、任桂香夫妇。并交付了房

---

* 也作"最高人民法院关于王欣然、任桂香与邓志荣房屋买卖纠纷案如何处理问题的复函"。

款。几天后,邓志荣翻悔买卖协议。退还了属自己所有的500元房款。王月清单独与任、王达成买卖协议。仍住该房直至死亡。邓志荣于1985年4月23日又将自己所有房产作价2000元与王欣然、任桂香夫妇达成了房屋买卖协议,并按买卖协议第3条载明的"本协议一式3份,甲乙双方各执一份。公证处1份,并请公证机关给予公证,签字盖章生效"的约定,到当地公证机关申请公证。公证机关以邓出卖房屋后无处居住,又无生活来源和房屋四至不清等理由未予公证。后又通过中证人言明:任家给邓暂租1间房屋过渡。待拆除旧房,重建房屋后。给1间房邓居住至死亡。27日邓收讫房款2000元。腾出了房屋,搬至任给邓租的一间简陋的房屋居住。不久,邓志荣以与王、任房屋买卖协议未得到公证。买卖关系无效为由,要求返还原房屋居住,但又无力退还房款。王欣然、任桂香将部分已拆毁的房屋恢复原状后,邓即搬回原房屋居住。1986年5月以前王、任夫妇经有关部门批准和认可。办理了建房手续,付出使用宅基地费、城建管理费等748元后,即向咸丰县人民法院起诉,诉请保护这起房屋买卖关系,一审判决买卖关系有效,邓志荣不服判决上诉,二审改判买卖关系无效。邓志荣如数返还房款,任桂香不服终审判决申诉,鄂西自治州中级人民法院在复查此案时请示我院。我院审判委员会讨论有两种意见:大多数委员认为,这起房屋关系系双方自愿,并签定了协议,且房、款两讫。后又双方言明买方对卖方住房困难给予照顾。虽然买卖法律形式要件不完备。但从当地还没有施行《城市私有房屋管理条例》的实际情况出发,公证机关的公证不是房屋买卖关系是否成立的法定形式。应认定这起房屋买卖关系有效。另一种意见认为,这起房屋买卖法律形式要件尚不具备,虽然房款两讫。法律不予保护;另外买卖协议书中载明要经公证机关公证后才能生效,这是双方真实意思的表示,是有效的约定,公证机关不予公证就不具备双方约定的生效条件,买卖关系无效。

以上报告,请批示。

最高人民法院民事审判庭
关于王三槐诉通城县商业局隽水商业综合公司房屋买卖案的电话答复

1990年3月23日　　　　　　　　　　　　〔1990〕民他字第7号

湖北省高级人民法院:

你院请示王三槐诉通城县商业局隽水商业综合公司房屋买卖一案,经研究,我们同意湖北省高级人民法院审判委员会的倾向性意见,即房屋买卖关系有效,但未履行完的协议应继续履行;被上诉人应到县人民政府补办审批手续。

附：

湖北省高级人民法院
关于王三槐诉通城县商业局隽水商业
综合公司房屋买卖一案的请示报告

1989年12月28日　　　　　　　　　　　　鄂法〔89〕民行字第9号

最高人民法院：

　　关于我省咸宁地区王三槐诉通城县商业局隽水商业综合公司房屋买卖关系是否有效一案。请示如下：

　　王三槐之父王甫腾原在通城县隽水镇民主路88号处有砖木结构住房一栋。通城县商业局隽水商业综合公司（原为通城县商业科城关合作商店）隽水镇北门桥头饮食店地处后街，生意萧条。该合作商店负责人黎炳龙为增加营业额，于1968年9月向王甫腾提出暂时租用其门面房开饮食店。王甫腾以人口多，其子王三槐要结婚用房等理由不愿出租。经做工作，双方口头约定：王甫腾将其铺面房一间，账房一间，走廊一段计面积58.81平方米租给隽水商业综合公司使用。月租金8元。租期至王三槐结婚时止。次年3月王三槐结婚前。王家要求退房，黎炳龙违背口头约定，执意不退。王三槐婚后，与父亲、兄嫂、侄儿，祖孙三代八口挤在未出租的房屋内居住。1970年，王三槐夫妇只好在外先后三次租房居住，王甫腾也搬至所在单位单人宿舍居住。在此期间，王家多次要求解除租赁关系。并采取提高租金、停收租金等办法要求退房，合作商店饮食店以无处可搬为由坚持不退房。1975年11月15日，王甫腾将房产分给了二个儿子，王三槐分得了出租的那部分房产，从同年12月份起管业。1976年初，王三槐夫妇在外租不到房住。除口头要求对方退房外，还于同年四五月间三次书面要求停租退房，王三槐所在单位也出具了王三槐无房居住的证明。对方以"正街门面不能作住房，要由国家统一安排、繁荣市场"等理由不愿意退房，只同意将承租的房屋作价购买。王家父子在迫不得已的情况下，与通城县城关合作商店饮食店达成卖房协议。其内容为："我饮食业于1968年租了王甫腾的房子。可今时情况有变化，王甫腾的儿子王三槐在外面租住的房子，租主已断了租路。在这种情况下，饮食业既没有房子换给三槐住，也更不能将门面退还原主，在这种进退两难的情况下，双方同意达成如下协议：一、将房屋出售给饮食业，其价格楼房每平方30元。有楼脚无楼板房每平方20元；二、用卖房金额另做房子，木材由合作商店解决杉木指标一立方米，其他材料由卖方（王甫腾）自理。买方（饮食业）一概不负责任。"该协议由房管部门审查，将楼板房每平方30元降至25元，无楼板房每平方20元降至18元，按审定价格折算为1382.26元。原双方协定为1800元，在给付价款时，卖方要求按1800元执行，买方将1800元与1382.26元之间的差额417.74元采取变通的办法作为搬家费补给了王三槐。1976年5月28日办理了房屋过户手续。协议第二条买方至今未予履行。王三槐卖房后,自建平房二间,后又增建三间,建筑面积为96.23平方米。1988年6月15日,王三槐向通城县人民法院起诉,要求认定原房屋买卖关系无效。将其房屋返还,第一审法院于1989年6月22日裁定驳回起诉。王三槐不服裁定提出上诉。第二审法院在审理该案中请示我院。经我院审判委员会讨论有两种意见:一种意见认为,这起房屋买卖关系无效,法律不予保护。其理由:一是买卖关系实质要件不具备,卖方不是真实意思的表示,是在迫不得已的情况下签订的房屋买卖协议;二是这起房屋买卖没有经过县以上人民政府的批准,根据最高人民法院1984年4月17日〔84〕法研字第5号批复精神,这起房屋买卖关系原则上无效;三是房屋买卖合同(协议)不具备书面合同的必要形式,均未载明买卖房屋的位置、面积、结构、价款、合同订立的日期等。第二种意见认为,这起房屋买卖关系应有效,法律应予保护。一是买卖双方签订了协议,经过房管部门准许买卖,并过了户;二是价款基本合理,是等价有偿的;三是买方交付了房款,实际占有使用该房屋十余年,卖方住房困难问题已经解决。从本案的实际出发,应认定这起房屋买卖关系有效。我院倾向后一种意见。

以上报告,请批示。

最高人民法院民事审判庭
关于宋国忠与宋国木房屋买卖纠纷案的电话答复

1990年4月11日　　　　　　　　　　〔90〕法民字第1号

关于河北省高级法院的宋国木与宋国忠房屋买卖一案的答复问题。经我庭研究决定做如下答复:

1. 买卖关系无效,因为条件违法,故唐山市中院的终审判决原则上没有问题。不动为宜。

2. 致买卖关系无效的原因是双方的过错造成的。因此,对于拆迁补偿费事,唐山中院未予处理是有欠缺的。可按过错原则和公平原则通过补充判决的形式,对国家发给拆迁补偿费合理进行分割。

附：

河北省高级人民法院请示

1989年12月5日　　　　　　　　　　　　〔1989〕冀民字第169号

最高人民法院：

　　我省唐山市滦县宋国忠为与宋国木房屋买卖纠纷一案，终审判决后宋国忠不服向我院申诉。由于涉及政策法律问题，我院拿不准，特请示：

　　申诉人宋国忠与被申诉人宋国木系同乡关系，1986年10月，宋国木主动找中人说合，将自己3间半平正房以3600元卖予宋国忠，款已交清，立有契约。在买卖过程中，宋国木提出让宋国忠给申请一块宅基地，待宋国木盖好房后，立即搬出。宋国忠答应了宋国木的要求。此事虽然在契约中未写明，但双方承认，中人证明。1987年11月宋国忠办理了纳税手续，并领取了滦县人民政府颁发的房屋所有证。

　　因唐山市陡河电厂储灰池渗水，影响该村居民的住房，1988年6月经唐山市人民政府批准该村搬迁，并按规定补偿搬迁损失。宋国忠所买宋国木3间半房屋，补偿搬迁费13300多元。1988年10月宋国木以宋国忠未给批回宅基地，要求确认房屋买卖关系无效，搬迁费应归己为由，向滦县人民法院起诉。在一审法院审理过程中，宋国木承认买卖关系有效，但由于宋国忠未给批回宅基地，要求分得搬迁补偿费百分之五十。宋国忠只同意给百分之二十。调解未果，判决双方买卖关系有效。宋国木不服上诉。唐山市中院审理认为：双方在房屋买卖过程中，以批宅基地为附加条件，虽然在买卖契约中未写明，但双方均承认，中人证明，双方规避了法律，宋国忠买房后虽然办理了合法手续，但由于买卖关系不合法，因此，判决双方买卖关系无效。宋国忠不服向我院申诉。

　　经我院研究，有两种意见：

　　一、双方买卖自愿，款已交付，立有契约，并已办理了合法手续。双方的民事法律行为，符合法律规定的要件，虽然双方在买卖过程中曾言明申请审批宅基地一事，但未在契约中写明。同时申请审批宅基地并非哪一方个人说了算，需经批准，而申请宅基地有两种可能，一是批准，一是不批准。双方并未说明申请宅基地批不准时怎么办，而附条件的民事法律行为在民法中规定的是很严格的。因此，不能认定申请宅基地为该房屋买卖附加条件，应认定双方买卖关系有效。

　　二、双方虽然买卖自愿，立有契约，款已付清，办理了合法手续，但双方均承认买卖过程中一方要求另一方给申请宅基地，对方也答应给申请，应视为买卖关系的附加条件，现所附条件没有成就，一方当事人可以反悔，且双方规避了法律，应认定双方关系无效。

　　我院倾向第一种意见。

　　当否，请批示。

最高人民法院经济审判庭
关于北京龙凤酒厂诉牡丹江市西安钢木门窗厂购销合同货款纠纷案的电话答复

(1990年5月22日)

北京市高级人民法院：

你院经济审判庭报来的密云县法院《关于北京龙凤酒厂诉牡丹江市西安钢木门窗厂购销合同货款纠纷案件情况报告》及附件收悉。经研究，现就如何处理提出以下意见：

一、原审法院将牡丹江市西安钢木门窗厂列为被告并无不当。1983年7月，原告北京龙凤酒厂与牡丹江市西安区副食品商店签订了白酒购销合同。原告按合同供货后，副食商店没有付款。1985年该店亏损，债务由其上级主管单位牡丹江市西安区商业服务公司（即西安商业服务局）承担。但该公司也未偿还原告的债务。因此，原告于1988年12月起诉到密云县法院。1989年4月经西安区人民政府第七次常务会议决定批准西安区钢木门窗厂兼并商业服务公司下属的补胎厂，并承担该公司的一切债务。据此，原审法院依照民事诉讼法第九十条的规定，将被告变更为钢木门窗厂是正确的；原审法院依照原告申请，裁定冻结被告在银行的存款也是符合法律规定的。

二、民事诉讼法第十二条规定："人民检察院有权对人民法院的民事审判活动实行法律监督。"但人民检察院的监督活动如何实施，至今尚无具体规定。根据法理和法学界的一般看法，以及检察院对刑事审判活动实行监督的规定，即使人民法院的审判活动违法，人民检察院也只能通过一定程序提出，由人民法院自己纠正。本案原审法院的做法并无不当，即使不当，被告也可以通过申请复议及上诉程序解决。而牡丹江市西安区检察院仅凭被告的一面之词就向原审法院发出所谓"纠正违法通知书"，是没有法律依据的，也是毫无效力的。

鉴于上述情况，我们认为：第一，先由最高人民法院经济庭与最高检察院协商，由最高检察院纠正牡丹江市西安区检察院的不当行为。第二，由原审法院将西安区人民检察院的"纠正违法通知书"退回，通知中国工商银行牡丹江市分行长安街办事处按原裁定继续执行。如果拒不执行，按民事诉讼法第七十七条规定办理。

最高人民法院民事审判庭关于田雅与黄美娇、黄娇、曾木枞房屋买卖纠纷一案的电话答复

1990年8月30日　　　　　　　　　　　　　〔90〕民他字第37号

福建省高级人民法院申诉告诉庭：

你院1990年7月4日《关于田雅与黄美娇、黄娇、曾木枞房屋买卖纠纷一案申诉的请示报告》收悉。经研究认为，根据本案的情况：双方当事人买卖关系成立后，田雅已交付部分房款，黄娇、曾江孝已将讼争房的近一半面积交付田雅管理使用多年，且曾武在第二审期间仍同意将自己所得的房产继续出卖，加之田雅又再无处可居，若认定双方买卖关系无效，确实难于执行。据此，原则上同意你院审判委员会的第二种意见，即可确认田雅与黄美娇、黄娇、曾武之间的房屋买卖关系部分有效，部分无效。有关的具体问题，请根据本案的实际情况本着有利于社会稳定的精神，做好双方当事人的工作妥善处理。

附：

福建省高级人民法院关于田雅与黄美娇、黄娇、曾木枞房屋买卖纠纷一案申诉的请示报告

1990年7月4日　　　　　　　　　　　闽法〔1989〕告民申字第014号

最高人民法院：

漳州市中级人民法院再审的田雅与黄美娇、黄娇、曾木枞房屋买卖纠纷一案，因在适用法律政策上没有把握，请示我院，我院审判委员会讨论中，由于适用法律政策的意见不一致，现请示如下：

（一）案件的基本事实

申诉人（原审原告、二审上诉人）：田雅，女，50岁，汉族，福建省东山县人，现住东山县铜陵镇下田街511号（原356号）。

对方当事人（原审被告、二审上诉人）：黄美娇，女，66岁，汉族，福建省东山县人，住东山县铜陵镇税务局宿舍。

对方当事人（原审第三人、二审上诉人）：黄娇，女，66岁，汉族，福建省东山县人，住东山县铜陵镇文峰街84号。

对方当事人（原审第三人曾武的代理人、二审中因曾武死亡列为上诉人）：曾木枞，男，42岁，汉族，东山制鞋厂工人，住东山铜陵镇顶街破沃角252号（原738号），系曾武之次子。

讼争屋坐落在东山县铜陵镇下田街下庙顶511号（原356号）内有厅一间、房二间、伙食房一间、天井二所、巷路一条、水井一口。该房是曾哈目（1935年亡）、卢慎（1951年亡）夫妇遗产。曾哈目、卢慎夫妇生有两个儿子，长子曾文（1931年亡），次子曾武（1984年故）。曾文生有三子，长子卢江钦（黄美娇丈夫，1977年病故），次子曾江孝（黄娇丈夫，1981年5月病故），三子曾江舜（居住在台湾）。曾武生有三个儿子，长子曾木长，次子曾木枞，三子曾木坤。讼争屋自曾哈目、卢慎夫妇死后一直由黄美娇、黄娇两家居住。由于两家经常发生口角，1980年3月25日在下田街居委会调解时，黄美娇首先提出卖房，曾江孝、曾武也表示同意。在居委会干部和公安派出所民警主持下，三方达成调解协议，协议写着："现黄美娇与曾江孝居住的房屋原系曾江孝、黄美娇（卢江钦的妻子）、曾江舜的父亲和曾武二房共有，因原曾武出祠外居，固先前该房屋一概未曾分析。历由黄美娇、曾江孝二叔嫂掌管居住，现叔嫂经常口角纠纷，固经调解和三方协议同意把该房屋出卖。该房屋出卖款4500元正，经调解和三方协议，把该款均分四份。曾武应分得1125元、曾江孝应分得1125元、黄美娇应分得1125元、曾江舜应分得1125元。因现曾江舜在台未回，分得的款项暂由曾江孝和黄娇各代收伍百陆拾贰元伍角，如以后曾江舜归回，曾江孝和黄美娇具应把代收款项如数交还。……该房屋现已出卖，以后各方具不得重买回居住。"协议还对曾哈目夫妇遗下的家具进行分析，留下曾江舜的份额。房屋由许钦介绍卖给田雅，同日又立下《卖房屋断根契》，曾武、曾江孝、黄美娇、许钦及代书人欧福祥均在卖契上签字盖章。卖断契写："立出卖房屋断根契字人曾江孝、曾武、黄美娇承先父遗下房屋三人同意出卖址在城关镇下田街下庙仔顶门牌314号全座房屋出卖，托中招得董担（田雅丈夫）就头承买。三方同意出卖价格人民币肆千五百元正，现交来定款人民币二百一十元正，每人收人民币七十元正。门窗户扇俱各齐全。自卖厝之日起交还厝期间四个月。并且办理土地证手续完整交过买主。"立《卖房屋断根契》时田雅不在场，由许钦将定金付给曾武、曾江孝、黄美娇各70元。第二天，黄美娇又到居委会要求曾武偿付往年修理房款，曾武不同意，居委会干部对许钦讲，由于曾武不付修房款，不要把1125元款全部交给曾武。据庭审时曾武、黄美娇、黄娇讲，卖房前他们没对田雅讲过有共有人曾江舜在台湾，田雅也说不知道有其他共有人的事。1982年6月东山县城关镇建设规划办公室根据县法院要求对讼争屋进行估价为2924元。田雅买房时将自己原住房卖掉，于1980年5月至9月，分三次付给曾江孝房款1400元，8月交付给曾武房款300元。同年12月，曾江孝将自己居住的后房一间、厅一间、天井一块交给田雅居住使用。当田雅要求黄美娇交房时，黄美娇反悔。1982年6月以后，黄美娇写了三封信给曾江舜，告诉有关卖房的事，曾江舜于同年9月9日从台湾来信表示："这是祖遗产业，无论怎么样都不能出卖。"这之前曾江舜从未来过信，1982年至今也仅来过4封信。

(二) 原审情况

1981年3月，田雅以向黄美娇、曾武、曾江孝买有平房一座，因黄美娇拒不交给房屋为由向东山县人民法院城关人民法庭起诉。城关法庭经审理认为：被告人黄美娇、关系人曾武、黄娇的丈夫曾江孝于1980年3月25日在下田居委会达成协议，自愿把房屋卖给田雅，三方已收取卖厝款计人民币1910元，田雅也于同年农历十二月初二搬入居住。在达成房屋买卖协议时，田雅并不知道共有人曾江舜在台湾。因此，该房屋买卖关系有效。但因曾江舜现尚在台湾，在未取得其同意之前本应保留其应得房产，而不应该把其应得的房产份额出卖后把款代管保留。于1982年6月29日以〔82〕东城民审字第04号判决书判决：

一、被告人黄美娇、关系人曾武、黄娇三人共有的地址在城关镇下田街下庙顶356号平房一座的天井两所、大厅一间、屏后房一间、巷路一条、伙食房一间、水井一口卖给原告人田雅所有，买卖关系有效，买厝款人民币3375元，原告人田雅要付给黄美娇、曾武、黄娇各人民币1125元。

二、该平房的后房一间（已隔成房一间、小厅一间）归现在台湾的曾江舜所有，暂由黄美娇代管。

三、黄美娇应负责堵塞后房通向前段伙食房的门路。

黄美娇不服，上诉到龙溪地区中级人民法院。龙溪中院认为：原审东山县城关人民法庭对本案事实的认定部分不清。于1982年12月10日以〔82〕龙中法民上字第234号民事裁定书裁定：撤销东山县城关人民法庭〔82〕东城民法字第04号民事判决书；发回东山县人民法院重审。东山县人民法院以原告田雅诉被告黄美娇的房屋买卖和被告人与第三人曾武、黄娇互诉的房产继承纠纷为案由，重新进行审理，并于1983年5月4日以〔83〕东法民字第03号民事判决书判决：

（1）原告田雅与被告黄美娇、第三人曾武、曾江孝的房屋买卖关系无效，黄美娇应退还田雅人民币70元，曾武应退还田雅人民币370元，黄娇应退还田雅人民币1470元。

（2）城关镇下田街下庙顶356号平房一座估值计人民币4500元，前天井一所、前厅一间、屏后房一间、巷路一条，估值人民币2592.5元，划归曾武继承；后进房一间、小天井一所、伙食房一间、水井一口，价值人民币1907.5元，划归黄美娇、黄娇、曾江舜共同代位继承，曾武应付给黄美娇、黄娇、曾江舜的房屋差价人民币340元。

（3）曾武应付还黄美娇房屋维修费二分之一即人民币188元。

（4）屏后房与后天井相连的墙为曾武私墙。屏后房、巷路与伙食房相连的墙为共墙，巷路通向伙食房的门由曾武负责堵塞。

（5）曾哈目、卢慎遗下的钟表一只、柜桌一张、八仙桌一张、桌柜一张、手镜一个、大桶一个、桌一张、柜子一只、圆梯一张黄美娇、黄娇、曾江舜共同继承。

（6）曾武继承的天井一所、前进厅一间、屏后房一间、巷路一条卖给田雅，价值人民币2592.5元。

（7）以上房屋的移交、款项的支付、门的堵塞于本判决发生法律效力之日起的一个月实施完毕。同时，黄美娇把堆放在前天井、前厅的物件搬迁清楚。

判决后田雅、黄美娇、黄娇、曾武均不服，上诉至龙溪地区中级人民法院。龙溪地区中级法院认为：上诉人黄美娇和曾江孝、曾武对共有的房屋尚未分析，没有征得共有人曾江舜同意，就与田雅协商买卖房屋是不对的，黄美娇在协商买卖房屋期间就已反悔，原审法院判决双方房屋买卖关系无效是正确的。上诉人田雅要求确认该房屋买卖关系有效与法不符，不予支持。上诉人曾木枞在本院审理中，考虑到黄美娇、黄娇住房确有困难，自愿把其父应得的房屋份额作价卖给黄美娇、黄娇，双方自愿达成协议。于1984年12月26日以〔84〕龙中法民上字第175号民事判决书判决：

1. 维持东山县人民法院〔83〕东法民字第03号民事判决书第一、五、八条的判决。

2. 撤销东山县人民法院〔83〕东法民字第03号民事判决书第二、三、四、六、七条的判决。

3. 改判：

（1）曾武应分得的祖遗房屋份额人民币2250元付给黄美娇、黄娇、曾江舜。款项在本判决发生法律效力之日起6个月内全部付给曾武的合法继承人曾木枞等人。

（2）田雅在本判决发生法律效力之日起一年内将房屋、天井全部归还黄美娇、黄娇、曾江舜居住使用。

（3）黄美娇、曾木枞退还田雅的款项，应在本判决发生法律效力之日起一个月之内付清，黄娇退还田雅的款项，应在本判决发生法律效力6个月内付清。

第二审判决后，由于田雅无处搬迁，判决无法执行。田雅不服第二审判决，向漳州中院和东山县人民法院提出申诉，东山县人民法院经审判委员会讨论，认为〔84〕龙中法民上字第175号民事判决有不妥之处，于1988年2月10日以〔1988〕东法函字第02号函件，向漳州中院提出申诉复查意见，要求维持东山县人民法院〔83〕东法民字第03号民事判决。

漳州中院于1988年12月2日以〔1988〕漳中法申民字第48号民事裁定书裁定对该案进行再审。经公开开庭审理，并经院审判委员会讨论向我院提出以下请示意见：对曾哈目夫妇遗产，曾武与曾文享有同等继承权，现曾文与曾武已死亡，曾文与曾武应得的遗产份额应由他们各自的合法继承人继承。原第二审有关曾哈目、卢慎遗产的继承的判决是正确的。黄美娇、曾江孝、曾武在1980年自愿将其共有的房屋卖给田雅，并立下买卖合约字，各人收取定金70元，过后曾武收田雅买厝款300元，曾江孝收1400元。并于同年12月将前进屏后房一间、厅一间、天井一块交付田雅使用至今。田雅为了买厝，已把自己居住房屋出卖，原第二审判决田雅与对方当事人房屋买卖关系无效是不当的，但考虑到该房屋买卖关系没有征得共有人曾江舜同意，黄美娇在出卖房屋的第二天就反悔，所以应认定田雅与黄美娇、黄娇、曾武房屋买卖关系部分有效，部分无效。即曾武和黄娇应继承份额买卖关系有效，黄美娇和曾江舜应继承份额买卖关系无效。

（三）我院审判委员会意见

我院审判委员会于今年4月29日对此案进行了讨论，一致认为处理该案应适用1979年最高人民法院《关于贯彻执行民事政策法律的意见》，但对具体适用该意见时，形成下列两种意见：

一是，买卖关系无效。该案黄美娇、黄娇、曾武、曾江孝事先未征得共有人曾江舜同意而擅自出卖共有房屋，其行为侵害了去台人员曾江舜的合法权益，因此，该买卖关系无效。但由于买方事先不知有共有人在台湾，没有过错，黄美娇、曾武、曾江孝应赔偿买方所受到的损失。

二是，买卖关系部分有效，即曾武、曾江孝可继承份额有效，黄美娇、曾江舜可继承份额无效。曾江孝不仅收了定金、房款，而且将他所住的房屋（约占讼争屋一半）交付田雅使用和管理至今，曾武收了定金和部分房款，并在法院第二审期间还同意出卖房屋，因此，曾武、曾江孝可继承份额买卖关系应认定有效；去台人员曾江舜事前无法知道，事后不同意卖房，黄美娇收定金后反悔，未收房款，亦未交付房屋，因此，该二人可继承份额买卖关系应认定无效。此外，该房屋买卖是由于原房屋使用人黄美娇、黄娇不和引起的，田雅在买房时不知道有共有人在台，为买讼争房而卖掉了原住房，并实际使用管理了约占讼争屋一斗的房屋。根据1979年最高人民法院《关于执行民事政策法律的意见》亦应认定部分买卖有效。

最高人民法院
关于苏水香诉丁学淼房屋买卖纠纷案处理问题的复函

1990年10月29日　　　　　　　　　　　　〔90〕民他字第33号

福建省高级人民法院：

你院闽法告民申字〔1989〕025号《苏水香诉丁学淼房屋买卖纠纷申诉案件的请示报告》及附卷宗收悉。经研究，我们基本同意你院审判委员会的意见，即认定丁学梅与丁学淼已分家析产没有充分的事实根据，讼争房屋应属丁家兄弟共有财产。鉴于丁学淼未经共有人同意擅自出卖共有房产和买方不知情等情况，1979年一审调解时双方就买卖关系部分有效达成的协议并无不当。该调解在程序上是有不妥之处，但根据该案的具体情况和当时的法律政策，以维持原调解处理为宜。请认真做好申诉人的息诉工作，并将有关情况及处理结果通报省检察院，争取他们的支持。以上意见供参考。

附：

福建省高级人民法院
关于苏水香诉丁学淼房屋买卖纠纷
申诉案件的请示报告

闽法告民申字〔1989〕025号

最高人民法院：

我院立案复查的苏水香与丁学淼房屋买卖纠纷申诉案，因我们与省检察院对该案认识尚不一致，且在适用法律政策上没有把握，现请示如下：

一、案件的基本事实和原审情况

申诉人（原审原告）：苏水香，女，36岁，汉族，古田县人，职工，住泰宁县水电局宿舍。

被申诉人（原审被告）：丁学淼，又名丁汉仪，男，58岁，汉族，古田县人，退休干部，住古田县跃进路东5弄10号。

原审第三人：丁学梅，又名丁玉如，男，80岁，汉族，古田县人，住古田县新城镇和平路1弄30号。

讼争屋坐落古田县新城镇胜利街和平路1弄31号，为砖木结构的3间平房。

丁学淼与丁学梅系同胞兄弟，其父丁麻九（又名丁云青，1959年死亡）解放前在古田县旧城租赁一间店屋开京果店，购买一座平房居住，又在平房后面建一座四扇楼房和一座酒库。土改时，丁麻九被评为地主，其居住的楼房右边一半和平房右边一半被人民政府没收。1951年丁麻九将租来的店铺交给长子丁学梅经营，酒库交次子丁学淼经营管理，房屋没有分割，并说明父亲丁麻九由丁学梅赡养，继母李月英由丁学淼赡养。1952年，古田县发洪水，平房倒塌，丁家利用该房部分旧料在原平房左边地基上重建二层木瓦结构的楼房共4间，建房后曾租给郑新建做客店，房租由丁麻九的妻子李月英收取。丁学淼于1952年至1954年外出读书，酒库由丁麻九代为经营。1958年，古田县建水库旧城为库区，人民政府将丁麻九的两座楼房、一座酒库丈量、登记、评级，其中新楼房四间计66.76平方米，评等级为"三中"，旧楼房6间计68.38平方米，评等级为"二下"；另有厅30.71平方米，酒库120.19平方米，总共面积为286.04平方米。该房全部以丁麻九的户头入册。移至新城后，分配给胜利街和平路一弄46号平房六间，产权人仍为丁麻九。每间面积为10.5平方米，每间估价252元，共计1512元。1962年县移民办按"六二"方案将旧城286.04平方米的房屋估价5282.20元。经结算，应再补3742.20元。扣除集体维修房屋费567元，余款3203.20元，于1982年发还给产权人丁麻九。该款经丁学梅与丁学淼商量后，丁学梅、丁学淼各分得1301.60元，丁学梅的儿子丁寿长因有照料李月英，也分得600元。

移至新城房屋后，丁麻九夫妇居住讼争的3间里，丁学梅一家另立户口居住另外3间，丁学淼居住其岳母家。移民后第2年（1959年），丁麻九去世，讼争屋3间由李月英居住，丁学淼女儿从乡下来时，也住这里。李月英每月由丁学淼付给生活费自行生活。1972年9月，李月英故去，丁学梅（当时在服刑）的妻子和丁学淼将继母遗下的衣物、用品作了处分。讼争屋则先由丁学淼锁着。2个月后出租给苏水香与黄瑞瓜母女居住，租金由丁学淼收取。1974年2月，丁学淼将这3间房屋出卖给苏水香，苏水香与丁学淼订立了《让售房间约字》，由丁学淼的女婿周万回作中人，李松年代笔。约字内容："我承祖业有平房6间，址胜利街和平路1弄23号，我兄弟2人各3间，靠新丰方向一边的3间是我的，因我与兄丁玉如长期不睦，际此情况，我或我的后代与他们同居，看来有许多不便之处，故将此3间房间（2间住房1间厨房）卖给本街苏水香永远为业，得价为600元，该款由我亲收，另行再买。"苏水香当场付300元，其余款以戒指、项链、手表、衣物等作抵押，一年内付清了款，并收回抵押物。黄瑞瓜自承租该房起，均在这3间房屋居住。据丁学梅和丁学淼称，丁学梅得知卖房后就向丁学淼提出异议。1974年10月1日，两兄弟在妹夫林秀祯等人主持下，订立了"立分房屋合同字"，合同内容：梅（丁学梅）在生父厝屋前面盖了店屋一座，楼上楼下共计4间，以为梅经业生活，后来为了建设水库迁城，就将梅的店屋测量面积平方合并于梅的先父丁麻九户内……但4、5、6号3间，归还梅的店屋额下，是梅居住，更有1、2、3号3间是先父、继母居住……先父所遗的1、2、3号3间房产，是梅兄弟共有……将3号1间给予梅，2号1间给予淼，更剩1号1间，以留梅兄弟公共。1975年2月，因黄瑞瓜不让丁学梅从她厨房通行，双方产生纠纷，从此丁学梅开始向黄瑞瓜讨房，黄不还房。经居委会与镇革委会多次调解未成。1975年3月12日，城关镇革委会将此案报请县法院处理。古田县法院进行了多次案件调解未成。1978年4月23日又召集丁学淼和丁寿长进行调解，双方达成了〔78〕古法民字第39号调解协议：（1）丁学淼同意退出一间半房屋还其兄丁学梅；（2）丁学淼多卖给黄瑞瓜的一间半房屋，丁学淼愿意向买主黄瑞瓜赎回归还丁学梅。调解没通知苏水香和黄瑞瓜参加。调解后不久，黄瑞瓜和丁寿长又发生冲突，丁寿长打了黄瑞瓜，黄瑞瓜带人砸了丁寿长家。1978年11月，县法院和镇公安派出所、居委会到黄瑞瓜家强制执行〔78〕古法民字第39号调解协议。黄瑞瓜不在家，县法院封了黄瑞瓜的厨房。1979年元月份，黄瑞瓜从外地回来，县法院又和镇公安派出所、居委会到黄瑞瓜家将其厨房门锁砸开，将东西强行搬出，从此该房归还给丁学梅。执行后，县法院还用宣传车到13个公社宣传反革命家属黄瑞瓜强买房屋。1979年2月3日，县法院通知在太宁县工作的苏水香回到古田县，县法院分别对苏水香、丁学淼、丁学梅进行谈话，做了笔录，并叫3人分别写保证书。苏水香的丈夫林家彬写了一张保证书，内容是："原有丁学淼卖我3间房屋，由于丁学淼兄弟相争，经丁学淼与我商量，我同意退出1间，丁学淼同意2间房屋继续卖我，我也同意继续买此2间，并要求法院办个永久手续，以后永不后悔。"由苏水香在保证书上印上指模。县法院根据丁学梅、丁学淼、苏水香3方意志的表示制作了〔79〕古法字第005号调解书，但3方均未在协议上签字。该调解书内容："丁学淼愿将应得的2间房屋同意继续卖给苏水香。"

后县法院于 2 月 7 日将调解书寄给太宁县池潭电站安装队苏水香收,同时丁学淼也将 200 元款寄到太宁县池潭电站。款及调解书均由苏水香的丈夫林家彬收下:林家彬在送达证上签了字,后苏水香将 200 元款寄给了宁德中院(确切寄款日期已无法查证),并向宁德中院提出申诉。中院于 1982 年 11 月将款及申诉信转给县法院。并将此情况书面通知苏水香。这之后苏水香不断向省、地、县法院及中央、省委、省政府、报社等部门申诉,黄瑞瓜不断上访。1987 年,县法院重新立案审理,于 1987 年 4 月 4 日以〔87〕古法民字第 10 号民事判决书判决:一、坐落胜利街和平路 1 弄 30 号至 31 号平房 6 间,3 间房屋属于丁学梅个人所有,另 3 间属丁学梅与丁学淼共有;二、丁学淼应继承的一间半除一间卖给苏水香外,另外半间应优先卖给丁学梅;三、丁学梅应退还苏水香原卖厝款 200 元。判决后:苏水香不服,上诉于宁德地区中级人民法院。宁德中院认为:原审人民法院未按审判监督程序,对已发生法律效力的调解书未作认定,以一审程序进行审理,违反法定程序。于 1987 年 9 月 23 日以〔1987〕宁法民裁字第 106 号裁定:撤销古田县人民法院〔1987〕古法民字第 10 号判决,发回古田县人民法院重审。古田县人民法院于 1988 年 5 月 17 日以〔88〕古法民字第 014 号判决书进行判决:驳回申诉,维持〔79〕古法民字第 005 号调解书。苏水香不服,又上诉于宁德中院、中院认为:讼争 3 间房屋原系丁学梅和丁学淼共同继承的共有财产,丁学淼在房屋产权有争议的情况下未经共有人丁学梅同意擅自出卖共有房屋是错误的,其买卖关系无效。1979 年当事人经法院调解自愿达成的协议不违反法律政策,且已实际履行,应予维护;上诉人所提讼争房屋属丁学淼所有及 1979 年法院调解系强迫不实。于 1988 年 9 月 20 日以〔1988〕宁地法民上字第 117 号民事判决书判决:驳回上诉,维持原判。判决后苏水香又提出申诉。其申诉理由:1. 旧城 106 号、108 号房屋产权均属丁麻九所有,丁学梅没在旧城单独盖房子。2. 新城 6 间房子,丁学梅、丁学淼兄弟已各分 3 间。3. 1979 年调解不合法,是强迫调解,是先强制执行后调解。4. 调解之前已执行,不存在自愿履行的问题。经我院查阅原审案卷及调查认为:讼争屋系丁学梅与丁学淼共有财产;1979 年 2 月 3 日调解协议是苏水香自愿办的手续,并已送达和履行,据此于 1989 年 9 月 7 日以闽法告民申字〔1989〕第 005 号通知驳回了苏水香的无理申诉。苏水香仍不服,黄瑞瓜继续到省检察院等部门申诉。

二、省检察院对该案的看法

省检察院接到苏水香与黄瑞瓜的申诉后,向我院借阅了全部卷宗,并于 1989 年 11 月 29 日和 1990 年 5 月 3 日两次发函给我院,建议对该案提起再审。省检察院在函中提出:

(一)1978 年丁寿长诉丁学淼"盗卖"房屋一案的调解,丁寿长不是合法的当事人,该调解协议不合法;接着执行完毕后,原审法院对苏水香与丁学淼房屋纠纷再作"背靠背"调解,先执行后调解,调解书未直接送达苏水香本人,该调解无效。同时原审法院把申诉案件作为起诉受理并按一审程序审理,违反了诉讼程序。

(二)新城安置的六间平房应认定为丁麻九遗产,而丁学梅以在旧城自建有房屋为借口,要独占 6 间中的 3 间,另 3 间才是祖上遗产的论断是违背客观事实的,一审、二审均在这个指导思想下审理本案,从而导致了认定事实上的错误和处理上的不公。

(三)丁学梅与丁学淼事实上已分家析产,主要依据有:

1. 丁家兄弟早在1951年丁麻九健在时已分家,学梅分得京果店,学淼分得酒库,丁麻九夫妇分别由兄弟2人赡养,丁学梅与丁学淼也分开居住。

2. 移居新城所分配的6间平房丁家兄弟各分3间。

3. 继母死后丁家兄弟将继母遗下的衣物等又作了一次分割。

4. 1972年初,丁学淼将属自己份额的3间房屋出租给黄瑞瓜居住,1974年2月又将该屋卖给苏水香,并在卖契中写明"祖业有6间平房,我兄弟2人各3间,靠新丰方向一边的3间是我的,因我与兄丁学梅长期不和,我们后代与他同居有许多不便,故将3间房屋卖给苏水香永远为业"。

5. 专门对古田县城关镇胜利街居委会搞了一个民间分家析产专项调查,有"父母指定型"和"阄书"型两种,丁家属"父母指定型"。

6. 移民房屋补偿费底册也是按兄弟2人平均领取。

三、我院审委会讨论情况

我院审委会接到省检察院的两次函后,于1990年3月7日和7月10日两次对该案进行了认真讨论,一致认为1979年〔79〕古法字第005号调解书应予维持,理由是:

(一)1979年调解协议虽然在程序上存在着问题,但该调解是在《民事诉讼法》公布之前进行的,双方当事人分别写了保证书,调解书是根据保证书内容形成的,说明该调解书是双方一致意思的表示,而且送达时苏水香当时并没提出异议,事隔2年之后才申诉,不能说她当时不同意调解,从法律上说该调解书亦已生效。此外,该调解在内容上是部分买卖有效,也符合1979年最高人民法院《关于贯彻执行民事法律政策的意见》的精神。

(二)新城安置的六间平房均是丁麻九夫妇的遗产,有移民底册和产权证为证,丁麻九夫妇死后,这6间平房自应由丁家兄弟俩共同继承,为丁家兄弟共同财产。

(三)省检察院在认定新城六间平房为丁麻九遗产的同时,又提出了用以证明丁家兄弟事实上已析产的六条显然是自相矛盾的。其事实应为:

1. 丁麻九1951年曾将京果店(店房系租赁的)交丁学梅经营,酒库交给丁学淼管理,至于两座住房则没有分。由于丁学淼大部时间在外读书,酒库由丁麻九代管,直到1958年移民,房产底册上旧城全部房产的业主仍为丁麻九。

2. 新城六间房屋产权证业主至讼争屋出卖时仍为丁麻九,将丁家兄弟各居住使用3间作为已析产依据是不充分的。

3. 不能以丁家兄弟对继母所遗衣物等分割,从而推断房屋已经析产。

4. 丁学淼在卖房字约中称"祖业有平房六间,我兄弟2人各3间,靠新丰方向一边的3间是我的"仅是学淼单方表示,并未得到学梅认可。事实上,在卖房不久学梅就提出异议。

5. 民间析产不一定都有阄书,但不能因为该案没有阄书就推定为系"父母指定型"析产,况且既然是遗产怎么又出现"父母指定"?

6. 旧城房屋补贴费是丁学梅儿子丁寿长因有照顾祖母李月英先分 600 元，后学梅、学淼各分得 1301.60 元。如果说是兄弟二人平分，丁学梅应分数额为 1601.60 元，丁寿长替丁学淼照顾了李月英，应从学名下扣除 600 元，但事实不是这样。此外，省检察院"建议"中引用《民法通则》第 58 条第 3、4 项关于欺诈、胁迫、恶意串通，第 59 条关于重大误解，显失公平等均与本案事实难以联系。

综上所述，审判委员会认为：（一）新城六间房屋属丁麻九夫妇遗产，应由丁家兄弟共同继承，在未析产前应为双方共同共有财产。（二）丁学淼未经共有人同意私自出卖共有财产，应认定买卖关系无效。考虑到买方不知情，原审按部分有效处理，符合 1979 年最高人民法院《关于贯彻执行民事法律政策的意见》之规定。因此，1979 年〔79〕古法字第 005 号调解书应予维持。

当否，请批示。

最高人民法院
关于非产权人擅自出卖他人房屋其买卖协议应属无效的复函[*]

1991 年 3 月 22 日　　　　　　　　　　　　　　〔90〕民他字第 36 号

福建省高级人民法院：

你院〔1989〕闽法民上字第 30 号关于蔡敏卿与蔡奕新、柯碧莲等人房屋买卖纠纷上诉案的请示收悉。经研究，并征求了有关部门意见，原则上同意你院审判委员会的倾向性意见，即：蔡奕新擅自与柯碧莲签订的房屋买卖协议原则上应认定无效。柯碧莲、陈庆雄、陈庆法在讼争宅基地上所建房屋，亦不予保护为宜，但处理时要考虑柯碧莲、陈庆雄、陈庆法等人住房困难等实际情况，采取适当方式妥善解决，以防止矛盾激化。

以上意见，供参考。

---

[*] 也作"最高人民法院关于蔡敏卿与蔡奕新、柯碧莲等人房屋买卖纠纷案处理问题的复函"。

附：

福建省高级人民法院
关于蔡敏卿与蔡奕新、柯碧莲等人房屋买卖纠纷一案的请示报告

（〔1989〕闽法民上字第30号）

最高人民法院：

上诉人（原审原告）：蔡敏卿，女，68岁，菲律宾国籍。

委托代理人：杨立凡，福建省泉州市律师事务所律师。

上诉人（原审被告）：蔡奕新，男，56岁，汉族，福建省泉州市贸易信托公司职工，住泉州市鲤城区中山中路345号。

上诉人（原审被告）：陈庆雄，男，51岁，汉族，福建省泉州市第三中学教师，住泉州市鲤城区新路埕6号。

上诉人（原审被告）：柯碧莲，女，69岁，汉族，住泉州市鲤城区新路埕6号。

委托代理人：陈景桐，福建省泉州市律师事务所律师。

上诉人蔡奕新与蔡敏卿系叔嫂关系。蔡敏卿之夫陈志星（1953年病故）与其妹夫龚益三于1943年2月共同购置了泉州市鲤城区西街原377号房屋一座。此时陈志星尚未成婚，与母亲蔡兜娘、弟弟陈志亮、蔡奕新（1943年9岁）及二妹共同生活。1946年陈志星与蔡敏卿结婚。1947年陈志星与龚益三对西街377号房屋进行了分割。陈志星分得西边3间，龚益三分得东边3间。解放前夕陈志星夫妇同往国外谋生，该屋（即西街377号西3间）由蔡兜娘、蔡奕新居住管业。1952年蔡敏卿从海外汇款回来，委托陈志亮妻子林椒珍向龚益三典得西街377号东边3间房屋，典期10年，典价500元。蔡兜娘1959年病故后，因当时蔡奕新在外地工作，该房屋又由龚益三之女代管。1962年龚益三欲将出典屋卖掉，蔡敏卿得悉后，从海外汇回人民币1200元，连同典价500元，以1700元价款委托林淑珍将377号房屋东3间买断。

1966年泉州市织布厂征用了西街377号房屋做厂房，另调整鲤城区新路埕6号给原业主（内有4房1厅，一厨房房屋一座、南面宅基地一块）。迁建前，蔡奕新向蔡敏卿之妹蔡若虚取回房屋契约（包括43年龚益三、陈志星购买西街377号房屋的买契；1947年龚益三、陈志星对西街377号房屋的分析契；1952年377号房屋东边典契和1962年买断东边房屋的买契），以业主身份办理了迁建手续。

1968年3月，蔡奕新未征得蔡敏卿同意，擅自将新路埕6号房屋及宅基地以人民币2500元价款卖给柯碧莲。

1976年，柯碧莲与陈庆法未经审批在宅基地上建一两层楼房，该楼房到82年5月才补办申请手续（建房申请书上申请建房人为柯碧莲、产权人为陈庆法）。

1977年蔡敏卿回国后,从林淑珍处打听到房屋被卖,即向鲤中公社(讼争屋所在地)有关同志提出异议,因当时蔡奕新出差到外省,其回国时间又短,故无法向法院投诉。

1979年11月,蔡敏卿向原泉州市(现鲤城区)法院起诉,要求讨回被盗卖的房屋。诉讼中,陈庆雄于1980年6月,又在剩余的宅基地上申请建盖了另一座双层楼房。后该案因涉外移送泉州中院作一审,中院于1984年12月和1988年3月作了两次判决,都因程序问题和漏判被我院发回重审。1989年5月泉州中院再次判决:一、蔡经新与柯碧莲的房屋买卖关系无效,柯碧莲应在判决生效后的3个月内,将新路埕6号房屋内的北面4房1厅,一厨房,一埕地、一水井归还蔡敏卿,蔡敏卿应从北面通巷出入。陈庆雄、陈庆法在南面宅基上所建的房屋归其所有。二、蔡奕新应付给柯碧莲买屋款及维修房屋等费用3000元。

一审判决后,三方当事人均提起上诉。柯碧莲上诉称,其购买房屋时,蔡奕新告知其房契虽是陈志星名字,但陈志星已死,这房屋自然可由其作主卖掉,另外买新路埕6号房屋时,自己也曾查泉州织布厂基建用地底册,该底册记载西街377号房屋业主是蔡奕新。因此,其购买房屋是善意、有偿的,应认定买卖关系有效。蔡奕新上诉理由是:西街377号房屋虽然是陈志星买的,但当时陈志星未与蔡敏卿结婚,与母亲、弟妹一起生活,应是家庭共有财产。退一步说,即使是陈志星个人财产,其死后,蔡兜娘有继承权,我又可以继承母亲的份额,故我是该屋的共有人之一,有权出卖。蔡敏卿认为陈庆雄、陈庆法所盖的房屋系违章建筑,不受中国法律保护,应将宅基地上所建的两幢楼房拆除或折价归其所有,并由柯碧莲偿还蔡敏卿历年房租损失。

我院审判委员会研究认为,造成房屋买卖无效的主要过错责任应由蔡奕新承担,但柯碧莲在购买房屋时没有弄清房屋的真正业主就向蔡奕新买房,在主观上亦有过错,应承担一定的法律责任,本案一审判决房屋买卖无效是妥当的。对于陈庆雄、陈庆法在宅基地上所盖的两幢楼房,研究中有不同看法:一种意见认为,买卖包括房屋和宅基地,现认定买卖无效应是房和地都无效,不能房屋买卖无效,而宅基地有效,这样没有真正保护原业主的合法权益,况且宅地上所盖的两楼房或是建房数年后补办建房手续,或是在诉讼期间施工建成的,泉州市政府有关部门80年、82年批地给陈庆雄等人,侵犯了原业主权利,是违宪的,故应将柯碧莲、陈庆雄、陈庆法在讼争地上所盖的房屋折价归蔡敏卿所有。另一种意见则同意一审判决。理由是:1.1978年宪法没有规定城市土地国有原则,但泉州市革委会1979年有"城市土地归国家所有"的规定,该规定没有与宪法抵触,既然政府主管部门已批准陈庆雄、陈庆法盖房,其使用土地就是合法的。2.柯碧莲夫妇除了讼争屋外,只有一处20多平方米的店屋,其一家人口较多,4个儿子均已成家住在讼争屋内,住房较紧张,柯碧莲一家扬言死也要死在讼争屋内。因此,如果判决宅地上所盖的房屋折价归蔡敏卿所有,柯碧莲一家将无处搬迁,而矛盾容易激化。3.对蔡敏卿而言,陈庆雄、陈庆法所盖房屋并不适用,折价归其所有后,也可能被拆掉重建,这样也不利发挥物的效益。故还是维持原审判决较妥。审委会比较倾向于第一种意见。

最高人民法院
关于山西冶炼有限公司与杭州市外贸公司煤炭购销合同纠纷处理意见的函

1991年4月11日　　　　　　　　　法（经）函〔1991〕41号

山西省高级人民法院：

公安部五局转来浙江省公安厅浙公刑〔1990〕17号《关于协调追缴杭州市对外贸易进出口公司被山西冶炼有限公司高德岩等诈骗赃款102万元情况的报告》及你院《关于长治市中级法院扣划山西冶炼有限公司63万元情况报告》均已收悉。经研究，答复如下：

一、山西冶炼有限公司经理高德岩在该公司尚未经工商行政管理部门注册登记，不具备法人资格，且没有可靠货源和经营能力的情况下，与杭州市对外贸易进出口公司签订数量达15万吨、标的额达三千多万元的煤炭购销合同。显属欺诈行为。但是，杭州外贸公司预付的150万元定金，既未被高德岩所挥霍，也未被山西冶炼有限公司挪作他用，况且杭州外贸公司先以经济纠纷向山西省长治市中级人民法院起诉，因此本案可作为经济纠纷案件继续由人民法院审理。

二、长治市中级人民法院于1989年10月中旬冻结的山西冶炼有限公司账户上的63万元资金，是该公司以欺诈手段骗取杭州外贸公司的预付定金。在山西冶炼有限公司不能履行合同时，应将定金退还杭州外贸公司。在明知该笔资金是山西冶炼有限公司骗取杭州外贸公司的预付定金的情况下，用该款偿还长治市供销社等单位的债务或者与杭州外贸公司按比例清偿，都是不妥当的。

最高人民法院
对湖北省高级人民法院关于购销不合格稻种合同纠纷请示问题的答复

1992年3月14日　　　　　　　　　　　　　　　法函〔1992〕30号

湖北省高级人民法院：

你院鄂法〔1991〕告申呈字第29号"关于湖南省建新农场因销售不合格稻种，引起赔偿纠纷，对判决不服，提出申诉一案的复查处理意见的请示报告"收悉。经研究，答复如下：

一、湖南省建新农场在无生产种子许可证和营业执照的情况下，不经合法手续鉴定种子质量即对外销售，违反了《中华人民共和国种子管理条例》和国家工商管理法规，属违法经营。建新农场与湖南省桃源县三阳农技站（以下简称农技站）以及农技站与湖北省公安县种子公司毛家港镇供种站（以下简称供种站）签订的两份购销纯度为90.93%的"汕优63"杂交稻种11590斤的合同，均应确认无效。

二、1989年9月25日至27日，建新农场会同公安县农学会、供种站、湖南省杂交水稻研究中心、岳阳市种子公司等单位的研究员、高级农艺师对毛家港中心村四组四户94.89亩受损水稻进行田间鉴定，得出种子纯度为56.6%的结论，不能因为毛家港镇政府未参加而予以否定，可作为本案赔偿损失的基本依据。按此纯度计算每亩的损失时，应征求农业专家和有经验农户的意见，使之尽量接近实际。

三、可认定购种农户种植中稻2145.2亩，晚稻1502.6亩。建新农场违法出售质量不合格种子，应对中稻损失承担主要责任，供种站、农技站不向用种户讲明保证产量的三条措施，各应承担相应责任。当中稻出现受损情况后，供种站不及时制止晚稻播种，应对晚稻损失承担全部赔偿责任。

四、应当对建新农场、供种站、农技站的违法所得作没收处理。

此复。

最高人民法院对陕西省高级人民法院关于购销三条乳胶生产线合同纠纷案请示的答复

1992年3月16日　　　　　　　　　　　　　法函〔1992〕31号

陕西省高级人民法院：

你院《关于西安市工业设备调剂租赁服务公司诉机械电子工业部第七设计研究院购销合同纠纷一案的请示报告》收悉。经研究，答复如下：

一、根据国家工商行政管理局企字〔1990〕39号和〔1990〕134号函的精神，第七设计研究院是经批准的事业法人单位，不是建筑企业。1988年7月1日《企业法人登记管理条例》施行以前，该院开展上级指定的业务，不需要办理工商企业登记。因此，1988年6月15日、6月20日，第七设计研究院与租赁公司所签订的两份购销合同不宜认定为无效合同。

二、乳胶生产线的质量应以化工部鉴定报告为准。原则同意你院审委会第二种处理意见。但鉴于需方损失较大，设备调试后没有及时组织验收，且该三条生产线是在合同规定期限内提出质量问题，合同的质量条款不够科学，第七设计研究院也有一定的责任，你院可在分清责任的前提下尽量争取调解解决此案。

此复。

最高人民法院经济审判庭关于购销羊绒合同中出现两个质量标准如何认定问题的复函

1992年5月14日　　　　　　　　　　　　　法经〔1992〕79号

宁夏回族自治区高级人民法院：

你院宁高法〔1992〕16号《关于〈购销羊绒合同中出现两个质量标准应如何认定〉的请示》收悉。经研究，答复如下：

甘肃省农工商联合企业公司（以下简称企业公司）与宁夏海原县土畜产品议购议销公司（以下简称议购议销公司）签订的购销合同规定，议购议销公司供给企业公司白山羊原绒 20 吨，紫山羊绒 10 吨，质量标准为 91 路 90 分。在合同的"其他"一栏中又规定，需方要求过轮后白绒达到 58 分头，紫绒达到 54 分头，除去土沙等杂质后每市斤实收 8 两绒，实际按 1 斤计算，不做深加工，不抽尖毛，超出分头收入各分一半。你院报告称，过轮后的过轮绒质量完全取决于过轮加工的设备条件和加工精细的程度，过轮加工又是需方的行为。按合同规定，议购议销公司供给企业公司的是山羊原绒。因此，只要供方交付的山羊原绒达到 91 路 90 分，即应视为符合合同规定的质量标准。

此复。

最高人民法院经济审判庭
关于榆林市可可盖供销社与怀来县物资局购销羊绒合同纠纷一案的复函

1992 年 5 月 14 日　　　　　　　　　　　　　　法经〔1992〕80 号

国家工商行政管理局经济合同司：

你司 1991 年 12 月 25 日同便字第 13 号函收悉。经研究认为，榆林市人民法院受理此案是正确的，怀来县工商局以"无效经济合同"决定没收供方所售羊绒 16933 斤交国家有关部门处理，所得款全部上缴国库，是不当的。理由如下：

一、1989 年 3 月 10 日，榆林市可可盖供销社向榆林市人民法院起诉，经审查，于同月 14 日立案，次日通知原告。同月 27 日，榆林市人民法院派人到河北省怀来县向被告怀来县物资局送达起诉状副本及有关法律文书，该局副局长王纯在送达回证上签了字。当时，怀来县物资局并没有向榆林市人民法院说明怀来县工商行政管理局已决定对其与可可盖供销社购销羊绒合同作无效合同处理。直至 4 月 6 日，怀来县工商局电告原告"你社销往怀来物资局羊绒已查封决定查处，请速速来人特此通知。"怀来县工商行政管理局《无效合同处理决定书》中说："根据群众和物资局的举报，供方销售的纯属伪劣商品，我局于 1989 年 3 月 8 日立案审理。"羊绒放在仓库中，一般群众怎么会知道是伪劣商品呢？物资局作为需方如果明知是伪劣商品为何将货物取下且在 5 个月之久的时间内从未向供方提出质量异议呢？况且，怀来县工商行政管理局没有向供方调查，没有对羊绒质量作出鉴定以前，依据什么以无效合同立案呢？综上所述，我们认为榆林市人民法院以经济纠纷立案审理是正确的。

二、榆林市可可盖供销社与怀来县物资局开发公司签订合同后，于 1988 年 9 月 27 日将羊绒送到需方。需方收货后又付了 3 万元货款并写下了欠款条。张家口地区及河北省工商行政管理局在报告中称，送货后供需双方法定代表人对货物存放问题达成协议，打欠条是为了应付需方。但从一审、二审直至多次复查中，需方并没有提供出这一所谓协议的原件。至于打欠条是为了应付需方，更是令人难以置信。尤其是需方在收货后的

5个月的时间里,从来没有提出质量问题,货物所有权早已转移,怀来县工商行政管理局即使没收,也只能没收怀来县物资局的羊绒,怎么会作出没收榆林市可可盖供销社羊绒的决定呢?

综上所述,我们认为榆林市人民法院受理此案是符合民事诉讼法规定的。怀来县物资局的处理决定不当。希望你们通过监督程序予以纠正。

最高人民法院
关于范怀与郭明华房屋买卖是否有效问题的复函

1992年7月9日　　　　　　　　　　　　〔1992〕民他字第8号

贵州省高级人民法院:

你院1992年1月报来的《关于范怀诉郭明华房屋买卖纠纷一案的请示报告》收悉。经研究,答复如下:房屋买卖系要式法律行为,农村的房屋买卖也应具备双方订有书面契约、中人证明,按约定交付房款以及管理房屋的要件;要求办理契税或过户手续的地方,还应依法办理该项手续后,方能认定买卖有效。本案范怀与郭明华双方既未订立买卖房屋的书面契约,亦未按口头约定付清房款,不具备所有权转移的基本要件,故同意你院审判委员会第一种意见,即:双方口头房屋买卖协议无效,对由此而产生的其他争议,争取合情合理地调解解决。

最高人民法院
关于李玉彬诉万县市中意皮鞋厂房屋买卖纠纷案如何处理的复函

1992年8月15日　　　　　　　　　　　　〔91〕民他字第60号

四川省高级人民法院:

你院〔1991〕川法民字第12号《关于李玉彬诉万县市中意皮鞋厂房屋买卖纠纷案的请示报告》收悉,经我们研究认为,双方于1983年6月1日签订的"房屋租佃合同"和1984年12月10日签订的"房主申明",名为房屋租佃,实为房屋买卖。根据有关法律、政策关于机关、团体、企业事业单位不得擅自购买私有房屋的规定,同意你院审判委员会第二种意见：即双方签订的"房屋租佃合同"和"房主申明"应认定无效，李玉彬一方多收的楼上一间的房租和600元卖房款应返还对方并赔偿利息损失。

最高人民法院
关于李杰与符文海房屋买卖
纠纷案如何处理的复函

1993年2月17日　　　　　　　　　　　　　〔1992〕民他字第45号

广东省高级人民法院：

你院粤高法民〔1992〕206号关于李杰与符文海房屋买卖纠纷如何适用有关规定的请示报告收悉。从报告材料看，此案双方当事人买卖房屋出于自愿，李杰交付了房屋价款，有符文海所立具有房屋买卖内容、收取房屋价款的字据，符文海将产权证交给了李杰，由李杰实际管理使用该房屋多年，只是由于"文革"期间，当地房管部门停办私房买卖登记业务等原因，未能及时办理产权转移登记手续。据此，我们研究认为，依照最高人民法院1984年《关于贯彻执行民事政策法律若干问题的意见》第五十六条的规定和有关法律规定精神，以认定符文海与李杰的房屋买卖关系有效为宜。

最高人民法院
关于广东省高要县百货公司等诉广西凤凰华侨
农工商服务公司等购销青苎麻合同货款纠纷案
与湖南省工矿民族贸易公司诉湖南省工商行政
管理局行政处理决定案重复受理应如何处理的复函

1993年5月22日　　　　　　　　　　　　　法经〔1993〕85号

广东省高级人民法院：

你院（1992）粤高法经请字第4号报告收悉。经研究，答复如下：

1990年10月，广东省高要县百货公司曾因不服国家工商行政管理局对该案的复议决定，向北京市中级人民法院提起行政诉讼，后因国家工商行政管理局改变了原复议决定，将该案退回湖南省工商行政管理局重新处理而撤诉。湖南省工商行政管理局于1991年5月15日重新处理并经国家工商行政管理局复议维持。广东省高要县百货公司和高要县百货公司南岸批发部在明知湖南省工矿民族贸易公司向湖南省长沙市西区人民法院提起行政诉讼后，又向高要县人民法院作为经济纠纷提起诉讼不妥。1992年4月1日，我院以（1992）行他字第5号专门对此案作出了《关于不服工商行政管理机关的确认经济合同无效及财产损失的处理决定的案件应属行政案件的答复》。据此，广东省高要县人民法院应撤销此案，驳回当事人作为经济纠纷的起诉。当事人对行政审判的判决不服，可向其上级法院提出申诉。

最高人民法院关于上海第十钢铁厂诉江西省金属材料总公司和南昌车辆厂购销钢材合同纠纷案如何确定民事责任问题的函

1995年5月23日　　　　　　　　　　　　法函〔1995〕61号

上海市高级人民法院：

我院经济庭曾以法经〔1994〕275号函给你院并转去国内贸易部的来函和我院领导的批示。收到你院〔1995〕沪高经复字第3号报告后又作了研究，现答复如下：

1987年8月23日至1990年8月14日，江西省金属材料总公司为履行国家组织落实指令性钢材分配计划的职能，按原物资部的要求，在全国钢材定点定量订货会上，代南昌车辆厂与上海第十钢铁厂签订了八份冶金产品供应合同。江西省金属材料总公司虽然在合同需方栏内盖了章，但合同中指定的收货单位和结算单位均为南昌车辆厂。合同签订后，上海第十钢铁厂依约将钢材发给南昌车辆厂，并收取该厂给付的部分货款，尚欠货款经多次催要，该厂表示愿意给付。在诉讼过程中，南昌车辆厂亦认可所欠货款由其归还。本案合同的签订，是在计划经济体制下，江西省金属材料总公司为落实国家指令性计划而以自己名义为南昌车辆厂代订合同的不符合法律规范的行为。事实上，南昌车辆厂与上钢十厂曾就所欠货款问题直接对过账并作出过还款计划，南昌车辆厂亦允诺承担偿付欠款。因此处理那段期间发生的这类遗留问题，应从实际出发，认定收货、结算单位南昌车辆厂为实际的需方，由其承担民事经济责任；将江西省金属材料总公司视为合同代订人，其不承担民事经济责任。请你院依照上述意见指导二审法院实事求是、合理、公正进行审理。

最高人民法院
关于呼和浩特市中级人民法院重复受理湖南凤凰园经济开发区丰景贸易公司与内蒙古工商银行华银公司钢材购销合同纠纷一案问题的函

1995年12月6日　　　　　　　　　　　　法函〔1995〕161号

湖南省高级人民法院、内蒙古自治区高级人民法院：

湖南省高级人民法院〔1995〕湘高经请字第01号文及内蒙古自治区高级人民法院〔1995〕内经请字第4号文均收悉。经研究，对有关问题答复如下：

湖南省零陵地区中级人民法院于1994年7月21日审结湖南省国际经济开发集团公司诉湖南省凤凰园经济开发区丰景贸易公司（简称丰景公司）及内蒙古工商银行华银公司（简称华银公司）钢材购销合同纠纷一案，当事人均未上诉。但内蒙古自治区呼和浩特市中级人民法院在审理内蒙古工房地产开发总公司诉华银公司槽钢购销合同纠纷一案中，在丰景公司与华银公司之间的钢材购销合同纠纷已经审结之后，又以同一诉讼标的、同一讼争事实，将丰景公司列为第三人显属不当，内蒙古自治区高级人民法院应依法监督呼和浩特市中级人民法院予以纠正。关于呼和浩特市中级人民法院对丰景公司采取的财产保全措施，应当根据《最高人民法院关于在经济审判工作中严格执行〈中华人民共和国民事诉讼法〉的若干规定》第19条予以纠正。鉴于零陵地区中级人民法院作出一审判决时，呼和浩特市中级人民法院亦受理了有关案件的情况，零陵地区中级人民法院在接此函后，应再次通知当事人，如不服该判决，可在规定期限内提出上诉，如当事人提出上诉，湖南省高级人民法院应认真审查，依法秉公处理。

最高人民法院
关于湖北省交通物资公司诉天津福津木业有限公司购销合同品种质量纠纷案适用法律问题的请示的答复

1998年4月25日　　　　　　　　　　　〔1998〕经他字第21号函

湖北省高级人民法院：

你院请示收悉，经研究，答复如下：

1. 天津木业公司交付湖北物资公司的28000片柳胺胶合板中混有部分非柳胺胶合板，但符合GB13009—91"热带阔叶树材普通胶合板"国际的质量要求，故本案应为购销合同品种纠纷。

2. 鉴于本案双方当事人履行购销合同后，湖北物资公司起诉认为天津木业公司未按合同约定的品种交付货物，严重违约，故当事人之间的争议在于交付的货物品种与合同约定是否相符，并非因货物质量造成的损害后果。该案应当适用《中华人民共和国经济合同法》处理，不应适用《中华人民共和国产品质量法》。

3. 根据国家有关标准，胶合板的内在质量包括含水率和胶合强度，胶合板的品种不属于内在质量。《工矿产品购销合同条例》第十五条规定，对产品的外观和品种、型号、规格、花色提出异议的期限为货到后十天内。湖北物资公司未在法定期限内提出书面异议，应当视为天津木业公司所交付货物符合合同规定。

最高人民法院研究室
关于买卖骨灰存放格位行为的效力问题的答复

2001年7月9日　　　　　　　　　　　法研〔2001〕52号

广东省高级人民法院：

你院粤高法〔2001〕32号《关于买卖骨灰存放格位行为是否有效问题的请示》收悉。经研究，答复如下：

公墓内用于存放死者骨灰的格位，具有特定用途，是国家特别管理的设施。除凭火化证明、死亡证明或者为自用目的购买骨灰存放格位外，其他买卖骨灰存放格位的活动违反了民法通则第五十八条及其他有关规定,属于无效民事行为。

最高人民法院
关于对厦门樱织服装有限公司与日本喜佳思株式会社买卖合同欠款纠纷一案的请示的复函

2002年10月8日　　　　　　　　　　〔2002〕民四他字第33号

福建省高级人民法院:

你院2002年7月23日〔2002〕闽经他字第3号《关于厦门樱织服装有限公司诉日本喜佳思株式会社买卖合同货款纠纷一案请示报告》收悉。经研究,答复如下:

同意你院的请示意见。厦门樱织服装有限公司(以下简称樱织公司)与日本喜佳思株式会社(以下简称喜佳思公司)于1999年8月14日签订的买卖合同约定:"双方当事人约定本契约所关联的一切纠纷应按照国际商务仲裁协会的商务仲裁规则,以名古屋的仲裁作为最终的解决办法。仲裁结果为最后的裁决,对当事双方均有约束力。"为了解决双方之间的争议,双方当事人于2002年1月18日又签订一份买卖保证书及公司解散合约书,约定:"如有争纷,当事人愿意在日本法院或者厦门国际商事仲裁机关审理。"鉴于当事人既约定通过仲裁又约定通过诉讼方式解决其争议,该约定违反了仲裁排除法院管辖的基本原则,应认定该仲裁条款无效,厦门中级人民法院依法对该案具有管辖权。

此复。

最高人民法院
关于新疆生产建设兵团农二师二十九团与乌苏市远征工贸总公司种树苗买卖合同纠纷案的复函

2003年2月20日　　　　　　　　　　〔2003〕民监他字第4号

新疆维吾尔自治区高级人民法院生产建设兵团分院:

你院请示收悉,经研究,答复如下:

远征公司与二十九团签订种树苗买卖合同时,远征公司所在的乌苏市林业局尚未进行《林木种子生产许可证》、《林木种子经营许可证》的申请颁发工作。终审判决根据乌苏市林业局在二审审理过程中出具的证明，认可了远征公司的销售行为，远征公司也在二审审理过程中领取了《林木种子经营许可证》的实际情况，结合远征公司已实际交付100万株扦插苗，二十九团因自己的责任导致扦插苗灭失的具体情节，对远征公司与二十九团签订的种树苗买卖合同按有效认定并进行处理并无不当。

同意兵团分院审判委员会对该案的处理意见，本案以维持原判为宜。

最高人民法院
关于蔡德成与大连经济技术开发区龙海房地产开发公司、原审第三人大连翻译专修学院商品房买卖合同纠纷一案请示的答复

2003年11月30日　　　　　　　　　　〔2003〕民一他字第13号

辽宁省高级人民法院：

你院《关于蔡德成与大连经济技术开发区龙海房地产开发公司、原审第三人大连翻译专修学院商品房买卖合同纠纷一案的请示》收悉，经研究认为：

商品房买卖合同因出卖人责任被确认无效后，应按无效合同的处理原则进行处理。关于善意买受人应该返还给出卖人的房屋使用费的标准，因为买受人在签订合同时是善意的，所以应该以买受人在合同中的意思表示为标准。也就是说，应该以买受人与出卖人约定的合同总价款除以房屋的设计使用年限，再乘以买受人实际使用该房屋的年限得出的价款作为买受人所获得的利益返回给出卖人。

（三）民间借贷合同

最高人民法院关于审理民间借贷案件适用法律若干问题的规定

法释〔2015〕18 号

（2015 年 6 月 23 日最高人民法院审判委员会第 1655 次会议通过 2015 年 8 月 6 日最高人民法院公告公布 自 2015 年 9 月 1 日起施行）

为正确审理民间借贷纠纷案件，根据《中华人民共和国民法通则》《中华人民共和国物权法》《中华人民共和国担保法》《中华人民共和国合同法》《中华人民共和国民事诉讼法》《中华人民共和国刑事诉讼法》等相关法律之规定，结合审判实践，制定本规定。

第一条 本规定所称的民间借贷，是指自然人、法人、其他组织之间及其相互之间进行资金融通的行为。

经金融监管部门批准设立的从事贷款业务的金融机构及其分支机构，因发放贷款等相关金融业务引发的纠纷，不适用本规定。

第二条 出借人向人民法院起诉时，应当提供借据、收据、欠条等债权凭证以及其他能够证明借贷法律关系存在的证据。

当事人持有的借据、收据、欠条等债权凭证没有载明债权人，持有债权凭证的当事人提起民间借贷诉讼的，人民法院应予受理。被告对原告的债权人资格提出有事实依据的抗辩，人民法院经审理认为原告不具有债权人资格的，裁定驳回起诉。

第三条 借贷双方就合同履行地未约定或者约定不明确，事后未达成补充协议，按照合同有关条款或者交易习惯仍不能确定的，以接受货币一方所在地为合同履行地。

第四条 保证人为借款人提供连带责任保证，出借人仅起诉借款人的，人民法院可以不追加保证人为共同被告；出借人仅起诉保证人的，人民法院可以追加借款人为共同被告。

保证人为借款人提供一般保证，出借人仅起诉保证人的，人民法院应当追加借款人为共同被告；出借人仅起诉借款人的，人民法院可以不追加保证人为共同被告。

第五条 人民法院立案后，发现民间借贷行为本身涉嫌非法集资犯罪的，应当裁定驳回起诉，并将涉嫌非法集资犯罪的线索、材料移送公安或者检察机关。

公安或者检察机关不予立案,或者立案侦查后撤销案件,或者检察机关作出不起诉决定,或者经人民法院生效判决认定不构成非法集资犯罪,当事人又以同一事实向人民法院提起诉讼的,人民法院应予受理。

第六条 人民法院立案后,发现与民间借贷纠纷案件虽有关联但不是同一事实的涉嫌非法集资等犯罪的线索、材料的,人民法院应当继续审理民间借贷纠纷案件,并将涉嫌非法集资等犯罪的线索、材料移送公安或者检察机关。

第七条 民间借贷的基本案件事实必须以刑事案件审理结果为依据,而该刑事案件尚未审结的,人民法院应当裁定中止诉讼。

第八条 借款人涉嫌犯罪或者生效判决认定其有罪,出借人起诉请求担保人承担民事责任的,人民法院应予受理。

第九条 具有下列情形之一,可以视为具备合同法第二百一十条关于自然人之间借款合同的生效要件:

(一)以现金支付的,自借款人收到借款时;

(二)以银行转账、网上电子汇款或者通过网络贷款平台等形式支付的,自资金到达借款人账户时;

(三)以票据交付的,自借款人依法取得票据权利时;

(四)出借人将特定资金账户支配权授权给借款人的,自借款人取得对该账户实际支配权时;

(五)出借人以与借款人约定的其他方式提供借款并实际履行完成时。

第十条 除自然人之间的借款合同外,当事人主张民间借贷合同自合同成立时生效的,人民法院应予支持,但当事人另有约定或者法律、行政法规另有规定的除外。

第十一条 法人之间、其他组织之间以及它们相互之间为生产、经营需要订立的民间借贷合同,除存在合同法第五十二条、本规定第十四条规定的情形外,当事人主张民间借贷合同有效的,人民法院应予支持。

第十二条 法人或者其他组织在本单位内部通过借款形式向职工筹集资金,用于本单位生产、经营,且不存在合同法第五十二条、本规定第十四条规定的情形,当事人主张民间借贷合同有效的,人民法院应予支持。

第十三条 借款人或者出借人的借贷行为涉嫌犯罪,或者已经生效的判决认定构成犯罪,当事人提起民事诉讼的,民间借贷合同并不当然无效。人民法院应当根据合同法第五十二条、本规定第十四条之规定,认定民间借贷合同的效力。

担保人以借款人或者出借人的借贷行为涉嫌犯罪或者已经生效的判决认定构成犯罪为由,主张不承担民事责任的,人民法院应当依据民间借贷合同与担保合同的效力、当事人的过错程度,依法确定担保人的民事责任。

第十四条 具有下列情形之一,人民法院应当认定民间借贷合同无效:

(一)套取金融机构信贷资金又高利转贷给借款人,且借款人事先知道或者应当知道的;

(二)以向其他企业借贷或者向本单位职工集资取得的资金又转贷给借款人牟利,且借款人事先知道或者应当知道的;

（三）出借人事先知道或者应当知道借款人借款用于违法犯罪活动仍然提供借款的；
（四）违背社会公序良俗的；
（五）其他违反法律、行政法规效力性强制性规定的。

第十五条 原告以借据、收据、欠条等债权凭证为依据提起民间借贷诉讼，被告依据基础法律关系提出抗辩或者反诉，并提供证据证明债权纠纷非民间借贷行为引起的，人民法院应当依据查明的案件事实，按照基础法律关系审理。

当事人通过调解、和解或者清算达成的债权债务协议，不适用前款规定。

第十六条 原告仅依据借据、收据、欠条等债权凭证提起民间借贷诉讼，被告抗辩已经偿还借款，被告应当对其主张提供证据证明。被告提供相应证据证明其主张后，原告仍应就借贷关系的成立承担举证证明责任。

被告抗辩借贷行为尚未实际发生并能作出合理说明，人民法院应当结合借贷金额、款项交付、当事人的经济能力、当地或者当事人之间的交易方式、交易习惯、当事人财产变动情况以及证人证言等事实和因素，综合判断查证借贷事实是否发生。

第十七条 原告仅依据金融机构的转账凭证提起民间借贷诉讼，被告抗辩转账系偿还双方之前借款或其他债务，被告应当对其主张提供证据证明。被告提供相应证据证明其主张后，原告仍应就借贷关系的成立承担举证证明责任。

第十八条 根据《关于适用〈中华人民共和国民事诉讼法〉的解释》第一百七十四条第二款之规定，负有举证证明责任的原告无正当理由拒不到庭，经审查现有证据无法确认借贷行为、借贷金额、支付方式等案件主要事实，人民法院对其主张的事实不予认定。

第十九条 人民法院审理民间借贷纠纷案件时发现有下列情形，应当严格审查借贷发生的原因、时间、地点、款项来源、交付方式、款项流向以及借贷双方的关系、经济状况等事实，综合判断是否属于虚假民事诉讼：
（一）出借人明显不具备出借能力；
（二）出借人起诉所依据的事实和理由明显不符合常理；
（三）出借人不能提交债权凭证或者提交的债权凭证存在伪造的可能；
（四）当事人双方在一定期间内多次参加民间借贷诉讼；
（五）当事人一方或者双方无正当理由拒不到庭参加诉讼，委托代理人对借贷事实陈述不清或者陈述前后矛盾；
（六）当事人双方对借贷事实的发生没有任何争议或者诉辩明显不符合常理；
（七）借款人的配偶或合伙人、案外人的其他债权人提出有事实依据的异议；
（八）当事人在其他纠纷中存在低价转让财产的情形；
（九）当事人不正当放弃权利；
（十）其他可能存在虚假民间借贷诉讼的情形。

第二十条 经查明属于虚假民间借贷诉讼，原告申请撤诉的，人民法院不予准许，并应当根据民事诉讼法第一百一十二条之规定，判决驳回其请求。

诉讼参与人或者其他人恶意制造、参与虚假诉讼，人民法院应当依照民事诉讼法第一百一十一条、第一百一十二条和第一百一十三条之规定，依法予以罚款、拘留；构成犯罪的，应当移送有管辖权的司法机关追究刑事责任。

单位恶意制造、参与虚假诉讼的，人民法院应当对该单位进行罚款，并可以对其主要负责人或者直接责任人员予以罚款、拘留；构成犯罪的，应当移送有管辖权的司法机关追究刑事责任。

第二十一条　他人在借据、收据、欠条等债权凭证或者借款合同上签字或者盖章，但未表明其保证人身份或者承担保证责任，或者通过其他事实不能推定其为保证人，出借人请求其承担保证责任的，人民法院不予支持。

第二十二条　借贷双方通过网络贷款平台形成借贷关系，网络贷款平台的提供者仅提供媒介服务，当事人请求其承担担保责任的，人民法院不予支持。

网络贷款平台的提供者通过网页、广告或者其他媒介明示或者有其他证据证明其为借贷提供担保，出借人请求网络贷款平台的提供者承担担保责任的，人民法院应予支持。

第二十三条　企业法定代表人或负责人以企业名义与出借人签订民间借贷合同，出借人、企业或者其股东能够证明所借款项用于企业法定代表人或负责人个人使用，出借人请求将企业法定代表人或负责人列为共同被告或者第三人的，人民法院应予准许。

企业法定代表人或负责人以个人名义与出借人签订民间借贷合同，所借款项用于企业生产经营，出借人请求企业与个人共同承担责任的，人民法院应予支持。

第二十四条　当事人以签订买卖合同作为民间借贷合同的担保，借款到期后借款人不能还款，出借人请求履行买卖合同的，人民法院应当按照民间借贷法律关系审理，并向当事人释明变更诉讼请求。当事人拒绝变更的，人民法院裁定驳回起诉。

按照民间借贷法律关系审理作出的判决生效后，借款人不履行生效判决确定的金钱债务，出借人可以申请拍卖买卖合同标的物，以偿还债务。就拍卖所得的价款与应偿还借款本息之间的差额，借款人或者出借人有权主张返还或补偿。

第二十五条　借贷双方没有约定利息，出借人主张支付借期内利息的，人民法院不予支持。

自然人之间借贷对利息约定不明，出借人主张支付利息的，人民法院不予支持。除自然人之间借贷的外，借贷双方对借贷利息约定不明，出借人主张利息的，人民法院应当结合民间借贷合同的内容，并根据当地或者当事人的交易方式、交易习惯、市场利率等因素确定利息。

第二十六条　借贷双方约定的利率未超过年利率24%，出借人请求借款人按照约定的利率支付利息的，人民法院应予支持。

借贷双方约定的利率超过年利率36%，超过部分的利息约定无效。借款人请求出借人返还已支付的超过年利率36%部分的利息的，人民法院应予支持。

第二十七条　借据、收据、欠条等债权凭证载明的借款金额，一般认定为本金。预先在本金中扣除利息的，人民法院应当将实际出借的金额认定为本金。

第二十八条　借贷双方对前期借款本息结算后将利息计入后期借款本金并重新出具债权凭证，如果前期利率没有超过年利率24%，重新出具的债权凭证载明的金额可认定为后期借款本金；超过部分的利息不能计入后期借款本金。约定的利率超过年利率

24％，当事人主张超过部分的利息不能计入后期借款本金的，人民法院应予支持。

按前款计算，借款人在借款期间届满后应当支付的本息之和，不能超过最初借款本金与以最初借款本金为基数，以年利率24％计算的整个借款期间的利息之和。出借人请求借款人支付超过部分的，人民法院不予支持。

第二十九条 借贷双方对逾期利率有约定的，从其约定，但以不超过年利率24％为限。

未约定逾期利率或者约定不明的，人民法院可以区分不同情况处理：

（一）既未约定借期内的利率，也未约定逾期利率，出借人主张借款人自逾期还款之日起按照年利率6％支付资金占用期间利息的，人民法院应予支持；

（二）约定了借期内的利率但未约定逾期利率，出借人主张借款人自逾期还款之日起按照借期内的利率支付资金占用期间利息的，人民法院应予支持。

第三十条 出借人与借款人既约定了逾期利率，又约定了违约金或者其他费用，出借人可以选择主张逾期利息、违约金或者其他费用，也可以一并主张，但总计超过年利率24％的部分，人民法院不予支持。

第三十一条 没有约定利息但借款人自愿支付，或者超过约定的利率自愿支付利息或违约金，且没有损害国家、集体和第三人利益，借款人又以不当得利为由要求出借人返还的，人民法院不予支持，但借款人要求返还超过年利率36％部分的利息除外。

第三十二条 借款人可以提前偿还借款，但当事人另有约定的除外。

借款人提前偿还借款并主张按照实际借款期间计算利息的，人民法院应予支持。

第三十三条 本规定公布施行后，最高人民法院于1991年8月13日发布的《关于人民法院审理借贷案件的若干意见》同时废止；最高人民法院以前发布的司法解释与本规定不一致的，不再适用。

最高人民法院
关于依法妥善审理民间借贷纠纷案件促进经济发展维护社会稳定的通知

2011年12月2日　　　　　　　　　　　　法〔2011〕336号

各省、自治区、直辖市高级人民法院，解放军军事法院，新疆维吾尔自治区高级人民法院生产建设兵团分院：

当前我国经济保持平稳较快发展，整体形势良好，但是受国际国内经济形势变化等多种因素的影响，一些地方出现了与民间借贷相关的债务不能及时清偿、债务人出逃、中小企业倒闭等事件，对当地经济发展和社会稳定造成了较大冲击，相关纠纷案件在短期内大量增加。为践行能动司法理念，充分发挥审判职能作用，妥善化解民间借贷纠纷，促进经济发展，维护社会稳定，现将有关事项通知如下：

一、高度重视民间借贷纠纷案件的审判执行工作。民间借贷客观上拓宽了中小企业的融资渠道，一定程度上解决了部分社会融资需求，增强了经济运行的自我调整和适应能力，促进了多层次信贷市场的形成和发展，但实践中民间借贷也存在着交易隐蔽、风险不易监控等特点，容易引发高利贷、中小企业资金链断裂甚至破产以及非法集资、暴力催收导致人身伤害等违法犯罪问题，对金融秩序乃至经济发展、社会稳定造成不利影响，也使得人民法院妥善化解民间借贷纠纷的难度增加。因此，人民法院应当高度重视民间借贷纠纷案件的审判执行工作，将其作为"为大局服务，为人民司法"的重要工作内容，作为深入推进三项重点工作的重要切入点，通过依法妥善审理民间借贷纠纷，规范和引导民间借贷健康有序发展，切实维护社会和谐稳定。

二、做好民间借贷纠纷案件的立案受理工作。当事人就民间借贷纠纷起诉的，人民法院要依据民事诉讼法的有关规定做好立案受理工作。立案时要认真进行审查，对于涉嫌非法集资等经济犯罪的案件，依法移送有关部门处理；对于可能影响社会稳定的案件，及时与政府及有关部门沟通协调，积极配合做好相关预案工作，切实防范可能引发的群体性、突发性事件。

三、依法惩治与民间借贷相关的刑事犯罪。人民法院在审理与民间借贷相关的非法集资等经济犯罪案件时，要依照《最高人民法院关于在审理经济纠纷案件中涉及经济犯罪嫌疑若干问题的规定》的有关规定，根据具体情况分别处理。对于非法集资等经济犯罪案件，要依法及时审判，切实维护金融秩序。对于与民间借贷相关的黑社会性质的组织犯罪及其他暴力性犯罪，要依法从严惩处，切实维护人民群众人身财产安全。要严格贯彻宽严相济的刑事政策，注意区分性质不同的违法犯罪行为，真正做到罚当其罪。

四、依法妥善审理民间借贷纠纷案件。人民法院在审理民间借贷纠纷案件时，要严格适用民法通则、合同法等有关法律法规和司法解释的规定，同时注意把握国家经济政策精神，努力做到依法公正与妥善合理的有机统一。要依法认定民间借贷的合同效力，保护合法借贷关系，切实维护当事人的合法权益，确保案件处理取得良好的法律效果和社会效果。对于因赌博、吸毒等违法犯罪活动而形成的借贷关系或者出借人明知借款人是为了进行上述违法犯罪活动的借贷关系，依法不予保护。

五、加大对民间借贷纠纷案件的调解力度。人民法院审理民间借贷纠纷案件，要深入贯彻"调解优先、调判结合"工作原则。对于涉及众多出借人或者借款人的案件、可能引发工人讨薪等群体性事件的案件、出借人与借款人之间情绪严重对立的案件以及判决后难以执行的案件等，要先行调解，重点调解，努力促成当事人和解。要充分借助政府部门、行业组织、社会团体等各方面力量，加强与人民调解、行政调解的程序对接，形成化解矛盾的最大合力，共同维护社会和谐稳定。

六、依法保护合法的借贷利息。人民法院在审理民间借贷纠纷案件时，要依法保护合法的借贷利息，依法遏制高利贷化倾向。出借人依照合同约定请求支付借款利息的，人民法院应当依据合同法和《最高人民法院关于人民法院审理借贷案件的若干意见》第6条、第7条的规定处理。出借人将利息预先在本金中扣除的，应当按照实际借款数额返还借款并计算利息。当事人仅约定借期内利率，未约定逾期利率，出借人以借期内的利率主张逾期还款利息的,依法予以支持。当事人既未约定借期内利率,也未约定逾期利率的,出借人参照中国人民银行同期同类贷款基准利率,主张自逾期还款之日起的利息损失的,依法予以支持。

七、注意防范、制裁虚假诉讼。人民法院在审理民间借贷纠纷案件过程中,要依法全面、客观地审核双方当事人提交的全部证据,从各证据与案件事实的关联程度、各证据之间的联系等方面进行综合审查判断。对形式有瑕疵的"欠条"或者"收条",要结合其他证据认定是否存在借贷关系;对现金交付的借贷,可根据交付凭证、支付能力、交易习惯、借贷金额的大小、当事人间关系以及当事人陈述的交易细节经过等因素综合判断。发现有虚假诉讼嫌疑的,要及时依职权或者提请有关部门调查取证,查清事实真相。经查证确属虚假诉讼的,驳回其诉讼请求,并对其妨害民事诉讼的行为依法予以制裁;对于以骗取财物、逃废债务为目的实施虚假诉讼,构成犯罪的,依法追究刑事责任。

八、妥善适用有关司法措施。对于暂时资金周转困难但仍在正常经营的借款人,在不损害出借人合法权益的前提下,灵活适用诉讼保全措施,尽量使该借款人度过暂时的债务危机。对于出借人举报的有转移财产、逃避债务可能的借款人,要依法视情加大诉讼保全力度,切实维护债权人的合法权益。在审理因民间借贷债务而引发的企业破产案件时,对于符合国家产业政策且具有挽救价值和希望的负债中小企业,要积极适用重整、和解程序,尽快实现企业再生;对没有挽救希望,必须通过破产清算退出市场的中小企业,要制定综合预案,统筹协调,稳步推进,切实将企业退市引发的不良影响降到最低。

九、积极促进建立健全民间借贷纠纷防范和解决机制。人民法院在化解民间借贷纠纷的工作中,要紧紧围绕党和国家工作大局,紧紧依靠党委领导和政府支持,积极采取司法应对措施,全力维护社会和谐稳定。要加强与政府有关职能部门的沟通协调,充分发挥联动效能。要建立和完善系列案件审判执行统一协调机制,避免因裁判标准不一致或者执行工作简单化而激化社会矛盾。要结合民间借贷纠纷案件审判工作实际,及时提出司法建议,为有关部门依法采取有效措施提供参考。要加强法制宣传,特别是对典型案件的宣传,引导各类民间借贷主体增强风险防范意识,倡导守法诚信的社会风尚。

十、加强对民间借贷纠纷案件新情况新问题的调查研究。人民法院在民间借贷纠纷案件的审判工作中,要认真总结审判经验,密切关注各类敏感疑难问题和典型案件,对审理民间借贷纠纷案件过程中出现的新情况新问题,要认真分析研究成因,尽早提出对策,必要时及时层报最高人民法院。

最高人民法院
关于认真学习贯彻适用《最高人民法院关于审理民间借贷案件适用法律若干问题的规定》的通知

2015年8月25日　　　　　　　　　　法明传〔2015〕623号

各省、自治区、直辖市高级人民法院，解放军军事法院，新疆维吾尔自治区高级人民法院生产建设兵团分院：

《最高人民法院关于审理民间借贷案件适用法律若干问题的规定》（以下简称《规定》）已于2015年6月23日经最高人民法院审判委员会第1655次会议通过并于8月6日予以公布，将于2015年9月1日起施行。为便于进一步学习领会和正确适用司法解释，特作如下通知：

一、充分认识《规定》出台的意义

《规定》是在党的十八大提出依法治国、深化金融体制改革、支持实体经济特别是中小微企业的发展等各项重大战略决策的背景下，最高人民法院依据我国现行相关法律规定，总结长期以来审判实践经验制定的一部重要司法解释。《规定》为全国各级人民法院正确及时审理民间借贷纠纷案件提供了具有可操作性的司法裁判依据，将为维护经济社会和谐稳定发展发挥极其重要的作用。各级人民法院要从为实现依法治国方略，维护和促进经济社会发展的大局出发，正确把握和理解适用《规定》的精神实质和基本内容。

二、及时组织学习培训

《规定》从2015年8月6日公布到2015年9月1日起施行，相隔时间短，任务急，为使各级人民法院的审判人员尽快准确理解掌握司法解释的内涵，在案件审理中正确适用司法解释，各级人民法院要在妥善处理好工学关系的前提下，优先保障、尽快及时地通过多种形式组织学习培训，做好宣传工作。

三、适用《规定》过程中应当注意的问题

鉴于我国当前民间借贷尚未有专门的法律和法规，《规定》也不是针对现行某个专门法律、法规所作的解释，而是在民间借贷相关法律、法规的基础上，就审理民间借贷案件如何适用法律制定的专门性规定，在《规定》正式实施时，要注意把握以下几点：

（一）人民法院确认民间借贷合同效力时，应当按照《最高人民法院关于适用〈中华人民共和国合同法〉若干问题的解释（一）》第三条规定的精神，对本《规定》施行

以前成立的民间借贷合同，适用当时的司法解释民间借贷合同无效而适用本《规定》有效的，适用本《规定》；

（二）本《规定》施行后新受理的一审案件，适用本《规定》；

（三）本《规定》施行后，尚未审结的一审、二审、再审案件，适用《规定》施行前的司法解释进行审理，不适用本《规定》；

（四）本《规定》施行前已经审结的案件，不得适用本《规定》进行再审。

（四）租赁合同

最高人民法院关于审理城镇房屋租赁合同纠纷案件具体应用法律若干问题的解释

法释〔2009〕11号

（2009年6月22日最高人民法院审判委员会第1469次会议通过 2009年7月30日最高人民法院公告公布 自2009年9月1日起施行）

为正确审理城镇房屋租赁合同纠纷案件，依法保护当事人的合法权益，根据《中华人民共和国民法通则》、《中华人民共和国物权法》、《中华人民共和国合同法》等法律规定，结合民事审判实践，制定本解释。

第一条 本解释所称城镇房屋，是指城市、镇规划区内的房屋。

乡、村庄规划区内的房屋租赁合同纠纷案件，可以参照本解释处理。但法律另有规定的，适用其规定。

当事人依照国家福利政策租赁公有住房、廉租住房、经济适用住房产生的纠纷案件，不适用本解释。

第二条 出租人就未取得建设工程规划许可证或者未按照建设工程规划许可证的规定建设的房屋，与承租人订立的租赁合同无效。但在一审法庭辩论终结前取得建设工程规划许可证或者经主管部门批准建设的，人民法院应当认定有效。

第三条 出租人就未经批准或者未按照批准内容建设的临时建筑，与承租人订立的租赁合同无效。但在一审法庭辩论终结前经主管部门批准建设的，人民法院应当认定有效。

租赁期限超过临时建筑的使用期限，超过部分无效。但在一审法庭辩论终结前经主管部门批准延长使用期限的，人民法院应当认定延长使用期限内的租赁期间有效。

第四条 当事人以房屋租赁合同未按照法律、行政法规规定办理登记备案手续为由，请求确认合同无效的，人民法院不予支持。

当事人约定以办理登记备案手续为房屋租赁合同生效条件的，从其约定。但当事人一方已经履行主要义务，对方接受的除外。

第五条 房屋租赁合同无效，当事人请求参照合同约定的租金标准支付房屋占有使用费的，人民法院一般应予支持。

当事人请求赔偿因合同无效受到的损失，人民法院依照合同法的有关规定和本司法解释第九条、第十三条、第十四条的规定处理。

第六条 出租人就同一房屋订立数份租赁合同，在合同均有效的情况下，承租人均主张履行合同的，人民法院按照下列顺序确定履行合同的承租人：

（一）已经合法占有租赁房屋的；

（二）已经办理登记备案手续的；

（三）合同成立在先的。

不能取得租赁房屋的承租人请求解除合同、赔偿损失的，依照合同法的有关规定处理。

第七条 承租人擅自变动房屋建筑主体和承重结构或者扩建，在出租人要求的合理期限内仍不予恢复原状，出租人请求解除合同并要求赔偿损失的，人民法院依照合同法第二百一十九条的规定处理。

第八条 因下列情形之一，导致租赁房屋无法使用，承租人请求解除合同的，人民法院应予支持：

（一）租赁房屋被司法机关或者行政机关依法查封的；

（二）租赁房屋权属有争议的；

（三）租赁房屋具有违反法律、行政法规关于房屋使用条件强制性规定情况的。

第九条 承租人经出租人同意装饰装修，租赁合同无效时，未形成附合的装饰装修物，出租人同意利用的，可折价归出租人所有；不同意利用的，可由承租人拆除。因拆除造成房屋毁损的，承租人应当恢复原状。

已形成附合的装饰装修物，出租人同意利用的，可折价归出租人所有；不同意利用的，由双方各自按照导致合同无效的过错分担现值损失。

第十条 承租人经出租人同意装饰装修，租赁期间届满或者合同解除时，除当事人另有约定外，未形成附合的装饰装修物，可由承租人拆除。因拆除造成房屋毁损的，承租人应当恢复原状。

第十一条 承租人经出租人同意装饰装修，合同解除时，双方对已形成附合的装饰装修物的处理没有约定的，人民法院按照下列情形分别处理：

（一）因出租人违约导致合同解除，承租人请求出租人赔偿剩余租赁期内装饰装修残值损失的，应予支持；

（二）因承租人违约导致合同解除，承租人请求出租人赔偿剩余租赁期内装饰装修残值损失的，不予支持。但出租人同意利用的，应在利用价值范围内予以适当补偿；

（三）因双方违约导致合同解除，剩余租赁期内的装饰装修残值损失，由双方根据各自的过错承担相应的责任；

（四）因不可归责于双方的事由导致合同解除的，剩余租赁期内的装饰装修残值损失，由双方按照公平原则分担。法律另有规定的，适用其规定。

第十二条 承租人经出租人同意装饰装修，租赁期间届满时，承租人请求出租人补偿附合装饰装修费用的，不予支持。但当事人另有约定的除外。

第十三条　承租人未经出租人同意装饰装修或者扩建发生的费用，由承租人负担。出租人请求承租人恢复原状或者赔偿损失的，人民法院应予支持。

第十四条　承租人经出租人同意扩建，但双方对扩建费用的处理没有约定的，人民法院按照下列情形分别处理：

（一）办理合法建设手续的，扩建造价费用由出租人负担；

（二）未办理合法建设手续的，扩建造价费用由双方按照过错分担。

第十五条　承租人经出租人同意将租赁房屋转租给第三人时，转租期限超过承租人剩余租赁期限的，人民法院应当认定超过部分的约定无效。但出租人与承租人另有约定的除外。

第十六条　出租人知道或者应当知道承租人转租，但在六个月内未提出异议，其以承租人未经同意为由请求解除合同或者认定转租合同无效的，人民法院不予支持。

因租赁合同产生的纠纷案件，人民法院可以通知次承租人作为第三人参加诉讼。

第十七条　因承租人拖欠租金，出租人请求解除合同时，次承租人请求代承租人支付欠付的租金和违约金以抗辩出租人合同解除权的，人民法院应予支持。但转租合同无效的除外。

次承租人代为支付的租金和违约金超出其应付的租金数额，可以折抵租金或者向承租人追偿。

第十八条　房屋租赁合同无效、履行期限届满或者解除，出租人请求负有腾房义务的次承租人支付逾期腾房占有使用费的，人民法院应予支持。

第十九条　承租人租赁房屋用于以个体工商户或者个人合伙方式从事经营活动，承租人在租赁期间死亡、宣告失踪或者宣告死亡，其共同经营人或者其他合伙人请求按照原租赁合同租赁该房屋的，人民法院应予支持。

第二十条　租赁房屋在租赁期间发生所有权变动，承租人请求房屋受让人继续履行原租赁合同的，人民法院应予支持。但租赁房屋具有下列情形或者当事人另有约定的除外：

（一）房屋在出租前已设立抵押权，因抵押权人实现抵押权发生所有权变动的；

（二）房屋在出租前已被人民法院依法查封的。

第二十一条　出租人出卖租赁房屋未在合理期限内通知承租人或者存在其他侵害承租人优先购买权情形，承租人请求出租人承担赔偿责任的，人民法院应予支持。但请求确认出租人与第三人签订的房屋买卖合同无效的，人民法院不予支持。

第二十二条　出租人与抵押权人协议折价、变卖租赁房屋偿还债务，应当在合理期限内通知承租人。承租人请求以同等条件优先购买房屋的，人民法院应予支持。

第二十三条　出租人委托拍卖人拍卖租赁房屋，应当在拍卖5日前通知承租人。承租人未参加拍卖的，人民法院应当认定承租人放弃优先购买权。

第二十四条　具有下列情形之一，承租人主张优先购买房屋的，人民法院不予支持：

（一）房屋共有人行使优先购买权的；

（二）出租人将房屋出卖给近亲属，包括配偶、父母、子女、兄弟姐妹、祖父母、外祖父母、孙子女、外孙子女的；

（三）出租人履行通知义务后，承租人在十五日内未明确表示购买的；

（四）第三人善意购买租赁房屋并已经办理登记手续的。

第二十五条 本解释施行前已经终审，本解释施行后当事人申请再审或者按照审判监督程序决定再审的案件，不适用本解释。

最高人民法院
关于张树江与陈伯寅房屋租赁案的批复

1981年12月2日　　　　　　　　　　　　　　　　〔81〕民他字第29号

上海市高级人民法院：

你院〔80〕沪高民申字第48号函收悉。关于函中所请示的问题，经我们研究认为，根据上海市房地产管理局1965年2月1日《关于处理二房东问题的请示报告》中第七条的规定，考虑到目前张、陈二户的居住现状。同意你院审判委员会的意见，分户给张树江一间亭子间居住为宜。

附：

上海市高级人民法院
关于处理张树江与陈伯寅房屋租赁纠纷案的请示报告

1980年12月29日　　　　　　　　　　　　　　　〔80〕沪高民申字第48号

最高人民法院：

被告陈伯寅（第八帆布厂退休职工）于1951年租赁了绍兴路96弄9号三楼前后两间住房，前间朝南连阳台20.2平方米，由3个子女住；后间朝北15.2平方米，陈夫妇自住。半年后，陈的连襟即原告张树江（瑞金医院医生）之父为便利治病寄住到陈家。随后，张母、张弟与张本人也先后住过。户口都迁入，与陈的3个子女同住前间，并长期搭伙在陈家。1953年张母自行租赁同弄内一个20平方米的房间，供张树江与弟同住，户口未迁。1956年张弟在此屋内结婚，张又住回陈家。陈因子女长大，住房困难，于1960年又租赁同幢房子的三楼亭子间（11.4平方米），由张树江与陈的长子同住。1965年陈长子去云南后，此屋便由张独住，但陈仍放有家具在内。张父继续与陈两子女同住前楼，张母1965年起常住苏州（户口未迁）。

陈每月房租8元，张住陈家是不付房租的。陈与张的老家都在苏州，陈在苏州的家具什物一直堆放在张苏州的私房中。自1958年国家在苏州另行安排公房给张后，陈的家具就放在张的公房里，每月付给张那间公房的房租6元（此房已于1978年还给张），从此张也开始贴补陈房租3元。1977年张父去世，两家纠纷公开化，张树江以两家合租为由，要求分租立户，并于1977年向卢湾区法院起诉。区法院会同双方组织、里弄、派出所、房管所等有关单位一起调解，认为租赁权是陈的，张无权分房，但为了解决纠纷，照顾张无房居住的困难，经陈同意将亭子间给张分租立户，因张不同意，调解不成。后来，区法院认为房屋租赁权是陈的，但双方共同使用已有28年之久，张也是实际使用人，故以三间房屋分成两组，前间（包括阳台）一组，后间与亭子间一组，由陈家先挑，陈认为这样分组不合理而拒绝，于是第一审判决张住前间，陈住后间与亭子间。

陈认为自己是为了照顾张家便利治病，给予寄住的，反而给分去了一间面积最大、朝向最好的房间，不服原判向中院上诉。中院审理后考虑到张与其母两人住亭子间面积太小，欲调解给后间，张又执意不从，中院便维持原判，陈向高院申诉。

我院认为，陈的租赁权应得到保护，第一、二审判决不当，故撤销第一、二审判决，发回卢湾区法院重审。但张及张的单位到处写信，坚持要维持原判。而区法院经再审也认为，张寄住了28年已形成实际使用人，取得了租赁权，打算维持原判。

我院审判委员会讨论认为：张虽住陈家二三十年，但性质仍属寄住。根据是，一、租赁契约户名是陈家的。二、户口资料中记载张家迁入户口是为了"便利治病"、"寄住"。三、20几年张一家搭伙在陈家，从不独立开伙。四、张向自己组织、向苏州房管部门申请房屋亦说是寄住在陈家的。陈家出于对亲戚的照顾，还可从他们居住的实际情况中看出：张父一直是与陈子女混住前间，张从1965年起虽独住亭子间，但陈的家具仍存放在亭子间内。因此，陈家的租赁权是明确的，应当受到保护。至于实际问题的处理，根据上海市人委批发上海市房地产管理局1965年2月1日《关于处理二房东问题的请示报告》第七条规定"对于确实为了照顾亲友居住困难，挤出一部分公管房屋让给亲友居住没有中间剥削的，在处理的时候可以根据他们的自愿，分户同房管部门建立租赁关系，也可以不分户，由房管部门在管理资料中注明备查"的精神，由于张在上海确无住房可迁，张又长期居住亭子间，陈也愿意将亭子间分户给张，因此，原则上应维持居住现状，张继续居住亭子间是比较合理的。

鉴于这件纠纷有一定的代表性，法院上下之间又意见不一致，为慎重起见，特此请示。

最高人民法院经济审判庭
关于对一企业租赁经营合同规定由主管部门鉴证后合同生效的条款效力如何认定问题的复函

1991年1月11日　　　　　　　　　　　　　〔1991〕法经字第1号

山东省高级人民法院：

你院鲁法（经）发〔1990〕70号《关于对一企业租赁经营合同规定由主管部门鉴证后合同生效的条款效力如何认定问题的请示报告》收悉。经研究，答复如下：

本案合同第六条第三项"本合同经双方签字，并经鉴证后生效"的约定，是合同当事人双方真实意思表示，现行法律没有禁止性规定，且，合同鉴证实行的是自愿原则，因此，这一条款不宜认定无效。但就本案而言，在当事人送交鉴证的合同正式文本上，原告方拒绝签字，合同不能视为成立，也不发生法律效力。故，认定合同第六条第三项条款效力如何，似无实际意义。

此复。

附：

山东省高级人民法院
关于对一企业租赁经营合同规定由主管部门鉴证后合同生效的条款效力如何认定问题的请示报告

1990年10月20日　　　　　　　　　　　　鲁法（经）发〔1990〕70号

最高人民法院：

我省济南市中级人民法院在研究一件企业租赁经营合同纠纷案件时，对当事人在合同中约定的由主管部门鉴证后合同生效的条款效力如何认定产生分歧，无法形成统一意见。现将该案情况及争议意见报告请示如下：

原告（承租人），系济南市化工研究所原生产办公室副主任薛继辰；被告（出租人），系济南市化工研究所；被租赁企业，系济南市化工研究所试验厂。该厂原是化工研究所的一个科研成果实验生产办公室，1987年底经济南市计委和济南市化工局批准改为试验厂。1988年1月8日，由济南市化工研究所申报，经济南市工商行政管理局登记注册，核发了营业执照，性质为集体所有制，注册资金25万元，独立核算，法定代表人隋振祥（化工研究所所长兼任）。1988年3月7日，原、被告签订了企业租赁合同，合同第六条第三项规定："本合同经双方签字，并经鉴证后生效。自1988年2月1日至1991年1月31日止，租赁期为3年"。被告法定代表人隋振祥和原告薛继辰均在合同上签字。当隋振祥持该合同到双方商定的市化工局企业管理处进行鉴证时，该处负责人口头表示同意给予鉴证，但由于合同改的较乱，且只有一份，要隋将合同打印一式三份双方签字盖章后再鉴证。隋在合同打印过程中，将合同的第三条第三项"技术转让费的使用和交纳按技术转让合同执行"改为"88年技术转让费的使用和交纳按技术转让合同执行。89年以后的技术转让费随同租金一块交付。"对此改动，原告不同意，拒绝在打印的合同上签字盖章。主管部门因双方发生争议，故没有对其合同进行鉴证盖章。

济南市中级人民法院在研究该合同规定的"经鉴证后合同生效"这一条款效力如何认定时，有两种意见：一种意见认为，根据国家工商行政管理局〔1985〕工商137号《关于经济合同鉴证的暂行规定》第三条关于"工商行政管理局是经济合同的鉴证机关"的规定，该合同双方当事人约定由主管部门鉴证，不是法定的鉴证机关，所以合同规定"经鉴证后合同生效"的条款不具有法律约束力，不应影响合同的效力。另一种意见认为，我们国家法律规定对合同鉴证实行的是自愿原则，且该合同属于企业租赁经营合同，1988年7月1日生效的《全民所有制小型工业企业租赁经营暂行条例》也未对此类合同鉴证问题作规定。所以，当事人约定"合同由主管部门鉴证后生效"不违背法律规定。该案当事人没按约定到主管部门进行鉴证，其合同不能认定发生法律效力。多数同志倾向后一种意见。

我院同意济南市中级人民法院多数同志的意见。因为当事人约定"合同经鉴证后生效"的条款是双方真实意思的表示，且又不违背法律规定，应具有法律约束力。因此，该合同未经主管部门鉴证，应认定合同没有发生法律效力。以上意见当否，请批复。

最高人民法院
关于周慧儒等诉遵义市万里路蔬菜店房屋租赁纠纷一案的复函

1992年6月8日　　　　　　　　　　　　　　　〔91〕民他字第6号

贵州省高级人民法院：

你院〔1991〕民请字第1号《关于周慧儒等诉遵义市万里路蔬菜店房屋租赁纠纷一案的请示报告》收悉。经研究认为：遵义市万里路蔬菜店（下称蔬菜店）自1959年承租周慧儒、周人恩等人（下称周家）房屋以来，虽对承租房屋几经改建、重建，但一直向周家缴纳租金，双方租赁关系明确，产权从未发生变更，故我们基本同意你院审判委员会的第二种意见，即维持双方租赁关系，租金可适当提高，但应着其补办审批手续。此外，鉴于周家部分出租房屋征购费已被蔬菜店领取，处理时可将房屋价款及利息与房屋修建费折抵后多退少补。

最高人民法院
关于承租部分房屋的承租人在出租人整体出卖房屋时是否享有优先购买权的复函

2005年7月26日　　　　　　　　　　　　　〔2004〕民一他字第29号

江苏省高级人民法院：

你院请示的关于承租部分房屋的承租人在出租人整体出卖房屋时是否享有优先购买权的问题，目前，法律和司法解释对此均无明确规定。经研究认为：目前处理此类案件，可以从以下两个方面综合考虑：

第一，从房屋使用功能上看，如果承租人承租的部分房屋与房屋的其他部分是可分的、使用功能可相对独立的，则承租人的优先购买权应仅及于其承租的部分房屋；如果承租人的部分房屋与房屋的其他部分是不可分的、使用功能整体性较明显的，则其对出租人所卖全部房屋享有优先购买权。

第二，从承租人承租的部分房屋占全部房屋的比例看，承租人承租的部分房屋占出租人出卖的全部房屋一半以上的，则其对出租人出卖的全部房屋享有优先购买权；反之则不宜认定其对全部房屋享有优先购买权。

请你院结合以上因素，根据案件具体情况，妥善处理。

（五）建设工程合同

最高人民法院关于审理建设工程施工合同纠纷案件适用法律问题的解释

法释〔2004〕14号

（2004年9月29日最高人民法院审判委员会第1327次会议通过 2004年10月25日最高人民法院公告公布 自2005年1月1日起施行）

根据《中华人民共和国民法通则》、《中华人民共和国合同法》、《中华人民共和国招标投标法》、《中华人民共和国民事诉讼法》等法律规定，结合民事审判实际，就审理建设工程施工合同纠纷案件适用法律的问题，制定本解释。

第一条 建设工程施工合同具有下列情形之一的，应当根据合同法第五十二条第（五）项的规定，认定无效：

（一）承包人未取得建筑施工企业资质或者超越资质等级的；

（二）没有资质的实际施工人借用有资质的建筑施工企业名义的；

（三）建设工程必须进行招标而未招标或者中标无效的。

第二条 建设工程施工合同无效，但建设工程经竣工验收合格，承包人请求参照合同约定支付工程价款的，应予支持。

第三条 建设工程施工合同无效，且建设工程经竣工验收不合格的，按照以下情形分别处理：

（一）修复后的建设工程经竣工验收合格，发包人请求承包人承担修复费用的，应予支持；

（二）修复后的建设工程经竣工验收不合格，承包人请求支付工程价款的，不予支持。

因建设工程不合格造成的损失，发包人有过错的，也应承担相应的民事责任。

第四条 承包人非法转包、违法分包建设工程或者没有资质的实际施工人借用有资质的建筑施工企业名义与他人签订建设工程施工合同的行为无效。人民法院可以根据民法通则第一百三十四条规定，收缴当事人已经取得的非法所得。

第五条 承包人超越资质等级许可的业务范围签订建设工程施工合同，在建设工程竣工前取得相应资质等级，当事人请求按照无效合同处理的，不予支持。

第六条 当事人对垫资和垫资利息有约定，承包人请求按照约定返还垫资及其利息的，应予支持，但是约定的利息计算标准高于中国人民银行发布的同期同类贷款利率的部分除外。

当事人对垫资没有约定的，按照工程欠款处理。

当事人对垫资利息没有约定，承包人请求支付利息的，不予支持。

第七条 具有劳务作业法定资质的承包人与总承包人、分包人签订的劳务分包合同，当事人以转包建设工程违反法律规定为由请求确认无效的，不予支持。

第八条 承包人具有下列情形之一，发包人请求解除建设工程施工合同的，应予支持：

（一）明确表示或者以行为表明不履行合同主要义务的；

（二）合同约定的期限内没有完工，且在发包人催告的合理期限内仍未完工的；

（三）已经完成的建设工程质量不合格，并拒绝修复的；

（四）将承包的建设工程非法转包、违法分包的。

第九条 发包人具有下列情形之一，致使承包人无法施工，且在催告的合理期限内仍未履行相应义务，承包人请求解除建设工程施工合同的，应予支持：

（一）未按约定支付工程价款的；

（二）提供的主要建筑材料、建筑构配件和设备不符合强制性标准的；

（三）不履行合同约定的协助义务的。

第十条 建设工程施工合同解除后，已经完成的建设工程质量合格的，发包人应当按照约定支付相应的工程价款；已经完成的建设工程质量不合格的，参照本解释第三条规定处理。

因一方违约导致合同解除的，违约方应当赔偿因此而给对方造成的损失。

第十一条 因承包人的过错造成建设工程质量不符合约定，承包人拒绝修理、返工或者改建，发包人请求减少支付工程价款的，应予支持。

第十二条 发包人具有下列情形之一，造成建设工程质量缺陷，应当承担过错责任：

（一）提供的设计有缺陷；

（二）提供或者指定购买的建筑材料、建筑构配件、设备不符合强制性标准；

（三）直接指定分包人分包专业工程。

承包人有过错的，也应当承担相应的过错责任。

第十三条 建设工程未经竣工验收，发包人擅自使用后，又以使用部分质量不符合约定为由主张权利的，不予支持；但是承包人应当在建设工程的合理使用寿命内对地基基础工程和主体结构质量承担民事责任。

第十四条 当事人对建设工程实际竣工日期有争议的，按照以下情形分别处理：

（一）建设工程经竣工验收合格的，以竣工验收合格之日为竣工日期；

（二）承包人已经提交竣工验收报告，发包人拖延验收的，以承包人提交验收报告之日为竣工日期；

(三）建设工程未经竣工验收，发包人擅自使用的，以转移占有建设工程之日为竣工日期。

第十五条 建设工程竣工前，当事人对工程质量发生争议，工程质量经鉴定合格的，鉴定期间为顺延工期期间。

第十六条 当事人对建设工程的计价标准或者计价方法有约定的，按照约定结算工程价款。

因设计变更导致建设工程的工程量或者质量标准发生变化，当事人对该部分工程价款不能协商一致的，可以参照签订建设工程施工合同时当地建设行政主管部门发布的计价方法或者计价标准结算工程价款。

建设工程施工合同有效，但建设工程经竣工验收不合格的，工程价款结算参照本解释第三条规定处理。

第十七条 当事人对欠付工程价款利息计付标准有约定的，按照约定处理；没有约定的，按照中国人民银行发布的同期同类贷款利率计息。

第十八条 利息从应付工程价款之日计付。当事人对付款时间没有约定或者约定不明的，下列时间视为应付款时间：

（一）建设工程已实际交付的，为交付之日；

（二）建设工程没有交付的，为提交竣工结算文件之日；

（三）建设工程未交付，工程价款也未结算的，为当事人起诉之日。

第十九条 当事人对工程量有争议的，按照施工过程中形成的签证等书面文件确认。承包人能够证明发包人同意其施工，但未能提供签证文件证明工程量发生的，可以按照当事人提供的其他证据确认实际发生的工程量。

第二十条 当事人约定，发包人收到竣工结算文件后，在约定期限内不予答复，视为认可竣工结算文件的，按照约定处理。承包人请求按照竣工结算文件结算工程价款的，应予支持。

第二十一条 当事人就同一建设工程另行订立的建设工程施工合同与经过备案的中标合同实质性内容不一致的，应当以备案的中标合同作为结算工程价款的根据。

第二十二条 当事人约定按照固定价结算工程价款，一方当事人请求对建设工程造价进行鉴定的，不予支持。

第二十三条 当事人对部分案件事实有争议的，仅对有争议的事实进行鉴定，但争议事实范围不能确定，或者双方当事人请求对全部事实鉴定的除外。

第二十四条 建设工程施工合同纠纷以施工行为地为合同履行地。

第二十五条 因建设工程质量发生争议的，发包人可以以总承包人、分包人和实际施工人为共同被告提起诉讼。

第二十六条 实际施工人以转包人、违法分包人为被告起诉的，人民法院应当依法受理。

实际施工人以发包人为被告主张权利的，人民法院可以追加转包人或者违法分包人为本案当事人。发包人只在欠付工程价款范围内对实际施工人承担责任。

第二十七条 因保修人未及时履行保修义务，导致建筑物毁损或者造成人身、财产损害的，保修人应当承担赔偿责任。

保修人与建筑物所有人或者发包人对建筑物毁损均有过错的，各自承担相应的责任。

第二十八条 本解释自 2005 年 1 月 1 日起施行。

施行后受理的第一审案件适用本解释。

施行前最高人民法院发布的司法解释与本解释相抵触的，以本解释为准。

最高人民法院
关于如何理解和适用《最高人民法院关于审理建设工程施工合同纠纷案件适用法律问题的解释》第 20 条的请示的答复[*]

2006 年 4 月 25 日　　　　　　　　　　　　　〔2005〕民一他字第 23 号

重庆市高级人民法院：

你院渝高法〔2005〕154 号《关于如何理解和适用〈最高人民法院关于审理建设工程施工合同纠纷案件适用法律问题的解释〉第 20 条的请示》收悉。经研究，答复如下：

同意你院审委会的第二种意见，即：适用该司法解释第 20 条的前提条件是当事人之间约定了发包人收到竣工结算文件后，在约定期限内不予答复，则视为认可竣工结算文件。承包人提交的竣工结算文件可以作为工程款结算的依据。建设部制定的建设工程施工合同格式文本中的通用条款第 33 条第 3 款的规定，不能简单地推论出，双方当事人具有发包人收到竣工结算文件一定期限内不予答复，则视为认可承包人提交的竣工结算文件的一致意思表示，承包人提交的竣工结算文件不能作为工程款结算的依据。

---

[*] 也作"最高人民法院关于发包人收到承包人竣工结算文件后，在约定期限内不予答复，是否视为竣工结算文件的复函"。

最高人民法院
关于建设工程价款优先受偿权问题的批复

法释〔2002〕16号

(2002年6月11日最高人民法院审判委员会第1225次会议通过
2002年6月20日最高人民法院公告公布 自2002年6月27日起施行)

上海市高级人民法院:

你院沪高法〔2001〕14号《关于合同法第二百八十六条理解与适用问题的请示》收悉。

经研究,答复如下:

一、人民法院在审理房地产纠纷案件和办理执行案件中,应当依照《中华人民共和国合同法》第二百八十六条的规定,认定建筑工程的承包人的优先受偿权优于抵押权和其他债权。

二、消费者交付购买商品房的全部或者大部分款项后,承包人就该商品房享有的工程价款优先受偿权不得对抗买受人。

三、建筑工程价款包括承包人为建设工程应当支付的工作人员报酬、材料款等实际支出的费用,不包括承包人因发包人违约所造成的损失。

四、建设工程承包人行使优先权的期限为6个月,自建设工程竣工之日或者建设工程合同约定的竣工之日起计算。

五、本批复第一条至第三条自公布之日起施行,第四条自公布之日起6个月后施行。

此复。

最高人民法院
关于胡拴毛诉梁宝堂索要信息费一案的复函[*]

1990年11月19日　　　　　　　　　　　〔1990〕民他字第31号

山西省高级人民法院：

你院报来（1990）晋法研字第25号关于胡拴毛诉梁宝堂索要信息费一案的请示报告收悉。据报告述称：胡拴毛介绍五台县陈家庄乡建安公司四队梁宝堂与黄寨村委建筑队签订转包建筑工程合同，因向承包方索要信息费被拒绝而提起诉讼。经研究并征求有关部门的意见后，我们认为：1987年2月10日城乡建设环境保护部、国家工商行政管理局所颁发的《关于加强建筑市场管理的暂行规定》第七条已明确规定："承发包工程必须严格遵守国家政策、法规，严禁行贿受贿、索取回扣、弄虚作假。不准任何单位或个人私自介绍工程收取工程'介绍费'。"胡拴毛向梁宝堂要"信息费"的行为违反了上述规定，其诉讼请求应予驳回。同时，根据《民法通则》第六十一条第二款和第一百三十四条第三款的规定，胡拴毛已经取得的部分"信息费"可予以收缴。

以上意见，供参考。

最高人民法院经济审判庭
关于建筑工程承包合同纠纷中工期问题的电话答复

（1988年9月17日）

贵州省高级人民法院：

你院〔88〕黔法经请字第3号请示报告收悉。关于四川省重庆市铜梁县第二建筑公司诉贵州省息烽县酒厂建筑工程承包合同纠纷一案工期问题，根据来文所提供的情况，经研究答复如下：

贵州省息烽县酒厂与四川省重庆市铜梁县第二建筑公司签订息烽县酒厂粮库、半成品库建筑工程承包合同约定的工期，是在《建筑安装工程工期定额》规定的工期之内。

---

[*] 也作"最高人民法院关于给承包单位介绍工程索要信息费如何处理问题的复函"。

合同是经招标投标之后签订的,故不应以违反《建筑安装工程工期定额》规定为理由,确认合同约定的工期无效。如招标投标有违反主管部门主观规定之情形,则另当别论。息烽县酒厂窖酒车间建筑工程工期,《建筑安装工程工期定额》无明确规定。对双方当事人在承包合同中约定的工期,应认定为有效。

此复。

附:

贵州省高级人民法院
关于重庆市铜梁县第二建筑公司诉贵州省息烽县酒厂建设工程承包合同纠纷一案中工期问题的请示报告

1988年7月13日　　　　　　　　　　　　〔88〕黔法经请字第3号

最高人民法院:

现将我省安顺地区中级人民法院受理的重庆市铜梁县第二建筑公司诉贵州省息烽县酒厂建设工程承包合同纠纷一案中有关工期的问题汇报请示如下:

1985年初,贵州省息烽县酒厂(以下简称酒厂)将本厂窖酒车间、粮库、半成品库的建设工程公开进行招标,同年8月28日,酒厂与中标方重庆市铜梁县第二建筑公司(以下简称二建司)签订了《息烽县酒厂窖酒车间、粮库、半成品库建筑工程承包合同》。合同规定:预算金额为82万元、窖酒车间、粮库、半成品库的建筑面积分别为2702.14m^2、1030m^2、2960.24m^2;工期分别为120天、105天、178天。窖酒车间、粮库如因特殊情况,可延长工期10日。逾期1日,赔偿经济损失1000元。半成品库如遇人力不可抗拒的情况,可延长工期15日。逾期1日,赔偿经济损失1000元。合同签订后,窖酒车间、粮库工程如期开工,半成品库工程因场地腾整,双方同意顺延至同年11月中旬开工。窖酒车间、粮库、半成品库工程分别施工234日、220日、377日后竣工。竣工后,二建司依据贵州省安顺地区〔83〕定额要求工程款应按116万元结算,酒厂则认为双方签订的合同有效,应按合同规定的82万元结算。为此,双方发生争议,二建司遂向安顺地区中级人民法院起诉,要求酒厂按安顺地区〔83〕定额进行结算工程款,酒厂则反诉提出二建司逾期完工,应依合同规定赔偿损失29.7万元。对此,二建司辩称双方在合同中规定的工期违反了1985年国家城乡建设环境保护部的《建筑安装工程工期定额》,应属无效。

经查,按《建筑安装工程工期定额》的规定,除窖酒车间因建筑面积超过2000m^2没有工期规定外,粮库工期应为135天,半成品库工期应为295天,故双方当事人在合同中对粮库、半成品库工程的工期规定与《建筑安装工程工期定额》的规定不一致。对合同规定的工期条款是否有效的问题,经我院讨论有两种意见。一种意见认为:《建筑安装工程承包合同条例》第九条规定"合同工期,除国务院另有规定者外,应执行各省、自治区、直辖市和国务院主管部门颁发的工期定额。暂时没有规定工期定额的特殊工程，由双方协商确定，工期一经确定，任何一方不得随意变更。"该案双方当事人在合同中对粮库、半成品库工期的规定违反了《建筑安装工程工期定额》的规定，应属无效。窖酒车间工期，因《建筑安装工程工期定额》无明确规定，对该双方当事人协商确定的工期应认定为有效。另一种意见认为：目前建筑工程实行招标投标，是鼓励竞争、提高效益的一种积极手段。对本案招、投标双方关于工程工期的规定，只要确出于双方当事人自愿，不损害双方当事人的利益和公共利益，就应着眼于有利于改革的大局，认定为有效。

上述意见，何为恰当，请批示。

最高人民法院经济审判庭关于国营黄羊河农场与榆中县第二建筑工程公司签订的两份建筑工程承包合同的效力认定问题的复函

1992年1月13日　　　　　　　　　　　〔1992〕法经字第10号

甘肃省高级人民法院：

你院甘法经上〔1991〕22号请示报告收悉。关于国营黄羊河农场与榆中县第二建筑工程公司签订的两份建筑工程承包合同的效力认定问题。经研究，答复如下：

国营黄羊河农场在经上级主管部门批准建设仓库和职工住宅两项工程后，即于1989年5月16日与榆中县第二建筑工程公司分别签订了仓库和职工住宅两份建筑工程施工合同。合同内容合法，当事人双方均具备主体资格。虽然建设单位国营黄羊河农场当时未领取"建设许可证"，但事后已补办了手续，而且两项工程已完成82%的工程总量。因此，对本案合同的效力，可不以建设单位当时未领取"建设许可证"为由确认无效。

此复。

最高人民法院
关于云南省昆明官房建筑经营公司与昆明柏联房地产开发有限公司建筑工程承包合同纠纷一案的复函

2000年10月10日　　　　　　　　　　　　〔2000〕经他字第5号

云南省高级人民法院：

你院请示收悉，经研究，答复如下：

人民法院在审理民事、经济纠纷案件时，应当以法律和行政法规为依据。建设部、国家计委、财政部《关于严格禁止在工程建设中带资承包的通知》，不属于行政法规，也不是部门规章。从该通知内容看，主要以行政管理手段对建筑工程合同当事人带资承包进行限制，并给予行政处罚，而对于当事人之间的债权债务关系，仍应按照合同承担责任。因此，不应以当事人约定了带资承包条款，违反法律和行政法规的规定为由，而认定合同无效。

最高人民法院
关于建设工程承包合同案件中双方当事人已确认的工程决算价款与审计部门审计的工程决算价款不一致时如何适用法律问题的电话答复意见

2001年4月2日　　　　　　　　　　　　〔2001〕民一他字第2号

河南省高级人民法院：

你院"关于建设工程承包合同案件中双方当事人已确认的工程决算价款与审计部门审计的工程决算价款不一致时如何适用法律问题的请示"收悉。

经研究认为，审计是国家对建设单位的一种行政监督，不影响建设单位与承建单位的合同效力。建设工程承包合同案件应以当事人的约定作为法院判决的依据。只有在合同明确约定以审计结论作为结算依据或者合同约定不明确、合同约定无效的情况下，才能将审计结论作为判决的依据。

最高人民法院
关于装修装饰工程款是否享有合同法
第二百八十六条规定的优先受偿权的函复

2004年12月8日　　　　　　　　　　　〔2004〕民一他字第14号

福建省高级人民法院：

你院闽高法〔2004〕143号《关于福州市康辉装修工程有限公司与福州天胜房地产开发有限公司、福州绿叶房产代理有限公司装修工程承包合同纠纷一案的请示》收悉。经研究，答复如下：

装修装饰工程属于建设工程，可以适用《中华人民共和国合同法》第二百八十六条关于优先受偿权的规定，但装修装饰工程的发包人不是该建筑物的所有权人或者承包人与该建筑物的所有权人之间没有合同关系的除外。享有优先权的承包人只能在建筑物因装修装饰而增加价值的范围内优先受偿。

此复。

（六）技 术 合 同

最高人民法院
关于审理技术合同纠纷案件
适用法律若干问题的解释

法释〔2004〕20号

(2004年11月30日最高人民法院审判委员会第1335次会议通过　2004年12月16日最高人民法院公告公布　自2005年1月1日起施行)

为了正确审理技术合同纠纷案件，根据《中华人民共和国合同法》、《中华人民共和国专利法》和《中华人民共和国民事诉讼法》等法律的有关规定，结合审判实践，现就有关问题作出以下解释。

一、一般规定

第一条　技术成果，是指利用科学技术知识、信息和经验作出的涉及产品、工艺、材料及其改进等的技术方案，包括专利、专利申请、技术秘密、计算机软件、集成电路布图设计、植物新品种等。

技术秘密，是指不为公众所知悉、具有商业价值并经权利人采取保密措施的技术信息。

第二条　合同法第三百二十六条第二款所称"执行法人或者其他组织的工作任务"，包括：

（一）履行法人或者其他组织的岗位职责或者承担其交付的其他技术开发任务；

（二）离职后一年内继续从事与其原所在法人或者其他组织的岗位职责或者交付的任务有关的技术开发工作，但法律、行政法规另有规定的除外。

法人或者其他组织与其职工就职工在职期间或者离职以后所完成的技术成果的权益有约定的，人民法院应当依约定确认。

第三条　合同法第三百二十六条第二款所称"物质技术条件"，包括资金、设备、器材、原材料、未公开的技术信息和资料等。

第四条　合同法第三百二十六条第二款所称"主要利用法人或者其他组织的物质技术条件"，包括职工在技术成果的研究开发过程中，全部或者大部分利用了法人或者其他组织的资金、设备、器材或者原材料等物质条件，并且这些物质条件对形成该技术成果具有实质性的影响；还包括该技术成果实质性内容是在法人或者其他组织尚未公开的技术成果、阶段性技术成果基础上完成的情形。但下列情况除外：

（一）对利用法人或者其他组织提供的物质技术条件，约定返还资金或者交纳使用费的；

（二）在技术成果完成后利用法人或者其他组织的物质技术条件对技术方案进行验证、测试的。

第五条 个人完成的技术成果，属于执行原所在法人或者其他组织的工作任务，又主要利用了现所在法人或者其他组织的物质技术条件的，应当按照该自然人原所在和现所在法人或者其他组织达成的协议确认权益。不能达成协议的，根据对完成该项技术成果的贡献大小由双方合理分享。

第六条 合同法第三百二十六条、第三百二十七条所称完成技术成果的"个人"，包括对技术成果单独或者共同作出创造性贡献的人，也即技术成果的发明人或者设计人。人民法院在对创造性贡献进行认定时，应当分解所涉及技术成果的实质性技术构成。提出实质性技术构成并由此实现技术方案的人，是作出创造性贡献的人。

提供资金、设备、材料、试验条件，进行组织管理，协助绘制图纸、整理资料、翻译文献等人员，不属于完成技术成果的个人。

第七条 不具有民事主体资格的科研组织订立的技术合同，经法人或者其他组织授权或者认可的，视为法人或者其他组织订立的合同，由法人或者其他组织承担责任；未经法人或者其他组织授权或者认可的，由该科研组织成员共同承担责任，但法人或者其他组织因该合同受益的，应当在其受益范围内承担相应责任。

前款所称不具有民事主体资格的科研组织，包括法人或者其他组织设立的从事技术研究开发、转让等活动的课题组、工作室等。

第八条 生产产品或者提供服务依法须经有关部门审批或者取得行政许可，而未经审批或者许可的，不影响当事人订立的相关技术合同的效力。

当事人对办理前款所称审批或者许可的义务没有约定或者约定不明确的，人民法院应当判令由实施技术的一方负责办理，但法律、行政法规另有规定的除外。

第九条 当事人一方采取欺诈手段，就其现有技术成果作为研究开发标的与他人订立委托开发合同收取研究开发费用，或者就同一研究开发课题先后与两个或者两个以上的委托人分别订立委托开发合同重复收取研究开发费用的，受损害方依照合同法第五十四条第二款规定请求变更或者撤销合同的，人民法院应当予以支持。

第十条 下列情形，属于合同法第三百二十九条所称的"非法垄断技术、妨碍技术进步"：

（一）限制当事人一方在合同标的技术基础上进行新的研究开发或者限制其使用所改进的技术，或者双方交换改进技术的条件不对等，包括要求一方将其自行改进的技术无偿提供给对方、非互惠性转让给对方、无偿独占或者共享该改进技术的知识产权；

（二）限制当事人一方从其他来源获得与技术提供方类似技术或者与其竞争的技术；

（三）阻碍当事人一方根据市场需求，按照合理方式充分实施合同标的技术，包括明显不合理地限制技术接受方实施合同标的技术生产产品或者提供服务的数量、品种、价格、销售渠道和出口市场；

（四）要求技术接受方接受并非实施技术必不可少的附带条件，包括购买非必需的技术、原材料、产品、设备、服务以及接收非必需的人员等；

（五）不合理地限制技术接受方购买原材料、零部件、产品或者设备等的渠道或者来源；

（六）禁止技术接受方对合同标的技术知识产权的有效性提出异议或者对提出异议附加条件。

第十一条 技术合同无效或者被撤销后，技术开发合同研究开发人、技术转让合同让与人、技术咨询合同和技术服务合同的受托人已经履行或者部分履行了约定的义务，并且造成合同无效或者被撤销的过错在对方的，对其已履行部分应当收取的研究开发经费、技术使用费、提供咨询服务的报酬，人民法院可以认定为因对方原因导致合同无效或者被撤销给其造成的损失。

技术合同无效或者被撤销后，因履行合同所完成新的技术成果或者在他人技术成果基础上完成后续改进技术成果的权利归属和利益分享，当事人不能重新协议确定的，人民法院可以判决由完成技术成果的一方享有。

第十二条 根据合同法第三百二十九条的规定，侵害他人技术秘密的技术合同被确认无效后，除法律、行政法规另有规定的以外，善意取得该技术秘密的一方当事人可以在其取得时的范围内继续使用该技术秘密，但应当向权利人支付合理的使用费并承担保密义务。

当事人双方恶意串通或者一方知道或者应当知道另一方侵权仍与其订立或者履行合同的，属于共同侵权，人民法院应当判令侵权人承担连带赔偿责任和保密义务，因此取得技术秘密的当事人不得继续使用该技术秘密。

第十三条 依照前条第一款规定可以继续使用技术秘密的人与权利人就使用费支付发生纠纷的，当事人任何一方都可以请求人民法院予以处理。继续使用技术秘密但又拒不支付使用费的，人民法院可以根据权利人的请求判令使用人停止使用。

人民法院在确定使用费时，可以根据权利人通常对外许可该技术秘密的使用费或者使用人取得该技术秘密所支付的使用费，并考虑该技术秘密的研究开发成本、成果转化和应用程度以及使用人的使用规模、经济效益等因素合理确定。

不论使用人是否继续使用技术秘密，人民法院均应当判令其向权利人支付已使用期间的使用费。使用人已向无效合同的让与人支付的使用费应当由让与人负责返还。

第十四条 对技术合同的价款、报酬和使用费，当事人没有约定或者约定不明确的，人民法院可以按照以下原则处理：

（一）对于技术开发合同和技术转让合同，根据有关技术成果的研究开发成本、先进性、实施转化和应用的程度，当事人享有的权益和承担的责任，以及技术成果的经济效益等合理确定；

（二）对于技术咨询合同和技术服务合同，根据有关咨询服务工作的技术含量、质量和数量，以及已经产生和预期产生的经济效益等合理确定。

技术合同价款、报酬、使用费中包含非技术性款项的，应当分项计算。

第十五条　技术合同当事人一方迟延履行主要债务，经催告后在30日内仍未履行，另一方依据合同法第九十四条第（三）项的规定主张解除合同的，人民法院应当予以支持。

当事人在催告通知中附有履行期限且该期限超过30日的，人民法院应当认定该履行期限为合同法第九十四条第（三）项规定的合理期限。

第十六条　当事人以技术成果向企业出资但未明确约定权属，接受出资的企业主张该技术成果归其享有的，人民法院一般应当予以支持，但是该技术成果价值与该技术成果所占出资额比例明显不合理损害出资人利益的除外。

当事人对技术成果的权属约定有比例的，视为共同所有，其权利使用和利益分配，按共有技术成果的有关规定处理，但当事人另有约定的，从其约定。

当事人对技术成果的使用权约定有比例的，人民法院可以视为当事人对实施该项技术成果所获收益的分配比例，但当事人另有约定的，从其约定。

二、技术开发合同

第十七条　合同法第三百三十条所称"新技术、新产品、新工艺、新材料及其系统"，包括当事人在订立技术合同时尚未掌握的产品、工艺、材料及其系统等技术方案，但对技术上没有创新的现有产品的改型、工艺变更、材料配方调整以及对技术成果的验证、测试和使用除外。

第十八条　合同法第三百三十条第四款规定的"当事人之间就具有产业应用价值的科技成果实施转化订立的"技术转化合同，是指当事人之间就具有实用价值但尚未实现工业化应用的科技成果包括阶段性技术成果，以实现该科技成果工业化应用为目标，约定后续试验、开发和应用等内容的合同。

第十九条　合同法第三百三十五条所称"分工参与研究开发工作"，包括当事人按照约定的计划和分工，共同或者分别承担设计、工艺、试验、试制等工作。

技术开发合同当事人一方仅提供资金、设备、材料等物质条件或者承担辅助协作事项，另一方进行研究开发工作的，属于委托开发合同。

第二十条　合同法第三百四十一条所称"当事人均有使用和转让的权利"，包括当事人均有不经对方同意而自己使用或者以普通使用许可的方式许可他人使用技术秘密，并独占由此所获利益的权利。当事人一方将技术秘密成果的转让权让与他人，或者以独占或者排他使用许可的方式许可他人使用技术秘密，未经对方当事人同意或者追认的，应当认定该让与或者许可行为无效。

第二十一条　技术开发合同当事人依照合同法的规定或者约定自行实施专利或使用技术秘密，但因其不具备独立实施专利或者使用技术秘密的条件，以一个普通许可方式许可他人实施或者使用的，可以准许。

三、技术转让合同

第二十二条　合同法第三百四十二条规定的"技术转让合同"，是指合法拥有技的权利人，包括其他有权对外转让技术的人，将现有特定的专利、专利申请、技术秘密的相关权利让与他人，或者许可他人实施、使用所订立的合同。但就尚待研究开发的技术成果或者不涉及专利、专利申请或者技术秘密的知识、技术、经验和信息所订立的合同除外。

技术转让合同中关于让与人向受让人提供实施技术的专用设备、原材料或者提供有关的技术咨询、技术服务的约定，属于技术转让合同的组成部分。因此发生的纠纷，按照技术转让合同处理。

当事人以技术入股方式订立联营合同，但技术入股人不参与联营体的经营管理，并且以保底条款形式约定联营体或者联营对方支付其技术价款或者使用费的，视为技术转让合同。

第二十三条 专利申请权转让合同当事人以专利申请被驳回或者被视为撤回为由请求解除合同，该事实发生在依照专利法第十条第三款的规定办理专利申请权转让登记之前的，人民法院应当予以支持；发生在转让登记之后的，不予支持，但当事人另有约定的除外。

专利申请因专利申请权转让合同成立时即存在尚未公开的同样发明创造的在先专利申请被驳回，当事人依据合同法第五十四条第一款第（二）项的规定请求予以变更或者撤销合同的，人民法院应当予以支持。

第二十四条 订立专利权转让合同或者专利申请权转让合同前，让与人自己已经实施发明创造，在合同生效后，受让人要求让与人停止实施的，人民法院应当予以支持，但当事人另有约定的除外。

让与人与受让人订立的专利权、专利申请权转让合同，不影响在合同成立前让与人与他人订立的相关专利实施许可合同或者技术秘密转让合同的效力。

第二十五条 专利实施许可包括以下方式：

（一）独占实施许可，是指让与人在约定许可实施专利的范围内，将该专利仅许可一个受让人实施，让与人依约定不得实施该专利；

（二）排他实施许可，是指让与人在约定许可实施专利的范围内，将该专利仅许可一个受让人实施，但让与人依约定可以自行实施该专利；

（三）普通实施许可，是指让与人在约定许可实施专利的范围内许可他人实施该专利，并且可以自行实施该专利。

当事人对专利实施许可方式没有约定或者约定不明确的，认定为普通实施许可。专利实施许可合同约定受让人可以再许可他人实施专利的，认定该再许可为普通实施许可，但当事人另有约定的除外。

技术秘密的许可使用方式，参照本条第一、二款的规定确定。

第二十六条 专利实施许可合同让与人负有在合同有效期内维持专利权有效的义务，包括依法缴纳专利年费和积极应对他人提出宣告专利权无效的请求，但当事人另有约定的除外。

第二十七条 排他实施许可合同让与人不具备独立实施其专利的条件，以一个普通许可的方式许可他人实施专利的，人民法院可以认定为让与人自己实施专利，但当事人另有约定的除外。

第二十八条 合同法第三百四十三条所称"实施专利或者使用技术秘密的范围"，包括实施专利或者使用技术秘密的期限、地域、方式以及接触技术秘密的人员等。

当事人对实施专利或者使用技术秘密的期限没有约定或者约定不明确的，受让人实施专利或者使用技术秘密不受期限限制。

第二十九条 合同法第三百四十七条规定技术秘密转让合同让与人承担的"保密义务"，不限制其申请专利，但当事人约定让与人不得申请专利的除外。

当事人之间就申请专利的技术成果所订立的许可使用合同，专利申请公开以前，适用技术秘密转让合同的有关规定；发明专利申请公开以后、授权以前，参照适用专利实施许可合同的有关规定；授权以后，原合同即为专利实施许可合同，适用专利实施许可合同的有关规定。

人民法院不以当事人就已经申请专利但尚未授权的技术订立专利实施许可合同为由，认定合同无效。

四、技术咨询合同和技术服务合同

第三十条 合同法第三百五十六条第一款所称"特定技术项目"，包括有关科学技术与经济社会协调发展的软科学研究项目，促进科技进步和管理现代化、提高经济效益和社会效益等运用科学知识和技术手段进行调查、分析、论证、评价、预测的专业性技术项目。

第三十一条 当事人对技术咨询合同受托人进行调查研究、分析论证、试验测定等所需费用的负担没有约定或者约定不明确的，由受托人承担。

当事人对技术咨询合同委托人提供的技术资料和数据或者受托人提出的咨询报告和意见未约定保密义务，当事人一方引用、发表或者向第三人提供的，不认定为违约行为，但侵害对方当事人对此享有的合法权益的，应当依法承担民事责任。

第三十二条 技术咨询合同受托人发现委托人提供的资料、数据等有明显错误或者缺陷，未在合理期限内通知委托人的，视为其对委托人提供的技术资料、数据等予以认可。委托人在接到受托人的补正通知后未在合理期限内答复并予补正的，发生的损失由委托人承担。

第三十三条 合同法第三百五十六条第二款所称"特定技术问题"，包括需要运用专业技术知识、经验和信息解决的有关改进产品结构、改良工艺流程、提高产品质量、降低产品成本、节约资源能耗、保护资源环境、实现安全操作、提高经济效益和社会效益等专业技术问题。

第三十四条 当事人一方以技术转让的名义提供已进入公有领域的技术，或者在技术转让合同履行过程中合同标的技术进入公有领域，但是技术提供方进行技术指导、传授技术知识，为对方解决特定技术问题符合约定条件的，按照技术服务合同处理，约定的技术转让费可以视为提供技术服务的报酬和费用，但是法律、行政法规另有规定的除外。

依照前款规定，技术转让费视为提供技术服务的报酬和费用明显不合理的，人民法院可以根据当事人的请求合理确定。

第三十五条 当事人对技术服务合同受托人提供服务所需费用的负担没有约定或者约定不明确的，由受托人承担。

技术服务合同受托人发现委托人提供的资料、数据、样品、材料、场地等工作条件不符合约定，未在合理期限内通知委托人的，视为其对委托人提供的工作条件予以认可。委托人在接到受托人的补正通知后未在合理期限内答复并予补正的，发生的损失由委托人承担。

第三十六条 合同法第三百六十四条规定的"技术培训合同"，是指当事人一方委托另一方对指定的学员进行特定项目的专业技术训练和技术指导所订立的合同，不包括职业培训、文化学习和按照行业、法人或者其他组织的计划进行的职工业余教育。

第三十七条 当事人对技术培训必需的场地、设施和试验条件等工作条件的提供和管理责任没有约定或者约定不明确的，由委托人负责提供和管理。

技术培训合同委托人派出的学员不符合约定条件，影响培训质量的，由委托人按照约定支付报酬。

受托人配备的教员不符合约定条件，影响培训质量，或者受托人未按照计划和项目进行培训，导致不能实现约定培训目标的，应当减收或者免收报酬。

受托人发现学员不符合约定条件或者委托人发现教员不符合约定条件，未在合理期限内通知对方，或者接到通知的一方未在合理期限内按约定改派的，应当由负有履行义务的当事人承担相应的民事责任。

第三十八条 合同法第三百六十四条规定的"技术中介合同"，是指当事人一方以知识、技术、经验和信息为另一方与第三人订立技术合同进行联系、介绍以及对履行合同提供专门服务所订立的合同。

第三十九条 中介人从事中介活动的费用，是指中介人在委托人和第三人订立技术合同前，进行联系、介绍活动所支出的通信、交通和必要的调查研究等费用。中介人的报酬，是指中介人为委托人与第三人订立技术合同以及对履行该合同提供服务应当得到的收益。

当事人对中介人从事中介活动的费用负担没有约定或者约定不明确的，由中介人承担。当事人约定该费用由委托人承担但未约定具体数额或者计算方法的，由委托人支付中介人从事中介活动支出的必要费用。

当事人对中介人的报酬数额没有约定或者约定不明确的，应当根据中介人所进行的劳务合理确定，并由委托人承担。仅在委托人与第三人订立的技术合同中约定中介条款，但未约定给付中介人报酬或者约定不明确的，应当支付的报酬由委托人和第三人平均承担。

第四十条 中介人未促成委托人与第三人之间的技术合同成立的，其要求支付报酬的请求，人民法院不予支持；其要求委托人支付其从事中介活动必要费用的请求，应当予以支持，但当事人另有约定的除外。

中介人隐瞒与订立技术合同有关的重要事实或者提供虚假情况，侵害委托人利益的，应当根据情况免收报酬并承担赔偿责任。

第四十一条 中介人对造成委托人与第三人之间的技术合同的无效或者被撤销没有过错，并且该技术合同的无效或者被撤销不影响有关中介条款或者技术中介合同继续有效，中介人要求按照约定或者本解释的有关规定给付从事中介活动的费用和报酬的，人民法院应当予以支持。

中介人收取从事中介活动的费用和报酬不应当被视为委托人与第三人之间的技术合同纠纷中一方当事人的损失。

五、与审理技术合同纠纷有关的程序问题

第四十二条 当事人将技术合同和其他合同内容或者将不同类型的技术合同内容订立在一个合同中的，应当根据当事人争议的权利义务内容，确定案件的性质和案由。

技术合同名称与约定的权利义务关系不一致的，应当按照约定的权利义务内容，确定合同的类型和案由。

技术转让合同中约定让与人负责包销或者回购受让人实施合同标的技术制造的产品，仅因让与人不履行或者不能全部履行包销或者回购义务引起纠纷，不涉及技术问题的，应当按照包销或者回购条款约定的权利义务内容确定案由。

第四十三条 技术合同纠纷案件一般由中级以上人民法院管辖。

各高级人民法院根据本辖区的实际情况并报经最高人民法院批准，可以指定若干基层人民法院管辖第一审技术合同纠纷案件。

其他司法解释对技术合同纠纷案件管辖另有规定的，从其规定。

合同中既有技术合同内容，又有其他合同内容，当事人就技术合同内容和其他合同内容均发生争议的，由具有技术合同纠纷案件管辖权的人民法院受理。

第四十四条 一方当事人以诉讼争议的技术合同侵害他人技术成果为由请求确认合同无效，或者人民法院在审理技术合同纠纷中发现可能存在该无效事由的，人民法院应当依法通知有关利害关系人，其可以作为有独立请求权的第三人参加诉讼或者依法向有管辖权的人民法院另行起诉。

利害关系人在接到通知后15日内不提起诉讼的，不影响人民法院对案件的审理。

第四十五条 第三人向受理技术合同纠纷案件的人民法院就合同标的技术提出权属或者侵权请求时，受诉人民法院对此也有管辖权的，可以将权属或者侵权纠纷与合同纠纷合并审理；受诉人民法院对此没有管辖权的，应当告知其向有管辖权的人民法院另行起诉或者将已经受理的权属或者侵权纠纷案件移送有管辖权的人民法院。权属或者侵权纠纷另案受理后，合同纠纷应当中止诉讼。

专利实施许可合同诉讼中，受让人或者第三人向专利复审委员会请求宣告专利权无效的，人民法院可以不中止诉讼。在案件审理过程中专利权被宣告无效的，按照专利法第四十七条第二款和第三款的规定处理。

六、其 他

第四十六条 集成电路布图设计、植物新品种许可使用和转让等合同争议，相关行政法规另有规定的，适用其规定；没有规定的，适用合同法总则的规定，并可以参照合

同法第十八章和本解释的有关规定处理。

计算机软件开发、许可使用和转让等合同争议，著作权法以及其他法律、行政法规另有规定的，依照其规定；没有规定的，适用合同法总则的规定，并可以参照合同法第十八章和本解释的有关规定处理。

第四十七条 本解释自 2005 年 1 月 1 日起施行。

最高人民法院民事审判第三庭
关于黑龙江无线电一厂与王兴华等专利实施许可合同使用费纠纷案的函

2001 年 1 月 11 日　　　　　　　　　　　　〔1998〕知监字第 68 号函

黑龙江省高级人民法院：

关于黑龙江无线电一厂（以下简称无线电一厂）与王兴华、王振中、吕文富、梅明宇专利实施许可合同使用费纠纷一案，无线电一厂不服你院（1997）黑经终字第 68 号终审民事判决，向本院申请再审。经初步审查申请再审人提交的《民事申诉状》、《民事再审申请书》及其补充材料和一、二审判决书以及相关证据材料，提出以下意见供你院考虑：

本案核心问题是 1991 年 3 月 20 日王兴华与无线电一厂所签"终止合同协议书"的效力的认定。该协议与 1990 年 11 月 1 日双方所签排他性的专利实施许可合同均是由王兴华签字的。在王兴华签订这两份协议时，其仍是专利证书所记载的惟一的专利权人。其他专利权共有人的身份是在 1995 年 5 月 15 日作出的（1994）哈经初字第 229 号民事判决书生效之后才得以确认的。在此之前，王兴华仍然是法律上所认可的专利权人，其可以依法独立行使对其专利的处分权，以其名义签订的这两份协议，其效力似应当均作有效的一致认定。即使在 1990 年 11 月 1 日的合同中已说明王兴华是同时代表其他人与无线电一厂签订合同，但在履约过程中专利权人身份未依法变更之前，所谓被代表的其他人也无权对专利权人的处分行为进行限制。况且，该合同也只是讲专利是三人的"非职务发明"、"专利设计人王兴华等三名同志与无线电一厂协商一致"，并未明确指出专利的处分权属于三个人共有。作为与专利权人交易的相对人，除非其有明显过错，不能要求其承担——专利权人的身份在将来必然会产生变更——这样的注意义务，其并不对与其交易时专利证书记载的专利权人因该交易行为而对其他事后确认的专利权共有人产生的侵权行为承担。担从现有证据材料看，王兴华不能证明其并未与无线电一厂签有该"终止合同协议书"；王兴华、王振中、吕文富也不能证明无线电一厂在与王兴华签订该协议书时系明知或者应知王兴华并非为法律所承认的惟一的专利权人或者双方有恶意串通等行为。至于无线电一厂在该"终止合同协议书"签订之后仍继续向对方支付费用的问题，原审判决并未说明支付的是何期间的费用。如果无线电一厂是合同义务依法终止后仍继续付费，也属于对自己权利的处分。如无其他足够的证据可以就证，不能因此反推该"终止合同协议书"就不具有法律效力。

如果"终止合同协议书"认定为有效，则王兴华等人依据1990年11月1日合同所主张的权利就不应予以支持，但其可以依法另行向无线电一厂主张专利侵权等其他权利。

另外，在无线电一厂否认其生产的两种型号的产品系实施原告专利技术所得的情况下，原审判决示就已经完成的技术鉴定问题作出审查认定，也未进行其他技术对比判断，即依此来计算使用费，亦有不妥。

现将有关申请再审材料转你院，请你院就以上问题和申请再审人反映的其他问题一并予以复查，在3个月将复查结果报告本院民事审判第三庭并迳复申请再审人。

最高人民法院
关于印发全国法院知识产权审判工作会议关于审理技术合同纠纷案件若干问题的纪要的通知

2001年6月19日　　　　　　　　　　　　　　　　　　法〔2001〕84号

各省、自治区、直辖市高级人民法院，解放军军事法院，新疆维吾尔自治区高级人民法院生产建设兵团分院：

现将全国法院知识产权审判工作会议关于审理技术合同纠纷案件若干问题的纪要印发，望认真贯彻执行。

附：

全国法院知识产权审判工作会议关于审理技术合同纠纷案件若干问题的纪要

(2001年6月15日)

1999年3月15日，第九届全国人民代表大会第二次会议通过《中华人民共和国合同法》(以下简称合同法)，并于同年10月1日起施行。合同法的颁布与施行，结束了经济合同法、涉外经济合同法和技术合同法三部合同法并存的局面，实现了三部合同法的统一。我国合同法律制度发生了重大变革。根据合同法规定，技术合同法被废止，其主要内容已被吸收在合同法分则的第十八章技术合同中。与之相适应，最高人民法院根据技术合同法和技术合同法实施条例制定的《关于审理科技纠纷案件的若干问题的规定》司法解释，也被废止。为了适应我国合同法律制度的重大变革，实现新旧合同法律制度的平稳过渡，最高人民法院正在有计划、有步骤地制定有关合同法的司法解释，目前已发布了《关于适用〈中华人民共和国合同法〉若干问题的解释》（一），有关技术合同部分的司法解释被列为《关于适用〈中华人民共和国合同法〉若干问题的解释》（三）。

1999年8月，最高人民法院即开始进行《解释》（三）的起草工作，在对原有的技术合同法律、行政法规和司法解释进行清理的基础上，并根据合同法对技术合同新的规定和审判实践中出现的新情况、新问题，形成了征求意见稿。1999年11月，为贯彻执行合同法，最高人民法院在安徽省合肥市召开全国法院技术合同审判工作座谈会，全国31个高院和22个中院、2个基层法院近70余名代表参加了会议，李国光副院长出席会议并作了重要讲话。座谈会上对征求意见稿进行了充分讨论，有近20个法院还提交了书面意见。国家科技部和国家知识产权局亦派代表参加了会议。2000年4月上旬，原知识产权庭与国家科技部又共同在西安市召开技术合同法律问题研讨会，再次就征求意见稿征求了部分地方科委、科协组织、知识产权诉讼律师和专利代理人的意见。此后，还向全国人大常委会法工委、国务院法制办等8个部门和郑成思、梁慧星等11名专家书面征求意见。在广泛征求意见并反复修改的基础上，形成送审稿。

2001年6月12日至15日，最高人民法院在上海市召开全国法院知识产权审判工作会议。全国30个高级人民法院、新疆高院生产建设兵团分院、解放军军事法院、24个中级人民法院分管知识产权审判工作的副院长、知识产权审判庭或者负责知识产权审判工作的业务庭庭长或副庭长，以及全国人大法工委、全国人大教科文卫委、国务院法制办、国家科技部、国家工商行政管理总局、国家知识产权局、国家版权局等单位的负责同志，中国社会科学院知识产权中心、清华大学法学院、北京大学知识产权学院、中国人民大学知识产权教学与研究中心的著名专家学者等共120余人参加了会议。最高人民法院副院长曹建明出席会议并作了讲话。会议分析了当前知识产权审判工作面临的形势，总结了近二十年来知识产权审判工作的经验，部署了当前和今后一段时期人民法院知识产权审判工作的任务。会议着重围绕我国"入世"对知识产权审判工作的影响及应做的准备工作，贯彻新修改的专利法、合同法以及其他知识产权法律，充分发挥知识产权审判整体职能等议题，进行了深入的讨论。会议还对技术合同纠纷案件适用法律的若干问题进行了研讨。会议认为，为解决当前人民法院审理技术合同纠纷案件的急需，有必要将已经成熟的一些审判技术合同若干适用法律问题的原则纪要发给各地人民法院，以作为指导全国法院审理技术合同纠纷案件的指导意见。各地法院在执行中，要继续总结经验，及时将执行中有关问题反映给最高人民法院民事审判第三庭，以便将审判技术合同纠纷适用法律的司法解释稿修改得更加完善，待提交最高人民法院审判委员会讨论通过后正式发布施行。现就审理技术合同纠纷案件适用法律的若干问题纪要如下：

一、一般规定

（一）技术成果和技术秘密

1. 合同法第十八章所称技术成果，是指利用科学技术知识、信息和经验作出的产品、工艺、材料及其改进等技术方案，包括专利、专利申请、技术秘密和其他能够取得知识产权的技术成果（如植物新品种、计算机软件、集成电路布图设计和新药成果等）。

2. 合同法第十八章所称的技术秘密，是指不为公众所知悉、能为权利人带来经济利益、具有实用性并经权利人采取保密措施的技术信息。

前款所称不为公众所知悉，是指该技术信息的整体或者精确的排列组合或者要素，并非为通常涉及该信息有关范围的人所普遍知道或者容易获得；能为权利人带来经济利益、具有实用性，是指该技术信息因属于秘密而具有商业价值，能够使拥有者获得经济利益或者获得竞争优势；权利人采取保密措施，是指该技术信息的合法拥有者根据有关情况采取的合理措施，在正常情况下可以使该技术信息得以保密。

合同法所称技术秘密与技术秘密成果是同义语。

（二）职务技术成果与非职务技术成果

3. 法人或者其他组织与其职工在劳动合同或者其他协议中就职工在职期间或者离职以后所完成的技术成果的权益有约定的，依其约定确认。但该约定依法应当认定为无效或者依法被撤销、解除的除外。

4. 合同法第三百二十六条第二款所称执行法人或者其他组织的工作任务，是指：

（1）职工履行本岗位职责或者承担法人或者其他组织交付的其他科学研究和技术开发任务。

（2）离职、退职、退休后1年内继续从事与其原所在法人或者其他组织的岗位职责或者交付的任务有关的科学研究和技术开发，但法律、行政法规另有规定或者当事人另有约定的除外。

前款所称岗位职责，是指根据法人或者其他组织的规定，职工所在岗位的工作任务和责任范围。

5. 合同法第三百二十六条第二款所称物质技术条件，是指资金、设备、器材、原材料、未公开的技术信息和资料。

合同法第三百二十六条第二款所称主要利用法人或者其他组织的物质技术条件，是指职工在完成技术成果的研究开发过程中，全部或者大部分利用了法人或者其他组织的资金、设备、器材或者原材料，或者该技术成果的实质性内容是在该法人或者其他组织尚未公开的技术成果、阶段性技术成果或者关键技术的基础上完成的。但对利用法人或者其他组织提供的物质技术条件，约定返还资金或者交纳使用费的除外。

在研究开发过程中利用法人或者其他组织已对外公开或者已为本领域普通技术人员公知的技术信息，或者在技术成果完成后利用法人或者其他组织的物质条件对技术方案进行验证、测试的，不属于主要利用法人或者其他组织的物质技术条件。

6. 完成技术成果的个人既执行了原所在法人或者其他组织的工作任务，又就同一科学研究或者技术开发课题主要利用了现所在法人或者其他组织的物质技术条件所完成的技术成果的权益，由其原所在法人或者其他组织和现所在法人或者其他组织协议确定，不能达成协议的，由双方合理分享。

7. 职工于本岗位职责或者其所在法人或者其他组织交付的任务之外从事业余兼职活动或者与他人合作完成的技术成果的权益，按照其与聘用人（兼职单位）或者合作人的约定确认。没有约定或者约定不明确，依照合同法第六十一条的规定不能达成补充协议的，按照合同法第三百二十六条和第三百二十七条的规定确认。

依照前款规定处理时不得损害职工所在的法人或者其他组织的技术权益。

8. 合同法第三百二十六条和第三百二十七条所称完成技术成果的个人，是指对技术成果单独或者共同作出创造性贡献的人，不包括仅提供资金、设备、材料、试验条件的人员，进行组织管理的人员，协助绘制图纸、整理资料、翻译文献等辅助服务人员。

判断创造性贡献时，应当分解技术成果的实质性技术构成，提出实质性技术构成和由此实现技术方案的人是作出创造性贡献的人。对技术成果做出创造性贡献的人为发明人或者设计人。

（三）技术合同的主体

9. 法人或者其他组织设立的从事技术研究开发、转让等活动的不具有民事主体资格的科研组织（包括课题组、工作室等）订立的技术合同，经法人或者其他组织授权或者认可的，视为法人或者其他组织订立的合同，由法人或者其他组织承担责任；未经法人或者其他组织授权或者认可的，由该科研组织成员共同承担责任，但法人或者其他组织因该合同受益的，应当在其受益范围内承担相应的责任。

（四）技术合同的效力

10. 技术合同不因下列事由无效：

（1）合同标的技术未经技术鉴定；

（2）技术合同未经登记或者未向有关部门备案；

（3）以已经申请专利尚未授予专利权的技术订立专利实施许可合同。

11. 技术合同内容有下列情形的，属于合同法第三百二十九条所称"非法垄断技术，妨碍技术进步"：

（1）限制另一方在合同标的技术的基础上进行新的研究开发，或者双方交换改进技术的条件不对等，包括要求一方将其自行改进的技术无偿地提供给对方、非互惠性的转让给对方、无偿地独占或者共享该改进技术的知识产权；

（2）限制另一方从其他来源吸收技术；

（3）阻碍另一方根据市场的需求，按照合理的方式充分实施合同标的技术，包括不合理地限制技术接受方实施合同标的技术生产产品或者提供服务的数量、品种、价格、销售渠道和出口市场；

（4）要求技术接受方接受并非实施技术必不可少的附带条件，包括购买技术接受方并不需要的技术、服务、原材料、设备或者产品等和接收技术接受方并不需要的人才等；

（5）不合理地限制技术接受方自由选择从不同来源购买原材料、零部件或者设备等；

（6）禁止技术接受方对合同标的技术的知识产权的有效性提出异议的条件。

12. 技术合同内容有下列情形的，属于合同法第三百二十九条所称侵害他人技术成果：

（1）侵害他人专利权、专利申请权、专利实施权的；

（2）侵害他人技术秘密成果使用权、转让权的；

（3）侵害他人植物新品种权、植物新品种申请权、植物新品种实施权的；

（4）侵害他人计算机软件著作权、集成电路电路布图设计权、新药成果权等技术成果权的；

（5）侵害他人发明权、发现权以及其他科技成果权的。

侵害他人发明权、发现权以及其他科技成果权等技术成果完成人人身权利的合同，合同部分无效，不影响其他部分效力的，其他部分仍然有效。

13. 当事人使用或者转让其独立研究开发或者以其他正当方式取得的与他人的技术秘密相同或者近似的技术秘密的，不属于合同法第三百二十九条所称侵害他人技术成果。

通过合法的参观访问或者对合法取得的产品进行拆卸、测绘、分析等反向工程手段掌握相关技术的，属于前款所称以其他正当方式取得。但法律另有规定或者当事人另有约定的除外。

14. 除当事人另有约定或者技术成果的权利人追认的以外，技术秘密转让合同和专利实施许可合同的受让人，将合同标的技术向他人转让而订立的合同无效。

15. 技术转让合同中既有专利权转让或者专利实施许可内容，又有技术秘密转让内容，专利权被宣告无效或者技术秘密被他人公开的，不影响合同中另一部分内容的效力。但当事人另有约定的除外。

16. 当事人一方采取欺诈手段，就其现有技术成果作为研究开发标的与他人订立委托开发合同收取研究开发费用，或者就同一研究开发课题先后与两个或者两个以上的委托人分别订立委托开发合同重复收取研究开发费用的，受损害方可以依照合同法第五十四条第二款的规定请求变更或者撤销合同，但属于合同法第五十二条和第三百二十九条规定的情形应当对合同作无效处理的除外。

17. 技术合同无效或者被撤销后，研究开发人、让与人、受托人已经履行了约定的义务，且造成合同无效或者被撤销的过错在对方的，其按约定应当收取的研究开发经费、技术使用费和提供咨询服务的报酬，可以视为因对方原因导致合同无效或者被撤销给其造成的损失。

18. 技术合同无效或者被撤销后，当事人因合同取得的技术资料、样品、样机等技术载体应当返还权利人，并不得保留复制品；涉及技术秘密的，当事人依法负有保密义务。

19. 技术合同无效或者被撤销后，因履行合同所完成的新的技术成果或者在他人技术成果的基础上完成的后续改进部分的技术成果的权利归属和利益分享，当事人不能重新协议确定的，由完成技术成果的一方当事人享有。

20. 侵害他人技术秘密成果使用权、转让权的技术合同无效后，除法律、行政法规另有规定的以外，善意、有偿取得该技术秘密的一方可以继续使用该技术秘密，但应当向权利人支付合理的使用费并承担保密义务。除与权利人达成协议以外，善意取得的一方（使用人）继续使用该技术秘密不得超过其取得时确定的使用范围。当事人双方恶意串通或者一方明知或者应知另一方侵权仍然与其订立或者履行合同的，属于共同侵权，应当承担连带赔偿责任和保密义务，因该无效合同而取得技术秘密的当事人不得继续使用该技术秘密。

前款规定的使用费由使用人与权利人协议确定，不能达成协议的，任何一方可以请求人民法院予以裁决。使用人拒不履行双方达成的使用费协议的，权利人除可以请求人民法院判令使用人支付已使用期间的使用费以外，还可以请求判令使用人停止使用该技术秘密；使用人拒不执行人民法院关于使用费的裁决的，权利人除可以申请强制执行已使用期间的使用费外，还可以请求人民法院判令使用人停止使用该技术秘密。在双方就使用费达成协议或者人民法院作出生效裁决以前，使用人可以不停止使用该技术秘密。

21．人民法院在裁决前条规定的使用费时，可以根据权利人善意对外转让该技术秘密的费用并考虑使用人的使用规模和经济效益等因素来确定；也可以依据使用人取得该技术秘密所支付的费用并考虑该技术秘密的研究开发成本、成果转化和应用程度和使用人的使用规模和经济效益等因素来确定。

人民法院应当对已使用期间的使用费和以后使用的付费标准一并作出裁决。

合同被确认无效后，使用人不论是否继续使用该技术秘密，均应当向权利人支付其已使用期间的使用费，其已向无效合同的让与人支付的费用应当由让与人负责返还，该费用中已由让与人作为侵权损害的赔偿直接给付权利人的部分，在计算使用人向权利人支付的使用费时相应扣除。

22．法律、法规规定生产产品或者提供服务须经有关部门审批手续或者领取许可证，而实际尚未办理该审批手续或者领取许可证的，不影响当事人就有关产品的生产或者服务的提供所订立的技术合同的效力。

当事人对办理前款所称审批手续或者许可证的义务没有约定或者约定不明确，依照合同法第六十一条的规定不能达成补充协议的，除法律、法规另有规定的以外，由实施技术的一方负责办理。

（五）技术合同履行内容的确定

23．当事人对技术合同的价款、报酬和使用费没有约定或者约定不明确，依照合同法第六十一条的规定不能达成补充协议的，人民法院可以按照以下原则处理：

（1）对于技术开发合同和技术转让合同，根据有关技术成果的研究开发成本、先进性、实施转化和应用的程度，当事人享有的权益和承担的责任，以及技术成果的经济效益和社会效益等合理认定；

（2）对于技术咨询合同和技术服务合同，根据有关咨询服务工作的数量、质量和技术含量，以及预期产生的经济效益和社会效益等合理认定。

技术合同价款、报酬、使用费中包含非技术性款项的，应当分项计算。

24．当事人对技术合同的履行地点没有约定或者约定不明确，依照合同法第六十一条的规定不能达成补充协议的，技术开发合同以研究开发人所在地为履行地，但依据合同法第三百三十条第四款订立的合同以技术成果实施地为履行地；技术转让合同以受让人所在地为履行地；技术咨询合同以受托人所在地为履行地；技术服务合同以委托人所在地为履行地。但给付合同价款、报酬、使用费的，以接受给付的一方所在地为履行地。

25. 技术合同当事人对技术成果的验收标准没有约定或者约定不明确，在适用合同法第六十二条的规定时，没有国家标准、行业标准或者专业技术标准的，按照本行业合乎实用的一般技术要求履行。

当事人订立技术合同时所作的可行性分析报告中有关经济效益或者成本指标的预测和分析，不应当视为合同约定的验收标准，但当事人另有约定的除外。

（六）技术合同的解除与违约责任

26. 技术合同当事人一方迟延履行主要债务，经催告后在30日内仍未履行的，另一方可以依据合同法第九十四条第（三）项的规定解除合同。

当事人在催告通知中附有履行期限且该期限长于30日的，自该期限届满时，方可解除合同。

27. 有下列情形之一，使技术合同的履行成为不必要或者不可能时，当事人可以依据合同法第九十四条第（四）项的规定解除合同：

（1）因一方违约致使履行合同必备的物质条件灭失或者严重破坏，无法替代或者修复的；

（2）技术合同标的的项目或者技术因违背科学规律或者存在重大缺陷，无法达到约定的技术、经济效益指标的；

28. 专利实施许可合同和技术秘密转让合同约定按照提成支付技术使用费，受让人无正当理由不实施合同标的技术，并以此为由拒绝支付技术使用费的，让与人可以依据合同法第九十四条第（四）项的规定解除合同。

29. 在技术秘密转让合同有效期内，由于非受让人的原因导致合同标的技术公开且已进入公有领域的，当事人可以解除合同，但另有约定的除外。

30. 技术合同履行中，当事人一方在技术上发生的能够及时纠正的差错，或者为适应情况变化所作的必要技术调整，不影响合同目的实现的，不认为是违约行为，因此发生的额外费用自行承担。但因未依照合同法第六十条第二款的规定履行通知义务而造成对方当事人损失的，应当承担相应的违约责任。

31. 在履行技术合同中，为提供技术成果或者咨询服务而交付的技术载体和内容等与约定不一致的，应当及时更正、补充。不按时更正、补充的和因更正、补充有关技术载体和内容等给对方造成损失或者增加额外负担的，应当承担相应的违约责任。但一方所作技术改进，使合同的履行产生了比原合同更为积极或者有利效果的除外。

（七）技术合同的定性

32. 当事人将技术合同和其他合同内容合订为一个合同，或者将不同类型的技术合同内容合订在一个合同中的，应当根据当事人争议的权利义务内容，确定案件的性质和案由，适用相应的法律、法规。

33. 技术合同名称与合同约定的权利义务关系不一致的，应当按照合同约定的权利义务内容,确定合同的类型和案由,适用相应的法律、法规。

34. 当事人以技术开发、转让、咨询或者服务为承包内容订立的合同,属于技术合同。

35. 转让阶段性技术成果并约定后续开发义务的合同,就该阶段性技术成果的重复试验效果方面发生争议的,按照技术转让合同处理;就后续开发方面发生争议的,按照技术开发合同处理。

36. 技术转让合同中约定让与人向受让人提供实施技术的专用设备、原材料或者提供有关的技术咨询、技术服务的,这类约定属于技术转让合同的组成部分。因这类约定发生纠纷的,按照技术转让合同处理。

37. 当事人以技术入股方式订立联营合同,但技术入股人不参与联营体的经营管理,并且以保底条款形式约定联营体或者联营对方支付其技术价款或者使用费的,属于技术转让合同。

38. 技术转让合同中约定含让与人负责包销(回购)受让人实施合同标的技术制造的产品,仅因让与人不履行或者不能全部履行包销(回购)义务引起纠纷,不涉及技术问题的,按照包销(回购)条款所约定的权利义务内容确定案由,并适用相应的法律规定处理。

39. 技术开发合同当事人一方仅提供资金、设备、材料等物质条件,承担辅助协作事项,另一方进行研究开发工作的合同,属于委托开发合同。

40. 当事人一方以技术转让的名义提供已进入公有领域的技术,并进行技术指导,传授技术知识等,为另一方解决特定技术问题所订立的合同,可以视为技术服务合同履行,但属于合同法第五十二条和第五十四条规定情形的除外。

(八)几种特殊标的技术合同的法律适用

41. 新药技术成果转让和植物新品种申请权转让、植物新品种权转让和使用许可等合同争议,适用合同法总则的规定,并可以参照合同法第十八章和本纪要关于技术转让合同的规定,但法律另有规定的,依照其规定。

42. 计算机软件开发、许可、转让等合同争议,著作权法以及其他法律另有规定的,依照其规定;没有规定的,适用合同法总则的规定,并可以参照合同法第十八章和本纪要的有关规定。

二、技术开发合同

(一)相关概念

43. 合同法第三百三十条所称新技术、新产品、新工艺、新材料及其系统,是指当事人在订立技术合同时尚未掌握的产品、工艺、材料及其系统等技术方案,但在技术上没有创新的现有产品的改型、工艺变更、材料配方调整以及技术成果的验证、测试和使用除外。

44. 合同法第三百三十条第四款所称当事人之间就具有产业应用价值的科技成果实施转化订立的合同,是指当事人之间就具有实用价值但尚未能够实现商品化、产业化应用的科技成果(包括阶段性技术成果),以实现该科技成果的商品化、产业化应用为目标，约定有关后续试验、开发和应用等内容的合同。

45. 合同法第三百三十五条所称分工参与研究开发工作，是指按照约定的计划和分工共同或者分别承担设计、工艺、试验、试制等工作。

46. 合同法第三百四十一条所称技术秘密成果的使用权、转让权，是指当事人依据法律规定或者合同约定所取得的使用、转让技术秘密成果的权利。使用权是指以生产经营为目的自己使用或者许可他人使用技术秘密成果的权利；转让权是指向他人让与技术秘密成果的权利。

47. 合同法第三百四十一条所称当事人均有使用和转让的权利，是指当事人均有不经对方同意而自己使用或者以普通使用许可的方式许可他人使用技术秘密并独占由此获得的利益的权利。当事人一方将技术秘密成果的使用权、转让权全部让与他人，或者以独占、排他使用许可的方式许可他人使用技术秘密的，必须征得对方当事人的同意。

（二）当事人的权利和义务

48. 委托开发合同委托人在不妨碍研究开发人正常工作的情况下，有权依据合同法第六十条第二款的规定，对研究开发人履行合同和使用研究开发经费的情况进行必要的监督检查，包括查阅账册和访问现场。

研究开发人有权依据合同法第三百三十一条的规定，要求委托人补充必要的背景资料和数据等，但不得超过履行合同所需要的范围。

49. 研究开发成果验收时，委托开发合同的委托人和合作开发合同的当事人有权取得实施技术成果所必需的技术资料、试验报告和数据，要求另一方进行必要的技术指导，保证所提供的技术成果符合合同约定的条件。

50. 根据合同法第三百三十九条第一款和第三百四十条第一款的规定，委托开发或者合作开发完成的技术成果所获得的专利权为当事人共有的，实施该专利的方式和利益分配办法，由当事人约定。当事人没有约定或者约定不明确，依照合同法第六十一条的规定不能达成补充协议的，当事人均享有自己实施该专利的权利，由此所获得的利益归实施人。

当事人不具备独立实施专利的条件，以普通实施许可的方式许可一个法人或者其他组织实施该专利，或者与一个法人、其他组织或者自然人合作实施该专利或者通过技术入股与之联营实施该专利，可以视为当事人自己实施专利。

51. 根据合同法第三百四十一条的规定，当事人一方仅享有自己使用技术秘密的权利，但其不具备独立使用该技术秘密的条件，以普通使用许可的方式许可一个法人或者其他组织使用该技术秘密，或者与一个法人、其他组织或者自然人合作使用该技术秘密或者通过技术入股与之联营使用该技术秘密，可以视为当事人自己使用技术秘密。

三、技术转让合同

（一）技术转让合同的一般规定

52. 合同法第三百四十二条所称技术转让合同，是指技术的合法拥有者包括有权对外转让技术的人将特定和现有的专利、专利申请、技术秘密的相关权利让与他人或者许可他人使用所订立的合同，不包括就尚待研究开发的技术成果或者不涉及专利、专利申请或者技术秘密的知识、技术、经验和信息订立的合同。其中：

（1）专利权转让合同，是指专利权人将其专利权让与受让人，受让人支付价款所订立的合同。

（2）专利申请权转让合同，是指让与人将其特定的技术成果申请专利的权利让与受让人，受让人支付价款订立的合同。

（3）技术秘密转让合同，是指技术秘密成果的权利人或者其授权的人作为让与人将技术秘密提供给受让人，明确相互之间技术秘密成果使用权、转让权，受让人支付价款或者使用费所订立的合同。

（4）专利实施许可合同，是指专利权人或者其授权的人作为让与人许可受让人在约定的范围内实施专利，受让人支付使用费所订立的合同。

53. 技术转让合同让与人应当保证受让人按约定的方式实施技术达到约定的技术指标。除非明确约定让与人保证受让人达到约定的经济效益指标，让与人不对受让人实施技术后的经济效益承担责任。

转让阶段性技术成果，让与人应当保证在一定条件下重复试验可以得到预期的效果。

54. 技术转让合同中约定受让人取得的技术须经受让人小试、中试、工业性试验后才能投入批量生产的，受让人未经小试、中试、工业性试验直接投入批量生产所发生的损失，让与人不承担责任。

55. 合同法第三百四十三条所称实施专利或者使用技术秘密的范围，是指实施专利或者使用技术秘密的期限、地域和方式以及接触技术秘密的人员等。

56. 合同法第三百五十四条所称后续改进，是指在技术转让合同有效期内，当事人一方或各方对合同标的技术所作的革新或者改良。

57. 当事人之间就申请专利的技术成果所订立的许可使用合同，专利申请公开以前，适用技术秘密转让合同的有关规定；发明专利申请公开以后、授权以前，参照专利实施许可合同的有关规定；授权以后，原合同即为专利实施许可合同，适用专利实施许可合同的有关规定。

（二）专利权转让合同和专利申请权转让合同

58. 订立专利权转让合同或者专利申请权转让合同前，让与人自己已经实施发明创造的，除当事人另有约定的以外，在合同生效后，受让人有权要求让与人停止实施。

专利权或者专利申请权依照专利法的规定让与受让人后，受让人可以依法作为专利权人或者专利申请人对他人行使权利。

59. 专利权转让合同、专利申请权转让合同不影响让与人在合同成立前与他人订立的专利实施许可合同或者技术秘密转让合同的效力。有关当事人之间的权利义务依照合同法第五章的规定确定。

60. 专利申请权依照专利法的规定让与受让人前专利申请被驳回的，当事人可以解除专利申请权转让合同；让与受让人后专利申请被驳回的，合同效力不受影响。但当事人另有约定的除外。

专利申请因专利申请权转让合同成立时即存在尚未公开的同样发明创造的在先专利

申请而被驳回的，当事人可以依据合同法第五十四条第一款第（二）项的规定请求予以变更或者撤销合同。

（三）专利实施许可合同

61. 专利实施许可合同让与人应当在合同有效期内维持专利权有效，但当事人另有约定的除外。

在合同有效期内，由于让与人的原因导致专利权被终止的，受让人可以依据合同法第九十四条第（四）项的规定解除合同，让与人应当承担违约责任；专利权被宣告无效的，合同终止履行，并依据专利法的有关规定处理。

62. 专利实施许可合同对实施专利的期限没有约定或者约定不明确，依照合同法第六十一条的规定不能达成补充协议的，受让人实施专利不受期限限制。

63. 专利实施许可可以采取独占实施许可、排他实施许可、普通实施许可等方式。

前款所称排他实施许可，是指让与人在已经许可受让人实施专利的范围内无权就同一专利再许可他人实施；独占实施许可，是指让与人在已经许可受让人实施专利的范围内无权就同一专利再许可他人实施或者自己实施；普通实施许可，是指让与人在已经许可受让人实施专利的范围内仍可以就同一专利再许可他人实施。

当事人对专利实施许可方式没有约定或者约定不明确，依照合同法第六十一条的规定不能达成补充协议的，视为普通实施许可。

专利实施许可合同约定受让人可以再许可他人实施该专利的，该再许可为普通实施许可，但当事人另有约定的除外。

64. 除当事人另有约定的以外，根据实施专利的强制许可决定而取得的专利实施权为普通实施许可。

65. 除当事人另有约定的以外，排他实施许可合同让与人不具备独立实施其专利的条件，与一个法人、其他组织或者自然人合作实施该专利，或者通过技术入股实施该专利，可视为让与人自己实施专利。但让与人就同一专利与两个或者两个以上法人、其他组织或者自然人分别合作实施或者入股联营的，属于合同法第三百五十一条规定的违反约定擅自许可第三人实施专利的行为。

66. 除当事人另有约定的以外，专利实施许可合同的受让人将受让的专利与他人合作实施或者入股联营的，属于合同法第三百五十二条规定的未经让与人同意擅自许可第三人实施专利的行为。

（四）技术秘密转让合同

67. 技术秘密转让合同对使用技术秘密的期限没有约定或者约定不明确，依照合同法第六十一条的规定不能达成补充协议的，受让人可以无限期地使用该技术秘密。

68. 合同法第三百四十七条所称技术秘密转让合同让与人的保密义务不影响其申请专利的权利，但当事人约定让与人不得申请专利或者明确约定让与人承担保密义务的除外。

69. 技术秘密转让可以采取本纪要第六十三条规定的许可使用方式，并参照适用合同法和本纪要关于专利实施许可使用方式的有关规定。

四、技术咨询合同和技术服务合同

（一）技术咨询合同

70. 合同法第三百五十六条第一款所称的特定技术项目，包括有关科学技术与经济、社会协调发展的软科学研究项目和促进科技进步和管理现代化，提高经济效益和社会效益的技术项目以及其他专业性技术项目。

71. 除当事人另有约定的以外，技术咨询合同受托人进行调查研究、分析论证、试验测定等所需费用，由受托人自己负担。

72. 技术咨询合同委托人提供的技术资料和数据或者受托人提出的咨询报告和意见，当事人没有约定保密义务的，在不侵害对方当事人对此享有的合法权益的前提下，双方都有引用、发表和向第三人提供的权利。

73. 技术咨询合同受托人发现委托人提供的资料、数据等有明显错误和缺陷的，应当及时通知委托人。委托人应当及时答复并在约定的期限内予以补正。

受托人发现前款所述问题不及时通知委托人的，视为其认可委托人提供的技术资料、数据等符合约定的条件。

（二）技术服务合同

74. 合同法第三百五十六条第二款所称特定技术问题，是指需要运用科学技术知识解决专业技术工作中的有关改进产品结构、改良工艺流程、提高产品质量、降低产品成本、节约资源能耗、保护资源环境、实现安全操作、提高经济效益和社会效益等问题。

75. 除当事人另有约定的以外，技术服务合同受托人完成服务项目，解决技术问题所需费用，由受托人自己负担。

76. 技术服务合同受托人发现委托人提供的资料、数据、样品、材料、场地等工作条件不符合约定的，应当及时通知委托人。委托人应当及时答复并在约定的期限内予以补正。

受托人发现前款所述问题不及时通知委托人的，视为其认可委托人提供的技术资料、数据等工作条件符合约定的条件。

77. 技术服务合同受托人在履约期间，发现继续工作对材料、样品或者设备等有损坏危险时，应当中止工作，并及时通知委托人或者提出建议。委托人应当在约定的期限内作出答复。

受托人不中止工作或者不及时通知委托人并且未采取适当措施的，或者委托人未按期答复的，对因此发生的危险后果由责任人承担相应的责任。

（三）技术培训合同

78. 合同法第三百六十四条所称技术培训合同，是指当事人一方委托另一方对指定的人员（学员）进行特定项目的专业技术训练和技术指导所订立的合同，不包括职业培训、文化学习和按照行业、单位的计划进行的职工业余教育。

79. 技术培训合同委托人的主要义务是按照约定派出符合条件的学员；保证学员遵守培训纪律，接受专业技术训练和技术指导；按照约定支付报酬。

受托人的主要义务是按照约定配备符合条件的教员；制定和实施培训计划，按期完成培训；实现约定的培训目标。

80. 当事人对技术培训必需的场地、设施和试验条件等的提供和管理责任没有约定或者约定不明确，依照合同法第六十一条的规定不能达成补充协议的，由委托人负责提供和管理。

81. 技术培训合同委托人派出的学员不符合约定条件，影响培训质量的，委托人应当按照约定支付报酬。

受托人配备的教员不符合约定条件，影响培训质量的，或者受托人未按照计划和项目进行培训，导致不能实现约定的培训目标的，应当承担减收或者免收报酬等违约责任。

受托人发现学员不符合约定条件或者委托人发现教员不符合约定条件的，应当及时通知对方改派。对方应当在约定的期限内改派。未及时通知或者未按约定改派的，责任人承担相应的责任。

（四）技术中介合同

82. 合同法第三百六十四条所称技术中介合同，是指当事人一方以知识、技术、经验和信息为另一方与第三人订立技术合同进行联系、介绍、组织商品化、产业化开发并对履行合同提供服务所订立的合同，但就不含有技术中介服务内容订立的各种居间合同除外。

83. 技术中介合同委托人的主要义务是提出明确的订约要求，提供有关背景材料；按照约定承担中介人从事中介活动的费用；按照约定支付报酬。

中介人的主要义务是如实反映委托人和第三人的技术成果、资信状况和履约能力；保守委托人和第三人的商业秘密；按照约定为委托人和第三人订立、履行合同提供服务。

84. 当事人对中介人从事中介活动的费用的负担没有约定或者约定不明确，依照合同法第六十一条的规定不能达成补充协议的，由中介人自己负担。当事人约定该费用由委托人承担但没有约定该费用的数额或者计算方法的，委托人应当支付中介人从事中介活动支出的必要费用。

前款所称中介人从事中介活动的费用，是指中介人在委托人和第三人订立技术合同前，进行联系、介绍活动所支出的通信、交通和必要的调查研究等费用。

85. 当事人对中介人的报酬数额没有约定或者约定不明确，依照合同法第六十一条的规定不能达成补充协议的，根据中介人的劳务合理确定，并由委托人负担。仅在委托人与第三人订立的技术合同中约定有中介条款，但对给付中介人报酬的义务没有约定或者约定不明确，依照合同法第六十一条的规定不能达成补充协议的，由委托人和第三人平均负担。

前款所称中介人的报酬，是指中介人为委托人与第三人订立技术合同，以及为其履行合同提供服务应当得到的收益。

86. 中介人未促成委托人与第三人之间的技术合同成立的，无权要求支付报酬，但可以要求委托人支付从事中介活动支出的必要费用。

87. 中介人故意隐瞒与订立技术合同有关的重要事实或者提供虚假情况，损害委托人利益的,应当承担免收报酬和损害赔偿责任。

88. 中介人收取的从事中介活动的费用和报酬不应视为委托人与第三人之间的技术合同纠纷中一方当事人的损失。

89. 中介人对造成委托人与第三人之间的技术合同的无效或者被撤销没有过错,且该技术合同无效或者被撤销不影响有关中介条款或者技术中介合同继续有效的,中介人仍有权按照约定收取从事中介活动的费用和报酬。

五、与审理技术合同纠纷有关的程序问题

(一)技术合同纠纷的管辖与受理

90. 技术合同纠纷属于与知识产权有关的纠纷,由中级以上人民法院管辖,但最高人民法院另行确定管辖的除外。

91. 合同中既有技术合同内容,又有其他合同内容,当事人就技术合同内容和其他合同内容均发生争议的,由具有技术合同纠纷案件管辖权的人民法院受理。

92. 一方当事人以诉讼争议的技术合同侵害他人技术成果为由主张合同无效或者人民法院在审理技术合同纠纷中发现可能存在该无效事由时,应当依法通知有关利害关系人作为有独立请求权的第三人参加诉讼。

93. 他人向受理技术合同纠纷的人民法院就该合同标的技术提出权属或者侵权主张时,受诉人民法院对此亦有管辖权的,可以将该权属或者侵权纠纷与合同纠纷合并审理;受诉人民法院对此没有管辖权的,应当告知其向有管辖权的人民法院另行起诉。权属或者侵权纠纷另案受理后,合同纠纷应当中止诉讼。

94. 专利实施许可合同诉讼中,受让人(被许可人)或者第三人向专利复审委员会请求宣告该专利权无效的,人民法院可以不中止诉讼。在审理过程中该专利权被宣告无效的,按照专利法的有关规定处理。

95. 因技术中介合同中介人违反约定的保密义务发生的纠纷,可以与技术合同纠纷合并审理。

96. 中介人一般不作为委托人与第三人之间的技术合同诉讼的当事人,但下列情况除外:

(1)中介人与技术合同一方当事人恶意串通损害另一方利益的,恶意串通的双方应列为共同被告,承担连带责任;

(2)中介人隐瞒技术合同一方当事人的真实情况给另一方造成损失的,中介人应列为被告,并依其过错承担相应的责任;

(3)因中介人不履行技术中介合同或者中介条款约定的其他义务,导致技术合同不能依约履行的,可以根据具体情况将中介人列为诉讼当事人。

(二)技术合同标的技术的鉴定

97. 在技术合同纠纷诉讼中,需对合同标的技术进行鉴定的,除法定鉴定部门外,当事人协商推荐共同信任的组织或者专家进行鉴定的,人民法院可予指定;当事人不能协商一致的,人民法院可以从由省级以上科技行政主管部门推荐的鉴定组织或者专家中选择并指定,也可以直接指定相关组织或者专家进行鉴定。

指定专家进行鉴定的,应当组成鉴定组。

鉴定人应当是 3 人以上的单数。

98. 鉴定应当以合同约定由当事人提供的技术成果或者技术服务内容为鉴定对象,从原理、设计、工艺和必要的技术资料等方面,按照约定的检测方式和验收标准,审查其能否达到约定的技术指标和经济效益指标。

99. 当事人对技术成果的检测方式或者验收标准没有约定或者约定不明确,依照合同法第六十一条的规定不能达成补充协议的,可以根据具体案情采用本行业常用的或者合乎实用的检测方式或者验收标准进行检测鉴定、专家评议或者验收鉴定。

对合同约定的验收标准明确、技术问题并不复杂的,可以采取当事人现场演示、操作、制作等方式对技术成果进行鉴定。

100. 技术咨询合同当事人对咨询报告和意见的验收或者评价办法没有约定或者约定不明确,依照合同法第六十一条的规定不能达成补充协议的,按照合乎实用的一般要求进行鉴定。

101. 对已经按照国家有关规定通过技术成果鉴定、新产品鉴定等鉴定,又无相反的证据能够足以否定该鉴定结论的技术成果,或者已经实际使用证明是成熟可靠的技术成果,在诉讼中当事人又对该技术成果的评价发生争议的,不再进行鉴定。

102. 不能以授予专利权的有关专利文件代替对合同标的技术的鉴定结论。

最高人民法院知识产权审判庭
关于绍兴中药厂与上海医科大学附属华山医院技术转让合同纠纷案的函

2000 年 5 月 28 日　　　　　　　　〔1998〕知监字第 56 号函

浙江省高级人民法院:

绍兴市中级人民法院一审审结并发生法律效力的(1994)绍中经初字第 104 号关于绍兴中药厂(以下简称绍兴药厂)与上海医科大学附属华山医院(以下简称华山医院)技术转让合同纠纷一案,经本院调卷审查后认为:

在四川省高级人民法院(1993)川高法经终字第 31 号终审判决已对绍兴药厂与华山医院的技术转让合同作出合同无效的认定并判决合同终止履行,绍兴市中级人民法院又就同一法律关系作出合同有效的认定并判决合同继续履行的相反判决,明显错误。不论(1993)川高法经终字第 31 号判决的认定和处理是否存在错误,绍兴市中级人民法院均不能另行重新认定并作出相反判决。如该判决确有错误,也应当通过审判监督程序予以纠正。

对本案存在的问题,请你院依法监督处理,并希望有关法院在以后审判工作中注意类似问题。

最高人民法院
关于中国矿业大学与重庆市环境保护局等
非专利技术转让及委托设计合同纠纷案的函

2000年6月20日　　　　　　　　　　　〔2000〕知监字第8号函

重庆市高级人民法院：

关于中国矿业大学（北京校区）（以下简称矿业大学）与重庆市环境保护局（以下简称重庆环保局）、重庆市燃料公司、重庆煤炭第一建筑安装工程公司非专利技术转让及委托设计合同纠纷一案，你院作出的〔1999〕渝高法知终字第4号民事判决已经发生法律效力。矿业大学不服该判决，向本院申请再审，并请求暂缓执行本案判决。经审查一、二审判决书和再审申请书等有关材料，本案似存在以下问题：

本案主要争议的问题是损失的责任承担问题。根据一审法院的委托审计结果，因履行本案合同造成的净损失为8346462.02元，一、二审均判决全部由矿业大学承担。但从案件有关事实看，造成损失的原因是多方面的，主要有因工程延期造成的损失，以及因型煤干燥车间未能进行整改造成的损失。

一、关于工程延期造成的损失问题。1992年3月10日在各方当事人都参加的工程建设协调会形成的《会议纪要》中指出："由于设计深度不够，设计漏项、修改较多，工程建设单位组织指挥不力；设计、施工及建设单位配合较差；职责不明，管理混乱，致使工期太长，质量差，超支严重。……会议认为，造成目前的状况，原因是多方面的"。由此可见，造成工程延期并超支的原因不仅仅是设计方矿业大学的单方责任。

二、关于因型煤干燥车间未能乾地整改造成的损失问题。从1992年6月25日型煤厂空载联动试车后形成的《会议纪要》看，设计方已经完成了其在合同中约定的大部分义务，也指出了矿业大学尚未完成的项目——型煤干燥车间的整改是型煤厂重车试车的关键。在同年6月27日国家环保局主持的协调会确定了矿业大学的整改责任后，矿业大学于同年8月15日从北京邮寄给重庆环保局两张无设计人员、技术审核人、负责人签名，也无设计单位盖章的图纸。二审认为这是设计方"不负责任的表现"，似有不妥。因为以欠缺签字盖章形式即认为设计方没有进行任何整改，依据不足。矿业大学也认为，这只是征求意见的草图。本案所涉型煤厂建设工程是工业性试验项目，属于特殊专业工程的设计，有关设计内容需要反复论证、征求意见和修改，要求设计方不对图纸征求意见并作适当修改补正，而一下子拿出完全成熟的设计方案是不合理的。如果重庆环保局不认为这两张图纸是征求意见图，则应当及时明确指出图纸欠缺签字盖章的问题，要求设计方予以改正。重庆环保局对此不作明确的意思表示是不适当的。

三、关于原审对合同作终止履行处理的问题。一、二审判决在未对合同继续履行是否已成为不可能或者不必要进行认定的情况下，而判决终止合同履行（实际上是解除合同）不妥。从一审判决书看，重庆环保局的诉讼请求中并无要求解除合同，其只是要求赔偿损失。一审的鉴定结论也只是讲"按原设计建成的型煤示范厂，不经彻底改造，是无法开工生产的。"从该鉴定不能得出因设计方的原因已导致合同不可能或者不必要履行的结论。实际上，矿业大学作为设计方，已经履行了其大部分义务，也无证据证明其已无法完成或者根本不愿意完成型煤干燥车间的整改义务。因此，在发生争议时合同的履行尚未成为不可能或者不必要的情况下，应当首先考虑促使当事人履行合同，而不是迳行判决合同终止履行。如果是发生争议时合同尚属可以继续履行，只是由于诉讼多年，工程状况已经发生重大变化，导致合同确已不可能或者不必要履行的，虽然合同可以解除，但对由此诉讼时间拖延引起的扩大损失，应当由当事人合理分担，而不能由一方当事人全部承担。

四、关于黑液车间不能投产的损失承担问题。二审判决认为，未考虑不属于矿业大学设计的黑液车间不能投产造成的损失，已充分照顾了矿业大学的实际利益。因黑液车间的建设不属于本案合同内容，故该部分损失与矿业大学无关，不应作为本案是否赔偿的考虑因素。

以上问题，请你院依法予以复查，在3个月内将复查结果报告本院并经复申请再审人。建议你院在复查期间暂缓执行本案判决。

附：有关申请再审材料（略）

（七）旅游合同

最高人民法院关于审理旅游纠纷案件适用法律若干问题的规定

法释〔2010〕13 号

（2010 年 9 月 13 日最高人民法院审判委员会第 1496 次会议通过 2010 年 10 月 26 日最高人民法院公告公布 自 2010 年 11 月 1 日起施行）

为正确审理旅游纠纷案件，依法保护当事人合法权益，根据《中华人民共和国民法通则》、《中华人民共和国合同法》、《中华人民共和国消费者权益保护法》、《中华人民共和国侵权责任法》和《中华人民共和国民事诉讼法》等有关法律规定，结合民事审判实践，制定本规定。

第一条 本规定所称的旅游纠纷，是指旅游者与旅游经营者、旅游辅助服务者之间因旅游发生的合同纠纷或者侵权纠纷。

"旅游经营者"是指以自己的名义经营旅游业务，向公众提供旅游服务的人。

"旅游辅助服务者"是指与旅游经营者存在合同关系，协助旅游经营者履行旅游合同义务，实际提供交通、游览、住宿、餐饮、娱乐等旅游服务的人。

旅游者在自行旅游过程中与旅游景点经营者因旅游发生的纠纷，参照适用本规定。

第二条 以单位、家庭等集体形式与旅游经营者订立旅游合同，在履行过程中发生纠纷，除集体以合同一方当事人名义起诉外，旅游者个人提起旅游合同纠纷诉讼的，人民法院应予受理。

第三条 因旅游经营者方面的同一原因造成旅游者人身损害、财产损失，旅游者选择要求旅游经营者承担违约责任或者侵权责任的，人民法院应当根据当事人选择的案由进行审理。

第四条 因旅游辅助服务者的原因导致旅游经营者违约，旅游者仅起诉旅游经营者的，人民法院可以将旅游辅助服务者追加为第三人。

第五条 旅游经营者已投保责任险，旅游者因保险责任事故仅起诉旅游经营者的，人民法院可以应当事人的请求将保险公司列为第三人。

第六条 旅游经营者以格式合同、通知、声明、告示等方式作出对旅游者不公平、不合理的规定,或者减轻、免除其损害旅游者合法权益的责任,旅游者请求依据消费者权益保护法第二十四条的规定认定该内容无效的,人民法院应予支持。

第七条　旅游经营者、旅游辅助服务者未尽到安全保障义务,造成旅游者人身损害、财产损失,旅游者请求旅游经营者、旅游辅助服务者承担责任的,人民法院应予支持。

因第三人的行为造成旅游者人身损害、财产损失,由第三人承担责任;旅游经营者、旅游辅助服务者未尽安全保障义务,旅游者请求其承担相应补充责任的,人民法院应予支持。

第八条　旅游经营者、旅游辅助服务者对可能危及旅游者人身、财产安全的旅游项目未履行告知、警示义务,造成旅游者人身损害、财产损失,旅游者请求旅游经营者、旅游辅助服务者承担责任的,人民法院应予支持。

旅游者未按旅游经营者、旅游辅助服务者的要求提供与旅游活动相关的个人健康信息并履行如实告知义务,或者不听从旅游经营者、旅游辅助服务者的告知、警示,参加不适合自身条件的旅游活动,导致旅游过程中出现人身损害、财产损失,旅游者请求旅游经营者、旅游辅助服务者承担责任的,人民法院不予支持。

第九条　旅游经营者、旅游辅助服务者泄露旅游者个人信息或者未经旅游者同意公开其个人信息,旅游者请求其承担相应责任的,人民法院应予支持。

第十条　旅游经营者将旅业业务转让给其他旅游经营者,旅游者不同意转让,请求解除旅游合同、追究旅游经营者违约责任的,人民法院应予支持。

旅游经营者擅自将其旅游业务转让给其他旅游经营者,旅游者在旅游过程中遭受损害,请求与其签订旅游合同的旅游经营者和实际提供旅游服务的旅游经营者承担连带责任的,人民法院应予支持。

第十一条　除合同性质不宜转让或者合同另有约定之外,在旅游行程开始前的合理期间内,旅游者将其在旅游合同中的权利义务转让给第三人,请求确认转让合同效力的,人民法院应予支持。

因前款所述原因,旅游经营者请求旅游者、第三人给付增加的费用或者旅游者请求旅游经营者退还减少的费用的,人民法院应予支持。

第十二条　旅游行程开始前或者进行中,因旅游者单方解除合同,旅游者请求旅游经营者退还尚未实际发生的费用,或者旅游经营者请求旅游者支付合理费用的,人民法院应予支持。

第十三条　因不可抗力等不可归责于旅游经营者、旅游辅助服务者的客观原因导致旅游合同无法履行,旅游经营者、旅游者请求解除旅游合同的,人民法院应予支持。旅游经营者、旅游者请求对方承担违约责任的,人民法院不予支持。旅游者请求旅游经营者退还尚未实际发生的费用的,人民法院应予支持。

因不可抗力等不可归责于旅游经营者、旅游辅助服务者的客观原因变更旅游行程,在征得旅游者同意后,旅游经营者请求旅游者分担因此增加的旅游费用或旅游者请求旅游经营者退还因此减少的旅游费用的,人民法院应予支持。

第十四条　因旅游辅助服务者的原因造成旅游者人身损害、财产损失,旅游者选择请求旅游辅助服务者承担侵权责任的，人民法院应予支持。

旅游经营者对旅游辅助服务者未尽谨慎选择义务，旅游者请求旅游经营者承担相应补充责任的，人民法院应予支持。

第十五条 签订旅游合同的旅游经营者将其部分旅游业务委托旅游目的地的旅游经营者，因受托方未尽旅游合同义务，旅游者在旅游过程中受到损害，要求作出委托的旅游经营者承担赔偿责任的，人民法院应予支持。

旅游经营者委托除前款规定以外的人从事旅游业务，发生旅游纠纷，旅游者起诉旅游经营者的，人民法院应予受理。

第十六条 旅游经营者准许他人挂靠其名下从事旅游业务，造成旅游者人身损害、财产损失，旅游者请求旅游经营者与挂靠人承担连带责任的，人民法院应予支持。

第十七条 旅游经营者违反合同约定，有擅自改变旅游行程、遗漏旅游景点、减少旅游服务项目、降低旅游服务标准等行为，旅游者请求旅游经营者赔偿未完成约定旅游服务项目等合理费用的，人民法院应予支持。

旅游经营者提供服务时有欺诈行为，旅游者请求旅游经营者双倍赔偿其遭受的损失的，人民法院应予支持。

第十八条 因飞机、火车、班轮、城际客运班车等公共客运交通工具延误，导致合同不能按照约定履行，旅游者请求旅游经营者退还未实际发生的费用的，人民法院应予支持。合同另有约定的除外。

第十九条 旅游者在自行安排活动期间遭受人身损害、财产损失，旅游经营者未尽到必要的提示义务、救助义务，旅游者请求旅游经营者承担相应责任的，人民法院应予支持。

前款规定的自行安排活动期间，包括旅游经营者安排的在旅游行程中独立的自由活动期间、旅游者不参加旅游行程的活动期间以及旅游者经导游或者领队同意暂时离队的个人活动期间等。

第二十条 旅游者在旅游行程中未经导游或者领队许可，故意脱离团队，遭受人身损害、财产损失，请求旅游经营者赔偿损失的，人民法院不予支持。

第二十一条 旅游者提起违约之诉，主张精神损害赔偿的，人民法院应告知其变更为侵权之诉；旅游者仍坚持提起违约之诉的，对于其精神损害赔偿的主张，人民法院不予支持。

第二十二条 旅游经营者或者旅游辅助服务者为旅游者代管的行李物品损毁、灭失，旅游者请求赔偿损失的，人民法院应予支持，但下列情形除外：

（一）损失是由于旅游者未听从旅游经营者或者旅游辅助服务者的事先声明或者提示，未将现金、有价证券、贵重物品由其随身携带而造成的；

（二）损失是由于不可抗力、意外事件造成的；

（三）损失是由于旅游者的过错造成的；

（四）损失是由于物品的自然属性造成的。

第二十三条 旅游者要求旅游经营者返还下列费用的，人民法院应予支持：

（一）因拒绝旅游经营者安排的购物活动或者另行付费的项目被增收的费用；

（二）在同一旅游行程中，旅游经营者提供相同服务，因旅游者的年龄、职业等差异而增收的费用。

第二十四条 旅游经营者因过错致其代办的手续、证件存在瑕疵，或者未尽妥善保管义务而遗失、毁损，旅游者请求旅游经营者补办或者协助补办相关手续、证件并承担相应费用的，人民法院应予支持。

因上述行为影响旅游行程，旅游者请求旅游经营者退还尚未发生的费用、赔偿损失的，人民法院应予支持。

第二十五条 旅游经营者事先设计，并以确定的总价提供交通、住宿、游览等一项或者多项服务，不提供导游和领队服务，由旅游者自行安排游览行程的旅游过程中，旅游经营者提供的服务不符合合同约定，侵害旅游者合法权益，旅游者请求旅游经营者承担相应责任的，人民法院应予支持。

旅游者在自行安排的旅游活动中合法权益受到侵害，请求旅游经营者、旅游辅助服务者承担责任的，人民法院不予支持。

第二十六条 本规定施行前已经终审，本规定施行后当事人申请再审或者按照审判监督程序决定再审的案件，不适用本规定。

(八) 特许经营合同

最高人民法院
关于不具备"拥有至少2个直营店并且经营时间超过1年"的特许人所签订的特许经营合同是否有效的复函

2010年11月24日　　　　　　　　　〔2010〕民三他字第18号

广西壮族自治区高级人民法院：

你院〔2010〕桂请字第65号《关于特许人不拥有2个直营店且经营时间超过1年特许经营合同是否有效的请示》收悉。经研究，批复如下：

2007年5月1日起施行的《商业特许经营管理条例》第七条第二款关于"特许人从事特许经营活动应当拥有至少2个直营店，并且经营时间超过1年"的规定，属于行政法规的管理性强制性规定。特许人不具备上述条件，并不当然导致其与他人签订的特许经营合同无效。

此复。

最高人民法院
关于企业以外的其他单位和个人作为特许人所签订的特许经营合同是否有效的复函

2010年11月24日　　　　　　　　　〔2010〕民三他字第19号

广西壮族自治区高级人民法院：

你院〔2010〕桂请字第64号《关于特许人不具备企业资格签订特许经营合同是否有效的请示》收悉。经研究，批复如下：

2007年5月1日起施行《商业特许经营管理条例》第三条第二款关于"企业以外的其他单位和个人不得作为特许人从事特许经营活动"的规定，可以认定为行政法规的效力性强制性规定。企业以外的其他单位和个人作为特许人与他人签订的特许经营合同，可以认定为无效。

本案中，请受诉法院注意结合特许经营资源的拥有或者实际控制人、在商务主管部门的备案信息、经营指导、技术支持以及业务培训等服务的实际提供者、涉案合同的签字人和签约名义及签字人与特许经营资源拥有人或者实际控制人之间的法律关系等因素，准确认定涉案合同的特许人，依法妥善审理好本案。

此复。

（九）借用合同

最高人民法院
关于房屋借用纠纷的批复

1985年8月12日　　　　　　　　　　　　〔1985〕民他字第17号

山东省高级人民法院：

你院〔84〕鲁法民监字第53号《关于肖思九与王庆昌房屋纠纷一案的请示报告》收悉。

从报告材料看，肖思九与王庆昌、王维良诉争之房屋，原是肖思九1944年建造的。同年，肖思九将其所建房屋无条件地借给王庆昌一家居住。1948年王庆昌之侄王维良住进该房。1980年因王维良擅自将该房两间出租，双方为房屋产权发生争议。

根据上述事实，经研究，我们认为：诉争之房屋，原为肖思九所有，产权明确。肖既是借给王家使用，又没有商定借用期限，肖则有权随时收回，王家对借住的房屋有修缮的义务，不能以房屋借用人变换或借居时间长，对房屋进行过修缮，而视为取得了所有权。据此，我们原则上同意你院审判委员会讨论时的第一种意见，即诉争之房屋仍应归肖思九所有。

最高人民法院
关于契约已载明借钱借房的房产
纠纷不宜确认为房屋买卖的批复

1987年4月8日　　　　　　　　　　　　〔1987〕民他字第6号

河南省高级人民法院：

你院《关于邓子明与程梅玲房产纠纷一案的请示报告》收悉。

根据你院调查：邓子明、邓炎明于1976年12月经中人说合与程梅玲达成借钱、借房协议,并立有字据。该字据载明:"邓子明、邓炎明情愿将自己……东厦房四间(院子从正中划开后的东半部分)借给程梅玲,而程梅玲则借给邓子明、邓炎明2人人民币1400元整,双方经协商无争议永不翻悔"。1981年程梅玲以双方不是借钱、借房,而是房屋买卖为由要求过户。双方为此发生争执。1983年邓炎明向人民法院起诉,要求还钱退房。

经研究认为:本案双方当事人所立借钱、借房字据,关系清楚,性质明确,且洛阳市人民政府颁发的《土地房产所有证》上,产权人仍是邓家。程梅玲以字据上未写明期限及写有"永不翻悔"内容等为由而否定借用关系,并要求确认为买卖关系,是不符合事实和没有法律依据的。因此,我们同意你院审判委员会的第一种意见,本案应按"两借"关系处理,不能视为买卖关系成立。

最高人民法院
关于武都县佛教协会与罗兆年、罗玉成、罗志民及武都县城关镇供销服务公司房屋纠纷案的批复

(1987年8月24日)

甘肃省高级人民法院:

你院甘法民文〔1987〕2号《关于武都县佛教协会与罗兆年、罗玉成、罗志民及武都县城关镇供销服务公司房屋纠纷一案的请示报告》收悉。

据你院报告所述,罗氏家族原有家佛殿一处,占地面积9分9厘,其中有大小佛殿各一座及土平房三间。1942年农历正月,武都县佛教协会与罗兆年、罗兆辉、罗龙氏签订了借用合同。合同载明:"武都佛教会无资借租罗氏家佛殿原有的殿宇修补供佛,并在空地修盖房舍。自合同之后,佛教会在内常常居住,罗氏户内不得不中途阻止强迫迁移。若佛教会于任何时期不愿住居,自动迁移时,所有新旧殿宇及土木建筑之类,佛教会情愿无资缴还罗氏,不取分文代价。"合同签订后,佛教协会曾将小佛殿及三间土平房拆除,用其砖瓦木石及群众募捐的资金,新建房屋十六间。土改时,对大佛殿及十六间房屋之产权没有明确其归属。1958年佛教活动停止。1961年9月,武都县房管所将上述房屋以公产进行登记管理。"文革"中,武都县城关镇供销服务公司向房管部门承租了全部房屋,并将大佛殿拆除。1982年10月,武都县人民政府落实宗教团体房屋政策,将十六间房屋发还给武都县佛教协会。1984年,罗兆年与其侄儿罗玉成、罗志民以无处居住为由,相继占用8间房屋。为此,佛教协会向人民法院提起诉讼。

经研究,我们认为:1942年双方当事人所订合同,是在解放前土地私有时以家庙、宅基地为标的物的借用性质的合同。现在处理该合同履行中发生的纠纷,首先必须考虑

土地所有制已发生了根本性的变化，如果不顾土地所有制的变化，仍按合同履行，既不符合现行政策法律，也不利于双方当事人民事权利的行使和社会经济秩序的稳定。根据该案情况，合同再无限期地继续履行已不可能。据此，双方当事人原订合同应予终止履行。但罗家基于原合同所享有的合法权益应依法予以保护，即应承认罗家对原有房屋的所有权，被武都县城关镇供销服务公司拆除的大佛殿，应由该公司予以合理赔偿；被武都县佛教协会拆除的小佛殿及三间土平房应由佛教协会补偿，既可以从现有的十六间房屋中补给相应间数，也可以折价补偿。至于佛教协会增建、扩建的房屋，鉴于该房屋系属群众捐助所建，且按照合同，产权尚未转移给罗家，故不能认为罗家已取得所有权，合同终止履行后，产权应归佛教协会所有。罗家要求确认其产权，依法不予支持。在该案具体处理中，要注意根据具体情况，做好双方当事人的工作，尽可能调解解决。

六、劳动争议、人事争议

最高人民法院
关于审理劳动争议案件适用法律若干问题的解释

法释〔2001〕14号

（2001年3月22日最高人民法院审判委员会第1165次会议通过 2001年4月16日最高人民法院公告公布 自2001年4月30日起施行）

为正确审理劳动争议案件，根据《中华人民共和国劳动法》（以下简称《劳动法》）和《中华人民共和国民事诉讼法》（以下简称《民事诉讼法》）等相关法律之规定，就适用法律的若干问题，作如下解释。

第一条 劳动者与用人单位之间发生的下列纠纷，属于《劳动法》第二条规定的劳动争议，当事人不服劳动争议仲裁委员会作出的裁决，依法向人民法院起诉的，人民法院应当受理：

（一）劳动者与用人单位在履行劳动合同过程中发生的纠纷；

（二）劳动者与用人单位之间没有订立书面劳动合同，但已形成劳动关系后发生的纠纷；

（三）劳动者退休后，与尚未参加社会保险统筹的原用人单位因追索养老金、医疗费、工伤保险待遇和其他社会保险费而发生的纠纷。

第二条 劳动争议仲裁委员会以当事人申请仲裁的事项不属于劳动争议为由，作出不予受理的书面裁决、决定或者通知，当事人不服，依法向人民法院起诉的，人民法院应当分别情况予以处理：

（一）属于劳动争议案件的，应当受理；

（二）虽不属于劳动争议案件，但属于人民法院主管的其他案件，应当依法受理。

第三条 劳动争议仲裁委员会根据《劳动法》第八十二条之规定，以当事人的仲裁申请超过60日期限为由，作出不予受理的书面裁决、决定或者通知，当事人不服，依法向人民法院起诉的，人民法院应当受理；对确已超过仲裁申请期限，又无不可抗力或者其他正当理由的，依法驳回其诉讼请求。

第四条　劳动争议仲裁委员会以申请仲裁的主体不适格为由，作出不予受理的书面裁决、决定或者通知，当事人不服，依法向人民法院起诉的，经审查，确属主体不适格的，裁定不予受理或者驳回起诉。

第五条　劳动争议仲裁委员会为纠正原仲裁裁决错误重新作出裁决，当事人不服，依法向人民法院起诉的，人民法院应当受理。

第六条　人民法院受理劳动争议案件后，当事人增加诉讼请求的，如该诉讼请求与讼争的劳动争议具有不可分性，应当合并审理；如属独立的劳动争议，应当告知当事人向劳动争议仲裁委员会申请仲裁。

第七条　劳动争议仲裁委员会仲裁的事项不属于人民法院受理的案件范围，当事人不服，依法向人民法院起诉的，裁定不予受理或者驳回起诉。

第八条　劳动争议案件由用人单位所在地或者劳动合同履行地的基层人民法院管辖。

劳动合同履行地不明确的，由用人单位所在地的基层人民法院管辖。

第九条　当事人双方不服劳动争议仲裁委员会作出的同一仲裁裁决，均向同一人民法院起诉的，先起诉的一方当事人为原告，但对双方的诉讼请求，人民法院应当一并作出裁决。

当事人双方就同一仲裁裁决分别向有管辖权的人民法院起诉的，后受理的人民法院应当将案件移送给先受理的人民法院。

第十条　用人单位与其他单位合并的，合并前发生的劳动争议，由合并后的单位为当事人；用人单位分立为若干单位的，其分立前发生的劳动争议，由分立后的实际用人单位为当事人。

用人单位分立为若干单位后，对承受劳动权利义务的单位不明确的，分立后的单位均为当事人。

第十一条　用人单位招用尚未解除劳动合同的劳动者，原用人单位与劳动者发生的劳动争议，可以列新的用人单位为第三人。

原用人单位以新的用人单位侵权为由向人民法院起诉的，可以列劳动者为第三人。

原用人单位以新的用人单位和劳动者共同侵权为由向人民法院起诉的，新的用人单位和劳动者列为共同被告。

第十二条　劳动者在用人单位与其他平等主体之间的承包经营期间，与发包方和承包方双方或者一方发生劳动争议，依法向人民法院起诉的，应当将承包方和发包方作为当事人。

第十三条　因用人单位作出的开除、除名、辞退、解除劳动合同、减少劳动报酬、计算劳动者工作年限等决定而发生的劳动争议，用人单位负举证责任。

第十四条　劳动合同被确认为无效后，用人单位对劳动者付出的劳动，一般可参照本单位同期、同工种、同岗位的工资标准支付劳动报酬。

根据《劳动法》第九十七条之规定，由于用人单位的原因订立的无效合同，给劳动者造成损害的，应当比照违反和解除劳动合同经济补偿金的支付标准，赔偿劳动者因合同无效所造成的经济损失。

第十五条 用人单位有下列情形之一，迫使劳动者提出解除劳动合同的，用人单位应当支付劳动者的劳动报酬和经济补偿，并可支付赔偿金：

（一）以暴力、威胁或者非法限制人身自由的手段强迫劳动的；
（二）未按照劳动合同约定支付劳动报酬或者提供劳动条件的；
（三）克扣或者无故拖欠劳动者工资的；
（四）拒不支付劳动者延长工作时间工资报酬的；
（五）低于当地最低工资标准支付劳动者工资的。

第十六条 劳动合同期满后，劳动者仍在原用人单位工作，原用人单位未表示异议的，视为双方同意以原条件继续履行劳动合同。一方提出终止劳动关系的，人民法院应当支持。

根据《劳动法》第二十条之规定，用人单位应当与劳动者签订无固定期限劳动合同而未签订的，人民法院可以视为双方之间存在无固定期限劳动合同关系，并以原劳动合同确定双方的权利义务关系。

第十七条 劳动争议仲裁委员会作出仲裁裁决后，当事人对裁决中的部分事项不服，依法向人民法院起诉的，劳动争议仲裁裁决不发生法律效力。

第十八条 劳动争议仲裁委员会对多个劳动者的劳动争议作出仲裁裁决后，部分劳动者对仲裁裁决不服，依法向人民法院起诉的，仲裁裁决对提出起诉的劳动者不发生法律效力；对未提出起诉的部分劳动者，发生法律效力，如其申请执行的，人民法院应当受理。

第十九条 用人单位根据《劳动法》第四条之规定，通过民主程序制定的规章制度，不违反国家法律、行政法规及政策规定，并已向劳动者公示的，可以作为人民法院审理劳动争议案件的依据。

第二十条 用人单位对劳动者作出的开除、除名、辞退等处理，或者因其他原因解除劳动合同确有错误的，人民法院可以依法判决予以撤销。

对于追索劳动报酬、养老金、医疗费以及工伤保险待遇、经济补偿金、培训费及其他相关费用等案件，给付数额不当的，人民法院可以予以变更。

第二十一条 当事人申请人民法院执行劳动争议仲裁机构作出的发生法律效力的裁决书、调解书，被申请人提出证据证明劳动争议仲裁裁决书、调解书有下列情形之一，并经审查核实的，人民法院可以根据《民事诉讼法》第二百一十三条之规定，裁定不予执行：

（一）裁决的事项不属于劳动争议仲裁范围，或者劳动争议仲裁机构无权仲裁的；
（二）适用法律确有错误的；
（三）仲裁员仲裁该案时，有徇私舞弊、枉法裁决行为的；
（四）人民法院认定执行该劳动争议仲裁裁决违背社会公共利益的。

人民法院在不予执行的裁定书中，应当告知当事人在收到裁定书之次日起 30 日内，可以就该劳动争议事项向人民法院起诉。

最高人民法院关于审理劳动争议案件适用法律若干问题的解释（二）

法释〔2006〕6号

（2006年7月10日最高人民法院审判委员会第1393次会议通过　2006年8月14日最高人民法院公告公布　自2006年10月1日起施行）

为正确审理劳动争议案件，根据《中华人民共和国劳动法》、《中华人民共和国民事诉讼法》等相关法律规定，结合民事审判实践，对人民法院审理劳动争议案件适用法律的若干问题补充解释如下：

第一条　人民法院审理劳动争议案件，对下列情形，视为劳动法第八十二条规定的"劳动争议发生之日"：

（一）在劳动关系存续期间产生的支付工资争议，用人单位能够证明已经书面通知劳动者拒付工资的，书面通知送达之日为劳动争议发生之日。用人单位不能证明的，劳动者主张权利之日为劳动争议发生之日。

（二）因解除或者终止劳动关系产生的争议，用人单位不能证明劳动者收到解除或者终止劳动关系书面通知时间的，劳动者主张权利之日为劳动争议发生之日。

（三）劳动关系解除或者终止后产生的支付工资、经济补偿金、福利待遇等争议，劳动者能够证明用人单位承诺支付的时间为解除或者终止劳动关系后的具体日期的，用人单位承诺支付之日为劳动争议发生之日。劳动者不能证明的，解除或者终止劳动关系之日为劳动争议发生之日。

第二条　拖欠工资争议，劳动者申请仲裁时劳动关系仍然存续，用人单位以劳动者申请仲裁超过六十日为由主张不再支付的，人民法院不予支持。但用人单位能够证明劳动者已经收到拒付工资的书面通知的除外。

第三条　劳动者以用人单位的工资欠条为证据直接向人民法院起诉，诉讼请求不涉及劳动关系其他争议的，视为拖欠劳动报酬争议，按照普通民事纠纷受理。

第四条　用人单位和劳动者因劳动关系是否已经解除或者终止，以及应否支付解除或终止劳动关系经济补偿金产生的争议，经劳动争议仲裁委员会仲裁后，当事人依法起诉的，人民法院应予受理。

第五条　劳动者与用人单位解除或者终止劳动关系后，请求用人单位返还其收取的劳动合同定金、保证金、抵押金、抵押物产生的争议，或者办理劳动者的人事档案、社会保险关系等移转手续产生的争议，经劳动争议仲裁委员会仲裁后，当事人依法起诉的，人民法院应予受理。

第六条　劳动者因为工伤、职业病，请求用人单位依法承担给予工伤保险待遇的争议，经劳动争议仲裁委员会仲裁后，当事人依法起诉的，人民法院应予受理。

第七条　下列纠纷不属于劳动争议：

（一）劳动者请求社会保险经办机构发放社会保险金的纠纷；

（二）劳动者与用人单位因住房制度改革产生的公有住房转让纠纷；

（三）劳动者对劳动能力鉴定委员会的伤残等级鉴定结论或者对职业病诊断鉴定委员会的职业病诊断鉴定结论的异议纠纷；

（四）家庭或者个人与家政服务人员之间的纠纷；

（五）个体工匠与帮工、学徒之间的纠纷；

（六）农村承包经营户与受雇人之间的纠纷。

第八条　当事人不服劳动争议仲裁委员会作出的预先支付劳动者部分工资或者医疗费用的裁决，向人民法院起诉的，人民法院不予受理。

用人单位不履行上述裁决中的给付义务，劳动者依法向人民法院申请强制执行的，人民法院应予受理。

第九条　劳动者与起有字号的个体工商户产生的劳动争议诉讼，人民法院应当以营业执照上登记的字号为当事人，但应同时注明该字号业主的自然情况。

第十条　劳动者因履行劳动力派遣合同产生劳动争议而起诉，以派遣单位为被告；争议内容涉及接受单位的，以派遣单位和接受单位为共同被告。

第十一条　劳动者和用人单位均不服劳动争议仲裁委员会的同一裁决，向同一人民法院起诉的，人民法院应当并案审理，双方当事人互为原告和被告。在诉讼过程中，一方当事人撤诉的，人民法院应当根据另一方当事人的诉讼请求继续审理。

第十二条　当事人能够证明在申请仲裁期间内因不可抗力或者其他客观原因无法申请仲裁的，人民法院应当认定申请仲裁期间中止，从中止的原因消灭之次日起，申请仲裁期间连续计算。

第十三条　当事人能够证明在申请仲裁期间内具有下列情形之一的，人民法院应当认定申请仲裁期间中断：

（一）向对方当事人主张权利；

（二）向有关部门请求权利救济；

（三）对方当事人同意履行义务。

申请仲裁期间中断的，从对方当事人明确拒绝履行义务，或者有关部门作出处理决定或明确表示不予处理时起，申请仲裁期间重新计算。

第十四条　在诉讼过程中，劳动者向人民法院申请采取财产保全措施，人民法院经审查认为申请人经济确有困难，或有证据证明用人单位存在欠薪逃匿可能的，应当减轻或者免除劳动者提供担保的义务，及时采取保全措施。

第十五条　人民法院作出的财产保全裁定中，应当告知当事人在劳动仲裁机构的裁决书或者在人民法院的裁判文书生效后三个月内申请强制执行。逾期不申请的，人民法院应当裁定解除保全措施。

第十六条　用人单位制定的内部规章制度与集体合同或者劳动合同约定的内容不一

致,劳动者请求优先适用合同约定的,人民法院应予支持。

第十七条 当事人在劳动争议调解委员会主持下达成的具有劳动权利义务内容的调解协议,具有劳动合同的约束力,可以作为人民法院裁判的根据。

当事人在劳动争议调解委员会主持下仅就劳动报酬争议达成调解协议,用人单位不履行调解协议确定的给付义务,劳动者直接向人民法院起诉的,人民法院可以按照普通民事纠纷受理。

第十八条 本解释自 2006 年 10 月 1 日起施行。本解释施行前本院颁布的有关司法解释与本解释规定不一致的,以本解释的规定为准。

本解释施行后,人民法院尚未审结的一审、二审案件适用本解释。本解释施行前已经审结的案件,不得适用本解释的规定进行再审。

最高人民法院关于审理劳动争议案件适用法律若干问题的解释(三)

法释〔2010〕12 号

(2010 年 7 月 12 日最高人民法院审判委员会第 1489 次会议通过 2010 年 9 月 13 日最高人民法院公告公布 自 2010 年 9 月 14 日起施行)

为正确审理劳动争议案件,根据《中华人民共和国劳动法》、《中华人民共和国劳动合同法》、《中华人民共和国劳动争议调解仲裁法》、《中华人民共和国民事诉讼法》等相关法律规定,结合民事审判实践,特作如下解释。

第一条 劳动者以用人单位未为其办理社会保险手续,且社会保险经办机构不能补办导致其无法享受社会保险待遇为由,要求用人单位赔偿损失而发生争议的,人民法院应予受理。

第二条 因企业自主进行改制引发的争议,人民法院应予受理。

第三条 劳动者依据劳动合同法第八十五条规定,向人民法院提起诉讼,要求用人单位支付加付赔偿金的,人民法院应予受理。

第四条 劳动者与未办理营业执照、营业执照被吊销或者营业期限届满仍继续经营的用人单位发生争议的,应当将用人单位或者其出资人列为当事人。

第五条 未办理营业执照、营业执照被吊销或者营业期限届满仍继续经营的用人单位,以挂靠等方式借用他人营业执照经营的,应当将用人单位和营业执照出借方列为当事人。

第六条 当事人不服劳动人事争议仲裁委员会作出的仲裁裁决,依法向人民法院提起诉讼,人民法院审查认为仲裁裁决遗漏了必须共同参加仲裁的当事人的,应当依法追加遗漏的人为诉讼当事人。

被追加的当事人应当承担责任的，人民法院应当一并处理。

第七条 用人单位与其招用的已经依法享受养老保险待遇或领取退休金的人员发生用工争议，向人民法院提起诉讼的，人民法院应当按劳务关系处理。

第八条 企业停薪留职人员、未达到法定退休年龄的内退人员、下岗待岗人员以及企业经营性停产放长假人员，因与新的用人单位发生用工争议，依法向人民法院提起诉讼的，人民法院应当按劳动关系处理。

第九条 劳动者主张加班费的，应当就加班事实的存在承担举证责任。但劳动者有证据证明用人单位掌握加班事实存在的证据，用人单位不提供的，由用人单位承担不利后果。

第十条 劳动者与用人单位就解除或者终止劳动合同办理相关手续、支付工资报酬、加班费、经济补偿或者赔偿金等达成的协议，不违反法律、行政法规的强制性规定，且不存在欺诈、胁迫或者乘人之危情形的，应当认定有效。

前款协议存在重大误解或者显失公平情形，当事人请求撤销的，人民法院应予支持。

第十一条 劳动人事争议仲裁委员会作出的调解书已经发生法律效力，一方当事人反悔提起诉讼的，人民法院不予受理；已经受理的，裁定驳回起诉。

第十二条 劳动人事争议仲裁委员会逾期未作出受理决定或仲裁裁决，当事人直接提起诉讼的，人民法院应予受理，但申请仲裁的案件存在下列事由的除外：

（一）移送管辖的；

（二）正在送达或送达延误的；

（三）等待另案诉讼结果、评残结论的；

（四）正在等待劳动人事争议仲裁委员会开庭的；

（五）启动鉴定程序或者委托其他部门调查取证的；

（六）其他正当事由。

当事人以劳动人事争议仲裁委员会逾期未作出仲裁裁决为由提起诉讼的，应当提交劳动人事争议仲裁委员会出具的受理通知书或者其他已接受仲裁申请的凭证或证明。

第十三条 劳动者依据调解仲裁法第四十七条第（一）项规定，追索劳动报酬、工伤医疗费、经济补偿或者赔偿金，如果仲裁裁决涉及数项，每项确定的数额均不超过当地月最低工资标准十二个月金额的，应当按照终局裁决处理。

第十四条 劳动人事争议仲裁委员会作出的同一仲裁裁决同时包含终局裁决事项和非终局裁决事项，当事人不服该仲裁裁决向人民法院提起诉讼的，应当按照非终局裁决处理。

第十五条 劳动者依据调解仲裁法第四十八条规定向基层人民法院提起诉讼，用人单位依据调解仲裁法第四十九条规定向劳动人事争议仲裁委员会所在地的中级人民法院申请撤销仲裁裁决的，中级人民法院应不予受理；已经受理的，应当裁定驳回申请。

被人民法院驳回起诉或者劳动者撤诉的，用人单位可以自收到裁定书之日起三十日内，向劳动人事争议仲裁委员会所在地的中级人民法院申请撤销仲裁裁决。

第十六条 用人单位依照调解仲裁法第四十九条规定向中级人民法院申请撤销仲裁裁决，中级人民法院作出的驳回申请或者撤销仲裁裁决的裁定为终审裁定。

第十七条 劳动者依据劳动合同法第三十条第二款和调解仲裁法第十六条规定向人民法院申请支付令，符合民事诉讼法第十七章督促程序规定的，人民法院应予受理。

依据劳动合同法第三十条第二款规定申请支付令被人民法院裁定终结督促程序后，劳动者就劳动争议事项直接向人民法院起诉的，人民法院应当告知其先向劳动人事争议仲裁委员会申请仲裁。

依据调解仲裁法第十六条规定申请支付令被人民法院裁定终结督促程序后，劳动者依据调解协议直接向人民法院提起诉讼的，人民法院应予受理。

第十八条 劳动人事争议仲裁委员会作出终局裁决，劳动者向人民法院申请执行，用人单位向劳动人事争议仲裁委员会所在地的中级人民法院申请撤销的，人民法院应当裁定中止执行。

用人单位撤回撤销终局裁决申请或者其申请被驳回的，人民法院应当裁定恢复执行。仲裁裁决被撤销的，人民法院应当裁定终结执行。

用人单位向人民法院申请撤销仲裁裁决被驳回后，又在执行程序中以相同理由提出不予执行抗辩的，人民法院不予支持。

最高人民法院
关于审理劳动争议案件适用法律若干问题的解释（四）

法释〔2013〕4号

（2012年12月31日最高人民法院审判委员会第1566次会议通过
2013年1月18日最高人民法院公告公布　自2013年2月1日起施行）

为正确审理劳动争议案件，根据《中华人民共和国劳动法》《中华人民共和国劳动合同法》《中华人民共和国劳动争议调解仲裁法》《中华人民共和国民事诉讼法》等相关法律规定，结合民事审判实践，就适用法律的若干问题，作如下解释：

第一条 劳动人事争议仲裁委员会以无管辖权为由对劳动争议案件不予受理，当事人提起诉讼的，人民法院按照以下情形分别处理：

（一）经审查认为该劳动人事争议仲裁委员会对案件确无管辖权的，应当告知当事人向有管辖权的劳动人事争议仲裁委员会申请仲裁；

（二）经审查认为该劳动人事争议仲裁委员会有管辖权的，应当告知当事人申请仲裁，并将审查意见书面通知该劳动人事争议仲裁委员会，劳动人事争议仲裁委员会仍不受理，当事人就该劳动争议事项提起诉讼的，应予受理。

第二条 仲裁裁决的类型以仲裁裁决书确定为准。

仲裁裁决书未载明该裁决为终局裁决或非终局裁决，用人单位不服该仲裁裁决向基层人民法院提起诉讼的，应当按照以下情形分别处理：

（一）经审查认为该仲裁裁决为非终局裁决的，基层人民法院应予受理；

（二）经审查认为该仲裁裁决为终局裁决的，基层人民法院不予受理，但应告知用人单位可以自收到不予受理裁定书之日起三十日内向劳动人事争议仲裁委员会所在地的中级人民法院申请撤销该仲裁裁决；已经受理的，裁定驳回起诉。

第三条 中级人民法院审理用人单位申请撤销终局裁决的案件，应当组成合议庭开庭审理。经过阅卷、调查和询问当事人，对没有新的事实、证据或者理由，合议庭认为不需要开庭审理的，可以不开庭审理。

中级人民法院可以组织双方当事人调解。达成调解协议的，可以制作调解书。一方当事人逾期不履行调解协议的，另一方可以申请人民法院强制执行。

第四条 当事人在人民调解委员会主持下仅就给付义务达成的调解协议，双方认为有必要的，可以共同向人民调解委员会所在地的基层人民法院申请司法确认。

第五条 劳动者非因本人原因从原用人单位被安排到新用人单位工作，原用人单位未支付经济补偿，劳动者依照劳动合同法第三十八条规定与新用人单位解除劳动合同，或者新用人单位向劳动者提出解除、终止劳动合同，在计算支付经济补偿或赔偿金的工作年限时，劳动者请求把在原用人单位的工作年限合并计算为新用人单位工作年限的，人民法院应予支持。

用人单位符合下列情形之一的，应当认定属于"劳动者非因本人原因从原用人单位被安排到新用人单位工作"：

（一）劳动者仍在原工作场所、工作岗位工作，劳动合同主体由原用人单位变更为新用人单位；

（二）用人单位以组织委派或任命形式对劳动者进行工作调动；

（三）因用人单位合并、分立等原因导致劳动者工作调动；

（四）用人单位及其关联企业与劳动者轮流订立劳动合同；

（五）其他合理情形。

第六条 当事人在劳动合同或者保密协议中约定了竞业限制，但未约定解除或者终止劳动合同后给予劳动者经济补偿，劳动者履行了竞业限制义务，要求用人单位按照劳动者在劳动合同解除或者终止前十二个月平均工资的30%按月支付经济补偿的，人民法院应予支持。

前款规定的月平均工资的30%低于劳动合同履行地最低工资标准的，按照劳动合同履行地最低工资标准支付。

第七条 当事人在劳动合同或者保密协议中约定了竞业限制和经济补偿，当事人解除劳动合同时，除另有约定外，用人单位要求劳动者履行竞业限制义务，或者劳动者履行了竞业限制义务后要求用人单位支付经济补偿的，人民法院应予支持。

第八条 当事人在劳动合同或者保密协议中约定了竞业限制和经济补偿，劳动合同解除或者终止后，因用人单位的原因导致三个月未支付经济补偿，劳动者请求解除竞业限制约定的，人民法院应予支持。

第九条 在竞业限制期限内，用人单位请求解除竞业限制协议时，人民法院应予支持。

在解除竞业限制协议时，劳动者请求用人单位额外支付劳动者三个月的竞业限制经济补偿的，人民法院应予支持。

第十条 劳动者违反竞业限制约定，向用人单位支付违约金后，用人单位要求劳动者按照约定继续履行竞业限制义务的，人民法院应予支持。

第十一条 变更劳动合同未采用书面形式，但已经实际履行了口头变更的劳动合同超过一个月，且变更后的劳动合同内容不违反法律、行政法规、国家政策以及公序良俗，当事人以未采用书面形式为由主张劳动合同变更无效的，人民法院不予支持。

第十二条 建立了工会组织的用人单位解除劳动合同符合劳动合同法第三十九条、第四十条规定，但未按照劳动合同法第四十三条规定事先通知工会，劳动者以用人单位违法解除劳动合同为由请求用人单位支付赔偿金的，人民法院应予支持，但起诉前用人单位已经补正有关程序的除外。

第十三条 劳动合同法施行后，因用人单位经营期限届满不再继续经营导致劳动合同不能继续履行，劳动者请求用人单位支付经济补偿的，人民法院应予支持。

第十四条 外国人、无国籍人未依法取得就业证件即与中国境内的用人单位签订劳动合同，以及香港特别行政区、澳门特别行政区和台湾地区居民未依法取得就业证件即与内地用人单位签订劳动合同，当事人请求确认与用人单位存在劳动关系的，人民法院不予支持。

持有《外国专家证》并取得《外国专家来华工作许可证》的外国人，与中国境内的用人单位建立用工关系的，可以认定为劳动关系。

第十五条 本解释施行前本院颁布的有关司法解释与本解释抵触的，自本解释施行之日起不再适用。

本解释施行后尚未终审的劳动争议纠纷案件，适用本解释；本解释施行前已经终审，当事人申请再审或者按照审判监督程序决定再审的，不适用本解释。

最高人民法院关于劳动仲裁委员会逾期不作出仲裁裁决或者作出不予受理通知的劳动争议案件，人民法院应否受理的批复

法释〔1998〕24号

（1998年6月8日最高人民法院审判委员会第991次会议通过　1998年9月2日最高人民法院公告公布　自1998年9月9日起施行）

四川省高级人民法院：

你院川高法〔1998〕52号《关于未经劳动仲裁的劳动争议案件，当事人向法院起诉人民法院应否受理的请示》收悉。经研究，答复如下：

根据《中华人民共和国劳动法》第七十九条规定的精神，劳动争议案件经劳动争议仲裁委员会仲裁是提起诉讼的必经程序。劳动争议仲裁委员会逾期不作出仲裁裁决或者作出不予受理的决定，当事人不服向人民法院提起行政诉讼的，人民法院不予受理；当事人不服劳动争议仲裁委员会作出的劳动争议仲裁裁决，可以向人民法院提起民事诉讼。

此复。

最高人民法院关于人民法院对经劳动争议仲裁裁决的纠纷准予撤诉或驳回起诉后劳动争议仲裁裁决从何时起生效的解释

法释〔2000〕18号

（2000年4月4日最高人民法院审判委员会第1108次会议通过　2000年7月10日最高人民法院公告公布　自2000年7月19日起施行）

为正确适用法律审理劳动争议案件，对人民法院裁定准予撤诉或驳回起诉后，劳动争议仲裁裁决从何时起生效的问题解释如下：

第一条　当事人不服劳动争议仲裁裁决向人民法院起诉后又申请撤诉，经人民法院

审查准予撤诉的,原仲裁裁决自人民法院裁定送达当事人之日起发生法律效力。

第二条 当事人因超过起诉期间而被人民法院裁定驳回起诉的,原仲裁裁决自起诉期间届满之次日起恢复法律效力。

第三条 因仲裁裁决确定的主体资格错误或仲裁裁决事项不属于劳动争议,被人民法院驳回起诉的,原仲裁裁决不发生法律效力。

最高人民法院关于人民法院审理事业单位人事争议案件若干问题的规定

法释〔2003〕13号

(2003年6月17日最高人民法院审判委员会第1278次会议通过 2003年8月27日最高人民法院公告公布 自2003年9月5日起施行)

为了正确审理事业单位与其工作人员之间的人事争议案件,根据《中华人民共和国劳动法》的规定,现对有关问题规定如下:

第一条 事业单位与其工作人员之间因辞职、辞退及履行聘用合同所发生的争议,适用《中华人民共和国劳动法》的规定处理。

第二条 当事人对依照国家有关规定设立的人事争议仲裁机构所作的人事争议仲裁裁决不服,自收到仲裁裁决之日起十五日内向人民法院提起诉讼的,人民法院应当依法受理。一方当事人在法定期间内不起诉又不履行仲裁裁决,另一方当事人向人民法院申请执行的,人民法院应当依法执行。

第三条 本规定所称人事争议是指事业单位与其工作人员之间因辞职、辞退及履行聘用合同所发生的争议。

最高人民法院
关于事业单位人事争议案件适用法律等问题的答复

2004 年 4 月 30 日　　　　　　　　　　　　　　法函〔2004〕30 号

北京市高级人民法院：

你院《关于审理事业单位人事争议案件如何适用法律及管辖的请示》（京高法〔2003〕353 号）收悉。经研究，答复如下：

一、《最高人民法院关于人民法院审理事业单位人事争议案件若干问题的规定》（法释〔2003〕13 号）第一条规定，"事业单位与其工作人员之间因辞职、辞退及履行聘用合同所发生的争议，适用《中华人民共和国劳动法》的规定处理。"这里"适用《中华人民共和国劳动法》的规定处理"是指人民法院审理事业单位人事争议案件的程序运用《中华人民共和国劳动法》的相关规定。人民法院对事业单位人事争议案件的实体处理应当适用人事方面的法律规定，但涉及事业单位工作人员劳动权利的内容在人事法律中没有规定的，适用《中华人民共和国劳动法》的有关规定。

二、事业单位人事争议案件由用人单位或者聘用合同履行地的基层人民法院管辖。

三、人民法院审理事业单位人事争议案件的案由为"人事争议"。

最高人民法院
关于人事争议申请仲裁的时效期间如何计算的批复

法释〔2013〕23 号

（2013 年 9 月 9 日最高人民法院审判委员会第 1590 次会议通过
2013 年 9 月 12 日最高人民法院公告公布　自 2013 年 9 月 22 日起施行）

四川省高级人民法院：

你院《关于事业单位人事争议仲裁时效如何计算的请示》（川高法〔2012〕430 号）收悉。经研究，批复如下：

依据《中华人民共和国劳动争议调解仲裁法》第二十七条第一款、第五十二条的规定，当事人自知道或者应当知道其权利被侵害之日起一年内申请仲裁，仲裁机构予以受理的，人民法院应予认可。

最高人民法院
关于金龙万、金龙哲与黑龙江省国际经济技术合作公司出国劳务合同纠纷案是否适用最高人民法院法（经）函〔1990〕73号复函的答复

2001年2月19日　　　　　　　　　　　　〔2001〕民立他字第3号

黑龙江省高级人民法院：

你院〔2000〕黑监级复字第2号《关于金龙万、金龙哲与黑龙江省国际经济技术合作公司出国劳务合同纠纷案是否适用我院"法（经）函〔1990〕73号"复函的请示》收悉。经研究认为，金龙万和金龙哲与黑龙江省国际经济技术合作公司之间形成的劳务关系及担保关系是平等主体之间基于合同而建立的民事法律关系，属民法调整的范围，人民法院应予受理。我院法（经）函〔1990〕73号复函不适用于本案。

此复。

最高人民法院
关于安徽省高级人民法院关于李向阳等十人与亳州市烟草专卖局劳动争议纠纷一案的请示的复函

2004年7月21日　　　　　　　　　　　　〔2004〕民一他字第15号

安徽省高级人民法院：

你院《关于李向阳等十人与亳州市烟草专卖局劳动争议纠纷一案的请示报告》收悉。据你院报告查明的事实：李向阳等人为退伍士兵安置问题与亳州市烟草专卖局发生争议，并集体到有关部门上访，该局为解决李向阳等人的生活困难遂临时安排其在局机关所属的稽查队工作。此后，李向阳等人向劳动争议仲裁委员会申诉，请求裁决亳州市烟草专卖局与其签订无固定期限的劳动合同，并支付其在稽查队工作期间的工资及保险福利待遇。经研究认为：

1. 依据《中华人民共和国兵役法》、国务院《退伍义务兵安置条例》的规定，安置单位与退伍义务兵就安置问题建立的关系是安置与被安置的关系，不是《中华人民共和国劳动法》第17条规定的在"平等自愿、协商一致"基础上建立的劳动关系，双方发

生的争议是安置争议,不是《中华人民共和国劳动法》调整的劳动争议。如果亳州市烟草专卖局将李向阳等人临时安排在稽查队工作,不是对他们的安置,当然不发生与之签订无固定期限的劳动合同的义务,按照《最高人民法院关于审理劳动争议案件适用法律若干问题的解释》第1条的规定,李向阳等人与亳州市烟草专卖局之间的安置争议,不符合人民法院受理劳动争议案件的条件。

2. 李向阳等人就其被临时安排在稽查队工作期间的工资及保险福利待遇问题与亳州市烟草专卖局之间发生争议,由于双方当事人之间存在事实劳动关系,符合上述司法解释第1条第(2)项之规定,劳动争议仲裁委员会作裁决后,当事人依法诉至人民法院的,人民法院应当作为劳动争议案件受理。

最高人民法院
关于车辆实际所有人聘用的司机与挂靠单位之间是否形成事实劳动关系的答复

2013年10月28日　　　　　　　　　　〔2013〕民一他字第16号

安徽省高级人民法院:

你院〔2013〕皖民一他字第00011号《关于车辆挂靠其他单位经营车辆实际所有人聘用的司机与挂靠单位是否形成事实劳动关系的请示》收悉。经研究,答复如下:

个人购买的车辆挂靠其他单位且以挂靠单位的名义对外经营的,根据2008年1月1日起实施的劳动合同法规定的精神,其聘用的司机与挂靠单位之间不具备劳动关系的基本特征,不宜认定其形成了事实劳动关系。

以上意见,供参考。

最高人民法院民一庭
关于被挂靠单位与挂靠人聘用的司机之间是否具有劳动关系问题的请示答复[*]

2014 年 5 月 14 日　　　　　　　　　　〔2014〕民一他字第 13 号

山东省高级人民法院：

你院关于《马成胜与山东省日照运总交通集团有限公司劳动争议一案的请示》收悉，根据 2008 年 1 月 1 日起实施的《中华人民共和国劳动合同法》规定的精神，被挂靠单位与挂靠人聘用的司机之间的法律关系，不具备劳动关系的基本特征，不宜认定形成劳动关系。

人力资源和社会保障部　中央综治办　最高人民法院 司法部　财政部　中华全国总工会 中华全国工商业联合会　中国企业联合会 中国企业家协会
关于进一步加强劳动人事争议调解仲裁完善多元处理机制的意见

2017 年 3 月 21 日　　　　　　　　　　人社部发〔2017〕26 号

各省、自治区、直辖市人力资源社会保障厅（局）、综治办、高级人民法院、司法厅（局）、财政厅（局）、总工会、工商业联合会、企业联合会/企业家协会，新疆生产建设兵团人力资源社会保障局、综治办、新疆维吾尔自治区高级人民法院生产建设兵团分院、司法局、财务局、工会、工商业联合会、企业联合会/企业家协会：

劳动人事争议调解仲裁是劳动人事关系矛盾纠纷多元化解机制的重要组成部分。当前，我国正处于经济社会转型时期，劳动关系矛盾处于凸显期和多发期，劳动人事争议

---

[*] 也作"最高人民法院民一庭关于《山东省高级人民法院马成胜与山东省日照运总交通集团有限公司劳动争议一案的请示》的答复"。

案件逐年增多。通过协商、调解、仲裁、诉讼等方式依法有效处理劳动人事争议，对于促进社会公平正义、维护劳动人事关系和谐与社会稳定具有重要意义。根据中共中央办公厅、国务院办公厅《关于完善矛盾纠纷多元化解机制的意见》，现就进一步加强劳动人事争议调解仲裁完善多元处理机制，提出如下意见。

一、总体要求

（一）指导思想。全面贯彻党的十八大和十八届三中、四中、五中、六中全会精神，以邓小平理论、"三个代表"重要思想、科学发展观为指导，深入贯彻习近平总书记系列重要讲话精神，主动适应经济发展新常态，积极落实加强和创新社会治理新要求，探索新时期预防化解劳动人事关系矛盾纠纷的规律，不断提高调解仲裁规范化、标准化、专业化、信息化水平，推动健全中国特色劳动人事争议处理制度，完善劳动人事争议多元处理机制，切实维护劳动人事关系和谐与社会稳定，为全面建成小康社会做出更大贡献。

（二）基本原则

1. 坚持协调联动、多方参与。在党委领导、政府主导、综治协调下，积极发挥人力资源社会保障部门牵头作用，鼓励各有关部门和单位发挥职能作用，引导社会力量积极参与，合力化解劳动人事关系矛盾纠纷。

2. 坚持源头治理、注重调解。贯彻"预防为主、基层为主、调解为主"工作方针，充分发挥协商、调解在劳动人事争议处理中的基础性作用，最大限度地把矛盾纠纷解决在基层和萌芽状态。

3. 坚持依法处理、维护公平。完善劳动人事争议调解制度和仲裁准司法制度，发挥司法的引领、推动和保障作用，运用法治思维和法治方式处理劳动人事争议，切实维护用人单位和劳动者的合法权益。

4. 坚持服务为先、高效便捷。以提高劳动人事争议处理质效为目标，把服务理念贯穿争议处理全过程，为用人单位和劳动者提供优质服务。

5. 坚持立足国情、改革创新。及时总结实践经验，借鉴国外有益做法，加强制度创新，不断完善劳动人事争议多元处理机制。

（三）主要目标。到 2020 年，劳动人事争议协商解决机制逐步完善，调解基础性作用充分发挥，仲裁制度优势显著增强，司法保障作用进一步加强，协商、调解、仲裁、诉讼相互协调、有序衔接的劳动人事争议多元处理格局更加健全，劳动人事争议处理工作服务社会能力明显提高。

二、健全劳动人事争议预防协商解决机制

（四）指导用人单位加强劳动人事争议源头预防。加大法律法规政策宣传力度，推动用人单位全面实行劳动合同或者聘用合同制度，完善民主管理制度，推行集体协商和集体合同制度，保障职工对用人单位重大决策和重大事项的知情权、参与权、表达权、监督权，加强对职工的人文关怀。指导企业与职工建立多种方式的对话沟通机制，完善劳动争议预警机制，特别是在分流安置职工等涉及劳动关系重大调整时，广泛听取职工意见，依法保障职工合法权益。探索建立符合事业单位和社会团体工作人员、聘任制公务员和军队文职人员管理特点的单位内部人事争议预防机制。切实发挥企业事业单位法律顾问、公司律师在预防化解劳动人事争议方面的作用。推行劳动人事争议仲裁建议书、司法建议书制度，促进用人单位有效预防化解矛盾纠纷。

（五）引导支持用人单位与职工通过协商解决劳动人事争议。推动建立劳动人事争议协商解决机制，鼓励和引导争议双方当事人在平等自愿基础上协商解决纠纷。指导用人单位完善协商规则，建立内部申诉和协商回应制度。加大工会参与协商力度。鼓励社会组织和专家接受当事人申请或委托，为其解决纠纷予以协调、提供帮助。探索开展协商咨询服务工作，督促履行和解协议。

三、完善专业性劳动人事争议调解机制

（六）建立健全多层次劳动人事争议调解组织网络。推进县（市、区）调解组织建设，加强乡镇（街道）劳动就业社会保障服务所（中心）调解组织建设。在乡镇（街道）综治中心设置劳动人事争议调解窗口，由当地劳动就业社会保障服务所（中心）调解组织负责其日常工作。积极推动企业劳动争议调解委员会建设，指导推动建立行业性、区域性调解组织，重点在争议多发的制造、餐饮、建筑、商贸服务以及民营高科技等行业和开发区、工业园区等区域建立调解组织。加强事业单位及其主管部门调解组织建设，重点推动教育、科技、文化、卫生等事业单位及其主管部门建立由人事部门代表、职工代表、工会代表、法律顾问等组成的调解组织。加强专业性劳动人事争议调解与仲裁调解、人民调解、司法调解的联动，逐步实现程序衔接、资源整合和信息共享。同时，充分发挥人民调解组织在调解劳动争议方面的作用，在劳动争议多发的乡镇（街道），人民调解委员会可设立专门的服务窗口，及时受理并调解劳动争议。各级人力资源社会保障部门要加强统筹协调，指导推动劳动人事争议调解工作，建立专业性调解组织和调解员名册制度，加强工作情况通报和人员培训。

（七）加强劳动人事争议调解规范化建设。进一步规范调解组织工作职责、工作程序和调解员行为。建立健全调解受理登记、调解处理、告知引导、回访反馈、档案管理、统计报告、工作考评等制度。建立健全集体劳动争议应急调解机制，发生集体劳动争议时，人力资源社会保障部门要会同工会、企业代表组织及时介入，第一时间进行调解，调解不成的及时引导当事人进入仲裁程序。

（八）鼓励支持社会力量参与调解。引导劳动人事争议当事人主动选择、自愿接受调解服务。通过政府购买服务等方式，鼓励和支持法学专家、律师以及退休的法官、检察官、劳动人事争议调解员仲裁员等社会力量参与劳动人事争议调解工作，有条件的可设立调解工作室。发挥社区工作者、平安志愿者、劳动关系协调员、劳动保障监察网格管理员预防化解劳动人事争议的作用。鼓励支持社会组织开展劳动人事争议调解工作。

四、创新劳动人事争议仲裁机制

（九）完善仲裁办案制度。建立仲裁办案基本制度目录清单，指导各地完善仲裁制度体系。创新仲裁调解制度，可在仲裁院设立调解庭开展调解工作。依法细化终局裁决

规定，提高终局裁决比例。建立健全证据制度，制定体现劳动人事争议处理特点的仲裁证据规则。建立仲裁委员会仲裁办案监督制度，提高仲裁办案纠错能力。推行劳动人事争议仲裁委员会三方仲裁员组庭处理集体劳动争议制度。实行"阳光仲裁"，逐步实行仲裁裁决书网上公开，接受社会监督。推进法律援助参与劳动人事争议仲裁，在案件多发高发地区的仲裁机构设立法律援助窗口，依法为符合条件的农民工、工伤职工等群体提供法律援助服务。

（十）简化优化仲裁具体办案程序。实施案件分类处理，简化优化立案、庭审、调解、送达等具体程序，提高仲裁案件处理质量和效率。规范简易仲裁程序，灵活快捷处理小额简单争议案件。建立健全集体劳动争议快速仲裁特别程序，通过先行调解、优先受理、经与被申请人协商同意缩短或取消答辩期、就近就地开庭等方式，实现快调、快审、快结。深化仲裁庭审方式改革，推广以加强案前引导、优化庭审程序、简化裁决文书为核心内容的要素式办案，提高案件裁决效率。推进派驻仲裁庭、巡回仲裁庭和流动仲裁庭建设，为当事人提供便捷服务。

（十一）加强仲裁办案管理和指导。建立仲裁案件管理标准体系，制定办案程序公正评价标准、办案质量效率评价标准和办案人员工作绩效考核标准。建立仲裁办案指导制度，统一仲裁办案适用标准，重点加强对新兴行业劳动争议、集体劳动争议等重大疑难案件处理工作的指导。加强案例指导，综合运用案例汇编、案例研讨会、庭审观摩等方式，发挥典型案例在统一处理标准、规范自由裁量权等方面的作用。统一仲裁文书格式。建立区域劳动人事争议处理交流协作机制。

五、完善调解、仲裁、诉讼衔接机制

（十二）加强调解与仲裁的衔接。调解组织对调解不成的争议案件，要及时引导当事人进入仲裁程序；定期向仲裁机构通报工作情况，共同研究有关问题；邀请仲裁机构参与调处重大疑难争议案件。仲裁机构要加强对辖区内调解组织的业务指导，建立仲裁员定点联系调解组织制度，落实调解建议书、委托调解、调解协议仲裁审查确认等制度，开展调解员业务培训。在争议案件多发高发地区，仲裁机构可在调解组织设立派驻仲裁庭。

（十三）加强调解与诉讼的衔接。调解组织要主动接受人民法院的指导，协助人民法院调处劳动人事争议。健全劳动人事争议特邀调解制度，吸纳符合条件的调解组织或调解员成为特邀调解组织或特邀调解员，接受人民法院委派或委托开展调解工作。鼓励和支持调解组织在诉讼服务中心等部门设立调解工作室。依法落实调解协议司法确认制度。

（十四）加强仲裁与诉讼的衔接。建立仲裁与诉讼有效衔接的新规则、新制度，实现裁审衔接机制长效化、受理范围一致化、审理标准统一化。各级仲裁机构和同级人民法院要加强沟通联系，建立定期联席会议、案件信息交流、联合业务培训等制度。有条件的地区，人民法院可在仲裁机构设立派驻法庭。

六、强化基础保障机制

（十五）加强调解仲裁队伍建设。乡镇（街道）劳动就业社会保障服务所（中心）调解组织要根据实际需要配备专职调解员，通过政府购买服务、调剂事业编制等方式，拓展调解员来源渠道。企业劳动争议调解委员会要配备一定数量的专兼职调解员，鼓励企业人力资源、法务、工会部门工作人员参与调解工作。仲裁机构要及时充实专职仲裁员队伍，并配备相应的仲裁办案辅助人员；注重从工会、企业代表组织以及其他社会组织中聘用兼职仲裁员，积极吸纳律师、专家学者等担任兼职仲裁员。持续开展调解员仲裁员分级分类培训，加强思想道德教育、职业道德教育和业务能力培训。探索远程在线培训、建立集中实训基地等培训新模式，培训重心向基层倾斜。鼓励地方先行先试，探索建立仲裁员激励约束和职业保障机制，拓展职业发展空间。健全风险防控机制，推进行风建设。培育和弘扬调解仲裁文化，大力宣传先进调解仲裁机构和优秀调解员仲裁员。

（十六）加快推进调解仲裁工作信息化建设。树立"互联网＋"理念，利用现代化信息技术手段提高劳动人事争议处理效能。依托金保二期工程，建立调解仲裁办案信息系统、人员信息系统、监测管理信息系统，在实现人力资源社会保障系统内部信息互联互通的基础上，逐步实现调解仲裁信息与综治、人民法院等信息系统的互联互通。建立在线服务平台，整合调解、仲裁和诉讼资源，逐步开展在线调解、在线仲裁、电子送达等，实现线上、线下服务对接，提供"一站式"争议处理服务。

（十七）依法保障调解仲裁经费需要。按照《中华人民共和国劳动争议调解仲裁法》等有关规定，将仲裁工作所需经费列入同级财政预算予以保障，为开展仲裁活动提供支撑。对采取政府购买服务方式开展劳动人事争议处理工作的，要加强购买服务资金的预算管理。

（十八）改善调解仲裁服务条件。按照国家"十三五"规划纲要"基本公共服务项目清单"要求，不断改善调解仲裁服务条件。加强调解组织基础建设，确保调解有基本工作场所、有基本工作设施。加强仲裁机构标准化建设。仲裁员、记录人员在仲裁活动中应着正装，佩戴仲裁胸徽。

七、加强组织领导

（十九）健全劳动人事争议多元处理工作格局。积极推动将劳动人事争议处理工作纳入当地党委、政府重要议事日程，采取有力措施抓实抓好。综治组织要做好调查研究、组织协调、督导检查、考评、推动等工作，进一步把完善劳动人事争议多元处理机制作为综治工作（平安建设）考评的重要内容，严格落实社会治安综合治理领导责任制。人力资源社会保障部门要发挥在劳动人事争议处理中的主导作用，承担牵头职责，制定完善规章政策，会同有关部门统筹推进劳动人事争议调解仲裁组织建设、制度建设和队伍建设。人民法院要发挥司法在劳动人事争议处理中的引领、推动和保障作用，加强诉讼与调解、仲裁的有机衔接，依法及时有效审理劳动人事争议案件。司法行政部门要指导人民调解组织积极开展劳动争议调解工作，加强对人民调解员的劳动法律法规政策和调解方法技巧培训,组织推动律师做好法律援助和社会化调解工作。工会、企业代表组织要发挥代表作用,引导支持企业守法诚信经营、履行社会责任,依法设立劳动争议调解委员会,建立健全用人单位内部争议解决机制,教育引导职工依法理性维权。各有关部门要建立完善形势研判、信息沟通、联合会商、协调配合制度,形成各负其责、齐抓共管、互动有力、运转高效的联动机制。要充分发挥综治中心优势,有效整合工作资源,优化劳动人事争议多元处理机制。

(二十)强化责任落实,营造良好环境。各地要在当地党委、政府的领导下,进一步做好劳动人事争议调解仲裁工作,不断完善劳动人事争议多元处理机制。人力资源社会保障部门要会同有关部门制定切实可行的实施方案,明确任务、明确措施、明确责任、明确要求,并对本意见落实情况进行督促检查。充分运用传统媒体和现代传媒,加强劳动人事争议处理工作的宣传,营造良好舆论氛围。

人力资源社会保障部 最高人民法院
关于加强劳动人事争议仲裁与诉讼衔接机制建设的意见

2017年11月8日　　　　　　　　　　　人社部发〔2017〕70号

各省、自治区、直辖市人力资源社会保障厅(局)、高级人民法院,解放军军事法院,新疆生产建设兵团人力资源社会保障局、新疆维吾尔自治区高级人民法院生产建设兵团分院:

加强劳动人事争议仲裁与诉讼衔接(以下简称裁审衔接)机制建设,是健全劳动人事争议处理制度、完善矛盾纠纷多元化解机制的重要举措。近年来,一些地区积极探索加强裁审衔接工作,促进了劳动人事争议合法公正及时解决,收到了良好的法律效果和社会效果。但是,从全国来看,劳动人事争议裁审衔接机制还没有在各地区普遍建立,已建立的也还不够完善,裁审工作中仍然存在争议受理范围不够一致、法律适用标准不够统一、程序衔接不够规范等问题,影响了争议处理质量和效率,降低了仲裁和司法的公信力。为进一步加强劳动人事争议裁审衔接机制建设,现提出如下意见。

一、明确加强裁审衔接机制建设的总体要求

做好裁审衔接工作,要全面贯彻党的十九大和十九届一中全会精神,以习近平新时代中国特色社会主义思想为指导,坚持以人民为中心的发展思想,切实落实深化依法治国实践以及提高保障和改善民生水平、加强和创新社会治理的决策部署,按照《中共中央 国务院关于构建和谐劳动关系的意见》(中发〔2015〕10号)、《中共中央办公厅 国务院办公厅关于完善矛盾纠纷多元化解机制的意见》(中办发〔2015〕60号)有关要求,积极探究和把握裁审衔接工作规律,逐步建立健全裁审受理范围一致、裁审标准统一、裁审程序有效衔接的新规则新制度,实现裁审衔接工作机制完善、运转顺畅,充分发挥劳动人事争议处理中仲裁的独特优势和司法的引领、推动、保障作用,合力化解矛盾纠纷,切实维护当事人合法权益,促进劳动人事关系和谐与社会稳定。

二、统一裁审受理范围和法律适用标准

(一)逐步统一裁审受理范围。各地劳动人事争议仲裁委员会(以下简称仲裁委员会)和人民法院要按照《中华人民共和国劳动争议调解仲裁法》等法律规定,逐步统一社会保险争议、人事争议等争议的受理范围。仲裁委员会要改进完善劳动人事争议受理立案制度,依法做到有案必立,有条件的可探索实行立案登记制,切实发挥仲裁前置的功能作用。

(二)逐步统一裁审法律适用标准。各地仲裁委员会和人民法院要严格按照法律规定处理劳动人事争议。对于法律规定不明确等原因造成裁审法律适用标准不一致的突出问题,由人力资源社会保障部与最高人民法院按照《中华人民共和国立法法》有关规定,通过制定司法解释或指导意见等形式明确统一的法律适用标准。省、自治区、直辖市人力资源社会保障部门与高级人民法院要结合裁审工作实际,加强对法律适用问题的调查研究,及时提出意见建议。

三、规范裁审程序衔接

(一)规范受理程序衔接。对未经仲裁程序直接起诉到人民法院的劳动人事争议案件,人民法院应裁定不予受理;对已受理的,应驳回起诉,并告知当事人向有管辖权的仲裁委员会申请仲裁。当事人因仲裁委员会逾期未作出仲裁裁决而向人民法院提起诉讼且人民法院立案受理的,人民法院应及时将该案的受理情况告知仲裁委员会,仲裁委员会应及时决定该案件终止审理。

(二)规范保全程序衔接。仲裁委员会对在仲裁阶段可能因用人单位转移、藏匿财产等行为致使裁决难以执行的,应告知劳动者通过仲裁机构向人民法院申请保全。劳动者申请保全的,仲裁委员会应及时向人民法院转交申请书及仲裁案件受理通知书等相关材料。人民法院裁定采取保全措施或者裁定驳回申请的,应将裁定书送达申请人,并通知仲裁委员会。

(三)规范执行程序衔接。仲裁委员会依法裁决先予执行的,应向有执行权的人民法院移送先予执行裁决书、裁决书的送达回证或其他送达证明材料;接受移送的人民法院应按照《中华人民共和国民事诉讼法》和《中华人民共和国劳动争议调解仲裁法》相关规定执行。人民法院要加强对仲裁委员会裁决书、调解书的执行工作,加大对涉及劳动报酬、工伤保险待遇争议特别是集体劳动人事争议等案件的执行力度。

四、完善裁审衔接工作机制

(一)建立联席会议制度。各地人力资源社会保障部门和人民法院要定期或不定期召开联席会议,共同研究分析劳动人事争议处理形势,互相通报工作情况,沟通协调争

议仲裁与诉讼中的受理范围、程序衔接、法律适用标准等问题,推进裁审工作有效衔接。

(二)建立信息共享制度。各地人力资源社会保障部门和人民法院要加强劳动人事争议处理工作信息和统计数据的交流,实现信息互通和数据共享。人力资源社会保障部门要加强争议案件处理情况追踪,做好裁审对比情况统计分析,不断改进争议仲裁工作,人民法院要积极支持和配合。要建立健全案卷借阅制度,做好案卷借阅管理工作。有条件的地区,可以实行电子案卷借阅或通过信息平台共享电子案卷,并做好信息安全和保密工作。

(三)建立疑难复杂案件办案指导制度。各地仲裁委员会和人民法院要加强对疑难复杂、重大劳动人事争议案件的研讨和交流,开展类案分析,联合筛选并发布典型案例,充分发挥典型案例在统一裁审法律适用标准、规范裁审自由裁量尺度、服务争议当事人等方面的指导作用。

(四)建立联合培训制度。各地人力资源社会保障部门和人民法院要通过举办师资培训、远程在线培训、庭审观摩等方式,联合开展业务培训,增强办案人员的素质和能力,促进提高裁审衔接水平。

五、加强组织领导

各地人力资源社会保障部门和人民法院要高度重视加强劳动人事争议裁审衔接机制建设工作,将其作为推进建立中国特色劳动人事争议处理制度的重要措施,纳入劳动人事关系领域矛盾纠纷多元处理工作布局,加强领导,统筹谋划,结合当地实际联合制定实施意见,切实抓好贯彻落实。人力资源社会保障部门要积极主动加强与人民法院的沟通协调。人民法院要明确由一个庭室统一负责裁审衔接工作,各有关庭室要积极参与配合。省、自治区、直辖市人力资源社会保障部门、高级人民法院要加强对市、县裁审衔接工作的指导和督促检查,推动裁审衔接工作顺利开展。要加大政策引导和宣传力度,增进劳动人事争议当事人和社会公众对裁审衔接工作的了解,引导当事人依法理性维权,为合法公正及时处理争议营造良好氛围。

商事篇

一、综　　合

最高人民法院
关于设立国际商事法庭若干问题的规定

法释〔2018〕11号

(2018年6月25日最高人民法院审判委员会第1743次会议通过　2018年6月27日最高人民法院公告公布　自2018年7月1日起施行)

为依法公正及时审理国际商事案件，平等保护中外当事人合法权益，营造稳定、公平、透明、便捷的法治化国际营商环境，服务和保障"一带一路"建设，依据《中华人民共和国人民法院组织法》《中华人民共和国民事诉讼法》等法律，结合审判工作实际，就设立最高人民法院国际商事法庭相关问题规定如下。

第一条　最高人民法院设立国际商事法庭。国际商事法庭是最高人民法院的常设审判机构。

第二条　国际商事法庭受理下列案件：

(一)当事人依照民事诉讼法第三十四条的规定协议选择最高人民法院管辖且标的额为人民币3亿元以上的第一审国际商事案件；

(二)高级人民法院对其所管辖的第一审国际商事案件，认为需要由最高人民法院审理并获准许的；

(三)在全国有重大影响的第一审国际商事案件；

(四)依照本规定第十四条申请仲裁保全、申请撤销或者执行国际商事仲裁裁决的；

(五)最高人民法院认为应当由国际商事法庭审理的其他国际商事案件。

第三条　具有下列情形之一的商事案件，可以认定为本规定所称的国际商事案件：

(一)当事人一方或者双方是外国人、无国籍人、外国企业或者组织的；

(二)当事人一方或者双方的经常居所地在中华人民共和国领域外的；

(三)标的物在中华人民共和国领域外的；

(四)产生、变更或者消灭商事关系的法律事实发生在中华人民共和国领域外的。

第四条 国际商事法庭法官由最高人民法院在具有丰富审判工作经验，熟悉国际条约、国际惯例以及国际贸易投资实务，能够同时熟练运用中文和英文作为工作语言的资深法官中选任。

第五条 国际商事法庭审理案件，由三名或者三名以上法官组成合议庭。

合议庭评议案件，实行少数服从多数的原则。少数意见可以在裁判文书中载明。

第六条 国际商事法庭作出的保全裁定，可以指定下级人民法院执行。

第七条 国际商事法庭审理案件，依照《中华人民共和国涉外民事关系法律适用法》的规定确定争议适用的实体法律。

当事人依照法律规定选择适用法律的，应当适用当事人选择的法律。

第八条 国际商事法庭审理案件应当适用域外法律时，可以通过下列途径查明：

（一）由当事人提供；

（二）由中外法律专家提供；

（三）由法律查明服务机构提供；

（四）由国际商事专家委员提供；

（五）由与我国订立司法协助协定的缔约对方的中央机关提供；

（六）由我国驻该国使领馆提供；

（七）由该国驻我国使馆提供；

（八）其他合理途径。

通过上述途径提供的域外法律资料以及专家意见，应当依照法律规定在法庭上出示，并充分听取各方当事人的意见。

第九条 当事人向国际商事法庭提交的证据材料系在中华人民共和国领域外形成的，不论是否已办理公证、认证或者其他证明手续，均应当在法庭上质证。

当事人提交的证据材料系英文且经对方当事人同意的，可以不提交中文翻译件。

第十条 国际商事法庭调查收集证据以及组织质证，可以采用视听传输技术及其他信息网络方式。

第十一条 最高人民法院组建国际商事专家委员会，并选定符合条件的国际商事调解机构、国际商事仲裁机构与国际商事法庭共同构建调解、仲裁、诉讼有机衔接的纠纷解决平台，形成"一站式"国际商事纠纷解决机制。

国际商事法庭支持当事人通过调解、仲裁、诉讼有机衔接的纠纷解决平台，选择其认为适宜的方式解决国际商事纠纷。

第十二条 国际商事法庭在受理案件后七日内，经当事人同意，可以委托国际商事专家委员会成员或者国际商事调解机构调解。

第十三条 经国际商事专家委员会成员或者国际商事调解机构主持调解，当事人达成调解协议的，国际商事法庭可以依照法律规定制发调解书；当事人要求发给判决书的，可以依协议的内容制作判决书送达当事人。

第十四条 当事人协议选择本规定第十一条第一款规定的国际商事仲裁机构仲裁的，可以在申请仲裁前或者仲裁程序开始后，向国际商事法庭申请证据、财产或者行为保全。

当事人向国际商事法庭申请撤销或者执行本规定第十一条第一款规定的国际商事仲裁机构作出的仲裁裁决的,国际商事法庭依照民事诉讼法等相关法律规定进行审查。

第十五条　国际商事法庭作出的判决、裁定,是发生法律效力的判决、裁定。

国际商事法庭作出的调解书,经双方当事人签收后,即具有与判决同等的法律效力。

第十六条　当事人对国际商事法庭作出的已经发生法律效力的判决、裁定和调解书,可以依照民事诉讼法的规定向最高人民法院本部申请再审。

最高人民法院本部受理前款规定的申请再审案件以及再审案件,均应当另行组成合议庭。

第十七条　国际商事法庭作出的发生法律效力的判决、裁定和调解书,当事人可以向国际商事法庭申请执行。

第十八条　国际商事法庭通过电子诉讼服务平台、审判流程信息公开平台以及其他诉讼服务平台为诉讼参与人提供诉讼便利,并支持通过网络方式立案、缴费、阅卷、证据交换、送达、开庭等。

第十九条　本规定自 2018 年 7 月 1 日起施行。

最高人民法院
关于在民事审判和执行工作中依法保护金融债权防止国有资产流失问题的通知

2005 年 3 月 16 日　　　　　　　　　　　　　　　　　法〔2005〕32 号

各省、自治区、直辖市高级人民法院,解放军军事法院,新疆维吾尔自治区高级人民法院生产建设兵团分院:

依法保护金融债权,防止国有资产流失,关系到国家经济安全,已经成为当前我国经济结构调整和金融体制改革过程中的重要问题。随着金融不良债权处置工作进入攻坚阶段和处置难度的加大、处置方式的多元化,人民群众和社会各界对人民法院在审理和执行涉及不良金融债权案件中如何依法保护金融债权,防止国有资产流失提出了更高的要求。为正确审理上述相关纠纷案件,保障金融不良债权处置工作的顺利进行,防止国有资产流失,现通知如下:

一、充分发挥民事审判和执行工作在依法调整社会各种经济关系,维护社会主义市场经济秩序方面的职能作用。在审理和执行涉及金融不良债权案件中要严格执行民事诉讼法、合同法、担保法及本院颁布的《关于审理企业破产案件若干问题的规定》、《关于审理与企业改制相关的民事纠纷案件若干问题的规定》等一系列司法解释,准确理解和把握立法和司法解释的本意,统一司法尺度。

二、各级人民法院和广大法官要增强司法能力，提高司法水平，维护国家法制的统一，摒弃和坚决抵制地方保护主义。审理涉及金融不良债权案件，要坚持办案的法律效果与社会效果的统一，妥善处理国家利益和地方利益的关系，依法保护金融债权和企业职工的合法权益。

三、加强涉及金融不良债权案件的调研工作。随着我国金融体制改革的逐步深入，人民法院在审理和执行涉及金融不良债权案件中会不断遇到新情况和新问题。这些问题政策性强、社会影响大，而有关法律法规又相对滞后。人民法院要在总结经验的基础上加强调查研究，不断提高办案质量和效率。上级人民法院要加强对下级人民法院的监督指导，并开展有针对性的执法检查，发现问题及时纠正。

四、在审理和执行上述案件时，需要对金融不良债权和相关财产进行评估、审计的，要严格依照法律规定委托有相应资质并信誉良好的中介机构进行，要对评估、审计程序和结果进行严格审查。对被执行人的财产进行变价时，要尽可能采取由拍卖机构公开拍卖的方式，最大限度回收金融债权。

五、人民法院在民事审判和执行工作中，如发现金融机构工作人员在处置金融不良债权过程中与受让人、中介机构等恶意串通，故意违规处置金融不良债权，有经济犯罪嫌疑线索的，要及时将犯罪嫌疑线索移送检察机关查处。

六、要加强与金融监管部门、国有资产管理部门的沟通和协调，对辖区内有重大影响和易引起社会关注的案件，处理前应征求上述有关部门的意见，共同做好工作。

七、在执行涉及金融不良债权案件时，要做好处理突发事件的预案，防范少数不法人员煽动、组织不明真相的职工和群众冲击法院和执行现场，围攻法院工作人员和集体到党政机关上访。发生重大突发性事件，要及时向地方党委、人大和上级人民法院报告。

特此通知。

最高人民法院印发《关于人民法院为防范化解金融风险和推进金融改革发展提供司法保障的指导意见》的通知

2012年2月10日　　　　　　　　　　　　法发〔2012〕3号

各省、自治区、直辖市高级人民法院，解放军军事法院，新疆维吾尔自治区高级人民法院生产建设兵团分院：

现将最高人民法院《关于人民法院为防范化解金融风险和推进金融改革发展提供司法保障的指导意见》印发给你们，请认真贯彻执行。

附：

最高人民法院
关于人民法院为防范化解金融风险和推进金融改革发展提供司法保障的指导意见

随着经济发展方式转变和结构调整，我国经济社会发展对金融改革和发展提出了更高的要求。国际金融危机使世界经济金融格局发生深刻变化，我国经济和金融开放程度不断提高，金融风险隐患也在积聚。中央经济工作会议和第四次全国金融工作会议提出了今后一个时期我国金融工作的总体要求，突出强调要显著增强我国金融业综合实力、国际竞争力和抗风险能力，全面推动金融改革、开放和发展。规范金融秩序，防范金融风险，推动金融改革，支持金融创新，维护金融安全，不仅是今后一个时期金融改革发展的主要任务，也是人民法院为国家全面推进金融改革发展提供司法保障的重要方面。各级人民法院要充分认识为防范化解金融风险和推进金融改革发展提供司法保障的重要性和紧迫性，充分发挥审判职能作用，深化能动司法，把握好"稳中求进"的工作总基调，为全面推进金融改革发展，保障实体经济平稳健康发展提供有力的司法保障。

一、制裁金融违法犯罪，积极防范化解金融风险

金融风险突发性强、波及面广、危害性大，积极防范化解金融风险是金融工作的生命线。各级人民法院必须充分认识当前国际金融局势的复杂性以及国内金融领域的突出问题和潜在风险，通过审判工作严厉打击金融犯罪活动，制裁金融违法行为，防范化解金融风险，保障国家金融改革发展任务的顺利进行。

1. 依法惩治金融犯罪活动。各级人民法院要充分发挥刑事审判职能，依法惩治金融领域的犯罪行为。要依法审理贷款、票据、信用证、信用卡、有价证券、保险合同方面的金融诈骗案件，加大对操纵市场、欺诈上市、内幕交易、虚假披露等行为的刑事打击力度，切实维护金融秩序。要通过对非法集资案件的审判，依法惩治集资诈骗、非法吸收或变相吸收公众存款、传销等经济犯罪行为，以及插手民间借贷金融活动的黑社会性质组织犯罪及其他暴力性犯罪，维护金融秩序和人民群众的财产安全。要依法审判洗钱、伪造货币、贩运伪造的货币、逃汇套汇、伪造变造金融凭证等刑事案件，努力挽回经济损失。

2. 依法制裁金融违法行为。各级人民法院在审理金融民商事纠纷案件中，要注意其中的高利贷、非法集资、非法借贷拆借、非法外汇买卖、非法典当、非法发行证券等金融违法行为；发现犯罪线索的，依法及时移送有关侦查机关。对于可能影响社会稳定的金融纠纷案件，要及时与政府和有关部门沟通协调，积极配合做好处理突发事件的预案，防范少数不法人员煽动、组织群体性和突发性事件而引发新的社会矛盾。

3. 支持清理整顿交易场所。各级人民法院要根据国务院《关于清理整顿各类交易场所切实防范金融风险的决定》（国发〔2011〕38号）精神，高度重视各类交易场所违法交易活动中蕴藏的金融风险，对于"清理整顿各类交易场所部际联席会议"所提出的工作部署和政策界限，要予以充分尊重，积极支持政府部门推进清理整顿交易场所和规范金融市场秩序的工作。要审慎受理和审理相关纠纷案件，防范系统性和区域性金融风险，维护社会稳定。

4. 切实防范系统金融风险。各级人民法院要妥善审理因民间借贷、企业资金链断裂、中小企业倒闭、证券市场操纵和虚假披露等引发的纠纷案件，发现有引发全局性、系统性风险可能的，及时向公安、检察、金融监管、工商等部门通报情况。要正确适用司法强制措施，与政府相关部门一道统筹协调相关案件的处理，防止金融风险扩散蔓延。要加强对融资性担保公司、典当行、小额贷款公司、理财咨询公司等市场主体融资交易的调研和妥善审理相关纠纷案件，规范融资担保和典当等融资行为，切实防范融资担保风险向金融风险的转化。要依法审理地方政府举债融资活动中出现的违规担保纠纷，依法规范借贷和担保各方行为，避免财政金融风险传递波及。要加强与银行、证券、保险等金融监管部门的协调配合，确有必要时，可建立相应的金融风险防范协同联动机制。

二、依法规范金融秩序，推动金融市场协调发展

金融市场的稳定运行和健康发展，直接关涉金融秩序和社会政治的稳定。各级人民法院要通过切实有效地开展好各类金融案件的审判工作，促进多层次金融市场体系建设，维护金融市场秩序，推动金融市场全面协调发展。

5. 保障信贷市场规范健康发展。各级人民法院要根据《最高人民法院关于依法妥善审理民间借贷纠纷案件，促进经济发展维护社会稳定的通知》的精神，妥善审理民间借贷等金融案件，保障民间借贷对正规金融的积极补充作用。要依法认定民间借贷合同的效力，保护合法的民间借贷法律关系，提高资金使用效率，推动中小微企业"融资难、融资贵"问题的解决。要依法保护合法的借贷利息，遏制民间融资中的高利贷化和投机化倾向，规范和引导民间融资健康发展。要高度重视和妥善审理涉及地下钱庄纠纷案件，严厉制裁地下钱庄违法行为，遏制资金游离于金融监管之外，维护安全稳定的信贷市场秩序。

6. 保障证券期货市场稳定发展。各级人民法院要从保护证券期货市场投资人合法权益、维护市场公开公平公正的交易秩序出发，积极研究和妥善审理因证券机构、上市公司、投资机构内幕交易、操纵市场、欺诈上市、虚假披露等违法违规行为引发的民商事纠纷案件，消除危害我国证券期货市场秩序和社会稳定的严重隐患。要妥善审理公司股票债券交易纠纷、国债交易纠纷、企业债券发行纠纷、证券代销和包销协议纠纷、证券回购合同纠纷、期货纠纷、上市公司收购纠纷等，保障证券期货等交易的安全进行。

7. 依法保障保险市场健康发展。各级人民法院要妥善审理因销售误导和理赔等引发的保险纠纷案件，规范保险市场秩序，推动保险服务水平的提高。要在保险合同纠纷案件审理中，注意协调依法保护投保人利益和平等保护市场各类主体、尊重保险的精算基础和保护特定被保险人利益、维护安全交易秩序和尊重便捷保险交易规则、防范道德风险和鼓励保险产品创新等多种关系，要积极支持保险行业协会等调处各类保险纠纷，维护保险业对经济社会发展的"助推器"和"稳定器"功能，促进保险业的健康持续发展。

8. 促进金融中介机构规范发展。各级人民法院在金融纠纷案件审理过程中，发现中介机构存在不实披露或不合理估价等违法违规情形的，应当及时向金融监管部门通报相关情况，提高中介机构信息披露的透明度，加大会计机构对复杂金融产品信息的披露，强化中介机构对金融产品的合理估价。要妥善审理违法违规提供金融中介服务的纠纷案件，正确认定投资咨询机构、保荐机构、信用评级机构、保险公估机构、财务顾问、会计师事务所、律师事务所等中介机构的民事责任，努力推动各类投资中介机构规范健康发展。

9. 完善金融企业市场退出机制。各级人民法院要妥善审理金融企业的重整和破产案件，规范金融企业和投资者的行为，建立合理的金融企业市场退出机制，维护金融市场稳健运行，夯实金融市场规范发展的基础，为金融企业破产立法奠定扎实的实证基础。要以优化证券市场优胜劣汰机制为导向，根据国家关于稳步推进上市公司退市制度改革的部署，加强对上市公司破产案件的受理和审理的调研工作，不断提高审判能力，最大限度地保障投资者合法权益，保障上市公司破产重整过程规范有序，促进证券市场法制环境的不断优化。

三、依法保障金融债权，努力维护国家金融安全

金融安全关乎国家安全和社会和谐稳定。保障金融债权的实现程度，是衡量金融安全水平的重要因素。各级人民法院要自觉服从和服务于国家经济发展的大局，依法支持金融监管机构有效行使管理职能，担负起保护金融债权、维护国家金融安全的职责。

10. 妥善审理金融不良债权案件。金融不良债权的处置事关国家利益和金融改革，各级人民法院要继续按照《关于审理涉及金融资产管理公司收购、管理、处置国有银行不良贷款形成的案件适用法律若干问题的规定》和《关于审理涉及金融不良债权转让案件工作座谈会纪要》等司法解释和司法政策的规定和精神审理相关案件，保障国家金融债权顺利清收，防止追偿诉讼成为少数违法者牟取暴利的工具，依法维护国有资产安全。

11. 依法制裁逃废金融债务行为。在审理金融纠纷案件中，要坚持标准，认真把关，坚决依法制止那些企图通过诉讼逃债、消债等规避法律的行为。对弄虚作假、乘机逃废债务的，要严格追究当事人和相关责任人的法律责任，维护信贷秩序和金融安全。针对一些企业改制、破产活动中所存在的"假改制，真逃债"、"假破产、真逃债"的现象，各级人民法院要在党委的领导下，密切配合各级政府部门，采取一系列积极有效的措施，依法加大对"逃废金融债务"行为的制裁，协同构筑"金融安全区"，最大限度地保障国有金融债权。

12. 继续加大金融案件执行力度。各级人民法院要在最高人民法院的指导和部署下，继续通过集中时间、集中力量、统一调度、强化力度等多种方式，有计划地开展金融案件专项执行活动。在必要时，要在各级党委领导下，各级政府支持下，通过执行联

动机制，加大金融案件的执行力度，确保金融案件的顺利执行。要妥善运用诸如以资产使用权抵债、资产抵债返租、企业整体承包经营、债权转股权以及托管等执行方式，努力解决难以执行的金融纠纷案件。

四、依法保障金融改革，积极推进金融自主创新

随着金融改革的日益深入和金融创新的不断发展，金融改革和创新业务引发的纠纷案件显著增多，呈现出案件类型多样化、法律关系复杂化、利益主体多元化等特点。人民法院要妥善处理鼓励金融改革创新和防范化解金融风险之间的关系，依法保护各类金融主体的合法权益。

13. 妥善审理金融创新涉诉案件，推动金融产品创新。各级人民法院要关注和有效应对金融创新业务涉诉问题，加强对因股权出质、浮动抵押、保理、"银证通"清算、抵押贷款资产证券化信托、黄金期货交易委托理财、代客境外理财产品（QDII）、外汇贷款利率、货币掉期合约、外汇汇率锁定合约、信用证议付、独立保函等引发的新型案件的调研，上级人民法院要及时总结审判经验，加强对下级人民法院的审判指导。人民法院在审查金融创新产品合法性时，对于法律、行政法规没有规定或者规定不明确的，应当遵循商事交易的特点、理念和惯例，坚持维护社会公共利益原则，充分听取金融监管机构的意见，不宜以法律法规没有明确规定为由，简单否定金融创新成果的合法性，为金融创新活动提供必要的成长空间。

14. 妥善审理金融知识产权案件，保障金融自主创新。随着金融机构在金融创新领域中投入的不断加大，知识产权已经成为有效提升银行竞争力的重要手段。各级人民法院要加强对金融业务电子化和网络化进程中基础性金融技术知识产权的司法保护，加大对商业银行、保险公司、证券公司自主开放的软件和数据库的保护力度。要加强对知识产权担保、信托、保险、证券化等新情况、新问题的调研。在案件审理中注意金融法律和知识产权法律适用的衔接与协调，要通过对金融知识产权案件审理，切实保护金融知识产权人的合法权益，激励和保护金融创新，维护金融业公平竞争秩序。

15. 依法妥善运用各种司法措施，保护金融信息安全。各级人民法院要从防范系统性金融风险和保障国家金融安全的高度，认识依法保护金融信息安全的重要性和紧迫性，妥善运用各种司法措施，保障国家金融网络安全和金融信息安全。要依法打击攻击金融网络、盗取金融信息、危害金融安全的违法犯罪行为，依法审理金融电子化产品运用中引发的侵害金融债权纠纷案件，保护金融债权人合法的财产和信息安全，维护国家金融网络安全和信息安全。

五、深化能动司法理念，全面提升金融审判水平

化解金融纠纷的创新性和前沿性，要求人民法院必须大力开展调查研究，发挥司法建议功能，延伸能动司法效果，构建专业审判机制，拓展金融解纷资源，不断提高金融审判水平。

16. 发挥司法建议功能，延伸能动司法效果。各级人民法院要关注金融纠纷的市场和法律风险，加强各种信息的搜集、分析、研判，充分发挥司法建议的预警作用。要通过对审理案件过程中发现的问题，有针对性地提出对策建议，有效帮助金融机构完善产品设计。要通过行政审判，探索符合金融领域规律的审查标准和方式，促进政府依法行政和有效防范化解金融风险。要充分发挥金融商事审判的延伸服务功能，对金融机构自身管理方面存在的缺陷，要及时发现，及时反馈，为金融监管部门和金融机构查堵漏洞、防范风险提出司法建议。

17. 加强监督指导工作，回应金融案件审判需求。各级人民法院要在审判工作中密切关注因金融改革和创新而出现的各种新情况和新问题，深入开展前瞻性调查研究，及时总结审判经验。要发挥指导性案例以及其他典型案件的规范指引作用，通过多种信息披露形式展示指导性案例和其他典型案例的处理模式和思路，引导金融市场主体预防避免类似金融纠纷。最高人民法院将加紧制定物权法担保物权、保险法、融资租赁、证券市场虚假陈述、质押式国债回购、票据贴现回购、国家资本金、银行卡以及利息裁判标准等方面的司法解释和指导意见，以有效回应金融审判实践的需求。

18. 构建专业审判机制，拓展金融解纷资源。各级人民法院要积极培育和利用专业资源，探索构建高效的专业审判模式。要大力培养专家型法官，加强与专业研究机构、高校的合作与资源共享，努力打造金融专家法官队伍。要针对金融案件专业性强的特点，积极借助外部智力资源，建立专家咨询、专家研讨机制，努力提高金融案件审判的专业化水平。要尝试专家陪审机制，通过聘请金融法律专家作为专家陪审员，充分发挥金融专业人士在专业性强、案件类型新、社会影响大的金融案件审判中的作用。

19. 探索集中审理制度，完善统一协调机制。对于众多债权人向同一金融机构集中提起的系列诉讼案件、金融机构破产案件、集团诉讼案件、群体性案件等，可能引发区域性或系统性金融风险和存在影响社会和谐稳定因素的特殊类型民商事金融案件，相关的不同地区、不同审级法院之间应加强信息沟通，在上级法院的统一指导下探索集中受理、诉讼保全、集中协调、集中审理、集中判决、协调执行，以防范金融风险扩散，避免各地法院针对同一金融机构的同类案件出现裁判标准不统一，以及针对同一金融机构的多个案件在执行中出现矛盾和冲突的现象，依法平等保护各地债权人的合法权益。

20. 加强司法宣传工作，发挥审判导向作用。各级人民法院要加强金融法制宣传工作，及时通过召开新闻发布会、组织专题或系列报道等多种形式，教育和引导各类金融主体增强依法经营和风险防范意识，倡导守法诚信的金融市场风尚，努力营造公平规范有序的金融市场交易秩序。

我国金融发展已经处于一个新的历史起点，人民法院为防范化解金融风险和推进金融改革发展提供司法保障的范围之广阔，任务之艰巨，将大大超过以往任何时期。各级人民法院要把中央经济工作会议和第四次全国金融工作会议的精神，切实贯彻到金融案件的审判和执行实践中，进一步增强大局意识和风险意识，坚持"为大局服务，为人民司法"工作主题，践行社会主义法治理念，充分发挥审判职能作用，共同为防范化解金融风险，维护金融秩序稳定，推动金融市场协调发展，保障金融改革创新，保障国家金融安全做出新的更大的贡献。

最高人民法院
关于人民法院为企业兼并重组提供司法保障的指导意见

2014年6月3日　　　　　　　　　　法发〔2014〕7号

各省、自治区、直辖市高级人民法院，解放军军事法院，新疆维吾尔自治区高级人民法院生产建设兵团分院：

企业兼并重组是调整优化产业结构，淘汰落后产能，化解过剩产能，提高经济发展质量和效益的重要手段，也是转变经济发展方式，提升我国综合经济实力的有效途径。当前，我国经济处于增长速度换挡期、结构调整阵痛期，同时也是推进企业兼并重组的重要机遇期。党的十八大和十八届三中全会部署了全面深化改革的各项任务，国务院《关于进一步优化企业兼并重组市场环境的意见》（国发〔2014〕14号，以下简称《意见》）明确了推动企业兼并重组的主要目标、基本原则和相关措施。企业兼并重组是今后一个时期推进企业改革的重要任务。各级人民法院要充分认识司法审判工作在企业兼并重组中的重要职能作用，依法有序推进企业兼并重组工作的顺利进行。

一、坚持围绕中心服务大局，以法治方式保障企业兼并重组工作依法有序推进

1. 要自觉将司法审判工作置于党和国家全局工作中，积极回应企业兼并重组工作的司法需求。企业兼并重组工作是党中央、国务院在新时期深化经济体制改革、转变经济发展方式、调整优化产业结构的重要举措。随着中央和地方各级政府部门关于企业兼并重组任务的逐步落实，一些纠纷将不可避免地通过诉讼程序进入人民法院。各级人民法院要充分认识到企业兼并重组涉及的矛盾复杂、主体广泛和利益重大，要强化大局意识和责任意识，紧密结合党的十八大、十八届三中全会精神和《意见》要求，依法充分发挥人民法院的职能作用，切实保障企业兼并重组工作的稳步推进。

2. 要正确处理贯彻党的方针政策与严格执法的关系，实现企业兼并重组法律效果和社会效果的有机统一。党的十八大和十八届三中全会作出的重大战略部署是我国在新的历史起点上全面深化改革的科学指南和行动纲领。党的方针政策和国家法律都是人民根本意志的反映，二者在本质上是一致的。不断完善和发展中国特色社会主义制度，推进国家治理体系和治理能力现代化，对人民法院正确贯彻党的方针政策与严格执法提出了更高的要求。人民法院要从强化国家战略的高度深刻认识为转变经济发展方式、调整优化产业结构提供司法保障的重大意义，通过严格执行法律，公正高效地审理案件，实现兼并重组案件审理法律效果和社会效果的有机统一。

3. 要高度重视企业兼并重组工作，依法保障企业兼并重组政策的顺利实施。企业兼并重组不仅关涉企业自身，还广泛涉及依法平等保护非公经济、防止国有资产流失、维护金融安全、职工再就业和生活保障以及社会稳定等一系列问题。人民法院要提前研判、分类评估、适时介入，依法保障企业兼并重组工作有序进行。要加强与政府部门沟通，根据需要推动建立企业兼并重组工作协调机制，实现信息共享、程序通畅。在案件审理执行中发现的重大性、苗头性问题，要及时向有关职能部门反馈或者提出司法建议。

4. 要依法及时受理审理兼并重组相关案件，通过司法审判化解企业兼并重组中的各类纠纷。人民法院要依法及时受理审理企业兼并重组过程中出现的合同效力认定、股权转让、投资权益确认、民间融资、金融债权保障、职工权益维护、企业清算、企业重整、经济犯罪等案件，无法定理由不得拒绝受理，不得拖延审理。

5. 要按照利益衡平原则，依法妥善处理各种利益冲突。企业兼并重组广泛涉及参与兼并重组的各方企业、出资人、债权人、企业职工等不同主体的切身利益，在此期间的利益博弈与权利冲突无法回避。人民法院要注意透过个案的法律关系，分析利益冲突实质，识别其背后的利益主体和利益诉求，依法确定利益保护的优先位序。法律法规没有明文规定的情形下，在个体利益冲突中应当优先寻找共同利益，尽可能实现各方的最大利益；在个体利益与集体利益、社会公共利益，地方利益与全局利益等不同主体利益的并存与冲突中，要在保护集体利益、社会公共利益和全局利益的同时兼顾个体利益、地方利益。坚决克服地方保护主义、行业及部门保护主义对司法审判工作的不当干扰。

二、强化商事审判理念，充分发挥市场在资源配置中的决定性作用

6. 依法认定兼并重组行为的效力，促进资本合法有序流转。要严格依照合同法第五十二条关于合同效力的规定，正确认定各类兼并重组合同的效力。结合当事人间交易方式和市场交易习惯，准确认定兼并重组中预约、意向协议、框架协议等的效力及强制执行力。要坚持促进交易进行，维护交易安全的商事审判理念，审慎认定企业估值调整协议、股份转换协议等新类型合同的效力，避免简单以法律没有规定为由认定合同无效。要尊重市场主体的意思自治，维护契约精神，恰当认定兼并重组交易行为与政府行政审批的关系。要处理好公司外部行为与公司内部意思自治之间的关系。要严格依照公司法第二十二条的规定，从会议召集程序、表决方式、决议内容等是否违反法律、行政法规或公司章程方面，对兼并重组中涉及的企业合并、分立、新股发行、重大资产变化等决议的法律效力进行审查。对交叉持股表决方式、公司简易合并等目前尚无明确法律规定的问题，应结合个案事实和行为结果，审慎确定行为效力。

7. 树立平等保护意识，鼓励、支持和引导非公经济积极参与企业兼并重组。非公经济是社会主义市场经济的重要组成部分，要依法保障非公经济平等使用生产要素，公开公平参与市场竞争。要统一适用法律规则，优化非公经济投资的司法环境，促进公平、竞争、自由的市场环境形成。要积极配合市场准入负面清单管理方式的实施，推动非公经济进入法律法规未禁入的行业和领域。保护各种所有制企业在投融资、税收、土地使用和对外贸易等方面享受同等待遇，提升非公经济参与国有企业混合所有制兼并重组的动力。要充分尊重企业的经营自主权，反对各种形式的强制交易，最大限度地激发非公经济的活力和创造力。

8. 正确适用公司资本法律规则，消除对出资行为的不当限制。要准确把握修改后的公司法中公司资本制度的立法精神，正确认识公司资本的作用与功能，支持企业正常合理的资金运用行为。要按照新修改的公司法有关放宽资本结构的精神审慎处理股东出资问题。职工持股会、企业工会等组织代为持有投资权益是目前部分企业资本结构中的特殊形态，企业兼并重组中涉及投资权益变动的，人民法院要依法协调好名义股东与实际出资人间的利益关系。除法律法规有明确规定外，要注重方便企业设立和发展，在企业资本数额设定、投资义务履行期限等方面要充分尊重投资者的约定和选择，保障投资者顺利搭建重组平台。

9. 促进融资方式的多元化，有效解决企业兼并重组的资金瓶颈。对于符合条件的企业发行优先股、定向发行可转换债券作为兼并重组支付方式，要依法确认其效力。审慎处理发行定向权证等衍生品作为支付方式问题。积极支持上市公司兼并重组中股份定价机制改革，依法保障非上市公司兼并重组中的股份协商定价。要依法督促企业尤其是上市公司规范履行信息披露义务，增强市场主体投资信心，切实保障中小投资者合法权益。同时，要积极配合金融监管部门依法履职。

三、加强国有资产保护，依法保障企业资产的稳定与安全

10. 依法正确审理国有企业兼并重组案件，实现国有资产的保值增值。要正确认识国有企业深化改革与企业兼并重组之间的关系，切实保障有条件的国有企业改组为国有资本投资公司，不断增强国有经济的控制力和影响力。在现行法律框架范围内支持有利于企业壮大规模、增强实力的企业发展模式。要注意防范企业借管理者收购、合并报表等形式侵占、私分国有资产。严格遵循评估、拍卖法律规范，通过明晰和落实法律责任促进中介服务机构专业化、规范化发展，提升关键领域、薄弱环节的服务能力，防范和避免企业兼并重组过程中的国有资产流失。

11. 依法规制关联交易，严厉禁止不当利益输送。严格防范以关联交易的方式侵吞国有资产。要依照公司法等法律法规的规定依法妥当处理企业兼并重组中的关联交易行为。公司股东、董事、高级管理人员与公司之间从事的交易，符合法律法规规定的关联交易程序规则且不损害公司利益的，应当认定行为有效。对公司大股东、实际控制人或者公司董事等公司内部人员在兼并重组中利用特殊地位将不良资产注入公司，或者与公司进行不公平交易从而损害公司利益的行为，应当严格追究其法律责任。

12. 严厉打击企业兼并重组中的违法犯罪行为。各级人民法院要充分发挥刑事审判职能，坚持依法从严惩处的方针，严厉打击国有企业兼并重组中的贪污贿赂、挪用公款、滥用职权、非法经营等犯罪行为，依法严厉惩处非国有企业兼并重组中的职务侵占、挪用企业资金等犯罪行为，维护企业资产安全，同时，要努力挽回相关主体的经济损失。

四、维护金融安全，有效防控各类纠纷可能引发的区域性、系统性金融风险

13. 依法保障金融债权，有效防范通过不当兼并重组手段逃废债务。对涉及兼并重

组的企业合并、分立案件，要明确合并分立前后不同企业的责任关系、责任承担方式及诉讼时效，避免因兼并重组导致金融债权落空。要依法快审快执涉兼并重组企业的金融借款案件，降低商业银行等金融机构的并购贷款风险，实现兼并重组中并购贷款融资方式可持续进行。要引导当事人充分运用民事诉讼法中的担保物权实现程序，减轻债权人的诉讼维权成本，促进担保物权快捷和便利地实现。

14. 加强民间金融案件审理，有效化解金融风险。要妥善审理兼并重组引发的民间融资纠纷，依法保护合法的借贷利息，坚决遏制以兼并重组为名的民间高利贷和投机化倾向，有效降低企业融资成本。依法支持和规范金融机构在企业兼并重组领域的金融创新行为，依法审慎认定金融创新产品的法律效力。在审判执行工作中要注意发现和防范因诉讼纠纷引发的区域性、系统性风险，切实避免金融风险在金融领域和实体经济领域的相互传导。严厉打击和制裁非法吸收或变相吸收公众存款、集资诈骗等金融违法犯罪行为，为企业兼并重组创造良好的融资环境。

五、完善市场退出机制，促进企业资源的优化整合

15. 依法审理企业清算、破产案件，畅通企业退出渠道。要充分发挥企业清算程序和破产程序在淘汰落后企业或产能方面的法律功能，依法受理企业清算、破产案件，督促市场主体有序退出。人民法院判决解散企业后应当告知有关人员依法及时组织企业清算。企业解散后债权人或股东向人民法院提出强制清算申请的，人民法院应当审查并依法受理。公司清算中发现符合破产清算条件的，应当及时转入破产清算。当事人依法主张有关人员承担相应清算责任的，人民法院应予支持。

16. 有效发挥破产重整程序的特殊功能，促进企业资源的流转利用。要积极支持符合产业政策调整目标、具有重整希望和可能的企业进行破产重整。通过合法高效的破产重整程序，帮助企业压缩和合并过剩产能，优化资金、技术、人才等生产要素配置。要注重结合企业自身特点，及时指定重整案件管理人，保障企业业务流程再造和技术升级改造。在企业重整计划的制定和批准上，要着眼建立健全防范和化解过剩产能长效机制，防止借破产重整逃避债务、不当耗费社会资源，避免重整程序空转。

17. 遵循企业清算破产案件审判规律，完善审判工作机制。审理企业清算和破产案件，既是认定事实和适用法律的过程，也是多方积极协调、整体推进的系统工程。有条件的人民法院可以成立企业清算破产案件审判庭或者合议庭，专门审理兼并重组中的企业清算破产案件。要高度重视企业清算破产案件法官的培养和使用，结合实际努力探索科学合理的企业清算破产案件绩效考评机制，充分调动审判人员依法审理企业清算破产案件的积极性。

18. 认真总结破产案件审判经验，逐步完善企业破产配套制度。上市公司破产重整中涉及行政许可的，应当按照行政许可法和最高人民法院《关于审理上市公司破产重整案件工作座谈会纪要》的精神，做好司法程序与行政许可程序的衔接。要协调好企业破产法律程序与普通执行程序就债务人企业财产采取的保全执行措施间的关系，维护债务人企业财产的稳定和完整。要积极协调解决破产程序中企业税款债权问题，要在与税务机关积极沟通的基础上结合实际依法减免相应税款。要适应经济全球化趋势，加快完善企业跨境清算、重整司法制度。

六、充分保障职工合法权益,全力维护社会和谐稳定

19. 依法保护劳动者合法权益,切实保障民生。实现改革发展成果更多更公平惠及全体人民是我们各项事业的出发点和落脚点。企业职工虽然不是企业兼并重组协议的缔约方,但其是利益攸关方。人民法院在审判执行中要及时发现和注意倾听兼并重组企业职工的利益诉求,依法保障企业职工的合法权益,引导相关企业积极承担社会责任,有效防范兼并重组行为侵害企业职工的合法权益。

20. 建立大要案通报制度,制定必要的风险处置预案。对于众多债权人向同一债务企业集中提起的系列诉讼案件、企业破产清算案件、群体性案件等可能存在影响社会和谐稳定因素的案件,人民法院要及时启动大要案工作机制,特别重大的案件要及时向地方党委和上级人民法院报告。上级人民法院要及时指导下级人民法院开展工作,对各方矛盾突出、社会关注度高的案件要作出必要的预判和预案,增强司法处置的前瞻性和针对性。

21. 加强司法新闻宣传,创造良好的社会舆论环境。要高度重视舆论引导和网络宣传工作,针对企业兼并重组审判工作中涉及的敏感热点问题逐一排查,周密部署。要进一步推进司法公开,有力推动司法审判工作与外界舆论环境的良性互动,着力打造有利于企业兼并重组司法工作顺利开展的社会舆论环境。

当前,我国经济体制改革正向纵深发展。各级人民法院要进一步深入学习习近平总书记一系列重要讲话精神,牢牢坚持司法为民公正司法,坚持迎难而上,勇于担当,为优化企业兼并重组司法环境,保障经济社会持续健康发展,推进法治中国、美丽中国建设作出新的更大贡献。

最高人民法院
印发《关于进一步加强金融审判工作的若干意见》的通知

2017 年 8 月 4 日　　　　　　　　　　法发〔2017〕22 号

各省、自治区、直辖市高级人民法院,解放军军事法院,新疆维吾尔自治区高级人民法院生产建设兵团分院:

现将最高人民法院《关于进一步加强金融审判工作的若干意见》印发给你们,请认真贯彻执行。

附：

最高人民法院
关于进一步加强金融审判工作的若干意见

金融是国家重要的核心竞争力，金融安全是国家安全的重要组成部分，金融制度是经济社会发展中重要的基础性制度。为充分发挥人民法院金融审判职能作用，促进经济和金融良性循环、健康发展，现提出以下指导意见。

一、统一思想，提高认识，深入学习贯彻习近平总书记在全国金融工作会议上的重要讲话精神

习近平总书记在第五次全国金融工作会议上发表的重要讲话，科学回答了我国金融改革发展稳定中的重大理论和实践问题，具有很强的思想性、指导性、实践性，为做好新形势下金融工作提供了根本遵循，为人民法院金融审判工作指明了方向。全国各级人民法院要深入学习贯彻会议精神，切实把思想和行动统一到以习近平同志为核心的党中央对金融工作的形势分析判断和决策部署上来，牢牢坚持党对金融工作的统一领导，紧紧围绕服务实体经济、防控金融风险、深化金融改革三项任务，积极稳妥开展金融审判工作，切实维护国家金融安全，促进经济和金融良性循环、健康发展。

二、以服务实体经济作为出发点和落脚点，引导和规范金融交易

1. 遵循金融规律，依法审理金融案件。以金融服务实体经济为价值本源，依法审理各类金融案件。对于能够实际降低交易成本，实现普惠金融，合法合规的金融交易模式依法予以保护。对以金融创新为名掩盖金融风险、规避金融监管、进行制度套利的金融违规行为，要以其实际构成的法律关系确定其效力和各方的权利义务。对于以金融创新名义非法吸收公众存款或者集资诈骗，构成犯罪的，依法追究刑事责任。

2. 严格依法规制高利贷，有效降低实体经济的融资成本。金融借款合同的借款人以贷款人同时主张的利息、复利、罚息、违约金和其他费用过高，显著背离实际损失为由，请求对总计超过年利率24%的部分予以调减的，应予支持，以有效降低实体经济的融资成本。规范和引导民间融资秩序，依法否定民间借贷纠纷案件中预扣本金或者利息、变相高息等规避民间借贷利率司法保护上限的合同条款效力。

3. 依法认定新类型担保的法律效力，拓宽中小微企业的融资担保方式。丰富和拓展中小微企业的融资担保方式，除符合合同法第五十二条规定的合同无效情形外，应当依法认定新类型担保合同有效；符合物权法有关担保物权的规定的，还应当依法认定其物权效力，以增强中小微企业融资能力，有效缓解中小微企业融资难、融资贵问题。

4. 规范和促进直接服务实体经济的融资方式，拓宽金融对接实体经济的渠道。依法保护融资租赁、保理等金融资本与实体经济相结合的融资模式，支持和保障金融资本服务实体经济。对名为融资租赁合同、保理合同，实为借款合同的，应当按照实际构成的借款合同关系确定各方的权利义务，防范当事人以预扣租金、保证金等方式变相抬高实体经济融资成本。

5. 优化多层次资本市场体系的法治环境，满足多样化金融需求。依法审理证券、期货民商事纠纷案件，规范资本市场投融资秩序，引导把更多金融资源配置到经济社会发展的重点领域和薄弱环节，更好满足实体经济多样化的金融需求。

6. 准确适用保险法，促进保险业发挥长期稳健风险管理和保障的功能。妥善审理保险合同纠纷案件，依法保障各方当事人利益。充分发挥保险制度的核心功能，管理和分散实体经济运行中的自然灾害、意外事故、法律责任以及信用等风险。依法规范保险合同纠纷当事人、保险中介等各类市场主体行为，防范不同主体的道德风险，构建保险诚信法治体系。

7. 依法审理互联网金融纠纷案件，规范发展互联网金融。依法认定互联网金融所涉具体法律关系，据此确定各方当事人的权利义务。准确界定网络借贷信息中介机构与网络借贷合同当事人之间的居间合同关系。网络借贷信息中介机构与出借人以居间费用形式规避民间借贷利率司法保护上限规定的，应当认定无效。依法严厉打击涉互联网金融或者以互联网金融名义进行的违法犯罪行为，规范和保障互联网金融健康发展。

8. 加强新类型金融案件的研究和应对，统一裁判尺度。高度关注涉及私募股权投资、委托理财、资产管理等新类型金融交易的案件，严格按照合同法、公司法、合伙企业法、信托法等法律规范，确定各方当事人的权利义务。发布指导性案例，通过类案指导，统一裁判尺度。

9. 依法规制国有企业的贷款通道业务，防范无金融资质的国有企业变相从事金融业务。无金融资质的国有企业变相从事金融业务，套取金融机构信贷资金又高利转贷的，应当根据最高人民法院《关于审理民间借贷案件适用法律若干问题的规定》第十四条的规定，依法否定其放贷行为的法律效力，并通过向相应的主管部门提出司法建议等方式，遏制国有企业的贷款通道业务，引导其回归实体经济。

10. 依法打击资金掮客和资金融通中的违法犯罪行为，有效规范金融秩序。对于民间借贷中涉及商业银行工作人员内外勾结进行高利转贷、利益输送，或者金融机构工作人员违法发放贷款，以及公司、企业在申请贷款过程中虚构事实、隐瞒真相骗取贷款、实施贷款诈骗构成犯罪的，依法追究刑事责任

三、有效防范化解金融风险，切实维护金融安全

11. 依法处置"僵尸企业"推动经济去杠杆。加强破产审判工作和体制机制建设，充分发挥破产程序在依法处置"僵尸企业"中的制度功能。对于已不具备市场竞争力和营运价值的"僵尸企业"，及时进行破产清算，有序退出市场，切实减少无效供给、化解过剩产能、释放生产要素、降低企业杠杆率，为深化供给侧结构性改革提供有力的司法服务和保障。

12. 充分发挥破产重整制度的拯救功能，促进有价值的危困企业再生。健全完善破产企业识别机制，对于虽然丧失清偿能力，但仍能适应市场需要、具有营运价值的企

业，要综合运用破产重整、和解制度手段进行拯救，优化资源配置，实现企业再生。破产重整程序要坚持市场化导向，更加重视重整中的营业整合和资产重组，严格依法审慎适用重整计划强制批准权。

13. 积极预防破产案件引发金融风险，维护社会稳定。依法审慎处理可能引发金融风险、影响社会稳定的破产案件，特别是涉及相互、连环担保以及民间融资、非法集资的企业破产案件，避免引发区域性风险和群体性事件。进一步完善上市公司、金融机构等特定主体的破产制度设计，预防个案引发系统性金融风险。严格审查破产程序中的恶意逃废债务行为。依法适用关联企业合并破产、行使破产撤销权和取回权等手段，查找和追回债务人财产。对于隐匿、故意销毁会计账册、会计凭证，拒不执行法院判决、裁定等犯罪行为，依法追究刑事责任。

14. 依法保护金融债权，提升金融债权实现效率。依法打击逃废金融债权的行为，明确责任主体和责任范围，切实保护金融债权。根据具体金融借款合同纠纷案件的特点，分别适用普通程序、简易程序、特别程序、督促程序等不同程序，提高审判效率。有效发挥具有强制执行效力的公证书的作用，降低金融债权实现成本。

15. 依法审理票据纠纷案件，妥善化解票据风险。认真研究应对因违法票据融资行为可能引发的金融风险，准确适用票据法审理票据纠纷案件，有效防范和遏制票据风险，促进票据市场安全稳定发展。

16. 依法审理金融不良债权案件，保障金融不良债权依法处置。加强研究新形势下金融不良债权处置过程中出现的新情况新问题，统一裁判标准，促进金融不良债权处置的市场化、法治化进程。

17. 持续保持对非法集资犯罪打击的高压态势，有效维护社会稳定。依法公正高效审理非法集资案件，严厉打击非法集资犯罪行为。针对非法集资犯罪案件参与人数多、涉案金额大、波及面广、行业和区域相对集中的特点，加强与职能机关、地方政府的信息沟通和协调配合，提升处置效果，切实保障被害人的合法权益，有效维护社会稳定。

18. 依法保障房地产市场平稳健康发展，防范房地产市场的金融风险传导。高度重视房地产市场波动对金融债权的影响，依法妥善审理相关案件，有效防范房地产市场潜在风险对金融稳定和金融安全的传导与冲击。统一借名买房等规避国家房产限购政策的合同效力的裁判标准，引导房产交易回归居住属性。

19. 依法严厉惩治证券犯罪行为，维护资本市场秩序。依法审理欺诈发行股票、债券案件，违规披露、不披露重要信息案件，内幕交易案件，利用未公开信息交易案件和操纵证券、期货市场案件，防范和化解资本市场的系统性风险，促进资本市场的持续健康发展。

20. 加强投资者民事权益的司法保护，维护投资者的财产安全。依法审理证券市场虚假陈述、内幕交易、操纵市场的民事案件，保障证券投资者的合法权益。支持证券投资者保护机构以诉讼代表人的身份接受投资者委托提起诉讼或者提供专门法律服务，拓展投资者维权方式。探索建立证券侵权民事诉讼领域的律师调查令制度，提高投资者的举证能力。依法充分运用专家证人、专家陪审员制度，扩充证券案件审理的知识容量和审理深度，提高证券案件审判的专业性和公信力。引导金融产品提供者及服务提供者切实履行投资者适当性审查义务、信息披露义务和最大损失揭示义务，依法维护投资者的正当权益。

21. 规范整治地方交易场所的违法交易行为，防范和化解区域性金融风险。对地方交易场所未经许可或者超越经营许可范围开展的违法违规交易行为，要严格依照相关法律和行政法规的禁止性规定，否定其法律效力，明确交易场所的民事责任。切实加强涉地方交易场所案件的行政处置工作与司法审判工作的衔接，有效防范区域性金融风险。

22. 依法审理涉地方政府债务纠纷案件，防范地方政府债务风险。依法认定政府违法提供担保的法律责任，规范政府行为。依法认定地方政府利用平台公司融资、政府和社会资本合作（PPP）、投资基金、购买服务等方式变相举债作出的行政行为或者签订的行政协议的性质、效力和责任，明确裁判规则，划出责任边界，有效防范地方政府债务风险的集聚。

23. 依法审理涉外投资案件，加强外部金融风险的防范应对。加强对"一带一路"战略下跨境投资的金融安全与金融风险问题的研究应对，准确认定规避国家外汇管制政策的跨境投资行为的法律效力。

四、依法服务和保障金融改革，建立和完善适应金融审判工作需要的新机制

24. 支持金融监管机构依法履职，监督和促进金融监管机构依法行政。紧密配合金融改革和金融监管机构调整的要求，维护金融监管机构依法履行监管职责。依法审理涉及金融监管机构履行行政许可和审批、作出行政处罚和处理、公开政府信息及不履行法定职责等方面的各类行政案件，积极推动、监督和支持金融监管机构依法行政。

25. 加强与金融监管机构的协调配合，推动完善金融法治体系。探索建立人民法院与金融监管机构之间的沟通机制，定期通报涉及金融风险防范与金融安全的重要案件情况，强化金融监管和金融审判的衔接配合，推动形成统一完善的金融法治体系。

26. 有效引入外部资源，探索完善金融案件的多元化纠纷解决机制。推广证券期货行业、保险行业的诉讼与调解对接机制的成功经验，联合相关金融监管机构、行业协会和投资者保护机构，发挥专业资源优势，防范和化解金融纠纷。进一步畅通当事人的诉求表达和权利救济渠道，通过立案前委派调解、立案后委托调解等方式，促进金融纠纷依法、公正、高效解决，有效维护各方当事人的合法权益。

27. 建立金融审判信息平台，不断提升金融审判的信息化水平。结合"智慧法院"建设，探索建立金融审判信息平台，研究建立以金融机构为当事人的民商事案件信息管理系统，实时反映金融机构涉诉信息。建立重大金融案件的信息专报制度，及时研究应对措施，有效防范金融风险的传导和扩大。充分挖掘运用司法大数据，加强对金融案件的审判管理和分析研判，定期形成金融审判大数据分析报告，研究解决具有普遍性、趋势性的法律问题，为区域性、行业性、系统性金融风险的防范预警和重大决策提供信息支持。

五、加强司法能力建设，不断提升金融审判的专业化水平

28. 根据金融案件特点，探索建立专业化的金融审判机构。根据金融机构分布和金融案件数量情况,在金融案件相对集中的地区选择部分法院设立金融审判庭,探索实行金融案件的集中管辖。在其他金融案件较多的中级人民法院,可以根据案件情况设立专业化的金融审判庭或者金融审判合议庭。

29. 加强金融审判队伍的专业化建设,为金融审判提供人才保障。充实各级人民法院的金融审判队伍,完善与金融监管机构交流挂职、联合开展业务交流等金融审判专业人才的培养机制,有针对性地开展金融审判专题培训,努力造就一支既懂法律、又懂金融的高素质金融审判队伍,不断提升金融审判的专业化水平。

30. 加强金融司法研究,推动金融法治理论与金融审判实践的深度融合。加强与学术机构、高等院校的合作,围绕金融审判实务问题,深入开展金融审判的理论研究,为金融审判提供智力支持。

二、公司、企业

最高人民法院关于修改《关于适用〈中华人民共和国公司法〉若干问题的规定》的决定

法释〔2014〕2号

(2014年2月17日最高人民法院审判委员会第1607次会议通过 2014年2月20日最高人民法院公告公布 自2014年3月1日起施行)

根据2013年12月28日第十二届全国人民代表大会常务委员会第六次会议的决定和修改后重新公布的《中华人民共和国公司法》，最高人民法院审判委员会第1607次会议决定：

一、《最高人民法院关于适用〈中华人民共和国公司法〉若干问题的规定（一）》〔法释〔2006〕3号，以下简称《规定（一）》〕第三条中的"第七十五条"修改为"第七十四条"。

二、《规定（一）》第四条中的"第一百五十二条"修改为"第一百五十一条"。

三、《最高人民法院关于适用〈中华人民共和国公司法〉若干问题的规定（二）》〔法释〔2008〕6号，以下简称《规定（二）》〕第一条第一款中的"第一百八十三条"修改为"第一百八十二条"。

四、《规定（二）》第二条、第七条第一款中的"第一百八十四条"修改为"第一百八十三条"。

五、《规定（二）》第十一条中的"第一百八十六条"修改为"第一百八十五条"。

六、《规定（二）》第二十二条第一款中的"第八十一条"修改为"第八十条"。

七、《规定（二）》第二十三条第二款、第三款中的"第一百五十二条"修改为"第一百五十一条"。

八、删去《最高人民法院关于适用〈中华人民共和国公司法〉若干问题的规定（三）》〔法释〔2011〕3号，以下简称《规定（三）》〕第十二条第一项，并将该条修改为"公司成立后，公司、股东或者公司债权人以相关股东的行为符合下列情形之一且损害公司权益为由，请求认定该股东抽逃出资的，人民法院应予支持：（一）制作虚假财务会计报表虚增利润进行分配；（二）通过虚构债权债务关系将其出资转出；（三）利用关联交易将出资转出；（四）其他未经法定程序将出资抽回的行为。"

九、《规定（三）》第十三条第四款中的"第一百四十八条"修改为"第一百四十七条"。

十、删去《规定（三）》第十五条。

十一、《规定（三）》第二十四条改为第二十三条。该条中的"第三十二条、第三十三条"修改为"第三十一条、第三十二条"。

十二、对《规定（三）》条文顺序作相应调整。

十三、本决定施行后尚未终审的股东出资相关纠纷案件，适用本决定；本决定施行前已经终审的，当事人申请再审或者按照审判监督程序决定再审的，不适用本决定。

《规定（一）》《规定（二）》《规定（三）》根据本决定作相应修改，重新公布。

附一：

最高人民法院
关于适用《中华人民共和国公司法》
若干问题的规定（一）

（2006年3月27日最高人民法院审判委员会第1382次会议通过
根据2014年2月17日最高人民法院审判委员会第1607次会议
《关于修改〈关于适用《中华人民共和国公司法》
若干问题的规定〉的决定》修正）

为正确适用2005年10月27日十届全国人大常委会第十八次会议修订的《中华人民共和国公司法》，对人民法院在审理相关的民事纠纷案件中，具体适用公司法的有关问题规定如下：

第一条　公司法实施后，人民法院尚未审结的和新受理的民事案件，其民事行为或事件发生在公司法实施以前的，适用当时的法律法规和司法解释。

第二条　因公司法实施前有关民事行为或者事件发生纠纷起诉到人民法院的，如当时的法律法规和司法解释没有明确规定时，可参照适用公司法的有关规定。

第三条　原告以公司法第二十二条第二款、第七十四条第二款规定事由，向人民法院提起诉讼时，超过公司法规定期限的，人民法院不予受理。

第四条　公司法第一百五十一条规定的180日以上连续持股期间，应为股东向人民法院提起诉讼时，已期满的持股时间；规定的合计持有公司百分之一以上股份，是指两个以上股东持股份额的合计。

第五条　人民法院对公司法实施前已经终审的案件依法进行再审时，不适用公司法的规定。

第六条 本规定自公布之日起实施。

附二：

最高人民法院
关于适用《中华人民共和国公司法》若干问题的规定（二）

(2008年5月5日最高人民法院审判委员会第1447次会议通过
根据2014年2月17日最高人民法院审判委员会第1607次会议
《关于修改〈关于适用《中华人民共和国公司法》
若干问题的规定〉的决定》修正)

为正确适用《中华人民共和国公司法》，结合审判实践，就人民法院审理公司解散和清算案件适用法律问题作出如下规定。

第一条 单独或者合计持有公司全部股东表决权百分之十以上的股东，以下列事由之一提起解散公司诉讼，并符合公司法第一百八十二条规定的，人民法院应予受理：

（一）公司持续两年以上无法召开股东会或者股东大会，公司经营管理发生严重困难的；

（二）股东表决时无法达到法定或者公司章程规定的比例，持续两年以上不能做出有效的股东会或者股东大会决议，公司经营管理发生严重困难的；

（三）公司董事长期冲突，且无法通过股东会或者股东大会解决，公司经营管理发生严重困难的；

（四）经营管理发生其他严重困难，公司继续存续会使股东利益受到重大损失的情形。

股东以知情权、利润分配请求权等权益受到损害，或者公司亏损、财产不足以偿还全部债务，以及公司被吊销企业法人营业执照未进行清算等为由，提起解散公司诉讼的，人民法院不予受理。

第二条 股东提起解散公司诉讼，同时又申请人民法院对公司进行清算的，人民法院对其提出的清算申请不予受理。人民法院可以告知原告，在人民法院判决解散公司后，依据公司法第一百八十三条和本规定第七条的规定，自行组织清算或者另行申请人民法院对公司进行清算。

第三条 股东提起解散公司诉讼时，向人民法院申请财产保全或者证据保全的，在股东提供担保且不影响公司正常经营的情形下，人民法院可以保全。

第四条 股东提起解散公司诉讼应当以公司为被告。

原告以其他股东为被告一并提起诉讼的，人民法院应当告知原告将其他股东变更为第三人;原告坚持不予变更的,人民法院应当驳回原告对其他股东的起诉。

原告提起解散公司诉讼应当告知其他股东,或者由人民法院通知其参加诉讼。其他股东或者有关利害关系人申请以共同原告或者第三人身份参加诉讼的,人民法院应予准许。

第五条 人民法院审理解散公司诉讼案件,应当注重调解。当事人协商同意由公司或者股东收购股份,或者以减资等方式使公司存续,且不违反法律、行政法规强制性规定的,人民法院应予支持。当事人不能协商一致使公司存续的,人民法院应当及时判决。

经人民法院调解公司收购原告股份的,公司应当自调解书生效之日起六个月内将股份转让或者注销。股份转让或者注销之前,原告不得以公司收购其股份为由对抗公司债权人。

第六条 人民法院关于解散公司诉讼作出的判决,对公司全体股东具有法律约束力。

人民法院判决驳回解散公司诉讼请求后,提起该诉讼的股东或者其他股东又以同一事实和理由提起解散公司诉讼的,人民法院不予受理。

第七条 公司应当依照公司法第一百八十三条的规定,在解散事由出现之日起十五日内成立清算组,开始自行清算。

有下列情形之一,债权人申请人民法院指定清算组进行清算的,人民法院应予受理:

(一)公司解散逾期不成立清算组进行清算的;

(二)虽然成立清算组但故意拖延清算的;

(三)违法清算可能严重损害债权人或者股东利益的。

具有本条第二款所列情形,而债权人未提起清算申请,公司股东申请人民法院指定清算组对公司进行清算的,人民法院应予受理。

第八条 人民法院受理公司清算案件,应当及时指定有关人员组成清算组。

清算组成员可以从下列人员或者机构中产生:

(一)公司股东、董事、监事、高级管理人员;

(二)依法设立的律师事务所、会计师事务所、破产清算事务所等社会中介机构;

(三)依法设立的律师事务所、会计师事务所、破产清算事务所等社会中介机构中具备相关专业知识并取得执业资格的人员。

第九条 人民法院指定的清算组成员有下列情形之一的,人民法院可以根据债权人、股东的申请,或者依职权更换清算组成员:

(一)有违反法律或者行政法规的行为;

(二)丧失执业能力或者民事行为能力;

(三)有严重损害公司或者债权人利益的行为。

第十条 公司依法清算结束并办理注销登记前,有关公司的民事诉讼,应当以公司的名义进行。

公司成立清算组的,由清算组负责人代表公司参加诉讼;尚未成立清算组的,由原法定代表人代表公司参加诉讼。

第十一条 公司清算时，清算组应当按照公司法第一百八十五条的规定，将公司解散清算事宜书面通知全体已知债权人，并根据公司规模和营业地域范围在全国或者公司注册登记地省级有影响的报纸上进行公告。

清算组未按照前款规定履行通知和公告义务，导致债权人未及时申报债权而未获清偿，债权人主张清算组成员对因此造成的损失承担赔偿责任的，人民法院应依法予以支持。

第十二条 公司清算时，债权人对清算组核定的债权有异议的，可以要求清算组重新核定。清算组不予重新核定，或者债权人对重新核定的债权仍有异议，债权人以公司为被告向人民法院提起诉讼请求确认的，人民法院应予受理。

第十三条 债权人在规定的期限内未申报债权，在公司清算程序终结前补充申报的，清算组应予登记。

公司清算程序终结，是指清算报告经股东会、股东大会或者人民法院确认完毕。

第十四条 债权人补充申报的债权，可以在公司尚未分配财产中依法清偿。公司尚未分配财产不能全额清偿，债权人主张股东以其在剩余财产分配中已经取得的财产予以清偿的，人民法院应予支持；但债权人因重大过错未在规定期限内申报债权的除外。

债权人或者清算组，以公司尚未分配财产和股东在剩余财产分配中已经取得的财产，不能全额清偿补充申报的债权为由，向人民法院提出破产清算申请的，人民法院不予受理。

第十五条 公司自行清算的，清算方案应当报股东会或者股东大会决议确认；人民法院组织清算的，清算方案应当报人民法院确认。未经确认的清算方案，清算组不得执行。

执行未经确认的清算方案给公司或者债权人造成损失，公司、股东或者债权人主张清算组成员承担赔偿责任的，人民法院应依法予以支持。

第十六条 人民法院组织清算的，清算组应当自成立之日起六个月内清算完毕。

因特殊情况无法在六个月内完成清算的，清算组应当向人民法院申请延长。

第十七条 人民法院指定的清算组在清理公司财产、编制资产负债表和财产清单时，发现公司财产不足清偿债务的，可以与债权人协商制作有关债务清偿方案。

债务清偿方案经全体债权人确认且不损害其他利害关系人利益的，人民法院可依清算组的申请裁定予以认可。清算组依据该清偿方案清偿债务后，应当向人民法院申请裁定终结清算程序。

债权人对债务清偿方案不予确认或者人民法院不予认可的，清算组应当依法向人民法院申请宣告破产。

第十八条 有限责任公司的股东、股份有限公司的董事和控股股东未在法定期限内成立清算组开始清算，导致公司财产贬值、流失、毁损或者灭失，债权人主张其在造成损失范围内对公司债务承担赔偿责任的，人民法院应依法予以支持。

有限责任公司的股东、股份有限公司的董事和控股股东因怠于履行义务，导致公司主要财产、账册、重要文件等灭失，无法进行清算，债权人主张其对公司债务承担连带清偿责任的，人民法院应依法予以支持。

上述情形系实际控制人原因造成，债权人主张实际控制人对公司债务承担相应民事责任的，人民法院应依法予以支持。

第十九条 有限责任公司的股东、股份有限公司的董事和控股股东，以及公司的实际控制人在公司解散后，恶意处置公司财产给债权人造成损失，或者未经依法清算，以虚假的清算报告骗取公司登记机关办理法人注销登记，债权人主张其对公司债务承担相应赔偿责任的，人民法院应依法予以支持。

第二十条 公司解散应当在依法清算完毕后，申请办理注销登记。公司未经清算即办理注销登记，导致公司无法进行清算，债权人主张有限责任公司的股东、股份有限公司的董事和控股股东，以及公司的实际控制人对公司债务承担清偿责任的，人民法院应依法予以支持。

公司未经依法清算即办理注销登记，股东或者第三人在公司登记机关办理注销登记时承诺对公司债务承担责任，债权人主张其对公司债务承担相应民事责任的，人民法院应依法予以支持。

第二十一条 有限责任公司的股东、股份有限公司的董事和控股股东，以及公司的实际控制人为二人以上的，其中一人或者数人按照本规定第十八条和第二十条第一款的规定承担民事责任后，主张其他人员按照过错大小分担责任的，人民法院应依法予以支持。

第二十二条 公司解散时，股东尚未缴纳的出资均应作为清算财产。股东尚未缴纳的出资，包括到期应缴未缴的出资，以及依照公司法第二十六条和第八十条的规定分期缴纳尚未届满缴纳期限的出资。

公司财产不足以清偿债务时，债权人主张未缴出资股东，以及公司设立时的其他股东或者发起人在未缴出资范围内对公司债务承担连带清偿责任的，人民法院应依法予以支持。

第二十三条 清算组成员从事清算事务时，违反法律、行政法规或者公司章程给公司或者债权人造成损失，公司或者债权人主张其承担赔偿责任的，人民法院应依法予以支持。

有限责任公司的股东、股份有限公司连续一百八十日以上单独或者合计持有公司百分之一以上股份的股东，依据公司法第一百五十一条第三款的规定，以清算组成员有前款所述行为为由向人民法院提起诉讼的，人民法院应予受理。

公司已经清算完毕注销，上述股东参照公司法第一百五十一条第三款的规定，直接以清算组成员为被告、其他股东为第三人向人民法院提起诉讼的，人民法院应予受理。

第二十四条 解散公司诉讼案件和公司清算案件由公司住所地人民法院管辖。公司住所地是指公司主要办事机构所在地。公司办事机构所在地不明确的，由其注册地人民法院管辖。

基层人民法院管辖县、县级市或者区的公司登记机关核准登记公司的解散诉讼案件和公司清算案件；中级人民法院管辖地区、地级市以上的公司登记机关核准登记公司的解散诉讼案件和公司清算案件。

附三：

最高人民法院关于适用《中华人民共和国公司法》若干问题的规定（三）

（2010年12月6日最高人民法院审判委员会第1504次会议通过 根据2014年2月17日最高人民法院审判委员会第1607次会议《关于修改〈关于适用《中华人民共和国公司法》若干问题的规定〉的决定》修正）

为正确适用《中华人民共和国公司法》，结合审判实践，就人民法院审理公司设立、出资、股权确认等纠纷案件适用法律问题作出如下规定。

第一条 为设立公司而签署公司章程、向公司认购出资或者股份并履行公司设立职责的人，应当认定为公司的发起人，包括有限责任公司设立时的股东。

第二条 发起人为设立公司以自己名义对外签订合同，合同相对人请求该发起人承担合同责任的，人民法院应予支持。

公司成立后对前款规定的合同予以确认，或者已经实际享有合同权利或者履行合同义务，合同相对人请求公司承担合同责任的，人民法院应予支持。

第三条 发起人以设立中公司名义对外签订合同，公司成立后合同相对人请求公司承担合同责任的，人民法院应予支持。

公司成立后有证据证明发起人利用设立中公司的名义为自己的利益与相对人签订合同，公司以此为由主张不承担合同责任的，人民法院应予支持，但相对人为善意的除外。

第四条 公司因故未成立，债权人请求全体或者部分发起人对设立公司行为所产生的费用和债务承担连带清偿责任的，人民法院应予支持。

部分发起人依照前款规定承担责任后，请求其他发起人分担的，人民法院应当判令其他发起人按照约定的责任承担比例分担责任；没有约定责任承担比例的，按照约定的出资比例分担责任；没有约定出资比例的，按照均等份额分担责任。

因部分发起人的过错导致公司未成立，其他发起人主张其承担设立行为所产生的费用和债务的，人民法院应当根据过错情况，确定过错一方的责任范围。

第五条 发起人因履行公司设立职责造成他人损害，公司成立后受害人请求公司承担侵权赔偿责任的，人民法院应予支持；公司未成立，受害人请求全体发起人承担连带赔偿责任的，人民法院应予支持。

公司或者无过错的发起人承担赔偿责任后，可以向有过错的发起人追偿。

第六条 股份有限公司的认股人未按期缴纳所认股份的股款，经公司发起人催缴后在合理期间内仍未缴纳，公司发起人对该股份另行募集的，人民法院应当认定该募集行为有效。认股人延期缴纳股款给公司造成损失，公司请求该认股人承担赔偿责任的，人民法院应予支持。

第七条　出资人以不享有处分权的财产出资，当事人之间对于出资行为效力产生争议的，人民法院可以参照物权法第一百零六条的规定予以认定。

以贪污、受贿、侵占、挪用等违法犯罪所得的货币出资后取得股权的，对违法犯罪行为予以追究、处罚时，应当采取拍卖或者变卖的方式处置其股权。

第八条　出资人以划拨土地使用权出资，或者以设定权利负担的土地使用权出资，公司、其他股东或者公司债权人主张认定出资人未履行出资义务的，人民法院应当责令当事人在指定的合理期间内办理土地变更手续或者解除权利负担；逾期未办理或者未解除的，人民法院应当认定出资人未依法全面履行出资义务。

第九条　出资人以非货币财产出资，未依法评估作价，公司、其他股东或者公司债权人请求认定出资人未履行出资义务的，人民法院应当委托具有合法资格的评估机构对该财产评估作价。评估确定的价额显著低于公司章程所定价额的，人民法院应当认定出资人未依法全面履行出资义务。

第十条　出资人以房屋、土地使用权或者需要办理权属登记的知识产权等财产出资，已经交付公司使用但未办理权属变更手续，公司、其他股东或者公司债权人主张认定出资人未履行出资义务的，人民法院应当责令当事人在指定的合理期间内办理权属变更手续；在前述期间内办理了权属变更手续的，人民法院应当认定其已经履行了出资义务；出资人主张自其实际交付财产给公司使用时享有相应股东权利的，人民法院应予支持。

出资人以前款规定的财产出资，已经办理权属变更手续但未交付给公司使用，公司或者其他股东主张其向公司交付、并在实际交付之前不享有相应股东权利的，人民法院应予支持。

第十一条　出资人以其他公司股权出资，符合下列条件的，人民法院应当认定出资人已履行出资义务：

（一）出资的股权由出资人合法持有并依法可以转让；

（二）出资的股权无权利瑕疵或者权利负担；

（三）出资人已履行关于股权转让的法定手续；

（四）出资的股权已依法进行了价值评估。

股权出资不符合前款第（一）、（二）、（三）项的规定，公司、其他股东或者公司债权人请求认定出资人未履行出资义务的，人民法院应当责令该出资人在指定的合理期间内采取补正措施，以符合上述条件；逾期未补正的，人民法院应当认定其未依法全面履行出资义务。

股权出资不符合本条第一款第（四）项的规定，公司、其他股东或者公司债权人请求认定出资人未履行出资义务的，人民法院应当按照本规定第九条的规定处理。

第十二条　公司成立后，公司、股东或者公司债权人以相关股东的行为符合下列情形之一且损害公司权益为由，请求认定该股东抽逃出资的，人民法院应予支持：

（一）制作虚假财务会计报表虚增利润进行分配；
（二）通过虚构债权债务关系将其出资转出；
（三）利用关联交易将出资转出；
（四）其他未经法定程序将出资抽回的行为。

第十三条 股东未履行或者未全面履行出资义务，公司或者其他股东请求其向公司依法全面履行出资义务的，人民法院应予支持。

公司债权人请求未履行或者未全面履行出资义务的股东在未出资本息范围内对公司债务不能清偿的部分承担补充赔偿责任的，人民法院应予支持；未履行或者未全面履行出资义务的股东已经承担上述责任，其他债权人提出相同请求的，人民法院不予支持。

股东在公司设立时未履行或者未全面履行出资义务，依照本条第一款或者第二款提起诉讼的原告，请求公司的发起人与被告股东承担连带责任的，人民法院应予支持；公司的发起人承担责任后，可以向被告股东追偿。

股东在公司增资时未履行或者未全面履行出资义务，依照本条第一款或者第二款提起诉讼的原告，请求未尽公司法第一百四十七条第一款规定的义务而使出资未缴足的董事、高级管理人员承担相应责任的，人民法院应予支持；董事、高级管理人员承担责任后，可以向被告股东追偿。

第十四条 股东抽逃出资，公司或者其他股东请求其向公司返还出资本息、协助抽逃出资的其他股东、董事、高级管理人员或者实际控制人对此承担连带责任的，人民法院应予支持。

公司债权人请求抽逃出资的股东在抽逃出资本息范围内对公司债务不能清偿的部分承担补充赔偿责任、协助抽逃出资的其他股东、董事、高级管理人员或者实际控制人对此承担连带责任的，人民法院应予支持；抽逃出资的股东已经承担上述责任，其他债权人提出相同请求的，人民法院不予支持。

第十五条 出资人以符合法定条件的非货币财产出资后，因市场变化或者其他客观因素导致出资财产贬值，公司、其他股东或者公司债权人请求该出资人承担补足出资责任的，人民法院不予支持。但是，当事人另有约定的除外。

第十六条 股东未履行或者未全面履行出资义务或者抽逃出资，公司根据公司章程或者股东会决议对其利润分配请求权、新股优先认购权、剩余财产分配请求权等股东权利作出相应的合理限制，该股东请求认定该限制无效的，人民法院不予支持。

第十七条 有限责任公司的股东未履行出资义务或者抽逃全部出资，经公司催告缴纳或者返还，其在合理期间内仍未缴纳或者返还出资，公司以股东会决议解除该股东的股东资格，该股东请求确认该解除行为无效的，人民法院不予支持。

在前款规定的情形下，人民法院在判决时应当释明，公司应当及时办理法定减资程序或者由其他股东或者第三人缴纳相应的出资。在办理法定减资程序或者其他股东或者第三人缴纳相应的出资之前，公司债权人依照本规定第十三条或者第十四条请求相关当事人承担相应责任的，人民法院应予支持。

第十八条 有限责任公司的股东未履行或者未全面履行出资义务即转让股权，受让人对此知道或者应当知道，公司请求该股东履行出资义务、受让人对此承担连带责任的，人民法院应予支持；公司债权人依照本规定第十三条第二款向该股东提起诉讼，同时请求前述受让人对此承担连带责任的，人民法院应予支持。

受让人根据前款规定承担责任后，向该未履行或者未全面履行出资义务的股东追偿的，人民法院应予支持。但是，当事人另有约定的除外。

第十九条　公司股东未履行或者未全面履行出资义务或者抽逃出资，公司或者其他股东请求其向公司全面履行出资义务或者返还出资，被告股东以诉讼时效为由进行抗辩的，人民法院不予支持。

公司债权人的债权未过诉讼时效期间，其依照本规定第十三条第二款、第十四条第二款的规定请求未履行或者未全面履行出资义务或者抽逃出资的股东承担赔偿责任，被告股东以出资义务或者返还出资义务超过诉讼时效期间为由进行抗辩的，人民法院不予支持。

第二十条　当事人之间对是否已履行出资义务发生争议，原告提供对股东履行出资义务产生合理怀疑证据的，被告股东应当就其已履行出资义务承担举证责任。

第二十一条　当事人向人民法院起诉请求确认其股东资格的，应当以公司为被告，与案件争议股权有利害关系的人作为第三人参加诉讼。

第二十二条　当事人之间对股权归属发生争议，一方请求人民法院确认其享有股权的，应当证明以下事实之一：

（一）已经依法向公司出资或者认缴出资，且不违反法律法规强制性规定；

（二）已经受让或者以其他形式继受公司股权，且不违反法律法规强制性规定。

第二十三条　当事人依法履行出资义务或者依法继受取得股权后，公司未根据公司法第三十一条、第三十二条的规定签发出资证明书、记载于股东名册并办理公司登记机关登记，当事人请求公司履行上述义务的，人民法院应予支持。

第二十四条　有限责任公司的实际出资人与名义出资人订立合同，约定由实际出资人出资并享有投资权益，以名义出资人为名义股东，实际出资人与名义股东对该合同效力发生争议的，如无合同法第五十二条规定的情形，人民法院应当认定该合同有效。

前款规定的实际出资人与名义股东因投资权益的归属发生争议，实际出资人以其实际履行了出资义务为由向名义股东主张权利的，人民法院应予支持。名义股东以公司股东名册记载、公司登记机关登记为由否认实际出资人权利的，人民法院不予支持。

实际出资人未经公司其他股东半数以上同意，请求公司变更股东、签发出资证明书、记载于股东名册、记载于公司章程并办理公司登记机关登记的，人民法院不予支持。

第二十五条　名义股东将登记于其名下的股权转让、质押或者以其他方式处分，实际出资人以其对于股权享有实际权利为由，请求认定处分股权行为无效的，人民法院可以参照物权法第一百零六条的规定处理。

名义股东处分股权造成实际出资人损失，实际出资人请求名义股东承担赔偿责任的，人民法院应予支持。

第二十六条　公司债权人以登记于公司登记机关的股东未履行出资义务为由，请求其对公司债务不能清偿的部分在未出资本息范围内承担补充赔偿责任，股东以其仅为名义股东而非实际出资人为由进行抗辩的，人民法院不予支持。

名义股东根据前款规定承担赔偿责任后，向实际出资人追偿的，人民法院应予支持。

第二十七条 股权转让后尚未向公司登记机关办理变更登记，原股东将仍登记于其名下的股权转让、质押或者以其他方式处分，受让股东以其对于股权享有实际权利为由，请求认定处分股权行为无效的，人民法院可以参照物权法第一百零六条的规定处理。

原股东处分股权造成受让股东损失，受让股东请求原股东承担赔偿责任、对于未及时办理变更登记有过错的董事、高级管理人员或者实际控制人承担相应责任的，人民法院应予支持；受让股东对于未及时办理变更登记也有过错的，可以适当减轻上述董事、高级管理人员或者实际控制人的责任。

第二十八条 冒用他人名义出资并将该他人作为股东在公司登记机关登记的，冒名登记行为人应当承担相应责任；公司、其他股东或者公司债权人以未履行出资义务为由，请求被冒名登记为股东的承担补足出资责任或者对公司债务不能清偿部分的赔偿责任的，人民法院不予支持。

最高人民法院关于适用《中华人民共和国公司法》若干问题的规定（四）

法释〔2017〕16号

（2016年12月5日最高人民法院审判委员会第1702次会议通过 2017年8月25日最高人民法院公告公布 自2017年9月1日起施行）

为正确适用《中华人民共和国公司法》，结合人民法院审判实践，现就公司决议效力、股东知情权、利润分配权、优先购买权和股东代表诉讼等案件适用法律问题作出如下规定。

第一条 公司股东、董事、监事等请求确认股东会或者股东大会、董事会决议无效或者不成立的，人民法院应当依法予以受理。

第二条 依据公司法第二十二条第二款请求撤销股东会或者股东大会、董事会决议的原告，应当在起诉时具有公司股东资格。

第三条 原告请求确认股东会或者股东大会、董事会决议不成立、无效或者撤销决议的案件，应当列公司为被告。对决议涉及的其他利害关系人，可以依法列为第三人。

一审法庭辩论终结前，其他有原告资格的人以相同的诉讼请求申请参加前款规定诉讼的，可以列为共同原告。

第四条　股东请求撤销股东会或者股东大会、董事会决议，符合公司法第二十二条第二款规定的，人民法院应当予以支持，但会议召集程序或者表决方式仅有轻微瑕疵，且对决议未产生实质影响的，人民法院不予支持。

第五条　股东会或者股东大会、董事会决议存在下列情形之一，当事人主张决议不成立的，人民法院应当予以支持：

（一）公司未召开会议的，但依据公司法第三十七条第二款或者公司章程规定可以不召开股东会或者股东大会而直接作出决定，并由全体股东在决定文件上签名、盖章的除外；

（二）会议未对决议事项进行表决的；

（三）出席会议的人数或者股东所持表决权不符合公司法或者公司章程规定的；

（四）会议的表决结果未达到公司法或者公司章程规定的通过比例的；

（五）导致决议不成立的其他情形。

第六条　股东会或者股东大会、董事会决议被人民法院判决确认无效或者撤销的，公司依据该决议与善意相对人形成的民事法律关系不受影响。

第七条　股东依据公司法第三十三条、第九十七条或者公司章程的规定，起诉请求查阅或者复制公司特定文件材料的，人民法院应当依法予以受理。

公司有证据证明前款规定的原告在起诉时不具有公司股东资格的，人民法院应当驳回起诉，但原告有初步证据证明在持股期间其合法权益受到损害，请求依法查阅或者复制其持股期间的公司特定文件材料的除外。

第八条　有限责任公司有证据证明股东存在下列情形之一的，人民法院应当认定股东有公司法第三十三条第二款规定的"不正当目的"：

（一）股东自营或者为他人经营与公司主营业务有实质性竞争关系业务的，但公司章程另有规定或者全体股东另有约定的除外；

（二）股东为了向他人通报有关信息查阅公司会计账簿，可能损害公司合法利益的；

（三）股东在向公司提出查阅请求之日前的三年内，曾通过查阅公司会计账簿，向他人通报有关信息损害公司合法利益的；

（四）股东有不正当目的的其他情形。

第九条　公司章程、股东之间的协议等实质性剥夺股东依据公司法第三十三条、第九十七条规定查阅或者复制公司文件材料的权利，公司以此为由拒绝股东查阅或者复制的，人民法院不予支持。

第十条　人民法院审理股东请求查阅或者复制公司特定文件材料的案件，对原告诉讼请求予以支持的，应当在判决中明确查阅或者复制公司特定文件材料的时间、地点和特定文件材料的名录。

股东依据人民法院生效判决查阅公司文件材料的，在该股东在场的情况下，可以由会计师、律师等依法或者依据执业行为规范负有保密义务的中介机构执业人员辅助进行。

第十一条　股东行使知情权后泄露公司商业秘密导致公司合法利益受到损害，公司请求该股东赔偿相关损失的，人民法院应当予以支持。

根据本规定第十条辅助股东查阅公司文件材料的会计师、律师等泄露公司商业秘密导致公司合法利益受到损害，公司请求其赔偿相关损失的，人民法院应当予以支持。

第十二条 公司董事、高级管理人员等未依法履行职责，导致公司未依法制作或者保存公司法第三十三条、第九十七条规定的公司文件材料，给股东造成损失，股东依法请求负有相应责任的公司董事、高级管理人员承担民事赔偿责任的，人民法院应当予以支持。

第十三条 股东请求公司分配利润案件，应当列公司为被告。

一审法庭辩论终结前，其他股东基于同一分配方案请求分配利润并申请参加诉讼的，应当列为共同原告。

第十四条 股东提交载明具体分配方案的股东会或者股东大会的有效决议，请求公司分配利润，公司拒绝分配利润且其关于无法执行决议的抗辩理由不成立的，人民法院应当判决公司按照决议载明的具体分配方案向股东分配利润。

第十五条 股东未提交载明具体分配方案的股东会或者股东大会决议，请求公司分配利润的，人民法院应当驳回其诉讼请求，但违反法律规定滥用股东权利导致公司不分配利润，给其他股东造成损失的除外。

第十六条 有限责任公司的自然人股东因继承发生变化时，其他股东主张依据公司法第七十一条第三款规定行使优先购买权的，人民法院不予支持，但公司章程另有规定或者全体股东另有约定的除外。

第十七条 有限责任公司的股东向股东以外的人转让股权，应就其股权转让事项以书面或者其他能够确认收悉的合理方式通知其他股东征求同意。其他股东半数以上不同意转让，不同意的股东不购买的，人民法院应当认定视为同意转让。

经股东同意转让的股权，其他股东主张转让股东应当向其以书面或者其他能够确认收悉的合理方式通知转让股权的同等条件的，人民法院应当予以支持。

经股东同意转让的股权，在同等条件下，转让股东以外的其他股东主张优先购买的，人民法院应当予以支持，但转让股东依据本规定第二十条放弃转让的除外。

第十八条 人民法院在判断是否符合公司法第七十一条第三款及本规定所称的"同等条件"时，应当考虑转让股权的数量、价格、支付方式及期限等因素。

第十九条 有限责任公司的股东主张优先购买转让股权的，应当在收到通知后，在公司章程规定的行使期间内提出购买请求。公司章程没有规定行使期间或者规定不明确的，以通知确定的期间为准，通知确定的期间短于三十日或者未明确行使期间的，行使期间为三十日。

第二十条 有限责任公司的转让股东，在其他股东主张优先购买后又不同意转让股权的，对其他股东优先购买的主张，人民法院不予支持，但公司章程另有规定或者全体股东另有约定的除外。其他股东主张转让股东赔偿其损失合理的，人民法院应当予以支持。

第二十一条 有限责任公司的股东向股东以外的人转让股权，未就其股权转让事项征求其他股东意见，或者以欺诈、恶意串通等手段，损害其他股东优先购买权，其他股东主张按照同等条件购买该转让股权的，人民法院应当予以支持，但其他股东自知道或者应当知道行使优先购买权的同等条件之日起三十日内没有主张,或者自股权变更登记之日起超过一年的除外。

前款规定的其他股东仅提出确认股权转让合同及股权变动效力等请求,未同时主张按照同等条件购买转让股权的,人民法院不予支持,但其他股东非因自身原因导致无法行使优先购买权,请求损害赔偿的除外。

股东以外的股权受让人,因股东行使优先购买权而不能实现合同目的的,可以依法请求转让股东承担相应民事责任。

第二十二条 通过拍卖向股东以外的人转让有限责任公司股权的,适用公司法第七十一条第二款、第三款或者第七十二条规定的"书面通知""通知""同等条件"时,根据相关法律、司法解释确定。

在依法设立的产权交易场所转让有限责任公司国有股权的,适用公司法第七十一条第二款、第三款或者第七十二条规定的"书面通知""通知""同等条件"时,可以参照产权交易场所的交易规则。

第二十三条 监事会或者不设监事会的有限责任公司的监事依据公司法第一百五十一条第一款规定对董事、高级管理人员提起诉讼的,应当列公司为原告,依法由监事会主席或者不设监事会的有限责任公司的监事代表公司进行诉讼。

董事会或者不设董事会的有限责任公司的执行董事依据公司法第一百五十一条第一款规定对监事提起诉讼的,或者依据公司法第一百五十一条第三款规定对他人提起诉讼的,应当列公司为原告,依法由董事长或者执行董事代表公司进行诉讼。

第二十四条 符合公司法第一百五十一条第一款规定条件的股东,依据公司法第一百五十一条第二款、第三款规定,直接对董事、监事、高级管理人员或者他人提起诉讼的,应当列公司为第三人参加诉讼。

一审法庭辩论终结前,符合公司法第一百五十一条第一款规定条件的其他股东,以相同的诉讼请求申请参加诉讼的,应当列为共同原告。

第二十五条 股东依据公司法第一百五十一条第二款、第三款规定直接提起诉讼的案件,胜诉利益归属于公司。股东请求被告直接向其承担民事责任的,人民法院不予支持。

第二十六条 股东依据公司法第一百五十一条第二款、第三款规定直接提起诉讼的案件,其诉讼请求部分或者全部得到人民法院支持的,公司应当承担股东因参加诉讼支付的合理费用。

第二十七条 本规定自 2017 年 9 月 1 日起施行。

本规定施行后尚未终审的案件,适用本规定;本规定施行前已经终审的案件,或者适用审判监督程序再审的案件,不适用本规定。

最高人民法院
关于审理中外合资经营合同纠纷案件如何清算合资企业问题的批复

法释〔1998〕1号

(1997年12月5日最高人民法院审判委员会第950次会议通过 1998年1月15日最高人民法院公告公布 自1998年1月15日起施行)

山东省高级人民法院：

你院《关于审理中外合资经营合同纠纷案件如何清算合资企业问题的请示报告》收悉。经研究，答复如下：

同意你院请示报告中的第一种意见，即中外合资经营企业一方当事人向人民法院提起诉讼，要求解散合营企业并追究对方违约责任的，人民法院仅应对合营合同效力、是否终止合营合同、违约责任等作出判决。合营企业清算问题则应根据《中华人民共和国中外合资经营企业法实施条例》、《外商投资企业清算办法》的有关规定办理，人民法院组织清算没有法律依据。

国内有限责任公司有类似情形的，应依据《中华人民共和国公司法》的有关规定办理。

此复。

最高人民法院
关于审理军队、武警部队、政法机关移交、撤销企业和与党政机关脱钩企业相关纠纷案件若干问题的规定

法释〔2001〕8号

(2001年2月6日最高人民法院审判委员会第1158次会议通过 2001年3月20日最高人民法院公告公布 自2001年3月23日起施行)

为依法准确审理军队、武警部队、政法机关移交、撤销企业和与党政机关脱钩的企业所发生的债务纠纷案件和破产案件，根据《中华人民共和国民法通则》、《中华人民共

和国公司法》、《中华人民共和国民事诉讼法》、《中华人民共和国企业破产法（试行）》的有关规定，作如下规定：

一、移交、撤销、脱钩企业债务纠纷的处理

第一条 军队、武警部队、政法机关和党政机关开办的企业（以下简称被开办企业）具备法人条件并领取了企业法人营业执照的，根据《中华人民共和国民法通则》第四十八条的规定，应当以其经营管理或者所有的财产独立承担民事责任。

第二条 被开办企业领取了企业法人营业执照，虽然实际投入的资金与注册资金不符，但已达到了《中华人民共和国企业法人登记管理条例实施细则》第十五条第（七）项规定数额的，应当认定其具备法人资格，开办单位应当在该企业实际投入资金与注册资金的差额范围内承担民事责任。

第三条 被开办企业虽然领取了企业法人营业执照，但投入的资金未达到《中华人民共和国企业法人登记管理条例实施细则》第十五条第（七）项规定数额的，或者不具备企业法人其他条件的，应当认定其不具备法人资格，其民事责任由开办单位承担。

第四条 开办单位向被开办企业收取资金或实物的，应当在所收取的资金和实物的范围内对其开办企业的债务承担民事责任。

第五条 开办单位抽逃、转移资金或者隐匿财产以逃避被开办企业债务的，应当将所抽逃、转移的资金或者隐匿的财产退回，用以清偿被开办企业的债务。

第六条 开办单位为被开办企业的注册资金提供担保的，应当在其承诺担保的范围内承担民事责任。

第七条 开办单位或其主管部门在被开办企业撤销时，向工商行政管理机关出具证明文件，自愿对被开办企业的债务承担责任的，应当按照承诺在其接受财产范围内对被开办企业的债务承担民事责任。

第八条 军队开办的企业无偿移交地方的，应当由接受单位承担开办单位的民事责任。

第九条 两个以上单位共同开办企业的，作为共同诉讼人，并按照各自出资比例或者盈余分配的比例承担相应的民事责任。

第十条 开办单位已经在被开办企业注册资金不实的范围内承担了民事责任的，应视为开办单位的注册资金已经足额到位，不再继续承担注册资金不实的责任。

二、移交、撤销、脱钩企业破产案件的处理

第十一条 被开办企业或者债权人向人民法院申请破产的，不论开办单位的注册资金是否足额到位，人民法院均应当受理。

第十二条 被开办企业被宣告破产的，开办单位对其没有投足的注册资金、收取的资金和实物、转移的资金或者隐匿的财产，都应当由清算组负责收回。

第十三条 被开办企业向社会或者向企业内部职工集资未清偿的，在破产财产分配时，应当按照《中华人民共和国企业破产法（试行）》第三十七条第二款第一项的规定予以清偿。

第十四条 移交、撤销、脱钩的企业的开办单位和移交后的接受单位,都应当作为破产清算组成员,参加破产清算工作。

三、财产保全和执行

第十五条 人民法院在审理有关移交、撤销、脱钩的企业的案件时,认定开办单位应当承担民事责任的,不得对开办单位的国库款、军费、财政经费账户、办公用房、车辆等其他办公必需品采取查封、扣押、冻结、拍卖等保全和执行措施。

第十六条 人民法院在执行涉及开办单位承担民事责任的生效判决时,只能用开办单位财政资金以外的自有资金清偿债务。如果开办单位没有财政资金以外自有资金的,应当依法裁定终结执行。

四、适用范围

第十七条 本规定仅适用于审理此次军队、武警部队、政法机关移交、撤销企业和与党政机关脱钩的企业所发生的债务纠纷案件和破产案件。

最高人民法院关于审理与企业改制相关的民事纠纷案件若干问题的规定

法释〔2003〕1号

(2002年12月3日最高人民法院审判委员会第1259次会议通过 2003年1月3日最高人民法院公告公布 自2003年2月1日起施行)

为了正确审理与企业改制相关的民事纠纷案件,根据《中华人民共和国民法通则》、《中华人民共和国公司法》、《中华人民共和国全民所有制工业企业法》、《中华人民共和国合同法》、《中华人民共和国民事诉讼法》等法律、法规的规定,结合审判实践,制定本规定。

一、案件受理

第一条 人民法院受理以下平等民事主体间在企业产权制度改造中发生的民事纠纷案件:

(一)企业公司制改造中发生的民事纠纷;
(二)企业股份合作制改造中发生的民事纠纷;
(三)企业分立中发生的民事纠纷;
(四)企业债权转股权纠纷;

（五）企业出售合同纠纷；
（六）企业兼并合同纠纷；
（七）与企业改制相关的其他民事纠纷。

第二条 当事人起诉符合本规定第一条所列情形，并符合民事诉讼法第一百零八条规定的起诉条件的，人民法院应当予以受理。

第三条 政府主管部门在对企业国有资产进行行政性调整、划转过程中发生的纠纷，当事人向人民法院提起民事诉讼的，人民法院不予受理。

二、企业公司制改造

第四条 国有企业依公司法整体改造为国有独资有限责任公司的，原企业的债务，由改造后的有限责任公司承担。

第五条 企业通过增资扩股或者转让部分产权，实现他人对企业的参股，将企业整体改造为有限责任公司或者股份有限公司的，原企业债务由改造后的新设公司承担。

第六条 企业以其部分财产和相应债务与他人组建新公司，对所转移的债务债权人认可的，由新组建的公司承担民事责任；对所转移的债务未通知债权人或者虽通知债权人，而债权人不予认可的，由原企业承担民事责任。原企业无力偿还债务，债权人就此向新设公司主张债权的，新设公司在所接收的财产范围内与原企业承担连带民事责任。

第七条 企业以其优质财产与他人组建新公司，而将债务留在原企业，债权人以新设公司和原企业作为共同被告提起诉讼主张债权的，新设公司应当在所接收的财产范围内与原企业共同承担连带责任。

三、企业股份合作制改造

第八条 由企业职工买断企业产权，将原企业改造为股份合作制的，原企业的债务，由改造后的股份合作制企业承担。

第九条 企业向其职工转让部分产权，由企业与职工共同组建股份合作制企业的，原企业的债务由改造后的股份合作制企业承担。

第十条 企业通过其职工投资增资扩股，将原企业改造为股份合作制企业的，原企业的债务由改造后的股份合作制企业承担。

第十一条 企业在进行股份合作制改造时，参照公司法的有关规定，公告通知了债权人。企业股份合作制改造后，债权人就原企业资产管理人（出资人）隐瞒或者遗漏的债务起诉股份合作制企业的，如债权人在公告期内申报过该债权，股份合作制企业在承担民事责任后，可再向原企业资产管理人（出资人）追偿。如债权人在公告期内未申报过该债权，则股份合作制企业不承担民事责任，人民法院可告知债权人另行起诉原企业资产管理人（出资人）。

四、企业分立

第十二条 债权人向分立后的企业主张债权，企业分立时对原企业的债务承担有约定，并经债权人认可的，按照当事人的约定处理；企业分立时对原企业债务承担没有约定或者约定不明，或者虽然有约定但债权人不予认可的，分立后的企业应当承担连带责任。

第十三条 分立的企业在承担连带责任后，各分立的企业间对原企业债务承担有约定的，按照约定处理；没有约定或者约定不明的，根据企业分立时的资产比例分担。

五、企业债权转股权

第十四条 债权人与债务人自愿达成债权转股权协议，且不违反法律和行政法规强制性规定的，人民法院在审理相关的民事纠纷案件中，应当确认债权转股权协议有效。

政策性债权转股权，按照国务院有关部门的规定处理。

第十五条 债务人以隐瞒企业资产或者虚列企业资产为手段，骗取债权人与其签订债权转股权协议，债权人在法定期间内行使撤销权的，人民法院应当予以支持。

债权转股权协议被撤销后，债权人有权要求债务人清偿债务。

第十六条 部分债权人进行债权转股权的行为，不影响其他债权人向债务人主张债权。

六、国有小型企业出售

第十七条 以协议转让形式出售企业，企业出售合同未经有审批权的地方人民政府或其授权的职能部门审批的，人民法院在审理相关的民事纠纷案件时，应当确认该企业出售合同不生效。

第十八条 企业出售中，当事人双方恶意串通，损害国家利益的，人民法院在审理相关的民事纠纷案件时，应当确认该企业出售行为无效。

第十九条 企业出售中，出卖人实施的行为具有合同法第五十四条规定的情形，买受人在法定期限内行使撤销权的，人民法院应当予以支持。

第二十条 企业出售合同约定的履行期限届满，一方当事人拒不履行合同，或者未完全履行合同义务，致使合同目的不能实现，对方当事人要求解除合同并要求赔偿损失的，人民法院应当予以支持。

第二十一条 企业出售合同约定的履行期限届满，一方当事人未完全履行合同义务，对方当事人要求继续履行合同并要求赔偿损失的，人民法院应当予以支持。双方当事人均未完全履行合同义务的，应当根据当事人的过错，确定各自应当承担的民事责任。

第二十二条 企业出售时，出卖人对所售企业的资产负债状况、损益状况等重大事项未履行如实告知义务，影响企业出售价格，买受人就此向人民法院起诉主张补偿的，人民法院应当予以支持。

第二十三条 企业出售合同被确认无效或者被撤销的，企业售出后买受人经营企业期间发生的经营盈亏，由买受人享有或者承担。

第二十四条 企业售出后，买受人将所购企业资产纳入本企业或者将所购企业变更为所属分支机构的，所购企业的债务，由买受人承担。但买卖双方另有约定，并经债权人认可的除外。

第二十五条 企业售出后,买受人将所购企业资产作价入股与他人重新组建新公司,所购企业法人予以注销的,对所购企业出售前的债务,买受人应当以其所有财产,包括在新组建公司中的股权承担民事责任。

第二十六条 企业售出后,买受人将所购企业重新注册为新的企业法人,所购企业法人被注销的,所购企业出售前的债务,应当由新注册的企业法人承担。但买卖双方另有约定,并经债权人认可的除外。

第二十七条 企业售出后,应当办理而未办理企业法人注销登记,债权人起诉该企业的,人民法院应当根据企业资产转让后的具体情况,告知债权人追加责任主体,并判令责任主体承担民事责任。

第二十八条 出售企业时,参照公司法的有关规定,出卖人公告通知了债权人。企业售出后,债权人就出卖人隐瞒或者遗漏的原企业债务起诉买受人的,如债权人在公告期内申报过该债权,买受人在承担民事责任后,可再行向出卖人追偿。如债权人在公告期内未申报过该债权,则买受人不承担民事责任。人民法院可告知债权人另行起诉出卖人。

第二十九条 出售企业的行为具有合同法第七十四条规定的情形,债权人在法定期限内行使撤销权的,人民法院应当予以支持。

七、企业兼并

第三十条 企业兼并协议自当事人签字盖章之日起生效。需经政府主管部门批准的,兼并协议自批准之日起生效;未经批准的,企业兼并协议不生效。但当事人在一审法庭辩论终结前补办报批手续的,人民法院应当确认该兼并协议有效。

第三十一条 企业吸收合并后,被兼并企业的债务应当由兼并方承担。

第三十二条 企业进行吸收合并时,参照公司法的有关规定,公告通知了债权人。企业吸收合并后,债权人就被兼并企业原资产管理人(出资人)隐瞒或者遗漏的企业债务起诉兼并方的,如债权人在公告期内申报过该笔债权,兼并方在承担民事责任后,可再行向被兼并企业原资产管理人(出资人)追偿。如债权人在公告期内未申报过该笔债权,则兼并方不承担民事责任。人民法院可告知债权人另行起诉被兼并企业原资产管理人(出资人)。

第三十三条 企业新设合并后,被兼并企业的债务由新设合并后的企业法人承担。

第三十四条 企业吸收合并或新设合并后,被兼并企业应当办理而未办理工商注销登记,债权人起诉被兼并企业的,人民法院应当根据企业兼并后的具体情况,告知债权人追加责任主体,并判令责任主体承担民事责任。

第三十五条 以收购方式实现对企业控股的,被控股企业的债务,仍由其自行承担。但因控股企业抽逃资金、逃避债务,致被控股企业无力偿还债务的,被控股企业的债务则由控股企业承担。

八、附　则

第三十六条 本规定自 2003 年 2 月 1 日起施行。在本规定施行前,本院制定的有关企业改制方面的司法解释与本规定相抵触的，不再适用。

最高人民法院关于审理外商投资企业纠纷案件若干问题的规定（一）

法释〔2010〕9号

（2010年5月17日最高人民法院审判委员会第1487次会议通过　2010年8月5日最高人民法院公告公布　自2010年8月16日起施行）

为正确审理外商投资企业在设立、变更等过程中产生的纠纷案件，保护当事人的合法权益，根据《中华人民共和国民法通则》、《中华人民共和国合同法》、《中华人民共和国物权法》、《中华人民共和国公司法》、《中华人民共和国中外合资经营企业法》、《中华人民共和国中外合作经营企业法》、《中华人民共和国外资企业法》等法律法规的规定，结合审判实践，制定本规定。

第一条　当事人在外商投资企业设立、变更等过程中订立的合同，依法律、行政法规的规定应当经外商投资企业审批机关批准后才生效的，自批准之日起生效；未经批准的，人民法院应当认定该合同未生效。当事人请求确认该合同无效的，人民法院不予支持。

前款所述合同因未经批准而被认定未生效的，不影响合同中当事人履行报批义务条款及因该报批义务而设定的相关条款的效力。

第二条　当事人就外商投资企业相关事项达成的补充协议对已获批准的合同不构成重大或实质性变更的，人民法院不应以未经外商投资企业审批机关批准为由认定该补充协议未生效。

前款规定的重大或实质性变更包括注册资本、公司类型、经营范围、营业期限、股东认缴的出资额、出资方式的变更以及公司合并、公司分立、股权转让等。

第三条　人民法院在审理案件中，发现经外商投资企业审批机关批准的外商投资企业合同具有法律、行政法规规定的无效情形的，应当认定合同无效；该合同具有法律、行政法规规定的可撤销情形，当事人请求撤销的，人民法院应予支持。

第四条　外商投资企业合同约定一方当事人以需要办理权属变更登记的标的物出资或者提供合作条件，标的物已交付外商投资企业实际使用，且负有办理权属变更登记义务的一方当事人在人民法院指定的合理期限内完成了登记的，人民法院应当认定该方当事人履行了出资或者提供合作条件的义务。外商投资企业或其股东以该方当事人未履行出资义务为由主张该方当事人不享有股东权益的，人民法院不予支持。

外商投资企业或其股东举证证明该方当事人因迟延办理权属变更登记给外商投资企

业造成损失并请求赔偿的，人民法院应予支持。

第五条 外商投资企业股权转让合同成立后，转让方和外商投资企业不履行报批义务，经受让方催告后在合理的期限内仍未履行，受让方请求解除合同并由转让方返还其已支付的转让款、赔偿因未履行报批义务而造成的实际损失的，人民法院应予支持。

第六条 外商投资企业股权转让合同成立后，转让方和外商投资企业不履行报批义务，受让方以转让方为被告、以外商投资企业为第三人提起诉讼，请求转让方与外商投资企业在一定期限内共同履行报批义务的，人民法院应予支持。受让方同时请求在转让方和外商投资企业于生效判决确定的期限内不履行报批义务时自行报批的，人民法院应予支持。

转让方和外商投资企业拒不根据人民法院生效判决确定的期限履行报批义务，受让方另行起诉，请求解除合同并赔偿损失的，人民法院应予支持。赔偿损失的范围可以包括股权的差价损失、股权收益及其他合理损失。

第七条 转让方、外商投资企业或者受让方根据本规定第六条第一款的规定就外商投资企业股权转让合同报批，未获外商投资企业审批机关批准，受让方另行起诉，请求转让方返还其已支付的转让款的，人民法院应予支持。受让方请求转让方赔偿因此造成的损失的，人民法院应根据转让方是否存在过错以及过错大小认定其是否承担赔偿责任及具体赔偿数额。

第八条 外商投资企业股权转让合同约定受让方支付转让款后转让方才办理报批手续，受让方未支付股权转让款，经转让方催告后在合理的期限内仍未履行，转让方请求解除合同并赔偿因迟延履行而造成的实际损失的，人民法院应予支持。

第九条 外商投资企业股权转让合同成立后，受让方未支付股权转让款，转让方和外商投资企业亦未履行报批义务，转让方请求受让方支付股权转让款的，人民法院应当中止审理，指令转让方在一定期限内办理报批手续。该股权转让合同获得外商投资企业审批机关批准的，对转让方关于支付转让款的诉讼请求，人民法院应予支持。

第十条 外商投资企业股权转让合同成立后，受让方已实际参与外商投资企业的经营管理并获取收益，但合同未获外商投资企业审批机关批准，转让方请求受让方退出外商投资企业的经营管理并将受让方因实际参与经营管理而获得的收益在扣除相关成本费用后支付给转让方的，人民法院应予支持。

第十一条 外商投资企业一方股东将股权全部或部分转让给股东之外的第三人，应当经其他股东一致同意，其他股东以未征得其同意为由请求撤销股权转让合同的，人民法院应予支持。具有以下情形之一的除外：

（一）有证据证明其他股东已经同意；

（二）转让方已就股权转让事项书面通知，其他股东自接到书面通知之日满三十日未予答复；

（三）其他股东不同意转让，又不购买该转让的股权。

第十二条 外商投资企业一方股东将股权全部或部分转让给股东之外的第三人，其他股东以该股权转让侵害了其优先购买权为由请求撤销股权转让合同的，人民法院应予支持。其他股东在知道或者应当知道股权转让合同签订之日起一年内未主张优先购买权的除外。

前款规定的转让方、受让方以侵害其他股东优先购买权为由请求认定股权转让合同无效的，人民法院不予支持。

第十三条 外商投资企业股东与债权人订立的股权质押合同，除法律、行政法规另有规定或者合同另有约定外，自成立时生效。未办理质权登记的，不影响股权质押合同的效力。

当事人仅以股权质押合同未经外商投资企业审批机关批准为由主张合同无效或未生效的，人民法院不予支持。

股权质押合同依照物权法的相关规定办理了出质登记的，股权质权自登记时设立。

第十四条 当事人之间约定一方实际投资、另一方作为外商投资企业名义股东，实际投资者请求确认其在外商投资企业中的股东身份或者请求变更外商投资企业股东的，人民法院不予支持。同时具备以下条件的除外：

（一）实际投资者已经实际投资；

（二）名义股东以外的其他股东认可实际投资者的股东身份；

（三）人民法院或当事人在诉讼期间就将实际投资者变更为股东征得了外商投资企业审批机关的同意。

第十五条 合同约定一方实际投资、另一方作为外商投资企业名义股东，不具有法律、行政法规规定的无效情形的，人民法院应认定该合同有效。一方当事人仅以未经外商投资企业审批机关批准为由主张该合同无效或者未生效的，人民法院不予支持。

实际投资者请求外商投资企业名义股东依据双方约定履行相应义务的，人民法院应予支持。

双方未约定利益分配，实际投资者请求外商投资企业名义股东向其交付从外商投资企业获得的收益的，人民法院应予支持。外商投资企业名义股东向实际投资者请求支付必要报酬的，人民法院应酌情予以支持。

第十六条 外商投资企业名义股东不履行与实际投资者之间的合同，致使实际投资者不能实现合同目的，实际投资者请求解除合同并由外商投资企业名义股东承担违约责任的，人民法院应予支持。

第十七条 实际投资者根据其与外商投资企业名义股东的约定，直接向外商投资企业请求分配利润或者行使其他股东权利的，人民法院不予支持。

第十八条 实际投资者与外商投资企业名义股东之间的合同被认定无效，名义股东持有的股权价值高于实际投资额，实际投资者请求名义股东向其返还投资款并根据其实际投资情况以及名义股东参与外商投资企业经营管理的情况对股权收益在双方之间进行合理分配的，人民法院应予支持。

外商投资企业名义股东明确表示放弃股权或者拒绝继续持有股权的，人民法院可以判令以拍卖、变卖名义股东持有的外商投资企业股权所得向实际投资者返还投资款，其余款项根据实际投资者的实际投资情况、名义股东参与外商投资企业经营管理的情况在双方之间进行合理分配。

第十九条 实际投资者与外商投资企业名义股东之间的合同被认定无效，名义股东持有的股权价值低于实际投资额，实际投资者请求名义股东向其返还现有股权的等值价款的，人民法院应予支持；外商投资企业名义股东明确表示放弃股权或者拒绝继续持有股权的，人民法院可以判令以拍卖、变卖名义股东持有的外商投资企业股权所得向实际投资者返还投资款。

实际投资者请求名义股东赔偿损失的，人民法院应当根据名义股东对合同无效是否存在过错及过错大小认定其是否承担赔偿责任及具体赔偿数额。

第二十条 实际投资者与外商投资企业名义股东之间的合同因恶意串通，损害国家、集体或者第三人利益，被认定无效的，人民法院应当将因此取得的财产收归国家所有或者返还集体、第三人。

第二十一条 外商投资企业一方股东或者外商投资企业以提供虚假材料等欺诈或者其他不正当手段向外商投资企业审批机关申请变更外商投资企业批准证书所载股东，导致外商投资企业他方股东丧失股东身份或原有股权份额，他方股东请求确认股东身份或原有股权份额的，人民法院应予支持。第三人已经善意取得该股权的除外。

他方股东请求侵权股东或者外商投资企业赔偿损失的，人民法院应予支持。

第二十二条 人民法院审理香港特别行政区、澳门特别行政区、台湾地区的投资者、定居在国外的中国公民在内地投资设立企业产生的相关纠纷案件，参照适用本规定。

第二十三条 本规定施行后，案件尚在一审或者二审阶段的，适用本规定；本规定施行前已经终审的案件，人民法院进行再审时，不适用本规定。

第二十四条 本规定施行前本院作出的有关司法解释与本规定相抵触的，以本规定为准。

最高人民法院经济审判庭
关于企业开办的公司被撤销后企业是否应对公司的债务承担连带责任问题的电话答复

（1988年4月12日）

浙江省高级人民法院：

你院1987年12月16日〔1987〕浙江经初字85—3号请示报告收悉。经研究答复如下：

一、我院法（研）复〔1987〕33号批复第二条规定："如果企业开办的分支机构是公司，不论是否具备独立法人资格，可以根据国发〔1985〕102号通知处理。"辽宁省丹东永康开发公司（以下简称"开发公司"）系丹东市人民日用化学厂（以下简称"日化厂"，现名"华芳化妆品公司"）1982年1月1日和丹东永昌制药厂（后改名为"永昌化工厂",以下简称"化工厂")合并后,于 1984 年 10 月以日化厂的名义申请开办的。该公司开办仅一年,就被当地工商行政管理局以其不具备公司条件,违法经营为由予以撤销。根据国务院国发〔1985〕102 号文件第三条第一款的规定,呈报单位要对公司认真进行核实,因审核不当而造成严重后果的,要承担经济、法律责任。开发公司现已资不抵债,日化厂和化工厂对其债务应当共同承担连带责任。对于永康开发公司的债权人来讲,日化厂不能以 1985 年 1 月 29 日已与永昌化工厂分离,并将永康开发公司划归永昌化工厂管理为由,拒绝承担开发公司的债务清偿责任。鉴于开发公司与浙江省萧山县供销贸易中心购销钢材合同纠纷案,在执行中,开发公司被撤销,因此,你院应根据民事诉讼法(试行)第一百二十二条第一款第(六)项规定,裁定确认日化厂和化工厂共同承担民事责任,执行原调解协议。

二、浙江省萧山县供销贸易中心诉开发公司购销钢材合同纠纷案,并非双方当事人均有钢材经营权,故你院在调解书中确认双方所签订的合同有效,显属不妥。根据民事诉讼法(试行)第一百二十二条第一款第(五)项规定,你院应裁定予以纠正。

此复。

最高人民法院经济审判庭关于温州市城区五马劳动服务公司是否承担连带清偿责任问题的电话答复

(1988 年 11 月 28 日)

浙江省高级人民法院:

你院〔1988〕浙法经上字 38 号请示报告收悉。据你院呈报的材料,经研究认为,如果温州市鹿城运输社(以下称运输社)是一个独立的企业,并非温州市城区五马劳动服务公司(以下称服务公司)的分支机构,追究服务公司的连带清偿责任,似欠妥当。当然,如有证据证明运输社确是服务公司的分支机构,在运输社资不抵债的情况下,人民法院应将服务公司列为本案共同被告,由其对运输社的债务承担连带责任。

供参考。

最高人民法院经济审判庭
关于华丰供销公司的债务应由谁偿还问题的电话答复

(1989年10月17日)

宁夏回族自治区高级人民法院:

你院"关于华丰供销公司的债务应由谁偿还的请示"收悉。经研究答复如下:

一、据所报材料,华丰供销公司系吴建国个人申请开办,并非石咀山市政府申报成立的。石咀山市政府不是该公司的上级主管部门,因此,本案不应列市政府为被告,承担连带责任。

二、对华丰供销公司的性质,应根据国家工商行政管理局《关于处理个体合伙经营及私营企业领有集体企业〈营业执照〉问题的通知》精神,提请当地工商局加以重新确认。如当地工商局不予重新确认,受诉法院应实事求是地按其本来性质认定处理。

三、华丰供销公司经重新确认,如属个体性质,应列该公司的财产所有者为被告,承担无限责任;如属集体性质,即应以公司的财产承担有限责任,若公司已无财产可供执行,受诉法院应终结诉讼。

此复。

最高人民法院经济审判庭
关于如何认定企业是否超越经营范围问题的复函

1990年9月10日　　　　　　　　　法经〔1990〕第101号

国家工商行政管理局企业登记司:

你司企字〔1990〕112号文收悉。对文中所提问题,答复如下:

企业的经营范围,必须是以工商行政管理机关核准登记的经营范围为准。企业超越经营范围所从事的经营活动,其行为应当认定无效。

按国家有关规定无须经工商行政管理机关核准登记的部门、行业或经济组织,则应经其主管机关批准,并在批准的范围内从事生产经营活动。本院《关于在审理经济合同纠纷案件中具体适用经济合同法的若干问题的解答》中"应当在……主管机关批准的经营范围内从事正当的经营活动",指的就是这种情况。并不是指按规定必须经工商行政管理机关核准登记的工商企业可以其主管机关批准的经营范围确定其是否超越经营范围。

此复。

最高人民法院
关于行政性公司开办的企业倒闭后是否承担连带清偿责任问题的复函

1990年10月8日　　　　　　　　　　法（经）函〔1990〕71号

江苏省高级人民法院：

你院1990年6月19日苏法（经）请字第2号《关于鹿城区工业公司是否对原轻工业公司供销经理部的债务承担责任的请示》收悉。经研究，答复如下：

据你院报告所述，原温州市鹿城区轻工业公司属企业型公司，其下属企业供销经理部不属于党政机关办企业，因此，不适用中共中央、国务院中发〔1986〕6号文的规定。如果供销经理部实际上具备法人资格，其成立时原轻工业公司又没有审核不当的行为，只能以其停业时的财产清偿债务；如果供销经理部实际上不具备法人资格，或其成立时轻工业公司确有审核不当的行为，轻工业公司依据国务院国发〔1985〕102号文件所应当承担的审核不当的过错责任应由其并入的工业公司承担。

最高人民法院经济审判庭
关于行政单位开办的公司已无资产偿付应由谁承担民事责任问题的电话答复

（1991年1月4日）

山西省高级人民法院：

你院晋法经函字〔1990〕第3号《关于行政单位开办的公司已无资产偿付应由谁承担民事责任的请示报告》收悉。经研究，答复如下：

吉林省白城地区石油开发总公司是1988年4月4日由白城地区工商行政管理局登记注册的全民预算外企业。企业的主管部门和批准机关均为白城地区行政公署。企业登记的资金总额为380万元。根据民法通则和国发〔1990〕68号《国务院关于在清理整顿公司中被撤并公司债权债务清理问题的通知》规定，如果白城地区石油开发总公司无力偿还债务，而其注册资金的来源是贷款，或者根本没有资金以及实有资金与注册资金不符的，应由其主管机关和开办单位白城地区行政公署在其注册资金范围内承担清偿责任。

此复。

最高人民法院经济审判庭
关于青海人民剧院开办的分支企业停办后是否对分支企业的债务承担责任问题的复函

1991年1月23日　　　　　　　　　　　法经〔1991〕9号

青海省高级人民法院：

你院〔91〕青法经字第1号《关于青海人民剧院开办的分支企业"艺青商行"停办后，青海人民剧院是否作为诉讼主体对外承担责任的请示》收悉。经研究，答复如下：

西宁艺青商行是由青海人民剧院向工商行政管理部门申请开办的。经青海省审计局审计认为：艺青商行以欺骗手段取得工商银行验资和工商局核准的营业执照的合法手续，实际上是一个既无资金和固定工作人员，又无经营场地的企业。现在艺青商行已经倒闭，因此应将青海人民剧院列为被告，由艺青商行的财产清偿债务，不足清偿的，由青海人民剧院在注册资金不实的范围内，对艺青商行的债务承担责任。

最高人民法院
关于南京摩托车总公司是否具备法人条件问题的复函

1991年3月18日　　　　　　　　　　法（经）函〔1991〕28号

江苏省高级人民法院：

你院〔1991〕经请字第1号请示收悉。经研究，同意你院第二种意见，即南京摩托车总公司具备法人条件。因为它符合《中华人民共和国民法通则》第三十六、三十七条之规定，并经工商行政管理机关核准依法领取有企业法人的营业执照。

此复。

最高人民法院
关于金光股份有限公司的主管部门是否应承担清偿责任问题的复函

1991年12月9日　　　　　　　　法（经）函〔1991〕146号

宁夏回族自治区高级人民法院：

你院〔1991〕宁经请字第2号《关于金光股份有限公司的主管部门是否应承担清偿责任的请示报告》及《关于强制执行金光公司南洋大厦B座3层574平方米房产的请示报告》收悉。经研究，答复如下：

一、金光股份有限公司是由深圳市装饰工程工业总公司申请，经深圳市人民政府批准成立的。市政府批文规定：公司为股份有限公司，注册资金为60万元人民币，发行股票6千股，其中国家股占40%，由装饰工程工业总公司出资；集体、国外和港澳股份占30%；私人股份30%，由装饰工程工业总公司职工购买。1987年2月24日经深圳市工商局批准，核发了营业执照。经你院调查核实，金光股份有限公司实有资产58.56万元，其中深圳市装饰工程工业总公司以固定资产办公楼房139.87平方米折抵股金25.1786万元人民币投入，超过了市政府规定的认购比例。综上所述，金光股份有限公司具有企业法人资格，深圳市装饰工程工业总公司已按规定认购了相应的股份，不应再对金光股份公司的债务承担清偿责任。

二、你院在审理经济纠纷案件中，如果发现金光股份有限公司的有关人员有犯罪行为，应按两院一部法（研）发〔1985〕27号和法（研）发〔1987〕7号通知的规定，将有关犯罪线索移送公安或检察机关处理。

三、对金光股份有限公司南洋大厦B座3层574平方米房产的强制执行，应严格按照民事诉讼法的规定进行。根据本案情况，即使具有民事诉讼法第一百零二条第一款（六）项之行为，也不需要对有关人员采取拘留措施。执行前还应与深圳市中级人民法院进行联系，取得他们的支持和协助。

四、审理中如查明金光公司将合作资金挪用，其他单位或个人非法占用该项资金，可责令非法占用者退还非法占用的资金以偿还债权人。

此复。

最高人民法院
关于聊城市柳园供销公司法人资格认定问题的复函

1992年3月17日　　　　　　　　　　　　法函〔1992〕36号

山东省高级人民法院：

你院鲁高法函〔1992〕4号《关于如何认定企业法人资格的请示》收悉。经研究，答复如下：

依照《中华人民共和国民法通则》第四十一条之规定，集体所有制企业具备法人条件，经主管机关核准登记，取得法人资格。根据《中华人民共和国企业法人登记管理条例》第四条之规定，企业法人登记主管机关是国家工商行政管理局和地方各级工商行政管理局。你院请示中的集体企业聊城市柳园供销公司符合法定条件并经工商行政管理机关核准依法领取有企业法人营业执照，其法人资格应予承认。至于申报单位出资不足问题，可责令其补足注册资金的差额部分，不宜仅据此而否定聊城市柳园供销公司的法人资格。

此复。

最高人民法院经济审判庭
关于国务院〔1990〕68号、最高人民法院〔1991〕10号文件是否适用军队开办企业问题的复函

1992年3月19日　　　　　　　　　　　　法经〔1992〕39号

黑龙江省高级人民法院：

你院黑法经上字〔1991〕第38号文收悉。经研究，答复如下：

在清理整顿中被撤并的军队开办企业的债务清偿问题，可以参照国务院〔1990〕68号和最高人民法院〔1991〕10号文件的规定处理。

此复。

最高人民法院经济审判庭
关于中国地质宝石矿物公司新疆经营部
注册资金不实责任承担问题的复函

1992年11月12日　　　　　　　　　法经〔1992〕176号

新疆维吾尔自治区高级人民法院：

　　你院新高法明传〔1992〕96号关于应如何确认地矿部宝石公司连带清偿责任的请示报告收悉。现中国地质宝石矿物公司（以下称"宝石公司"）提出其在为申请开办宝石公司新疆经营部（以下称"新疆经营部"）而给新疆维吾尔自治区工商局的〔1988〕028号函和给新疆维吾尔自治区政府的〔1988〕029号函中均申明新疆经营部注册资金为20万元，而新疆经营部最终取得注册资金为120万元的营业执照，是由于新疆经营部筹建负责人崔志远个人私自将宝石公司1988年5月10日出具的资金信用证明和经宝石公司盖章的商业企业开业申请登记表中所填的资金数额由20万元篡改为120万元的结果。1988年6月9日，远大金融服务社虽证明新疆经营部账面金额为80万元，但这80万元不是新疆经营部的自有资金，而且新疆经营部在筹建期间的开户银行不是远大金融服务社，而是工商银行天山区办事处，宝石公司1988年6月6日向新疆经营部投入的20万元资金即是汇入该办事处的。自治区工商局对此未能查实，即予办理了注册登记。1990年9月19日公司清理整顿审批表上所称的新疆经营部注册资金为120万元、现有实际资金是160万元，是新疆经营部自行填报的，并未经宝石公司核实盖章。你院的报告中对上述问题并未做出结论。

　　我们认为，如果宝石公司反映的上述情况属实，则说明该公司在开办新疆经营部时只承诺负担投入20万元注册资金的责任，新疆经营部负责人崔志远将注册资金擅自篡改为120万元的增加部分，宝石公司不应承担。因宝石公司实际已向新疆经营部汇入20万元注册资金，因此即不存在承担经营部注册资金不实的责任问题了。

　　现将当事人的申诉材料转去，请你院对该案进行复查，如当事人反映的情况属实，即应对原判决予以纠正。建议复查期间中止执行。

最高人民法院
关于开办单位欠付企业的注册
资金应用以承担企业债务的函

1993年11月13日　　　　　　　　　　　经他〔1993〕22号

浙江省高级人民法院：

　　你院浙高法执字〔1993〕16号关于乐清县二轻供销公司诉煤炭部华盛水文地质勘察工程公司（以下简称"华盛公司"）购销合同纠纷一案的执行问题的报告收悉。现答复如下：

　　《中华人民共和国民法通则》第四十八条规定的国家授予企业法人经营管理并用以承担责任的财产，既包括国家已授予企业且已由企业经营管理的财产，也包括国家在开办企业时应当投入而一直欠付企业的资金。在企业现有财产不足清偿债务的情况下，开办单位欠付的注册资金应用以偿还企业债务。因此，你院在执行中查明华盛公司的注册资金如确实未投足，在华盛公司不能清偿债务的情况下，可以裁定其开办单位中国煤田地质总局水文局对注册资金不实部分承担责任。河北省邯郸市两级人民法院必须依法协助浙江省有关人民法院执行。

最高人民法院
关于开办单位对企业注册资金不实
承担责任范围问题的复函

1997年12月1日　　　　　　　　　　　经他〔1997〕30号

北京市高级人民法院、江苏省高级人民法院：

　　关于北京市第二中级人民法院和江苏省张家港市人民法院重复执行国家计委产业经济与技术经济研究所（下称计委所）对下属企业债务承担注册资金30万元的责任一事，我院于1997年2月24日以法经〔1997〕14号函，要求你们两院对有关案件进行复查并暂缓执行。最近，计委所又向我院反映：北京市宣武区法院在执行北京建化金属材料公司诉北京万兴技术经济开发咨询公司（以下简称万兴公司）购销合同纠纷一案的生效判决中，也裁定由计委所承担注册资金30万元不实的责任。

根据投资者对其开办的法人企业债务承担有限责任的原则，计委所对万兴公司的全部债务承担责任应以其未投入的注册资金 30 万元为限，各有关债权人应在此范围内按其债权数额所占比例受偿。现请你们两院互相通报前次案件复查核实情况，由北京市高级人民法院主持，处理万兴公司的各债权人受偿分配及执行事宜。

最高人民法院
关于企业的开办单位所划拨的债权能否作为该企业注册资金的答复

1998 年 12 月 29 日　　　　　　　　　　法经〔1998〕505 号

湖北省高级人民法院：

你院请示收悉，经研究，答复如下：

仙桃市财政局于 1992 年 10 月将其享有的 1072 万元债权划拨给原属事业单位仙桃国债办作资本金使用，双方已经办理合法有效的债权转移手续，仙桃国债办已经享有该项债权。后经仙桃市财政局申报，仙桃市国有资产管理局对仙桃国债办所占有的包括上述 1072 万元债权形成的资本金在内的 1080 万元国有资产进行审定，于 1994 年 12 月 28 日予以登记，发给国有资产产权登记表。1994 年 12 月 30 日，仙桃国债办申请注册成立企业法人，申报注册资金 1080 万元（其中固定资产 50 万元，流动资金 1030 万元），企业名称仍为"仙桃市国债办事处"，经湖北仙桃会计师事务所验资和仙桃市工商行政管理局实地调查、审核属实，获准企业法人开业登记，并领取企业法人营业执照。截至 1998 年 10 月 16 日，仙桃国债办已经全部实现上述 1072 万元债权。因此，在本案中，仙桃市财政局先前划拨给原仙桃国债办的 1072 万元债权，已经形成为该办事处的资本金，可以作为该办事处后来注册成立企业法人时的一部分注册资金予以认定。

此复。

最高人民法院
关于饶天禄与西安市莲湖区环城西路生产、
生活服务公司侵权赔偿再审一案的复函

2001年4月18日　　　　　　　　　　　　〔2001〕民监他字第3号

陕西省高级人民法院：

你院〔2000〕陕经再字第28号《关于饶天禄与西安市莲湖区环城西路生产、生活服务公司侵权赔偿再审一案的请示报告》收悉。

经研究认为，西安标准件经销站（以下简称经销站）的营业执照虽然登记为西安市莲湖区环城西路生产、生活服务公司（以下简称服务公司）开办的集体企业，但服务公司在开办经销站之初和营业中均未直接投资，该经销站是饶天禄以服务公司名义申请开办、利用赊销的15万元标准件经销运营并逐步发展起来的；经销站自负盈亏，自担经营风险，人员录用、辞退、工资及奖金发放均由饶天禄一人决定，服务公司并不干涉，也未派员参与经营管理；经销站每年仅向服务公司交纳一定数额的管理费。西安市工商行政管理局正式给西安市中级人民法院复函，认定经销站"属于饶天禄等人筹资开办起来，并挂靠在环城企业总公司名下的私营（合伙）企业"。故同意你院审判委员会第一种意见，即西安市标准件经销站的性质为私营企业。

此复。

最高人民法院
关于对帮助他人设立注册资金虚假的公司
应当如何承担民事责任的请示的答复

2001年9月13日　　　　　　　　　　　　〔2001〕民二他字第4号

上海市高级人民法院：

你院〔2000〕沪高经他字第23号《关于帮助他人设立注册资金虚假的公司应当如何承担民事责任的请示》收悉，经研究答复如下：

一、上海鞍福物资贸易有限公司（以下简称鞍福公司）成立时，借用上海砖桥贸易城有限公司（以下简称砖桥贸易城）的资金登记注册，虽然该资金在鞍福公司成立后即被抽回，但鞍福公司并未被撤销，其民事主体资格仍然存在，可以作为诉讼当事人。如果确认鞍福公司应当承担责任，可以判决并未实际出资的设立人承担连带清偿责任。

二、砖桥贸易城的不当行为，虽然没有直接给当事人造成损害后果，但由于其行为，使得鞍福公司得以成立，并从事与之实际履行能力不相适应的交易活动，给他人造成不应有的损害后果。因此，砖桥贸易城是有过错的。砖桥贸易城应在鞍福公司注册资金不实的范围内承担补充赔偿责任。

此复。

最高人民法院执行工作办公室
关于中国少年先锋队江苏省工作委员会是否具备独立法人资格问题的复函

2002年3月22日　　　　　　　　　　　〔2002〕执他字第5号

江苏省高级人民法院：

你院苏高法〔1999〕38号《关于中国少年先锋队江苏省工作委员会是否具备独立法人资格的请示》收悉。经研究，答复如下：

原则上同意你院的倾向性意见。中国少年先锋队江苏省工作委员会没有独立的财产和经费来源，编制也在共青团江苏委员会，其自身并不具有独立承担民事责任的能力，不具备法人资格。

最高人民法院
对江苏省高级人民法院关于中国电子进出口公司江苏公司与江苏省信息产业厅等股权纠纷一案请示的答复

2002年11月15日　　　　　　　　　　〔2001〕民二他字第19号

江苏省高级人民法院：

你院〔2002〕苏民终字第038号文《关于中国电子进出口公司江苏公司与江苏省信息产业厅等股权纠纷一案的请示》收悉。本庭经研究，提出以下意见。

从本案卷宗材料反映的基本案情看，苏发公司的合资协议、工商登记、公司章程等文件均记载江苏省电子局(江苏省信息产业厅的前身)为苏发公司的股东。江苏省电子局实际参与了苏发公司的设立,并以自己的名义委派工作人员担任苏发公司的高级管理人员参与公司运营。如果江苏省电子局与中国电子进出口公司江苏公司之间没有明确约定一方形式投资、另一方实际投资,似可认定江苏省电子局为苏发公司30%股份的权利人。

股权关系不仅涉及纠纷当事人,而且还对公司以及其他股东甚至公司债权人等诸多主体产生影响,因股权归属产生的纠纷应及早解决。因此,在法律没有特别规定的情况下,当股权受到他人侵害时,请求法律保护的诉讼时效应适用《民法通则》第一百三十五条的规定。

以上意见,仅供参考。

最高人民法院
关于胡克诉王卫平、李立、李欣股东权纠纷一案的答复

2003年5月15日　　　　　　　　　　　〔2003〕民二他字第4号

河南省高级人民法院:

你院《关于股东未出资,亦未向股权转让人支付对价的股东地位如何认定问题的请示》收悉。经研究,答复如下:

原则同意你院第二种意见。从案卷反映的事实看,1993年12月30日,思达设备公司变更公司章程,以书面形式确认新老股东之间就股份转让以及转让的具体份额达成的一致意见,即在公司注册资金100万元不变的情况下,原始股东思达科技公司和胡克将部分股份转让给李欣、魏若其、李立、杨为民、王卫平等五位新股东。1994年4月18日思达设备公司股东会决议,同意吸收李立、李欣、王卫平、魏若其、杨为民为新的股东,原始股东各方的出资部分转让给该五位股东。此后,河南省工商行政管理局对思达设备公司进行年检时在年检报告"投资者投资情况"一栏将公司新老股东及其所占股份予以记载,该项记载具备将公司股东向社会公示的意义。从思达公司新老股东就股份转让达成合意、到公司股东会认可新股东的身份,直至工商行政管理部门通过年检报告将公司股东予以公示,思达设备公司股东完成了李立等人获得股东身份的必要程序。且李立等人自1993年12月30日受让股份,以股东身份行使权利(参与股东大会、参与公司运营决策等)已近10年,此时再否认其股东资格缺乏事实依据。股份转让时各当事人未就股份转让的对价问题做出明示约定,原始股东若就支付对价提出请求,可另案提起诉讼。

此复。

最高人民法院
关于〔2003〕鲁法民二字第 17 号请示的答复

2003 年 9 月 8 日 　　　　　　　　　　　　　〔2003〕民二他字第 38 号

山东省高级人民法院：

你院〔2003〕鲁法民二字第 17 号请示收悉。关于企业改制行为发生在最高人民法院《关于审理与企业改制相关的民事纠纷案件若干问题的规定》（以下简称《规定》）实施前，《规定》实施后人民法院尚未审结的与企业改制相关的民事纠纷案件，是否适用《规定》处理的问题，经研究，答复如下：

《规定》自 2003 年 2 月 1 日起施行。因本《规定》原则上不具有溯及既往的效力，因此，对因 2003 年 2 月 1 日前当事人实施的企业改制行为而引发的民事纠纷，不论在《规定》实施前或者实施后诉至人民法院的，人民法院应当适用企业改制行为发生时的法律、法规、政策以及最高人民法院制定的有关企业改制方面的司法解释。

但对《规定》实施后人民法院正在审理的与企业改制相关的民事纠纷案件，如果适用《规定》实施前最高人民法院制定的有关企业改制方面的司法解释与本《规定》精神相抵触的，可以参照本《规定》的精神处理。

此复。

最高人民法院
对《商务部关于请确认〈关于审理与企业改制相关的民事纠纷案件若干问题的规定〉是否适用于外商投资的函》的复函[*]

2003 年 10 月 20 日 　　　　　　　　　　　　　〔2003〕民二外复第 13 号

中华人民共和国商务部：

你部于 2003 年 9 月 12 日发给本院的商法函〔2003〕33 号《关于请确认〈关于审理与企业改制相关的民事纠纷案件若干问题的规定〉是否适用于外商投资的函》收悉。

---

[*] 也作"最高人民法院关于〔2003〕鲁法民二字第 17 号请示的答复"。

经研究，答复如下：

中国企业与外国企业合资、合作的行为，以及外资企业在中国的投资行为，虽然涉及到企业主体、企业资产及股东的变化，但他们不属于国有企业改制范畴，且有专门的法律、法规调整，因此，外商投资行为不受上述司法解释的调整。

此复。

附：

商 务 部
关于请确认《关于审理与企业改制相关的民事纠纷案件若干问题的规定》是否适用于外商投资的函

2003年9月12日　　　　　　　　　　　　　商法函〔2003〕33号

最高人民法院：

2002年12月3日最高人民法院审判委员会第1259次会议通过、自2003年2月1日起施行的《关于审理与企业改制相关的民事纠纷案件若干问题的规定》颁布后，外国投资者对于该司法解释关于企业公司制改制后债务承担问题所确定的有关规则表示关注，担心该司法解释如果适用于外商投资，将会影响外资参与国内企业改组的顺利进行。为了创造更好的投资环境，进一步吸引外国投资，请贵院就该司法解释是否适用于外商投资的问题予以说明并函复。

特此函达。

最高人民法院
关于德宝（远东）有限公司与天锋国际有限公司出资纠纷上诉一案合作协议效力问题的请示的复函

2004年7月27日　　　　　　　　　　　　　〔2004〕民四他字第26号

湖北省高级人民法院：

你院〔2003〕鄂民四终字第46号《关于中国香港特别行政区德宝（远东）有限公司与中国香港特别行政区天锋国际有限公司出资纠纷上诉一案合作协议效力问题的请示》收悉。经研究，答复如下：

关于管辖权和法律适用问题，同意你院意见。香港德宝（远东）有限公司与香港天锋国际有限公司于 1995 年 8 月 5 日在香港订立《合作经营湖北德宝实业有限公司协议书》，将前者在合作企业湖北德宝实业有限公司中 54％ 的股份划分为 100 股，转让其中 49％ 的股份给后者。该协议处理的是香港德宝（远东）有限公司在中国内地设立的合作企业的股权，涉及该协议的履行行为主要发生在湖北，因此，可以认定协议履行地在中国内地。根据《中华人民共和国民事诉讼法》第二百四十三条之规定，武汉市中级人民法院作为合同履行地法院对本案享有管辖权。此外，武汉市中级人民法院已在 2000 年 5 月 19 日的《人民法院报》上公告送达了驳回管辖异议的裁定书，香港德宝（远东）有限公司未就该裁定提起上诉，反而进行了应诉答辩，应视为其已接受了中国内地法院的管辖，无权再提出管辖权异议。本案双方当事人没有在合同中约定解决其争议应适用的法律，依照《中华人民共和国民法通则》第一百四十五条的规定，应适用最密切联系原则确定准据法。本案双方当事人虽均为香港公司，协议书也在香港订立，甚至在境外作了部分履行，但协议的目的是为了转让设在内地的合作企业的股权，实现香港天锋国际有限公司在合作企业的经营及利益分配，因此，可以认定内地与该协议书具有更密切的联系，应适用中国内地的法律进行认定和处理。

关于合作协议书所反映法律关系的性质，同意你院审判委员会的第二种意见。湖北德宝实业有限公司的原始资本构成中不含香港天锋国际有限公司的投资，两当事人的签约行为发生在合作企业合同订立之后且约定转让香港德宝（远东）有限公司的股权，故依法应认定合作协议书属股权转让法律关系，认定隐名投资法律关系没有事实和法律依据。该合作协议书未履行法定的报批手续，依法应认定无效。

此复。

最高人民法院
关于合资企业诉政府侵权案件中政府对合资企业进行特别清算应如何适用法律问题的请示的复函

2005 年 4 月 7 日　　　　　　　　　　〔2004〕民四他字第 51 号

河南省高级人民法院：

你院《最高人民法院关于合资企业诉政府侵权案件中政府对合资企业进行特别清算应如何适用法律问题的请示的复函》收悉。经研究，答复如下：

本案在诉讼过程中，审批机关漯河市外经贸局做出了对合资公司图瑞公司进行特别清算的决定，并已经组成特别清算委员会。《外商投资企业清算办法》第三十七条规定："特别清算期间，清算委员会主任行使企业法定代表人的职权，清算委员会行使企业权力机构的职权"；第十一条和第四十三条又规定，清算委员会在清算期间代表企业参与民事诉讼活动。因此,人民法院应当将本案原告由图瑞公司变更为图瑞公司特别清算委员会,由该清算委员会代表图瑞公司继续进行诉讼活动。但变更原告并不是中止案件审理的理由,因此,本案无需中止审理。

如果图瑞公司认为审批机关做出的对其进行特别清算的决定不当或者认为特别清算委员会的组成不当,其可以以该审批机关为被告,向有管辖权的人民法院提起行政诉讼。如果图瑞公司提起了该行政诉讼,本案民事诉讼即应当中止审理,等待行政诉讼终结后,再继续审理。

此复。

最高人民法院
关于上诉人练志伟与被上诉人陈如明及原审被告林惠贞、郑秀英及原审第三人福州市常青实业有限公司股权转让一案的请示的复函

2006年11月13日　　　　　　　　　　〔2006〕民四他字第22号

福建省高级人民法院:

你院〔2006〕闽民终字第498号"关于上诉人练志伟与被上诉人陈如明及原审被告林惠贞、郑秀英及原审第三人福州市常青实业有限公司股权转让一案"的请示报告收悉。经研究,答复如下:

同意你院合议庭及审判委员会多数人意见,本案合同应定性为股权转让合同。

你院合议庭及审判委员会多数人认为对于合同的性质应从合同的名称、内容去审查认定,同时还应考察签约双方的真实意思表示进行分析认定是正确的。首先,本案合同的名称明确表明是"企业股份转让"。第二,本案合同签约主体甲方是"福州市常青实业有限公司(以下简称常青公司)股东代表:练长清",乙方为"陈如明"。练长清以常青公司股东代表的身份签订该合同,符合股权转让合同的主体特征,而如果是企业财产转让合同,则不应由股东而应由企业作为转让的主体。第三,从合同的内容看,合同前言部分表明甲乙就"……股份(权)转让给乙方的有关事宜经友好协商达成如下条款";合同第一条在表述企业的位置、面积时亦明确表明是"甲方转让股权企业"的位置、面积;合同第二条表明"甲方转让以上工厂股份(权)……";合同第三条第三项明确表述乙方应支付甲方"股权(份)转让金",第三条第四项约定甲方负责合同签订后三个月内中止属本合同范围内的租约,迁出所有人员,至此该工厂"股权全部属乙方所有";合同第三条第五项约定"甲方负责承担企业股权转让前的所有债权债务"。根据以上合同内容,可以充分认定该合同系股权转让合同,当事人的真实意思表示是转让股权而非转让企业财产。另,合同第三条第三项约定乙方支付款项后,甲、乙双方即办理企业法

定地址及法人代表变更，办妥手续后，甲方把营业执照、公司公章及相关证件移交给乙方；合同第三条第五项约定"甲方负责承担企业股权转让前的所有债权债务"。当事人的上述约定进一步表明该合同系股权转让合同而非财产转让合同，因为如果是企业财产转让合同，则无需变更企业法定代表人，常青公司原股东也无必要把营业执照、公司公章及相关证件移交给受让人陈如明，更无须就转让前企业的债权债务承担问题作出约定。第四、常青公司2000年10月12日出具一份承诺书，该承诺书载明："鉴于福州市常青实业有限公司股东代表练长清与陈如明于2000年7月6日签订《企业股份转让合同》并已开始履行。在该股份未办妥工商变更登记之前，我公司承诺陈如明先生有权对该股份转让合同所约定的范围进行投资建设并使用。"该承诺书的内容进一步证明本案所涉合同性质为股权转让合同。且根据你院请示报告所述，本案的原审被告林惠贞即常青公司的另一股东亦始终认为是股权转让。

综上，根据本案合同的名称、签约主体、合同的内容以及其他证据材料，可以充分认定本案合同为股权转让合同，你院合议庭及审判委员会多数人意见是正确的。

另，根据你院请示报告所述事实，常青公司原为全民所有制企业，诉争地块土地使用权的性质系划拨地，合法使用人是常青公司。本案常青公司股东通过签订股权转让合同，是否实质将该土地使用权转让他人从而改变了国有划拨土地使用权的性质，你院在审理案件时应予以注意，认真审查。

此复。

最高人民法院民事审判第二庭
关于对云南高院《关于股份转让合同的履行期限跨越新旧公司法如何适用法律的请示》的答复

2007年5月16日　　　　　　　　　　〔2007〕民二他字第3号

云南省高级人民法院：

你院云高法报〔2006〕114号《关于股份转让合同的履行期限跨越新旧公司法如何适用法律的请示》收悉。经研究，答复如下：

修订前的《中华人民共和国公司法》（以下简称《公司法》）第12条规定了公司对外投资"所累计投资额不得超过本公司净资产的50%"，但对公司超过该限额的对外投资行为是否有效的问题，该法并没有作出明确规定。2006年1月1日实施的修订后的《公司法》从维护公司权益及其独立人格的角度出发，取消了上述限制。因此，依据本院《关于适用〈中华人民共和国公司法〉若干问题的规定（一）》第2条的规定，本案不应以修订前的《公司法》第12条规定否定《股权转让协议》的效力。故同意你院审判委员会的倾向性意见。

此复。

最高人民法院
关于审理中央级财政资金转为部分中央企业国家资本金有关纠纷案件的通知

2012 年 12 月 11 日　　　　　　　　　　　法〔2012〕295 号

各省、自治区、直辖市高级人民法院，解放军军事法院，新疆维吾尔自治区高级人民法院生产建设兵团分院：

7月18日，国务院国有资产监督管理委员会、国家发展和改革委员会、财政部联合下发了《关于进一步做好中央级财政资金转为部分中央企业国家资本金有关工作的通知》（国资发法规〔2012〕103号，以下简称《通知》）。为妥善审理涉及中央级财政资金转为部分中央企业国家资本金的有关纠纷案件，现将该《通知》转发给你们。同时，经商国务院相关部委，就有关问题通知如下：

一、有关中央企业就《通知》所涉中央级财政资金转为国家资本金引发的确认公司或企业出资人权益、返还资金等纠纷提起民事诉讼的，人民法院应予受理。《通知》发布前人民法院已经受理的相关案件，人民法院可以继续审理。

有关中央企业请求返还资金案件的案由为资金返还纠纷。

二、《通知》发布前，当事人之间就确认公司或企业出资人权益、资金返还等达成的协议，不违反国家关政策规定的，其效力应予认可。

三、除人民法院已经受理的案件外，有关中央企业返还资金请求权的诉讼时效期间自《通知》第五条规定的期限届满之日起算。

当事人主张确认公司或企业出资人权益请求权不适用诉讼时效的规定。

四、有关中央企业请求用资企业返还资金，并请求按照银行同时期同档次贷款基准利率自《通知》第五条规定的期限届满之日起计付利息的，人民法院应予支持。

五、本通知发布前尚未审结的一、二审案件适用本通知；本通知发布前已经审结的案件，当事人申请再审或按审判监督程序提起再审的案件，不适用本通知。但依照最高人民法院《关于因政府调整划转企业国有资产引起的纠纷是否受理问题的批复》（法复〔1996〕4号）的规定或者以相关政策不明确为由，作出不予受理或者驳回起诉裁定的案件除外。

各级人民法院在审理涉及中央级财政资金转为部分中央企业国家资本金纠纷案件过程中遇到的问题，可逐级报告最高人民法院。

最高人民法院
关于武汉九龙宫陵园有限公司与武汉市新洲区公墓管理处、武汉市新洲区阳逻街道办事处老屋村村民委员会、广州市万境科技发展有限公司公司解散纠纷一案适用法律问题请示的复函

2013年12月13日　　　　　　　　　　　　〔2013〕民二他字第18号

湖北省高级人民法院：

你院鄂高院（2013）293号《关于武汉九龙宫陵园有限公司与武汉市新洲区公墓管理处、武汉市新洲区阳逻街道办事处老屋村村民委员会、广州市万境科技发展有限公司公司解散纠纷一案适用法律问题的请示》收悉。根据你院请示报告中所述事实，经研究，答复如下：

一、关于在二审法院判决有限责任公司解散、公司已经进入强制清算程序但尚未开始清算的情况下，当事人能否依照《民事诉讼法》第一百九十九条的规定申请再审及法院能否依据《民事诉讼法》第二百条的规定再审的问题。因法院判决解散公司，公司尚未清算，其法人主体资格尚存，《民事诉讼法》亦未针对公司解散案件作出不得申请再审的特殊安排，故限制当事人依据《民事诉讼法》第一百九十九条的规定申请再审没有法律依据，法院可以依据《民事诉讼法》第二百条的规定进行再审审查。但同时应考虑公司解案件的特殊性，依法审慎把握。

二、关于最高人民法院《关于适用〈中华人民共和国公司法〉若干问题的规定（二）》第一条第四款具体包括哪些情形，本案是否属于该项规定情形的问题，应由你院在审理案件中通过事实认定，考虑公司运行情况以及当事人有无继续合作的可能等因素综合判断，同时要积极争取地方党委和政府的支持，实现法律效果和社会效果的有机统一。

以上答复，仅供参考。

三、破产、清算

最高人民法院
关于适用《中华人民共和国企业破产法》若干问题的规定(一)

法释〔2011〕22号

(2011年8月29日最高人民法院审判委员会第1527次会议通过 2011年9月9日最高人民法院公告公布 自2011年9月26日起施行)

为正确适用《中华人民共和国企业破产法》,结合审判实践,就人民法院依法受理企业破产案件适用法律问题作出如下规定。

第一条 债务人不能清偿到期债务并且具有下列情形之一的,人民法院应当认定其具备破产原因:
(一)资产不足以清偿全部债务;
(二)明显缺乏清偿能力。
相关当事人以对债务人的债务负有连带责任的人未丧失清偿能力为由,主张债务人不具备破产原因的,人民法院应不予支持。

第二条 下列情形同时存在的,人民法院应当认定债务人不能清偿到期债务:
(一)债权债务关系依法成立;
(二)债务履行期限已经届满;
(三)债务人未完全清偿债务。

第三条 债务人的资产负债表,或者审计报告、资产评估报告等显示其全部资产不足以偿付全部负债的,人民法院应当认定债务人资产不足以清偿全部债务,但有相反证据足以证明债务人资产能够偿付全部负债的除外。

第四条 债务人账面资产虽大于负债,但存在下列情形之一的,人民法院应当认定其明显缺乏清偿能力:
(一)因资金严重不足或者财产不能变现等原因,无法清偿债务;
(二)法定代表人下落不明且无其他人员负责管理财产,无法清偿债务;

（三）经人民法院强制执行，无法清偿债务；
（四）长期亏损且经营扭亏困难，无法清偿债务；
（五）导致债务人丧失清偿能力的其他情形。

第五条 企业法人已解散但未清算或者未在合理期限内清算完毕，债权人申请债务人破产清算的，除债务人在法定异议期限内举证证明其未出现破产原因外，人民法院应当受理。

第六条 债权人申请债务人破产的，应当提交债务人不能清偿到期债务的有关证据。债务人对债权人的申请未在法定期限内向人民法院提出异议，或者异议不成立的，人民法院应当依法裁定受理破产申请。

受理破产申请后，人民法院应当责令债务人依法提交其财产状况说明、债务清册、债权清册、财务会计报告等有关材料，债务人拒不提交的，人民法院可以对债务人的直接责任人员采取罚款等强制措施。

第七条 人民法院收到破产申请时，应当向申请人出具收到申请及所附证据的书面凭证。

人民法院收到破产申请后应当及时对申请人的主体资格、债务人的主体资格和破产原因，以及有关材料和证据等进行审查，并依据企业破产法第十条的规定作出是否受理的裁定。

人民法院认为申请人应当补充、补正相关材料的，应当自收到破产申请之日起五日内告知申请人。当事人补充、补正相关材料的期间不计入企业破产法第十条规定的期限。

第八条 破产案件的诉讼费用，应根据企业破产法第四十三条的规定，从债务人财产中拨付。相关当事人以申请人未预先交纳诉讼费用为由，对破产申请提出异议的，人民法院不予支持。

第九条 申请人向人民法院提出破产申请，人民法院未接收其申请，或者未按本规定第七条执行的，申请人可以向上一级人民法院提出破产申请。

上一级人民法院接到破产申请后，应当责令下级法院依法审查并及时作出是否受理的裁定；下级法院仍不作出是否受理裁定的，上一级人民法院可以径行作出裁定。

上一级人民法院裁定受理破产申请的，可以同时指令下级人民法院审理该案件。

最高人民法院
关于正确适用《中华人民共和国企业破产法》若干问题的规定（一） 充分发挥人民法院审理企业破产案件司法职能作用的通知

2011年9月21日　　　　　　　　　　法〔2011〕281号

各省、自治区、直辖市高级人民法院，解放军军事法院，新疆维吾尔自治区高级人民法院生产建设兵团分院：

《最高人民法院关于适用〈中华人民共和国企业破产法〉若干问题的规定（一）》（法释〔2011〕22号）经最高人民法院审判委员会第1527次会议讨论通过，现已公布。为使各级人民法院更好地适用该司法解释，提高审理企业破产案件的质量和效率，调动审判部门和广大法官办理企业破产案件的积极性，充分发挥人民法院在促进加快转变经济发展方式，构建社会主义市场经济秩序方面的积极作用，特通知如下：

一、人民法院应认真履行职责，依法受理企业破产案件

各级人民法院要认真学习和正确理解该司法解释的精神，充分认识企业破产法在保障债权公平有序受偿，优化社会资源配置，完善优胜劣汰的竞争机制和拯救危困企业等方面的积极作用。要转变观念、克服困难，对当事人提出的符合受理条件的破产申请，应当依法予以受理。要综合运用破产重整、破产和解和破产清算程序，建立和完善市场主体依法退出机制，充分发挥企业破产法对市场经济的调整作用，推动经济社会又好又快发展。

二、人民法院应加强审理破产案件法官专业化队伍建设

随着我国市场经济体制的逐步完善，企业破产案件将呈逐年增长趋势，新类型疑难案件也会不断出现，这对人民法院审判工作提出了更高的要求。一方面，企业破产案件审理周期长、难度大、事务性工作繁重，人民法院长期以来案多人少的矛盾尤为突出。另一方面，由于破产案件审理的复杂性和特殊性，客观上需要一支不仅具备较为扎实的法学理论功底，而且还要有化解社会矛盾、处置突发事件、协调各方利益诉求等多方面工作能力的专业化法官队伍。为此，人民法院要加强法官专业化队伍建设，在人员和物资保障方面给予支持。有条件的法院可以根据受理企业破产案件的数量，成立专门的破产案件审判庭，或指定专门的合议庭负责审理破产案件。

三、人民法院应建立合理的企业破产案件专门绩效考评机制

企业破产法是社会主义市场经济法律体系的重要组成部分,其作用的发挥必须通过人民法院受理和审理企业破产案件来实现。鉴于审理企业破产案件的特殊性,建立合理的专门绩效考评机制以充分调动受理法院、承办法官的积极性是十分必要的。各高级人民法院应根据本辖区的工作实际,积极探索能够全面客观反映审理破产案件工作量的科学考评标准,充分体现破产审判部门和法官的工作绩效。

各级人民法院对执行中发现的新情况、新问题应逐级报告最高人民法院。

特此通知。

最高人民法院
关于适用《中华人民共和国企业破产法》若干问题的规定(二)

法释〔2013〕22号

(2013年7月29日最高人民法院审判委员会第1586次会议通过 2013年9月5日最高人民法院公告公布 自2013年9月16日起施行)

根据《中华人民共和国企业破产法》、《中华人民共和国物权法》、《中华人民共和国合同法》等相关法律,结合审判实践,就人民法院审理企业破产案件中认定债务人财产相关的法律适用问题,制定本规定。

第一条 除债务人所有的货币、实物外,债务人依法享有的可以用货币估价并可以依法转让的债权、股权、知识产权、用益物权等财产和财产权益,人民法院均应认定为债务人财产。

第二条 下列财产不应认定为债务人财产:

(一)债务人基于仓储、保管、承揽、代销、借用、寄存、租赁等合同或者其他法律关系占有、使用的他人财产;

(二)债务人在所有权保留买卖中尚未取得所有权的财产;

(三)所有权专属于国家且不得转让的财产;

(四)其他依照法律、行政法规不属于债务人的财产。

第三条 债务人已依法设定担保物权的特定财产,人民法院应当认定为债务人财产。

对债务人的特定财产在担保物权消灭或者实现担保物权后的剩余部分,在破产程序中可用以清偿破产费用、共益债务和其他破产债权。

第四条 债务人对按份享有所有权的共有财产的相关份额,或者共同享有所有权的

共有财产的相应财产权利,以及依法分割共有财产所得部分,人民法院均应认定为债务人财产。

人民法院宣告债务人破产清算,属于共有财产分割的法定事由。人民法院裁定债务人重整或者和解的,共有财产的分割应当依据物权法第九十九条的规定进行;基于重整或者和解的需要必须分割共有财产,管理人请求分割的,人民法院应予准许。

因分割共有财产导致其他共有人损害产生的债务,其他共有人请求作为共益债务清偿的,人民法院应予支持。

第五条 破产申请受理后,有关债务人财产的执行程序未依照企业破产法第十九条的规定中止的,采取执行措施的相关单位应当依法予以纠正。依法执行回转的财产,人民法院应当认定为债务人财产。

第六条 破产申请受理后,对于可能因有关利益相关人的行为或者其他原因,影响破产程序依法进行的,受理破产申请的人民法院可以根据管理人的申请或者依职权,对债务人的全部或者部分财产采取保全措施。

第七条 对债务人财产已采取保全措施的相关单位,在知悉人民法院已裁定受理有关债务人的破产申请后,应当依照企业破产法第十九条的规定及时解除对债务人财产的保全措施。

第八条 人民法院受理破产申请后至破产宣告前裁定驳回破产申请,或者依据企业破产法第一百零八条的规定裁定终结破产程序的,应当及时通知原已采取保全措施并已依法解除保全措施的单位按照原保全顺位恢复相关保全措施。

在已依法解除保全的单位恢复保全措施或者表示不再恢复之前,受理破产申请的人民法院不得解除对债务人财产的保全措施。

第九条 管理人依据企业破产法第三十一条和第三十二条的规定提起诉讼,请求撤销涉及债务人财产的相关行为并由相对人返还债务人财产的,人民法院应予支持。

管理人因过错未依法行使撤销权导致债务人财产不当减损,债权人提起诉讼主张管理人对其损失承担相应赔偿责任的,人民法院应予支持。

第十条 债务人经过行政清理程序转入破产程序的,企业破产法第三十一条和第三十二条规定的可撤销行为的起算点,为行政监管机构作出撤销决定之日。

债务人经过强制清算程序转入破产程序的,企业破产法第三十一条和第三十二条规定的可撤销行为的起算点,为人民法院裁定受理强制清算申请之日。

第十一条 人民法院根据管理人的请求撤销涉及债务人财产的以明显不合理价格进行的交易的,买卖双方应当依法返还从对方获取的财产或者价款。

因撤销该交易,对于债务人应返还受让人已支付价款所产生的债务,受让人请求作为共益债务清偿的,人民法院应予支持。

第十二条 破产申请受理前一年内债务人提前清偿的未到期债务,在破产申请受理前已经到期,管理人请求撤销该清偿行为的,人民法院不予支持。但是,该清偿行为发生在破产申请受理前六个月内且债务人有企业破产法第二条第一款规定情形的除外。

第十三条 破产申请受理后,管理人未依据企业破产法第三十一条的规定请求撤销债务人无偿转让财产、以明显不合理价格交易、放弃债权行为的,债权人依据合同法第七十四条等规定提起诉讼，请求撤销债务人上述行为并将因此追回的财产归入债务人财产的，人民法院应予受理。

相对人以债权人行使撤销权的范围超出债权人的债权抗辩的，人民法院不予支持。

第十四条 债务人对以自有财产设定担保物权的债权进行的个别清偿，管理人依据企业破产法第三十二条的规定请求撤销的，人民法院不予支持。但是，债务清偿时担保财产的价值低于债权额的除外。

第十五条 债务人经诉讼、仲裁、执行程序对债权人进行的个别清偿，管理人依据企业破产法第三十二条的规定请求撤销的，人民法院不予支持。但是，债务人与债权人恶意串通损害其他债权人利益的除外。

第十六条 债务人对债权人进行的以下个别清偿，管理人依据企业破产法第三十二条的规定请求撤销的，人民法院不予支持：

（一）债务人为维系基本生产需要而支付水费、电费等的；

（二）债务人支付劳动报酬、人身损害赔偿金的；

（三）使债务人财产受益的其他个别清偿。

第十七条 管理人依据企业破产法第三十三条的规定提起诉讼，主张被隐匿、转移财产的实际占有人返还债务人财产，或者主张债务人虚构债务或者承认不真实债务的行为无效并返还债务人财产的，人民法院应予支持。

第十八条 管理人代表债务人依据企业破产法第一百二十八条的规定，以债务人的法定代表人和其他直接责任人员对所涉债务人财产的相关行为存在故意或者重大过失，造成债务人财产损失为由提起诉讼，主张上述责任人员承担相应赔偿责任的，人民法院应予支持。

第十九条 债务人对外享有债权的诉讼时效，自人民法院受理破产申请之日起中断。

债务人无正当理由未对其到期债权及时行使权利，导致其对外债权在破产申请受理前一年内超过诉讼时效期间的，人民法院受理破产申请之日起重新计算上述债权的诉讼时效期间。

第二十条 管理人代表债务人提起诉讼，主张出资人向债务人依法缴付未履行的出资或者返还抽逃的出资本息，出资人以认缴出资尚未届至公司章程规定的缴纳期限或者违反出资义务已经超过诉讼时效为由抗辩的，人民法院不予支持。

管理人依据公司法的相关规定代表债务人提起诉讼，主张公司的发起人和负有监督股东履行出资义务的董事、高级管理人员，或者协助抽逃出资的其他股东、董事、高级管理人员、实际控制人等，对股东违反出资义务或者抽逃出资承担相应责任，并将财产归入债务人财产的，人民法院应予支持。

第二十一条 破产申请受理前，债权人就债务人财产提起下列诉讼，破产申请受理时案件尚未审结的，人民法院应当中止审理：

（一）主张次债务人代替债务人直接向其偿还债务的；

（二）主张债务人的出资人、发起人和负有监督股东履行出资义务的董事、高级管理人员，或者协助抽逃出资的其他股东、董事、高级管理人员、实际控制人等直接向其承担出资不实或者抽逃出资责任的；

（三）以债务人的股东与债务人法人人格严重混同为由，主张债务人的股东直接向其偿还债务人对其所负债务的；

（四）其他就债务人财产提起的个别清偿诉讼。

债务人破产宣告后，人民法院应当依照企业破产法第四十四条的规定判决驳回债权人的诉讼请求。但是，债权人一审中变更其诉讼请求为追收的相关财产归入债务人财产的除外。

债务人破产宣告前，人民法院依据企业破产法第十二条或者第一百零八条的规定裁定驳回破产申请或者终结破产程序的，上述中止审理的案件应当依法恢复审理。

第二十二条 破产申请受理前，债权人就债务人财产向人民法院提起本规定第二十一条第一款所列诉讼，人民法院已经作出生效民事判决书或者调解书但尚未执行完毕的，破产申请受理后，相关执行行为应当依据企业破产法第十九条的规定中止，债权人应当依法向管理人申报相关债权。

第二十三条 破产申请受理后，债权人就债务人财产向人民法院提起本规定第二十一条第一款所列诉讼的，人民法院不予受理。

债权人通过债权人会议或者债权人委员会，要求管理人依法向次债务人、债务人的出资人等追收债务人财产，管理人无正当理由拒绝追收，债权人会议依据企业破产法第二十二条的规定，申请人民法院更换管理人的，人民法院应予支持。

管理人不予追收，个别债权人代表全体债权人提起相关诉讼，主张次债务人或者债务人的出资人等向债务人清偿或者返还债务人财产，或者依法申请合并破产的，人民法院应予受理。

第二十四条 债务人有企业破产法第二条第一款规定的情形时，债务人的董事、监事和高级管理人员利用职权获取的以下收入，人民法院应当认定为企业破产法第三十六条规定的非正常收入：

（一）绩效奖金；

（二）普遍拖欠职工工资情况下获取的工资性收入；

（三）其他非正常收入。

债务人的董事、监事和高级管理人员拒不向管理人返还上述债务人财产，管理人主张上述人员予以返还的，人民法院应予支持。

债务人的董事、监事和高级管理人员因返还第一款第（一）项、第（三）项非正常收入形成的债权，可以作为普通破产债权清偿。因返还第一款第（二）项非正常收入形成的债权，依据企业破产法第一百一十三条第三款的规定，按照该企业职工平均工资计算的部分作为拖欠职工工资清偿；高出该企业职工平均工资计算的部分，可以作为普通破产债权清偿。

第二十五条 管理人拟通过清偿债务或者提供担保取回质物、留置物，或者与质权人、留置权人协议以质物、留置物折价清偿债务等方式，进行对债权人利益有重大影响的财产处分行为的，应当及时报告债权人委员会。未设立债权人委员会的，管理人应当及时报告人民法院。

第二十六条　权利人依据企业破产法第三十八条的规定行使取回权，应当在破产财产变价方案或者和解协议、重整计划草案提交债权人会议表决前向管理人提出。权利人在上述期限后主张取回相关财产的，应当承担延迟行使取回权增加的相关费用。

第二十七条　权利人依据企业破产法第三十八条的规定向管理人主张取回相关财产，管理人不予认可，权利人以债务人为被告向人民法院提起诉讼请求行使取回权的，人民法院应予受理。

权利人依据人民法院或者仲裁机关的相关生效法律文书向管理人主张取回所涉争议财产，管理人以生效法律文书错误为由拒绝其行使取回权的，人民法院不予支持。

第二十八条　权利人行使取回权时未依法向管理人支付相关的加工费、保管费、托运费、委托费、代销费等费用，管理人拒绝其取回相关财产的，人民法院应予支持。

第二十九条　对债务人占有的权属不清的鲜活易腐等不易保管的财产或者不及时变现价值将严重贬损的财产，管理人及时变价并提存变价款后，有关权利人就该变价款行使取回权的，人民法院应予支持。

第三十条　债务人占有的他人财产被违法转让给第三人，依据物权法第一百零六条的规定第三人已善意取得财产所有权，原权利人无法取回该财产的，人民法院应当按照以下规定处理：

（一）转让行为发生在破产申请受理前的，原权利人因财产损失形成的债权，作为普通破产债权清偿；

（二）转让行为发生在破产申请受理后的，因管理人或者相关人员执行职务导致原权利人损害产生的债务，作为共益债务清偿。

第三十一条　债务人占有的他人财产被违法转让给第三人，第三人已向债务人支付了转让价款，但依据物权法第一百零六条的规定未取得财产所有权，原权利人依法追回转让财产的，对因第三人已支付对价而产生的债务，人民法院应当按照以下规定处理：

（一）转让行为发生在破产申请受理前的，作为普通破产债权清偿；

（二）转让行为发生在破产申请受理后的，作为共益债务清偿。

第三十二条　债务人占有的他人财产毁损、灭失，因此获得的保险金、赔偿金、代偿物尚未交付给债务人，或者代偿物虽已交付给债务人但能与债务人财产予以区分的，权利人主张取回就此获得的保险金、赔偿金、代偿物的，人民法院应予支持。

保险金、赔偿金已经交付给债务人，或者代偿物已经交付给债务人且不能与债务人财产予以区分的，人民法院应当按照以下规定处理：

（一）财产毁损、灭失发生在破产申请受理前的，权利人因财产损失形成的债权，作为普通破产债权清偿；

（二）财产毁损、灭失发生在破产申请受理后的，因管理人或者相关人员执行职务导致权利人损害产生的债务，作为共益债务清偿。

债务人占有的他人财产毁损、灭失，没有获得相应的保险金、赔偿金、代偿物，或者保险金、赔偿物、代偿物不足以弥补其损失的部分，人民法院应当按照本条第二款的规定处理。

第三十三条　管理人或者相关人员在执行职务过程中，因故意或者重大过失不当转让他人财产或者造成他人财产毁损、灭失，导致他人损害产生的债务作为共益债务，由债务人财产随时清偿不足弥补损失，权利人向管理人或者相关人员主张承担补充赔偿责任的，人民法院应予支持。

上述债务作为共益债务由债务人财产随时清偿后，债权人以管理人或者相关人员执行职务不当导致债务人财产减少给其造成损失为由提起诉讼，主张管理人或者相关人员承担相应赔偿责任的，人民法院应予支持。

第三十四条 买卖合同双方当事人在合同中约定标的物所有权保留，在标的物所有权未依法转移给买受人前，一方当事人破产的，该买卖合同属于双方均未履行完毕的合同，管理人有权依据企业破产法第十八条的规定决定解除或者继续履行合同。

第三十五条 出卖人破产，其管理人决定继续履行所有权保留买卖合同的，买受人应当按照原买卖合同的约定支付价款或者履行其他义务。

买受人未依约支付价款或者履行完毕其他义务，或者将标的物出卖、出质或者作出其他不当处分，给出卖人造成损害，出卖人管理人依法主张取回标的物的，人民法院应予支持。但是，买受人已经支付标的物总价款百分之七十五以上或者第三人善意取得标的物所有权或者其他物权的除外。

因本条第二款规定未能取回标的物，出卖人管理人依法主张买受人继续支付价款、履行完毕其他义务，以及承担相应赔偿责任的，人民法院应予支持。

第三十六条 出卖人破产，其管理人决定解除所有权保留买卖合同，并依据企业破产法第十七条的规定要求买受人向其交付买卖标的物的，人民法院应予支持。

买受人以其不存在未依约支付价款或者履行完毕其他义务，或者将标的物出卖、出质或者作出其他不当处分情形抗辩的，人民法院不予支持。

买受人依法履行合同义务并依据本条第一款将买卖标的物交付出卖人管理人后，买受人已支付价款损失形成的债权作为共益债务清偿。但是，买受人违反合同约定，出卖人管理人主张上述债权作为普通破产债权清偿的，人民法院应予支持。

第三十七条 买受人破产，其管理人决定继续履行所有权保留买卖合同的，原买卖合同中约定的买受人支付价款或者履行其他义务的期限在破产申请受理时视为到期，买受人管理人应当及时向出卖人支付价款或者履行其他义务。

买受人管理人无正当理由未及时支付价款或者履行完毕其他义务，或者将标的物出卖、出质或者作出其他不当处分，给出卖人造成损害，出卖人依据合同法第一百三十四条等规定主张取回标的物的，人民法院应予支持。但是，买受人已支付标的物总价款百分之七十五以上或者第三人善意取得标的物所有权或者其他物权的除外。

因本条第二款规定未能取回标的物，出卖人依法主张买受人继续支付价款、履行完毕其他义务，以及承担相应赔偿责任的，人民法院应予支持。对因买受人未支付价款或者未履行完毕其他义务，以及买受人管理人将标的物出卖、出质或者作出其他不当处分导致出卖人损害产生的债务，出卖人主张作为共益债务清偿的，人民法院应予支持。

第三十八条 买受人破产，其管理人决定解除所有权保留买卖合同，出卖人依据企业破产法第三十八条的规定主张取回买卖标的物的，人民法院应予支持。

出卖人取回买卖标的物，买受人管理人主张出卖人返还已支付价款的，人民法院应予支持。取回的标的物价值明显减少给出卖人造成损失的，出卖人可从买受人已支付价款中优先予以抵扣后，将剩余部分返还给买受人；对买受人已支付价款不足以弥补出卖人标的物价值减损损失形成的债权，出卖人主张作为共益债务清偿的，人民法院应予支持。

第三十九条 出卖人依据企业破产法第三十九条的规定，通过通知承运人或者实际占有人中止运输、返还货物、变更到达地，或者将货物交给其他收货人等方式，对在运途中标的物主张了取回权但未能实现，或者在货物未达管理人前已向管理人主张取回在运途中标的物，在买卖标的物到达管理人后，出卖人向管理人主张取回的，管理人应予准许。

出卖人对在运途中标的物未及时行使取回权，在买卖标的物到达管理人后向管理人行使在运途中标的物取回权的，管理人不应准许。

第四十条 债务人重整期间，权利人要求取回债务人合法占有的权利人的财产，不符合双方事先约定条件的，人民法院不予支持。但是，因管理人或者自行管理的债务人违反约定，可能导致取回物被转让、毁损、灭失或者价值明显减少的除外。

第四十一条 债权人依据企业破产法第四十条的规定行使抵销权，应当向管理人提出抵销主张。

管理人不得主动抵销债务人与债权人的互负债务，但抵销使债务人财产受益的除外。

第四十二条 管理人收到债权人提出的主张债务抵销的通知后，经审查无异议的，抵销自管理人收到通知之日起生效。

管理人对抵销主张有异议的，应当在约定的异议期限内或者自收到主张债务抵销的通知之日起三个月内向人民法院提起诉讼。无正当理由逾期提起的，人民法院不予支持。

人民法院判决驳回管理人提起的抵销无效诉讼请求的，该抵销自管理人收到主张债务抵销的通知之日起生效。

第四十三条 债权人主张抵销，管理人以下列理由提出异议的，人民法院不予支持：

（一）破产申请受理时，债务人对债权人负有的债务尚未到期；

（二）破产申请受理时，债权人对债务人负有的债务尚未到期；

（三）双方互负债务标的物种类、品质不同。

第四十四条 破产申请受理前六个月内，债务人有企业破产法第二条第一款规定的情形，债务人与个别债权人以抵销方式对个别债权人清偿，其抵销的债权债务属于企业破产法第四十条第（二）、（三）项规定的情形之一，管理人在破产申请受理之日起三个月内向人民法院提起诉讼，主张该抵销无效的，人民法院应予支持。

第四十五条 企业破产法第四十条所列不得抵销情形的债权人，主张以其对债务人特定财产享有优先受偿权的债权，与债务人对其不享有优先受偿权的债权抵销，债务人管理人以抵销存在企业破产法第四十条规定的情形提出异议的，人民法院不予支持。但是，用以抵销的债权大于债权人享有优先受偿权财产价值的除外。

第四十六条 债务人的股东主张以下列债务与债务人对其负有的债务抵销,债务人管理人提出异议的,人民法院应予支持:

(一) 债务人股东因欠缴债务人的出资或者抽逃出资对债务人所负的债务;

(二) 债务人股东滥用股东权利或者关联关系损害公司利益对债务人所负的债务。

第四十七条 人民法院受理破产申请后,当事人提起的有关债务人的民事诉讼案件,应当依据企业破产法第二十一条的规定,由受理破产申请的人民法院管辖。

受理破产申请的人民法院管辖的有关债务人的第一审民事案件,可以依据民事诉讼法第三十八条的规定,由上级人民法院提审,或者报请上级人民法院批准后交下级人民法院审理。

受理破产申请的人民法院,如对有关债务人的海事纠纷、专利纠纷、证券市场因虚假陈述引发的民事赔偿纠纷等案件不能行使管辖权的,可以依据民事诉讼法第三十七条的规定,由上级人民法院指定管辖。

第四十八条 本规定施行前本院发布的有关企业破产的司法解释,与本规定相抵触的,自本规定施行之日起不再适用。

最高人民法院
关于正确审理企业破产案件为维护市场经济秩序提供司法保障若干问题的意见

2009 年 6 月 12 日　　　　　　　　　　　　　法发〔2009〕36 号

各省、自治区、直辖市高级人民法院,解放军军事法院,新疆维吾尔自治区高级人民法院生产建设兵团分院:

当前,由于国际金融危机的不断发展和蔓延,我国经济发展仍然面临着严峻的考验。阻碍经济良性运行的负面因素和潜在风险明显增多,许多企业因资金链断裂引发的系统风险不断显现,严重影响了我国经济发展秩序良性运转和社会稳定。在当前经济形势下,充分发挥人民法院商事审判的职能作用,正确审理企业破产案件,防范和化解企业债务风险,挽救危困企业,规范市场主体退出机制,维护市场运行秩序,对于有效应对国际金融危机冲击,保障经济平稳较快发展,具有重要意义。现就人民法院做好企业破产案件审判工作,提出以下意见:

一、依法受理企业破产案件,为建立我国社会主义市场经济良性运行机制提供司法保障

1. 人民法院要正确认识企业破产法保障债权公平有序受偿、完善优胜劣汰的竞争机制、优化社会资源配置、调整社会产业结构、拯救危困企业的作用,依法受理审理企业破产清算、重整、和解案件,综合利用企业破产法的多种程序,充分发挥其对市场经济的调整作用,建立企业法人规范退出市场的良性运行机制,努力推动经济社会又好又快发展。

2. 为保障国家产业结构调整政策的落实,对于已经出现破产原因的企业,人民法院要依法受理符合条件的破产清算申请,通过破产清算程序使其从市场中有序退出。对于虽有借破产逃废债务可能但符合破产清算申请受理条件的非诚信企业,也要将其纳入到法定的破产清算程序中,通过撤销和否定其不当处置财产行为,以及追究出资人等相关主体责任的方式,使其借破产逃废债务的目的落空,剥夺其市场主体资格。对债权人申请债务人破产清算的,人民法院审查的重点是债务人是否不能清偿到期债务,而不能以债权人无法提交债务人财产状况说明等为由,不受理债权人的申请。

3. 对于虽然已经出现破产原因或者有明显丧失清偿能力可能,但符合国家产业结构调整政策、仍具发展前景的企业,人民法院要充分发挥破产重整和破产和解程序的作用,对其进行积极有效的挽救。破产重整和和解制度,为尚有挽救希望的危困企业提供了避免破产清算死亡、获得再生的机会,有利于债务人及其债权人、出资人、职工、关联企业等各方主体实现共赢,有利于社会资源的充分利用。努力推动企业重整和和解成功,促进就业、优化资源配置、减少企业破产给社会带来的不利影响,是人民法院审理企业破产案件的重要目标之一,也是人民法院商事审判工作服务于保增长、保民生、保稳定大局的必然要求。

二、坚持在当地党委的领导下,努力配合政府做好企业破产案件中的维稳工作,为构建和谐社会提供司法保障

4. 债务人进入破产程序后,因涉及债权人、债务人、出资人、企业职工等众多当事人的利益,各方矛盾极为集中和突出,处理不当,极易引发群体性、突发性事件,影响社会稳定。人民法院审理企业破产案件,一定要坚持在当地党委的领导下,充分发挥地方政府建立的风险预警机制、联动机制、资金保障机制等协调机制的作用,努力配合政府做好企业破产案件中的维稳工作。

5. 对于职工欠薪和就业问题突出、债权人矛盾激化、债务人弃企逃债等敏感类破产案件,要及时向当地党委汇报,争取政府的支持。在政府协调下,加强与相关部门的沟通、配合,及时采取有力措施,积极疏导并化解各种矛盾纠纷,避免哄抢企业财产、职工集体上访的情况发生,将不稳定因素消除在萌芽状态。有条件的地方,可通过政府设立的维稳基金或鼓励第三方垫款等方式,优先解决破产企业职工的安置问题,政府或第三方就劳动债权的垫款,可以在破产程序中按照职工债权的受偿顺序优先获得清偿。

三、充分发挥破产重整和和解程序挽救危困企业、实现企业持续经营的作用,保障社会资源有效利用

6. 人民法院要充分发挥司法能动作用,注重做好当事人的释明和协调工作,合理适用破产重整和和解程序。对于当事人同时申请债务人清算、重整、和解的,人民法院要根据债务人的实际情况和各方当事人的意愿,在组织各方当事人充分论证的基础上,对于有重整或者和解可能的，应当依法受理重整或者和解申请。当事人申请重整，但因企业经营规模较小、虽有挽救必要但重整成本明显高于重整收益的困难企业，有关权利人不同意重整的，人民法院可引导当事人通过和解方式挽救企业。人民法院要加强破产程序中的调解工作，在法律允许的框架下，积极支持债务人、管理人和新出资人等为挽救企业所做的各项工作，为挽救困难企业创造良好的法律环境。

7. 人民法院适用强制批准裁量权挽救危困企业时，要保证反对重整计划草案的债权人或者出资人在重整中至少可以获得在破产清算中本可获得的清偿。对于重整计划草案被提请批准时依照破产清算程序所能获得的清偿比例的确定，应充分考虑其计算方法是否科学、客观、准确，是否充分保护了利害关系人的应有利益。人民法院要严格审查重整计划草案，综合考虑社会公共利益，积极审慎适用裁量权。对不符合强制批准条件的，不能借挽救企业之名违法审批。上级人民法院要肩负起监督职责，对利害关系人就重整程序中反映的问题要进行认真审查，问题属实的，要及时予以纠正。

四、在破产程序中要注重保障民生，切实维护职工合法权益

8. 依法优先保护劳动者权益，是破产法律制度的重要价值取向。人民法院在审理企业破产案件中，要切实维护职工的合法权益，严格依法保护职工利益。召开债权人会议要有债务人的职工和工会代表参加，保障职工对破产程序的参与权。职工对管理人确认的工资等债权有异议的，管理人要认真审查核对，发现错误要及时纠正；因管理人未予纠正，职工据此提起诉讼的，人民法院要严格依法审理，及时作出判决。

9. 表决重整计划草案时，要充分尊重职工的意愿，并就债务人所欠职工工资等债权设定专门表决组进行表决；职工债权人表决组未通过重整计划草案的，人民法院强制批准必须以应当优先清偿的职工债权全额清偿为前提。企业继续保持原经营范围的，人民法院要引导债务人或管理人在制作企业重整计划草案时，尽可能保证企业原有职工的工作岗位。

10. 保障职工合法权益需要社会各方面的共同努力。人民法院要加强与国家社会保障部门、劳动部门、工商行政管理部门、组织人事等部门的沟通和协调，积极提出司法建议，推动适合中国特色的社会保障体制的建立和完善。

五、妥善指定适格管理人，充分发挥管理人在企业破产程序中的积极作用

11. 人民法院要根据企业破产法和有关司法解释的规定，采用适当方式指定管理人，对于重大疑难案件，可以通过竞争的方式择优确定管理人。要注意处理好审理破产案件的审判庭和司法技术辅助工作部门的关系，在指定管理人时，应由审理破产案件的审判庭根据案件实际情况决定采用哪类管理人以及采用哪种产生方式，在决定通过随机方式或者竞争方式产生管理人或其成员时，再由司法技术辅助工作部门根据规定产生管理人或其成员。

12. 企业重整中，因涉及重大资产重组、经营模式选择、引入新出资人等商业运作内容，重整中管理人的职责不仅是管理和处分债务人财产，更要管理债务人的经营业务，特别是制定和执行重整计划。因此，在我国目前管理人队伍尚未成熟的情况下，人民法院指定管理人时，应当注意吸收相关部门和人才，根据实际情况选择指定的形式和方式，以便产生适格管理人。

13. 管理人的工作能力和敬业精神直接决定着企业破产案件能否依法有效进行，以及破产法律制度能否充分发挥其应有的作用。人民法院要特别注意加强对管理人业务知识和各种能力的培养，建立管理人考核机制，通过业绩考核，形成激励和淘汰机制，逐步实现管理人队伍的专业化。

六、正确适用企业破产法的各项制度，充分保护债权人合法权益

14. 人民法院在审理企业破产案件中，要充分调动管理人的积极性，促使其利用法律手段，努力查找和追收债务人财产，最大限度保护债权人利益。对出资不实、抽逃出资的，要依法追回；对于不当处置公司财产的行为，要依法撤销或者认定无效，并追回有关财产；对于违反法律、行政法规等规定，给公司或债权人造成损失的，要依法追究行为人的民事责任；对于发现妨碍清算行为的犯罪线索，要及时向侦查机关通报情况。

15. 要充分发挥债权人会议和债权人委员会的职能作用，切实保障债权人对破产程序的参与权，坚决防止地方保护主义，即使在以挽救债务人为主要目的的破产重整和和解程序中，仍然要以充分保障债权人利益为前提，重整计划和和解协议的通过与否，要严格按照法定的程序确定表决权并依法表决。

16. 人民法院在审理债务人人员下落不明或财产状况不清的破产案件时，要从充分保障债权人合法利益的角度出发，在对债务人的法定代表人、财务管理人员、其他经营管理人员，以及出资人等进行释明，或者采取相应罚款、训诫、拘留等强制措施后，债务人仍不向人民法院提交有关材料或者不提交全部材料，影响清算顺利进行的，人民法院就现有财产对已知债权进行公平清偿并裁定终结清算程序后，应当告知债权人可以另行提起诉讼要求有责任的有限责任公司股东、股份有限公司董事、控股股东，以及实际控制人等清算义务人对债务人的债务承担清偿责任。

七、正确认识破产程序与执行程序的功能定位，做好两个程序的有效衔接

17. 人民法院要充分认识破产程序和执行程序的不同功能定位，充分发挥企业破产法公平保护全体债权人的作用。破产程序是对债务人全部财产进行的概括执行，注重对所有债权的公平受偿，具有对一般债务清偿程序的排他性。因此，人民法院受理破产申请后，对债务人财产所采取的所有保全措施和执行程序都应解除和中止，相关债务在破产清算程序中一并公平清偿。

18. 人民法院要注重做好破产程序和执行程序的衔接工作，确保破产财产妥善处置。涉及到人民法院内部破产程序和执行程序的操作的，应注意不同法院、不同审判部门、不同程序的协调与配合。涉及到债务人财产被其他国家行政机关采取保全措施或执行程序的，人民法院应积极与上述机关进行协调和沟通，取得有关机关的配合，依法解除有关保全措施，中止有关执行程序。

19. 人民法院受理破产申请后，在宣告债务人破产前裁定驳回申请人的破产申请，并终结破产程序的，应当在作出终结破产程序的裁定前，告知管理人通知原对债务人财

产采取保全措施或执行程序的法院恢复原有的保全措施或执行程序，有轮候保全的，以原采取保全措施的时间确定轮候顺位。对恢复受理债务人为被执行人的执行案件，应当适用申请执行时效中断的有关规定。

八、加强审理破产案件法官专业化队伍建设，充分发挥商事审判职能作用

20. 随着我国经济市场化、国际化程度越来越高，企业破产案件将呈逐步增长趋势，这对人民法院审判工作提出了更高的要求。一方面，企业破产案件审理周期长、难度大、事务性工作繁重，人民法院长期以来案多人少的矛盾更加突出。另一方面，由于破产案件审理的复杂性和特殊性，客观上需要一支不仅具备较为扎实的法学理论功底，而且还要有解决社会矛盾、处理应急事务、协调各方利益等多方面工作能力的专业化法官队伍。因此，人民法院要加强法官专业化队伍建设，在人财物方面给予支持和保障。有条件的法院可以根据企业破产案件的数量，成立专门的破产案件审判庭，或指定专门的合议庭负责审理破产案件。

21. 人民法院要积极调动法官审理企业破产案件的积极性，在考核法官工作业绩时，要充分考虑企业破产案件审理的特殊性，以及法官办理企业破产案件所付出的辛勤劳动和承担的各种压力，积极探索能够客观反映审理破产案件工作量的科学考评标准，不断提高破产案件的审理质量。

22. 审理企业破产案件的法官，要大力加强对党的路线方针政策的学习，增强大局意识和责任意识。在当前经济形势下，更要正确处理好保护金融债权与挽救危困企业之间的关系，实现债权人与债务人的共赢，共渡难关。正确处理好保护投资者利益与维护职工合法权益之间的关系，保障社会和谐稳定。正确处理好企业破产清算与企业再生之间的关系，实现社会资源的充分利用以及法律效果和社会效果的有机统一。广大法官要大力加强廉政建设，严格执行最高人民法院"五个严禁"等审判纪律和规章制度，无论是在指定管理人还是在委托拍卖财产等敏感环节，都要坚持以制度管人，坚决杜绝人情案、关系案、金钱案，确保以公正高效的审判业绩，为我国国民经济平稳较快发展创造条件。

最高人民法院
关于印发《全国法院破产审判工作会议纪要》的通知

2018年3月4日　　　　　　　　　　　　　　法〔2018〕53号

各省、自治区、直辖市高级人民法院，解放军军事法院，新疆维吾尔自治区高级人民法院生产建设兵团分院：

现将《全国法院破产审判工作会议纪要》印发给你们，请认真遵照执行。

附：

全国法院破产审判工作会议纪要

为落实党的十九大报告提出的贯彻新发展理念、建设现代化经济体系的要求，紧紧围绕高质量发展这条主线，服务和保障供给侧结构性改革，充分发挥人民法院破产审判工作在完善社会主义市场经济主体拯救和退出机制中的积极作用，为决胜全面建成小康社会提供更加有力的司法保障，2017年12月25日，最高人民法院在广东省深圳市召开了全国法院破产审判工作会议。各省、自治区、直辖市高级人民法院、设立破产审判庭的市中级人民法院的代表参加了会议。与会代表经认真讨论，对人民法院破产审判涉及的主要问题达成共识。现纪要如下：

一、破产审判的总体要求

会议认为，人民法院要坚持以习近平新时代中国特色社会主义经济思想为指导，深刻认识破产法治对决胜全面建成小康社会的重要意义，以更加有力的举措开展破产审判工作，为经济社会持续健康发展提供更加有力的司法保障。当前和今后一个时期，破产审判工作总的要求是：

一要发挥破产审判功能，助推建设现代化经济体系。人民法院要通过破产工作实现资源重新配置，用好企业破产中权益、经营管理、资产、技术等重大调整的有利契机，对不同企业分类处置，把科技、资本、劳动力和人力资源等生产要素调动好、配置好、协同好，促进实体经济和产业体系优质高效。

二要着力服务构建新的经济体制，完善市场主体救治和退出机制。要充分运用重整、和解法律手段实现市场主体的有效救治，帮助企业提质增效；运用清算手段促使丧失经营价值的企业和产能及时退出市场，实现优胜劣汰，从而完善社会主义市场主体的救治和退出机制。

三要健全破产审判工作机制，最大限度释放破产审判的价值。要进一步完善破产重整企业识别、政府与法院协调、案件信息沟通、合法有序的利益衡平四项破产审判工作机制，推动破产审判工作良性运行，彰显破产审判工作的制度价值和社会责任。

四要完善执行与破产工作的有序衔接，推动解决"执行难"。要将破产审判作为与立案、审判、执行既相互衔接、又相对独立的一个重要环节，充分发挥破产审判对化解执行积案的促进功能，消除执行转破产的障碍，从司法工作机制上探索解决"执行难"的有效途径。

二、破产审判的专业化建设

审判专业化是破产审判工作取得实质性进展的关键环节。各级法院要大力加强破产审判专业化建设，努力实现审判机构专业化、审判队伍专业化、审判程序规范化、裁判规则标准化、绩效考评科学化。

1. 推进破产审判机构专业化建设。省会城市、副省级城市所在地中级人民法院要根据最高人民法院《关于在中级人民法院设立清算与破产审判庭的工作方案》（法〔2016〕209号），抓紧设立清算与破产审判庭。其他各级法院可根据本地工作实际需求决定设立清算与破产审判庭或专门的合议庭，培养熟悉清算与破产审判的专业法官，以适应破产审判工作的需求。

2. 合理配置审判任务。要根据破产案件数量、案件难易程度、审判力量等情况，合理分配各级法院的审判任务。对于债权债务关系复杂、审理难度大的破产案件，高级人民法院可以探索实行中级人民法院集中管辖为原则、基层人民法院管辖为例外的管辖制度；对于债权债务关系简单、审理难度不大的破产案件，可以主要由基层人民法院管辖，通过快速审理程序高效审结。

3. 建立科学的绩效考评体系。要尽快完善清算与破产审判工作绩效考评体系，在充分尊重司法规律的基础上确定绩效考评标准，避免将办理清算破产案件与普通案件简单对比、等量齐观、同等考核。

三、管理人制度的完善

管理人是破产程序的主要推动者和破产事务的具体执行者。管理人的能力和素质不仅影响破产审判工作的质量，还关系到破产企业的命运与未来发展。要加快完善管理人制度，大力提升管理人职业素养和执业能力，强化对管理人的履职保障和有效监督，为改善企业经营、优化产业结构提供有力制度保障。

4. 完善管理人队伍结构。人民法院要指导编入管理人名册的中介机构采取适当方式吸收具有专业技术知识、企业经营能力的人员充实到管理人队伍中来，促进管理人队伍内在结构更加合理，充分发挥和提升管理人在企业病因诊断、资源整合等方面的重要作用。

5. 探索管理人跨区域执业。除从本地名册选择管理人外，各地法院还可以探索从外省、市管理人名册中选任管理人,确保重大破产案件能够遴选出最佳管理人。两家以上具备资质的中介机构请求联合担任同一破产案件管理人的,人民法院经审查符合自愿协商、优势互补、权责一致要求且确有必要的,可以准许。

6. 实行管理人分级管理。高级人民法院或者自行编制管理人名册的中级人民法院可以综合考虑管理人的专业水准、工作经验、执业操守、工作绩效、勤勉程度等因素,合理确定管理人等级,对管理人实行分级管理、定期考评。对债务人财产数量不多、债权债务关系简单的破产案件,可以在相应等级的管理人中采取轮候、抽签、摇号等随机方式指定管理人。

7. 建立竞争选定管理人工作机制。破产案件中可以引入竞争机制选任管理人,提升破产管理质量。上市公司破产案件、在本地有重大影响的破产案件或者债权债务关系复杂,涉及债权人、职工以及利害关系人人数较多的破产案件,在指定管理人时,一般应当通过竞争方式依法选定。

8. 合理划分法院和管理人的职能范围。人民法院应当支持和保障管理人依法履行职责,不得代替管理人作出本应由管理人自己作出的决定。管理人应当依法管理和处分债务人财产,审慎决定债务人内部管理事务,不得将自己的职责全部或者部分转让给他人。

9. 进一步落实管理人职责。在债务人自行管理的重整程序中,人民法院要督促管理人制订监督债务人的具体制度。在重整计划规定的监督期内,管理人应当代表债务人参加监督期开始前已经启动而尚未终结的诉讼、仲裁活动。重整程序、和解程序转入破产清算程序后,管理人应当按照破产清算程序继续履行管理人职责。

10. 发挥管理人报酬的激励和约束作用。人民法院可以根据破产案件的不同情况确定管理人报酬的支付方式,发挥管理人报酬在激励、约束管理人勤勉履职方面的积极作用。管理人报酬原则上应当根据破产案件审理进度和管理人履职情况分期支付。案情简单、耗时较短的破产案件,可以在破产程序终结后一次性向管理人支付报酬。

11. 管理人聘用其他人员费用负担的规制。管理人经人民法院许可聘用企业经营管理人员,或者管理人确有必要聘请其他社会中介机构或人员处理重大诉讼、仲裁、执行或审计等专业性较强工作,如所需费用需要列入破产费用的,应当经债权人会议同意。

12. 推动建立破产费用的综合保障制度。各地法院要积极争取财政部门支持,或采取从其他破产案件管理人报酬中提取一定比例等方式,推动设立破产费用保障资金,建立破产费用保障长效机制,解决因债务人财产不足以支付破产费用而影响破产程序启动的问题。

13. 支持和引导成立管理人协会。人民法院应当支持、引导、推动本辖区范围内管理人名册中的社会中介机构、个人成立管理人协会,加强对管理人的管理和约束,维护管理人的合法权益,逐步形成规范、稳定和自律的行业组织,确保管理人队伍既充满活力又规范有序发展。

四、破产重整

会议认为,重整制度集中体现了破产法的拯救功能,代表了现代破产法的发展趋势，全国各级法院要高度重视重整工作，妥善审理企业重整案件，通过市场化、法治化途径挽救困境企业，不断完善社会主义市场主体救治机制。

14. 重整企业的识别审查。破产重整的对象应当是具有挽救价值和可能的困境企业；对于僵尸企业，应通过破产清算，果断实现市场出清。人民法院在审查重整申请时，根据债务人的资产状况、技术工艺、生产销售、行业前景等因素，能够认定债务人明显不具备重整价值以及拯救可能性的，应裁定不予受理。

15. 重整案件的听证程序。对于债权债务关系复杂、债务规模较大，或者涉及上市公司重整的案件，人民法院在审查重整申请时，可以组织申请人、被申请人听证。债权人、出资人、重整投资人等利害关系人经人民法院准许，也可以参加听证。听证期间不计入重整申请审查期限。

16. 重整计划的制定及沟通协调。人民法院要加强与管理人或债务人的沟通，引导其分析债务人陷于困境的原因，有针对性地制定重整计划草案，促使企业重新获得盈利能力，提高重整成功率。人民法院要与政府建立沟通协调机制，帮助管理人或债务人解决重整计划草案制定中的困难和问题。

17. 重整计划的审查与批准。重整不限于债务减免和财务调整，重整的重点是维持企业的营运价值。人民法院在审查重整计划时，除合法性审查外，还应审查其中的经营方案是否具有可行性。重整计划中关于企业重新获得盈利能力的经营方案具有可行性、表决程序合法、内容不损害各表决组中反对者的清偿利益的，人民法院应当自收到申请之日起三十日内裁定批准重整计划。

18. 重整计划草案强制批准的条件。人民法院应当审慎适用企业破产法第八十七条第二款，不得滥用强制批准权。确需强制批准重整计划草案的，重整计划草案除应当符合企业破产法第八十七条第二款规定外，如债权人分多组的，还应当至少有一组已经通过重整计划草案，且各表决组中反对者能够获得的清偿利益不低于依照破产清算程序所能获得的利益。

19. 重整计划执行中的变更条件和程序。债务人应严格执行重整计划，但因出现国家政策调整、法律修改变化等特殊情况，导致原重整计划无法执行的，债务人或管理人可以申请变更重整计划一次。债权人会议决议同意变更重整计划的，应自决议通过之日起十日内提请人民法院批准。债权人会议决议不同意或者人民法院不批准变更申请的，人民法院经管理人或者利害关系人请求，应当裁定终止重整计划的执行，并宣告债务人破产。

20. 重整计划变更后的重新表决与裁定批准。人民法院裁定同意变更重整计划的，债务人或者管理人应当在六个月内提出新的重整计划。变更后的重整计划应提交给因重整计划变更而遭受不利影响的债权人组和出资人组进行表决。表决、申请人民法院批准以及人民法院裁定是否批准的程序与原重整计划的相同。

21. 重整后企业正常生产经营的保障。企业重整后，投资主体、股权结构、公司治理模式、经营方式等与原企业相比，往往发生了根本变化，人民法院要通过加强与政府的沟通协调，帮助重整企业修复信用记录，依法获取税收优惠，以利于重整企业恢复正常生产经营。

22. 探索推行庭外重组与庭内重整制度的衔接。在企业进入重整程序之前，可以先由债权人与债务人、出资人等利害关系人通过庭外商业谈判，拟定重组方案。重整程序启动后，可以重组方案为依据拟定重整计划草案提交人民法院依法审查批准。

五、破产清算

会议认为，破产清算作为破产制度的重要组成部分，具有淘汰落后产能、优化市场资源配置的直接作用。对于缺乏拯救价值和可能性的债务人，要及时通过破产清算程序对债权债务关系进行全面清理，重新配置社会资源，提升社会有效供给的质量和水平，增强企业破产法对市场经济发展的引领作用。

23. 破产宣告的条件。人民法院受理破产清算申请后，第一次债权人会议上无人提出重整或和解申请的，管理人应当在债权审核确认和必要的审计、资产评估后，及时向人民法院提出宣告破产的申请。人民法院受理破产和解或重整申请后，债务人出现应当宣告破产的法定原因时，人民法院应当依法宣告债务人破产。

24. 破产宣告的程序及转换限制。相关主体向人民法院提出宣告破产申请的，人民法院应当自收到申请之日起七日内作出破产宣告裁定并进行公告。债务人被宣告破产后，不得再转入重整程序或和解程序。

25. 担保权人权利的行使与限制。在破产清算和破产和解程序中，对债务人特定财产享有担保权的债权人可以随时向管理人主张就该特定财产变价处置行使优先受偿权，管理人应及时变价处置，不得以须经债权人会议决议等为由拒绝。但因单独处置担保财产会降低其他破产财产的价值而应整体处置的除外。

26. 破产财产的处置。破产财产处置应当以价值最大化为原则，兼顾处置效率。人民法院要积极探索更为有效的破产财产处置方式和渠道，最大限度提升破产财产变价率。采用拍卖方式进行处置的，拍卖所得预计不足以支付评估拍卖费用，或者拍卖不成的，经债权人会议决议，可以采取作价变卖或实物分配方式。变卖或实物分配的方案经债权人会议两次表决仍未通过的，由人民法院裁定处理。

27. 企业破产与职工权益保护。破产程序中要依法妥善处理劳动关系，推动完善职工欠薪保障机制，依法保护职工生存权。由第三方垫付的职工债权，原则上按照垫付的职工债权性质进行清偿；由欠薪保障基金垫付的，应按照企业破产法第一百一十三条第一款第二项的顺序清偿。债务人欠缴的住房公积金，按照债务人拖欠的职工工资性质清偿。

28. 破产债权的清偿原则和顺序。对于法律没有明确规定清偿顺序的债权，人民法院可以按照人身损害赔偿债权优先于财产性债权、私法债权优先于公法债权、补偿性债权优先于惩罚性债权的原则合理确定清偿顺序。因债务人侵权行为造成的人身损害赔偿，可以参照企业破产法第一百一十三条第一款第一项规定的顺序清偿，但其中涉及的惩罚性赔偿除外。破产财产依照企业破产法第一百一十三条规定的顺序清偿后仍有剩余的，可依次用于清偿破产受理前产生的民事惩罚性赔偿金、行政罚款、刑事罚金等惩罚性债权。

29. 建立破产案件审理的繁简分流机制。人民法院审理破产案件应当提升审判效率，在确保利害关系人程序和实体权利不受损害的前提下，建立破产案件审理的繁简分流机制。对于债权债务关系明确、债务人财产状况清楚的破产案件，可以通过缩短程序时间、简化流程等方式加快案件审理进程，但不得突破法律规定的最低期限。

30. 破产清算程序的终结。人民法院终结破产清算程序应当以查明债务人财产状况、明确债务人财产的分配方案、确保破产债权获得依法清偿为基础。破产申请受理后，经管理人调查，债务人财产不足以清偿破产费用且无人代为清偿或垫付的，人民法院应当依管理人申请宣告破产并裁定终结破产清算程序。

31. 保证人的清偿责任和求偿权的限制。破产程序终结前，已向债权人承担了保证责任的保证人，可以要求债务人向其转付已申报债权的债权人在破产程序中应得清偿部分。破产程序终结后，债权人就破产程序中未受清偿部分要求保证人承担保证责任的，应在破产程序终结后六个月内提出。保证人承担保证责任后，不得再向和解或重整后的债务人行使求偿权。

六、关联企业破产

会议认为，人民法院审理关联企业破产案件时，要立足于破产关联企业之间的具体关系模式，采取不同方式予以处理。既要通过实质合并审理方式处理法人人格高度混同的关联关系，确保全体债权人公平清偿，也要避免不当采用实质合并审理方式损害相关利益主体的合法权益。

32. 关联企业实质合并破产的审慎适用。人民法院在审理企业破产案件时，应当尊重企业法人人格的独立性，以对关联企业成员的破产原因进行单独判断并适用单个破产程序为基本原则。当关联企业成员之间存在法人人格高度混同、区分各关联企业成员财产的成本过高、严重损害债权人公平清偿利益时，可例外适用关联企业实质合并破产方式进行审理。

33. 实质合并申请的审查。人民法院收到实质合并申请后，应当及时通知相关利害关系人并组织听证，听证时间不计入审查时间。人民法院在审查实质合并申请过程中，可以综合考虑关联企业之间资产的混同程序及其持续时间、各企业之间的利益关系、债权人整体清偿利益、增加企业重整的可能性等因素，在收到申请之日起三十日内作出是否实质合并审理的裁定。

34. 裁定实质合并时利害关系人的权利救济。相关利害关系人对受理法院作出的实质合并审理裁定不服的，可以自裁定书送达之日起十五日内向受理法院的上一级人民法院申请复议。

35. 实质合并审理的管辖原则与冲突解决。采用实质合并方式审理关联企业破产案件的，应由关联企业中的核心控制企业住所地人民法院管辖。核心控制企业不明确的，由关联企业主要财产所在地人民法院管辖。多个法院之间对管辖权发生争议的，应当报请共同的上级人民法院指定管辖。

36. 实质合并审理的法律后果。人民法院裁定采用实质合并方式审理破产案件的，各关联企业成员之间的债权债务归于消灭，各成员的财产作为合并后统一的破产财产，由各成员的债权人在同一程序中按照法定顺序公平受偿。采用实质合并方式进行重整的，重整计划草案中应当制定统一的债权分类、债权调整和债权受偿方案。

37. 实质合并审理后的企业成员存续。适用实质合并规则进行破产清算的，破产程序终结后各关联企业成员均应予以注销。适用实质合并规则进行和解或重整的，各关联企业原则上应当合并为一个企业。根据和解协议或重整计划，确有需要保持个别企业独立的，应当依照企业分立的有关规则单独处理。

38. 关联企业破产案件的协调审理与管辖原则。多个关联企业成员均存在破产原因但不符合实质合并条件的，人民法院可根据相关主体的申请对多个破产程序进行协调审理，并可根据程序协调的需要，综合考虑破产案件审理的效率、破产申请的先后顺序、成员负债规模大小、核心控制企业住所地等因素，由共同的上级法院确定一家法院集中管辖。

39. 协调审理的法律后果。协调审理不消灭关联企业成员之间的债权债务关系，不对关联企业成员的财产进行合并，各关联企业成员的债权人仍以该企业成员财产为限依法获得清偿。但关联企业成员之间不当利用关联关系形成的债权，应当劣后于其他普通债权顺序清偿，且该劣后债权人不得就其他关联企业成员提供的特定财产优先受偿。

七、执行程序与破产程序的衔接

执行程序与破产程序的有效衔接是全面推进破产审判工作的有力抓手，也是破解"执行难"的重要举措。全国各级法院要深刻认识执行转破产工作的重要意义，大力推动符合破产条件的执行案件，包括执行不能案件进入破产程序，充分发挥破产程序的制度价值。

40. 执行法院的审查告知、释明义务和移送职责。执行部门要高度重视执行与破产的衔接工作，推动符合条件的执行案件向破产程序移转。执行法院发现作为被执行人的企业法人符合企业破产法第二条规定的，应当及时询问当事人是否同意将案件移送破产审查并释明法律后果。执行法院作出移送决定后，应当书面通知所有已知执行法院，执行法院均应中止对被执行人的执行程序。

41. 执行转破产案件的移送和接收。执行法院与受移送法院应加强移送环节的协调配合，提升工作实效。执行法院移送案件时，应当确保材料完备，内容、形式符合规定。受移送法院应当认真审核并及时反馈意见，不得无故不予接收或暂缓立案。

42. 破产案件受理后查封措施的解除或查封财产的移送。执行法院收到破产受理裁定后，应当解除对债务人财产的查封、扣押、冻结措施；或者根据破产受理法院的要求，出具函件将查封、扣押、冻结财产的处置权交破产受理法院。破产受理法院可以持执行法院的移送处置函件进行续行查封、扣押、冻结，解除查封、扣押、冻结，或者予以处置。

执行法院收到破产受理裁定拒不解除查封、扣押、冻结措施的，破产受理法院可以请求执行法院的上级法院依法予以纠正。

43. 破产审判部门与执行部门的信息共享。破产受理法院可以利用执行查控系统查控债务人财产，提高破产审判工作效率，执行部门应予以配合。

各地法院要树立线上线下法律程序同步化的观念，逐步实现符合移送条件的执行案件网上移送，提升移送工作的透明度，提高案件移送、通知、送达、沟通协调等相关工作的效率。

44. 强化执行转破产工作的考核与管理。各级法院要结合工作实际建立执行转破产工作考核机制，科学设置考核指标，推动执行转破产工作开展。对应当征询当事人意见不征询、应当提交移送审查不提交、受移送法院违反相关规定拒不接收执行转破产材料或者拒绝立案的，除应当纳入绩效考核和业绩考评体系外，还应当公开通报和严肃追究相关人员的责任。

八、破产信息化建设

会议认为，全国法院要进一步加强破产审判的信息化建设，提升破产案件审理的透明度和公信力，增进破产案件审理质效，促进企业重整再生。

45. 充分发挥破产重整案件信息平台对破产审判工作的推动作用。各级法院要按照最高人民法院相关规定，通过破产重整案件信息平台规范破产案件审理，全程公开、步步留痕。要进一步强化信息网的数据统计、数据检索等功能，分析研判企业破产案件情况，及时发现新情况，解决新问题，提升破产案件审判水平。

46. 不断加大破产重整案件的信息公开力度。要增加对债务人企业信息的公开内容，吸引潜在投资者，促进资本、技术、管理能力等要素自由流动和有效配置，帮助企业重整再生。要确保债权人等利害关系人及时、充分了解案件进程和债务人相关财务、重整计划草案、重整计划执行等情况，维护债权人等利害关系人的知情权、程序参与权。

47. 运用信息化手段提高破产案件处理的质量与效率。要适应信息化发展趋势，积极引导以网络拍卖方式处置破产财产，提升破产财产处置效益。鼓励和规范通过网络方式召开债权人会议，提高效率，降低破产费用，确保债权人等主体参与破产程序的权利。

48. 进一步发挥人民法院破产重整案件信息网的枢纽作用。要不断完善和推广使用破产重整案件信息网，在确保增量数据及时录入信息网的同时，加快填充有关存量数据，确立信息网在企业破产大数据方面的枢纽地位，发挥信息网的宣传、交流功能，扩大各方运用信息网的积极性。

九、跨境破产

49. 对跨境破产与互惠原则。人民法院在处理跨境破产案件时，要妥善解决跨境破产中的法律冲突与矛盾，合理确定跨境破产案件中的管辖权。在坚持同类债权平等保护的原则下，协调好外国债权人利益与我国债权人利益的平衡，合理保护我国境内职工债权、税收债权等优先权的清偿利益。积极参与、推动跨境破产国际条约的协商与签订，探索互惠原则适用的新方式，加强我国法院和管理人在跨境破产领域的合作，推进国际投资健康有序发展。

50. 跨境破产案件中的权利保护与利益平衡。依照企业破产法第五条的规定，开展跨境破产协作。人民法院认可外国法院作出的破产案件的判决、裁定后，债务人在中华人民共和国境内的财产在全额清偿境内的担保权人、职工债权和社会保险费用、所欠税款等优先权后，剩余财产可以按照该外国法院的规定进行分配。

最高人民法院
关于审理企业破产案件确定管理人报酬的规定

法释〔2007〕9号

（2007年4月4日最高人民法院审判委员会第1422次会议通过　2007年4月12日最高人民法院公告公布　自2007年6月1日起施行）

为公正、高效审理企业破产案件，规范人民法院确定管理人报酬工作，根据《中华人民共和国企业破产法》的规定，制定本规定。

第一条　管理人履行企业破产法第二十五条规定的职责，有权获得相应报酬。

管理人报酬由审理企业破产案件的人民法院依据本规定确定。

第二条　人民法院应根据债务人最终清偿的财产价值总额，在以下比例限制范围内分段确定管理人报酬：

（一）不超过一百万元（含本数，下同）的，在12%以下确定；

（二）超过一百万元至五百万元的部分，在10%以下确定；

（三）超过五百万元至一千万元的部分，在8%以下确定；

（四）超过一千万元至五千万元的部分，在6%以下确定；

（五）超过五千万元至一亿元的部分，在3%以下确定；

（六）超过一亿元至五亿元的部分，在1%以下确定；

（七）超过五亿元的部分，在0.5%以下确定。

担保权人优先受偿的担保物价值，不计入前款规定的财产价值总额。

高级人民法院认为有必要的，可以参照上述比例在30%的浮动范围内制定符合当地实际情况的管理人报酬比例限制范围，并通过当地有影响的媒体公告，同时报最高人民法院备案。

第三条　人民法院可以根据破产案件的实际情况，确定管理人分期或者最后一次性收取报酬。

第四条　人民法院受理企业破产申请后，应当对债务人可供清偿的财产价值和管理人的工作量作出预测，初步确定管理人报酬方案。管理人报酬方案应当包括管理人报酬比例和收取时间。

第五条　人民法院采取公开竞争方式指定管理人的，可以根据社会中介机构提出的报价确定管理人报酬方案，但报酬比例不得超出本规定第二条规定的限制范围。

上述报酬方案一般不予调整，但债权人会议异议成立的除外。

第六条 人民法院应当自确定管理人报酬方案之日起三日内,书面通知管理人。

管理人应当在第一次债权人会议上报告管理人报酬方案内容。

第七条 管理人、债权人会议对管理人报酬方案有意见的,可以进行协商。双方就调整管理人报酬方案内容协商一致的,管理人应向人民法院书面提出具体的请求和理由,并附相应的债权人会议决议。

人民法院经审查认为上述请求和理由不违反法律和行政法规强制性规定,且不损害他人合法权益的,应当按照双方协商的结果调整管理人报酬方案。

第八条 人民法院确定管理人报酬方案后,可以根据破产案件和管理人履行职责的实际情况进行调整。

人民法院应当自调整管理人报酬方案之日起三日内,书面通知管理人。管理人应当自收到上述通知之日起三日内,向债权人委员会或者债权人会议主席报告管理人报酬方案调整内容。

第九条 人民法院确定或者调整管理人报酬方案时,应当考虑以下因素:

(一)破产案件的复杂性;

(二)管理人的勤勉程度;

(三)管理人为重整、和解工作做出的实际贡献;

(四)管理人承担的风险和责任;

(五)债务人住所地居民可支配收入及物价水平;

(六)其他影响管理人报酬的情况。

第十条 最终确定的管理人报酬及收取情况,应列入破产财产分配方案。在和解、重整程序中,管理人报酬方案内容应列入和解协议草案或重整计划草案。

第十一条 管理人收取报酬,应当向人民法院提出书面申请。申请书应当包括以下内容:

(一)可供支付报酬的债务人财产情况;

(二)申请收取报酬的时间和数额;

(三)管理人履行职责的情况。

人民法院应当自收到上述申请书之日起十日内,确定支付管理人的报酬数额。

第十二条 管理人报酬从债务人财产中优先支付。

债务人财产不足以支付管理人报酬和管理人执行职务费用的,管理人应当提请人民法院终结破产程序。但债权人、管理人、债务人的出资人或者其他利害关系人愿意垫付上述报酬和费用的,破产程序可以继续进行。

上述垫付款项作为破产费用从债务人财产中向垫付人随时清偿。

第十三条 管理人对担保物的维护、变现、交付等管理工作付出合理劳动的,有权向担保权人收取适当的报酬。管理人与担保权人就上述报酬数额不能协商一致的,人民法院应当参照本规定第二条规定的方法确定,但报酬比例不得超出该条规定限制范围的10%。

第十四条 律师事务所、会计师事务所通过聘请本专业的其他社会中介机构或者人员协助履行管理人职责的,所需费用从其报酬中支付。

破产清算事务所通过聘请其他社会中介机构或者人员协助履行管理人职责的，所需费用从其报酬中支付。

第十五条 清算组中有关政府部门派出的工作人员参与工作的不收取报酬。其他机构或人员的报酬根据其履行职责的情况确定。

第十六条 管理人发生更换的，人民法院应当分别确定更换前后的管理人报酬。其报酬比例总和不得超出本规定第二条规定的限制范围。

第十七条 债权人会议对管理人报酬有异议的，应当向人民法院书面提出具体的请求和理由。异议书应当附有相应的债权人会议决议。

第十八条 人民法院应当自收到债权人会议异议书之日起三日内通知管理人。管理人应当自收到通知之日起三日内作出书面说明。

人民法院认为有必要的，可以举行听证会，听取当事人意见。

人民法院应当自收到债权人会议异议书之日起十日内，就是否调整管理人报酬问题书面通知管理人、债权人委员会或者债权人会议主席。

最高人民法院关于审理企业破产案件指定管理人的规定

法释〔2007〕8号

(2007年4月4日最高人民法院审判委员会第1422次会议通过 2007年4月12日最高人民法院公告公布 自2007年6月1日起施行)

为公平、公正审理企业破产案件，保证破产审判工作依法顺利进行，促进管理人制度的完善和发展，根据《中华人民共和国企业破产法》的规定，制定本规定。

一、管理人名册的编制

第一条 人民法院审理企业破产案件应当指定管理人。除企业破产法和本规定另有规定外，管理人应当从管理人名册中指定。

第二条 高级人民法院应当根据本辖区律师事务所、会计师事务所、破产清算事务所等社会中介机构及专职从业人员数量和企业破产案件数量，确定由本院或者所辖中级人民法院编制管理人名册。

人民法院应当分别编制社会中介机构管理人名册和个人管理人名册。由直辖市以外的高级人民法院编制的管理人名册中，应当注明社会中介机构和个人所属中级人民法院辖区。

第三条 符合企业破产法规定条件的社会中介机构及其具备相关专业知识并取得执业资格的人员，均可申请编入管理人名册。已被编入机构管理人名册的社会中介机构中，具备相关专业知识并取得执业资格的人员，可以申请编入个人管理人名册。

第四条 社会中介机构及个人申请编入管理人名册的，应当向所在地区编制管理人名册的人民法院提出，由该人民法院予以审定。

人民法院不受理异地申请，但异地社会中介机构在本辖区内设立的分支机构提出申请的除外。

第五条 人民法院应当通过本辖区有影响的媒体就编制管理人名册的有关事项进行公告。公告应当包括以下内容：

（一）管理人申报条件；

（二）应当提交的材料；

（三）评定标准、程序；

（四）管理人的职责以及相应的法律责任；

（五）提交申报材料的截止时间；

（六）人民法院认为应当公告的其他事项。

第六条 律师事务所、会计师事务所申请编入管理人名册的，应当提供下列材料：

（一）执业证书、依法批准设立文件或者营业执照；

（二）章程；

（三）本单位专职从业人员名单及其执业资格证书复印件；

（四）业务和业绩材料；

（五）行业自律组织对所提供材料真实性以及有无被行政处罚或者纪律处分情况的证明；

（六）人民法院要求的其他材料。

第七条 破产清算事务所申请编入管理人名册的，应当提供以下材料：

（一）营业执照或者依法批准设立的文件；

（二）本单位专职从业人员的法律或者注册会计师资格证书，或者经营管理经历的证明材料；

（三）业务和业绩材料；

（四）能够独立承担民事责任的证明材料；

（五）行业自律组织对所提供材料真实性以及有无被行政处罚或者纪律处分情况的证明，或者申请人就上述情况所作的真实性声明；

（六）人民法院要求的其他材料。

第八条 个人申请编入管理人名册的，应当提供下列材料：

（一）律师或者注册会计师执业证书复印件以及执业年限证明；

（二）所在社会中介机构同意其担任管理人的函件；

（三）业务专长及相关业绩材料；

（四）执业责任保险证明；

（五）行业自律组织对所提供材料真实性以及有无被行政处罚或者纪律处分情况的证明；

（六）人民法院要求的其他材料。

第九条 社会中介机构及个人具有下列情形之一的,人民法院可以适用企业破产法第二十四条第三款第四项的规定:

(一)因执业、经营中故意或者重大过失行为,受到行政机关、监管机构或者行业自律组织行政处罚或者纪律处分之日起未逾三年;

(二)因涉嫌违法行为正被相关部门调查;

(三)因不适当履行职务或者拒绝接受人民法院指定等原因,被人民法院从管理人名册除名之日起未逾三年;

(四)缺乏担任管理人所应具备的专业能力;

(五)缺乏承担民事责任的能力;

(六)人民法院认为可能影响履行管理人职责的其他情形。

第十条 编制管理人名册的人民法院应当组成专门的评审委员会,决定编入管理人名册的社会中介机构和个人名单。评审委员会成员应不少于七人。

人民法院应当根据本辖区社会中介机构以及社会中介机构中个人的实际情况,结合其执业业绩、能力、专业水准、社会中介机构的规模、办理企业破产案件的经验等因素制定管理人评定标准,由评审委员会根据申报人的具体情况评定其综合分数。

人民法院根据评审委员会评审结果,确定管理人初审名册。

第十一条 人民法院应当将管理人初审名册通过本辖区有影响的媒体进行公示,公示期为十日。

对于针对编入初审名册的社会中介机构和个人提出的异议,人民法院应当进行审查。异议成立、申请人确不宜担任管理人的,人民法院应将该社会中介机构或者个人从管理人初审名册中删除。

第十二条 公示期满后,人民法院应审定管理人名册,并通过全国有影响的媒体公布,同时逐级报最高人民法院备案。

第十三条 人民法院可以根据本辖区的实际情况,分批确定编入管理人名册的社会中介机构及个人。

编制管理人名册的全部资料应当建立档案备查。

第十四条 人民法院可以根据企业破产案件受理情况、管理人履行职务以及管理人资格变化等因素,对管理人名册适时进行调整。新编入管理人名册的社会中介机构和个人应当按照本规定的程序办理。

人民法院发现社会中介机构或者个人有企业破产法第二十四条第三款规定情形的,应当将其从管理人名册中除名。

二、管理人的指定

第十五条 受理企业破产案件的人民法院指定管理人,一般应从本地管理人名册中指定。

对于商业银行、证券公司、保险公司等金融机构以及在全国范围内有重大影响、法律关系复杂、债务人财产分散的企业破产案件,人民法院可以从所在地区高级人民法院编制的管理人名册列明的其他地区管理人或者异地人民法院编制的管理人名册中指定管理人。

第十六条　受理企业破产案件的人民法院，一般应指定管理人名册中的社会中介机构担任管理人。

第十七条　对于事实清楚、债权债务关系简单、债务人财产相对集中的企业破产案件，人民法院可以指定管理人名册中的个人为管理人。

第十八条　企业破产案件有下列情形之一的，人民法院可以指定清算组为管理人：

（一）破产申请受理前，根据有关规定已经成立清算组，人民法院认为符合本规定第十九条的规定；

（二）审理企业破产法第一百三十三条规定的案件；

（三）有关法律规定企业破产时成立清算组；

（四）人民法院认为可以指定清算组为管理人的其他情形。

第十九条　清算组为管理人的，人民法院可以从政府有关部门、编入管理人名册的社会中介机构、金融资产管理公司中指定清算组成员，人民银行及金融监督管理机构可以按照有关法律和行政法规的规定派人参加清算组。

第二十条　人民法院一般应当按照管理人名册所列名单采取轮候、抽签、摇号等随机方式公开指定管理人。

第二十一条　对于商业银行、证券公司、保险公司等金融机构或者在全国范围有重大影响、法律关系复杂、债务人财产分散的企业破产案件，人民法院可以采取公告的方式，邀请编入各地人民法院管理人名册中的社会中介机构参与竞争，从参与竞争的社会中介机构中指定管理人。参与竞争的社会中介机构不得少于三家。

采取竞争方式指定管理人的，人民法院应当组成专门的评审委员会。

评审委员会应当结合案件的特点，综合考量社会中介机构的专业水准、经验、机构规模、初步报价等因素，从参与竞争的社会中介机构中择优指定管理人。被指定为管理人的社会中介机构应经评审委员会成员二分之一以上通过。

采取竞争方式指定管理人的，人民法院应当确定一至两名备选社会中介机构，作为需要更换管理人时的接替人选。

第二十二条　对于经过行政清理、清算的商业银行、证券公司、保险公司等金融机构的破产案件，人民法院除可以按照本规定第十八条第一项的规定指定管理人外，也可以在金融监督管理机构推荐的已编入管理人名册的社会中介机构中指定管理人。

第二十三条　社会中介机构、清算组成员有下列情形之一，可能影响其忠实履行管理人职责的，人民法院可以认定为企业破产法第二十四条第三款第三项规定的利害关系：

（一）与债务人、债权人有未了结的债权债务关系；

（二）在人民法院受理破产申请前三年内，曾为债务人提供相对固定的中介服务；

（三）现在是或者在人民法院受理破产申请前三年内曾经是债务人、债权人的控股股东或者实际控制人；

（四）现在担任或者在人民法院受理破产申请前三年内曾经担任债务人、债权人的财务顾问、法律顾问；

（五）人民法院认为可能影响其忠实履行管理人职责的其他情形。

第二十四条 清算组成员的派出人员、社会中介机构的派出人员、个人管理人有下列情形之一，可能影响其忠实履行管理人职责的，可以认定为企业破产法第二十四条第三款第三项规定的利害关系：

（一）具有本规定第二十三条规定情形；

（二）现在担任或者在人民法院受理破产申请前三年内曾经担任债务人、债权人的董事、监事、高级管理人员；

（三）与债权人或者债务人的控股股东、董事、监事、高级管理人员存在夫妻、直系血亲、三代以内旁系血亲或者近姻亲关系；

（四）人民法院认为可能影响其公正履行管理人职责的其他情形。

第二十五条 在进入指定管理人程序后，社会中介机构或者个人发现与本案有利害关系的，应主动申请回避并向人民法院书面说明情况。人民法院认为社会中介机构或者个人与本案有利害关系的，不应指定该社会中介机构或者个人为本案管理人。

第二十六条 社会中介机构或者个人有重大债务纠纷或者因涉嫌违法行为正被相关部门调查的，人民法院不应指定该社会中介机构或者个人为本案管理人。

第二十七条 人民法院指定管理人应当制作决定书，并向被指定为管理人的社会中介机构或者个人、破产申请人、债务人、债务人的企业登记机关送达。决定书应与受理破产申请的民事裁定书一并公告。

第二十八条 管理人无正当理由，不得拒绝人民法院的指定。

管理人一经指定，不得以任何形式将管理人应当履行的职责全部或者部分转给其他社会中介机构或者个人。

第二十九条 管理人凭指定管理人决定书按照国家有关规定刻制管理人印章，并交人民法院封样备案后启用。

管理人印章只能用于所涉破产事务。管理人根据企业破产法第一百二十二条规定终止执行职务后，应当将管理人印章交公安机关销毁，并将销毁的证明送交人民法院。

第三十条 受理企业破产案件的人民法院应当将指定管理人过程中形成的材料存入企业破产案件卷宗，债权人会议或者债权人委员会有权查阅。

三、管理人的更换

第三十一条 债权人会议根据企业破产法第二十二条第二款的规定申请更换管理人的，应由债权人会议作出决议并向人民法院提出书面申请。

人民法院在收到债权人会议的申请后，应当通知管理人在两日内作出书面说明。

第三十二条 人民法院认为申请理由不成立的，应当自收到管理人书面说明之日起十日内作出驳回申请的决定。

人民法院认为申请更换管理人的理由成立的，应当自收到管理人书面说明之日起十日内作出更换管理人的决定。

第三十三条 社会中介机构管理人有下列情形之一的，人民法院可以根据债权人会议的申请或者依职权径行决定更换管理人：

（一）执业许可证或者营业执照被吊销或者注销；
（二）出现解散、破产事由或者丧失承担执业责任风险的能力；
（三）与本案有利害关系；
（四）履行职务时，因故意或者重大过失导致债权人利益受到损害；
（五）有本规定第二十六条规定的情形。
清算组成员参照适用前款规定。

第三十四条 个人管理人有下列情形之一的，人民法院可以根据债权人会议的申请或者依职权径行决定更换管理人：
（一）执业资格被取消、吊销；
（二）与本案有利害关系；
（三）履行职务时，因故意或者重大过失导致债权人利益受到损害；
（四）失踪、死亡或者丧失民事行为能力；
（五）因健康原因无法履行职务；
（六）执业责任保险失效；
（七）有本规定第二十六条规定的情形。
清算组成员的派出人员、社会中介机构的派出人员参照适用前款规定。

第三十五条 管理人无正当理由申请辞去职务的，人民法院不予许可。正当理由的认定，可参照适用本规定第三十三条、第三十四条规定的情形。

第三十六条 人民法院对管理人申请辞去职务未予许可，管理人仍坚持辞去职务并不再履行管理人职责的，人民法院应当决定更换管理人。

第三十七条 人民法院决定更换管理人的，原管理人应当自收到决定书之次日起，在人民法院监督下向新任管理人移交全部资料、财产、营业事务及管理人印章，并及时向新任管理人书面说明工作进展情况。原管理人不能履行上述职责的，新任管理人可以直接接管相关事务。

在破产程序终结前，原管理人应当随时接受新任管理人、债权人会议、人民法院关于其履行管理人职责情况的询问。

第三十八条 人民法院决定更换管理人的，应将决定书送达原管理人、新任管理人、破产申请人、债务人以及债务人的企业登记机关，并予公告。

第三十九条 管理人申请辞去职务未获人民法院许可，但仍坚持辞职并不再履行管理人职责，或者人民法院决定更换管理人后，原管理人拒不向新任管理人移交相关事务，人民法院可以根据企业破产法第一百三十条的规定和具体情况，决定对管理人罚款。对社会中介机构为管理人的罚款5万元至20万元人民币，对个人为管理人的罚款1万元至5万元人民币。

管理人有前款规定行为或者无正当理由拒绝人民法院指定的，编制管理人名册的人民法院可以决定停止其担任管理人一年至三年，或者将其从管理人名册中除名。

第四十条 管理人不服罚款决定的，可以向上一级人民法院申请复议，上级人民法院应在收到复议申请后五日内作出决定，并将复议结果通知下级人民法院和当事人。

最高人民法院
关于《中华人民共和国企业破产法》施行时尚未审结的企业破产案件适用法律若干问题的规定

法释〔2007〕10号

(2007年4月23日最高人民法院审判委员会第1425次会议通过 2007年4月25日最高人民法院公告公布 自2007年6月1日起施行)

为正确适用《中华人民共和国企业破产法》，对人民法院审理企业破产法施行前受理的、施行时尚未审结的企业破产案件具体适用法律问题，规定如下：

第一条 债权人、债务人或者出资人向人民法院提出重整或者和解申请，符合下列条件之一的，人民法院应予受理：

（一）债权人申请破产清算的案件，债务人或者出资人于债务人被宣告破产前提出重整申请，且符合企业破产法第七十条第二款的规定；

（二）债权人申请破产清算的案件，债权人于债务人被宣告破产前提出重整申请，且符合企业破产法关于债权人直接向人民法院申请重整的规定；

（三）债务人申请破产清算的案件，债务人于被宣告破产前提出重整申请，且符合企业破产法关于债务人直接向人民法院申请重整的规定；

（四）债务人依据企业破产法第九十五条的规定申请和解。

第二条 清算组在企业破产法施行前未通知或者答复未履行完毕合同的对方当事人解除或者继续履行合同的，从企业破产法施行之日起计算，在该法第十八条第一款规定的期限内未通知或者答复的，视为解除合同。

第三条 已经成立清算组的，企业破产法施行后，人民法院可以指定该清算组为管理人。

尚未成立清算组的，人民法院应当依照企业破产法和《最高人民法院关于审理企业破产案件指定管理人的规定》及时指定管理人。

第四条 债权人主张对债权债务抵销的，应当符合企业破产法第四十条规定的情形；但企业破产法施行前，已经依据有关法律规定抵销的除外。

第五条 对于尚未清偿的破产费用，应当按企业破产法第四十一条和第四十二条的规定区分破产费用和共益债务，并依据企业破产法第四十三条的规定清偿。

第六条 人民法院尚未宣告债务人破产的，应当适用企业破产法第四十六条的规定确认债权利息；已经宣告破产的，依据企业破产法施行前的法律规定确认债权利息。

第七条 债权人已经向人民法院申报债权的，由人民法院将相关申报材料移交给管理人；尚未申报的，债权人应当直接向管理人申报。

第八条 债权人未在人民法院确定的债权申报期内向人民法院申报债权的，可以依据企业破产法第五十六条的规定补充申报。

第九条 债权人对债权表记载债权有异议，向受理破产申请的人民法院提起诉讼的，人民法院应当依据企业破产法第二十一条和第五十八条的规定予以受理。但人民法院对异议债权已经作出裁决的除外。

债权人就争议债权起诉债务人，要求其承担偿还责任的，人民法院应当告知该债权人变更其诉讼请求为确认债权。

第十条 债务人的职工就清单记载有异议，向受理破产申请的人民法院提起诉讼的，人民法院应当依据企业破产法第二十一条和第四十八条的规定予以受理。但人民法院对异议债权已经作出裁决的除外。

第十一条 有财产担保的债权人未放弃优先受偿权利的，对于企业破产法第六十一条第一款第七项、第十项规定以外的事项享有表决权。但该债权人对于企业破产法施行前已经表决的事项主张行使表决权，或者以其未行使表决权为由请求撤销债权人会议决议的，人民法院不予支持。

第十二条 债权人认为债权人会议的决议违反法律规定，损害其利益，向人民法院请求撤销该决议，裁定尚未作出的，人民法院应当依据企业破产法第六十四条的规定作出裁定。

第十三条 债权人对于财产分配方案的裁定不服，已经申诉的，由上一级人民法院依据申诉程序继续审理；企业破产法施行后提起申诉的，人民法院应当告知其依据企业破产法第六十六条的规定申请复议。

债权人对于人民法院作出的债务人财产管理方案的裁定或者破产财产变价方案的裁定不服，向受理破产申请的人民法院申请复议的，人民法院应当依据企业破产法第六十六条的规定予以受理。

债权人或者债务人对破产宣告裁定有异议，已经申诉的，由上一级人民法院依据申诉程序继续审理；企业破产法施行后提起申诉的，人民法院不予受理。

第十四条 企业破产法施行后，破产人的职工依据企业破产法第一百三十二条的规定主张权利的，人民法院应予支持。

第十五条 破产人所欠董事、监事和高级管理人员的工资，应当依据企业破产法第一百一十三条第三款的规定予以调整。

第十六条 本规定施行前本院作出的有关司法解释与本规定相抵触的，人民法院审理尚未审结的企业破产案件不再适用。

最高人民法院关于执行《最高人民法院审理企业破产案件指定管理人的规定》、《最高人民法院审理企业破产案件确定管理人报酬的规定》几个问题的通知

2007年4月12日　　　　　　　　　　　法明传〔2007〕129号

各省、自治区、直辖市高级人民法院，新疆维吾尔自治区高级人民法院生产建设兵团分院：

《中华人民共和国企业破产法》已由第十届全国人民代表大会常务委员会第二十三次会议审议通过，并于2007年6月1日施行。为保证企业破产法的顺利施行，根据企业破产法的授权，最高人民法院制定了《最高人民法院审理企业破产案件指定管理人的规定》、《最高人民法院审理企业破产案件确定管理人报酬的规定》。为保证上述两个规定的正确执行，现就有关问题通知如下：

一、虽然两个规定正式施行日与企业破产法相同，即为2007年6月1日，为保证企业破产法的顺利实施，各高级人民法院从规定公布之日起即应参照上述规定开展相关工作。

二、高级人民法院要充分考虑本辖区律师事务所、会计师事务所、破产清算事务所等社会中介机构及专职从业人员数量，以及企业破产案件数量等因素，根据工作量情况确定由本院或者中级人民法院编制管理人名册，力争将此项工作在2007年6月1日前完成。

三、编制管理人名册的法院应当制定申请编入管理人名册的社会中介机构和个人的评定标准和程序，并予以公布。标准应当参照指定管理人的规定第十条第二款规定的内容确定。

四、编制管理人名册的评审委员会，应当由审理企业破产案件审判庭的人员、人民法院司法技术辅助工作部门人员、相关审判委员会委员、监察部门人员组成。司法技术辅助工作部门负责具体工作。

五、采取随机方式指定管理人的工作，由司法技术辅助工作部门完成，基层人民法院未设置司法技术辅助工作部门的，应当在司法行政部门中设专人承担此项工作。

六、采取竞争方式指定管理人的评审委员会，应参照编制管理人名册评审委员会的组成方式。

七、高级人民法院认为确定管理人报酬的规定中，关于管理人报酬的限制范围与本地经济水平差距较大的，可以在规定标准30%的浮动范围内制定符合本地区情况的

标准。

八、受理企业破产案件的人民法院在初步确定管理人报酬方案时,应注意留有余地,不宜直接适用上限规定。

请各级人民法院将执行两个规定的过程中遇到的问题和情况及时逐级报告我院。

最高人民法院
关于债权人对人员下落不明或者财产状况不清的债务人申请破产清算案件如何处理的批复

法释〔2008〕10号

(2008年8月4日最高人民法院审判委员会第1450次会议通过 2008年8月7日最高人民法院公告公布 自2008年8月18日起施行)

贵州省高级人民法院:

你院《关于企业法人被吊销营业执照后,依法负有清算责任的人未向法院申请破产,债权人是否可以申请被吊销营业执照的企业破产的请示》(〔2007〕黔高民二破请终字1号)收悉。经研究,批复如下:

债权人对人员下落不明或者财产状况不清的债务人申请破产清算,符合企业破产法规定的,人民法院应依法予以受理。债务人能否依据企业破产法第十一条第二款的规定向人民法院提交财产状况说明、债权债务清册等相关材料,并不影响对债权人申请的受理。

人民法院受理上述破产案件后,应当依据企业破产法的有关规定指定管理人追收债务人财产;经依法清算,债务人确无财产可供分配的,应当宣告债务人破产并终结破产程序;破产程序终结后二年内发现有依法应当追回的财产或者有应当供分配的其他财产的,债权人可以请求人民法院追加分配。

债务人的有关人员不履行法定义务,人民法院可依据有关法律规定追究其相应法律责任;其行为导致无法清算或者造成损失,有关权利人起诉请求其承担相应民事责任的,人民法院应依法予以支持。

此复。

最高人民法院
印发《关于审理公司强制清算案件工作座谈会纪要》的通知

2009年11月4日　　　　　　　　　　　　　法发〔2009〕52号

各省、自治区、直辖市高级人民法院，解放军军事法院，新疆维吾尔自治区高级人民法院生产建设兵团分院：

现将最高人民法院《关于审理公司强制清算案件工作座谈会纪要》印发给你们，请结合审判工作实际，遵照执行。

附：

关于审理公司强制清算案件工作座谈会纪要

当前，因受国际金融危机和世界经济衰退影响，公司经营困难引发的公司强制清算案件大幅度增加。《中华人民共和国公司法》和《最高人民法院关于适用〈中华人民共和国公司法〉若干问题的规定（二）》（以下简称公司法司法解释二）对于公司强制清算案件审理中的有关问题已作出规定，但鉴于该类案件非讼程序的特点和目前清算程序规范的不完善，有必要进一步明确该类案件审理原则，细化有关程序和实体规定，更好地规范公司退出市场行为，维护市场运行秩序，依法妥善审理公司强制清算案件，维护和促进经济社会和谐稳定。为此，最高人民法院在广泛调研的基础上，于2009年9月15日至16日在浙江省绍兴市召开了全国部分法院审理公司强制清算案件工作座谈会。与会同志通过认真讨论，就有关审理公司强制清算案件中涉及的主要问题达成了共识。现纪要如下：

一、关于审理公司强制清算案件应当遵循的原则

1. 会议认为，公司作为现代企业的主要类型，在参与市场竞争时，不仅要严格遵循市场准入规则，也要严格遵循市场退出规则。公司强制清算作为公司退出市场机制的重要途径之一，是公司法律制度的重要组成部分。人民法院在审理此类案件时，应坚持以下原则：

第一，坚持清算程序公正原则。公司强制清算的目的在于有序结束公司存续期间的各种商事关系，合理调整众多法律主体的利益，维护正常的经济秩序。人民法院审理公

司强制清算案件，应当严格依照法定程序进行，坚持在程序正义的基础上实现清算结果的公正。

第二，坚持清算效率原则。提高社会经济的整体效率，是公司强制清算制度追求的目标之一，要严格而不失快捷地使已经出现解散事由的公司退出市场，将其可能给各方利益主体造成的损失降至最低。人民法院审理强制清算案件，要严格按照法律规定及时有效地完成清算，保障债权人、股东等利害关系人的利益及时得到实现，避免因长期拖延清算给相关利害关系人造成不必要的损失，保障社会资源的有效利用。

第三，坚持利益均衡保护原则。公司强制清算中应当以维护公司各方主体利益平衡为原则，实现公司退出环节中的公平公正。人民法院在审理公司强制清算案件时，既要充分保护债权人利益，又要兼顾职工利益、股东利益和社会利益，妥善处理各方利益冲突，实现法律效果和社会效果的有机统一。

二、关于强制清算案件的管辖

2. 对于公司强制清算案件的管辖应当分别从地域管辖和级别管辖两个角度确定。地域管辖法院应为公司住所地的人民法院，即公司主要办事机构所在地法院；公司主要办事机构所在地不明确、存在争议的，由公司注册登记地人民法院管辖。级别管辖应当按照公司登记机关的级别予以确定，即基层人民法院管辖县、县级市或者区的公司登记机关核准登记公司的公司强制清算案件；中级人民法院管辖地区、地级市以上的公司登记机关核准登记公司的公司强制清算案件。存在特殊原因的，也可参照适用《中华人民共和国企业破产法》第四条、《中华人民共和国民事诉讼法》第三十七条和第三十九条的规定，确定公司强制清算案件的审理法院。

三、关于强制清算案件的案号管理

3. 人民法院立案庭收到申请人提交的对公司进行强制清算的申请后，应当及时以"（××××）××法×清（预）字第×号"立案。立案庭立案后，应当将申请人提交的申请等有关材料移交审理强制清算案件的审判庭审查，并由审判庭依法作出是否受理强制清算申请的裁定。

4. 审判庭裁定不予受理强制清算申请的，裁定生效后，公司强制清算案件应当以"（××××）××法×清（预）字第×号"结案。审判庭裁定受理强制清算申请的，立案庭应当以"（××××）××法×清（算）字第×号"立案。

5. 审判庭裁定受理强制清算申请后，在审理强制清算案件中制作的民事裁定书、决定书等，应当在"（××××）××法×清（算）字第×号"后依次编号，如"（××××）××法×清（算）字第×－1号民事裁定书"、"（××××）××法×清（算）字第×－2号民事裁定书"等，或者"（××××）××法×清（算）字第×－1号决定书"、"（××××）××法×清（算）字第×－2号决定书"等。

四、关于强制清算案件的审判组织

6. 因公司强制清算案件在案件性质上类似于企业破产案件，因此强制清算案件应当由负责审理企业破产案件的审判庭审理。有条件的人民法院，可由专门的审判庭或者指定专门的合议庭审理公司强制清算案件和企业破产案件。公司强制清算案件应当组成合议庭进行审理。

五、关于强制清算的申请

7. 公司债权人或者股东向人民法院申请强制清算应当提交清算申请书。申请书应当载明申请人、被申请人的基本情况和申请的事实和理由。同时，申请人应当向人民法院提交被申请人已经发生解散事由以及申请人对被申请人享有债权或者股权的有关证据。公司解散后已经自行成立清算组进行清算，但债权人或者股东以其故意拖延清算，或者存在其他违法清算可能严重损害债权人或者股东利益为由，申请人民法院强制清算的，申请人还应当向人民法院提交公司故意拖延清算，或者存在其他违法清算行为可能严重损害其利益的相应证据材料。

8. 申请人提交的材料需要更正、补充的，人民法院应当责令申请人于七日内予以更正、补充。申请人由于客观原因无法按时更正、补充的，应当向人民法院予以书面说明并提出延期申请，由人民法院决定是否延长期限。

六、关于对强制清算申请的审查

9. 审理强制清算案件的审判庭审查决定是否受理强制清算申请时，一般应当召开听证会。对于事实清楚、法律关系明确、证据确实充分的案件，经书面通知被申请人，其对书面审查方式无异议的，也可决定不召开听证会，而采用书面方式进行审查。

10. 人民法院决定召开听证会的，应当于听证会召开五日前通知申请人、被申请人，并送达相关申请材料。公司股东、实际控制人等利害关系人申请参加听证的，人民法院应予准许。听证会中，人民法院应当组织有关利害关系人对申请人是否具备申请资格、被申请人是否已经发生解散事由、强制清算申请是否符合法律规定等内容进行听证。因补充证据等原因需要再次召开听证会的，应在补充期限届满后十日内进行。

11. 人民法院决定不召开听证会的，应当及时通知申请人和被申请人，并向被申请人送达有关申请材料，同时告知被申请人若对申请人的申请有异议，应当自收到人民法院通知之日起七日内向人民法院书面提出。

七、关于对强制清算申请的受理

12. 人民法院应当在听证会召开之日或者自异议期满之日起十日内，依法作出是否受理强制清算申请的裁定。

13. 被申请人就申请人对其是否享有债权或者股权，或者对被申请人是否发生解散事由提出异议的，人民法院对申请人提出的强制清算申请应不予受理。申请人可就有关争议单独提起诉讼或者仲裁予以确认后，另行向人民法院提起强制清算申请。但对上述异议事项已有生效法律文书予以确认，以及发生被吊销企业法人营业执照、责令关闭或者被撤销等解散事由有明确、充分证据的除外。

14. 申请人提供被申请人自行清算中故意拖延清算，或者存在其他违法清算可能严重损害债权人或者股东利益的相应证据材料后，被申请人未能举出相反证据的，人民法院对申请人提出的强制清算申请应予受理。债权人申请强制清算，被申请人的主要财产、账册、重要文件等灭失，或者被申请人人员下落不明，导致无法清算的，人民法院不得以此为由不予受理。

15. 人民法院受理强制清算申请后，经审查发现强制清算申请不符合法律规定的，可以裁定驳回强制清算申请。

16. 人民法院裁定不予受理或者驳回受理申请，申请人不服的，可以向上一级人民法院提起上诉。

八、关于强制清算申请的撤回

17. 人民法院裁定受理公司强制清算申请前，申请人请求撤回其申请的，人民法院应予准许。

18. 公司因公司章程规定的营业期限届满或者公司章程规定的其他解散事由出现，或者股东会、股东大会决议自愿解散的，人民法院受理强制清算申请后，清算组对股东进行剩余财产分配前，申请人以公司修改章程，或者股东会、股东大会决议公司继续存续为由，请求撤回强制清算申请的，人民法院应予准许。

19. 公司因依法被吊销营业执照、责令关闭或者被撤销，或者被人民法院判决强制解散的，人民法院受理强制清算申请后，清算组对股东进行剩余财产分配前，申请人向人民法院申请撤回强制清算申请的，人民法院应不予准许。但申请人有证据证明相关行政决定被撤销，或者人民法院作出解散公司判决后当事人又达成公司存续和解协议的除外。

九、关于强制清算案件的申请费

20. 参照《诉讼费用交纳办法》第十条、第十四条、第二十条和第四十二条关于企业破产案件申请费的有关规定，公司强制清算案件的申请费以强制清算财产总额为基数，按照财产案件受理费标准减半计算，人民法院受理强制清算申请后从被申请人财产中优先拨付。因财产不足以清偿全部债务，强制清算程序依法转入破产清算程序的，不再另行计收破产案件申请费；按照上述标准计收的强制清算案件申请费超过30万元的，超过部分不再收取，已经收取的，应予退还。

21. 人民法院裁定受理强制清算申请前，申请人请求撤回申请，人民法院准许的，强制清算案件的申请费不再从被申请人财产中予以拨付；人民法院受理强制清算申请后，申请人请求撤回申请，人民法院准许的，已经从被申请人财产中优先拨付的强制清算案件申请费不予退回。

十、关于强制清算清算组的指定

22. 人民法院受理强制清算案件后，应当及时指定清算组成员。公司股东、董事、监事、高级管理人员能够而且愿意参加清算的，人民法院可优先考虑指定上述人员组成清算组；上述人员不能、不愿进行清算，或者由其负责清算不利于清算依法进行的，人民法院可以指定《人民法院中介机构管理人名册》和《人民法院个人管理人名册》中的中介机构或者个人组成清算组；人民法院也可根据实际需要，指定公司股东、董事、监事、高级管理人员，与管理人名册中的中介机构或者个人共同组成清算组。人民法院指定管理人名册中的中介机构或者个人组成清算组，或者担任清算组成员的，应当参照适用最高人民法院《关于审理企业破产案件指定管理人的规定》。

23. 强制清算清算组成员的人数应当为单数。人民法院指定清算组成员的同时，应当根据清算组成员的推选，或者依职权，指定清算组负责人。清算组负责人代行清算中公司诉讼代表人职权。清算组成员未依法履行职责的，人民法院应当依据利害关系人的申请，或者依职权及时予以更换。

十一、关于强制清算清算组成员的报酬

24. 公司股东、实际控制人或者股份有限公司的董事担任清算组成员的，不计付报酬。上述人员以外的有限责任公司的董事、监事、高级管理人员，股份有限公司的监事、高级管理人员担任清算组成员的，可以按照其上一年度的平均工资标准计付报酬。

25. 中介机构或者个人担任清算组成员的，其报酬由中介机构或者个人与公司协商确定；协商不成的，由人民法院参照最高人民法院《关于审理企业破产案件确定管理人报酬的规定》确定。

十二、关于强制清算清算组的议事机制

26. 公司强制清算中的清算组因清算事务发生争议的，应当参照公司法第一百一十二条的规定，经全体清算组成员过半数决议通过。与争议事项有直接利害关系的清算组成员可以发表意见，但不得参与投票；因利害关系人回避表决无法形成多数意见的，清算组可以请求人民法院作出决定。与争议事项有直接利害关系的清算组成员未回避表决形成决定的，债权人或者清算组其他成员可以参照公司法第二十二条的规定，自决定作出之日起六十日内，请求人民法院予以撤销。

十三、关于强制清算中的财产保全

27. 人民法院受理强制清算申请后，公司财产存在被隐匿、转移、毁损等可能影响依法清算情形的，人民法院可依清算组或者申请人的申请，对公司财产采取相应的保全措施。

十四、关于无法清算案件的审理

28. 对于被申请人主要财产、账册、重要文件等灭失，或者被申请人人员下落不明的强制清算案件，经向被申请人的股东、董事等直接责任人员释明或采取罚款等民事制裁措施后，仍然无法清算或者无法全面清算，对于尚有部分财产，且依据现有账册、重要文件等，可以进行部分清偿的，应当参照企业破产法的规定，对现有财产进行公平清偿后，以无法全面清算为由终结强制清算程序；对于没有任何财产、账册、重要文件，被申请人人员下落不明的，应当以无法清算为由终结强制清算程序。

29. 债权人申请强制清算,人民法院以无法清算或者无法全面清算为由裁定终结强制清算程序的,应当在终结裁定中载明,债权人可以另行依据公司法司法解释二第十八条的规定,要求被申请人的股东、董事、实际控制人等清算义务人对其债务承担偿还责任。股东申请强制清算,人民法院以无法清算或者无法全面清算为由作出终结强制清算程序的,应当在终结裁定中载明,股东可以向控股股东等实际控制公司的主体主张有关权利。

十五、关于强制清算案件衍生诉讼的审理

30. 人民法院受理强制清算申请前已经开始,人民法院受理强制清算申请时尚未审结的有关被强制清算公司的民事诉讼,由原受理法院继续审理,但应依法将原法定代表人变更为清算组负责人。

31. 人民法院受理强制清算申请后,就强制清算公司的权利义务产生争议的,应当向受理强制清算申请的人民法院提起诉讼,并由清算组负责人代表清算中公司参加诉讼活动。受理强制清算申请的人民法院对此类案件,可以适用民事诉讼法第三十七条和第三十九条的规定确定审理法院。

上述案件在受理法院内部各审判庭之间按照业务分工进行审理。人民法院受理强制清算申请后,就强制清算公司的权利义务产生争议,当事人双方就产生争议约定有明确有效的仲裁条款的,应当按照约定通过仲裁方式解决。

十六、关于强制清算和破产清算的衔接

32. 公司强制清算中,清算组在清理公司财产、编制资产负债表和财产清单时,发现公司财产不足清偿债务的,除依据公司法司法解释二第十七条的规定,通过与债权人协商制作有关债务清偿方案并清偿债务的外,应依据公司法第一百八十八条和企业破产法第七条第三款的规定向人民法院申请宣告破产。

33. 公司强制清算中,有关权利人依据企业破产法第二条和第七条的规定向人民法院另行提起破产申请的,人民法院应当依法进行审查。权利人的破产申请符合企业破产法规定的,人民法院应当依法裁定予以受理。人民法院裁定受理破产申请后,应当裁定终结强制清算程序。

34. 公司强制清算转入破产清算后,原强制清算中的清算组由《人民法院中介机构管理人名册》和《人民法院个人管理人名册》中的中介机构或者个人组成或者参加的,除该中介机构或者个人存在与本案有利害关系等不宜担任管理人或者管理人成员的情形外,人民法院可根据企业破产法及其司法解释的规定,指定该中介机构或者个人作为破产案件的管理人,或者吸收该中介机构作为新成立的清算组管理人的成员。上述中介机构或者个人在公司强制清算和破产清算中取得的报酬总额,不应超过按照企业破产计付的管理人或者管理人成员的报酬。

35. 上述中介机构或者个人不宜担任破产清算中的管理人或者管理人的成员的,人民法院应当根据企业破产法和有关司法解释的规定,及时指定管理人。原强制清算中的清算组应当及时将清算事务及有关材料等移交给管理人。公司强制清算中已经完成的清算事项，如无违反企业破产法或者有关司法解释的情形的，在破产清算程序中应承认其效力。

十七、关于强制清算程序的终结

36. 公司依法清算结束，清算组制作清算报告并报人民法院确认后，人民法院应当裁定终结清算程序。公司登记机关依清算组的申请注销公司登记后，公司终止。

37. 公司因公司章程规定的营业期限届满或者公司章程规定的其他解散事由出现，或者股东会、股东大会决议自愿解散的，人民法院受理债权人提出的强制清算申请后，对股东进行剩余财产分配前，公司修改章程、或者股东会、股东大会决议公司继续存续，申请人在其个人债权及他人债权均得到全额清偿后，未撤回申请的，人民法院可以根据被申请人的请求裁定终结强制清算程序，强制清算程序终结后，公司可以继续存续。

十八、关于强制清算案件中的法律文书

38. 审理强制清算的审判庭审理该类案件时，对于受理、不受理强制清算申请、驳回申请人的申请、允许或者驳回申请人撤回申请、采取保全措施、确认清算方案、确认清算终结报告、终结强制清算程序的，应当制作民事裁定书。对于指定或者变更清算组成员、确定清算组成员报酬、延长清算期限、制裁妨碍清算行为的，应当制作决定书。

对于其他所涉有关法律文书的制作，可参照企业破产清算中人民法院的法律文书样式。

十九、关于强制清算程序中对破产清算程序的准用

39. 鉴于公司强制清算与破产清算在具体程序操作上的相似性，就公司法、公司法司法解释二，以及本会议纪要未予涉及的情形，如清算中公司的有关人员未依法妥善保管其占有和管理的财产、印章和账簿、文书资料，清算组未及时接管清算中公司的财产、印章和账簿、文书，清算中公司拒不向人民法院提交或者提交不真实的财产状况说明、债务清册、债权清册、有关财务会计报告以及职工工资的支付情况和社会保险费用的缴纳情况，清算中公司拒不向清算组移交财产、印章和账簿、文书等资料，或者伪造、销毁有关财产证据材料而使财产状况不明，股东未缴足出资、抽逃出资，以及公司董事、监事、高级管理人员非法侵占公司财产等，可参照企业破产法及其司法解释的有关规定处理。

二十、关于审理公司强制清算案件中应当注意的问题

40. 鉴于此类案件属于新类型案件，且涉及的法律关系复杂、利益主体众多，人民法院在审理难度大、涉及面广、牵涉社会稳定的重大疑难清算案件时，要在严格依法的前提下，紧紧依靠党委领导和政府支持，充分发挥地方政府建立的各项机制，有效做好维护社会稳定的工作。同时，对于审判实践中发现的新情况、新问题，要及时逐级上报。上级人民法院要加强对此类案件的监督指导，注重深入调查研究，及时总结审判经

验,确保依法妥善审理好此类案件。

最高人民法院
关于对因资不抵债无法继续办学被终止的
民办学校如何组织清算问题的批复

法释〔2010〕20号

(2010年12月16日最高人民法院审判委员会第1506次会议通过
2010年12月29日最高人民法院公告公布 自2010年12月31日起施行)

贵州省高级人民法院:

你院《关于遵义县中山中学被终止后人民法院如何受理"组织清算"的请示》(〔2010〕黔高研请字第1号)收悉。经研究,答复如下:

依照《中华人民共和国民办教育促进法》第九条批准设立的民办学校因资不抵债无法继续办学被终止,当事人依照《中华人民共和国民办教育促进法》第五十八条第二款规定向人民法院申请清算的,人民法院应当依法受理。人民法院组织民办学校破产清算,参照适用《中华人民共和国企业破产法》规定的程序,并依照《中华人民共和国民办教育促进法》第五十九条规定的顺序清偿。

最高人民法院
关于个人独资企业清算是否可以参照适用
企业破产法规定的破产清算程序的批复

法释〔2012〕16号

(2012年12月10日最高人民法院审判委员会第1563次会议通过
2012年12月11日最高人民法院公告公布 自2012年12月18日起施行)

贵州省高级人民法院:

你院《关于个人独资企业清算是否可以参照适用破产清算程序的请示》(〔2012〕黔高研请字第2号)收悉。经研究,批复如下:

根据《中华人民共和国企业破产法》第一百三十五条的规定,在个人独资企业不能清偿到期债务,并且资产不足以清偿全部债务或者明显缺乏清偿能力的情况下,可以参照适用企业破产法规定的破产清算程序进行清算。

根据《中华人民共和国个人独资企业法》第三十一条的规定，人民法院参照适用破产清算程序裁定终结个人独资企业的清算程序后，个人独资企业的债权人仍然可以就其未获清偿的部分向投资人主张权利。

最高人民法院
关于税务机关就破产企业欠缴税款产生的滞纳金提起的债权确认之诉应否受理问题的批复

法释〔2012〕9号

（2012年6月4日最高人民法院审判委员会第1548次会议通过 2012年6月26日最高人民法院公告公布 自2012年7月12日起施行）

青海省高级人民法院：

你院《关于税务机关就税款滞纳金提起债权确认之诉应否受理问题的请示》（青民他字〔2011〕1号）收悉。经研究，答复如下：

税务机关就破产企业欠缴税款产生的滞纳金提起的债权确认之诉，人民法院应依法受理。依照企业破产法、税收征收管理法的有关规定，破产企业在破产案件受理前因欠缴税款产生的滞纳金属于普通破产债权。对于破产案件受理后因欠缴税款产生的滞纳金，人民法院应当依照《最高人民法院关于审理企业破产案件若干问题的规定》第六十一条规定处理。

此复。

最高人民法院
关于对企业法人破产还债程序终结的
裁定的抗诉应否受理问题的批复

法释〔1997〕2号

(1997年7月25日最高人民法院审判委员会第924次会议通过
1997年7月31日最高人民法院公告公布 自1997年8月2日起施行)

江苏省高级人民法院：

你院〔1996〕苏申经复字第16号《关于对宣告企业法人破产还债程序终结裁定的抗诉应否受理问题的请示》收悉。经研究，答复如下：

检察机关对人民法院作出的企业法人破产还债程序终结的裁定提出抗诉没有法律依据。检察机关对前述裁定提出抗诉的，人民法院应当通知其不予受理。

此复。

最高人民法院
关于审理企业破产案件若干问题的规定

法释〔2002〕23号

(2002年7月18日最高人民法院审判委员会第1232次会议通过
2002年7月30日最高人民法院公告公布 自2002年9月1日起施行)

为正确适用《中华人民共和国企业破产法(试行)》(以下简称企业破产法)、《中华人民共和国民事诉讼法》(以下简称民事诉讼法)，规范对企业破产案件的审理，结合人民法院审理企业破产案件的实际情况，特制定以下规定。

一、关于企业破产案件管辖

第一条 企业破产案件由债务人住所地人民法院管辖。债务人住所地指债务人的主要办事机构所在地。债务人无办事机构的，由其注册地人民法院管辖。

第二条 基层人民法院一般管辖县、县级市或者区的工商行政管理机关核准登记企业的破产案件；

中级人民法院一般管辖地区、地级市（含本级）以上的工商行政管理机关核准登记企业的破产案件；

纳入国家计划调整的企业破产案件，由中级人民法院管辖。

第三条 上级人民法院审理下级人民法院管辖的企业破产案件，或者将本院管辖的企业破产案件移交下级人民法院审理，以及下级人民法院需要将自己管辖的企业破产案件交由上级人民法院审理的，依照民事诉讼法第三十九条的规定办理；省、自治区、直辖市范围内因特殊情况需对个别企业破产案件的地域管辖作调整的，须经共同上级人民法院批准。

二、关于破产申请与受理

第四条 申请（被申请）破产的债务人应当具备法人资格，不具备法人资格的企业、个体工商户、合伙组织、农村承包经营户不具备破产主体资格。

第五条 国有企业向人民法院申请破产时，应当提交其上级主管部门同意其破产的文件；其他企业应当提供其开办人或者股东会议决定企业破产的文件。

第六条 债务人申请破产，应当向人民法院提交下列材料：

（一）书面破产申请；

（二）企业主体资格证明；

（三）企业法定代表人与主要负责人名单；

（四）企业职工情况和安置预案；

（五）企业亏损情况的书面说明，并附审计报告；

（六）企业至破产申请日的资产状况明细表，包括有形资产、无形资产和企业投资情况等；

（七）企业在金融机构开设账户的详细情况，包括开户审批材料、账号、资金等；

（八）企业债权情况表，列明企业的债务人名称、住所、债务数额、发生时间和催讨偿还情况；

（九）企业债务情况表，列明企业的债权人名称、住所、债权数额、发生时间；

（十）企业涉及的担保情况；

（十一）企业已发生的诉讼情况；

（十二）人民法院认为应当提交的其他材料。

第七条 债权人申请债务人破产，应当向人民法院提交下列材料：

（一）债权发生的事实与证据；

（二）债权性质、数额、有无担保，并附证据；

（三）债务人不能清偿到期债务的证据。

第八条 债权人申请债务人破产，人民法院可以通知债务人核对以下情况：

（一）债权的真实性；

（二）债权在债务人不能偿还的到期债务中所占的比例；

（三）债务人是否存在不能清偿到期债务的情况。

第九条 债权人申请债务人破产，债务人对债权人的债权提出异议，人民法院认为异议成立的，应当告知债权人先行提起民事诉讼。破产申请不予受理。

第十条 人民法院收到破产申请后，应当在 7 日内决定是否立案；破产申请人提交的材料需要更正、补充的，人民法院可以责令申请人限期更正、补充。按期更正、补充材料的，人民法院自收到更正补充材料之日起 7 日内决定是否立案；未按期更正、补充的，视为撤回申请。

人民法院决定受理企业破产案件的，应当制作案件受理通知书，并送达申请人和债务人。通知书作出时间为破产案件受理时间。

第十一条 在人民法院决定受理企业破产案件前，破产申请人可以请求撤回破产申请。

人民法院准许申请人撤回破产申请的，在撤回破产申请之前已经支出的费用由破产申请人承担。

第十二条 人民法院经审查发现有下列情况的，破产申请不予受理：

（一）债务人有隐匿、转移财产等行为，为了逃避债务而申请破产的；

（二）债权人借破产申请毁损债务人商业信誉，意图损害公平竞争的。

第十三条 人民法院对破产申请不予受理的，应当作出裁定。

破产申请人对不予受理破产申请的裁定不服的，可以在裁定送达之日起 10 日内向上一级人民法院提起上诉。

第十四条 人民法院受理企业破产案件后，发现不符合法律规定的受理条件或者有本规定第十二条所列情形的，应当裁定驳回破产申请。

人民法院受理债务人的破产申请后，发现债务人巨额财产下落不明且不能合理解释财产去向的，应当裁定驳回破产申请。

破产申请人对驳回破产申请的裁定不服的，可以在裁定送达之日起 10 日内向上一级人民法院提起上诉。

第十五条 人民法院决定受理企业破产案件后，应当组成合议庭，并在 10 日内完成下列工作：

（一）将合议庭组成人员情况书面通知破产申请人和被申请人，并在法院公告栏张贴企业破产受理公告。公告内容应当写明：破产申请受理时间、债务人名称、申报债权的期限、地点和逾期未申报债权的法律后果、第一次债权人会议召开的日期、地点；

（二）在债务人企业发布公告，要求保护好企业财产，不得擅自处理企业的账册、文书、资料、印章，不得隐匿、私分、转让、出售企业财产；

（三）通知债务人立即停止清偿债务，非经人民法院许可不得支付任何费用；

（四）通知债务人的开户银行停止债务人的结算活动，并不得扣划债务人款项抵扣债务。但经人民法院依法许可的除外。

第十六条 人民法院受理债权人提出的企业破产案件后，应当通知债务人在 15 日内向人民法院提交有关会计报表、债权债务清册、企业资产清册以及人民法院认为应当提交的资料。

第十七条 人民法院受理企业破产案件后，除应当按照企业破产法第九条的规定通知已知的债权人外，还应当于 30 日内在国家、地方有影响的报纸上刊登公告，公告内容同第十五条第（一）项的规定。

第十八条　人民法院受理企业破产案件后，除可以随即进行破产宣告成立清算组的外，在企业原管理组织不能正常履行管理职责的情况下，可以成立企业监管组。企业监管组成员从企业上级主管部门或者股东会议代表、企业原管理人员、主要债权人中产生，也可以聘请会计师、律师等中介机构参加。企业监管组主要负责处理以下事务：

（一）清点、保管企业财产；

（二）核查企业债权；

（三）为企业利益而进行的必要的经营活动；

（四）支付人民法院许可的必要支出；

（五）人民法院许可的其他工作。

企业监管组向人民法院负责，接受人民法院的指导、监督。

第十九条　人民法院受理企业破产案件后，以债务人为原告的其他民事纠纷案件尚在一审程序的，受诉人民法院应当将案件移送受理破产案件的人民法院；案件已进行到二审程序的，受诉人民法院应当继续审理。

第二十条　人民法院受理企业破产案件后，对债务人财产的其他民事执行程序应当中止。

以债务人为被告的其他债务纠纷案件，根据下列不同情况分别处理：

（一）已经审结但未执行完毕的，应当中止执行，由债权人凭生效的法律文书向受理破产案件的人民法院申报债权。

（二）尚未审结且无其他被告和无独立请求权的第三人的，应当中止诉讼，由债权人向受理破产案件的人民法院申报债权。在企业被宣告破产后，终结诉讼。

（三）尚未审结并有其他被告或者无独立请求权的第三人的，应当中止诉讼，由债权人向受理破产案件的人民法院申报债权。待破产程序终结后，恢复审理。

（四）债务人系从债务人的债务纠纷案件继续审理。

三、关于债权申报

第二十一条　债权人申报债权应当提交债权证明和合法有效的身份证明；代理申报人应当提交委托人的有效身份证明、授权委托书和债权证明。

申报的债权有财产担保的，应当提交证明财产担保的证据。

第二十二条　人民法院在登记申报的债权时，应当记明债权人名称、住所、开户银行、申报债权数额、申报债权的证据、财产担保情况、申报时间、联系方式以及其他必要的情况。

已经成立清算组的，由清算组进行上述债权登记工作。

第二十三条　连带债务人之一或者数人破产的，债权人可就全部债权向该债务人或者各债务人行使权利，申报债权。债权人未申报债权的，其他连带债务人可就将来可能承担的债务申报债权。

第二十四条　债权人虽未在法定期间申报债权，但有民事诉讼法第七十六条规定情形的，在破产财产分配前可向清算组申报债权。清算组负责审查其申报的债权，并由人民法院审查确定。债权人会议对人民法院同意该债权人参加破产财产分配有异议的,可以向人民法院申请复议。

四、关于破产和解与破产企业整顿

第二十五条 人民法院受理企业破产案件后,在破产程序终结前,债务人可以向人民法院申请和解。人民法院在破产案件审理过程中,可以根据债权人、债务人具体情况向双方提出和解建议。

人民法院作出破产宣告裁定前,债权人会议与债务人达成和解协议并经人民法院裁定认可的,由人民法院发布公告,中止破产程序。

人民法院作出破产宣告裁定后,债权人会议与债务人达成和解协议并经人民法院裁定认可,由人民法院裁定中止执行破产宣告裁定,并公告中止破产程序。

第二十六条 债务人不按和解协议规定的内容清偿全部债务的,相关债权人可以申请人民法院强制执行。

第二十七条 债务人不履行或者不能履行和解协议的,经债权人申请,人民法院应当裁定恢复破产程序。和解协议系在破产宣告前达成的,人民法院应当在裁定恢复破产程序的同时裁定宣告债务人破产。

第二十八条 企业由债权人申请破产的,如被申请破产的企业系国有企业,依照企业破产法第四章的规定,其上级主管部门可以申请对该企业进行整顿。整顿申请应当在债务人被宣告破产前提出。

企业无上级主管部门的,企业股东会议可以通过决议并以股东会议名义申请对企业进行整顿。整顿工作由股东会议指定人员负责。

第二十九条 企业整顿期间,企业的上级主管部门或者负责实施整顿方案的人员应当定期向债权人会议和人民法院报告整顿情况、和解协议执行情况。

第三十条 企业整顿期间,对于债务人财产的执行仍适用企业破产法第十一条的规定。

五、关于破产宣告

第三十一条 企业破产法第三条第一款规定的"不能清偿到期债务"是指:
(一)债务的履行期限已届满;
(二)债务人明显缺乏清偿债务的能力。

债务人停止清偿到期债务并呈连续状态,如无相反证据,可推定为"不能清偿到期债务"。

第三十二条 人民法院受理债务人破产案件后,有下列情形之一的,应当裁定宣告债务人破产:
(一)债务人不能清偿债务且与债权人不能达成和解协议的;
(二)债务人不履行或者不能履行和解协议的;
(三)债务人在整顿期间有企业破产法第二十一条规定情形的;
(四)债务人在整顿期满后有企业破产法第二十二条第二款规定情形的。

宣告债务人破产应当公开进行。由债权人提出破产申请的，破产宣告时应当通知债务人到庭。

第三十三条 债务人自破产宣告之日起停止生产经营活动。为债权人利益确有必要继续生产经营的，须经人民法院许可。

第三十四条 人民法院宣告债务人破产后，应当通知债务人的开户银行，限定其银行账户只能由清算组使用。人民法院通知开户银行时应当附破产宣告裁定书。

第三十五条 人民法院裁定宣告债务人破产后应当发布公告，公告内容包括债务人亏损情况、资产负债状况、破产宣告时间、破产宣告理由和法律依据以及对债务人的财产、账册、文书、资料和印章的保护等内容。

第三十六条 破产宣告后，破产企业的财产在其他民事诉讼程序中被查封、扣押、冻结的，受理破产案件的人民法院应当立即通知采取查封、扣押、冻结措施的人民法院予以解除，并向受理破产案件的人民法院办理移交手续。

第三十七条 企业被宣告破产后，人民法院应当指定必要的留守人员。破产企业的法定代表人、财会、财产保管人员必须留守。

第三十八条 破产宣告后，债权人或者债务人对破产宣告有异议的，可以在人民法院宣告企业破产之日起10日内，向上一级人民法院申诉。上一级人民法院应当组成合议庭进行审理，并在30日内作出裁定。

六、关于债权人会议

第三十九条 债权人会议由申报债权的债权人组成。

债权人会议主席由人民法院在有表决权的债权人中指定。必要时，人民法院可以指定多名债权人会议主席，成立债权人会议主席委员会。

少数债权人拒绝参加债权人会议，不影响会议的召开。但债权人会议不得作出剥夺其对破产财产受偿的机会或者不利于其受偿的决议。

第四十条 第一次债权人会议应当在人民法院受理破产案件公告3个月期满后召开。除债务人的财产不足以支付破产费用，破产程序提前终结外，不得以一般债权的清偿率为零为理由取消债权人会议。

第四十一条 第一次债权人会议由人民法院召集并主持。人民法院除完成本规定第十七条确定的工作外，还应当做好以下准备工作：

（一）拟订第一次债权人会议议程；

（二）向债务人的法定代表人或者负责人发出通知，要求其必须到会；

（三）向债务人的上级主管部门、开办人或者股东会议代表发出通知，要求其派员列席会议；

（四）通知破产清算组成员列席会议；

（五）通知审计、评估人员参加会议；

（六）需要提前准备的其他工作。

第四十二条 债权人会议一般包括以下内容：

（一）宣布债权人会议职权和其他有关事项；

（二）宣布债权人资格审查结果；

（三）指定并宣布债权人会议主席；

（四）安排债务人法定代表人或者负责人接受债权人询问；

（五）由清算组通报债务人的生产经营、财产、债务情况并作清算工作报告和提出财产处理方案及分配方案；

（六）讨论并审查债权的证明材料、债权的财产担保情况及数额、讨论通过和解协议、审阅清算组的清算报告、讨论通过破产财产的处理方案与分配方案等。讨论内容应当记明笔录。债权人对人民法院或者清算组登记的债权提出异议的，人民法院应当及时审查并作出裁定；

（七）根据讨论情况，依照企业破产法第十六条的规定进行表决。

以上第（五）至（七）项议程内的工作在本次债权人会议上无法完成的，交由下次债权人会议继续进行。

第四十三条 债权人认为债权人会议决议违反法律规定或者侵害其合法权益的，可以在债权人会议作出决议后 7 日内向人民法院提出，由人民法院依法裁定。

第四十四条 清算组财产分配方案经债权人会议两次讨论未获通过的，由人民法院依法裁定。

对前款裁定，占无财产担保债权总额半数以上债权的债权人有异议的，可以在人民法院作出裁定之日起 10 日内向上一级人民法院申诉。上一级人民法院应当组成合议庭进行审理，并在 30 日内作出裁定。

第四十五条 债权人可以委托代理人出席债权人会议，并可以授权代理人行使表决权。代理人应当向人民法院或者债权人会议主席提交授权委托书。

第四十六条 第一次债权人会议后又召开债权人会议的，债权人会议主席应当在发出会议通知前 3 日报告人民法院，并由会议召集人在开会前 15 日将会议时间、地点、内容、目的等事项通知债权人。

七、关于清算组

第四十七条 人民法院应当自裁定宣告企业破产之日起 15 日内成立清算组。

第四十八条 清算组成员可以从破产企业上级主管部门、清算中介机构以及会计、律师中产生，也可以从政府财政、工商管理、计委、经委、审计、税务、物价、劳动、社会保险、土地管理、国有资产管理、人事等部门中指定。人民银行分（支）行可以按照有关规定派人参加清算组。

第四十九条 清算组经人民法院同意可以聘请破产清算机构、律师事务所、会计事务所等中介机构承担一定的破产清算工作。中介机构就清算工作向清算组负责。

第五十条 清算组的主要职责是：

（一）接管破产企业。向破产企业原法定代表人及留守人员接收原登记造册的资产明细表、有形资产清册，接管所有财产、账册、文书档案、印章、证照和有关资料。破产宣告前成立企业监管组的，由企业监管组和企业原法定代表人向清算组进行移交；

（二）清理破产企业财产，编制财产明细表和资产负债表，编制债权债务清册，组织破产财产的评估、拍卖、变现；

（三）回收破产企业的财产，向破产企业的债务人、财产持有人依法行使财产权利；

（四）管理、处分破产财产，决定是否履行合同和在清算范围内进行经营活动。确认别除权、抵销权、取回权；

（五）进行破产财产的委托评估、拍卖及其他变现工作；

（六）依法提出并执行破产财产处理和分配方案；

（七）提交清算报告；

（八）代表破产企业参加诉讼和仲裁活动；

（九）办理企业注销登记等破产终结事宜；

（十）完成人民法院依法指定的其他事项。

第五十一条 清算组对人民法院负责并且报告工作，接受人民法院的监督。人民法院应当及时指导清算组的工作，明确清算组的职权与责任，帮助清算组拟订工作计划，听取清算组汇报工作。

清算组有损害债权人利益的行为或者其他违法行为的，人民法院可以根据债权人的申请或者依职权予以纠正。

人民法院可以根据债权人的申请或者依职权更换不称职的清算组成员。

第五十二条 清算组应当列席债权人会议，接受债权人会议的询问。债权人有权查阅有关资料、询问有关事项；清算组的决定违背债权人利益的，债权人可以申请人民法院裁定撤销该决定。

第五十三条 清算组对破产财产应当及时登记、清理、审计、评估、变价。必要时，可以请求人民法院对破产企业财产进行保全。

第五十四条 清算组应当采取有效措施保护破产企业的财产。债务人的财产权利如不依法登记或者及时行使将丧失权利的，应当及时予以登记或者行使；对易损、易腐、跌价或者保管费用较高的财产应当及时变卖。

八、关于破产债权

第五十五条 下列债权属于破产债权：

（一）破产宣告前发生的无财产担保的债权；

（二）破产宣告前发生的虽有财产担保但是债权人放弃优先受偿的债权；

（三）破产宣告前发生的虽有财产担保但是债权数额超过担保物价值部分的债权；

（四）票据出票人被宣告破产，付款人或者承兑人不知其事实而向持票人付款或者承兑所产生的债权；

（五）清算组解除合同，对方当事人依法或者依照合同约定产生的对债务人可以用货币计算的债权；

（六）债务人的受托人在债务人破产后，为债务人的利益处理委托事务所发生的债权；

（七）债务人发行债券形成的债权；

（八）债务人的保证人代替债务人清偿债务后依法可以向债务人追偿的债权；

（九）债务人的保证人按照《中华人民共和国担保法》第三十二条的规定预先行使追偿权而申报的债权；

（十）债务人为保证人的，在破产宣告前已经被生效的法律文书确定承担的保证责任；

（十一）债务人在破产宣告前因侵权、违约给他人造成财产损失而产生的赔偿责任；

（十二）人民法院认可的其他债权。

以上第（五）项债权以实际损失为计算原则。违约金不作为破产债权，定金不再适用定金罚则。

第五十六条 因企业破产解除劳动合同，劳动者依法或者依据劳动合同对企业享有的补偿金请求权，参照企业破产法第三十七条第二款第（一）项规定的顺序清偿。

第五十七条 债务人所欠非正式职工（含短期劳动工）的劳动报酬，参照企业破产法第三十七条第二款第（一）项规定的顺序清偿。

第五十八条 债务人所欠企业职工集资款，参照企业破产法第三十七条第二款第（一）项规定的顺序清偿。但对违反法律规定的高额利息部分不予保护。

职工向企业的投资，不属于破产债权。

第五十九条 债务人退出联营应当对该联营企业的债务承担责任的，联营企业的债权人对该债务人享有的债权属于破产债权。

第六十条 与债务人互负债权债务的债权人可以向清算组请求行使抵销权，抵销权的行使应当具备以下条件：

（一）债权人的债权已经得到确认；

（二）主张抵销的债权债务均发生在破产宣告之前。

经确认的破产债权可以转让。受让人以受让的债权抵销其所欠债务人债务的，人民法院不予支持。

第六十一条 下列债权不属于破产债权：

（一）行政、司法机关对破产企业的罚款、罚金以及其他有关费用；

（二）人民法院受理破产案件后债务人未支付应付款项的滞纳金，包括债务人未执行生效法律文书应当加倍支付的迟延利息和劳动保险金的滞纳金；

（三）破产宣告后的债务利息；

（四）债权人参加破产程序所支出的费用；

（五）破产企业的股权、股票持有人在股权、股票上的权利；

（六）破产财产分配开始后向清算组申报的债权；

（七）超过诉讼时效的债权；

（八）债务人开办单位对债务人未收取的管理费、承包费。

上述不属于破产债权的权利，人民法院或者清算组也应当对当事人的申报进行登记。

第六十二条 政府无偿拨付给债务人的资金不属于破产债权。但财政、扶贫、科技管理等行政部门通过签订合同，按有偿使用、定期归还原则发放的款项，可以作为破产债权。

第六十三条 债权人对清算组确认或者否认的债权有异议的，可以向清算组提出。债权人对清算组的处理仍有异议的，可以向人民法院提出。人民法院应当在查明事实的基础上依法作出裁决。

九、关于破产财产

第六十四条 破产财产由下列财产构成：
（一）债务人在破产宣告时所有的或者经营管理的全部财产；
（二）债务人在破产宣告后至破产程序终结前取得的财产；
（三）应当由债务人行使的其他财产权利。

第六十五条 债务人与他人共有的物、债权、知识产权等财产或者财产权，应当在破产清算中予以分割，债务人分割所得属于破产财产；不能分割的，应当就其应得部分转让，转让所得属于破产财产。

第六十六条 债务人的开办人注册资金投入不足的，应当由该开办人予以补足，补足部分属于破产财产。

第六十七条 企业破产前受让他人财产并依法取得所有权或者土地使用权的，即便未支付或者未完全支付对价，该财产仍属于破产财产。

第六十八条 债务人的财产被采取民事诉讼执行措施的，在受理破产案件后尚未执行的或者未执行完毕的剩余部分，在该企业被宣告破产后列入破产财产。因错误执行应当执行回转的财产，在执行回转后列入破产财产。

第六十九条 债务人依照法律规定取得代位求偿权的，依该代位求偿权享有的债权属于破产财产。

第七十条 债务人在被宣告破产时未到期的债权视为已到期，属于破产财产，但应当减去未到期的利息。

第七十一条 下列财产不属于破产财产：
（一）债务人基于仓储、保管、加工承揽、委托交易、代销、借用、寄存、租赁等法律关系占有、使用的他人财产；
（二）抵押物、留置物、出质物，但权利人放弃优先受偿权的或者优先偿付被担保债权剩余的部分除外；
（三）担保物灭失后产生的保险金、补偿金、赔偿金等代位物；
（四）依照法律规定存在优先权的财产，但权利人放弃优先受偿权或者优先偿付特定债权剩余的部分除外；
（五）特定物买卖中，尚未转移占有但相对人已完全支付对价的特定物；
（六）尚未办理产权证或者产权过户手续但已向买方交付的财产；
（七）债务人在所有权保留买卖中尚未取得所有权的财产；
（八）所有权专属于国家且不得转让的财产；
（九）破产企业工会所有的财产。

第七十二条 本规定第七十一条第（一）项所列的财产，财产权利人有权取回。

前款财产在破产宣告前已经毁损灭失的，财产权利人仅能以直接损失额为限申报债权；在破产宣告后因清算组的责任毁损灭失的，财产权利人有权获得等值赔偿。

债务人转让上述财产获利的，财产权利人有权要求债务人等值赔偿。

十、关于破产财产的收回、处理和变现

第七十三条　清算组应当向破产企业的债务人和财产持有人发出书面通知，要求债务人和财产持有人于限定的时间向清算组清偿债务或者交付财产。

破产企业的债务人和财产持有人有异议的，应当在收到通知后的7日内提出，由人民法院作出裁定。

破产企业的债务人和财产持有人在收到通知后既不向清算组清偿债务或者交付财产，又没有正当理由不在规定的异议期内提出异议的，由清算组向人民法院提出申请，经人民法院裁定后强制执行；

破产企业在境外的财产，由清算组予以收回。

第七十四条　债务人享有的债权，其诉讼时效自人民法院受理债务人的破产申请之日起，适用《中华人民共和国民法通则》第一百四十条关于诉讼时效中断的规定。债务人与债权人达成和解协议，中止破产程序的，诉讼时效自人民法院中止破产程序裁定之日起重新计算。

第七十五条　经人民法院同意，清算组可以聘用律师或者其他中介机构的人员追收债权。

第七十六条　债务人设立的分支机构和没有法人资格的全资机构的财产，应当一并纳入破产程序进行清理。

第七十七条　债务人在其开办的全资企业中的投资权益应当予以追收。

全资企业资不抵债的，清算组停止追收。

第七十八条　债务人对外投资形成的股权及其收益应当予以追收。对该股权可以出售或者转让，出售、转让所得列入破产财产进行分配。

股权价值为负值的，清算组停止追收。

第七十九条　债务人开办的全资企业，以及由其参股、控股的企业不能清偿到期债务，需要进行破产还债的，应当另行提出破产申请。

第八十条　清算组处理集体所有土地使用权时，应当遵守相关法律规定。未办理土地征用手续的集体所有土地使用权，应当在该集体范围内转让。

第八十一条　破产企业的职工住房，已经签订合同、交付房款，进行房改给个人的，不属于破产财产。未进行房改的，可由清算组向有关部门申请办理房改事项，向职工出售。按照国家规定不具备房改条件，或者职工在房改中不购买住房的，由清算组根据实际情况处理。

第八十二条　债务人的幼儿园、学校、医院等公益福利性设施，按国家有关规定处理，不作为破产财产分配。

第八十三条　处理破产财产前，可以确定有相应评估资质的评估机构对破产财产进行评估，债权人会议、清算组对破产财产的评估结论、评估费用有异议的，参照最高人民法院《关于民事诉讼证据的若干规定》第二十七条的规定处理。

第八十四条 债权人会议对破产财产的市场价格无异议的，经人民法院同意后，可以不进行评估。但是国有资产除外。

第八十五条 破产财产的变现应当以拍卖方式进行。由清算组负责委托有拍卖资格的拍卖机构进行拍卖。

依法不得拍卖或者拍卖所得不足以支付拍卖所需费用的，不进行拍卖。

前款不进行拍卖或者拍卖不成的破产财产，可以在破产分配时进行实物分配或者作价变卖。债权人对清算组在实物分配或者作价变卖中对破产财产的估价有异议的，可以请求人民法院进行审查。

第八十六条 破产财产中的成套设备，一般应当整体出售。

第八十七条 依法属于限制流通的破产财产，应当由国家指定的部门收购或者按照有关法律规定处理。

十一、关于破产费用

第八十八条 破产费用包括：

（一）破产财产的管理、变卖、分配所需要的费用；

（二）破产案件的受理费；

（三）债权人会议费用；

（四）催收债务所需费用；

（五）为债权人的共同利益而在破产程序中支付的其他费用。

第八十九条 人民法院受理企业破产案件可以按照《人民法院诉讼收费办法补充规定》预收案件受理费。

破产宣告前发生的经人民法院认可的必要支出，从债务人财产中拨付。债务人财产不足以支付的，如系债权人申请破产的，由债权人支付。

第九十条 清算期间职工生活费、医疗费可以从破产财产中优先拨付。

第九十一条 破产费用可随时支付，破产财产不足以支付破产费用的，人民法院根据清算组的申请裁定终结破产程序。

十二、关于破产财产的分配

第九十二条 破产财产分配方案经债权人会议通过后，由清算组负责执行。财产分配可以一次分配，也可以多次分配。

第九十三条 破产财产分配方案应当包括以下内容：

（一）可供破产分配的财产种类、总值，已经变现的财产和未变现的财产；

（二）债权清偿顺序、各顺序的种类与数额，包括破产企业所欠职工工资、劳动保险费用和破产企业所欠税款的数额和计算依据，纳入国家计划调整的企业破产，还应当说明职工安置费的数额和计算依据；

（三）破产债权总额和清偿比例；

（四）破产分配的方式、时间；

（五）对将来能够追回的财产拟进行追加分配的说明。

第九十四条 列入破产财产的债权,可以进行债权分配。债权分配以便于债权人实现债权为原则。

将人民法院已经确认的债权分配给债权人的,由清算组向债权人出具债权分配书,债权人可以凭债权分配书向债务人要求履行。债务人拒不履行的,债权人可以申请人民法院强制执行。

第九十五条 债权人未在指定期限内领取分配的财产的,对该财产可以进行提存或者变卖后提存价款,并由清算组向债权人发出催领通知书。债权人在收到催领通知书一个月后或者在清算组发出催领通知书两个月后,债权人仍未领取的,清算组应当对该部分财产进行追加分配。

十三、关于破产终结

第九十六条 破产财产分配完毕,由清算组向人民法院报告分配情况,并申请人民法院终结破产程序。

人民法院在收到清算组的报告和终结破产程序申请后,认为符合破产程序终结规定的,应当在7日内裁定终结破产程序。

第九十七条 破产程序终结后,由清算组向破产企业原登记机关办理企业注销登记。

破产程序终结后仍有可以追收的破产财产、追加分配等善后事宜需要处理的,经人民法院同意,可以保留清算组或者保留部分清算组成员。

第九十八条 破产程序终结后出现可供分配的财产的,应当追加分配。追加分配的财产,除企业破产法第四十条规定的由人民法院追回的财产外,还包括破产程序中因纠正错误支出收回的款项,因权利被承认追回的财产,债权人放弃的财产和破产程序终结后实现的财产权利等。

第九十九条 破产程序终结后,破产企业的账册、文书等卷宗材料由清算组移交破产企业上级主管机关保存;无上级主管机关的,由破产企业的开办人或者股东保存。

十四、其 他

第一百条 人民法院在审理企业破产案件中,发现破产企业的原法定代表人或者直接责任人员有企业破产法第三十五条所列行为的,应当向有关部门建议,对该法定代表人或者直接责任人员给予行政处分;涉嫌犯罪的,应当将有关材料移送相关国家机关处理。

第一百零一条 破产企业有企业破产法第三十五条所列行为,致使企业财产无法收回,造成实际损失的,清算组可以对破产企业的原法定代表人、直接责任人员提起民事诉讼,要求其承担民事赔偿责任。

第一百零二条 人民法院受理企业破产案件后,发现企业有巨额财产下落不明的,应当将有关涉嫌犯罪的情况和材料,移送相关国家机关处理。

第一百零三条 人民法院可以建议有关部门对破产企业的主要责任人员限制其再行开办企业,在法定期限内禁止其担任公司的董事、监事、经理。

第一百零四条 最高人民法院发现各级人民法院,或者上级人民法院发现下级人民法院在破产程序中作出的裁定确有错误的,应当通知其纠正;不予纠正的,可以裁定指令下级人民法院重新作出裁定。

第一百零五条 纳入国家计划调整的企业破产案件,除适用本规定外,还应当适用国家有关企业破产的相关规定。

第一百零六条 本规定自 2002 年 9 月 1 日起施行。在本规定发布前制定的有关审理企业破产案件的司法解释,与本规定相抵触的,不再适用。

最高人民法院
关于破产清算组在履行职责过程中违约或侵权等民事纠纷案件诉讼管辖问题的批复

法释〔2004〕5 号

(2004 年 6 月 17 日最高人民法院审判委员会第 1317 次会议通过 2004 年 6 月 21 日最高人民法院公告公布 自 2004 年 6 月 28 日起施行)

湖北省高级人民法院:

你院鄂高法〔2003〕383 号《关于破产清算组在履行职责过程中违约或侵权等民事纠纷案件诉讼管辖问题的请示》收悉。经研究,答复如下:

企业被宣告破产后,清算组因履行清算职责对他人违约或者侵权引起的民事诉讼,发生在破产程序终结之前的,由受理破产案件的人民法院管辖,在破产程序中一并处理。

此复。

最高人民法院
关于审计（师）事务所执业审计师可以接受
清算组的聘任参与企业破产清算的通知

1993年8月28日　　　　　　　　　　　　法〔1993〕72号

各省、自治区、直辖市高级人民法院：

审计（师）事务所是依法成立的社会审计组织，根据《中华人民共和国审计条例》第三十二条第一款第（二）项之规定，社会审计组织可以接受国家机关、企事业单位、个人委托，承办经济案件的鉴定事项。因此，在审理破产案件中，清算组织可以聘任审计（师）事务所一定数量的执业审计师参与企业破产清算。

最高人民法院
关于青海省非金属矿工业公司债权
债务清偿法律适用问题的复函

1991年12月20日　　　　　　　　　　　法（经）函〔1991〕149号

青海省高级人民法院：

你院〔91〕青法经字第15号、〔1991〕青法经发字第20号报告收悉。经研究，答复如下：

鉴于青海省非金属矿工业公司是经过青海省工商行政管理局核准的全民所有制企业，因经营管理不善造成严重亏损，不能清偿到期债务，故应当适用《中华人民共和国企业破产法（试行）》的规定宣告破产。清偿债务应当依照法律规定的顺序清偿。

此复。

最高人民法院
关于破产债权能否与未到位的
注册资金抵销问题的复函

1995年4月10日　　　　　　　　　　　　　法函〔1995〕32号

湖北省高级人民法院：

你院〔1994〕鄂经初字第10号请示报告收悉。经研究，答复如下：

据你院报告称：中国外运武汉公司（下称武汉公司）与香港德仓运输股份有限公司（下称香港公司）合资成立的武汉货柜有限公司（下称货柜公司），于1989年3月7日至8日曾召开董事会议，决定将注册资金由原来的110万美元增加到180万美元。1993年1月4日又以董事会决议对合资双方同意将注册资金增加到240万美元的《合议书》予以认可。事后，货柜公司均依规定向有关审批机构和国家工商行政管理局办理了批准、变更手续。因此，应当确认货柜公司的注册资金已变更为240万美元，尚未到位的资金应由出资人予以补足。货柜公司被申请破产后，武汉公司作为货柜公司的债权人同货柜公司的其他债权人享有平等的权利。为保护其他债权人的合法权益，武汉公司对货柜公司享有的破产债权不能与该公司对货柜公司未出足的注册资金相抵销。

最高人民法院
关于如何认定中国农业银行湖北省分行国际业务部
申请宣告武汉货柜有限公司破产一案中
两份抵押合同效力问题的复函

1995年4月10日　　　　　　　　　　　　　法函〔1995〕33号

湖北省高级人民法院：

你院〔1994〕鄂经初字第10号请示报告收悉。经研究，答复如下：

据你院报告称：中国外运武汉公司（下称武汉公司）与香港德仓运输股份有限公司合资成立了武汉货柜有限公司（下称货柜公司）。货柜公司将价值503万美元的财产抵押给武汉公司后，又将价值600万美元的财产抵押给该国际业务部，该抵押财产中的一部分与前述抵押财产重复。武汉公司与货柜公司的法定代表人虽为同一人，但武汉公司与货柜公司都是企业法人,应以各自所有或经营管理的财产独立承担民事责任。货柜公司、武汉公司的法定代表人分别代表两个公司实施的民事行为,如果不损害其所代表的各个法人的利益,根据本院《关于贯彻执行〈中华人民共和国民法通则〉若干问题的意见(试行)》第一百一十五条第一款的规定,我院同意你院请示中的第二种意见,即武汉公司与货柜公司签订的抵押合同有效,中国农业银行湖北省分行国际业务部与货柜公司签订的抵押合同与前述抵押合同相重复部分无效。

最高人民法院
关于哈尔滨百货采购供应站申请破产一案的复函

1995年5月4日　　　　　　　　　　　　　法函〔1995〕48号

黑龙江省高级人民法院:

你院《关于哈尔滨百货采购供应站申请破产一案的汇报》收悉。经研究,答复如下:

哈尔滨百货采购供应站(下称百货供应站)在负债累累的情况下,抽出其绝大部分注册资金开办哈尔滨康安批发市场,尔后,申请破产。其做法严重侵害了债权人的利益。虽然该行为未发生在法院受理破产案件前六个月内,但其目的是为了逃避债务,故原则上应根据《中华人民共和国民法通则》第五十八条第一款第(七)项的规定,追回百货供应站开办康安批发市场投入的2217.3万元及该场所得的盈利,作为破产财产统一分配。但在具体处理方式上,可采取整体转让康安批发市场或以债权人的债权作为股份,依照我国公司法的规定,组成规范化的公司,以避免康安批发市场与百货供应站同时倒闭。如上述两种具体处理方式均不可行,则可将康安批发市场的现有全部财产及其债务纳入百货供应站破产清偿范围之内。以上意见供你院处理本案时参考,并请注意总结这方面的经验。

最高人民法院
关于实行社会保险的企业破产后各种社会保险统筹费用应缴纳至何时问题的批复

1996年11月22日　　　　　　　　　　　　法复〔1996〕17号

四川省高级人民法院：

你院川高法〔1995〕167号《关于实行社会保险的企业破产后，各种社会保险统筹费用应缴纳至何时的请示》已收悉。经研究，现答复如下：

参加社会保险的企业破产的，欠缴的社会保险统筹费用应当缴纳至人民法院裁定宣告破产之日。

此复。

最高人民法院
关于人民法院在审理企业破产案件中适用最高人民法院《关于审理企业破产案件若干问题的规定》的通知

2002年12月26日　　　　　　　　　　　　法〔2002〕273号

各省、自治区、直辖市高级人民法院，解放军军事法院，新疆维吾尔自治区高级人民法院生产建设兵团分院：

最高人民法院《关于审理企业破产案件若干问题的规定》（以下简称《规定》）已由最高人民法院审判委员会第1232次会议通过，并于2002年9月1日起施行。为在审理企业破产案件工作中正确适用《规定》，现就有关问题通知如下：

一、各级人民法院应当认真组织审判人员学习《规定》，深刻理解其含义，准确把握司法解释的精神，充分认识《规定》在规范企业破产行为，保障债权人和债务人的合法权益，防止假破产、真逃债，建立社会信用，维护社会经济秩序，促进社会主义市场经济发展方面的重要作用。

二、当事人向人民法院提出企业破产申请后，由立案庭接收有关申请材料，确定案号，并将有关申请材料移交审理企业破产案件的审判庭，由该审判庭依照《规定》的有关规定，决定是否受理当事人的申请。

三、企业破产申请人根据《规定》第十三条第二款、第十四条第三款的规定，向上一级人民法院提起上诉的，由上级人民法院审理企业破产案件的审判庭审理。

四、企业破产案件当事人根据《规定》第三十八条、第四十四条第二款的规定，向上一级人民法院申诉的，由上一级人民法院审理企业破产案件的审判庭审理。

五、根据《规定》第一百零四条的规定，最高人民法院发现地方各级人民法院，或者上级人民法院发现下级人民法院在企业破产程序中作出的裁定确有错误的，由最高人民法院或者上级人民法院审理企业破产案件的审判庭审理。

六、各级人民法院在执行《规定》的过程中，应当注意加强调查研究，总结审判实践经验，切实保证《规定》的有效实施。

最高人民法院
关于蓬莱京鲁通讯视像设备厂破产还债案有关法律适用问题的复函

2003年2月25日　　　　　　　　　　　　〔2001〕民立他字第49号

山东省高级人民法院：

你院〔2001〕鲁法经字8—1号《关于蓬莱京鲁通讯视像设备厂破产还债一案有关问题的请示》收悉。经研究，答复如下：

对于你院所请示问题，最高人民法院1997年3月6日法发〔1997〕2号《关于当前人民法院审理企业破产案件应当注意的几个问题的通知》第十一条和2002年7月8日《关于审理企业破产案件若干问题的规定》第一百零四条均已作出明确规定，上级人民法院发现下级人民法院的裁定确有错误，应当通知其依法纠正；必要时可以裁定指令下级人民法院重新作出裁定。因此，对于已经审理终结的破产案件进行监督、纠正是有法可依的，但在适用时应当严格、谨慎，并应充分考虑该破产案件提起再审的可行性，依法妥善处理。

最高人民法院
关于河南省高级人民法院就郑州亚细亚五彩购物广场有限公司破产一案中董桂琴等50家商户能否行使取回权问题请示的答复

2003年6月9日　　　　　　　　　　　〔2003〕民二他字第14号

河南省高级人民法院：

　　你院〔2003〕豫法民二函字第02号请示收悉。经研究，答复如下：

　　原则同意你院不支持董桂琴等50家商户行使取回权的第二种意见。董桂琴等50家商户与亚细亚五彩购物广场有限公司（以下简称五彩购物广场）形成了委托收取销售货款的关系，现有证据不能证明五彩购物广场对所收取的货款开立专门账户加以管理，即五彩购物广场代收的货款没有特定化。由于货币作为动产的特殊属性，董桂琴等50家商户对没有特定化的货款不具有所有权关系，在企业破产还债程序中不能行使取回权，可以以普通债权人的身份参与破产财产的分配。望你院并郑州中院做好当事人的工作。

　　此复。

最高人民法院
关于对《最高人民法院关于审理企业破产案件若干问题的规定》第五十六条理解的答复

2003年9月9日　　　　　　　　　　　法函〔2003〕46号

劳动和社会保障部：

　　你部2002年12月15日对我院《关于审理企业破产案件若干问题的规定》（以下简称《规定》）第五十六条执行中的有关问题征求意见的函收悉，经研究，答复如下：

　　一、《规定》第五十六条不适用于纳入国家计划调整的企业破产案件，该类企业破产案件适用国务院国发〔1994〕59号《关于在若干城市试行国有企业破产有关问题的通知》和国发〔1997〕10号《关于在若干城市试行国有企业兼并破产和职工再就业有关问题的补充通知》的有关规定。在根据相关规定向破产企业职工发放安置费、经济补偿金后，不再就解除劳动合同补偿金予以补偿。

二、《规定》第五十六条中"依法或者依据劳动合同"的含义是:第一,补偿金的数额应当依据劳动合同的约定,劳动合同中没有约定的,则应依照法律、法规,参照部门规章的相关规定予以补偿。第二,如果劳动合同约定的补偿金或者根据有关规定确定的补偿金额过低或者过高,清算组可以根据有关规定进行调整。调整的标准,应当以破产企业正常生产经营状况下职工十二个月的月平均工资为基数计算补偿金额。第三,清算组调整后,企业的工会、职工个人认为补偿金仍然过低的,可以向受理破产案件的人民法院提出变更申请;债权人会议对清算组确定的职工补偿金有异议的,按《规定》第四十四条规定的程序进行。

此复。

最高人民法院
关于外商投资企业特别清算程序中法院应否受理当事人以侵权为由要求返还财产或物品诉讼请求问题的请示的复函

2003年9月30日　　　　　　　　　　　〔2003〕民四他字第13号

河南省高级人民法院:

你院"关于外商投资企业特别清算程序中法院应否受理当事人以侵权为由要求返还财产或物品诉讼请求问题的请示报告"收悉。经研究,答复如下:

《中华人民共和国中外合资经营企业法实施条例》、《外商投资企业清算办法》,均未限制外商投资企业在清算过程中,清算组织可以以自己的名义提起侵权诉讼。本院法释〔1998〕1号批复虽然明确人民法院组织清算没有法律依据,但本案人民法院受理清算委员会以游溪霖为被告提起的侵权诉讼,并非属于人民法院介入外商投资企业的清算活动,更非由人民法院组织清算。本案中清算委员会的起诉,从性质上讲是请求人民法院保护其在清算过程中所应享有的民事权利,并非请求人民法院介入清算。人民法院受理的该案件,性质上为侵权纠纷,其具体所要解决的仅仅是原、被告之间的返还财产等纠纷,而并非决定清算如何进行。因此,只要清算委员会的起诉符合《中华人民共和国民事诉讼法》规定的起诉条件,人民法院即应受理。同意你院请示报告中的第二种意见即你院倾向性意见。

此复。

附：

河南省高级人民法院
关于外商投资企业特别清算程序中法院应否
受理当事人以侵权为由要求返还财产或
物品诉讼请求问题的请示

最高人民法院：

我院在受理新乡老松机械有限公司特别清算委员会与游溪霖（台商）等侵权纠纷上诉一案中，就外商投资企业特别清算程序中当事人要求另一方股东返还财产或者物品的诉请是否应由人民法院受理问题存在分歧意见，现将有关问题请示如下：

一、基本案情

台湾地区某公司、新加坡某公司与新乡市某设备厂于1993年共同出资设立新乡老松机械有限公司。在履行合资合同的过程中，当事人发生争议，协商未果，便向仲裁机构申请仲裁。中国国际经济贸易仲裁委员会深圳分会于2000年5月8日作出了终局裁决，主要内容是：终止合资公司合同及章程，当事人依法对合资公司清算，对合资公司剩余财产按投资比例划分。一方不配合清算，不影响清算的正常进行。此后，当事人就合资公司清算问题在协商未果的情况下，向企业审批机关申请特别清算，新乡市外资服务局根据当事人的申请及有关法律规定，于2000年7月6日批准成立了新乡老松机械有限公司特别清算委员会（以下简称特清委），进行特别清算。清算过程中，该特清委主任以特清委的名义起诉台方股东游溪霖（亦是合资公司董事长）返还部分财产和账册、印章。新乡中院一审参照《中华人民共和国中外合资经营企业法实施条例》、《外商投资企业清算办法》（以下简称《清算办法》）和《最高人民法院关于审理中外合资经营纠纷案件如何清算合资企业问题的批复》的有关规定，认为该纠纷不属人民法院民事案件的受理范围，故驳回新乡某公司特清委的起诉。特清委不服原审判决，向本院提起上诉。

二、请示的问题

人民法院如何介入中外合资企业特别清算程序？这类案件是否属人民法院的受案范围？对这些问题我院存在两种意见：

一种意见认为：公司清算是指处理符合清算条件公司的各项事务，清理和分配公司剩余财产，最终结束公司所有法律关系，消灭其法人资格的法律行为。《清算办法》与我国《公司法》中就公司特别清算方面的规定是有差异的。《公司法》规定在公司自愿解散后逾期不成立清算组时，则可以申请人民法院指定人员组织清算组织；而《清算办法》规定的外资企业清算中无论是一般清算还是特别清算都没有法院介入的规定，而是由企业的审批机关组织实施。另外,最高人民法院法释〔1998〕1号《关于审理中外合资经营合同纠纷案件如何清算合资企业问题的批复》中规定,"中外合资经营企业一方当事人向人民法院提起诉讼的……,人民法院仅应对合营合同效力、是否终止合营合同、违约责任等作出判决。合营企业清算问题则应根据《中华人民共和国中外合资经营企业法实施条例》、《外商投资企业清算办法》的有关规定办理,人民法院组织清算没有法律依据。"在外商投资企业特别清算程序中当事人要求返还财产和物品的诉请,实际上是清算过程中对外商投资企业财产清理工作的组成部分,当然也属于清算工作的一部分。另外,按《清算办法》第六条的规定,外商投资企业的清算期限为180天,特殊情况下可延长的期限不得超过90天,法院审理类似本案的侵权案件将无法保证清算程序按期完成。因此,按最高人民法院的司法解释和我国的相关规定,本案不应属法院受理的范围。

另一种观点认为:按最高人民法院法释〔1998〕1号批复,人民法院不应介入外商投资企业具体的清算活动,但并未禁止人民法院受理已进入清算程序的企业提出的民事诉讼。依照《清算办法》,清算委员会行使企业权力机构的职权,清算委员会以其自己的名义提起民事诉讼,只要符合民诉法规定的起诉条件的,即应予以受理。本案中,清算委员会以一方股东侵犯合资企业财产提起民事诉讼,法院应该受理。

我院倾向于第二种意见。

以上请示当否,请批复。

最高人民法院
对《关于审理企业破产案件若干问题的规定》第三十八条、第四十四条第二款的理解与适用的请示的答复

2004年2月3日　　　　　　　　　　　　〔2003〕民二他字第64号

湖北省高级人民法院:

你院鄂高法〔2003〕389号请示收悉。我庭研究认为,《关于审理企业破产案件若干问题的规定》(以下简称《规定》)第三十八条和第四十四条第二款规定的申诉程序,是最高人民法院在法律没有具体规定时,根据法律的精神和现实的需要,探索如何完善上级法院对下级法院审理企业破产案件进行审判监督的具体体现。鉴于此种申诉程序尚在探索阶段,我庭谨提供如下意见供参考:

一、人民法院作出破产宣告裁定依法应当进行公告,鉴于破产宣告裁定对破产程序当事人影响较大,也仅要求在人民法院公告栏进行公告,因此人民法院在破产宣告裁定作出当日即应当进行公告,公告之日即裁定之日。《规定》第三十八条规定债权人或债

务人向上级法院进行申诉的申诉期自裁定之日起算,也即从公告之日起算。如人民法院在裁定之日未作公告,而在裁定日后公告的,可酌情考虑自公告之日起算当事人的申诉期。

二、破产案件分配方案经债权人会议两次讨论未通过的,人民法院可以依法作出裁定。由于债权人会议系债权人自治组织,根据破产法的规定享有审查、通过破产财产分配方案的权力,因此,人民法院在债权人会议未通过破产财产分配方案时如以裁定形式通过方案,性质上属于司法对债权人意思自治的干预,因此,人民法院不仅在裁定中要说明裁定的理由,而且应当在债权人会议期间作出裁定并向参加会议的全体债权人宣读,使债权人及时知悉自身权利状态。《规定》第四十四条第二款规定债权人就该裁定向上级法院申诉的期间起算自裁定之日,也即起算自人民法院向参加会议的全体债权人宣读裁定之日。由于人民法院通过破产财产分配方案的裁定无需公告,也无需送达债权人(债权人人数众多时也无法送达),因此,在债权人会议期间宣读裁定应当是必要的。

司法实践中,有的法院不在债权人会议期间进行裁定,而是在债权人会议后通过书面审理进行,并且裁定后也不送达,确实存在不利于债权人维护自身权利的情况。对于此种情况如何进行救济尚有待探索,但从程序上要求人民法院在债权人会议期间作出裁定并向参加会议的全体债权人宣读裁定,是避免出现上述情况的重要保证,各级人民法院应当予以充分重视。

此复。

最高人民法院
关于执行《最高人民法院关于〈中华人民共和国企业破产法〉施行时尚未审结的企业破产案件适用法律若干问题的规定》的通知

2007年5月26日　　　　　　　　　　　　　　　　法〔2007〕81号

各省、自治区、直辖市高级人民法院,新疆维吾尔自治区高级人民法院生产建设兵团分院:

为保证《中华人民共和国企业破产法》(以下简称企业破产法)的顺利施行和最高人民法院《关于〈中华人民共和国企业破产法〉施行时尚未审结的企业破产案件适用法律若干问题的规定》(以下简称《规定》)的正确执行,现就有关问题通知如下:

一、企业破产法施行后,尚未审结的企业破产案件中,已经开始而尚未终结的有关债务人的民事诉讼案件,分别按照以下方式处理:

(一)以债务人为原告的一审案件,已经移交给受理破产案件的人民法院的,由受理破产案件的人民法院继续审理;尚未移交的,适用企业破产法第二十条的规定。

以债务人为原告的二审案件，由二审人民法院继续审理。

（二）以债务人为被告的案件，已经中止诉讼，且受理破产案件的人民法院对相关争议已经作出裁定的，不适用企业破产法的规定；尚未作出裁定的，依照企业破产法第二十条的规定继续审理。

二、根据企业破产法的规定，破产申请受理后，所有有关债务人的民事诉讼只能向受理破产申请的人民法院提起。尚未审结的企业破产案件中，债权人或者债务人的职工依据企业破产法和《规定》第九条或者第十条的规定，向人民法院提起诉讼的，受理破产案件的人民法院应当根据案件性质和人民法院内部职能分工，并依据民事诉讼法的有关规定，由相关审判庭以独任审判或者组成合议庭的方式进行审理。

三、对于有关债务人的其他民事诉讼，如债务人合同履行诉讼、追收债务人对外债权诉讼、撤销债务人处分财产行为诉讼、确认债务人处分财产行为无效诉讼、取回权诉讼、别除权诉讼和抵销权诉讼等，受理破产案件的人民法院应比照本通知第二条规定处理。

四、为保证破产程序的顺利进行，依据本通知第一条、第二条和第三条的规定审理有关债务人的民事诉讼案件的人民法院，应当在审限内尽可能加快审理有关债务人的民事诉讼案件，避免因拖延审理对相关权利人的权利造成不必要的损害。

五、尚未审结的企业破产案件中有关债务人财产行为的无效认定，适用《中华人民共和国企业破产法（试行）》的有关规定。

六、人民法院审理企业破产案件适用企业破产法第一百三十二条和《规定》第十四条时，应当注意以下几个问题：

（一）企业破产法第一百三十二条仅适用于企业破产法公布之日前所欠的职工权益，形成于企业破产法公布之日后所欠的职工权益不属本条适用的范畴，该部分职工权益只能从破产企业已经设定担保物权之外的其他财产，或者担保物权人明确放弃行使优先受偿权后的已设定担保物权的财产中受偿；

（二）企业破产法公布之日前形成的职工权益，在按照正常清偿顺序无法得到清偿时，才可从已经设定物权担保的财产中受偿。在债务人尚有其他财产可以清偿时，不得先行从已经设定物权担保的财产中清偿；

（三）在企业破产法公布之日前所欠的职工权益，依法以设定物权担保的财产进行清偿的情况下，对于企业破产案件中因按照正常清偿顺序无法实现的破产费用、共益债务以及职工的其他权益不得优先于担保物权人受偿。

七、人民法院审理尚未审结的企业破产案件，对于尚未进行的程序，《规定》未作出规定的，原则上均应适用企业破产法的有关规定。

请各级人民法院将执行企业破产法和《规定》中遇到的问题和情况及时逐级报告我院。

最高人民法院
关于受理借用国际金融组织和外国政府贷款偿还任务尚未落实的企业破产申请问题的通知

2009年12月3日　　　　　　　　　　　　　　法〔2009〕389号

各省、自治区、直辖市高级人民法院，解放军军事法院，新疆维吾尔自治区高级人民法院生产建设兵团分院：

近来，部分地方人民法院向我院请示是否受理借用国际金融组织和外国政府贷款偿还任务尚未落实的企业破产申请的问题，经研究，现就有关问题通知如下，请遵照执行。

自2007年6月1日起，借用国际金融组织和外国政府贷款或转贷款的有关企业申请或者被申请破产的，人民法院应依照《中华人民共和国企业破产法》的有关规定依法受理。

上述企业在2007年6月1日之前已签署转贷协议但偿还任务尚未落实的，应继续适用最高人民法院《关于当前人民法院审理企业破产案件应当注意的几个问题的通知》（法发〔1997〕2号）第三条的规定和最高人民法院《关于贯彻执行法发〔1997〕2号文件第三条应注意的问题的通知》（法函〔1998〕74号）的有关规定。

最高人民法院
关于北京市中伦律师事务所与中国证券投资者保护基金有限公司签订法律服务合同的行为是否构成《企业破产法》第二十四条规定的"与本案利害关系"问题请示的答复

2010年6月22日　　　　　　　　　　　　〔2010〕民二他字第2号

广东省高级人民法院：

你院粤高法〔2010〕6号《关于北京市中伦律师事务所与中国证券投资者保护基金有限公司签订法律服务合同的行为是否构成〈企业破产法〉第二十四条规定的"与本案利害关系"问题的请示》收悉。经研究，答复如下：

北京市中伦律师事务所（以下简称中伦总所）分支机构北京市中化律师事务所深圳分所（以下简称中伦深圳分所）担任汉唐证券管理人的组成单位成员后，中伦总所与汉唐证券的最大债权人中国证券投资者保护基金有限公司（以下简称基金公司）签订法律服务合同担任基金公司的法律顾问的行为，构成企业破产法及相关司法解释中的"与本案有利害关系"。同时，基金公司的债券是依照国家政策收购汉唐证券交易结算资金及个人债权形成的，其数额是经过汉唐证券清算组甄别确认的，而且根据《证券投资者保护基金管理办法》，基金公司具有组织、参与被撤销、关闭或破产证券公司的清算工作的职能。因此基金公司参与汉唐证券的破产清算程序既有债权人的身份，也是其履行参与证券公司风险处置工作的法定职责。综合以上情况，鉴于基金公司作为汉唐证券债权人的特殊性，中伦深圳分所可以继续担任汉唐证券管理人的组成单位成员。但是，基金公司参与汉唐证券破产清算案件的专项法律顾问工作不应由中伦总所的律师担任，如有相关情形，其代理关系应当解除，否则中伦深圳分所不能继续承担汉唐证券破产清算案件的管理人的组成单位成员。

此复。

最高人民法院
关于代为清偿的连带债务人是否有权向破产和解的债务人继续追偿的问题请示答复

2010 年 11 月 10 日　　　　　　　　　　〔2010〕民二他字第 15 号

山东省高级人民法院：

你院鲁高法〔2010〕144 号《关于代为清偿的连带债务人是否有权向破产和解的债务人继续追偿的问题的请示》收悉。经研究，答复如下：

债权人如果已在主债务人的和解或重整程序中全额申报了债权，其未得到清偿的部分可以向保证人或连带债务人主张清偿。任何源于同一债务的普通债权，只能在破产程序中得到与其他普通债权相同比率的清偿。因此，保证人或连带债务人承担清偿责任后，不能向破产和解、破产重整的债务人追偿。

最高人民法院民事审判第二庭
关于西北电网起诉华夏证券取回权一案有关情况的复函

2010年12月21日　　　　　　　　　　〔2010〕民二他字第44号

上海市高级人民法院：

中国证券监督管理委员会办公厅证监办函（2010）322号《关于西北电网起诉华夏证券取回权一案有关情况的函》向我院反映，你院受理的西北电网有限公司与华夏证券股份有限公司西安南大街证券营业部、华夏证券股份有限公司及中国证券登记结算有限公司上海分公司取回权纠纷一案，审理结果可能侵害华夏证券其他债权人的合法权益，严重影响华夏证券破产清算工作的顺利进行，请求我院关注此案，明确审理此类案件的法律适用原则，确保华夏证券破产清算工作的有序进行。现将上述函件转你院，请你院在审理所涉案件时注意以下问题：

第一，取回权作为破产法上的一项特殊权利，其基础是民法上的物的返还请求权。权利人向破产企业主张行使取回权的前提必须是其要求取回的标的物客观存在，只有在此基础上才可能通过取回权的行使获得标的物的返还。反之，权利人只能依据有关事实向破产企业主张赔偿损失。

第二，证券公司综合治理工作是在国务院的统一部署下进行的一项重要工作，对于防范和化解证券市场风险发挥了巨大作用。人民法院在审理有关风险处置证券公司案件时，要注意维护证券公司风险处置措施的效力，巩固综合治理成果，保障证券公司破产程序的顺利进行，依法公平保护相关债权人的合法权益。

最高人民法院
关于破产财产拍卖相关问题请示的答复

2010年12月21日　　　　　　　　　　〔2010〕民二他字第45号

广西壮族自治区高级人民法院：

你院〔2010〕桂破请字第7号《关于破产财产拍卖相关问题的请示》收悉。经研究，答复如下：

第一，关于第三次债权人会议决议与拍卖成交合同的关系问题。第三次债权人会议对破产财产分配方案作出的决议,即使该次会议决议依法被撤销也并不当然导致拍卖成交合同的解除。债权人会议决议与拍卖成交合同系两个不同的法律关系,债权人会议无权自行决定拍卖成交合同的解除。

第二,关于广西信托大厦是否应该重新拍卖问题。重新拍卖广西信托大厦的前提必须是拍卖成交合同已被解除,或者被确认无效或未生效。人民法院在审理广西信托投资公司破产案件中无权对上述问题作出裁决。债权人如果认为拍卖成交合同存在解除事由,或者存在合同无效或未生效事由的,均可要求管理人依据相关法律规定向人民法院另行提起诉讼,请求判决解除合同或者确认合同无效或未生效。人民法院判决支持其诉讼请求后,管理人可以另行委托拍卖。

第三,关于拍卖成交合同买受人逾期付款的法律责任问题。买受人未按照拍卖成交合同约定的履行期限支付拍卖价款,且经催告后在合理期限内仍未履行的,卖方有权主张解除合同。拍卖价款支付完毕后,虽然已不存在解除合同问题,但卖方仍然有权追究买受人逾期付款的违约责任,向买受人主张相应赔偿。

综上,同意你院审判委员会的意见,并请对上述问题向有关权利人和管理人予以释明,并告知其可依法主张相关权利。

此复。

最高人民法院
关于对西北证券有限责任公司处置日前佣金收入及富余外币结算备付金归属问题的请示的答复

2011年6月23日　　　　　　　　　　〔2011〕民二他字第9号

宁夏回族自治区高级人民法院:

你院宁高法〔2011〕45号《关于西北证券有限责任公司处置日前佣金收入及富余外币结算备付金归属问题的请示》收悉。经研究,答复如下:

同意你院关于将西北证券有限责任公司处置日前的佣金收入及富余外币结算备付金共计人民币10347245.14元退回保护基金公司的意见,按照证券公司风险处置的有关政策及《中华人民共和国证券法》的相关规定,该笔资金不属于西北证券有限责任公司的破产财产。

此外,鉴于西北证券有限责任公司破产清算工作已召开了多次债权人会议并进行了第一次债权分配,请你院指导银川市中级人民法院就有关证券公司风险处置的相关政策做好债权人的解释工作。

此复。

最高人民法院办公厅
关于印发《人民法院破产程序法律文书样式（试行）》的通知

2011年10月13日　　　　　　　　　　法办发〔2011〕12号

各省、自治区、直辖市高级人民法院，解放军军事法院，新疆维吾尔自治区高级人民法院生产建设兵团分院：

为了更好地指导各级人民法院正确适用《中华人民共和国企业破产法》及相关司法解释，规范人民法院破产程序法律文书，提高人民法院审理企业破产案件质量，最高人民法院制作了《人民法院破产程序法律文书样式（试行）》，现予以印发，并就适用该文书样式的有关问题通知如下：

一、关于本文书样式的体例

针对破产程序各阶段和相关程序的工作内容，按照简洁、实用、便利的原则，文书样式分为"通用类文书"、"破产清算程序用文书"、"重整程序用文书"、"和解程序用文书"以及适用于破产衍生诉讼一审程序的"破产衍生诉讼用文书"五类共105个文书样式。各文书样式均包括文书主文和制作说明两部分。文书主文是文书的核心部分，包括文书名称、文号、名头、主文、落款、附件等部分。制作说明是文书样式的辅助部分，主要列明制作文书样式的法律依据以及文书制作中需要注意的问题，以有利于人民法院正确制作、使用文书。

二、关于相关案件的案号和各文书样式的文号

1. 破产案件的案号

破产案件的案号为"（××××）×破字第×号"。人民法院审理一个债务人的破产案件，包括破产申请受理前后，以及破产清算与重整、和解之间相互转化程序前后，均应使用同一案号。

"（××××）×破字第×号"中的"（××××）"，应列明人民法院受理破产案件的年份；"（××××）×破字第×号"中的"×"，应列明审理破产案件法院的简称；"（××××）×破字第×号"中的"×"，应列明该破产案件的案号。

2. 破产案件中出具的各类文书的文号

鉴于破产案件进展中程序不同和出具的各文书性质不同，人民法院在审理一个破产案件中将出具众多的民事裁定书、决定书、通知、公告和复函等各类文书，为体现相关文书出具的不同阶段以及各类文书的排序，人民法院在审理破产案件时，应当在上述案

号的基础上，在所出具有关文书的文号上分别以"预"、"初"、"一×"等予以标识。具体如下：

"（××××）×破（预）字第×号"中的"（预）"，体现该文书出具在破产申请受理前，即人民法院裁定受理破产清算、重整、和解申请前制作的各类法律文书，以及作出的不予受理和受理上述申请的民事裁定书，均以"（××××）×破（预）字第×号"确定文号。人民法院裁定受理破产申请后，则应以"（××××）×破字第×号"确定文号。

"（××××）×破初字第×号"中的"初"，体现该文书系审理破产案件的人民法院作出的一审裁定。根据企业破产法的规定，申请人不服该裁定的可向上一级人民法院提起上诉。此类文号涉及人民法院作出的不予受理破产申请和驳回破产申请两类民事裁定书。

"（××××）×破字第×－×号"中的"一×"，体现不同文书的编排序号。如人民法院在审理一个破产案件中作出的所有民事裁定书，应当分别以"（××××）×破字第×－1号"民事裁定书、"（××××）×破字第×－2号"民事裁定书、"（××××）×破字第×－3号"民事裁定书……依次编号；作出的所有决定书，应当分别以"（××××）×破字第×－1号"决定书、"（××××）×破字第×－2号"决定书、"（××××）×破字第×－3号"决定书……依次编号，等等。编排序号不受破产申请受理前后的影响，如破产申请受理前最后编号为"（××××）×破（预）字第×－5号"民事裁定书的，破产申请受理后应直接以"（××××）×破字第×－6号"民事裁定书依次编号。

3. 上一级人民法院审理相关案件的案号

受理破产案件的人民法院作出的不予受理或者驳回破产申请的民事裁定书，以及拘留、罚款决定书，根据法律规定可以分别向上一级人民法院提起上诉或申请复议。上一级人民法院对于这类案件应当分别以"（××××）×破（预）终字第×号"、"（××××）×破终字第×号"，以及"（××××）×破复字第×号"确定案号。其中，"（××××）×破（预）终字第×号"中的"（××××）"，应列明二审法院受理破产案件的年份；"（××××）×破（预）终字第×号"中的"×"，应列明二审法院的简称；"（××××）×破（预）终字第×号"中的"×"，应列明该二审案件的案号。其他两类文书同理。

4. 破产衍生诉讼案件的案号

根据企业破产法的规定，破产申请受理后有关债务人的实体权利义务等发生争议的，均应另行向受理破产申请的人民法院提起诉讼，即为破产衍生诉讼。因破产衍生诉讼独立于破产案件，系普通民商事案件，因此，其一审均应以"（××××）×民初字第×号"确定案号，二审均应以"（××××）×民终字第×号"确定案号。

三、关于本文书样式的适用

人民法院适用企业破产法审理相关案件涉及的文书样式十分复杂，且在实践中会不断遇到新情况新问题，此次下发的仅是其中常用的、具有代表性的文书样式，且有的文书样式尚待相关司法解释颁布后再作补充与完善。因此，实践中如遇未列出的文书，可参考这些常用样式，根据案件具体情况变通适用。

请各高级人民法院注意收集辖区内人民法院在适用本文书样式中发现的问题并提出改进建议，及时报告最高人民法院民事审判第二庭。

特此通知。

附：《人民法院破产程序法律文书样式（试行）》（略）

最高人民法院办公厅
关于印发《管理人破产程序工作文书样式（试行）》的通知

2011年10月13日　　　　　　　　　　　　法办发〔2011〕13号

各省、自治区、直辖市高级人民法院，解放军军事法院，新疆维吾尔自治区高级人民法院生产建设兵团分院：

为了进一步明确破产程序中管理人的工作职责，统一管理人工作的文书格式，促进管理人正确履行职务，提高管理人的工作效率和质量，最高人民法院制订了《管理人破产程序工作文书样式（试行）》，现予以印发，并就该文书样式的有关问题通知如下：

一、关于文书样式的体例

针对破产程序各阶段管理人的工作内容，按照简洁、实用、便利的原则，文书样式分为"通用类文书"、"破产清算程序用文书"、"重整程序用文书"、"和解程序用文书"四大类共计59个文书样式。各文书样式均包括文书主文和制作说明两部分。文书主文是文书的核心部分，包括文书名称、文号、名头、主文、落款、附件等部分。制作说明是文书样式的辅助部分，主要列明制作文书样式的法律依据以及文书制作中需要注意的问题，以有利于管理人正确制作、使用文书样式。

二、关于本文书样式的文号

管理人破产程序工作文书文号统一为（××××）××破管字第×号。"（××××）××破管字第×号"中的"（××××）"，应列明人民法院指定管理人的年份；"（××××）××破管字第×号"中的"××"，应列明破产企业的简称，简称一般为2～4个字；"（××××）××破管字第×号"中的序号"×"，应列明按文书制作时间先后编排的序号。

三、关于文书样式的适用

管理人在执行职务过程中需要制作大量的工作文书,涉及的文书样式十分复杂,且在实践中会不断遇到新情况新问题,此次下发的仅是其中常用的、具有代表性的样式,且有的文书样式尚待相关司法解释颁布后再作补充完善。因此,实践中如遇未列出的文书,可参考这些常用样式,根据案件具体情况变通适用。

请各高级人民法院注意收集辖区内管理人在适用本文书样式中发现的问题并提出改进建议,及时报告最高人民法院民事审判第二庭。

特此通知。

附:《管理人破产程序工作文书样式(试行)》(略)

最高人民法院印发《关于审理上市公司破产重整案件工作座谈会纪要》的通知

2012 年 10 月 29 日　　　　　　　　　　法〔2012〕261 号

各省、自治区、直辖市高级人民法院,解放军军事法院,新疆维吾尔自治区高级人民法院生产建设兵团分院:

现将最高人民法院《关于审理上市公司破产重整案件工作座谈会纪要》印发给你们,请结合审判工作实际,遵照执行。

附:

关于审理上市公司破产重整案件工作座谈会纪要

《企业破产法》施行以来,人民法院依法审理了部分上市公司破产重整案件,最大限度地减少了因上市公司破产清算给社会造成的不良影响,实现了法律效果和社会效果的统一。上市公司破产重整案件的审理不仅涉及到《企业破产法》、《证券法》、《公司法》等法律的适用,还涉及司法程序与行政程序的衔接问题,有必要进一步明确该类案件的审理原则,细化有关程序和实体规定,更好地规范相关主体的权利义务,以充分保护债权人、广大投资者和上市公司的合法权益,优化配置社会资源,促进资本市场健康发展。为此,最高人民法院会同中国证券监督管理委员会,于 2012 年 3 月 22 日在海南省万宁市召开了审理上市公司破产重整案件工作座谈会。与会同志通过认真讨论，就审理上市公司破产重整案件的若干重要问题取得了共识。现纪要如下：

一、关于上市公司破产重整案件的审理原则

会议认为，上市公司破产重整案件事关资本市场的健康发展，事关广大投资者的利益保护，事关职工权益保障和社会稳定。因此，人民法院应当高度重视此类案件，并在审理中注意坚持以下原则：

（一）依法公正审理原则。上市公司破产重整案件参与主体众多，涉及利益关系复杂，人民法院审理上市公司破产重整案件，既要有利于化解上市公司的债务和经营危机，提高上市公司质量，保护债权人和投资者的合法权益，维护证券市场和社会的稳定，又要防止没有再生希望的上市公司利用破产重整程序逃废债务，滥用司法资源和社会资源；既要保护债权人利益，又要兼顾职工利益、出资人利益和社会利益，妥善处理好各方利益的冲突。上市公司重整计划草案未获批准或重整计划执行不能的，人民法院应当及时宣告债务人破产清算。

（二）挽救危困企业原则。充分发挥上市公司破产重整制度的作用，为尚有挽救希望的危困企业提供获得新生的机会，有利于上市公司、债权人、出资人、关联企业等各方主体实现共赢，有利于社会资源的有效利用。对于具有重整可能的企业，努力推动重整成功，可以促进就业，优化资源配置，促进产业结构的调整和升级换代，减少上市公司破产清算对社会带来的不利影响。

（三）维护社会稳定原则。上市公司进入破产重整程序后，因涉及债权人、上市公司、出资人、企业职工等相关当事人的利益，各方矛盾比较集中和突出，如果处理不当，极易引发群体性、突发性事件，影响社会稳定。人民法院审理上市公司破产重整案件，要充分发挥地方政府的风险预警、部门联动、资金保障等协调机制的作用，积极配合政府做好上市公司重整中的维稳工作，并根据上市公司的特点，加强与证券监管机构的沟通协调。

二、关于上市公司破产重整案件的管辖

会议认为，上市公司破产重整案件应当由上市公司住所地的人民法院，即上市公司主要办事机构所在地法院管辖；上市公司主要办事机构所在地不明确、存在争议的，由上市公司注册登记地人民法院管辖。由于上市公司破产重整案件涉及法律关系复杂，影响面广，对专业知识和综合能力要求较高，人力物力投入较多，上市公司破产重整案件一般应由中级人民法院管辖。

三、关于上市公司破产重整的申请

会议认为，上市公司不能清偿到期债务，并且资产不足以清偿全部债务或者明显缺乏清偿能力，或者有明显丧失清偿能力可能的，上市公司或者上市公司的债权人、出资额占上市公司注册资本十分之一以上的出资人可以向人民法院申请对上市公司进行破产重整。

申请人申请上市公司破产重整的，除提交《企业破产法》第八条规定的材料外，还应当提交关于上市公司具有重整可行性的报告、上市公司住所地省级人民政府向证券监督管理部门的通报情况材料以及证券监督管理部门的意见、上市公司住所地人民政府出具的维稳预案等。上市公司自行申请破产重整的，还应当提交切实可行的职工安置方案。

四、关于对上市公司破产重整申请的审查

会议认为，债权人提出重整申请，上市公司在法律规定的时间内提出异议，或者债权人、上市公司、出资人分别向人民法院提出破产清算申请和重整申请的，人民法院应当组织召开听证会。

人民法院召开听证会的，应当于听证会召开前通知申请人、被申请人，并送达相关申请材料。公司债权人、出资人、实际控制人等利害关系人申请参加听证的，人民法院应当予以准许。人民法院应当就申请人是否具备申请资格、上市公司是否已经发生重整事由、上市公司是否具有重整可行性等内容进行听证。

鉴于上市公司破产重整案件较为敏感，不仅涉及企业职工和二级市场众多投资者的利益安排，还涉及与地方政府和证券监管机构的沟通协调。因此，目前人民法院在裁定受理上市公司破产重整申请前，应当将相关材料逐级报送最高人民法院审查。

五、关于对破产重整上市公司的信息保密和披露

会议认为，对于股票仍在正常交易的上市公司，在上市公司破产重整申请相关信息披露前，上市公司及其债权人、出资人等利害关系人应当按照法律、行政法规、证券监管机构的部门规章及证券交易所上市规则做好信息保密工作。

上市公司的债权人提出破产重整申请的，人民法院应当要求债权人提供其已就此告知上市公司的有关证据。上市公司应当按照相关规则及时履行信息披露义务。

上市公司进入破产重整程序后，由管理人履行相关法律、行政法规、部门规章和公司章程规定的原上市公司董事会、董事和高级管理人员承担的职责和义务，上市公司自行管理财产和营业事务的除外。管理人在上市公司破产重整程序中存在信息披露违法违规行为的，应当依法承担相应的责任。

六、关于上市公司破产重整计划草案的制定

会议认为，上市公司或者管理人制定的上市公司重整计划草案应当包括详细的经营方案。有关经营方案涉及并购重组等行政许可审批事项的，上市公司或管理人应当聘请经证券监管机构核准的财务顾问机构、律师事务所以及具有证券期货业务资格的会计师事务所、资产评估机构等证券服务机构按照证券监管机构的有关要求及格式编制相关材料，并作为重整计划草案及其经营方案的必备文件。

控股股东、实际控制人及其关联方在上市公司破产重整程序前因违规占用、担保等行为对上市公司造成损害的，制定重整计划草案时应当根据其过错对控股股东及实际控制人支配的股东的股权作相应调整。

七、关于上市公司破产重整中出资人组的表决

会议认为，出资人组对重整计划草案中涉及出资人权益调整事项的表决，经参与表决的出资人所持表决权三分之二以上通过的，即为该组通过重整计划草案。

考虑到出席表决会议需要耗费一定的人力物力，一些中小投资者可能放弃参加表决会议的权利。为最大限度地保护中小投资者的合法权益，上市公司或者管理人应当提供网络表决的方式，为出资人行使表决权提供便利。关于网络表决权行使的具体方式，可以参照适用中国证券监督管理委员会发布的有关规定。

八、关于上市公司重整计划草案的会商机制

会议认为，重整计划草案涉及证券监管机构行政许可事项的，受理案件的人民法院应当通过最高人民法院，启动与中国证券监督管理委员会的会商机制。即由最高人民法院将有关材料函送中国证券监督管理委员会，中国证券监督管理委员会安排并购重组专家咨询委员会对会商案件进行研究。并购重组专家咨询委员会应当按照与并购重组审核委员会相同的审核标准，对提起会商的行政许可事项进行研究并出具专家咨询意见。人民法院应当参考专家咨询意见，作出是否批准重整计划草案的裁定。

九、关于上市公司重整计划涉及行政许可部分的执行

会议认为，人民法院裁定批准重整计划后，重整计划内容涉及证券监管机构并购重组行政许可事项的，上市公司应当按照相关规定履行行政许可核准程序。重整计划草案提交出资人组表决且经人民法院裁定批准后，上市公司无须再行召开股东大会，可以直接向证券监管机构提交出资人组表决结果及人民法院裁定书，以申请并购重组许可申请。并购重组审核委员会审核工作应当充分考虑并购重组专家咨询委员会提交的专家咨询意见。并购重组申请事项获得证券监管机构行政许可后，应当在重整计划的执行期限内实施完成。

会议还认为，鉴于上市公司破产重整案件涉及的法律关系复杂，利益主体众多，社会影响较大，人民法院对于审判实践中发现的新情况、新问题，要及时上报。上级人民法院要加强对此类案件的监督指导，加强调查研究，及时总结审判经验，确保依法妥善审理好此类案件。

最高人民法院
关于人民法院受理破产案件前债务人未付应付款项的滞纳金是否应当确认为破产债权请示的答复

2013 年 6 月 27 日　　　　　　　　　　　〔2013〕民二他字第 9 号

广东省高级人民法院：

你院粤高法〔2013〕107 号《关于人民法院受理破产案件前债务人未付应付款项的滞纳金是否应当确认为破产债权的请示》收悉。经研究，答复如下：

同意你院意见，即人民法院受理破产案件前债务人未付款项的滞纳金应确认为破产债权。

此复。

最高人民法院
关于在部分人民法院开展破产案件审理方式改革试点工作的通知

2014 年 11 月 26 日　　　　　　　　　　法〔2014〕292 号

各省、自治区、直辖市高级人民法院，解放军军事法院，新疆维吾尔自治区高级人民法院生产建设兵团分院：

为认真贯彻中央关于健全优胜劣汰市场化退出机制、完善企业破产制度重要精神，充分发挥破产法治对市场经济秩序的规范作用，进一步探索改革企业破产案件审理方式和工作机制，最高人民法院决定在部分人民法院开展企业破产案件审理方式改革试点工作（试点人民法院名单详见附件）。现就有关事项通知如下：

一、试点工作目标

企业破产案件审理方式改革试点工作的目标是深入推进《中华人民共和国企业破产法》等破产法律规范实施，进一步发掘并探索解决制约企业破产案件正确受理审理的制度性、机制性问题，积极推动建立有力的企业破产法治保障体系，通过高效的企业破产案件审理工作提高人民法院服务社会主义市场经济发展的能力与水平。对于试点成果，在条件成熟时，及时制定司法解释或者指导意见。

二、试点工作任务

最高人民法院确定以下六个方面为目前企业破产案件审理方式改革试点的主要任务：

（一）企业破产程序的启动问题（含民事执行程序转入企业破产程序问题，企业破产程序依法快速启动的相关保障机制问题，地方政府及其相关部门的协调机制问题等）。

（二）企业破产案件及破产衍生诉讼案件的管辖和审判组织问题（含破产案件集中管辖、指定管辖相关问题，破产审判专门审判庭或合议庭建设问题等）。

（三）企业破产法律程序与其它相关法律程序的衔接问题（含强制清算程序转入破产程序所涉及的问题，涉众型经济犯罪企业转入破产程序的问题，破产法律程序所要求的解除原有保全与公安、工商、海关等机关采取的保全措施间的协调问题，破产企业的税收特殊处理相关问题等）。

（四）企业破产重要法律制度实施及完善问题（含债权人会议表决机制实践，破产财产有效处置的问题，债务人自主重整模式的实践，破产案件财务顾问制度等）。

（五）企业破产管理人制度完善问题（含破产管理人分级管理、业务考核、晋升淘汰等）。

（六）企业破产案件审判管理问题（含人民法院内部工作部门的协作配合机制问题，破产案件绩效管理问题等）。

根据各试点人民法院近年审理企业破产案件工作情况，最高人民法院指定了每一个试点人民法院的试点工作（各试点人民法院试点工作详见附件），各试点人民法院应在相应的试点任务方面扎实开展工作。在完成试点工作的前提下，试点人民法院还可结合实际情况就破产案件审理中的其他问题积极探索和研究。

三、试点工作要求

（一）各试点人民法院应充分认识试点工作的重要性，要加强组织领导，建立健全制度，保障相关试点工作迅速有序开展，确保取得实效。

（二）试点工作应依法开展，试点中涉及到的各项举措不得违反法律法规规定；试点人民法院应注重完善企业破产案件审理配套机制，尤其应当协调有关单位加快解决制约企业破产法律程序顺利进行的体制机制性障碍，确保辖区内企业破产案件及相关矛盾纠纷能够依法、稳妥、高效地处理。

（三）最高人民法院民二庭负责检查指导试点工作。试点人民法院所在省（区、市）的高级人民法院应围绕试点工作目标采取恰当方式督促、指导试点工作。试点工作原则上由试点人民法院的破产案件审判庭具体承担；试点工作需要人民法院内部多部门共同完成的，破产案件审判庭应当作为该项工作的牵头部门。试点人民法院应确定试点工作联系人并报送最高人民法院民二庭。

（四）自本通知发布之日起，试点人民法院应在每年12月15日之前将试点工作经验及时书面报告最高人民法院。试点人民法院在试点工作中遇到的重大复杂问题，应及时层报最高人民法院。

（五）未列入本通知试点的人民法院应当积极借鉴试点人民法院的成功经验，在依法受理审理企业破产案件的同时也应当探索破产案件审理方式的健全和完善，积极提升企业破产案件审理能力。

附：企业破产案件审理方式改革试点人民法院暨试点工作表

企业破产案件审理方式改革试点人民法院暨试点工作表

省（区、市）	试点人民法院	试点工作
吉林省	高级人民法院	企业破产管理人制度完善问题；企业破产重要法律制度实施及完善问题（破产重整制度）
		企业破产案件审判管理问题（破产案件审判流程管理）
		企业破产程序的启动问题（民事执行程序转入企业破产程序）
上海市	高级人民法院	企业破产程序的启动问题（民事执行程序转入企业破产程序）
	第二中级人民法院	企业破产案件及破产产衍生诉讼案件的管辖和审判组织问题（破产案件集中管辖；专门破产案件审判庭的设立）
	徐汇区人民法院	
江苏省	南京市中级人民法院	企业破产法律程序与其它相关法律程序的衔接问题（涉众型经济犯罪企业转入破产程序的问题）
		企业破产重要法律制度实施及完善问题（债权人会议机制的运行）
	常熟市人民法院	企业破产重要法律制度实施及完善问题（债务人自主重整模式探索与完善）
	启东市人民法院	企业破产程序的启动问题（诉讼程序转破产程序的实践）
浙江省	温州市中级人民法院	企业破产程序的启动问题（民事执行程序转入企业破产程序；企业破产风险处置工作领导小组平台机制；虚假破产行为的规制）
	杭州市余杭区人民法院	企业破产法律程序与其它相关法律程序的衔接问题（破产案件受理法院与工商、公安、税务、房地产主管部门的协调和联动）
	江山市人民法院	企业破产重要法律制度实施及完善问题（破产资产有效处置的探索）
福建省	厦门市中级人民法院	企业破产重要法律制度实施及完善问题（台商投资企业破产特殊问题；企业破产程序中知识产权的特殊处理）

最高人民法院
关于依法开展破产案件审理积极稳妥推进破产企业救治和清算工作的通知

2016 年 5 月 6 日　　　　　　　　　　　　　法〔2016〕169 号

各省、自治区、直辖市高级人民法院，解放军军事法院，新疆维吾尔自治区高级人民法院生产建设兵团分院：

为认真贯彻党的十八届五中全会"更加注重运用市场机制、经济手段、法治办法化解产能过剩，加大政策引导力度，完善企业退出机制"精神，落实中央经济工作会议推进供给侧结构性改革要求，现就人民法院依法开展破产案件审理、积极稳妥推进破产企业救治和清算工作通知如下：

一、深刻认识依法开展破产案件审理、积极稳妥推进破产企业救治和清算工作的重要意义。社会主义市场主体救治和退出机制是否建立，是衡量社会主义市场经济体制完善的标志之一。依法开展破产案件审理、积极稳妥推进破产企业救治和清算工作，既是供给侧结构性改革的客观需要，又是提升市场主体竞争力的客观需要，也是建立完善社会主义市场主体救治和退出机制的客观需要。各级人民法院要深刻认识破产案件审理对优化资源配置、规范市场秩序的重要意义，推动破产案件审理工作常态化、规范化、法治化。对符合破产受理条件但仍可能适应市场需要的企业，要运用破产和解和破产重整的方式进行救治，使其能够通过救治重返市场；对救治无效或者根本不能适应市场需要的企业，要进行破产清算，促进及时退出市场。依法开展破产案件审理，是解决执行难的重要途径。对执行中符合《企业破产法》规定的破产条件的企业，要依法启动破产程序，通过破产和解化解一批、破产重整处置一批、破产清算消除一批，使企业破产制度成为解决执行难的配套制度。

二、加快建立专门清算与破产审判庭。各高级人民法院要按照最高人民法院的要求首先在省会城市、副省级城市所在地中级人民法院建立清算与破产审判庭。破产案件数量多的中级人民法院，要积极协商地方编办建立专门审判庭。其他中级人民法院要根据本地实际情况适时开展专门审判庭的建立工作。2016 年 12 月 31 日前，各高级人民法院要将辖区内专门审判庭建立情况报告最高人民法院。同时，人民法院要推进破产审判法官和司法辅助人员专业化建设，为破产审判岗位配备优秀人才，并通过培训等多种方式，切实提升破产审判队伍整体素质。

清算与破产审判庭承担以下职责：1. 企业破产和强制清算案件的立案、审理；2. 依法处理企业强制清算和破产案件的善后事宜；3. 调研企业破产和强制清算案件审理工作情况；4. 对下级法院企业破产和强制清算案件审理进行业务指导；5. 与有关法院协调解决企业破产案件审理中的问题；6. 与地方党委、政府及有关部门协调解决企业破产案件审理中的问题；7. 管理和培训破产管理人。

三、切实建立健全破产案件审理工作机制。一要健全破产重整企业识别机制。各地法院要围绕让人民法院成为"生病企业"医院目标，对虽符合破产受理条件但具有运营价值的企业，要以市场化为导向，积极开展破产和解和重整，有效利用各种资源，使企业恢复生机。对救治无效或者其他不能适应市场需要的企业，要加快破产清算、及时释放生产要素，实现市场出清。二要在地方党委领导下，积极与政府建立"府院企业破产工作统一协调机制"。协调机制要统筹企业破产重整和清算相关工作，妥善解决企业破产过程中出现的各种问题。三要建立全国企业破产重整案件信息平台机制。各地法院要按照最高人民法院全国企业破产重整案件信息平台建设工作要求，做好破产案件前期信息整理工作，确保信息平台上线后顺畅运行。实现重整企业信息公开、破产程序公开、化解破产受理难问题的目标。四要建立合法有序的利益衡平机制。各地法院要依法处理职工工资、国家税收、担保债权、普通债权的实现顺序和实现方式，审慎协调各方利益。

四、积极完善管理人制度。各地法院要根据《企业破产法》的规定积极完善管理人制度，在现有管理人结构的基础上吸收适应企业重整需要的管理人才参加，积极发挥企业家、经营者、管理者乃至科技人员的作用。要加强对管理人的监督、指导和管理，要着手建立管理人分级管理、升级降级、增补淘汰等制度。要强化管理人的责任，督促管理人依法履职。

五、认真做好执行程序与破产程序的衔接。各地法院要按照《企业破产法》和《最高人民法院关于适用〈中华人民共和国民事诉讼法〉的解释》有关规定，做好执行程序转入破产程序的衔接工作。执行法院要充分利用执行信息平台和相关信息资源，及时汇集针对同一企业的执行案件信息，依法推进符合破产条件的企业转入破产程序，坚决反对在案件处理上相互推诿。破产案件审理中，其他法院要依法中止对破产企业的执行，依法解除相关保全措施。对于不依法解除保全措施和违法执行的相关人员，各地法院要依法依规严厉追究责任。

依法开展破产案件审理、积极稳妥推进破产企业救治和清算工作，是人民法院围绕中心、服务大局的重要任务。各地法院要强化责任意识，迅速行动，充分发挥破产审理职能，积极探索总结破产审理经验，为经济持续健康发展提供有力司法保障。对于在工作中发现的新情况、新问题，各地法院要及时层报最高人民法院。

最高人民法院
印发《关于在中级人民法院设立清算与破产审判庭的工作方案》的通知

2016年6月21日　　　　　　　　　　　　法〔2016〕209号

各省、自治区、直辖市高级人民法院，新疆维吾尔自治区高级人民法院生产建设兵团分院：

为贯彻落实中央关于推进供给侧结构性改革，依法处置僵尸企业的工作部署，经商中央编办同意，最高人民法院制定了《关于在中级人民法院设立清算与破产审判庭的工作方案》。

现将工作方案印发给你们，请结合实际认真贯彻落实。有关情况和问题请及时报告最高人民法院。

附：

最高人民法院
关于在中级人民法院设立清算与破产审判庭的工作方案

为贯彻落实中央关于推进供给侧结构性改革的决策部署和习近平总书记关于供给侧结构性改革的一系列重要指示精神，充分发挥人民法院审判职能作用，为实施市场化破产程序创造条件，加快公司强制清算与企业破产案件审理工作，现就在中级人民法院设立清算与破产审判庭工作提出以下方案。

一、总体思路

一是落实党中央关于推进供给侧结构性改革的决策部署，健全公司强制清算与企业破产案件审判组织，配齐配强专业审判力量，加快公司强制清算与企业破产案件审理。二是提高公司强制清算与企业破产案件审理的专业化水平，统一裁判标准，提高案件审判质效。三是与司法责任制、人员分类管理、职业保障制度和内设机构改革有效衔接、同步推进。四是立足各地经济社会发展情况和法院实际，因地制宜，分类指导，稳步推进。

二、设立范围

直辖市应当至少明确一个中级人民法院设立清算与破产审判庭，省会城市、副省级城市所在地中级人民法院应当设立清算与破产审判庭。其他中级人民法院是否设立清算与破产审判庭，由各省（区、市）高级人民法院会同省级机构编制部门，综合考虑经济社会发展水平、清算与破产案件数量、审判专业力量、破产管理人数量等因素，统筹安排。

根据各地经济发展水平、僵尸企业处置工作的实际需求、破产案件审判工作情况，首先在北京、上海、天津、重庆四个直辖市的一个中级人民法院以及河北、吉林、江苏、浙江、安徽、山东、河南、湖北、湖南、广东、四川等11个省的省会城市和副省级市中级人民法院设立清算与破产审判庭，于2016年7月底前完成。其余省（区）省会城市和副省级市中级人民法院于2016年12月底前完成清算与破产审判庭设立工作。设立清算与破产审判庭，不能突破中级人民法院原有内设机构总数。原有机构总数限额内调剂不了的，可以先行设立清算与破产审判庭，在下一步法院内设机构改革过程中调整到位。

三、职能范围

中级人民法院设立的清算与破产审判庭，职能范围主要包括：1. 审理公司强制清算与企业破产案件；2. 负责公司强制清算与企业破产案件审判工作的调研工作；3. 对下级法院公司强制清算与企业破产案件审判工作进行业务指导；4. 负责相关法院之间公司强制清算与企业破产案件的协调工作；5. 负责破产管理人的管理、培训等相关工作。

四、案件管辖

中级人民法院设立的清算与破产审判庭一般管辖地（市）级以上（含本级）工商行政管理机关核准登记公司（企业）的强制清算与破产案件。省、自治区、直辖市范围内中级人民法院因特殊情况需对公司强制清算与企业破产案件的地域管辖作出调整的，须经当地高级人民法院批准。

五、人员配备

按照扁平化管理和司法责任制改革要求，根据案件数量和岗位需要合理核定人员编制和法官员额，并可根据案件数量适当调整。法官原则上从本院或者下级法院具有公司强制清算与企业破产案件及相关案件审判经验的优秀法官中选任产生。一般按照1：1：1的比例为法官配备法官助理和书记员。设立清算与破产审判庭所需人员编制在现有编制内调剂解决。

六、配套措施

要进一步完善公司强制清算与企业破产案件审判管理和考核办法，探索完善公司强制清算与企业破产案件快速审理机制，推动公司强制清算与企业破产案件审判方式改革。推进审判权运行机制改革，落实司法责任制，加强审判管理和监督，确保公正廉洁司法。

各省（区、市）高级人民法院要主动就设立清算与破产审判庭工作向当地党委、政府汇报，积极争取党委、政府和有关部门的支持。改革中出现的重大问题要及时向最高人民法院报告。

最高人民法院
关于调整强制清算与破产案件类型划分的通知

2016年7月6日　　　　　　　　　　　　法〔2016〕237号

各省、自治区、直辖市高级人民法院，解放军军事法院，新疆维吾尔自治区高级人民法院生产建设兵团分院：

为满足强制清算、破产案件的审判工作需要，根据《最高人民法院关于人民法院案件案号的若干规定》第七条、第十四条规定，决定对强制清算、破产案件类型单独分类（详见附件《强制清算与破产案件类型及代字标准》）。现将调整内容及有关事项通知如下：

一、强制清算、破产案件从民事案件中分出，单独作为一大类案件，一级类型名称整合为强制清算与破产案件。

二、将强制清算、破产申请审查与受理后的强制清算、破产程序分列案件类型，即对强制清算或破产申请审查单独作为一类案件。

三、对不予受理、驳回强制清算申请或破产申请等裁定的上诉审理，作为强制清算与破产上诉案件，下设两个小类：强制清算上诉案件、破产上诉案件。

四、对强制清算或破产申请的不予受理、驳回申请裁定以及强制清算与破产上诉案件的监督，作为强制清算与破产监督案件，下设两小类：强制清算监督案件、破产监督案件。

五、强制清算、破产案件类型划分及代字新标准于2016年8月1日起施行。2016年8月1日前已编立的案件案号不变。

特此通知。

附：

强制清算与破产案件类型划分及代字标准

类型新名称	类型代字
十一、强制清算与破产案件	
（一）强制清算与破产申请审查案件	
01. 强制清算申请审查案件	清申
02. 破产申请审查案件	破申
（二）强制清算与破产上诉案件	
01. 强制清算上诉案件	清终
02. 破产上诉案件	破终
（三）强制清算与破产监督案件	
01. 强制清算监督案件	清监
02. 破产监督案件	破监
（四）强制清算案件	强清
（五）破产案件	
01. 破产清算案件	
02. 破产重整案件	
03. 破产和解案件	破

最高人民法院
印发《关于企业破产案件信息公开的规定（试行）》的通知

2016年7月26日　　　　　　　　法发〔2016〕19号

各省、自治区、直辖市高级人民法院，解放军军事法院，新疆维吾尔自治区高级人民法院生产建设兵团分院：

现将最高人民法院《关于企业破产案件信息公开的规定（试行）》予以印发，请各地结合实际，认真贯彻执行。

附：

最高人民法院
关于企业破产案件信息公开的规定（试行）

为提升破产案件审理的透明度和公信力，根据《中华人民共和国企业破产法》《中华人民共和国民事诉讼法》，结合人民法院工作实际，就破产案件信息公开问题，制定本规定。

第一条 最高人民法院设立全国企业破产重整案件信息网（以下简称破产重整案件信息网），破产案件（包括破产重整、破产清算、破产和解案件）审判流程信息以及公告、法律文书、债务人信息等与破产程序有关的信息统一在破产重整案件信息网公布。

人民法院以及人民法院指定的破产管理人应当使用破产重整案件信息网及时披露破产程序有关信息。

第二条 破产案件信息公开以公开为原则，以不公开为例外。凡是不涉及国家秘密、个人隐私的信息均应依法公开。涉及商业秘密的债务人信息，在不损害债权人和债务人合法权益的情况下，破产管理人可以通过与重整投资人的协议向重整投资人公开。

第三条 人民法院依法公开破产案件的以下信息：

（一）审判流程节点信息；

（二）破产程序中人民法院发布的各类公告；

（三）人民法院制作的破产程序法律文书；

（四）人民法院认为应当公开的其他信息。

第四条 破产管理人依法公开破产案件的以下信息：

（一）债务人信息；

（二）征集、招募重整投资人的公告；

（三）破产管理人工作节点信息；

（四）破产程序中破产管理人发布的其他公告；

（五）破产管理人制作的破产程序法律文书；

（六）人民法院裁定批准的重整计划、认可的破产财产分配方案、和解协议。

破产管理人认为应当公开的其他信息，经人民法院批准可以公开。

第五条 破产管理人应当通过破产重整案件信息网及时公开下列债务人信息：

（一）工商登记信息；

（二）最近一年的年度报告；

（三）最近一年的资产负债表；

（四）涉及的诉讼、仲裁案件的基本信息。

第六条 重整投资人可以通过破产重整案件信息网与破产管理人互动交流。破产管理人可以根据与重整投资人的协议向重整投资人公开下列债务人信息：

(一) 资产、经营状况信息；
(二) 涉及的诉讼、仲裁案件的详细信息；
(三) 重整投资人需要的其他信息。

第七条 人民法院、破产管理人可以在破产重整案件信息网发布破产程序有关公告。

人民法院、破产管理人在其他媒体发布公告的，同时要在破产重整案件信息网发布公告。人民法院、破产管理人在破产重整案件信息网发布的公告具有法律效力。

第八条 经受送达人同意，人民法院可以通过破产重整案件信息网以电子邮件、移动通信等能够确认其收悉的方式送达破产程序有关法律文书，但裁定书除外。

采用前款方式送达的，以电子邮件、移动通信等到达受送达人特定系统的日期为送达日期。

第九条 申请人可以在破产重整案件信息网实名注册后申请预约立案并提交有关材料的电子文档。人民法院审查通过后，应当通知申请人到人民法院立案窗口办理立案登记。

第十条 债权人可以在破产重整案件信息网实名注册后申报债权并提交有关证据的电子文档，网上申报债权与其他方式申报债权具有同等法律效力。

债权人向破产管理人书面申报债权的，破产管理人应当将债权申报书及有关证据的电子文档上传破产重整案件信息网。

第十一条 人民法院、破产管理人可以在破产重整案件信息网召集债权人会议并表决有关事项。网上投票形成的表决结果与现场投票形成的表决结果具有同等法律效力。

债权人可以选择现场投票或者网上投票，但选择后不能再采用其他方式进行投票，采用其他方式进行投票的，此次投票无效。

第十二条 人民法院审理的公司强制清算案件应当参照适用本规定。

第十三条 本规定自 2016 年 8 月 1 日起施行。本规定施行后受理的破产案件以及施行前尚未审结的破产案件应当适用本规定。

最高人民法院
关于印发《企业破产案件管理人工作平台使用办法（试行）》的通知

2016 年 7 月 27 日　　　　　　　　　　　　法〔2016〕253 号

各省、自治区、直辖市高级人民法院，解放军军事法院，新疆维吾尔自治区高级人民法院生产建设兵团分院：

现将《企业破产案件破产管理人工作平台使用办法（试行）》予以印发，请各地结合实际，认真贯彻执行。

附：

企业破产案件破产管理人工作平台使用办法（试行）

第一条 企业破产案件破产管理人工作平台（以下简称破产管理人工作平台）是全国企业破产重整案件信息网（以下简称破产重整案件信息网）的组成部分。破产管理人在接受人民法院指定后，通过破产管理人工作平台接受人民法院监督和指导，履行企业破产法规定的工作职责。

第二条 破产管理人通过在破产重整案件信息网实名注册所获取的用户名和密码登录破产管理人工作平台。

第三条 破产管理人通过破产管理人工作平台实现破产管理人工作与法官工作的数据对接。

实现对接后，破产管理人应当通过破产管理人工作平台对外公开破产管理人团队的组成情况、办公电话、电子邮箱等信息。

第四条 律师事务所、会计师事务所、清算事务所或者人民法院指定的其他机构在获取登录破产管理人工作平台的权限后，应当指定专人负责破产管理人工作平台的日常维护，并将工作人员信息报该机构所在破产管理人名册的编制法院备案。

第五条 破产管理人应当及时将破产案件负责人、主要工作人员以及信息录入人员信息录入破产管理人工作平台。

第六条 多家机构担任同一破产案件破产管理人的，人民法院应当指定破产管理人工作平台的负责机构，其他机构工作人员经负责机构授权后可以使用破产管理人工作平台。

第七条 破产管理人应当通过破产管理人工作平台向人民法院提交破产案件有关申请和报告等文件，接受人民法院的监督和指导。

第八条 权利人在破产重整案件信息网申报有关权利的，应当进行网上实名注册，上传有效身份信息，并提交有关材料。

破产管理人认为权利人提交的材料不齐或者需要核对原件的，可以要求其补充材料或者提供原件。

前款所称"权利人"，是指债权人、取回权人、抵销权人、担保权人以及企业破产法规定的其他权利人。

第九条 破产管理人应当及时将债权人的下列信息录入破产管理人工作平台：

（一）债权人及其代理人的身份信息；

（二）申报债权的金额、性质；

（三）申报债权有无担保、担保种类以及保证人或担保物的情况；

（四）申报债权涉及的诉讼、仲裁案件信息；

（五）破产管理人认为应当录入的其他信息。

第十条 权利人在网上申报权利的，破产管理人可以通过破产重整案件信息网以电子邮件、移动通信等权利人预留的联系方式将审查结论通知权利人。

权利人对破产管理人作出的审查结论有异议的，可以通过破产重整案件信息网提出异议并申请破产管理人复核。

第十一条 破产管理人为破产管理人工作平台的信息公开责任人，对公开信息的真实性、及时性负责。

第十二条 破产管理人可以通过破产重整案件信息网以电子邮件、移动通信等方式向已申报债权的债权人送达债权人会议召开通知及有关文件。

第十三条 破产管理人在破产重整案件信息网召开债权人会议的，网上债权人会议的召开期间应当不短于现场债权人会议的召开期间。

破产管理人召开网上债权人会议的，应当通过破产重整案件信息网上传与会议有关的文件和表决事项，同时通过破产重整案件信息网以电子邮件、移动通信等方式向已申报债权的债权人送达参加网上债权人会议的会议编码。

第十四条 破产管理人应当告知债权人参加网上债权人会议并行使表决权的程序和规则，债权人应当签署与网上债权人会议有关的确认书。

第十五条 参加网上债权人会议的债权人是自然人的，应当在会议指定页面凭身份证号码和会议编码登录会议；参加网上债权人会议的债权人是法人的，应当在会议指定页面凭组织机构代码（或统一社会信用代码）和会议编码登录会议。

第十六条 本规定自 2016 年 8 月 1 日起施行。本规定施行后受理的破产案件以及施行前尚未审结的破产案件应当适用本办法。

最高人民法院
关于破产案件立案受理有关问题的通知

2016 年 7 月 28 日　　　　　　　　　最高法明传〔2016〕469 号

各省、自治区、直辖市高级人民法院、新疆维吾尔自治区高级人民法院生产建设兵团分院：

中央经济工作会议提出推进供给侧结构性改革，这是适应我国经济发展新常态作出的重大战略部署，为供给侧结构性改革提供有力的司法保障，是当前和今后一段时期人民法院的重要任务。破产审判工作具有依法促进市场主体再生或有序退出、优化社会资源配置、完善优胜劣汰机制的独特功能，是人民法院保障供给侧结构性改革、推动过剩产能化解的重要途径。因此，各级法院要高度重视、大力加强破产审判工作，认真研究解决影响破产审判职能发挥的体制性、机制性障碍，当前，尤其要做好破产案件的立案

受理工作,这是加强破产审判工作的首要环节。为此,特就人民法院破产案件受理的有关问题通知如下:

一、破产案件的立案受理事关当事人破产申请权保障,决定破产程序能否顺利启动,是审理破产案件的基础性工作,各级法院要充分认识其重要性,依照本通知要求,切实做好相关工作,不得在法定条件外设置附加条件,限制剥夺当事人的破产申请权,阻止破产案件立案受理,影响破产程序正常启动。

二、自2016年8月1日起,对于债权人、债务人等法定主体提出的破产申请材料,人民法院立案部门应一律接受并出具书面凭证,然后根据《中华人民共和国企业破产法》第八条的规定进行形式审查。立案部门经审查认为申请人提交的材料符合法律规定的,应按2016年8月1日起实施的《强制清算与破产案件类型及代字标准》,以"破申"作为案件类型代字编制案号,当场登记立案,不符合法律规定的,应予释明,并以书面形式一次性告知应当补充、补正的材料,补充、补正期间不计入审查期限,申请人按要求补充、补正的,应当登记立案。

立案部门登记立案后,应及时将案件移送负责审理破产案件的审判业务部门。

三、审判业务部门应当在五日内将立案及合议庭组成情况通知债务人及提出申请的债权人。对于债权人提出破产申请的,应在通知中向债务人释明,如对破产申请有异议,应当自收到通知之日起七日内向人民法院提出。

四、债权人提出破产申请的,审判业务部门应当自债务人异议期满之日起十日内裁定是否受理。其他情形的,审判业务部门应当自人民法院收到破产申请之日起十五日内裁定是否受理。

有特殊情况需要延长上述审限的,经上一级人民法院批准,可以延长十五日。

五、破产案件涉及的矛盾错综复杂,协调任务繁重,审理周期长,对承办法官的绩效考评应充分考虑这种特殊性。各高级法院要根据本地实际,积极探索建立能够全面客观反映审理破产案件工作量的考评指标体系和科学合理的绩效考评机制,充分调动法官承办破产案件的积极性。

六、各级法院要在地方党委的领导下,同地方政府建立破产工作统一协调机制,积极争取机构、编制、财政、税收等方面的支持,根据审判任务变化情况合理设置机构、配置人员,建立破产援助基金,协调政府解决职工安置问题,妥善化解影响社会稳定的各类风险。

七、请各高级法院、解放军军事法院、新疆维吾尔自治区高级人民法院生产建设兵团分院对本辖区、本系统各级法院今年上半年立案的破产案件数量和审判庭设置情况进行统计汇总,于2016年8月20日之前报最高人民法院民二庭。

各级人民法院对本通知执行中发现的新情况、新问题,应逐级报最高人民法院。

四、商事合同

（一）存单、借款、存款合同

最高人民法院关于审理存单纠纷案件的若干规定

法释〔1997〕8号

（1997年11月25日最高人民法院审判委员会第946次会议通过　1997年12月11日最高人民法院公告公布　自1997年12月13日起施行）

为正确审理存单纠纷案件，根据《中华人民共和国民法通则》、《中华人民共和国经济合同法》、《中华人民共和国担保法》的有关规定和在总结审判经验的基础上，制定本规定。

第一条　存单纠纷案件的范围
（一）存单持有人以存单为重要证据向人民法院提起诉讼的纠纷案件；
（二）当事人以进账单、对账单、存款合同等凭证为主要证据向人民法院提起诉讼的纠纷案件；
（三）金融机构向人民法院起诉要求确认存单、进账单、对账单、存款合同等凭证无效的纠纷案件；
（四）以存单为表现形式的借贷纠纷案件。

第二条　存单纠纷案件的案由
人民法院可将本规定第一条所列案件，一律以存单纠纷为案由。实体审理时应以存单纠纷案件中真实法律关系为基础依法处理。

第三条　存单纠纷案件的受理与中止
存单纠纷案件当事人向人民法院提起诉讼，人民法院应当依照《中华人民共和国民事诉讼法》第一百零八条的规定予以审查，符合规定的，均应受理。

人民法院在受理存单纠纷案件后，如发现犯罪线索，应将犯罪线索及时书面告知公安或检察机关。如案件当事人因伪造、变造、虚开存单或涉嫌诈骗，有关国家机关已立案侦查，存单纠纷案件确须待刑事案件结案后才能审理的，人民法院应当中止审理。对于追究有关当事人的刑事责任不影响对存单纠纷案件审理的，人民法院应对存单纠纷案件有关当事人是否承担民事责任以及承担民事责任的大小依法及时进行认定和处理。

第四条　存单纠纷案件的管辖

依照《中华人民共和国民事诉讼法》第二十四条的规定，存单纠纷案件由被告住所地人民法院或出具存单、进账单、对账单或与当事人签订存款合同的金融机构住所地人民法院管辖。住所地与经常居住地不一致的，由经常居住地人民法院管辖。

第五条　对一般存单纠纷案件的认定和处理

（一）认定

当事人以存单或进账单、对账单、存款合同等凭证为主要证据向人民法院提起诉讼的存单纠纷案件和金融机构向人民法院提起的确认存单或进账单、对账单、存款合同等凭证无效的存单纠纷案件，为一般存单纠纷案件。

（二）处理

人民法院在审理一般存单纠纷案件中，除应审查存单、进账单、对账单、存款合同等凭证的真实性外，还应审查持有人与金融机构间存款关系的真实性，并以存单、进账单、对账单、存款合同等凭证的真实性以及存款关系的真实性为依据，作出正确处理。

1. 持有人以上述真实凭证为证据提起诉讼的，金融机构应当对持有人与金融机构间是否存在存款关系负举证责任。如金融机构有充分证据证明持有人未向金融机构交付上述凭证所记载的款项的，人民法院应当认定持有人与金融机构间不存在存款关系，并判决驳回原告的诉讼请求。

2. 持有人以上述真实凭证为证据提起诉讼的，如金融机构不能提供证明存款关系不真实的证据，或仅以金融机构底单的记载内容与上述凭证记载内容不符为由进行抗辩的，人民法院应认定持有人与金融机构间存款关系成立，金融机构应当承担兑付款项的义务。

3. 持有人以在样式、印鉴、记载事项上有别于真实凭证，但无充分证据证明系伪造或变造的瑕疵凭证提起诉讼的，持有人应对瑕疵凭证的取得提供合理的陈述。如持有人对瑕疵凭证的取得提供了合理陈述，而金融机构否认存款关系存在的，金融机构应当对持有人与金融机构间是否存在存款关系负举证责任。如金融机构有充分证据证明持有人未向金融机构交付上述凭证所记载的款项的，人民法院应当认定持有人与金融机构间不存在存款关系，判决驳回原告的诉讼请求；如金融机构不能提供证明存款关系不真实的证据，或仅以金融机构底单的记载内容与上述凭证记载内容不符为由进行抗辩的，人民法院应认定持有人与金融机构间存款关系成立，金融机构应当承担兑付款项的义务。

4. 存单纠纷案件的审理中，如有充足证据证明存单、进账单、对账单、存款合同等凭证系伪造、变造，人民法院应在查明案件事实的基础上，依法确认上述凭证无效，并可驳回持上述凭证起诉的原告的诉讼请求或根据实际存款数额进行判决。如有本规定第三条中止审理情形的，人民法院应当中止审理。

第六条　对以存单为表现形式的借贷纠纷案件的认定和处理

（一）认定

在出资人直接将款项交与用资人使用，或通过金融机构将款项交与用资人使用，金融机构向出资人出具存单或进账单、对账单或与出资人签订存款合同，出资人从用资人或从金融机构取得或约定取得高额利差的行为中发生的存单纠纷案件，为以存单为表现形式的借贷纠纷案件。但符合本规定第七条所列委托贷款和信托贷款的除外。

（二）处理

以存单为表现形式的借贷，属于违法借贷，出资人收取的高额利差应充抵本金，出资人、金融机构与用资人因参与违法借贷均应当承担相应的民事责任。可分以下几种情况处理：

1. 出资人将款项或票据（以下统称资金）交付给金融机构，金融机构给出资人出具存单或进账单、对账单或与出资人签订存款合同，并将资金自行转给用资人的，金融机构与用资人对偿还出资人本金及利息承担连带责任；利息按人民银行同期存款利率计算至给付之日。

2. 出资人未将资金交付给金融机构，而是依照金融机构的指定将资金直接转给用资人，金融机构给出资人出具存单或进账单、对账单或与出资人签订存款合同的，首先由用资人偿还出资人本金及利息，金融机构对用资人不能偿还出资人本金及利息部分承担补充赔偿责任；利息按人民银行同期存款利率计算至给付之日。

3. 出资人将资金交付给金融机构，金融机构给出资人出具存单或进账单、对账单或与出资人签订存款合同，出资人再指定金融机构将资金转给用资人的，首先由用资人返还出资人本金和利息。利息按人民银行同期存款利率计算至给付之日。金融机构因其帮助违法借贷的过错，应当对用资人不能偿还出资人本金部分承担赔偿责任，但不超过不能偿还本金部分的40%。

4. 出资人未将资金交付给金融机构，而是自行将资金直接转给用资人，金融机构给出资人出具存单或进账单、对账单或与出资人签订存款合同的，首先由用资人返还出资人本金和利息。利息按人民银行同期存款利率计算至给付之日。金融机构因其帮助违法借贷的过错，应当对用资人不能偿还出资人本金部分承担赔偿责任，但不超过不能偿还本金部分的20%。

本条中所称交付，指出资人向金融机构转移现金的占有或出资人向金融机构交付注明出资人或金融机构（包括金融机构的下属部门）为收款人的票据。出资人向金融机构交付有资金数额但未注明收款人的票据的，亦属于本条中所称交付。

如以存单为表现形式的借贷行为确已发生，即使金融机构向出资人出具的存单、进账单、对账单或与出资人签订的存款合同存在虚假、瑕疵，或金融机构工作人员超越权限出具上述凭证等情形，亦不影响人民法院按以上规定对案件进行处理。

（三）当事人的确定

出资人起诉金融机构的，人民法院应通知用资人作为第三人参加诉讼；出资人起诉用资人的，人民法院应通知金融机构作为第三人参加诉讼；公款私存的，人民法院在查明款项的真实所有人基础上，应通知款项的真实所有人为权利人参加诉讼，与存单记载的个人为共同诉讼人。该个人申请退出诉讼的,人民法院可予准许。

第七条 对存单纠纷案件中存在的委托贷款关系和信托贷款关系的认定和纠纷的处理

(一)认定

存单纠纷案件中,出资人与金融机构、用资人之间按有关委托贷款的要求签订有委托贷款协议的,人民法院应认定出资人与金融机构间成立委托贷款关系。金融机构向出资人出具的存单或进账单、对账单或与出资人签订的存款合同,均不影响金融机构与出资人间委托贷款关系的成立。出资人与金融机构间签订委托贷款协议后,由金融机构自行确定用资人的,人民法院应认定出资人与金融机构间成立信托贷款关系。

委托贷款协议和信托贷款协议应当用书面形式。口头委托贷款或信托贷款,当事人无异议的,人民法院可予以认定;有其他证据能够证明金融机构与出资人之间确系委托贷款或信托贷款关系的,人民法院亦予以认定。

(二)处理

构成委托贷款的,金融机构出具的存单或进账单、对账单或与出资人签订的存款合同不作为存款关系的证明,借款方不能偿还贷款的风险应当由委托人承担。如有证据证明金融机构出具上述凭证是对委托贷款进行担保的,金融机构对偿还贷款承担连带担保责任。委托贷款中约定的利率超过人民银行规定的部分无效。构成信托贷款的,按人民银行有关信托贷款的规定处理。

第八条 对存单质押的认定和处理

存单可以质押。存单持有人以伪造、变造的虚假存单质押的,质押合同无效。接受虚假存单质押的当事人如以该存单质押为由起诉金融机构,要求兑付存款优先受偿的,人民法院应当判决驳回其诉讼请求,并告知其可另案起诉出质人。

存单持有人以金融机构开具的、未有实际存款或与实际存款不符的存单进行质押,以骗取或占用他人财产的,该质押关系无效。接受存单质押的人起诉的,该存单持有人与开具存单的金融机构为共同被告。利用存单骗取或占用他人财产的存单持有人对侵犯他人财产权承担赔偿责任,开具存单的金融机构因其过错致他人财产权受损,对所造成的损失承担连带赔偿责任。接受存单质押的人在审查存单的真实性上有重大过失的,开具存单的金融机构仅对所造成的损失承担补充赔偿责任。明知存单虚假而接受存单质押的,开具存单的金融机构不承担民事赔偿责任。

以金融机构核押的存单出质的,即便存单系伪造、变造、虚开,质押合同均为有效,金融机构应当依法向质权人兑付存单所记载的款项。

第九条 其他

在存单纠纷案件的审理中,有关当事人如有违法行为,依法应给予民事制裁的,人民法院可依法对有关当事人实施民事制裁。案件审理中发现的犯罪线索,人民法院应及时书面告知公安或检察机关,并将有关材料及时移送公安或检察机关。

最高人民法院
关于如何确定借款合同履行地问题的批复

1993年11月17日　　　　　　　　　　　　　法复〔1993〕10号

山东省高级人民法院：

你院鲁高法函〔1993〕44号《关于如何确定借款合同履行地问题的请示》收悉。经研究，现答复如下：

合同履行地是指当事人履行合同约定义务的地点。借款合同是双务合同，标的物为货币。贷款方与借款方均应按照合同约定分别承担贷出款项与偿还贷款及利息的义务，贷款方与借款方所在地都是履行合同约定义务的地点。依照借款合同的约定，贷款方应先将借款划出，从而履行了贷款方所应承担的义务。因此，除当事人另有约定外，应确定贷款方所在地为合同履行地。

此复。

最高人民法院
关于银行、信用社扣划预付货款收贷应否退还问题的批复

1994年3月9日　　　　　　　　　　　　　法复〈1994〉1号

四川省高级人民法院：

你院川高法〈1993〉12号《关于银行、信用社扣划预付货款收贷应否退还的请示》收悉。经研究，答复如下：

一、根据《中华人民共和国民法通则》第七十二条之规定，除当事人另有约定外，一方当事人按照合同约定将预付货款汇入对方帐户，对方当事人即取得该款项的所有权。

二、预付款人将预付货款汇入对方当事人帐户后，即丧失了该款的所有权。因此，该款被银行、信用社或其他金融机构扣划还贷后，预付款人无权向银行、信用社和其他金融机构请求返还。在预付款人诉收款人的经济纠纷案件中，也不应将银行、信用社和其他金融机构作为第三人参加诉讼。

三、如果银行、信用社和其他金融机构明知借款人无履行合同的能力,而与其同谋或怂恿其通过签订合同收取预付货款还贷的,预付款人可以直接要求银行、信用社和其他金融机构返还已经还贷的预付货款。

四、银行、信用社和其他金融机构对预付款人承诺专款专用而又扣划该款还贷的,预付款人亦可直接要求银行、信用社和其他金融机构返还被其扣划的预付货款。

此复。

最高人民法院
关于如何确认公民与企业之间借贷行为效力问题的批复

法释〔1999〕3号

(1999年1月26日最高人民法院审判委员会第1041次会议通过 1999年2月9日最高人民法院公告公布 自1999年2月13日起施行)

黑龙江省高级人民法院:

你院黑高法〔1998〕192号《关于公民与企业之间借贷合同效力如何确认的请示》收悉。经研究,答复如下:

公民与非金融企业(以下简称企业)之间的借贷属于民间借贷。只要双方当事人意思表示真实即可认定有效。但是,具有下列情形之一的,应当认定无效:

(一)企业以借贷名义向职工非法集资;

(二)企业以借贷名义非法向社会集资;

(三)企业以借贷名义向社会公众发放贷款;

(四)其他违反法律、行政法规的行为。

借贷利率超过银行同期同类贷款利率4倍的,按照最高人民法院法(民)发〔1991〕21号《关于人民法院审理借贷案件的若干意见》的有关规定办理。

此复。

最高人民法院经济审判庭关于无效借款合同造成贷款损失银行能否共同承担责任问题的电话答复

(1988年4月23日)

湖南省高级人民法院：

你院1988年2月9日《关于无效借款合同造成贷款损失银行能否共同承担责任的请示报告》收悉。经研究，答复如下：

一、据你院提供的材料看，湖南省沅江县农业银行（以下简称"农行"）与湖南省国营千山红草尾批发部（以下简称"批发部"）和湖南省沅江县外贸局土产股（以下简称"外贸局"）之间是否有联营关系，应进一步查明。如能查明确有联营关系存在，农行就应当对无法追回的贷款及利息（作为损失）承担连带的责任。

二、在无法认定确有联营关系的前提下，同意一审法院的处理意见，即认定借款合同无效，贷款利息由农行自负，对无法追回的全部贷款，批发部和外贸局负连带清偿责任，而不应由农行及批发部、外贸局三家分担损失责任。

此复。

最高人民法院经济审判庭关于九江市信托投资公司诉庐山对外开发贸易中心借款合同纠纷案处理意见的复函

(1988年12月1日)

江西省高级人民法院：

你院赣法经〔1988〕14号请示收悉。关于你省九江市庐山区法院受理的中国工商银行九江市信托投资公司诉庐山对外开发贸易中心（以下简称贸易中心）借款合同纠纷一案，在诉讼中，贸易中心及其主管部门均被撤销，又未成立清算小组，仅有贸易中心的主管部门的再上级主管单位莲花林场存在，并由其负责组织清理所属中心、公司，在此情况下，能否将莲花林场列为本案被告，以及该林场是否承担连带责任的问题，经研究认为，应按照本院法（研）复〔1987〕33号批复精神确定主管或开办单位是否应承担连带责任。如应承担亦仅以该主管或开办单位为限,不能一直追下去。如不应承担连带责任,则同意你院第二种意见,即在贸易中心仍有财产可供执行的情况下,可将负责清理所属中心、公司债权债务的莲花林场列为被告,以贸易中心现有财产为限清产还债。如贸易中心已无财产,则应终结审理。

以上意见供参考,处理具体案件须结合具体情况确定。

最高人民法院经济审判庭关于甘肃省工艺美术公司控告中国农业银行临洮县支行八里铺营业所错转信汇索赔纠纷一案的电话答复

(1988年12月23日)

甘肃省高级人民法院:

你院甘法经〔1988〕第14号"关于甘肃省工艺美术公司控告中国农业银行临洮县支行八里铺营业所错转信汇索赔纠纷一案的请示报告"收悉。经研究答复如下:

中国农业银行临洮县支行八里铺营业所(简称"营业所")在办理甘肃省工艺美术公司(简称"美术公司")信汇临洮县个体劳动者协会(简称"劳协")25万元预付款事项中,违反银行规定,在明知劳协无银行账户,信汇支票上账号是假账号的情况下,将本应退回美术公司的款,故意落入本县个体工商户苟克明的个人账户内,并从中还贷了3万多元。该款现已被苟挥霍掉,苟也因犯有诈骗罪被判处无期徒刑。因营业所的过错给美术公司造成的贷款损失,营业所应当承担赔偿责任。营业所在承担赔偿责任后,仍有权向苟克明追还这笔贷款。因此,对美术公司的起诉,有管辖权的人民法院应予立案受理。

此复。

最高人民法院
关于刘玉兰诉工商银行榆次市
支行赔偿存款纠纷一案的复函

1990年8月28日　　　　　　　　　　　　　〔1990〕民他字第25号

山西省高级人民法院：

　　你院晋法民报字〔1990〕第2号《关于刘玉兰诉工商银行榆次市支行赔偿存款纠纷一案的请示报告》收悉。经研究认为：由于工商银行榆次市支行粮店街储蓄所违反《中国人民银行储蓄存款章程》和《中国工商银行储蓄会计出纳核算制度》中关于印鉴挂失和提前支取的有关规定，致使刘玉兰的1万余元存款（包含利息）被冒领，依照《民法通则》第一百零六条和第一百三十一条的规定，粮店街储蓄所对刘玉兰存款的损失应承担主要赔偿责任。刘玉兰对户口本、存单保管不善，丢失后，未及时发现、挂失，对造成存款损失有过失，亦应承担一定责任。

　　此外，晋中地区中级法院〔1988〕法民裁初字第1号和第2号民事制裁决定书对晋中地区电业局和工商银行榆次市分行罚款不当，应予撤销。

最高人民法院
关于珠海市对外劳动服务公司诉中国银行
珠海分行损害赔偿纠纷案的复函

1991年11月14日　　　　　　　　　　　　　〔1991〕民他字第19号

广东省高级人民法院：

　　你院粤法民〔1991〕114号《关于珠海市对外劳动服务公司诉中国银行珠海分行损害赔偿纠纷案的请示报告》收悉。

　　经研究，我们认为：珠海市劳动服务公司贸易中心（现改名为珠海市对外劳动服务公司）在中国银行珠海分行开户存款，双方权利、义务关系明确，受法律保护。中国银行珠海分行经办人员未仔细鉴别取款印鉴字样的不同，又未按照银行办理储蓄业务的有关规定，对两种印鉴进行折角比对，致珠海市劳动服务公司贸易中心的部分存款被冒领，中国银行珠海分行对此应按民法通则有关规定承担过错责任，珠海市劳动服务公司贸易中心不按银行要求认真负责地核对余额对账单，致使冒领事件未能及时发现，贻误了查处时机，扩大了损失，根据民法通则第一百一十四条的规定，珠海市对外劳动服务公司就扩大损失的部分提出赔偿的请求，不应予以支持。据此，我们的意见是，第一、二审判决确定中国银行珠海分行赔偿被冒领的存款是正确的，但判决未明确中国银行珠海分行应按过错责任原则承担民事责任，而且判决该分行赔偿损失扩大的部分即存款的利息实属不妥。鉴于第一、二审判决在适用法律上存在上述问题，建议你院再审此案，予以妥善处理。审结后，请报结果。

以上意见，供参考。

最高人民法院关于林木香诉中国工商银行福州支行仓山办事处、中国农业银行闽侯县支行、闽侯县闽江信用社赔偿案件如何适用法律问题的复函

1992年8月12日　　　　　　　　　　　　〔1991〕民他字第31号

福建省高级人民法院：

你院闽法民他字〔1990〕第16号请示报告收悉。关于林木香诉中国工商银行福州支行仓山办事处、中国农业银行闽侯县支行、闽侯县闽江信用社（以下简称三被告）赔偿案件如何适用法律问题，经研究认为：三被告的经办人未按《中国人民银行储蓄存款章程》第8条和《中国人民银行储蓄管理办法》第59条的规定，对林有垒所持户口簿进行认真核对，致使林有垒持缺页且未盖户籍警章的户口簿冒领了林木香的存款，三被告有过错，应承担民事责任。林木香的存折被林有垒盗窃并冒领存款与林木香委托林有尧代管房屋权限不明没有必然的因果关系，因此，林木香不应承担民事责任。

此复。

最高人民法院
关于中国人民银行宁波市经济技术开发区支行工作人员截留当事人款项应当承担民事责任的函

1993年4月10日　　　　　　　　　　　　　　法函〔1993〕30号

浙江省高级人民法院：

你院〔1992〕浙法经上字90—82号请示报告收悉。经研究，答复如下：原则同意你院意见。袁坚东是银行工作人员，违反结算制度截留支票款以掩盖其挪用库款的罪行，除应追究其刑事责任外，依照《中华人民共和国民法通则》第一百零六条第2款的规定，人民银行宁波市经济技术开发区支行应承担相应的民事责任。

最高人民法院
关于汪小嫚诉工商银行长沙县支行赔偿案如何处理的复函

1993年5月3日　　　　　　　　　　　　　　〔92〕民他字第29号

湖南省高级人民法院：

你院〔1992〕湘法民申字第2号《关于汪小嫚诉工商银行长沙县支行赔偿存款一案的请示报告》收悉。经研究，我院同意你院审判委员会第一种意见，即由于长沙县支行在办理提前支取汪小嫚存款时，没有按规定核对取款人的身份证件，该行应当对由此造成的损失负全部赔偿责任。

最高人民法院
关于王春林与银川铝型材厂
有奖储蓄存单纠纷一案的复函

(1995年1月1日)

宁夏回族自治区高级人民法院：

你院宁高法〔1995〕1号《关于王春林与银川铝型材厂有奖储蓄存单纠纷一案的请示报告》收悉。经研究认为：银川铝型材厂因经济困难，欠工人的工资无法发放，就将购买的有奖储蓄存单等值顶替工资发放给职工。铝型材厂明知该奖券中奖率为100%，在发放时未对中奖权利进行约定，说明其已将中奖权利一同转移。王春林领取的奖券中了一等奖，获得奖金一万元应归其所有。因此，同意你院审判委员会第一种意见，即王春林合法取得奖券，奖金一万元应归王春林所有。

以上意见，供参考。

最高人民法院
关于浙江省医学科学院普康生物技术公司诉中国农业
银行信托投资公司委托贷款合同纠纷一案的答复

1997年9月8日　　　　　　　　　　　　　　　〔1997〕法函第103号函

北京市高级人民法院：

你院请示收悉，经研究，答复如下：

农行信托公司有协助委托人监管贷款的义务，当普康公司向其提示风险并要求采取措施时，农行信托公司不仅没有采取应急措施，反而向普康公司提供了担保人捷通公司虚假的资产平衡表，因此，农行信托公司对贷款损失应负主要责任；普康公司指定三联公司为借款人，对借款人的资信情况有失审查，对贷款损失亦负有一定责任。双方当事人具体可按6:4的比例分别承担责任，即由农行信托公司承担60%的责任，普康公司承担40%的责任。如事实有变化，由该院自定。

最高人民法院关于中国建设银行山西省分行直属支行与山西铁路实业总公司借款案件的答复

1998年7月1日　　　　　　　　　　　〔1998〕法经字第345号函

山西省高级人民法院：

你院请示收悉，经研究，答复如下：

一、铁路公司与建业公司签订的共同经销钢材协议约定：铁路公司在建业公司协助下，向中国建设银行山西省分行直属支行贷款2450万元用于购买钢材。协议还约定了双方的利润分成，必要时建业公司参与全部购销活动等内容。嗣后，建业公司参与购销钢材合同的签订，并垫付了购销钢材的定金。从协议内容和履行情况看，该协议符合联营合同的特征，应当认定为联营合同。除风险条款的约定违背联营共负盈亏，共担风险的原则，应当确认为无效外，其余条款应当认定为有效。

二、中国建设银行山西省分行直属支行与铁路公司签订的是借款合同，铁路公司与建业公司签订的则是联营合同。鉴于这两个合同成立的是两个不同的法律关系，对这两个合同纠纷应当分开审理。对铁路公司与建业公司的联营合同纠纷，铁路公司可另行起诉。

最高人民法院关于如何确定委托贷款合同履行地问题的答复

1998年7月6日　　　　　　　　　　　法明传〔1998〕198号

湖北省高级人民法院：

你院〔1997〕169号《关于如何确定委托贷款合同履行地问题的请示》收悉。经研究认为，委托贷款合同以贷款方（即受托方）住所地为合同履行地，但合同中对履行地有约定的除外。

最高人民法院
关于海口鲁银实业公司典当拍卖行与海南飞驰实业有限公司、海南万锡房地产开发有限公司、海南内江房地产开发公司抵押贷款合同纠纷一案的复函

1999年3月2日　　　　　　　　　　〔1996〕法民字第8号

海南省高级人民法院：

　　关于你院正在再审的海口鲁银实业公司典当拍卖行与海南飞驰实业有限公司等抵押贷款案，经研究认为，在担保法实施以前法律没有明确的规定，你院在审理时可就本案主合同是否有效作进一步审查，包括鲁银典当行作为非银行金融机构能否开展不动产抵押贷款业务及双方约定的利息是否过高等问题。如果主合同无效，则按过错原则处理本案；如果主合同有效，则按公平原则处理。

最高人民法院
关于上海三泷房地产开发有限公司与中国建设银行上海市浦东分行、上海申浦对外技术投资总公司借款合同纠纷一案的复函

2000年1月1日　　　　　　　　　　〔2000〕民他字第7号

　　本案浦东分行和申浦公司签订《外汇借款合同》，是双方真实意思表示，不违背法律、法规的禁止性规定，可认定为有效。申浦公司以开展进出口业务为名，骗取三泷公司为其借款担保，将短期外汇借款用于向浦东分行偿还为案外人巨龙公司的担保之债；浦东分行明知该项贷款的实际用途，但其签订担保合同时没有告知保证人三泷公司，亦不能举证三泷公司明知借贷双方"以贷还债"，应认定主合同双方当事人恶意串通，欺骗保证人。根据《担保法》第三十条第一款的规定，三泷公司对申浦公司偿还浦东分行的担保债务部分，不承担民事责任。

最高人民法院
关于信用社违反商业银行法有关规定
所签借款合同是否有效的答复

2000年1月29日　　　　　　　　　　　　　　　　法经〔2000〕27号

河北省高级人民法院：

你院〔1999〕冀经请字第3号《关于信用社违反商业银行法有关规定所签借款合同是否有效的请示》收悉。经研究，答复如下：

《中华人民共和国商业银行法》第三十九条是关于商业银行资产负债比例管理方面的规定。它体现中国人民银行更有效地强化对商业银行（包括信用社）的审慎监管，商业银行（包括信用社）应当依据该条规定对自身的资产负债比例进行内部控制，以实现盈利性、安全性和流动性的经营原则。商业银行（包括信用社）所进行的民事活动如违反该条规定的，人民银行应按照商业银行法的规定进行处罚，但不影响其从事民事活动的主体资格，也不影响其所签订的借款合同的效力。

此复。

最高人民法院
关于展期贷款超过原贷款期限的效力问题的答复

2000年2月13日　　　　　　　　　　　　　　　　法函〔2000〕12号

上海市高级人民法院：

你院〔1998〕沪高经他字第36号《关于展期贷款超过原贷款期限的效力问题的请示》收悉。经研究，答复如下：

展期贷款性质上是对原贷款合同期限的变更。对于展期贷款的期限不符合中国人民银行颁布的《贷款通则》的规定，应否以此认定该展期无效问题，根据我国法律规定，确认合同是否有效，应当依据我国的法律和行政法规，只要展期贷款合同是双方当事人在平等、自愿基础上真实的意思表示，并不违背法律和行政法规的禁止性规定，就应当认定有效。你院请示涉及案件中的担保人的责任，应当依据《中华人民共和国担保法》以及法发〔1994〕8号《最高人民法院关于审理经济合同纠纷案件有关保证的若干问题的规定》予以确认。

最高人民法院
关于天津市旭帝商贸有限公司、天津开发区迈柯恒工贸有限公司与建行天津分行南开支行存款纠纷两案如何适用法律的请示的答复

2001年4月11日　　　　　　　　　　〔2001〕民二他字第13号

天津市高级人民法院：

你院〔2000〕151号请示收悉，经研究，答复如下：认定付款人的过错和责任，应当依照《中华人民共和国票据法》第五十七条和最高人民法院《关于审理票据纠纷案件若干问题的规定》第六十九条之规定处理。至于存款人是否应当承担民事责任，需经过审理，在查清事实的基础上，根据其过错一并处理。

最高人民法院
关于中国工商银行湘潭市板塘支行与中国建筑材料科学研究院湘潭中间试验所及湘潭市有机化工厂的借款合同纠纷一案的复函

2001年8月6日　　　　　　　　　　〔2001〕民监他字第9号

湖南省高级人民法院：

你院《关于中国工商银行湘潭市板塘支行与中国建筑材料科学研究院湘潭中间试验所及湘潭市有机化工厂借款合同纠纷一案的请示》报告收悉。经研究，答复如下：

一、中国建筑材料科学研究院湘潭中间试验所（以下简称中试所）向法院主张权利时，诉讼请求是返还借款本金和利息。中试所与湘潭市有机化工厂（以下简称有机化工厂）之间系因借款产生的纠纷，故该案应定性为借款合同纠纷。

二、有机化工厂与中试所签订的借款协议，违反了企业之间不能相互借贷的有关规定，原审认定协议无效是正确的。中国工商银行湘潭市板塘支行（以下简称板塘支行）明知企业之间不能相互借贷，与有机化工厂已根本无能力还款的状况下，为了下属公司能收回贷款，自己又不承担民事责任，利用中试所对其的信任，与有机化工厂恶意串

通，向中试所故意隐瞒借款的真实目的，并积极促成有机化工厂与中试所签订了不具有真实意思表示的借款协议，将到期不能收回借款的风险转嫁给了中试所。板塘支行和有机化工厂的行为，已对中试所构成欺诈。由此造成借款协议无效的后果，有机化工厂与板塘支行应承担连带赔偿责任。

以上意见，供参考。

最高人民法院
关于西安市第三奶牛场与咸阳市中陆城市信用社、西安新业工贸有限责任公司抵押借款合同纠纷一案的复函

2002年2月8日　　　　　　　　　　〔2001〕民监他字第22号

陕西省高级人民法院：

你院请示收悉，经研究，答复如下：

原则同意陕西高院请示报告中的第二种意见。西安市第三奶牛场与咸阳市中陆城市信用社、西安新业工贸有限责任公司在抵押关系的设立上，虽有不规范之处，但基本具备抵押成立的法定要件，以认定抵押关系成立为宜。原审处理并无不当，不应启动再审程序。

最高人民法院
关于中国信达资产管理公司福州办事处与张景宗、雷珊珊、张瑱瑱、厦门正丰源保税有限公司借款合同纠纷一案请示的复函

2002年2月8日　　　　　　　　　　〔2001〕民一他字第34号

福建省高级人民法院：

你院《关于中国信达资产管理公司福州办事处与张景宗、雷珊珊、张瑱瑱、厦门正丰源保税有限公司借款合同纠纷一案的审理报告》收悉。经研究认为：

张景宗在购房合同的买方一栏除署上自己的名字外，还署上其未成年女儿张瑱瑱的名字，是将所购房屋的一部分权利赠与给张瑱瑱的行为。由于所购房屋尚未办理所有权证，张瑱瑱尚未取得赠与房屋的权利，故张景宗此时有权处分所购房屋。

购房合同书上的买方是张景宗和张琪琪的名字，而张景宗是张琪琪的法定监护人，张琪琪是未成年人，无法向其征询意见，所以保税区建行有理由相信张景宗具有对该房屋的处分权，因而与其签订了抵押合同，并依法办理了抵押登记，这充分表明，保税区建行尽到了注意义务，是没有过错的，因而是善意的。根据最高人民法院《关于贯彻执行〈中华人民共和国民法通则〉若干问题的意见（试行）》第89条的规定，应当维护保税区建行的合法权益，依法确认抵押合同的效力。

综上所述，本案抵押合同合法有效。

最高人民法院
关于中国信达资产管理公司济南办事处上诉莱阳电业公司借款担保纠纷请示案的答复

2003年4月1日　　　　　　　　　　〔2003〕民二他字第2号

山东省高级人民法院：

你院关于《中国信达资产管理公司济南办事处上诉莱阳电业公司借款担保纠纷案》请示收悉，经研究答复如下：

中国信达资产管理公司济南办事处在《大众日报》刊登的债权转让第四号公告具有债权催收内容，应当适用本院法函〔2002〕3号的规定。

最高人民法院
关于南昌市商业银行象南支行与南昌市东湖华亭商场、蔡亮借款合同担保纠纷案请示的复函

2003年4月30日　　　　　　　　　〔2003〕民监他字第6号

江西省高级人民法院：

你院请示收悉，经研究，答复如下：

南昌市东湖华亭商场与南昌市商业银行象南支行在《借款合同》中约定，贷款用途是购买酒与饮料，并非以贷还贷。华亭商场与华亭公司均为独立的企业法人。华亭公司偿还与象南支行的旧贷后，象南支行又向华亭公司发放新贷，属于另一法律关系，不宜将华亭商场与华亭公司之间资金流转行为推定为以贷还贷。

最高人民法院
关于中国农业银行大连市分行友好支行诉大连中大集团公司、第三人中国大连国际经济技术合作集团有限公司借款合同抵押担保纠纷一案请示的答复

2003年11月24日　　　　　　　　　　〔2003〕民二他字第26号

辽宁省高级人民法院：

你院〔2002〕辽民三初字第12号请示收悉。经研究，答复如下：

从你院请示材料看，依据大连市中级人民法院〔1999〕大民初字第160号民事调解书、大连市房地产管理局大房局管字〔2000〕16号文件以及大连市中级人民法院〔2002〕大行再字第21号行政判决书，中大大厦9—15层的产权确系中国大连国际经济技术合作集团有限公司（以下简称大连国际）所有，大连中大集团公司（以下简称中大集团）未经大连国际的同意将中大大厦整体抵押给债权人中国农业银行大连市分行友好支行（以下简称友好支行）的行为，属于无权处分行为，依照《中华人民共和国合同法》第五十一条的规定，抵押合同涉及无权处分部分无效。但鉴于中大大厦在抵押时的全部产权登记在中大集团名下，不动产登记具有权利推定效力，因此，如无证据证明友好支行在接受抵押时对中大大厦9—15层产权的真实状况为明知或应知的，友好支行可以善意取得对中大大厦9—15层的抵押权。你院应当在查明案件事实，尤其是债权人在接受抵押时是否属于善意的基础上，妥善处理该案。

此复。

最高人民法院
关于建设银行重庆观音桥支行与新原兴企业集团有限公司借款合同纠纷一案适用法律问题的请示的答复

2003年12月17日　　　　　　　　　　〔2003〕民二他字第43号

重庆市高级人民法院：

你院《关于建设银行重庆观音桥支行与新原兴企业集团有限公司借款合同纠纷一案适用法律问题的请示》收悉，经研究，答复如下：

你院请示的建设银行重庆观音桥支行与新原兴企业集团有限公司借款合同纠纷一案，借款合同中约定银行有权对资金使用人使用资金进行监督，借款人将所借款项用于偿还旧贷，不能因合同中有银行有权监督借款人资金使用的约定而减轻或免除借款人的还款责任。

以上意见，供你院审理时参考。

最高人民法院关于深圳发展银行广州分行信源支行与成都宗申联益实业股份有限公司等借款担保合同纠纷一案的请示的复函

2004 年 2 月 23 日　　　　　　　　　　〔2003〕民四他字第 28 号

广东省高级人民法院：

你院粤高法〔2003〕207 号《关于深圳发展银行广州分行信源支行与成都宗申联益实业股份有限公司等借款担保合同纠纷一案的请示》收悉。经研究，答复如下：

根据我院《关于在审理经济纠纷案件中涉及经济犯罪嫌疑若干问题的规定》第一条、第二条及第十二条之规定，本案借款担保合同纠纷案件属于经济纠纷案件，不应移送有关公安机关或检察机关。成都宗申联益实业股份有限公司为借款人广东飞龙高速客轮有限公司提供的担保合同书及担保人声明，违反了《中华人民共和国公司法》第一百一十四条、第一百一十七条、第一百一十八条及该公司章程的规定，依法应认定无效。对于本案担保合同的无效，深圳发展银行广州分行信源支行与成都宗申联益实业股份有限公司均有过错。至于成都宗申联益实业股份有限公司对广东飞龙高速客轮有限公司所欠的债务应当在主债务人和另外两个担保人不能清偿的范围内承担多大的赔偿责任，你院应当根据本案查明的事实，确定其过错的大小，并根据《关于适用〈中华人民共和国担保法〉若干问题的解释》第七条的规定予以判定。

此复。

最高人民法院
关于建和财务有限公司与丰业财务有限公司、丰业酒店集团有限公司借款、担保合同纠纷一案的请示的复函

2006年9月14日　　　　　　　　　　〔2006〕民四他字第18号

山东省高级人民法院：

你院〔2002〕鲁民四初字第4号"关于建和财务有限公司与丰业财务有限公司、丰业酒店集团有限公司借款、担保合同纠纷一案的请示"收悉。经研究，答复如下：

一、关于丰业财务有限公司清盘引起的法律后果问题

根据我国《民事诉讼法》第四条的规定："凡在中华人民共和国领域内进行民事诉讼，必须遵守本法。"而《民事诉讼法》并未规定在公司清盘时应中止诉讼，且本院《第二次全国涉外商事海事审判工作会议纪要》第十五条规定："人民法院在审理案件过程中查明外国当事人被宣告破产或者进入清算程序的，应通知外国当事人的破产财产管理人或者清算人参加诉讼。"故本案不应中止诉讼。同意你院对该问题的请示意见。

二、关于建和财务有限公司与丰业酒店集团有限公司之间的担保合同纠纷法律适用问题

本案为涉港案件，应参照适用关于涉外案件的有关规定。确定本案担保合同纠纷准据法的关键是确认当事人在《补充协议》中约定的法律适用条款的效力。如果当事人在《补充协议》中约定的法律适用条款有效，则应依约定适用我国内地的法律作为解决担保合同纠纷的准据法；如果该条款无效，则应审查当事人在《合营权益抵押契约》中约定法律适用条款的效力，有效按其约定，无效则应按照最密切联系原则确定担保合同纠纷的准据法。根据你院请示报告所述，本案目前确定《补充协议》中法律适用条款效力的核心问题是审查温汝成是否有权代表丰业酒店集团有限公司签署该《补充协议》，即对温汝成签订《补充协议》的行为能力作出准确认定。根据我国法律的基本原则，对于当事人的行为能力，一般应该根据其本国法作出认定。同时，最高人民法院《关于贯彻执行〈民法通则〉若干问题的意见（试行）》第一百八十条规定："外国人在我国领域内进行民事活动，如依其本国法律为无民事行为能力，而依我国法律为有民事行为能力，应当认定为有民事行为能力。"参照上述规定，你院应首先查清温汝成签订《补充协议》的行为是在哪里进行的，即查清《补充协议》的签订地。如果《补充协议》是在香港签订，且温汝成为香港居民，则应适用香港法律对温汝成是否有权签订《补充协议》作出

认定；如果《补充协议》是在我国内地签订，则应适用我国内地相关的法律对温汝成是否有权签订《补充协议》作出认定。你院应该在查明案件事实的情况下，根据上述原则，依法对温汝成签订的《补充协议》的效力作出认定。

由于你院对于《补充协议》签订地这一重要事实未予查清，因此请示报告中关于担保合同纠纷法律适用问题的两种分析意见均是缺乏充分根据的。

三、关于《合营权益抵押契约》的效力问题

《合营权益抵押契约》的效力问题是以你院请示的第二个问题即担保合同纠纷准据法的确定为前提的，在《合营权益抵押契约》的准据法未确定的情况下，不能依法对该契约的效力作出认定。你院应在《合营权益抵押契约》的准据法确定后，再根据确定的准据法对该契约的效力问题作出认定。

此复。

最高人民法院
对湖北省高级人民法院关于中国黄金集团公司与中国建设银行股份有限公司武汉省直支行等委托贷款合同纠纷一案如何适用法律问题的请示的答复

2007年2月16日　　　　　　　　　　〔2006〕民二他字第51号

湖北省高级人民法院：

你院鄂高法〔2006〕548号《关于上诉人中国黄金集团公司与被上诉人中国建设银行股份有限公司武汉省直支行、湖北省嘉鱼县人民政府、嘉鱼黄金开发公司、湖北省嘉鱼蛇屋山金矿有限责任公司、嘉鱼县国有资产监督管理局委托贷款合同纠纷一案如何适用法律问题的请示》收悉。经研究，答复如下：

2002年11月6日国务院《关于组建中国黄金集团公司有关问题的批复》（国函〔2002〕102号）以及财政部2003年7月2日相应下发的《关于黄金生产开发基金和黄金地质勘探基金有关问题的通知》（财建〔2003〕272号），明确将原由国家投入的黄金生产开发基金和黄金地质勘探基金转为中国黄金集团公司的国家资本金，并附有占有该两项基金企业名单及数额明细表。上述两项基金授权给中国黄金集团公司经营管理的时间为财政部财建〔2003〕272号文件下发之日即2003年7月20日，因此，中国黄金集团公司及其下属企业对上述两项基金行使追偿权的诉讼时效应当自该日开始计算。

（二）运输合同

最高人民法院关于印发《关于审理铁路运输损害赔偿案件若干问题的解释》的通知

1994年10月27日　　　　　　　　　　　　法发〔1994〕25号

各省、自治区、直辖市高级人民法院，各铁路运输中级法院和基层法院：

现将《最高人民法院关于审理铁路运输损害赔偿案件若干问题的解释》印发给你们，请遵照执行。

附：

最高人民法院关于审理铁路运输损害赔偿案件若干问题的解释

为了正确、及时地审理铁路运输损害赔偿案件，现就审判工作中遇到的一些问题，根据《中华人民共和国铁路法》（以下简称铁路法）和有关的法律规定，结合审判实践，作出如下解释，供在审判工作中执行。

一、实际损失的赔偿范围

铁路法第十七条中的"实际损失"，是指因灭失、短少、变质、污染、损坏导致货物、包裹、行李实际价值的损失。

铁路运输企业按照实际损失赔偿时，对灭失、短少的货物、包裹、行李，按照其实际价值赔偿；对变质、污染、损坏降低原有价值的货物、包裹、行李，可按照其受损前后实际价值的差额或者加工、修复费用赔偿。

货物、包裹、行李的赔偿价格按照托运时的实际价值计算。实际价值中未包含已支付的铁路运杂费、包装费、保险费、短途搬运费等费用的，按照损失部分的比例加算。

二、铁路运输企业的重大过失

铁路法第十七条中的"重大过失",是指铁路运输企业或者其受雇人、代理人对承运的货物、包裹、行李明知可能造成损失而轻率地作为或者不作为。

三、保价货物损失的赔偿

铁路法第十七条第一款(一)项中规定的"按照实际损失赔偿,但最高不超过保价额。"是指保价运输的货物、包裹、行李在运输中发生损失,无论托运人在办理保价运输时,保价额是否与货物、包裹、行李的实际价值相符,均应在保价额内按照损失部分的实际价值赔偿,实际损失超过保价额的部分不予赔偿。

如果损失是因铁路运输企业的故意或者重大过失造成的,比照铁路法第十七条第一款(二)项的规定,不受保价额的限制,按照实际损失赔偿。

四、保险货物损失的赔偿

投保货物运输险的货物在运输中发生损失,对不属于铁路运输企业免责范围的,适用铁路法第十七条第一款(二)项的规定,由铁路运输企业承担赔偿责任。

保险公司按照保险合同的约定向托运人或收货人先行赔付后,对于铁路运输企业应按货物实际损失承担赔偿责任的,保险公司按照支付的保险金额向铁路运输企业追偿,因不足额保险产生的实际损失与保险金的差额部分,由铁路运输企业赔偿;对于铁路运输企业应按限额承担赔偿责任的,在足额保险的情况下,保险公司向铁路运输企业的追偿额为铁路运输企业的赔偿限额,在不足额保险的情况下,保险公司向铁路运输企业的追偿额在铁路运输企业的赔偿限额内按照投保金额与货物实际价值的比例计算,因不足额保险产生的铁路运输企业的赔偿限额与保险公司在限额内追偿额的差额部分,由铁路运输企业赔偿。

五、保险保价货物损失的赔偿

既保险又保价的货物在运输中发生损失,对不属于铁路运输企业免责范围的,适用铁路法第十七条第一款(一)项的规定由铁路运输企业承担赔偿责任。对于保险公司先行赔付的,比照本解释第四条对保险货物损失的赔偿处理。

六、保险补偿制度的适用

《铁路货物运输实行保险与负责运输相结合的补偿制度的规定(试行)》(简称保险补偿制度),适用于1991年5月1日铁路法实施以前已投保货物运输险的案件。铁路法实施后投保货物运输险的案件,适用铁路法第十七条第一款的规定,保险补偿制度中有关保险补偿的规定不再适用。

七、逾期交付的责任

货物、包裹、行李逾期交付,如果是因铁路逾期运到造成的,由铁路运输企业支付逾期违约金；如果是因收货人或旅客逾期领取造成的，由收货人或旅客支付保管费；既因逾期运到又因收货人或旅客逾期领取造成的，由双方各自承担相应的责任。

铁路逾期运到并且发生损失时，铁路运输企业除支付逾期违约金外，还应当赔偿损失。对收货人或者旅客逾期领取，铁路运输企业在代保管期间因保管不当造成损失的，由铁路运输企业赔偿。

八、误交付的责任

货物、包裹、行李误交付（包括被第三人冒领造成的误交付），铁路运输企业查找超过运到期限的，由铁路运输企业支付逾期违约金。不能交付的，或者交付时有损失的，由铁路运输企业赔偿。铁路运输企业赔付后，再向有责任的第三者追偿。

九、赔偿后又找回原物的处理

铁路运输企业赔付后又找回丢失、被盗、冒领、逾期等按灭失处理的货物、包裹、行李的，在通知托运人、收货人或旅客退还赔款领回原物的期限届满后仍无人领取的，适用铁路法第二十二条按无主货物的规定处理。铁路运输企业未通知托运人、收货人或者旅客而自行处理找回的货物、包裹、行李的，由铁路运输企业赔偿实际损失与已付赔款差额。

十、代办运输货物损失的赔偿

代办运输的货物在铁路运输中发生损失，对代办运输企业接受托运人的委托以自己的名义与铁路运输企业签订运输合同托运或领取货物的，如委托人依据委托合同要求代办运输企业向铁路运输企业索赔的，应予支持。对代办运输企业未及时索赔而超过运输合同索赔时效的，代办运输企业应当赔偿。

十一、人身伤亡的赔偿范围

铁路法第五十八条规定的因铁路行车事故及其他铁路运营事故造成的人身伤亡，包括旅客伤亡和路外伤亡。

人身伤亡，除铁路法第五十八条第二款列举的免责情况外，如果铁路运输企业能够证明人身伤亡是由受害人自身原因造成的，不应再责令铁路运输企业承担赔偿责任。

对人身伤亡的赔偿责任范围适用民法通则第一百一十九条的规定。1994年9月1日以后发生的旅客伤亡的赔偿责任范围适用国务院批准的《铁路旅客运输损害赔偿规定》。

十二、铁路旅客运送责任期间

铁路运输企业对旅客运送的责任期间自旅客持有效车票进站时起到旅客出站或者应当出站时止。不包括旅客在候车室内的期间。

十三、旅客伤亡的保险责任与运输责任

在铁路旅客运送责任期间发生旅客伤亡，属于《铁路旅客意外伤害强制保险条例》规定的保险责任范围的，铁路运输企业支付保险金后，对旅客伤亡不属于铁路运输企业免责范围的，铁路运输企业还应当支付赔偿金。

十四、第三者责任造成旅客伤亡的赔偿

在铁路旅客运送期间因第三者责任造成旅客伤亡，旅客或者其继承人要求铁路运输企业先予赔偿的，应予支持。铁路运输企业赔付后，有权向有责任的第三者追偿。

十五、索赔时效

对承运中的货物、包裹、行李发生损失或逾期，向铁路运输企业要求赔偿的请求权，时效期间适用铁路运输规章180日的规定，自铁路运输企业交付的次日起计算；货物、包裹、行李全部灭失的，自运到期限届满后第30日的次日起计算。但对在此期间内或者运到期限内已经确认灭失的，自铁路运输企业交给货运记录的次日起计算。

对旅客伤亡，向铁路企业要求赔偿的请求权，时效期间适用民法通则第一百三十六条第（一）项1年的规定。自到达旅行目的地的次日或者旅行中止的次日起计算。

对路外伤亡，向铁路运输企业要求赔偿的请求权，时效期间适用民法通则第一百三十六条第（一）项1年的规定，自受害人受到伤害的次日起计算。

最高人民法院
关于国内水路货物运输纠纷案件法律问题的指导意见

2012年12月24日　　　　　　　　　法发〔2012〕28号

辽宁、天津、山东、上海、浙江、湖北、福建、广东、广西、海南省（自治区、直辖市）高级人民法院，大连、天津、青岛、上海、宁波、武汉、厦门、广州、北海、海口海事法院：

近年来，国内水路运输发展迅速，为促进国民经济的发展发挥了重要作用。水路运输市场的健康和有序发展，依赖于良好的市场环境和完善的法律保障。但是，与法律体系相对完善的国际海运相比，国内水路运输法律规范的滞后越来越突出，在一定程度上引发了国内水路货物运输纠纷案件的增长。我国目前没有专门针对内河航运的立法，内河航运的条例、规定多为部门规章，法规制度之间存在矛盾，海事审判存在诸多的不统一。为了加强我国海事司法对国内水路运输的保障作用，促进国内水路运输的规范发

展,现就人民法院审理国内水路货物运输纠纷案件中的若干法律问题,提出以下指导意见:

一、尊重当事人意思自治,准确适用法律法规,统一国内水路货物运输纠纷案件裁判尺度

本指导意见中的国内水路货物运输纠纷是指由海事法院专门管辖的沿海和内河水路货物运输纠纷。

1. 人民法院审理国内水路货物运输合同纠纷案件,应当适用民法通则、合同法等法律的有关规定,同时可以参照《国内水路货物运输规则》的有关规定。海商法第四章海上货物运输合同的规定,不适用于国内水路货物运输。人民法院参照《国内水路货物运输规则》确定当事人权利义务时,应当在判决书说理部分引用论述,但不应作为判决书引用的法律依据。

2. 当事人在国内水路货物运单或者其他运输合同文件中明确约定其权利义务适用《国内水路货物运输规则》规定的,人民法院可以按照《国内水路货物运输规则》的有关规定确定合同当事人的权利义务。

二、依法认定国内水路货物运输合同效力,维护国内水路货物运输市场秩序

3. 根据《国内水路运输管理条例》和《国内水路运输经营资质管理规定》的有关规定,从事国内水路运输的企业和个人,应当达到并保持相应的经营资质条件,并在核定的经营范围内从事水路运输经营活动。没有取得国内水路运输经营资质的承运人签订的国内水路货物运输合同,人民法院应当根据合同法第五十二条第(五)项的规定认定合同无效。

4. 国内水路货物运输合同无效,但是承运人已经按照运输合同的约定将货物安全运输到约定地点,承运人请求托运人或者收货人参照合同的约定支付运费,人民法院可以适当予以保护。

国内水路货物运输合同无效,而且运输过程中货物发生了毁损、灭失,托运人或者收货人向承运人主张损失赔偿的,人民法院可以综合考虑托运人或者收货人和承运人对合同无效和货物损失的过错程度,依法判定相应的民事责任。

5. 人民法院审理国内水路货物运输纠纷案件过程中发现从事国内水路货物运输的承运人没有取得相应的运输经营资质,应及时向相关行政主管机关发出司法建议。

三、依法审理国内水路货物运输合同纠纷案件,准确认定合同承运人和实际承运人的责任,保障当事人的合法权益

6. 国内水路货物运输的合同承运人将全部或者部分运输委托给实际承运人履行,托运人或者收货人就全部或部分运输向合同承运人、实际承运人主张权利的,人民法院应当准确认定合同承运人和实际承运人的法律地位和法律责任。人民法院可以参照《国内水路货物运输规则》第四十六条的规定判定合同承运人和实际承运人的赔偿责任,充分保护国内水路货物运输合同托运人或者收货人的合法权益,减少当事人的讼累。

四、准确理解有关留置的法律规定，妥善审理留置权纠纷

7. 国内水路货物运输合同履行完毕，托运人或者收货人没有按照约定支付运费、保管费或者其他运输费用，依照合同法第三百一十五条的规定，承运人对相应的运输货物享有留置权。人民法院在审查承运人的留置权时，应当重点审查承运人留置货物的数量是否是在合理的限度之内，以及承运人留置的货物是否是其合法占有的货物。债务人对留置货物是否具有所有权并不必然影响承运人留置权的行使，除非运输合同当事人对承运人的留置权另有特殊约定。

五、妥善审理与船舶挂靠有关的纠纷，切实保障当事人的合法权益，维护国内水路运输市场的有序发展

8. 没有运营资质的个体运输船舶的实际所有人，为了进入国内水路货物运输市场，规避国家有关水路运输经营资质的管理规定，将船舶所有权登记在具有水路运输经营资质的船舶运输企业名下，向该运输企业交纳管理费，并以该运输企业的名义从事国内水路货物运输活动，是国内水路货物运输中普遍存在的一种挂靠经营方式。这种挂靠经营方式导致挂靠船舶的所有权登记形同虚设，船舶管理混乱，被挂靠企业对挂靠船舶疏于安全管理，严重冲击了航运市场的安全秩序，导致大量国内水路货物运输纠纷的产生。人民法院在审理与船舶挂靠有关的合同纠纷时，应当严格依照现行船舶管理的法律规范确定法律关系，坚持合同相对性的基本原则，根据合同的签订主体和合同的履行等基本事实，准确认定合同当事人。

9. 挂靠船舶的实际所有人以自己的名义签订运输合同，应当认定其为运输合同承运人，承担相应的合同责任。

10. 挂靠船舶的实际所有人以被挂靠企业的名义签订运输合同，被挂靠企业亦签章予以确认，应当认定被挂靠企业为运输合同承运人，承担相应的合同责任。

11. 在没有签订水路货物运输合同的情形下，可以依照运单上承运人的记载判断运输合同的承运人。如果运单上仅仅加盖了承运船舶的船名章，应当认定该承运船舶的登记所有人为运输合同的承运人，承担相应的合同责任。

12. 挂靠船舶因侵权行为造成他人财产、人身损害，依据民法通则、侵权责任法、海商法和有关司法解释的规定，挂靠船舶的实际所有人和被挂靠企业应当承担连带赔偿责任。

六、正确适用关于诉讼时效制度的法律规定，保护当事人的合法权益

13. 最高人民法院《关于如何确定沿海、内河货物运输赔偿请求权时效期间问题的批复》（法释〔2001〕18号）对国内水路货物运输赔偿请求权诉讼时效期间的中止、中断并没有作出特别规定，人民法院应当适用民法通则有关诉讼时效中止、中断的规定。

最高人民法院
关于货物运输合同连带责任问题的复函

1992年7月25日　　　　　　　　　　法函〔1992〕103号

甘肃省高级人民法院：

你院甘法经上〔1992〕11号请示报告收悉，经研究认为：

连带责任是债务方为2人以上的一种债的关系，而货物运输合同虽有三方当事人：托运人、承运人和收货人，但当事人之间的权利义务关系是围绕运输合同的标的运输行为而产生的，表现为在运输过程的不同阶段上，承运人与托运人或收货人之间的权利义务关系。托运人与收货人之间不发生运输行为，不存在运输合同关系。因此，在货物运输合同当事人之间债的关系中，承运人是单一的债权人或债务人。一、二审将托运人与承运人作为货物运输合同诉讼的共同被告，二审判决承运人承担连带责任不符合货物运输合同的法律关系。

本案承运人违反铁路运输规章关于集装箱货物由托运人确定重量，承运人抽查的规定，在货物运单上确定货物重量，因此应对货物短少负违约责任。但由于已查明货物短少系托运人私自掏箱所致，根据《经济合同法》第四十一条的规定，承运人可免负赔偿责任。

最高人民法院
关于国际铁路货物联运货损赔偿
适用法律问题的复函

1994年11月5日　　　　　　　　　　法函〔1994〕71号

黑龙江省高级人民法院：

你院经请字〔1993〕1号请示报告收悉。经研究并征求了有关部门的意见，现答复如下：

一、《国际铁路货物联运协定》（以下简称《货协》）第二十三条第三项第五款虽规定由于发送路现行国内规章允许使用敞车类货车运送货物发生货损承运人不负责任，但收货人依据《货协》该条第9项的规定，已提出证明货损是在铁路运输中因被盗造成的，并非由于使用敞车运送所致。故承运人对货损免责的请求，不予支持。

二、《铁路货物运输实行保险与负责运输相结合补偿制度的规定（试行）》（以下简称《保险补偿制度的规定》），是铁道部与中国人民保险公司之间的协议，该规定适用于中国人民保险公司委托铁路车站代办的铁路货物运输保险。本案中的铁路货物运输保险是由中国外运公司满洲里分公司代办的。因此，对该案的处理不适用《保险补偿制度的规定》。

最高人民法院
关于新疆梧桐塑料厂与乌鲁木齐铁路分局铁路货物运输合同赔偿纠纷一案的请示的答复

2001年12月15日　　　　　　　　　〔2001〕民监他字第19号

新疆维吾尔自治区高级人民法院：

你院新高法〔2001〕175号《关于新疆梧桐塑料厂与乌鲁木齐铁路分局铁路货物运输合同赔偿纠纷一案适用法律问题的请示报告》收悉。经研究，答复如下：

根据《铁路法》第十一条、二十一条、二十二条，并参照《合同法》第三百零八条、三百零九条、三百一十条等相关规定，铁路货物运输合同是托运人与铁路承运人签订的明确相互之间权利义务关系的协议。货物运抵到站后，承运人因交付货物与收货人发生权利义务关系，对发生的货物损失，收货人有权依据运输合同向承运人提出赔偿请求。在货物交付前，承运人与收货人之间不存在权利义务关系。

本案发站感德车站虽然向托运人交付了货票和领货凭证，但货票和领货凭证不是物权凭证，不构成承运人据以交付货物的保证。因意利高公司未提供货物，可以认为是意利高公司取消了托运。根据《铁路法》第十七条规定，承运人只对承运的货物自接收承运时起到交付时止发生的损失承担赔偿责任。塑料厂向到站乌铁分局提出运输合同赔偿之诉没有依据，被告主体不适格。

本案发站感德站在没有收到货物的情况下，违规操作办理承运手续，为意利高公司诈骗塑料厂货款提供了条件，应承担一定的过错责任。但造成塑料厂货款被骗有诸多原因，塑料厂可根据《民事诉讼法》第二十九条的规定，对感德车站和意利高公司提出侵权赔偿之诉。

以上意见供参考。

最高人民法院
关于任彦琦与李延滨等货物运输协议纠纷一案的复函

2002年1月11日　　　　　　　　　　　〔2001〕民监他字第27号

黑龙江省高级人民法院：

　　你院请示收悉，经研究，答复如下：

　　本案货物已由承运人在中途交给托运人处理，运输已终结，货物损失应由托运人与承运人双方结算；收货人李延滨对该运输货物的权利尚未开始，在该运输合同中亦无实际损失，故其不享有本案诉权。

　　百货大楼与任彦琦是车辆承包关系，对造成货物丢失无过错，不应为任彦琦丢失货物承担连带责任。

最高人民法院
关于吕洪斌与浙江象山县荣宁船务公司水路货物运输合同纠纷一案有关适用法律问题的请示的复函

2006年3月14日　　　　　　　　　　　〔2005〕民四他字第48号

湖北省高级人民法院：

　　你院〔2005〕鄂民四终字第41号关于吕洪斌与浙江象山县荣宁船务公司水路货物运输合同纠纷一案有关适用法律问题的请示收悉。经研究，答复如下：

　　本案是水路货物运输合同纠纷，应当适用《中华人民共和国合同法》（以下简称《合同法》）等有关法律以及合同的约定确定各方当事人的权利义务。

　　根据你院认定的事实，吕洪斌为本案的实际托运人，运单上记载的托运人南海市西樵祥安货运贸易部仅为接受吕洪斌委托与承运人中国扬子江轮船股份有限公司（以下简称扬子江公司）签订合同的人。根据合同约定适用的《国内水路货物运输规则》（以下简称《货规》）的规定，收货人有权就水路货物运单上所载货物损坏、灭失或者迟延交付所造成的损害向承运人索赔。虽然吕洪斌向武汉海事法院提供了黄永明出具的证明其代理吕洪斌收货的"证明"，法院并未予以认定，你院请示报告以及武汉海事法院民事判决中并未认定吕洪斌为涉案货物收货人的地位，亦未说明有证据证明吕洪斌因货损而产生损失,故尽管吕洪斌与承运人之间存在运输合同关系,但尚无证据证明吕洪斌对承运人具有货损请求权。你院应当在二审程序中对此事实予以查明。

在认定吕洪斌具有货损请求权的前提下,扬子江公司作为承运人签发了涉案运单,吕洪斌与扬子江公司之间存在以运单为证明的水路货物运输合同关系。作为实际完成运输任务的浙江象山县荣宁船务公司(以下简称荣宁公司)应当作为该航次水路货物运输的实际承运人。根据《合同法》以及《货规》的规定,承运人应当对运输货物发生的货损承担赔偿责任。承运人将货物运输或者部分运输委托给实际承运人履行的,承运人仍然应当对全程运输负责。故扬子江公司作为本次运输的承运人,应当对吕洪斌的货物损失承担赔偿责任。《货规》还规定:承运人与实际承运人都负有赔偿责任的,应当在该项责任范围内承担连带责任。但根据你院请示报告中认定的事实,本案货损的发生是"希望"轮全部责任所致,荣宁公司对货物发生损失无过错,不应承担赔偿责任,故要求实际承运人荣宁公司对吕洪斌的损失承担连带赔偿责任缺乏事实依据和法律依据。

此复。

（三）融资租赁合同

最高人民法院关于审理融资租赁合同纠纷案件适用法律问题的解释

法释〔2014〕3号

（2013年11月25日最高人民法院审判委员会第1597次会议通过 2014年2月24日最高人民法院公告公布 自2014年3月1日起施行）

为正确审理融资租赁合同纠纷案件，根据《中华人民共和国合同法》、《中华人民共和国物权法》、《中华人民共和国民事诉讼法》等法律的规定，结合审判实践，制定本解释。

一、融资租赁合同的认定及效力

第一条 人民法院应当根据合同法第二百三十七条的规定，结合标的物的性质、价值、租金的构成以及当事人的合同权利和义务，对是否构成融资租赁法律关系作出认定。

对名为融资租赁合同，但实际不构成融资租赁法律关系的，人民法院应按照其实际构成的法律关系处理。

第二条 承租人将其自有物出卖给出租人，再通过融资租赁合同将租赁物从出租人处租回的，人民法院不应仅以承租人和出卖人系同一人为由认定不构成融资租赁法律关系。

第三条 根据法律、行政法规规定，承租人对于租赁物的经营使用应当取得行政许可的，人民法院不应仅以出租人未取得行政许可为由认定融资租赁合同无效。

第四条 融资租赁合同被认定无效，当事人就合同无效情形下租赁物归属有约定的，从其约定；未约定或者约定不明，且当事人协商不成的，租赁物应当返还出租人。但因承租人原因导致合同无效，出租人不要求返还租赁物，或者租赁物正在使用，返还出租人后会显著降低租赁物价值和效用的，人民法院可以判决租赁物所有权归承租人，并根据合同履行情况和租金支付情况，由承租人就租赁物进行折价补偿。

二、合同的履行和租赁物的公示

第五条 出卖人违反合同约定的向承租人交付标的物的义务，承租人因下列情形之一拒绝受领租赁物的，人民法院应予支持：

（一）租赁物严重不符合约定的；

（二）出卖人未在约定的交付期间或者合理期间内交付租赁物，经承租人或者出租人催告，在催告期满后仍未交付的。

承租人拒绝受领租赁物，未及时通知出租人，或者无正当理由拒绝受领租赁物，造成出租人损失，出租人向承租人主张损害赔偿的，人民法院应予支持。

第六条 承租人对出卖人行使索赔权，不影响其履行融资租赁合同项下支付租金的义务，但承租人以依赖出租人的技能确定租赁物或者出租人干预选择租赁物为由，主张减轻或者免除相应租金支付义务的除外。

第七条 承租人占有租赁物期间，租赁物毁损、灭失的风险由承租人承担，出租人要求承租人继续支付租金的，人民法院应予支持。但当事人另有约定或者法律另有规定的除外。

第八条 出租人转让其在融资租赁合同项下的部分或者全部权利，受让方以此为由请求解除或者变更融资租赁合同的，人民法院不予支持。

第九条 承租人或者租赁物的实际使用人，未经出租人同意转让租赁物或者在租赁物上设立其他物权，第三人依据物权法第一百零六条的规定取得租赁物的所有权或者其他物权，出租人主张第三人物权权利不成立的，人民法院不予支持，但有下列情形之一的除外：

（一）出租人已在租赁物的显著位置作出标识，第三人在与承租人交易时知道或者应当知道该物为租赁物的；

（二）出租人授权承租人将租赁物抵押给出租人并在登记机关依法办理抵押权登记的；

（三）第三人与承租人交易时，未按照法律、行政法规、行业或者地区主管部门的规定在相应机构进行融资租赁交易查询的；

（四）出租人有证据证明第三人知道或者应当知道交易标的物为租赁物的其他情形。

第十条 当事人约定租赁期间届满后租赁物归出租人的，因租赁物毁损、灭失或者附合、混同于他物导致承租人不能返还，出租人要求其给予合理补偿的，人民法院应予支持。

三、合同的解除

第十一条 有下列情形之一，出租人或者承租人请求解除融资租赁合同的，人民法院应予支持：

（一）出租人与出卖人订立的买卖合同解除、被确认无效或者被撤销，且双方未能重新订立买卖合同的；

（二）租赁物因不可归责于双方的原因意外毁损、灭失，且不能修复或者确定替代物的；

（三）因出卖人的原因致使融资租赁合同的目的不能实现的。

第十二条 有下列情形之一，出租人请求解除融资租赁合同的，人民法院应予支持：

（一）承租人未经出租人同意，将租赁物转让、转租、抵押、质押、投资入股或者以其他方式处分租赁物的；

（二）承租人未按照合同约定的期限和数额支付租金，符合合同约定的解除条件，经出租人催告后在合理期限内仍不支付的；

（三）合同对于欠付租金解除合同的情形没有明确约定，但承租人欠付租金达到两期以上，或者数额达到全部租金百分之十五以上，经出租人催告后在合理期限内仍不支付的；

（四）承租人违反合同约定，致使合同目的不能实现的其他情形。

第十三条 因出租人的原因致使承租人无法占有、使用租赁物，承租人请求解除融资租赁合同的，人民法院应予支持。

第十四条 当事人在一审诉讼中仅请求解除融资租赁合同，未对租赁物的归属及损失赔偿提出主张的，人民法院可以向当事人进行释明。

第十五条 融资租赁合同因租赁物交付承租人后意外毁损、灭失等不可归责于当事人的原因而解除，出租人要求承租人按照租赁物折旧情况给予补偿的，人民法院应予支持。

第十六条 融资租赁合同因买卖合同被解除、被确认无效或者被撤销而解除，出租人根据融资租赁合同约定，或者以融资租赁合同虽未约定或约定不明，但出卖人及租赁物系由承租人选择为由，主张承租人赔偿相应损失的，人民法院应予支持。

出租人的损失已经在买卖合同被解除、被确认无效或者被撤销时获得赔偿的，应当免除承租人相应的赔偿责任。

四、违约责任

第十七条 出租人有下列情形之一，影响承租人对租赁物的占有和使用，承租人依照合同法第二百四十五条的规定，要求出租人赔偿相应损失的，人民法院应予支持：

（一）无正当理由收回租赁物；

（二）无正当理由妨碍、干扰承租人对租赁物的占有和使用；

（三）因出租人的原因导致第三人对租赁物主张权利；

（四）不当影响承租人对租赁物占有、使用的其他情形。

第十八条 出租人有下列情形之一，导致承租人对出卖人索赔逾期或者索赔失败，承租人要求出租人承担相应责任的，人民法院应予支持：

（一）明知租赁物有质量瑕疵而不告知承租人的；

（二）承租人行使索赔权时，未及时提供必要协助的；

（三）怠于行使融资租赁合同中约定的只能由出租人行使对出卖人的索赔权的；

（四）怠于行使买卖合同中约定的只能由出租人行使对出卖人的索赔权的。

第十九条　租赁物不符合融资租赁合同的约定且出租人实施了下列行为之一，承租人依照合同法第二百四十一条、第二百四十四条的规定，要求出租人承担相应责任的，人民法院应予支持：

（一）出租人在承租人选择出卖人、租赁物时，对租赁物的选定起决定作用的；

（二）出租人干预或者要求承租人按照出租人意愿选择出卖人或者租赁物的；

（三）出租人擅自变更承租人已经选定的出卖人或者租赁物的。

承租人主张其系依赖出租人的技能确定租赁物或者出租人干预选择租赁物的，对上述事实承担举证责任。

第二十条　承租人逾期履行支付租金义务或者迟延履行其他付款义务，出租人按照融资租赁合同的约定要求承租人支付逾期利息、相应违约金的，人民法院应予支持。

第二十一条　出租人既请求承租人支付合同约定的全部未付租金又请求解除融资租赁合同的，人民法院应告知其依照合同法第二百四十八条的规定作出选择。

出租人请求承租人支付合同约定的全部未付租金，人民法院判决后承租人未予履行，出租人再行起诉请求解除融资租赁合同、收回租赁物的，人民法院应予受理。

第二十二条　出租人依照本解释第十二条的规定请求解除融资租赁合同，同时请求收回租赁物并赔偿损失的，人民法院应予支持。

前款规定的损失赔偿范围为承租人全部未付租金及其他费用与收回租赁物价值的差额。合同约定租赁期间届满后租赁物归出租人所有的，损失赔偿范围还应包括融资租赁合同到期后租赁物的残值。

第二十三条　诉讼期间承租人与出租人对租赁物的价值有争议的，人民法院可以按照融资租赁合同的约定确定租赁物价值；融资租赁合同未约定或者约定不明的，可以参照融资租赁合同约定的租赁物折旧以及合同到期后租赁物的残值确定租赁物价值。

承租人或者出租人认为依前款确定的价值严重偏离租赁物实际价值的，可以请求人民法院委托有资质的机构评估或者拍卖确定。

五、其他规定

第二十四条　出卖人与买受人因买卖合同发生纠纷，或者出租人与承租人因融资租赁合同发生纠纷，当事人仅对其中一个合同关系提起诉讼，人民法院经审查后认为另一合同关系的当事人与案件处理结果有法律上的利害关系的，可以通知其作为第三人参加诉讼。

承租人与租赁物的实际使用人不一致，融资租赁合同当事人未对租赁物的实际使用人提起诉讼，人民法院经审查后认为租赁物的实际使用人与案件处理结果有法律上的利害关系的，可以通知其作为第三人参加诉讼。

承租人基于买卖合同和融资租赁合同直接向出卖人主张受领租赁物、索赔等买卖合同权利的，人民法院应通知出租人作为第三人参加诉讼。

第二十五条　当事人因融资租赁合同租金欠付争议向人民法院请求保护其权利的诉讼时效期间为两年，自租赁期限届满之日起计算。

第二十六条　本解释自2014年3月1日起施行。《最高人民法院关于审理融资租赁合同纠纷案件若干问题的规定》(法发〔1996〕19号)同时废止。

本解释施行后尚未终审的融资租赁合同纠纷案件,适用本解释;本解释施行前已经终审,当事人申请再审或者按照审判监督程序决定再审的,不适用本解释。

（四）保证合同

最高人民法院
印发《关于审理经济合同纠纷案件有关保证的若干问题的规定》的通知

1994年4月15日　　　　　　　　　　　法发〔1994〕8号

全国地方各级人民法院、各级军事法院、各铁路运输中级法院和基层法院、各海事法院：

《最高人民法院关于审理经济合同纠纷案件有关保证的若干问题的规定》已经最高人民法院审判委员会第619次会议讨论通过，现印发给你们，请依照执行。各地在执行本规定中有什么情况和问题，望及时报告我院。

附：

最高人民法院
关于审理经济合同纠纷案件
有关保证的若干问题的规定

根据《中华人民共和国民法通则》和《中华人民共和国经济合同法》的有关规定，结合审判实践经验，对审理经济合同纠纷案件有关保证问题作如下规定：

一、保证合同成立的认定

1. 保证人与债权人就保证问题依法达成书面协议的，保证合同成立。

2. 保证人以书面形式向债权人表示，当被保证人不履行债务时，由其代为履行或者承担连带责任并为债权人接受的，保证合同成立。

3. 保证人在债权人与被保证人签订的订有保证条款的主合同上，以保证人的身份签字或者盖章；或者主合同中虽没有保证条款，但保证人在主合同上以保证人的身份签字或者盖章的，视为保证合同成立。

二、有效保证合同保证人的责任

4. 保证合同依法成立后，被保证人不履行债务的，保证人应当按照保证合同约定的范围、方式和期限承担保证责任。

5. 保证合同明确约定保证人承担代为履行责任的，经债权人请求被保证人履行合同，被保证人拒不履行时，债权人可请求保证人履行。保证人不能代为履行合同，且强制执行被保证人的财产仍不足以清偿其债务的，由保证人承担赔偿责任。

6. 保证合同明确约定保证人承担连带责任的，当被保证人到期不履行合同时，债权人既可向被保证人求偿，也可直接向保证人求偿。

7. 保证合同没有约定保证人承担何种保证责任，或者约定不明确的，视为保证人承担赔偿责任。当被保证人不履行合同时，债权人应当首先请求被保证人清偿债务。强制执行被保证人的财产仍不足以清偿其债务的，由保证人承担赔偿责任。

8. 保证合同对保证范围有明确约定的，保证人在约定的保证范围内承担责任；保证合同没有约定保证范围或者对保证范围约定不明确的，保证人应当对被保证人的全部债务承担保证责任。

9. 向债权人保证监督支付专款专用的，作出该项保证的人，在履行了监督支付专款专用义务后，不再承担责任。未尽监督义务造成资金流失的，应对流失的资金承担连带责任。

10. 保证合同中约定有保证责任期限的，保证人在约定的保证责任期限内承担保证责任。债权人在保证责任期限内未向保证人主张权利的，保证人不再承担保证责任。

11. 保证合同中没有约定保证责任期限或者约定不明确的，保证人应当在被保证人承担责任的期限内承担保证责任。保证人如果在主合同履行期限届满后，书面要求债权人向被保证人为诉讼上的请求，而债权人在收到保证人的书面请求后一个月内未行使诉讼请求权的，保证人不再承担保证责任。

12. 债权人与被保证人未经保证人同意，变更主合同履行期限的，如保证合同中约定有保证责任期限，保证人仍在原保证责任期限内承担保证责任；如保证合同中未约定保证责任期限，保证人仍在被保证人原承担的期限内承担保证责任。

债权人与被保证人未经保证人同意，在主合同履行期限内变更合同其他内容而使被保证人债务增加的，保证人对增加的债务不承担保证责任。

13. 债权人在保证责任期限内，将债权转移给他人，并通知保证人的，保证人应向债权受让人承担保证责任。

14. 被保证人经债权人同意在保证责任期限内，将债务转移给他人，未经保证人同意的，保证人不再承担保证责任，但保证人追认的除外。

15. 债权人在保证责任期限内，无正当理由拒绝被保证人履行债务的，保证人不再承担保证责任；债权人放弃抵押权的，保证人就放弃抵押权的部分不再承担保证责任。但保证人同意继续承担保证责任的除外。

16. 依照法律规定或者当事人约定，免除被保证人部分或者全部债务的，保证人相应的保证责任得以免除。

三、无效保证合同的认定及保证人的责任

17. 法人的分支机构未经法人同意，为他人提供保证的，保证合同无效，保证人不承担保证责任，但应当根据其过错大小，承担相应的赔偿责任。法人的分支机构管理的财产不足以承担赔偿责任的，由法人承担。

金融部门的分支机构提供保证的，如无其他导致保证合同无效的因素，保证人应当承担保证责任。

18. 法人的内部职能部门未经法人同意，为他人提供保证的，保证合同无效，保证人不承担保证责任，但应当根据其过错大小，由法人承担相应的赔偿责任。

19. 主合同债权人一方或者双方当事人采取欺诈、胁迫等手段，或者恶意串通，使保证人在违背真实意思情况下提供保证的，保证合同无效，保证人不承担责任。

20. 主合同无效，保证合同也无效，保证人不承担保证责任。但保证人知道或者应当知道主合同无效而仍然为之提供保证的，主合同被确认无效后，保证人与被保证人承担连带赔偿责任。

四、在诉讼中为当事人提供的保证

21. 人民法院在案件审理过程中，决定对财产采取保全措施时，保证人为申请人或者被申请人提供保证的，在案件审理终结后，如果被保证人无财产可供执行或者其财产不足以清偿债务时，人民法院可直接裁定执行保证人在其保证范围内的财产。

22. 在案件执行过程中，为被执行人提供保证的，被执行人逾期无财产可供执行或其财产不足清偿债务时，人民法院可以直接裁定执行保证人在其保证范围内的财产。

五、被保证人破产后保证人的责任

23. 被保证人被宣告破产的，债权人参加破产程序受偿后，对受偿不足的部分，保证人仍应承担保证责任。

24. 人民法院已审理终结的设有保证的合同纠纷案件，在执行终结前被保证人被宣告破产的，债权人可以生效法律文书确认的债权数额作为破产债权申报；债务已部分偿还的，以未偿还的部分作为债权申报。对经破产程序未受清偿的部分，保证人仍应承担保证责任。

25. 保证人代被保证人偿还债务后，尚未从被保证人处获偿被保证人即宣告破产的，保证人可以其代为清偿的数额作为破产债权申报。

26. 被保证人被宣告破产，债权人不申报债权的，在确认保证人的责任时，应当扣除债权人可以在破产程序中得到清偿的部分。

六、保证合同的诉讼时效

27. 保证合同约定有保证责任期限的，债权人应当在保证责任期限届满前向保证人主张权利。保证人拒绝承担保证责任的，债权人向人民法院请求保护其权利的诉讼时效期间，适用民法通则的有关诉讼时效的规定。

28. 保证合同约定有保证责任期限，但在保证责任期限内，债权人仅向被保证人主张权利而未向保证人主张权利的，主债务诉讼时效中断，保证债务的诉讼时效不中断。

29. 保证合同未约定保证责任期限的，主债务的诉讼时效中断，保证债务的诉讼时效亦中断。

30. 依照《中华人民共和国民法通则》第一百三十九条的规定，主债务诉讼时效中止的，保证债务的诉讼时效同时中止。

七、其　他

31. 本院以前关于保证问题的司法解释与本规定不一致的，以本规定为准，但已审结的案件，不得适用本规定进行再审。

最高人民法院
关于因法院错判导致债权利息损失扩大保证人应否承担责任问题的批复

法释〔2000〕24号

（2000年7月20日最高人民法院审判委员会第1126次会议通过　2000年8月8日最高人民法院公告公布　自2000年8月12日起施行）

四川省高级人民法院：

你院川高法〔1999〕72号《关于因法院错判导致资金利息扩大的部分损失保证人应否承担责任的请示》收悉。经研究，答复如下：

依照《中华人民共和国担保法》第二十一条的规定，除合同另有约定的外，主债权的利息是指因债务人未按照合同约定履行义务而产生的利息。因法院错判引起债权利息损失扩大的部分，不属于保证担保的范围，保证人不承担责任。

此复。

最高人民法院
关于涉及担保纠纷案件的司法解释的适用和保证责任方式认定问题的批复

法释〔2002〕38号

(2002年11月11日最高人民法院审判委员会第1256次会议通过 2002年11月23日最高人民法院公告公布 自2002年12月6日起施行)

山东省高级人民法院:

你院鲁法民二字〔2002〕2号《关于担保法适用有关问题的请示》收悉。经研究,答复如下:

一、最高人民法院法发〔1994〕8号《关于审理经济合同纠纷案件有关保证的若干问题的规定》,适用于该规定施行后发生的担保纠纷案件和该规定施行前发生的尚未审结的第一审、第二审担保纠纷案件。该规定施行前判决、裁定已经发生法律效力的担保纠纷案件,进行再审的,不适用该《规定》。《中华人民共和国担保法》生效后发生的担保行为和担保纠纷,适用担保法和担保法相关司法解释的规定。

二、担保法生效之前订立的保证合同中对保证责任方式没有约定或者约定不明的,应当认定为一般保证。保证合同中明确约定保证人在债务人不能履行债务时始承担保证责任的,视为一般保证。保证合同中明确约定保证人在被保证人不履行债务时承担保证责任,且根据当事人订立合同的本意推定不出为一般保证责任的,视为连带责任保证。

在本批复施行前,判决、裁定已经发生法律效力的担保纠纷案件,当事人申请再审或者按审判监督程序决定再审的,不适用本批复。

此复。

最高人民法院
关于已承担保证责任的保证人向其他保证人行使追偿权问题的批复

法释〔2002〕37号

(2002年11月11日最高人民法院审判委员会第1256次会议通过 2002年11月23日最高人民法院公告公布 自2002年12月5日起施行)

云南省高级人民法院：

你院云高法〔2002〕160号《关于已经承担了保证责任的保证人向保证期间内未被主张保证责任的其他保证人行使追偿权是否成立的请示》收悉。经研究，答复如下：

根据《中华人民共和国担保法》第十二条的规定，承担连带责任保证的保证人一人或者数人承担保证责任后，有权要求其他保证人清偿应当承担的份额，不受债权人是否在保证期间内向未承担保证责任的保证人主张过保证责任的影响。

此复。

最高人民法院
关于人民法院应当如何认定保证人在保证期间届满后又在催款通知书上签字问题的批复

法释〔2004〕4号

(2004年3月23日最高人民法院审判委员会第1312次会议通过 2004年4月14日最高人民法院公告公布 自2004年4月19日起施行)

云南、河北、四川省高级人民法院：

云高法〔2003〕69号《关于保证人超过保证期间后又在催款通知书上签字应如何认定性质和责任的请示》、〔2003〕冀民二请字第1号《关于如何认定已过了保证期间的保证人在中国长城资产管理公司〈债权转移确认通知书〉上盖章的民事责任的请示》和川高法〔2003〕266号《关于保证期间届满后保证人与债务人同日在催款通知书上签字或者盖章的法律效力问题的请示》收悉。经研究，答复如下：

根据《中华人民共和国担保法》的规定，保证期间届满债权人未依法向保证人主张保证责任的,保证责任消灭。保证责任消灭后,债权人书面通知保证人要求承担保证责任或者清偿债务,保证人在催款通知书上签字的,人民法院不得认定保证人继续承担保证责任。但是,该催款通知书内容符合合同法和担保法有关担保合同成立的规定,并经保证人签字认可,能够认定成立新的保证合同的,人民法院应当认定保证人按照新保证合同承担责任。

此复。

最高人民法院经济审判庭关于四川省合江县支行诉四川省合江县榕山镇个体运输户张文仲借款合同纠纷一案的电话答复

(1988年4月16日)

四川省高级人民法院:

你院川法经〔1988〕25号请示报告收悉。经研究答复如下:

一、四川省合江县食品公司榕山经营站(简称"经营站")是合江县食品公司(简称"食品公司")下属的非独立核算单位,不能独立承担民事责任,不具有担保人资格,它以自己的名义对外签订的担保合同,应为无效。

二、食品公司与经营站的关系,并非上级主管机关与下属企业之间的行政隶属关系,经营站是食品公司的组成部分,是其派出机构。经营站实施民事活动所产生的法律后果,应由食品公司承担。根据经济合同法第十六条第一款规定,双方都有过错的,应各自承担相应的责任。因此,同意你院第二种意见,即由合江县食品公司对担保合同无效的后果承担主要责任;中国农业银行四川省合江县支行在签订借款合同中,未认真审查担保人的主体资格,盲目贷款,故也应承担一定责任。

此复。

最高人民法院
关于保函是否具有法律效力问题的批复

1988年10月4日　　　　　　　　　　法（交）复〔1988〕44号

广东省高级人民法院：

你院〔88〕粤法经字第235号函收悉。

经研究，原则同意你院意见。我们认为：海上货物运输的托运人为换取清洁提单而向承运人出具的保函，对收货人不具有约束力。不论保函如何约定，都不影响收货人向承运人或托运人索赔，对托运人和承运人出于善意而由一方出具另一方接受的保函，双方均有履行之义务。

本案承运人预见到以水尺计重和航行中开舱晒货会产生误差及损耗，但在托运人出具保函承诺"如到卸货港发生短重，其责任由贷方负责"的前提下，才签发了清洁提单，没有欺诈收货人的故意，在航行中也没有过错，故不负赔偿责任。托运人申请以水尺计重，要求承运人途中开舱晒货，并就此可能出现的短重出具了保函，应履行其在保函中所作的承诺，承担货物短少的赔偿责任。

此复。

最高人民法院
关于国家机关能否作经济合同的保证人及担保条款无效时经济合同是否有效问题的批复

1988年10月4日　　　　　　　　　　法（研）复〔1988〕39号

山东省高级人民法院：

你院鲁法（经）发〔1987〕130号请示报告收悉。关于国家机关能否作经济合同的保证人及担保条款无效时经济合同是否有效的问题，经研究，答复如下：

一、经济合同的保证人应是具有代为履行或者代偿能力的公民、企业法人以及其他经济组织，国家机关不应作为经济合同的保证人。经济合同中以国家机关作为保证人的，其保证条款，应确认为无效。

二、经济合同中保证条款被确认为无效后，不影响该经济合同其他条款的效力。但当事人双方约定以提供保证作为该经济合同成立要件的，保证条款无效时，其他条款亦应确认为无效。

此复。

最高人民法院关于"国家机关不能担任保证人"的时效问题的答复

1988年10月18日　　　　　　　法〔研〕复〔1988〕47号

中国银行：

你行〔88〕中信字第77号函悉。关于《最高人民法院关于贯彻执行〈中华人民共和国民法通则〉若干问题的意见（试行）》第一百零六条第二款"国家机关不能担任保证人"的时效问题，经研究，答复如下：

一、凡我院《公报》公布《最高人民法院关于贯彻执行〈中华人民共和国民法通则〉若干问题的意见（试行）》以前，即1988年6月20日以前，国家机关担任保证人，向债权人保证债务人履行债务的，一旦发生纠纷诉至人民法院，人民法院将不仅仅根据该意见而确认保证无效。

二、据悉，自1984年以来，财政部等国务院有关部门曾相继发出通知，要求本系统各级机关不得为经济合同提供担保，已经提供了的，必须立即纠正；中国人民银行在其于1987年2月20日公布的《境内机构提供外汇担保的暂行管理办法》中，亦将国家机关排除在可以提供外汇担保的机构之外。因此，你行来函中所提情况，涉及上述行政规章的效力问题，建议你行再征询国务院有关部门的意见。

最高人民法院
关于作为保证人的合伙组织被撤销后自行公告限期清理债权债务的，债权人在诉讼时效期间内有权要求合伙人承担保证责任问题的批复[*]

1988年10月18日　　　　　　　　　　　　　法（经）复〔1988〕46号

贵州省高级人民法院：

你院黔法〔1988〕经请字第2号请示报告收悉。经研究，答复如下：

兴义县联营辉瑞贸易公司作为邓国强的保证人，对于邓国强未按合同给付租金，应当向中国工商银行兴义县支行承担连带清偿责任。辉瑞贸易公司在被工商行政管理机关撤销后，张贴公告，限期清结债权债务，并声明过期不负责，这对债权人并无法律上的约束力。中国工商银行兴义支行在民法通则规定的诉讼时效期间内，有权要求辉瑞贸易公司承担保证责任。鉴于辉瑞贸易公司实际上是合伙组织，被撤销后，应由合伙人以自己的财产承担连带保证责任。

此复。

最高人民法院交通运输审判庭
关于认可中国船东互保协会担保的通知

1989年3月1日　　　　　　　　　　　　　法交〔1989〕4号

广州、上海、武汉、青岛、天津、大连海事法院：

中国船东互保协会于1988年7月28日向我院提出申请，请求法院接受其为有关船舶出具的担保。

经审查，中国船东互保协会经国务院批准成立于1984年1月1日，现有入会船480条，其在各港代理为外轮代理公司。每年入会船向协会交纳保费，作为协会赔付基

---

[*] 也作"最高人民法院关于作为保证人的合伙组织被撤销后在公告通知的清理期限内债权人未请求保证人承担连带责任的是否可视为债权人放弃该请求权的批复"。

金。协会成立五年来，留存基金迅速增长。为提高赔付能力，还与国际保赔协会的主要成员联合王国保赔协会、西英保赔协会、英国汽船保赔协会和伦敦及利物浦保赔协会建立了分保合作关系，将中国船东互保协会会员船每事故 40 万美元以上的索赔额的风险分摊到了国际保赔集团。此外，中国船东互保协会还接受了和准备接受一些外国保赔协会的委托，作为其在中国港口的通讯代理。

我们认为法院接受中国船东互保协会的担保，对海事法院审理海事海商案件提供了方便条件，对扶持和发展我国自己的保赔事业、保护我国航运事业，扩大我国保赔协会在国际上的影响有积极的作用。经研究，并报院领导批准，决定各海事法院接受中国船东互保协会为其会员船和与之建立通讯代理关系的外国保赔协会入会船提供的担保。

执行中有何问题，望及时报告我庭。

特此通知。

附一：

最高人民法院交通运输审判庭
关于认可中国船东互保协会之担保事

1989 年 3 月 1 日　　　　　　　　　　　　　　法交〔1989〕5 号

中国船东互保协会：

你会〔88〕中船保第 8805 号函收悉。

经研究，决定认可你会为本会会员船及委托你会作为通讯代理的外国保赔协会会员船提供的担保。有关事宜，我庭将通知各海事法院。

此复。

附二：

中国船东互保协会函请认可中船保担保事

1988 年 7 月 22 日　　　　　　　　　　　　　〔88〕中船保字第 8805 号

最高人民法院交通运输庭：

中国船东互保协会（以下简称"中船保"）是经国务院批准，于 1984 年 1 月 1 日正式成立的具有独立法人资格的不营利的民间互助组织，该协会直属交通部领导。至今，中船保已发展成为拥有 30 家会员船公司，480 艘（共计 547 万总吨）入会船的具有相当规模的保赔协会。会员中有 28 家是在中华人民共和国境内注册的船公司，2 家是在香港注册的公司。入会船除 2 艘悬挂方便旗外,其余均为挂中华人民共和国国旗的从事国际海上运输船舶。

中船保成立以来,通过与国际保赔集团的主要成员联合王国保赔协会(U·K),西英保赔协会(W,O,E),英国汽船保赔协会(S,S,M)和伦敦及利物浦保赔协会(L·L)先后建立良好的分保合作关系,将中船保入会船每事故 40 万美元索赔额以上的风险分摊到了国际保赔集团,从而使入会船取得油污事故 4 亿美元、其他风险事故无限额的风险保障。

由于中船保经理部在选择会员和风险管理方面做了大量的工作,各会员公司也大力抓好安全生产,协会成立 4 年多来,尚未发生过高赔付金额的灾难性风险事故,一直保持着良好的赔付记录,留存基金也因而迅速增长,至今年 6 月 30 日,已达 880 万美元。

中船保的入会船都是从事国际海上运输的船舶,当船舶在国外港口发生海事争议时,可能需要提供担保以避免船舶被扣。目前,中船保有两种做法:一是提供协会的担保,二是由中国银行出具担保。

随着业务的发展和扩大,中船保在国内外共委建通讯代理 200 余家,形成一个有效的网络。自去年 11 月以来,若干英国保赔协会也已委托或拟委托中船保为其中国港口的通讯代理。除了办理具体业务工作外,还要求中船保为其在中国港口提供海事纠纷的担保,作为向其入会船提供的一项重要服务。同样,中船保入会船在中国港口也时而发生海事纠纷,可能需要提供担保。

为此,经与贵院交通运输庭商量,特再去函要求对中船保将提供的上述两种担保予以认可。如蒙核准,敬请通告各地海事法院为感。

最高人民法院经济审判庭
关于国家机关作为借款合同保证人应否承担经济损失问题的电话答复

(1989 年 7 月 17 日)

四川省高级人民法院:

你院川法研〔1989〕8 号《关于国家机关作为借款合同保证人其保证条款被确认无效后经济损失由谁承担的请示》收悉。经研究答复如下:

一、根据《借款合同条例》第七条和第八条规定,及本院法(研)复〔1988〕39 号批复精神,国家机关不应作借款合同的保证人。国家机关作借款合同保证人的,保证条款应确认无效。

二、保证条款被确认无效后,如借款人无力归还银行贷款,给国家造成经济损失的,作为保证人的国家机关应承担相应的赔偿责任,并在赔偿损失后有权向借款人追偿。国家机关无力承担赔偿责任的，人民法院根据民事诉讼法（试行）第一百八十二条第一款第（三）项和第（五）项规定，可裁定中止执行。

三、国家机关下属办事机构作借款合同保证人的，人民法院应将其所属的国家机关列为诉讼当事人，承担民事责任。

此复。

最高人民法院交通运输审判庭关于接受平安保险公司申请为水险业务中提供有关担保的函

1989年7月25日　　　　　　　　　　法交〔1989〕15号

广东、上海、武汉、青岛、天津、大连海事法院：

　　平安保险公司是交通部香港招商局和中国工商银行深圳分行合资经营的全民所有制金融保险企业，于1988年3月经中国人民银行总行批准成立，5月正式开业，现注册资本为人民币1.5亿元、港币1.5亿元。平安保险公司现有四个分公司，且将在国内沿海地区继续设立分支机构。为提高赔付能力，该公司于1988年10月又与中国人民保险公司订立了分保合同，将其所承保业务的30%分保给中国人民保险公司。该公司经营范围为办理企业财产险、货物运输险、船舶险、建筑安装工程险等人民币和外汇业务。现平安保险公司向我庭申请接受在其经营的水险业务中为船舶、货物保险人提供的有关担保。

　　经研究认为，平安保险公司为国营企业，资金雄厚，其担保有可靠的保证，同时法院接受平安公司为其被保险人出具的担保，也扩大了为当事人担保的渠道，对法院审理海事案件提供了方便条件。故决定各海事法院接受平安保险公司为其被保险人提供的担保。

　　执行中有何问题，望告我庭。

　　特此通知。

附一：

最高人民法院交通运输审判庭函

1989 年 7 月 25 日　　　　　　　　　　　　法交〔1989〕14 号

平安保险公司：

你公司平保函〔89〕004 号函收悉。

经研究，决定接受你公司的申请，海事法院认可你公司作为船舶、货物保险人为被保险人出具的担保。有关事宜，由我庭通知各海事法院。

有关业务，请与海事法院直接联系，并将你公司的有关文件和资料寄各海事法院。

附二：

平安保险公司
关于申请接受我公司出具担保的函

1989 年 7 月 4 日　　　　　　　　　　　　平保函〔89〕004 号

最高人民法院交通庭：

我公司是交通部招商局和工商银行深圳分行合资经营的全民所有制金融保险企业，是我国第二家经营保险业务的专业公司。公司于去年 3 月经中国人民银行总行批准，5 月在深圳正式开业，资本金为人民币 1.5 亿元、港币 1.5 亿元。经营财产险类、责任险类、信用保证保险、人身险类的人民币和外汇保险业务。截至今年 6 月底，业务总承保额达 60 多亿。公司所做业务 70% 以上分保给中国人民保险公司。在国外公司有 300 多家检验理赔代理。目前，公司包括海南省在内有四个分公司，并已开始在国内沿海地区设立分支机构。

在我公司经营的保险业务，尤其是水险业务中，我公司作为船舶、货物保险人，经常需要为被保险人提供碰撞、救助、共同海损等担保书。根据我公司和股东单位的资金能力以及我公司的再保险安排，完全能够保证我公司所提供担保的兑现。为避免在发生海上事故时因担保问题而耽搁时间，我们特此申请，请接受我公司作为保险人为被保险人出具的书面担保。

盼予以批准并望通知属下机构。

最高人民法院
关于中国人民解放军河南省军区诉郑州市花园路城市信用合作社借贷担保合同纠纷一案的法律适用和担保协议效力问题的复函

1990年4月7日　　　　　　　　　　　法（经）函〔1990〕43号

河南省高级人民法院：

你院〔1989〕豫法经字第14号请示报告收悉。关于中国人民解放军河南省军区诉郑州市花园路城市信用合作社借贷、担保合同纠纷一案的法律适用问题和对信用社统一印制的无期限、无数额的担保协议书的效力认定问题，经研究，答复如下：

一、本案担保合同签于《借款合同条例》颁布之后、生效之前，可以适用该条例第八条对借款合同保证人的法定条件和法律责任的具体规定。

二、担保人河南省军区营房处在贷款担保书上注明"只限透影机款，不担保每笔贷款"，透影机款应视为担保的限额，其担保责任不能超出透影机款的范围。

三、本案借款合同双方在1985年3月15日的借据上注明："约定偿还日期：1985年7月13日。"担保合同作为从合同，应以主合同的偿还日期作为担保还款的期限，不应视为无期限的担保。

最高人民法院
关于洪绍武、贺建玲债务担保案适用法律问题的函[*]

1990年5月24日　　　　　　　　　　〔90〕民他字第19号

甘肃省高级人民法院：

你院甘法民文〔1990〕9号关于洪绍武、贺建玲债务担保一案适用法律的请示报告收悉。

经研究认为，段君于1987年5月1日借洪绍武人民币1000元，还款日期为同年10月30日，贺建玲作为保证人在借据上签了名。后双方为还款日期是公历10月30日还

---

[*] 也作"最高人民法院民事审判庭关于洪绍武贺建玲债务担保一案如何适用法律问题的复函"。

是农历 10 月 30 日发生争执，经双方协商将还款日期明确为农历 10 月 30 日，对此，贺建玲在场亦未提出异议。鉴于这一行为，只是明确原借据的还款日期，而未变更主体、内容和履行方式，故同意你院审判委员会第一种意见，即：此案不适用我院经复〔1988〕4 号关于借款合同双方当事人未经保证人同意达成延期还款协议后，保证人不再承担保证责任的批复，贺建玲作为保证人应承担保证责任。

最高人民法院关于灵山县公安局对其工作人员擅自以所在单位名义对外提供财产保证应否承担民事责任问题的答复

1991 年 1 月 30 日　　　　　　　　　　法（经）函〔1991〕8 号

广西壮族自治区高级人民法院：

你院〔1990〕法经字第 34 号请示收悉。经研究，答复如下：

广西壮族自治区灵山县公安局属国家行政机关，没有经营权，也不具备保证人的主体资格，无代偿能力。该局干部黄考才违法动用其负责掌管的单位公章，在他人签订的购销汽车合同担保栏内盖章的行为，并非在执行职务。且，黄考才实施这一民事行为，所在单位并不知情，知情后即向债权人申明这是黄个人所为。因此，黄考才利用职务之便，擅自以所在单位名义对外提供财产保证，其行为后果，根据《民法通则》第六十六条第一款规定，应由黄考才个人自负，并依法追究其责任，灵山县公安局对此不应当承担民事责任。

此复。

最高人民法院经济审判庭
关于购销合同当事人延长履行期限后保证人是否承担保证责任问题的电话答复

(1991年4月27日)

江苏省高级人民法院：

你院〔90〕经请字第2号"关于购销合同当事人延长履行期限后保证人是否承担保证责任的请示"收悉。经研究，原则同意你院关于本案保证人不承担保证责任的处理意见。

但据所附材料看，本案似为诈骗犯宋孝良借用被保证人单位名义（包括单位合同、公章、账户），以签订合同为名，骗取债权人货款。对此，保证人并不知情。如情况属实，因被保证人出借单位合同、公章及账户，使宋孝良得以行骗，给债权人造成的7万多元经济损失，应当由被保证人自行承担，保证人则不应对此承担保证责任。

最高人民法院
关于借款合同当事人未经保证人同意达成新的《财产抵押还款协议》被确认无效后保证人是否继续承担担保责任的复函

1991年6月7日　　　　　　　　法（经）函〔1991〕58号

宁夏回族自治区高级人民法院：

你院〔1991〕宁法经字第3号"关于借款合同当事人未经保证人同意达成新的《财产抵押还款协议》被确认无效后，保证人是否继续承担担保责任的请示报告"收悉。经研究，认为：

本案《财产抵押还款协议》是在借款人银川市第三地毯厂采取欺诈手段，将他人委托其代加工物品充作自己的财产进行抵押，致使债权人宁夏回族自治区信托投资公司作出错误的意思表示的情况下签订的。这一无效民事行为的实施，不应影响借款合同和从属于它的保证合同的法律效力。借款合同主债务存在，保证人的保证责任即不应免除。因此，原则同意你院第一种意见，即，债权人向保证人主张债权，只要在保证合同的诉讼时效期限内，保证人仍应对原合同承担保证责任。

此复。

最高人民法院
关于惠州恒业公司诉恩平旅游实业公司购销合同纠纷一案中银行是否负担保责任的复函

1991年8月31日　　　　　　　　　　法（经）函〔1991〕93号

广东省高级人民法院：

你院粤法经监字〔1991〕第4号《关于惠州恒业公司诉恩平旅游实业公司购销合同纠纷一案中银行是否负担保责任的请示》收悉。经研究，答复如下：

惠州恒业公司与恩平县旅游实业公司在签订购销彩电合同时，虽然要求银行提供担保，但中国工商银行恩平支行明确表示不同意担保，在其向恒业公司出具的证明中也没有担保的意思表示，因此，恩平支行不应承担担保责任。但是，恩平支行在向恒业公司出具的证明中承诺对恒业公司预付给旅游实业公司的170万元人民币实行监督，专款专用，却未履行其监督义务。根据民法通则第一百零六条关于"公民、法人违反合同或者不履行其他义务的，应当承担民事责任"的规定，中国工商银行恩平支行应当承担与其过错相适应的赔偿责任。

此复。

最高人民法院
关于是否可直接判令保证单位履行债务的复函

1991年10月19日　　　　　　　　　法（经）函〔1991〕129号

上海市高级人民法院：

你院〔91〕沪高经核字第11号《关于是否可直接判令保证单位履行债务的请示》收悉。经研究，答复如下：

保证合同虽具有相对的独立性，但它终究从属于主合同，主合同的效力决定保证合同的效力。本案第一被告新疆乌鲁木齐市金字塔工贸公司系艾克拉木·穆罕默德个人开办的私营独资企业，现已倒闭，艾克拉木也被公安机关收容审查，与原告上海马陆棉纺织厂签订购销合同的行为是否构成经济犯罪尚未确定,从属于该购销合同的保证合同的效力、性质及保证人应承担的责任也就无法确认。且,为了有利于打击犯罪,本案的受诉法院应中止对全案的审理,将有关的犯罪嫌疑材料移送乌鲁木齐市公安局查处,不必急于将棉纺厂诉保证人中国人民建设银行乌鲁木齐沙依巴克区办事处承担保证责任一节先行审理。受诉法院中止对本案的审理,并不表示解除保证人应承担的民事责任。

此复。

最高人民法院
关于企业职工利用本单位公章为自己实施的民事行为担保企业是否应承担担保责任问题的函

1992年9月8日　　　　　　　　　　　　　　法函〔1992〕113号

浙江省高级人民法院:

你院浙高法经〔1992〕31号《关于企业职工利用本单位公章,为自己实施的民事行为担保,企业是否应负担保责任问题的请示报告》收悉。经研究,答复如下:

从你院报告中看,本案黄龙饭店商品部系非独立核算的分支机构,无独立的财产,不具备保证人民事主体资格,不能以自己名义对外提供保证。黄龙饭店商品部业务主任李志明背着饭店领导,从文秘处要去黄龙饭店商品部的公章,加盖在自己与他人签订的承包经营协议书中的担保栏内,属于李志明个人实施的民事行为,是自己为自己提供担保,其行为应当确认无效。根据民法通则第六十六条第一款规定,李志明擅自以黄龙饭店商品部的名义对外提供担保的行为,应当由李志明自行承担民事责任。

此复。

最高人民法院
关于保证人的保证责任应否免除问题的复函

1992年12月2日　　　　　　　　　　　　　　法函〔1992〕148号

山西省高级人民法院:

你院〔1992〕晋法经报字第5号"关于泌水县农业银行诉沁水县乡镇企业供销公司和沁水县汽车运输公司借款合同担保纠纷一案的请示报告"收悉。经研究,答复如下:

本案沁水县农业银行（下称"沁水农行"）与沁水县乡镇企业供销公司（下称"供销公司"）1988年12月31日签订的借款合同第六条规定："……如需延期，借款方至迟在贷款到期前3天，提出延期申请，经贷款方同意，办理延期手续。但延期最长不得超过原订期限的一半，贷款方未同意延期或未办理延期手续的逾期贷款，加收罚息。"保证人沁水县汽车运输公司（下称"汽运公司"）在合同上签字、盖章，认可了这一条款。合同履行期限届满前四天，借款方供销公司提出了延期还款申请，贷款方沁水农行同意延期还款的期限恰是原借款合同履行期的一半。借款合同当事人双方的行为，应视为符合借款合同第六条规定。因此，债权人沁水农行在诉讼时效期限内向保证人主张权利，保证人汽运公司的保证责任不应免除。

特此函复。

最高人民法院关于中国农业银行哈尔滨市分行道里办事处诉民革哈尔滨市委及三棵树粮库借款担保合同纠纷一案中三棵树粮库是否承担担保责任的复函

1993年4月3日　　　　　　　　　　　　法函〔1993〕27号

黑龙江省高级人民法院：

你院〔1992〕黑法经请字1号关于三棵树粮库、民革哈尔滨市委与农行道里办事处借款合同纠纷一案的请示报告收悉。经研究，答复如下：

同意你院关于三棵树粮库"以库存粮食和物资作担保"无效的意见。对造成该担保无效，担保人三棵树粮库和债权人农行道里办事处都有过错，三棵树粮库应负主要责任，农行道里办事处也有责任。担保人三棵树粮库应对农行道里办事处无法收回的贷款本息承担与其过错相适应的赔偿责任，其余由农行道里办事处自行承担。

此复。

最高人民法院
关于贵阳第二城市信用社向中国北方公司深圳分公司出具的函是否具有担保性质问题的答复

1993年7月19日　　　　　　　　　　　　　法函〔1993〕59号

广东省高级人民法院：

你院粤法执请字第〔1993〕4号《关于贵阳第二城市信用社向中国北方公司深圳分公司出具担保函的事实真相及有关法律问题》的请示收悉。经研究，答复如下：

1987年4月21日贵阳第二城市信用社（简称信用社）向中国北方公司深圳分公司（简称深圳分公司）出具的函的内容说明，信用社的责任仅在于对深圳分公司的103.5万元货款实行监督支付和在什么情况下将此款退汇原单位。该函括号内的"如果交易合同不能执行款退汇原单位"应理解为如交易合同不能履行，存于127007临时账户的103.5万元货款退汇原单位，并无信用社保证交易合同全面履行的意思表示。信用社的责任既不是代为履行合同，也不是连带责任。联系深圳分公司与贵阳云桥经济开发公司1987年4月22日签订的出口产品收购合同中"甲方来人带全款，收到商检局品质、数量证书及铁路发运通知书后付款"，以及信用社依据函中的表示已经分四次将深圳分公司的货款全部支付，履行了保证监督支付义务的实际情况，购销合同未能全部履行，与信用社无任何法律关系。因此，你院应依法对深圳市中级人民法院〔1990〕深中法经监字第26号民事判决中的错误予以纠正。

最高人民法院
关于吉林省高级人民法院请示的经济合同纠纷案有关保证人保证责任问题的复函

1995年4月17日　　　　　　　　　　　　　法函〔1995〕39号

吉林省高级人民法院：

你院吉高法〔1994〕57号报告收悉。经研究，答复如下：

本案中国投资银行吉林省分行与吉林市国营8270厂、吉林省轻工业品进出口公司与中国投资银行吉林省分行之间分别为主合同和保证合同法律关系。由于保证合同中未约定保证责任期限,故该保证人应当在被保证人吉林市国营 8270 厂承担责任的期限内承担保证责任。本案主合同债权人于贷款期限届满后多次找主债务人催要贷款,主合同诉讼时效中断,债权人在两年诉讼时效内向主债务人主张了权利。依照《最高人民法院关于审理经济合同纠纷案件有关保证的若干问题的规定》第 29 条之规定,保证合同未约定保证责任期限的,主债务的诉讼时效中断,保证债务的诉讼时效亦中断,故本案保证人吉林省轻工业品进出口公司仍应承担保证责任。

最高人民法院关于湖南省高级人民法院请示的株洲钢厂与湘潭亨发工贸公司等购销合同纠纷一案有关保证人保证责任问题的复函

1995 年 5 月 4 日　　　　　　　　　　　法函〔1995〕54 号

湖南省高级人民法院:

你院〔1995〕湘高经请字第 03 号请示报告收悉。关于株洲钢厂与湘潭亨发工贸公司等购销合同纠纷一案保证人的保证责任问题,经研究,现答复如下:

一、按照本案当事人所订购销合同保证条款中关于"需方付出 600 万元预付款往农行湘潭县支行,此款由收款银行出具保证专款专用"的约定,供方湘潭亨发工贸公司的保证人农行湘潭县支行监督支付预付款专款专用的保证是明确的,可以认定。根据《最高人民法院关于审理经济合同纠纷案件有关保证的若干问题的规定》第 9 条,本案保证人如未尽监督义务造成预付款流失的,应对流失的资金承担连带责任。

在合同保证条款中关于"如供方违约,该银行将协助需方所付 600 万元的预付款的偿还责任,并负责追交 5% 的违约金给需方"的约定,按文意理解,系指保证人对预付款和违约金承担合同约定的协助偿还和追交的责任。"协助"偿还预付款和"负责追交"违约金都不是代为清偿,故保证人不应对此承担连带清偿责任。

二、在本案 600 万元预付款的支付中,哪些款项的支付属于专款专用,哪些款项的支付不属于专款专用,各方有何过错,你院可在二审中进一步查实、分清责任后,依法公正作出处理。

此复。

最高人民法院对安徽省高级人民法院关于借款担保合同纠纷请示问题的答复

1995年11月6日　　　　　　　　　　　　法函〔1995〕142号

安徽省高级人民法院：

你院经终字〔1994〕第110—1号"关于淮北矿务局临涣煤矿与中国农业银行濉溪县支行韩村营业所、濉溪县韩村镇人民政府借款担保合同纠纷上诉一案的请示报告"收悉，经研究，答复如下：

一、同意你院审判委员会第一种意见。对于中国农业银行担保借款协议书第八条的理解问题，该行农银函〔1991〕226号函解释其含义是：借款方应当按期归还贷款本息、贷款到期后一个月内先由借款方负责偿还，其间借款方不能偿还的，则由担保单位（或担保人）代为偿还。"一个月"是对担保单位（或者担保人）承担责任的宽限期，而不是担保责任期限，即贷款逾期一个月后，担保人开始承担担保责任。

二、保证责任的期限是指依法律的规定或当事人的约定，保证人只在一定的期限内承担保证责任。我院《关于审理经济合同纠纷案件有关保证的若干问题的规定》第十一条规定，保证合同中没有约定保证责任期限或者约定不明确的，保证人应当在被保证人承担责任的期限内承担保证责任。本案中合同没有具体约定保证人的保证期限，对这种保证责任期限的起算点应从主债务履行期限届满之次日起计算，在被保证人承担责任的期限内承担保证责任。

此复。

最高人民法院关于四川省汽车运输成都公司与四川省农村信托投资公司担保借款纠纷一案中四川省汽车运输成都公司应否承担保证责任的复函

（1996年10月30日）

四川省高级人民法院：

你院（1992）川高法申民字第6号关于四川省汽车运输成都公司与四川省农村信托投资公司担保借款纠纷一案的请示报告收悉。经研究认为：借款方四川省汽车运输成都公司商业公司（以下简称商业公司）在担保方四川省汽车运输公司（以下简称成都公司）不知晓的情况下，擅自改变合同约定的贷款用途，将贷得的250万元挪作他用，属改变合同的主要内容。贷款方四川省农村信托投资公司（以下简称投资公司）收到借款方商业公司的退回款250万元后，以"代单位转款"名义擅自划转170万元给借款方商业公司使用，是投资公司的过错。据此，成都公司不应承担担保责任。

最高人民法院研究室关于县级以上供销合作社联合社能否作为保证人问题的复函

1999年6月30日　　　　　　　　　　　　　　　法研〔1999〕10号

河南省高级人民法院：

你院豫高法〔1998〕152号《关于县级以上供销合作社联合社能否作为保证人的请示》收悉，经研究，答复如下：

1999年1月28日国务院国发〔1999〕5号《国务院关于解决当前供销合作社几个突出问题的通知》的规定，全国供销合作总社和省、市（地）级联社"所需经费列入同级财政预算，不再向所办企业提取管理费"；县级供销合作社的主要任务是对基层社进行指导、监督和协调，在性质、组织、经费等方面不同于一般的企业，还承担国家委托的政策性业务。因此，1999年1月28日国发〔1999〕5号文件发布后，县级以上供销合作社不符合担保法第七条的规定，不能作为保证人。但1995年2月28日印发的《中共中央、国务院关于深化供销合作社改革的决定》规定:"各级供销合作社是自主经营、自负盈亏、独立核算、照章纳税、由社员民主管理的群众性经济组织,具有独立法人地位,依法享有独立进行经济、社会活动自主权。"所以,在 1999 年 1 月 28 日国发〔1999〕5 号文件发布前,供销合作社联合社符合担保法第七条规定的,可以作担保人。

最高人民法院
关于哈尔滨市商业银行银祥支行与哈尔滨金事达实业(集团)公司借款合同纠纷一案如何处理问题的答复

2001 年 2 月 28 日　　　　　　　　　法民二〔2001〕016 号

黑龙江省高级人民法院:

你院〔1999〕黑经二终字第 190 号《关于哈尔滨市商业银行银祥支行与哈尔滨金事达实业(集团)公司借款合同纠纷一案如何处理问题的请示》收悉。经研究,答复如下:

该案所涉询证函虽然是采用哈尔滨审计事务所函稿纸,且注明仅作审计报表之用,其他方面用途无效,但基于该询证函是由贷款人哈尔滨商业银行银祥支行(原哈尔滨银祥城市信用合作社)发出,且该贷款人和借款人哈尔滨豪华家具大世界都在该函上对尚欠贷款额予以确认并加盖公章的事实,可以表明该询证函既有贷款人追索欠款的意思表示,又体现了借款人对所欠债务的确认。由于该询证函是在借款合同诉讼时效期限内发出的,因此借款合同诉讼时效中断,保证合同诉讼时效亦中断。

鉴于该案担保行为发生在担保法颁布之前,保证合同约定的保证期间是"直至借款单位全部还清贷款本息和逾期挪用本息为止",属于保证责任期间约定不明的情形。根据本院《关于审理经济合同纠纷案件有关保证的若干问题的规定》第十一条规定精神,本案保证责任期间应为二年。债权人哈尔滨商业银行银祥支行在借款合同履行期限届满后的二年内未向保证人哈尔滨金事达实业(集团)公司主张权利,故保证人不再承担保证责任。

以上意见,供你院参考。

最高人民法院
关于沈阳市信托投资公司是否
应当承担保证责任问题的答复

2001年8月22日　　　　　　　　　　　　法民二〔2001〕50号

辽宁省高级人民法院：

你院〔1999〕辽经初字第48号关于"沈阳市信托投资公司是否应当承担保证责任的请示"收悉。经研究，答复如下：

我国担保法所规定的保证，是指保证人和债权人约定，当债务人不履行债务时，保证人按照约定履行债务或者承担责任的行为。这里所称"保证人和债权人约定"系指双方均为特定人的一般情况。由于公司向社会公开发行债券时，认购人并不特定，不可能要求每一个认购人都与保证人签订书面保证合同，因此，不能机械地理解和套用《担保法》中关于"保证"的定义。向社会公开发行债券时，债券发行人与代理发行人或第三人签订担保合同，该担保合同同样具有证明担保人之真实意思表示的作用。而认购人的认购行为即表明其已接受担保人作出的担保意思表示。你院请示中的第一种意见，即只要沈阳市信托投资公司的保证意思是自愿作出的，且其内容真实，该保证合同即应为有效，该公司应对其担保的兑付债券承担保证责任，是有道理的。

以上意见，请参考。

最高人民法院
关于湖北横向经济物资贸易公司与中国冶金
进出口湖北公司、中国农业银行武汉市分行
汉口支行返还保证金请示案的答复

2002年2月27日　　　　　　　　　　　〔2001〕民监他字第8号

湖北省高级人民法院：

你院鄂高法〔2001〕127号《关于湖北横向经济贸易公司与中国冶金进出口湖北公司、中国农业银行武汉市分行汉口支行返还保证金一案的请示》收悉。经本院审判委员会研究，答复如下：

一、中国农业银行武汉市分行汉口支行强行划拨保证金，抵还其对中国冶金进出口湖北公司贷款的行为没有法律依据，构成侵权，应承担民事责任。

二、（略）

最高人民法院
关于处理担保法生效前发生保证行为的保证期间问题的通知

2002年8月1日　　　　　　　　　　　　　　法〔2002〕144号

各省、自治区、直辖市高级人民法院，解放军军事法院，新疆维吾尔自治区高级人民法院生产建设兵团分院：

我院于2000年12月8日公布法释〔2000〕44号《关于适用〈中华人民共和国担保法〉若干问题的解释》后，一些部门和地方法院反映对于担保法实施前发生的保证行为如何确定保证期间问题没有作出规定，而我院于1994年4月15日公布的法发〔1994〕8号《关于审理经济合同纠纷案件有关保证的若干问题的规定》对此问题亦不十分明确。为了正确审理担保法实施前的有关保证合同纠纷案件，维护债权人和其他当事人的合法权益，经商全国人大常委会法制工作委员会同意，现就有关问题通知如下：

一、对于当事人在担保法生效前签订的保证合同中没有约定保证期限或者约定不明确的，如果债权人已经在法定诉讼时效期间内向主债务人主张了权利，使主债务没有超过诉讼时效期间，但未向保证人主张权利的，债权人可以自本通知发布之日起6个月（自2002年8月1日至2003年1月31日）内，向保证人主张权利。逾期不主张的，保证人不再承担责任。

二、主债务人进入破产程序，债权人没有申报债权的，债权人亦可以在上述期间内向保证人主张债权；如果债权人已申报了债权，对其在破产程序中未受清偿的部分债权，债权人可以在破产程序终结后6个月内向保证人主张。

三、本通知发布时，已经终审的案件、再审案件以及主债务已超过诉讼时效的案件，不适用本通知。

最高人民法院
关于广西开发投资有限公司与中国信达资产公司南宁办事处借款合同担保纠纷一案请示的复函

2002年10月11日　　　　　　　　　　〔2002〕民立他字第44号

广西壮族自治区高级人民法院：

你院〔2002〕桂民申字第239号《关于广西开发投资有限公司与中国信达资产公司南宁办事处借款合同担保纠纷一案的请示报告》收悉。经研究，答复如下：

本案的担保行为发生于1993年5月27日，保证人广西建设投资开发公司1996年1月5日和3月25日的发函行为，是1993年5月27日担保行为派生出来的行为，而不是创设新的担保关系。根据我院《关于认真学习、贯彻票据法、担保法的通知》第三项及《关于适用〈中华人民共和国担保法〉若干问题的解释》第一百三十三条第一款的有关规定，本案应适用担保行为发生时的法律、法规和有关司法解释，保证人广西建设投资开发公司向债权人发函的行为适用我院《关于审理经济合同纠纷案件有关保证的若干问题的规定》第十一条的有关规定。

最高人民法院经济审判庭
关于对中国银行中银发〔2002〕45号请示的答复

（2002年10月14日）

中国银行：

你行《〈关于处理担保法生效前发生保证行为的保证期间问题的通知〉适用问题的请示》（中银发〔2002〕45号）已收悉。经研究，答复如下：

根据本院1994年4月15日发布的《关于审理经济合同纠纷案件有关保证的若干问题的规定》（法发〔1994〕8号）第11条规定，保证合同中没有约定保证责任期限或者约定不明确的，保证人应当在被保证人承担责任的期限内承担保证责任。在主债权已超过2年诉讼时效后，债权人和债务人又对原债务予以重新确认的，不符合本院《关于处理担保法生效前发生保证行为的保证期间问题的通知》（法〔2002〕144号）第一条关于"债权人已经在法定诉讼时效期间内向主债务人主张了权利，使主债务没有超过诉讼时效期间"的规定条件。在此情况下，不能认为"主债权没有丧失诉讼时效"。既然原主债务之诉讼时效已经届满，则保证期间亦随之届满。如保证人未对重新确认后的债务提供担保，则保证人对该债务不再承担保证责任。

此复。

最高人民法院
对关于担保期间债权人向保证人主张权利的方式及程序问题的请示的答复

2002年11月22日　　　　　　　　　　〔2002〕民二他字第32号

青海省高级人民法院：

你院〔2002〕青民二字第10号《关于担保期间债权人向保证人主张权利的方式及程序问题的请示》收悉。经研究，答复如下：

1. 本院2002年8月1日下发的《关于处理担保法生效前发生保证行为的保证期间问题的通知》第一条规定的"向保证人主张权利"和第二条规定的"向保证人主张债权"，其主张权利的方式可以包括"提起诉讼"和"送达清收债权通知书"等。其中"送达"既可由债权人本人送达，也可以委托公证机关送达或公告送达（在全国或省级有影响的报纸上刊发清收债权公告）。

2. 该《通知》第二条的规定的意义在于，明确当主债务人进入破产程序，在"债权人没有申报债权"或"已经申报债权"两种不同情况下，债权人应当向保证人主张权利的期限。根据《最高人民法院关于适用〈中华人民共和国担保法〉若干问题的解释》第四十四条第一款的规定，在上述情况下，债权人可以向人民法院申报债权，也可以向保证人主张权利。因此，对于债权人申报了债权，同时又起诉保证人的保证纠纷案件，人民法院应当受理。在具体审理并认定保证人应承担保证责任的金额时，如需等待破产程序结束的，可依照《中华人民共和国民事诉讼法》第一百三十六条第一款第（五）项的规定，裁定中止诉讼。人民法院如径行判决保证人承担保证责任，应当在判决中明确应扣除债权人在债务人破产程序中可以分得的部分。

此复。

最高人民法院
关于锦州市商业银行与锦州市华鼎工贸商行、锦州市经济技术开发区实华通信设备安装公司借款纠纷一案的复函

2003年2月25日　　　　　　　　〔2002〕民监他字第14号函

辽宁省高级人民法院：

你院请示收悉，答复如下：

经研究，同意你院审判委员会第一种意见，即保证期间届满后，保证人如无其他明示，仅在债权人发出的催收到期贷款通知单上签字或盖章的行为，不能成为重新承担保证责任的依据。本院法释〔1999〕7号《关于超过诉讼时效期间借款人在催款通知单上签字或者盖章的法律效力问题的批复》，不适用于保证人。

最高人民法院
关于对外国企业派驻我国的代表处以代表处名义出具的担保是否有效及外国企业对该担保行为应承担何种民事责任的请示的复函

2003年6月12日　　　　　　　　〔2002〕民四他字第6号

上海市高级人民法院：

你院2001年12月27日〔2000〕沪高经终字第587号《关于外国企业派驻我国的代表处以代表处名义出具的担保是否有效及外国企业对该担保行为应承担何种民事责任的请示》收悉。经本院审判委员会讨论，答复如下：

外国企业派驻我国的代表处，不是该外国企业的分支机构或者职能部门，而是该外国企业的代表机构，对外代表该外国企业。代表处在我国境内的一切业务活动，应当由其所代表的外国企业承担法律责任。本案中，南通市对外贸易公司是在大象交易株式会社上海代表处的介绍下与金达莱国际贸易有限公司形成委托代理关系的。在整个业务活动中，大象交易株式会社上海代表处一直以大象交易株式会社的名义与南通市对外贸易公司商谈、签订买卖合同和提供担保。该代表处在买卖合同上加盖大象交易株式会社的

印章以及在担保书上加盖大象交易株式会社上海代表处的印章的行为，均代表大象交易株式会社本身，应由大象交易株式会社直接承担民事责任。

此复。

最高人民法院关于在保证期间内保证人在债权转让协议上签字并承诺履行原保证义务能否视为债权人向担保人主张过债权及认定保证合同的诉讼时效如何起算等问题请示的答复

2003年9月8日　　　　　　　　　　　　〔2003〕民二他字第25号

云南省高级人民法院：

你院云高法报〔2003〕5号《关于在保证期间内，保证人在债权转让协议上签字并承诺履行原保证义务，能否视为债权人向担保人主张过债权，从而认定保证合同的诉讼时效从签字时起算的请示报告》收悉。经研究，答复如下：

《中华人民共和国担保法》（以下简称《担保法》）第二十六条第一款规定的债权人要求保证人承担保证责任应包括债权人在保证期间内向保证人主动催收或提示债权，以及保证人在保证期间内向债权人作出承担保证责任的承诺两种情形。请示所涉案件的保证人——个旧市配件公司于保证期间内，在所担保的债权转让协议上签字并承诺"继续履行原保证合同项下的保证义务"即属《担保法》第二十六条第一款所规定的债权人要求保证人承担保证责任的规定精神。依照本院《关于适用〈中华人民共和国担保法〉若干问题的解释》第三十四条第二款的规定，自保证人个旧市配件公司承诺之日起，保证合同的诉讼时效开始计算。故同意你院第一种意见。

此复。

最高人民法院
关于甘肃省高级人民法院就在诉讼时效期间债权人依法将主债权转让给第三人保证人是否继续承担保证责任等问题请示的答复

2003年10月20日　　　　　　　　　　　〔2003〕民二他字第39号

甘肃省高级人民法院：

你院甘高法〔2003〕176号请示收悉。经研究，答复如下：

一、在诉讼时效期间，凡符合《中华人民共和国合同法》第八十一条和《中华人民共和国担保法》第二十二条规定的，债权人将主债权转让给第三人，保证债权作为从权利一并转移，保证人在原保证担保的范围内继续承担保证责任。

二、按照《关于适用〈中华人民共和国担保法〉若干问题的解释》第三十六条第一款的规定，主债务诉讼时效中断，连带保证债务诉讼时效不因主债务诉讼时效中断而中断。按照上述解释第三十四条第二款的规定，连带责任保证的债权人在保证期间内要求保证人承担保证责任的，自该要求之日起开始计算连带保证债务的诉讼时效。《最高人民法院对〈关于贯彻执行最高人民法院"十二条"司法解释有关问题的函〉的答复》是答复四家资产管理公司的，其目的是为了最大限度地保全国有资产。因此，债权人对保证人有公告催收行为的，人民法院应比照适用《最高人民法院关于审理涉及金融资产公司收购、管理、处置国有银行不良贷款形成的资产的案件适用法律若干问题的规定》第十条的规定，认定债权人对保证债务的诉讼时效中断。

此复。

最高人民法院关于对甘肃省高级人民法院甘高法〔2003〕183号请示的答复

2003年11月28日　　　　　　　　　　　　〔2003〕民二他字第40号

甘肃省高级人民法院：

你院甘高法〔2003〕183号《关于担保法生效前签订的保证合同没有约定保证期限，主债务没有超过诉讼时效，债权人向保证人主张过权利的，能否适用最高人民法院〈关于处理担保法生效前发生保证行为的保证期间问题的通知〉的请示》收悉。经研究，答复如下：

本院2002年8月1日下发的法〔2002〕144号《关于处理担保法生效前发生保证行为的保证期间问题的通知》（以下简称144号通知）第一条中"未向保证人主张权利的"一语，系对当时中国信达资产管理公司等四家资产管理公司所受让债权的状态描述，并非是适用该通知的必要条件。因此，对于"担保法生效前签订的保证合同中没有约定保证期限或约定不明确的"，只要"主债务没有超过诉讼时效期间"，无论债权人是否向保证人主张过权利，均不影响债权人依照144号通知规定，向保证人主张权利。同意你院审判委员会的第一种意见。

此复。

最高人民法院关于对云南省高级人民法院就如何适用《关于适用〈中华人民共和国担保法〉若干问题的解释》第四十四条请示的答复

2003年12月24日　　　　　　　　　　　　〔2003〕民二他字第49号

云南省高级人民法院：

你院〔2003〕云高民二终字第149号请示收悉。经研究，答复如下：

《关于适用〈中华人民共和国担保法〉若干问题的解释》（以下简称担保法司法解释）第四十四条第二款规定的债权人应在破产程序终结后6个月内要求保证人承担保证

责任的规定，仅适用于债务人在破产程序开始时保证期间尚未届满，而在债权人申报债权参加清偿破产财产程序期间保证期间届满的情形。即在上述情况下，考虑到债权人在债务人破产期间不便对保证人行使权利，债权人可以在债务人破产终结后六个月内要求保证人承担保证责任。你院请示的昆明电缆厂与交通银行昆明分行、昆明电缆股份有限公司担保借款合同纠纷案中，债权人交通银行昆明分行已经在保证期间内、债务人破产程序前要求保证人承担保证责任，因此，不适用担保法司法解释第四十四条第二款的规定。

此复。

最高人民法院
关于交通银行香港分行与港云基业有限公司、云浮市人民政府等借款担保合同纠纷上诉一案《承诺函》是否构成担保问题的请示的复函

2006年10月11日　　　　　　　　　　　　　〔2006〕民四他字第27号

广东省高级人民法院：

你院〔2004〕粤高法民四终字第153号《关于交通银行香港分行与港云基业有限公司、云浮市人民政府等借款担保合同纠纷上诉一案〈承诺函〉是否构成担保问题的请示》收悉。经研究，答复如下：

对于云浮市人民政府出具的《承诺函》是否构成我国《担保法》意义上的保证，应由你院根据云浮市人民政府出具《承诺函》的背景情况、《承诺函》的内容以及查明的其他事实情况作出认定；

在对外担保的案件中，我国境内公民个人向境外债权人提供的担保，若存在最高人民法院《关于适用〈中华人民共和国担保法〉若干问题的解释》第六条规定之情况，应依法认定为无效。本案中我国境内公民赖斌、陈兢向交通银行香港分行提供的担保是否存在上述情况，应由你院依法审查。

此复。

（五）联营合同

最高人民法院
关于印发《关于审理联营合同纠纷案件若干问题的解答》的通知

1990年11月12日　　　　　　　　法（经）发〔1990〕27号

全国地方各级人民法院，各级军事法院，铁路运输中级法院和基层法院，各海事法院：

现将《关于审理联营合同纠纷案件若干问题的解答》发给你们，望在经济审判工作中贯彻执行。执行中有何问题和意见，请及时报告我院。

附：

最高人民法院
关于审理联营合同纠纷案件若干问题的解答

根据《中华人民共和国民法通则》和其他有关法律、法规，现就人民法院在审理联营合同纠纷案件中提出的一些问题，解答如下：

一、关于联营合同纠纷案件的受理问题

（一）联营各方因联营合同的履行、变更、解除所发生的经济纠纷，如联营投资、盈余分配、违约责任、债务承担、资产清退等纠纷向人民法院起诉的，凡符合民事诉讼法（试行）第八十一条规定的起诉条件的，人民法院应予受理。

（二）联营各方因联营体内部机构设置、人员组成等管理方面的问题发生纠纷向人民法院起诉的，人民法院不予受理。

二、关于联营合同纠纷案件的管辖问题

（一）联营合同纠纷案件的地域管辖，因不同的联营形式而有所区别：

1. 法人型联营合同纠纷案件，由法人型联营体的主要办事机构所在地人民法院管辖。

2. 合伙型联营合同纠纷案件，由合伙型联营体注册登记地人民法院管辖。

3. 协作型联营合同纠纷案件，由被告所在地人民法院管辖。

（二）由联营体主要办事机构所在地或联营体注册登记地人民法院管辖确有困难的，如法人型联营体已经办理了注销手续，合伙型联营体应经工商部门注册登记而未办理注册登记，或者联营期限届满已经解体的，可由被告所在地人民法院管辖。

三、关于联营合同的主体资格认定问题

（一）联营合同的主体应当是实行独立核算，能够独立承担民事责任的企业法人和事业法人。

个体工商户、农村承包经营户、个人合伙，以及不具备法人资格的私营企业和其他经济组织与企业法人或者事业法人联营的，也可以成为联营合同的主体。

（二）企业法人、事业法人的分支机构不具备法人条件的，未经法人授权，不得以自己的名义对外签订联营合同；擅自以自己名义对外签订联营合同且未经法人追认的，应当确认无效。

党政机关和隶属党政机关编制序列的事业单位、军事机关、工会、共青团、妇联、文联、科协和各种协会、学会及民主党派等，不能成为联营合同的主体。

四、关于联营合同中的保底条款问题

（一）联营合同中的保底条款，通常是指联营一方虽向联营体投资，并参与共同经营，分享联营的盈利，但不承担联营的亏损责任，在联营体亏损时，仍要收回其出资和收取固定利润的条款。保底条款违背了联营活动中应当遵循的共负盈亏，共担风险的原则，损害了其他联营方和联营体的债权人的合法权益，因此，应当确认无效。联营企业发生亏损的，联营一方依保底条款收取的固定利润，应当如数退出，用于补偿联营的亏损，如无亏损，或补偿后仍有剩余的，剩余部分可作为联营的盈余，由双方重新商定合理分配或按联营各方的投资比例重新分配。

（二）企业法人、事业法人作为联营一方向联营体投资，但不参加共同经营，也不承担联营的风险责任，不论盈亏均按期收回本息，或者按期收取固定利润的，是明为联营，实为借贷，违反了有关金融法规，应当确认合同无效。除本金可以返还外，对出资方已经取得或者约定取得的利息应予收缴，对另一方则应处以相当于银行利息的罚款。

（三）金融信托投资机构作为联营一方依法向联营体投资的，可以按照合同约定分享固定利润，但亦应承担联营的亏损责任。

五、关于在联营期间退出联营的处理问题

（一）组成法人型联营体或者合伙型联营体的一方或者数方在联营期间中途退出联营的，如果联营体并不因此解散，应当清退退出方作为出资投入的财产。原物存在的，返还原物；原物已不存在或者返还确有困难的，折价偿还。退出方对于退出前联营所得的盈利和发生的债务，应当按照联营合同的约定或者出资比例分享和分担。合伙型联营

体的退出方还应对退出前联营的全部债务承担连带清偿责任。如果联营体因联营一方或者数方中途退出联营而无法继续存在的,可以解除联营合同,并对联营的财产和债务作出处理。

(二)不符合法律规定或合同约定的条件而中途退出联营的,退出方应当赔偿由此给联营体造成的实际经济损失。但如联营其他方对此也有过错的,则应按联营各方的过错大小,各自承担相应的经济责任。

六、关于联营合同的违约金、赔偿金的计算问题

根据民法通则第一百一十二条第二款规定,联营合同订明违约金数额或比例的,按照合同的约定处理。约定的违约金数额或比例过高的,人民法院可根据实际经济损失酌减;约定的违约金不足补偿实际经济损失的,可由赔偿金补足。联营合同订明赔偿金计算方法的,按照约定的计算方法及实际情况计算过错方应支付的赔偿金。联营合同既未订明违约金数额或比例,又未订明赔偿金计算方法的,应由过错方赔偿实际经济损失。

七、关于联营合同解除后的财产处理问题

(一)联营体为企业法人的,联营体因联营合同的解除而终止。联营的财产经过清算清偿债务有剩余的,按照约定或联营各方的出资比例进行分配。

联营体为合伙经营组织的,联营合同解除后,联营的财产经清偿债务有剩余的,按照联营合同约定的盈余分配比例,清退投资,分配利润。联营合同未约定,联营各方又协商不成的,按照出资比例进行分配。

(二)在清退联营投资时,联营各方原投入的设备、房屋等固定资产,原物存在的,返还原物;原物已不存在或者返还原物确有困难的,作价还款。

(三)联营体在联营期间购置的房屋、设备等固定资产不能分割的,可以作价变卖后进行分配。变卖时,联营各方有优先购买权。

(四)联营体在联营期间取得的商标权、专利权,解除联营合同后的归属及归属后的经济补偿,应当根据《中华人民共和国商标法》、《中华人民共和国专利法》的有关规定处理。商标权应当归联营一方享有。专利权可以归联营一方享有,也可以归联营各方共同享有。联营一方单独享有商标权、专利权的,应当给予其他联营方适当的经济补偿。

八、关于无效联营收益的处理问题

联营合同被确认无效后,联营体在联营合同履行期间的收益,应先用于清偿联营的债务及补偿无过错方因合同无效所遭受的经济损失。

当事人恶意串通,损害国家利益、集体或第三人的合法利益,或者因合同内容违反国家利益或社会公共利益而导致联营合同无效的,根据民法通则第六十一条第二款和第一百三十四条第三款规定,对联营体在联营合同履行期间的收益,应当作为非法所得予以收缴,收归国家、集体所有或者返还第三人。对联营各方还可并处罚款;构成犯罪的,移送公安、检察机关查处。

九、关于联营各方对联营债务的承担问题

（一）联营各方对联营债务的责任应依联营的不同形式区别对待：

1. 联营体是企业法人的，以联营体的全部财产对外承担民事责任。联营各方对联营体的责任则以各自认缴的出资额为限。对抽逃认缴资金以逃避债务的，人民法院除应责令抽逃者如数缴回外，还可对责任人员处以罚款。

2. 联营体是合伙经营组织的，可先以联营体的财产清偿联营债务。联营体的财产不足以抵债的，由联营各方按照联营合同约定的债务承担比例，以各自所有或经营管理的财产承担民事责任；合同未约定债务承担比例，联营各方又协商不成的，按照出资比例或盈余分配比例确认联营各方应承担的责任。

合伙型联营各方应当依照有关法律、法规的规定或者合同的约定对联营债务负连带清偿责任。

3. 联营是协作型的，联营各方按照合同的约定，分别以各自所有或经营管理的财产承担民事责任。

（二）农业集体经济组织以提供自己所有的土地使用权参加合伙型联营的，应当按照联营合同的约定承担联营债务，如合同未约定债务承担比例的，可参照出资比例或者盈余分配比例承担。

（三）以提供技术使用权作为合伙型联营投资的联营一方，应当按照联营合同的约定承担联营债务，如其自己所有的或者经营管理的财产不足清偿联营债务的，可以一定期限的技术使用权折价抵偿债务。

最高人民法院
关于乡政府与其他单位签订的联营协议效力问题的批复

1988年1月9日　　　　　　　　　　法（经）复〔1988〕3号

江苏省高级人民法院：
河南省高级人民法院：

苏法（经）〔1987〕9号和〔1987〕豫法经字第12号《关于乡政府与其他企业签订的联营协议是否有效的请示》收悉。经研究，答复如下：

农村乡一级政权组织政企分开的工作正在进行，许多乡政府实际上仍在行使着政府和合作经济组织的职权。因此，对乡政府与其他单位联营办企业的协议效力认定问题应区别对待。

一、对于在中发〔1986〕6号《中共中央、国务院关于进一步制止党政机关和党政干部经商、办企业的规定》文件以后，政企尚未分开的乡政府，以其名义签订的联营协议，应视为乡政府在行使着政府和乡合作经济组织的双重职权，如无违法情况，可不按无效协议处理。需要继续履行的，应随着政企分开的进展，及时变更联营主体，完备各项法律手续。

二、对于中发〔1986〕6号文件以后，政企已经分开的乡政府，仍以其为联营一方签订的联营协议，根据中发〔1986〕6号文件的规定原则上应认定无效。但在审判实践中，要注意对具体情况进行具体分析。如联营协议虽然是以乡政府名义签订的，实际上却是由乡合作经济组织执行的，协议的内容又不违背有关法律、政策规定，作无效协议处理，不利于经济发展的，也可不作无效协议处理。需要继续履行的，应对联营主体进行变更，完备各项法律手续。

此复。

最高人民法院
关于企业相互借贷的合同出借方尚未取得约定利息人民法院应当如何裁决问题的解答

1996年3月25日　　　　　　　　　　　　　法复〔1996〕2号

各省、自治区、直辖市高级人民法院，解放军军事法院：

《最高人民法院关于审理联营合同纠纷案件若干问题的解答》〈法（经）发〔1990〕27号〉于1990年11月12日下发以后，一些高级人民法院先后就如何执行该解答第四个问题第（二）条向我院请示，现解答如下：

对企业之间相互借贷的出借方或者名为联营、实为借贷的出资方尚未取得的约定利息，人民法院应当依法向借款方收缴。

附：最高人民法院关于审理联营合同纠纷案件若干问题的解答（略）

最高人民法院经济审判庭关于一方未按联营合同约定投资经营联营合同是否成立另一方单方投资经营责任如何承担问题的电话答复

（1990年3月10日）

广西壮族自治区高级人民法院：

你院法经字〔1989〕第24号《关于一方未按联营合同约定投资经营，联营合同是否成立，另一方单方投资经营责任如何承担问题的请示》收悉。经研究答复如下：

一、广西柳州机械厂物资供销公司（以下称供销公司）与北海市海星联合贸易公司（以下称贸易公司）于1987年2月10日签订的《联合经营柳北综合服务公司协议书》，其联营合同应具备的主要条款齐备，且经合同当事人双方签字盖章，并据此合同，柳北综合服务公司经当地工商行政管理部门审核批准，领取了营业执照，正式开业经营。虽联营一方供销公司未按约投资经营，但这并非合同成立生效的要件，而仅属联营一方的违约行为应承担违约责任。因此，该合同应为已经生效的合同。

二、据你院请示中反映的情况，柳北综合服务公司似属于合伙型联营体，且贸易公司一直也是以该联营体的名义对外进行经营活动的，因此，供销公司虽未按约履行义务，但对联营体的盈余和债务，仍有权利分享和有义务承担。

以上意见供参考。

最高人民法院经济审判庭关于联营一方投资不参加经营既约定收回本息又收取固定利润的合同如何定性问题的复函

1992年4月6日　　　　　　　　　　　　　　法经〔1992〕53号

广西壮族自治区高级人民法院：

你院〔1991〕桂法（经）字第21号《关于联营一方投资不参加共同经营既约定收回本息和固定利润又约定因不可抗力造成损失由双方承担的合同定性问题的请示报告》收悉。经研究，答复如下：

从你院的报告和所提供合同的情况看，双方当事人签订联营合同，约定出资一方不参加经营，除到期收回本息外，还收取固定利润，又约定遇到不可抗拒的特殊情况，双方承担损失，这类合同应为联营合同。联营中的风险由双方共同承担，但出资方承担的责任最多以其投入的资金为限。

（六）供用电合同

最高人民法院关于对未取得供电营业许可证的供电人对外签订供用电合同效力问题请示的答复

2013年4月25日　　　　　　　　　　〔2013〕民二他字第1号

山东省高级人民法院：

你院《关于对未取得供电营业许可证的供电人对外签订的供用电合同效力问题的请示》（〔2012〕鲁商终字第81号）收悉，经研究，答复如下：

《中华人民共和国电力法》（以下简称《电力法》）第二十五条规定："供电企业在批准的供电营业区内向用户供电；供电营业区的划分，应当考虑电网的结构和供电合理性等因素。一个供电营业区内只设立一个供电营业机构；省、自治区、直辖市范围内的供电营业区的设立、变更，由供电企业提出申请，经省、自治区、直辖市人民政府电力管理部门会同同级有关部门审查批准后，由省、自治区、直辖市人民政府电力管理部门发给《供电营业许可证》。跨省、自治区、直辖市的供电营业区的设立、变更，由国务院电力管理部门审查批准并发给《供电营业许可证》。供电营业机构持《供电营业许可证》向工商行政管理部门申请领取营业执照，方可营业。"上述规定系国家为了保障电力安全有序供应，防止不正当竞争，对我国供电营业区实行许可证管理的法律法规。当事人在未取得《供电营业许可证》的情况下为他人供电，虽属违反国家有关供电营业区许可证管理制度的违法行为，但并不绝对地损害国家利益或者社会公共利益，故不应仅因当事人未取得《供电营业许可证》而认定其对外签订的供用电合同无效。综上，同意你院审委会第二种意见。

此复。

五、不良资产处置

最高人民法院
关于审理涉及金融资产管理公司收购、管理、处置国有银行不良贷款形成的资产的案件适用法律若干问题的规定

法释〔2001〕12号

（2001年4月3日最高人民法院审判委员会第1167次会议通过 2001年4月11日最高人民法院公告公布 自2001年4月23日起施行）

为深化金融改革，规范金融秩序，根据有关法律规定，现对人民法院审理涉及金融资产管理公司收购、管理、处置国有银行不良贷款形成的资产的案件适用法律若干问题作如下规定：

第一条 金融资产管理公司办事处领取中国人民银行颁发的《金融机构营业许可证》，并向工商行政管理部门依法办理登记的，可以作为诉讼主体参加诉讼。

第二条 金融资产管理公司受让国有银行债权后，人民法院对于债权转让前原债权银行已经提起诉讼尚未审结的案件，可以根据原债权银行或者金融资产管理公司的申请将诉讼主体变更为受让债权的金融资产管理公司。

第三条 金融资产管理公司向债务人提起诉讼的，应当由被告人住所地人民法院管辖。

原债权银行与债务人有协议管辖约定的，如不违反法律规定，该约定继续有效。

第四条 人民法院对金融资产管理公司申请支付令的，应当依法受理。债务人提出异议的，依照《中华人民共和国民事诉讼法》第十七章的规定处理。

第五条 人民法院对金融资产管理公司申请财产保全的，如金融资产管理公司与债务人之间债权债务关系明确，根据《中华人民共和国民事诉讼法》第九十二条第二款的规定，可以不要求金融资产管理公司提供担保。

第六条 金融资产管理公司受让国有银行债权后，原债权银行在全国或者省级有影响的报纸上发布债权转让公告或通知的，人民法院可以认定债权人履行了《中华人民共

和国合同法》第八十条第一款规定的通知义务。

在案件审理中，债务人以原债权银行转让债权未履行通知义务为由进行抗辩的，人民法院可以将原债权银行传唤到庭调查债权转让事实，并责令原债权银行告知债务人债权转让的事实。

第七条 债务人逾期归还贷款，原借款合同约定的利息计算方法不违反法律法规规定的，该约定有效。没有约定或者不明的，依照中国人民银行《人民币利率管理规定》计算利息和复息。

第八条 人民法院对最高额抵押所担保的不特定债权特定后，原债权银行转让主债权的，可以认定转让债权的行为有效。

第九条 金融资产管理公司受让有抵押担保的债权后，可以依法取得对债权的抵押权，原抵押权登记继续有效。

第十条 债务人在债权转让协议、债权转让通知上签章或者签收债务催收通知的，诉讼时效中断。原债权银行在全国或者省级有影响的报纸上发布的债权转让公告或通知中，有催收债务内容的，该公告或通知可以作为诉讼时效中断证据。

第十一条 本规定所称金融资产管理公司包括其依法设立在各地的办事处。

第十二条 本规定仅适用于审理涉及金融资产管理公司收购、管理、处置国有银行不良贷款形成的资产的有关案件。

最高人民法院
关于国有金融资产管理公司处置国有商业银行不良资产案件交纳诉讼费用的通知

2001年10月25日　　　　　　　　　　　　　　法〔2001〕156号

各省、自治区、直辖市高级人民法院，新疆维吾尔自治区高级人民法院生产建设兵团分院：

近来，各级人民法院陆续依法受理了一批华融、长城、信达、东方等四家国有金融资产管理公司处置国有商业银行剥离的不良资产的案件。据国务院有关部门反映，涉及四家国有资产管理公司的此类案件数量多、标的大，所需交纳的诉讼费用数额也很大，要求适当给予减免。为了支持国家金融体制改革，防止国有资产流失，减轻国有资产管理公司在处置国有商业银行不良资产过程中的费用负担，使这部分不良资产得以尽快依法处置，现对审理此类案件交纳的诉讼费用等问题通知如下：

一、凡属上述金融资产管理公司为处置国有商业银行不良资产提起诉讼（包括上诉和申请执行）的案件，其案件受理费、申请执行费和申请保全费，按照《人民法院诉讼收费办法》的规定计算，减半交纳。

二、上述案件中,金融资产管理公司申请财产保全的,依照《最高人民法院关于审理涉及金融资产管理公司收购、管理、处置国有银行不良贷款形成的资产的案件适用法律若干问题的规定》(法释〔2001〕12号)第五条的规定执行。

三、对于诉讼过程中所实际支出的诉讼费用,以及按照《〈人民法院诉讼收费办法〉补充规定》的规定应向当事人收取的差旅费等费用,各级人民法院要严格按照实际发生的项目和金额收取。

四、各级人民法院要严格执行上述规定,不得擅自提高收费标准,改变计费方式以及违反规定加收诉讼活动费、执行活动费等其他费用。

五、本通知规定的事项自下发之日起实行,至2006年2月28日废止。本通知下发之前已经受理的案件,所收取的诉讼费用不予退回。人民法院过去处理这类案件,已决定同意当事人缓交的,超出本通知规定限额的部分不再追收。

最高人民法院
对《关于贯彻执行最高人民法院"十二条"司法解释有关问题的函》的答复

2002年1月7日　　　　　　　　　　　　　　法函〔2002〕3号

信达、华融、长城、东方资产管理公司:

你们于2001年10月15日发出的"信总报〔2001〕64号"关于贯彻执行最高人民法院"十二条"司法解释有关问题的函收悉。经研究,现就函中所提出问题答复如下:

依据我院《关于审理涉及金融资产管理公司收购、管理、处置国有银行不良贷款形成的资产的案件适用法律若干问题的规定》(以下简称《规定》)第十条规定,为了最大限度地保全国有资产,金融资产管理公司在全国或省级有影响的报纸上发布的有催收内容的债权转让公告或通知所构成的诉讼时效中断,可以溯及至金融资产管理公司受让原债权银行债权之日;金融资产管理公司对已承接的债权,可以在上述报纸上以发布催收公告的方式取得诉讼时效中断(主张权利)的证据。关于涉及资产管理公司清收不良资产的诉讼案件,其"管辖问题"应按《规定》执行。

最高人民法院
关于金融资产管理公司收购、处置银行不良资产有关问题的补充通知

2005年5月30日　　　　　　　　　　　　法〔2005〕62号

各省、自治区、直辖市高级人民法院，新疆维吾尔自治区高级人民法院生产建设兵团分院：

　　为了深化金融改革，规范金融秩序，本院先后下发了《关于审理涉及金融资产管理公司收购、管理、处置国有银行不良贷款形成的资产的案件适用法律若干问题的规定》、《关于贯彻执行最高人民法院"十二条"司法解释有关问题的函的答复》和《关于国有金融资产管理公司处置国有商业银行不良资产案件交纳诉讼费用的通知》。最近，根据国务院关于国有独资商业银行股份制改革的总体部署，中国信达资产管理公司收购了中国银行、中国建设银行和交通银行剥离的不良资产。为了维护金融资产安全，降低不良资产处置成本，现将审理金融资产管理公司在收购、处置不良资产发生的纠纷案件的有关问题补充通知如下：

　　一、国有商业银行（包括国有控股银行）向金融资产管理公司转让不良贷款，或者金融资产管理公司受让不良贷款后，通过债权转让方式处置不良资产的，可以适用本院发布的上述规定。

　　二、国有商业银行（包括国有控股银行）向金融资产管理公司转让不良贷款，或者金融资产管理公司收购、处置不良贷款的，担保债权同时转让，无须征得担保人的同意，担保人仍应在原担保范围内对受让人继续承担担保责任。担保合同中关于合同变更需经担保人同意的约定，对债权人转让债权没有约束力。

　　三、金融资产管理公司转让、处置已经涉及诉讼、执行或者破产等程序的不良债权时，人民法院应当根据债权转让协议和转让人或者受让人的申请，裁定变更诉讼或者执行主体。

最高人民法院
关于延长国有金融资产管理公司处置国有
商业银行不良资产案件减半缴纳
诉讼费用期限的通知

2006 年 4 月 13 日　　　　　　　　　　　　　　法〔2006〕100 号

各省、自治区、直辖市高级人民法院，新疆维吾尔自治区高级人民法院生产建设兵团分院：

　　为支持国有银行和国有企业改革发展，支持东方、华融、长城、信达四家金融资产管理公司继续做好收购、管理和处置国国有银行不良资产工作，现将《最高人民法院关于国有金融资产管理公司处置国有商业银行不良资产案件缴纳诉讼费用的通知》（法〔2001〕156 号）的有效期延长 3 年。2006 年 3 月 1 日至 2009 年 2 月 28 日期间，各级人民法院在受理以上四家金融资产管理公司处置国有商业银行案件时，诉讼费用的收取仍然按照《最高人民法院关于国有金融资产管理公司处置国有商业银行不良资产案件缴纳诉讼费用的通知》（法〔2001〕156 号）的各项规定执行。

最高人民法院
关于人民法院在审理涉及汇达资产托管
有限责任公司清收、处置不良资产所形成的
案件时适用相关司法解释规定的通知

2006 年 10 月 30 日　　　　　　　　　　　　　法〔2006〕298 号

各省、自治区、直辖市高级人民法院，解放军军事法院，新疆维吾尔自治区高级人民法院生产建设兵团分院：

　　汇达资产托管有限责任公司（以下简称汇达资产公司）系经银监会、财政部、中国人民银行批准，于 2005 年 8 月 1 日成立的专门接收、管理和处置中国人民银行历史遗留的不良资产的国有资产管理公司，其前身是光大资产托管有限责任公司，现为中国信达资产管理公司的控股子公司。根据银监会"银监复〔2005〕148 号"批复规定，汇达资产公司执行现行国有资产管理公司的有关政策和制度。为了确保汇达资产公司资产处

置工作的顺利进行，降低该类不良资产处置的成本，现就与其民事诉讼相关的问题通知如下：

人民法院在审理涉及汇达资产公司在清理、处置中国人民银行历史遗留的不良资产所形成的纠纷案件时，应同样适用最高人民法院就审理涉及金融资产管理公司处置国有不良贷款案件所发布的司法解释及有关答复、通知的规定。

最高人民法院印发《关于审理涉及金融不良债权转让案件工作座谈会纪要》的通知

2009年3月30日　　　　　　　　　　　　　法发〔2009〕19号

各省、自治区、直辖市高级人民法院，解放军军事法院，新疆维吾尔自治区高级人民法院生产建设兵团分院：

为认真落实中央关于研究解决金融不良债权转让过程中国有资产流失问题的精神，统一思想，明确任务，依法公正妥善地审理涉及金融不良债权转让案件，防止国有资产流失，保障金融不良债权处置工作的顺利进行，维护和促进社会和谐稳定，维护社会公共利益和相关当事人的合法权益，最高人民法院商有关部门形成了《关于审理涉及金融不良债权转让案件工作座谈会纪要》，现印发给你们，请结合审判工作实际，遵照执行。

各高级人民法院，特别是不良债权转让纠纷案件数量较多、标的额较大、影响较大地区的高级人民法院，要加强对有关案件审判、执行工作的调研指导，发现新情况、新问题的，应当及时报告最高人民法院。

附：

关于审理涉及金融不良债权转让案件工作座谈会纪要

为了认真落实中央关于研究解决金融不良债权转让过程中国有资产流失问题的精神，统一思想，明确任务，依法妥善公正地审理涉及金融不良债权转让案件，防止国有资产流失，保障金融不良债权处置工作的顺利进行，维护和促进社会和谐稳定，最高人民法院邀请全国人大常委会法制工作委员会、中共中央政法委员会、国务院法制办公室、财政部、国务院国有资产监督管理委员会、中国银行业监督管理委员会、中国人民银行和审计署等单位，于2008年10月14日在海南省海口市召开了全国法院审理金融不良债权转让案件工作座谈会。各省、自治区、直辖市高级人民法院和解放军军事法院以及新疆维吾尔自治区高级人民法院生产建设兵团分院主管民商审判工作的副院长、相关审判庭的负责同志参加了座谈会。与会同志通过认真讨论，就关于审理涉及金融不良债权转让案件的主要问题取得了一致的看法。现纪要如下：

一、关于审理此类案件应遵循的原则

会议认为，此类案件事关金融不良资产处置工作的顺利进行，事关国有资产保护，事关职工利益保障和社会稳定。因此，人民法院必须高度重视此类案件，并在审理中注意坚持以下原则：

（一）坚持保障国家经济安全原则。民商事审判工作是国家维护经济秩序、防范和化解市场风险、维护国家经济安全的重要手段。全国法院必须服从和服务于国家对整个国民经济稳定和国有资产安全的监控，从中央政策精神的目的出发，以民商事法律、法规的基本精神为依托，本着规范金融市场、防范金融风险、维护金融稳定、保障经济安全的宗旨，依法公正妥善地审理此类纠纷案件，确保国家经济秩序稳定和国有资产安全。

（二）坚持维护企业和社会稳定原则。金融不良资产的处置，涉及企业重大经济利益。全国法院要进一步强化政治意识、大局意识、责任意识和保障意识，从维护国家改革、发展和稳定的大局出发，依法公正妥善地审理好此类纠纷案件，切实防止可能引发的群体性、突发性和恶性事件，切实做到"化解矛盾、理顺关系、安定人心、维护秩序"。

（三）坚持依法公正和妥善合理的原则。人民法院在审理此类案件中，要将法律条文规则的适用与中央政策精神的实现相结合，将坚持民商法的意思自治、平等保护等理念与国家经济政策、金融市场监管和社会影响等因素相结合，正确处理好保护国有资产、保障金融不良资产处置工作顺利进行、维护企业和社会稳定的关系，做到统筹兼顾、妥善合理，确保依法公正与妥善合理的统一，确保审判的法律效果和社会效果统一。

（四）坚持调解优先、调判结合的原则。为了避免矛盾激化，维护社会稳定，平衡各方利益，人民法院在诉讼中应当向当事人充分说明国家的政策精神，澄清当事人对法律和政策的模糊认识。坚持调解优先，积极引导各方当事人本着互谅互让的精神进行协商，尽最大可能采用调解的方式解决纠纷。如果当事人不能达成和解，人民法院要根据相关法律法规以及本座谈会纪要（以下简称《纪要》）进行妥善公正的审理。

二、关于案件的受理

会议认为，为确保此类案件得到公正妥善的处理，凡符合民事诉讼法规定的受理条件及《纪要》有关规定精神涉及的此类案件，人民法院应予受理。不良债权已经剥离至金融资产管理公司又被转让给受让人后，国有企业债务人知道或者应当知道不良债权已经转让而仍向原国有银行清偿的，不得对抗受让人对其提起的追索之诉，国有企业债务人在对受让人清偿后向原国有银行提起返还不当得利之诉的，人民法院应予受理；国有

企业债务人不知道不良债权已经转让而向原国有银行清偿的，可以对抗受让人对其提起的追索之诉，受让人向国有银行提起返还不当得利之诉的，人民法院应予受理。

受让人在对国有企业债务人的追索诉讼中，主张追加原国有银行为第三人的，人民法院不予支持；在《纪要》发布前已经终审或者根据《纪要》做出终审的，当事人根据《纪要》认为生效裁判存在错误而申请再审的，人民法院不予支持。

案件存在下列情形之一的，人民法院不予受理：（一）金融资产管理公司与国有银行就政策性金融资产转让协议发生纠纷起诉到人民法院的；（二）债权人向国家政策性关闭破产的国有企业债务人主张清偿债务的；（三）债权人向已列入经国务院批准的全国企业政策性关闭破产总体规划并拟实施关闭破产的国有企业债务人主张清偿债务的；（四）《纪要》发布前，受让人与国有企业债务人之间的债权债务关系已经履行完毕，优先购买权人或国有企业债务人提起不良债权转让合同无效诉讼的；（五）受让人自金融资产管理公司受让不良债权后，以不良债权存在瑕疵为由起诉原国有银行的；（六）国有银行或金融资产管理公司转让享受天然林资源保护工程政策的国有森工企业不良债权而引发受让人向森工企业主张债权的（具体详见《天然林资源保护区森工企业金融机构债务免除申请表》名录）；（七）在不良债权转让合同无效之诉中，国有企业债务人不能提供相应担保或者优先购买权人放弃优先购买权的。

三、关于债权转让生效条件的法律适用和自行约定的效力

会议认为，不良债权成立在合同法施行之前，转让于合同法施行之后的，该债权转让对债务人生效的条件应适用合同法第八十条第一款的规定。

金融资产管理公司受让不良债权后，自行与债务人约定或重新约定诉讼管辖的，如不违反法律规定，人民法院应当认定该约定有效。金融资产管理公司在不良债权转让合同中订有禁止转售、禁止向国有银行、各级人民政府、国家机构等追偿、禁止转让给特定第三人等要求受让人放弃部分权利条款的，人民法院应认定该条款有效。国有银行向金融资产管理公司转让不良债权，或者金融资产管理公司收购、处置不良债权的，担保权同时转让，无须征得担保人的同意，担保人仍应在原担保范围内对受让人继续承担担保责任。担保合同中关于合同变更需经担保人同意或者禁止转让主债权的约定，对主债权和担保权利转让没有约束力。

四、关于地方政府等的优先购买权

会议认为，为了防止在通过债权转让方式处置不良债权过程中发生国有资产流失，相关地方人民政府或者代表本级人民政府履行出资人职责的机构、部门或者持有国有企业债务人国有资本的集团公司可以对不良债权行使优先购买权。

金融资产管理公司向非国有金融机构法人转让不良债权的处置方案、交易条件以及处置程序、方式确定后，单笔（单户）转让不良债权的，金融资产管理公司应当通知国有企业债务人注册登记地的优先购买权人。以整体"资产包"的形式转让不良债权的，如资产包中主要债务人注册登记地属同一辖区，应当通知该辖区的优先购买权人；如资产包中主要债务人注册登记地属不同辖区，应当通知主要债务人共同的上级行政区域的

优先购买权人。

按照确定的处置方案、交易条件以及处置程序、方式，上述优先购买权人在同等条件下享有优先购买权。优先购买权人收到通知后明确表示不予购买或者在收到通知之日起三十日内未就是否行使优先购买权做出书面答复，或者未在公告确定的拍卖、招标日之前做出书面答复或者未按拍卖公告、招标公告的规定时间和条件参加竞拍、竞标的，视为放弃优先购买权。

金融资产管理公司在《纪要》发布之前已经完成不良债权转让，上述优先购买权人主张行使优先购买权的，人民法院不予支持。

债务人主张优先购买不良债权的，人民法院不予支持。

五、关于国有企业的诉权及相关诉讼程序

会议认为，为避免当事人滥用诉权，在受让人向国有企业债务人主张债权的诉讼中，国有企业债务人以不良债权转让行为损害国有资产等为由，提出不良债权转让合同无效抗辩的，人民法院应告知其向同一人民法院另行提起不良债权转让合同无效的诉讼；国有企业债务人不另行起诉的，人民法院对其抗辩不予支持。国有企业债务人另行提起不良债权转让合同无效诉讼的，人民法院应中止审理受让人向国有企业债务人主张债权的诉讼，在不良债权转让合同无效诉讼被受理后，两案合并审理。国有企业债务人在二审期间另行提起不良债权转让合同无效诉讼的，人民法院应中止审理受让人向国有企业债务人主张债权的诉讼，在不良债权转让合同无效诉讼被受理且做出一审裁判后再行审理。

国有企业债务人提出的不良债权转让合同无效诉讼被受理后，对于受让人的债权系直接从金融资产管理公司处受让的，人民法院应当将金融资产管理公司和受让人列为案件当事人；如果受让人的债权系金融资产管理公司转让给其他受让人后，因该受让人再次转让或多次转让而取得的，人民法院应当将金融资产管理公司和该转让人以及后手受让人列为案件当事人。

六、关于不良债权转让合同无效和可撤销事由的认定

会议认为，在审理不良债权转让合同效力的诉讼中，人民法院应当根据合同法和《金融资产管理公司条例》等法律法规，并参照国家相关政策规定，重点审查不良债权的可转让性、受让人的适格性以及转让程序的公正性和合法性。金融资产管理公司转让不良债权存在下列情形的，人民法院应当认定转让合同损害国家利益或社会公共利益或者违反法律、行政法规强制性规定而无效。（一）债务人或者担保人为国家机关的；（二）被有关国家机关依法认定为涉及国防、军工等国家安全和敏感信息的以及其他依法禁止转让或限制转让情形的；（三）与受让人恶意串通转让不良债权的；（四）转让不良债权公告违反《金融资产管理公司资产处置公告管理办法（修订）》规定，对依照公开、公平、公正和竞争、择优原则处置不良资产造成实质性影响的；（五）实际转让的资产包与转让前公告的资产包内容严重不符，且不符合《金融资产管理公司资产处置公告管理办法（修订）》规定的；（六）根据有关规定应经合法、独立的评估机构评估，但

未经评估的；或者金融资产管理公司与评估机构、评估机构与债务人、金融资产管理公司和债务人以及三方之间恶意串通，低估、漏估不良债权的；（七）根据有关规定应当采取公开招标、拍卖等方式处置，但未公开招标、拍卖的；或者公开招标中的投标人少于三家（不含三家）的；或者以拍卖方式转让不良债权时，未公开选择有资质的拍卖中介机构的；或者未依照《中华人民共和国拍卖法》的规定进行拍卖的；（八）根据有关规定应当向行政主管部门办理相关报批或者备案、登记手续而未办理，且在一审法庭辩论终结前仍未能办理的；（九）受让人为国家公务员、金融监管机构工作人员、政法干警、金融资产管理公司工作人员、国有企业债务人管理人员、参与资产处置工作的律师、会计师、评估师等中介机构等关联人或者上述关联人参与的非金融机构法人的；（十）受让人与参与不良债权转让的金融资产管理公司工作人员、国有企业债务人或者受托资产评估机构负责人员等有直系亲属关系的；（十一）存在其他损害国家利益或社会公共利益的转让情形的。

在金融资产管理公司转让不良债权后，国有企业债务人有证据证明不良债权根本不存在或者已经全部或部分归还而主张撤销不良债权转让合同的，人民法院应当撤销或者部分撤销不良债权转让合同；不良债权转让合同被撤销或者部分撤销后，受让人可以请求金融资产管理公司承担相应的缔约过失责任。

七、关于不良债权转让无效合同的处理

会议认为，人民法院认定金融不良债权转让合同无效后，对于受让人直接从金融资产管理公司受让不良债权的，人民法院应当判决金融资产管理公司与受让人之间的债权转让合同无效；受让人通过再次转让而取得债权的，人民法院应当判决金融资产管理公司与转让人、转让人与后手受让人之间的系列债权转让合同无效。债权转让合同被认定无效后，人民法院应当按照合同法的相关规定处理；受让人要求转让人赔偿损失，赔偿损失数额应以受让人实际支付的价金之利息损失为限。相关不良债权的诉讼时效自金融不良债权转让合同被认定无效之日起重新计算。

金融资产管理公司以整体"资产包"的形式转让不良债权中出现单笔或者数笔债权无效情形、或者单笔或数笔不良债权的债务人为非国有企业，受让人请求认定合同全部无效的，人民法院应当判令金融资产管理公司与转让人之间的资产包债权转让合同无效；受让人请求认定已履行或已清结部分有效的，人民法院应当认定尚未履行或尚未清结部分无效，并判令受让人将尚未履行部分或尚未清结部分返还给金融资产管理公司，金融资产管理公司不再向受让人返还相应价金。

八、关于举证责任分配和相关证据的审查

会议认为，人民法院在审查不良债权转让合同效力时，要加强对不良债权转让合同、转让标的、转让程序以及相关证据的审查，尤其是对受让人权利范围、受让人身份合法性以及证据真实性的审查。不良债权转让合同中经常存在诸多限制受让人权利范围的条款，人民法院应当要求受让人向法庭披露不良债权转让合同以证明其权利合法性和权利范围。受让人不予提供的，人民法院应当责令其提供；受让人拒不提供的，应当承担举证不能的法律后果。人民法院在对受让人身份的合法性以及是否存在恶意串通等方面存在合理怀疑时,应当根据最高人民法院《关于民事诉讼证据的若干规定》及时合理地分配举证责任;但人民法院不得仅以不良债权出让价格与资产账面额之间的差额幅度作为引起怀疑的证据,而应当综合判断。对当事人伪造或变造借款合同、担保合同、借款借据、修改缔约时间和债务人还贷时间以及产生诉讼时效中断证据等情形的,人民法院应当严格依据相关法律规定予以制裁。

九、关于受让人收取利息的问题

会议认为,受让人向国有企业债务人主张利息的计算基数应以原借款合同本金为准;受让人向国有企业债务人主张不良债权受让日之后发生的利息的,人民法院不予支持。但不良债权转让合同被认定无效的,出让人在向受让人返还受让款本金的同时,应当按照中国人民银行规定的同期定期存款利率支付利息。

十、关于诉讼或执行主体的变更

会议认为,金融资产管理公司转让已经涉及诉讼、执行或者破产等程序的不良债权的,人民法院应当根据债权转让合同以及受让人或者转让人的申请,裁定变更诉讼主体或者执行主体。在不良债权转让合同被认定无效后,金融资产管理公司请求变更受让人为金融资产管理公司以通过诉讼继续追索国有企业债务人的,人民法院应予支持。人民法院裁判金融不良债权转让合同无效后当事人履行相互返还义务时,应从不良债权最终受让人开始逐一与前手相互返还,直至完成第一受让人与金融资产管理公司的相互返还。后手受让人直接对金融资产管理公司主张不良债权转让合同无效并请求赔偿的,人民法院不予支持。

十一、关于既有规定的适用

会议认为,国有银行向金融资产管理公司转让不良债权,或者金融资产管理公司受让不良债权后,通过债权转让方式处置不良资产的,可以适用最高人民法院《关于审理金融资产管理公司收购、管理、处置国有银行不良贷款形成的资产的案件适用法律若干问题的规定》、《关于贯彻执行最高人民法院"十二条"司法解释有关问题的函的答复》、《关于金融资产管理公司收购、管理、处置银行不良资产有关问题的补充通知》和《关于国有金融资产管理公司处置国有商业银行不良资产案件交纳诉讼费用的通知》。受让人受让不良债权后再行转让的,不适用上述规定,但受让人为相关地方人民政府或者代表本级人民政府履行出资人职责的机构、部门或者持有国有企业债务人国有资本的集团公司除外。

国有银行或者金融资产管理公司根据《关于贯彻执行最高人民法院"十二条"司法解释有关问题的函的答复》的规定,在全国或省级有影响的报纸上发布有催收内容的债权转让通知或公告的,该公告或通知之日应为诉讼时效的实际中断日,新的诉讼时效应自此起算。上述公告或者通知对保证合同诉讼时效发生同等效力。

十二、关于《纪要》的适用范围

会议认为，在《纪要》中，国有银行包括国有独资商业银行、国有控股商业银行以及国有政策性银行；金融资产管理公司包括华融、长城、东方和信达等金融资产管理公司和资产管理公司通过组建或参股等方式成立的资产处置联合体。国有企业债务人包括国有独资和国有控股的企业法人。受让人是指非金融资产管理公司法人、自然人。不良债权转让包括金融资产管理公司政策性和商业性不良债权的转让。政策性不良债权是指1999年至2000年上述四家金融资产管理公司在国家统一安排下通过再贷款或者财政担保的商业票据形式支付收购成本从中国银行、中国农业银行、中国建设银行、中国工商银行以及国家开发银行收购的不良债权；商业性不良债权是指2004年至2005年上述四家金融资产管理公司在政府主管部门主导下从交通银行、中国银行、中国建设银行和中国工商银行收购的不良债权。

《纪要》的内容和精神仅适用于在《纪要》发布之后尚在一审或者二审阶段的涉及最初转让方为国有银行、金融资产管理公司通过债权转让方式处置不良资产形成的相关案件。人民法院依照审判监督程序决定再审的案件，不适用《纪要》。

会议还认为，鉴于此类纠纷案件具有较强政策性，人民法院在案件审理过程中，遇到难度大、涉及面广或者涉及社会稳定的案件，要紧紧依靠党委领导，自觉接受人大监督，必要时也可以请示上级人民法院。在不良债权处置工作中发现违规现象的，要及时与财政、金融监管部门联系或者向金融监管部门提出司法建议；对存在经济犯罪嫌疑、发现犯罪线索的，要及时向有关侦查机关移送案件或者案件线索。上级人民法院要加强审理此类纠纷案件的监督指导，及时总结审判经验，发布案件指导，依法妥善公正地审理好此类案件。

最高人民法院
关于判决确定的金融不良债权多次转让人民法院能否裁定变更申请执行主体请示的答复

2009年6月16日　　　　　　　　　　　　2009执他字第1号

湖北省高级人民法院：

你院鄂高法〔2009〕21号请示收悉。经研究，答复如下：

《最高人民法院关于人民法院执行若干问题的规定（试行）》，已经对申请执行人的资格以明确。其中第18条第一款规定"人民法院受理执行案件应当符合下列条件：……（2）申请执行人是生效法律文书确定的权利人或继承人、权利承受人。"该条中的"权利承受人"，包含通过债权转让的方式承受债权的人。依法从金融资产管理公司受让债权的受让人将债权再行转让给其他普通受让人的，执行法院可以依据上述规定，依债权转让协议以及受让人或者转让人的申请，裁定变更申请执行主体。

《最高人民法院关于金融资产管理公司收购、处置银行不良资产有关问题的补充通知》第三条虽只就金融资产管理公司转让金融不良债权环节可以变更申请执行主体作了专门规定，但并未排除普通受让人再行转让给其他普通受让人时变更申请执行主体。此种情况下裁定变更申请执行主体，也符合该通知及其他相关文件中关于支持金融不良资产债权处置工作的司法政策，但对普通受让人不能适用诉讼费减半收取和公告通知债务人等专门适用于金融资产管理公司处置不良债权的特殊政策规定。

最高人民法院
关于广州中谷投资有限公司与中国银行股份有限公司茂名分行、中国东方资产管理公司广州办事处、顺威联合资产管理有限公司不当得利纠纷一案请示的答复

2010年6月25日　　　　　　　　　　〔2010〕民二他字第11号

广东省高级人民法院：

你院粤高法〔2010〕95号《关于原告广州中谷投资有限公司诉被告中国银行股份有限公司茂名分行、第三人中国东方资产管理公司广州办事处、第三人顺威联合资产管理有限公司不当得利纠纷一案的请示》收悉。经研究，答复如下：

我院于2009年4月3日发布的法发〔2009〕19号《关于审理涉及金融不良债权转让案件工作座谈会纪要》（以下简称《纪要》）的主要目的在于规范金融不良债权转让行为，维护企业和社会稳定，防止国有资产流失，保障国家金融安全。根据《纪要》的精神和目的，涉及非国有企业债务人的金融不良债权转让纠纷案件，亦应参照适用《纪要》的规定。

根据《纪要》关于"国有企业债务人不知道不良债权已经转让而向原国有银行清偿的，可以对抗受让人对其提起的追索之诉。受让人向国有银行提起返还不当得利之诉的，人民法院应予受理"的规定及精神，你院请示案件所涉不良债权受让人应先行向债务人提起债权债务追索之诉，经人民法院生效判决认定债务人或担保人已向原国有银行清偿的，方可对国有银行提起返还不当得利之诉。

以上意见，供参考。

此复。

最高人民法院
关于审理金融资产管理公司利用外资处置不良债权案件涉及对外担保合同效力问题的通知

2010年7月1日　　　　　　　　　　　　　　法发〔2010〕25号

各省、自治区、直辖市高级人民法院，解放军军事法院，新疆维吾尔自治区高级人民法院生产建设兵团分院：

为正确审理金融资产管理公司利用外资处置不良债权的案件，充分保护各方当事人的权益，经征求国家有关主管部门意见，现将利用外资处置不良债权涉及担保合同效力的有关问题通知如下，各级人民法院在审理本通知发布后尚未审结及新受理的案件时应遵照执行：

一、2005年1月1日之后金融资产管理公司利用外资处置不良债权，向外国投资者出售或转让不良资产，外国投资者受让债权之后向人民法院提起诉讼，要求债务人及担保人直接向其承担责任的案件，由于债权人变更为外国投资者，使得不良资产中含有的原国内性质的担保具有了对外担保的性质，该类担保有其自身的特性，国家有关主管部门对该类担保的审查采取较为宽松的政策。如果当事人提供证据证明依照《国家外汇管理局关于金融资产管理公司利用外资处置不良资产有关外汇管理问题的通知》（汇发〔2004〕119号）第六条规定，金融资产管理公司通知了原债权债务合同的担保人，外国投资者或其代理人在办理不良资产转让备案登记时提交的材料中注明了担保的具体情况，并经国家外汇管理局分局、管理部审核后办理不良资产备案登记的，人民法院不应以转让未经担保人同意或者未经国家有关主管部门批准或者登记为由认定担保合同无效。

二、外国投资者或其代理人办理不良资产转让备案登记时，向国家外汇管理局分局、管理部提交的材料中应逐笔列明担保的情况，未列明的，视为担保未予登记。当事人在一审法庭辩论终结前向国家外汇管理局分局、管理部补交了注明担保具体情况的不良资产备案材料的，人民法院不应以未经国家有关主管部门批准或者登记为由认定担保合同无效。

三、对于因2005年1月1日之前金融资产管理公司利用外资处置不良债权而产生的纠纷案件，如果当事人能够提供证据证明依照当时的规定办理了相关批准、登记手续的，人民法院不应以未经国家有关主管部门批准或者登记为由认定担保合同无效。

最高人民法院
关于审理涉及中国农业银行股份有限公司处置股改剥离不良资产案件适用相关司法解释和司法政策的通知

2011年3月28日　　　　　　　　　　　　　法〔2011〕144号

各省、自治区、直辖市高级人民法院，解放军军事法院，新疆维吾尔自治区高级人民法院生产建设兵团分院：

根据财政部《关于中国农业银行不良资产剥离有关问题的通知》（财金〔2008〕138号）和《关于委托中国农业银行处置股改剥离不良资产的通知》（财金函〔2009〕34号），中国农业银行股份有限公司（原中国农业银行，以下简称农业银行）受财政部委托处置其股改剥离的不良资产。为了支持国家金融体制改革，防止国有资产流失，确保不良资产处置工作的顺利进行，降低处置成本，现就农业银行处置不良资产过程中涉诉相关问题通知如下：

一、人民法院在审理涉及农业银行处置上述不良资产案件时，可以适用最高人民法院就审理涉及金融资产管理公司处置不良资产案件所发布的相关司法解释、司法政策及有关答复、通知的规定。

二、财政部驻各省、自治区、直辖市、计划单列市财政监察专员办事处出具的委托处置资产证明文件，可以作为人民法院确认农业银行处置的不良资产属于受财政部委托处置资产的依据。

最高人民法院
《关于二次受让商业性不良债权的资产管理公司起诉国有商业银行请求返还不当得利应否受理问题的请示》之答复

2011年5月4日　　　　　　　　　　　〔2011〕民二他字第3号

山东省高级人民法院:

你院《关于二次受让商业性不良债权的资产管理公司起诉国有商业银行请求返还不当得利应否受理问题的请示》收悉。根据你院请示报告中所述事实,经研究,答复如下:

案涉争议债权的转让,属于"受偿在先、转让在后"的转让情形,不符合我院《关于审理涉及金融不良债权转让案件工作座谈会纪要》及2010年在山东省济南市召开的全国商事审判工作会议精神中关于"转让在先、受偿在后"的不当得利情形,人民法院不予受理为宜。

以上意见供参考。

最高人民法院
关于非金融机构受让金融不良债权后能否向非国有企业债务人主张全额债权的请示的答复

2013年11月26日　　　　　　　　　　〔2013〕执他字第4号

湖北省高级人民法院:

你院《关于非金融机构受让金融不良债权后能否向非国有企业债务人主张全额债权的请示》(鄂高法〔2012〕323号)收悉。经研究并经我院审判委员会讨论决定,答复如下:

一、非金融机构受让经生效法律文书确定的金融不良债权能否在执行程序中向非国有企业债务人主张受让日后利息的问题,应当参照我院2009年3月30日《关于审理涉及金融不良债权转让案件工作座谈会纪要》(法发〔2009〕19号,以下简称《海南座谈会纪要》)的精神处理。

二、根据《海南座谈会纪要》第十二条的规定,《海南座谈会纪要》不具有溯及力。《海南座谈会纪要》发布前,非金融资产管理公司的机构或个人受让经生效法律文书确定的金融不良债权,或者受让的金融不良债权经生效法律文书确定的,发布日之前的利息按照相关法律规定计算;发布日之后不再计付利息。《海南座谈会纪要》发布后,非金融资产管理公司的机构或个人受让经生效法律文书确定的金融不良债权的,受让日之前的利息按照相关法律规定计算;受让日之后不再计付利息。

根据上述规定,本案中的利息(包括《中华人民共和国民事诉讼法》第二百五十三条规定的迟延履行利息)应按照法律规定计算至《海南座谈会纪要》发布之日。

六、保　　险

最高人民法院关于适用《中华人民共和国保险法》若干问题的解释（一）

法释〔2009〕12号

(2009年9月14日最高人民法院审判委员会第1473次会议通过　2009年9月21日最高人民法院公告公布　自2009年10月1日起施行)

为正确审理保险合同纠纷案件，切实维护当事人的合法权益，现就人民法院适用2009年2月28日第十一届全国人大常委会第七次会议修订的《中华人民共和国保险法》（以下简称保险法）的有关问题规定如下：

第一条　保险法施行后成立的保险合同发生的纠纷，适用保险法的规定。保险法施行前成立的保险合同发生的纠纷，除本解释另有规定外，适用当时的法律规定；当时的法律没有规定的，参照适用保险法的有关规定。

认定保险合同是否成立，适用合同订立时的法律。

第二条　对于保险法施行前成立的保险合同，适用当时的法律认定无效而适用保险法认定有效的，适用保险法的规定。

第三条　保险合同成立于保险法施行前而保险标的转让、保险事故、理赔、代位求偿等行为或事件，发生于保险法施行后的，适用保险法的规定。

第四条　保险合同成立于保险法施行前，保险法施行后，保险人以投保人未履行如实告知义务或者申报被保险人年龄不真实为由，主张解除合同的，适用保险法的规定。

第五条　保险法施行前成立的保险合同，下列情形下的期间自2009年10月1日起计算：

（一）保险法施行前，保险人收到赔偿或者给付保险金的请求，保险法施行后，适用保险法第二十三条规定的三十日的；

（二）保险法施行前，保险人知道解除事由，保险法施行后，按照保险法第十六条、第三十二条的规定行使解除权，适用保险法第十六条规定的三十日的；

（三）保险法施行后，保险人按照保险法第十六条第二款的规定请求解除合同，适用保险法第十六条规定的二年的；

（四）保险法施行前，保险人收到保险标的转让通知，保险法施行后，以保险标的转让导致危险程度显著增加为由请求按照合同约定增加保险费或者解除合同，适用保险法第四十九条规定的三十日的。

第六条 保险法施行前已经终审的案件，当事人申请再审或者按照审判监督程序提起再审的案件，不适用保险法的规定。

最高人民法院关于适用《中华人民共和国保险法》若干问题的解释（二）

法释〔2013〕14号

（2013年5月6日最高人民法院审判委员会第1577次会议通过 2013年5月31日最高人民法院公告公布 自2013年6月8日起施行）

为正确审理保险合同纠纷案件，切实维护当事人的合法权益，根据《中华人民共和国保险法》、《中华人民共和国合同法》、《中华人民共和国民事诉讼法》等法律规定，结合审判实践，就保险法中关于保险合同一般规定部分有关法律适用问题解释如下：

第一条 财产保险中，不同投保人就同一保险标的分别投保，保险事故发生后，被保险人在其保险利益范围内依据保险合同主张保险赔偿的，人民法院应予支持。

第二条 人身保险中，因投保人对被保险人不具有保险利益导致保险合同无效，投保人主张保险人退还扣减相应手续费后的保险费的，人民法院应予支持。

第三条 投保人或者投保人的代理人订立保险合同时没有亲自签字或者盖章，而由保险人或者保险人的代理人代为签字或者盖章的，对投保人不生效。但投保人已经交纳保险费的，视为其对代签字或者盖章行为的追认。

保险人或者保险人的代理人代为填写保险单证后经投保人签字或者盖章确认的，代为填写的内容视为投保人的真实意思表示。但有证据证明保险人或者保险人的代理人存在保险法第一百一十六条、第一百三十一条相关规定情形的除外。

第四条 保险人接受了投保人提交的投保单并收取了保险费，尚未作出是否承保的意思表示，发生保险事故，被保险人或者受益人请求保险人按照保险合同承担赔偿或者给付保险金责任，符合承保条件的，人民法院应予支持；不符合承保条件的，保险人不承担保险责任，但应当退还已经收取的保险费。

保险人主张不符合承保条件的，应承担举证责任。

第五条 保险合同订立时，投保人明知的与保险标的或者被保险人有关的情况，属于保险法第十六条第一款规定的投保人"应当如实告知"的内容。

第六条 投保人的告知义务限于保险人询问的范围和内容。当事人对询问范围及内容有争议的，保险人负举证责任。

保险人以投保人违反了对投保单询问表中所列概括性条款的如实告知义务为由请求解除合同的，人民法院不予支持。但该概括性条款有具体内容的除外。

第七条 保险人在保险合同成立后知道或者应当知道投保人未履行如实告知义务，仍然收取保险费，又依照保险法第十六条第二款的规定主张解除合同的，人民法院不予支持。

第八条 保险人未行使合同解除权，直接以存在保险法第十六条第四款、第五款规定的情形为由拒绝赔偿的，人民法院不予支持。但当事人就拒绝赔偿事宜及保险合同存续另行达成一致的情况除外。

第九条 保险人提供的格式合同文本中的责任免除条款、免赔额、免赔率、比例赔付或者给付等免除或者减轻保险人责任的条款，可以认定为保险法第十七条第二款规定的"免除保险人责任的条款"。

保险人因投保人、被保险人违反法定或者约定义务，享有解除合同权利的条款，不属于保险法第十七条第二款规定的"免除保险人责任的条款"。

第十条 保险人将法律、行政法规中的禁止性规定情形作为保险合同免责条款的免责事由，保险人对该条款作出提示后，投保人、被保险人或者受益人以保险人未履行明确说明义务为由主张该条款不生效的，人民法院不予支持。

第十一条 保险合同订立时，保险人在投保单或者保险单等其他保险凭证上，对保险合同中免除保险人责任的条款，以足以引起投保人注意的文字、字体、符号或者其他明显标志作出提示的，人民法院应当认定其履行了保险法第十七条第二款规定的提示义务。

保险人对保险合同中有关免除保险人责任条款的概念、内容及其法律后果以书面或者口头形式向投保人作出常人能够理解的解释说明的，人民法院应当认定保险人履行了保险法第十七条第二款规定的明确说明义务。

第十二条 通过网络、电话等方式订立的保险合同，保险人以网页、音频、视频等形式对免除保险人责任条款予以提示和明确说明的，人民法院可以认定其履行了提示和明确说明义务。

第十三条 保险人对其履行了明确说明义务负举证责任。

投保人对保险人履行了符合本解释第十一条第二款要求的明确说明义务在相关文书上签字、盖章或者以其他形式予以确认的，应当认定保险人履行了该项义务。但另有证据证明保险人未履行明确说明义务的除外。

第十四条 保险合同中记载的内容不一致的，按照下列规则认定：

（一）投保单与保险单或者其他保险凭证不一致的，以投保单为准。但不一致的情形系经保险人说明并经投保人同意的，以投保人签收的保险单或者其他保险凭证载明的内容为准；

（二）非格式条款与格式条款不一致的，以非格式条款为准；

（三）保险凭证记载的时间不同的，以形成时间在后的为准；

（四）保险凭证存在手写和打印两种方式的，以双方签字、盖章的手写部分的内容为准。

第十五条 保险法第二十三条规定的三十日核定期间，应自保险人初次收到索赔请求及投保人、被保险人或者受益人提供的有关证明和资料之日起算。

保险人主张扣除投保人、被保险人或者受益人补充提供有关证明和资料期间的，人民法院应予支持。扣除期间自保险人根据保险法第二十二条规定作出的通知到达投保人、被保险人或者受益人之日起，至投保人、被保险人或者受益人按照通知要求补充提供的有关证明和资料到达保险人之日止。

第十六条 保险人应以自己的名义行使保险代位求偿权。

根据保险法第六十条第一款的规定，保险人代位求偿权的诉讼时效期间应自其取得代位求偿权之日起算。

第十七条 保险人在其提供的保险合同格式条款中对非保险术语所作的解释符合专业意义，或者虽不符合专业意义，但有利于投保人、被保险人或者受益人的，人民法院应予认可。

第十八条 行政管理部门依据法律规定制作的交通事故认定书、火灾事故认定书等，人民法院应当依法审查并确认其相应的证明力，但有相反证据能够推翻的除外。

第十九条 保险事故发生后，被保险人或者受益人起诉保险人，保险人以被保险人或者受益人未要求第三者承担责任为由抗辩不承担保险责任的，人民法院不予支持。

财产保险事故发生后，被保险人就其所受损失从第三者取得赔偿后的不足部分提起诉讼，请求保险人赔偿的，人民法院应予依法受理。

第二十条 保险公司依法设立并取得营业执照的分支机构属于《中华人民共和国民事诉讼法》第四十八条规定的其他组织，可以作为保险合同纠纷案件的当事人参加诉讼。

第二十一条 本解释施行后尚未终审的保险合同纠纷案件，适用本解释；本解释施行前已经终审，当事人申请再审或者按照审判监督程序决定再审的案件，不适用本解释。

最高人民法院
关于适用《中华人民共和国保险法》若干问题的解释（三）

法释〔2015〕21号

（2015年9月21日最高人民法院审判委员会第1661次会议通过 2015年11月25日最高人民法院公告公布 自2015年12月1日起施行）

为正确审理保险合同纠纷案件，切实维护当事人的合法权益，根据《中华人民共和国保险法》《中华人民共和国合同法》《中华人民共和国民事诉讼法》等法律规定，结合审判实践，就保险法中关于保险合同章人身保险部分有关法律适用问题解释如下：

第一条 当事人订立以死亡为给付保险金条件的合同，根据保险法第三十四条的规定，"被保险人同意并认可保险金额"可以采取书面形式、口头形式或者其他形式；可以在合同订立时作出，也可以在合同订立后追认。

有下列情形之一的，应认定为被保险人同意投保人为其订立保险合同并认可保险金额：

（一）被保险人明知他人代其签名同意而未表示异议的；

（二）被保险人同意投保人指定的受益人的；

（三）有证据足以认定被保险人同意投保人为其投保的其他情形。

第二条 被保险人以书面形式通知保险人和投保人撤销其依据保险法第三十四条第一款规定所作出的同意意思表示的，可认定为保险合同解除。

第三条 人民法院审理人身保险合同纠纷案件时，应主动审查投保人订立保险合同时是否具有保险利益，以及以死亡为给付保险金条件的合同是否经过被保险人同意并认可保险金额。

第四条 保险合同订立后，因投保人丧失对被保险人的保险利益，当事人主张保险合同无效的，人民法院不予支持。

第五条 保险合同订立时，被保险人根据保险人的要求在指定医疗服务机构进行体检，当事人主张投保人如实告知义务免除的，人民法院不予支持。

保险人知道被保险人的体检结果，仍以投保人未就相关情况履行如实告知义务为由要求解除合同的，人民法院不予支持。

第六条 未成年人父母之外的其他履行监护职责的人为未成年人订立以死亡为给付保险金条件的合同，当事人主张参照保险法第三十三条第二款、第三十四条第三款的规定认定该合同有效的，人民法院不予支持，但经未成年人父母同意的除外。

第七条 当事人以被保险人、受益人或者他人已经代为支付保险费为由，主张投保人对应的交费义务已经履行的,人民法院应予支持。

第八条 保险合同效力依照保险法第三十六条规定中止,投保人提出恢复效力申请并同意补交保险费的,除被保险人的危险程度在中止期间显著增加外,保险人拒绝恢复效力的,人民法院不予支持。

保险人在收到恢复效力申请后,三十日内未明确拒绝的,应认定为同意恢复效力。

保险合同自投保人补交保险费之日恢复效力。保险人要求投保人补交相应利息的,人民法院应予支持。

第九条 投保人指定受益人未经被保险人同意的,人民法院应认定指定行为无效。

当事人对保险合同约定的受益人存在争议,除投保人、被保险人在保险合同之外另有约定外,按照以下情形分别处理:

(一)受益人约定为"法定"或者"法定继承人"的,以继承法规定的法定继承人为受益人;

(二)受益人仅约定为身份关系,投保人与被保险人为同一主体的,根据保险事故发生时与被保险人的身份关系确定受益人;投保人与被保险人为不同主体的,根据保险合同成立时与被保险人的身份关系确定受益人;

(三)受益人的约定包括姓名和身份关系,保险事故发生时身份关系发生变化的,认定为未指定受益人。

第十条 投保人或者被保险人变更受益人,当事人主张变更行为自变更意思表示发出时生效的,人民法院应予支持。

投保人或者被保险人变更受益人未通知保险人,保险人主张变更对其不发生效力的,人民法院应予支持。

投保人变更受益人未经被保险人同意的,人民法院应认定变更行为无效。

第十一条 投保人或者被保险人在保险事故发生后变更受益人,变更后的受益人请求保险人给付保险金的,人民法院不予支持。

第十二条 投保人或者被保险人指定数人为受益人,部分受益人在保险事故发生前死亡、放弃受益权或者依法丧失受益权的,该受益人应得的受益份额按照保险合同的约定处理;保险合同没有约定或者约定不明的,该受益人应得的受益份额按照以下情形分别处理:

(一)未约定受益顺序和受益份额的,由其他受益人平均享有;

(二)未约定受益顺序但约定受益份额的,由其他受益人按照相应比例享有;

(三)约定受益顺序但未约定受益份额的,由同顺序的其他受益人平均享有;同一顺序没有其他受益人的,由后一顺序的受益人平均享有;

(四)约定受益顺序和受益份额的,由同顺序的其他受益人按照相应比例享有;同一顺序没有其他受益人的,由后一顺序的受益人按照相应比例享有。

第十三条 保险事故发生后,受益人将与本次保险事故相对应的全部或者部分保险金请求权转让给第三人,当事人主张该转让行为有效的,人民法院应予支持,但根据合同性质、当事人约定或者法律规定不得转让的除外。

第十四条 保险金根据保险法第四十二条规定作为被保险人的遗产,被保险人的继承人要求保险人给付保险金，保险人以其已向持有保险单的被保险人的其他继承人给付保险金为由抗辩的，人民法院应予支持。

第十五条　受益人与被保险人存在继承关系，在同一事件中死亡且不能确定死亡先后顺序的，人民法院应根据保险法第四十二条第二款的规定推定受益人死亡在先，并按照保险法及本解释的相关规定确定保险金归属。

第十六条　保险合同解除时，投保人与被保险人、受益人为不同主体，被保险人或者受益人要求退还保险单的现金价值的，人民法院不予支持，但保险合同另有约定的除外。

投保人故意造成被保险人死亡、伤残或者疾病，保险人依照保险法第四十三条规定退还保险单的现金价值的，其他权利人按照被保险人、被保险人继承人的顺序确定。

第十七条　投保人解除保险合同，当事人以其解除合同未经被保险人或者受益人同意为由主张解除行为无效的，人民法院不予支持，但被保险人或者受益人已向投保人支付相当于保险单现金价值的款项并通知保险人的除外。

第十八条　保险人给付费用补偿型的医疗费用保险金时，主张扣减被保险人从公费医疗或者社会医疗保险取得的赔偿金额的，应当证明该保险产品在厘定医疗费用保险费率时已经将公费医疗或者社会医疗保险部分相应扣除，并按照扣减后的标准收取保险费。

第十九条　保险合同约定按照基本医疗保险的标准核定医疗费用，保险人以被保险人的医疗支出超出基本医疗保险范围为由拒绝给付保险金的，人民法院不予支持；保险人有证据证明被保险人支出的费用超过基本医疗保险同类医疗费用标准，要求对超出部分拒绝给付保险金的，人民法院应予支持。

第二十条　保险人以被保险人未在保险合同约定的医疗服务机构接受治疗为由拒绝给付保险金的，人民法院应予支持，但被保险人因情况紧急必须立即就医的除外。

第二十一条　保险人以被保险人自杀为由拒绝给付保险金的，由保险人承担举证责任。

受益人或者被保险人的继承人以被保险人自杀时无民事行为能力为由抗辩的，由其承担举证责任。

第二十二条　保险法第四十五条规定的"被保险人故意犯罪"的认定，应当以刑事侦查机关、检察机关和审判机关的生效法律文书或者其他结论性意见为依据。

第二十三条　保险人主张根据保险法第四十五条的规定不承担给付保险金责任的，应当证明被保险人的死亡、伤残结果与其实施的故意犯罪或者抗拒依法采取的刑事强制措施的行为之间存在因果关系。

被保险人在羁押、服刑期间因意外或者疾病造成伤残或者死亡，保险人主张根据保险法第四十五条的规定不承担给付保险金责任的，人民法院不予支持。

第二十四条　投保人为被保险人订立以死亡为给付保险金条件的保险合同，被保险人被宣告死亡后，当事人要求保险人按照保险合同约定给付保险金的，人民法院应予支持。

被保险人被宣告死亡之日在保险责任期间之外，但有证据证明下落不明之日在保险责任期间之内，当事人要求保险人按照保险合同约定给付保险金的，人民法院应予支持。

第二十五条 被保险人的损失系由承保事故或者非承保事故、免责事由造成难以确定，当事人请求保险人给付保险金的，人民法院可以按照相应比例予以支持。

第二十六条 本解释自 2015 年 12 月 1 日起施行。本解释施行后尚未终审的保险合同纠纷案件，适用本解释；本解释施行前已经终审，当事人申请再审或者按照审判监督程序决定再审的案件，不适用本解释。

最高人民法院
关于适用《中华人民共和国保险法》若干问题的解释（四）

法释〔2018〕13 号

（2018 年 5 月 14 日最高人民法院审判委员会第 1738 次会议通过 2018 年 7 月 31 日最高人民法院公告公布 自 2018 年 9 月 1 日起施行）

为正确审理保险合同纠纷案件，切实维护当事人的合法权益，根据《中华人民共和国保险法》《中华人民共和国合同法》《中华人民共和国民事诉讼法》等法律规定，结合审判实践，就保险法中财产保险合同部分有关法律适用问题解释如下：

第一条 保险标的已交付受让人，但尚未依法办理所有权变更登记，承担保险标的毁损灭失风险的受让人，依照保险法第四十八条、第四十九条的规定主张行使被保险人权利的，人民法院应予支持。

第二条 保险人已向投保人履行了保险法规定的提示和明确说明义务，保险标的受让人以保险标的转让后保险人未向其提示或者明确说明为由，主张免除保险人责任的条款不生效的，人民法院不予支持。

第三条 被保险人死亡，继承保险标的的当事人主张承继被保险人的权利和义务的，人民法院应予支持。

第四条 人民法院认定保险标的是否构成保险法第四十九条、第五十二条规定的"危险程度显著增加"时，应当综合考虑以下因素：

（一）保险标的的用途的改变；

（二）保险标的的使用范围的改变；

（三）保险标的的所处环境的变化；

（四）保险标的的因改装等原因引起的变化；

（五）保险标的的使用人或者管理人的改变；

（六）危险程度增加持续的时间；

（七）其他可能导致危险程度显著增加的因素。

保险标的危险程度虽然增加，但增加的危险属于保险合同订立时保险人预见或者应当预见的保险合同承保范围的，不构成危险程度显著增加。

第五条 被保险人、受让人依法及时向保险人发出保险标的转让通知后，保险人作出答复前，发生保险事故，被保险人或者受让人主张保险人按照保险合同承担赔偿保险金的责任的，人民法院应予支持。

第六条 保险事故发生后，被保险人依照保险法第五十七条的规定，请求保险人承担为防止或者减少保险标的的损失所支付的必要、合理费用，保险人以被保险人采取的措施未产生实际效果为由抗辩的，人民法院不予支持。

第七条 保险人依照保险法第六十条的规定，主张代位行使被保险人因第三者侵权或者违约等享有的请求赔偿的权利的，人民法院应予支持。

第八条 投保人和被保险人为不同主体，因投保人对保险标的的损害而造成保险事故，保险人依法主张代位行使被保险人对投保人请求赔偿的权利的，人民法院应予支持，但法律另有规定或者保险合同另有约定的除外。

第九条 在保险人以第三者为被告提起的代位求偿权之诉中，第三者以被保险人在保险合同订立前已放弃对其请求赔偿的权利为由进行抗辩，人民法院认定上述放弃行为合法有效，保险人就相应部分主张行使代位求偿权的，人民法院不予支持。

保险合同订立时，保险人就是否存在上述放弃情形提出询问，投保人未如实告知，导致保险人不能代位行使请求赔偿的权利，保险人请求返还相应保险金的，人民法院应予支持，但保险人知道或者应当知道上述情形仍同意承保的除外。

第十条 因第三者对保险标的的损害而造成保险事故，保险人获得代位请求赔偿的权利的情况未通知第三者或者通知到达第三者前，第三者在被保险人已经从保险人处获赔的范围内又向被保险人作出赔偿，保险人主张代位行使被保险人对第三者请求赔偿的权利的，人民法院不予支持。保险人就相应保险金主张被保险人返还的，人民法院应予支持。

保险人获得代位请求赔偿的权利的情况已经通知到第三者，第三者又向被保险人作出赔偿，保险人主张代位行使请求赔偿的权利，第三者以其已经向被保险人赔偿为由抗辩的，人民法院不予支持。

第十一条 被保险人因故意或者重大过失未履行保险法第六十三条规定的义务，致使保险人未能行使或者未能全部行使代位请求赔偿的权利，保险人主张在其损失范围内扣减或者返还相应保险金的，人民法院应予支持。

第十二条 保险人以造成保险事故的第三者为被告提起代位求偿权之诉的，以被保险人与第三者之间的法律关系确定管辖法院。

第十三条 保险人提起代位求偿权之诉时，被保险人已经向第三者提起诉讼的，人民法院可以依法合并审理。

保险人行使代位求偿权时，被保险人已经向第三者提起诉讼，保险人向受理该案的人民法院申请变更当事人，代位行使被保险人对第三者请求赔偿的权利，被保险人同意的，人民法院应予准许；被保险人不同意的，保险人可以作为共同原告参加诉讼。

第十四条 具有下列情形之一的，被保险人可以依照保险法第六十五条第二款的规定请求保险人直接向第三者赔偿保险金：

（一）被保险人对第三者所负的赔偿责任经人民法院生效裁判、仲裁裁决确认；

（二）被保险人对第三者所负的赔偿责任经被保险人与第三者协商一致；

（三）被保险人对第三者应负的赔偿责任能够确定的其他情形。

前款规定的情形下，保险人主张按照保险合同确定保险赔偿责任的，人民法院应予支持。

第十五条 被保险人对第三者应负的赔偿责任确定后，被保险人不履行赔偿责任，且第三者以保险人为被告或者以保险人与被保险人为共同被告提起诉讼时，被保险人尚未向保险人提出直接向第三者赔偿保险金的请求的，可以认定为属于保险法第六十五条第二款规定的"被保险人怠于请求"的情形。

第十六条 责任保险的被保险人因共同侵权依法承担连带责任，保险人以该连带责任超出被保险人应承担的责任份额为由，拒绝赔付保险金的，人民法院不予支持。保险人承担保险责任后，主张就超出被保险人责任份额的部分向其他连带责任人追偿的，人民法院应予支持。

第十七条 责任保险的被保险人对第三者所负的赔偿责任已经生效判决确认并已进入执行程序，但未获得清偿或者未获得全部清偿，第三者依法请求保险人赔偿保险金，保险人以前述生效判决已进入执行程序为由抗辩的，人民法院不予支持。

第十八条 商业责任险的被保险人向保险人请求赔偿保险金的诉讼时效期间，自被保险人对第三者应负的赔偿责任确定之日起计算。

第十九条 责任保险的被保险人与第三者就被保险人的赔偿责任达成和解协议且经保险人认可，被保险人主张保险人在保险合同范围内依据和解协议承担保险责任的，人民法院应予支持。

被保险人与第三者就被保险人的赔偿责任达成和解协议，未经保险人认可，保险人主张对保险责任范围以及赔偿数额重新予以核定的，人民法院应予支持。

第二十条 责任保险的保险人在被保险人向第三者赔偿之前向被保险人赔偿保险金，第三者依照保险法第六十五条第二款的规定行使保险金请求权时，保险人以其已向被保险人赔偿为由拒绝赔偿保险金的，人民法院不予支持。保险人向第三者赔偿后，请求被保险人返还相应保险金的，人民法院应予支持。

第二十一条 本解释自 2018 年 9 月 1 日起施行。

本解释施行后人民法院正在审理的一审、二审案件，适用本解释；本解释施行前已经终审，当事人申请再审或者按照审判监督程序决定再审的案件，不适用本解释。

最高人民法院
关于审理出口信用保险合同纠纷案件适用相关法律问题的批复

法释〔2013〕13号

(2013年4月15日最高人民法院审判委员会第1575次会议通过　2013年5月2日最高人民法院公告公布　自2013年5月8日起施行)

广东省高级人民法院：

你院《关于出口信用保险合同法律适用问题的请示》（粤高法〔2012〕442号）收悉。经研究，批复如下：

对出口信用保险合同的法律适用问题，保险法没有作出明确规定。鉴于出口信用保险的特殊性，人民法院审理出口信用保险合同纠纷案件，可以参照适用保险法的相关规定；出口信用保险合同另有约定的，从其约定。

最高人民法院
关于审理保险合同纠纷案件如何认定暴雨问题的复函

1991年7月16日　　　　　　　　　　　法（经）函〔1991〕70号

内蒙古自治区高级人民法院：

你院〔1991〕内法经请字第2号请示报告收悉。经研究，答复如下：

鉴于1985年8月24日（即23日的20时至24日的20时）的降雨量达到暴雨标准，如保险标的物是由于该日降雨遭受损失的，应由保险人承担相应的赔偿责任。确定具体赔偿额时，应从实际情况出发，按保险条例的有关规定办理。

此复。

最高人民法院
关于财产保险单能否用于抵押的复函

1992年4月2日　　　　　　　　　　　　　　法函〔1992〕47号

江西省高级人民法院：

你院赣法经〔1991〕6号《关于保险单能否抵押的请示》收悉。经商中国人民银行和中国人民保险公司，答复如下：

依照《中华人民共和国民法通则》第八十九条第（二）项的规定，抵押物应当是特定的、可以折价或变卖的财产。财产保险单是保险人与被保险人订立保险合同的书面证明，并不是有价证券，也不是可以折价或者变卖的财产。因此，财产保险单不能用于抵押。

最高人民法院
关于保险公司与长城公司的保险合同的效力及保险公司是否应承担民事责任问题的函

1993年7月8日　　　　　　　　　　　　　　法函〔1993〕55号

国务院秘书二局：

根据你局提供的有关材料，提出以下意见：

保险公司与长城公司（包括其分公司，下同）签订的保险合同的保险范围，包括投保人因技术开发与合作者签订的合同金额及投资项目。由于长城公司违反国家的规定，其筹集资金的行为是非法的，因而根据《民法通则》第五十八条第一款第（五）项之规定，可以认定保险合同无效。

在长城公司违法筹集资金的活动中，分别向十余家保险公司投了保险。有的保险公司和长城公司及其分支机构联合制作《技术开发合作保险协议》发给投资人；有的甚至直接在《技术开发合同书》上盖章承保。有的保险公司，则按长城公司集资的总额的比例收取了保险费。可见，长城公司的投资人在保险公司与长城公司的保险合同中是被保险人。鉴于以上实际情况，根据《民法通则》的"过错责任原则"，长城公司违法集资，对保险合同无效应当承担主要过错责任；保险公司作为国家的金融机构知道或应当知道长城公司的集资是非法的，但仍予以承保，因此，对保险合同无效亦应当承担相应的过错责任。至于具体责任如何承担，应当根据《经济合同法》关于无效合同的处理原则进行。首先应由长城公司根据其现有资产，按投资比例负责清退投资人的投资本金；保险公司除应返还收取的保险费外，还要承担长城公司退还投资人投资本金的不足部分；至于投资人的资金利息，由于集资违法，且年利率高达24%，明显地违反了国家金融法规的规定，依法不予保护，因此，利息损失可由投资人自行承担。

以上意见供参考。

最高人民法院研究室关于对保险法第十七条规定的"明确说明"应如何理解的问题的答复

2000年1月24日　　　　　　　　　　　　　　　　法研〔2000〕5号

甘肃省高级人民法院：

你院甘高法研〔1999〕06号《关于金昌市旅游局诉中保财产保险公司金川区支公司保险赔偿一案的请示报告》收悉。经研究，答复如下：

《中华人民共和国保险法》第十七条规定："保险合同中规定有保险责任免除条款的，保险人应当向投保人明确说明，未明确说明的，该条款不发生法律效力。"这里所规定的"明确说明"，是指保险人在与投保人签订保险合同之前或者签订保险合同之时，对于保险合同中所约定的免责条款，除了在保险单上提示投保人注意外，还应当对有关免责条款的概念、内容及其法律后果等，以书面或者口头形式向投保人或其代理人作出解释，以使投保人明了该条款的真实含义和法律后果。

最高人民法院
对湖南省高级人民法院关于《中国工商银行郴州市苏仙区支行与中保财产保险有限公司湖南省郴州市苏仙区支公司保证保险合同纠纷一案的请示报告》的复函

2000年8月28日　　　　　　　　　　〔1999〕经监字第266号

湖南省高级人民法院：

你院〔1996〕湘经再字第53号《中国工商银行郴州市苏仙区支行与中保财产保险有限公司湖南省郴州市苏仙区支公司保证保险合同纠纷一案的请示报告》收悉。经研究，答复如下：

一、保证保险是由保险人为投保人向被保险人（即债权人）提供担保的保险，当投保人不能履行与被保险人签订合同所规定的义务，给被保险人造成经济损失时，由保险人按照其对投保人的承诺向被保险人承担代为补偿的责任。因此，保证保险虽是保险人开办的一个险种，其实质是保险人对债权人的一种担保行为。在企业借款保证保险合同中，因企业破产或倒闭，银行向保险公司主张权利，应按借款保证合同纠纷处理，适用有关担保的法律。

二、保险单中"保险期1年"的约定，不符合《企业借款保证保险试行办法》的规定，且保险人与投保人就保险期限的约定对债权人没有约束力，保险公司仍应按借款合同中规定的保证期限承担责任。

三、鉴于中国工商银行郴州市苏仙区支行实际上收取了50％的保费，根据权利义务对等的原则，对于郴县天字号多金属矿所欠贷款本金、利息，应由保险和银行双方当事人各承担50％。

最高人民法院
关于如何理解《中华人民共和国保险法》
第六十五条"自杀"含义的请示的答复

2002年3月6日　　　　　　　　　　　　〔2001〕民二他字第18号

江西省高级人民法院：

你院〔2001〕赣经请字第3号关于如何理解《中华人民共和国保险法》第六十五条"自杀"含义的请示收悉。经研究，答复如下：

本案被保险人在投保后两年内因患精神病，在不能控制自己行为的情况下溺水身亡，不属于主动剥夺自己生命的行为，亦不具有骗取保险金的目的，故保险人应按合同约定承担保险责任。

此复。

最高人民法院
关于对四川省高级人民法院关于内江市东兴区农村
信用合作社联合社与中国太平洋保险公司内江支公司
保险合同赔付纠纷合同是否成立等请示一案的答复

2003年7月10日　　　　　　　　　　　　〔2003〕民二他字第09号

四川省高级人民法院：

你院〔2002〕川民终字第90号关于内江市东兴区农村信用合作社联合社与中国太平洋保险公司内江支公司（以下简称内江太保公司）保险合同赔付纠纷一案，保险合同是否成立等问题的请示收悉。经研究，答复如下：

一般保险合同只要双方签字盖章，或者保险人向投保人签发保险单或者其他保险凭证，该保险合同即应认定已经成立。内江太保公司在签发保险单时如投保人未提供借款合同，则该公司不应签发保险单。内江太保公司经审核向钟玉琪签发了保险单，故应认定所涉借款合同已报送内江太保公司。虽投保人提供的借款合同与保险条款中所列的消费借款合同种类不一致，但至出险前内江太保公司未提出异议，应视为内江太保公司认可了钟玉琪提交的商业贷款合同代替了保险合同中的消费贷款。故同意你院研究的第一种意见，应认定本案保险合同有效，内江太保公司依约承担保险责任。

此复。

最高人民法院研究室
关于新的人身损害赔偿审理标准是否适用于未到期机动车第三者责任保险合同问题的答复

2004年6月4日　　　　　　　　　　　　　　　　法研〔2004〕81号

中国保险监督管理委员会办公厅：

你厅《关于新的人身损害赔偿审理标准是否适用于未到期机动车第三者责任保险合同问题的函》（保监厅函〔2004〕90号）收悉。经研究，答复如下：

《合同法》第四条规定，"当事人依法享有自愿订立合同的权利，任何单位和个人不得非法干预。"《合同法》本条所确定的自愿原则是合同法中一项基本原则，应当适用于保险合同的订立。《保险法》第四条也规定，从事保险活动必须遵循自愿原则。因此，投保人与保险人在保险合同中有关"保险人按照《道路交通事故处理办法》规定的人身损害赔偿范围、项目和标准以及保险合同的约定，在保险单载明的责任限额内承担赔偿责任"的约定只是保险人应承担的赔偿责任的计算方法，而不是强制执行的标准，它不因《道路交通事故的处理办法》的失效而无效。我院《关于审理人身损害赔偿案件适用法律若干问题的解释》施行后，保险合同的当事人既可以继续履行2004年5月1日前签订的机动车辆第三者责任保险合同，也可以经协商依法变更保险合同。

最高人民法院
关于 2006 年 7 月 1 日以前投保的第三者责任险性质的答复[*]

2006 年 4 月 19 日　　　　　　　　　　〔2006〕民一他字第 1 号

浙江省高级人民法院：

你院〔2005〕浙法民一他字第1号《中国人民财产保险股份有限公司浦江支公司与楼棕荣、吴林宵、楼超建、张伏莲、邱朝阳道路交通事故损害赔偿纠纷一案的请示报告》收悉。经研究，答复如下：

根据《中华人民共和国道路交通法》第十七条的规定，本案第三者责任险的性质为商业保险。交通事故损害赔偿纠纷发生后，应当依照保险合同的约定，确定保险公司承担的赔偿责任。

最高人民法院
关于保证保险合同纠纷案件法律适用问题的答复

2010 年 6 月 24 日　　　　　　　　　　（2006）民二他字第 43 号

辽宁省高级人民法院：

你院《关于保证保险问题的请示报告》（〔1006〕辽高法疑字第4号）收悉。经研究答复如下：

汽车消费贷款保证保险是保险公司开办的一种保险业务。在该险种的具体实施中，由于合同约定的具体内容并不统一，在保险公司、银行和汽车销售代理商、购车人之间会形成多种法律关系。在当时法律规定尚不明确的情况下，应依据当事人意思自治原则确定合同的性质。你院请示所涉中国建设银行股份有限公司葫芦岛分行诉中国人民保险股份有限公司葫芦岛分公司保证保险合同纠纷案，在相关协议、合同中，保险人没有作出任何担保承诺的意思表示。因此，此案所涉保险单虽名为保证保险单，但性质上应属于保险合同。同意你院审判委员会多数意见，此案的保证保险属于保险性质。

此复。

---

[*] 也作"最高人民法院民一庭〔2006〕民一他字第1号复函"。

最高人民法院
关于保险利益认定问题的答复

2012年11月9日　　　　　　　　　〔2012〕民四他字第44号

山东省高级人民法院：

你院〔2012〕鲁民四终字第7号《关于济宁九龙国际贸易有限公司与永安财产保险股份有限公司济宁中心支公司海上保险合同纠纷一案的请示》收悉。

经研究，同意你院审判委员会认为济宁九龙国际贸易有限公司（以下简称九龙公司）具有保险利益的少数意见。理由如下：依照《中华人民共和国保险法》（2002年）第十二条第三款的规定，保险利益是指投保人对保险标的具有的法律上承认的利益。只要投保人对保险标的具有法律上的经济利害关系，即可认定其具有保险利益。虽然九龙公司与国外买方口头约定货物出口的价款条件为FOB，但涉案货物买卖双方并没有严格按照FOB价格条件履行，主要表现为：货物运输险实际由卖方九龙公司投保；货物在运输途中发生损失后，九龙公司接受国外买方从货款中扣除货物损失，即实际承担了货物运输途中的损失。涉案货物买卖双方的实际履行表明其已经变更了FOB价格条件下由买方投保运输险和货物在装运港越过船舷后风险转移给买方的做法。九龙公司实际承担了货物运输途中的风险与损失，与货物具有法律上的经济利害关系，因此应当认定其对货物具有保险利益。

至于保险人永安财产保险股份有限公司济宁中心支公司最终是否应当承担保险赔付责任，请你院在查明事实后依法认定。

此复。

---

* 也作"最高人民法院关于济宁九龙国际贸易有限公司与永安财产保险股份有限公司济宁中心支公司海上保险合同纠纷一案的请示报告的复函"。

最高人民法院 中国保险监督管理委员会
关于在全国部分地区开展建立保险纠纷诉讼与调解对接机制试点工作的通知

2012 年 12 月 18 日　　　　　　　　　　　　　法〔2012〕307 号

各省、自治区、直辖市高级人民法院，新疆维吾尔自治区高级人民法院生产建设兵团分院，各保监局，各保险行业协会：

为贯彻中央关于诉讼与非诉讼相衔接的矛盾纠纷解决机制改革的总体部署和人民法院"调解优先、调判结合"的工作原则，充分发挥保险监管机构、保险行业组织预防和化解社会矛盾纠纷的积极作用，依法、公正、高效化解保险纠纷，最高人民法院与中国保险监督管理委员会决定在全国部分地区联合开展建立保险纠纷诉讼与调解对接机制试点工作（试点地区名单附后）。现就有关事项通知如下：

一、工作目标

1. 建立、完善保险纠纷多元解决机制，促进依法、公正、高效、妥善化解矛盾纠纷，为保险纠纷当事人提供更多可选择的纠纷解决渠道，维护各方当事人的合法权益，推进保险业持续健康发展。

二、工作原则

2. 依法公正原则。保险纠纷诉讼与调解对接工作应当依法、公正进行，严格遵守法律、行政法规、司法解释规定的程序，充分尊重当事人意愿，不得强制调解；相关调解工作不得损害当事人及利害关系人的合法权益，不得违反法律的基本原则，不得损害社会公共利益。

3. 高效便民原则。开展保险纠纷诉讼与调解对接工作，应注重工作效率，不得以拖促调，不得久调不决；应根据纠纷的实际情况，灵活确定调解的方式、时间和地点，尽可能方便当事人，降低当事人解决纠纷的成本。

4. 积极稳妥原则。建立保险纠纷诉讼与调解对接机制采取先试点、后推广的方式进行，试点地区法院和保险监管机构应积极探索，稳妥推进，认真总结和积累经验，待条件成熟后，逐步在全国其他地区推广。

三、工作要求

5. 试点地区法院和保险监管机构应充分认识此项工作的重要性，加强组织领导，建立健全制度，不断提高保险纠纷诉讼与调解对接工作的公正性和公信力。

6. 试点地区法院可以根据《最高人民法院关于扩大诉讼与非诉讼相衔接的矛盾纠纷解决机制改革试点总体方案》（法〔2012〕116号）的精神，建立特邀调解组织名册、特邀调解员名册。要健全名册管理制度，向保险纠纷当事人提供完整、准确的调解组织和调解员信息，供当事人自愿选择。要充分利用法院诉讼与调解对接工作平台，有条件的法院还可以提供专门处理保险纠纷的调解室，供特邀调解组织、特邀调解员开展工作。

7. 保险监管机构应加强对保险行业调解组织的工作指导，监督其规范运行。应指导当地保险行业协会建立行业调解组织并明确调解组织经费来源，协助保险行业调解组织建立、完善调解员遴选制度，为调解提供稳定资金和人员保障。

8. 保险行业协会负责保险行业调解组织的建设和运行管理，完善工作制度和程序，制定调解员工作规则和职业道德准则，加强对调解员的培训，不断提高调解员的业务素质和调解水平，推动调解工作依法公正的进行。

9. 试点地区法院要在尊重当事人意愿的前提下，按照《最高人民法院关于建立健全诉讼与非诉讼相衔接的矛盾纠纷解决机制的若干意见》（法发〔2009〕45号）的相关规定，采用立案前委派调解、立案后委托调解等方式，引导当事人通过保险纠纷诉讼与调解对接机制高效、低成本的解决纠纷。

10. 保险监管机构应引导保险公司积极通过保险纠纷诉讼与调解对接机制处理矛盾纠纷，敦促其积极履行调解、和解协议。

11. 根据《最高人民法院关于建立健全诉讼与非诉讼相衔接的矛盾纠纷解决机制的若干意见》（法发〔2009〕45号）、《最高人民法院关于扩大诉讼与非诉讼相衔接的矛盾纠纷解决机制改革试点总体方案》（法〔2012〕116号）及民事诉讼法的相关规定，保险纠纷当事人经调解组织、调解员主持调解达成的调解协议，具有民事合同性质，经调解员和调解组织签字盖章后，当事人可以申请有管辖权的人民法院确认其效力。经人民法院确认有效的调解协议，具有强制执行效力。

12. 试点地区法院和保险监管机构、保险行业协会应通过多种途径，加大保险纠纷诉讼与调解对接机制的宣传力度，加强公众对该纠纷解决机制的了解和认识。

13. 试点地区法院和保险监管机构应加强合作交流，建立沟通联系和信息共享机制，确定联系部门和联系人，及时就保险纠纷诉讼与调解对接工作中遇到的问题进行协商，提高调解质量和效率。

14. 最高人民法院民二庭与中国保险监督管理委员会保险消费者权益保护局具体负责对试点工作的指导。各试点地区法院所在辖区的高级人民法院或中级人民法院应指导、督促、检查其辖区内的试点工作，并注意总结试点经验，确保试点工作顺利进行。试点地区法院和保险监管机构在试点工作中遇到的问题，应及时层报最高人民法院和中国保险监督管理委员会。

15. 非试点地区的人民法院、保险监管机构和保险行业协会可以积极探索保险纠纷的多元解决方式，借鉴试点地区的成功经验，为保险纠纷诉讼与调解对接机制的建立和完善奠定良好的基础。

最高人民法院　中国保险监督管理委员会
关于全面推进保险纠纷诉讼与调解
对接机制建设的意见

2016 年 11 月 4 日　　　　　　　　　　　　　法〔2016〕374 号

开展保险纠纷诉讼与调解对接（下称诉调对接）机制建设，是贯彻落实党的十八大和十八届三中、四中、五中、六中全会精神完善多元化纠纷解决机制推进社会治理现代化的重要举措。自 2012 年最高人民法院和中国保监会联合下发《关于在全国部分地区开展建立保险纠纷诉讼与调解对接机制试点工作的通知》（法〔2012〕307 号）以来，试点地区人民法院与保险监管机构加强协同运作，发挥预防和化解社会矛盾的积极作用，促进保险纠纷依法、公正、高效解决，有效维护各方当事人合法权益，圆满完成各项试点任务。为贯彻落实《中共中央关于全面推进依法治国若干重大问题的决定》（中发〔2014〕10 号）有关完善多元化纠纷解决机制精神及《最高人民法院关于人民法院进一步深化多元化纠纷解决机制改革的意见》（法发〔2016〕14 号），现就进一步推进保险纠纷诉调对接机制建设工作提出以下意见：

一、总体要求

（一）指导思想

全面贯彻党的十八大和十八届三中、四中、五中、六中全会精神，以邓小平理论、"三个代表"重要思想、科学发展观为指导，深入贯彻习近平总书记系列重要讲话精神，紧紧围绕协调推进"四个全面"战略布局和"五大发展理念"，切实落实党中央国务院关于完善矛盾纠纷多元化解机制的要求，充分发挥人民法院、保险监管机构、保险行业组织预防和化解社会矛盾纠纷的积极作用，依法、公正、高效化解保险纠纷，不断提高调解公信力，为保险纠纷当事人提供便捷、高效、低成本的纠纷解决途径。

（二）基本原则

一是坚持依法公正。保险纠纷诉调对接工作应当依法、公正进行，严格遵守法律、行政法规和司法解释规定的程序，不得损害当事人及其他利害关系人的合法权益，不得违反法律的基本原则，不得损害社会公共利益。二是坚持调解自愿。开展保险纠纷诉调对接工作必须充分尊重各方当事人意愿，不得强制调解，保障当事人依法行使自己的民事权利和诉讼权利。三是坚持高效便民。开展保险纠纷诉调对接工作应注重工作效率，根据纠纷的实际情况，灵活确定调解方式方法，充分运用信息化手段，尽可能方便当事人。

(三) 目标任务

1. 建立完善的保险纠纷多元化解决机制，为保险纠纷当事人提供更多可选择的纠纷解决渠道，实现诉调对接工作制度健全，机制运转顺畅，调解组织管理规范，调解程序合法公正，调解队伍专业稳定，依法、公正、高效化解矛盾纠纷，切实保护各方当事人的合法权益。

2. 积极扩大开展地区范围。除前期试点地区继续开展诉调对接工作外，保险纠纷诉调对接工作扩展至所有直辖市和省会（自治区首府）城市。各省、自治区、直辖市高级人民法院和保险监管机构应本着积极稳妥的原则，适时将保险纠纷诉调对接机制扩展到有纠纷化解需求、工作基础较好的地区。

二、加强平台建设

(四) 完善平台设置

开展地区法院要将保险纠纷诉调对接平台建设与诉讼服务中心建设结合起来，有条件的地区要积极设立保险纠纷调解室，供特邀调解组织、特邀调解员开展工作；要建立特邀调解组织名册、特邀调解员名册，向保险纠纷当事人提供完整、准确的调解组织和调解员信息，供当事人自愿选择。保险监管机构要结合辖区实际，指导当地保险行业协会建立健全保险纠纷调解组织，有条件的地区可以建立第三方保险纠纷调解组织，推动调解组织的规范化、标准化。保险行业协会应将本地区保险纠纷调解组织、调解员名单报当地保监局、保监分局备案，并由保监局、保监分局提供给对接法院建立本辖区调解组织、调解员名册。

(五) 规范调解组织建设

保险行业协会要制定调解组织管理制度，建立调解组织的评价机制；筹集并管理调解组织运行经费，制定经费使用规范及费用支付标准；指导调解组织制定并完善调解组织的调解规则、档案管理、报表统计等制度，加强调解组织软硬件建设，实现调解组织规范化、标准化。

(六) 加强调解员队伍建设

调解组织要建立和完善调解员的遴选、认证、培训、考核、奖惩、退出等制度；挑选业务熟练、经验丰富的人员专职负责调解工作的组织和实施；组建调解专家库，组织相关专业人员为具体纠纷调解工作提供指导；将调解员培训纳入年度工作计划，提高调解员的职业道德、法律知识、保险知识和调解技能水平。开展地区法院要加强对调解员的指导，并通过观摩法庭审判、开展法律知识讲座等形式对调解员进行培训，促进保险纠纷诉调对接工作持续开展。

(七) 积极推动建立"一站式"纠纷解决模式

开展地区法院和保险纠纷调解组织应积极推动引导交通事故纠纷处理、医疗纠纷处理等领域建立"一站式"纠纷解决模式，推进纠纷的快速处理，切实减轻当事人负担。

三、规范运作程序

(八) 明确案件范围

开展地区法院要按照《最高人民法院关于建立健全诉讼与非诉讼相衔接的矛盾纠纷解决机制的若干意见》(法发〔2009〕45号) 和《最高人民法院关于人民法院进一步深化多元化纠纷解决机制改革的意见》的相关规定,有序开展保险纠纷诉调对接工作。保险纠纷诉调对接的案件范围为最高人民法院《民事案件案由规定》(法〔2011〕41号) 中规定的保险纠纷以及其他与保险有关的民商事纠纷。开展地区可视情况在上述纠纷案件范围内开展诉调对接工作。

(九) 完善立案前委派调解对接流程

1. 诉前引导。在收到保险纠纷起诉状或者口头起诉之后、登记立案之前,人民法院立案部门应引导当事人选择调解方式解决纠纷。当事人同意进行诉前调解的,应填写《立案前(诉前)调解申请书》等并签字确认,或者由人民法院向当事人出具《立案前(诉前)调解建议书》、《立案前(诉前)调解确认书》等文件并由当事人签字确认。当事人明确表示不同意调解的,人民法院应当依法登记立案。

2. 委派调解。人民法院向保险纠纷调解组织发送立案前委派调解函及相关材料。

3. 组织调解。调解员根据调解程序依法开展调解工作。双方达成一致意见的,调解组织应制作调解协议书,由调解员和双方当事人签字确认;调解不成的,调解组织应及时函复人民法院,其中当事人申请立案的,人民法院应当依法登记立案。

4. 司法确认。当事人申请对调解协议进行司法确认的,人民法院应当根据《最高人民法院关于建立健全诉讼与非诉讼相衔接的矛盾纠纷解决机制的若干意见》、《最高人民法院关于人民法院进一步深化多元化纠纷解决机制改革的意见》以及民事诉讼法相关规定,及时对调解协议进行审查,依法确认调解协议的效力。

(十) 完善立案后委托调解对接流程

1. 委托调解。保险纠纷已经登记立案的,开展地区法院根据案件情况,经双方当事人同意,可以委托保险纠纷调解组织调解。由人民法院出具委托调解函,写明委托法院和承办法官、双方当事人、案由及案情简介等,连同起诉书、答辩状、主要证据材料复印件及清单等材料移送调解组织。

2. 组织调解。调解员根据调解程序依法开展调解工作。双方达成一致意见的,由调解组织制作调解协议书,调解员和双方当事人签字确认。调解组织应将调解结果及相关文件及时书面报送委托法院,人民法院依法审查后出具民事调解书。调解不成的,保险纠纷案件应及时恢复审理。

(十一) 严格调解时限

人民法院委派或者委托调解的保险纠纷案件,调解组织应当自接受案件之日起二十个工作日内调解完毕(不包含伤残鉴定、损失评估等时间)。经双方当事人同意,可以适当延长,但最长不得超过七个工作日。

四、健全工作机制

(十二) 构建多层次的保险纠纷诉调对接沟通联系机制

开展地区法院、保险监管机构等相关方应当定期召开保险纠纷诉调对接联席会议，沟通工作情况，协调重大典型保险纠纷案件调解，推进保险纠纷诉调对接工作深入有效开展。开展地区法院、保险监管机构、保险纠纷调解组织应当加强日常性联系沟通，及时就保险纠纷诉调对接工作中遇到的具体问题进行协调，提高工作质量和效率。

(十三) 建立保险纠纷诉调对接信息共享机制

开展地区法院、保险监管机构、保险纠纷调解组织应健全保险纠纷诉调对接工作信息和数据的统计汇总制度，并定期交流信息和数据。对审判工作中发现的保险纠纷共性问题，人民法院应向保险监管机构、保险行业协会发出司法建议。

(十四) 建立疑难纠纷指导机制

保险纠纷调解组织可以就保险纠纷调解中遇到的疑难问题和涉及的法律适用问题向人民法院提出咨询，人民法院应及时予以指导和答复。

(十五) 探索建立在线调解机制

开展地区法院和保险纠纷调解组织应积极发挥信息技术手段对诉调对接机制建设的支持作用，依托互联网探索建立保险纠纷在线调解模式，促进保险纠纷诉调对接机制的信息化发展。

五、强化措施保障

(十六) 加强组织领导

开展地区法院、保险监管机构要加大对保险纠纷诉调对接工作的领导和指导力度，根据具体实际联合制定保险纠纷诉调对接工作细则。开展地区法院所在辖区的高级人民法院、中级人民法院应指导、督促辖区内的诉调对接工作，推动诉调对接工作顺利开展。开展地区法院应明确由一个庭室统一负责保险纠纷诉调对接工作的对外协调，各相关庭室要积极参与配合保险纠纷诉调对接工作，注重沟通协作。保险监管机构应加强对调解组织的指导和监督，鼓励保险公司建立调解权限动态授予、异地授权、及时应调、快速审批等机制，保障基层分支机构能够通过调解解决保险纠纷。保险行业协会应通过组织会员公司签订行业自律公约的形式督促保险公司各级机构积极参与调解并及时履行调解协议。开展地区法院、保险监管机构和保险行业协会可以对保险纠纷诉调对接工作中表现突出的集体和个人予以表彰和宣传。

(十七) 保障经费来源

开展地区法院、保险监管机构要积极争取当地党委、政府对保险纠纷诉调对接工作的支持，将诉调对接工作纳入当地矛盾纠纷多元化解工作经费保障范围。鼓励保险行业协会依法采取增加专项会费或者根据各会员公司调解案件数量收取费用等方式落实诉调对接机制经费保障，确保诉调对接工作有效进行。

(十八) 完善司法确认程序

经保险纠纷调解组织主持调解达成具有民事合同性质的调解协议，当事人可以向调解组织所在地基层人民法院或者人民法庭依法申请确认其效力。登记立案前委派给保险纠纷调解组织调解达成的协议，当事人申请司法确认的，由调解组织所在地或者委派调解的基层人民法院管辖。

六、加强政策引导与宣传教育

（十九）注重政策引导

开展地区法院、保险监管机构、保险行业协会要积极引导当事人通过调解解决矛盾纠纷。人民法院要向当事人告知保险纠纷诉调对接的相关情况。保险监管机构、保险行业协会应督促保险公司在投保提示、索赔告知书、投诉处理告知书及保险合同中添加通过调解方式解决纠纷的内容，保险监管机构应在投诉处理告知书中添加通过调解方式解决纠纷的内容。

（二十）重视宣传教育

开展地区法院、保险监管机构、保险行业协会要加大宣传力度。人民法院应将保险纠纷诉调对接纳入法律宣传活动体系，保险监管机构、保险行业协会应将保险纠纷诉调对接机制纳入消费者教育体系，提升保险纠纷当事人以及社会公众对保险纠纷诉调对接机制的知晓度和信任度，增进社会公众对诉调对接工作的参与度，形成有利于推进诉调对接工作的良好氛围。

七、票　　　据

最高人民法院
关于审理票据纠纷案件若干问题的规定

法释〔2000〕32号

(2000年2月24日最高人民法院审判委员会第1102次会议通过　2000年11月14日最高人民法院公告公布　自2000年11月21日起施行)

为了正确适用《中华人民共和国票据法》(以下简称票据法)，公正、及时审理票据纠纷案件，保护票据当事人的合法权益，维护金融秩序和金融安全，根据票据法及其他有关法律的规定，结合审判实践，现对人民法院审理票据纠纷案件的若干问题规定如下：

一、受理和管辖

第一条　因行使票据权利或者票据法上的非票据权利而引起的纠纷，人民法院应当依法受理。

第二条　依照票据法第十条的规定，票据债务人(即出票人)以在票据未转让时的基础关系违法、双方不具有真实的交易关系和债权债务关系、持票人应付对价而未付对价为由，要求返还票据而提起诉讼的，人民法院应当依法受理。

第三条　依照票据法第三十六条的规定，票据被拒绝承兑、被拒绝付款或者汇票、支票超过提示付款期限后，票据持有人背书转让的，被背书人以背书人为被告行使追索权而提起诉讼的，人民法院应当依法受理。

第四条　持票人不先行使付款请求权而先行使追索权遭拒绝提起诉讼的，人民法院不予受理。除有票据法第六十一条第二款和本规定第三条所列情形外，持票人只能在首先向付款人行使付款请求权而得不到付款时，才可以行使追索权。

第五条　付款请求权是持票人享有的第一顺序权利，追索权是持票人享有的第二顺序权利，即汇票到期被拒绝付款或者具有票据法第六十一条第二款所列情形的，持票人请求背书人、出票人以及汇票的其他债务人支付票据法第七十条第一款所列金额和费用的权利。

第六条 因票据权利纠纷提起的诉讼,依法由票据支付地或者被告住所地人民法院管辖。

票据支付地是指票据上载明的付款地,票据上未载明付款地的,汇票付款人或者代理付款人的营业场所、住所或者经常居住地,本票出票人的营业场所,支票付款人或者代理付款人的营业场所所在地为票据付款地。代理付款人即付款人的委托代理人,是指根据付款人的委托代为支付票据金额的银行、信用合作社等金融机构。

第七条 因非票据权利纠纷提起的诉讼,依法由被告住所地人民法院管辖。

二、票据保全

第八条 人民法院在审理、执行票据纠纷案件时,对具有下列情形之一的票据,经当事人申请并提供担保,可以依法采取保全措施或者执行措施:

(一)不履行约定义务,与票据债务人有直接债权债务关系的票据当事人所持有的票据;

(二)持票人恶意取得的票据;

(三)应付对价而未付对价的持票人持有的票据;

(四)记载有"不得转让"字样而用于贴现的票据;

(五)记载有"不得转让"字样而用于质押的票据;

(六)法律或者司法解释规定有其他情形的票据。

三、举证责任

第九条 票据诉讼的举证责任由提出主张的一方当事人承担。

依照票据法第四条第二款、第十条、第十二条、第二十一条的规定,向人民法院提起诉讼的持票人有责任提供诉争票据。该票据的出票、承兑、交付、背书转让涉嫌欺诈、偷盗、胁迫、恐吓、暴力等非法行为的,持票人对持票的合法性应当负责举证。

第十条 票据债务人依照票据法第十三条的规定,对与其有直接债权债务关系的持票人提出抗辩,人民法院合并审理票据关系和基础关系的,持票人应当提供相应的证据证明已经履行了约定义务。

第十一条 付款人或者承兑人被人民法院依法宣告破产的,持票人因行使追索权而向人民法院提起诉讼时,应当向受理法院提供人民法院依法作出的宣告破产裁定书或者能够证明付款人或者承兑人破产的其他证据。

第十二条 在票据诉讼中,负有举证责任的票据当事人应当在一审人民法院法庭辩论结束以前提供证据。因客观原因不能在上述举证期限以内提供的,应当在举证期限届满以前向人民法院申请延期。延长的期限由人民法院根据案件的具体情况决定。

票据当事人在一审人民法院审理期间隐匿票据、故意有证不举,应当承担相应的诉讼后果。

四、票据权利及抗辩

第十三条　票据法第十七条第一款第（一）、（二）项规定的持票人对票据的出票人和承兑人的权利，包括付款请求权和追索权。

第十四条　票据债务人以票据法第十条、第二十一条的规定为由，对业经背书转让票据的持票人进行抗辩的，人民法院不予支持。

第十五条　票据债务人依照票据法第十二条、第十三条的规定，对持票人提出下列抗辩的，人民法院应予支持：

（一）与票据债务人有直接债权债务关系并且不履行约定义务的；

（二）以欺诈、偷盗或者胁迫等非法手段取得票据，或者明知有前列情形，出于恶意取得票据的；

（三）明知票据债务人与出票人或者与持票人的前手之间存在抗辩事由而取得票据的；

（四）因重大过失取得票据的；

（五）其他依法不得享有票据权利的。

第十六条　票据债务人依照票据法第九条、第十七条、第十八条、第二十二条和第三十一条的规定，对持票人提出下列抗辩的，人民法院应予支持：

（一）欠缺法定必要记载事项或者不符合法定格式的；

（二）超过票据权利时效的；

（三）人民法院作出的除权判决已经发生法律效力的；

（四）以背书方式取得但背书不连续的；

（五）其他依法不得享有票据权利的。

第十七条　票据出票人或者背书人被宣告破产的，而付款人或者承兑人不知其事实而付款或者承兑，因此所产生的追索权可以登记为破产债权，付款人或者承兑人为债权人。

第十八条　票据法第十七条第一款第（三）、（四）项规定的持票人对前手的追索权，不包括对票据出票人的追索权。

第十九条　票据法第四十条第二款和第六十五条规定的持票人丧失对其前手的追索权，不包括对票据出票人的追索权。

第二十条　票据法第十七条规定的票据权利时效发生中断的，只对发生时效中断事由的当事人有效。

第二十一条　票据法第六十六条第一款规定的书面通知是否逾期，以持票人或者其前手发出书面通知之日为准；以信函通知的，以信函投寄邮戳记载之日为准。

第二十二条　票据法第七十条、第七十一条所称中国人民银行规定的利率，是指中国人民银行规定的企业同期流动资金贷款利率。

第二十三条　代理付款人在人民法院公示催告公告发布以前按照规定程序善意付款后，承兑人或者付款人以已经公示催告为由拒付代理付款人已经垫付的款项的，人民法院不予支持。

五、失票救济

第二十四条 票据丧失后,失票人直接向人民法院申请公示催告或者提起诉讼的,人民法院应当依法受理。

第二十五条 出票人已经签章的授权补记的支票丧失后,失票人依法向人民法院申请公示催告的,人民法院应当依法受理。

第二十六条 票据法第十五条第三款规定的可以申请公示催告的失票人,是指按照规定可以背书转让的票据在丧失票据占有以前的最后合法持票人。

第二十七条 出票人已经签章但未记载代理付款人的银行汇票丧失后,失票人依法向付款人即出票银行所在地人民法院申请公示催告的,人民法院应当依法受理。

第二十八条 超过付款提示期限的票据丧失以后,失票人申请公示催告的,人民法院应当依法受理。

第二十九条 失票人通知票据付款人挂失止付后三日内向人民法院申请公示催告的,公示催告申请书应当载明下列内容:

(一)票面金额;

(二)出票人、持票人、背书人;

(三)申请的理由、事实;

(四)通知票据付款人或者代理付款人挂失止付的时间;

(五)付款人或者代理付款人的名称、通信地址、电话号码等。

第三十条 人民法院决定受理公示催告申请,应当同时通知付款人及代理付款人停止支付,并自立案之日起三日内发出公告。

第三十一条 付款人或者代理付款人收到人民法院发出的止付通知,应当立即停止支付,直至公示催告程序终结。非经发出止付通知的人民法院许可擅自解付的,不得免除票据责任。

第三十二条 人民法院决定受理公示催告申请后发布的公告应当在全国性的报刊上登载。

第三十三条 依照《中华人民共和国民事诉讼法》(以下简称民事诉讼法)第一百九十六条的规定,公示催告的期间,国内票据自公告发布之日起六十日,涉外票据可根据具体情况适当延长,但最长不得超过九十日。

第三十四条 依照民事诉讼法第一百九十七条第二款的规定,在公示催告期间,以公示催告的票据质押、贴现,因质押、贴现而接受该票据的持票人主张票据权利的,人民法院不予支持,但公示催告期间届满以后人民法院作出除权判决以前取得该票据的除外。

第三十五条 票据丧失后,失票人在票据权利时效届满以前请求出票人补发票据,或者请求债务人付款,在提供相应担保的情况下因债务人拒绝付款或者出票人拒绝补发票据提起诉讼的,由被告住所地或者票据支付地人民法院管辖。

第三十六条 失票人因请求出票人补发票据或者请求债务人付款遭到拒绝而向人民法院提起诉讼的,被告为与失票人具有票据债权债务关系的出票人、拒绝付款的票据付款人或者承兑人。

第三十七条　失票人为行使票据所有权，向非法持有票据人请求返还票据的，人民法院应当依法受理。

第三十八条　失票人向人民法院提起诉讼的，除向人民法院说明曾经持有票据及丧失票据的情形外，还应当提供担保。担保的数额相当于票据载明的金额。

第三十九条　对于伪报票据丧失的当事人，人民法院在查明事实，裁定终结公示催告或者诉讼程序后，可以参照民事诉讼法第一百零二条的规定，追究伪报人的法律责任。

六、票据效力

第四十条　依照票据法第一百零九条以及经国务院批准的《票据管理实施办法》的规定，票据当事人使用的不是中国人民银行规定的统一格式票据的，按照《票据管理实施办法》的规定认定，但在中国境外签发的票据除外。

第四十一条　票据出票人在票据上的签章上不符合票据法以及下述规定的，该签章不具有票据法上的效力：

（一）商业汇票上的出票人的签章，为该法人或者该单位的财务专用章或者公章加其法定代表人、单位负责人或者其授权的代理人的签名或者盖章；

（二）银行汇票上的出票人的签章和银行承兑汇票的承兑人的签章，为该银行汇票专用章加其法定代表人或者其授权的代理人的签名或者盖章；

（三）银行本票上的出票人的签章，为该银行的本票专用章加其法定代表人或者其授权的代理人的签名或者盖章；

（四）支票上的出票人的签章，出票人为单位的，为与该单位在银行预留签章一致的财务专用章或者公章加其法定代表人或者其授权的代理人的签名或者盖章；出票人为个人的，为与该个人在银行预留签章一致的签名或者盖章。

第四十二条　银行汇票、银行本票的出票人以及银行承兑汇票的承兑人在票据上未加盖规定的专用章而加盖该银行的公章，支票的出票人在票据上未加盖与该单位在银行预留签章一致的财务专用章而加盖该出票人公章的，签章人应当承担票据责任。

第四十三条　依照票据法第九条以及《票据管理实施办法》的规定，票据金额的中文大写与数码不一致，或者票据载明的金额、出票日期或者签发日期、收款人名称更改，或者违反规定加盖银行部门印章代替专用章，付款人或者代理付款人对此类票据付款的，应当承担责任。

第四十四条　因更改银行汇票的实际结算金额引起纠纷而提起诉讼，当事人请求认定汇票效力的，人民法院应当认定该银行汇票无效。

第四十五条　空白授权票据的持票人行使票据权利时未对票据必须记载事项补充完全，因付款人或者代理付款人拒绝接收该票据而提起诉讼的，人民法院不予支持。

第四十六条　票据的背书人、承兑人、保证人在票据上的签章不符合票据法以及《票据管理实施办法》规定的，或者无民事行为能力人、限制民事行为能力人在票据上签章的，其签章无效，但不影响人民法院对票据上其他签章效力的认定。

七、票据背书

第四十七条 因票据质权人以质押票据再行背书质押或者背书转让引起纠纷而提起诉讼的，人民法院应当认定背书行为无效。

第四十八条 依照票据法第二十七条的规定，票据的出票人在票据上记载"不得转让"字样，票据持有人背书转让的，背书行为无效。背书转让后的受让人不得享有票据权利，票据的出票人、承兑人对受让人不承担票据责任。

第四十九条 依照票据法第二十七条和第三十条的规定，背书人未记载被背书人名称即将票据交付他人的，持票人在票据被背书人栏内记载自己的名称与背书人记载具有同等法律效力。

第五十条 依照票据法第三十一条的规定，连续背书的第一背书人应当是在票据上记载的收款人，最后的票据持有人应当是最后一次背书的被背书人。

第五十一条 依照票据法第三十四条和第三十五条的规定，背书人在票据上记载"不得转让"、"委托收款"、"质押"字样，其后手再背书转让、委托收款或者质押的，原背书人对后手的被背书人不承担票据责任，但不影响出票人、承兑人以及原背书人之前手的票据责任。

第五十二条 依照票据法第五十七条第二款的规定，贷款人恶意或者有重大过失从事票据质押贷款的，人民法院应当认定质押行为无效。

第五十三条 依照票据法第二十七条的规定，出票人在票据上记载"不得转让"字样，其后手以此票据进行贴现、质押的，通过贴现、质押取得票据的持票人主张票据权利的，人民法院不予支持。

第五十四条 依照票据法第三十四条和第三十五条的规定，背书人在票据上记载"不得转让"字样，其后手以此票据进行贴现、质押的，原背书人对后手的被背书人不承担票据责任。

第五十五条 依照票据法第三十五条第二款的规定，以汇票设定质押时，出质人在汇票上只记载了"质押"字样未在票据上签章的，或者出质人未在汇票、粘单上记载"质押"字样而另行签订质押合同、质押条款的，不构成票据质押。

第五十六条 商业汇票的持票人向其非开户银行申请贴现，与向自己开立存款账户的银行申请贴现具有同等法律效力。但是，持票人有恶意或者与贴现银行恶意串通的除外。

第五十七条 违反规定区域出票，背书转让银行汇票，或者违反票据管理规定跨越票据交换区域出票、背书转让银行本票、支票的，不影响出票人、背书人依法应当承担的票据责任。

第五十八条 依照票据法第三十六条的规定，票据被拒绝承兑、被拒绝付款或者超过提示付款期限，票据持有人背书转让的，背书人应当承担票据责任。

第五十九条 承兑人或者付款人依照票据法第五十三条第二款的规定对逾期提示付款的持票人付款与按照规定的期限付款具有同等法律效力。

八、票据保证

第六十条 国家机关、以公益为目的的事业单位、社会团体、企业法人的分支机构和职能部门作为票据保证人的,票据保证无效,但经国务院批准为使用外国政府或者国际经济组织贷款进行转贷,国家机关提供票据保证的,以及企业法人的分支机构在法人书面授权范围内提供票据保证的除外。

第六十一条 票据保证无效的,票据的保证人应当承担与其过错相应的民事责任。

第六十二条 保证人未在票据或者粘单上记载"保证"字样而另行签订保证合同或者保证条款的,不属于票据保证,人民法院应当适用《中华人民共和国担保法》的有关规定。

九、法律适用

第六十三条 人民法院审理票据纠纷案件,适用票据法的规定;票据法没有规定的,适用《中华人民共和国民法通则》、《中华人民共和国合同法》、《中华人民共和国担保法》等民商事法律以及国务院制定的行政法规。

中国人民银行制定并公布施行的有关行政规章与法律、行政法规不抵触的,可以参照适用。

第六十四条 票据当事人因对金融行政管理部门的具体行政行为不服提起诉讼的,适用《中华人民共和国行政处罚法》、票据法以及《票据管理实施办法》等有关票据管理的规定。

中国人民银行制定并公布施行的有关行政规章与法律、行政法规不抵触的,可以参照适用。

第六十五条 人民法院对票据法施行以前已经作出终审裁决的票据纠纷案件进行再审,不适用票据法。

十、法律责任

第六十六条 具有下列情形之一的票据,未经背书转让的,票据债务人不承担票据责任;已经背书转让的,票据无效不影响其他真实签章的效力:

(一)出票人签章不真实的;
(二)出票人为无民事行为能力人的;
(三)出票人为限制民事行为能力人的。

第六十七条 依照票据法第十四条、第一百零三条、第一百零四条的规定,伪造、变造票据者除应当依法承担刑事、行政责任外,给他人造成损失的,还应当承担民事赔偿责任。被伪造签章者不承担票据责任。

第六十八条 对票据未记载事项或者未完全记载事项作补充记载,补充事项超出授权范围的,出票人对补充后的票据应当承担票据责任。给他人造成损失的,出票人还应当承担相应的民事责任。

第六十九条 付款人或者代理付款人未能识别出伪造、变造的票据或者身份证件而错误付款，属于票据法第五十七条规定的"重大过失"，给持票人造成损失的，应当依法承担民事责任。付款人或者代理付款人承担责任后有权向伪造者、变造者依法追偿。

持票人有过错的，也应当承担相应的民事责任。

第七十条 付款人及其代理付款人有下列情形之一的，应当自行承担责任：

（一）未依照票据法第五十七条的规定对提示付款人的合法身份证明或者有效证件以及汇票背书的连续性履行审查义务而错误付款的；

（二）公示催告期间对公示催告的票据付款的；

（三）收到人民法院的止付通知后付款的；

（四）其他以恶意或者重大过失付款的。

第七十一条 票据法第六十三条所称"其他有关证明"是指：

（一）人民法院出具的宣告承兑人、付款人失踪或者死亡的证明、法律文书；

（二）公安机关出具的承兑人、付款人逃匿或者下落不明的证明；

（三）医院或者有关单位出具的承兑人、付款人死亡的证明；

（四）公证机构出具的具有拒绝证明效力的文书。

第七十二条 当事人因申请票据保全错误而给他人造成损失的，应当依法承担民事责任。

第七十三条 因出票人签发空头支票、与其预留本名的签名式样或者印鉴不符的支票给他人造成损失的，支票的出票人和背书人应当依法承担民事责任。

第七十四条 人民法院在审理票据纠纷案件时，发现与本案有牵连但不属同一法律关系的票据欺诈犯罪嫌疑线索的，应当及时将犯罪嫌疑线索提供给有关公安机关，但票据纠纷案件不应因此而中止审理。

第七十五条 依照票据法第一百零五条的规定，由于金融机构工作人员在票据业务中玩忽职守，对违反票据法规定的票据予以承兑、付款、贴现或者保证，给当事人造成损失的，由该金融机构与直接责任人员依法承担连带责任。

第七十六条 依照票据法第一百零七条的规定，由于出票人制作票据，或者其他票据债务人未按照法定条件在票据上签章，给他人造成损失的，除应当按照所记载事项承担票据责任外，还应当承担相应的民事责任。

持票人明知或者应当知道前款情形而接受的，可以适当减轻出票人或者票据债务人的责任。

最高人民法院经济审判庭关于银行票据结算合同纠纷上诉案的电话答复

(1990年7月24日)

内蒙古自治区高级人民法院：

你院《关于银行票据结算合同纠纷上诉案的请示报告》已收悉，经我庭研究，现答复如下：

一、本案虽然从总体上来说是一起由古玉金、刘建军、赵明策划并实施的诈骗案，但却存在着两种关系：一是宝鸡五金公司与大同矿务局综合商场的所谓合同关系；二是宝鸡五金公司与银行的结算关系。票据是一种无因证券，它一经签发，就产生了独立的债权债务关系，并与该票据的原因相分离。因此，对于宝鸡五金公司与银行的结算关系可由法院分案审理。对于古玉金、刘建军等人的诈骗活动，公安机关早已立案侦查，并下令通缉，不存在移送经济犯罪问题。

二、工商行呼市大北街办事处将取款人"大同矿务局综合商店"背书上却为"河北省饶阳县食品公司留楚食品购销站"盖章的汇票错误解付，转入建行呼市第一办事处东街分理处古玉金账户；违反了银行结算办法的有关规定，应当承担过错责任。

建行呼市第一办事处东街分理处违反银行账户管理规定，为古玉金、刘建军等开立账户，违反现金管理规定，让古玉金、刘建军提取12.5万元的现金，也要承担过错责任。

托县工商行违反规定，将20万元购货款转入储蓄所个人存折，被刘建军、赵明提取现金潜逃，亦应承担相应责任。

三、宝鸡市五金公司业务员将汇票转给古玉金，违反了汇票结算办法的规定。因此，宝鸡市五金公司应承担一定经济责任。

四、上列当事人各自应承担的份额，由你们根据具体情况确定。

最高人民法院经济审判庭
关于广东省江门市富田农工商经理部诉海南省海南宁赣贸易公司购销合同一案中法院可否冻结银行承兑汇票问题的复函

1992年3月24日　　　　　　　　　　法经〔1992〕42号

广东省高级人民法院：

你院〔1991〕粤法经请字第5号《关于法院可否冻结银行承兑汇票问题的请示》收悉。经研究，答复如下：

你院请示中的持票人海南机设信托投资股份（集团）有限公司经海南宁赣贸易公司背书，并且给付对价后取得编号为×18421208的银行承兑汇票，根据《银行结算办法》有关银行承兑汇票的规定和中国人民银行银发〔1991〕258号《关于加强商业汇票管理的通知》第六条的规定，有权持票要求承兑银行兑付，法院不得冻结该汇票。另外，持票人海南机设信托投资股份（集团）有限公司的前手海南宁赣贸易公司经背书转让了票据权利，现已无权将汇票返还签发银行。承兑银行应向承兑申请人追回欠款。富田经理部可以合同纠纷向宁赣公司追回欠款。

此复。

最高人民法院
关于中国银行上海分行宝山支行、中国农业银行上海市五角场支行与上海华海集装箱制造有限公司、浙江工艺毛绒厂票据纠纷上诉案和中信实业银行上海市分行与浙江工艺毛绒厂追索票据纠纷上诉案处理意见的复函

1992年6月2日　　　　　　　　　　法函〔1992〕77号

上海市高级人民法院：

你院〔91〕沪高经上字第48号、第49号《关于处理上诉人中国银行上海分行宝山支行、中国农业银行上海市五角场支行与被上诉人上海华海集装箱制造有限公司、浙江

工艺毛绒厂票据纠纷上诉案和上诉人中信实业银行上海分行与被上诉人浙江工艺毛绒厂追索票据款纠纷上诉案的请示》收悉。经研究，答复如下：

一、你院请示中的五角场支行作为非开户银行受理贴现，在当时违反银行结算制度，通过私人关系，并且未对贴现申请人展望公司的资信情况作调查，五角场支行作为国家金融机构，明知自己的行为违反结算制度，会给票据债务人造成损害，仍然受理贴现，对此行为应当推定为具有重大过失。

二、宝山支行明知五角场支行违反结算制度受理贴现，仍然向五角场支行付款。宝山支行的行为同时违反了该行与承兑申请人华海公司承兑协议上关于遵守《银行结算办法》的约定，具有重大过失。由此造成的损失，应由宝山支行向五角场支行和展望公司提出解决。

三、根据《上海市票据暂行规定》第二十八条的规定，"持票人在转让汇票时必须在背书中记明被背书人名称"。而浙江工艺毛绒厂取得的 NO.0180001 和 NO.0180003 两张银行承兑汇票的背书人展望公司，并未在背书中记明被背书人，属于空白背书。根据《上海市票据暂行规定》，背书必须记名。因此，浙江工艺毛绒厂不能成为 NO.0180001 和 NO.0180003 两张银行承兑汇票的合法持有人。

四、中信实业银行已经行使了毛绒厂承兑申请的3张银行承兑汇票的票据权利，取得了毛绒厂300万元汇票款，但只给付毛绒厂100万元，余款应当偿还毛绒厂，若中信实业银行不予偿还，毛绒厂可以诉中信实业银行。

最高人民法院经济审判庭
关于银行承兑汇票能否部分金额贴现、部分用于抵押贷款的复函

1994年10月11日　　　　　　　　法经〔1994〕244号

湖北省高级人民法院：

你院〔1993〕鄂经他字第12号《关于银行承兑汇票能否办理部分金额贴现和部分用于抵押贷款的请示报告》收悉。经研究，答复如下：

你院来文所述案件中，收款人黄陂县甘棠五金锻压厂（以下简称锻压厂）将承兑申请人汉川县杨林镇砖瓦厂金额为70万元，并经农业银行汉川县支行（以下简称汉川县支行）杨林沟办事处承兑的081419号银行承兑汇票，背书转让给交通银行武汉分行（以下简称武汉分行），武汉分行就已经取得了该票据上的权利。同时，锻压厂向武汉分行申请贴现70万元，而武汉分行办理贴现金额15万元（扣除贴息，实付141275.40元）。此后，锻压厂又以该汇票作抵押，与武汉分行签订了三份借款合同，从武汉分行贷出52万元。借款期届满，锻压厂未还款。这些行为并不影响武汉分行行使票据上的

权利。鉴于武汉分行已经通过背书转让取得 081419 号银行承兑汇票的所有权；且该汇票的贴现人和抵押权人同为武汉分行，故该行享有的该票据权利依法应予保护；汉川县支行对其所属杨林沟办事处承兑的银行承兑汇票负有到期无条件付款的责任。

最高人民法院
关于认真学习、贯彻票据法、担保法的通知

1995 年 8 月 30 日　　　　　　　　　　　　　　法发〔1995〕19 号

各省、自治区、直辖市高级人民法院，解放军军事法院：

《中华人民共和国票据法》（以下简称《票据法》）和《中华人民共和国担保法》（以下简称《担保法》）已由第八届全国人大常委会第十三次会议和第十四次会议通过，分别自 1996 年 1 月 1 日、1995 年 10 月 1 日起施行。为在审判工作中正确适用《票据法》、《担保法》，现就学习、贯彻《票据法》、《担保法》的有关问题通知如下：

一、各级人民法院应当积极组织审判人员认真学习《票据法》、《担保法》，准确把握立法精神，深刻理解每一条款的含义，充分认识《票据法》在规范票据行为，保障票据活动当事人的合法权益，打击票据欺诈犯罪，维护社会经济秩序方面的积极作用，《担保法》对资金融通和商品流通的促进作用和对债权的实现的保障作用，以及这两部重要法律在促进社会主义市场经济发展中的积极影响。

二、审判人员应当通过对票据纠纷和担保合同纠纷案件的审判活动，正确适用法律，并结合办案，以案讲法，注意运用公开审判和新闻媒介等形式，大力宣传《票据法》、《担保法》及其重要意义，教育公民增强票据意识和担保意识，自觉地遵守法律。

三、对在《票据法》、《担保法》施行以前所发生的票据行为、担保行为，应当适用该行为发生时的有关规定；如果行为发生时没有规定的，可参照《票据法》、《担保法》的规定。

当事人对《票据法》、《担保法》施行前已经发生法律效力的裁决申请再审或者按照审判监督程序决定再审的票据纠纷案件、担保纠纷案件，仍应适用当时的有关规定。

四、《票据法》、《担保法》施行后，最高人民法院在两部法律颁布前作出的有关票据、担保问题的司法解释，凡与《票据法》、《担保法》抵触的，除本通知第三条所述情况外，不再适用。

五、各级人民法院在贯彻执行《票据法》、《担保法》的过程中，应当注意总结审判实践经验，加强调查研究，切实保证法律的有效实施。对于在审理案件中有关适用法律方面的疑难问题，应提出解决的办法或者倾向性意见报送我院，以供作司法解释时参考。

最高人民法院
关于江西省九江外贸发展有限公司与中国建设银行深圳市分行罗湖支行、深圳艾尔迪实业有限公司票据纠纷案的答复

1998年3月25日　　　　　　　　　〔1998〕经他字第22号函

江西省高级人民法院：

你院请示收悉，经研究，答复如下：

本案票据行为发生时，《票据法》已施行，但是与《票据法》配套的新的票据格式还未启用，根据中国人民银行有关文件规定，在新版汇票未印制启用前，仍使用旧版汇票。同时，《银行结算办法》亦未废止。因此在认定本案银行承兑汇票有效性问题时，应结合《银行结算办法》的规定考虑。

按照《银行结算办法》的有关规定，银行承兑汇票的签发人可以是收款人，也可以是承兑申请人，在由承兑申请人签发银行承兑汇票时，汇票的签发人则与承兑申请人为同一人。本案承兑申请人在"承兑申请人盖章"处签章后，承兑银行也在汇票上盖章，承诺承兑，如认定汇票无效，发生止付票款，不仅使持票人处于不利地位，而且也不利于票据流通。因此，对使用旧版银行承兑汇票的，签发人与承兑申请人为同一人时，如果签发人仅在"承兑申请人盖章"处签章，其签章即视同为签发人签章，应认定该银行承兑汇票有效。

最高人民法院
关于中国农业银行武汉市分行硚口区支行与中国工商银行大理市支行、云南省大理州物资贸易中心银行承兑汇票纠纷一案的请示的答复

1998年11月4日　　　　　　　　　法经〔1998〕457号

云南省高级人民法院：

你院请示收悉。经研究，答复如下：

一、硚口农行下属的崇仁路办事处在受理本案汇票收款人天天公司申请汇票贴现的

前后，分别以电报、电话的方式查询该汇票的签发及承兑情况，承兑人大理工行均复电确认该汇票系其签发，并明确转给农行崇仁路办事处。该办事处在审查核实汇票真实、合法的情况下办理贴现，并将汇票作成转让背书，尽到了谨慎注意的责任，不存在《中华人民共和国票据法》第十二条第二款规定的致使硚口农行不得享有票据权利的重大过失。至于农行崇仁路办事处在为天天公司开立账户、办理贴现、提现过程中有无违规行为，以及天天公司在与贸易中心的购销关系中有无诈骗行为，均非本案票据关系中的行为，不影响硚口农行享有票据权利。

二、本案汇票背书是在农行崇仁路办事处办理天天公司申请的汇票贴现时所作的转让背书，当时虽然只有背书人天天公司的签章，没有记载被背书人名称和背书日期，但其后已补记该办事处为汇票被背书人，且在背书转让上未涉及第三人，背书转让关系是明确的；由于背书日期未作记载，应视为在汇票到期日前背书，不影响背书的成立。同时，该办事处在取得汇票时经贴现已向背书人天天公司支付合理对价，属合法取得汇票，是该汇票的合法持票人。在本案汇票到期被拒绝付款时，硚口农行可以持票对承兑人大理工行、出票人贸易中心以及背书人天天公司主张票据权利。

最高人民法院
关于中国农业银行汝州市支行与中国建设银行汝州市支行债券兑付纠纷案的复函

1999年3月17日　　　　　　　　　　〔1998〕民他字第29号

河南省高级人民法院：

你院《关于中国农业银行汝州市支行与中国建设银行汝州市支行债券兑付一案的请示报告》收悉。经研究认为，根据汝州市第三水泥厂与汝州市农业银行签订的《企业债券代销合同》和债券票面的记载，汝州市农业银行应负有债券兑付义务，即汝州市建设银行所持的400万元债券应由汝州市农业银行负责兑付。但是，400万元债券的利息，根据汝州市建设银行与债券发行人汝州市第三水泥厂关于债券利息支付的约定，不应由汝州市农业银行支付。

最高人民法院
关于景德镇市昌江信用联社营业部与中国银行景德镇市分行曹家岭办事处汇票结算纠纷案的答复

2000年9月15日　　　　　　　　　　　　法经〔2000〕205号

江西省高级人民法院：

　　从你院报告反映的事实来看，景德镇市金属管件工贸有限公司（以下简称管件公司）作为出票人取得四张银行承兑汇票后，未将汇票交付票据上所载明的收款人，而在汇票第一背书人栏目中加盖了本单位公章和法定代表人私章，致上述汇票背书次序混乱、不连续，违反了《票据法》第三十一条的有关规定。景德镇市昌江信用联社营业部作为金融机构，应该知道管件公司不是承兑汇票的合法持票人，但其仍然接受该公司以上述承兑汇票质押并贷出款项，应属重大过失。根据《票据法》第十条第二款的规定，景德镇市昌江信用联社营业部因重大过失取得不符合《票据法》规定的票据，不得享有票据权利。

最高人民法院研究室
对《票据法》第十七条如何理解和适用问题的复函

2000年9月29日　　　　　　　　　　　　法（研）明传〔2000〕21号

上海市高级人民法院：

　　你院〔1999〕沪高经终字第584号《关于如何理解和适用〈票据法〉第十七条之规定的请示》收悉。经研究，答复如下：

　　一、《中华人民共和国票据法》第十七条第一款第（一）项规定的"持票人对票据的出票人和承兑人的权利"，包括付款请求权和追索权；第（三）项规定的"持票人对前手的追索权"，不包括对票据出票人的追索权。

　　二、你院请示的持票人行使追索权的期限，应当适用《中华人民共和国票据法》第十七条第一款第（一）项规定的两年期限。

最高人民法院
关于鞍山钢铁公司弓长岭矿山公司与沈阳城市合作银行新华支行、辽阳城市合作银行弓长岭支行票据纠纷一案的复函

2002年8月29日　　　　　　　　　　　〔2001〕民他监字34号

辽宁省高级人民法院：

你院请示收悉，经研究，答复如下：

1. 结算处向弓长岭矿山公司背书转让银行承兑汇票时，在被背书人一栏仅记载为"弓矿公司"，以及弓长岭矿山公司将该银行承兑汇票用作质押时，签章与预留印鉴不符，违反了《票据法》第七条和《银行结算办法》第八条第一款的规定。但是，上述签章的结果并不必然导致弓长岭矿山公司丧失票据权利。鉴于合作银行弓长岭支行非以此为由拒付票款，弓长岭矿山公司的前手对持票人的真实性没有提出异议，该银行承兑汇票到期日前无人对其主张票据权利，人民银行辽阳市分行在诉讼期间对此问题也出具了证明，故应确认背书连续，弓长岭矿山公司不因此丧失票据权利。

2. 弓长岭矿山公司未背书记载"质押"字样，其后果仅为质押权人无法证明其票据质权，依票据的文义性，弓长岭矿山公司为持票人。合作银行弓长岭支行不向工商银行弓长岭支行拒付票款，而是向弓长岭矿山公司拒付票款的事实，也说明了这一点。根据《票据法》第五十三条第三款的规定，通过委托收款银行或者通过票据交换系统向付款人提示付款的，视同持票人提示付款。

3. 该银行承兑汇票属于旧版汇票，根据《银行结算会计核算手续》中有关收款人或被背书人开户行受理银行承兑汇票处理手续的规定，该银行承兑汇票的最后签章形式，不属于空白背书。

4. 根据《票据法》第三十六条的规定，合作银行弓长岭支行拒绝付款退票后，不得背书转让。

5. 该银行承兑汇票是在法定期限内通过票据交换系统提示付款的。合作银行弓长岭支行则是在接到新华支行转送的沈阳市大东区法院冻结止付的裁定及相关事宜的通知之后，以汇票冻结为由拒付，并向弓长岭矿山公司出具了借方特种传票。根据《票据法》第五十三条第一款第（二）项和第三款的规定，应视同弓长岭矿山公司向新华支行提示付款。综上所述，弓长岭矿山公司享有该银行承兑汇票的票据权利。新华支行对其承兑的汇票负有汇票到期日无条件付款的责任。

沈阳市大东区法院冻结本案汇票的裁定错误，应予撤销。

八、证券、期货

最高人民法院
关于审理证券市场因虚假陈述引发的民事赔偿案件的若干规定

法释〔2003〕2号

(2002年12月26日最高人民法院审判委员会第1261次会议通过 2003年1月9日最高人民法院公告公布 自2003年2月1日起施行)

为正确审理证券市场因虚假陈述引发的民事赔偿案件,规范证券市场民事行为,保护投资人合法权益,根据《中华人民共和国民法通则》、《中华人民共和国证券法》、《中华人民共和国公司法》以及《中华人民共和国民事诉讼法》等法律、法规的规定,结合证券市场实际情况和审判实践,制定本规定。

一、一般规定

第一条 本规定所称证券市场因虚假陈述引发的民事赔偿案件(以下简称虚假陈述证券民事赔偿案件),是指证券市场投资人以信息披露义务人违反法律规定,进行虚假陈述并致使其遭受损失为由,而向人民法院提起诉讼的民事赔偿案件。

第二条 本规定所称投资人,是指在证券市场上从事证券认购和交易的自然人、法人或者其他组织。

本规定所称证券市场,是指发行人向社会公开募集股份的发行市场,通过证券交易所报价系统进行证券交易的市场,证券公司代办股份转让市场以及国家批准设立的其他证券市场。

第三条 因下列交易发生的民事诉讼,不适用本规定:
(一)在国家批准设立的证券市场以外进行的交易;
(二)在国家批准设立的证券市场上通过协议转让方式进行的交易。

第四条 人民法院审理虚假陈述证券民事赔偿案件,应当着重调解,鼓励当事人和解。

第五条　投资人对虚假陈述行为人提起民事赔偿的诉讼时效期间，适用民法通则第一百三十五条的规定，根据下列不同情况分别起算：

（一）中国证券监督管理委员会或其派出机构公布对虚假陈述行为人作出处罚决定之日；

（二）中华人民共和国财政部、其他行政机关以及有权作出行政处罚的机构公布对虚假陈述行为人作出处罚决定之日；

（三）虚假陈述行为人未受行政处罚，但已被人民法院认定有罪的，作出刑事判决生效之日。

因同一虚假陈述行为，对不同虚假陈述行为人作出两个以上行政处罚；或者既有行政处罚，又有刑事处罚的，以最先作出的行政处罚决定公告之日或者作出的刑事判决生效之日，为诉讼时效起算之日。

二、受理与管辖

第六条　投资人以自己受到虚假陈述侵害为由，依据有关机关的行政处罚决定或者人民法院的刑事裁判文书，对虚假陈述行为人提起的民事赔偿诉讼，符合民事诉讼法第一百零八条规定的，人民法院应当受理。

投资人提起虚假陈述证券民事赔偿诉讼，除提交行政处罚决定或者公告，或者人民法院的刑事裁判文书以外，还须提交以下证据：

（一）自然人、法人或者其他组织的身份证明文件，不能提供原件的，应当提交经公证证明的复印件；

（二）进行交易的凭证等投资损失证据材料。

第七条　虚假陈述证券民事赔偿案件的被告，应当是虚假陈述行为人，包括：

（一）发起人、控股股东等实际控制人；

（二）发行人或者上市公司；

（三）证券承销商；

（四）证券上市推荐人；

（五）会计师事务所、律师事务所、资产评估机构等专业中介服务机构；

（六）上述（二）、（三）、（四）项所涉单位中负有责任的董事、监事和经理等高级管理人员以及（五）项中直接责任人；

（七）其他作出虚假陈述的机构或者自然人。

第八条　虚假陈述证券民事赔偿案件，由省、直辖市、自治区人民政府所在的市、计划单列市和经济特区中级人民法院管辖。

第九条　投资人对多个被告提起证券民事赔偿诉讼的，按下列原则确定管辖：

（一）由发行人或者上市公司所在地有管辖权的中级人民法院管辖。但有本规定第十条第二款规定的情形除外。

（二）对发行人或者上市公司以外的虚假陈述行为人提起的诉讼，由被告所在地有管辖权的中级人民法院管辖。

（三）仅以自然人为被告提起的诉讼，由被告所在地有管辖权的中级人民法院管辖。

第十条 人民法院受理以发行人或者上市公司以外的虚假陈述行为人为被告提起的诉讼后，经当事人申请或者征得所有原告同意后，可以追加发行人或者上市公司为共同被告。人民法院追加后，应当将案件移送发行人或者上市公司所在地有管辖权的中级人民法院管辖。

当事人不申请或者原告不同意追加，人民法院认为确有必要追加的，应当通知发行人或者上市公司作为共同被告参加诉讼，但不得移送案件。

第十一条 人民法院受理虚假陈述证券民事赔偿案件后，受行政处罚当事人对行政处罚不服申请行政复议或者提起行政诉讼的，可以裁定中止审理。

人民法院受理虚假陈述证券民事赔偿案件后，有关行政处罚被撤销的，应当裁定终结诉讼。

三、诉讼方式

第十二条 本规定所涉证券民事赔偿案件的原告可以选择单独诉讼或者共同诉讼方式提起诉讼。

第十三条 多个原告因同一虚假陈述事实对相同被告提起的诉讼，既有单独诉讼也有共同诉讼的，人民法院可以通知提起单独诉讼的原告参加共同诉讼。

多个原告因同一虚假陈述事实对相同被告同时提起两个以上共同诉讼的，人民法院可以将其合并为一个共同诉讼。

第十四条 共同诉讼的原告人数应当在开庭审理前确定。原告人数众多的可以推选二至五名诉讼代表人，每名诉讼代表人可以委托一至二名诉讼代理人。

第十五条 诉讼代表人应当经过其所代表的原告特别授权，代表原告参加开庭审理，变更或者放弃诉讼请求、与被告进行和解或者达成调解协议。

第十六条 人民法院判决被告对人数众多的原告承担民事赔偿责任时，可以在判决主文中对赔偿总额作出判决，并将每个原告的姓名、应获得赔偿金额等列表附于民事判决书后。

四、虚假陈述的认定

第十七条 证券市场虚假陈述，是指信息披露义务人违反证券法律规定，在证券发行或者交易过程中，对重大事件作出违背事实真相的虚假记载、误导性陈述，或者在披露信息时发生重大遗漏、不正当披露信息的行为。

对于重大事件，应当结合证券法第五十九条、第六十条、第六十一条、第六十二条、第七十二条及相关规定的内容认定。

虚假记载，是指信息披露义务人在披露信息时，将不存在的事实在信息披露文件中予以记载的行为。

误导性陈述，是指虚假陈述行为人在信息披露文件中或者通过媒体，作出使投资人对其投资行为发生错误判断并产生重大影响的陈述。

重大遗漏，是指信息披露义务人在信息披露文件中，未将应当记载的事项完全或者部分予以记载。

不正当披露，是指信息披露义务人未在适当期限内或者未以法定方式公开披露应当披露的信息。

第十八条　投资人具有以下情形的，人民法院应当认定虚假陈述与损害结果之间存在因果关系：

（一）投资人所投资的是与虚假陈述直接关联的证券；

（二）投资人在虚假陈述实施日及以后，至揭露日或者更正日之前买入该证券；

（三）投资人在虚假陈述揭露日或者更正日及以后，因卖出该证券发生亏损，或者因持续持有该证券而产生亏损。

第十九条　被告举证证明原告具有以下情形的，人民法院应当认定虚假陈述与损害结果之间不存在因果关系：

（一）在虚假陈述揭露日或者更正日之前已经卖出证券；

（二）在虚假陈述揭露日或者更正日及以后进行的投资；

（三）明知虚假陈述存在而进行的投资；

（四）损失或者部分损失是由证券市场系统风险等其他因素所导致；

（五）属于恶意投资、操纵证券价格的。

第二十条　本规定所指的虚假陈述实施日，是指作出虚假陈述或者发生虚假陈述之日。

虚假陈述揭露日，是指虚假陈述在全国范围发行或者播放的报刊、电台、电视台等媒体上，首次被公开揭露之日。

虚假陈述更正日，是指虚假陈述行为人在中国证券监督管理委员会指定披露证券市场信息的媒体上，自行公告更正虚假陈述并按规定履行停牌手续之日。

五、归责与免责事由

第二十一条　发起人、发行人或者上市公司对其虚假陈述给投资人造成的损失承担民事赔偿责任。

发行人、上市公司负有责任的董事、监事和经理等高级管理人员对前款的损失承担连带赔偿责任。但有证据证明无过错的，应予免责。

第二十二条　实际控制人操纵发行人或者上市公司违反证券法律规定，以发行人或者上市公司名义虚假陈述并给投资人造成损失的，可以由发行人或者上市公司承担赔偿责任。发行人或者上市公司承担赔偿责任后，可以向实际控制人追偿。

实际控制人违反证券法第四条、第五条以及第一百八十八条规定虚假陈述，给投资人造成损失的，由实际控制人承担赔偿责任。

第二十三条　证券承销商、证券上市推荐人对虚假陈述给投资人造成的损失承担赔偿责任。但有证据证明无过错的，应予免责。

负有责任的董事、监事和经理等高级管理人员对证券承销商、证券上市推荐人承担的赔偿责任负连带责任。其免责事由同前款规定。

第二十四条　专业中介服务机构及其直接责任人违反证券法第一百六十一条和第二百零二条的规定虚假陈述，给投资人造成损失的，就其负有责任的部分承担赔偿责任。

但有证据证明无过错的，应予免责。

第二十五条　本规定第七条第（七）项规定的其他作出虚假陈述行为的机构或者自然人，违反证券法第五条、第七十二条、第一百八十八条和第一百八十九条规定，给投资人造成损失的，应当承担赔偿责任。

六、共同侵权责任

第二十六条　发起人对发行人信息披露提供担保的，发起人与发行人对投资人的损失承担连带责任。

第二十七条　证券承销商、证券上市推荐人或者专业中介服务机构，知道或者应当知道发行人或者上市公司虚假陈述，而不予纠正或者不出具保留意见的，构成共同侵权，对投资人的损失承担连带责任。

第二十八条　发行人、上市公司、证券承销商、证券上市推荐人负有责任的董事、监事和经理等高级管理人员有下列情形之一的，应当认定为共同虚假陈述，分别与发行人、上市公司、证券承销商、证券上市推荐人对投资人的损失承担连带责任：

（一）参与虚假陈述的；

（二）知道或者应当知道虚假陈述而未明确表示反对的；

（三）其他应当负有责任的情形。

七、损失认定

第二十九条　虚假陈述行为人在证券发行市场虚假陈述，导致投资人损失的，投资人有权要求虚假陈述行为人按本规定第三十条赔偿损失；导致证券被停止发行的，投资人有权要求返还和赔偿所缴股款及银行同期活期存款利率的利息。

第三十条　虚假陈述行为人在证券交易市场承担民事赔偿责任的范围，以投资人因虚假陈述而实际发生的损失为限。投资人实际损失包括：

（一）投资差额损失；

（二）投资差额损失部分的佣金和印花税。

前款所涉资金利息，自买入至卖出证券日或者基准日，按银行同期活期存款利率计算。

第三十一条　投资人在基准日及以前卖出证券的，其投资差额损失，以买入证券平均价格与实际卖出证券平均价格之差，乘以投资人所持证券数量计算。

第三十二条　投资人在基准日之后卖出或者仍持有证券的，其投资差额损失，以买入证券平均价格与虚假陈述揭露日或者更正日起至基准日期间，每个交易日收盘价的平均价格之差，乘以投资人所持证券数量计算。

第三十三条　投资差额损失计算的基准日，是指虚假陈述揭露或者更正后，为将投资人应获赔偿限定在虚假陈述所造成的损失范围内，确定损失计算的合理期间而规定的截止日期。基准日分别按下列情况确定：

（一）揭露日或者更正日起，至被虚假陈述影响的证券累计成交量达到其可流通部分100%之日。但通过大宗交易协议转让的证券成交量不予计算。

（二）按前项规定在开庭审理前尚不能确定的，则以揭露日或者更正日后第30个交易日为基准日。

（三）已经退出证券交易市场的，以摘牌日前一交易日为基准日。

（四）已经停止证券交易的，可以停牌日前一交易日为基准日；恢复交易的，可以本条第（一）项规定确定基准日。

第三十四条　投资人持股期间基于股东身份取得的收益，包括红利、红股、公积金转增所得的股份以及投资人持股期间出资购买的配股、增发股和转配股，不得冲抵虚假陈述行为人的赔偿金额。

第三十五条　已经除权的证券，计算投资差额损失时，证券价格和证券数量应当复权计算。

八、附　则

第三十六条　本规定自2003年2月1日起施行。

第三十七条　本院2002年1月15日发布的《关于受理证券市场因虚假陈述引发的民事侵权纠纷案件有关问题的通知》中与本规定不一致的，以本规定为准。

最高人民法院
关于审理期货纠纷案件若干问题的规定

法释〔2003〕10号

（2003年5月16日最高人民法院审判委员会第1270次会议通过
2003年6月18日最高人民法院公告公布　自2003年7月1日起施行）

为了正确审理期货纠纷案件，根据《中华人民共和国民法通则》、《中华人民共和国合同法》、《中华人民共和国民事诉讼法》等有关法律、行政法规的规定，结合审判实践经验，对审理期货纠纷案件的若干问题制定本规定。

一、一般规定

第一条　人民法院审理期货纠纷案件，应当依法保护当事人的合法权益，正确确定其应承担的风险责任，并维护期货市场秩序。

第二条　人民法院审理期货合同纠纷案件，应当严格按照当事人在合同中的约定确定违约方承担的责任，当事人的约定违反法律、行政法规强制性规定的除外。

第三条　人民法院审理期货侵权纠纷和无效的期货交易合同纠纷案件，应当根据各方当事人是否有过错，以及过错的性质、大小、过错和损失之间的因果关系，确定过错方承担的民事责任。

二、管　辖

第四条　人民法院应当依据民事诉讼法第二十四条、第二十五条和第二十九条的规定确定期货纠纷案件的管辖。

第五条　在期货公司的分公司、营业部等分支机构进行期货交易的，该分支机构住所地为合同履行地。

因实物交割发生纠纷的，期货交易所住所地为合同履行地。

第六条　侵权与违约竞合的期货纠纷案件，依当事人选择的诉由确定管辖。当事人既以违约又以侵权起诉的，以当事人起诉状中在先的诉讼请求确定管辖。

第七条　期货纠纷案件由中级人民法院管辖。

高级人民法院根据需要可以确定部分基层人民法院受理期货纠纷案件。

三、承担责任的主体

第八条　期货公司的从业人员在本公司经营范围内从事期货交易行为产生的民事责任，由其所在的期货公司承担。

第九条　期货公司授权非本公司人员以本公司的名义从事期货交易行为的，期货公司应当承担由此产生的民事责任；非期货公司人员以期货公司名义从事期货交易行为，具备合同法第四十九条所规定的表见代理条件的，期货公司应当承担由此产生的民事责任。

第十条　公民、法人受期货公司或者客户的委托，作为居间人为其提供订约的机会或者订立期货经纪合同的中介服务的，期货公司或者客户应当按照约定向居间人支付报酬。居间人应当独立承担基于居间经纪关系所产生的民事责任。

第十一条　不以真实身份从事期货交易的单位或者个人，交易行为符合期货交易所交易规则的，交易结果由其自行承担。

第十二条　期货公司设立的取得营业执照和经营许可证的分公司、营业部等分支机构超出经营范围开展经营活动所产生的民事责任，该分支机构不能承担的，由期货公司承担。

客户有过错的，应当承担相应的民事责任。

四、无效合同责任

第十三条　有下列情形之一的，应当认定期货经纪合同无效：

（一）没有从事期货经纪业务的主体资格而从事期货经纪业务的；

（二）不具备从事期货交易主体资格的客户从事期货交易的；

（三）违反法律、法规禁止性规定的。

第十四条　因期货经纪合同无效给客户造成经济损失的，应当根据无效行为与损失之间的因果关系确定责任的承担。一方的损失系对方行为所致，应当由对方赔偿损失；双方有过错的，根据过错大小各自承担相应的民事责任。

第十五条　不具有主体资格的经营机构因从事期货经纪业务而导致期货经纪合同无

效，该机构按客户的交易指令入市交易的，收取的佣金应当返还给客户，交易结果由客户承担。

该机构未按客户的交易指令入市交易，客户没有过错的，该机构应当返还客户的保证金并赔偿客户的损失。赔偿损失的范围包括交易手续费、税金及利息。

五、交易行为责任

第十六条 期货公司在与客户订立期货经纪合同时，未提示客户注意《期货交易风险说明书》内容，并由客户签字或者盖章，对于客户在交易中的损失，应当依据合同法第四十二条第（三）项的规定承担相应的赔偿责任。但是，根据以往交易结果记载，证明客户已有交易经历的，应当免除期货公司的责任。

第十七条 期货公司接受客户全权委托进行期货交易的，对交易产生的损失，承担主要赔偿责任，赔偿额不超过损失的80%，法律、行政法规另有规定的除外。

第十八条 期货公司与客户签订的期货经纪合同对下达交易指令的方式未作约定或者约定不明确的，期货公司不能证明其所进行的交易是依据客户交易指令进行的，对该交易造成客户的损失，期货公司应当承担赔偿责任，客户予以追认的除外。

第十九条 期货公司执行非受托人的交易指令造成客户损失，应当由期货公司承担赔偿责任，非受托人承担连带责任，客户予以追认的除外。

第二十条 客户下达的交易指令没有品种、数量、买卖方向的，期货公司未予拒绝而进行交易造成客户的损失，由期货公司承担赔偿责任，客户予以追认的除外。

第二十一条 客户下达的交易指令数量和买卖方向明确，没有有效期限的，应当视为当日有效；没有成交价格的，应当视为按市价交易；没有开平仓方向的，应当视为开仓交易。

第二十二条 期货公司错误执行客户交易指令，除客户认可的以外，交易的后果由期货公司承担，并按下列方式分别处理：

（一）交易数量发生错误的，多于指令数量的部分由期货公司承担，少于指令数量的部分，由期货公司补足或者赔偿直接损失；

（二）交易价格超出客户指令价位范围的，交易差价损失或者交易结果由期货公司承担。

第二十三条 期货公司不当延误执行客户交易指令给客户造成损失的，应当承担赔偿责任，但由于市场原因致客户交易指令未能全部或者部分成交的，期货公司不承担责任。

第二十四条 期货公司超出客户指令价位的范围，将高于客户指令价格卖出或者低于客户指令价格买入后的差价利益占为己有的，客户要求期货公司返还的，人民法院应予支持，期货公司与客户另有约定的除外。

第二十五条 期货交易所未按交易规则规定的期限、方式，将交易或者持仓头寸的结算结果通知期货公司，造成期货公司损失的，由期货交易所承担赔偿责任。

期货公司未按期货经纪合同约定的期限、方式，将交易或者持仓头寸的结算结果通知客户，造成客户损失的，由期货公司承担赔偿责任。

第二十六条　期货公司与客户对交易结算结果的通知方式未作约定或者约定不明确，期货公司未能提供证据证明已经发出上述通知的，对客户因继续持仓而造成扩大的损失，应当承担主要赔偿责任，赔偿额不超过损失的80％。

第二十七条　客户对当日交易结算结果的确认，应当视为对该日之前所有持仓和交易结算结果的确认，所产生的交易后果由客户自行承担。

第二十八条　期货公司对交易结算结果提出异议，期货交易所未及时采取措施导致损失扩大的，对造成期货公司扩大的损失应当承担赔偿责任。

客户对交易结算结果提出异议，期货公司未及时采取措施导致损失扩大的，期货公司对造成客户扩大的损失应当承担赔偿责任。

第二十九条　期货公司对期货交易所或者客户对期货公司的交易结算结果有异议，而未在期货交易所交易规则规定或者期货经纪合同约定的时间内提出的，视为期货公司或者客户对交易结算结果已予以确认。

第三十条　期货公司进行混码交易的，客户不承担责任，但期货公司能够举证证明其已按照客户交易指令入市交易的，客户应当承担相应的交易结果。

六、透支交易责任

第三十一条　期货交易所在期货公司没有保证金或者保证金不足的情况下，允许期货公司开仓交易或者继续持仓，应当认定为透支交易。

期货公司在客户没有保证金或者保证金不足的情况下，允许客户开仓交易或者继续持仓，应当认定为透支交易。

审查期货公司或者客户是否透支交易，应当以期货交易所规定的保证金比例为标准。

第三十二条　期货公司的交易保证金不足，期货交易所未按规定通知期货公司追加保证金的，由于行情向持仓不利的方向变化导致期货公司透支发生的扩大损失，期货交易所应当承担主要赔偿责任，赔偿额不超过损失的60％。

客户的交易保证金不足，期货公司未按约定通知客户追加保证金的，由于行情向持仓不利的方向变化导致客户透支发生的扩大损失，期货公司应当承担主要赔偿责任，赔偿额不超过损失的80％。

第三十三条　期货公司的交易保证金不足，期货交易所履行了通知义务，而期货公司未及时追加保证金，期货公司要求保留持仓并经书面协商一致的，对保留持仓期间造成的损失，由期货公司承担；穿仓造成的损失，由期货交易所承担。

客户的交易保证金不足，期货公司履行了通知义务而客户未及时追加保证金，客户要求保留持仓并经书面协商一致的，对保留持仓期间造成的损失，由客户承担；穿仓造成的损失，由期货公司承担。

第三十四条　期货交易所允许期货公司开仓透支交易的，对透支交易造成的损失，由期货交易所承担主要赔偿责任，赔偿额不超过损失的60％。

期货公司允许客户开仓透支交易的，对透支交易造成的损失，由期货公司承担主要赔偿责任，赔偿额不超过损失的80％。

第三十五条 期货交易所允许期货公司透支交易,并与其约定分享利益,共担风险的,对透支交易造成的损失,期货交易所承担相应的赔偿责任。

期货公司允许客户透支交易,并与其约定分享利益,共担风险的,对透支交易造成的损失,期货公司承担相应的赔偿责任。

七、强行平仓责任

第三十六条 期货公司的交易保证金不足,又未能按期货交易所规定的时间追加保证金的,按交易规则的规定处理;规定不明确的,期货交易所有权就其未平仓的期货合约强行平仓,强行平仓所造成的损失,由期货公司承担。

客户的交易保证金不足,又未能按期货经纪合同约定的时间追加保证金的,按期货经纪合同的约定处理;约定不明确的,期货公司有权就其未平仓的期货合约强行平仓,强行平仓造成的损失,由客户承担。

第三十七条 期货交易所因期货公司违规超仓或者其他违规行为而必须强行平仓的,强行平仓所造成的损失,由期货公司承担。

期货公司因客户违规超仓或者其他违规行为而必须强行平仓的,强行平仓所造成的损失,由客户承担。

第三十八条 期货公司或者客户交易保证金不足,符合强行平仓条件后,应当自行平仓而未平仓造成的扩大损失,由期货公司或者客户自行承担。法律、行政法规另有规定或者当事人另有约定的除外。

第三十九条 期货交易所或者期货公司强行平仓数额应当与期货公司或者客户需追加的保证金数额基本相当。因超量平仓引起的损失,由强行平仓者承担。

第四十条 期货交易所对期货公司、期货公司对客户未按期货交易所交易规则规定或者期货经纪合同约定的强行平仓条件、时间、方式进行强行平仓,造成期货公司或者客户损失的,期货交易所或者期货公司应当承担赔偿责任。

第四十一条 期货交易所依法或依交易规则强行平仓发生的费用,由被平仓的期货公司承担;期货公司承担责任后有权向有过错的客户追偿。

期货公司依法或依约定强行平仓所发生的费用,由客户承担。

八、实物交割责任

第四十二条 交割仓库未履行货物验收职责或者因保管不善给仓单持有人造成损失的,应当承担赔偿责任。

第四十三条 期货公司没有代客户履行申请交割义务的,应当承担违约责任;造成客户损失的,应当承担赔偿责任。

第四十四条 在交割日,卖方期货公司未向期货交易所交付标准仓单,或者买方期货公司未向期货交易所账户交付足额货款,构成交割违约。

构成交割违约的,违约方应当承担违约责任;具有合同法第九十四条第(四)项规定情形的,对方有权要求终止交割或者要求违约方继续交割。

征购或者竞卖失败的,应当由违约方按照交易所有关赔偿办法的规定承担赔偿责任。

　　第四十五条　在期货合约交割期内，买方或者卖方客户违约的，期货交易所应当代期货公司、期货公司应当代客户向对方承担违约责任。

　　第四十六条　买方客户未在期货交易所交易规则规定的期限内对货物的质量、数量提出异议的，应视为其对货物的数量、质量无异议。

　　第四十七条　交割仓库不能在期货交易所交易规则规定的期限内，向标准仓单持有人交付符合期货合约要求的货物，造成标准仓单持有人损失的，交割仓库应当承担责任，期货交易所承担连带责任。

　　期货交易所承担责任后，有权向交割仓库追偿。

九、保证合约履行责任

　　第四十八条　期货公司未按照每日无负债结算制度的要求，履行相应的金钱给付义务，期货交易所亦未代期货公司履行，造成交易对方损失的，期货交易所应当承担赔偿责任。

　　期货交易所代期货公司履行义务或者承担赔偿责任后，有权向不履行义务的一方追偿。

　　第四十九条　期货交易所未代期货公司履行期货合约，期货公司应当根据客户请求向期货交易所主张权利。

　　期货公司拒绝代客户向期货交易所主张权利的，客户可直接起诉期货交易所，期货公司可作为第三人参加诉讼。

　　第五十条　因期货交易所的过错导致信息发布、交易指令处理错误，造成期货公司或者客户直接经济损失的，期货交易所应当承担赔偿责任，但其能够证明系不可抗力的除外。

　　第五十一条　期货交易所依据有关规定对期货市场出现的异常情况采取合理的紧急措施造成客户损失的，期货交易所不承担赔偿责任。

　　期货公司执行期货交易所的合理的紧急措施造成客户损失的，期货公司不承担赔偿责任。

十、侵权行为责任

　　第五十二条　期货交易所、期货公司故意提供虚假信息误导客户下单的，由此造成客户的经济损失由期货交易所、期货公司承担。

　　第五十三条　期货公司私下对冲、与客户对赌等不将客户指令入市交易的行为，应当认定为无效，期货公司应当赔偿由此给客户造成的经济损失；期货公司与客户均有过错的，应当根据过错大小，分别承担相应的赔偿责任。

　　第五十四条　期货公司擅自以客户的名义进行交易，客户对交易结果不予追认的，所造成的损失由期货公司承担。

　　第五十五条　期货公司挪用客户保证金，或者违反有关规定划转客户保证金造成客户损失的，应当承担赔偿责任。

十一、举证责任

第五十六条 期货公司应当对客户的交易指令是否入市交易承担举证责任。

确认期货公司是否将客户下达的交易指令入市交易，应当以期货交易所的交易记录、期货公司通知的交易结算结果与客户交易指令记录中的品种、买卖方向是否一致，价格、交易时间是否相符为标准，指令交易数量可以作为参考。但客户有相反证据证明其交易指令未入市交易的除外。

第五十七条 期货交易所通知期货公司追加保证金，期货公司否认收到上述通知的，由期货交易所承担举证责任。

期货公司向客户发出追加保证金的通知，客户否认收到上述通知的，由期货公司承担举证责任。

十二、保全和执行

第五十八条 人民法院保全与会员资格相应的会员资格费或者交易席位，应当依法裁定不得转让该会员资格，但不得停止该会员交易席位的使用。人民法院在执行过程中，有权依法采取强制措施转让该交易席位。

第五十九条 期货交易所、期货公司为债务人的，人民法院不得冻结、划拨期货公司在期货交易所或者客户在期货公司保证金账户中的资金。

有证据证明该保证金账户中有超出期货公司、客户权益资金的部分，期货交易所、期货公司在人民法院指定的合理期限内不能提出相反证据的，人民法院可以依法冻结、划拨该账户中属于期货交易所、期货公司的自有资金。

第六十条 期货公司为债务人的，人民法院不得冻结、划拨专用结算账户中未被期货合约占用的用于担保期货合约履行的最低限额的结算准备金；期货公司已经结清所有持仓并清偿客户资金的，人民法院可以对结算准备金依法予以冻结、划拨。

期货公司有其他财产的，人民法院应当依法先行冻结、查封、执行期货公司的其他财产。

第六十一条 客户、自营会员为债务人的，人民法院可以对其保证金、持仓依法采取保全和执行措施。

十三、其 他

第六十二条 本规定所称期货公司是指经依法批准代理投资者从事期货交易业务的经营机构及其分公司、营业部等分支机构。客户是指委托期货公司从事期货交易的投资者。

第六十三条 本规定自 2003 年 7 月 1 日起施行。

2003 年 7 月 1 日前发生的期货交易行为或者侵权行为，适用当时的有关规定；当时规定不明确的，参照本规定处理。

最高人民法院
关于审理期货纠纷案件若干问题的规定（二）

法释〔2011〕1号

（2010年12月27日最高人民法院审判委员会第1507次会议通过 2010年12月31日最高人民法院公告公布 自2011年1月17日起施行）

为解决相关期货纠纷案件的管辖、保全与执行等法律适用问题，根据《中华人民共和国民事诉讼法》等有关法律、行政法规的规定以及审判实践的需要，制定本规定。

第一条 以期货交易所为被告或者第三人的因期货交易所履行职责引起的商事案件，由期货交易所所在地的中级人民法院管辖。

第二条 期货交易所履行职责引起的商事案件是指：

（一）期货交易所会员及其相关人员、保证金存管银行及其相关人员、客户、其他期货市场参与者，以期货交易所违反法律法规以及国务院期货监督管理机构的规定，履行监督管理职责不当，造成其损害为由提起的商事诉讼案件；

（二）期货交易所会员及其相关人员、保证金存管银行及其相关人员、客户、其他期货市场参与者，以期货交易所违反其章程、交易规则、实施细则的规定以及业务协议的约定，履行监督管理职责不当，造成其损害为由提起的商事诉讼案件；

（三）期货交易所因履行职责引起的其他商事诉讼案件。

第三条 期货交易所为债务人，债权人请求冻结、划拨以下账户中资金或者有价证券的，人民法院不予支持：

（一）期货交易所会员在期货交易所保证金账户中的资金；

（二）期货交易所会员向期货交易所提交的用于充抵保证金的有价证券。

第四条 期货公司为债务人，债权人请求冻结、划拨以下账户中资金或者有价证券的，人民法院不予支持：

（一）客户在期货公司保证金账户中的资金；

（二）客户向期货公司提交的用于充抵保证金的有价证券。

第五条 实行会员分级结算制度的期货交易所的结算会员为债务人，债权人请求冻结、划拨结算会员以下资金或者有价证券的，人民法院不予支持：

（一）非结算会员在结算会员保证金账户中的资金；

（二）非结算会员向结算会员提交的用于充抵保证金的有价证券。

第六条 有证据证明保证金账户中有超过上述第三条、第四条、第五条规定的资金或者有价证券部分权益的，期货交易所、期货公司或者期货交易所结算会员在人民法院指定的合理期限内不能提出相反证据的，人民法院可以依法冻结、划拨超出部分的资金或者有价证券。

有证据证明期货交易所、期货公司、期货交易所结算会员自有资金与保证金发生混同，期货交易所、期货公司或者期货交易所结算会员在人民法院指定的合理期限内不能提出相反证据的，人民法院可以依法冻结、划拨相关账户内的资金或者有价证券。

第七条 实行会员分级结算制度的期货交易所或者其结算会员为债务人，债权人请求冻结、划拨期货交易所向其结算会员依法收取的结算担保金的，人民法院不予支持。

有证据证明结算会员在结算担保金专用账户中有超过交易所要求的结算担保金数额部分的，结算会员在人民法院指定的合理期限内不能提出相反证据的，人民法院可以依法冻结、划拨超出部分的资金。

第八条 人民法院在办理案件过程中，依法需要通过期货交易所、期货公司查询、冻结、划拨资金或者有价证券的，期货交易所、期货公司应当予以协助。应当协助而拒不协助的，按照《中华人民共和国民事诉讼法》第一百零三条之规定办理。

第九条 本规定施行前已经受理的上述案件不再移送。

第十条 本规定施行前本院作出的有关司法解释与本规定不一致的，以本规定为准。

最高人民法院
印发《关于审理期货纠纷案件座谈会纪要》的通知

1995年10月27日　　　　　　　　　　　　　　　法〔1995〕140号

各省、自治区、直辖市高级人民法院，解放军军事法院：

现将《最高人民法院关于审理期货纠纷案件座谈会纪要》印发给你们，请参照执行。各地在执行本纪要时有什么情况和问题，请及时报告我院。

附：

最高人民法院
关于审理期货纠纷案件座谈会纪要

1995年4月18日至21日，最高人民法院在四川省成都市召开了十四个省、市高级人民法院，六个中级人民法院审理期货纠纷案件有关审判人员座谈会，最高人民法院经济审判庭副庭长奚晓明主持了会议，最高人民法院副院长唐德华出席会议并讲了话。

与会同志通过认真讨论，对目前审理期货纠纷案件的一些主要问题取得了基本一致的看法。现纪要如下：

一、关于审理期货纠纷案件应遵循的原则问题。会议认为期货纠纷案件是新类型案件，如何公正、及时审理好前一阶段在期货市场盲目、无序状态下所形成的期货纠纷案件，保护当事人的合法权益，制裁非法交易行为，维护正常的期货市场秩序，是当前人民法院的一项重要任务。审理这类纠纷案件政策性强，缺乏法律依据；这类纠纷案件与其他经济纠纷案件相比，有着鲜明的特点。因此，处理这类案件，应特别注意坚持以下原则：

（一）坚持正确适用法律的原则。目前我国的期货交易法尚未颁布，人民法院审理期货纠纷案件，应当以民法通则作为基本依据，同时依照有关行政法规和地方性法规，参照国务院有关部门和地方人民政府制定的有关期货交易的规范性文件规定的精神，但对这类文件不宜直接引用。还应当明确处理客户与经纪公司之间的期货代理纠纷不能适用经济合同法和民法通则中关于委托代理的规定。处理涉外、涉港澳期货纠纷案件，还应参照有关国际惯例。

（二）坚持风险和利益相一致的原则。期货交易的投机性和风险性都很大，期货交易者必须具备风险意识。人民法院在审理期货纠纷案件处理风险与利益的关系时，要按照期货交易的特点，既要依法保护期货交易双方的合法利益，也要正确确定其应承担的风险，任何一方不能只享受利益而不承担风险，或只承担风险而不享受利益。

（三）坚持过错和责任相一致的原则。在审理期货纠纷案件中，要坚持过错和责任相一致的原则。认真分析各方当事人是否有过错以及过错的性质、大小、过错和损失之间的因果关系，并据此确定他们各自应承担的责任。

（四）坚持尊重当事人合法约定的原则。对于当事人的约定，只要其不违背法律、行政法规的规定和期货交易的惯例，就可以作为处理当事人之间纠纷的依据。

会议还认为，目前人民法院受理的期货纠纷大多数是在前一阶段期货市场混乱无序，当事人各方在交易过程中的行为很不规范，有关期货交易方面的法律、法规不健全的情况下发生的，因此，对这类案件的受理和审理均应持慎重态度。有些纠纷可先通过行政或其他有关部门解决，确实解决不了必须通过法院依诉讼程序解决的，要依法受理。在审理过程中，遇到难度大、涉及面广或其他有关社会稳定的案件，要主动听取期货管理机关及其他有关方面的意见，必要时，请示上级法院，以使案件得到及时、妥善公正地处理。

二、关于期货纠纷案件的管辖问题。会议认为，这类案件专业性较强，审理难度大，因此，一般应由被告所在地或期货交易所、经纪公司及领取营业执照的期货经纪公司的分支机构所在地的中级人民法院管辖，案件比较集中且审判人员素质较高的地方，经高级人民法院批准，基层人民法院也可以管辖。涉外、涉港澳期货纠纷案件参照民事诉讼法第四编第二十五章的规定确定管辖。高级人民法院作一审，须报最高人民法院同意。

三、关于从事期货交易业务的资格问题。会议认为，在1993年4月28日国家工商行政管理局发布《期货经纪公司登记管理暂行办法》（以下简称《暂行办法》）之前，经有关机关批准登记后,在获准的范围内从事境内期货经纪业务的期货经纪公司,应认定为具有经营期货经纪业务的主体资格。期货经纪公司在《暂行办法》发布后,经国家工商局重新登记注册或者予以单项核定的,以及在规定的期限内已申请尚未予以登记或核定,但未对其作出变更登记、注销登记的,应认定其具有在核定的业务范围的经营期货业务的主体资格。在《暂行办法》发布后,届期不提出重新登记申请,或者提出申请后登记主管机关对其作出变更或注销登记决定的,或经中国证监会审核后不予批准或取消资格的,自中国证监会正式公布的日期之后应认定为不再具备经营期货业务的主体资格。

会议还认为,在1994年5月16日国务院办公厅转发国务院证券委员会《关于坚决制止期货市场盲目发展若干意见的请示》下发前,经有关机关批准登记后,在获准的范围内,从事境外期货经纪业务的,可认定其具有经营主体资格。在该文件下发后,所有期货经纪公司不再具有从事境外期货经纪业务的主体资格。少数全国性有进出口业务的公司已经中国证券监督管理委员会受理审核的,在审核结束前,可以认定其具有主体资格。审核结束后,应取得中国证券监督管理委员会颁发的《境外期货业务许可证》,否则应认定为无经营主体资格。未取得国家外汇管理局核发的"经营外汇业务许可证"和"经营外汇期货业务许可证",而开展外汇期货的,应认定不具备经营此项业务的主体资格。

四、关于经纪人的法律地位及民事责任的承担问题。会议认为,期货经纪公司的从业人员,不能独立地对外承担民事责任,其受委托所从事的行为产生的责任应由其所在的期货经纪公司承担。但因经纪人的非职务行为所产生的民事责任,应由经纪人自己承担。

五、关于违约纠纷的处理问题。会议认为:

(一)在期货交易过程中,期货交易所应承担保证期货合约履行的责任。任何一方不能如期全面履行期货合约规定的义务时,交易所均应代为履行,未代为履行的,应承担赔偿责任。交易所在代为履行后,享有向不履行义务一方追偿的权利。

(二)对客户下达的违反有关法律、行政法规、部门规章以及交易所交易规则的指令,经纪公司有权拒绝执行;因客户下达指令错误而造成损失的,由客户自己承担。就缺少品种的指令,经纪公司擅自进行交易,客户不予认可的,由经纪公司承担交易后果;只是缺少数量的,以实际交易量为准;只是缺少有效期限的,应视为当日委托有效;只是缺少价格的,应视为按市价交易。

(三)经纪公司应当准确及时地执行客户的指令,因错误执行客户指令而给客户造成损失的,由经纪公司承担赔偿责任。

(四)客户委派其工作人员具体操作交易的,应当在委托协议中确定操作人员的姓名或者向经纪公司留存其法定代表人的授权委托书。进行交易时,经纪公司只能按照客户操作人员的指令交易,接受非操作人员指令的,由经纪公司和下指令者共同承担责任。

(五)交易成交后,经纪公司应当在规定的时间内将交易的结果通知客户,因未及时通知而造成客户损失的,由经纪公司承担赔偿责任。但非经纪公司原因未能及时送达的,应分别情况区别对待。

(六)期货交易中经纪公司或者客户应当按照规定追加保证金。经纪公司或客户接到追加保证金的通知后,未能在规定的时间内追加保证金,交易所或者经纪公司可以就其未平仓的期货合约强行平仓,因强行平仓而造成的损失由经纪公司或客户承担。交易所或经纪公司未履行通知义务而强行平仓,给经纪公司或客户造成损失的,应承担赔偿责任。

(七)在规定的交割期限内,卖方未交付有效提货凭证的或者买方未向交易所账户解交足额货款的,交割期过后,卖方未按规定的时间、质量、数量交货,或者买方未按规定时间提货的均属违约,违约方应当按照交易所的规则承担违约责任。交易所委托的仓库接受卖方货物时,应当履行验收的责任,未在规定的期限内提出质量异议或因其保管不善造成损失的,卖方不承担责任,由交易所对买方承担违约责任,交易所再向仓库追索。

(八)期货交易所应提供完好的设备供会员公司使用,如因信息设备发生故障而给会员或客户造成损失的,期货交易所应当承担赔偿责任。但是,设备故障的原因如超出交易所合理控制范围的,可以免除交易所的责任。

六、关于期货交易中侵权纠纷的处理问题。会议认为,人民法院在处理期货交易中的侵权纠纷时,应当认真审查侵权行为和损失之间是否具有因果关系,行为人是否有过错,并应当按照过错大小准确确定当事人的民事责任。有过错的一方应当对无过错方的损失承担赔偿责任;双方均有过错的,各自承担相应的责任。

会议还认为,经纪公司应当将客户的保证金和自己的自有资金分户存放,专款专用,挪用客户的保证金给客户造成损失的,应当赔偿。会员公司或者客户透支的,应当返还占用交易所或经纪公司的款项;交易所允许会员透支所造成的损失,应由交易所承担;经纪公司允许客户透支,并和其约定分享利益、承担风险的,对客户用透支款项交易造成的亏损,应当按照约定承担责任,未作约定的,由经纪公司承担。

七、关于期货交易中的无效民事行为及其民事责任问题。会议认为,期货交易中的下列行为应认定为无效:

(一)没有从事期货经纪业务的主体资格而从事期货经纪业务的;
(二)以欺诈手段诱骗对方违背真实意思所为的;
(三)制造、散布虚假信息误导客户下单的;
(四)私下对冲、与客户对赌等违规操作的;
(五)其他违反法律或社会公共利益的。

上述无效行为给当事人造成保证金或佣金等损失的,应当根据无效行为与损失之间的因果关系确定责任的承担,如果一方的损失确系对方行为所致,则应判令对方承担赔偿损失的责任;如果一方的损失属于正常风险,而非另一方的行为所致,则不应判令另一方承担赔偿损失的责任,例如,未经批准而从事期货经纪业务的,如果有证据证明期货经纪公司已经按照客户的指令,进入期货交易市场进行交易,客户的损失属于正常风险损失,经纪公司对此不应承担民事赔偿责任。

会议还认为,对实施无效民事行为的当事人,根据具体情况,可以按照民法通则等有关规定，对其予以民事制裁。构成犯罪的，应移送有关机关依法追究刑事责任。

八、关于外汇按金交易问题。 会议认为，外汇按金交易就其实质而言，属于一种远期的外汇现货交易，而不属于期货交易，但其在形式上与期货交易有相似之处。对这类案件可参照处理期货纠纷案件的有关原则处理。凡未经证监会和国家外汇管理局批准，擅自开展外汇按金交易业务的，客户委托未经批准登记的机构进行外汇按金交易的，均属违法行为。客户对剩余保证金可以请求返还。对客户请求赔偿损失的，也应认真分析损失与行为之间的因果关系，根据过错责任原则予以处理。

九、关于期货纠纷案件中的举证责任问题。 会议认为，人民法院审理期货纠纷案件，一般应当贯彻民事诉讼法第六十四条规定的"谁主张、谁举证"的原则，但是如果客户主张经纪公司未入市交易，经纪公司否认的，应由经纪公司负举证责任。如果经纪公司提供不出相应的证据，就应当推定没有入市交易。

会议还认为，期货纠纷案件是一种新类型案件，难度大，政策性强，为了及时公正地审理这类案件，各级人民法院应当抽调较强的力量，组成专门合议庭，具体负责这类案件的审理。上级人民法院要加强对审理期货纠纷案件的监督指导，积极慎重、稳妥地完成这批期货纠纷案件的审判任务。

最高人民法院
关于如何确定证券回购合同履行地问题的批复

1996年7月4日　　　　　　　　　　　　法复〔1996〕9号

湖北省高级人民法院：

你院〔1996〕鄂经他字第10号请示收悉。关于如何确定证券回购合同履行地问题，经研究，答复如下：

鉴于我国证券回购业务事实上存在着场内和场外交易的两种情况，因此，确定证券回购合同履行地应区分不同情况予以处理：

一、凡在交易场所内进行的证券回购业务，交易场所所在地应为合同履行地。

二、在上述交易场所之外进行的证券回购业务，最初付款一方（返售方）所在地应为合同履行地。

此复。

最高人民法院
关于证券回购纠纷案件座谈会纪要

(1997年1月9日)

为正确处理证券回购纠纷案件,1996年11月26日至29日,最高人民法院在湖北省武汉市召开了有8个高级法院、5个中级法院有关审判人员参加的座谈会,中国人民银行、中国证券监督管理委员会、财政部派员参加了会议。证券回购是证券持有人(回购方,即资金拆入方)在卖出一笔证券的同时,与买方(返售方,即资金拆出方)签订协议约定一定期限和价格,买回同一笔证券的融资活动。1995年年底以来,一些地方人民法院开始受理证券回购纠纷案件。去年上半年这类案件上升的幅度非常大。证券回购合同纠纷案件是一种新类型案件。由于在这方面没有明确的法律规定和司法解释,致使审理工作难度较大,适用法律方面问题较多。

与会同志通过认真讨论,总的认为,人民法院审理证券回购案件,应在查明事实、分清责任的基础上,以《民法通则》、《经济合同法》为基本依据,按照国家有关行政法规,参照中国人民银行、财政部、中国证券监督管理委员会有关规章,妥善予以处理。对目前审判工作中遇到的一些主要问题,会议基本上达成了共识。现将会议的主要情况转发,供各地法院参考。

一、关于证券回购纠纷案件的受理与管辖问题

1995年10月27日,中国人民银行、财政部、中国证监会《关于认真清偿证券回购到期债务的通知》(银传〔1995〕80号)规定对同属一家金融机构的分支机构,分别以会员资格参加市场交易,发生证券回购纠纷应由其共同所属金融机构协调解决。

目前,有些交易场所为解决金融债务链,对部分相互拖欠的证券回购资金,通过交易场所作了对冲。如果以当事人协议的方式对冲的,因其债权债务关系已经合法转移而应予承认,如当事人反悔而向法院起诉的,不予受理。如果以其他方式强行对冲的,由于变更、转移债权债务关系是当事人的权利,有的债权人或者债务人不同意对冲而起诉至法院的,人民法院应依法受理。

对已经人民法院判决或调解的证券回购案件,因政策调整而当事人申请再审的,人民法院不再重新处理。

证券回购纠纷属于合同纠纷,应按照《民事诉讼法》第二十四条的规定,由被告住所地或合同履行地人民法院管辖。证券交易行为在证券交易场所内进行的,融资本金交割行为的地点应为合同规定义务履行的地点,即合同履行地。因此,证券回购纠纷案件的地域管辖问题,应根据1996年7月4日最高人民法院《关于如何确定证券回购合同

履行地问题的批复》（法复〔1996〕9号）的规定，凡是通过证券交易场所进行的证券回购交易（即场内交易）而产生的纠纷，证券交易场所所在地或者被告所在地的人民法院有管辖权；对未通过证券交易场所进行证券回购交易（即场外交易）而产生的纠纷，返售方所在地或者被告方所在地的人民法院有管辖权。

关于证券回购纠纷案件的级别管辖问题，应按照各高级人民法院作出并经最高人民法院批准的关于案件级别管辖的规定执行。

二、关于证券回购合同的主体资格问题

对证券回购合同主体资格的审查，应以1995年8月8日中国人民银行、财政部、中国证监会《关于重申对进一步规范证券回购业务有关问题的通知》（银传〔1995〕60号）的规定为准，即非金融机构、个人以及不具有法人资格的金融机构一律不得直接参与证券回购业务。因此，对没有人民银行颁发的金融许可证，或者虽有金融许可证但没有从事证券交易经营范围的单位或者个人，一般应认定不具备订立证券回购合同的主体资格，其订立的证券回购合同应认定为无效。

关于财政证券机构的主体资格问题。财政证券机构（包括国债服务部、国债服务中心等国债中介机构）的形成有其历史原因，它们在国债的发行、兑付和流通转让方面曾起了重要作用。鉴于财政系统证券机构的清理和改组、转轨工作正在进行之中，对其从事的国债发行、兑付、转让（包括回购）等交易活动，可认定为具有从事该项交易的主体资格。

关于金融机构的分支机构的主体资格问题。一些金融机构的分支机构经工商行政管理机关登记领取企业法人营业执照，违反了1994年9月8日中国人民银行银发〔1994〕228号通知中关于证券交易营业部、证券业务部作为证券公司、信托投资公司的全资附属营业机构，不具有独立法人资格的规定，而应认定其不具有独立法人资格。对这些分支机构以自己的名义签订的证券回购合同，应依照银传〔1995〕60号文件中关于不具有法人资格的金融机构一律不得直接参与证券回购业务的规定处理。金融机构的分支机构无论是否领取了企业法人营业执照和是否具有会员席位，只要是在该文件下发后，都应确认其不具有从事证券交易的主体资格。但在文件下发前，金融机构的分支机构以自己名义签订的证券回购合同，应确认其主体资格合法。在诉讼中，只要金融机构的分支机构领取了营业执照，就具有诉讼的主体资格。但在实体处理上，对分支机构没有偿付能力的，应由其主管企业法人承担民事责任。

关于承包方、借用方的主体资格问题。有些金融机构将其在交易场所的席位发包或出借给其他单位或个人经营，违反了证券交易场所管理办法中有关会员席位不得转让使用的规定。无论承包方或借用方本身是否是具有会员席位的金融机构，其以发包方或出借方名义签订的证券回购合同，均应以主体资格不合法而确认为无效。

三、关于证券回购合同内容的合法性问题

证券回购合同的内容是否合法，要从实物券数额、回购期限、违约责任等方面进行审查。

1. 关于实物券数额的问题。1994年2月15日中国人民银行《信贷资金管理暂行办法》（银发〔1994〕37号）、1994年7月1日《关于坚决制止国债券卖空行为的通知》（〔94〕财国债字第20号），以及银传〔1995〕60号通知，都规定了证券交易必须有足额的实物券。各证券交易场所制定的交易规则及经营证券回购业务的金融机构均必须严格遵守上述规定。但在《暂行办法》颁发之前，根据证券交易场所关于实物券数额的规定而订立的证券回购合同，不能以其实物券数额不足100%而认定为无效。而在《暂行办法》颁发之后，对实物券数额不足100%的证券回购合同，应认定合同无效。

2. 关于回购期限的问题。银传〔1995〕60号通知规定证券回购期限最长不得超过1年。因此，对约定的回购期限超过1年的，应认定为无效。

3. 关于违约责任条款的问题。当事人在回购合同中约定的逾期罚息，有的为日万分之八，有的为日万分之十，有的甚至高达日万分之十二。会议认为，对于逾期罚息过高的，不应予以认可，应当一律比照当时中国人民银行规定的有关逾期付款违约金的计算标准处理，超过部分不予保护。

四、关于证券回购合同纠纷案件中的民事责任承担问题

对于证券回购合同纠纷案件中的民事责任承担问题，要根据有关法律、司法解释及国家政策的规定，在全面审查证券回购合同是否有效的基础上，确定当事人应承担的民事责任。

1. 对证券回购合同认定为有效的，应保护回购合同约定的回购价格，并参照银行结算有关逾期付款的规定承担违约金。

2. 对证券回购合同认定为无效的，应根据1996年6月25日国务院批转中国人民银行《关于进一步做好证券回购债务清偿工作请示的通知》（国发〔1996〕20号）文件精神，返还融资本金，按同业拆借利率赔偿拆借期间的利息损失，并承担逾期罚息。

3. 对承包、借用经营期间发生的证券回购纠纷，只要是以发包方或出借方的名义签订的证券回购合同，发包或出借会员席位的金融机构就应承担民事责任。至于发包方、出借方与承包方、借用方之间，则属于另一法律关系，可作另案处理。

五、关于证券回购纠纷与经济犯罪交织的问题

在前一阶段的国债回购交易中，存在着许多违法甚至犯罪活动。因此，人民法院在审理证券回购纠纷案件中，要注意发现经济犯罪的问题，对于出租、出让交易席位，违规操作，严重失职，造成重大损失的；交易人员收受贿赂的；挪用、贪污回购资金的；冒用法人名义，伪造印鉴，进行诈骗犯罪的；利用国库券代保管单骗取资金的等行为，要特别注意发现其中的犯罪线索，对可能构成犯罪的，人民法院要及时移送有关机关。对证券回购纠纷事实清楚，法人应当承担民事责任的，应在移送犯罪线索后，继续审理经济纠纷。

最高人民法院
关于杜妍与中国银行辽宁分行股票及侵权纠纷一案的复函

2000年4月17日　　　　　　　　　　　　　　〔2000〕经他字第1号

辽宁省高级人民法院：

你院请示收悉，经研究，答复如下：

中国银行辽宁省分行原所属的沈阳证券交易经营部为客户在股票交易中提供融资借款并收取高额利息，是违反我国金融和股票管理法规的行为，应认定无效。融资借款与客户买卖股票属不同的法律关系，借款行为无效并不影响客户股票交易行为的合法性。证券经营部未经客户同意，强行平仓，造成客户资金损失，应承担赔偿责任。同时，客户透支进行股票交易，在股市持续下跌的情况下，可能将交易风险转移到证券经营部，其拒绝接受证券经营部平仓还款的通知，也有过错。因此，应认定双方当事人对造成的损失均有过错，主要过错在证券经营部。

赔偿数额可为客户持有的股票买入价与证券经营部平仓时卖出价之间的差价总额，及该笔资金自卖出之日起至给付之日止的利息。

最高人民法院
关于恢复受理、审理和执行已经编入全国证券回购机构间债务清欠链条的证券回购经济纠纷案件的通知

2000年7月26日　　　　　　　　　　　　　　法〔2000〕115号

各省、自治区、直辖市高级人民法院，新疆维吾尔自治区高级人民法院生产建设兵团分院：

1998年12月18日和1999年1月21日，我院先后下发了法〔1998〕152号《关于中止审理、中止执行已编入全国证券回购机构间债务清欠链条的证券回购经济纠纷案件的通知》和法〔1999〕6号《关于补发最高人民法院法〔1998〕152号通知附件的通知》。对已经编入全国证券回购机构间债务清欠链条的证券回购纠纷，决定暂不受理、

中止诉讼和中止执行。目前,全国证券回购债务清欠工作已经进入收尾阶段。现就有关问题通知如下:

自本通知下发之日起,各级人民法院对涉及已经编入全国证券回购机构间债务清欠链条,但债权债务未能清欠的证券回购纠纷,符合《中华人民共和国民事诉讼法》第一百零八条规定的,应当予以受理;对中止审理的已经编入全国证券回购机构间债务清欠链条的证券回购纠纷案件应当恢复审理;对已经发生法律效力的已经编入全国证券回购机构间债务清欠链条的证券回购纠纷案件的裁判文书应当恢复执行。

特此通知。

最高人民法院
关于浦发期货经纪有限公司未按规定强制平仓是否承担责任问题请示的答复

2003年7月29日　　　　　　　　　〔2002〕民二他字第21号

天津市高级人民法院:

你院津高法民二〔2002〕2号关于浦发期货经纪有限公司未按规定强制平仓是否承担责任问题的请示报告收悉。经研究,答复如下:

本案当事人之间就"保仓"问题的具体约定符合意思自治原则,但是,该约定如与《最高人民法院关于审理期货纠纷案件若干问题的规定》第三十三条的规定相冲突,应当参照该司法解释第三十三条、第三十六条第二款的规定处理。

此复。

最高人民法院
关于受理证券市场因虚假陈述引发的民事侵权纠纷案件有关问题的通知

2002年1月15日　　　　　　　　　法明传〔2001〕43号

各省、自治区、直辖市高级人民法院,解放军军事法院,新疆维吾尔自治区高级人民法院生产建设兵团分院:

经研究决定:人民法院对证券市场因虚假陈述引发的民事侵权赔偿纠纷案件(以下

简称虚假陈述民事赔偿案件),凡符合《中华人民共和国民事诉讼法》规定受理条件的,自本通知下发之日起予以受理。现将有关问题通知如下:

一、虚假陈述民事赔偿案件,是指证券市场上证券信息披露义务人违反《中华人民共和国证券法》规定的信息披露义务,在提交或公布的信息披露文件中作出违背事实真相的陈述或记载,侵犯了投资者合法权益而发生的民事侵权索赔案件。

二、人民法院受理的虚假陈述民事赔偿案件,其虚假陈述行为,须经中国证券监督管理委员会及其派出机构调查并作出生效处罚决定。当事人依据查处结果作为提起民事诉讼事实依据的,人民法院方予依法受理。

三、虚假陈述民事赔偿案件的诉讼时效为2年,从中国证券监督管理委员会及其派出机构对虚假陈述行为作出处罚决定之日起计算。

四、对于虚假陈述民事赔偿案件,人民法院应当采取单独或者共同诉讼的形式予以受理,不宜以集团诉讼的形式受理。

五、各直辖市、省会市、计划单列市或经济特区中级人民法院为一审管辖法院;地域管辖采用原告就被告原则,统一规定为:

1. 对凡含有上市公司在内的被告提起的民事诉讼,由上市公司所在直辖市、省会市、计划单列市或经济特区中级人民法院管辖。

2. 对以机构(指作出虚假陈述的证券公司、中介服务机构等,下同)和自然人为共同被告提起的民事诉讼,由机构所在直辖市、省会市、计划单列市或经济特区中级人民法院管辖。

3. 对以数个机构为共同被告提起的民事诉讼,原告可以选择向其中一个机构所在直辖市、省会市、计划单列市或经济特区中级人民法院提起民事诉讼。原告向两个以上中级人民法院提起民事诉讼的,由最先立案的中级人民法院管辖。

六、有关中级人民法院受理此类案件后,应在3日内将受理情况逐级上报至最高人民法院。

最高人民法院
关于审理虚假陈述侵权纠纷案件有关问题的复函

2003年7月7日　　　　　　　　　〔2003〕民二他字第22号

黑龙江省高级人民法院:

你院《关于审理虚假陈述侵权纠纷案件有关问题的请示》收悉。对所请示的问题,经研究答复如下:

一、关于承销商的责任问题

申银万国证券有限责任公司(下称申银万国)承销大庆联谊石化股份有限公司(下称大庆联谊)的股票发行时,因未尽到审核义务,且其编制的上市材料中含有虚假信息,而被中国证监会予以行政处罚。申银万国作为承销商,应当知道大庆联谊是否存在虚假陈述的情况,而其没有对最初源于大庆联谊的虚假陈述予以纠正或出具保留意见,并且自己也编制和出具了虚假陈述文件,故根据本院《关于审理证券市场因虚假陈述引发的民事赔偿案件的若干规定》(下称《规定》)第二十七条内容,申银万国的虚假陈述与大庆联谊的虚假陈述构成共同侵权,对因此给投资人的损失,两者应互为承担连带责任。

申银万国没有尽到责任(并编制虚假上市材料),使得含有虚假信息的大庆联谊股票得以发行和上市,其虚假行为影响了广大投资人。在大庆联谊的虚假陈述行为没有被揭露或者更正之前,发行市场的虚假陈述必然对交易市场产生影响,包括对交易市场的投资人进行投资时的影响。故同意你院第一种意见。

你院对《规定》第二十三、二十七条内容的理解是正确的。

二、关于实际控制人承担责任的顺序

实际控制人直接承担民事责任的条件,是其以自己名义直接在证券市场作出虚假陈述行为,并给投资人造成了损失。中国证监会的处罚决定,认定了大庆联谊石油化工总厂(下称石化总厂)存在虚假陈述行为,并且该行为发生在大庆联谊成立之前。据此可以得出两个结论:一是石化总厂的虚假陈述行为是客观存在的;二是石化总厂的虚假陈述发生在大庆联谊成立之前,足以认定石化总厂作为实际控制人直接对证券市场实施了虚假陈述行为。石化总厂直接虚假陈述,也不排斥其操纵大庆联谊在发行股票、交易股份时,以大庆联谊名义进行虚假陈述。因此,石化总厂应当与大庆联谊对投资人因此所受损失共同承担民事责任。石化总厂与大庆联谊之间的责任划分问题,如当事人间有争议,可另行起诉。

三、关于揭露日或更正日的确定

关于大庆联谊揭露日、更正日的确定。1999年4月20日,大庆联谊仅就利润虚假、募集资金使用虚假等行为进行了自我更正,没有涉及发行阶段的虚假陈述行为。2000年4月27日,中国证监会行政处罚公告后,大庆联谊虚假发行的事实才首次得以公开披露。故原则同意你院关于大庆联谊虚假陈述揭露日确定的第二种意见及处理方案。

关于圣方科技揭露日或更正日的确定。2001年5月19日,圣方科技就所收购的圣方显示器公司虚假注册资本500万元作出了更正,中国证监会事后主要就该虚假陈述内容进行行政处罚,故认定2001年5月19日为更正日,符合客观事实。同意你院第一种意见。

四、关于中介服务机构民事责任承担问题

《规定》第二十四条内容,是从归责角度对中介服务机构及其直接责任人作出过错推定责任承担总的规定,无论故意或过失,只要行为人主观具有过错,客观给他人造成了损失,该类虚假陈述行为人就其负有责任的部分承担民事责任。《规定》第二十七条内容,是从共同侵权角度对承担过错推定责任的各类虚假陈述行为人,如何判断其与发行人、上市公司构成共同侵权并承担连带责任作出的规定。当发行人或者上市公司存在虚假陈述行为时,上述负有特定义务的各类行为人如没有对虚假陈述内容予以纠正或保留意见,又没有证据证明其无过错(包括故意和过失),则其与发行人或者上市公司构成共同侵权,对投资人因此造成的损失承担连带责任。但专业中介服务机构及其直接责任人的民事责任限定于其负有责任的部分。

如果本案不存在其他法律障碍,请你院在收到本院答复意见后,督促有关法院尽快结案。

此复。

最高人民法院关于新疆国际置地房地产开发有限责任公司与宏源证券股份有限公司乌鲁木齐北京路证券营业部、宏源证券股份有限公司委托监管合同纠纷一案请示的答复

2003 年 12 月 25 日　　　　　　　　　　〔2003〕民二他字第 54 号

新疆维吾尔自治区高级人民法院:

你院〔2003〕新民二请字第 1 号《关于新疆国际置地房地产开发有限责任公司(以下简称置地公司)与宏源证券股份有限公司乌鲁木齐北京路证券营业部、宏源证券股份有限公司(以下简称为证券公司)委托监管合同纠纷一案的请示》收悉,经研究,答复如下:

根据《民事诉讼法》第一百零八条的规定,原告应是与本案有直接利害关系的公民、法人和其他组织,否则不应予以受理。你院请示的案件,应首先明确签订委托监管协议的行为究竟是唐朝金的个人行为,还是置地公司授权或者事后追认的职务行为,只有在这个事实依法认定的前提下,才能认定置地公司是否有权以证券公司违反合同约定为由提起诉讼。如果认定签订委托监管协议系唐朝金的个人行为,则置地公司仅享有以侵权为由向证券公司提起诉讼的权利。请你院在查清事实的基础上依法作出裁判。

此复。

最高人民法院
关于依法审理和执行被风险处置证券公司相关案件的通知

2009 年 5 月 26 日　　　　　　　　　　　法发〔2009〕35 号

各省、自治区、直辖市高级人民法院，解放军军事法院，新疆维吾尔自治区高级人民法院生产建设兵团分院：

为维护证券市场和社会的稳定，依法审理和执行被风险处置证券公司的相关案件，现就有关问题通知如下：

一、为统一、规范证券公司风险处置中个人债权的处理，保持证券市场运行的连续性和稳定性，中国人民银行、财政部、中国银行业监督管理委员会、中国证券监督管理委员会联合制定发布了《个人债权及客户证券交易结算资金收购意见》。国家对个人债权和客户交易结算资金的收购，是国家有关行政部门和金融监管机构采取的特殊行政手段。相关债权是否属于应当收购的个人债权或者客户交易结算资金范畴，系由中国人民银行、金融监管机构以及依据《个人债权及客户证券交易结算资金收购意见》成立的甄别确认小组予以确认的，不属人民法院审理的范畴。因此，有关当事人因上述执行机关在风险处置过程中甄别确认其债权不属于国家收购范围的个人债权或者客户证券交易结算资金，向人民法院提起诉讼，请求确认其债权应纳入国家收购范围的，人民法院不予受理。国家收购范围之外的债权，有关权利人可以在相关证券公司进入破产程序后向人民法院申报。

二、托管是相关监管部门对高风险证券公司的证券经纪业务等涉及公众客户的业务采取的行政措施，托管机构仅对被托管证券公司的经纪业务行使经营管理权，不因托管而承继被托管证券公司的债务。因此，有关权利人仅以托管为由向人民法院提起诉讼，请求判令托管机构承担被托管证券公司债务的，人民法院不予受理。

三、处置证券类资产是行政处置过程中的一个重要环节，行政清算组依照法律、行政法规及国家相关政策，对证券类资产采取市场交易方式予以处置，在合理估价的基础上转让证券类资产，受让人支付相应的对价。因此，证券公司的债权人向人民法院提起诉讼，请求判令买受人承担证券公司债务偿还责任的，人民法院对其诉讼请求不予支持。

四、破产程序作为司法权介入的特殊偿债程序，是在债务人财产不足以清偿债务的情况下，以法定的程序和方法，为所有债权人创造获得公平受偿的条件和机会，以使所有债权人共同享有利益、共同分担损失。鉴此，根据企业破产法第十九条的规定，人民法院受理证券公司的破产申请后，有关证券公司财产的保全措施应当解除，执行程序应

当中止。具体如下:

1. 人民法院受理破产申请后,已对证券公司有关财产采取了保全措施,包括执行程序中的查封、冻结、扣押措施的人民法院应当解除相应措施。人民法院解除有关证券公司财产的保全措施时,应当及时通知破产案件管理人并将有关财产移交管理人接管,管理人可以向受理破产案件的人民法院申请保全。

2. 人民法院受理破产申请后,已经受理有关证券公司执行案件的人民法院,对证券公司财产尚未执行或者尚未执行完毕的程序应当中止执行。当事人在破产申请受理后向有关法院申请对证券公司财产强制执行的,有关法院对其申请不予受理,并告知其依法向破产案件管理人申报债权。破产申请受理后人民法院未中止执行的,对于已经执行了的证券公司财产,执行法院应当依法执行回转,并交由管理人作为破产财产统一分配。

3. 管理人接管证券公司财产、调查证券公司财产状况后,发现有关法院仍然对证券公司财产进行保全或者继续执行,向采取保全措施或执行措施的人民法院提出申请的,有关人民法院应当依法及时解除保全或中止执行。

4. 受理破产申请的人民法院在破产宣告前裁定驳回申请人的破产申请,并终结证券公司破产程序的,应当在作出终结破产程序的裁定前,告知管理人通知原对证券公司财产采取保全措施的人民法院恢复原有的保全措施,有轮候保全的,以原采取保全措施的时间确定轮候顺位。对恢复受理证券公司为被执行人的执行案件,适用申请执行时效中断的规定。

五、证券公司进入破产程序后,人民法院作出的刑事附带民事赔偿或者涉及追缴赃款赃物的判决应当中止执行,由相关权利人在破产程序中以申报债权等方式行使权利;刑事判决中罚金、没收财产等处罚,应当在破产程序债权人获得全额清偿后的剩余财产中执行。

六、要进一步严格贯彻最高人民法院、最高人民检察院、公安部、中国证监会《关于查询、冻结、扣划证券和证券交易结算资金有关问题的通知》(法发〔2008〕4号),依法执行有关证券和证券交易结算资金。

各高级人民法院要及时组织辖区内法院有关部门认真学习和贯彻落实本通知精神,并依法监督下级法院严格执行,对未按照上述规定审理和执行有关案件的,上级人民法院应当依法予以纠正并追究相关人员的责任。

最高人民法院
关于部分人民法院冻结、扣划被风险处置证券公司客户证券交易结算资金有关问题的通知

2010年6月22日　　　　　　　　　　　　　〔2010〕民二他字第21号

北京市、上海市、江苏省、山东省、湖北省、福建省高级人民法院：

近日，中国证券监督管理委员会致函我院称，因部分人民法院前期冻结、扣划的客户证券交易结算资金未能及时解冻或退回，导致相应客户证券交易结算资金缺口难以弥补，影响被处置证券公司行政清理工作，请求我院协调有关人民法院解冻或退回客户证券交易结算资金。经研究，现就有关问题通知如下：

一、关于涉及客户证券交易结算资金的冻结与扣划事项，应严格按照《中华人民共和国证券法》、《最高人民法院关于冻结、扣划证券交易结算资金有关问题的通知》（法〔2004〕239号）、《最高人民法院、最高人民检察院、公安部、中国证券监督管理委员会关于查询、冻结、扣划证券和证券交易结算资金有关问题的通知》（法发〔2008〕4号）、《最高人民法院关于依法审理和执行被风险处置证券公司相关案件的通知》（法发〔2009〕35号）的相关规定进行。人民法院在保全、执行措施中违反上述规定冻结、扣划客户证券交易结算资金的，应坚决予以纠正。

二、在证券公司行政处置过程中，按照国家有关政策弥补客户证券交易结算资金缺口是中国证券投资者保护基金有限责任公司（以下简称保护基金公司）的重要职责，被风险处置证券公司的客户证券交易结算资金专用存款账户、结算备付金账户内资金均属于证券交易结算资金，保护基金公司对被风险处置证券公司因违法冻结、扣划的客户证券交易结算资金予以垫付弥补后，取得相应的代位权，其就此主张权利的，人民法院应予支持。被冻结、扣划的客户证券交易结算资金已经解冻并转入管理人账户的，经保护基金公司申请，相关破产案件审理法院应当监督管理人退回保护基金公司专用账户；仍处于冻结状态的，由保护基金公司向相关保全法院申请解冻，保全法院应将解冻资金返还保护基金公司专用账户；已经扣划的，由保护基金公司向相关执行法院申请执行回转，执行法院应将退回资金划入保护基金公司专用账户。此外，被冻结、扣划客户证券交易结算资金对应缺口尚未弥补的，由相关行政清理组申请保全或者执行法院解冻或退回。

请各高级法院督促辖区内相关法院遵照执行。

特此通知。

九、信用证、独立保函

最高人民法院
关于审理信用证纠纷案件若干问题的规定

法释〔2005〕13号

(2005年10月24日最高人民法院审判委员会第1368次会议通过 2005年11月14日最高人民法院公告公布 自2006年1月1日起施行)

根据《中华人民共和国民法通则》、《中华人民共和国合同法》、《中华人民共和国担保法》、《中华人民共和国民事诉讼法》等法律,参照国际商会《跟单信用证统一惯例》等相关国际惯例,结合审判实践,就审理信用证纠纷案件的有关问题,制定本规定。

第一条 本规定所指的信用证纠纷案件,是指在信用证开立、通知、修改、撤销、保兑、议付、偿付等环节产生的纠纷。

第二条 人民法院审理信用证纠纷案件时,当事人约定适用相关国际惯例或者其他规定的,从其约定;当事人没有约定的,适用国际商会《跟单信用证统一惯例》或者其他相关国际惯例。

第三条 开证申请人与开证行之间因申请开立信用证而产生的欠款纠纷、委托人和受托人之间因委托开立信用证产生的纠纷、担保人为申请开立信用证或者委托开立信用证提供担保而产生的纠纷以及信用证项下融资产生的纠纷,适用本规定。

第四条 因申请开立信用证而产生的欠款纠纷、委托开立信用证纠纷和因此产生的担保纠纷以及信用证项下融资产生的纠纷应当适用中华人民共和国相关法律。涉外合同当事人对法律适用另有约定的除外。

第五条 开证行在作出付款、承兑或者履行信用证项下其他义务的承诺后,只要单据与信用证条款、单据与单据之间在表面上相符,开证行应当履行在信用证规定的期限内付款的义务。当事人以开证申请人与受益人之间的基础交易提出抗辩的,人民法院不予支持。具有本规定第八条的情形除外。

第六条 人民法院在审理信用证纠纷案件中涉及单证审查的,应当根据当事人约定适用的相关国际惯例或者其他规定进行;当事人没有约定的,应当按照国际商会《跟单信用证统一惯例》以及国际商会确定的相关标准，认定单据与信用证条款、单据与单据之间是否在表面上相符。

信用证项下单据与信用证条款之间、单据与单据之间在表面上不完全一致，但并不导致相互之间产生歧义的，不应认定为不符点。

第七条　开证行有独立审查单据的权利和义务，有权自行作出单据与信用证条款、单据与单据之间是否在表面上相符的决定，并自行决定接受或者拒绝接受单据与信用证条款、单据与单据之间的不符点。

开证行发现信用证项下存在不符点后，可以自行决定是否联系开证申请人接受不符点。开证申请人决定是否接受不符点，并不影响开证行最终决定是否接受不符点。开证行和开证申请人另有约定的除外。

开证行向受益人明确表示接受不符点的，应当承担付款责任。

开证行拒绝接受不符点时，受益人以开证申请人已接受不符点为由要求开证行承担信用证项下付款责任的，人民法院不予支持。

第八条　凡有下列情形之一的，应当认定存在信用证欺诈：

（一）受益人伪造单据或者提交记载内容虚假的单据；

（二）受益人恶意不交付货物或者交付的货物无价值；

（三）受益人和开证申请人或者其他第三方串通提交假单据，而没有真实的基础交易；

（四）其他进行信用证欺诈的情形。

第九条　开证申请人、开证行或者其他利害关系人发现有本规定第八条的情形，并认为将会给其造成难以弥补的损害时，可以向有管辖权的人民法院申请中止支付信用证项下的款项。

第十条　人民法院认定存在信用证欺诈的，应当裁定中止支付或者判决终止支付信用证项下款项，但有下列情形之一的除外：

（一）开证行的指定人、授权人已按照开证行的指令善意地进行了付款；

（二）开证行或者其指定人、授权人已对信用证项下票据善意地作出了承兑；

（三）保兑行善意地履行了付款义务；

（四）议付行善意地进行了议付。

第十一条　当事人在起诉前申请中止支付信用证项下款项符合下列条件的，人民法院应予受理：

（一）受理申请的人民法院对该信用证纠纷案件享有管辖权；

（二）申请人提供的证据材料证明存在本规定第八条的情形；

（三）如不采取中止支付信用证项下款项的措施，将会使申请人的合法权益受到难以弥补的损害；

（四）申请人提供了可靠、充分的担保；

（五）不存在本规定第十条的情形。

当事人在诉讼中申请中止支付信用证项下款项的，应当符合前款第（二）、（三）、（四）、（五）项规定的条件。

第十二条 人民法院接受中止支付信用证项下款项申请后,必须在四十八小时内作出裁定;裁定中止支付的,应当立即开始执行。

人民法院作出中止支付信用证项下款项的裁定,应当列明申请人、被申请人和第三人。

第十三条 当事人对人民法院作出中止支付信用证项下款项的裁定有异议的,可以在裁定书送达之日起十日内向上一级人民法院申请复议。上一级人民法院应当自收到复议申请之日起十日内作出裁定。

复议期间,不停止原裁定的执行。

第十四条 人民法院在审理信用证欺诈案件过程中,必要时可以将信用证纠纷与基础交易纠纷一并审理。

当事人以基础交易欺诈为由起诉的,可以将与案件有关的开证行、议付行或者其他信用证法律关系的利害关系人列为第三人;第三人可以申请参加诉讼,人民法院也可以通知第三人参加诉讼。

第十五条 人民法院通过实体审理,认定构成信用证欺诈并且不存在本规定第十条的情形的,应当判决终止支付信用证项下的款项。

第十六条 保证人以开证行或者开证申请人接受不符点未征得其同意为由请求免除保证责任的,人民法院不予支持。保证合同另有约定的除外。

第十七条 开证申请人与开证行对信用证进行修改未征得保证人同意的,保证人只在原保证合同约定的或者法律规定的期间和范围内承担保证责任。保证合同另有约定的除外。

第十八条 本规定自 2006 年 1 月 1 日起施行。

最高人民法院
关于审理独立保函纠纷案件若干问题的规定

法释〔2016〕24 号

(2016 年 7 月 11 日最高人民法院审判委员会第 1688 次会议通过
2016 年 11 月 18 日最高人民法院公告公布 自 2016 年 12 月 1 日起施行)

为正确审理独立保函纠纷案件,切实维护当事人的合法权益,服务和保障"一带一路"建设,促进对外开放,根据《中华人民共和国民法通则》《中华人民共和国合同法》《中华人民共和国担保法》《中华人民共和国涉外民事关系法律适用法》《中华人民共和国民事诉讼法》等法律,结合审判实际,制定本规定:

第一条 本规定所称的独立保函,是指银行或非银行金融机构作为开立人,以书面形式向受益人出具的,同意在受益人请求付款并提交符合保函要求的单据时,向其支付特定款项或在保函最高金额内付款的承诺。

前款所称的单据,是指独立保函载明的受益人应提交的付款请求书、违约声明、第三方签发的文件、法院判决、仲裁裁决、汇票、发票等表明发生付款到期事件的书面文件。

独立保函可以依保函申请人的申请而开立,也可以依另一金融机构的指示而开立。开立人依指示开立独立保函的,可以要求指示人向其开立用以保障追偿权的独立保函。

第二条 本规定所称的独立保函纠纷,是指在独立保函的开立、撤销、修改、转让、付款、追偿等环节产生的纠纷。

第三条 保函具有下列情形之一,当事人主张保函性质为独立保函的,人民法院应予支持,但保函未载明据以付款的单据和最高金额的除外:

(一)保函载明见索即付;

(二)保函载明适用国际商会《见索即付保函统一规则》等独立保函交易示范规则;

(三)根据保函文本内容,开立人的付款义务独立于基础交易关系及保函申请法律关系,其仅承担相符交单的付款责任。

当事人以独立保函记载了对应的基础交易为由,主张该保函性质为一般保证或连带保证的,人民法院不予支持。

当事人主张独立保函适用担保法关于一般保证或连带保证规定的,人民法院不予支持。

第四条 独立保函的开立时间为开立人发出独立保函的时间。

独立保函一经开立即生效,但独立保函载明生效日期或事件的除外。

独立保函未载明可撤销,当事人主张独立保函开立后不可撤销的,人民法院应予支持。

第五条 独立保函载明适用《见索即付保函统一规则》等独立保函交易示范规则,或开立人和受益人在一审法庭辩论终结前一致援引的,人民法院应当认定交易示范规则的内容构成独立保函条款的组成部分。

不具有前款情形,当事人主张独立保函适用相关交易示范规则的,人民法院不予支持。

第六条 受益人提交的单据与独立保函条款之间、单据与单据之间表面相符,受益人请求开立人依据独立保函承担付款责任的,人民法院应予支持。

开立人以基础交易关系或独立保函申请关系对付款义务提出抗辩的,人民法院不予支持,但有本规定第十二条情形的除外。

第七条 人民法院在认定是否构成表面相符时,应当根据独立保函载明的审单标准进行审查;独立保函未载明的,可以参照适用国际商会确定的相关审单标准。

单据与独立保函条款之间、单据与单据之间表面上不完全一致,但并不导致相互之间产生歧义的,人民法院应当认定构成表面相符。

第八条 开立人有独立审查单据的权利与义务,有权自行决定单据与独立保函条款之间、单据与单据之间是否表面相符,并自行决定接受或拒绝接受不符点。

开立人已向受益人明确表示接受不符点,受益人请求开立人承担付款责任的,人民法院应予支持。

开立人拒绝接受不符点，受益人以保函申请人已接受不符点为由请求开立人承担付款责任的，人民法院不予支持。

第九条 开立人依据独立保函付款后向保函申请人追偿的，人民法院应予支持，但受益人提交的单据存在不符点的除外。

第十条 独立保函未同时载明可转让和据以确定新受益人的单据，开立人主张受益人付款请求权的转让对其不发生效力的，人民法院应予支持。独立保函对受益人付款请求权的转让有特别约定的，从其约定。

第十一条 独立保函具有下列情形之一，当事人主张独立保函权利义务终止的，人民法院应予支持：

（一）独立保函载明的到期日或到期事件届至，受益人未提交符合独立保函要求的单据；

（二）独立保函项下的应付款项已经全部支付；

（三）独立保函的金额已减额至零；

（四）开立人收到受益人出具的免除独立保函项下付款义务的文件；

（五）法律规定或者当事人约定终止的其他情形。

独立保函具有前款权利义务终止的情形，受益人以其持有独立保函文本为由主张享有付款请求权的，人民法院不予支持。

第十二条 具有下列情形之一的，人民法院应当认定构成独立保函欺诈：

（一）受益人与保函申请人或其他人串通，虚构基础交易的；

（二）受益人提交的第三方单据系伪造或内容虚假的；

（三）法院判决或仲裁裁决认定基础交易债务人没有付款或赔偿责任的；

（四）受益人确认基础交易债务已得到完全履行或者确认独立保函载明的付款到期事件并未发生的；

（五）受益人明知其没有付款请求权仍滥用该权利的其他情形。

第十三条 独立保函的申请人、开立人或指示人发现有本规定第十二条情形的，可以在提起诉讼或申请仲裁前，向开立人住所地或其他对独立保函欺诈纠纷案件具有管辖权的人民法院申请中止支付独立保函项下的款项，也可以在诉讼或仲裁过程中提出申请。

第十四条 人民法院裁定中止支付独立保函项下的款项，必须同时具备下列条件：

（一）止付申请人提交的证据材料证明本规定第十二条情形的存在具有高度可能性；

（二）情况紧急，不立即采取止付措施，将给止付申请人的合法权益造成难以弥补的损害；

（三）止付申请人提供了足以弥补被申请人因止付可能遭受损失的担保。

止付申请人以受益人在基础交易中违约为由请求止付的，人民法院不予支持。

开立人在依指示开立的独立保函项下已经善意付款的，对保障该开立人追偿权的独立保函，人民法院不得裁定止付。

第十五条 因止付申请错误造成损失，当事人请求止付申请人赔偿的，人民法院应予支持。

第十六条　人民法院受理止付申请后,应当在四十八小时内作出书面裁定。裁定应当列明申请人、被申请人和第三人,并包括初步查明的事实和是否准许止付申请的理由。

裁定中止支付的,应当立即执行。

止付申请人在止付裁定作出后三十日内未依法提起独立保函欺诈纠纷诉讼或申请仲裁的,人民法院应当解除止付裁定。

第十七条　当事人对人民法院就止付申请作出的裁定有异议的,可以在裁定书送达之日起十日内向作出裁定的人民法院申请复议。复议期间不停止裁定的执行。

人民法院应当在收到复议申请后十日内审查,并询问当事人。

第十八条　人民法院审理独立保函欺诈纠纷案件或处理止付申请,可以就当事人主张的本规定第十二条的具体情形,审查认定基础交易的相关事实。

第十九条　保函申请人在独立保函欺诈诉讼中仅起诉受益人的,独立保函的开立人、指示人可以作为第三人申请参加,或由人民法院通知其参加。

第二十条　人民法院经审理独立保函欺诈纠纷案件,能够排除合理怀疑地认定构成独立保函欺诈,并且不存在本规定第十四条第三款情形的,应当判决开立人终止支付独立保函项下被请求的款项。

第二十一条　受益人和开立人之间因独立保函而产生的纠纷案件,由开立人住所地或被告住所地人民法院管辖,独立保函载明由其他法院管辖或提交仲裁的除外。当事人主张根据基础交易合同争议解决条款确定管辖法院或提交仲裁的,人民法院不予支持。

独立保函欺诈纠纷案件由被请求止付的独立保函的开立人住所地或被告住所地人民法院管辖,当事人书面协议由其他法院管辖或提交仲裁的除外。当事人主张根据基础交易合同或独立保函的争议解决条款确定管辖法院或提交仲裁的,人民法院不予支持。

第二十二条　涉外独立保函未载明适用法律,开立人和受益人在一审法庭辩论终结前亦未就适用法律达成一致的,开立人和受益人之间因涉外独立保函而产生的纠纷适用开立人经常居所地法律;独立保函由金融机构依法登记设立的分支机构开立的,适用分支机构登记地法律。

涉外独立保函欺诈纠纷,当事人就适用法律不能达成一致的,适用被请求止付的独立保函的开立人经常居所地法律;独立保函由金融机构依法登记设立的分支机构开立的,适用分支机构登记地法律;当事人有共同经常居所地的,适用共同经常居所地法律。

涉外独立保函止付保全程序,适用中华人民共和国法律。

第二十三条　当事人约定在国内交易中适用独立保函,一方当事人以独立保函不具有涉外因素为由,主张保函独立性的约定无效的,人民法院不予支持。

第二十四条　对于按照特户管理并移交开立人占有的独立保函开立保证金,人民法院可以采取冻结措施,但不得扣划。保证金账户内的款项丧失开立保证金的功能时,人民法院可以依法采取扣划措施。

开立人已履行对外支付义务的,根据该开立人的申请,人民法院应当解除对开立保证金相应部分的冻结措施。

第二十五条 本规定施行后尚未终审的案件,适用本规定;本规定施行前已经终审的案件,当事人申请再审或者人民法院按照审判监督程序再审的,不适用本规定。

第二十六条 本规定自 2016 年 12 月 1 日起施行。

最高人民法院
关于海南五矿乐海有限公司与香港励源有限公司等债务纠纷一案的答复

2002 年 7 月 9 日　　　　　　　　　　　〔2001〕民他监字 14 号

海南省高级人民法院:

你院〔2001〕琼高法经申字第 8 号《关于海南五矿乐海有限公司与香港励源有限公司、新疆石油管理局对外贸易总公司深圳分公司、新疆石油管理局对外贸易总公司债务纠纷一案的请示》收悉。经研究认为,你院请示的问题,实际是在当事人约定信用证付款方式的国际贸易活动中,委托开立信用证的开证申请人已经付款赎单,而开证行未能向受益人支付货款,受益人能否向买方请求付款的问题。对此问题,我国法律没有明确规定,也无明确的国际惯例可循,关于"有条件付款说"和"绝对付款说"的争论,理论界尚无定论,司法实践遇到的情况还不多,尚需继续研究。根据本案实际情况,目前,以不启动再审程序为宜。

最高人民法院
关于严禁随意止付信用证项下款项的通知

2003 年 7 月 16 日　　　　　　　　　　　法〔2003〕103 号

各省、自治区、直辖市高级人民法院,各受理涉外商事案件的中级人民法院及各海事法院:

今年以来,国际钢材市场价格大幅下跌。受其影响,我国国内部分钢材产品价格也呈下降趋势。进口成本与内销差价的急剧缩小直接影响了钢材进口商的商业利益。一些进口商遂要求银行寻找单据理由对外拒付,或者寻找一些非常牵强的所谓"欺诈"理由申请法院止付信用证项下款项。一些法院随意裁定止付所涉信用证项下的款项,已经对外造成了不良影响。为了维护我国法院和我国银行的国际形象，现通知如下：

1. 严格坚持信用证独立性原则。信用证是独立于基础交易的单据交易，只要受益人所提交的单据表面上符合信用证的要求，开证行就负有在规定的期限内付款的义务。信用证交易与基础交易属于两个不同的法律关系，一般情况下不得因为基础交易发生纠纷而裁定止付开证行所开立信用证项下的款项。

2. 严格坚持信用证欺诈例外原则适用的条件。只有在有充分的证据证明信用证项下存在欺诈，且银行在合理的时间内尚未对外付款的情况下，人民法院才可以根据开证申请人的请求，并在其提供担保的情况下裁定止付信用证项下款项。但如果信用证已经承兑并转让或者信用证已经议付，仍不得裁定止付。

各级人民法院应当对止付信用证项下款项高度重视，严禁在不符合条件的情况下随意裁定止付有关信用证项下款项，已经作出错误止付裁定的，相关人民法院应当立即予以纠正。

特此通知。

最高人民法院
关于连云港口福食品有限公司与韩国中小企业银行信用证纠纷一案的请示的复函

2003年12月11日　　　　　　　　　〔2003〕民四他字第33号

江苏省高级人民法院：

你院《关于连云港口福食品有限公司与韩国中小企业银行信用证纠纷一案的请示报告》收悉。经研究，答复如下：

同意你院的倾向性意见，即第一种处理意见。

倒签提单并不必然构成信用证欺诈，也并不必然导致银行可以此为由拒付信用证项下的款项，应当分别情形处理。如果倒签提单的行为是出于受益人进行欺诈的主观恶意，即使倒签提单的行为是承运人所为，倒签提单作为一种欺诈手段，应当被认为构成信用证欺诈，银行可以据以拒付信用证项下的款项；如果倒签提单并非出于受益人的主观恶意，开证申请人的利益也并未因倒签提单的行为遭受实际损害，则不应认为构成信用证欺诈，银行不能以倒签提单为由拒付信用证项下的款项。综合本案的情况，不应认定口福公司构成欺诈，韩国银行无权以倒签提单为由拒付信用证项下的款项。

另外，你院在审理本案过程中，应注意查明本案所涉货物的实际处理情况，再作出正确判决，以避免引发新的纠纷。

此复。

最高人民法院
关于中国银行股份有限公司莱芜分行与山东岱银纺织集团股份有限公司信用证纠纷一案的请示的复函

2009年3月20日　　　　　　　　　　　　　　〔2009〕民四他字第9号

山东省高级人民法院：

你院〔2008〕鲁民四终字第113号《关于中国银行股份有限公司莱芜分行与山东岱银纺织集团股份有限公司信用证纠纷一案的请示》收悉。经研究，答复如下：

本案系国内信用证纠纷案件。本案所涉信用证载明系依据中国人民银行《国内信用证结算办法》开立，因此，本案应当适用中国人民银行《国内信用证结算办法》。

中国人民银行于1997年7月16日发布的《国内信用证结算办法》适用于国内企业之间商品交易的信用证结算，其中第二十八条规定："开证行审核单据发现不符时，应在收到单据的次日起五个营业日内将全部不符点用电讯方式通知交单人，该通知必须说明单据已代为保管听候处理。同时商洽开证申请人，开证申请人同意付款的，开证行应即办理付款，开证申请人不同意付款的，开证行应将单据退交议付行或将信用证正本、信用证修改书正本及单据退交受益人。"根据该条规定，在信用证项下存在不符点的情况下，开证行应当商洽开证申请人，如果开证申请人同意付款，开证行即应当付款。具体到本案，开证行中国银行股份有限公司莱芜分行认为受益人山东岱银纺织集团股份有限公司提交的KZ51S07126号信用证项下单据存在不符点，然而开证申请人山东王子纺织股份有限公司同意付款，在这种情况下，即使存在不符点，中国银行股份有限公司莱芜分行也应当向山东岱银纺织集团股份有限公司付款。

此复。

最高人民法院
关于当前人民法院审理信用证纠纷案件应当注意问题的通知

2009年7月24日　　　　　　　　　　法明传〔2009〕499号

各省、自治区、直辖市高级人民法院：

我院法释（2005）13号《关于审理信用证纠纷案件若干问题的规定》自2006年1月1日起实施以来，为各级人民法院审理信用证纠纷案件提供了具有可操作性的法律依据，取得了较好的法律效果和社会效果。然而，自2008年全球金融危机爆发以来，各地人民法院受理的证纠纷案件又有上升趋势，部分人民法院在审理信用证纠纷案件的过程中，特别是在裁定中止支付信用证项下款项的问题上，没有严格执行我院《关于审理信用证纠纷案件若干问题的规定》的相关规定。为此，在充分调研的基础上，我院结合审判实践，就当前人民法院审理信用证纠纷案件应当注意的几个问题通知如下：

一、各级人民法院应当进一步明确审理信用证纠纷案件的内部分工，将信用证纠纷案件包括申请中止支付信用证项下款项案件统一交负责审理涉外民事商事案件的业务庭审理，避免信用证纠纷案件同一法院不同的业务庭审理而导致裁判尺度不一。

二、各级人民法院在根据当事人的申请做出中止支付信用证项下款项裁定的过程中，应当继续严格执行我院《关于审理信用证纠纷案件若干问题的规定》中的相关规定，特别是要严格把握关于裁定中止支付信用证项下款项应当具备的条件和做出相关裁定的期限。

三、《关于审理信用证纠纷案件若干问题的规定》第十条规定的目的在于保护善意第三人，根据该第二项的规定，在存在信用证欺诈的情况下，即使开证行或者其指定人、授权人已经对信用证项下票据善意地做出了承兑，而如果没有善意第三人存在，亦不属于信用证欺诈例外的例外情形，人民法院在符合其他相关条件的情况下仍然可以裁定中止支付信用证项下款项。

四、当事人对人民法院做出的中止支付信用证项下款项的有关裁定申请再审，人民法院应不予受理。

五、开证行或者其指定人、授权人通过SWIFT系统发出的承兑电文构成有效的信用证项下承兑。

十、海商、海事

（一）海商、海事

最高人民法院关于承运人就海上货物运输向托运人、收货人或提单持有人要求赔偿的请求权时效期间的批复

法释〔1997〕3号

（1997年7月11日最高人民法院审判委员会第921次会议通过 1997年8月5日最高人民法院公告公布 自1997年8月7日起施行）

山东省高级人民法院：

你院鲁法经〔1996〕74号《关于赔偿请求权时效期间的请示》收悉。经研究，答复如下：

承运人就海上货物运输向托运人、收货人或提单持有人要求赔偿的请求权，在有关法律未予以规定前，比照适用《中华人民共和国海商法》第二百五十七条第一款的规定，时效期间为1年，自权利人知道或者应当知道权利被侵害之日起计算。

此复。

最高人民法院
关于审理海上保险纠纷案件若干问题的规定

法释〔2006〕10号

(2006年11月13日最高人民法院审判委员会第1405次会议通过 2006年11月23日最高人民法院公告公布 自2007年1月1日起施行)

为正确审理海上保险纠纷案件,依照《中华人民共和国海商法》、《中华人民共和国保险法》、《中华人民共和国海事诉讼特别程序法》和《中华人民共和国民事诉讼法》的相关规定,制定本规定。

第一条 审理海上保险合同纠纷案件,适用海商法的规定;海商法没有规定的,适用保险法的有关规定;海商法、保险法均没有规定的,适用合同法等其他相关法律的规定。

第二条 审理非因海上事故引起的港口设施或者码头作为保险标的的保险合同纠纷案件,适用保险法等法律的规定。

第三条 审理保险人因发生船舶触碰港口设施或者码头等保险事故,行使代位请求赔偿权利向造成保险事故的第三人追偿的案件,适用海商法的规定。

第四条 保险人知道被保险人未如实告知海商法第二百二十二条第一款规定的重要情况,仍收取保险费或者支付保险赔偿,保险人又以被保险人未如实告知重要情况为由请求解除合同的,人民法院不予支持。

第五条 被保险人未按照海商法第二百三十四条的规定向保险人支付约定的保险费的,保险责任开始前,保险人有权解除保险合同,但保险人已经签发保险单证的除外;保险责任开始后,保险人以被保险人未支付保险费请求解除合同的,人民法院不予支持。

第六条 保险人以被保险人违反合同约定的保证条款未立即书面通知保险人为由,要求从违反保证条款之日起解除保险合同的,人民法院应予支持。

第七条 保险人收到被保险人违反合同约定的保证条款书面通知后仍支付保险赔偿,又以被保险人违反合同约定的保证条款为由请求解除合同的,人民法院不予支持。

第八条 保险人收到被保险人违反合同约定的保证条款的书面通知后,就修改承保条件、增加保险费等事项与被保险人协商未能达成一致的,保险合同于违反保证条款之日解除。

第九条 在航次之中发生船舶转让的,未经保险人同意转让的船舶保险合同至航次终了时解除。船舶转让时起至航次终了时止的船舶保险合同的权利、义务由船舶出让人享有、承担,也可以由船舶受让人继受。

船舶受让人根据前款规定向保险人请求赔偿时，应当提交有效的保险单证及船舶转让合同的证明。

第十条 保险人与被保险人在订立保险合同时均不知道保险标的已经发生保险事故而遭受损失，或者保险标的已经不可能因发生保险事故而遭受损失的，不影响保险合同的效力。

第十一条 海上货物运输中因承运人无正本提单交付货物造成的损失不属于保险人的保险责任范围。保险合同当事人另有约定的，依约定。

第十二条 发生保险事故后，被保险人为防止或者减少损失而采取的合理措施没有效果，要求保险人支付由此产生的合理费用的，人民法院应予支持。

第十三条 保险人在行使代位请求赔偿权利时，未依照海事诉讼特别程序法的规定，向人民法院提交其已经向被保险人实际支付保险赔偿凭证的，人民法院不予受理；已经受理的，裁定驳回起诉。

第十四条 受理保险人行使代位请求赔偿权利纠纷案件的人民法院应当仅就造成保险事故的第三人与被保险人之间的法律关系进行审理。

第十五条 保险人取得代位请求赔偿权利后，以被保险人向第三人提起诉讼、提交仲裁、申请扣押船舶或者第三人同意履行义务为由主张诉讼时效中断的，人民法院应予支持。

第十六条 保险人取得代位请求赔偿权利后，主张享有被保险人因申请扣押船舶取得的担保权利的，人民法院应予支持。

第十七条 本规定自 2007 年 1 月 1 日起施行。

最高人民法院
关于审理船舶碰撞纠纷案件若干问题的规定

法释〔2008〕7 号

（2008 年 4 月 28 日最高人民法院审判委员会第 1446 次会议通过 2008 年 5 月 19 日最高人民法院公告公布 自 2008 年 5 月 23 日起施行）

为正确审理船舶碰撞纠纷案件，依照《中华人民共和国民法通则》、《中华人民共和国民事诉讼法》、《中华人民共和国海商法》、《中华人民共和国海事诉讼特别程序法》等法律，制定本规定。

第一条 本规定所称船舶碰撞，是指海商法第一百六十五条所指的船舶碰撞，不包括内河船舶之间的碰撞。

海商法第一百七十条所指的损害事故，适用本规定。

第二条 审理船舶碰撞纠纷案件，依照海商法第八章的规定确定碰撞船舶的赔偿责任。

第三条 因船舶碰撞导致船舶触碰引起的侵权纠纷，依照海商法第八章的规定确定碰撞船舶的赔偿责任。

非因船舶碰撞导致船舶触碰引起的侵权纠纷，依照民法通则的规定确定触碰船舶的赔偿责任，但不影响海商法第八章之外其他规定的适用。

第四条 船舶碰撞产生的赔偿责任由船舶所有人承担，碰撞船舶在光船租赁期间并经依法登记的，由光船承租人承担。

第五条 因船舶碰撞发生的船上人员的人身伤亡属于海商法第一百六十九条第三款规定的第三人的人身伤亡。

第六条 碰撞船舶互有过失造成船载货物损失，船载货物的权利人对承运货物的本船提起违约赔偿之诉，或者对碰撞船舶一方或者双方提起侵权赔偿之诉的，人民法院应当依法予以受理。

第七条 船载货物的权利人因船舶碰撞造成其货物损失向承运货物的本船提起诉讼的，承运船舶可以依照海商法第一百六十九条第二款的规定主张按照过失程度的比例承担赔偿责任。

前款规定不影响承运人和实际承运人援用海商法第四章关于承运人抗辩理由和限制赔偿责任的规定。

第八条 碰撞船舶船载货物权利人或者第三人向碰撞船舶一方或者双方就货物或其他财产损失提出赔偿请求的，由碰撞船舶方提供证据证明过失程度的比例。无正当理由拒不提供证据的，由碰撞船舶一方承担全部赔偿责任或者由双方承担连带赔偿责任。

前款规定的证据指具有法律效力的判决书、裁定书、调解书和仲裁裁决书。对于碰撞船舶提交的国外的判决书、裁定书、调解书和仲裁裁决书，依照民事诉讼法第二百六十六条和第二百六十七条规定的程序审查。

第九条 因起浮、清除、拆毁由船舶碰撞造成的沉没、遇难、搁浅或被弃船舶及船上货物或者使其无害的费用提出的赔偿请求，责任人不能依照海商法第十一章的规定享受海事赔偿责任限制。

第十条 审理船舶碰撞纠纷案件时，人民法院根据当事人的申请进行证据保全取得的或者向有关部门调查收集的证据，应当在当事人完成举证并出具完成举证说明书后出示。

第十一条 船舶碰撞事故发生后，主管机关依法进行调查取得并经过事故当事人和有关人员确认的碰撞事实调查材料，可以作为人民法院认定案件事实的证据，但有相反证据足以推翻的除外。

最高人民法院
关于审理无正本提单交付货物案件适用法律若干问题的规定

法释〔2009〕1号

(2009年2月16日最高人民法院审判委员会第1463次会议通过 2009年2月26日最高人民法院公告公布 自2009年3月5日起施行)

为正确审理无正本提单交付货物案件，根据《中华人民共和国海商法》、《中华人民共和国合同法》、《中华人民共和国民法通则》等法律，制定本规定。

第一条 本规定所称正本提单包括记名提单、指示提单和不记名提单。

第二条 承运人违反法律规定，无正本提单交付货物，损害正本提单持有人提单权利的，正本提单持有人可以要求承运人承担由此造成损失的民事责任。

第三条 承运人因无正本提单交付货物造成正本提单持有人损失的，正本提单持有人可以要求承运人承担违约责任，或者承担侵权责任。

正本提单持有人要求承运人承担无正本提单交付货物民事责任的，适用海商法规定；海商法没有规定的，适用其他法律规定。

第四条 承运人因无正本提单交付货物承担民事责任的，不适用海商法第五十六条关于限制赔偿责任的规定。

第五条 提货人凭伪造的提单向承运人提取了货物，持有正本提单的收货人可以要求承运人承担无正本提单交付货物的民事责任。

第六条 承运人因无正本提单交付货物造成正本提单持有人损失的赔偿额，按照货物装船时的价值加运费和保险费计算。

第七条 承运人依照提单载明的卸货港所在地法律规定，必须将承运到港的货物交付给当地海关或者港口当局的，不承担无正本提单交付货物的民事责任。

第八条 承运到港的货物超过法律规定期限无人向海关申报，被海关提取并依法变卖处理，或者法院依法裁定拍卖承运人留置的货物，承运人主张免除交付货物责任的，人民法院应予支持。

第九条 承运人按照记名提单托运人的要求中止运输、返还货物、变更到达地或者将货物交给其他收货人，持有记名提单的收货人要求承运人承担无正本提单交付货物民事责任的，人民法院不予支持。

第十条 承运人签发一式数份正本提单，向最先提交正本提单的人交付货物后，其他持有相同正本提单的人要求承运人承担无正本提单交付货物民事责任的，人民法院不予支持。

第十一条 正本提单持有人可以要求无正本提单交付货物的承运人与无正本提单提取货物的人承担连带赔偿责任。

第十二条 向承运人实际交付货物并持有指示提单的托运人，虽然在正本提单上没有载明其托运人身份，因承运人无正本提单交付货物，要求承运人依据海上货物运输合同承担无正本提单交付货物民事责任的，人民法院应予支持。

第十三条 在承运人未凭正本提单交付货物后，正本提单持有人与无正本提单提取货物的人就货款支付达成协议，在协议款项得不到赔付时，不影响正本提单持有人就其遭受的损失，要求承运人承担无正本提单交付货物的民事责任。

第十四条 正本提单持有人以承运人无正本提单交付货物为由提起的诉讼，适用海商法第二百五十七条的规定，时效期间为一年，自承运人应当交付货物之日起计算。

正本提单持有人以承运人与无正本提单提取货物的人共同实施无正本提单交付货物行为为由提起的侵权诉讼，诉讼时效适用本条前款规定。

第十五条 正本提单持有人以承运人无正本提单交付货物为由提起的诉讼，时效中断适用海商法第二百六十七条的规定。

正本提单持有人以承运人与无正本提单提取货物的人共同实施无正本提单交付货物行为为由提起的侵权诉讼，时效中断适用本条前款规定。

最高人民法院关于如何确定沿海、内河货物运输赔偿请求权时效期间问题的批复

法释〔2001〕18号

（2001年5月22日最高人民法院审判委员会第1176次会议通过 2001年5月24日最高人民法院公告公布 自2001年5月31日起施行）

浙江省高级人民法院：

你院浙高法〔2000〕267号《关于沿海、内河货物运输赔偿请求权诉讼时效期间如何计算的请示》收悉。经研究，答复如下：

根据《中华人民共和国海商法》第二百五十七条第一款规定的精神，结合审判实践，托运人、收货人就沿海、内河货物运输合同向承运人要求赔偿的请求权，或者承运人就沿海、内河货物运输向托运人、收货人要求赔偿的请求权，时效期间为1年，自承运人交付或者应当交付货物之日起计算。

此复。

最高人民法院
关于审理海事赔偿责任限制
相关纠纷案件的若干规定

法释〔2010〕11号

(2010年3月22日最高人民法院审判委员会第1484次会议通过 2010年8月27日最高人民法院公告公布 自2010年9月15日起施行)

为正确审理海事赔偿责任限制相关纠纷案件,依照《中华人民共和国海事诉讼特别程序法》、《中华人民共和国海商法》的规定,结合审判实际,制定本规定。

第一条 审理海事赔偿责任限制相关纠纷案件,适用海事诉讼特别程序法、海商法的规定;海事诉讼特别程序法、海商法没有规定的,适用其他相关法律、行政法规的规定。

第二条 同一海事事故中,不同的责任人在起诉前依据海事诉讼特别程序法第一百零二条的规定向不同的海事法院申请设立海事赔偿责任限制基金的,后立案的海事法院应当依照民事诉讼法的规定,将案件移送先立案的海事法院管辖。

第三条 责任人在诉讼中申请设立海事赔偿责任限制基金的,应当向受理相关海事纠纷案件的海事法院提出。

相关海事纠纷由不同海事法院受理,责任人申请设立海事赔偿责任限制基金的,应当依据诉讼管辖协议向最先立案的海事法院提出;当事人之间未订立诉讼管辖协议的,向最先立案的海事法院提出。

第四条 海事赔偿责任限制基金设立后,设立基金的海事法院对海事请求人就与海事事故相关纠纷向责任人提起的诉讼具有管辖权。

海事请求人向其他海事法院提起诉讼的,受理案件的海事法院应当依照民事诉讼法的规定,将案件移送设立海事赔偿责任限制基金的海事法院,但当事人之间订有诉讼管辖协议的除外。

第五条 海事诉讼特别程序法第一百零六条第二款规定的海事法院在十五日内作出裁定的期间,自海事法院受理设立海事赔偿责任限制基金申请的最后一次公告发布之次日起第三十日开始计算。

第六条 海事诉讼特别程序法第一百十二条规定的申请债权登记期间的届满之日,为海事法院受理设立海事赔偿责任限制基金申请的最后一次公告发布之次日起第六十日。

第七条 债权人申请登记债权,符合有关规定的,海事法院应当在海事赔偿责任限制基金设立后,依照海事诉讼特别程序法第一百十四条的规定作出裁定;海事赔偿责任限制基金未依法设立的,海事法院应当裁定终结债权登记程序。债权人已经交纳的申请费由申请设立海事赔偿责任限制基金的人负担。

第八条 海事赔偿责任限制基金设立后,海事请求人基于责任人依法不能援引海事赔偿责任限制抗辩的海事赔偿请求,可以对责任人的财产申请保全。

第九条 海事赔偿责任限制基金设立后,海事请求人就同一海事事故产生的属于海商法第二百零七条规定的可以限制赔偿责任的海事赔偿请求,以行使船舶优先权为由申请扣押船舶的,人民法院不予支持。

第十条 债权人提起确权诉讼时,依据海商法第二百零九条的规定主张责任人无权限制赔偿责任的,应当以书面形式提出。案件的审理不适用海事诉讼特别程序法规定的确权诉讼程序,当事人对海事法院作出的判决、裁定可以依法提起上诉。

两个以上债权人主张责任人无权限制赔偿责任的,海事法院可以将相关案件合并审理。

第十一条 债权人依据海事诉讼特别程序法第一百一十六条第一款的规定提起确权诉讼后,需要判定碰撞船舶过失程度比例的,案件的审理不适用海事诉讼特别程序法规定的确权诉讼程序,当事人对海事法院作出的判决、裁定可以依法提起上诉。

第十二条 海商法第二百零四条规定的船舶经营人是指登记的船舶经营人,或者接受船舶所有人委托实际使用和控制船舶并应当承担船舶责任的人,但不包括无船承运业务经营者。

第十三条 责任人未申请设立海事赔偿责任限制基金,不影响其在诉讼中对海商法第二百零七条规定的海事请求提出海事赔偿责任限制抗辩。

第十四条 责任人未提出海事赔偿责任限制抗辩的,海事法院不应主动适用海商法关于海事赔偿责任限制的规定进行裁判。

第十五条 责任人在一审判决作出前未提出海事赔偿责任限制抗辩,在二审、再审期间提出的,人民法院不予支持。

第十六条 责任人对海商法第二百零七条规定的海事赔偿请求未提出海事赔偿责任限制抗辩,债权人依据有关生效裁判文书或者仲裁裁决书,申请执行责任人海事赔偿责任限制基金以外的财产的,人民法院应予支持,但债权人以上述文书作为债权证据申请登记债权并经海事法院裁定准予的除外。

第十七条 海商法第二百零七条规定的可以限制赔偿责任的海事赔偿请求不包括因沉没、遇难、搁浅或者被弃船舶的起浮、清除、拆毁或者使之无害提起的索赔,或者因船上货物的清除、拆毁或者使之无害提起的索赔。

由于船舶碰撞致使责任人遭受前款规定的索赔,责任人就因此产生的损失向对方船舶追偿时,被请求人主张依据海商法第二百零七条的规定限制赔偿责任的,人民法院应予支持。

第十八条 海商法第二百零九条规定的"责任人"是指海事事故的责任人本人。

第十九条 海事请求人以发生海事事故的船舶不适航为由主张责任人无权限制赔偿责任,但不能证明引起赔偿请求的损失是由于责任人本人的故意或者明知可能造成损失而轻率地作为或者不作为造成的,人民法院不予支持。

第二十条　海事赔偿责任限制基金应当以人民币设立，其数额按法院准予设立基金的裁定生效之日的特别提款权对人民币的换算办法计算。

第二十一条　海商法第二百一十三条规定的利息，自海事事故发生之日起至基金设立之日止，按中国人民银行确定的金融机构同期一年期贷款基准利率计算。

以担保方式设立海事赔偿责任限制基金的，基金设立期间的利息按中国人民银行确定的金融机构同期一年期贷款基准利率计算。

第二十二条　本规定施行前已经终审的案件，人民法院进行再审时，不适用本规定。

第二十三条　本规定施行前本院发布的司法解释与本规定不一致的，以本规定为准。

最高人民法院关于审理船舶油污损害赔偿纠纷案件若干问题的规定

法释〔2011〕14号

（2011年1月10日最高人民法院审判委员会第1509次会议通过　2011年5月4日最高人民法院公告公布　自2011年7月1日起施行）

为正确审理船舶油污损害赔偿纠纷案件，依照《中华人民共和国民法通则》、《中华人民共和国侵权责任法》、《中华人民共和国海洋环境保护法》、《中华人民共和国海商法》、《中华人民共和国民事诉讼法》、《中华人民共和国海事诉讼特别程序法》等法律法规以及中华人民共和国缔结或者参加的有关国际条约，结合审判实践，制定本规定。

第一条　船舶发生油污事故，对中华人民共和国领域和管辖的其他海域造成油污损害或者形成油污损害威胁，人民法院审理相关船舶油污损害赔偿纠纷案件，适用本规定。

第二条　当事人就油轮装载持久性油类造成的油污损害提起诉讼、申请设立油污损害赔偿责任限制基金，由船舶油污事故发生地海事法院管辖。

油轮装载持久性油类引起的船舶油污事故，发生在中华人民共和国领域和管辖的其他海域外，对中华人民共和国领域和管辖的其他海域造成油污损害或者形成油污损害威胁，当事人就船舶油污事故造成的损害提起诉讼、申请设立油污损害赔偿责任限制基金，由油污损害结果地或者采取预防油污措施地海事法院管辖。

第三条　两艘或者两艘以上船舶泄漏油类造成油污损害，受损害人请求各泄漏油船舶所有人承担赔偿责任，按照泄漏油数量及泄漏油类对环境的危害性等因素能够合理分开各自造成的损害，由各泄漏油船舶所有人分别承担责任；不能合理分开各自造成的损害，各泄漏油船舶所有人承担连带责任。但泄漏油船舶所有人依法免予承担责任的除外。

各泄漏油船舶所有人对受损害人承担连带责任的，相互之间根据各自责任大小确定相应的赔偿数额；难以确定责任大小的，平均承担赔偿责任。泄漏油船舶所有人支付超出自己应赔偿的数额，有权向其他泄漏油船舶所有人追偿。

第四条 船舶互有过失碰撞引起油类泄漏造成油污损害的，受损害人可以请求泄漏油船舶所有人承担全部赔偿责任。

第五条 油轮装载的持久性油类造成油污损害的，应依照《防治船舶污染海洋环境管理条例》、《1992年国际油污损害民事责任公约》的规定确定赔偿限额。

油轮装载的非持久性燃油或者非油轮装载的燃油造成油污损害的，应依照海商法关于海事赔偿责任限制的规定确定赔偿限额。

第六条 经证明油污损害是由于船舶所有人的故意或者明知可能造成此种损害而轻率地作为或者不作为造成的，船舶所有人主张限制赔偿责任，人民法院不予支持。

第七条 油污损害是由于船舶所有人故意造成的，受损害人请求船舶油污损害责任保险人或者财务保证人赔偿，人民法院不予支持。

第八条 受损害人直接向船舶油污损害责任保险人或者财务保证人提起诉讼，船舶油污损害责任保险人或者财务保证人可以对受损害人主张船舶所有人的抗辩。

除船舶所有人故意造成油污损害外，船舶油污损害责任保险人或者财务保证人向受损害人主张其对船舶所有人的抗辩，人民法院不予支持。

第九条 船舶油污损害赔偿范围包括：

（一）为防止或者减轻船舶油污损害采取预防措施所发生的费用，以及预防措施造成的进一步灭失或者损害；

（二）船舶油污事故造成该船舶之外的财产损害以及由此引起的收入损失；

（三）因油污造成环境损害所引起的收入损失；

（四）对受污染的环境已采取或将要采取合理恢复措施的费用。

第十条 对预防措施费用以及预防措施造成的进一步灭失或者损害，人民法院应当结合污染范围、污染程度、油类泄漏量、预防措施的合理性、参与清除油污人员及投入使用设备的费用等因素合理认定。

第十一条 对遇险船舶实施防污措施，作业开始时的主要目的仅是为防止、减轻油污损害的，所发生的费用应认定为预防措施费用。

作业具有救助遇险船舶、其他财产和防止、减轻油污损害的双重目的，应根据目的的主次比例合理划分预防措施费用与救助措施费用；无合理依据区分主次目的的，相关费用应平均分摊。但污染危险消除后发生的费用不应列为预防措施费用。

第十二条 船舶泄漏油类污染其他船舶、渔具、养殖设施等财产，受损害人请求油污责任人赔偿因清洗、修复受污染财产支付的合理费用，人民法院应予支持。

受污染财产无法清洗、修复，或者清洗、修复成本超过其价值的，受损害人请求油污责任人赔偿合理的更换费用，人民法院应予支持，但应参照受污染财产实际使用年限与预期使用年限的比例作合理扣除。

第十三条 受损害人因其财产遭受船舶油污,不能正常生产经营的,其收入损失应以财产清洗、修复或者更换所需合理期间为限进行计算。

第十四条 海洋渔业、滨海旅游业及其他用海、临海经营单位或者个人请求因环境污染所遭受的收入损失,具备下列全部条件,由此证明收入损失与环境污染之间具有直接因果关系的,人民法院应予支持:

(一)请求人的生产经营活动位于或者接近污染区域;

(二)请求人的生产经营活动主要依赖受污染资源或者海岸线;

(三)请求人难以找到其他替代资源或者商业机会;

(四)请求人的生产经营业务属于当地相对稳定的产业。

第十五条 未经相关行政主管部门许可,受损害人从事海上养殖、海洋捕捞,主张收入损失的,人民法院不予支持;但请求赔偿清洗、修复、更换养殖或者捕捞设施的合理费用,人民法院应予支持。

第十六条 受损害人主张因其财产受污染或者因环境污染造成的收入损失,应以其前三年同期平均净收入扣减受损期间的实际净收入计算,并适当考虑影响收入的其他相关因素予以合理确定。

按照前款规定无法认定收入损失的,可以参考政府部门的相关统计数据和信息,或者同区域同类生产经营者的同期平均收入合理认定。

受损害人采取合理措施避免收入损失,请求赔偿合理措施的费用,人民法院应予支持,但以其避免发生的收入损失数额为限。

第十七条 船舶油污事故造成环境损害的,对环境损害的赔偿应限于已实际采取或者将要采取的合理恢复措施的费用。恢复措施的费用包括合理的监测、评估、研究费用。

第十八条 船舶取得有效的油污损害民事责任保险或者具有相应财务保证的,油污受损害人主张船舶优先权的,人民法院不予支持。

第十九条 对油轮装载的非持久性燃油、非油轮装载的燃油造成油污损害的赔偿请求,适用海商法关于海事赔偿责任限制的规定。

同一海事事故造成前款规定的油污损害和海商法第二百零七条规定的可以限制赔偿责任的其他损害,船舶所有人依照海商法第十一章的规定主张在同一赔偿限额内限制赔偿责任的,人民法院应予支持。

第二十条 为避免油轮装载的非持久性燃油、非油轮装载的燃油造成油污损害,对沉没、搁浅、遇难船舶采取起浮、清除或者使之无害措施,船舶所有人对由此发生的费用主张依照海商法第十一章的规定限制赔偿责任的,人民法院不予支持。

第二十一条 对油轮装载持久性油类造成的油污损害,船舶所有人,或者船舶油污责任保险人、财务保证人主张责任限制的,应当设立油污损害赔偿责任限制基金。

油污损害赔偿责任限制基金以现金方式设立的,基金数额为《防治船舶污染海洋环境管理条例》、《1992年国际油污损害民事责任公约》规定的赔偿限额。以担保方式设立基金的,担保数额为基金数额及其在基金设立期间的利息。

第二十二条 船舶所有人、船舶油污损害责任保险人或者财务保证人申请设立油污损害赔偿责任限制基金,利害关系人对船舶所有人主张限制赔偿责任有异议的,应当在海事诉讼特别程序法第一百零六条第一款规定的异议期内以书面形式提出,但提出该异议不影响基金的设立。

第二十三条 对油轮装载持久性油类造成的油污损害,利害关系人没有在异议期内对船舶所有人主张限制赔偿责任提出异议,油污损害赔偿责任限制基金设立后,海事法院应当解除对船舶所有人的财产采取的保全措施或者发还为解除保全措施而提供的担保。

第二十四条 对油轮装载持久性油类造成的油污损害,利害关系人在异议期内对船舶所有人主张限制赔偿责任提出异议的,人民法院在认定船舶所有人有权限制赔偿责任的裁决生效后,应当解除对船舶所有人的财产采取的保全措施或者发还为解除保全措施而提供的担保。

第二十五条 对油轮装载持久性油类造成的油污损害,受损害人提起诉讼时主张船舶所有人无权限制赔偿责任的,海事法院对船舶所有人是否有权限制赔偿责任的争议,可以先行审理并作出判决。

第二十六条 对油轮装载持久性油类造成的油污损害,受损害人没有在规定的债权登记期间申请债权登记的,视为放弃在油污损害赔偿责任限制基金中受偿的权利。

第二十七条 油污损害赔偿责任限制基金不足以清偿有关油污损害的,应根据确认的赔偿数额依法按比例分配。

第二十八条 对油轮装载持久性油类造成的油污损害,船舶所有人、船舶油污损害责任保险人或者财务保证人申请设立油污损害赔偿责任限制基金、受损害人申请债权登记与受偿,本规定没有规定的,适用海事诉讼特别程序法及相关司法解释的规定。

第二十九条 在油污损害赔偿责任限制基金分配以前,船舶所有人、船舶油污损害责任保险人或者财务保证人,已先行赔付油污损害的,可以书面申请从基金中代位受偿。代位受偿应限于赔付的范围,并不超过接受赔付的人依法可获得的赔偿数额。

海事法院受理代位受偿申请后,应书面通知所有对油污损害赔偿责任限制基金提出主张的利害关系人。利害关系人对申请人主张代位受偿的权利有异议的,应在收到通知之日起十五日内书面提出。

海事法院经审查认定申请人代位受偿权利成立,应裁定予以确认;申请人主张代位受偿的权利缺乏事实或者法律依据的,裁定驳回其申请。当事人对裁定不服的,可以在收到裁定书之日起十日内提起上诉。

第三十条 船舶所有人为主动防止、减轻油污损害而支出的合理费用或者所作的合理牺牲,请求参与油污损害赔偿责任限制基金分配的,人民法院应予支持,比照本规定第二十九条第二款、第三款的规定处理。

第三十一条 本规定中下列用语的含义是:

(一)船舶,是指非用于军事或者政府公务的海船和其他海上移动式装置,包括航行于国际航线和国内航线的油轮和非油轮。其中,油轮是指为运输散装持久性货油而建造或者改建的船舶,以及实际装载散装持久性货油的其他船舶。

(二)油类,是指烃类矿物油及其残余物,限于装载于船上作为货物运输的持久性货油、装载用于本船运行的持久性和非持久性燃油，不包括装载于船上作为货物运输的非持久性货油。

（三）船舶油污事故，是指船舶泄漏油类造成油污损害，或者虽未泄漏油类但形成严重和紧迫油污损害威胁的一个或者一系列事件。一系列事件因同一原因而发生的，视为同一事故。

（四）船舶油污损害责任保险人或者财务保证人，是指海事事故中泄漏油类或者直接形成油污损害威胁的船舶一方的油污责任保险人或者财务保证人。

（五）油污损害赔偿责任限制基金，是指船舶所有人、船舶油污损害责任保险人或者财务保证人，对油轮装载持久性油类造成的油污损害申请设立的赔偿责任限制基金。

第三十二条 本规定实施前本院发布的司法解释与本规定不一致的，以本规定为准。

本规定施行前已经终审的案件，人民法院进行再审时，不适用本规定。

最高人民法院
关于审理海上货运代理纠纷案件若干问题的规定

法释〔2012〕3号

（2012年1月9日最高人民法院审判委员会第1538次会议通过　2012年2月27日最高人民法院公告公布　自2012年5月1日起施行）

为正确审理海上货运代理纠纷案件，依法保护当事人合法权益，根据《中华人民共和国民法通则》、《中华人民共和国合同法》、《中华人民共和国海商法》、《中华人民共和国民事诉讼法》和《中华人民共和国海事诉讼特别程序法》等有关法律规定，结合审判实践，制定本规定。

第一条 本规定适用于货运代理企业接受委托人委托处理与海上货物运输有关的货运代理事务时发生的下列纠纷：

（一）因提供订舱、报关、报检、报验、保险服务所发生的纠纷；

（二）因提供货物的包装、监装、监卸、集装箱装拆箱、分拨、中转服务所发生的纠纷；

（三）因缮制、交付有关单证、费用结算所发生的纠纷；

（四）因提供仓储、陆路运输服务所发生的纠纷；

（五）因处理其他海上货运代理事务所发生的纠纷。

第二条 人民法院审理海上货运代理纠纷案件，认定货运代理企业因处理海上货运代理事务与委托人之间形成代理、运输、仓储等不同法律关系的，应分别适用相关的法律规定。

第三条 人民法院应根据书面合同约定的权利义务的性质，并综合考虑货运代理企业取得报酬的名义和方式、开具发票的种类和收费项目、当事人之间的交易习惯以及合同实际履行的其他情况，认定海上货运代理合同关系是否成立。

第四条 货运代理企业在处理海上货运代理事务过程中以自己的名义签发提单、海运单或者其他运输单证，委托人据此主张货运代理企业承担承运人责任的，人民法院应予支持。

货运代理企业以承运人代理人名义签发提单、海运单或者其他运输单证，但不能证明取得承运人授权，委托人据此主张货运代理企业承担承运人责任的，人民法院应予支持。

第五条 委托人与货运代理企业约定了转委托权限，当事人就权限范围内的海上货运代理事务主张委托人同意转委托的，人民法院应予支持。

没有约定转委托权限，货运代理企业或第三人以委托人知道货运代理企业将海上货运代理事务转委托或部分转委托第三人处理而未表示反对为由，主张委托人同意转委托的，人民法院不予支持，但委托人的行为明确表明其接受转委托的除外。

第六条 一方当事人根据双方的交易习惯，有理由相信行为人有权代表对方当事人订立海上货运代理合同，该方当事人依据合同法第四十九条的规定主张合同成立的，人民法院应予支持。

第七条 海上货运代理合同约定货运代理企业交付处理海上货运代理事务取得的单证以委托人支付相关费用为条件，货运代理企业以委托人未支付相关费用为由拒绝交付单证的，人民法院应予支持。

合同未约定或约定不明确，货运代理企业以委托人未支付相关费用为由拒绝交付单证的，人民法院应予支持，但提单、海运单或者其他运输单证除外。

第八条 货运代理企业接受契约托运人的委托办理订舱事务，同时接受实际托运人的委托向承运人交付货物，实际托运人请求货运代理企业交付其取得的提单、海运单或者其他运输单证的，人民法院应予支持。

契约托运人是指本人或者委托他人以本人名义或者委托他人为本人与承运人订立海上货物运输合同的人。

实际托运人是指本人或者委托他人以本人名义或者委托他人为本人将货物交给与海上货物运输合同有关的承运人的人。

第九条 货运代理企业按照概括委托权限完成海上货运代理事务，请求委托人支付相关合理费用的，人民法院应予支持。

第十条 委托人以货运代理企业处理海上货运代理事务给委托人造成损失为由，主张由货运代理企业承担相应赔偿责任的，人民法院应予支持，但货运代理企业证明其没有过错的除外。

第十一条 货运代理企业未尽谨慎义务，与未在我国交通主管部门办理提单登记的无船承运业务经营者订立海上货物运输合同，造成委托人损失的，应承担相应的赔偿责任。

第十二条 货运代理企业接受未在我国交通主管部门办理提单登记的无船承运业务

经营者的委托签发提单,当事人主张由货运代理企业和无船承运业务经营者对提单项下的损失承担连带责任的,人民法院应予支持。

货运代理企业承担赔偿责任后,有权向无船承运业务经营者追偿。

第十三条 因本规定第一条所列纠纷提起的诉讼,由海事法院管辖。

第十四条 人民法院在案件审理过程中,发现不具有无船承运业务经营资格的货运代理企业违反《中华人民共和国国际海运条例》的规定,以自己的名义签发提单、海运单或者其他运输单证的,应当向有关交通主管部门发出司法建议,建议交通主管部门予以处罚。

第十五条 本规定不适用于与沿海、内河货物运输有关的货运代理纠纷案件。

第十六条 本规定施行前本院作出的有关司法解释与本规定相抵触的,以本规定为准。

本规定施行后,案件尚在一审或者二审阶段的,适用本规定;本规定施行前已经终审的案件,本规定施行后当事人申请再审或者按照审判监督程序决定再审的案件,不适用本规定。

最高人民法院关于海上保险合同的保险人行使代位请求赔偿权利的诉讼时效期间起算日的批复

法释〔2014〕15号

(2014年10月27日最高人民法院审判委员会第1628次会议通过 2014年12月25日最高人民法院公告公布 自2014年12月26日起施行)

上海市高级人民法院:

你院《关于海事诉讼中保险人代位求偿的诉讼时效期间起算日相关法律问题的请示》(沪高法〔2014〕89号)收悉。经研究,批复如下:

依照《中华人民共和国海商法》及最高人民法院《关于审理海上保险纠纷案件若干问题的规定》关于保险人行使代位请求赔偿权利的相关规定,结合海事审判实践,海上保险合同的保险人行使代位请求赔偿权利的诉讼时效期间起算日,应按照《中华人民共和国海商法》第十三章规定的相关请求权之诉讼时效起算时间确定。

此复。

最高人民法院
关于托运人主张货损货差而拒付运费应否支付滞纳金的答复

1992年2月12日　　　　　　　　　　法函〔1992〕16号

上海市高级人民法院：

你院〔1990〕沪高经上字第38号请示收悉。经研究，答复如下：

一、在水路货物运输合同中，支付运费是托运人的法定义务，该义务不因发生货损货差而消灭。托运人主张的货损货差赔偿可通过索赔解决，若擅自拒付运费则应按法律规定支付滞纳金。

二、托运人主张的货损货差赔偿一经认定，赔偿数额应包括货损货差本额及其利息。

此复。

最高人民法院
印发《关于审理船舶碰撞和触碰案件财产损害赔偿的规定》的通知

1995年8月18日　　　　　　　　　　法发〔1995〕17号

全国地方各级人民法院、各军事法院、各铁路运输中级法院和基层法院、各海事法院：

《最高人民法院关于审理船舶碰撞和触碰案件财产损害赔偿的规定》已经最高人民法院审判委员会第七百三十五次会议讨论通过，现印发给你们，请依照执行。各地在执行本规定中有什么情况和问题，请及时报告我院。

附：

最高人民法院
关于审理船舶碰撞和触碰案件财产损害赔偿的规定

(最高人民法院审判委员会第七百三十五次会议讨论通过)

根据《中华人民共和国民法通则》和《中华人民共和国海商法》的有关规定，结合我国海事审判实践并参照国际惯例，对审理船舶碰撞和触碰案件的财产损害赔偿规定如下：

一、请求人可以请求赔偿对船舶碰撞或者触碰所造成的财产损失，船舶碰撞或者触碰后相继发生的有关费用和损失，为避免或者减少损害而产生的合理费用和损失，以及预期可得利益的损失。

因请求人的过错造成的损失或者使损失扩大的部分，不予赔偿。

二、赔偿应当尽量达到恢复原状，不能恢复原状的折价赔偿。

三、船舶损害赔偿分为全损赔偿和部分损害赔偿。

（一）船舶全损的赔偿包括：

船舶价值损失；

未包括在船舶价值内的船舶上的燃料、物料、备件、供应品，渔船上的捕捞设备、网具、渔具等损失；

船员工资、遣返费及其他合理费用。

（二）船舶部分损害的赔偿包括：合理的船舶临时修理费、永久修理费及辅助费用、维持费用，但应满足下列条件：

船舶应就近修理，除非请求人能证明在其他地方修理更能减少损失和节省费用，或者有其他合理的理由。如果船舶经临时修理可继续营运，请求人有责任进行临时修理；

船舶碰撞部位的修理，同请求人为保证船舶适航，或者因另外事故所进行的修理，或者与船舶例行的检修一起进行时，赔偿仅限于修理本次船舶碰撞的受损部位所需的费用和损失。

（三）船舶损害赔偿还包括：

合理的救助费，沉船的勘查、打捞和清除费用，设置沉船标志费用；

拖航费用，本航次的租金或者运费损失，共同海损分摊；

合理的船期损失；

其他合理的费用。

四、船上财产的损害赔偿包括：

船上财产的灭失或者部分损坏引起的贬值损失；

合理的修复或者处理费用；

合理的财产救助、打捞和清除费用，共同海损分摊；

其他合理费用。

五、船舶触碰造成设施损害的赔偿包括：

设施的全损或者部分损坏修复费用；

设施修复前不能正常使用所产生的合理的收益损失。

六、船舶碰撞或者触碰造成第三人财产损失的，应予赔偿。

七、除赔偿本金外，利息损失也应赔偿。

八、船舶价值损失的计算，以船舶碰撞发生地当时类似船舶的市价确定；碰撞发生地无类似船舶市价的，以船舶船籍港类似船舶的市价确定，或者以其他地区类似船舶市价的平均价确定；没有市价的，以原船舶的造价或者购置价，扣除折旧（折旧率按年 4－10％）计算；折旧后没有价值的按残值计算。

船舶被打捞后尚有残值的，船舶价值应扣除残值。

九、船上财产损失的计算：

（一）货物灭失的，按照货物的实际价值，即以货物装船时的价值加运费加请求人已支付的货物保险费计算，扣除可节省的费用；

（二）货物损坏的，以修复所需的费用，或者以货物的实际价值扣除残值和可节省的费用计算；

（三）由于船舶碰撞在约定的时间内迟延交付所产生的损失，按迟延交付货物的实际价值加预期可得利润与到岸时的市价的差价计算，但预期可得利润不得超过货物实际价值的 10％；

（四）船上捕捞的鱼货，以实际的鱼货价值计算。鱼货价值参照海事发生时当地市价，扣除可节省的费用。

（五）船上渔具、网具的种类和数量，以本次出海捕捞作业所需量扣减现存量计算，但所需量超过渔政部门规定或者许可的种类和数量的，不予认定；渔具、网具的价值，按原购置价或者原造价扣除折旧费用和残值计算；

（六）旅客行李、物品（包括自带行李）的损失，属本船旅客的损失，依照海商法的规定处理；属他船旅客的损失，可参照旅客运输合同中有关旅客行李灭失或者损坏的赔偿规定处理；

（七）船员个人生活必需品的损失，按实际损失适当予以赔偿；

（八）承运人与旅客书面约定由承运人保管的货币、金银、珠宝、有价证券或者其他贵重物品的损失，依海商法的规定处理；船员、旅客、其他人员个人携带的货币、金银、珠宝、有价证券或者其他贵重物品的损失，不予认定；

（九）船上其他财产的损失，按其实际价值计算。

十、船期损失的计算：

期限：船舶全损的，以找到替代船所需的合理期间为限，但最长不得超过两个月；船舶部分损害的修船期限，以实际修复所需的合理期间为限，其中包括联系、住坞、验船等所需的合理时间；渔业船舶，按上述期限扣除休渔期为限，或者以一个渔汛期为限。

船期损失，一般以船舶碰撞前后各两个航次的平均净盈利计算；无前后各两个航次可参照的，以其他相应航次的平均净盈利计算。

渔船渔汛损失，以该渔船前3年的同期渔汛平均净收益计算，或者以本年内同期同类渔船的平均净收益计算。计算渔汛损失时，应当考虑到碰撞渔船在对船捕渔作业或者围网灯光捕渔作业中的作用等因素。

十一、租金或者运费损失的计算：

碰撞导致期租合同承租人停租或者不付租金的，以停租或者不付租金额，扣除可节省的费用计算。

因货物灭失或者损坏导致到付运费损失的，以尚未收取的运费金额扣除可节省的费用计算。

十二、设施损害赔偿的计算：

期限：以实际停止使用期间扣除常规检修的期间为限；

设施部分损坏或者全损，分别以合理的修复费用或者重新建造的费用，扣除已使用年限的折旧费计算；

设施使用的收益损失，以实际减少的净收益，即按停止使用前3个月的平均净盈利计算；部分使用并有收益的，应当扣减。

十三、利息损失的计算：

船舶价值的损失利息，从船期损失停止计算之日起至判决或者调解指定的应付之日止；

其他各项损失的利息，从损失发生之日或者费用产生之日起计算至判决或调解指定的应付之日止；

利息按本金性质的同期利率计算。

十四、计算损害赔偿的货币，当事人有约定的，依约定；没有约定的，按以下相关的货币计算：

按船舶营运或者生产经营所使用的货币计算；

船载进、出口货物的价值，按买卖合同或者提单、运单记明的货币计算；

以特别提款权计算损失的，按法院判决或者调解之日的兑换率换算成相应的货币。

十五、本规定不包括对船舶碰撞或者触碰责任的确定，不影响船舶所有人或者承运人依法享受免责和责任限制的权利。

十六、本规定中下列用语的含义：

"船舶"是指所有用作或者能够用作水上运输工具的各类水上船筏，包括非排水船舶和水上飞机。但是用于军事的和政府公务的船舶除外。

"设施"是指人为设置的固定或者可移动的构造物，包括固定平台、浮鼓、码头、堤坝、桥梁、敷设或者架设的电缆、管道等。

"船舶碰撞"是指在海上或者与海相通的可航水域，两艘或者两艘以上的船舶之间发生接触或者没有直接接触，造成财产损害的事故。

"船舶触碰"是指船舶与设施或者障碍物发生接触并造成财产损害的事故。

"船舶全损"是指船舶实际全部损失，或者损坏已达到相当严重的程度，以至于救助、打捞、修理费等费用之和达到或者超过碰撞或者触碰发生前的船舶价值。

"辅助费用"是指为进行修理而产生的合理费用,包括必要的进坞费、清航除气费、排放油污水处理费、港口使费、引航费、检验费以及修船期间所产生的住坞费、码头费等费用,但不限于上述费用。

"维持费用"是指船舶修理期间,船舶和船员日常消耗的费用,包括燃料、物料、淡水及供应品的消耗和船员工资等。

十七、本规定自发布之日起施行。

最高人民法院
关于"乐平岭"轮货损索赔诉讼时效的复函

1992年11月20日　　　　　交民他字〔1992〕第2号

广东省高级人民法院:

你院〔1992〕粤高法经复字第24号《关于"乐平岭"轮货损索赔诉讼时效的请示》收悉。经研究,现答复如下:

就海上货物运输向承运人要求赔偿的请求权时效,为特殊的时效,对此,在我国海商法中作出了特殊的规定。但在该法尚未施行的情况下,可依据《中华人民共和国民法通则》第一百四十二条第三款的规定,适用国际惯例。

目前,国际上的通常做法和《海牙规则》、《海牙—维斯比规则》都规定为1年的时效,我国海运部门在提单条款中规定的时效与国际上的通常做法一致。故同意你院关于海上货物运输合同适用1年诉讼时效的意见。

此复。

最高人民法院
对山东省高级人民法院《关于船舶所有权纠纷一案的请示报告》的答复

1995年1月4日　　　　　　　　　　　　　　〔1995〕交他字第1号

山东省高级人民法院：

你院〔1994〕鲁经终字第328号请示报告收悉。经研究，答复如下：

黑龙江省东宁县华埠经济贸易公司（以下简称"东宁公司"）与俄罗斯纳霍德卡市南海滨区社会股份有限公司（以下简称："俄方"）签订了进口"尼古拉"号废钢船的买卖合同，因东宁公司未以船舶所有人的身份进行船舶登记，根据《中华人民共和国海商法》第九条和《中华人民共和国交通部拆解船舶监督管理规则》第七条的规定，东宁公司不能作为船舶所有人起诉威海经济技术开发区木材公司侵权。"尼古拉"号的所有权在东宁公司与俄方之间依约是否转移，东宁公司应按照《中苏两国交货共同条件》中的仲裁条款规定，提请仲裁解决。

最高人民法院
关于船员私自承揽运输擅自开航的民事责任应否由轮船公司承担问题的答复

1995年4月21日　　　　　　　　　　　　　　法函〔1995〕43号

湖北省高级人民法院：

你院〔1995〕告申呈字第1号《关于国营四川涪陵轮船公司应否承担民事责任的请示》收悉。经研究，答复如下：

我国船舶航运主管部门对内河船舶船员的职责已有明确规定。在有关规定和运输企业的实务操作中，都没有给予船员（包括船长）对外承揽运输业务签订合同的职权。航行于我国境内各港口之间的船舶，除需服从所属航运企业内部职能部门的调度外，依据我国有关安全航行的法规的规定，还需经港务监督（或港航监督）部门的批准，办理进出港口签证手续。违反上述规定，船员私自承揽运输、擅自开航是超越职权范围的个人行为。"川陵四号"拖轮大副郑世荣图谋私利，私自承揽运输并对公司隐瞒事实，在公司调度室明确表示不同意出航的情况下，擅自开航，应对其超越职权范围的个人行为承担民事责任。轮船公司不应对船员的个人行为承担民事责任。

最高人民法院关于宁波市外海航运公司申请海事赔偿责任限制设立基金有关问题的复函

1995年12月7日　　　　　　　　　　　　法函〔1995〕160号

浙江省高级人民法院：

你院〔1995〕浙法经字92号，关于宁波市外海航运公司申请海事赔偿责任限制设立基金有关问题的请示收悉。经研究，答复如下：

责任人申请海事赔偿责任限制，未提供资金设立海事赔偿责任限制基金，可以采取提供充分担保的形式。宁波市外海航运公司是在诉讼过程中申请享受海事赔偿责任限制权利的，法院可以撤销令其设立海事赔偿责任限制基金的裁定。但在本案实体审理中，如果没有充分证据证明"引起赔偿请求的损失是由于责任人的故意或者明知可能造成损失而轻率地作为或者不作为造成的"，责任人有权享受海事赔偿责任限制，且这种权利不因责任人未设立责任限制基金或者提供相应的担保而丧失。

最高人民法院关于提单持有人向收货人实际取得货物后能否再向承运人主张提单项下货物物权的复函

2000年8月11日　　　　　　　　　　　　〔2000〕交他字第1号

福建省高级人民法院：

你院〔1999〕闽经终字第165号关于福建省东海经贸股份有限公司诉韩国双龙船务公司、中国福州外轮代理公司提单纠纷一案的请示收悉。经研究，答复如下：

一、本案提单持有人福建省东海经贸股份有限公司与承运人韩国双龙船务公司形成了提单运输法律关系，应按海上货物运输合同纠纷处理。

二、承运人韩国双龙船务公司负有凭正本提单交付货物的义务。其接受托运人的保函并将货物交付给非提单持有人（贸易合同的买方），侵犯了提单持有人的担保物权，违反我国法律规定和国际航运惯例，本应承担无单放货违约赔偿责任。但是，提单担保物权人福建省东海经贸股份有限公司通过与提货人、托运人签订补充协议重新取得了提单项下货物的占有权，并从中收取了部分款项，致使提单失去了担保物权凭证的效力。故福建省东海贸易股份有限公司丧失了因无单放货向承运人索赔提单项下货款的权利。

此复。

最高人民法院关于中国上海抽纱进出口公司与中国太平洋保险公司上海分公司海上货物运输保险合同纠纷请示的复函

2001年1月3日　　　　　　　　　　　　〔2000〕交他字第8号

上海市高级人民法院：

你院〔2000〕沪高经终字第280号关于《中国抽纱上海进出口公司与中国太平洋保险公司上海分公司海上货物运输保险合同纠纷一案的请示》收悉。经研究，答复如下：

1. 关于无单放货是否属于保险理赔的责任范围问题。我们认为，根据保险条款，保险条款一切险中的"提货不着"险并不是指所有的提货不着。无单放货是承运人违反凭单交货义务的行为，是其自愿承担的一种商业风险，而非货物在海运途中因外来原因所致的风险，不是保险合同约定由保险人应承保的风险；故无单放货不属于保险理赔的责任范围。

2. 关于在承运人和保险人均有赔偿责任的情况下，保险人取得代位求偿权后，向承运人代位求偿的诉讼时效如何计算的问题。我们认为，保险人取得的代位求偿权是被保险人移转的债权，保险人取代被保险人的法律地位后，对承运人享有的权利范围不得超过被保险人；凡承运人得以对抗被保险人而享有的抗辩权同样可以对抗保险人，该抗辩权包括因诉讼时效超过而拒绝赔付的抗辩权。保险人只能在被保险人有权享有的时效期间提起诉讼，即保险人取代被保险人向承运人代位求偿的诉讼时效亦为1年，应自承运人交付或应当交付货物之日起计算。

此复。

最高人民法院关于保险船舶发生保险事故后造成第三者船舶沉没而引起的清理航道费用是否属于直接损失的复函

2001年2月28日 〔2000〕交他字第12号

上海市高级人民法院：

你院〔2000〕沪高经终字第367号《关于保险船舶发生保险事故后造成第三者船舶沉没而引起的清理航道费用是否属直接损失的请示》收悉。经研究同意你院审判委员会的倾向性意见，即根据中国人民银行《沿海、内河船舶保险条款》和《沿海、内河船舶保险条款解释》的有关规定，保险船舶发生保险事故造成第三者船舶沉没而引起的清理航道费用不属于直接损失，亦不属于保险责任。

此复。

最高人民法院关于长春大成玉米开发公司与中国人民保险公司吉林省分公司海上保险合同纠纷一案的请示的复函

2001年11月7日 〔2001〕民四他字第25号

辽宁省高级人民法院：

你院〔2001〕辽经一终字第13号请示报告收悉，经研究，答复如下：

本案中预约保险合同是当事人就长期货物运输保险达成的一种协议。投保人长春大成玉米开发有限公司（以下简称大成公司）依据该协议向中国人民保险公司吉林省分公司（以下简称保险公司）投保，保险公司在协议约定的期限内不得拒绝投保人大成公司的投保，投保人大成公司也要在协议约定的期限内将其出运的货物全部在保险公司投保，这应是预约保险合同的对等义务，但预约保险合同不具备我国《海商法》第二百一十七条规定的海上保险合同的全部内容，故其不能直接产生保险合同义务，大成公司不能据此向保险公司主张保险权益。

本案中，大成公司向保险公司投保时，已经知道四份保险单项下货物全部随船沉没，货损事故已经发生。同意你院审判委员会多数人意见，根据我国《海商法》第二百二十四条的规定，保险公司不应承担保险赔偿责任。

此复。

最高人民法院
关于津龙翔（天津）国际贸易公司与南京扬洋化工运贸公司、天津天龙液体化工储运公司沿海货物运输合同货损赔偿纠纷一案请示的复函

2001年8月10日　　　　　　　　　　　　〔2001〕民四他字第7号

天津市高级人民法院：

你院津高法〔2001〕34号《关于津龙翔（天津）国际贸易公司与南京扬洋化工运贸公司、天津天龙液体化工储运公司沿海货物运输合同货损赔偿纠纷一案的请示》收悉。经研究，答复如下：

一、根据最高人民法院法释〔2001〕18号《最高人民法院关于如何确定沿海、内河货物运输赔偿请求权时效期间问题的批复》，托运人、收货人就沿海、内河货物运输向承运人要求赔偿的请求权，时效期间为1年，自承运人交付或者应当交付货物之日起计算。因此，该案的诉讼时效期间应为1年。

二、在请求权竞合的情况下，诉讼当事人有权在一审开庭前请求对方当事人承担违约责任或者侵权责任，此后不得进行变更。该案当事人在一审时以违约提起诉讼，二审时不应以侵权确认时效。

此复。

最高人民法院
关于浙江省工艺品进出口公司与阿科特利斯卡贝特 1912 公司、宁波致远国际货运有限公司海上货物运输合同纠纷一案的请示的复函

2001年11月7日　　　　　　　　　　〔2001〕民四他字第24号

浙江省高级人民法院：

你院〔2000〕浙法告申经监字第65号请示报告收悉。经研究，答复如下：

关于海上货物运输中承运人向托运人、收货人或者提单持有人要求赔偿权利的时效期间，《中华人民共和国海商法》（以下简称《海商法》）并无规定。本院法释〔1997〕3号文就此问题作出了规定，弥补了《海商法》在此问题上的不足。因此，在1997年8月7日之前发生的海上货物运输纠纷案件中，承运人向托运人、收货人或者提单持有人要求赔偿的时效期间应当适用《中华人民共和国民法通则》的有关规定。

最高人民法院
关于中国人民保险公司青岛市分公司与巴拿马浮山航运有限公司船舶保险合同纠纷一案的复函

2002年12月25日　　　　　　　　　　〔2002〕民四他字第12号

山东省高级人民法院：

你院鲁高法函〔2002〕24号《关于中国人民保险公司青岛市分公司与巴拿马浮山航运有限公司船舶保险合同纠纷一案的请示》收悉。经研究，答复如下：

关于巴拿马浮山航运有限公司所属的"浮山"轮与"继承者"轮在青岛主航道发生的无接触碰撞是否属于船舶碰撞的问题，根据最高人民法院法发〔1995〕17号《关于审理船舶碰撞和触碰案件财产损害赔偿的规定》第十六条的规定，船舶碰撞包括两艘或者两艘以上船舶之间发生接触或者无接触的碰撞。"浮山轮"投保了"一切险"，船舶保险条款属于格式条款，该条款第一条订明的碰撞责任包括因被保险船舶与其他船舶碰撞而引起被保险人应负的法律赔偿责任，订立船舶保险合同时保险人并未向被保险人明示船舶碰撞排除无接触碰撞。根据诚信原则和《中华人民共和国和合同法》第四十一条的

规定，对格式条款有两种以上解释的，应当作出不利于提供格式条款一方的解释。因此，本案船舶保险条款所指碰撞应当包括无接触碰撞。

此复。

最高人民法院
关于招远市玲珑电池有限公司与烟台集洋集装箱货运有限责任公司海事赔偿责任限制申请一案请示的复函

2003年6月9日　　　　　　　　　　〔2002〕民四他字第38号

山东省高级人民法院：

你院鲁高法函〔2002〕49号《关于招远市玲珑电池有限公司与烟台集洋集装箱货运有限责任公司海事赔偿责任限制申请一案请示》收悉。经研究，答复如下：

根据我国《海商法》和《海事诉讼特别程序法》规定，申请建立海事赔偿责任限制基金可以在诉讼中或诉讼前提出；海事赔偿责任限制属于当事人的抗辩权，申请限制海事赔偿责任，应当以海事请求人在诉讼中向责任人提出的海事请求为前提，不能构成独立的诉讼请求。

烟台集洋集装箱货运有限公司（以下简称集洋公司）虽是涉案运输合同承运人，但不是船舶经营人，不具有申请限制赔偿责任的主体资格。

同意你院关于案件处理的倾向性意见。对集洋公司的申请，应当裁定驳回起诉。

此复。

最高人民法院
关于大连港务局与大连中远国际货运有限公司海上货物运输货损赔偿追偿纠纷一案的请示的复函

2003年11月12日　　　　　　　　　　〔2002〕民四他字第21号

辽宁省高级人民法院：

你院〔2002〕辽民四终字第11号《关于大连港务局与大连中远国际货运有限公司海上货物运输货损赔偿追偿纠纷一案的请示报告》收悉。经研究。答复如下：

《中华人民共和国海商法》第二百五十七条第一款规定："就海上货物运输向承运人

要求赔偿的请求权，时效期间为一年，自承运人交付或者应当交付货物之日起计算；在时效期间内或者时效期间届满后，被认定为负有责任的人向第三人提起追偿请求的，时效期间为九十日，自追偿请求人解决原赔偿请求之日起或者收到受理对其本人提起诉讼的法院的起诉状副本之日起计算。"根据《海商法》和我国《民事诉讼法》的有关规定，原赔偿请求若是通过法院诉讼解决的，则追偿请求人向第三人追偿时效的起算点应当自追偿请求人收到法院认定其承担赔偿责任的生效判决之日起计算。

此复。

最高人民法院
关于南京石油运输有限公司与华泰财产保险股份有限公司石家庄分公司海上货运运输保险代位求偿一案有关适用法律问题的请示的复函

2006年5月11日 〔2005〕民四他字第1—1号

天津市高级人民法院：

你院经高法〔2005〕170号《关于南京石油运输有限公司与华泰财产保险股份有限公司石家庄分公司海上货运运输保险代位求偿一案有关适用法律问题的请示》收悉。经研究，答复如下：

1. 关于承运人对散装液体货物运输责任期间的认定。我国《海商法》第46条规定，承运人对于非集装箱装运的货物责任期间是从货物装上船时起至卸下船时止，货物处于承运人掌管之下的全部期间。由于散装液体货物在形态上不同于其他散装货物，因此，承运人对于散装液体货物运输的责任期间，应自装货港船舶输油管线与岸罐输油管线连接的法兰盘末端时起至卸货港船舶输油管线与岸罐输油管线连接的法兰盘末端时止，货物处于承运人掌管之下的全部期间。

2. 关于对散装液体货物交货数量证据效力的认定。在收货人未能提供有效证据证明货物短少发生在承运人责任期间的情况下，承运人提供的船舶干舱证书、空距报告，具有证明散装液体货物交货数量的效力。收货人提供的岸罐重量检验证书，除非经承运人同意，否则不具有证明散装液体货物交货数量的效力。

此复。

最高人民法院
关于中国船东互保协会与南京宏油船务有限公司海上保险合同纠纷上诉一案有关适用法律问题的请示的复函

2004年5月26日　　　　　　　　　　〔2003〕民四他字第34号

湖北省高级人民法院：

你院〔2003〕鄂民四终字第6号《关于中国船东互保协会与南京宏油船务有限公司海上保险合同纠纷上诉一案有关适用法律问题的请示》收悉。经研究，答复如下：

中国船东互保协会不属于我国《保险法》规定的商业保险公司。中国船东互保协会与会员之间签订的保险合同不属于商业保险，不适用我国《保险法》规定，应当适用我国《合同法》等有关法律的规定。

中国船东互保协会2000保险条款第七条通则第一款第（六）项约定的保证义务，是承保范围的前提条件，不属于免责条款。上述约定符合我国《合同法》规定，属于协会会员必须遵守的我国法律规定的关于船舶和船员安全管理方面的强制性义务，应当认定其效力。

南京宏油船务有限公司违反了我国《海上交通安全法》、《船舶最低安全配员规则》、《油船安全生产管理规则》等有关规定，对"隆伯6"轮触礁沉没事故造成的损失应当承担责任。中国船东互保协会已经垫付了本应由南京宏油船务有限公司支付的清污打捞费用，南京宏油船务有限公司应当向中国船东互保协会返还该笔费用及相应利息。

此复。

最高人民法院
关于大众保险股份有限公司苏州中心支公司、大众保险股份有限公司与苏州浙申实业有限公司海上货物运输保险合同案适用法律问题的请示的复函

2007年7月24日　　　　　　　　　　〔2007〕民四他字第8号

湖北省高级人民法院：

你院鄂高法〔2007〕115号《关于大众保险股份有限公司苏州中心支公司、大众保险股份有限公司与苏州浙申实业有限公司海上货物运输保险合同案适用法律问题的请示》收悉。

经研究认为：根据你院查明的事实，大众保险股份有限公司苏州中心支公司与苏州浙申实业有限公司之间的海上货物运输保险合同合法有效，双方的权利义务应当受保险单及所附保险条款的约束。依照本案"海洋运输货物保险条款"的规定，一切险除平安险和水渍险的各项责任外，还包括被保险货物在运输途中由于外来原因所致的全部或部分损失。保险条款中还列明了保险人不负赔偿责任的五项除外责任条款。因此，"一切险"的承保风险应当为非列明风险，如保险标的的损失系运输途中的外来原因所致，且并无证据证明该损失属于保险条款规定的除外责任之列，则应当认定保险事故属于一切险的责任范围。同意你院倾向性意见的处理结果。

此复。

最高人民法院
关于未取得无船承运业务经营资格的经营者与托运人订立的海上货物运输合同或签发的提单是否有效的请示的复函

2007年11月28日　　　　　　　　　〔2007〕民四他字第19号

天津市高级人民法院：

你院关于未取得无船承运业务经营资格的经营者与托运人订立的海上货物运输合同或签发的提单是否有效的请示收悉。

根据《中华人民共和国国际海运条例》(以下简称《海运条例》)的规定,经营无船承运业务,应当向国务院交通主管部门办理提单登记,并交纳保证金。本案中深圳龙峰国际货运代理公司在未取得无船承运业务经营资格的情况下签发了未在交通主管部门登记的提单,违反了《海运条例》的规定,受理案件的法院应当向有关交通主管部门发出司法建议,建议交通主管部门予以处罚。但深圳龙峰国际货运代理公司收到货物后应托运人的要求签发提单的行为,不属于《中华人民共和国合同法》第五十二条第(五)项规定的违反法律、行政法规的强制性规定的情形,该提单应认定为有效。

此复。

最高人民法院
关于非航行国际航线的我国船舶在我国海域造成油污损害的民事赔偿责任适用法律问题的请示的答复

2008年7月3日　　　　　　　　　　　〔2008〕民四他字第20号

山东省高级人民法院：

你院《关于非航行国际航线的我国船舶在我国海域造成油污损害的民事赔偿责任适用法律问题的请示》收悉。经研究,答复如下：

本案申请人锦州中信船务有限公司系中国法人,其所属的"恒冠36"轮系在我国登记的非航行国际航线的船舶,其在威海海域与中国籍"辽长渔6005"轮碰撞导致漏油发生污染,故本案不具有涉外因素,不适用我国加入的《1992年国际油污损害民事责任公约》。

同意你院的倾向性意见,即本案应适用《中华人民共和国海商法》、《中华人民共和国海洋环境保护法》以及相关行政法规的规定确定当事人的责任,油污责任人可以依据《中华人民共和国海商法》第十一章的规定享有海事赔偿责任限制。

此复。

最高人民法院
关于重庆红蜻蜓油脂有限责任公司诉白长春花船务公司海上货物运输合同纠纷一案仲裁条款效力问题请示的复函

2015年2月3日　　　　　　　　　〔2015〕民四他字第1号

湖北省高级人民法院：

你院鄂高法〔2014〕422号《关于原告重庆红蜻蜓油脂有限责任公司诉被告白长春花船务公司海上货物运输合同纠纷一案中仲裁条款效力问题的请示》收悉。经研究，答复如下：

根据请示所述事实，本案所涉5份提单虽在抬头注明"与租约合并使用"，但并未注明租约的编号、日期等事项，不能认定白长春花船务公司所主张的Priminds Shipping（HK）Co., Limited与Citic Ship Management Limited于2011年6月30日订立的航次租船合同中的仲裁条款当然地并入了涉案提单，故白长春花船务公司依据上述航次租船合同中的仲裁条款提出的管辖权异议不能成立，依法应予驳回。本案货物运输的目的港为南通，属于武汉海事法院管辖范围，武汉海事法院作为运输目的地法院对本案纠纷享有管辖权。

此复。

最高人民法院
关于福州特威化工有限公司诉EIKO航运公司（EIKO MARITIME S.A.）海上货物运输合同纠纷一案仲裁条款效力问题的答复

2015年2月3日　　　　　　　　　〔2015〕民四他字第4号

浙江省高级人民法院：

你院〔2015〕浙立他字第2号《关于福州特威化工有限公司诉EIKO航运公司（EIKO MARITIME S.A.）海上货物运输合同纠纷一案仲裁条款效力问题的请示》收悉。经研究，答复如下：

本案当事人不是涉案航次租船合同的当事人，不受该合同中的仲裁条款约束。本案的提单是格式提单，提单正面载明"提单与租约同时使用"，"本单海上货运依照 SABIC 公司和 lino 公司 2013 年 8 月 24 日的租约条款执行"，提单背面条款中记载"提单正面指明日期的租船合同中的所有条款、条件、权利和例外规定，包括法律和仲裁条款并入本提单"。但该提单正面并未明确记载租船合同中有仲裁条款并入提单，正面记载的内容不能产生租船合同仲裁条款并入提单、约束提单持有人的法律效果；仅在提单背面有并入条款的约定不产生仲裁条款约束提单持有人的效力。因此，被告 EIKO 航运公司不能举证证明其与原告福州特威化工有限公司之间存在仲裁协议。被告 EIKO 航运公司所提管辖异议，没有事实依据。

本案是海上货物运输合同纠纷，应由海事法院专门管辖。本案运输的目的地宁波港属宁波海事法院管辖地域范围，该院对本案具有管辖权。

此复。

最高人民法院
关于印发《涉外商事海事裁判文书写作规范》的通知

2015 年 3 月 16 日　　　　　　　　　　　　　　法〔2015〕67 号

各省、自治区、直辖市高级人民法院，解放军军事法院，新疆维吾尔自治区高级人民法院生产建设兵团分院：

为进一步规范和统一涉外商事海事裁判文书写作标准，提高裁判文书质量，最高人民法院研究制定了《涉外商事海事裁判文书写作规范》，现予印发，请认真遵照执行。在适用本规范过程中有何问题，请及时报告最高人民法院。

附：

涉外商事海事裁判文书写作规范

裁判文书应当全面、准确地记载案件的审理过程和裁判的依据、理由与结果。撰写裁判文书应当做到要素齐全、结构完整、逻辑严谨、条理清晰、语句规范、繁简得当。为进一步规范和统一涉外商事海事裁判文书的写作标准，提高文书质量，现就涉外商事海事裁判文书的写作提出如下规范意见。

一、裁判文书的首部应当分别写明文书标题、案号、当事人及其法定代表人（或代表人）和委托代理人的基本情况以及案件由来、案由和审理过程等。

（一）裁判文书标题一般表述为"中华人民共和国××××人民法院民事判决书（调解书、裁定书）"。海事法院裁判文书标题中法院前不需冠以"人民"字样。

（二）案件当事人中如果没有外国人、无国籍人、外国企业或组织的，除最高人民法院制作的裁判文书外，其他各级人民法院制作的裁判文书标题中的法院名称无需冠以"中华人民共和国"字样。

（三）法院名称应当与院印文字一致。除海事法院外，基层人民法院、中级人民法院的裁判文书标题应当冠以省、自治区、直辖市的名称。

二、裁判文书应当准确列明当事人的诉讼地位、姓名或名称及其住所地。

（一）二审裁判文书在列明当事人二审诉讼地位的同时，亦应用括号注明其一审诉讼地位（例如一审原告、一审被告等）。既非上诉人、亦非被上诉人的二审当事人，直接列明其一审诉讼地位。

（二）申请再审或再审案件的裁判文书应当分别列明当事人在申请再审过程中或再审诉讼中的地位，同时用括号注明其一、二审诉讼地位。既非再审申请人、亦非被申请人的，直接列明其一、二审诉讼地位。抗诉案件应当列明抗诉机关。

（三）当事人是自然人的，写明其姓名、性别、民族、出生日期、职业、住所地，职业不明确的，可以不表述；对于其身份证件号码一般应予注明，提交中华人民共和国居民身份证的应注明其公民身份号码。

自然人的住所地以其提交的合法有效的身份证件载明的地址为准；住所地与经常居住地不一致，且根据案件审理的需要需明确当事人经常居住地的，写明经依法查明的经常居住地。

（四）自然人为证明其身份提交的护照、往来港澳通行证、台湾居民来往大陆通行证等证件，无需再办理公证认证等证明手续。

（五）外国自然人，应当写明其国籍，无国籍人亦应予以注明。

港澳台地区的居民亦应予以注明。

（六）法人或其他组织的名称、住所地等，以其注册登记文件记载的内容为准。

（七）境外企业、组织提交的证明其主体资格的注册登记文件，需依法办理公证认证等证明手续；证明文件是外文的，应当附有中文译本。

（八）对于外国当事人，在裁判文书首部应当写明其经过翻译的中文姓名或名称和住所地，并在中文姓名或名称和住所地后括号中注明其外文姓名或名称和住所地。

（九）当事人姓名或名称变更的，裁判文书首部应当列明变更后的姓名或名称，变更前姓名或名称无需在此处列明。对于姓名或名称变更的事实可根据需要在案件由来或者查明事实部分写明。

（十）当事人诉讼地位的称谓后面使用冒号。当事人为公司、企业、其他组织的，其名称后面使用句号，"住所地"后面使用冒号。当事人为自然人的，其姓名后均使用逗号，基本信息阐述完毕后使用句号。

（十一）当事人中有外国当事人或无国籍人的，表述住所地时应当分别写明中外当事人的国别名称或无国籍情况。当事人国别名称应当使用全称。

没有外国当事人或无国籍人的，表述国内当事人住所地时省略"中华人民共和国"

字样。

（十二）表述港澳地区当事人住所地时，应当使用香港特别行政区、澳门特别行政区的全称。

表述台湾地区当事人住所地时，应当写明"台湾地区××市……"，不应使用"台湾省"或"台湾"等表述。

（十三）当事人住所地、代理人情况相同的，应当各自列明，不应当使用"情况同上"进行表述。

三、法人或其他组织作为当事人的，应当写明其法定代表人或代表人及其身份信息。

（一）法定代表人后面使用冒号，写明法定代表人的姓名及其职务。

（二）当事人为不具备法人资格的其他组织的，应当写明其"代表人"，不应表述为"负责人"或"授权代表人"。

（三）外国或者港澳台地区的企业、组织作为当事人的，亦应使用"代表人"的表述。

四、裁判文书中应当写明代理人的姓名及其身份信息。

（一）当事人委托本单位工作人员担任代理人的应当列在第一位，其委托外单位的人员或者律师担任代理人的列在第二位。

（二）当事人委托本单位人员作为代理人的，其身份信息可表述为"该公司（或该机构如该委员会、该厂等）工作人员"。

（三）律师、基层法律服务工作者担任代理人的，其身份信息表述为"××律师事务所律师"或"××法律服务所法律工作者"。

（四）当事人的近亲属或者其所在社区、单位以及有关社会团体推荐的公民担任代理人的，写明代理人的姓名、性别、出生日期、民族、职业、住所地。代理人是当事人近亲属的，还应当在住所地之后注明其与当事人的关系。

（五）代理人变更的，裁判文书首部只列写变更后的代理人。对于代理人变更的事实可根据需要在案件由来或者查明事实部分写明。

五、案由应当准确反映案件所涉及的民事法律关系的性质，并应当与最高人民法院《民事案件案由规定》中所列案由相一致。

二审法院或再审法院经审理认为原审裁判文书所列案由不当的，二审或再审裁判文书中应当写明经审理后最终确定的案由，并在裁判理由部分予以说明。

六、裁判文书应当写明案件的由来以及开庭审理过程。

（一）根据一审、二审或再审程序的不同，在案件由来部分简要写明当事人起诉、上诉、发回重审或者申请再审、指令再审、提审等情况。一审裁判文书应当写明当事人起诉的时间。

（二）此部分叙述时可在当事人全称后面括号注明其简称。简称要清楚、得当，避免引起歧义，不应以当事人诉讼地位的称谓（如原告、上诉人、答辩人等）或甲方、乙方等作为其简称。

（三）合议庭组成成员的情况不必具体表述，但如果合议庭成员有回避、变更情况的，应当在此部分写明。

（四）经过多次开庭审理的，应当分别简述开庭情况，以充分体现开庭审理的经过。开庭审理前组织证据交换、召集庭前会议的，亦应将相关情况予以阐述。

（五）当事人未到庭应诉或者中途退庭的，写明"经本院传票传唤，无正当理由拒不到庭"或者"未经法庭许可中途退庭"的情况。

（六）存在中止诉讼后又恢复审理等情况的，应当在此部分写明过程。

七、裁判文书应当依次写明当事人的起诉（包括诉讼请求）、答辩、第三人陈述等情况，写明当事人的诉讼主张及其所依据的事实、理由。

（一）转述当事人起诉、答辩的事实、理由时，应当对较长的起诉状、答辩状进行提炼、归纳，对其病句、错字进行修正，同时注意准确全面，忠实原意，不得遗漏要点。

（二）原告庭审时变更诉讼请求、提出新的诉讼请求，被告未作书面答辩或第三人未提交书面意见，但在庭审中进行口头答辩或陈述以及对原书面答辩或陈述意见予以补充的，应当在此节中予以表述。

（三）被告提出反诉的，亦应在此部分概述其反诉请求、依据的事实、理由以及对方的答辩情况。

（四）二审当事人的上诉、答辩等情况，在转述一审判决结果后进行概述，并应当按照前述第（一）、（二）项的要求进行提炼、归纳和表述。

八、一审裁判文书应当写明当事人提交证据的名称、证明目的、各方当事人的质证意见，人民法院同时应当结合当事人举证、质证的意见，依照相关法律、司法解释的规定，对当事人提交证据的真实性、关联性、合法性进行分析，最终对证据是否应予采信及其证明力作出认定，明确阐明人民法院的认证意见。

九、根据质证认证情况，对业经查明认定的基本事实进行综合陈述。

（一）本部分以"本院查明"作为引言，其后用冒号，另起一行写明查明的事实。

（二）综述所查明的事实时，可以划分段落层次，亦可根据情况以"另查明"为引语表述其他相关事实，该另查明的事实可以多项；避免使用"还查明""再查明""又查明"等引语。

（三）在适用外国法的情况下，对于外国法查明的客观事实可在此部分予以表述。

十、二审裁判文书应当在"案件由来"部分之后，写明一审审理情况，包括原告的诉讼请求、一审法院认定的事实、裁判的理由和最终的裁判结果。

（一）简要概括一审原告起诉的事实、理由及其具体的诉讼请求、一审被告的答辩意见、第三人的陈述，以明确案件争议的焦点。一审被告提起反诉的，亦应写明。

（二）写明一审查明的事实，该部分以"一审法院查明"为引语开始，"一审法院查明"后面使用冒号。对一审查明的事实原则上予以照抄，有错字、漏字或者语法错误的，可适当修改。

（三）对于一审裁判文书中表述的当事人为支持自己主张提供的证据、当事人的质证意见及一审法院对证据的认证意见等内容，在二审裁判文书中可以省略，不再援引。当事人有争议的除外。

（四）写明一审裁判文书理由和结果，该部分以"一审法院认为"为引语开始，一审法院认为后面使用冒号。对一审认为部分原则上予以照抄，有错字、漏字或者语法错误的，可适当修改。

（五）一审裁判文书主文即裁判结果应当全文照抄，不得遗漏和更改，此前部分当事人名称使用简称的，此部分表述时仍使用简称，注意不得遗漏当事人负担的诉讼费及保全费、鉴定费等内容的表述。

十一、二审裁判文书应当根据上诉审的特点，结合相关证据材料，依据相关法律规定，针对当事人对一审认定事实提出的异议，重点予以分析、阐述。

（一）对于二审中当事人提交的新证据的名称、证明目的、各方当事人的质证意见等详细写明。

（二）结合当事人举证、质证的意见，依照相关法律、司法解释的规定，对有关证据的真实性、关联性、合法性进行分析，最终对证据是否应予采信及其证明力作出认定。

（三）根据不同情况，二审查明事实部分可分四种表述方式：

1. 当事人未提交新的证据，对一审查明的事实无异议，二审中也没有新查明的事实的，可写明："一审查明的事实，有相关证据予以佐证，各方当事人均未提出异议，亦未提交新的证据，本院对一审查明的事实予以确认。"

2. 当事人对一审查明的事实无异议，但提交新证据或者二审法院根据自行调查收集的证据，有新查明的事实的，可写明"一审查明的事实，有相关证据予以佐证，各方当事人均未提出异议，本院对一审查明的事实予以确认。本院另查明：……（在综合列举当事人提交的新证据或法院调查收集的证据、阐述各方当事人的质证意见及本院对证据的认证意见的基础上，对另查明的事实作出认定。）"

3. 当事人对部分事实提出异议，并提交新的证据，但经审查其异议不能成立的。

首先，对于当事人无异议部分的事实，可写明"一审查明的××部分的事实，有相关证据予以佐证，各方当事人均未提出异议，本院对一审判决查明的××部分的事实予以确认。"

其次，对于当事人提出异议部分的事实，可写明"上诉人××对一审查明的××部分的事实提出异议……（写明当事人对相关事实提出异议的具体意见及对方的反驳意见，并列举当事人为支持其主张提交的新证据，各方当事人对证据的质证意见以及本院对各证据的认证意见，在此基础上写明本院最终意见，最后可总结性写明"上诉人××虽然对一审查明的××部分的事实提出异议，但其未能提供充分的证据予以证明，其异议不能成立，本院不予支持，对于一审查明的××部分的事实，本院予以确认。"）"。

4. 当事人对部分事实提出异议，根据当事人提交的新证据或者本院调查收集的证据，经审理发现一审查明的事实确实存在部分错误的。

首先，对于当事人无异议的正确部分的事实，可写明"一审查明的××部分的事实，有相关证据予以佐证，各方当事人均未提出异议，本院对一审查明的××部分的事实予以确认。"

其次，对于一审认定错误的事实，可写明"上诉人××对一审查明的××部分的事实提出异议……（写明当事人对相关事实提出异议的具体意见及对方的反驳意见，并列举当事人为支持其主张提交的新证据或本院调查收集的证据，各方当事人对证据的质证意见以及本院对各证据的最终认证意见，在此基础上写明本院查明的事实，最后可总结性写明"一审对××部分的事实认定有误，应予纠正，上诉人××对此提出的异议成立，本院予以支持。"）"。

上述部分具体措辞可由承办人视案件情况灵活掌握。

十二、再审裁判文书应当在"案件由来"部分之后，写明原一、二审审理情况以及申请再审及答辩情况。

上述两部分的具体书写分别参照适用二审裁判文书"一审审理情况"和一审裁判文书关于"当事人起诉及答辩情况"部分的要求。

十三、再审裁判文书应当根据再审案件特点，结合相关证据材料，依据相关法律规定，针对当事人提出的对原一、二审认定事实的异议，重点予以分析、阐述。

该部分的具体书写参照适用二审裁判文书关于"二审认定的事实"部分的要求。

十四、裁判理由是裁判文书的核心部分，要有针对性和说服力，二审及再审裁判文书要防止照抄原判理由或者公式化的套话。

（一）本部分以"本院认为"作为引言，其后用冒号，另起一行写明具体意见。

（二）应明确纠纷的性质、案由。原审确定案由错误，二审或者再审予以改正的，应在此部分首先进行叙述并阐明理由。

（三）涉外、涉港澳台民商事案件，应当依照《中华人民共和国涉外民事关系法律适用法》及《最高人民法院关于适用〈中华人民共和国涉外民事关系法律适用法〉若干问题的解释（一）》《最高人民法院关于审理涉台民商事案件法律适用问题的规定》等司法解释的规定，对解决纠纷应当适用的法律作出分析认定。涉外涉港澳台海事案件，应当依照《中华人民共和国海商法》的相关规定对法律适用问题作出分析认定，《中华人民共和国海商法》没有规定的，适用《中华人民共和国涉外民事关系法律适用法》及其司法解释的相关规定。

（四）涉外案件应当适用我国法律的，表述为"适用中华人民共和国法律"。

涉港澳案件，应当适用内地法律的，表述为"适用内地法律"，应适用港澳地区法律的，表述为"适用香港特别行政区（澳门特别行政区）法律"。

涉台案件，应当适用大陆法律的，表述为"适用大陆法律"（大陆后面不能加"地区"二字），应当适用台湾地区法律的，表述为"适用台湾地区法律"。

案件中既有港澳地区当事人，也有台湾地区当事人的，如果应当适用内地（大陆）法律，表述为"适用内地法律"即可。

（五）一审裁判文书应当围绕当事人争议的焦点问题及原告的最终诉讼请求能否成立进行论述。

（六）二审或再审裁判文书应当围绕当事人争议的焦点问题及上诉或再审请求能否成立进行论述。原审裁判正确，上诉或申请再审无理的，指出其理由的不当之处；原审裁判不当，上诉或申请再审理由成立的，应当阐明原判错之处、上诉或申请再审请求和理由成立的事实和法律依据、改判的理由等等。

（七）人民法院审理合同纠纷案件，对于合同是否成立、效力等问题应当主动予以审查，即使当事人未就此提出异议，亦应予以分析阐述。

（八）对于案件复杂，当事人争议问题较多的，可以根据庭审时归纳的当事人争议焦点，分别逐项予以阐述。

（九）在该部分引用法律法规、司法解释时，应当严格适用《最高人民法院关于裁判文书引用法律、法规等规范性法律文件的规定》。并列引用多个法律文件的，引用顺序如下：法律及法律解释、行政法规、地方性法规、自治条例或者单行条例、司法解释；同时引用两部以上法律的，应当先引用基本法律，后引用其他法律；引用包括实体法和程序法的，先引用实体法，后引用程序法。

引用最高人民法院的司法解释时，应当按照公告公布的格式书写。

适用公约时，应当援引适用的公约具体条款。引用公约条款的顺序应置于法律、司法解释之前。

（十）二审或再审改判的，对于改判所依据的实体法应当予以援引。

（十一）如果案件因为涉及商业秘密或者隐私等问题不公开开庭审理，裁判文书中应当援引《中华人民共和国民事诉讼法》第一百三十四条的规定。如果是缺席判决的，应当根据具体情况援引《中华人民共和国民事诉讼法》第一百四十三条或者第一百四十四条的规定。

（十二）指导性案例及非司法解释性的规范性文件，如各种指导性意见、会议纪要、个案答复等不得作为法律依据予以援引，但其体现的原则和精神可在说理部分予以阐述。

（十三）案件经审判委员会讨论决定的，应予以写明。

（十四）案件管辖权问题在判决书理由部分不需要予以阐述。

十五、裁判主文即裁判结果，是对案件实体问题作出的处理决定，裁判结果要明确、具体、完整。裁判结果应对当事人争议的实体问题作出终审结论。二审或再审裁判文书要对原审裁判作出明确表态，写明维持原裁判或者撤销原裁判，或者维持哪几项、撤销哪几项；对改判或加判的内容，要区别确认之诉、变更之诉、给付之诉等不同情况，作出明确、具体的处理决定。

（一）裁判文书主文部分中当事人名称应当用全称，主文的各项之间统一用分号。

（二）裁判文书主文内容必须明确具体、便于执行。如原审判决中未明确履行期限的，二审或再审裁判文书应写明判项的履行日期。

（三）对于金钱给付的利息，当事人要求计算至判决执行之日止，而原审裁判计算出绝对数的，二审或再审应予以纠正，应当明确利息计算的起止点。

（四）根据最高人民法院法〔2007〕19号通知的要求，1. 一审判决中具有金钱给付义务的，应当在所有判项之后另起一行写明：如果未按本判决指定的期间履行给付金钱的义务，应当依照《中华人民共和国民事诉讼法》第二百五十三条的规定，加倍支付迟延履行期间的债务利息。2. 二审判决作出改判的案件，无论一审判决是否写入了上述告知内容，均应在所有判项之后另起一行写明第一条的告知内容。3. 如一审判决已经写明上述告知内容，二审维持原判的判决，可不再重复告知。

十六、裁判文书尾部应写明诉讼费用的负担,合议庭成员署名和判决日期等。

(一)诉讼费用是人民法院根据《诉讼费用交纳办法》的有关规定来决定的,不属于诉讼争议的问题,不应列为判决结果的一项内容,应在判决结果后另起一行写明。

根据《诉讼费用交纳办法》第五十五条的规定,诉讼费用应以人民币为计算单位。

(二)一、二审诉讼费用应当分别表述。按照《诉讼费用交纳办法》第十七条的规定:"对财产案件提起上诉的,按照不服一审判决部分的上诉请求数额交纳案件受理费。"二审要根据当事人上诉请求的数额重新计算诉讼费,不能完全按照一审的标准收取。根据《诉讼费用交纳办法》第二十九条的规定,共同诉讼当事人败诉的,应明确当事人各自负担的诉讼费用数额。

如果一审诉讼费用不作调整,可表述为"一审案件受理费××元人民币,财产保全费(或其他费用)××元人民币,按一审判决承担。"

(三)裁判文书尾部由合议庭成员共同署名。助理审判员参加合议的,署代理审判员。院长、庭长参加合议庭审判的案件,院长、庭长担任审判长。

(四)"本件与原本核对无异"字样的印戳,应加盖在年月日与书记员署名之间空行的左边。

十七、其他注意问题。

(一)为避免引起混淆,裁判文书中当事人的名称应当统一,只使用其名称或简称,除以引号转引相关书证原文的情形外,若当事人之间的合同、协议中有"甲方""乙方"等表述时,应统一变换为当事人的名称。

二审、再审裁判文书使用当事人简称时,应当确保与所引用原审文书对应简称表述一致。

二审、再审裁判文书在表述原审法院名称时,可视情况使用"一审法院""二审法院"的表述,亦可使用法院简称。

(二)在援引一审裁判文书相关内容时,应当将其中的"本院"修改为"一审法院(或其简称)"。

(三)裁判文书中表述阿拉伯数字时,数字之间不使用逗号。

(四)涉台案件裁判文书的书写,适用《最高人民法院关于贯彻执行〈关于审理涉台民商事案件法律适用问题的规定〉的通知》(法〔2011〕180号)的要求。

（二）海事诉讼程序

最高人民法院关于适用《中华人民共和国海事诉讼特别程序法》若干问题的解释

法释〔2003〕3号

（2002年12月3日最高人民法院审判委员会第1259次会议通过 2003年1月6日最高人民法院公告公布 自2003年2月1日起施行）

为了依法正确审理海事案件，根据《中华人民共和国民事诉讼法》和《中华人民共和国海事诉讼特别程序法》的规定以及海事审判的实践，对人民法院适用海事诉讼特别程序法的若干问题作出如下解释。

一、关于管辖

第一条 在海上或者通海水域发生的与船舶或者运输、生产、作业相关的海事侵权纠纷、海商合同纠纷，以及法律或者相关司法解释规定的其他海事纠纷案件由海事法院及其上级人民法院专门管辖。

第二条 涉外海事侵权纠纷案件和海上运输合同纠纷案件的管辖，适用民事诉讼法第二十四章的规定；民事诉讼法第二十四章没有规定的，适用海事诉讼特别程序法第六条第二款（一）、（二）项的规定和民事诉讼法的其他有关规定。

第三条 海事诉讼特别程序法第六条规定的海船指适合航行于海上或者通海水域的船舶。

第四条 海事诉讼特别程序法第六条第二款（一）项规定的船籍港指被告船舶的船籍港。被告船舶的船籍港不在中华人民共和国领域内，原告船舶的船籍港在中华人民共和国领域内的，由原告船舶的船籍港所在地的海事法院管辖。

第五条 海事诉讼特别程序法第六条第二款（二）项规定的起运港、转运港和到达港指合同约定的或者实际履行的起运港、转运港和到达港。合同约定的起运港、转运港和到达港与实际履行的起运港、转运港和到达港不一致的，以实际履行的地点确定案件管辖。

第六条 海事诉讼特别程序法第六条第二款（四）项的保赔标的物所在地指保赔船

舶的所在地。

第七条 海事诉讼特别程序法第六条第二款（七）项规定的船舶所在地指起诉时船舶的停泊地或者船舶被扣押地。

第八条 因船员劳务合同纠纷直接向海事法院提起的诉讼，海事法院应当受理。

第九条 因海难救助费用提起的诉讼，除依照民事诉讼法第三十二条的规定确定管辖外，还可以由被救助的船舶以外的其他获救财产所在地的海事法院管辖。

第十条 与船舶担保或者船舶优先权有关的借款合同纠纷，由被告住所地、合同履行地、船舶的船籍港、船舶所在地的海事法院管辖。

第十一条 海事诉讼特别程序法第七条（三）项规定的有管辖权的海域指中华人民共和国的毗连区、专属经济区、大陆架以及有管辖权的其他海域。

第十二条 海事诉讼特别程序法第七条（三）项规定的合同履行地指合同的实际履行地；合同未实际履行的，为合同约定的履行地。

第十三条 当事人根据海事诉讼特别程序法第十一条的规定申请执行海事仲裁裁决，申请承认和执行国外海事仲裁裁决的，由被执行的财产所在地或者被执行人住所地的海事法院管辖；被执行的财产为船舶的，无论该船舶是否在海事法院管辖区域范围内，均由海事法院管辖。船舶所在地没有海事法院的，由就近的海事法院管辖。

前款所称财产所在地和被执行人住所地是指海事法院行使管辖权的地域。

第十四条 认定海事仲裁协议效力案件，由被申请人住所地、合同履行地或者约定的仲裁机构所在地的海事法院管辖。

第十五条 除海事法院及其上级人民法院外，地方人民法院对当事人提出的船舶保全申请应不予受理；地方人民法院为执行生效法律文书需要扣押和拍卖船舶的，应当委托船籍港所在地或者船舶所在地的海事法院执行。

第十六条 两个以上海事法院都有管辖权的诉讼，原告可以向其中一个海事法院起诉；原告向两个以上有管辖权的海事法院起诉的，由最先立案的海事法院管辖。

第十七条 海事法院之间因管辖权发生争议，由争议双方协商解决；协商解决不了的，报请最高人民法院指定管辖。

二、关于海事请求保全

第十八条 海事诉讼特别程序法第十二条规定的被请求人的财产包括船舶、船载货物、船用燃油以及船用物料。对其他财产的海事请求保全适用民事诉讼法有关财产保全的规定。

第十九条 海事诉讼特别程序法规定的船载货物指处于承运人掌管之下，尚未装船或者已经装载于船上以及已经卸载的货物。

第二十条 海事诉讼特别程序法第十三条规定的被保全的财产所在地指船舶的所在地或者货物的所在地。当事人在诉讼前对已经卸载但在承运人掌管之下的货物申请海事请求保全，如果货物所在地不在海事法院管辖区域的，可以向卸货港所在地的海事法院提出，也可以向货物所在地的地方人民法院提出。

第二十一条 诉讼或者仲裁前申请海事请求保全适用海事诉讼特别程序法第十四条

的规定。外国法院已受理相关海事案件或者有关纠纷已经提交仲裁，但涉案财产在中华人民共和国领域内，当事人向财产所在地的海事法院提出海事请求保全申请的，海事法院应当受理。

第二十二条　利害关系人对海事法院作出的海事请求保全裁定提出异议，经审查认为理由不成立的，应当书面通知利害关系人。

第二十三条　被请求人或者利害关系人依据海事诉讼特别程序法第二十条的规定要求海事请求人赔偿损失，向采取海事请求保全措施的海事法院提起诉讼的，海事法院应当受理。

第二十四条　申请扣押船舶错误造成的损失，包括因船舶被扣押在停泊期间产生的各项维持费用与支出、船舶被扣押造成的船期损失和被申请人为使船舶解除扣押而提供担保所支出的费用。

第二十五条　海事请求保全扣押船舶超过三十日、扣押货物或者其他财产超过十五日，海事请求人未提起诉讼或者未按照仲裁协议申请仲裁的，海事法院应当及时解除保全或者返还担保。

海事请求人未在期限内提起诉讼或者申请仲裁，但海事请求人和被请求人协议进行和解或者协议约定了担保期限的，海事法院可以根据海事请求人的申请，裁定认可该协议。

第二十六条　申请人为申请扣押船舶提供限额担保，在扣押船舶期限届满时，未按照海事法院的通知追加担保的，海事法院可以解除扣押。

第二十七条　海事诉讼特别程序法第十八条第二款、第七十四条规定的提供给海事请求人的担保，除被请求人和海事请求人有约定的外，海事请求人应当返还；海事请求人不返还担保的，该担保至海事请求保全期间届满之次日失效。

第二十八条　船舶被扣押期间产生的各项维持费用和支出，应当作为为债权人共同利益支出的费用，从拍卖船舶的价款中优先拨付。

第二十九条　海事法院根据海事诉讼特别程序法第二十七条的规定准许已经实施保全的船舶继续营运的，一般仅限于航行于国内航线上的船舶完成本航次。

第三十条　申请扣押船舶的海事请求人在提起诉讼或者申请仲裁后，不申请拍卖被扣押船舶的，海事法院可以根据被申请人的申请拍卖船舶。拍卖所得价款由海事法院提存。

第三十一条　海事法院裁定拍卖船舶，应当通过报纸或者其他新闻媒体连续公告三日。

第三十二条　利害关系人请求终止拍卖被扣押船舶的，是否准许，海事法院应当作出裁定；海事法院裁定终止拍卖船舶的，为准备拍卖船舶所发生的费用由利害关系人承担。

第三十三条　拍卖船舶申请人或者利害关系人申请终止拍卖船舶的，应当在公告确定的拍卖船舶日期届满七日前提出。

第三十四条　海事请求人和被请求人应当按照海事法院的要求提供海事诉讼特别程序法第三十三条规定的已知的船舶优先权人、抵押权人和船舶所有人的有关确切情况。

第三十五条 海事诉讼特别程序法第三十八条规定的船舶现状指船舶展示时的状况。船舶交接时的状况与船舶展示时的状况经评估确有明显差别的,船舶价款应当作适当的扣减,但属于正常损耗或者消耗的燃油不在此限。

第三十六条 海事请求人申请扣押船载货物的价值应当与其请求的债权数额相当,但船载货物为不可分割的财产除外。

第三十七条 拍卖的船舶移交后,海事法院应当及时通知相关的船舶登记机关。

第三十八条 海事请求人申请扣押船用燃油、物料的,除适用海事诉讼特别程序法第五十条的规定外,还可以适用海事诉讼特别程序法第三章第一节的规定。

第三十九条 二十总吨以下小型船艇的扣押和拍卖,可以依照民事诉讼法规定的扣押和拍卖程序进行。

第四十条 申请人依据《中华人民共和国海商法》第八十八条规定申请拍卖留置的货物的,参照海事诉讼特别程序法关于拍卖船载货物的规定执行。

三、关于海事强制令

第四十一条 诉讼或者仲裁前申请海事强制令的,适用海事诉讼特别程序法第五十三条的规定。

外国法院已受理相关海事案件或者有关纠纷已经提交仲裁的,当事人向中华人民共和国的海事法院提出海事强制令申请,并向法院提供可以执行海事强制令的相关证据的,海事法院应当受理。

第四十二条 海事法院根据海事诉讼特别程序法第五十七条规定,准予申请人海事强制令申请的,应当制作民事裁定书并发布海事强制令。

第四十三条 海事强制令由海事法院执行。被申请人、其他相关单位或者个人不履行海事强制令的,海事法院应当依据民事诉讼法的有关规定强制执行。

第四十四条 利害关系人对海事法院作出海事强制令的民事裁定提出异议,海事法院经审查认为理由不成立的,应当书面通知利害关系人。

第四十五条 海事强制令发布后十五日内,被请求人未提出异议,也未就相关的海事纠纷提起诉讼或者申请仲裁的,海事法院可以应申请人的请求,返还其提供的担保。

第四十六条 被请求人依据海事诉讼特别程序法第六十条的规定要求海事请求人赔偿损失的,由发布海事强制令的海事法院受理。

四、关于海事证据保全

第四十七条 诉讼前申请海事证据保全,适用海事诉讼特别程序法第六十四条的规定。

外国法院已受理相关海事案件或者有关纠纷已经提交仲裁,当事人向中华人民共和国的海事法院提出海事证据保全申请,并提供被保全的证据在中华人民共和国领域内的相关证据的,海事法院应当受理。

第四十八条 海事请求人申请海事证据保全,申请书除应当依照海事诉讼特别程序法第六十五条的规定载明相应内容外,还应当载明证据收集、调取的有关线索。

第四十九条 海事请求人在采取海事证据保全的海事法院提起诉讼后，可以申请复制保全的证据材料；相关海事纠纷在中华人民共和国领域内的其他海事法院或者仲裁机构受理的，受诉法院或者仲裁机构应海事请求人的申请可以申请复制保全的证据材料。

第五十条 利害关系人对海事法院作出的海事证据保全裁定提出异议，海事法院经审查认为理由不成立的，应当书面通知利害关系人。

第五十一条 被请求人依据海事诉讼特别程序法第七十一条的规定要求海事请求人赔偿损失的，由采取海事证据保全的海事法院受理。

五、关于海事担保

第五十二条 海事诉讼特别程序法第七十七条规定的正当理由指：
（1）海事请求人请求担保的数额过高；
（2）被请求人已采取其他有效的担保方式；
（3）海事请求人的请求权消灭。

六、关于送达

第五十三条 有关海事强制令、海事证据保全的法律文书可以向当事船舶的船长送达。

第五十四条 应当向被告送达的开庭传票等法律文书，可以向被扣押的被告船舶的船长送达，但船长作为原告的除外。

第五十五条 海事诉讼特别程序法第八十条第一款（三）项规定的其他适当方式包括传真、电子邮件（包括受送达人的专门网址）等送达方式。
通过以上方式送达的，应确认受送达人确已收悉。

七、关于审判程序

第五十六条 海事诉讼特别程序法第八十四条规定的当事人应当在开庭审理前完成举证的内容，包括当事人按照海事诉讼特别程序法第八十二条的规定填写《海事事故调查表》和提交有关船舶碰撞的事实证据材料。
前款规定的证据材料，当事人应当在一审开庭前向海事法院提供。

第五十七条 《海事事故调查表》属于当事人对发生船舶碰撞基本事实的陈述。经对方当事人认可或者经法院查证属实，可以作为认定事实的依据。

第五十八条 有关船舶碰撞的事实证据材料指涉及船舶碰撞的经过、碰撞原因等方面的证据材料。
有关船舶碰撞的事实证据材料，在各方当事人完成举证后进行交换。当事人在完成举证前向法院申请查阅有关船舶碰撞的事实证据材料的，海事法院应予驳回。

第五十九条 海事诉讼特别程序法第八十五条规定的新的证据指非当事人所持有，在开庭前尚未掌握或者不能获得，因而在开庭前不能举证的证据。

第六十条 因船舶碰撞以外的海事海商案件需要进行船舶检验或者估价的，适用海事诉讼特别程序法第八十六条的规定。

第六十一条 依据《中华人民共和国海商法》第一百七十条的规定提起的诉讼和因船舶触碰造成损害提起的诉讼，参照海事诉讼特别程序法关于审理船舶碰撞案件的有关规定审理。

第六十二条 未经理算的共同海损纠纷诉至海事法院的，海事法院应责令当事人自行委托共同海损理算。确有必要由海事法院委托理算的，由当事人提出申请，委托理算的费用由主张共同海损的当事人垫付。

第六十三条 当事人对共同海损理算报告提出异议，经海事法院审查异议成立，需要补充理算或者重新理算的，应当由原委托人通知理算人进行理算。原委托人不通知理算人，海事法院可以通知理算人重新理算，有关费用由异议人垫付；异议人拒绝垫付费用的，视为撤销异议。

第六十四条 因与共同海损纠纷有关的非共同海损损失向责任人提起的诉讼，适用海事诉讼特别程序法第九十二条规定的审限。

第六十五条 保险人依据海事诉讼特别程序法第九十五条规定行使代位请求赔偿权利，应当以自己的名义进行；以他人名义提起诉讼的，海事法院应不予受理或者驳回起诉。

第六十六条 保险人依据海事诉讼特别程序法第九十五条的规定请求变更当事人或者请求作为共同原告参加诉讼的，海事法院应当予以审查并作出是否准予的裁定。当事人对裁定不服的，可以提起上诉。

第六十七条 保险人依据海事诉讼特别程序法第九十五条的规定参加诉讼的，被保险人依此前进行的诉讼行为所取得的财产保全或者通过扣押取得的担保权益等，在保险人的代位请求赔偿权利范围内对保险人有效。被保险人因自身过错产生的责任，保险人不予承担。

第六十八条 海事诉讼特别程序法第九十六条规定的支付保险赔偿的凭证指赔偿金收据、银行支付单据或者其他支付凭证。仅有被保险人出具的权利转让书但不能出具实际支付证明的，不能作为保险人取得代位请求赔偿权利的事实依据。

第六十九条 海事法院根据油污损害的保险人或者提供财务保证的其他人的请求，可以通知船舶所有人作为无独立请求权的第三人参加诉讼。

第七十条 海事诉讼特别程序法第一百条规定的失控指提单或者其他提货凭证被盗、遗失。

第七十一条 申请人依据海事诉讼特别程序法第一百条的规定向海事法院申请公示催告的，应当递交申请书。申请书应当载明：提单等提货凭证的种类、编号、货物品名、数量、承运人、托运人、收货人、承运船舶名称、航次以及背书情况和申请的理由、事实等。有副本的应当附有单证的副本。

第七十二条 海事法院决定受理公示催告申请的，应当同时通知承运人、承运人的代理人或者货物保管人停止交付货物，并于三日内发出公告，敦促利害关系人申报权利。公示催告的期间由海事法院根据情况决定，但不得少于三十日。

第七十三条 承运人、承运人的代理人或者货物保管人收到海事法院停止交付货物的通知后，应当停止交付，至公示催告程序终结。

第七十四条　公示催告期间，转让提单的行为无效；有关货物的存储保管费用及风险由申请人承担。

第七十五条　公示催告期间，国家重点建设项目待安装、施工、生产的货物，救灾物资，或者货物本身属性不宜长期保管以及季节性货物，在申请人提供充分可靠担保的情况下，海事法院可以依据申请人的申请作出由申请人提取货物的裁定。

承运人、承运人的代理人或者货物保管人收到海事法院准予提取货物的裁定后，应当依据裁定的指令将货物交付给指定的人。

第七十六条　公示催告期间，利害关系人可以向海事法院申报权利。海事法院收到利害关系人的申报后，应当裁定终结公示催告程序，并通知申请人和承运人、承运人的代理人或者货物保管人。

申请人、申报人可以就有关纠纷向海事法院提起诉讼。

第七十七条　公示催告期间无人申报的，海事法院应当根据申请人的申请作出判决，宣告提单或者有关提货凭证无效。判决内容应当公告，并通知承运人、承运人的代理人或者货物保管人。自判决公告之日起，申请人有权请求承运人、承运人的代理人或者货物保管人交付货物。

第七十八条　利害关系人因正当理由不能在公示催告期间向海事法院申报的，自知道或者应当知道判决公告之日起一年内，可以向作出判决的海事法院起诉。

八、关于设立海事赔偿责任限制基金程序

第七十九条　海事诉讼特别程序法第一百零一条规定的船舶所有人指有关船舶证书上载明的船舶所有人。

第八十条　海事事故发生在中华人民共和国领域外的，船舶发生事故后进入中华人民共和国领域内的第一到达港视为海事诉讼特别程序法第一百零二条规定的事故发生地。

第八十一条　当事人在诉讼中申请设立海事赔偿责任限制基金的，应当向受理相关海事纠纷案件的海事法院提出，但当事人之间订有有效诉讼管辖协议或者仲裁协议的除外。

第八十二条　设立海事赔偿责任限制基金应当通过报纸或者其他新闻媒体连续公告三日。如果涉及的船舶是可以航行于国际航线的，应当通过对外发行的报纸或者其他新闻媒体发布公告。

第八十三条　利害关系人依据海事诉讼特别程序法第一百零六条的规定对申请人设立海事赔偿责任限制基金提出异议的，海事法院应当对设立基金申请人的主体资格、事故所涉及的债权性质和申请设立基金的数额进行审查。

第八十四条　准予申请人设立海事赔偿责任限制基金的裁定生效后，申请人应当在三日内在海事法院设立海事赔偿责任限制基金。申请人逾期未设立基金的，按自动撤回申请处理。

第八十五条　海事诉讼特别程序法第一百零八条规定的担保指中华人民共和国境内的银行或者其他金融机构所出具的担保。

第八十六条 设立海事赔偿责任限制基金后,向基金提出请求的任何人,不得就该项索赔对设立或以其名义设立基金的人的任何其他财产,行使任何权利。

九、关于债权登记与受偿程序

第八十七条 海事诉讼特别程序法第一百一十一条规定的与被拍卖船舶有关的债权指与被拍卖船舶有关的海事债权。

第八十八条 海事诉讼特别程序法第一百一十五条规定的判决书、裁定书、调解书和仲裁裁决书指我国国内的判决书、裁定书、调解书和仲裁裁决书。对于债权人提供的国外的判决书、裁定书、调解书和仲裁裁决书,适用民事诉讼法第二百六十六条和第二百六十七条规定的程序审查。

第八十九条 在债权登记前,债权人已向受理债权登记的海事法院以外的海事法院起诉的,受理案件的海事法院应当将案件移送至登记债权的海事法院一并审理,但案件已经进入二审的除外。

第九十条 债权人依据海事诉讼特别程序法第一百一十六条规定向受理债权登记的海事法院提起确权诉讼的,应当在办理债权登记后七日内提起。

第九十一条 海事诉讼特别程序法第一百一十九条第二款规定的三项费用按顺序拨付。

十、关于船舶优先权催告程序

第九十二条 船舶转让合同订立后船舶实际交付前,受让人即可申请船舶优先权催告。

受让人不能提供原船舶证书的,不影响船舶优先权催告申请的提出。

第九十三条 海事诉讼特别程序法第一百二十条规定的受让人指船舶转让中的买方和有买船意向的人,但受让人申请海事法院作出除权判决时,必须提交其已经实际受让船舶的证据。

第九十四条 船舶受让人对不准予船舶优先权催告申请的裁定提出复议的,海事法院应当在七日内作出复议决定。

第九十五条 海事法院准予船舶优先权催告申请的裁定生效后,应当通过报纸或者其他新闻媒体连续公告三日。优先权催告的船舶为可以航行于国际航线的,应当通过对外发行的报纸或者其他新闻媒体发布公告。

第九十六条 利害关系人在船舶优先权催告期间提出优先权主张的,海事法院应当裁定优先权催告程序终结。

十一、其 他

第九十七条 在中华人民共和国领域内进行海事诉讼,适用海事诉讼特别程序法的规定。海事诉讼特别程序法没有规定的,适用民事诉讼法的有关规定。

第九十八条 本规定自 2003 年 2 月 1 日起实施。

最高人民法院
关于海事法院可否适用小额诉讼程序问题的批复

法释〔2013〕16号

(2013年5月27日最高人民法院审判委员会第1579次会议通过 2013年6月19日最高人民法院公告公布 自2013年6月26日起施行)

上海市高级人民法院:

你院《关于海事法院适用小额诉讼程序的请示》(沪高法〔2013〕5号)收悉。经研究,批复如下:

2012年修订的《中华人民共和国民事诉讼法》简易程序一章规定了小额诉讼程序,《中华人民共和国海事诉讼特别程序法》第九十八条规定海事法院可以适用简易程序。因此,海事法院可以适用小额诉讼程序审理简单的海事、海商案件。

适用小额诉讼程序的标的额应以实际受理案件的海事法院或其派出法庭所在的省、自治区、直辖市上年度就业人员年平均工资百分之三十为限。

最高人民法院
关于扣押与拍卖船舶适用法律若干问题的规定

法释〔2015〕6号

(2014年12月8日最高人民法院审判委员会第1631次会议通过 2015年2月28日最高人民法院公告公布 自2015年3月1日起施行)

为规范海事诉讼中扣押与拍卖船舶,根据《中华人民共和国民事诉讼法》《中华人民共和国海事诉讼特别程序法》等法律,结合司法实践,制定本规定。

第一条 海事请求人申请对船舶采取限制处分或者抵押等保全措施的,海事法院可以依照民事诉讼法的有关规定,裁定准许并通知船舶登记机关协助执行。

前款规定的保全措施不影响其他海事请求人申请扣押船舶。

第二条 海事法院应不同海事请求人的申请,可以对本院或其他海事法院已经扣押的船舶采取扣押措施。

先申请扣押船舶的海事请求人未申请拍卖船舶的,后申请扣押船舶的海事请求人可以依据海事诉讼特别程序法第二十九条的规定，向准许其扣押申请的海事法院申请拍卖船舶。

第三条 船舶因光船承租人对海事请求负有责任而被扣押的，海事请求人依据海事诉讼特别程序法第二十九条的规定，申请拍卖船舶用于清偿光船承租人经营该船舶产生的相关债务的，海事法院应予准许。

第四条 海事请求人申请扣押船舶的，海事法院应当责令其提供担保。但因船员劳务合同、海上及通海水域人身损害赔偿纠纷申请扣押船舶，且事实清楚、权利义务关系明确的，可以不要求提供担保。

第五条 海事诉讼特别程序法第七十六条第二款规定的海事请求人提供担保的具体数额，应当相当于船舶扣押期间可能产生的各项维持费用与支出、因扣押造成的船期损失和被请求人为使船舶解除扣押而提供担保所支出的费用。

船舶扣押后，海事请求人提供的担保不足以赔偿可能给被请求人造成损失的，海事法院应责令其追加担保。

第六条 案件终审后，海事请求人申请返还其所提供担保的，海事法院应将该申请告知被请求人，被请求人在三十日内未提起相关索赔诉讼的，海事法院可以准许海事请求人返还担保的申请。

被请求人同意返还，或生效法律文书认定被请求人负有责任，且赔偿或给付金额与海事请求人要求被请求人提供担保的数额基本相当的，海事法院可以直接准许海事请求人返还担保的申请。

第七条 船舶扣押期间由船舶所有人或光船承租人负责管理。

船舶所有人或光船承租人不履行船舶管理职责的，海事法院可委托第三人或者海事请求人代为管理，由此产生的费用由船舶所有人或光船承租人承担，或在拍卖船舶价款中优先拨付。

第八条 船舶扣押后，海事请求人依据海事诉讼特别程序法第十九条的规定，向其他有管辖权的海事法院提起诉讼的，可以由扣押船舶的海事法院继续实施保全措施。

第九条 扣押船舶裁定执行前，海事请求人撤回扣押船舶申请的，海事法院应当裁定予以准许，并终结扣押船舶裁定的执行。

扣押船舶裁定作出后因客观原因无法执行的，海事法院应当裁定终结执行。

第十条 船舶拍卖未能成交，需要再次拍卖的，适用拍卖法第四十五条关于拍卖日七日前发布拍卖公告的规定。

第十一条 拍卖船舶由拍卖船舶委员会实施，海事法院不另行委托拍卖机构进行拍卖。

第十二条 海事法院拍卖船舶应当依据评估价确定保留价。保留价不得公开。

第一次拍卖时，保留价不得低于评估价的百分之八十；因流拍需要再行拍卖的，可以酌情降低保留价，但降低的数额不得超过前次保留价的百分之二十。

第十三条 对经过两次拍卖仍然流拍的船舶，可以进行变卖。变卖价格不得低于评估价的百分之五十。

第十四条 依照本规定第十三条变卖仍未成交的，经已受理登记债权三分之二以上份额的债权人同意，可以低于评估价的百分之五十进行变卖处理。仍未成交的，海事法院可以解除船舶扣押。

第十五条 船舶经海事法院拍卖、变卖后，对该船舶已采取的其他保全措施效力消灭。

第十六条 海事诉讼特别程序法第一百一十一条规定的申请债权登记期间的届满之日，为拍卖船舶公告最后一次发布之日起第六十日。

前款所指公告为第一次拍卖时的拍卖船舶公告。

第十七条 海事法院受理债权登记申请后，应当在船舶被拍卖、变卖成交后，依照海事诉讼特别程序法第一百一十四条的规定作出是否准予的裁定。

第十八条 申请拍卖船舶的海事请求人未经债权登记，直接要求参与拍卖船舶价款分配的，海事法院应予准许。

第十九条 海事法院裁定终止拍卖船舶的，应当同时裁定终结债权登记受偿程序，当事人已经缴纳的债权登记申请费予以退还。

第二十条 当事人在债权登记前已经就有关债权提起诉讼的，不适用海事诉讼特别程序法第一百一十六条第二款的规定，当事人对海事法院作出的判决、裁定可以依法提起上诉。

第二十一条 债权人依照海事诉讼特别程序法第一百一十六条第一款的规定提起确权诉讼后，需要判定碰撞船舶过失程度比例的，当事人对海事法院作出的判决、裁定可以依法提起上诉。

第二十二条 海事法院拍卖、变卖船舶所得价款及其利息，先行拨付海事诉讼特别程序法第一百一十九条第二款规定的费用后，依法按照下列顺序进行分配：

（一）具有船舶优先权的海事请求；

（二）由船舶留置权担保的海事请求；

（三）由船舶抵押权担保的海事请求；

（四）与被拍卖、变卖船舶有关的其他海事请求。

依据海事诉讼特别程序法第二十三条第二款的规定申请扣押船舶的海事请求人申请拍卖船舶的，在前款规定海事请求清偿后，参与船舶价款的分配。

依照前款规定分配后的余款，按照民事诉讼法及相关司法解释的规定执行。

第二十三条 当事人依照民事诉讼法第十五章第七节的规定，申请拍卖船舶实现船舶担保物权的，由船舶所在地或船籍港所在地的海事法院管辖，按照海事诉讼特别程序法以及本规定关于船舶拍卖受偿程序的规定处理。

第二十四条 海事法院的上级人民法院扣押与拍卖船舶的，适用本规定。

执行程序中拍卖被扣押船舶清偿债务的，适用本规定。

第二十五条 本规定施行前已经实施的船舶扣押与拍卖，本规定施行后当事人申请复议的，不适用本规定。

本规定施行后，最高人民法院1994年7月6日制定的《关于海事法院拍卖被扣押船舶清偿债务的规定》（法发〔1994〕14号）同时废止。最高人民法院以前发布的司法解释和规范性文件与本规定不一致的，以本规定为准。

最高人民法院
关于海事诉讼管辖问题的规定

法释〔2016〕2号

(2015年12月28日最高人民法院审判委员会第1674次会议通过 2016年2月24日最高人民法院公告公布 自2016年3月1日起施行)

为推进"一带一路"建设、海洋强国战略、京津冀一体化、长江经济带发展规划的实施，促进海洋经济发展，及时化解海事纠纷，保证海事法院正确行使海事诉讼管辖权，依法审理海事案件，根据《中华人民共和国民事诉讼法》《中华人民共和国海事诉讼特别程序法》《中华人民共和国行政诉讼法》以及全国人民代表大会常务委员会《关于在沿海港口城市设立海事法院的决定》等法律规定，现将海事诉讼管辖的几个问题规定如下：

一、关于管辖区域调整

1. 根据航运经济发展和海事审判工作的需要，对大连、武汉海事法院的管辖区域作出如下调整：

(1) 大连海事法院管辖下列区域：南自辽宁省与河北省的交界处、东至鸭绿江口的延伸海域和鸭绿江水域，其中包括黄海一部分、渤海一部分、海上岛屿；吉林省的松花江、图们江等通海可航水域及港口；黑龙江省的黑龙江、松花江、乌苏里江等通海可航水域及港口。

(2) 武汉海事法院管辖下列区域：自四川省宜宾市合江门至江苏省浏河口之间长江干线及支线水域，包括宜宾、泸州、重庆、涪陵、万州、宜昌、荆州、城陵矶、武汉、九江、安庆、芜湖、马鞍山、南京、扬州、镇江、江阴、张家港、南通等主要港口。

2. 其他各海事法院依据此前最高人民法院发布的决定或通知确定的管辖区域对海事案件行使管辖权。

二、关于海事行政案件管辖

1. 海事法院审理第一审海事行政案件。海事法院所在地的高级人民法院审理海事行政上诉案件，由行政审判庭负责审理。

2. 海事行政案件由最初作出行政行为的行政机关所在地海事法院管辖。经复议的案件，由复议机关所在地海事法院管辖。

对限制人身自由的行政强制措施不服提起的诉讼，由被告所在地或者原告所在地海事法院管辖。

前述行政机关所在地或者原告所在地不在海事法院管辖区域内的，由行政执法行为实施地海事法院管辖。

三、关于海事海商纠纷管辖权异议案件的审理

1. 当事人不服管辖权异议裁定的上诉案件由海事法院所在地的高级人民法院负责海事海商案件的审判庭审理。

2. 发生法律效力的管辖权异议裁定违反海事案件专门管辖确需纠正的，人民法院可依照《中华人民共和国民事诉讼法》第一百九十八条规定再审。

四、其他规定

本规定自 2016 年 3 月 1 日起施行。最高人民法院以前作出的有关规定与本规定不一致的，以本规定为准。

最高人民法院
关于审理发生在我国管辖海域相关案件若干问题的规定（一）

法释〔2016〕16 号

（2015 年 12 月 28 日最高人民法院审判委员会第 1674 次会议通过 2016 年 8 月 1 日最高人民法院公告公布 自 2016 年 8 月 2 日起施行）

为维护我国领土主权、海洋权益，平等保护中外当事人合法权利，明确我国管辖海域的司法管辖与法律适用，根据《中华人民共和国领海及毗连区法》《中华人民共和国专属经济区和大陆架法》《中华人民共和国刑法》《中华人民共和国出境入境管理法》《中华人民共和国治安管理处罚法》《中华人民共和国刑事诉讼法》《中华人民共和国民事诉讼法》《中华人民共和国海事诉讼特别程序法》《中华人民共和国行政诉讼法》及中华人民共和国缔结或者参加的有关国际条约，结合审判实际，制定本规定。

第一条 本规定所称我国管辖海域，是指中华人民共和国内水、领海、毗连区、专属经济区、大陆架，以及中华人民共和国管辖的其他海域。

第二条 中国公民或组织在我国与有关国家缔结的协定确定的共同管理的渔区或公海从事捕捞等作业的，适用本规定。

第三条 中国公民或者外国人在我国管辖海域实施非法猎捕、杀害珍贵濒危野生动物或者非法捕捞水产品等犯罪的，依照我国刑法追究刑事责任。

第四条 有关部门依据出境入境管理法、治安管理处罚法，对非法进入我国内水从事渔业生产或者渔业资源调查的外国人，作出行政强制措施或行政处罚决定，行政相对

人不服的，可分别依据出境入境管理法第六十四条和治安管理处罚法第一百零二条的规定，向有关机关申请复议或向有管辖权的人民法院提起行政诉讼。

第五条 因在我国管辖海域内发生海损事故，请求损害赔偿提起的诉讼，由管辖该海域的海事法院、事故船舶最先到达地的海事法院、船舶被扣押地或者被告住所地海事法院管辖。

因在公海等我国管辖海域外发生海损事故，请求损害赔偿在我国法院提起的诉讼，由事故船舶最先到达地、船舶被扣押地或者被告住所地海事法院管辖。

事故船舶为中华人民共和国船舶的，还可以由船籍港所在地海事法院管辖。

第六条 在我国管辖海域内，因海上航运、渔业生产及其他海上作业造成污染，破坏海洋生态环境，请求损害赔偿提起的诉讼，由管辖该海域的海事法院管辖。

污染事故发生在我国管辖海域外，对我国管辖海域造成污染或污染威胁，请求损害赔偿或者预防措施费用提起的诉讼，由管辖该海域的海事法院或采取预防措施地的海事法院管辖。

第七条 本规定施行后尚未审结的案件，适用本规定；本规定施行前已经终审，当事人申请再审或者按照审判监督程序决定再审的案件，不适用本规定。

第八条 本规定自 2016 年 8 月 2 日起施行。

最高人民法院
关于审理发生在我国管辖海域相关案件若干问题的规定（二）

法释〔2016〕17 号

（2016 年 5 月 9 日最高人民法院审判委员会第 1682 次会议通过
2016 年 8 月 1 日最高人民法院公告公布　自 2016 年 8 月 2 日起施行）

为正确审理发生在我国管辖海域相关案件，维护当事人合法权益，根据《中华人民共和国刑法》《中华人民共和国渔业法》《中华人民共和国民事诉讼法》《中华人民共和国刑事诉讼法》《中华人民共和国行政诉讼法》，结合审判实际，制定本规定。

第一条 当事人因船舶碰撞、海洋污染等事故受到损害，请求侵权人赔偿渔船、渔具、渔货损失以及收入损失的，人民法院应予支持。

当事人违反渔业法第二十三条，未取得捕捞许可证从事海上捕捞作业，依照前款规定主张收入损失的，人民法院不予支持。

第二条 人民法院在审判执行工作中，发现违法行为，需要有关单位对其依法处理的，应及时向相关单位提出司法建议，必要时可以抄送该单位的上级机关或者主管部门。违法行为涉嫌犯罪的，依法移送刑事侦查部门处理。

第三条 违反我国国（边）境管理法规，非法进入我国领海，具有下列情形之一的，应当认定为刑法第三百二十二条规定的"情节严重"：

（一）经驱赶拒不离开的；

（二）被驱离后又非法进入我国领海的；

（三）因非法进入我国领海被行政处罚或者被刑事处罚后，一年内又非法进入我国领海的；

（四）非法进入我国领海从事捕捞水产品等活动，尚不构成非法捕捞水产品等犯罪的；

（五）其他情节严重的情形。

第四条 违反保护水产资源法规，在海洋水域，在禁渔区、禁渔期或者使用禁用的工具、方法捕捞水产品，具有下列情形之一的，应当认定为刑法第三百四十条规定的"情节严重"：

（一）非法捕捞水产品一万公斤以上或者价值十万元以上的；

（二）非法捕捞有重要经济价值的水生动物苗种、怀卵亲体二千公斤以上或者价值二万元以上的；

（三）在水产种质资源保护区内捕捞水产品二千公斤以上或者价值二万元以上的；

（四）在禁渔区内使用禁用的工具或者方法捕捞的；

（五）在禁渔期内使用禁用的工具或者方法捕捞的；

（六）在公海使用禁用渔具从事捕捞作业，造成严重影响的；

（七）其他情节严重的情形。

第五条 非法采捕珊瑚、砗磲或者其他珍贵、濒危水生野生动物，具有下列情形之一的，应当认定为刑法第三百四十一条第一款规定的"情节严重"：

（一）价值在五十万元以上的；

（二）非法获利二十万元以上的；

（三）造成海域生态环境严重破坏的；

（四）造成严重国际影响的；

（五）其他情节严重的情形。

实施前款规定的行为，具有下列情形之一的，应当认定为刑法第三百四十一条第一款规定的"情节特别严重"：

（一）价值或者非法获利达到本条第一款规定标准五倍以上的；

（二）价值或者非法获利达到本条第一款规定的标准，造成海域生态环境严重破坏的；

（三）造成海域生态环境特别严重破坏的；

（四）造成特别严重国际影响的；

（五）其他情节特别严重的情形。

第六条 非法收购、运输、出售珊瑚、砗磲或者其他珍贵、濒危水生野生动物及其制品，具有下列情形之一的，应当认定为刑法第三百四十一条第一款规定的"情节严重"：

（一）价值在五十万元以上的；
（二）非法获利在二十万元以上的；
（三）具有其他严重情节的。

非法收购、运输、出售珊瑚、砗磲或者其他珍贵、濒危水生野生动物及其制品，具有下列情形之一的，应当认定为刑法第三百四十一条第一款规定的"情节特别严重"：
（一）价值在二百五十万元以上的；
（二）非法获利在一百万元以上的；
（三）具有其他特别严重情节的。

第七条 对案件涉及的珍贵、濒危水生野生动物的种属难以确定的，由司法鉴定机构出具鉴定意见，或者由国务院渔业行政主管部门指定的机构出具报告。

珍贵、濒危水生野生动物或者其制品的价值，依照国务院渔业行政主管部门的规定核定。核定价值低于实际交易价格的，以实际交易价格认定。

本解释所称珊瑚、砗磲，是指列入《国家重点保护野生动物名录》中国家一、二级保护的，以及列入《濒危野生动植物种国际贸易公约》附录一、附录二中的珊瑚、砗磲的所有种，包括活体和死体。

第八条 实施破坏海洋资源犯罪行为，同时构成非法捕捞罪、非法猎捕、杀害珍贵、濒危野生动物罪、组织他人偷越国（边）境罪、偷越国（边）境罪等犯罪的，依照处罚较重的规定定罪处罚。

有破坏海洋资源犯罪行为，又实施走私、妨害公务等犯罪的，依照数罪并罚的规定处理。

第九条 行政机关在行政诉讼中提交的于中华人民共和国领域外形成的，符合我国相关法律规定的证据，可以作为人民法院认定案件事实的依据。

下列证据不得作为定案依据：
（一）调查人员不具有所在国法律规定的调查权；
（二）证据调查过程不符合所在国法律规定，或者违反我国法律、法规的禁止性规定；
（三）证据不完整，或保管过程存在瑕疵，不能排除篡改可能的；
（四）提供的证据为复制件、复制品，无法与原件核对，且所在国执法部门亦未提供证明复制件、复制品与原件一致的公函；
（五）未履行中华人民共和国与该国订立的有关条约中规定的证明手续，或者未经所在国公证机关证明，并经中华人民共和国驻该国使领馆认证；
（六）不符合证据真实性、合法性、关联性的其他情形。

第十条 行政相对人未依法取得捕捞许可证擅自进行捕捞，行政机关认为该行为构成渔业法第四十一条规定的"情节严重"情形的，人民法院应当从以下方面综合审查，并作出认定：
（一）是否未依法取得渔业船舶检验证书或渔业船舶登记证书；
（二）是否故意遮挡、涂改船名、船籍港；
（三）是否标写伪造、变造的渔业船舶船名、船籍港，或者使用伪造、变造的渔业船舶证书；

（四）是否标写其他合法渔业船舶的船名、船籍港或者使用其他渔业船舶证书；

（五）是否非法安装挖捕珊瑚等国家重点保护水生野生动物设施；

（六）是否使用相关法律、法规、规章禁用的方法实施捕捞；

（七）是否非法捕捞水产品、非法捕捞有重要经济价值的水生动物苗种、怀卵亲体或者在水产种质资源保护区内捕捞水产品，数量或价值较大；

（八）是否于禁渔区、禁渔期实施捕捞；

（九）是否存在其他严重违法捕捞行为的情形。

第十一条 行政机关对停靠在渔港，无船名、船籍港和船舶证书的船舶，采取禁止离港、指定地点停放等强制措施，行政相对人以行政机关超越法定职权为由提起诉讼的，人民法院不予支持。

第十二条 无船名、无船籍港、无渔业船舶证书的船舶从事非法捕捞，行政机关经审慎调查，在无相反证据的情况下，将现场负责人或者实际负责人认定为违法行为人的，人民法院应予支持。

第十三条 行政机关有证据证明行政相对人采取将装载物品倒入海中等故意毁灭证据的行为，但行政相对人予以否认的，人民法院可以根据行政相对人的行为给行政机关举证造成困难的实际情况，适当降低行政机关的证明标准或者决定由行政相对人承担相反事实的证明责任。

第十四条 外国公民、无国籍人、外国组织，认为我国海洋、公安、海关、渔业行政主管部门及其所属的渔政监督管理机构等执法部门在行政执法过程中侵害其合法权益的，可以依据行政诉讼法等相关法律规定提起行政诉讼。

第十五条 本规定施行后尚未审结的一审、二审案件，适用本规定；本规定施行前已经终审，当事人申请再审或者按照审判监督程序决定再审的案件，不适用本规定。

第十六条 本规定自2016年8月2日起施行。

最高人民法院
关于调整大连、武汉、北海海事法院管辖区域和案件范围的通知

2002年12月10日　　　　　　　　　　　　法发〔2002〕274号

各省、自治区、直辖市高级人民法院，解放军军事法院，新疆维吾尔自治区高级人民法院生产建设兵团分院，各海事法院：

为适应我国航运经济发展和海事审判的需要，根据《中华人民共和国海事诉讼特别程序法》，现对大连海事法院、武汉海事法院、北海海事法院管辖区域和案件范围作如

下调整：

一、大连海事法院的管辖区域范围：南自辽宁省与河北省的交界处、东至鸭绿江口的延伸海域和鸭绿江水域，其中包括黄海一部分、渤海一部分、海上岛屿，以及黑龙江省的黑龙江、松花江、乌苏里江等与海相通可航水域、港口发生的海事、海商案件。

二、武汉海事法院的管辖区域范围：自四川省宜宾市合江门至江苏省浏河口之间与海相通的可航水域、港口发生的海事、海商案件。

三、北海海事法院的管辖区域范围：广西壮族自治区所属港口、水域、北部湾海域及其岛屿和水域，以及云南省的澜沧江至湄公河等与海相通的可航水域发生的海事、海商案件。北海海事法院与广州海事法院的管辖区域以英罗湾河道中心线为界，河道中心线及其延伸海域以东由广州海事法院管辖，河道中心线及其延伸海域以西，包括乌泥岛、涠州岛、斜阳岛等水域由北海海事法院管辖。

四、大连海事法院、武汉海事法院、北海海事法院分别管辖上述发生在黑龙江省水域（大连）、长江支流水域（武汉）、云南省水域（北海）内的下列海事、海商案件：

1、船舶碰撞、共同海损、海难救助、船舶污染、船舶扣押和拍卖案件；

2、涉外海事、海商案件。

发生在上述水域内的其他海事、海商案件，由地方人民法院管辖。

五、地方人民法院审理海事、海商案件，应适用《中华人民共和国海商法》、《中华人民共和国海事诉讼特别程序法》等有关法律的规定。

最高人民法院
关于调整上海、宁波海事法院管辖区域的通知

2006年6月20日　　　　　　　　　　　　　　　法〔2006〕138号

辽宁、天津、山东、上海、湖北、浙江、福建、广西、广东、海南省（市、自治区）高级人民法院，大连、天津、青岛、上海、武汉、宁波、厦门、北海、广州、海口海事法院：

为适应洋山深水港区的建设和发展，经研究，决定调整上海海事法院和宁波海事法院对洋山港及附近海域的管辖区域：

洋山港及附近海域发生的海事、海商纠纷案件由上海海事法院管辖。

本通知自即日起开始执行。在执行中如遇有问题，及时上报最高人民法院。

最高人民法院
关于调整大连海事法院受理案件范围的通知

2012 年 7 月 4 日　　　　　　　　　　　　　法发〔2012〕13 号

各省、自治区、直辖市高级人民法院，解放军军事法院，新疆维吾尔自治区高级人民法院生产建设兵团分院，各海事法院：

为不断满足我国航运经济发展和海事审判工作的需要，根据《中华人民共和国海事诉讼特别程序法》的规定，现对《最高人民法院关于调整大连、武汉、北海海事法院管辖区域和案件范围的通知》（法发〔2002〕274 号）第四条确定的大连海事法院受理案件范围作如下调整：

大连海事法院在黑龙江省水域内管辖的海事、海商案件，依照《最高人民法院关于海事法院受理案件范围的若干规定》（法释〔2001〕27 号）确定受理案件的范围。

特此通知。

最高人民法院　公安部
关于海事法院审判人员等处理
海事案件登外轮问题的通知

1986 年 10 月 25 日　　　　　　　　　　　法（经）发〔1986〕30 号

各沿海省、自治区、直辖市高级人民法院、公安厅（局）：

为了便于及时处理涉外海事案件，现根据 1981 年 6 月 4 日国务院国发〔1981〕99 号文件批准的《登外轮人员审批和管理办法》的规定精神，对海事法院审判人员等处理海事案件登外轮的问题通知如下：

一、海事法院的审判人员、执行人员和司法警察在处理案件过程中需要登外轮时，凭海事法院院长签发的《执行公务证》并着国家规定的法院制服登轮；随同办案人员登轮的翻译、鉴定人员凭海事法院的通知书登轮。海事法院应事先将登轮时间和人数通知边防检查站。

《执行公务证》在有效期限内使用。

二、海事法院在内河对外开放港口登外轮处理案件时，比照上述规定办理。

三、登外轮的海事法院办案人员和翻译、鉴定人员，必须严格遵守国务院国发〔1981〕99号文件批准的《登外轮工作人员守则》。

特此通知，望遵照执行。

附：海事法院执行公务证样式（略）

最高人民法院
关于学习宣传贯彻海事诉讼特别程序法的通知

2000年2月28日　　　　　　　　　　　　　　法发〔2000〕7号

各省、自治区、直辖市高级人民法院，解放军军事法院，新疆维吾尔自治区高级人民法院生产建设兵团分院：

《中华人民共和国海事诉讼特别程序法》（以下简称海事诉讼特别程序法）经第九届全国人民代表大会常务委员会第十三次会议审议通过，已于1999年12月25日公布，自2000年7月1日起施行。海事诉讼特别程序法是为科学规范海事诉讼程序，维护当事人的诉讼权利，正确实施《中华人民共和国海商法》及其他海事实体法律而设立的特殊的诉讼程序制度，是我国诉讼法律制度的重要组成部分。为了正确贯彻执行海事诉讼特别程序法，切实保障当事人依法进行海事诉讼，维护司法公正，特通知如下：

一、各级人民法院，尤其是海事法院及其上诉审高级人民法院应当充分认识实施海事诉讼特别程序法的重要意义，认真组织审判人员对这部法律逐条学习和研究，加强培训，准确理解立法原意，认真做好贯彻执行这部法律的各项准备工作；同时，要进一步搞好公开审判，以案讲法，配合有关部门，积极开展宣传活动，使广大人民群众和社会各界了解这部法律，提高依法进行海事诉讼的法律意识。

二、在2000年7月1日前，审理海事海商案件，应当适用《中华人民共和国民事诉讼法》（以下简称民事诉讼法）和最高人民法院的有关司法解释性规定；在这期间受理但未审结的案件，已经依照民事诉讼法的规定进行的诉讼程序有效。2000年7月1日起，海事诉讼特别程序法有规定的，应当严格按照海事诉讼特别程序法的规定办理，海事诉讼特别程序法没有规定的，适用民事诉讼法的规定。

三、自2000年7月1日起，除海事法院及其所在地的高级人民法院依法受理海事海商案件外，地方各级人民法院应当按照民事诉讼法、海事诉讼特别程序法的规定严格执行审查立案程序，不得采取改变案由或者追加第三人等方式变相受理海事海商案件。海事法院和地方人民法院对案件管辖不明确的，应当逐级向上级人民法院请示；有争议的，依据海事诉讼特别程序法第十条的规定办理。

四、自2000年7月1日起，除依法执行已生效的判决、仲裁裁决、依法赋予强制执行效力的公证债权文书外，非因海事诉讼特别程序法第二十一条规定的海事请求，海事法院、地方各级人民法院不得受理任何财产保全申请扣押船舶。

五、自 2000 年 7 月 1 日起,最高人民法院《关于海事法院诉讼前扣押船舶的规定》、《关于海事法院拍卖被扣押船舶清偿债务的规定》以及其他关于海事诉讼程序方面的司法解释,凡与海事诉讼特别程序法相抵触的,停止执行。

六、各级人民法院在执行海事诉讼特别程序法过程中,要不断总结经验。对执行中遇到的问题,应当认真研究并提出意见,及时向我院请示报告,以保证海事诉讼特别程序法正确贯彻实施。

最高人民法院
关于船东所有的船舶能否因期租人对第三方负有责任而被扣押等问题的复函

2001 年 1 月 3 日　　　　　　　　　　　　　〔1998〕交他字 1 号

上海市高级人民法院:

你院〔1996〕沪高经终字第 515 号《关于船东所有的船舶能否因期租人对第三方负有责任而被扣押等问题的请示》收悉。经研究,同意你院倾向性意见。现答复如下:

一、根据最高人民法院《关于海事法院诉讼前扣押船舶的规定》第三条第(一)款、第(三)款的规定,海事法院可以扣押对海事请求负有责任的船舶经营人、承租人所有的、经营的或租用的其他船舶。故三善海运株式会社可以申请扣押亚马大益卡埃琳达斯公司期租给亚马大益卡埃劳埃德公司的"阿曼达·格劳列"轮。因该轮关系到所有权归属问题,所以不能变卖。

二、亚马大益卡埃劳埃德公司对"阿曼达·格劳列"轮的扣押负有责任,给船舶所有人亚马大益卡埃琳达斯公司造成的损失应负赔偿责任。其在与亚马达益卡埃琳达斯公司的期租船合同责任期间,提出解除合同的行为应属无效。该行为不影响财产保全的效力。

三、根据 2000 年 7 月 1 日起实施的《中华人民共和国海事诉讼特别程序法》第二十三条的规定,对定期租船人或者航次租船人经营的或租用的船舶不得扣押。该案是发生在《中华人民共和国海事诉讼特别程序法》颁布实施以前,所以应适用最高人民法院《关于海事法院诉讼前扣押船舶的规定》。

此复。

最高人民法院
关于印发《第二次全国涉外商事海事
审判工作会议纪要》的通知

2005年12月26日　　　　　　　　　　法发〔2005〕26号

各省、自治区、直辖市高级人民法院，新疆维吾尔自治区高级人民法院生产建设兵团分院：

　　现将《第二次全国涉外商事海事审判工作会议纪要》印发给你们，请遵照执行。执行中有何问题，望及时报告我院。

附：

第二次全国涉外商事海事
审判工作会议纪要

　　为进一步贯彻"公正司法，一心为民"的方针，落实"公正与效率"工作主题，规范涉外商事海事司法行为，增强司法能力，提高司法水平，开创涉外商事海事审判工作新局面，最高人民法院于2005年11月15日至16日在江苏省南京市召开了第二次全国涉外商事海事审判工作会议。各高级人民法院的分管院长、涉外商事海事审判部门的庭长、具有涉外商事审判管辖权的中级人民法院的分管院长、海事法院院长以及中央有关部门的代表共200人参加了会议。最高人民法院院长肖扬发表了书面讲话，副院长万鄂湘到会讲话。

　　会议总结交流了2001年来涉外商事海事审判工作的经验，研究了审判实践中亟待解决的问题，讨论了进一步规范涉外商事海事审判工作，为改革开放和经贸、航运事业提供司法保障的措施。会议达成以下共识，并形成纪要：

　　一、关于案件管辖

　　1. 人民法院在审理国内商事纠纷案件过程中，因追加当事人而使得案件具有涉外因素的，属于涉外商事纠纷案件，应当按照《最高人民法院关于涉外民商事案件诉讼管辖若干问题的规定》确定案件的管辖。当事人协议管辖不得违反前述规定。

　　无管辖权的人民法院不得受理涉外商事纠纷案件；已经受理的，应将案件移送有管辖权的人民法院审理。

2. 涉及外资金融机构（包括外国独资银行、独资财务公司、合资银行、合资财务公司、外国银行分行）的商事纠纷案件，其诉讼管辖按照《最高人民法院关于涉外民商事案件诉讼管辖若干问题的规定》办理。

3. 一方当事人以外国当事人为被告向人民法院提起诉讼，该外国当事人在我国境内设有来料加工、来样加工、来件装配或者补偿贸易企业（以下简称"三来一补"企业）的，应认定其在我国境内有可供扣押的财产，该"三来一补"企业所在地有涉外商事案件管辖权的人民法院可以对纠纷行使管辖权。

4. 人民法院在认定涉外商事纠纷案件当事人协议选择的法院是否属于《中华人民共和国民事诉讼法》第二百四十四条规定的"与争议有实际联系的地点的法院"时，应该考虑当事人住所地、登记地、营业地、合同签订地、合同履行地、标的物所在地等因素。

5. 中外合资经营企业合同、中外合作经营企业合同，合资、合作企业的注册登记地为合同履行地；涉及转让在我国境内依法设立的中外合资经营企业、中外合作经营企业、外商独资企业股份的合同，上述外商投资企业的注册登记地为合同履行地。根据《中华人民共和国民事诉讼法》的规定，合同履行地的人民法院对上述合同纠纷享有管辖权。

6. 当事人申请确认涉外仲裁协议效力的案件，由申请人住所地、被申请人住所地或者仲裁协议签订地有权受理涉外商事案件的中级人民法院管辖；申请执行我国涉外仲裁裁决的案件，由被申请人住所地、财产所在地有权受理涉外商事案件的中级人民法院管辖；申请撤销我国涉外仲裁裁决的案件，由仲裁机构所在地有权受理涉外商事案件的中级人民法院管辖；申请承认与执行外国仲裁裁决的案件，由被申请人住所地或者财产所在地有权受理涉外商事案件的中级人民法院管辖。

7. 涉外商事合同的当事人之间签订的有效仲裁协议约定了因合同发生的或与合同有关的一切争议均应通过仲裁方式解决，原告就当事人在签订和履行合同过程中发生的纠纷以侵权为由向人民法院提起诉讼的，人民法院不享有管辖权。

8. 人民法院根据《中华人民共和国民事诉讼法》的规定仅对主合同纠纷或者担保合同纠纷享有管辖权，原告以主债务人和担保人为共同被告向人民法院提起诉讼的，人民法院可以对主合同纠纷和担保合同纠纷一并管辖，但主合同或者担保合同当事人订有仲裁协议或者管辖协议，约定纠纷由仲裁机构仲裁或者外国法院排他性管辖的，人民法院对订有此类协议的主合同纠纷或者担保合同纠纷不享有管辖权。

9. 担保合同的主债务人在我国境外，债权人在我国仅起诉担保人的，人民法院应根据《中华人民共和国民事诉讼法》的相关规定行使管辖权。在审理过程中，如发现依据担保合同的准据法，担保人享有先诉抗辩权或者该案需要先确定主合同债权额的，可以根据不同情况分别作如下处理：（1）人民法院对主合同纠纷享有管辖权的，可以要求原告在一定期限内追加主债务人为共同被告；（2）人民法院对主合同纠纷不享有管辖权的，应裁定中止审理，并指定一定的期限，告知债权人对主债务人提起诉讼或仲裁，或者以其他方式确定主债权额。债权人在指定的期限内对主债务人提起诉讼或仲裁，或者经其他方式可以明确主债权额的，人民法院应在债权人提交相应的生效裁判文书或者其他证明文件后恢复审理。

债权人在指定的期限内拒绝申请追加主债务人为共同被告，或者未对主债务人提起诉讼或仲裁，或者经其他方式仍未能明确主债权额，且人民法院调解不成的，裁定驳回债权人的起诉。

10. 我国法院和外国法院都享有管辖权的涉外商事纠纷案件，一方当事人向外国法院起诉且被受理后又就同一争议向我国法院提起诉讼，或者对方当事人就同一争议向我国法院提起诉讼的，外国法院是否已经受理案件或者作出判决，不影响我国法院行使管辖权，但是否受理，由我国法院根据案件具体情况决定。外国法院判决已经被我国法院承认和执行的，人民法院不应受理。我国缔结或者参加的国际条约另有规定的，按规定办理。

11. 我国法院在审理涉外商事纠纷案件过程中，如发现案件存在不方便管辖的因素，可以根据"不方便法院原则"裁定驳回原告的起诉。"不方便法院原则"的适用应符合下列条件：（1）被告提出适用"不方便法院原则"的请求，或者提出管辖异议而受诉法院认为可以考虑适用"不方便法院原则"；（2）受理案件的我国法院对案件享有管辖权；（3）当事人之间不存在选择我国法院管辖的协议；（4）案件不属于我国法院专属管辖；（5）案件不涉及我国公民、法人或者其他组织的利益；（6）案件争议发生的主要事实不在我国境内且不适用我国法律，我国法院若受理案件在认定事实和适用法律方面存在重大困难；（7）外国法院对案件享有管辖权且审理该案件更加方便。

12. 涉外商事纠纷案件的当事人协议约定外国法院对其争议享有非排他性管辖权时，可以认定该协议并没有排除其他国家有管辖权法院的管辖权。如果一方当事人向我国法院提起诉讼，我国法院依照《中华人民共和国民事诉讼法》的有关规定对案件享有管辖权的，可以受理。

二、关于诉讼当事人

13. 外国企业在我国境内依法设立并领取营业执照的分支机构，具有民事诉讼主体资格，可以作为当事人参加诉讼。因分支机构不能独立承担民事责任，其作为被告时，人民法院可以根据原告的申请追加设立该分支机构的外国企业为共同被告。

外国企业在我国境内设立的代表机构不具有诉讼主体资格的，涉及代表机构的纠纷案件应由外国企业作为当事人参加诉讼。

14. 根据《中华人民共和国民事诉讼法》第四十九条和《最高人民法院关于适用〈中华人民共和国民事诉讼法〉若干问题的意见》第40条的规定，外国企业、自然人在我国境内设立的"三来一补"企业具有民事诉讼主体资格，可以作为当事人参加诉讼。因"三来一补"企业不能独立承担民事责任，其作为被告时，人民法院可以根据原告的申请追加设立该"三来一补"企业的外国企业、自然人为共同被告。

15. 人民法院在审理案件过程中查明外国当事人被宣告破产或者进入清算程序的，应通知外国当事人的破产财产管理人或者清算人参加诉讼。

16. 外国当事人作为原告时，应根据《中华人民共和国民事诉讼法》第一百一十条第（一）项的规定，向人民法院提供身份证明，证明材料应符合我国法律要求的形式。

拒不提供的，应裁定不予受理。案件已经受理的，可要求原告在指定期限内补充提供相关资料，期满无正当理由仍未提供的，可以裁定驳回起诉。

17. 外国当事人作为被告时，应针对不同情况分别作如下处理：（1）原告起诉时提供了被告存在的证明，但未提供被告的明确住址或者依据原告所提供的被告住址无法送达（公告送达除外）的，应要求原告补充提供被告的明确住址。依据原告补充的材料仍不能确定被告住址的，应依法向被告公告送达相关司法文书；（2）原告起诉时没有提供被告存在的证明，但根据起诉状所列明的被告的姓名、名称、住所、法定代表人的姓名等情况对被告按照法定的送达途径（公告送达除外）能够送达的，送达后被告不在法定的期限内应诉答辩，又拒不到庭的，可以依法缺席审判；（3）原告在起诉时没有提供被告存在的证明，根据起诉状所列明的情况对被告按照法定的送达途径（公告送达除外）无法送达的，应要求原告补充提供被告存在的证明，原告拒不提供或者补充提供后仍无法确定被告真实存在的，可以认定为没有明确的被告，应根据《中华人民共和国民事诉讼法》第一百零八条第（二）项的规定裁定驳回原告的起诉。

18. 外国当事人在我国境外出具的授权委托书，应当履行相关的公证、认证或者其他证明手续。对于未履行相关手续的诉讼代理人，人民法院对其代理资格不予认可。

19. 外国自然人在人民法院办案人员面前签署的授权委托书无需办理公证、认证或者其他证明手续，但在签署授权委托书时应出示身份证明和入境证明，人民法院办案人员应在授权委托书上注明相关情况并要求该外国自然人予以确认。

20. 外国自然人在我国境内签署的授权委托书，经我国公证机关公证，证明该委托书是在我国境内签署的，无需在其所在国再办理公证、认证或者其他证明手续。

21. 外国法人、其他组织的法定代表人或者负责人代表该法人、其他组织在人民法院办案人员面前签署的授权委托书，无需办理公证、认证或者其他证明手续，但在签署授权委托书时，外国法人、其他组织的法定代表人或者负责人除了向人民法院办案人员出示自然人身份证明和入境证明外，还必须提供该法人或者其他组织出具的能够证明其有权签署授权委托书的证明文件，且该证明文件必须办理公证、认证或者其他证明手续。人民法院办案人员应在授权委托书上注明相关情况并要求该法定代表人或者负责人予以确认。

22. 外国法人、其他组织的法定代表人或者负责人代表该法人、其他组织在我国境内签署的授权委托书，经我国公证机关公证，证明该委托书是在我国境内签署，且该法定代表人或者负责人向人民法院提供了外国法人、其他组织出具的办理了公证、认证或者其他证明手续的能够证明其有权签署授权委托书的证明文件的，该授权委托书无需在外国当事人的所在国办理公证、认证或者其他证明手续。

23. 外国当事人将其在特定时期内发生的或者将特定范围的案件一次性委托他人代理，人民法院经审查可以予以认可。该一次性委托在一审程序中已办理公证、认证或其他证明手续的，二审或者再审程序中无需再办理公证、认证或者其他证明手续。

三、关于司法文书送达

（一）涉外商事纠纷案件司法文书的送达

24．人民法院向在我国境内没有住所的当事人送达司法文书，可以直接送达给其在我国境内委托的诉讼代理人或者其在我国境内设立的代表机构。外国人、无国籍人或者外国公司、企业、其他组织的法定代表人或者负责人在我国境内的，人民法院可直接向其送达。当事人在我国境内有分支机构或者业务代办人的，经该当事人授权，人民法院可以向其分支机构或者业务代办人送达相关司法文书。人民法院向当事人的诉讼代理人、法定代表人或者负责人、代表机构以及有权接受的分支机构、业务代办人送达司法文书，适用留置送达。

25．外国当事人如果在我国境内没有可以代其接受送达的代理人或者相关机构，若该当事人所在国与我国签订有司法协助协定或者其所在国是1965年海牙《关于向国外送达民事或商事司法文书和司法外文书公约》（以下简称《海牙送达公约》）的成员国，向该当事人送达司法文书依照司法协助协定或者公约的规定执行。具体程序可以分别按照最高人民法院发布的法（办）发〔1988〕3号《关于执行中外司法协助协定的通知》，最高人民法院、外交部、司法部联合发布的外发〔1992〕8号《关于执行〈关于向国外送达民事或商事司法文书和司法外文书公约〉有关程序的通知》、司发通〔1992〕093号《关于执行海牙送达公约的实施办法》的规定办理。如果当事人所在国既与我国签订有司法协助协定，又是《海牙送达公约》的成员国，送达司法文书依照司法协助协定的规定办理。

对在我国境内没有住所的当事人，如果不能适用前述方式送达，可以通过外交途径送达。具体程序可以按照最高人民法院、外交部、司法部联合发布的外发〔1986〕47号《关于我国法院和外国法院通过外交途径相互委托送达法律文书若干问题的通知》的规定办理。

26．按照司法协助协定、《海牙送达公约》或者外交途径送达司法文书，自我国有关机关将司法文书转递受送达当事人所在国有关机关之日起满六个月，如果未能收到送达与否的证明文件，且根据其他情况也不足以认定已经送达的，视为不能适用该种方式送达。

27．在我国境内没有住所的当事人，其所在国允许邮寄送达的，可以邮寄送达。邮寄送达时应附有送达回证，如果当事人未在送达回证上签收，但在邮件回执上签收，视为已经送达。自邮寄之日起满六个月，如无法得到送达与否的证明文件，且根据其他情况也不足以认定已经送达的，视为不能适用邮寄方式送达。

28．人民法院通过公告方式送达司法文书，公告内容应该在国内外公开发行的报纸上刊登，同时可以在中国涉外商事海事审判网（http：//www.ccmt.org.cn）上公布。

29．传真、电子邮件等送达方式，如果不违反受送达人住所地法律禁止性规定，人民法院在送达司法文书时可以采用。通过传真、电子邮件方式送达的，应当要求当事人在收到后七日内予以回复，当事人回复时确认收到的时间为送达的时间；若当事人回复时未确认收到的时间，其回复的时间为送达的时间。当事人未回复的，视为未送达。

30. 除公告送达方式外，人民法院可以同时采取多种方式对当事人进行送达，但应根据最先实现送达的送达方式确定送达时间。

31. 人民法院送达司法文书，根据有关规定须通过上级人民法院转递的，应附申请转递函。上级人民法院收到下级人民法院申请转递的司法文书，应当在七个工作日内予以转递。上级人民法院认为下级人民法院申请转递的司法文书不符合有关规定需要补正的，亦应在七个工作日内退回申请转递的人民法院。

32. 人民法院送达司法文书，根据有关规定需提供翻译件的，应由受理案件的人民法院委托我国境内的翻译机构进行翻译。翻译件不加盖人民法院印章，但应由翻译机构或翻译人员签名或盖章证明译文与原文一致。

33. 当事人虽未对人民法院送达的司法文书履行签收手续，但存在以下情形的，视为已经送达：（1）当事人通过口头或者书面形式向人民法院提及了所送达的司法文书的内容；（2）当事人已经按照所送达司法文书的内容履行。

（二）涉港澳台案件司法文书的送达

34. 住所地在香港特别行政区、澳门特别行政区的当事人如果在内地没有可以代其接受送达的代理人或者相关机构，需要向其送达司法文书时，分别按照《最高人民法院关于内地与香港特别行政区法院相互委托送达民商事司法文书的安排》或者《最高人民法院关于内地与澳门特别行政区法院就民商事案件相互委托送达司法文书和调查取证的安排》办理。按照上述两个安排送达司法文书，自内地的高级人民法院或者最高人民法院将有关司法文书递送香港特别行政区高等法院或者澳门特别行政区终审法院之日起满三个月，如未收到送达与否的证明文件，且根据其他情况不足以认定已经送达的，视为不能适用上述安排中规定的方式送达。

35. 人民法院向住所地在香港特别行政区、澳门特别行政区、台湾地区的当事人送达司法文书，可以邮寄送达。邮寄送达时应附有送达回证，如果当事人未在送达回证上签收，但在邮件回执上签收，视为已经送达。自邮寄之日起满二个月，虽未得到送达与否的证明文件，但根据其他情况足以认定已经送达的，期间届满之日视为送达。自邮寄之日起满二个月，未得到送达与否的证明文件，且根据其他情况不足以认定已经送达的，视为不能适用邮寄方式送达。

36. 住所地在香港特别行政区、澳门特别行政区的当事人如果在内地没有可以代其接受送达的代理人或者相关机构，人民法院也不能通过两个安排规定的方式或者邮寄方式送达的，可以通过公告方式送达。

37. 住所地在台湾地区的当事人如果在大陆没有可以代其接受送达的代理人或者相关机构，人民法院也不能通过邮寄方式送达的，可以通过公告方式送达。

38. 通过公告方式向住所地在香港特别行政区、澳门特别行政区、台湾地区的当事人送达司法文书，自公告之日起满六十日，即视为送达。

四、关于诉讼证据

39. 对当事人提供的在我国境外形成的证据，人民法院应根据不同情况分别作如下处理：（1）对证明诉讼主体资格的证据，应履行相关的公证、认证或者其他证明手续；

（2）对其他证据，由提供证据的一方当事人选择是否办理相关的公证、认证或者其他证明手续，但人民法院认为确需办理的除外。

对在我国境外形成的证据，不论是否已办理公证、认证或者其他证明手续，人民法院均应组织当事人进行质证，并结合当事人的质证意见进行审核认定。

40．对当事人提供的在我国境外形成的应履行相关公证、认证或者其他证明手续的证据，应当经所在国公证机关公证，并经我国驻该国使领馆认证，或者履行我国与该所在国订立的有关条约中规定的证明手续。如果其所在国与我国没有外交关系，则该证据应经与我国有外交关系的第三国驻该国使领馆认证，再转由我国驻该第三国使领馆认证。

41．当事人向人民法院提供外文视听资料的，应附有视听资料中所用语言的记录文本及中文译本。

42．当事人提交的证据材料不属于新的证据，人民法院经审查认为该证据可能影响裁判结果的，应予以质证。

43．当事人在一审时未申请鉴定，或者申请鉴定后无正当理由不预交鉴定费用或拒不提交相关材料致使无法鉴定，而在二审或者再审期间申请鉴定的，视下列情况分别处理：（1）人民法院经审查认为，不鉴定不会影响裁判结果的，对当事人的申请不予准许；（2）人民法院经审查认为，不鉴定可能导致案件的主要事实不清的，对当事人的申请应予准许。

44．当事人在一审时申请人民法院调取证据未获准许，而在二审或者再审期间申请调取证据的，视下列情况分别处理：（1）人民法院经审查认为，不调取证据不会影响裁判结果的，对当事人的申请不予准许；（2）人民法院经审查认为，不调取证据可能导致案件的主要事实不清的，对当事人的申请应予准许。

45．对经合法传唤的被告未到庭而进行缺席审判的案件，不能免除原告对其诉讼请求的证明责任，人民法院仍应对原告所提交的证据材料进行审查。

五、关于涉外商事合同法律适用

46．涉外商事合同的当事人可以在订立合同时或者订立合同后，经过协商一致，以明示方式选择合同争议所适用的法律。合同争议包括合同是否成立、成立的时间、效力、内容的解释、履行、违约责任，以及合同的解除、变更、中止、转让、终止等争议。

47．涉外商事合同的当事人可以在订立合同后至一审法庭辩论终结前通过协商一致改变订立合同时选择的法律，但不得损害第三人的合法利益。

48．当事人协议选择的法律，是指有关国家及地区的实体法规范，不包括冲突规范和程序法规范。

49．人民法院按照最密切联系原则确定的涉外商事合同应适用的法律，是指有关国家及地区的实体法规范，不包括冲突规范和程序法规范。

50．当事人规避中华人民共和国法律、行政法规的强制性或禁止性规定的行为，不发生适用外国法律的效力，人民法院应适用中华人民共和国法律。

51. 涉外商事纠纷案件应当适用的法律为外国法律时，由当事人提供或者证明该外国法律的相关内容。当事人可以通过法律专家、法律服务机构、行业自律性组织、国际组织、互联网等途径提供相关外国法律的成文法或者判例，亦可同时提供相关的法律著述、法律介绍资料、专家意见书等。

当事人对提供外国法律确有困难的，可以申请人民法院依职权查明相关外国法律。

52. 当事人提供的外国法律经质证后无异议的，人民法院应予确认。对当事人有异议的部分或者当事人提供的专家意见不一致的，由人民法院审查认定。

53. 外国法律的内容无法查明时，人民法院可以适用中华人民共和国法律。

54. 适用外国法律违反中华人民共和国法律的基本原则和社会公共利益的，该外国法律不予适用，而应适用中华人民共和国的法律。

55. 涉外商事合同的当事人没有选择合同所适用的法律的，人民法院受理案件后，当事人可以在一审法庭辩论终结前作出选择。如果当事人不能协商一致作出选择，适用与合同有最密切联系地的法律。

56. 人民法院根据最密切联系原则确定合同应适用的法律时，应根据合同的特殊性质，以及当事人履行的义务最能体现合同的本质特性等因素，确定与合同有最密切联系国家的法律作为合同的准据法。在通常情况下，下列合同的最密切联系地的法律是：(1) 国际货物买卖合同，适用合同订立时卖方住所地法；如果合同是在买方住所地谈判并订立的，或者合同主要是依买方确定的条件并应买方发出的招标订立的，或者合同明确规定卖方须在买方住所地履行交货义务的，适用买方住所地法。(2) 来料加工、来件装配以及其他各种加工承揽合同，适用加工承揽人住所地法。(3) 成套设备供应合同，适用设备安装运转地法。(4) 不动产买卖、租赁或者抵押合同，适用不动产所在地法。(5) 动产租赁合同，适用出租人住所地法。(6) 动产质押合同，适用质权人住所地法。(7) 借款合同，适用贷款人住所地法。(8) 赠与合同，适用赠与人住所地法。(9) 保险合同，适用保险人住所地法。(10) 融资租赁合同，适用承租人住所地法。(11) 建设工程合同，适用建设工程所在地法。(12) 仓储、保管合同，适用仓储、保管人住所地法。(13) 保证合同，适用保证人住所地法。(14) 委托合同，适用受托人住所地法。(15) 债券的发行、销售和转让合同，分别适用债券发行地法、债券销售地法和债券登记地法。(16) 拍卖合同，适用拍卖举行地法。(17) 行纪合同，适用行纪人住所地法。(18) 居间合同，适用居间人住所地法。

上述合同明显与另一国家或者地区有更密切联系的，适用该国或者地区的法律。

57. 具有中华人民共和国国籍的自然人、法人或者其他组织与外国的自然人、法人或者其他组织订立的在我国境内履行的下列合同，适用中华人民共和国法律：(1) 中外合资经营企业合同；(2) 中外合作经营企业合同；(3) 中外合作勘探、开发自然资源合同；(4) 转让中外合资经营企业、中外合作经营企业、外商独资企业股份的合同；(5) 外国自然人、法人或者其他组织承包经营在我国境内设立的企业的合同。

六、关于国际商事海事仲裁的司法审查

（一）涉外仲裁协议效力的审查

58. 当事人在合同中约定的适用于解决合同争议的准据法，不能用来确定涉外仲裁条款的效力。当事人在合同中明确约定了仲裁条款效力的准据法的，应当适用当事人明确约定的法律；未约定仲裁条款效力的准据法但约定了仲裁地的，应当适用仲裁地国家或者地区的法律。只有在当事人未约定仲裁条款效力的准据法亦未约定仲裁地或者仲裁地约定不明的情况下，才能适用法院地法即我国法律作为确认仲裁条款效力的准据法。

59. 当事人达成的仲裁协议对仲裁事项或者仲裁机构没有约定或者约定不明，应认定仲裁协议无效，但当事人达成补充协议的除外。

60. 当事人在订立仲裁协议后合并、分立或者死亡的，该仲裁协议对承受仲裁事项所涉权利义务的人具有约束力，但当事人在订立仲裁协议时另有约定的除外。

61. 当事人在订立仲裁协议后转让全部或部分债权债务的，仲裁协议对受让人有效，但当事人另有约定、明确反对或者受让人在受让债权债务时不知有单独仲裁协议的除外。

62. 仲裁协议仅约定纠纷适用的仲裁规则的，视为未约定仲裁机构，但当事人达成补充协议或者按照约定的仲裁规则能够确定仲裁机构的除外。

63. 仲裁协议明确约定两个以上仲裁机构的，当事人可以协议选择其中的一个仲裁机构申请仲裁；当事人无法就仲裁机构达成一致的，仲裁协议无效。

64. 仲裁协议约定由某地的仲裁机构仲裁且该地仅有一个仲裁机构的，该仲裁机构为约定的仲裁机构。该地有两个以上仲裁机构的，当事人可以协议选择其中的一个仲裁机构申请仲裁；当事人无法就仲裁机构达成一致的，仲裁协议无效。

65. 仲裁条款独立于合同中的其他条款。当事人在订立合同时就争议达成仲裁协议的，合同未成立不影响仲裁协议的效力；合同成立后未生效以及生效后变更、解除、终止或者被撤销、被认定无效的，不影响合同中仲裁条款的效力。

66. 仲裁协议应当采用书面形式。是否具有书面形式，按照《中华人民共和国合同法》第十一条的规定办理。当事人在订立的涉外合同中援引适用其他合同、文件中的有效仲裁条款的，是书面形式的仲裁协议。

67. 一方当事人向仲裁机构或者仲裁庭申请仲裁，对方当事人未提出管辖异议且按照仲裁规则的要求指定仲裁员并进行实体答辩的，视为当事人同意接受仲裁。

68. 当事人约定争议可以向仲裁机构申请仲裁也可以向人民法院起诉的，仲裁协议无效。但一方向仲裁机构申请仲裁，另一方未在《中华人民共和国仲裁法》第二十条第二款规定的期间内提出异议的除外。

69. 仲裁协议中约定的仲裁机构名称不准确，但能够确定受理纠纷的具体仲裁机构的，应当认定选定了仲裁机构。

70. 涉外合同应当适用的有关国际条约中有仲裁规定的，发生合同争议时，当事人应当按照国际条约中的仲裁规定提请仲裁。

（二）涉外仲裁裁决的审查

71. 对在我国境内依法成立的仲裁委员会作出的仲裁裁决，人民法院应当根据案件是否具有涉外因素而适用不同的法律条款进行审查。上述仲裁委员会作出的不具有涉外因素的仲裁裁决，按照《中华人民共和国仲裁法》第五章、第六章和《中华人民共和国民事诉讼法》第二百一十七条的规定审查；上述仲裁委员会作出的具有涉外因素的仲裁裁决，按照《中华人民共和国仲裁法》第七章和《中华人民共和国民事诉讼法》第二十八章的规定进行审查。是否具有涉外因素，应按照《最高人民法院关于贯彻执行〈中华人民共和国民法通则〉若干问题的意见（试行）》第178条的规定确定。

72. 人民法院对在香港特别行政区作出的仲裁裁决或者台湾地区仲裁机构作出的仲裁裁决，应当按照《最高人民法院关于内地与香港特别行政区相互执行仲裁裁决的安排》或《最高人民法院关于人民法院认可台湾地区有关法院民事判决的规定》办理。

73. 涉及执行香港特别行政区、澳门特别行政区、台湾地区仲裁裁决的收费及审查期限问题，参照法释〔1998〕28号《最高人民法院关于承认和执行外国仲裁裁决收费及审查期限问题的规定》办理。

74. 人民法院受理当事人撤销涉外仲裁裁决的申请后，另一方当事人又申请执行同一仲裁裁决的，受理申请执行仲裁裁决案件的人民法院应在受理后裁定中止执行。

75. 当事人在仲裁程序中未对仲裁庭的管辖权提出异议，在仲裁裁决作出后以仲裁庭无管辖权为由主张撤销或者提出不予执行抗辩的，人民法院不予支持。

76. 当事人向人民法院申请撤销仲裁裁决被驳回后，又在执行程序中提出不予执行抗辩的，人民法院不予支持。

77. 当事人主张不予执行仲裁调解书或者根据当事人之间的和解协议作出的仲裁裁决书的，人民法院不予支持。

78. 涉外仲裁裁决超出仲裁协议范围的，可以撤销超裁部分的裁决；超裁部分与其他裁项不可分的，应撤销该仲裁裁决。

79. 对存在《中华人民共和国民事诉讼法》第二百六十条规定情形的涉外仲裁裁决，人民法院可以视情况通知仲裁庭在一定期限内重新仲裁。通知仲裁庭重新仲裁的，应裁定中止撤销程序；仲裁庭在指定的期限内开始重新仲裁的，应裁定终止撤销程序；仲裁庭拒绝重新仲裁或者未在指定的期限内重新仲裁的，应通知或裁定恢复撤销程序。对仲裁庭重新仲裁作出的裁决有异议的，有关当事人可以依法申请撤销。

80. 人民法院根据案件的实际情况，可以向相关仲裁机构调阅案件卷宗或者要求仲裁机构作出说明，人民法院作出的有关裁定也可以抄送相关的仲裁机构。

（三）外国仲裁裁决的审查

81. 外国仲裁机构或者临时仲裁庭在我国境外作出的仲裁裁决，一方当事人向人民法院申请承认与执行的，人民法院应当依照《中华人民共和国民事诉讼法》第二百六十九条的规定办理。

82. 对具有执行内容的外国仲裁裁决，当事人仅申请承认而未同时申请执行的，人民法院仅对应否承认进行审查。承认后当事人申请执行的，人民法院应予受理并对是否执行进行审查。

83. 经当事人提供证据证明外国仲裁裁决尚未生效、被撤销或者停止执行的，人民法院应当拒绝承认与执行。外国仲裁裁决在国外被提起撤销或者停止执行程序尚未结案的，人民法院可以中止承认与执行程序；外国法院在相同情况下不中止承认与执行程序的，人民法院采取对等原则。

84. 外国仲裁裁决当事人向仲裁员支付仲裁员费用的，因仲裁员不是仲裁裁决的当事人，其无权申请承认与执行该裁决中有关仲裁员费用的部分，但有关仲裁员可以单独就仲裁员费用以仲裁裁决为依据向有管辖权的人民法院提起诉讼。

七、关于外商投资企业纠纷案件

（一）中外合资经营企业合同、中外合作经营企业合同纠纷

85. 中外合资经营企业合同、中外合作经营企业合同应当报经有关审查批准机关审查批准，在一审法庭辩论终结前当事人未能办理批准手续的，人民法院应当认定该合同未生效。由于合同未生效造成的损失，应当判令有过错的一方向另一方承担损害赔偿责任；双方都有过错的，应当根据过错大小判令双方承担相应的民事责任。

86. 在中外合资经营企业合同、中外合作经营企业合同有效的前提下，中外合资经营企业、中外合作经营企业的投资者应当根据合同约定的方式、数额、期限等全面履行各自的出资义务或者提供合作条件的义务，否则应当承担相应的违约责任。对于中外合资经营企业合同、中外合作经营企业合同中约定以土地使用权、厂房、机器设备等需要办理过户手续的方式出资或者提供合作条件的，应当区分已交付合资、合作企业使用但未办理过户手续的情形和未交付使用且未办理过户手续的情形，判令负有履行该义务的一方当事人承担相应的违约责任。

（二）外商投资企业的股权纠纷

87. 外商投资企业股东及其股权份额应当根据有关审查批准机关批准证书记载的股东名称及股权份额确定。外商投资企业批准证书记载的股东以外的自然人、法人或者其他组织向人民法院提起民事诉讼，请求确认其在该外商投资企业中的股东地位和股权份额的，人民法院应当告知该自然人、法人或者其他组织通过行政复议或者行政诉讼解决；该自然人、法人或者其他组织坚持向人民法院提起民事诉讼的，人民法院在受理后应当判决驳回其诉讼请求。

外商投资企业批准证书记载的股东以外的自然人、法人或者其他组织根据其与外商投资企业的股东之间的协议，向人民法院提起民事诉讼，请求外商投资企业的股东向其支付约定利益的，人民法院应予受理。

88. 外商投资企业的股权转让合同，应当报经有关审查批准机关审查批准，在一审法庭辩论终结前当事人未能办理批准手续的，人民法院应当认定该合同未生效。由于合同未生效造成的损失，应当判令有过错的一方向另一方承担损害赔偿责任；双方都有过错的，应当根据过错大小判令双方承担相应的民事责任。

（三）外商投资企业的经营管理纠纷

89. 中外合资经营企业、中外合作经营企业的承包经营合同应当报经有关审查批准机关审查批准，在一审法庭辩论终结前当事人未能办理批准手续的，人民法院应当认定

该合同未生效。由于合同未生效造成的损失,应当判令有过错的一方向另一方承担损害赔偿责任;双方都有过错的,应当根据过错大小判令双方承担相应的民事责任。

90. 外商投资企业的股东以该外商投资企业为被告向人民法院提起诉讼,请求分配利润的,人民法院应予受理。

91. 外商投资企业以持有该外商投资企业公章的自然人、法人或者其他组织为被告向人民法院提起诉讼,请求返还公章的,人民法院应予受理。

(四) 外商投资企业的清算

92. 外商投资企业终止之前,必须根据《外商投资企业清算办法》的规定进行清算。外商投资企业不能进行普通清算而进行特别清算的,由企业审批机关或其委托的部门负责组织。人民法院对清算过程中发生的纠纷享有管辖权的,应予受理。

在清算终结前,外商投资企业的诉讼主体资格依然存在;已经成立清算组织的,在清算期间,清算组织代表企业参与民事诉讼活动。

八、关于限制当事人出境

93. 人民法院在审理涉外商事纠纷案件中,对同时具备下列条件的有关人员,可以采取措施限制其出境:(1) 在我国确有未了结的涉外商事纠纷案件;(2) 被限制出境人员是未了结案件中的当事人或者当事人的法定代表人、负责人;(3) 有逃避诉讼或者逃避履行法定义务的可能;(4) 其出境可能造成案件难以审理、无法执行的。

采取限制出境措施必须严格依照最高人民法院、最高人民检察院、公安部、国家安全部〔87〕公发16号《关于依法限制外国人和中国公民出境问题的若干规定》审查办理,从严掌握。

94. 限制出境措施在案件一方当事人提出申请后采取。人民法院在必要时,可以责令申请人提供有效的担保。

95. 限制出境采取扣留有效出境证件方式的,被扣证人或者其担保人向人民法院提供有效担保(提供担保的数额应相当于诉讼请求的数额)或者履行了法定义务后,人民法院应立即口头通知被扣证人解除限制,收回扣留证件证明,发还所扣留的证件,由被扣证人签收,限制其出境的扣证决定自行撤销。作出扣证决定的人民法院应将解除出境限制的有关情况书面通知公安、边检部门。

96. 人民法院采取限制出境措施过程中产生的费用,由申请人预交,最终应判令由败诉一方当事人负担。

九、关于海上货物运输无正本提单放货纠纷案件

(一) 承运人交付货物

97. 根据《中华人民共和国海商法》第七十一条的规定,承运人应当向持有记名提单的记名人交付货物。

98. 实际承运人应当凭承运人签发的正本提单向正本提单持有人交付货物。

99. 无船承运人作为承运人,应当凭其本人签发的正本提单交付货物。实际承运人应无船承运人请求,为履行海上运输合同签发本人提单的,根据本人签发提单的记载,

应当在目的港或者中转港向无船承运人或其代理人交付货物。

100. 承运人依据《中华人民共和国海商法》第八十六条的规定，将货物在卸货港卸在港务公司或者仓储公司的，不构成无正本提单放货。

（二）赔偿责任

101. 承运人因无正本提单放货给正本提单持有人造成损失的，应当承担违约责任；提货人因无正本提单提货或者其他责任人因无正本提单放货给正本提单持有人造成损失的，无正本提单提货人或者其他责任人应当承担侵权责任。

102. 承运人承担无正本提单放货责任，不得援引《中华人民共和国海商法》第五十六条关于限制赔偿责任的规定。

103. 承运人与实际承运人对无正本提单放货均负有赔偿责任的，依据《中华人民共和国海商法》第六十三条的规定，应当承担连带责任。

104. 承运人倒签提单或者预借提单，不影响正本提单持有人向承运人主张无正本提单放货的权利。

105. 承运人凭伪造的正本提单放货，应当承担无正本提单放货的赔偿责任。

106. 承运人的代理人根据承运人的指示无正本提单放货，或者承运人的代理人超越代理权无正本提单放货后得到承运人追认的，由承运人承担无正本提单放货的赔偿责任。

（三）赔偿范围

107. 承运人承担的无正本提单放货违约赔偿责任，应当相当于承运人本人违反运输合同所造成的损失。赔偿范围可以包括：（1）货物装船时的价值。货物装船时的价值可以依据贸易合同约定的价格、结算单据或者核销单据确定，数额不一致的，依实际支付的货款额确定；（2）实际支付货款的利息损失；（3）实际支付的运费和保险费。

108. 无正本提单放货后，正本提单持有人虽然占有货物，但仍有损失的，承运人应当予以赔偿。

109. 提货人因无正本提单提货或者其他责任人因无正本提单放货承担的侵权赔偿责任，应当相当于权利人因此所遭受的实际损失。赔偿范围可以包括：（1）货物装船时的价值。货物装船时的价值可以依据贸易合同约定的价格、结算单据或者核销单据确定，数额不一致的，依实际支付的货款额确定；（2）实际支付的运费和保险费；（3）实际发生的其他损失。

（四）赔偿责任的免除

110. 有下列情况之一的，承运人不承担无正本提单放货的赔偿责任：（1）承运人有充分证据证明正本提单持有人认可无正本提单放货；（2）提单载明的卸货港所在地法律强制性规定到港的货物必须交付给当地海关或港口当局；（3）目的港无人提货，承运人按照托运人的指示交付货物。

无正本提单放货后，正本提单持有人已经占有货物但没有发生损失的，或者虽有损失但已经挽回，正本提单持有人向人民法院提起诉讼，请求承运人承担赔偿责任的，人民法院不予支持。

(五) 举证责任、索赔请求人、诉讼时效

111. 正本提单持有人以承运人无正本提单放货为由提起诉讼，应当提交正本提单，并提供初步证据，证明凭正本提单在卸货港无法提取货物的事实或者承运人凭无正本提单放货的事实。

112. 根据《中华人民共和国海商法》第二百五十七条的规定，正本提单持有人以无正本提单放货为由向承运人提起的诉讼，时效期间为一年，从承运人应当交付货物之日起计算。

113. 根据《中华人民共和国民法通则》第九十二条、第一百三十五条的规定，正本提单持有人以提货人无正本提单提货或者其他责任人无正本提单放货为由提起侵权诉讼的，时效期间为二年，从正本提单持有人知道或者应当知道货物被提取或者权利被侵害之日起计算。

114. 正本提单持有人向承运人主张权利的，诉讼时效期间中断适用《中华人民共和国海商法》第二百六十七条的规定；正本提单持有人向无正本提单提货人或者承运人以外的其他责任人主张权利的，诉讼时效期间中断适用《中华人民共和国民法通则》第一百四十条的规定。

十、关于海上保险合同纠纷案件

(一) 法律适用

115. 审理海上保险合同纠纷案件，适用《中华人民共和国海商法》的有关规定；《中华人民共和国海商法》没有规定的，适用《中华人民共和国保险法》等其他法律规定。

116. 港口设施及码头等作为保险标的的保险事故，不属于海上事故，亦不属于与海上航行有关的发生于内河或者陆上的事故，海事法院审理港口设施及码头等作为保险标的的保险合同纠纷案件，应当适用《中华人民共和国保险法》的规定。

发生船舶碰撞码头保险事故时，码头保险人行使代位请求赔偿权利向船舶所有人追偿的，适用《中华人民共和国海商法》的规定。

(二) 海上保险合同的订立、解除和转让

117. 保险人知道或者应当知道被保险人故意不履行《中华人民共和国海商法》第二百二十二条第一款规定的如实告知义务，仍继续收取保险费或者支付保险赔款的，不得再以被保险人未如实告知重要情况为由行使《中华人民共和国海商法》第二百二十三条规定的解除合同的权利。

118. 被保险人违反合同约定的保证条款但未立即书面通知保险人的，从违反保证条款之日起，保险人有权解除合同，但对于被保险人违反保证条款之前发生的保险事故造成的损失，保险人应负赔偿责任。合同解除前被保险人尚未支付保险费的，保险人有权按照比例收取合同解除前的保险费。保险人已经全部收取保险费的，不予退还。

119. 保险人收到被保险人违反合同约定的保证条款通知后，仍收取保险费或者支付保险赔偿的，不得再以被保险人违反合同约定的保证条款为由，行使《中华人民共和国海商法》第二百三十五条规定的解除合同的权利。

保险人根据《中华人民共和国海商法》第二百三十五条的规定要求修改承保条件、增加保险费，被保险人不同意的，保险人可以以书面形式解除合同。

120. 船舶航次保险中，保险船舶应保证开航时适航。被保险人违反此项规定的，从违反之日起，保险人不负赔偿责任。

在船舶定期保险中，被保险人明知船舶不适航而同意开航的，保险人对此种不适航造成的损失，不负赔偿责任。

121. 船舶转让发生在航次之中的，船舶保险合同至航次终了时解除。船舶转让时起至航次终了时止的船舶保险合同的权利、义务转让给船舶受让人。

船舶受让人根据前款规定向保险人请求保险赔偿时，应当提交有效的保险单证。

122. 被保险人已经知道依据预约保险合同分批装运的货物发生保险事故仍以正常情况通知保险人签发保险单证的，保险人可以免除保险赔偿责任。合同另有约定的除外。

（三）保险利益

123. 订立保险合同时被保险人对保险标的不具有保险利益但发生保险事故时被保险人对保险标的具有保险利益的，保险人应当对被保险人承担保险赔偿责任；订立保险合同时被保险人对保险标的具有保险利益但保险事故发生时不具有保险利益的，保险人对被保险人不承担保险赔偿责任。

（四）委付

124. 保险人根据《中华人民共和国海商法》第二百四十九条的规定不接受委付的，不影响被保险人要求保险人按照全部损失赔偿的权利。

（五）保险人行使代位请求赔偿权利

125. 受理保险人行使代位请求赔偿权纠纷的法院应当仅就第三者与被保险人之间的法律关系进行审理，第三者对保险人行使代位请求赔偿权利依据的保险合同效力提出异议的，海事法院不予审查。

126. 保险人向被保险人支付保险赔偿前，被保险人向第三者提起诉讼、提交仲裁或者第三者同意履行义务导致诉讼时效中断的，效力及于保险人。

127. 保险人向被保险人实际赔付保险赔偿取得代位请求赔偿权利后，被保险人与第三者之间就解决纠纷达成的管辖协议以及仲裁协议对保险人不具有约束力。

十一、关于船舶碰撞纠纷案件

（一）法律适用

128. 《中华人民共和国海商法》第八章的规定不适用于内河船舶之间发生的碰撞；军事船舶、政府公务船舶在从事商业活动时与《中华人民共和国海商法》第一百六十五条第二款所称的船舶发生碰撞产生纠纷的，适用《中华人民共和国海商法》的有关规定。

129. 船舶触碰造成损害引起的侵权纠纷案件，适用《中华人民共和国民法通则》确定各方当事人的权利义务，适用《最高人民法院关于审理船舶碰撞和触碰案件财产损害赔偿的规定》确定损害赔偿责任范围。

（二）责任主体

130. 船舶所有人对船舶碰撞负有责任，船舶被光船租赁且依法登记的除外。船舶经营人或者管理人对船舶碰撞有过失的，与船舶所有人或者光船承租人承担连带责任，但不影响责任主体之间的追偿。

船舶所有人是指依法登记为船舶所有人的人；船舶没有依法登记的，指实际占有船舶的人。

（三）第三人

131. 《中华人民共和国海商法》第一百六十九条第二款规定的第三人财产损失，是指除互有过失的船舶上所载货物或船员、旅客或船上其他人员的物品外，由于船舶碰撞事故所直接造成的其他财产损失。

132. 《中华人民共和国海商法》第一百六十九条第三款规定的第三人的人身伤亡，包括碰撞当事船舶上的船员、旅客和其他人员的人身伤亡。

133. 船舶碰撞纠纷的当事人之间已经就船舶碰撞纠纷提起诉讼的，海事法院对船舶碰撞造成第三人财产损失赔偿纠纷案件应当中止审理，待船舶碰撞纠纷案件审理终结后恢复审理。

（四）举证责任和证据认定

134. 第三人因船舶碰撞造成的财产损失提出赔偿请求的，船舶碰撞纠纷的当事人对有关船舶碰撞中的过失程度比例承担举证责任。无法举证的，应承担举证不能的后果。

135. 船舶碰撞纠纷的当事人之间就过失程度比例达成协议的，可以按照约定的比例对第三人的财产损失承担相应的赔偿责任，但不得损害第三人的合法利益。

船舶碰撞纠纷的当事人之间仅就相互赔偿数额达成协议，而未明确相互过失程度比例的，按照赔偿数额确定的比例对第三人的财产损失承担相应的赔偿责任，但不得损害第三人的合法利益。

136. 海事法院根据当事人的申请向有关部门调查收集的证据，在当事人完成举证并出具完成举证说明书后出示。

137. 若无相反证据，船舶碰撞事故发生后，主管机关进行事故调查过程中由海事事故当事人确认的海事调查材料，可以作为海事法院认定案件事实的证据。

（五）强制打捞清除沉船沉物

138. 强制打捞清除沉船沉物而产生的费用，由沉船沉物的所有人或者经营人承担。

139. 就沉船沉物强制打捞清除费用提出的请求为海事赔偿请求，责任人不能依照《中华人民共和国海商法》第十一章的规定享受海事赔偿责任限制。

140. 清除搁浅或者沉没船舶所产生的费用，可以在行使船舶优先权所拍卖船舶的价款中先行拨付。

十二、关于船舶油污损害赔偿纠纷案件

（一）法律适用

141. 我国加入的《1992年国际油污损害民事责任公约》（以下简称1992年油污公

约)适用于具有涉外因素的缔约国船舶油污损害赔偿纠纷,包括航行于国际航线的我国船舶在我国海域造成的油污损害赔偿纠纷。非航行于国际航线的我国船舶在我国海域造成的油污损害赔偿纠纷不适用该公约的规定。

142. 对于不受1992年油污公约调整的船舶油污损害赔偿纠纷,适用《中华人民共和国海商法》、《中华人民共和国海洋环境保护法》以及相关行政法规的规定确定当事人的责任;油污责任人亦可以依据《中华人民共和国海商法》第十一章的规定享有海事赔偿责任限制。

143. 对于受1992年油污公约调整的船舶油污损害赔偿纠纷,船舶所有人及其责任保险人或者提供财务保证的其他人为取得公约规定的责任限制的权利,向海事法院申请设立油污损害赔偿责任限制基金的,适用《中华人民共和国海事诉讼特别程序法》第九章的规定。

(二) 索赔主体

144. 因船舶油污直接遭受财产损失的公民、法人或其他组织,有权向油污责任人提起索赔诉讼。

145. 国家海事行政主管部门或其他企事业单位为防止或减轻油污损害而支出的费用,包括清污费用,可直接向油污责任人提起诉讼。

146. 《中华人民共和国海洋环境保护法》授权的海洋环境监督管理部门,有权在授权范围内代表国家,就船舶油污造成的海洋环境损失向油污责任人提起诉讼。

(三) 举证责任

147. 国家海事行政主管部门作出的调查报告,若无相反证据,可以作为海事法院审理案件的依据。

148. 因船舶油污引起的损害赔偿诉讼,受损害人应对油污损害承担举证责任,责任人应对法律规定的免责事由及船舶油污与损害之间不存在因果关系承担举证责任。

(四) 油污责任

149. 对于受1992年油污公约调整的船舶油污损害赔偿纠纷,因船舶油污造成损害的,由漏油船舶所有人承担赔偿责任。

对于不受1992年油污公约调整的油污损害赔偿纠纷,因船舶碰撞造成油污损害的,由碰撞船舶所有人承担连带赔偿责任,但不影响油污损害赔偿责任人之间的追偿。

(五) 油污损害赔偿范围

150. 油污损害赔偿范围包括:(1) 船舶油污造成的公民、法人或其他组织的财产损失;(2) 为防止或减轻污染支出的清污费用损失。清污费用的计算,应当结合污染范围、污染程度、溢油数量、清污人员和设备的费用以及有关证据合理认定;(3) 因船舶油污造成的渔业资源和海洋资源损失,此种损失应限于已实际采取或将要采取的合理恢复措施的费用。

(六) 清污费用的清偿

151. 在船舶油污损害赔偿纠纷中,权利人就清污费用的请求与其他污染损害赔偿的请求按照法院所确定的债权数额比例受偿。

十三、其 他

152. 涉外海事纠纷案件，本纪要没有特别规定的，适用本纪要关于涉外商事纠纷案件的有关规定。

153. 涉及香港特别行政区、澳门特别行政区以及台湾地区的商事海事纠纷案件，本纪要没有特别规定的，参照适用本纪要关于涉外商事海事纠纷案件的有关规定。

最高人民法院
关于进一步加强海事行政审判工作的通知

2018年3月9日　　　　　　　　　　　　法〔2018〕63号

各省、自治区、直辖市高级人民法院，各海事法院：

2016年2月我院发布《最高人民法院关于海事诉讼管辖问题的规定》（法释〔2016〕2号）和《最高人民法院关于海事法院受理案件范围的规定》（法释〔2016〕4号）以来，各海事法院紧紧围绕服务海洋强国建设大局，通过专业化审判妥善化解海事行政纠纷，得到海事行政机关和人民群众的高度认可。为进一步加强海事行政审判工作，现就有关事项通知如下：

一、《最高人民法院关于海事诉讼管辖问题的规定》（法释〔2016〕2号）规定"海事法院审理第一审海事行政案件"，各海事法院应依照该规定，切实履行海事行政审判职能。

二、各海事法院要积极探索与海事行政机关建立制度化的沟通协调平台，形成海事司法与海事行政良性互动机制，有效化解行政争议，维护正常海事行政管理秩序，促进社会和谐。

三、各海事法院要强化海事行政审判服务功能，重视司法建议工作。对在海事行政审判中发现的海事行政执法中存在的共性问题，及时提出改进意见和建议，为海事行政机关改进工作提供参考。

四、各海事法院应采取措施，切实做好海事行政案件的立案、审理和执行工作。工作中遇到的疑难问题，及时报告海事法院所在地的高级人民法院行政审判庭。

五、各高级人民法院、海事法院要组织学习培训，加强海事行政审判队伍建设，不断提升海事行政审判人员专业水平，确保海事行政审判质效。